德宏傣族景颇族自治州地图

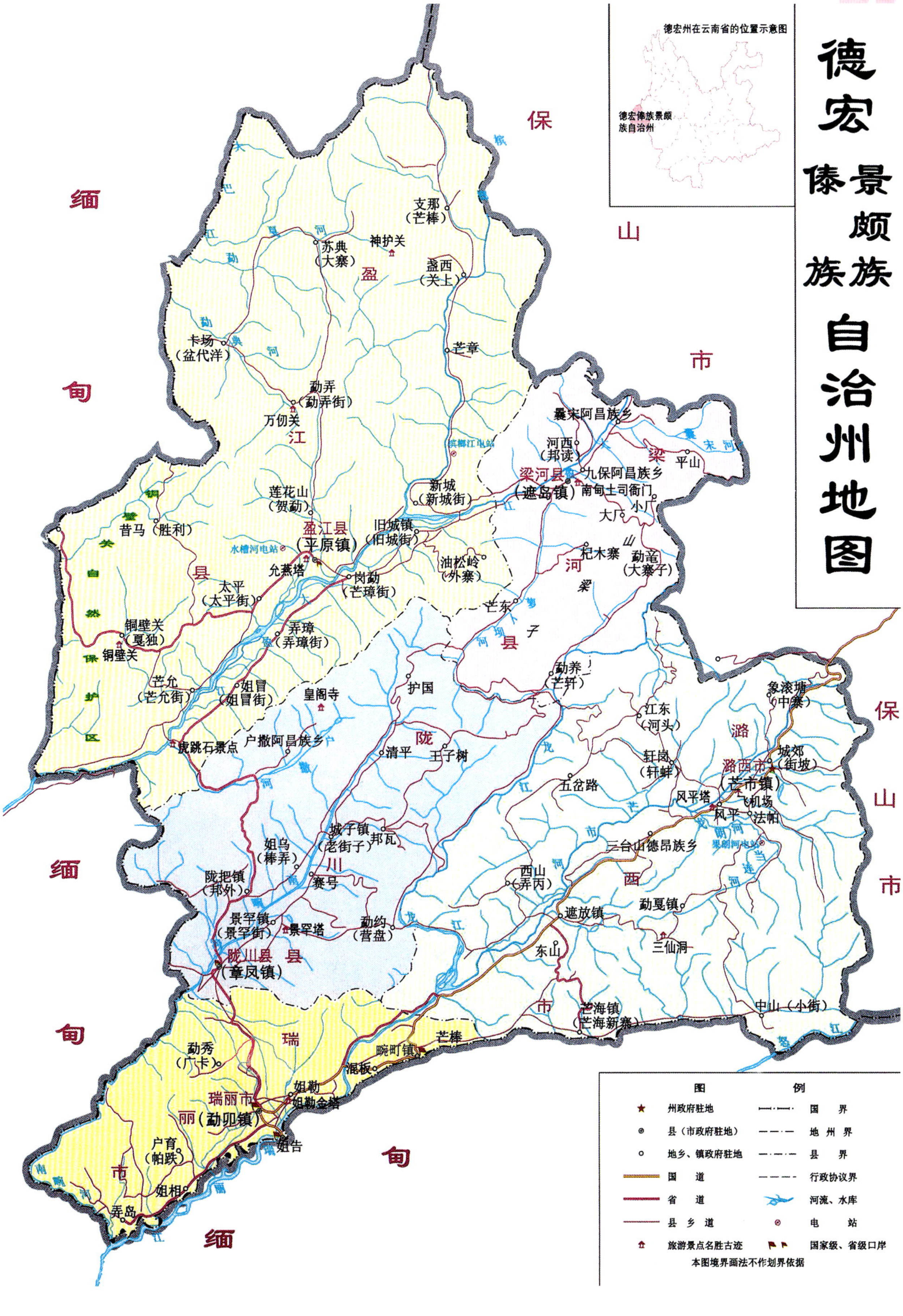

德宏州旅游景点分布图
德宏州主要旅游线路
国内旅游线路：
龙江漂游（戛中桥——瑞畹桥）
芒市——畹町（城关镇）——瑞丽沿线景点
芒市——三仙洞
芒市——畹町（城关镇）——瑞丽扎朵瀑布
芒市——畹町（城关镇）——瑞丽——章凤——盈江——梁河
国外旅游线路：
芒市——畹町（城关镇）——棒赛——木姐——南坎——瑞丽
芒市——畹町（城关镇）——腊戌
芒市——章凤——八莫
芒市——瑞丽——南坎
芒市——瑞丽——木姐
芒市——瑞丽——八莫
芒市——瑞丽——南坎——腊戌——瓦城——仰光
芒市——畹町（城关镇）——九谷——腊戌——瓦城——仰光
保山市
缅甸
潞西市
梁河
盈江
陇川
瑞丽市
畹町镇
支那
盏西镇
神护关
白马塘公园
苏典
卡场镇
卡场瀑布
勐弄
万仞山
香云寺
河西
囊宋
太平寺
九保
土司衙门
橡胶母树
勐底佛塔
红云寺
大厂
平山
小厂
莲花山
新城
旧城镇
旧城温泉
傣傈族庆典标志
允燕佛塔
巨石关
昔马镇
那邦镇
太平
弄璋镇
榕树王
铜壁关
皇帝下马石
马嘉理事件起源地
姐冒仙人洞
皇阁寺
铜壁关省级自然保护区
虎跳石
阿昌族佛塔
贺卯温泉
清平
王子树
五岔路
轩岗温泉
轩岗
江东
象滚塘
村包塔
城郊镇
菩提寺
德宏民族风情游览区
孔雀湖生态游览区
勐巴娜西珍奇园
风平佛塔
风平镇
法帕镇
法帕尖山温泉度假区
三台山德昂族风情旅游区
三台山
芒棒温泉（瑶池仙景）
遮放镇
遮放佛塔
勐嘎镇
三仙洞
西山
东山
万马河热带雨林区
中山
芒海镇
城子镇
姐乌
赛号
陇把镇
景罕镇
傣族佛教胜地
云南景颇园
章凤国家森林公园
勐约
护国
邦瓦
芒棒
森林公园
莫里热带雨林景区
漂江游
独树成林
姐勒佛塔
姐勒水库
勐秀
姐勒
勐卯镇
弄安佛塔
东南亚风情园
喊沙奘房
户育
姐相
大等喊奘房
雷允奘房
弄岛镇
木姐
中缅街
南坎
南坎曼坎寺佛雕
图例
州政府驻地
县、(市)政府驻地
乡镇及国外较大居民地
村委会
旅游景点
河流及水库
高等级公路
省道
县乡道
国界
地、市界
县、市界
本图境界不作划界依据

2009年12月27日，云南省委书记白恩培（左二）到德宏调研咖啡产业。

2010年4月8至11日，云南省委副书记李纪恒（右三）到德宏州调研。图为李纪恒一行在瑞丽查看农业产业发展情况。

2010年4月13日，国家交通部部长李盛霖（前排中）、省政府刘平副省长（前排右七）视察龙瑞高速公路建设情况时与德宏州党政领导合影。

2009年2月21日，德宏州委书记赵金（中）、州长孟必光（右二）等党政主要领导看望“两会”代表。

2010年3月26日，德宏州委在芒市会堂召开深入学习实践科学发展观活动总结表彰大会。

2009年9月30日，州委书记赵金（中）、副州长孔勒干（右一）到州民一中视察工作。

2009年12月27日，州长孟必光与国家开发银行股份有限公司负责人在区划合作协议上签字。

2009年11月29日，德宏州委、人大、政府、政协主要领导参加中等职业学校、职业学院新校区建设奠基典礼。

中缅边交会

陈子鸥 摄影

2009年12月2日，云南省副省长顾朝曦与缅甸商务部副部长昂吞为2009'中国·缅甸边境贸易交易会剪彩。

州长孟必光出席边交会开幕式

州委书记赵金出席边交会开幕式

州委书记赵金（右一）陪同副省长顾朝曦（右三）、缅甸商务部副部长昂吞（右二）等中外嘉宾参观边交会会展中心。

边交会项目签约仪式

2010年1月1日，德宏职业学院成立庆典。

2009年11月24至27日，央视主播海霞（右一）到德宏调研广播电视发展情况。

2009年5月1日，州委书记赵金参加德宏团结报改版彩印暨《云南日报》德宏代印点开印庆典。

2010年4月15日，电视剧《中国远征军》在瑞丽开拍。

2009年12月17日，省、州各级领导、海内外嘉宾前往畹町参加纪念活动。

春节前夕，德宏州委书记赵金、州长孟必光将党和政府的关怀送到农村基层群众心中。

2010年2月7至8日，德宏州委书记赵金一行看望困难老党员。

2009年1月16日，州人大、政府、政协领导看望孤寡老人。

2009年春节前夕，华丰集团给农民工兑付工资。

抗旱救灾

陈子鸥 文图

2010年3月23日，州长孟必光到潞西市江东乡检查指导抗旱救灾工作。

2010年3月23日，州委常委李燕兰（右四）陪同省财政厅副厅长陈建国（左六）视察勐戛旱情。

干枯的瓜地

从2009年开始，德宏各县市降雨与同期相比平均减少50%至70%毫米，全州中小型水库及塘坝蓄水总量仅为7927万立方米，比正常年份少20%到26%。截止2010年4月15日灾情统计，全州农作物受灾总面积已达123363公顷，成灾面积62311.63公顷，绝收面积17226.4公顷；造成经济损失2.38亿元。因旱造成全州5县市32个乡镇75个村委会108个村民小组12.4万人、5868万头大牲畜饮水困难。面对日益严重的旱情，全州各级党委政府及各职能部门高度重视，认真贯彻落实中央、省级领导、部门关于切实做好抗旱救灾保民生促生产的重要批示精神，始终同上级保持高度一致，并结合实际，因地制宜，统筹安排，科学应对，多措并举，标本兼治，切实采取一系列行之有效的措施坚决打好抗旱救灾攻坚战。截至6月30日，全州累计投入抗旱资金2632万元，投入抗旱人数65.66万人次，投入抗旱设备42190台套，机动运水车辆6350辆，机动抗旱设备42190辆次；临时解决了31457人和6577头大牲畜的人畜饮水困难；组织发放粮食346吨，确保灾区群众安全度过春荒。

双拥工作巡礼

2009年9月18日，省国防教育讲师团来德宏巡回宣讲。

2009年12月14至15日，德宏双拥工作座谈会在军分区隆重召开。云南省委常委、省军区政治委员郎友良出席会议并作重要指示，成都军区政治部办公室副秘书长曾黎明、云南省民政厅副厅长褚正武、云南省军区政治部副主任郭增奎参会，来自省军区系统的17个师级单位领导和德宏州县（市）党政领导、州直及中央、省属驻芒市各单位主要领导，解放军报社、云南日报社等11家军地媒体记者共180人出席会议。会议总结了双拥工作的经验和做法，表彰了先进典型、建立了长效机制，得到了各级首长和群众一致好评。

表彰先进

表彰先进

表彰先进

全国沙滩排球赛在德宏盈江举行

盈江县委书记王明山在开幕式上致辞

2010年4月10至13日，全国沙滩排球巡回赛在美丽的大盈江畔举行。来自全国17个省、市、自治区的64支队伍130余名运动员为边疆各族人民上演了一场场精彩激烈的顶级比赛。此次赛事最为突出的特点是将沙滩排球体育文化与珠宝玉石文化融合在一起，特意用15公斤的翡翠毛料制作奖杯，着力打造“盈江——翡翠毛料城”品牌，使二者相得益彰，受到各界人士的好评。

杨星明　龙路云　文/图

开球仪式

沙排宝贝赛中献艺

激烈比赛

2010中国·德宏国际目瑙纵歌节

陈子鸥　文/图

目瑙纵歌节是景颇族传统祭祀的盛大节日，源于创世英雄宁贯娃的故事。景颇支叫“目瑙”，载佤、浪峨、喇赤等支叫“纵歌”，统称“目瑙纵歌”，是大伙跳舞的意思，有“万人舞”之称。节期一般都选定在农历正月中旬。1983年4月9日经德宏州第八届人民代表大会第一次会议决定，每年正月15至16日为景颇族目瑙纵歌节。2006年“目瑙纵歌”民俗经国务院批准列入第一批国家级非物质文化遗产名录。2010年2月27日，由省旅游局、德宏州委、州政府共同主办的“2010中国·德宏国际目瑙纵歌节”开幕式在州府芒市举行。

开幕式上省委常委、省委统战部部长黄毅（右三）、州长孟必光等省州领导为瑙双授孔雀鸟礼帽。

此次活动参加人数超过10万，为期3天的目瑙盛会除了有盛大的开幕式、文艺晚会、举行特色饮食文化一条街展销、首届景颇族水酒暨景颇族八大名菜评选、发行个性化邮票等丰富多彩的活动外，还组织了百名景颇姑娘秀德宏（寻找最美的景颇姑娘）、百个旅游团队游德宏、百辆自驾车行德宏、百种旅游商品展德宏、百种珠宝美德宏“五个百”文化宣传活动。

省州党政领导与群众一道起舞

大型文艺晚会

民俗文化展

州长孟必光等领导为民俗文化展·集邮展剪彩

万人之舞——目瑙纵歌

2010中国·德宏国际目瑙纵歌节

寻找中国最

2010年目瑙纵歌期间，昆明、缅甸及本地的景颇佳丽齐集芒市，角逐最美的景颇姑娘。本次大赛有300多名景颇姑娘报名参赛。大赛设冠军1名，亚军1名，季军1名，“十佳”10名（最佳上镜奖、最佳形体奖、最佳激情奖、最佳魅力奖、最佳潜力奖、最佳风采奖、最佳活力奖、最佳人气奖、最佳才艺奖、最佳媒体奖），优秀奖20名，入围奖若干名。千万人翘首已久的中国最美景颇姑娘的决赛评选于2月28日晚揭晓，通过

美的景颇姑娘

发表参赛感言、才艺展示、走秀展示等多环节的激烈角逐，37名参加决赛的景颇姑娘最终逐出了冠、亚、季军等诸多奖项。来自目瑙纵歌之乡——云南省德宏州陇川县的排南东艳压群芳，一举摘得大赛冠军，来自盈江的饶梓玉、缅甸景颇学会的尊尊斑获得亚军，潞西的雷散散、瑞丽的杨南南、缅甸景颇学会的吧算获得季军。另外，还有罗园园等10名选手获得“十佳”称号，排南扎等21名选手获得优秀奖。

五个百亿元工程·特色产业

畹町生物企业开业庆典

五个百亿元工程和六棵树一棵草：2009年，德宏州严格按照州委五届十次全会的要求，把党的建设与经济建设有机结合起来，齐心协力把“五个百亿元工程”培育成为德宏新的经济增长点，紧密围绕“一个机场、一条铁路、三条公路、四个口岸、几个大型灌区”等关系德宏长远发展的重大工程项目抓落实，以实现德宏经济社会的跨越式发展。

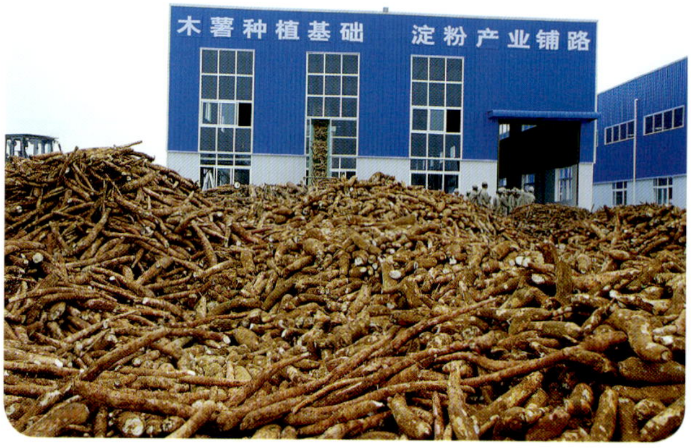

木薯加工厂

咖啡产业

“五个百亿元工程”：以种植、养殖为重点的生物特色产业百亿元工程；以水电为依托、科技为支撑的水能电冶工业百亿元工程；以外贸为依托、经济合作区为平台的对外贸易百亿元工程；以“一都三城”为重点的珠宝玉石产业百亿元工程；以休闲度假、康体养生为重点的旅游文化产业百亿元工程。

生物特色产业“六棵树一棵草”：竹子、咖啡、坚果、柠檬、油茶、核桃“六棵树”和番麻“一棵草”。

畜牧产业

柠檬加工厂

奶水牛养殖场

烟花烂漫

五个百亿元工程·珠宝

陈德寿 文

翡翠

德宏处于世界南北向和北西向两大宝石成矿构造带的北延交汇部位，毗邻的缅甸是世界著名的宝玉石产地。德宏口岸距缅甸克钦邦的翡翠产地与集散地勐拱、掸邦的宝石产地抹谷仅有150公里左右。玉石的大量进口使德宏成为全国重要的边境玉石原料集散地之一。而所辖的瑞丽市已拥有珠宝步行街、华丰珠宝加工区、新东方珠宝城、姐告玉城、中缅街五大珠宝加工销售园区，有两千多家珠宝企业、商铺，聚焦了来自全国各地以及缅甸、巴基斯坦、印度、孟加拉等国的珠宝商人，从业人员近万人。瑞丽玉雕每年都在北京荣获玉雕界最高奖项“天工奖”，2006年被评为“中国珠宝玉石首饰特色产业基地”。盈江是中国翡翠毛料的第一站，毛料交易历史悠久。盈江县翡翠玉石毛料公盘交易市场，投资1200万元，占地1万平方米，建筑面积5000平方米，2009年1月11日正式开盘。盈江翡翠玉石毛料公盘交易市场是集生产加工、批发零售、展览拍卖、旅游购物、文化交流于一体的综合性珠宝贸易中心。

秋韵

珠圆玉润

珠联鱼荷

翡翠

翡翠挂件与玉镯

女娲补天

五个百亿元工程·珠宝

黄龙玉

赛江南（乐在山水中）

草长莺飞

布袋和尚

相得益彰

黄 龙 玉

百亿元工程·黄龙玉

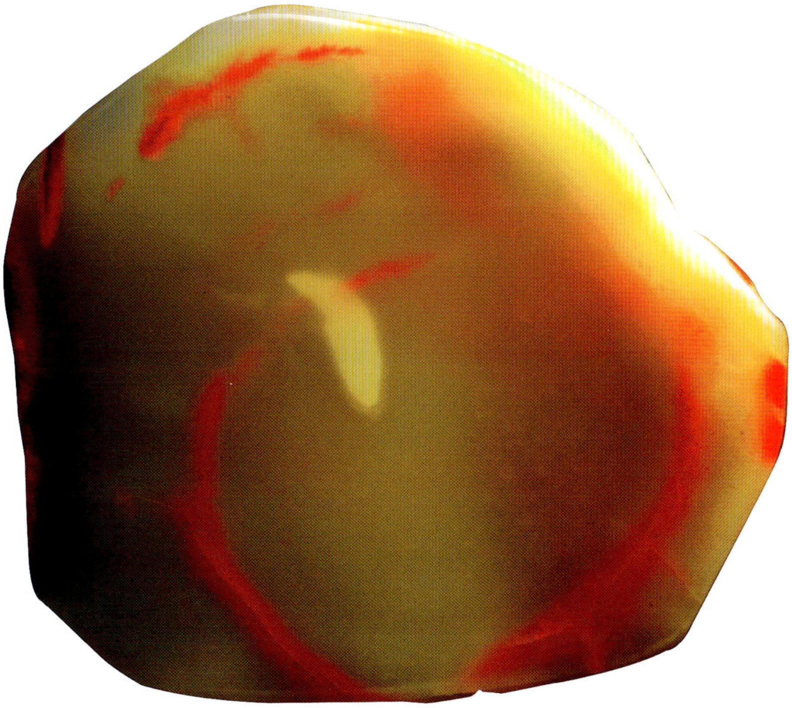

黄龙玉中有“活虫”

2004年，在距德宏60公里的东北部山区龙陵小黑山一带发现“黄龙玉”矿石资源，是继田黄、缅甸翡翠之后发现的一种珍稀玉石矿种。黄龙玉主色调似田黄石，兼有羊脂白、青白、鸡血红、土红、黑、灰、绿等诸色，属花岗岩低温热液成因的石英脉，具有较高的观赏价值和经济价值。此处从郭彩祥、李莲等人收藏的作品中选登了几件样品，可一睹黄龙玉的光彩。

雄祥石记珠宝店老板郭彩祥的一块“黄龙玉中有‘活虫’？”成了世人熟悉的名石，因为它曾在央视“走近科学”等多家新闻媒体播出。记者随同郭彩祥拿着玉石前往昆明，找到中国林科院资源昆虫研究所的专家，就在专家用电子解剖镜观察玉石的时候，研究人员突然惊呼这里面的东西在动。难道这块神秘的黄龙玉里面的东西真的活了吗?

冠上加冠

五谷丰登

五个百亿元工程·边贸、旅游

龙江下闸蓄水仪式

货物进入国内

正在修建迈向国门的瑞丽大道

便捷的交通运输

姐告国门

起飞

玉石交易

2009年7月29日，台湾考察团在南甸土司衙门参观。

勐焕金塔

2009年6月4日，国家旅游局一行参观勐巴娜西珍奇园。

彭丽媛——2009年禁毒防艾边疆行

彭丽媛等视察卫生机构

禁毒防艾边疆行·情动云岭边陲

彭丽媛放歌瑞丽江

陈子鸥　文/图

2009年12月18日上午，全国政协委员、总政歌舞团团长、国家禁毒防艾宣传员彭丽媛一行参加了在瑞丽举行的2009年“禁毒防艾边疆行”宣传活动，并为活动亲情献唱。

国家卫生部疾控局副局长郝阳，副省长、省防艾办主任高峰，省政府副秘书长卫星，省卫生厅厅长陈觉民、副厅长徐和平，州党政军领导赵金、田大余、马福朝、郭志德、番跃平、孔勒干等参加活动。

深冬的瑞丽江畔阳光明媚，生机盎然。郝阳、高峰、彭丽媛和“禁毒防艾边疆行”队员们来到歌曲《有一个美丽的地方》的创作地瑞丽市，深入村寨卫生室、预防艾滋病重点宣传和干预场所，走访医务人员，看望抗病毒治疗人员、艾滋病致孤儿童，与他们促膝交谈，鼓励大家进一步做好禁毒防艾工作。彭丽媛为抗病毒治疗人员和艾滋病致孤儿童直面困难、乐观向上的精神所感动，也为当地党委、政府和社会各界花大力气做禁毒防艾工作、创造良好的预防治疗条件表示欣慰。

义演后与省州党政领导、演员合影。

“我是卫生部预防艾滋病宣传员彭丽媛”，佩带红丝带的彭丽媛为活动作了声情并茂的主题发言。她说：几年来参与了很多预防艾滋病的公益活动，就是想用行动告诉所有人，艾滋病其实并不可怕，可怕的是周围人冷漠的眼神和厌恶的表情，可怕的是歧视和偏见。她呼吁：请不要歧视艾滋病病毒感染者和他们的子女、家人，他们和我们一样，都是社会大家庭中的一员、社会和谐的一分子，都需要温暖和爱。让我们用爱心播洒阳光，打赢这场没有硝烟的战争。

情到深处，彭丽媛邀请艾滋病致孤儿童伴舞，深情地演唱了《爱你的人》。为了唤起更多人对艾滋病致孤儿童的关注和关爱，她分别用中文、英文进行演唱。“捧起你的脸，请接受我的爱”、“把心打开，让真情牵动所有血脉”、“爱你的人就叫红丝带”。歌声飘荡在瑞丽江畔，各族群众发出阵阵欢呼。

与孤儿们亲密交谈

在义演现场致辞

激情演唱

到国门慰问边防官兵

热烈祝贺
潞西市更名为芒市

2010年7月12日，国务院批准潞西市更名为芒市；8月23日，省政府发文正式通知潞西市改名为芒市。

芒市地处祖国西南边陲，云南省西部，是古代著名“南方丝绸之路”的重要驿站，素有“滇西边陲第一镇”之称。

芒市总面积2987平方公里，东西距71公里、南北距62公里，总人口38.24万人，南面与缅甸接壤，国境线长68.23公里，是德宏州府所在地，是中国通向东南亚、南亚和西亚的重要门户。

市委书记蔡四宏

芒市资源丰富，气候宜人，自然景色秀丽，历史文化璀璨，民族风情淳朴，少数民族人口占总人口的49.4%（主要以傣族、景颇族、德昂族、阿昌族、傈僳族为主），被国内外誉为“孔雀之乡”，是云南省甲级卫生城市、中国优秀旅游城市、中国特色魅力城市200强。芒市“菩提寺”被列为省级重点文物保护单位，“傣族剪纸”被国务院正式列入首批公布的国家级非物质文化遗产保护名录，勐巴娜西珍奇园4A级景区、勐焕大金塔、树包塔、三仙洞等有名的风景区，“边、情、奇、绿”构成了“康体天堂·休闲芒市”的迷人风采。

在德宏迎来建设桥头堡黄金口岸的重要历史发展机遇期，芒市在省、州党委、政府的正确领导下，紧紧围绕“建设全州中心城市发展极”和“生态花果园林城市”的目标，坚持“生态环境立市、城镇经济兴市、文化旅游活市、新型工业富市、特色农业强市”的发展思路，认真落实“强化农业稳基础，建设生态转方式，突出特色调结构，改革开放增活力，团结固边保稳定，改

2009年11月19日，省委书记白恩培（右一）参观芒市傣族剪纸。

芒市城远眺

善民生建和谐，抓好党建强保障”的要求，全面推进经济、政治、文化、社会、生态文明和党的建设，保持了经济社会快速发展的良好势头，全市呈现出经济繁荣、社会进步、民族团结、边防巩固、社会和谐的新局面。2009年，全市实现生产总值36.35亿元，增长15%；全社会固定资产投资总额30.54亿元，增长43.8%；财政总收入4.19亿元，增长12.5%；工业总产值24.17亿元，增长19%；旅游业总收入10.48亿元，增长29%；外贸进出口总额9.09亿元，增长12%；城镇居民人均可支配收入13197元，增长10%；农村居民人均纯收入3106元，增长13.6%。

芒市（勐焕），傣语意为太阳升起的地方，是一片生机勃勃、充满希望的热土，在全面建设小康社会的征途中，各族人民正意气风发，全力将芒市打造成为花果园林城、中国咖啡之都。

市长沙玉庄

傣族泼水节

景颇族目瑙纵歌

德昂族风情

2009年11月18日，孔雀湖旅游开发项目举行启动仪式。

特色产业——咖啡

特色产业——遮放贡米

特色产业——烤烟

特色产业——茶叶

勐焕大金塔

遮放湿地风光

果香四溢的芒市城

芒市垃圾处理厂

芒市污水处理厂

全国优秀旅游城市——瑞　丽

瑞丽，祖国西南边陲一颗璀璨的明珠。解放60年来，瑞丽边疆各族儿女与全国人民同呼吸共命运，建设美好家园。1965年中缅边民大联欢，人民敬爱的周恩来总理踏上这片热土。随后，胡耀邦、胡锦涛、李鹏、吴邦国、朱镕基、李瑞环等党和国家领导人到瑞丽视察，把党中央的关怀带到边疆。瑞丽各族儿女倍受鼓舞与鞭策。

市委书记杨跃国、市长刀晓瑞调研农业农村工作。

2006年2月，瑞丽市获云南省文化厅颁发的“文化先进市”奖。

瑞丽各族人民在当地党委政府的正确领导下，发挥瑞丽口岸优势，以只争朝夕、敢为天下先的气魄，加快瑞丽发展，努力改善人民生活。人们不会忘记：1985年4月，瑞丽在全省率先宣布对外开放，开展边境贸易；1990年12月，瑞丽率先在姐告建立云南第一个经济开发区。1992年6月9日国务院决定瑞丽为我国沿边开放城市，1992年6月26日国务院批准瑞丽撤县建市，1992年12月国务院批准设立瑞丽经济合作区，促进了瑞丽跨越式发展。

如今的瑞丽，是中国最大的对外贸易陆路口岸。

瑞丽全景

2009年，在波及全球国际金融危机的严重形势下，全市仍完成口岸贸易进出口总额60.16亿元，比上年仅下降2.4%。

如今的瑞丽，是中国首批优秀旅游城市、全国闻名的东方珠宝城。2009年，全市共接待国内外游客134.97万人次，比上年增长6.3%，实现旅游总收入11.67亿元，比上年增长8.9%。

如今的瑞丽，全市国民经济持续稳定发展，人民生活显著提高。2009年，全市实现生产总值24.81亿元，比上年增长12%；财政一般预算收入完成2.21亿元，与上年基本持平；完成固定资产投资22.4亿元，同比增长33.6%；实现社会消费品零售总额10.9亿元，同比增长22.3%；城镇居民人均可支配收入13544元，同比增长10.2%；农民人均纯收入3766元，同比增长11.7%，比全省平均水平高397元。

随着第二轮国家西部大开发战略的实施，瑞丽又将迎来一次千载难逢的发展机遇。瑞丽市委、市政府提出把瑞丽建设成为面向南亚、东南亚的现代化国际商贸旅游城市的奋斗目标。在党中央、国务院和省委、省政府，州委、州政府的关怀下，通过瑞丽各族人民的团结拼搏，瑞丽这颗耀眼明珠，一定能够散发出更加璀璨的光芒！

珠宝展厅

一寨两国

姐告——国门通道

牛车选美

葫芦丝雕塑

珠宝交易

联检大楼

会展中心

独树成林

姐勒金塔

陇　川

2009年，陇川县紧紧围绕“产业立县、项目支撑、科教优先、和谐发展”的发展主题，抢项目、增投资、抓特色、调结构，大开放、强招商，重民生、促和谐，大力推进农业产业化、工业化、城镇化进程，扩大固定资产投资，促进了全县经济又好又快发展。蔗糖、硅冶、电力等工业支柱产业不断做大做强，甘蔗、粮食、油料、茶叶、畜牧等农业传统支柱产业不断巩固壮大，

县委书记杨世庄（中）视察重点工程

移民新村——木瓜坝

陇一中新址

县委书记杨世庄体验名牌产品户撒刀

麻竹、枇杷、红土晒烟等特色产业更加显著，边贸、旅游等第三产业稳步发展，形成了优势突出的县城经济体系。此外，陇川县大力挖掘民族文化资源，发展民族文化产业，同时各项改革稳步推进，发展活力迅速增加。基础设施大大改善，着力推进“亮化、净化、美化、绿化”工程。重视扶贫开发、移民搬迁，关注失地农民、困难群众生活，扎实推进和谐陇川建设。城乡面貌焕然一新，县乡道路弹石化、乡村道路畅通化。社会事业不断发展，人民生活水平日益提高。陇川县始终把优化产

业、产品结构调整放在经济工作的重要位置来抓，高度重视工业发展，加快国有企业改革进程，不断破除妨碍企业发展的机制和体制，加大招商引资力度，积极探索工业经济快速发展的道路，促进工业规模化发展。紧紧抓住国家扩大内需的有利时机，认真落实工业强县和项目带动战略，充分发挥企业龙头作用。以促进农村经济发展、增加农民收入为主线，以推进农业产业化经营为突破口，以提高农民素质为着力点，以改善农村生产生活条件为重点，以加强农村基层组织建设为保证，通过发挥“政府主导、部门跟进、农民主体、社会参与”的创建精神，全力建设“生产发展、生活宽裕、乡风文明、村容整洁、管理民主”的社会主义新农村。

县长李正环（左二）调研竹产业

高峡出平湖

开发中的县城

晶准硅厂

外贸

景坎糖厂

2010年4月9日，云南省委副书记李纪恒、德宏州委书记赵金视察陇川麻竹基地。

农业

户撒万亩油菜

红丝带

牧业

2009年10月11日，州委书记赵金到陇川调研。

滇赛新村

勐约栋新村

农家院

建设中的勐约蛮桑移民新村

盈 江

2009年，盈江县委、县政府抓住中央扩大内需、促进经济增长政策措施的重要机遇，结合实际，采取有力措施，千方百计保增长、竭尽所能保民生、全力以赴保稳定，取得了经济发展、社会进步、文化繁荣、民族团结、边疆稳定、生态环境不断改善、人民生活水平进一步提高的可喜成绩。

中央第五巡回检查组到盈江视察

国民经济平稳较快增长，综合实力进一步提升：2009年全县实现生产总值30.69亿元，按可比价计算比上年增长21.1%。其中：第一产业9.03亿元，增长11.5%；第二产业13.14亿元，增长41.1%；第三产业8.52亿元，增长10.2%。全年完成财政总收入5.18亿元，增长52.1%。完成固定资产投资29.5亿元，增长15.5%。

积极优化产业结构调整，农业农村经济发展增速明显：全年完成农林牧渔业总产值13.97亿元，增长14.3%；完成粮食种植面积52.32万亩，增长14.9%，粮食产量达14.8万吨，增长12.1%。林业经济发展速度加快，实现产值1.6亿元，增长27.4%。认真贯彻上级各种惠农、扶农政策，共兑付各项补贴2.35亿元，农民人均962元。新农村建设成效明显，40个试点村建设任务圆满完成。

工业生产逆势回升，经济效益快速增长：全年累计完成工业总产值24.88亿元，增长58.4%，实现工业增加值10.6亿元，占GDP比重的34.5%，拉动GDP增长12.2个百分点。全县硅冶炼企业产能近6万吨；允罕水泥厂日产2000吨新型干法水泥生产线、剑雄水泥厂年产30万吨粉磨生产线等重点技改项目顺利完成。水电开发和城农网改造工程全面推进，2009年末全县共有59座电站投产运营，总装机容量184.47万千瓦，全年实现发电量64.7亿度，增长104.9%；实现产值10.87亿元，增长105%；水电占工业总产值的43.7%，电力产业支柱地位进一步凸显。

玉石毛料交易市场

2009年11月13日学习实践科学发展观活动第一阶段总结暨第二阶段转段动员大会

抢抓扩大内需和灾后重建重大机遇，固定资产投资规模进一步扩大：全县共争取中央新增项目50个，计划总投资4.72亿元，并按国家要求全面实现了三个百分之百的考核目标。全年共有施工项目285个，比上年增加141个。

商贸旅游稳步发展，非公经济日趋活跃：全年完成进出口总额11.93亿元，增长13.1%，在全州所有口岸中一枝独秀。

社会事业协调发展，民生问题进一步改善：认真落实国家“两免一补”政策，全面普及科学技术，科技进步对经济社会发展的支撑作用进一步显现。

稻田养鱼

县委组织部积极组织开展农民服务站工程。图为盈江县第一个农民服务站（旧城农民服务站）成立。

勐乃电站正在安装的2号机组

盈江丙支公路正在施工

富联村2009年兴边富民公路工程建设中

廉租住房

坚（果）茶（叶）套种

套种增收

热区胡椒

受灾群众已入住新居

畹　町

2009年9月4日，畹町红色博物馆项目建设举行签字仪式。

畹町，傣语意为“太阳当顶的地方”，位于云南省德宏州南部，总面积103平方公里，国境线长28.646公里，为国家一类口岸。与缅甸邻邦九谷市一河相隔，山水相连、村寨相依、鸡犬相闻、互市通婚，形成了一城两国、一桥两国、一河两国的奇特景观。畹町历史悠久，山川秀美，文化厚重，自古就是重要通商口岸和军事重镇，早在唐代畹町就是“南方丝绸之路”的重要通道之一。1938年滇缅公路通车，畹町为滇缅公路中方一侧终点，滇西抗战主战场之一。1950年春，畹町和平解放，1952年12月设县级畹町镇，为全国唯一的县级镇。1985年1月，国务院批准撤销畹町镇建立畹町市，1992年国务院批准为沿边开放城市，同年9月国务院批准设立国家级边境经济合作区。1999年1月国务院批准撤销畹町市，将其行政区域并入瑞丽市，设置畹町经济开发区，行使县级经济管理权限和行政职能，原管辖范围不变，实行计划单列、财政自收自支，由德宏州直接管理。

畹町贸易兴盛、经济繁荣，工业发展厚实，2009年畹町有对外贸易经营权的企业56户，对外贸易进出口总值10.75亿元，形成了以电力、水泥、有色金属加工、硅冶炼、啤酒、木材加工、生物制药等为支撑的工业体系。畹町旅游资源独特，主要有回环竹海、畹町国家森林公园、畹町生态园、南洋华侨机工回国抗战纪念碑、中缅友好纪念馆、抗战博览一条街、红色记忆博物馆、畹町—九谷桥等丰富的自然景观和历史人文景观。畹町投资环境优越，拥有国内和缅甸两种资源、两个市场，有1个国家一类口岸和2个边境通道与缅甸市场对接，有总面积为5平方公里的边境经济合作区，是未来国家沿边重点开发开放试验区的重点区域。畹町交通便利，大（理）瑞（丽）铁

2009年12月10日，全国政协调研组到畹町调研大通道建设。

2010年1月19日，畹町工委书记党文军到缅甸建设部签订“境外公路建设协议”。

2009年11月15日，中组部领导到畹町曼另村检查基层党组织建设。

春节慰问住院病人

百年畹町桥

2010年4月8日，总投资3.25亿元的畹町乔瑞水泥厂开工。

畹町源洋生物淀粉厂建成投产

景成集团在畹町投资建设的炼油厂

路、龙陵—瑞丽高速公路经过畹町，芒满通道—缅甸105码二级公路改扩建于2010年7月正式开工，预计2011年7月竣工。

斗转星移，历史沧桑，伴随着新世纪的曙光，畹町特有的文雅、温馨、幽静、和谐，让人感受到岁月的余韵流风，时刻吸引着人们的向往。

2009年10月17日，畹町举办南洋华侨机工回国抗日70周年纪念活动。

德宏州公安局

2009年，由于各种社会风险因素增多、维稳形势错综复杂，是德宏公安机关面临挑战最多、任务最为繁重艰巨的一年。年内，全州共立各类刑事案件4740起，同比多立2685起，上升130.7%；共破获各类刑事案件2460起，综合破案率为51.9%，破案率同比上升12.24%。其中：破现案1953起，破案率为41.2%；破年前积案507起。抓获作案人员1404人，同比上升8.8个百分点。查处治安案件7056起，同比上升23.9%，查处率99.8%；查处违法人员7036人，同比上升26.2%。查破涉毒刑事案件981起；抓获犯罪嫌疑人915名，缴获各类毒品1164.871千克，同比上升2.14个百分点；缴获各类易制毒化学品42.681吨，同比上升44.22个百分点；逮捕569名、移送起诉610名。拔掉省厅列捕“钉子”7

2009年2月16日，德宏州公安局召开全州公安工作会议。会议期间，州委书记赵金、州长孟必光视察州公安局。

2009年3月3日，省公安厅副厅长严尚智在副州长、州局局长马闻等领导陪同下，到州看守所调研德宏公安监管工作。

2009年4月19日，德宏州公安系统首届“金盾杯”运动会暨“大练兵”启动仪式在芒市举行。

2009年4月22至27日，德宏州公安系统文艺巡演在5县市成功举办。在6场演出中，州委、州政府领导以及社会各界人士共1万余人到场观看。

2009年5月5日20时，以各县市为作战单位的“铁拳”行动启动仪式在全州各县市同时举行。

名，同比上升2倍。对36个毒品危害重点地区、部位进行治理，查破零星贩毒案件2830件，捣毁零星贩毒窝点38个、吸毒窝点181个。全年共发生统计范围内道路交通事故71起，死63人、伤69人，直接损失9.34万元，与去年同期相比，事故上升14.52%、死亡持平、受伤上升30.9%、损失上升34.53%。其中发生道路死亡事故50起，死63人、伤27人，直接损失6.14万元，与去年同期相比，事故下降9.09%、死亡持平、受伤下降38.64%、损失下降1.74%。信息化工作、执法办案、队伍建设等进一步加强，各项业务工作强势推进。州局机关“三考”工作在全省16个州市公安机关考核中排名第一，陇川、梁河两县公安局分列全省县级公安机关第二名、第三名。围绕打造学习型、团结型、奉献型、和谐型警队目标，及时对州局机关17名二级班子领导和3个县（市）公安局长进行调整，变“伯乐相马”为“赛场选马”，对州局直属部门内设18个正科和2个副科职位实行公开竞争上岗。全年全州公安机关共有49个单位（部门）荣获先进集体称号，461名民警受到表彰，其中1人被公安部授予二级英模称号、51人受到省级以上表彰。

2009年6月24日，州公安局机关竞争上岗演讲现场。

2009年6月29日，州委、州政府隆重举行“全国公安系统二级英模”表彰大会。图为州长孟必光为二级英模靳保忠颁发奖章、证书和奖金。

2009年7月10日，德宏州公安局举行便民利民新举措新闻发布会。

2009年9月28日，州委、州政府领导参观新建成的州公安局指挥中心。

2009年12月22日，德宏州公安机关大练兵暨反恐演练在芒市成功举行。

州市领导关心、重视、支持公安工作。

芒市公安局

芒市公安局（潞西市公安局）成立于1950年，现有民警445人。60年来，该局踊现出全国“先进工作者”潘宁；党的“十六大”代表、全国“五一”劳动奖章获得者、全国“三八”红旗手、“全国公安系统特级优秀人民警察”刀玉琴；全国公安二级英模李兴忠、靳保忠；公安一等功臣倪开芳、鲍安卫、闵勇进；“全国优秀人民警察”李江发、马加广；“全国民族团结先进个人”殿忠联等一大批忠诚卫士。市公安局先后被评为“全国公安系统治爆缉枪”先进集体、全省“严打整治”先进集体、全省公安机关“追逃”先进集体、“命案全破”公安局、“云南省退役士兵接收安置”先进单位，“110”接警台被全国妇联评为“巾帼文明岗”，城南、城北派出所分别被公安部授予“一级公安派出所”荣誉称号，一大批集体和个人多次被省、州、市表彰。

近年来，全局上下夜以继日、呕心沥血奋战在排查、化解矛盾纠纷“攻坚战”最前沿，真诚走访，以心换心，妥善化解了一大批（件）矛盾纠纷，以实际行动赢得了群众的理解支持、感激与尊重。坚持“打防管控”一体化，科学布警，错时上岗，弹性工作，坚决遏制和严密防范刑事发案。3年来，破获查处各类案件35610件，抓获查处各类违法犯罪嫌疑人6546人，铲除各类犯罪团伙60个，缴获各类毒品348.84公斤，收戒吸毒人员2752人。2010年坚持严打整治，取得全市300天无“命案”发生良好记录，取得26年来半年全

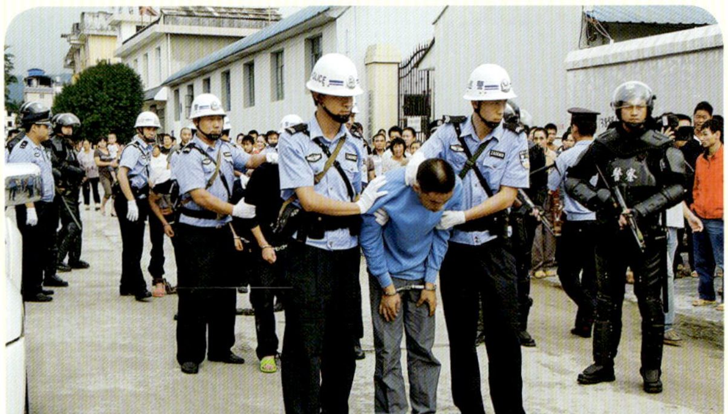

严打整治，抓捕犯罪嫌疑人。

网格化防控，严密街面巡逻。

奔赴一线，开展抗洪抢险。

邀请群众，共同治理飙车违法行为。

市“命案零发案”历史性突破，给群众实实在在感受到安全。坚持群众反映什么治安问题就集中整治什么治安问题，“ABC三级挂牌重点整治”、“创建绿色无毒家园”、“朋友见面会”等举措深受老百姓满意。严格落实校园安全，维护“10个100%”要求，构筑“严打严惩、全天候巡查、警校一体化、绿色屏障和交通安全”五道防线，全力维护校园及周边秩序，使学校、家长、学生放心、安心；坚持不懈采取“请进来”措施，邀请村寨社干、老人、妇女代表参与交通及社会治安管理，群众踊跃配合；坚持苦练素质，锻造精兵，忠诚践行“执法为民”铮铮誓言，受到人民群众称赞，以良好优质形象展现了人民警察的时代风貌。

走上街头，开展业务宣传。

深入校园，开展安全宣传。

深入村寨，开展“大走访”爱民实践活动。

火中凤凰　安全卫士

——德宏州公安消防支队

2009年6月17日，支队指挥中心办公楼落成。

支队参加全州公安机关岗位练兵暨反恐汇报演练阅兵方阵

消防宣传教育

2009年11月10日，支队特勤消防中队与潞西消防大队联合，成功处置一起液化气槽车侧翻事故。

2009年，德宏州公安消防支队先后提拔任用正团职干部1人、副团职干部7人、正营职干部4人、副营职干部3人、正连职干部3人、副连职干部6人。开展各类业务培训班7期，培训官兵248人次，组织网上业务考试56次，开展专业技术干部考评2次、全州执勤岗位大练兵考核2次，选派32名士官骨干参加总队执勤中队长助理、特勤队员暨灭火救援攻坚组培训，组织10名驾驶员开展为期6个月的新训驾驶员培训。支队被省人民政府荣记集体二等功，支队军政主官分别被省政府荣记个人二等功，全州有8人荣立三等功，30人被评为“优秀士兵”，5人被评为“优秀士官”，12人被评为“红旗车驾驶员”，12人被评为“执勤岗位练兵先进个人”，66人受到嘉奖；支队被州委、州人民政府、德宏军分区授予德宏州2009年度“拥政爱民先进单位”，被州委政法委评为“综合治理先进单位”；姐告大队被评为“拥政爱民先进单位”，2人被评为“拥政爱民先进个人”；姐告大队、畹町大队和陇川中队被省委、省人民政府授予第十二批“文明单位”。

2009年，德宏共发生火灾74 起，死亡2人，受伤 0 人，直接财产损失 863200 元，过火面积 7988.9 平方米，受灾户数 65 户，受灾人数141人，火灾起数比上年上升64.44%，亡人数升100%，伤人数降100%，直接财产损失升238.06%。在“2·21”瑞丽、姐告跨区域灭火作战，“4·19”、“5·18”、“11·12”重大交通事故处置，“5·10”潞西山体坍塌救援，“11·10”液化气槽车侧翻事故救援中，全州官兵全力以赴，出色地完成了任务，为人民群众挽回巨大经济损失。

2009年，全州消防部门重点开展了公共娱乐场所、餐饮住宿场所、车站码头机场、商场市场和医院、学校等五类场所的“三提示”工作和“零火灾乡镇”、“零火灾村寨”、“零火灾单位”、“零火灾社区”等4个创建示范，推出了21个消防安全创建示范典型，全州共176个单位达到了消防安全标准化管理要求。

2009年3月25日，畹町消防大队赴缅甸九谷市棒赛镇正南岛乡扑救加油站火灾。

2009年12月14日，瑞丽市消防中队扑救商铺火灾。

德宏州人民防空办公室

州防空办主任余江辉（右一）陪同省办主任周发洪（中）视察工作。

深入指挥工程建设工地指导工作

人民防空是国防的重要组成部分，是国民经济和社会发展的重要内容，是保护人民生命、财产安全的公共安全保障事业。德宏州人民防空办公室2001年单列以来，不负使命，认真履职，全面贯彻“长期准备、重点建设、平战结合”的基本方针，各项专业工作得到全面推进。州人防办现有干部职工17人，设办公室、指挥宣传科、工程科、通信科和通信站。人防办针对人防工作与军事斗争密不可分的性质和特点，将准军事化建设作为带队伍、增素质、强作风的标准，使人防队伍始终保持着强大的凝聚力、战斗力、亲和力，传承着团结、紧张、严肃、活泼的良好氛围和严明的组织纪律观念，积极探索人防业务与经济建设的切入点和与城市建设的结合点，使指挥工程和疏散基地建设等多项专业工作迈上了新台阶，取得了长足的发展。2009年，州人防办完成“8·15”防空警报鸣放工作，完成防空警报升级扩容工作，实现区域中控、小集控管理，增加了灾情警报信号。

召开全州人民防空工作会议

防空警报维护检修

开展准军事化建设训练

德宏傣族景颇族自治州政务服务中心

2010年11月4日，全省深化政务公开推进政务服务工作现场会在德宏召开。图为省委常委、纪委书记李汉柏，省委常委、副省长李江到政务中心视察指导工作。

2010年6月9日，云南省委常委、纪委书记李汉柏到政务中心调研。

德宏州、潞西市政务服务中心的建立是州委、州政府深化行政体制改革的一项重要决策，是转变政府职能、提高行政效率、优化投资环境、方便服务群众的客观需要，是贯彻十七大精神、落实科学发展观、推动“阳光政府”四项制度和建设社会主义和谐社会的一项重大举措。

州、市两级政务中心于2009年7月6日投入试运行，9月9日正式揭牌运行。中心位于芒市广场中部中缅友谊馆一楼，交通便利，总建筑面积6600平方米，工程总投资3000万元。大厅内分为州级政务服务中心、芒市政务服务中心、公共服务中心（商务服务中心）三个区域。政务中心配备了电子显示屏、电子触摸查询机、服务效率和满意度电子评价仪、视频监控系统和电子监察系统，设有房地产评估、勘测规划设计、房地产转让和出租、金融服务、照相、文印等服务机构。中心内部还备有报刊杂志、书写台、笔和纸、饮水机、休息椅等为前来办事的人员提供无偿服务。中心实行集中敞开式办公、电脑网络化操作，所有行政许可和收费事项都在公开、透明的状态下运作。

州政务服务中心为正处级工作机构，核定公务员编制9人，设主任1名，副主任1名，下设办公室、监督科、信息技术科3个科室。芒市政务服务中心为正科级工作机构，核定公务员编制8人，配备主任、副主任各1名，下设办公室、监督室、信息技术室3个股室。为把党委政府为民服务的要求真正落实到具体工作中，州、市两级纪检监察机关向中心派驻工作人员4人进行一线

2010年5月12日，云南省委常委、副省长李江到政务中心调研。

2009年9月9日，德宏州委书记赵金、州长孟必光为政务中心揭牌。

监督。

截止2010年9月30日，州和芒市政务服务中心为群众受理各类事项44.02万件，实际办结43.78万件，办结率为99.47%；接受群众咨询11.16万人次。

德宏州、潞西市政务服务中心坚持高标准要求、高起点建设、高水平管理、高效率运作，始终按照“便民、高效、廉洁、规范”的服务宗旨，不断增强服务能力，创新运作管理模式，积极探索科学有效的管理新方法，加快建立起行为规范、运转协调、公正透明、廉洁高效的行政管理新体制，努力营造在德宏办事“成本最低、速度最快、心情最好”的投资软环境，使政务服务中心真正成为联系人民群众和广大投资者的桥梁和纽带，成为打造“阳光政府”的重要平台、服务群众的“民心工程”，为实现德宏经济社会的跨越式发展发挥积极作用。

2009年9月9日，德宏州委书记赵金、州长孟必光、州人大主任余麻约等视察政务中心。

德宏州政务中心联系电话：2272720

监督电话：2272722

潞西市政务中心联系电话：2272787

监督电话：2272789

德宏州、芒市政务服务中心举行爱国主义教育升旗仪式。

2009年8月10日，德宏州、芒市（潞西市）政务中心举办政务平台电子监察业务培训。

德宏州、芒市（潞西市）政务服务中心办政厅一角

加快新型工业化步伐 实现德宏工业经济跨越式发展

——德宏州经济委员会

2009年6月18日，州委书记赵金（右二），州委常委、副州长柳五三（左二）陪同省工信委刘绍忠主任（右一）在潞西工业园区调研。

2008年8月17日，州经委闫生赞主任(左二)到企业检查指导工作。

2008年8月5日，州经委副主任岳太湘(左一)到企业检查基地建设工作。

德宏州经济委员会成立于1996年5月，现有在职干部职工40人。机关内设办公室、工业科、中小企业科、技术进步与创新科、综合科、乡镇企业科、经济运行科、法规职教科、老干科、信息中心10个科室，主要承担着全州工业经济综合管理工作。

2009年，州经委认真贯彻落实中央、省、州出台的一系列政策，按照“产业富州”战略，着力推进“工业倍增”行动计划，进一步抓协调、强服务、求发展，使工业经济工作取得了较好成绩，为全州经济社会发展作出了积极的贡献。全年全州完成工业总产值72.5亿元，同比增长26%，超计划10个百分点。全州工业增加值完成26.72亿元，同比增长26.2%。其中：规模以上工业完成增加值19.8亿元，增31.4%；主营业务收入完成48.6亿元，增17.7%；利税总额完成7.1亿元，增12.7%。主要经济指标均超额完成省下达的目标任务。

2009年，州经委被评为全州党风廉政建设优秀单位、安全生产工作优秀单位、综治维稳工作二等奖和老干部管理工作二等奖。

2009年12月15日，云南省工信委副巡视员段洪（左二）及工业园区处处长浦丽合（右三）到德宏调研园区建设情况。图为调研组在瑞丽工业园区调研。

2008年1月1日，州人大主任余麻约（右二）带领人大代表到东方硅谷公司视察。

2009年6月20日州，经委闫生赞主任（右三）陪同省工信委刘绍忠主任（左二）一行在盈江澳州坚果公司调研。

抗旱救灾捐款

2010年，全州工业经济会议在芒市召开。州委常委、副州长柳五三作重要讲话。

2010年5月31日，召开“创先争优”启动大会。

发挥优势 抢抓机遇 实现德宏招商引资持续快速发展

——德宏州招商局

2009年11月10日，云南省招商合作局杜勇局长调研德宏水牛奶发展情况。

2010年7月2日，州委书记赵金带队到浙江招商。

2003年德宏州招商局为加快德宏州招商引资工作步伐，中共德宏州委四届36次常委会决定，组建招商引资机构。2004年4月，州人民政府组建了州招商局。2010年3月，修订出台《州委州政府关于进一步加强招商引资工作的决定》、《州委州政府关于加强软环境建设的实施意见》、《州政府鼓励投资办法（试行）》等政策，实施州级实职领导、县市（区）主要领导挂钩重点工程项目制度，州级经济管理部门主要负责人招商引资目标责任制，健全体制项目后续服务督办等制度。

据统计，自2006年至2010年6月近5年间，全州实际引进国内外资金117.37亿元人民币（实际引进内资110.73亿元，实际利用外资9760.69万美元）。2010年1至6月，全州共实施国内合作项目93项，其中新增项目30项。实施项目上半年实际到位资金221060万元，省内投资项目到位96640万元，省外投资项目到位124420万元。目前，来自缅甸、日本、泰国、新加坡、马来西亚、美国、加拿大等9个国家和香港、台湾地区及国内绝大部分省区数千名投资商已成为德宏能源、农业、生物产业、旅游开发等行业的生力军，落户德宏的招商项目涉及农业、林业、畜牧业、矿业、旅游业、加工业、电力、批发零售业、房地产业等24个行业。招商引资不仅成为德宏州应对全球金融危机、推动经济增长的新引擎，并在保增长、保稳定、保民生等方面发挥了积极作用。

2010年6月7日，苏洪涛副州长在2010年昆交会期间了解招商引资工作进展情况。

2009年7月9日，工业园区招商引资课题调研组到瑞丽调研。

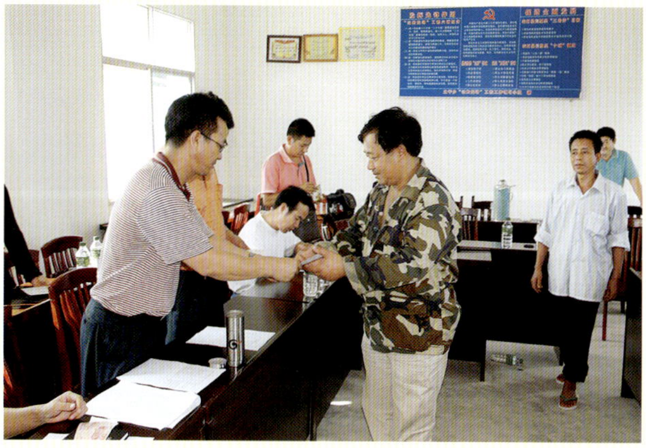

兑现扶持资金

2009年8月3日，召开在滇异地商会德宏招商引资项目推介会。

2010年8月13日，州政府召开德宏异地商会及行业协会招商引资恳谈会

德宏州林业局

2010年4月，州政协主席龚敬政（左二）调研特色林产业种苗繁育工作。

2009年10月1至4日，省人大常委会副主任杨建甲（中）率视察组视察德宏州林政工作。

2009年，德宏州林业局内设机构有办公室、计划财务科、森林防火办公室、造林绿化科、资源林政科、政策法规科等6个行政科室，下属林业有害生物防治检疫局、野生动植物保护管理委员会办公室2个参公管理事业单位和营林站、科技站、农村能源站、调查规划设计队、木康木材检查站等5个事业单位，设有云南省铜壁关自然保护区管理办公室、森林分类经营管理办公室、绿化委员会办公室、退耕还林办公室、集体林权制度改革办公室等政府非常设机构。州局直属单位有州森林公安局（副处级）、州林科所、州野生动物收容救护中心。年内，州林业局有干部职工76人，其中行政51人，公务员36人、工人6人、参公照公务员管理9人、事业单位25人、专业技术人员17人、管理人员4人、工人4人。

2009年全州共完成人工造林46.78万亩，完成计划的244.3%。完成商品材采伐量43.25万立方米，出材量29.09万立方米，生产加工木制品29.39万立方米、竹制品4120吨，销售木制品31.16万立方米、竹制品3240吨，产品销售收入5.95 亿元，上缴税金9381万元，利润总额11709万元。全州共发生林政案件1340起，其中盗伐林木14起，滥伐林木132起，违法征占用林地32起，违法运输木材1028起，非法收购经营加工木材126起，其它案件8起，查处1339起，查处率99.9%，受处罚人数1417人，为国家挽回经济损失201.14万元。全州共发生林业有害生物10.62万亩，发生率为1.21%；成灾率为0；防

2009年8月23至29日，省林业厅厅长陈玉侯（左二）深入各县市调研林产业发展情况。

2009年7月17日下午，州党政领导赵金、孟必光等带头到320国道各路段开展种植竹子活动。

治面积9.81万亩，防治率为92.37%；全州应施林业有害生物监测面积858.15万亩，实施监测率100%；全州共对954.9亩的苗木进行产地检疫，检疫率达100%，保证了造林用苗的质量；全州共调运检疫木材29.19万方、苗木68.48万株、药材9332.32吨、果品17324.36吨，收取检疫费136.59万元。全州有林业有害生物测报站点50个，其中中心测报点2个，一般测报点48个；有测报人员122人，其中专职14人，兼职108人；发布预报次数62次、137份。

2009年6月，国家造林司副司长（中）一行调研德宏森林抚育工作。

2009年12月，州人大主任余麻约（左三）调研油茶产业发展工作。

2009年12月18日，德宏州与保山市在芒市召开行政接边地区山林权属纠纷协调会。

2009年9月10日，省林业厅王德祥副厅长率省法院、检察院等部门相关人员到德宏州开展林业法律法规执行情况调研工作。

2010年3月12日，德宏州生态文明教育基地在州林业局中心苗圃正式挂牌成立。

2010年3月22日，林业系统抗旱救灾献爱心捐款。

面对严重的旱情，全州各级林业部门采取抗旱保苗措施。

2009年9月23日，全州森林采伐管理改革暨低效林改造启动会在潞西市轩岗乡芒广村举行。

全面吹响大干水利的号角　着力破解水对德宏发展的制约
——德宏州水利局

州水利局胡琦龙局长（右一）带队检查重点水利工程安全生产

梁河县给干旱缺水村寨送水

“十一五”以来，全州累计完成水利投资9.79亿元，取得了前所未有的辉煌成就。建成了潞西市勐板河小（一）型水库工程，陇川县麻栗坝大（二）型水库枢纽工程基本完工，灌溉干渠工程正在紧张施工；盈江回龙河和瑞丽市芒林中型水库、畹町红石河和梁河丛岗小（一）型水库、陇川吕门小（二）型水库等一批中小型水库先后开工建设。2010年将全面完成盈江县回龙河水库工程建设，完成瑞丽市芒林水库枢纽工程。农田水利建设成效显著。全州共新增有效灌溉面积5.09万亩，节水灌溉面积11.71万亩，建成302公里干支渠防渗工程。实施了盈江大型灌区和麻栗坝灌区续建配套与节水改造工程建设。经过努力，“十一五”以来，全州已妥善解决19.6万农村人口的饮水安全问题，提前一年全面完成农村饮水安全“十一五”规划目标任务。截至2009年12月底，全州共有大中小型水库68座，其中：大（二）型水库1座，中型水库4座，小（一）型水库19座，小（二）型水库44座，总库容31551.45万立方米。已建成塘坝171座，总库容437万立方米。堤防总长度达到384公里，其中达标堤防170.87公里，保护耕地60.255万亩，保护人口51.91万人。建成引水渠道累计达9858条，水利工程年实际供水能力95222.64万立方米。全州有效灌溉面积累计达91.59万亩，旱涝保收面积累计达到50.73万亩，节水灌溉面积累计达21.04万亩，除涝面积累计达21.66万亩。建成投产中小水电站114座，总装机容量216.39万千瓦，全年发电量767938.37万千瓦时，全州行政村通电率100%，户通电率99.68%。

建设中的盈江县回龙河水库工程

2009年10月至2010年春，全州各县市降雨量与历史同期减少109.9～160.6毫米，偏少50～70 %。由于前期降水少，导致全州主要江河流量骤减、部分小河断流、塘坝干涸、中

陇川县抽水灌溉受旱农作物

小型水库蓄水不足，发生严重干旱。据统计，全州小春农作物受旱面积45.186千公顷，因旱造成农村8.25万人、2.31万头大牲畜饮水困难，造成小春作物直接经济损失11750万元。干旱发生后，州委、州政府高度重视，广大干部群众全力以赴、众志成城，推动抗旱救灾工作取得阶段性成效。截至2010年5月底，全州累计投入抗旱人数80.031万人次，出动机动抗旱设备4.95万台次、机动运水车辆1.41万辆次，投入抗旱资金3507.5万元，累计抗旱浇灌面积32.05千公顷次，临时解决8.25万人、2.31万头大牲畜饮水困难。

正在实施的路西勐古河界河治理工程

瑞丽市芒林水库大坝封顶

瑞丽市发动群众掀起冬春修水利高潮

坚持“两个共同”主题 促进民族团结进步事业不断发展

——德宏州民族宗教事务局

德宏州民族事务委员会成立于1982年2月，1996年9月改为德宏州民族宗教事务局。设有办公室、经济科、法规调研科、文化教育科、宗教办公室。2009年底，全局在职人员24人。

2009年，全州民宗系统认真贯彻执行党的民族宗教工作方针政策，以科学发展观统领民族宗教工作，坚持各民族“共同团结奋斗、共同繁荣发展”的民族工作主题，紧紧围绕州委、州政府的中心工作，服务少数民族和民族地区经济社会发展；实施民族团结和宗教工作目标管理责任制，有效维护了民族团结和宗教和睦；实施扶持人口较少民族、特困民族发展工程建设，创建“民族团结示范村”、“兴边富民示范村”，积极探索新农村建设路子。在全州各级各类学校开展民族团结宣传教育，创建“民族团结示范学校”，在党校、民干校开设民族理论、民族政策课程；在宗教活动场所开展爱国主义和法制宣传教育，创建“和谐寺观教堂”；新闻媒体广泛宣传党的民族政策和民族团结进步先进典型，“三个离不开”的思想进一步深入人心，平等团结互助和谐的民族关系日益巩固和发展。在全国第五次、全省第六次民族团结进步表彰大会上，德宏州有1个模范集体、4个模范个人受到国家民委表彰；4个模范集体、5个模范个人受到省委、省政府表彰。

2009年12月15日，上海市副市长胡延照率团到德宏考察对口帮扶工作情况。

2009年6月26至27日，上海市卢湾区常委、副区长朱勒皓率考察团到德宏考察上海对口帮扶德昂族发展工作。图为考察团一行在卢姐萨实地考察，并再次为该村捐资20万元，建设文化活动室。

2009年1月14日，州民宗局领导、州佛教协会秘书长到陇川县慰问宗教界人士。

上海扶贫项目——搬迁新建的泸东娜村

2009年3月13日，州政府召开全州民族宗教工作电视电话会议。

2009年4月15日，德宏州第二期北传佛教僧侣培训班在芒市开班。

2009年4月15日，州民宗局举办全州基督教“两会”爱国主义法制教育培训班。

2009年1月4日，州民宗局召开全州民宗系统工作会议。

2009年10月30日，州委、州政府在芒市会堂召开全州第27个“民族团结月”座谈会。

2008年6月18日，梁河县佛教协会举行梁河勐底大金塔奠基仪式。

德宏州国家税务局

云南省国税局党组书记、局长李鸿文到德宏慰问国税干部。

2010年9月3日，州局党组书记龙晖（右）与州局局长杨家正共同研究工作。

2009年是德宏国税工作“创新发展年”。8月全系统机构改革后，设6个县、市（区）国家税务局、12个基层分局，州局机关内设12个机构，设直属机构、事业单位各2个，设机关党委办公室和离退休干部科。有在职干部职工504人中，大学本科141人，大专286人，为总人数的84.72%。

年内，受经济形势变化影响和结构性减税政策实施，税收减收明显，前3季度同比呈下滑趋势，自7月收入有所增长，特别在8月中旬后，积极响应省局党组收入“动员令”号召，狠抓税源调研分析、狠抓工作措施落实、狠抓及时足额入库，仅10月份就组织国税收入1.04亿元，同比增长70.9%，首次实现了德宏国税收入单月突破亿元的最好水平，到12月底全州共组织国税收入7.46亿元，超计划11.9%，同比增收9386万元，增14.4%，首次突破国税收入7亿元大关，确保艰难之年国税收入再上新台阶。

1月，瑞丽市局被省局命名为“文明单位”，潞西局、畹町局、陇川局、盈江局通过省局复查为合格“文明单位”；梁河县局计划征收科被省局和省妇联表彰为“巾帼文明岗”；州局机关、盈江局、瑞丽局、陇川局和畹町局5单位被州委、州人民政府授予2008~2010年度“文明单位”荣誉称号。

2009年5月27日召开学习实践科学发展观动员大会

2009年3月，州局局长杨家正与党组班子成员签订党风廉政建设责任书。

德宏州国家税务局领导班子

爱国歌曲大家唱　唱响国税文化建设主旋律

税收宣传

2009年4月21日，德宏州税务学会成立暨第一届会员代表大会隆重召开。

PICC 中国人保 中国人民财产保险

州公司领导班子：总经理杨雁翔（中），副总经理陈黎（右）、许本清（左）

2009年是人保财险系统经营转型的重要年，各级公司加强对经营过程的全面管控，并把坚持走健康可持续发展之路的理念贯穿在展业、承保、理赔和公司经营的各个环节中，始终坚持“靠坚守保阵地，靠创新求发展”的思路，按照“牢牢巩固和努力挖潜企财险，有效地开办工程险，努力推动农村农业保险，实现各险种的统筹协调发展”的思路，严格执行中国保监会批准的条款费率，坚持依法合规经营，坚持最大诚信的原则，结合中国保监会《关于进一步规范财产保险市场秩序工作方案》的精神深入推进和落实，杜绝各种违规行为的发生。在理赔方面：一是进一步加强州、县（市）两级公司执行力建设，根据上级公司按月对赔付率控制目标进行监控、督导和问责的要求，制订下发《德宏分公司赔付率控制目标监控、督导和问责制度》；二是切实加强现场查勘力度；三是全面推行远程集中拆检定损，强化核心风险点的集中管控；四是采取有效措施，加大对假赔案、骗赔案件的打击力度。全年处理各种假赔案、骗赔案件10余起，挽回经济损失60余万元。

公司领导深入现场察看甘蔗灾情

2009年，人保财险德宏州分公司结合德宏实际，扎实推进个代营销及两网建设工作。全州系统共组建

员工培训

股份有限公司德宏州分公司

团队49个，其中包括17个本部营销团队，2个城网团队，30个农网团队，合计纳入个代营销基本办法管理的销售人员有153人。截至12月底，个代营销保费收入4227.64万元，完成省分公司调整计划的140.92%。31家营销服务部共收取保险费收入1139.73万元,完成年计划的105.53%，平均产能36.76万元。全州50个乡镇中有31个乡镇设立农村保险营销服务部，网点覆盖率达到62%。

2009年，人保财险德宏州分公司实现签单保费收入10261万元，同比增长2.28%。其中：机动车辆险完成6384.7万元，同比增长8.53%；企财险完成1649.1万元，减13.32%；家庭财产险完成134.9万元,减5.24%；责任险完成154.3万元，减69.14%；工程险完成111万元，减82.79%；人身意外伤害险完成539.5万元，减29.04%;健康险完成11.9万元,减44.8%；农业险完成1160.7万元，增1071.76%；货运险完成114.5万元，增47.92%。代寿保费收入635万元，完成全年计划数150万元的423%。全年已决案件21737件，同比上升55.23%，赔款金额8669.4万元，升63.26%，其中车险已决案件15822件,赔款金额为5466.7万元；非车险已决案件5915件，赔款金额3202.7万元。

保监会主席吴定富到德宏调研。图为柳五三副州长介绍德宏情况。

提供社会公益服务，支持农运会在德宏成功举办

勘查定损

中国人寿保险德宏分公司

团结进取的领导班子

2009年，面对金融危机影响，中国人寿德宏分公司1000多名员工始终坚定信心，知难而上，克服各种困难，在德宏寿险市场上继续占据着绝对领先的市场份额。截止12月31日，公司保费收入再创新高，首次突破2亿元大关，达20963.45 万元。公司在自身获得快速发展的同时，不忘承担对客户的承诺，积极履行保险责任，当年支付死亡、伤残、医疗、满期、年金给付共6555.65万元，其中一年期短险赔款支出910.49 万元。德宏分公司以良好的经济社会效益被省公司评为全省甲类2A级公司。

关爱社会公益事业，积极回报社会。图为2010年3月1日在人寿德宏分工司捐赠建设的盈江县大寨坡中国人寿希望小学落成庆典上，盈江县人民政府向公司赠送锦旗。

一、企业年金保险业务实现零的突破。德宏分公司按照省公司的安排部署，结合当地实际，积极寻找企业年金目标客户，在多次沟通的基础上，于2009年9月2日下午，顺利召开了由公司与中国农业银行德宏州分行联合主办、德宏州劳动和社会保障局协办的首场国寿——农行“永丰”企业年金推介会。会后，公司组成项目领导小组，积极跟进，最终于年底顺利实现该项目零的突破，实现保费1172 万元。

二、学生平安保险再上新台阶。2009年6月18日，召开全州学生安全保险工作会议，会议的召开为2009年的学生平安保险业务发展统一了思想、明确了目标。至2009年9月30日公司学平险工作基本完成，共承保学生148361人，保费收入突破900万元，比上年净增200多万元，同比增长30.7%，学生平安保险工作再上一个新台阶。

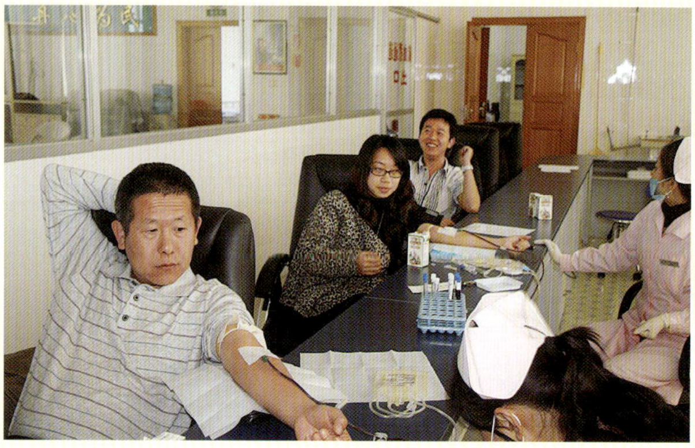

关爱生命、乐于奉献。图为公司组织员工参加献血活动。

三、保险先进村建设初见成效。2009年，德宏分公司的保险先进村建设工作紧紧围绕省公司的战略决策和发展思路，以创建保险先进村为契机，以驻村服务员为依托，以争创保险先进村为手段，充分利用有利政策支持，抢抓机遇，强势推进，同时制订“春雷行动”企划方案，加强对先进村创建活动的指导，由分公司组成5个工作组深入各县、市帮助开展创建工作，当年创建成功保险先进村23个，2年累计创建达标保险先进村29个。先进村的创建拓展了公司的服务领域，有力的支持了社会主义新农村建设。

四、处理建司以来最大一起个人理赔案件。2009年6月22日，中国人寿德宏分公司相关工作人员与陇川县政府的领导一行来到勐约乡政府，对不幸因车祸遇难的勐约乡瓦幕村村民排勒堵家属进行慰问并现场理赔。排勒堵曾于2009年4月27日在陇川县农业银行勐宛路分理处投保了中国人寿“国寿鸿富两全保险”，一次性交费15万元。2009年6月2日21时左右排勒堵因发生车祸后不治身故，中国人寿德宏分公司按条款规定给付被保险人指定的受益人身故保险金484650元。

五、开展诚信建设、树立良好司风。2009年，德宏分公司制定下发了《德宏分公司诚信我为先活动实施方案通知》，在公司系统持续开展“诚信我为先”的各项活动。年底评选出全州系统“诚信服务”标兵28人、“诚信服务明星”26人、“诚信服务先进个人”22人，在《德宏团结报》和德宏电视台上进行了表彰。

丰富多彩的业余文化生活

走街串巷，把保险送到千家万户。图为2010年3月15日公司组织员工在街头进行保险知识宣传。

中国电信德宏分公司

中国电信股份有限公司德宏分公司党组书记、总经理段勇

中国电信股份有限公司德宏分公司（简称：中国电信德宏分公司）是德宏州的主体电信企业，是德宏州信息化建设的主力军。2009年，中国电信德宏分公司成为集基础网络、固定电话、移动电话、宽带互联网、综合信息服务等全业务经营为一体的综合信息服务商。全业务运营以来，中国电信德宏分公司按照“基础网络运营商”向“综合信息服务提供商”转变的战略转型思路，坚定不移地推进聚焦客户的信息化创新战略，大力实施精确管理，优化资源配置，创新体制机制，拓宽业务范围和服务领域，以只争朝夕的精神，迈追赶跨越的步伐，不断推进全业务快速发展，公司用户规模不断扩大，综合实力不断加强。

中国电信德宏分公司已建成了四通八达、覆盖广泛和安全便捷的传输网络，拥有中缅跨境国际光缆；广覆盖、高质量和高带宽的宽带网络和覆盖面最广的3G网络，有线无线网络覆盖范围通达全州各县市城区、村寨、公路沿线、边境沿线及主要景区景点；全州3县2市行政村基本实现村村通宽带，户户通电话，为党员远程教育和农民信息化脱贫致富提供了强有力的保证，为促进全州经济发展发挥了巨大的作用。

荣获德宏州禁毒人民战争“陆空邮物”等相关行业缉毒工作先进集体二等奖

中国电信德宏分公司已经形成“商务领航”、“我的e家”、“天翼”三大客户品牌和“互联星空”、“号码百事通”等众多业务和产品品牌，品牌业务深入到政府、企业、家庭和个人。服务网点涵盖全州3县2市和所辖乡镇及村、办、社，为用户提供及时、周到的服务。

在德宏州委、州政府、社会各界的关心支持下，中国电信德宏分公司经过多年的发展，已具备了雄厚的网络实力和拥有一批高素质的专业人才队伍。公司凭借其强大的网络优势、技术优势、运营优势，在激烈的市场竞争中成功地赢得市场和客户的信赖。当前，中国电信德宏分公司正在致力于“两化”（现代化和信息化）融合，致力于政府信息化、行业信息化、企

综合信息业务体验

业信息化、社区信息化和农村信息化等的建设，加快推进德宏社会信息化的发展。通过加紧实施电子政务信息化建设，为政府部门实现“阳光政务”和“执政为民”提供业务和技术支撑；加快推进行业信息化运用，工商、教育、水文、人大行业信息化等应用已取得初步成效；全州各县市已初步建成了德宏城市报警监控系统，还建成了医院、电站、宾馆等行业多个全球眼项目；积极拓展农村信息化应用，着力打造“数字乡村”、“信息乡村”，已建成首批“电信信息村”。

民主测评

中国电信德宏分公司将进一步深入学习和实践科学发展观，积极实施聚焦客户的信息化创新战略，坚持“用户至上、用心服务”的服务理念和“追求企业价值与客户价值共同成长”的经营理念，以德宏州信息化建设为己任，实施战略转型，凭借雄厚的信息网络资源，加快推进“中国面向西南开放的信息通道建设”，为德宏州全力打造“一个节点、三个基地、三个平台、三个窗口”做好长期的技术和业务支撑服务，为把德宏建设成为中国向西南开放重要桥头堡的黄金口岸做出积极的贡献！

德宏分公司领导座客“德宏热线”与用户沟通交流

整洁明亮的电信通信机房

天翼卖场开业

2009年9月26日，庆祝建国60周年职工文艺汇演。

美好生活　因移动更精彩

中国移动云南公司德宏分公司

2010年2月2日，省公司权明富总经理到服务厅视察。

中国移动德宏分公司以全省移动通信工作会议精神为指导，认真贯彻落实科学发展观，围绕“新客户、新话务、新业务”不断拓展市场；按照省公司统一部署，稳步推进TD建设；认真组织实施中国移动“136信息富民村”工程，大力实施片区化管理，狠抓乡镇村级服务站建设落实工作，不断提升客户满意度。公司继续保持了良好的发展势头。年末交换机容量达96万门，基站500余个，在网客户突破68万户，业务收入突破3亿元，通信能力和通信实力得到进一步增强，保障了举行各项重大活动的通信畅通。

进一步巩固了“省级文明单位”、“州级文明行业”称号，荣获德宏州委“2009年度落实党风廉政建设责任制优秀单位”、“2009年度综合维稳工作一等奖”。

2009年12月20日，省公司副总经理李锋到德宏分公司调研农村市场。

2009年12月23日，实施三级经理竞聘。

2009年1月19日，公司领导与荣获先进集体代表合影。

2010年2月1日，省公司总经理权明富到德宏分公司慰问退休职工。

2009年4月7日，召开经营分析会。

2009年2月19日，签订党风廉政建设责任书。

员工积极参加无偿献血

2010年春节联欢。图为梁河分公司表演舞蹈《阿昌人民唱新歌》

移动通信基站

德宏州宏康投资开发有限公司

德宏州宏康投资开发有限公司于2005年3月1日经德政复[2005]10号《德宏州人民政府关于拟建德宏州宏康投资开发有限公司的批复》成立，是州人民政府授权经营国有资本运作的国有独资公司。公司隶属州人民政府，由州发展和改革委员会代管，为独立核算、自主经营、自负盈亏、依法纳税的法人实体;经营范围为基础设施项目投资、基础产业项目投资、支柱项目产业投资、州政府决定的项目投资及开发建设；注册资本为1亿元人民币（电力股权），现已达2.4亿元。公司现任法定代表人赵建平，有在职上岗人员9人。公司自成立以来先后支持了公路、教育、卫生及城市基础设施建设项目，贷款总额为9.93亿元，使用国家开发银行贷款项目17个，总投资118,413万元，其中向国开

2009年8月6日，州政府领导向国家开发行云南省分行汇报工作情况。图左起为宏康投资公司董事长赵建平、州长孟必光、州政府副秘书长李舟宇、宏康投资公司总经理邓雨田。

行贷款53,300万元，资本金43,955万元，其他资金21,158万元。用于公路项目3个，贷款金额1.09亿元；城市建设项目3个，贷款金额7,300万元；教育基础设施及配套项目7个，贷款金额29,600万元；医疗卫生建设项目3个，贷款金额5,000万元；农业产业化项目1个，贷款金额500万元。使用农业发展银行贷款资金46,000万元，用于潞西至梁河二级公路建设项目。公司成立以来，认真履行借款合同的各项义务，按时偿还贷款本金及利息，树立了良好的信誉和企业形象。

德宏州宏康投资公司作为州人民政府的投融资平台，通过5年多的经营取得了较好的成绩，发挥了投资主体作用，拉动了固定资产投资增长；通过积极发挥融资平台作用，筹集资金保障德宏州重点建设资金需求；通过公司的资信建设，为德宏树立了良好的信用形象；通过加强经营管理，实现了公司资产的不断壮大，增强了企业实力，获得了较好的效益；通过加强国有资产的监管，促进了国有资产的保值增值。

2010年州人大调研组到陇川寄宿制学校调研

2008年4月23日，国开行省分行洪兴副行长到遮陇公路检查指导工作。

贷款建设项目（芒市医院住院部）

户宋河发电有限责任公司

人大视察

德宏州户宋河发电有限责任公司位于盈江县太平乡（原芒允乡区域）和铜壁关乡境内，距县城平原37公里，是大盈江右岸的一级支流，为户宋河梯级开发中的二级电站。户宋河电站经省计委、省建委批准，投资21000万元，于1993年5月1日开工，1997年1月24日3号机组并网发电，4月21日2号机组并网发电，6月30日1号机组并网发电，担负全州电网的调频、调峰、灌溉任务，为电网中的骨干电厂。水库总库容为8055万立方米，有效库容6910万立方米，装机容量为3×21千瓦，年利用4372小时，年均发电量为2.723亿千瓦/小时。其发电尾水可改善和提高户宋河北沟1.6万亩农田

2009年8月2日，德宏户宋河发电有限责任公司召开第四次股东大会。

2009年4月29日，举办“五·四”纪念活动。

电站大门

变电设备

生产车间

程控中心

的灌溉保证，还可兴建户宋河南沟，增加灌溉面积2.5万亩；雨汛期经水库调蓄洪水，使下游6000余亩农田免遭洪水灾害，还能适度降低大盈江峡谷段的臃水高度，减轻盈江坝区26万亩农田的洪水威胁，调节水库蓄水面积达7.96平方公里，能有效调节地区小气候，又能增加休闲旅游景点。

历经三次改革，该公司有在岗职工89名（含5名临时工），其中大专学历9人，高中、中专学历70人，设置机构：综合服务部、财务部、发电运行部、安全生产技术部、水工部。公司坚持“德宏电力，竭诚为民”的宗旨，强化企业管理，做到安全第一求发展，努力创行业一流业绩，为构建和谐团队、和谐企业做出贡献。2010年，该电站荣获云南省总工会、德宏州总工会“工人先锋号”称号。

董 事 长：邓雨田
总 经 理：申云德
党支部书记：周国山
工会主席：杨宏卫

凯邦亚湖水库

德宏州医疗集团

团结进取的领导班子。从左至右：何明庚、沈赵留、赵文胜、李宗禹、张益俊

2001年12月15日，卫生部马晓伟副部长（左三）视察州医院。

2006年集团出资发展的扶贫项目（姬松茸种植）

开展送医送药活动

职工踊跃参加无偿献血活动

德宏州医疗集团于2002年4月3日由德宏州人民医院、德宏州中医医院、德宏州紧急医疗救援中心三个成员单位联合组成，为德宏州人民政府主办的正处级非营利性医疗机构。2009年集团共有编制科室54个（含人民医院、中医医院），其中，管理及职能保障科室16个，人民医院临床、医技科

青年志愿者街头义诊

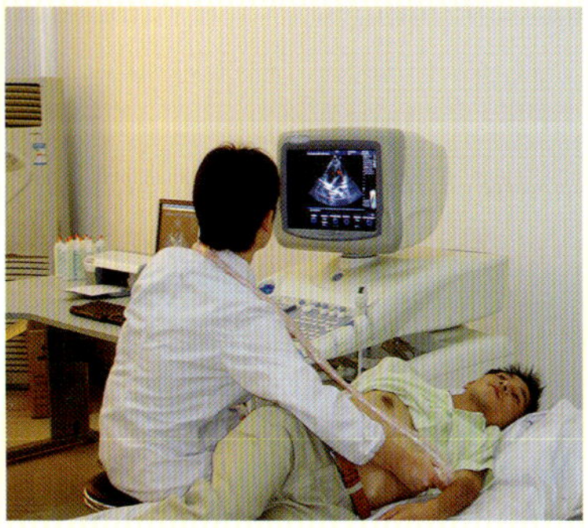

美国产彩色超声

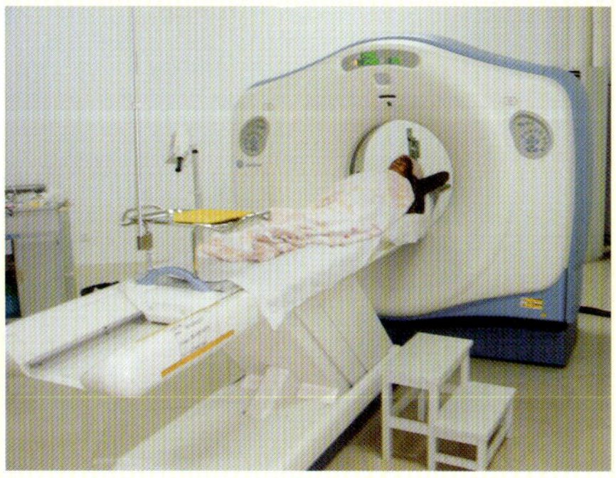

8层螺旋CTD

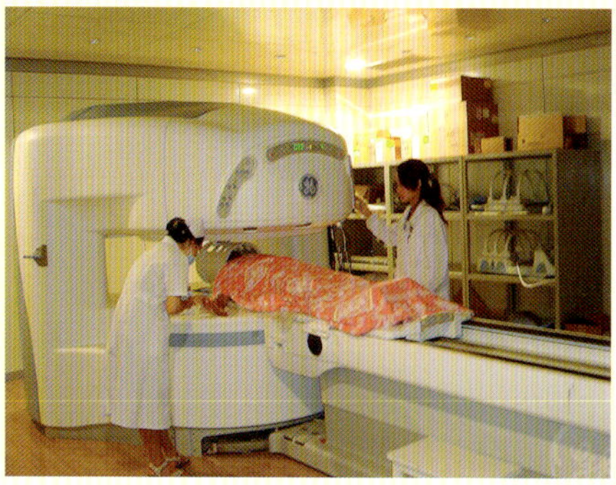

磁共振成像

室26个，中医医院临床科室7个及德宏州民族医药研究所、德宏州紧急医疗救援中心、德宏州医疗集团人民医院宁养院，编制外科室为德宏州医疗集团司法鉴定中心，下属企业为工会职工服务中心。编制床位480张，实际开放床位608张。2006年，州医疗集团投资5251万元兴建的人民医院15层现代化外科住院大楼投入使用，内有高标准麻醉科洁净手术室8间，每年可开展手术5000-6000台次，从根本上改善了集团的外科住院条件；医疗设备固定资产总值5746万元，医学影像科配备有利用外国政府贷款250万美元新引进的0.35T磁共振、8层螺旋CT、悬挂式C臂、彩色超声诊断仪等国内外先进设备，为临床诊疗技术的提高提供了重要保障；2009年计划耗资1.1亿元的新内科住院大楼建设项目破土动工。

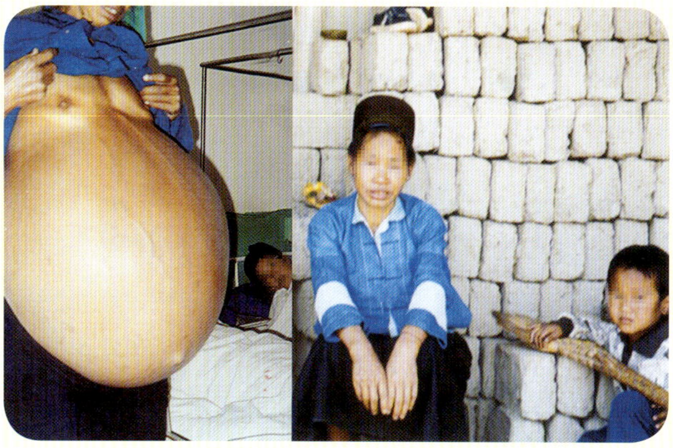

外一科成功切除35千克重子宫平滑肌瘤

德宏州医疗集团结合行业特性，长期坚持以各种形式热情服务社会、努力回馈社会，先后开展送医下乡、宁养服务、三聚氰胺奶粉婴幼儿筛查、青年志愿者服务、无偿献血等，在防治非典型肺炎、甲型H1N1、手足口等传染性疾病，以及抗震救灾等一系列突发卫生救助事件中做出积极贡献，并获得上级组织授予的多项荣誉和社会各界的广泛好评。其中：2009年集团人民医院宁养院收到感谢锦旗18面，荣获李嘉诚基金会颁发的“人间有情”金币奖和全国宁养办授予“最努力的宁养院及最佳司机”奖，并评定为“三星级宁养院”；2007年集团团委青年志愿者服务组织获共青团云南省委及省青年志愿者协会授予“云南省优秀青年志愿者服务集体”称号，2008年获共青团中央授予“全国百个优秀青年志愿者服务集体”荣誉；2000年至2009年期间，医疗集团获州科技进步奖40项，其中一等奖4项、二等奖7项、三等奖29项。

外科住院大楼

德宏公路路政管理支队

2008年7月7日，德宏州副州长柳五三为德宏路政支队揭牌。

2009年11月10日，副州长马闻召开路政工作现场会。

2010年6月10日，州路政支队队长尹安尧（右一）到现场清理违法占用公路用地。

德宏公路路政管理支队于2009年5月26日正式挂牌成立，其前身是德宏交通规费征收稽查处（之前是芒市公路养路费征收稽查所）。德宏公路路政管理支队地处潞西市芒市大街54号，是云南省交通运输厅公路路政管理总队的下属，系省直管的交通行政执法事业单位，承担辖区内高速公路、国道、省道的公路路政管理工作。

根据省交通运输厅《云南省公路路政管理总队组建工作方案的通知》（云交人〔2009〕280号）精神，德宏认真贯彻落实云南省公路路政管理总队组建工作动员会议上的讲话精神，由原德宏交通规费征收稽查处53名职工与芒市公路管理总段41名路政员共同组建成立德宏公路路政管理支队。该支队共有职工94名，其中党员36名，占职工总人数38.3%；35岁以下38名，占40.4%；大专以上72名，占76.6%。

支队机关内设办公室、政工科、资财科、路产管理科、超限运输管理科、科技科、执法监督科7个科室。下设5个公路路政管理大队：潞西公路路政管理大队、瑞丽公路路政管理大队、陇川公路路政管理大队、盈江公路路政管理大队、梁河公路路政管理大队。支队管辖区内国道和省道公路里程为881公里，其中潞西大队284.6公里，瑞丽大队135.5公里，陇川大队180.9公里，盈江大队177.2公里，梁河大队103公里。支队成立以来，积极有效地查处违法违章开口、建筑、埋设管线、乱砍行道树的行为，全州发生路政案件124起，处理124起，查处率100%，收回损坏路产赔（补）偿费191062元。

召开职工代表大会

路政宣传

对商贩进行《公路法》及相关条文宣传

对广大车户进行超限宣传教育

开展路政宣传

处理肇事案件

第一时间处理地质灾害

对运输车辆进行检测

德宏州侨联侨办

2009年6月7日缅甸华商商会到德宏进行考察访问

2009年5月30日，瑞丽市政府与旅缅仰光云南会馆商务考察团签订投资建设瑞丽珠宝翡翠玉石文化园项目，该项目的签约将为瑞丽市打造“东方珠宝城”迈上新台阶。

2010年5月11日，缅甸华商商会投资4.5亿元建设瑞丽“东南亚商住城”项目已进入实施阶段

1951年云南省侨务处在畹町建立侨务工作站。1953年德宏傣族景颇族自治州成立后，州人委设侨务科。1996年4月至2001年11月，州侨务办公室与州归国华侨联合会合署办公，两块牌子一套班子，负责主管全州侨务工作，归州委、州政府双重管理，下设秘书科、经济联络科。2001年11月至2005年3月，成立德宏州外事侨务办公室，归州政府管理，下设秘书科、外事科、侨务科。州侨联单列。2005年3月，撤消州外事侨务办公室，分设州外事办及州侨办侨联，州侨办侨联合署办公，实行两块牌子一套班子，下设国内科、国外科。截止2009年上半年，全州共有专职侨务干部36人，其中州级8人。德宏州归国华侨联合会于1984年12月22日成立，现全州共成立归国华侨社团组织16个。

德宏州是云南省重要的侨乡之一，2009年末，全州有归侨19507人，侨眷36165人，海外侨胞70865人，港澳同胞及其眷属758人，共有侨务对象127295人，占全州总人口的12%。海外侨胞主要分布在缅甸、泰国、越南、老挝、印尼、印度、马来西亚、新加坡、菲律宾、美国、法国、新西兰、加拿大、日本、英国、丹麦、香港、澳门等25个国家和地区。全州共有新移民人数105人，主要移居在美国、加拿大、丹麦、日本、新西兰、俄罗斯、法国、南非、香港、澳门等地区和国家。全州有盈江县昔马镇、太平镇，潞西市勐嘎镇、江东乡等4个著名侨乡。

现全州有侨资企业49家（其中盈江县16家，潞西市及州直8家，瑞丽市23家，畹町2家），注册资金人民币3010万元，美元4196.82万元，港币120万元。投资涉及加工业、房地产开发、进出口贸易、旅游宾馆等行业。

全州有侨属企业18家,投资总额3355万元人民币。主要经营进出口贸易、边贸加工业及服务业。

改革开放以来全州共接受海外侨胞及港澳同胞捐赠1605.7 万元人民币，项目185个。其中捐助教育事业项目83个，资金800万元，捐助卫生、社会福利等公益事业项目102个，资金805.7万元。全州侨务部门认真实施“侨心工程”、“侨爱工程”项目，争取了美国妈妈联谊香港福慧基金会、香港两地一心慈善机构、美国唐氏基金会、西澳中华会馆、香港应善良基金会等海外爱国侨团对我州公益事业的大力支持。

2008年争取了缅甸华商商会投资4.5亿元的瑞丽“东南亚商住城”项目；2009年5月缅甸仰光云南商务考察团及缅甸华商商会到德宏州进行项目考察，就建设瑞丽珠宝园项目达成投资金额共3.5亿的意向，目前珠宝园项目已正式签约，侨务部门招商引资工作取得积极进展。

德宏州烟草专卖局（公司）

德宏州烟草专卖局（公司）成立于1989年7月，下辖潞西、瑞丽、陇川、盈江、梁河5个县级烟草专卖局（分公司）和德宏州烟草专卖局姐告边境贸易区烟草专卖直属分局，以及瑞丽新凯通酒店管理有限责任公司1个控股公司，有从业人员235人。2009年，公司被评为云南省烟草专卖局卷烟销售和网建工作先进单位、云南省烟草公司系统2008—2009年度会计信息质量先进单位。

省局高副总经理在盈江县调研烤烟种植生产工作

2009年，辖区销售卷烟195433万支（39086.6箱），同比增长3.28%；实现“两烟”销售收入50578万元，增17.74%，其中实现卷烟销售收入49720万元，增15.74%；实现“两烟”税利9320万元，增27.69%（其中实现卷烟税利9300万元，增27.41%；实现“两烟”利润5106万元，减少3.8%）。实现零售户入网率100%，网上订货率达到90%以上。

2009年，国家烟草局张保振副局长、省局余云东局长在姐告边境贸易区免税商店视察。

全年全州查处涉烟违法案件216起，查获假冒卷烟253.22万支，查获非法烟叶2.82吨，罚没款合计13.157万元（含变价款）；移送公安机关涉烟案件19起，公安、司法机关依法刑事拘留48人，逮捕17人，判刑10人；全年共破获制售假烟网络案件1起，案值140万元。

2009年全州共种植烤烟2120亩，收购烤烟5174.36担，收购均价为12.69元/千克。实现烟农收入328.31万元，同比增加328.31万元。主要采取大户适度承包土地进行规模化种植形式，共涉及4户大户种植烤烟，烟农户均收入82.08万元。

执法人员耐心为前来咨询的群众解答疑问

2009年，州烟草局局长赵强查看烟田。

神秘瑞丽江

瑞丽江傣语称为南卯江，意为“白雾笼罩的河”。因瑞丽傣语称为勐卯，所以也叫勐卯江，历史上又叫麓川江。瑞丽江发源于腾冲县境内高黎贡山西侧的分水岭，最后流入缅甸境内，汇入伊洛瓦底江。瑞丽江在瑞丽境内长53公里，时而穿行于境内，时而沿边境奔流成为界河，两岸坝子平坦，土地丰肥，气候温暖湿润。顺江面漂流，可以饱览别具一格的中缅两国傣族村寨及缅甸的木姐市和南坎县。

野渡无人舟自横

江边别墅

捕日

暮归

2009芒市泼水节

开幕式

州委书记赵金与傣族群众翩翩起舞

德宏年鉴

2010

（总第19期）

德宏民族出版社

图书在版编目（CIP）数据

德宏年鉴（2010）/德宏州史志办公室 编 - 德宏：德宏民族出版社，2010.9

ISBN 978-7-80750-366-8

Ⅰ.德… Ⅱ.德… Ⅲ.德宏傣族景颇族自治州—2010—年鉴 Ⅳ.①Z527.42

中国版本图书馆CIP数据核字（2010）第189607号

书　名	德宏年鉴（2010）		
作　者	德宏州史志办公室 编		
出版·发行	德宏民族出版社	责任编辑	方 萍 舒生跃
社　址	潞西市勇罕街1号	责任校对	赵 湘
邮　编	678400	封面设计	陈德寿 杨星明 田启云
电　话	0692-2111881 2112886	排　版	李维冉 朱晓虹
网　址	www.dmpress.cn	印　刷	昆明鹰达印刷有限公司
开　本	大16	版　次	2010年9月第1版
印　张	39.75	印　次	2010年9月第1次
字　数	1000千	印　数	1-1200
书　号	ISBN 978-7-80750-366-8/Z·124	定　价	120.00元

德宏州地方志编纂委员会

顾　　问　赵　金　余麻约　龚敬政　唐文祥　柳五三　田大余　马福朝
　　　　　杨跃国　郭志德　番跃平　李燕兰　赵镇康　何汝利

主　　任　孟必光

副 主 任　孔勒干

委　　员　周湛鸿　侯　胜　岳麻空　袁少全　俄　吞　刘新光　刀保信
　　　　　陈德寿　王　梅

总　　编　陈德寿

副 总 编　杨星明　张保和

《德宏年鉴》编辑部

特约顾问　匡大一　张建章

执行主编　田启云

执行副主编　龙路云

编　　辑　线智林　吴志存　胡筠燕　金　陆

编　　务　罗　敏　朱近华　线朝兰　陈　伟

目录翻译　龚　珊

《德宏年鉴》图片提供

州政府办、孔雀之乡网站、德宏之窗网站、瑞丽市委宣传部

德宏州人民政府公众信息网、吴贵均、张勇、寸绪纯、杨帮庆

《德宏年鉴》撰稿人员名单

（按出现先后顺序排名）

赵　金	孟必光	柳五三	孔勒干	蔡四宏	沙玉庄	杨跃国
刀晓瑞	党文军	帅罕罗	杨世庄	李正环	王明山	卫　岗
王绍山	李　娟	张建章	李志祥	聂茂华	陈友莉	张红俊
何家松	段　滨	尹丽莉	谷泉音	张　健	毕　鸣	舒　平
王建玲	母保生	李晓全	赵俊峰	尚正宠	杨恩杰	早兴生
闫自卫	王继华	李志远	崔继华	罗洪启	郑碧锋	兰　军
张立宪	郭　静	陈　敏	汤文耀	高芝红	李品春	张　旭
李宗旭	龙凤莲	黄益民	宁显流	李　钢	鲍　平	杨　洁
杨星明	杨新荣	何文忠	伍振华	陈艳红	甫如明	杨世洪
杨丽芬	熊尚前	李加强	王菊芬	李同艾	杨秋萍	杨清志
吴　翔	郑海洪	董履梁	朱　坚	赵兴荣	姜　英	余胜连
项保英	王　浩	李其胜	邵建萍	黄　蕊	吴陈刚	杨　芳
明碧琳	谢志坚	尹丽芳	李玉和	刘会娟	囊恩永	思安玲
哏留强	朗昌辉	李　玲	林念兰	思治明	管有恒	王建玲
尹朝红	蒋程春	般昌荣	张国君	陈裕江	王昌省	杨新磊
左爱萍	杨庆东	王德久	何瑞萍	曹勤宗	邓俊华	岳志刚
孔维福	尹祖杏	黄春梅	陈玉田	赵新宏	章涤飞	孟令印
曾　志	黄学荣	伍　斌	王　政	冯艳萍	王　羽	李　斌
钟　珊	蒋志刚	王建文	陈应华	杨恩才	余祖凡	杨惠萍
徐品飞	曹　英	王　涛	李　黎	沈福英	革加宽	雷存娣
蚌德启	乔小新	杨　涛	杨惠玲	郑加强	杨中林	朗恩存
黄　斌	何本华	龚登亮	蒋丽茜	王华明	林国钦	曾广济
乐潮洲	尹兆全	胡　晓	罗怀建	安顺川	赵春玲	阮金平
许琼芬	冯家柒	李荣章	黄邦发	郑利军	刘金华	赵建忠
张正永	孙　玲	李傣静	陆　勇	杨菊芬	胡　斌	李建昌
思院章	杨忠明	寸　华	田启云	尹富才	李勒干	杨恩海
王兴惠	吴瑞萍	李松亮	寸丽萍	杨　臣	刘富雄	王贵云

编 辑 说 明

一、《德宏年鉴》是德宏州人民政府主办，由州史志办公室年鉴编辑部编辑出版的综合性地方年鉴。它全面系统地记载了上年德宏经济和社会发展的主要情况，为读者了解德宏、建设德宏提供了翔实的信息资料。本期为第19期，向国内外公开发行。

二、本书采用原创新体式分类编辑法，由特载、专文、州情概览（综述条目）、大事专题（专题条目）、附录5块组成。州情概览设州概况、县（市）概况和州农垦分局概况。州概况由地理、历史、民族、宗教、民族节日、党政机构、经济简述、社会生活、年内大事、领导干部名录10个分目组成；县（市）概况及农垦由地理、历史、社会、年内大事和领导干部名录、乡镇概况一览表6个分目组成。条目是本刊的主要载体，以黑体字加【】号作为标题。为保持综述条目与专题条目的有机联系，采用了互见法，以解决一个系统的综述与专题割裂的问题。

三、稿件由德宏州相关职能部门提供，并经承撰单位领导审核。其主要数据以德宏州统计局提供的数据为准。为减少重复，本刊精减了部分部门、行业的统计表，并删除了附录中的年度统计资料选编。

四、本刊在卷首设中英文目录，卷尾设主题分析索引，索引按笔画、音序两种方法排列，以方便读者查阅。

五、《德宏年鉴》得到各界人士的关爱与帮助，特此表示感谢！由于成书仓促，本书在编纂质量方面仍存在不足，恳请广大读者多提意见，使《德宏年鉴》越办越好。

德宏年鉴编辑部

目　　录

特　　载

专　　文

州情概览

潞 西 市

瑞 丽 市

梁 河 县

云南省农垦集团有限责任公司德宏分公司

大事专题

党　政　机　构

人 民 团 体

军 事

政 法

经 济 管 理

贸　　易

口 岸 管 理

海 关

出入境检验检疫

边防检查

工　业

旅　游

交　通

邮 电

农 业

蔗　　糖

林　业

水　利　水　文

财　税　金　融

保　险

国 土 建 设

环 保

教 育

科　　学

自然科学

卫　　生

体　育

社 会 生 活

附　　录

Main Contents

Special Contains

Monographs

Overview of Dehong Situation

Dehong Dai and Jingpo Autonomous Prefecture

Luxi City

Ruili City

Longchuan County

Yingjiang County

Lianghe County

Yunnan Farm Group Co, Ltd Dehong Branch (Dehong Farm Branch)

Special Events

Party and Government Institutions

People’s Organization

Military

Political Science and Law

Forestry

Water Resources and Hydropower

Financial

Tax

Local taxes

Insurance

Land Construction

Environmental protection

Education

Science

Natural Science

Social Sciences

Culture

Health

Sports

Social life

Appendix

特　　载

抢抓机遇　奋勇争先
努力开创德宏科学发展新局面

——2010年1月12日在中共德宏州委五届十一次全体（扩大）会议上的报告

中共德宏州委书记　赵　金

同志们：

这次全委会的主要任务是：深入贯彻党的十七届四中全会、中央经济工作会议和省委八届八次全会精神，以科学发展观为指导，全面总结去年工作，安排部署今年任务，动员和组织全州广大党员干部和各族群众，在新的历史起点上，抢抓机遇、奋勇争先，努力开创德宏科学发展新局面。

下面，我受州委常委会委托，向全委会作工作报告。

一、转危为机、迎难而上，全州经济社会实现平稳快速发展

2009年经历极不寻常，成绩来之不易，是值得认真总结的一年。面对严峻复杂的形势，我们在省委、省政府的坚强领导下，紧紧抓住中央和省委、省政府出台一系列扩大内需促进经济增长政策措施的重要机遇，紧密结合德宏实际，果断采取有力措施，积极应对国际金融危机，化压力为动力，变危机为机遇，团结带领全州各族干部群众以排除万难的勇气、坚韧不拔的斗志、昂扬奋发的干劲，千方百计保增长、竭尽所能保民生、全力以赴保稳定，全州各项工作取得了可喜成绩，经济发展跃上了一个新台阶。

全年生产总值、固定资产投资双双突破百亿元大关。预计全州生产总值实现115亿元，同比增长15%，增速高于全省3个百分点，居全省前列，是近20多年来增速最快的一年。完成固定资产投资总额100.9亿元，同比增长31.5%；实现农林牧渔业总产值51.5亿元、工业总产值72.5亿元，同比增长9.5%和26%；实现财政总收入17.23亿元，同比增长17.3%，其中财政一般预算收入9.83亿元，同比增长10.9%；实现社会消费品零售总额46亿元，同比增长20.5%；完成外贸进出口总额7.5亿美元，同比下降1.5%，降幅逐月缩小；城镇居民人均可支配收入达12558元，同比增长9.7%；农民人均纯收入达2831元，同比增长16.1%。全州呈现出经济发展、社会进步、文化繁荣、民族团结、边疆安宁以及生态文明建设和党的建设全面加强的良好局面。

（一）深入开展学习实践科学发展观活动，科学理论武装头脑进一步强化

按照中央和省委的要求，结合德宏实际，提出“实现一个目标、开展两项活动、抓好三个结合、强化四个着力、突出五个重点”的工作思路，认真组织实施，形成了一级抓一级、层层推进学习实践活动的良好局面。全州第二批学习实践活动共有410个参学单位19680名党员参加并圆满完成；正在开展的第三批学习实践活动共有759个参学单位30642名党员参加。在开展学习实践活动中，强化理论武装头脑，着重抓了两方面工作：一是要求县处级领导干部“在学习原著上下功夫，在领会精神上求实效；在结合实际上下功夫，在运用操作上求实效”。二是针对全州各族干部群众在工作和生产生活中普遍使用民族语言进行交流的实际，采取“五用”措施，使科学发展观的深刻内涵和精神实质深入全州各族干部群众心中，成为指导实践的思想武器和推动发展的强大动力。通过开展学习实践活动，进一步深化了对州情的认识，全州经济社会发展和党的建设思路更加清晰，重点更加突出，目标更加明确，措施更加有力，成效更加明显，有力地促进了经济社会又好又快发展。实践证明，州委确定的思路体现了科学发展观，符合中央和省委的要求，符合德宏的实际，符合全州各族人民的根本利益，得到了广泛认同，形成了全州各族人民的共识和自觉行动。

（二）全力推进重大项目建设，固定资产投资规模进一步扩大

坚持一手抓项目争取，一手抓项目落地，抢前期、抢立项、抢开工、抢进度，切实做到思路项目化、项目工程化、工程操作化、操作数字化。全州共争取到中央新增投资项目279个，项目开工率达100%。共有施工项目1236个，其中，5000万元以上94个，同比增加24个；亿元以上44个，同比增加9个。芒市机场扩建完工，腾陇、潞梁二级公路开工建设，大瑞铁路、龙瑞高速公路前期工作进展顺利。瑞丽口岸查验货场工程即将竣工，我省国家投资的第一个口岸通道建设项目—章凤口岸建设完工并投入使用。实施农村公路基础建设项目206个，预计完成投资3.9亿元。麻栗坝水库、龙江水电枢纽、大盈江梯级电站等重大水利水电工程项目以及教育、卫生、文化、环保、危房改造、城市供水管网等一批民生工程建设项目进展顺利。加大农田水利基础设施建设力度，共完成农田水利建设投资3.03亿元。

（三）继续加大“三农”工作力度，农业农村经济进一步发展

坚持围绕稳粮食、促增收、强基础、重民生，认真落实强农惠农政策，加大对“三农”的投入力度，农业和农村经济稳步发展。开展了百亩核心区、千亩示范园、万亩辐射带粮食作物“百千万”高产示范区建设，带动全州粮食大面积平衡增产，全年粮食总产量54.83万吨，同比增长19.2%，创历史最高水平。完成中低产田地改造1.07万亩、中低产林地改造26.1万亩。冬季农业开发效益显著。甘蔗生产运行平稳。现代烟草农业快速发展。畜牧业不断壮大。农村沼气清洁能源进一步得到推广和使用。认真落实各项支农惠农政策，共兑付涉农补贴1.5亿元，农民人均所得补贴167元。新农村建设取得新成效，全年实施省、州、县三级试点村建设223个，共投入建设资金2.8亿元。农村群众的生产生活条件和乡村的文明程度进一步改善，农业农村好形势得到巩固和发展。

（四）大力实施“五个百亿元工程”，产业结构进一步优化

按照发挥优势，科学规划，把握重点，突出特色，打造亮点的思路，坚持有所为有所不为的原则，集中人力、物力、财力，全力推进特色产业加快发展。一是大力实施生物特色产业百亿元工程。在整合巩固提升粮食、蔗糖、茶叶、橡胶、畜牧等传统产业的基础上，认真筛选，确定并大力发展具有德宏特色和比较优势的竹子、咖啡、坚果、柠檬、油茶、核桃“六棵树”和番麻“一棵草”，全州新增生物特色产业种植面积46.06万亩，已建和在建加工生产线10条。二是大力实施水能电冶工业百亿元工程。完成水电投资36.2亿元，大盈江四级电站等17座水电站建成并投产发电，全州新增装机容量94.91万千瓦，年发电量达76.1亿千瓦小时，同比增长93.3%。大力发展水电矿结合的清洁载能工业，德宏东方硅谷年产8000吨的一号炉点火生产。三是大力实施旅游文化产业百亿元工程。加大全州旅游资源整合力度，组建了德宏旅游集团，新编制了全州旅游规划，成功举办了第九届中缅胞波狂欢节。孔雀湖民族文化体育康乐谷、景成地海温泉度假村等一批旅游项目顺利推进。全年完成旅游业总收入37.8亿元，同比增长11%。四是大力实施珠宝玉石产业百亿元工程。成功举办了2009′中国（昆明）东盟石博会德宏珠宝文化宣传周活动和第二届中国·瑞丽国际珠宝文化节，与中央电视台合作举办了“寻宝—走进芒市”电视宣传活动，盈江、瑞丽两个翡翠玉石毛料公盘相继开盘运营，芒市珠宝小镇项目开工建设。全州已建成八大珠宝玉石交易市场，全年进口玉石毛料达2000余吨，珠宝玉石年贸易额超过56亿元。五是大力实施对外贸易百亿元工程。积极采取促进对外贸易的有效措施，大力拓展国外市场。加大农机、摩托车等机电产品和珠宝玉石、农副产品、木材等进出口力度。积极实施“走出去”战略，执行对外承包工程项目合同总额达8396万美元，完成境外罂粟替代种植面积43.16万亩。成功举办了第九届中缅边交会，规模和影响进一步扩大。全州对外贸易出口自5月开始实现扭降为升，进出口总额基本与上年持平。

（五）坚定不移推进改革开放，经济社会发展活力进一步增强

启动了新一轮政府机构改革，行政审批制度改革取得实效，责任政府等四项制度扎实推进，“阳光政府”四项制度全面实施，州政务服务中心建成并投入运行。积极推进司法体制改革。继续深化农村综合改革，集体林权制度主体改革工作基本完成，确权率、发证率和矛盾纠纷调处率均达96%以上。文化体制改革和专业艺术院团改革工作继续推进。事业单位人事制度和职称制度改革进一步深化。中小学教师绩效工资改革全面推进，中等教育改革发展各项措施得到落实。农村卫生改革继续深化。对内对外开放步伐加快，完成了瑞丽、畹町、章凤、盈江四个口岸经济区总体发展规划，口岸管理水平、服务质量和工作效率不断提升。对外联络工作进一步加强，成立了北京联络处。招商引资取得明显成效，其中引内资35.9亿元、外资1324.42万美元。“万村千乡”市场工程建设步伐加快，城乡市场持续繁荣活跃。

（六）加快发展社会文化事业，保障和改善民生工作进一步加强

万涓细流汇成大海，件件小事合成大事。我们不断加大改善民生力度，全年共投入农村义务教育保障经费补助资金1.4亿元，农村小学和初中学生公用经费分别由225元和375元提高到300元和500元，“两基”成果进一步巩固，教育教学质量进一步提高，州民一中高考取得历史最好水平。科技运用能力明显增强。全力抗击甲型H1N1流感疫情，覆盖城乡居民的公共卫生和基本医疗制度进一步完善，食品药品安全工作成效显著。人口和计划生育工作扎实开展。宣传事业取得明显进步，制作专题节目280个，营造了良好的社会舆论氛围，提高了德宏的知名度和美誉度。切实帮助困难群体和零就业家庭解决就业困难，失业率控制在4%以下。扩大了基本养老、医疗、失业、工伤、生育等社会保险覆盖面。廉租房建设全面开工，实施了一批城镇经济适用房、易地搬迁和安居工程。对221个贫困村实施“整村推进”，“整乡推进”试点工作正式启动，全年减少贫困人口3.4万人。认真贯彻落实促进少数民族和民族地区发展的各项政策措施，积极实施新三年“兴边富民工程”和边疆解“五难”惠民工程，加大扶持人口较少民族工作力度，加快民族地区经济社会发展步伐。各级财政投入资金4.35亿元，全面完成了地震灾区民房恢复重建任务，建设了一批集民族特色、产业发展、精神文明、生态文明于一体的边疆社会主义新农村示范点。

（七）积极发展社会主义民主政治，安定和谐的政治局面进一步巩固

坚持党的领导、人民当家作主、依法治州有机统一。全面落实民族区域自治制度。切实加强和改进党对人大、政协工作的领导，人大、政协履职富有成效。举办了南洋华侨机工回国抗战70周年纪念活动，对台、侨务工作取得新进展，统战工作取得新成果，政党关系、民族关系、宗教关系、阶层关系、海内外同胞关系进一步加强。法院、检察院依法履行职责，司法公正进一步得到体现。工会、共青团、妇联、工商联等人民团体充分发挥了联系人民群众的桥梁纽带作用。召开了德宏双拥工作座谈会，双拥工作成效显著。政务、厂务、村务公开扎实开展，村民自治权得到充分行使。深入开展“五五”普法工作，依法行政水平明显提高。精心组织了庆祝新中国成立60周年纪念活动，深入开展群众性精神文明创建活动，加强未成年人思想道德建设，社会主义核心价值体系建设积极推进。认真学习贯彻胡锦涛总书记在云南和新疆考察工作时的重要讲话精神，紧紧围绕建设“民族团结模范州”这一目标，扎实推进民族团结进步事业，组织开展了第27个“民族团结月”活动，“三个离不开”思想共识进一步巩固，我州1个模范集体、3个模范个人在国务院第五次民族团结进步表彰大会上受到表彰。加大少数民族干部的培养选拔力度，目前全州少数民族干部占干部总数的34.9%，其中处级干部中少数民族占41.6%。全面贯彻党的宗教工作方针，积极引导宗教与社会主义社会相适应。

（八）深入开展禁毒防艾人民战争，和谐稳定的社会环境进一步形成

严格实行州级领导挂钩联系乡镇工作制度，抽调1361 名干部组成558支工作队进村入社开展禁毒防艾工作。在106个自然村探索开展了以村民理事会试点工作为切入点抓禁毒防艾的工作机制。组织实施了“大清查、大收戒、大整治、大打击”活动，全州共查破毒品案件936起，收戒吸毒人员12870名。艾滋病综合防治工作不断加强，“四免一关怀”政策得到进一步落实。按照“七个必须”要求，坚持实行州级领导定期接待群众来访、重要信访件包案、新提拔处级领导和后备干部到信访部门顶岗锻炼等制度，信访维稳工作保持平稳态势。组织了治安整顿和消防、交通隐患整治等大会战，开展了“铁拳”专项整治行动，组建了特警、反恐支队，认真落实国庆60周年安保措施，依法严厉打击各类违法犯罪活动，人民群众的安全感不断增强。严密防范和打击境内外敌对势力利用民族、宗教、非政府组织进行渗透、破坏和分裂活动。加强边境管理，有效维护了边境地区安全稳定。

（九）切实加强党的建设，党在边疆民族地区的执政基础进一步夯实

党的思想、组织、作风、制度和反腐倡廉建设得到全面加强，认真开展“个人形象一面旗、工作热情一团火、谋事布局一盘棋”主题实践活动，“边疆党建长廊”建设扎实推进。大力实施农村党员发展工程，发展农村党员933名，消除“党员空白村”54个，剩余36个村都培养了入党积极分子。大力实施农村党员素质提高工程，培训农村党员、群众9万多人次，新建党员示范基地43个、党员科技示范户327户，建成农村党员干部现代远程教育网络终端站点335个。大力实施农村带头人培养工程，培养了一批政治觉悟高、致富能力强、带动效果好的农村致富带头人。大力实施农民服务站建设工程，已建成乡镇农民服务站50个、村级农民服务点118个、组建流动服务队127支，为基层农民群众办实事16643件，在为民办实事中密切了党群干群关系，在为民服务中增强了党同人民群众的血肉联系。大力实施红旗飘飘工程，边境一线33个乡镇、78个村委会、89个村民小组的5150户农户和465户党员户参与了这项活动，边境地区党员干部和各族群众的国家意识明显增强。同时，积极探索了“党员分类、组织分设、功能专属”的姐告国门社区党建模式，得到了中组部和省委的充分肯定。启动了99个村级党组织活动场所建设项目，已建成投入使用7个。对全州2000多个基层党组织发挥作用情况进行全面排查，对极少数发挥作用差和软弱涣散的基层组织进行了调整。全州43家规模以上非公企业建立了党组织。深入推进党风廉政建设和反腐败工作，全年立案查处违纪违法案件76件，给予纪律处分61人；对122名干部进行问责。

一年来，全州广大党员干部和各族群众在困难面前，始终保持了强烈的事业心和责任感，始终保持了不惧艰难、克难奋进的信心和勇气，始终保持了开拓进取、顽强拼搏的斗志和锐气，各项工作取得了明显成效，成绩来之不易，经验弥足可贵。总结好过去一年的工作是一笔宝贵财富，我们深深感到：一是必须始终坚持用科学理论武装头脑，在思想上、行动上与党中央、省委保持高度一致；二是必须始终坚持解放思想、实事求是、与时俱进，一切从实际出发，确定一个科学的发展思路，走出一条符合德宏边疆民族地区实际的发展路子；三是必须始终坚持自力更生、勤劳致富、感恩思进，树立“建设德宏，发展德宏，人人有责”的思想，大力发扬“团结、务实、开拓、奋进”精神；四是必须始终坚持全州一盘棋、上下一条心、劲往一处使，认准目标不动摇、不旁顾、不懈怠、不争论，集中精力抓发展；五是必须始终坚持把促进科学发展、增进民族团结、维护边疆安宁放在同等重要位置，作为各级党委、政府的第一责任，任何时候都不能有丝毫偏移。实践充分证明，只要我们始终坚持好这些宝贵经验，凝聚全州人民的智慧，汇聚各族群众的力量；始终坚定信心、知难不难、迎难而上，德宏就没有越不过的坎，就没有战胜不了的困难，边疆民族自治地方就一定能够发展得更好更快，德宏的明天一定会更美好。

居安思危、思则有备、有备无患。在总结成绩的同时，我们也要清醒地看到当前国际金融危机的不利影响仍在持续，经济回升的基础还不稳固；德宏经济总量小、实力弱，发展的动力和活力还不强；交通基础滞后、劳动者科技文化素质不高、毒品和艾滋病危害等制约因素在短期内难以消除；长期积累的矛盾和问题集中凸显，信访维稳工作面临严峻形势；基层建设投入不足，农村公共基础设施建设滞后，贫困山区的生产生活条件落后；一些党员干部学习的自觉性不强，思想观念、思维方式、工作作风不适应新形势新发展的要求。特别是有些同志对当前的发展形势还缺乏深刻认识，对面临的重大机遇还缺乏足够重视。对于这些困难和问题，必须高度重视，采取有力措施，认真克服和解决。

二、抢抓机遇、奋勇争先，全力推动全州经济社会发展再上新台阶

百尺竿头，尤须奋进。看不到挑战就会盲目乐观，看不到机遇则会丧失信心。今年是全面完成“十一五”的决战之年，也是冲刺“十二五”的关键之年。我州经济社会发展面临的形势是：既有挑战又有机遇，机遇大于挑战，经济发展的形势好于去年。中央继续实施扩大内需一系列政策措施，继续实施新一轮西部大开发战略，不断强化对边疆民族贫困地区发展的扶持，加大支持国际大通道和边境经济合作区建设力度，为我们进一步打基础、增投资、调结构、转方式、快发展、上水平，推动经济社会又好又快发展提供了极为有利的条件。今年中国—东盟自由贸易区全面建成，省委八届八次全会提出要把云南建设成中国面向西南开放的桥头堡，为我们扩大对外开放，调整和优化经济结构，促进与东盟国家以及国内市场的多领域开放合作提供了良机。德宏正面临着重大的历史机遇，我们不可错失机遇，必须紧紧抓住，顺势而谋，乘势而上，在新的发展中抢占先机，实现历史性的大突破、大发展。做好今年工作，对我们巩固经济回升基础、继续保持快速发展势头，确保圆满完成“十一五”规划目标至关重要；对德宏融入“桥头堡”建设，进一步扩大对内对外开放至关重要。我们必须始终保持奋发向上的信心不动摇，激发加快发展的干劲不懈怠，保持真抓实干的作风不松劲，积极应对挑战，按照确定的发展思路，振奋精神，快马加鞭，把各项工作继续往前推进，奋力开创德宏科学发展新局面。

今年工作的总体要求是，全面贯彻党的十七大、十七届三中、四中全会、中央经济工作会议和省委八届七次、八次全会精神，以邓小平理论和“三个代表”重要思想为指导，深入贯彻落实科学发展观，紧紧围绕把德宏建设成为中国面向西南开放桥头堡的黄金口岸这一目标，强化农业稳基础，建设生态转方式，突出特色调结构，改革开放增活力，团结固边保稳定，改善民生建和谐，抓好党建强保障，继续把促进经济平稳较快发展作为首要任务，把加强基础设施建设作为重中之重，把发展特色产业作为主攻方向，把招商引资作为重要手段，把改革创新作为强大动力，把维护稳定作为基本要求，把禁毒防艾作为攻坚目标，把改善民生作为根本目的，把党的建设作为坚强保障，在发展中促转变，在转变中谋发展，全力推动全州经济社会又好又快发展，确保“十一五”规划各项目标任务圆满完成，认真做好“十二五”规划编制工作。

今年经济社会发展的预期目标是：生产总值增长13%以上，全社会固定资产投资总额增长30%以上，财政总收入和地方一般预算收入增长13%以上，社会消费品零售总额增长22%以上，外贸进出口总额增长12%以上，城镇居民人均可支配收入增长8%左右，农民人均纯收入增长12%以上，居民消费价格涨幅控制在3%以内，城镇登记失业率控制在4.4%以内，人口自然增长率控制在7.5‰以内，万元GDP能耗下降3.26%。

围绕上述总体要求和目标，要全力以赴重点抓好以下九个方面工作：

（一）继续促进固定资产投资快速增长，全力以赴加快基础设施建设

促进固定资产投资快速增长，是德宏打牢发展基础、增强发展后劲的必然要求。要继续按照抢前期、抢立项、抢开工、抢进度的要求，力争有更多的项目立项，力争有更好的项目落地，力争有更大的项目开工。继续加大在建项目尤其是重大项目的推进力度，加快663个新上项目的开工建设。全力抓好一个机场、一条铁路、三条公路、四个口岸、几个大型灌区建设，积极推进芒市机场、大瑞铁路、龙瑞高速公路和腾陇、潞梁二级公路等交通重点工程项目建设。启动实施瑞丽“一国门两通道”、畹町旅检通道和物流货场、陇川联检楼和货场、盈江那邦口岸等四个口岸基础设施建设项目。加快龙江水电枢纽、芒林水库、回龙河水库、大盈江和勐乃河梯级电站等能源和灌区重点工程进度。积极推进芒市机场大道、瑞丽大道、污水处理厂、垃圾处理厂等城市基础设施建设，促进房地产市场平稳健康发展。进一步加强农业基础设施、农村公路建设。按照“五个到位，三个确保”的要求，做到目标任务落实到位、项目前期工作到位、项目资金落实到位、政策措施到位、项目监管到位，确保工程质量、确保施工安全、确保工程按期完工。

（二）坚持以农民增收为核心，全力以赴加快农业农村经济发展

“三农”问题始终是事关全州经济社会发展的重大问题。一是要倾斜引投入。认真落实各项强农惠农政策，确保中央和省委、省政府加大“三农”投入的要求落到实处。千方百计拓宽投入渠道，吸引工商资本、民间资本投资我州现代农业和农产品加工业。创新支农资金的管理使用方式，充分发挥项目资金使用效果。二是要稳粮调结构。贯彻落实好“百亿斤粮食增产计划”，大力发展优质稻种植，整合全州资源全力打造“遮放贡米”品牌。鼓励农村土地承包经营权有序流转，充分发挥农民专业合作社、协会、农村经纪人以及龙头企业的作用，推进优势农产品向规模化、区域化、优质化、规范化、科技化、产业化方向发展。围绕扩规模、上水平、增效益的目标，加大冬农开发力度，加快特色烟叶、反季节优质蔬菜以及综合利用率高、效益好的产业发展步伐。三是要强基增后劲。围绕全州完成100万亩中低产田改造任务，加快实施“兴地睦边”农田整治重大工程，加大高稳产农田地建设力度，改善农业生产条件，提高生产能力，促进农民增收。四是要改革添活力。继续推进农村综合改革，巩固集体林权制度改革成果，抓住3年完成183万亩中低产林地改造的目标不放松，加快竹子等速生丰产林基地建设，大力发展经济林木，努力实现山区农民人均拥有6亩以上经济林的目标。围绕把德宏的乡村建设成为花果乡村、幸福家园的目标，加快实施“农民收入翻番计划”，推进社会主义新农村建设。

（三）着力调整和优化经济结构，全力以赴加快生物特色产业发展

全面实施产业富州战略，在特色上作文章，在人均占有上下功夫。大力实施以种植、养殖为重点的生物特色产业百亿元工程。既要高度重视优势传统特色产业的发展，做大做强，又要大力发展新兴生物特色产业，培育新的经济支柱。加大政策、资金扶持力度，坚定不移推进以“六棵树一棵草”为重点的生物特色产业发展。继续完善和强化“一个生物特色产业由一个州级领导抓，制定一套扶持政策，推广一套科技适用技术，建设一个大基地，做强一个大企业，打造一个大品牌”的发展措施，把德宏建成全省最大的竹子基地、全国最大的柠檬和坚果基地、中国咖啡之乡。走出一条规模化、龙头化、现代化、品牌化、市场化的生物特色产业发展路子。

（四）努力推进新型工业化进程，全力以赴加快工业经济发展

加快推进新型工业化进程，既是增强德宏发展后劲的重大战略，又是继续保持经济平稳较快发展的紧迫任务。大力实施以水电为依托、以科技为支撑的水能电冶工业百亿元工程，重点发展水电矿结合模式的清洁载能工业，抓好潞西、瑞丽与云冶集团的合作建设项目以及星云铝厂碳化硅微粉加工、畹町侨瑞水泥厂等工业重点项目。强化政府对重点企业、重点项目建设的服务，继续落实好国家对中小企业的扶持政策，执行好电硅铝价格联动办法。进一步巩固提升制糖、建材等传统工业，鼓励和支持企业自主创新，加强技术改造，延长产业链，提高附加值。加快发展农产品加工业，重点发展以优质稻、咖啡、坚果、柠檬等为重点的现代食品加工业，以竹木深加工产品、红木家具为重点的竹木加工业，以傣药、番麻皂素、生物农药为重点的生物制药工业。加快实施1万吨咖啡、10万吨“遮放贡米”、永利发30万立方竹加工生产线和瑞丽德冠红木家具厂、永泰红木、潞西番麻和印楝加工厂等项目建设。积极搭建投融资平台，创新投融资方式，出台优惠政策，加快潞西、瑞丽、盈江工业园区建设，增强工业园区对全州工业经济发展的推动和带动作用。把我州的农业优势逐步转化为工业优势，努力实现边疆农业州的工业突破。

（五）大力打造绿色生态公园，全力以赴加快旅游文化产业发展

围绕唱响“有一个美丽的地方——德宏”这个享誉海内外的品牌，实施新三年（2010－2012年）外宣提速行动计划，加快推进旅游文化产业百亿元工程。科学规划全州旅游产业，整合旅游资源，围绕“两城、两江、一环线”建设，坚持项目和营销“双轮驱动”，全面提速旅游“二次创业”。今年财政继续安排1000万元专项资金扶持旅游文化产业，力争实现“五个新突破”。一是在培育优质旅游产品方面实现新突破。全力打造潞西、瑞丽两座中国优秀旅游城市，大力开发瑞丽江—大盈江国家级风景名胜区，打造“芒市—畹町—瑞丽—腾冲”旅游精品环线。在瑞丽，要加快景成地海温泉度假村、傣王宫、植物园、莫里瀑布、一寨两国、畹町国家森林公园等重点旅游项目建设；在潞西，大力推进勐巴娜西公园、孔雀湖民族文化体育康乐谷、勐焕大金塔配套工程、树包塔旅游休闲购物广场、峡门风情傣寨、法帕康体小镇等项目建设进度，提高旅游产业综合竞争力。二是在旅游营销方面实现新突破。紧紧抓住民族文化这个灵魂，充分挖掘推介德宏各民族历史悠久、风味独特的饮食文化，深入挖掘抗战文化，实施“四个一”民族文化传播工程。继续出版德宏旅游丛书，让“德宏响声”更加响亮。在昆明、成都、重庆等主要旅游目的地，建立点对点行之有效的旅游营销模式。三是在培育旅游龙头企业方面实现新突破。大力引进旅游龙头企业尤其是国际国内知名的酒店管理集团，加快高档次、高品质度假酒店建设。坚持依法治旅，加强诚信建设，强化景区管理，大力造就一支高素质的旅游人才队伍。四是在旅游购物方面实现新突破。继续按照“一都三城”布局，抓紧玉石博物馆、拍卖馆、瑞丽百米翡翠大道、芒市珠宝小镇等项目建设，继续实施好“数字玉都”电子导游工程，带动珠宝翡翠、户撒刀、葫芦丝、竹木工艺品、民族服饰等独具德宏特色的旅游产品和民族工艺品的开发与销售。五是在旅游对外开放方面实现新突破。充分利用中国—东盟自由贸易区建成后双方互免签证的优惠政策，大力开拓面向东盟的旅游线路。全面实施生态立州战略，以“七彩云南德宏保护行动”为载体，实施生态创建工程、污染治理工程和农村环境综合整治工程，促进生态文明全面发展。大力推进城镇化进程，加快以县城和主要口岸为重点的城镇建设步伐，加大城市规划监管力度，完善城市功能，切实加强城市管理工作，充分发挥城市在经济社会发展中的“火车头”作用，携手共建美丽德宏。今年要重点抓好以民族文化、绿色生态、现代气息为特征、以“花果城”为目标的五个县城建设，在旅游产业发展和城市建设上取得前所未有的新突破。要放宽城镇户籍限制，把符合条件的农业人口逐步转移到城镇就业和落户作为推进城镇化的重要任务。

（六）抓住建设中国面向西南开放桥头堡历史机遇，全力以赴加快开放强州步伐

德宏处于中国经济区、东南亚经济区、南亚经济区的交汇点，是中国陆地连接东南亚、南亚，走向印度洋的最佳结合部和最便捷通道。建设中国面向西南开放的桥头堡，打通西南连接印度洋陆上出海通道，必将进一步凸显云南面向东南亚、南亚开放的重要地位。德宏处于云南对外开放的前沿，在融入“桥头堡”建设、扩大对外开放中最具优势。有优势不会利用等于没有优势。我们必须牢固树立“有条件不发展是渎职，利用现有条件发展是本职，没有条件创造条件发展是尽职”的责任感，以只争朝夕、奋勇争先的精神，超常规的工作节奏，迅速掀起大开放、大开发、大建设、大发展的新热潮，浓墨重彩书写一篇感天动地的扩大开放文章。必须牢牢抓住这个不容错失的良机，全面推进开放强州战略，进一步提升沿边开放水平，加快构建全方位、多层次、宽领域的对外开放新格局，把德宏建设成为中国面向西南开放桥头堡的黄金口岸，中国通往东南亚、南亚的经济走廊、文化走廊、友谊走廊。要成立强有力的领导机构和办事机构，深入研究，科学谋划，主动作为，积极融入全省“桥头堡”建设中来。一是加强交通基础设施建设。围绕“桥头堡”建设，构建铁路、公路、航空、水运综合交通运输网络，完善大环线、打通大动脉、建设大通道，全力打造德宏面向东南亚、南亚，辐射西南的重要交通节点。二是加大口岸建设力度。进一步完善以国家一类口岸为核心、二类口岸为辅助、省级通道为补充的口岸体系。进一步完善口岸配套设施建设，不断提高通关便利化水平。三是加快产业发展。把口岸优势、通道优势与德宏产业优势结合起来，大力实施对外贸易百亿元工程，打造“三基地，三中心”，把德宏建成现代食品加工基地、出口装配加工基地、仓储物流基地和金融服务中心、信息服务中心、文化交流中心。四是积极开拓东南亚、南亚市场。坚定不移实施“走出去”战略，千方百计开拓东南亚、南亚国际市场，在继续巩固缅甸市场优势的同时，通过缅甸开展对东南亚、南亚国家的转口贸易。五是大力发展会展经济。继续办好和提升一年一度的中缅边交会和中国·瑞丽国际珠宝文化节，将其打造成辐射东南亚、南亚国家的区域性国际会展。

（七）加强保障和改善民生工作，全力以赴加快社会事业发展

民生连民心，民心聚民力。要全力做好保障和改善民生工作。全面实施科教兴州战略，积极构建从学前教育、义务教育、中等教育到高等教育，基础教育、职业教育、成人教育协调发展的较为完善的民族教育体系。大力实施“素质培养”工程，打好校舍安全工程、高中扩招、提升质量“三大攻坚战”，稳步推进教育教学改革，全力推进州职教园区建设。高度重视和做好关心下一代工作。继续落实各项就业援助制度，抓好鼓励创业“贷免扶补”工作。启动医药卫生体制改革，建立覆盖城乡居民的基本卫生保健网络，切实解决群众“看病难、看病贵”问题。认真抓好社会保险、社会救助、失地农民、农民工社会保障和新型农村养老保险试点等工作，提高城镇职工基本医疗保险统筹层次。加快保障性住房建设，抓好城市廉租房、农村民居地震安全工程和芒市华侨农场危房改造工作。加快发展公益性文化体育事业，不断完善公共文化服务体系，高度重视广播影视事业发展。继续实施新三年“兴边富民工程”和边疆解“五难”惠民工程，加快实施贫困地区整村推进、易地搬迁和安居工程等扶贫开发项目。

（八）稳步推进社会主义民主政治建设，全力以赴巩固安定团结的政治局面

加强社会主义精神文明建设和民主法制建设。支持人民代表大会依法履行职能，保障人大代表依法行使职权，切实发挥监督作用。支持人民政协围绕团结和民主两大主题履行职能，把政治协商纳入决策程序，完善民主监督机制，提高参政议政实效。

支持人民法院、人民检察院依法行使司法职能。加强党对统战和宗教工作的领导，加强侨务和对台工作，不断巩固和壮大爱国统一战线，依法管理宗教事务，引导宗教与社会主义社会相适应。发挥工会、共青团、妇联等人民团体的桥梁纽带作用。加强“双拥”工作和国防后备力量建设。关心爱护老干部，做好老干部和老龄工作。围绕建设“民族团结模范州”这一目标，扎实做好民族工作。团结一切可以团结的力量，调动社会各个方面的积极性，为促进科学发展、构建和谐德宏提供政治保障。

（九）强化禁毒防艾工作，全力以赴维护边疆和谐安宁

全面实施和谐稳州战略。攻克毒品、艾滋病两大难关，是维护德宏边疆和谐稳定的重要内容，任何时候都不能有丝毫松懈。继续保持“高度重视、高位领导、强势推进”的高压态势，在抓好常规工作的同时，健全完善长效机制，上下结合，强基固本，建立“永不撤走的工作队”。继续深化州级领导挂钩乡镇抓禁防制度，深入开展“大清查、大打击、大收戒”行动，加大重灾村寨、关键环节整治力度，推进无毒创建工作，坚决打赢新一轮禁毒防艾人民战争。在全州广大农村（社区）、机关、企业广泛开展“自力更生，勤劳致富，感恩思进”主题教育活动，教育群众知党恩、明是非、识大体、讲团结、守法纪、求进取，自觉维护社会和谐稳定。坚持“七个必须”，认真做好信访维稳工作，正确处理人民内部矛盾。深入开展矛盾纠纷排查化解工作，把不稳定、不和谐因素化早、化小、化了。加大社会治安综合治理力度，不断增强人民群众的安全感。切实加强安全生产工作。严密防范和严厉打击境内外敌对势力的渗透、破坏和分裂活动，切实巩固和维护好边疆和谐稳定大局。

三、围绕目标、抓好党建，为全州经济社会发展再上新台阶提供坚强保证

始终坚持党要管党、从严治党，全面推进党的思想、组织、作风、制度和反腐倡廉建设。始终坚持“一个强化”即强化用中国特色社会主义理论体系武装头脑，加强“两个建设”即加强干部队伍建设和党风廉政建设，围绕“四个重点”即围绕经济发展抓党建、围绕民族团结抓党建、围绕边疆稳定抓党建、围绕改善民生抓党建，实施“五项工程”，不断增强全州各级党组织的创造力、凝聚力、战斗力。

（一）加强思想政治建设，不断提高广大党员干部的党性修养

全州各级领导干部和广大党员要始终坚持用科学理论武装头脑、指导实践、推动工作。带头实践社会主义核心价值体系，践行共产党人的道德观和社会主义荣辱观，遵守从政准则和生活道德。坚定理想信念，牢固树立马克思主义的世界观、人生观和价值观，不断提高党性修养和思想政治水平，提高政治敏锐性和政治鉴别力。按照建设马克思主义学习型政党的要求，深入开展学习型组织、学习型班子、学习型干部建设，重点抓好各级党委（党组）理论中心组学习，坚持理论联系实际，突出学习主题，创新学习方式，深入基层一线，把理论学习与解决基层实际问题结合起来，不断提高学习的针对性和有效性。深入扎实开展好学习实践科学发展观“回头看”活动，不断巩固学习实践活动成果。

（二）加强基层组织建设，努力实现党的组织和党的工作全覆盖

继续实施农村党员发展工程，把发展农村党员同培养村级后备干部和农村人才结合起来，壮大党员队伍，优化党员结构，提高党员质量。今年内全面消除“党员空白村”，上半年全面完成村级党组织活动场所建设工程。继续实施农村党员素质提高工程，以开展学习培训为抓手，以特色产业发展为载体，以党建示范基地为平台，加大“三培养”力度，建设高素质农村党员队伍。今年要在全州新建15个党员培训基地、350户党员示范户和40个集体经济收入过万元的村。继续实施农村带头人培养工程，扎实做好村“两委”换届选举工作，选配好村党组织书记，逐步提高村“两委”负责人的生活待遇，确保村级党组织工作经费的落实，发挥好大学生村官作用。继续实施农民服务站建设工程，今年全州所有乡镇要建立流动服务队，使为民服务网络体系覆盖村委会、延伸到村民小组，切实方便群众办事。继续实施红旗飘飘工程，上半年要在全州所有乡镇和村全面推开，进一步增强各族干部群众的国家意识。同时，积极做好在“两新”组织中发展党员工作，实现党的组织和党的工作全覆盖。

（三）加强干部队伍建设，着力造就一支敢闯敢拼的干部队伍

全面贯彻干部队伍“四化”方针，继续深化干部人事制度改革，坚持民主、公开、竞争、择优，坚持德才兼备、以德为先，扩大选人用人民主，做到公开、公平、公正，增强干部选拔任用工作的公信度和透明度。继续在领导班子和领导干部中大力倡导“七要七不要”，努力维护党内团结和班子团结。按照“四用四不用”的标准，在重点工程、重大项目、重要工作的推进中和基层一线认识干部、发现干部、锻炼干部、培养干部、选拔干部，既要旗帜鲜明地支持敢闯敢拼、敢为人先、敢于负责的“开拓者”，又要关心踏实干事、不事张扬、长期工作在艰苦复杂环境的“老实人”，让想干事者有机会，能干事者有舞台，干成事者有激励，不让老实人吃亏。要大力培养选拔少数民族干部，特别是人口较少民族干部，使少数民族干部队伍的整体素质得到根本提高、结构得到根本优化、能力得到根本增强。

（四）加强作风建设，确保各项工作落到实处

今年是我州的“苦干实干年”。任何思路定了不干等于没定，任何工作抓而不实等于没抓。全州广大党员干部要牢牢树立“抓落实就是干部的本领，抓落实的能力就是干部最大的能力”的观念，按照省委“一面旗、一团火、一盘棋”要求，以高度的责任心和敬业精神，解放思想、转变作风、真抓实干、埋头苦干。特别是领导干部思考问题、处理问题、解决矛盾、作出决策立意要高，着点要实。要围绕发展思路，一步一步推进，一项一项落实，做到环环紧扣、层层递进、步步深入。尤其要扭住大项目苦干、抓死大项目实干。做到实说实干，说了就算，定了就干，干则必成，干则必优，以扎实的作风、拼搏的精神、到位的执行，在发展中追赶，在发展中超越。要强力推行“一线工作法”，坚决反对作风飘浮、应付上级、只图虚名、不务实效、贪图享乐的官僚主义、形式主义和享乐主义，要盯住不落实的人、抓住不落实的事，严厉问责不作为、虚作为、慢作为、乱作为等不履职、不尽责的行为，做到“无实效就无实职，不进位就挪位子”。

（五）加强反腐倡廉建设，切实营造风清气正的干事创业环境

坚持标本兼治、综合治理、惩防并举、注重预防的方针，切实加强对党风廉政建设和反腐败工作的领导，严格执行党风廉政建设责任制，扎实推进惩治和预防腐败体系建设。各级领导干部要时刻绷紧反腐倡廉这根弦，严格执行廉洁自律各项规定。深入开展党性党风党纪教育，做到警钟长鸣、防微杜渐，使干部经受住权力关、金钱关、美色关的考验。加大查办违纪违法案件工作力度，始终保持惩治腐败的高压态势。健全权力运行制约和监督机制，积极探索预防腐败工作机制。加强农村基层党风廉政建设，落实好村务、党务、财务“三公开”。坚决纠正损害群众和企业利益的不正之风，加大机关作风整顿力度，建立单位作风建设档案。严格执行国家工作人员“五不准”规定，以思想教育、完善制度、集中整顿、严肃纪律为抓手，大力营造“服务全到位、建设零干扰、发展无障碍”风清气正的干事创业环境。

潮起海天阔，扬帆正当时。同志们，做好今年工作，任务艰巨，责任重大，使命光荣，不容懈怠。让我们更加紧密地团结在以胡锦涛同志为总书记的党中央周围，高举中国特色社会主义伟大旗帜，坚持以邓小平理论和“三个代表”重要思想为指导，深入贯彻落实科学发展观，团结带领全州各族干部群众，以更加高昂的精神状态，更加务实的工作作风，更加坚定的必胜信心，全面完成“十一五”规划各项目标，为开创德宏科学发展新局面，推动全州经济社会发展再上新台阶作出新的更大贡献！

政府工作报告

——2010年2月3日在德宏州第十三届人民代表大会第三次会议上

德宏州人民政府州长　孟必光

各位代表：

我代表州人民政府，向大会报告政府工作，请州人大代表予以审议，并请州政协委员提出意见。

一、砥砺奋进，共克时艰，2009年全州经济社会实现平稳快速发展

刚刚过去的2009年，在州委的领导下，州人民政府坚持以科学发展观为指导，紧紧围绕中央和省委、省政府的决策部署，团结带领全州各族人民，认真贯彻党的十七大、十七届三中、四中全会、胡锦涛总书记在云南考察工作时的重要讲话和省委八届七次全会、州委五届七次全会精神，把扩内需、保增长、保民生、保稳定作为首要任务，在极其困难的形势下，坚定信心、迎难而上、应对有力，保持了经济发展、社会和谐、文化繁荣、民族团结、边疆稳定、人民生活水平进一步提高的良好局面。州十三届人大二次会议确定的经济社会发展目标和任务，除外贸进出口总额未完成增长12%的预期目标外，其余都完成或超额完成。

——千方百计保增长。紧紧抓住国家扩大内需的重大机遇，采取切实有效的措施，积极向上争取扩大内需项目资金，加大财政和金融的支持力度，加强招商引资工作，推进重大基础设施项目建设，有力推动了全州经济快速增长。初步核算，全年实现生产总值115.2亿元，增长15%，增幅居全省前列，这个增幅也是20年来最高的一年。完成固定资产投资100.92亿元，增长31.5%；完成财政总收入17.23亿元，增长17.3%；完成外贸进出口总额7.63亿美元，增长0.2%；实现社会消费品零售总额46.01亿元，增长20.5%。

——竭尽全力保民生。通过实施稳定和促进就业、兑现中小学教师绩效工资和事业单位临时补贴、搞好灾后恢复重建、扩大社会保险和新型农村合作医疗覆盖面、启动新型农村社会养老保险试点、加大扶贫开发和人口较少民族扶持力度等一系列惠民利民措施，切实做好保民生工作，实现城镇居民人均可支配收入12558元，增长9.7%，农民人均纯收入2831元，增长16.1%；城镇登记失业率控制在4%以内，人口自然增长率控制在7.3‰，居民消费价格指数为99.3%，低于上年涨幅。

——全力以赴保稳定。继续打好新三年禁毒防艾人民战争，进一步畅通民意诉求渠道，加大排查化解社会矛盾，有效预防和处置群体性事件；狠抓安全生产各项责任和措施的落实；严厉打击各种违法犯罪和境外敌对势力的渗透；建立爱民固边长效机制，有力推进了富裕开放、和谐安宁的社会主义新边疆建设。

回顾一年来的工作，主要有以下特点：

（一）固定资产投资快速增长，重大项目建设强势推进

全面贯彻落实国家扩大内需的政策措施，全州共争取到中央投资项目279个，争取中央和省扩大内需投资7.03亿元，项目开工率达100%。共有施工项目1236个，比上年增加318个，其中新开工项目870个，增加387个。5000万元以上施工项目94个，增加24个；亿元以上施工项目44个，增加9个。招商引资方面：共实施国内经济合作项目84个，实际到位资金35.9亿元，同比增长57.68%；实施外资项目4个，实际到位资金1324万美元。交通方面：芒市机场扩建已经完工，腾陇、潞梁二级公路开工建设，大瑞铁路德宏段、龙瑞高速公路前期工作已基本完成，通乡油路和乡村通达工程进展顺利。能源和水利建设方面：大盈江四级水电站、龙江水电站枢纽、勐乃河梯级水电站等重大水电项目稳步推进，回龙河

水库、芒林水库、盈江大型灌区等重大水利工程建设进展顺利。市政建设方面：加快芒市机场大道、瑞丽口岸连接线等市政道路建设，全面实施城市主干道“穿衣戴帽”和“开墙透绿”改造工程，顺利推进芒市财富中心、陇川县鼎鑫小区、城市供水改扩建工程、城市治污工程、潞西市和瑞丽市城市管道天然气等建设项目。旅游文化方面：孔雀湖民族文化体育康乐谷、景成地海温泉、南卯湖公园、莫里瀑布景区、盈江新城橡胶母树景点等项目稳步推进。社会事业建设工程方面：州医疗集团内科住院大楼、州博物馆等项目建设启动，全州中小学校舍安全工程和州中等职业学校、德宏职业学院建设项目全面动工，14个乡镇卫生院和18个村卫生室建设接近尾声，全州保障性住房、芒市华侨农场危房改造等一批民生工程项目建设全面推进。

（二）农业农村经济全面发展，新农村建设富有成效

农业生产再创新高，全年农林牧渔业总产值完成51.53亿元，增长9.5%。一是确保粮食、甘蔗生产稳定。完成粮食作物种植面积182.47万亩，增长16.1%，总产量54.83万吨，增长19.2%。2008/2009榨季全州甘蔗收获面积89.7万亩，入榨甘蔗378.47万吨，实现甘蔗农业总产值9.5亿元。二是大力发展生物特色产业，推进产业结构调整。全州新增竹子、咖啡、坚果、柠檬、油茶、核桃、番麻面积46.06万亩，生物特色产业呈现出良好的发展势头。三是冬季农业开发成果显著。完成冬农开发总面积91.43万亩，增长22%；实现农业产值6.11亿元，增长21%，冬农开发区农民人均开发收入897元，增长18%。完成烟草种植面积53640亩，完成产值8946万元，实现税收1894万元。四是全面兑现涉农补贴。全州兑付各类涉农补贴资金1.5亿元，农民人均所得补贴176元。五是新型农民培训和农村劳动力转移成效明显。全州共培训劳动力13501人，转移劳动力46211人，劳动力外出务工收入19493万元，同比增长171.1%。六是畜牧业保持稳步发展。完成肉蛋奶总产量7.85万吨，增长13.3%，实现畜牧业产值11.9亿元，增长12.4%。七是农村基础设施建设快速发展。全年投入资金2.8亿元，实施省州县三级新农村试点建设223个。加快推进农村基础设施建设，全年完成农田水利投资4.05亿元，解决了5.31万人的饮水安全问题；实施农村公路基础建设项目206项，完成农村公路建设投资3.9亿元，乡镇油路（水泥路）通达率为76%，建制村公路通达率为98.1%，分别比上年增加18个百分点和8.8个百分点。八是农业机械化水平持续提升。全州农业机械总动力达9.89亿瓦特，增长9.2%，完成机耕139.51万亩，机收52.75万亩，实现农机作业收入754万元。九是扶贫工作有力推进。全州共投入各类扶贫资金3.7亿元，实施231个贫困村“整村推进”，启动“整乡推进”试点工作，完成了4440人的易地搬迁，解决和巩固了3.4万人的温饱问题。十是土地资源保护与开发利用上新水平。全年保障了拉动内需项目及全州重点工程项目用地2.02万亩，坚守全州282.9万亩耕地红线，实施了11个土地开发整理项目，建设规模9.87万亩，总投资1.3亿元，新增耕地1.21万亩。

（三）工业生产前降后升，行业效益快速增长

2009年5月后，全州工业生产逐步回升。全年实现工业总产值72.54亿元，增长26%，其中：规模以上工业实现总产值47.77亿元，增长22.1%。一是主要工业产品产量升多降少。新增水电装机容量94.91万千瓦，年发电量76.13亿千瓦小时，增长93.3%；水泥137.3万吨，增长35.5%；工业硅10.48万吨，增长69.5%；食糖47.35万吨，增长0.1%；电解铝1.35万吨，增长0.9%；酒精31829千升，下降13.8%；锡金属含量537吨，下降12.5%；机制纸及纸板2144吨，下降35%。二是农产品加工企业不断发展壮大。已建和在建生物特色产业加工生产线10条，其中竹子加工生产线1条，年加工竹工业用板5万立方米；咖啡加工生产线2条，年生产速溶咖啡3000吨；坚果加工生产线1条，年加工坚果1000吨；番麻加工生产线3条。三是工业园区建设取得新成绩。潞西、瑞丽、盈江工业园区基础设施进一步改善，东方硅谷年产8000吨工业硅等一批工业项目投入运行。全州工业园区入园企业190户，完成工业产值28亿元，工业增加值10.69亿元。四是落实节能减排目标。预计实现单位GDP能耗下降4.3%。

（四）财政收支稳步增长，金融信贷良好运行

通过加大税收征管力度，依法理财治税，深化财税改革，狠抓增收节支，强化支出管理，调整和优化支出结构，财政收支保持平稳较快增长。全年完成财政总收入17.23亿元，增长17.3%，其中：地方一般预算收入完成9.83亿元，增长10.9%；完成财政支出48.87亿元，增长33.5%。

全面贯彻落实适度宽松的货币政策，调整优化信贷结构，加大金融对经济的支持力度，确保货币信贷合理增长。年末金融机构存款余额210.03亿元，比年初增长29.8%；金融机构贷款余额131.58

亿元，比年初增长28.7%。保险业健康发展，全州保险经营主体增至15家，保费收入4.66亿元，赔付1.79亿元。

（五）对外贸易止跌回升，旅游业逆势上扬

全州对外贸易从2008年末开始大幅下滑，通过积极应对，2009年5月后出现好转，全年出口扭降回升，进口降幅缩小。全年实现对外贸易进出口总额7.63亿美元，增长0.2%。其中：进口总额1.95亿美元，下降35.3%，出口总额5.68亿美元，增长23.5%。

加大对外宣传，进一步整合旅游资源，转换旅游合作模式，组建德宏旅游集团。新编制全州旅游规划，切实抓好景点景区建设，努力做好滇西旅游发展规划及芒市——畹町——瑞丽——腾冲旅游环线培育，成功举办中缅胞波狂欢节等活动。全年接待国内外游客413.3万人次，增长14.2%，实现旅游业总收入38.53亿元，增长13.1%。

（六）社会事业全面发展，民生进一步改善

加大教育投入，教育事业快速发展。全面落实农村义务教育经费保障机制改革和国家有关贫困家庭学生资助的各项政策，教育保障水平不断提高，各级各类教育办学规模不断扩大，办学水平和教育教学质量明显提高。全州高考取得历史最好成绩。全州投入中小学校舍安全工程建设资金1.72亿元，拆除D级危房14.55万平方米，开工建设校舍22.89万平方米，已竣工11.16万平方米；2009年教育工作目标管理考核荣获全省一等奖。大力推动科技创新。抓好科技奖励工作，鼓励广大科技工作者技术创新。评选出州级科学技术奖项41项，2009年创新型云南行动计划目标责任考核荣获全省一等奖。抓好少数民族经济社会发展工作。我州列入国家和省级扶持人口较少民族规划的28个村委会，按照“四通五有三达到”的目标，已有17个村委会通过了省级验收，其余11个村委会已通过州级验收。组织完成了我州扶持特困民族脱贫发展规划，启动了扶持特困民族脱贫发展试点工作。认真落实水库建设移民后期扶持政策，累计兑付补助资金2042万元。深入推进文化体育阵地建设。广泛开展文化体育活动，全民健身不断深入。农村文化体育设施进一步完善，全年共完成17个乡镇综合文化站25个信息资源共享工程支中心、服务站，54个农家书屋和60块村级篮球场地建设，文化、科技、卫生“三下乡”活动深入开展；公共卫生服务体系不断健全，医疗保障进一步完善。不断扩大医疗保障覆盖面，新型农村合作医疗参合率达97.1%，年人均筹资标准提高到100元。积极组织实施国债农村卫生基础设施项目，完善三级医疗卫生服务网络。积极应对公共卫生突发事件，有效防控甲型H1N1流感疫情。加快广播电视基础设施建设。全面实施广播电视“村村通”工程，广播覆盖率达93.3%，电视覆盖率达93.5%。就业和再就业成绩显著。全州城镇新增就业2650人，扶持和鼓励各类人员成功创业626人，使用失业保险基金稳定困难企业就业岗位5155个，开发公益性岗位889个，城镇下岗失业人员再就业1313人。社会保障体系不断完善。基本养老、医疗、失业、工伤、生育等社会保险覆盖面进一步扩大，各类社会保险收入36026万元，发放各类社保基金25758万元。全州9859名退休人员100%实现了社会化管理。全州13.1万农村绝对贫困人口和4.6万城镇低收入人口纳入最低生活保障，10568名农村“五保”对象全部纳入供养范围。启动城市困难群体临时救助制度，对部分城镇低收入群众实施医疗救助，全州范围内80岁以上老年人发放健康长寿补贴。城乡居民生活条件得到改善。通过落实各项刺激消费政策，开展家电、汽车摩托车下乡等活动，促使城乡消费旺盛，市场物价稳定，城乡居民收入显著提高。“兴边富民行动”重点县建设进展顺利。加强保障性住房建设，全州共实施廉租房建设1776套、建设面积8.95万平方米。全面完成了地震灾区民房恢复重建任务，地震灾区民房恢复重建完成37738户，各级财政投入资金4.35亿元。人口、环境保护得到加强。认真落实人口和计划生育惠民政策，依法生育率达97%；以“七彩云南”行动计划为主要内容的环境保护行动扎实有效。其他各项事业全面进步。统计、供销、人防、侨务、民语、史志、出版、档案、邮政、气象、电信、残疾人事业、红十字会以及老龄、妇女、青少年、儿童等各项社会事业全面发展。

（七）改革开放取得新进展，发展环境进一步优化

重要领域和关键环节的改革加快推进。新一轮政府机构改革已经启动，改革方案已上报。集体林权制度改革深入推进，确权、发证工作接近尾声，林权主体改革工作基本完成，配套改革相继启动，中低产林改造进入实施阶段，全州已确权755.2万亩，确权率97.8%；确权到户面积629.59万亩，确权到户率97.37%，确权宗地31.8万多宗，已核发林权证宗地31.4万多宗，林权证发证率98.63%。财税金融体制和文化新闻广电等社会事业领域改革继续深化。

对外开放取得新成效。与泰王国达府缔结为友好州府。成功举办第九届中缅边交会，中缅边境地区双边会晤更加频繁。中缅边境人民币结算合作试点开局良好，中缅贸易结算步入了“直通车”轨道。中缅瑞丽——木姐跨境经济合作区建设申报积极推进，正式上报国务院，已纳入商务部与云南省合作重点。申报德宏芒市机场开放为航空口岸的工作全面展开。4个口岸经济区规划已通过省级评审，口岸基础设施条件进一步改善，通关便利化和口岸综合服务能力明显提升。

（八）平安创建深入推进，社会治安综合治理成效明显

继续深入持久地开展新一轮禁毒防艾人民战争，认真落实“四免一关怀”政策，进一步建立和完善禁防工作长效机制，全年共开展禁毒防艾宣传1.8万场次，查破毒品案件981起，进一步加大收戒力度，收戒吸毒人员13247人次，比上年增加31%。认真开展领导干部“大接访、大下访”活动，完善领导信访接待日制度，认真解决群众合理诉求。加强矛盾纠纷调处工作，依法化解人民内部矛盾，成功调处多年遗留的山林土地纠纷，积极稳妥地处理好群体性上访和改革遗留问题。打黑除恶，开展社会治安整治铁拳行动，加强和谐社区建设。强势推进平安城市报警监控系统建设，全州共安装和整合城市管理监控设备3000余个。严密防范和严厉打击境内外敌对势力渗透、颠覆、破坏活动，成功组织实施反恐大演练。高度重视食品药品质量安全工作，加强流通环节食品安全监管。不断强化安全生产责任，开展安全生产“三项行动”和“三项建设”工作。认真开展了“两烟”打假打私、取缔无证照经营专项检查行动，打击走私综合治理工作成绩显著。群众性精神文明创建活动蓬勃开展，城乡文明程度明显提高。广泛开展拥军优属和拥政爱民活动，省州军地百名将校和领导参加的双拥工作座谈会成果丰硕。

（九）推进民主法制建设，政府自身建设进一步加强

一是全面推进依法行政。自觉接受人大、政协和社会监督，共受理行政复议案件12起；督促办理人大代表建议107件，政协委员提案129件，办复率100%。二是加强政务公开工作，认真贯彻《政府信息公开条例》，切实推行“阳光政府四项制度”，实施重大决策听证45次，重要事项公示371件，重点工作通报902件，公众通过96128查询政务信息3259次。三是加快政务中心建设，提高服务水平。州和潞西市政务中心2009年7月开始运行，首批共进驻行政单位42个，下半年共受理行政审批事项285项，其他服务事项140项；办件受理14817件，办结率为98%。接受群众咨询15446人次。四是完善政府决策咨询服务机制，提高决策水平。相继完成《中缅瑞丽——木姐跨境经济合作区可行性研究》、《德宏农业特色产业发展研究报告》等一批重大决策研究课题。五是强化领导干部任期经济责任制。全年共完成领导干部任期经济责任审计21项，查出违规资金527万元，涉及“小金库”单位8个，金额48.38万元。六是加大督查力度，促进工作落实。围绕中央扩大内需新增投资项目和省、州重点督查的两个20项工作，抓好跟踪督促，做好重点工程和重要工作的推进和落实；健全决策失误纠错改正机制和责任追究制度。全年共对87名公务员进行了问责。其中处级9人，科级57人，一般干部21人。七是积极推进电子政务，提高行政效能。实行电子公文交换，提高公文运转效率。以政府网站为平台，继续办好“书记、州长”信箱。八是进一步健全和完善危机管理和应急机制，政府防范和应对突发公共事件的能力得到提升。

回顾一年来我州应对金融危机，千方百计保增长、保民生、保稳定的历程，我们经受住了重大考验，也积累了宝贵的经验：一是必须把国家和省的支持与自身努力结合起来，坚定化危为机的信心；二是必须把国家扩大内需的政策与德宏的实际结合起来，顺势而谋，趁势而上；三是必须始终坚持解放思想、实事求是、与时俱进，一切从实际出发，确定一个科学的发展思路，走出一条符合德宏边疆民族地区实际的发展路子；四是必须始终坚持全州一盘棋、上下一条心、劲往一处使，认准目标不动摇、不旁顾、不懈怠、不争论，集中精力抓发展；五是必须把抢抓机遇与解决深层次的问题结合起来，科学谋划德宏的长远发展；六是必须把加快经济发展同保民生结合起来，让边疆人民共享发展成果。

各位代表，在国际金融危机严重冲击下，2009年我州经济社会发展取得的突出成绩，实属来之不易。这是全州各族人民凝心聚力、砥砺奋进、共克时艰的结果。在此，我谨代表州人民政府，向全州各条战线的广大工人、农民、知识分子、各级干部，驻德宏人民解放军、武警官兵、公安干警，中央、省驻德宏各单位，各级人大代表、政协委员以及所有关心、支持、帮助德宏发展的各界朋友们，致以崇高的敬意和衷心的感谢！

在充分肯定成绩的同时，我们也清醒地认识到，德宏的发展现状与科学发展观的要求和全州人民的期望还有差距；支撑全州经济持续增长的基础还不牢固；经济结构调整、发展方式转变任重道远；财政增长、农民增收、企业增效、节能降耗等方面压力很大；禁毒防艾形势仍然严峻；提升传统产业、培育新兴产业的任务十分艰巨；项目配套资金筹措等制约因素较多；一些深层次矛盾和涉及人民群众切身利益的问题有待进一步解决；科学发展的体制机制还不够完善；加快政府职能转变还没有完全到位；少数干部作风不实等问题还不同程度地存在。这些困难和问题有待于我们在今后的工作中认真加以解决。

二、优化结构、奋进争先，倾力促进改革发展再上新台阶

今年是实施“十一五”规划的最后一年，做好今年的各项工作，对于全面战胜国际金融危机冲击、保持经济社会平稳较快发展、科学编制和启动“十二五”规划具有十分重要的意义。

当前，国际金融危机影响依然存在，经济社会发展中仍然面临诸多不确定因素。但是，从总体上分析，我州今年经济形势好于去年。主要表现在：一是宏观环境持续改善。2009年中央应对金融危机的一揽子计划取得显著成效，国内经济形势总体回升向好，市场信心明显增强。二是政策环境更加有利。今年，国家将继续实施积极的财政政策和适度宽松的货币政策，改革开放、发展方式转变、改善民生等方面的政策投入将会进一步加大。三是州内基础更加牢实。去年全州经济社会和软环境建设亮点纷呈，地区生产总值增幅跃居全省前列，经济运行质量明显提升，社会事业和谐进步。特别是在应对全球金融危机中，我们积累了许多宝贵经验，全州人民谋发展、促发展的热情高涨，为加快发展奠定了良好基础。四是周边机遇凸现。中国——东盟自贸区已于2010年1月1日如期建成。中央已经明确提出“使云南成为我国向西南开放的重要桥头堡”的战略思路，省委八届八次全会确定的“建设绿色经济强省、民族文化强省和中国面向西南开放的桥头堡”的三大目标与我州密切相关，必然为我州带来重大的发展机遇。

综合考虑各方面因素，2010年全州经济社会发展的主要预期目标建议为：生产总值增长13%以上，工业总产值增长22%，农林牧渔业总产值增长9%；全社会固定资产投资增长30%以上；地方财政总收入和一般预算收入增长13%；社会消费品零售总额增长22%；对外贸易进出口总额增长12%；城镇居民人均可支配收入增长8%以上，农民人均纯收入增长12%以上；居民消费品价格涨幅控制在3%以内；城镇登记失业率控制在4.4%以内；人口自然增长率控制在7.5‰以内；万元GDP能耗下降2.8%。

经济增长预期目标确定为13%以上，这是个积极可行的目标。从加快发展、增强财力、扩大就业、改善民生、维稳和谐的要求来看，这一速度是必要的。从我州经济增长的潜力、州内外发展环境看，这一速度也是可能的。在具体工作中，要按照突出特色、能快不慢的原则，推进经济社会持续发展。同时，要高度重视提升发展质量和效益，把注意力和工作重心转移到加快产业结构调整、转变发展方式、加快县域经济发展上来。

根据州委五届十一次全会提出的“紧紧围绕把德宏建设成为中国面向西南开放重要桥头堡的黄金口岸这一目标，强化农业稳基础，建设生态转方式，突出特色调结构，改革开放增活力，团结固边保稳定，改善民生建和谐，抓好党建强保障”的要求，今年政府工作的总体思路是：全面贯彻党的十七大、十七届四中全会、中央经济工作会议和省委八届八次全会及州委五届十次、十一次全会精神，以邓小平理论和“三个代表”重要思想为指导，深入贯彻落实科学发展观，认真贯彻落实胡锦涛总书记考察云南时的重要讲话精神和白恩培同志在德宏调研时的重要指示，紧紧围绕建设富裕开放、和谐安宁的社会主义新边疆和中国面向西南开放的重要桥头堡黄金口岸的目标，增投资、扩消费，抓特色、调结构，大开放、强招商，重民生、建和谐，快发展、上水平，全面完成“十一五”规划的各项目标任务，努力开创全州经济持续较快发展和社会和谐稳定新局面。为此，必须重点把握好以下五个方面：

第一，增投资、扩消费，坚持加快发展。把扩大内需作为经济工作的主要着力点，充分应用好国家、省出台的各项扩大内需政策，高位推进重大基础设施项目和“三农”、民生等重大项目。把增加居民消费作为扩大内需的重点，努力提高城乡居民收入，着力培育消费热点，增强消费拉动能力，激发经济增长的内生动力，促进经济持续较快发展。

第二，抓特色、调结构，注重规模发展。坚持全州产业发展一盘棋，处理好传统产业与特色产业的关系，加快传统产业优化升级，全力推进生物特色产业、水能电冶工业、旅游文化产业、珠宝玉石产业和对外贸易“五个百亿元工程”，促进产业结构调整，加快发展方式转变，壮大产业规模，确保发展后劲。

第三，大开放、强招商，力促开放发展。紧紧围绕把云南建成我国向西南开放的重要桥头堡的国家战略，积极融入中国——东盟自贸区，加快推动全方位、宽领域、多层次的对外开放体系建设，提升口岸功能，完善合作机制，推动货物贸易、服务贸易、跨境合作和“走出去、引进来”上水平。进一步加强招商引资载体建设，整合各级各类招商引资资源，积极承接国内产业转移，加快面向东南亚、南亚的产业基地建设。

第四，统城乡、破难题，坚持协调发展。把加快城镇化进程、提高城市化水平，作为扩大内需的战略重点，着力打造潞西、瑞丽两座中国优秀旅游城市，加快各县城所在地和主要口岸城镇建设，完善提升城镇功能。更加重视扶贫开发、移民搬迁，更加关注失地农民、困难群众生活，稳步解决农民工就业、就医、养老及子女就学等民生问题，确保城乡协调发展和边疆和谐稳定。

第五，重生态、保环境，增强持续发展。始终不渝地推进生态立州战略，倍加珍惜山川秀美的生态环境，注重加强生态建设和环境保护，进一步做好节能降耗工作，大力发展绿色经济，积极发展低碳经济和循环经济，不断推进生态文明建设上水平，提高可持续发展能力。

三、乘势而上、突出重点，扎实做好2010年各项工作

为了圆满完成今年经济社会发展目标，我们要着重抓好八个方面的工作。

（一）把扩大投资作为发展的重中之重，在夯实发展基础上有新突破

以“一个机场、一条铁路、三条公路、四个口岸、四个灌区”为重点，围绕抓前期、储项目、争立项、求支持、快开工、早生效的工作要求，进一步突出大项目、大投资、大建设对固定资产投资的拉动作用和引领效应，确保全州固定资产投资增长30%以上。一是抓好项目储备、立项与实施。开展“项目前期攻坚年”活动，做好157个储备项目的前期工作，研究提出100个投资拉动力强、辐射影响力大、产业带动作用明显的重大项目。围绕国家投资重点，进一步完善固定资产投资目标责任制和州级领导挂钩重大项目制度，确保完成2009年扩大内需投资项目的续建工作，千方百计保障新批项目地方配套资金和项目开工建设两个百分之百。二是抓好招商引资。紧紧围绕州委、州政府确定的产业发展导向，提高招商引资的质量和效益，促进特色产业健康快速发展，加快引进战略合作伙伴，使城镇建设、社会服务、旅游二次创业、土地整理与开发、中低产林改造、生物特色产业和边境经济合作区、工业园区、口岸经济区等，成为引进外来投资的重要平台。强化政银合作机制建设，进一步放宽社会投资准入，落实社会投资政策，创建新兴投融资平台。三是抓好用地保障。加大土地收储力度，在2010年5月底前完成5.25万亩耕地占补平衡任务，保障全州重点工程、扩大内需项目及调结构的用地需求，确保招商引资项目落地。着力推进交通能源基础设施建设。竭尽全力争取大瑞铁路德宏段、龙瑞高速公路年内开工建设；确保腾陇、潞梁二级公路完成计划实物工作量；加快推进瑞丽城子至弄岛等公路建设；实施边境公路和边防公路建设；计划实施36项农村交通建设项目，加快农村公路改造工程、农村通畅通达工程及农村客运站点建设、渡改桥建设，提高路网通行质量和等级。加快龙江水电站枢纽、勐乃河那邦水电站等一批重点水电站工程项目建设步伐，做好勐乃河流域龙头水库建设前期工作；加快推进110千伏芒允输变电工程等骨干网架工程、电源送出工程和城农网改造、无电地区电力项目建设。着力推进农业农村基础设施建设。加快水源工程、界河治理工程、中小河流治理工程、病险水库除险加固以及农村饮水安全等重点工程建设，继续推进盈江大型灌区续建工程、梁河县以工代赈建设项目、盈江县边境民族贫困乡建设项目，切实抓好麻栗坝大（二）型水库、回龙河、芒林中型水库、梁河县丛干、畹町红石河水库建设项目以及潞西大草坝水库除险加固工程。解决5万人饮水安全。加强水文水情预测预报预警系统建设。实施好2009年退耕还林成果项目中的农村能源建设、沼气项目建设，积极做好今年省级农村能源建设项目——农村新建沼气、改灶工作，抓好我州农村能源建设社会化服务体系村级服务网点建设。着力推进市政公共基础设施和城乡环境建设。以市政道路、供水排水、垃圾处理、管道燃气为重点，大力实施各县市城市市政道路新建或改造，继续抓好各县市城镇供排水系统建设；积极推进瑞丽江、大盈江出境河流环境综合治理；继续抓好瑞丽市、陇川县城市污水处理及管网改造，启动潞西市二期、盈江县、梁河县城市污水处理及管网改造；继续抓好潞西二期、瑞丽市、盈江县、梁河县城市垃圾处理工程；进一步加大农村环境综合整治力度。加大“开墙透绿”、“穿衣戴帽”、城区景点、道路绿化亮化景观改造提升等工程建设力度。切实实施“城市综合整治年”，进一步治理城市病垢，拓展城市空间、完善城市功能、改善人居环境、提升城市品质、彰显城市特色。强化城乡规划编制和管理。继续保持房地产业健康发展，确保全年城镇化水平提高1至2个百分点。着力推进社会事业基础设施建设。加快推进全州中小学校舍安全工程、州中等职业学校和德宏职业学院、州博物馆、州医疗集团内科住院大楼以及文化体育、社区、广电等一批基础设施项目建设。科学编制好“十二五”规划。认真开展调查研究，吃透上情，把握州情，统筹好全州经济社会发展的重大问题，充分吸纳和听取社会各界的意见、建议，编好规划，绘好蓝图。

（二）更加注重“三农”工作，在新农村建设上有新成果

把保持农业农村经济持续较快发展、农民持续增收作为首要任务，努力形成农业发展产业化、农村经济特色化、资源开发规模化、农民增收多元化发展格局。确保实现农林牧渔业总产值57亿元。一是始终坚持稳粮稳蔗不动摇。组织实施好粮食直补、增支综合补贴、油菜良种补贴和农机具购置补贴等农民“一折通”兑现工作。确保粮食生产平稳增长和甘蔗面积基本稳定，加大优质粮食生产基地建设，抓好冬农开发和订单农业发展。计划全年粮食播种面积183万亩、总产量58万吨；甘蔗种植31万亩，总面积确保在75万亩以上，甘蔗产量360万吨以上，建设25 万亩“吨糖田”、10万亩旱地“高优蔗园”，通过政策导向和科技进步巩固提升蔗糖产业。继续提升茶叶、橡胶产业，落实9万亩烟草种植。完成冬季农业开发面积100万亩。二是努力发展壮大生物特色产业。重点做好生物特色产业规划布局，突出发挥好龙头企业的主体作用，扩大种植基地，狠抓产品加工，推进生物特色产业百亿元工程。全年计划种植竹子20万亩、咖啡4万亩、坚果3万亩、柠檬1万亩、油茶6万亩、核桃11万亩、番麻0.5万亩，七个特色产业新植面积达到45.5万亩。做强牧渔业。全力打造“德宏水牛奶”、“德宏水牛肉”品牌，完成肉蛋奶总产量8.5万吨，实现畜牧业产值13亿元；水产养殖面积4.3万亩，稻田养鱼12.5万亩，水产品产量达到2.5万吨。三是进一步夯实农业农村发展基础。以中低产田地改造为重点，建设高稳产田为目标，切实抓好水利灌区、山区“五小”水利、中低产林改造、土地整治复垦、农业综合开发等工程建设；提升农业机械化水平，创建全省农机化水平发达州；加强科技培训、试验示范推广工作，提高优新良种率，加强农业科技成果形成和推广转化，抓好农村劳动力转移和新型农民培训，不断健全农业农村社会化服务体系和保障体系；认真实施好“兴边富民工程”新三年行动计划、新农村试点示范村建设，集中整合扶贫整村推进、兴边富民、移民搬迁、灾后重建、抗震安居、边疆解“五难”等项目资金，继续做好人口较少民族和特困民族的扶持发展工作，加大对边境一线少数民族村寨的扶持力度，缩小各民族的发展差距，争取年内减少贫困人口3万人。全年计划治理水土流失面积40平方公里、改造中低产田10.24万亩、建设退耕还林基本口粮田4200亩、中低产林改造和种植60万亩，培训农村富余劳动力1.2万人、转移输出2.5万人；完成州级新农村建设示范村50个。四是继续深化农村改革。建立完善被征地农民社会保障体制，积极稳妥推进农村土地承包经营权流转。完成村级会计委托代理服务工作。巩固集体林权制度主体改革成果，加快实施森林采伐管理改革试点，启动省级公益林补偿工作，全面推进林业投融资、林权抵押贷款、政策性森林保险等配套改革，推进中低产林改造，加快推进国有林场管理体制改革和机制创新。进一步完善粮食流通体制。落实全省农垦改革会议精神，积极稳妥推进农垦改革。有效推进供销社“二次创业”，实施好“乡村流通工程”和“新网工程”建设项目。

（三）加快新型工业化进程，在工业经济发展上有新起色

围绕水能电冶百亿元工程，积极争取全州列为“全省大用户直供电试点”，完善提升“电价联动”机制。依托两个市场两种资源，完善工业发展目标责任制，着力推进“工业倍增行动计划”，坚定不移地加快推进新型工业化进程，力争全年完成工业投资（不含电力）7亿元、实现工业总产值90亿元、工业增加值32.7亿元。一是积极推进产业化经营和规模化、集约化生产。重点发展以电、硅、铝结合为重点的载能工业，以咖啡、坚果、柠檬、油茶、核桃、水牛奶、遮放贡米、蔗糖等为重点的现代食品工业，以竹子为原料的竹加工业，以玉石翡翠加工为重点的珠宝玉石产业，以红木家具加工为重点的现代特色家具产业和以水泥为重点的建材产业。二是全面推进工业园区建设步伐。加快潞西和瑞丽两个省级重点工业园区建设，继续推进盈江、陇川、梁河工业园区的建设步伐，充分发挥工业园区对地方工业经济的带动作用。重点抓好东方硅谷年产2500吨多晶硅、潞西瑞丽各年产30万吨硅铝合金、云南永利发年产30万立方米板材、潞西弘安和畹町乔瑞日产2500吨新型干法水泥熟料、盈江星云铝厂年产3万吨高纯度碳化硅、后谷年产1万吨速溶咖啡、畹町源洋10万吨燃料乙醇和遮放贡米公司年产10万吨精米等一批项目的建设，力争早日竣工投产，发挥效益。加快全州已批硅厂、电站项目建设，力争早竣工早投产。三是积极营造非公经济发展的良好环境。加快建设中小企业服务体系和政策支撑，积极推动建立多层次、多形式的中小企业融资担保体系机制，加快非公经济发展。四是强化工业生产节能减排。强化工业经济运行监测，进一步转变增长方式，注重提高增长的质量和效益，努力构建资源节约型、环境友好型工业体系，万元GDP能耗下降2.8%。五是积极推动实施商标战略，大力鼓励和推动我州企业创立品牌、发展品牌、保护品牌，提升企业软实力。

（四）以“桥头堡黄金口岸”建设为重点，在沿边开放水平上有新提升

加快开放环境再造、市场空间拓展、规模效应放大、沿边开放水平提升，力争率先实现对外贸易百亿元工程。一是切实加快对外贸易提速增效。重点建设瑞丽、畹町、拉影、那邦等边民互市示范点；大力发展出口加工装配和进口资源就地加工，扩大传统大宗商品进出口，积极培育本地产品自营出口，支持新兴高附加值商品出口，扩大资源性商品特别是替代种植产品进口；巩固提升中缅边交会、珠宝玉石拍卖会等会展水平，积极发展国际会展；抓好利用外资工作，加大对海外侨商的招商引资力度，保持利用外资增长势头，引导外资企业积极参与进出口贸易。二是加快建设口岸经济区。进一步完善国家一类口岸软硬环境，提升功能，发挥作用。加快章凤口岸拉影片区开发，争取实现章凤口岸年内升格为国家一类口岸并通过国家验收。推动盈江口岸那邦通道建设，积极争取中方单方面口岸升格；积极申报德宏芒市机场开放为航空口岸机场，全力争取试飞昆明——德宏——曼德勒或仰光的空中航线和省内环线。三是切实推进“走出去”上水平。加强互利共赢的对外经济技术合作，突出抓好能源合作、现代农业合作、矿产资源合作、基础设施合作，积极与缅方合作探索建立密支那现代农业示范园，积极改善边境地区跨境交通条件。四是继续推进中缅瑞丽——木姐跨境经济合作区申报工作。进一步统一思想、提高认识，抓住重要桥头堡建设和中国——东盟自由贸易区建成两大机遇，争取中缅瑞丽——木姐跨境经济合作区国家立项取得更大进展；充分发挥边境经济合作区、境内关外边境贸易区的试验示范作用。五是全面提升口岸通关便利化水平。进一步理顺口岸管理关系、简化办事程序、优化查验流程、减少重复检查、降低通关成本，提高通关效率和服务能力，营造良好的沿边开放发展环境；六是高位推动中国面向西南开放的重要桥头堡黄金口岸建设。成立领导小组，组建工作机构，围绕“打造交通枢纽、重塑核心区域、再造口岸环境、扩展口岸流量、夯实产业支撑”五大任务，搞好研究，做好规划，全力把德宏建成中国面向西南开放重要桥头堡的黄金口岸。

（五）全面抓好财税金融建设，在保障能力上有新提高

按照“保工资、保运转、保稳定、保基础教育正常经费和推进公共服务均等化”的要求，突出保障民生工程和重点项目的资金需要，确保收支任务和各项征管工作圆满完成，支持经济社会全面协调发展。放开手脚抓财源，勒紧裤带过日子。强化税源分析和培育、强化税收征管和服务，积极推进依法治税。继续坚持以奖代补促增收节支，逐步推进非税收入“收支脱钩”；强化预算约束，调整和优化支出结构；加强国有资产监管，积极盘活、整合国有资产；做好专款切块到县的试点工作，全面实施乡镇财政预算管理改革，积极稳妥推进各项重大财税改革。深入研究国家政策调整对财政的影响，高度重视政府债务风险预警。

积极贯彻实施国家信贷政策，建立货币信贷季度分析行长联席会议、金融稳定协调会议制度，切实加大金融对地方经济发展特别是重点项目的信贷支持力度。设立专门为中小企业提供信贷服务的专营机构，健全中小企业授信业务考核机制，积极促进中小企业信贷合理增长；扩大农户贷款覆盖面和满足率，做好金融支持农村消费工作，提高农业基础设施贷款占涉农贷款的比重，提高对“三农”的金融服务水平；扩大就业、助学等改善民生的金融服务；认真落实民族贸易和民族用品生产优惠贷款政策，力争民族优惠贷款取得突破性增长。继续加大对进出口贸易、“走出去”战略的金融支持，积极推动贸易结算便利化。积极发展保险业，加强行业自律与诚信建设，创新保险品种，扩大面向“三农”的保险服务，拓展发展空间。

（六）打好“有一个美丽的地方——德宏”品牌，在旅游文化上有新建树

认真落实州委关于培育优质旅游产品、旅游营销、旅游龙头企业、旅游购物、旅游对外开放等五个方面实现新突破的要求，全力推进旅游文化和珠宝玉石产业两个百亿元工程。科学规划全州旅游产业，整合旅游资源，围绕“两城、两江、一环线”建设，着力开发大盈江——瑞丽江国家级风景名胜区，打造德宏绿色生态公园。坚持项目和营销“双轮驱动”，全面提速旅游“二次创业”，构建芒市——畹町——瑞丽——腾冲旅游环线。充分发挥德宏旅游集团的作用，大力培育优质旅游产品，深度开发旅游资源，着力打造一批具有德宏特色和国内外吸引力的旅游精品景区、精品线路、特色旅游小镇和旅游餐饮，提升德宏旅游吃、住、行、购、游、玩的档次，提高旅游产业综合竞争力。加快景成地海温泉度假村、孔雀湖文化体育康乐谷、畹町抗战博览一条街等旅游项目建设，高标准做好瑞丽江——大盈江旅游精品项目集群区域开发前期工作。抓好“有一个美丽的地方——德宏”宣传促销工作。文化方面，努力扩大世居民族重大传统节日和中缅胞波狂欢节的影响力，着力打造民族文化、边境文化、珠宝文化、生态文化和抗战文化等“五大文化”品牌。高度重视珠宝产业发展，按照“一都三城、一极两翼、多点辐射、联动发展”的产业布局，积极推进瑞丽珠宝步行街改造提升，加快芒市国际珠宝小镇、德宏珠宝博物馆、盈江国际翡翠城等一批重点项目建设，打响“美丽德宏·中国玉都”品牌。组织实施好“四个一”民族文化传播工程。积极拓展文化体验、休闲娱乐、康体保健、体育健身等文化产业。

（七）更加注重民生，在社会事业发展上有新业绩

全面提高民生保障水平。加大就业再就业工作力度，重点解决就业困难群体的就业问题。进一步扩大社会保险覆盖范围，努力提高社会保障水平，重点抓好潞西新型农村社会养老保险试点工作和城镇职工基本医疗保险制度，巩固完善改制企业退休人员参加城镇职工基本医疗保险制度，完善农村计划生育奖励和医疗保险措施。注重提高劳动者素质，切实维护劳动者合法权益，构建和谐劳动关系。积极实施城乡安居工程，加快全州住房公积金归集扩面和贷款发放。全面完成2009年在建1400套廉租住房任务，新开工建设廉租住房11800平方米。进一步抓好农村民居地震安全工程和危房改造工程建设，全面完成2009年省下达我州3500户农村危房改造、计划投资7000万元的建设任务。争取今年省批准下达我州实施6000户、总投资1.5亿元的农村民居地震安全项目。深化华侨农场、农垦的改革发展，全面完成华侨农场危房改造工作。继续抓好移民搬迁安置及后期扶持工作，完成大中型水库库区和移民安置区基础设施建设和经济发展项目以及后期扶持结余资金项目的编报和落实工作。

进一步促进居民消费。继续加强城镇市场体系建设和物流设施发展。改造提升地方特色的餐饮业。加强社区服务基础设施建设，健全社区服务体系。大力发展农村服务业。抓好农资连锁经营、成品油、生猪屠宰、食品安全、酒类流通、万村千乡、家电汽车摩托车下乡等工作。规划建设一批布局合理、设施先进、功能完善、交易规范的农产品交易市场。

大力发展社会事业。努力促进义务教育阶段均衡发展，稳步提高普通高中教育教学质量，狠抓职业教育招生就业工作，加快普及学前教育，关心特殊教育，全力打好提升质量、高中阶段扩招、校舍安全工程“三大攻坚战”，强化教育科研，科学推进教育教学改革，着力提高教育管理和教育教学质量。多渠道筹措资金，全力推进中小学校舍安全工程建设，到2011年全面完成拆除重建现有D级校舍和维修加固B、C级校舍。力争三年内把州民族第一中学打造成全省一流高中，完成州中等职业学校、德宏职业学院新校区建设，打好德宏师专“十二五”升本基础。深化医药、医疗卫生体制改革，大力推进公共卫生、农村卫生和社区卫生服务体系建设。继续完善新农合制度。继续整顿和规范药品、医疗器械市场秩序，大力实施药品放心工程。健全和完善州县乡三级疾病预防控制体系，提高疾病预防控制能力。推进盈江县人民医院门诊大楼、瑞丽市民族医院住院综合大楼的建设，加快乡镇卫生院发展，进一步解决看病难、看病贵问题。做好人口和计划生育综合改革，控制人口增长，提高人口素质。抓好第六次人口普查工作。认真落实创新型云南行动计划，围绕提高区域自主创新能力，突出科技创新支撑产业发展，建设十强创新型企业、十强重点产业企业技术创新中心、十强农技协、十强科技示范基地，选培好十佳州级学术和技术带头人、十佳州级技术创新人才、十佳州级科技创新团队、十佳科技特派员。重视公共文化建设，完成第一轮修志，全面启动第二轮续志工作，抓好德宏博物馆、德宏民族文化园、德宏民语文化传播中心等一批重点项目建设，完善乡村公共文化设施，广泛开展城乡文化活动，包装打造、宣传推介“德宏作家群”，促进文化繁荣。深入开展广播电视“村村通”工程，提高自办节目覆盖率；认真实施国家“农民健身工程”。认真组织好“2010年云南社科专家德宏行暨百名学者话德宏”大型调研活动。按照“适度超前”的原则，提升全州通信信息网络覆盖水平和服务能力。围绕落实好七彩云南保护行动2010年政府目标责任书，开展绿色创建行动和农村生态环境保护行动。

统筹其他社会事业发展。全力推进地震、气象监测台站建设，优化台网结构，加强预测预报预警工作。成立红十字会备灾中心，建立社区、农村及学校红十字会基层组织，完善救灾救济工作。加强侨务、统计、外事、人防、档案、民语、保密、残疾人工作，进一步做好老龄、青少年、妇女、儿童等工作，促进各项社会事业协调发展。加强与海关、检验检疫、民航等部门的协作。

（八）以保稳定促和谐为核心，在固边维稳上取得新成效

大力加强社会主义精神文明建设和民主法制建设。切实把社会主义核心价值体系融入国民教育和精神文明建设全过程。大力弘扬爱国主义、集体主义、社会主义思想，以增强诚信意识为重点，加强社会公德、职业道德、家庭美德、个人品德建设，加强网络文化建设，深入开展好群众性精神文明创建活动。深入开展“自力更生、艰苦奋斗、感恩思进”主题教育活动。认真落实民族区域自治制度，自觉接受人大的法律监督和工作监督，自觉接受政协和社会各界的民主监督，认真办理人大代表建议和政协委员提案。支持人民法院、人民检察院依法独立行使职权。加强基层民主建设和民主管理。

继续打好禁毒防艾人民战争。进一步坚定信心，加强组织领导，抓住关键、突出重点，动员力量、整合资源，以更加坚定的信念、更加果断的行动、更加有力的措施、更加深入细致的工作，确保各项责任措施得到落实，进一步健全完善禁毒防艾长效机制，全面推进禁毒防艾工作深入开展。

高度重视和加强社会基础工作。进一步重视妥善处理好新形势下的各种矛盾和问题，确保社会和谐稳定。认真开展矛盾纠纷排查调处，把各种社会矛盾化解在基层，尽最大努力减少群体性事件发生。密切关注重点地区、行业、群体动向，严格落实稳控措施。做好信访工作，切实解决好企业改制、征地拆迁、劳动就业、民族宗教、农垦改革等热点难点问题，畅通群众诉求渠道，依法依政策集中解决一批长期得不到处理的社会矛盾和问题。严厉打击各种违法犯罪活动，严防和严厉打击敌对势力渗透破坏活动，维护社会稳定。加强司法调解工作，正确处理人民内部矛盾，建立依法处置群体性事件的快速反应机制。搞好国防动员和民兵预备役工作，认真落实优抚安置政策，抓好转业干部和随军家属安置工作，积极支持驻德宏部队建设。切实加强安全生产监督管理，严格落实安全生产责任制，加大安全生产执法力度，继续深化对重点行业和领域安全隐患排查治理，有效遏制重特大事故发生。强化以公安消防部队及其他专业队伍为主体的应急救援能力建设，健全“一专多能”的应急机制。继续强化诚信市场、诚信商户建设，规范市场监管执法行为，切实保障市场交易秩序，维护消费者合法权益，营造放心消费、安全消费的市场环境。牢牢把握各民族“共同团结奋斗、共同繁荣发展”的主题和党的民族宗教工作基本方针，认真开展民族团结教育活动，扎实做好民族团结稳定工作，进一步加强对宗教工作的领导，依法管理好宗教事务。

各位代表！为了切实做好上述重点工作，今年州人民政府仍将继续选择确定20项重大建设项目和20项重要工作进行督查，强化落实责任，确保各项工作落到实处。为了切实体现执政为民的理念，今年州人民政府将在全面实现经济社会发展目标的同时，努力为民办好10件实事。

四、进一步加强政府自身建设，提高驾驭发展全局的能力

按照“为民、务实、清廉”的要求，继续推进建设法制、责任和阳光政府，全面实施“效能政府”四项制度，提高行政服务能力和管理水平。

注重能力水平提高，努力建设学习型政府。按照州委建设学习型组织、学习型班子、学习型干部的要求，加快学习型政府建设，加强州政府党组、州政府班子的学习，不断学习新知识、接受新规则、掌握新方法，建设与时俱进的政府及公务员队伍，全面提高政府工作水平，提高驾驭宏观经济的能力和水平。

深化政府机构改革，努力建设服务型政府。严格执行德宏州政府机构改革方案，积极稳妥推进政府机构改革，着力打造权责一致、分工合理、决策科学、执行顺畅、监督有力的透明政府职能机构，依法行政，完善政风行风长效机制，进一步理顺职能重叠，减少和规范行政审批。完善州和县市政务中心建设，拓展服务内容，完善服务功能，提高行政效率。继续推进“阳光政府四项制度”。

完善厉行节约制度，努力建设节约型政府。继续加强部门预算管理、财务管理、资金使用监督，进一步规范和改进公务接待管理。坚决制止铺张浪费、大手大脚之风，缩减政府部门经常性项目支出资金，实现因公出国出境经费零增长、公务用车购置经费零增长，压缩会议、节庆经费开支；大力推广电子政务，下真功夫精简会议、精简文件，加强“96128”政务查询平台建设，完善与省、州、县（市）三级政务信息网络对接，完善政务一站式服务，降低行政运行成本。探索引进市场竞争机制，吸引社会力量参与提供公共服务和产品，节约行政开支。

强化政务绩效管理，努力建设效能型政府。建立健全公共财政绩效考核管理体系，开展建设性财政投资绩效评价，努力实现公共财政成本最小化、效率最大化。继续加强对扩大内需以及关系人民群众切身利益的扶贫、救灾、养老、医疗、住房等专项资金、基金、公积金的审计，进一步推进领导干部经济责任审计。推行重大项目绩效评价，对财政投向民生的重点专项资金使用效率进行评价。推行重点工作效能评价，对政府部门工作目标完成情况进行集中考评，不断推进效能政府建设。

强化廉政风险防范，努力建设廉洁型政府。积极拓展监督渠道，实施关键岗位和重点环节风险控制，完善土地矿产资源、建设工程、政府采购、产权交易等监管机制，规范公共资源交易行为，维护市场经济秩序。加强对招投标全过程的监督。推进电子监察系统建设，提高监督效能。进一步加大对重点领域、重点部门、重点项目的监察审计监督力度。坚决支持纪检监察机关的工作，加强惩防体系建设，严格执行党风廉政建设责任制，坚决查处腐败案件，进一步营造风清气正的行政环境。

各位代表！过去的一年，是我们共同奋斗的一年，也是硕果累累的一年！新的一年，发展目标任务繁重而艰巨，州委已经确定今年是“苦干实干年”。让我们在州委的坚强领导下，以更加坚定的信心、更加有力的措施、更加务实的作风，抓住机遇、攻坚克难、乘势而上、狠抓落实，全力推进全州经济社会又好又快发展，努力完成“十一五”规划的各项目标，为建设富裕开放、和谐安宁的社会主义新边疆和中国面向西南开放的重要桥头堡黄金口岸而努力奋斗！

专 文

德宏桥头堡建设与交通跨越式发展的思考

州委常委 常务副州长 柳五三

根据省委、省政府建设面向西南开放重要桥头堡的总体部署，德宏州委、州政府审时度势，提出把德宏建设成为中国向西南开放重要桥头堡的黄金口岸。建设桥头堡黄金口岸是德宏实现跨越式发展的重大机遇，有着重大的战略意义。我们要解放思想，站在国内、国际大背景下谋划德宏黄金口岸交通运输基础设施建设工作，努力构建公路、铁路、航空、水运、管道连通内外的立体交通网络，完善沿边大环线，建设中缅大通道，为桥头堡及其黄金口岸建设奠定交通运输基础。

一、抢抓机遇，奋勇争先，加快构建德宏国际大通道交通网络

多年来，制约德宏经济社会发展的一个重要因素就是交通瓶颈。加快构建德宏国际大通道交通网络，全面提升路网等级水平，是促进德宏经济社会跨越式发展的必然要求。交通建设的投资，也是拉动内需、增加就业、刺激增长的一个重要途径。融入桥头堡建设，把德宏建设成为我国面向西南开放重要桥头堡的黄金口岸，交通网络是基础、是保障，交通要先行，要做排头兵。根据中缅《关于发展瑞丽至皎漂通道项目的合作谅解备忘录》和孟中印缅次区域合作的需要，努力构建以公路为基础、铁路为骨干、航空为先导、水运为补充、油气管道为支撑、信息通讯网络为保障的格局，全面推进公路、铁路、航空、水运、管道、通讯建设，努力构筑云南经德宏进入缅甸到达印度洋周边地区的国际大通道交通枢纽，为实现德宏桥头堡黄金口岸建设奠定坚实的交通基础。

（一）构建州内现代公路交通网

要坚决打好打赢腾陇、潞梁二级公路项目地方保障攻坚战、项目路基监管攻坚战、项目路面攻坚战、项目投融资攻坚战、项目验收和债务锁定五大攻坚战。以必胜敢拼的信心和勇气，讲政治、顾大局、识大体，争做抢抓机遇，促进德宏发展的功臣，不作贻误战机，延误德宏发展的“罪人”，全力以赴抓落实，按时按质完成建设任务，确保在2011年6月30日前完成建设和锁定债务工作。积极做好龙瑞高速公路建设前的各项准备工作，为龙瑞高速公路的开工建设奠定坚实的基础。积极提高农村公路等级，打好农村公路通达、通畅攻坚战，完善通乡到村入组的农村公路、桥梁等路网，延伸农村道路，合理布局客运节点和货运场站。逐步改造提升盈江至那邦口岸公路的高等级化水平，努力争取潞西至陇川高速公路建设项目。着力提升重点边境小城镇与重要出入境通道连接州内交通干线的道路等级。

（二）构建连接中缅国际公路网

努力争取国家项目和“中国—东盟合作基金”支持，争取援外建设瑞丽至缅甸木姐至曼德勒至皎漂港的高等级公路。多渠道推动瑞丽口岸、章凤至八莫公路改造，积极引导企业采取补偿贸易方式建设盈江那邦至八莫、那邦至密支那高等级公路。

（三）构建中缅通道铁路枢纽网

认真做好大瑞铁路德宏段年内开工前的各项准

备工作。加强与缅方的沟通，积极配合国家有关部委落实好“国家安排资金推进木姐—腊戍、腊戍—曼德勒—皎漂铁路项目前期工作”的中缅两国总理达成的共识，争取中缅两国国家层面早日建设瑞丽—缅甸木姐—腊戍—曼德勒—皎漂的铁路项目。

（四）构建区域性国内国际航空网

积极创造条件，努力开通昆明至德宏至缅甸曼德勒或缅甸仰光两条空中航线。积极支持配合和推进缅甸木姐机场的建设。努力拓宽芒市机场飞丽江、版纳、上海、北京、成都、重庆、广州等国内航线，下大决心，花大力气，努力把芒市机场升格为口岸机场。

（五）构建陆水联运通道网

进一步探讨开展中缅陆水联运合作的可能性。积极与缅方合作，改造八莫港及八莫至曼德勒航道，努力构建好经章凤口岸或瑞丽口岸至八莫公路转八莫港南下孟加拉湾的中缅陆水联运大通道。

（六）构建中缅双向能源调节枢纽网

认真配合好国家有关部门和企业做好中缅输油、输气、输电等建设。加大境外水能开发，积极发展天然气化工，完善进口水电输送网，扩大输变电能力。

二、统一思想，深化认识，为桥头堡黄金口岸建设和交通跨越式发展提供有力保障

当前和今后一段时期，德宏桥头堡黄金口岸交通跨越式发展任务繁重、责任重大、时间紧迫。全州各级各部门要各司其职、各负其责，齐心协力、密切配合，形成推进我州桥头堡黄金口岸交通基础设施建设的强大合力。

（一）统一思想，深化认识

德宏作为我国向西南开放的重要门户，肩负着连接中国和南亚、东南亚广阔市场的重要使命。州委、州政府提出了将德宏建设成为我国面向西南开放的桥头堡黄金口岸的战略，着力将德宏建设成为通向印度洋国际大通道的重要交通枢纽；区域性国际物流仓储基地，进出口加工装配基地，生物特色产业创新基地；区域性金融服务平台、信息服务平台和旅游文化交流平台；倾力建设中国通往南亚、东南亚的经济窗口、文化窗口、友谊窗口。各级各部门必须牢固树立“有条件不发展是渎职，利用现有条件发展是本职，没有条件创造条件发展是尽职”的责任感，切实增强思危、思变、思进的责任意识，进一步更新观念、创新理念、增强信念，在危机中谋求发展，抢抓机遇，迅速掀起德宏大开放、大开发、大建设、大发展的新热潮，全力推进德宏桥头堡黄金口岸交通跨越式发展。

（二）抓好规划，挤进盘子

要抢抓机遇，将“十二五”规划编制与交通基础设施建设紧密结合，将芒市口岸机场、大理至瑞丽铁路、龙陵至瑞丽高速公路、腾冲至陇川二级公路、潞西至梁河二级公路、境外援建公路、州内农村公路等纳入“十二五”规划编制工作，力争进入国家规划盘子，将德宏桥头堡黄金口岸交通基础设施建设上升为国家战略，争取上级支持力度，切实加大投入。

（三）抓好队伍，强化素质

桥头堡黄金口岸建设和交通跨越式发展关系到每个县（市）区经济社会的发展，全州各级各部门一定要高度重视，切实把推进桥头堡黄金口岸交通基础设施建设作为工作的重中之重。

——各级交通部门要继续弘扬德宏交通人“事业心、责任心、公心”的三心精神和“团结、求实、拼搏、奉献”的八字方针。进一步解放思想、创新观念、拓展思路。认真分析研究新形势下交通工作的特点和规律，努力在推动工作上有新思路，在破解难题上有新举措，在促进发展上有新成效，深入剖析发展进程中存在的不适应不符合科学发展观的思想观念，不为现有经验所束缚，不为传统模式所局限，进一步提高解放思想的现实针对性。

——各级各部门要经常深入一线，靠前指挥，切实解决好建设过程中遇到的困难和问题。落实好重点项目建设责任制，凡涉及重点项目审批、征地、拆迁、交通、供水、供电、银行贷款等事项的单位，要将具体任务和责任落实到人。定期召开建设项目推进会，主要领导要亲自抓、负总责，分管领导要具体抓、全力抓，形成推进合力。

——进一步加强队伍建设，提高干部职工政治理论素养和业务能力。加强有关市场经济、城市规划建设管理和现代科学技术等知识的培训学习。以项目推进、工业突破、园区建设、招商引资、城市建设为教育培训重点，着力提高各级干部开拓创新、破解难题、推进发展的本领，不断提高各级干部推动跨越式发展的能力，努力打造一支学习型、服务型、责任型、法制型、创新型、诚信型、廉洁型的团队。充满热情、激情、真情努力工作，做到谋事布局一盘棋、工作热情一团火、个人形象一面旗。

——围绕中心，突出重点，尽职尽责，群策群力。牢固树立全州一盘棋的思想，积极主动搞好政策对接和项目衔接，多协调、多支持、多配合。凡涉及本辖区或本部门的事要急事急办、特事特办、精简环节、提高效率。各级各部门之间要主动沟通、增进理解、相互支持，真正做到部门联动、上下互动、左右配合、优质服务，共同推进全州桥头堡黄金口岸交通基础设施建设。

对德宏州少数民族教育发展问题的思考

德宏州人民政府副州长、州景颇族学会会长　孔勒干

由于德宏是一个多民族聚居的边境自治州，因而提高各民族素质的工作就主要是抓好民族教育。对德宏少数民族教育的发展，一方面，要解决好各少数民族适应以主流文化为主的现代社会要求，以求得各少数民族在经济、社会和文化方面能更好地发展；另一方面，要解决各少数民族语言、文化的保护、传承和发展问题。由于多年来我们对当地民族教育的特点、规律及其特殊性认识不足，并缺乏研究，所以正如有的民族教育家所说的那样，德宏少数民族地区的教育体系不够完善，结构不尽合理，尤其是少数民族聚居区农村学校的基础教育还很薄弱。由于对少数民族教育缺乏有力的保障措施，所以国家对民族教育的投入和其产生的效果相比较是不能令人满意的。要改变这一状况，我们必须要以“科学发展观”为指导，从德宏少数民族地区的实际情况出发，面对德宏少数民族地区多民族共存与“多元一体化”经济、社会和文化发展的需要，采取合乎民族教育发展的措施和办法，认真解决好民族教育发展中的实际问题，对少数民族教育的发展做出必要性和合理性的改革，力求提高德宏少数民族教育质量，以培养出更多适应社会需要的各民族人才。

一、德宏少数民族概况

德宏傣族景颇族自治州地处祖国西南边陲，与缅甸社会主义联邦共和国相邻。在全州11526平方公里的土地上，除汉族外，主要居住着傣族、景颇族、阿昌族、傈僳族和德昂族等少数民族。据2009年末统计，全州常住人口119.4万人，其中五种世居少数民族人口59.44万人（傣族人口35.55万人，景颇族人口13.66万人，傈僳族人口3.15万人，阿昌族人口3.09万人，德昂族人口1.43万人），少数民族人口占总人口的49.78%。长期以来，德宏的五种世居少数民族绝大多数都在各自的区域里生产生活，即傣族主要聚居在坝区，景颇族和傈僳族主要聚居在山区，阿昌族和德昂族主要居住在半山半坝区。其生活环境、居住条件不一样，交流的语言主要以本民族语言作为交际工具，同时为了适应广泛的社会交往和经济发展的需要，各少数民族都在相互学习当地民族语和汉语。改革开放以来，在人际交往频繁的城镇、民族杂居区以及边境口岸和交通要道附近的民族村寨，发展了边贸和民族风情旅游产业，使这些地方的少数民族迅速脱贫致富。但是少数民族聚居区，尤其是景颇族和傈僳族居住区域条件较差，目前许多人尚未摆脱贫困，脱贫致富，发展经济仍然是这些地方迫切需要解决的问题。

居住在德宏州的五种主体少数民族都拥有自己独特的民族文化，各少数民族风俗醇厚质朴，民族节日异彩分呈，民族建筑独树一帜，民族服饰五彩缤纷，民族史诗闻名于世，民族歌舞优美精彩，民族绘画艳丽生动，民族饮食文化和风味小吃别具一格，尤其是傣族的“贝叶”文化和景颇族的“目瑙纵歌”文化更是饮誉世界。景颇族创世史诗《目瑙斋瓦》、阿昌族史诗《遮帕麻和遮米麻》、《户撒阿昌刀铸造工艺》等列入国家级物质文化遗产。这些民族分别从不同的地域、不同的族群分化出来，保留了他们不同传统文化的基本特征。但随着中原文化以及佛教、基督教的传入，各少数民族从中也吸收了养分。居住在坝区的傣族、德昂族和阿昌族主要以信奉上座部佛教为主，景颇族信奉原始宗教和祖宗教，也有信奉基督教，傈僳族主要信奉基督教和天主教。在德宏州的五种世居少数民族中，除阿昌族和德昂族有语言没有文字外，傣族、景颇族和傈僳族都有自己的语言文字，景颇族还使用着景颇文和载瓦文两种文字。在日常生产和生活中，在道德文化的承传和从事宗教活动时，各少数民族使用自己的语言文字作为第一交际工具。而在各民族杂居的地区、人际交往频繁的城镇，在涉及现代社会、

政治、经济及文化生活方面，则主要使用汉语交流。

基于以上情况，德宏少数民族地区的教育固然涉及着包容各少数民族语言和文化的民族教育问题，同时也涉及着多民族共存与“多元一体化”的经济、社会和文化发展的民族教育问题。

二、德宏少数民族教育发展的基本情况

（一）少数民族教育发展的历史回顾

建国前，德宏州少数民族聚居区的教育事业十分落后，到1949年末全州仅有小学34所，在1500多学生中，傣族学生有280多人，景颇族学生只有50多人，其余为汉族学生。而在少数民族聚居的边远山区，则根本没有学校。这是导致德宏少数民族地区社会、经济发展落后的重要原因。在这个漫长的历史时期，少数民族群众只能在生产、生活和宗教活动中习得自己的母语，部分人在与汉族的交往中习得汉语，只有少数人能进入学校，学会汉语文。由于历代统治者对少数民族的歧视，民族文字的传播则更加艰难，因而致使少数民族地区的绝大多数群众成为文盲。所以在建国以前，德宏少数民族地区还没有真正的民族教育。

从建国后的五十年代初开始，德宏州党委和政府贯彻了国家的民族平等政策，号召在少数民族地区工作的干部和教师积极学习当地民族的语言文字，尊重少数民族的风俗和习惯，积极帮助少数民族培养本民族的干部、教师和各种建设人才，在各方面帮助少数民族地区发展。从这个时候开始，德宏州政府在学校少数民族教育中实施了民族语言和汉语并重的教育教学方针，而在少数民族聚居区学校工作的教师，则对少数民族教育的重要途径——双语教学进行了卓有成效的研究和实践，探索出了符合少数民族教育实际的双语双文教学方法，增强了教学效果，提高了教育教学质量，学校得到了巩固，德宏少数民族地区的教育事业得到了迅速发展。但是从20世纪60年代中期到70年后期，由于“文化大革命”的极左路线，全盘否定建国后我们党坚持实行的民族政策，否定民族地区的特点和民族差别，民族教育的双语双文教学被迫停止使用，其结果导致整个民族文化素质提高缓慢，致使建国后刚起步并开始发展的民族教育事业遭受了全面破坏。

党的十一届三中全会以后，德宏的民族教育大体经历了“恢复、改革、发展”这样的过程。从1978年开始，逐步恢复和加强了民族教育工作。20世纪80年代初全国召开了第三次民族教育工作会议后，德宏州结合本州民族地区实际、民族特点，从民族地区经济建设、社会发展的需要出发，坚持因地制宜、分类指导，把发展民族教育同当地经济建设结合起来，采取了以下措施，建立了符合德宏少数民族地区特点的教育结构和教育体制，促使德宏的民族教育事业得到了长足的发展。

1、在民族教育恢复和发展进程中，加强了对民族教育工作的领导，恢复了各级民族教育行政和业务研究机构。从20世纪80年代以来，州和各县市教育局都配有少数民族行政领导，在各个科室（股）也配有少数民族行政人员，或指定专人负责民族教育。此外，为了认真贯彻落实党和国家的民族语言文字平等政策和开展少数民族双语教学工作，根据民族地区实际和民族教育特点，州教育局从1985年开始组建了“民族语文教材编译教研室”，主要负责编译民族语文，进行双语教学研究和指导工作。各县市教育局教研室和乡镇中心学校也配备了相应的少数民族双语教研员，专门对民族学校的双语教学进行研究和指导工作。

2、从少数民族地区实际出发，采取灵活多样的办学形式，恢复和发展了中小学民族教育。为了推动民族教育的发展，德宏州从1978年开始，加大了对民族教育的投人，在少数民族聚居区农村推进了普及初等教育和扫除青壮年文盲工程。到20世纪90年代，开始实施少数民族聚居区中小学布局调整，举办民族寄宿制学校，极大地改善了少数民族聚居区的办学条件。在少数民族聚居区农村就已经实现了每个行政村至少有1所完全小学，边远自然村有教学点，每个乡镇至少有1所寄宿制初级中学，每个县市至少有1所寄宿制完全中学。学校布局设点基本满足了各民族青少年就近入学的需要。在教育经费的安排上，对少数民族聚居区实行倾斜政策，推进了少数民族贫困地区的“普九”进程，促进了少数民族贫困地区“两基”的巩固和提高。据1993年的统计，全州小学12199所（含316个教学点），在校学生有126263人，其中少数民族学生66962人，少数民族学生占在校学生总数的53.03%；全州普通中学（含初、高中）有68所，在校学生有30749人，其中少数民族学生有12167人，少数民族学生占在校学生总数的39.56%。

3、认真贯彻落实党和国家的民族语言文字政策，加强民族文字教材建设，积极推行双语双文教学，为进一步提高民族教育质量奠定了基础。德宏州从1978年开始，逐步恢复在民族学校开设民族语

文课程教学，并在少数民族聚居区农村开办夜校，用民族语文逐步扫除少数民族青壮年文盲。到1987年，在民族学校专门组织开展了双语双文教学实验，并制定了一套适合少数民族学生学习特点的民语与汉语相结合的教学大纲，规定了民族小学的教学方法、教学内容和学制，初步建立了以学好汉语文为主要目标的双语双文教学体制。并对施行双语双文教学的民族小学提出："以民为本（打基础）、先民后汉（为教学程序）、以民促汉（为教学方法）、民汉兼通（为达到双语教学的目的）"的指导思想和教学原则。其主要做法是：开设双语双文教学的民族小学学制规定为六年，采用国家统编的五年制汉语文教材作为开设双语双文课程学校的课本，小学民族语文共编1—6册（每学年用1册），民汉会话教材编1册，民语数学编1册；第一年先学民语文、民汉会话课和民语数学；第二年开始进入学习汉语文后，民语文课每周上2—3节，贯串到小学毕业。所编译的民语文教材内容为：有汉语文学课中的译文，也有本民族的传统文化以及地方经济、社会和生产生活等方面的知识。此外，为了帮助解决教师和民族学生在汉语文课中"教"与"学"的困难，针对五年制汉语文教材中的重点和难点词语逐册摘录编译成《汉民词语对译手册》，作为辅助汉语文教学的配套教材使用。在双语双文教学方法上，规定在每一个年级段的双语教学，教师必须要结合民族学生的实际，把握民汉两种语的教学用语适度，重点要强化汉语文的学习和训练，并抓住解决民族学生在学习中的难点，让民族生学透、学懂、学会。据1990年的统计，在全州有12199所小学中，应开设双语双文教学的纯民族小学有503所，开设双语双文教学的学校有313所，接受民汉双语课教学的学生有25040人。通过实施双语双文教学，消除了民族学生学习中的语言障碍，使民族小学的基础教育教学质量得到了稳步提高，推动了全州教育事业的发展。

4、重视加强少数民族教师队伍的建设工作。多年来，德宏州为了培养和建设少数民族教师队伍，一方面，从初中毕业后当民办教师的少数民族教师中经过考试和再培训后正式转入公办教师，也有从高中毕业的少数民族生中招收为教师；另一方面，州和各县市师范学校每年都有一定的比例招收少数民族师范生，如从1985年到1990年，州师范学校就连续六年专门开设了傣汉和景汉两种双语师资专业班，培养了双语教师600多人。2008年与云南民族大学合作，已经连续两年招收德宏傣语班和景颇语班，培养傣语和景颇语人才。这些教师在基层民族小学开展了双语双文教学，推动了民族教育事业的发展。据1993年的统计，全州小学教师有4787人，其中少数民族教师有1721人，少数民族教师占教师总数的35.95%；初、高中教师有1999人，其中少数民族教师有282人，民族教师占教师总数的14.1%。

5、进一步深化教育教学改革，坚持教育为本州少数民族地区经济建设和社会发展服务，探索民族贫困地区教育发展的途径。20世纪90年代是民族教育深化改革、加快发展的时期。从1994年开始，德宏州根据《中国教育改革与发展纲要》的精神，逐步深化基础教育教学体制改革，进一步实施九年义务教育和全面扫除青壮年文盲工程。在加强基础教育的同时，积极探索本州少数民族贫困地区教育发展的途径，在贫困山区进行了一系列的教育综合改革，以促进教育为本州民族地区经济建设和群众需要服务。德宏州调整了中等教育结构、发展职业教育和成人教育的主要形式为：举办中、初级职业学校，培养了本州经济发展需要的中、初级实用技术人才；开办农民文化技术学校，进行实用技术培训；采取3+1和5+1形式，对不能升学的初中和小学毕业生进行一定时间的适用技术培训；在初中、小学阶段渗透职业技术教育因素等。从20世纪90年代以来，德宏州少数民族聚居区农村出现了许多通过改革和发展教育，提高劳动者素质，促进当地经济发展和群众脱贫致富的典型。在国家和省的大力支持下，到2000年，德宏州已基本实现了普及九年义务教育和扫除青壮年文盲的"两基"工程。

（二）少数民族教育的发展现状

近十年来，德宏的教育继续实施了"两基"攻坚工程和边境民族、贫困地区教育发展工程，实施了中小学布局结构调整和学校危房改造工程，已基本建立起了从学前教育、义务教育、中等教育到高等教育（包括基础教育、职业教育、成人教育协调发展）的教育体系，加大了对民族教育、山区教育和边境一线教育的扶持力度，扩大民族寄宿制和半寄宿中小学规模，使全州各级各类学校包括少数民族教育在内的所有教育得到了快速发展。

目前，经过学校布局和结构调整后，全州各级各类学校有574所（不含166教学点），在校学生212810人，其中少数民族学生105233人，少数民族学生占在校学生总数的49%。从各级各类学校民族学生情况看，全州城镇（乡）幼儿园有100所，在园幼儿27886人，少数民族在园幼儿12368人，占在园幼儿总数的44.3%。全州小学有563所（含166个教学点），在校学生有107872人，少数民族在校学生56219人，少数民族学生占在校学生总数的52.1%。全州普通中学有67所（其中专设高中2所，完中6所，初级中学52所，九年一贯制学校7所），初中在校学生48195人，少数民族学生26125人，少数民族学生占初中在校学生总数的54.2%；普通高中在校学生10773人，少数民族学生3680人，少数民族学生占高中在校学生总数的34.1%。中等职业学校有7所，在校学生11082人，少数民族学生4446人，少数民族学生占在校学生总数的40.1%。职业学院1所，在校学生1450人，少数民族学生647人，少数民族学生占在校学生总数的44.6%。师范专科学校1所，在校学生4898人，少数民族学生1614人，占在校学生总数的33%。

从教师情况看，全州各级各类学校共有13451名教职工，其中专任教师11938人，少数民族教师2918人，少数民族教师占教师总数的24.44%。从各级各类学校的民族教师情况看，全州幼儿教师1304人，少数民族幼儿教师372人，占幼儿教师总数的28.5%。全州小学教师6715人，少数民族教师2588人，少数民族教师占教师总数的38.5%。全州中学和中等职业学校有教师4392人，少数民族教师888人，少数民族教师占教师总数的20%。州职业学院和师范专科学校教师共有338人，少数民族教师有80人，少数民族教师占教师总数的4.2%。少数民族教师一般都能讲普通话，在进行双语双文教学的民族小学一般都有既通民语文，又通汉语文，并能用民语和普通话进行教学的教师。

（三）对少数民族教育发展中存在的困难和问题原因分析

建国以来，德宏少数民族教育伴随着社会主义建设同步发展，就民族教育自身发展的历程来说，上世纪八、九十年代是德宏的民族教育规模大、质量好、发展最强盛的时期，其中有一个重要的原因就是党和国家的民族教育政策和措施有力，落实到位。加之地方政府及教育部门也非常重视和加强民族教育工作。到2000年以后，德宏少数民族地区教育在总体上，诸如基础设施建设和教育的普及程度都有了较大地提高。但是从目前少数民族教育发展的现实情况来看，仍然存在着教育基础薄弱、双语教学体系不完善、双语双文师资队伍力量薄弱、民族学生辍学严重、教学质量不高等困难和问题。笔者经过认真细致调研，认为造成少数民族教育发展还不尽如人意的原因主要为以下几个方面：

1、存在对少数民族教育发展中的特殊性认识不足。德宏州各少数民族都在国家统一的社会主义政治、经济制度下生活，因而具有许多共同性。但是各少数民族之间在经济文化的发展水平、生产生活条件、语言文字、风俗习惯、宗教信仰、心理状态等方面，又存在着许多差别和特点，这些都必然反映到教育上来。可是我们对民族教育的发展研究和探讨有所忽视，还存在着对民族教育特殊性方面认识不足的问题，具体表现在对民族学校的办学形式、课程设置、教材及其教学内容基本上与汉族学校一样。就民族教育本身来说，各地区、各民族之间原有的基础不同，发展也极不平衡。如果我们了解不到民族教育中的实际情况，认识不到民族教育中的内因问题，对民族教育所采取的政策和措施就缺乏针对性并起不到效果。所以说，民族教育的发展是由它的特殊性决定的，这就要求我们采取的发展民族教育的具体方针政策和措施、教育体制和办学形式等，都不能搞“一刀切”，而应根据各少数民族的不同情况，提出不同的要求，作出不同的规定，采取不同的措施，只有这样才有利于民族教育的发展。可见，思想指导行动，我们决不能忽视解决特殊性认识问题这个做好民族教育工作的前提。

2、对少数民族教育发展中的投入与效益问题。所谓投入是指人、财、物的投入，我们对民族教育的投入是为了实现民族教育自身发展的效益，同时也为了实现本地区的经济、社会和文化发展的效益。按理说，在教育中投入与效益是成正比例的，投入越大，效益就越高。但是，德宏的教育为了注重普通教育的大投入，而往往忽视少数民族教育的特殊性投入问题，所以在大投入中起不到内在的民族教育效益，在民族教育中需要解决的实际问题却得不到解决，因而往往起不到实际效果。现在国家对民族教育的投入比过去增加了几倍，基础设施、办学条件都比过去改善多了，州内教师队伍的数量和质量也比过去强多了，可是少数民族教师尤其是双语教师却缺少了，民族学校的教育教学质量和办学效益却不见有明显提高。在同样的教育体制下，许多民族学生还未读完初中就辍学，有的民族学生读完初中升不了学，所学的知识回到农村用不上或不会用，但又不愿参加生产劳动，就在社会上游荡。这种投入与效益反差的民族教育很值得我们深思。我们对民族教育的投入是为了能够培养更多更好的少数民族有用人才，但在全州中小学各学科课程标准的统一要求下，民族学生虽然能读能写，但不明白意思，教学进度要比汉族学校慢，其收效也就可想而知了。我们可将少数民族学生和汉族学生教育成效作如下对比：

民族生：在小学56219人→升初中26125人→升高中3680人。

汉族生：在小学51653人→升初中22070人→升高中7093人。

这种投入与成效的反差值得我们深思的是：投入也要切合实际而不能“一刀切”，需要什么就解决什么，只有这样才能取得民族教育中的投入效果。

少数民族教育发展中的民族语言与传统文化问题。一方面，在中国通用语言是汉语普通话。的确，汉语普通话有利于国内各民族和地区交流并增进相互之间的了解，有利于学习先进文化和科学技术，但少数民族语言又该怎样在这“统一化”的趋势中，传承本民族的语言呢？众所周知，每一种民族语言都承载着一段长长的历史，厚厚的文化，都凝聚着一种伟大的民族精神。目前德宏的少数民族教育虽然发展得很快，但实际上发展的大多是单一“汉语式”的民族教育。据2009年的统计，德宏州有563所（不含166所教学点）小学中，应该开设双语双文教学的纯民族小学就有251所，但由于缺少双语教师，开设着双语双文教学的学校只有89所。如果我们不采取措施保护各种民族语言，民族语言的传承必然会受到影响。另一方面，德宏的各少数民族都是跨境而居的民族，都有不同的宗教信仰和传统文化，在少数民族教育中应把民族现代教育和民族传统文化教育紧密地联系在一起。但我们的教科书中很少涉及少数民族传统文化方面的内容，在目前的少数民族教育中，少数民族语文教材主要是由汉语教材翻译过来的，双语教学也只是在小学低年级进行，以帮助学生理解汉语课文内容，使其尽快适应汉语文教学的需要。这种缺乏民族文化教育的学校教育，正在使越来越多的少数民族学生远离自己的民族文化传统，他们游离在本民族文化传统和主流文化传统之间，甚至一不小心就会受到国外有害文化思想的侵袭，走错了人生道路，这是我们值得深思的问题。

三、少数民族教育发展问题的对策思考

（一）提高认识，树立正确的指导思想，确定目标和任务

对于德宏少数民族地区来说，民族教育是关系全局的重大问题，发展民族教育对于提高州内各少数民族人口素质，促进各民族经济、社会和文化发展，增强民族团结，维护边疆稳定等方面都具有重要意义。因此，我们要树立民族教育的质量观和人才观，面对本州少数民族“多元一体”文化发展的这一实际需要，按照“科学发展观”的要求，对民族教育的发展，应构建国家普通教育与德宏少数民族传统文化教育相结合的民族教育体系，建立民族学校课程设置、课时安排、教材配套以及教学内容和教学方法都合乎民族教育特点和民族地区实际需要的教育教学体制，使少数民族教育在新时期新的历史起点上，以培养更多更好的少数民族有用人才，促进少数民族地区的经济、社会和文化发展。

（二）坚定不移地开展双语双文教学，办好一批质量好、特色鲜明的双语双文教学示范校点

双语教学是少数民族教育的核心内容，也是少数民族地区“多元一体化”文化发展的重要途径。我们要按照“科学发展观”的要求，对少数民族教育特别是在基础教育阶段，必须坚持以人为本地开展好双语双文教学工作，正确处理好用少数民族语授课和汉语教学的关系，实事求是地部署民族小学双语教学工作，把民族小学作为传承少数民族语言文化的主渠道，解决好教育公平与协调问题。

（三）进一步加强少数民族教师队伍的培训、培养和建设工作

要针对德宏少数民族聚居区农村义务教育基础薄弱、发展缓慢和少数民族双语教学发展中双语教师严重不足等情况，建立和完善教师尤其是双语教师编制补充机制，在数量上保证农村民族学校教师队伍的稳定。同时要加强对农村民族学校教师队伍，特别是双语教师的培训，提高少数民族教师队伍的整体素质。此外，要在德宏师范专科学校开设民语专业，根据农村民族学校双语教学的实际需要，有计划和针对性的培养一批少数民族双语教师。

（四）重视和加强少数民族教育研究工作，积极探索少数民族教育发展的路径

与汉族学校教育相比，少数民族教育是一个难点多、带有特殊性和复杂性的工程。由于民族教育自身发展起点低，教育基础薄弱，加之，我们对民族教育的研究工作认识不足，措施不当，这就使民族教育发展困难重重。所以，为了认真贯彻落实党和国家的民族教育方针、政策，探索和引导好少数民族教育发展的路子，培养新时期少数民族各类人才，我们必须高度重视和加强少数民族教育研究工

作，制定符合实际的政策措施，推动民族教育健康持续发展。

（五）加大对民族教育的资金投入，进一步改善农村民族学校的办学条件和解决少数民族教育发展急需的各种经费

从教育的总体投入中，设立少数民族教育发展的专项资金，用于民族教育发展中的重要事项，如双语教学示范校点和班级建设、开展民族教育的研究活动、培训少数民族教师、建设少数民族语文教材、双语教师的教学质量奖等有关民族教育发展的工作，以保证民族教育的发展。这就需要一是要依靠国家及省上的支持，二是本州地方政府财政也有责任尽最大的努力筹措资金扶持民族教育。

（六）合理布局校点，加强民族寄宿制学校建设

在全州校点布局调整中，为确保少数民族学生入学可适当考虑就近就学，但是为了提高教学质量，必须加大民族寄宿制学校建设，使农村少数民族学生都能入校接受教育。另外在县级小学、初中、高中应开设民族班，使学习成绩突出的少数民族学生得到良好教育。

总之，德宏的教育主要是民族教育。只有认真抓好民族教育，才能使全州的教育迈上新的台阶，也才能真正提高各民族的素质，为德宏的社会经济发展培养出大批合格的各民族人才，也才能有效地促进民族地区经济和社会的协调发展。

潞西市今后五年产业布局调整方向

中共潞西市委书记　蔡四宏
潞西市人民政府市长　沙玉庄

一、潞西市发展面临的机遇

今后五年时期，潞西市仍处于重要战略机遇期，经济社会发展长期向好的基本态势没有根本改变。国际形势的新变化和国内发展的新要求为潞西加快发展创造了良好条件，拥有发展的重大机遇。一是国家将实施新一轮西部大开发战略，将继续加强西部地区基础设施和生态环境建设，扶持特色优势产业发展，加快推进资源优势转化为产业优势进程。这将为潞西市进一步加强基础设施建设，发挥区位、资源等优势，加快特色优势产业发展，推进潞西市工业化和城镇化进程等方面得到国家和省的项目、资金及政策支持，为潞西市求得更快发展，增强经济实力和提升城市功能提供了重要的机遇。二是中国——东盟自由贸易区建成和我国实施向西南开放战略，不断提升沿边开放的质量和水平，潞西地处中缅边境、昆仰（昆明至仰光）经济走廊的重要节点，地缘区位优势更加突出。随着中缅石油管道、大瑞铁路、龙瑞高速公路等重大项目的开工建设，将进一步扩大潞西市对外开放的空间，更广泛地参与区域分工与合作，促进外向型经济发展，提升潞西市对外开放水平，使潞西成为我国向西南开放桥头堡的前沿窗口，成为面向西南开放的重要交通枢纽，国家重要的能源资源通道、沿边开放的重要增长极。三是潞西已纳入全省城市群建设发展规划，作为保腾潞瑞城市群的重要组成城市之一，城市基础设施建设和产业发展项目将进一步获得省、州的重点支持，有利于进一步加快潞西城市化进程。四是顺应产业结构优化升级和生产要素优化配置的要求，发挥潞西地处沿边开放的前沿、生态环境优美、生物资源丰富等优势，为潞西打好区位、资源牌，承接发达地区产业转移，积极发展现代物流、边境贸易、生物资源开发创新等特色产业，调整优化产业结构、构建现代产业体系提供了机遇。五是国家更加重视改善民生和社会建设，促进公共服务均等化，将加大对革命老区、民族地区、边疆地区、贫困地区发展的支持力度，中央和省、州一系列“保民生、保稳定、保增长”重大举措的深入实施，将为潞西加强基础设施和产业建设，加强各项社会事业发展，加快贫困地区发展，改善少数民族生产生活条件提供了难得契机。

二、主要发展目标

潞西市今后五年规划的发展目标和指标，围绕经济发展、结构调整、环境保护、民生改善等方面进行设置。初步考虑：

综合经济实力进一步增强。到2015年，在优化结构、提高效益和降低消耗的基础上，全市生产总值达到100亿元以上，经济增长速度保持在15%以上；人均生产总值达到20000元，年均增长15%；地方财政一般预算收入突破5亿元，年均增长20%左右；全社会固定资产投资年均增长25%以上；综合经济实力明显增强，生产总值、地方财政一般预算收入在全省县市区的位次排序比2010年上升5位左右。

结构调整取得新突破。到2015年，调整优化一产、加快发展二产、巩固提升三产，特色优势产业迅速发展，三次产业结构调整为20：45：35，服务业增加值和就业比重明显提高，城市经济的带动辐射作用显著增强。社会消费品零售总额年均增长率15%以上；消费对经济增长的贡献率达到40%以上；城市化进程进一步加快，城镇化率达到50%左右；非公有制经济占生产总值的比重达到40%以上。

生态环境保护和建设取得新成效。资源利用效率显著提高，单位生产总值能源消耗比2010年降低10%以上，降为1.4吨标煤/万元；城市污水处理率达到95%以上，城市垃圾无害化处理率达到98%以上，工业固体废弃物综合利用率进一步提高，森林覆盖率达到70%左右，可持续发展能力进一步增强。

人民生活水平明显提高。到2015年，城镇居民可支配收入达到22000元以上，年均增长9%；农民人均纯收入5500元以上，年均增长10%；全市人口自然增长率控制在7.5‰以下；城镇调查失业率控制在5%以下；城镇新增加就业率年均增长10%，市内当年转移农业劳动力10000人；城镇居民基本医疗保障覆盖率和城镇基本养老保险覆盖率大幅度提高，巩固新型农村合作医疗覆盖率；完成新型农村社会养老保险试点工作，城乡居民生活质量普遍提高。

三、产业结构布局发展方向

（一）以增强支柱产业支撑带动能力和培育壮大新兴产业为重点，推动产业结构优化升级

今后五年，潞西市将立足当前、着眼长远，坚定不移地加快发展，在发展中调整结构，以结构调整促进发展方式转变，着力提升传统产业，着力培育新兴产业，着力培植支柱产业，解决农业基础不稳、工业不大不强、服务业发展滞后的突出矛盾，增强三次产业发展的协调性和稳定性，拓展产业发展空间，提高产业竞争力，为构建现代产业体系奠定坚实基础。

1、大力发展现代农业，促进农业农村经济发展和农民增收。把建设现代农业作为转变发展方式和提升农产品竞争力的主要任务，围绕大力推进农业产业化，用现代发展理念引领农业，用现代物质条件装备农业，用现代科学技术改造农业，用现代经营形式推进农业，用培养新型农民发展农业，加快传统农业向现代农业转变。以特色、良种、良法为基础，优化农业区域布局。稳定粮食种植面积，加强商品粮基地建设，提高单产、增加总产。巩固提升粮食、甘蔗、茶叶和畜牧业发展，积极推进竹子、咖啡、核桃、番麻、凉晒烟等新兴产业发展。推进优质稻、甘蔗、茶叶、咖啡等优势农产品向优势产区集中，积极争取上级对潞西市优势农产品生产基地建设的支持，建设一批标准化生产示范基地。以产品质量卫生安全为核心，以良种繁育、基地建设、产品加工、疫病防治为重点，稳定发展猪禽，大力发展草食畜，积极发展德宏水牛、肉牛等产业，实现品质良种化、生产标准化、经营规模化。实施“品牌兴农”战略，大力发展生态农业，切实抓好冬季农业开发，进一步提高潞西产品的市场竞争力。积极引进和培育壮大龙头企业，稳步发展农民专业合作组织，加快推进农业产业化经营，促进龙头企业在带动特色优势产业发展和农民增收中的作用进一步增强。保障农民对承包土地的占有使用收益等权利，鼓励农民以多种形式流转土地承包经营权，推进农业产业化经营、规模化生产。加强农业公共服务能力建设，建立健全农业科技推广、农产品质量安全和流通等服务体系。继续改善农业农村生产生活条件，狠抓农田水利建设，积极争取实施中低产田地改造、沼气池、农村饮水安全等建设项目。加大农村劳动力转移就业培训，积极扩大农村二、三产业增收空间。认真落实惠农强农政策，及时足额兑现财政补贴资金。

2、以产业集群发展为重点，大力推进工业化进程。以依托龙头企业，延长产业链，推进产业集群发展作为抓手，迅速扩大地方工业总量；将特色产业培育和优化提升作为推进新型工业化进程，加快产业结构调整的重要支撑。实行产业链密切关联企业在特定区域聚集的产业集群化战略，围绕蔗糖、茶叶、硅、林竹、遮放贡米等具有相当生产规模和竞争优势明显的产业，积极延伸和拉长产业链，策划实施一批延伸产业链建设项目。积极引进战略投资者，利用先进技术和先进工艺改造传统优势产业，延伸产业链，加大产品深度开发，提高产品附加值。鼓励和支持社会资本围绕骨干产业，积极发展配套产业。构建产业集群化发展的龙头，力争在蔗糖、茶叶、生物食品、矿冶炼加工、建材、珠宝玉石、林竹等行业形成一批具有规模效益和关联效应的龙头企业集团。实行大用户直供电，推动矿电结合，发展高附加值新型载能产业。加强工业园区建设。做好工业园区发展规划与产业集群发展规划的衔接，充分发挥园区聚集经济资源和产业的功能，完善工业园区道路、通讯、水、电、气、污染控制等基础设施，引导优势产业向园区集中，推进产业聚集发展。大力发展特色农产品加工业，扩大生产规模和提升产品质量，增强市场竞争力。适应城镇化和新农村建设的需要，大力发展水泥、新型墙砖、装修装饰材料等，促进建材业快速健康发展。围绕全州“六棵树、一棵草、一片叶、一粒米、一杯奶”生物产业发展，有选择地兴办生物资源开发加工企业，形成全州重要的生物资源开发加工基地，打造新的经济增长点。支持中小企业围绕支柱产业培育壮大以及大企业、大集团，发展配套产业；鼓励中小企业向专、精、尖、特方向发展。促进信息化与工业化融合，着力提高国民经济和社会信息化水平。同时，扶持中小企业和非公有制经济发展。建立和完善中小企业创业辅导、公共信息、融资担保、技术创新、维权减负等服务体系，积极扶持中小企业和微型企业加快发展。破除制约非公有制经济发展的体制和政策障碍，鼓励和支持非公有制企业参加基础设施建设和兴办文化、教育、卫生、体育、中介机构等服务业。

3、大力发展现代服务业，提升产业层次和水平。以市场化、产业化、社会化为方向，积极发展面向生产和生活、面向广大农村和城镇、体现潞西特色的现代服务业。深入推进旅游业"二次创业"，大力发展旅游文化产业。抓住省开展旅游沿边开放试点的机遇，按照打基础、建景点、创品牌、树形象的思路，进一步加大旅游景区景点开发项目建设力度；整合历史人文资源，突出民族、生态、休闲和边境特色，加大旅游市场宣传促销力度，提高游客参与度；积极支持招商引资开发建设生态休闲度假项目。积极发展创业成本低、吸纳就业能力强和市场需求大生活性服务业，大力发展餐饮业、家政服务业、法律服务和保洁、保安、保修等服务业。积极推广连锁经营、超市、物流配送等现代流通方式，大力发展商贸流通和现代物流产业，把潞西建设成为仓储、运输、配送服务一体化的现代物流区域中心。稳步发展金融、保险、培训、咨询、认证、鉴定等服务业。

（二）以强化水利、能源、交通等基础设施建设为重点，夯实经济社会发展基础

结合农业产业化、工业化和城镇化发展，精心谋划，力争多上、快上一批事关潞西经济发展全局的重点基础设施建设项目，增强水利、能源、交通等基础设施保障能力。

切实加强农田水利基础设施建设。新建或改建一批水源工程，积极争取实施芒市坝、遮放坝坝缘灌溉干渠工程。强化农田水利基础设施建设、山区"五小"水利工程、中低产田地改造、病险水库除险加固工程、农村饮水安全工程和防洪抗旱减灾工程建设，改善农民生产生活条件，增强农业抗风险能力。

积极构建现代综合交通运输体系。积极支持与配合大瑞铁路、龙瑞高速公路、潞梁二级公路、潞西火车站等省、州重大交通项目建设，争取实施硅铝合金项目的铁路专用线建设。认真抓好出境干道公路等级化、市乡公路油路化、乡村公路路面硬化、村组公路通畅化项目建设，进一步完善全市交通网络。抓好市、乡客运站建设，促进市乡公交一体化。

不断完善和提升市政基础设施水平。以完善城市功能，凸现民族特色，增强现代城市意识为着眼点，建设完善城市道路、公共交通、停车场、园林绿化、燃气、供排水、垃圾收集与处理、污水处理等市政公用基础设施，实现城市基础设施建设与公路、铁路、航空枢纽和现代物流业发展等衔接和配套，与生态环境、城市综合整治衔接和融合。加大城市生态环境保护和建设力度，规划建设城市人工森林、生态走廊和生态保护区，不断提高城市自然和环境的承载能力。

继续加强能源保障建设。加快在建水电站建设，抓好新建水电站建设、输电网、输变电站和农村电网改造建设，配合做好中缅石油管道项目有关征地拆迁及配套设施的建设。抓好中缅石油管道潞西天燃气利用开发项目实施，加大太阳能开发利用力度，努力增强能源保障能力。

（三）以营造良好的发展环境和建立开放型经济为重点，继续深化改革扩大开放

深化行政管理体制改革，优化经济社会发展环境。按照建设服务政府、责任政府、法治政府、效能政府的要求，深化行政管理体制改革。加快政府职能转变，强化政府社会管理和公共服务职能，提高经济调节和市场监管水平。减少行政审批事项，减化和规范工作程序，提高工作效率，把政府经济管理职能转到主要为市场主体服务和创造良好发展环境上来。全面落实行政问责制、首问责任制、限时办结制、服务承诺制，进一步完善政务服务中心和政务服务"绿色通道"建设。积极推行重大决策听证制度、重要事项公示制度、重点工作通报制度和政务信息查询制度，努力打造诚信政府。推进依法治市。加大普法力度，严格依法行政，规范执法行为，努力提升执法水平。优化市场环境。加快各类市场要素培育，维护市场秩序，建立统一、开放、竞争、有序的现代市场体系。扩大对内对外开放，努力提升开放型经济水平。抓住国家实施提升沿边开放和向西南开放战略的机遇，按照全方位、多层次、宽领域扩大对外开放的要求，加强芒海等边境通道基础设施建设，积极推进芒海升格为指定性通道申报工作，争取将芒市机场列为国家口岸机场，大力促进对外贸易发展。充分利用国际、国内两种资源、两个市场，用足用活边境贸易政策，规划建设边境贸易加工园区，积极吸引有实力服装加工、小家电制造企业来潞西投资办厂。加大对外经济技术合作力度，鼓励和支持有实力的企业走出去开拓国际市场，扩大茶叶、集装箱板材、硅、咖啡等自营产品出口规模。认真实施替代种植项目。利用区位、资源优势，积极进行对外招商引资。积极争取利用国际经济组织贷款，运用BOT、TOT等方式引进外资，开发项目融资、租赁业务等，以多种方式利用外资。树立“潞西之外就是外”的理念，按照“优势互补、互惠双赢、共同发展”的原则，积极引进沿海发达地区和周边地区的资金和资源，实现多领域、多层次、多形式的区域合作。抓住东部地区经济结构调整与产业转移的有利时机，主动与发达地区产业链接。

关于加快瑞丽旅游文化产业发展的思考

州委常委、瑞丽市委书记、姐告工委书记　杨跃国
瑞丽市人民政府市长、姐告管委主任　刀晓瑞（女，傣族）

一、旅游文化产业在经济社会发展中的地位和作用

旅游文化产业是一个包含生产性服务、消费性服务以及公共服务的综合性服务业，既能带动服务业加快发展，又可以推动居民消费结构升级，生命力强、弹性大、反应快、恢复周期短，具有“反周期调节”作用。旅游业关联100多个行业，具有“一业兴百业旺”的特点，1个旅游直接就业人员能带来5个社会就业机会，旅游收入每增加1元，可带动相关行业增收4.5元，旅游投资每增加1元，可带动其他行业投资5元，产生经济增长的乘数效应，实现发展规模的快速扩张。它可以使不同地区、不同民族、不同文化、不同生活方式的人们加深彼此的了解，增进彼此信任，提高幸福指数，促进社会和谐。许多国家和地区都把发展旅游业作为应对危机的重点战略，帮助人们迅速找回信心，有力带动整体经济回暖。

二、瑞丽旅游文化产业发展现状

多年来，瑞丽市委、市政府高度重视旅游文化产业发展，始终把发展旅游文化产业摆在重要位置，按照“发展旅游，培育市场，建设产业”的工作思路，立足资源优势，着力打造品牌，积极开拓创新，大胆探索实践，全市旅游文化产业从无到有、由小变大，总体上呈现出良好的发展态势。从1990年至2009年的20年间，全市累计接待旅游总人数2500多万人次，年均接待约130万人次，累计旅游总收入近72亿元人民币，年均超过3.6亿元。2008年，全市接待海外游客5.8万人次，接待国内游客109.9万人次；旅游业总收入10.04亿元，同比增长16.5%。当然，瑞丽旅游文化产业还存在发展规划滞后，景点分散，层次低，规模小，缺乏深厚文化底蕴，资金投入不足，景区建设缓慢，配套设施不完善，市场竞争力不强等困难。

三、瑞丽旅游文化产业发展的总体思路和发展目标

当前和今后一个时期，瑞丽将紧紧抓住旅游“二次创业”和《云南省旅游文化产业规划纲要》实施的机遇，以科学发展观为统领，以转型升级、完善功能、提质增效为主线，以自然生态资源、民族文化资源、口岸城市资源、奇珍异宝资源为依托，以大开放、大开发、大项目建设为突破口，围绕一个中心旅游圈、国内国外两个市场，打造“有一个美丽的地方”、“东方珠宝城”、“口岸明珠”三大品牌，构建东、南、西、北四个旅游集群，形成五条精品旅游线路，使瑞丽旅游文化产业达到集群化、多元化、专业化、国际化、信息化的目标，实现旅游文化产业由观光型、节庆型为主向观光购物、康体休闲、商务旅居为主的复合型转变，真正把旅游文化产业培育成为瑞丽的重要支柱产业，用五年的时间建设2个以上旅游文化乡镇、20个以上旅游文化村，30 个以上景点景区。按照每年15%的增长速度，力争到2015年，全市实现年接待国内外游客超过200万人次，旅游总收入超过20亿元，旅游文化产业增加值占GDP的比重达到10%左右。

四、瑞丽旅游文化产业发展的对策和措施

推进瑞丽旅游文化产业跨越发展，必须建立健全四条保障机制。一是要建立健全组织保障，切实加强组织领导。瑞丽将旅游文化产业放在更加突出的位置，把发展旅游文化产业作为大事、要事、实事，抓紧、抓牢、抓好。借鉴其他地方的有益经验，成立瑞丽市旅游文化产业发展领导小组，充分发挥领导小组的牵头负总责的作用，建立定期议事协调

制度、目标管理制度、绩效考核制度、督办问责制度，及时协调解决旅游文化产业发展中的重大问题。要求宣传、旅游、文化管理部门进一步加强自身建设，切实履行好组织、指导、协调等职责。二是要建立健全规划实施保障，不断完善配套政策。规划是旅游文化产业改革发展的航标，我市旅游文化产业不系统、不全面，缺乏综合竞争能力的一个关键因素就是规划滞后，要加大投入，聘请全国乃至国际一流机构、一流专家，广泛集中各方面智慧，尽快制定出一个高起点、高标准、高水平的旅游文化发展蓝图。三是要建立健全服务体系，营造良好的氛围。要切实转变政府职能，创新服务手段，提高服务效率，努力打造与旅游文化产业大发展相适应的服务型政府。大力宣传加快旅游文化业发展的重大意义，把瑞丽旅游文化宣传的声音传播到州外、省外、国外，把瑞丽旅游文化宣传的牌子挂到路口、机场、港口、码头，让更多的人知道“有一个美丽的地方”、“东方珠宝城”、“口岸明珠”就是瑞丽。四是要建立健全工作督促检查考核体系，狠抓工作落实。要把加快旅游文化产业发展纳入目标管理考核，加强督促检查，强化跟踪问效，以硬目标、硬措施、硬考核来要求、来推动、来督促，确保市委、市政府的决策条条算数、任务件件落实。旅游管理部门要进一步加强自身建设，切实履行规划指导、形象推介、市场监管、政策研究、督促协调等职责。各有关部门要树立一盘棋思想和大旅游、大文化的观念，充分发挥职能作用，全力推动旅游文化产业发展，形成步调一致、齐抓共管的强大合力。

推进瑞丽旅游文化产业跨越发展，必须遵循五条原则。第一，坚持政府主导与市场机制并重的原则。在政策法规、战略规划、市场监管、基础设施建设、公共服务上，在抓规划、抓招商、抓管理、抓服务上要继续发挥政府主导作用；在与企业经营密切相关的旅游投资、市场开发、产品促销、经营服务等领域，要充分发挥市场对资源配置的基础性作用。第二，坚持传承借鉴与改革创新并重的原则。要善于总结已经被实践证明是行之有效的好做法，善于借鉴其他地区和城市在发展旅游文化产业方面的好经验，把改革创新作为解决矛盾问题、促进旅游文化产业发展的基本方法和主要手段。第三，坚持差别竞争与开放合作并重的原则。要充分发挥瑞丽区域比较优势，打造具有地域特点和时代特色的旅游品牌，走差别竞争、特色取胜之路。坚持对内对外全面开放，更好地利用国内、国外两个市场、两种资源，不断拓展旅游文化区域协作领域，提升合作的层次和水平。第四，坚持旅游开发与环境保护并重的原则。青山绿水、花果园林是瑞丽最大最宝贵的资源，要牢固树立生态文明意识，加强生态环境保护，注重资源合理开发，以开发资源促旅游发展，以发展旅游促生态保护，实现旅游业可持续发展。第五，坚持提升旅游文化层次与建设森林式、生态型、花果园林城市、候鸟型旅居城市、区域性国际商贸城相结合的原则。旅游文化产业最终聚集的要素要靠城市来吸纳，城市规划建设必须充分考虑旅游文化因素，旅游文化建设必须注重提升城市品位、提高城市档次、提升城市综合品质，要将二者更加有效的结合起来，形成相互促推的两股力量。

推进瑞丽旅游文化产业跨越发展，必须从六个方面突破。一要从解放思想、更新观念，在提升旅游文化发展理念上有新突破。观念落后是一切落后的根源。做大做强旅游文化产业，必须以思想的大解放求得认识的大提高，以观念的大转变推动发展的大跨越。要树立“大旅游、大文化”的发展理念，跳出旅游看旅游，跳出旅游抓旅游，围绕旅游抓文化，抓好文化促旅游。要将旅游文化产业摆在更加突出的位置，像抓农业、抓工业、抓市政建设一样抓好旅游文化产业。要加速旅游文化产业与第一产业结合，形成观光农业、体验农业、休闲农业；与第二产业结合，形成生产线旅游、产品展览旅游、成品销售旅游等；与第三产业深入融合，形成文化旅游、运动旅游、康体旅游、卫生旅游、美食旅游等，不断催生复合型的新业态，提升旅游文化产业的魅力、影响力和竞争力。二要从改革创新、统筹兼顾，在创新旅游文化体制机制上有新突破。完善旅游文化管理体制，积极探索适应市场经济要求，顺应现代旅游文化产业发展规律的管理体制，实现由微观管理向宏观管理，由分散管理向统筹管理转变，逐步形成一体化、规范化、高效化、优质化的旅游文化行政管理体系。旅游文化部门要静下心来、沉下身子，专心研究现行体制机制中存在的不足和问题，找出“症结”、找准“梗阻”，提出科学合理的意见建议，供市委、市政府决策参考。要不断完善行业协会运作机制，做好行业指导、规范、服务与自律，充分发挥其桥梁和纽带作用，形成政府管理与行业自律有机衔接、良性互动的局面。要完善旅游投融资体制，拓宽投融资渠道，调动各类投资主体的积极性，引导社会资本参与旅游开发，实现资本与资源的最佳结合。三要从整合资源、培育龙头，在壮大旅游企业规模上有新突破。加快旅游文化产业发展步伐，必须走大项目带动、大工程牵引的路子。要着力打造一批龙头型旅游文化企业，鼓励旅游企业通过联合、兼并、重组、收购等方式，创新经营管理机制，促进旅游文化企业规模化发展；鼓励企业（如景成集团）突出主业、多元经营，增强大企业、大公司在旅游文化产业发展中的带动作用，增强整个旅游文化市场抗风险的能力；鼓励中小旅游企业发展同业联盟；鼓励房地产、工业加工和外来投资商参与旅游景点景区开发、旅游用品和纪念品开发、旅游产品经营展销，形成旅游文化产业的大重组、大融合的新格局。四要从深挖特色、突出个性，在深化旅游产品开发上有新突破。特色是旅游的品牌，是旅游的精髓，是旅游的生命力。要延伸珠宝、红木等高端旅游产品的产业链、服务链和经营链，拉长产业链条，提高附加值，将旅游元素融入珠宝玉石和其他特色产品的加工、销售各个环节，加快打造有瑞丽特色的旅游产业体系。要坚持以游客为中心，适应市场需求，强化产品开发，促进旅游与文化融合，彰显旅游产品特色品位，满足多层次、多元化的旅游消费需求，让游客白天有看的，晚上有玩的，走时有带的。要深挖傣族、景颇族历史遗留文化、深挖抗战文化、深挖边境和胞波文化，让文化浸透到旅游的各个环节，做到"无中生有"、有中出奇、出奇制胜，增强旅游文化的奇特性、差异性、个体性。要抓好配套产业建设，围绕吃、住、行、游、购、娱、保健康体等旅游要素，做深做细旅游配套产业的开发，使旅游整体功能得到充分发挥。要加大社会环境综合治理力度，规范市场，营造诚实守信的旅游环境，树立瑞丽旅游的新形象。五要从高位推进、高端建设，在加大旅游资源开发和城市建设上有新突破。旅游文化产业是综合性产业，必须统筹整体，兼顾全面，有所侧重。要瞄准国内、国际发展趋势，彰显个性特色，倾力抓好重要景区、重大项目、重大活动和精品旅游线路的建设。要以战略的眼光和开放的气魄，整合全市区域旅游文化资源，利用周边资源为我所用，打响亚热带风光、民族风情、东方珠宝、边陲风貌、历史文化等特色旅游品牌。要把瑞丽旅游文化发展放到国际化大格局中去审视、去谋划，加快推进与周边县市、与昆明、大理、保山、腾冲的区域旅游合作，大力引进战略投资者和国内外知名旅游企业，推动形成互为旅游目的地、跨区域协调发展的多赢局面，努力把瑞丽建成面向南亚、东南亚的国际商贸旅游城市。充分发挥大项目的带动作用，加快现有旅游景点景区功能完善和品质提升，力争再打造几个星级旅游景点景区。全力推进瑞丽大道、南卯湖公园、团结大沟景观带、人民路南段、姐岗路南段、市政道路绿化亮化美化、工业园区二期项目工程、城市污水处理厂扩建、生态垃圾处理厂等一系列市政重点工程，加快瑞丽江生态旅游休闲运动中心、景成地海温泉度假村、瑞丽江花园、翡翠大道等高端旅游休闲、商务旅居项目建设步伐，加快弄莫湖开发建设前期工作，千方百计促成北部新区开发。要将发展旅游文化与提升城市综合品质结合起来，利用旅游文化对城市建设的资源整合、价值提升、品牌创造的战略作用，不断改善人居环境，形成城市经济的增长极和扩散极，通过城市的发展，培育旅游文化产业，使城市形成旅游文化发展的目的地，全面拉动旅游文化的质量和品味。六要从加强监管、强化服务，在优化旅游软硬环境上有新突破。强化规划引导，使旅游规划与城市总体规划、经济社会发展规划相配套、相衔接。按照国家级旅游城市的标准和要求，强化基础支撑，完善旅游标识系统，配套完善便利设施。推进旅游服务提升，加强咨询、信息、救援等公共服务体系建设，完善通讯、金融、卫生等相关配套服务。坚持把培育旅游人才作为基础工程来抓，加快形成行政管理、企业经营、行业服务相配套的旅游人才体系。把旅游业人才队伍建设纳入全市人才队伍培养建设规划，举办旅游人才专题培训班，有计划地选派人员到旅游业发达的地区学习，加快培训懂市场、善经营、会管理的专业人才。建立健全旅游职业经理人才市场，加强导游队伍建设，积极引进我市急需的专业人才和高级管理人才。加强职业中学旅游文化职业教育建设，探索旅游文化人才培养的新机制，满足旅游文化产业发展对各类人才的需求。

提升边关名城　打造文化畹町

中共瑞丽市委常委、畹町工委书记　党文军
畹町工委副书记、管委主任　帅军罗

2009年，畹町工管委全力以赴保增长，坚定不移促稳定，坚持不懈保民生。全年实现生产总值21702万元，同比增长7.6%，其中：第一产业4954万元；第二产业5232万元；第三产业11516万元；完成财政总收入10638万元；对外贸易进出口总值107488万元；工业总产值13221万元；旅游行业总收入7300万元；农林牧渔业总产值7506万元；完成固定资产投资7730万元；社会消费品零售总额9164万元；城镇居民人均可支配收入13458元，农民人均纯收入3446元；分别增长8.2%和10.2%。

按照州委、市委的决策部署，畹町要紧紧围绕"提升边关名城，打造文化畹町"的工作主题和发展战略，始终坚持"促贸、兴工、强旅、优农"的发展思路，着力实施"外贸加速，工业提升，旅游激活，农民增收，文化繁荣，教育振兴，环境优化，民生改善"八大工程，切实加强党的建设，重视盘活干部资源，努力实现畹町"一年变美、两年变优、三年变特"的阶段性目标。

一、围绕文化畹町这一主题，重塑畹町形象

当今时代，文化已经成为衡量一个国家和地区综合实力、综合竞争力的重要因素，成为民族凝聚力和创造力的源泉。文化是经济发展的"助推器"，是政治文明的"导航灯"，是社会和谐的"润滑剂"，是城市建设的"精、气、神"。畹町要快速发展，必须立足实际，在充分发挥区位优势、口岸优势的基础上，特别重视挖掘、弘扬和借助文化优势。畹町的抗战文化、华侨文化、胞波文化、等是畹町加快发展的重要源动力。要紧密结合畹町的区情以及当前的经济发展状况，着力做好"文化畹町"的宣传促销工作，拟定2010年下半年隆重举办"再读畹町"的大型文化旅游宣传活动。创办一本特色鲜明、图文并茂、品味上乘的文化刊物《畹町》，充分发挥畹町现有业余艺术团体和文艺工作者的作用，打造一台充分展示畹町抗战和华侨文化的舞台剧，创编几台晚会、举办几次画展、摄影展，丰富人们的精神生活，提高人们的审美情趣。发挥好畹町"云南十大名镇"的效应。

二、改善口岸基础设施建设，促进贸易提质增效

畹町口岸背靠祖国腹地、外接东盟市场。具有得天独厚的区位优势和发展潜力。按照州委、州政府提出的把德宏建设成为我国通向南亚、东南亚桥头堡黄金口岸的战略构想，畹町将进一步完善口岸基础设施建设。加快落实畹町口岸总体规划，积极营造招商引资大环境。7月份启动芒满—105码跨境公路的改造扩建工程，抓紧构建对缅贸易大物流平台。加快畹町口岸旅检装修改造工程建设，早日实现人货分流，改善口岸对外形象；重视发展各类加工制造企业。在扩大进出口贸易数量和优化质量的同时，大力发展进出口加工业，不断提高产品附加值；以工业园区建设为载体，以通道建设为基础，争取引进一批市场潜力大、吸纳就业多、带动能力强的贸易加工型企业；全力推进边民互市贸易，积极支持城乡居民开展边民互市，千方百计扩大贸易总量；加强与口岸联检部门的沟通与合作，着力创造宽松和谐的经营环境，真正为企业提供"贴身式、保姆式"服务。想企业所想、急企业所急，提高通关效率，加快便利化进程，落实扶持政策。不断深化畹町与缅方的传统友谊，主动与缅方就运输、仓储、货币、转口、过境等问题进行友好磋商，积极发展对缅经济技术合作。同时，抓紧对边境经济合作区相关政策措施的研究和争取，积极迎接边境经济合作区新一轮开发建设热潮的到来。

三、推进三项产业，提升持续发展能力

实践证明，“促贸、兴工、强旅、优农”的发展思路是符合畹町实际的科学选择。为此，在紧紧抓住口岸贸易毫不放松的同时，还必须全力抓好工业、旅游业和农业。

（一）推进工业富畹战略，实施工业倍增计划

以新型工业园区建设为平台，不断创新招商方式，强化政策招商、感情招商、以商招商，引进一批投资大、效益好、技术新和能够形成产业链的工业项目。以打造工业产业集群为突破口，切实推进发展方式转变。认真实施国家振兴重点工业产业规划，加快应用高新技术和先进适用技术改造啤酒厂、制药厂、硅厂，抓紧提高产量和产值。利用国外丰富的农副产品资源，发展农副产品加工业；以大瑞铁路和龙瑞高速公路建设为契机，加速推进乔瑞水泥厂建设，力争早日建成，早出效益；发挥生物资源多样性的优势，着力扶持萝芙木、石斛等中草药种植加工，打造特色医药产业，着力推进10万吨燃料乙醇产业链项目建设；以富年达木业、森王木业和古城香厂为龙头，打造竹木产品加工业，提高林业资源综合利用率和林产品附加值。抓紧清理盘活闲置土地及闲置国有资产，确保在土地征用和报批上取得重大突破，高度重视土地收储工作，为各类项目及时入驻奠定基础。

（二）推进旅游资源开发，打造文化旅游产业

文化旅游产业是畹町经济新的增长点，也是提升畹町人气的关键所在。强化旅游资源开发，着力打造文化旅游产业。紧紧抓住全省旅游“二次创业”和打造滇西精品旅游环线的机遇，加快落实《畹町旅游小城镇概念性规划》，促进文化旅游产业的发展与繁荣；依照“人无我有，人有我特，唯我独尊”理念，深入挖掘畹町文化资源，深度开发瑞丽江漂江游、畹町森林公园、畹町生态园、瑞丽江度假村；重视提升中缅勘界楼、中缅友好纪念馆、南洋华侨机工回国抗日纪念碑的品牌形象；着力打造弄片傣族民俗生态村、弄弄景颇族民俗生态村、回环德昂族民俗生态村；加大力度，加快速度，强势推进抗战博览一条街和红色记忆博物馆的建设，积极谋划“滇缅公路遗址公园”开发建设项目；大力改善旅游服务环境，切实加强旅游交通、景区、商场等设施建设，积极协助餐饮业、宾馆业进行设施改造。

（三）推进农业产业结构调整，加速农村经济发展

以农业增效、产业增强、农民增收为目标，以市场为导向，稳定传统优势产业，突出发展“林业、畜牧、蔬菜、水产、生物创新”五大产业，要加快建成一批有一定规模的优势农产品基地；培育一批与农民关联度大、带动能力强的龙头企业，打造一批名牌农产品。发挥林改效应，实施“3个一万亩”工程，即种植橡胶10000亩，竹子10000亩，西南桦10000亩；重点扶持8个养殖加工企业，140个养殖专业户；重点推进以鳄鱼、甲鱼、虾类为主的特色水产养殖；大力发展名、特、优、新蔬菜；围绕源洋生物科技有限公司和博鸿实业有限公司两大龙头企业，推进木薯和萝芙木示范及繁育基地建设，为燃料乙醇厂和萝芙木药业提供充足原料。着力发展庭院经济和农家乐旅游，扩大和提高番荔枝等特色水果的种植面积与质量。加大改革创新力度，加快农民专业合作组织建设，完善生产、运输、销售协作机制，健全农业服务支撑和动物疫病防控体系，建立农户土地承包经营权流转服务中心，稳步推进土地流转工作。重视科技带动作用，建立以集中培训、现场教学和远程教育为主要方式的农村科技、信息服务体系。全面落实各项惠农政策，进一步完善农业补贴机制，认真兑现好粮食直补、良种补贴、农业生产资料综合补贴、农机具购置补贴等政策。加快农村基础设施建设，加大中低产田改造和水土保持工程建设力度。实施“手把手”村干技能培训和新型农民科技培训项目，培养村级后备干部80名，培训新型农民1000名，培育科技示范户1000个，建设10个新型农民科技培训示范村。

四、抓紧实施“四化”工程，着力塑造城市形象，全面提升城市品位

加快城市基础设施建设进程，进一步提升畹町的城市品位及文化内涵，进一步提升畹町作为国家一类口岸和沿边开放城市的知名度与影响力；用历史人文特色的理念来经营畹町，用国家级口岸和沿边开放城市的标准来建设畹町。抓紧实施“亮化、净化、绿化、美化”工程，是“提升边关名城，打造文化畹町”的基本前提和必然要求。

五、加强和改善民生工作，加快社会事业协调发展

一是要尽快完善畹町新小学基础设施，全面推进义务教育均衡发展。二是做好医疗卫生体制改革工作，完成畹町医院门诊大楼装修工程。做好艾滋病及其它疾病和各类疫情的防控工作。三是更新设施设备，解决听广播、看电视和畹町新闻上省、州电视难，特别是效果差的问题；四是督促勐拱翡翠公司尽快修缮畹町影剧院，解决看剧难、看戏难问题；五是强化人口与计划生育工作，深入开展婚育新风进万家活动，切实提高人口素质；六是切实解决好下岗、失业人员就业、再就业和社会保障工作。七是深入落实低保政策。八是提高民心工程兑现率，慎重选择做好群众反映最强烈、最急迫的10件惠民实事。

风劲潮涌，正当扬帆破浪；任重道远，尤需快马加鞭。我们坚信，在省、州、市党委、政府的坚强领导下，畹町各族干部群众将鼓足实干之劲，凝聚和谐之力，铸就新的辉煌，让畹町这颗历史厚重、文化灿烂、蜚声中外的口岸明珠在神州大地上再放异彩！

承先启后　务实创新　推动陇川新发展

中共陇川县委书记　杨世庄
陇川县人民政府县长　李正环

怎样加快发展？发展什么？哪里是切入点？围绕这些问题，陇川县委政府进行了深入的调查研究，对县情进行再认识，并归纳了五个方面的县情特点：一是经济规模小，财政困难，财政收支矛盾突出。以2005年为例，全县生产总值仅8.1亿元，财政总收入6950万元，其中一般预算收入3032万元。支撑全县经济的主要是糖业，位列第二的是电力和总规模2.1万千伏安的两座小硅厂，此外，仅有规模不大的制药厂和木材加工等小企业。二是县城对经济发展的拉动能力弱。陇川县城人口少，居住分散，6平方公里仅居住着2万多人，诸多因素造成人气不旺，商业零售、房产开发等依托城市拉动的第三产业发展滞后。三是矿产、水电等匮乏。以水电资源为例，除龙江（陇川、潞西共有）外，陇川理论装机只有6万千瓦。四是禁毒和防治艾滋病的形势严峻。五是贫困面大，贫困人口多，贫困程度深，部分群众等、靠、要思想严重。基于这些认识，在继承上届县委、县政府制定“十一五”规划时确定的“农业强县、工业富县、边贸兴县、旅游活县”发展思路的基础上，县委、县政府提出了“产业立县、项目支撑，科教优先、和谐发展”的工作主题，把产业建设和项目工作从众多的工作中凸显出来，摆在更加突出的位置，旨在通过大力发展产业，增加经济总量，增加农民收入和财政收入，增强经济实力。

在具体工作中，陇川县委、县政府始终坚持以下五项原则：一是坚持从陇川的实际出发，依托优势资源，开发利用优势资源，做大做强优势产业。二是坚持突出重点，把有限的物力、财力集中到几个重点产业上，咬住重点不放松；三是看准了有发展前景的产业就坚持果断决策，强势推进；四是勇于改革，敢于打破常规，坚决冻结小宗地出让，彻底改变“小老板圈地卖小宗地赚钱，政府修路架电买单”现象，引进大的企业进行高起点的房地产开发。五是稳步推进，务求实效。牢固树立务实的理念，一切从实际出发，不摆花架子，不浮躁，一件事一件事的抓落实，一个产业一个产业的推进。

打基础、增后劲。2010年，陇川县在建项目112个，其中亿元以上的项目4个，千万元以上的项目23个；麻栗坝水库、龙江水利水电枢纽工程、腾陇二级公路、污水处理厂、拉影联检楼等一大批基础设施项目正在建设；章八公路、章遮公路、梁陇公路改造、拉勐联检楼、垃圾处理厂等基础设施相继建成并投入使用。环东路、新城路延长线、友谊路延长线、同心路延长线等市政道路建成并投入使用，市政基础设施建设得到加强。这些项目的建设实施，为产业的培植奠定良好的基础。2009年，全县完成固定资产投资11.23亿元，较2005年的3.2亿元增加8.03亿元，年均增长36.8%；争取上级专项转移支付资金3.2亿元，是2005年5478万元的5.83倍。今年上半年，完成固定资产投资完成8.21亿元，同比增长60.66%。

抓重点、求突破。工作必须有重点，不仅要知道发展什么，还要明确该放弃什么。要做到重点产业拼命抓，没有比较优势的坦然放弃。一是充分发挥光热、降水、土壤等农业资源丰富的优势，大力发展生物特色产业。坚持糖业支柱地位不动摇，下大力气做强糖业，全力打造云南糖业第一强县。在糖价下迭、旱情严重，全国全省糖业大幅下滑的严峻形势下，2009至2010榨季，陇川甘蔗产量仍达148万吨，产糖18万多吨，实现农业产值4.64亿元，工业产值6.70亿元。比2005至2006榨季分别增加1.96亿元和2.28亿元，预计实现税收8000多万元。甘蔗含糖份和出糖率都大幅提高，以景罕糖厂为例，今年入榨甘蔗77万吨，平均出糖率13.86%，比

2005至2006年榨季的12.64%提高了1.22个百分点。大力发展烟草产业，培植新的经济增长点。经过三年的努力，今年，全县种植烟草2.59万亩，实现产值4396.1万元，实现税收920多万元；大力发展竹子、核桃、油茶等特色产业，累计发展竹子15.6万亩，茶叶4.4万亩，西楠桦、旱冬瓜16.85万亩，核桃4万亩，枇杷6000多亩。二是充分利用境外木炭资源丰富这一优势，招商引资大力发展电冶业。新建成博鑫、冠华科龙、晶准、正丰4户硅冶炼企业5台12500KVA生产线和一台1.5万KVA硅冶炼生产线，对中晟硅厂进行技改扩容。目前，全县硅冶炼生产规模达10.15万KVA，比2005年2.1万KVA增加了8.05万KVA，增长380.95%。预计实现产值5亿元，实现税收3000多万元。三是充分开发利用水能资源，发展水电业。引进资金8800多万元，建成总装机3.326万千瓦的小水电站10座。加快龙江水利水电枢纽工程建设。经过三年多的努力，目前龙江水利水电枢纽工程已有两台机组发电，预计明年陇川部分将实现产值1.24亿元，实现税费收3000万元。四是充分发挥口岸资源优势，大力发展边境贸易。先后投资3000多万元，完成了章八公路和拉勐联检楼建设，进行了拉影口岸经济区规划，投资2000多万元的拉影查验中心和货场正在建设，口岸设施明显改善，对外贸易成绩显著。去年，章凤口岸完成进出口总值9.1亿元，比2005年的2.40亿元增加6.70亿元，年均增长39.4%。成立了口岸经济区管委会，加快拉影地区的开发，对外开放迈出了新步伐。五是充分发挥县城在县域经济发展中的“火车头”作用，大力发展第三产业。采取冻结小宗地出让、严格土地审批等措施，腾挪房产开发空间。成功引进际通公司投资3.8亿元，开发占地296.7亩，建筑面积22万平方米的鼎金花园项目。目前，项目进展情况良好，已修通县城南北主轴线同心路的延长线，完成填方100多万方，累计完成投资8000多万元。总投资1亿多的农贸市场改造项目稳步推进。龙凤路商业区项目，开发面积79亩，已完成征地，正在作规划设计。六是围绕打造陇川——中国目瑙纵歌之乡，积极发展旅游文化产业。

强禁防、促和谐。县委、政府高度重视禁毒防艾工作，牢固树立“毒品不禁，我心不甘，艾滋病不灭，我夜不眠”的政治责任感和强烈的忧患意识，把禁防工作作为全县最大的民心工程、民生工程和惠民工程来抓，把禁防工作作为各乡镇、各部门最基础也是最重要的工作任务，作为考核领导干部工作实绩的重要指标，加大禁毒戒吸力度，持续保持对毒品犯罪的高压态势，全县毒品危害得到有效控制，农村经济快速发展，农村社会秩序井然，有力地促进了边疆稳定和社会和谐。

“两会”期间，召开禁毒防艾工作专题座谈会，听取人大代表、政协委员对禁毒防艾工作的意见建议。四年来，共收戒吸毒人员13608人次，全县吸毒人员从8880人降至4302人。坚决处理吸毒国家工作人员，2008年以来，开除吸毒国家工作人员17人，尽最大努力把社会面上的吸毒人员控制到最低的程度。

兴科教、惠民生。县委、政府高度重视教育、科技、文化、卫生等社会事业的发展，继续保持经济发展、民族团结、边疆稳定、边防巩固的良好局面。在今年的全国普通高考中，陇川一中有51名学生上重点线，600分以上的有4人，考生上线率为95%。认真开展扶贫济困和社会保障工作，民生工作得到加强。

近年来，陇川县各项工作都取得了很好的成绩。生产总值从2005年的8.19亿元，增至2009年的14.3亿元，年均增长12.1%；财政总收入由6950万元，增至14003万元，年均增长19.6%，其中一般预算收入由3032万元增至6933万元，年均增长22.9%；固定资产投资从2005年的3.2亿元增至2009年的11.23亿元，年均增长36.8%；章凤口岸进出口总值由2005年的2.41亿元增至2009年的9.1亿元，年均增长39.4%；城镇居民人均可支配收入从7313元增至10991元，年均增长10.7%；农民人均纯收入从1275元增至2186元，年均增长14.4%；教育、科技、文化、卫生等各项社会事业和党的建设得到全面加强。2010年上半年，全县生产总值达6.9亿元，同比增长13.6%；财政总收入完成7070万元，同比增长75.74%，其中一般预算收入完成4015万元，同比增长84.6%；财政支出1.7亿元，同比增长4.3%；完成固定资产投资8.1亿元，同比增长59.4%；口岸进出口总值7.3亿元，同比增长118.8%；农村居民人均纯收入2359元，同比增长16.1%；城镇居民人均可支配收入6009元，同比增长10.8%。

承先业、启未来。时光荏苒，日月轮回。站在新的起点上，陇川县委、县政府将继承和发扬历届县委、政府艰苦奋斗、开拓进取的优良传统，顺势而谋，与时俱进，紧紧抓住西部大开发、兴边富民和建设面向西南开放桥头堡黄金口岸的机遇，继续突出“产业立县、项目支撑，科教优先、和谐发展”这个工作主题，凝心聚力抓产业、一心一意谋发展。

——围绕开发利用农业资源这一陇川最大的优势资源，做大做强优势农业产业。一是围绕“打造云南糖业第一强县”的目标，大力发展蔗糖产业。“十二五”末，全县甘蔗种植面积达35万亩，甘蔗良种覆盖率达95%以上，平均单产6.3吨以上，农业总产220 万吨以上，甘蔗平均含糖份15.5%以上，工业入榨200万吨以上，蔗农人均甘蔗收入达5769元。年产食糖28万吨，实现工业产值10.8亿元，实现税收1.3亿元，蔗农年收入6.6亿元，农民人均甘蔗收入4900元。大力发展循环经济，延长糖业产业链。建设年产5万吨精制糖生产线，建设10万吨纸浆厂，1.5万吨干酵母生产线，实现工业产值10亿元，实现税收1.2亿元。把糖业做成产值超过20亿元，税收达2.5亿元以上的大产业。二是大力大推进烟草产业的发展。在陇川坝发展3万亩烟草，在户撒坝发展5至7万亩。三是大力发生物特色产业，重点发展竹子、油茶、核桃、经济林。

——抓住建设面向西南开放桥头堡黄金口岸的机遇，扩大对外开放。积极推动章凤到缅甸八莫高等级公路和八莫到仰光的陆水联运大通道建设，加快推进拉影经济区的开发；积极谋划与瑞丽的对接，依托、借势瑞丽来谋划新的发展。加快口岸基础设施建设，积极争取章凤口岸升格为国家一类口岸。

——加强县城章凤的建设。围绕“生态陇川、绿色家园”来谋划县城的建设和发展，加大绿化美化力度，突出“绿色”、“民族文化”两个特点，把章凤建设成个性鲜明、特点突出的生态园林城市。继续整治土地非法买卖，坚决冻结小宗地出让，培育房地产市场，提高房地产对经济社会发展的贡献率。

全心全意谋发展 真抓实干创辉煌

中共盈江县委书记 王明山
盈江县人民政府县长 卫 岗

2009年，在州委、州政府的正确领导下，盈江县委、县政府团结和带领全县广大干部群众，抓住中央扩大内需、促进经济增长政策措施的重要机遇，紧密结合盈江实际，采取有力措施，积极应对国际金融危机，变危机为机遇，化压力为动力，以求真务实的作风、坚韧不拔的斗志、昂扬奋发的干劲，千方百计保增长、竭尽所能保民生、全力以赴保稳定，取得了经济发展、社会进步、文化繁荣、民族团结、边疆稳定、生态环境不断改善、人民生活水平进一步提高的可喜成绩。

2009年经济社会发展情况

（一）国民经济平稳较快增长，综合实力进一步提升

2009年全县实现生产总值30.69亿元，按可比价计算比上年增长21.1%。其中，第一产业9.03亿元，增长11.5%；第二产业13.14亿元，增长41.1%；第三产业8.52亿元，增长10.2%。三次产业结构由上年的31.7：37.0：31.3调整为29.4：42.8：27.8。全年完成财政总收入5.18亿元，增长52.1%；完成地方财政一般预算收入2.17亿元，增长15.9%；完成地方财政一般预算支出9.84亿元，增长12.1%；完成固定资产投资29.5亿元，增长15.5%；完成社会消费品零售总额11.27亿元，增长20.1%；完成进出口总额11.93亿元，增长13.1%。城镇居民人均可支配收入实现13188元，增长10.1%；农民人均纯收入实现3122元，增长17%。2009年末金融机构各项存款、贷款余额分别完成30.15亿元和24.66亿元，分别增长18%和22.9%。全县除固定资产投资增速低于全州平均水平外，其余各项主要经济指标均位居全州各县市前列。

（二）积极优化产业结构调整，农业农村经济发展增速明显

全年完成农林牧渔业总产值13.97亿元，增长14.3%；完成粮食种植面积52.32万亩，增长14.9%，粮食产量达14.8万吨，增长12.1%；其中冬季农业开发29.64万亩，实现冬季农业总产值1.6亿元，增长21.9%。完成甘蔗种植面积18.58万亩，甘蔗产量93.36万吨，下降8.6%。新种植茶叶1.8万亩、核桃2.28万亩、油茶2.4万亩、草果1.9万亩、坚果1.36万亩、咖啡0.94万亩、竹子3.21万亩。畜牧业稳步发展，对农村经济增长贡献率日益提高，实现产值2.8亿元，增长11.2%。林业经济发展速度加快，实现产值1.6亿元，增长27.4%。认真贯彻上级各种惠农、扶农政策，共兑付各项补贴2.35亿元，农民人均962元。持续加大乡村道路、扶贫工程、农田水利等基础项目投入，改善了农村生产生活条件。新农村建设成效明显，40个试点村建设任务圆满完成。

（三）工业生产逆势回升，经济效益快速增长

全年累计完成工业总产值24.88亿元，增长58.4%，实现工业增加值10.6亿元，占GDP比重34.5%，拉动GDP增长12.2个百分点。全县硅冶炼企业产能近6万吨；允罕水泥厂日产2000吨新型干法水泥生产线、剑雄水泥厂年产30万吨粉磨生产线等重点技改项目顺利完成。水电开发和城农网改造工程全面推进，2009年末全县共有59座电站投产运营，总装机容量184.47万千瓦，其中年内新增投产电站9座，新增装机容量85.51万千瓦；全年实现发电量64.7亿度，增长104.9%，实现产值10.87亿元，增长105%，占工业总产值的43.7%，电力支柱地位进一步凸显。工业园区建设有新突破，完成土地收储777亩，共有入园企业73户，就业人数5060人。节能降耗指标得到有效控制，万元GDP能耗下降10.38%。

（四）抢抓扩大内需和灾后重建重大机遇，固定资产投资规模进一步扩大

全县共争取中央新增项目50个，计划总投资4.72亿元，并按国家要求全面实现了三个百分之百的考核目标。全年共有施工项目285个，比上年增加141个。其中亿元以上22个，增加2个；5000万元以上19个，与上年持平；1000万元以上41个，增加4个；1000万元以下176个，增加135个。完成城市供水工程建设及供水管网改造一期工程，开工建设廉租房385套，完成120套；实施商品房建设20761.4平方米，竣工17670平方米；南部新区建设克服诸多困难，目前正在顺利推进。姐岗大桥、平卡公路、芒胆公路改造工程和15条94.5公里的农村公路建设圆满完成，农村客运车辆通车率达80.4%；腾陇公路、丙支公路、改都至昔马公路顺利推进。完成了大型灌区、那邦界河治理一期二期工程；大盈江防洪治理续建工程和农村饮水安全工程顺利推进，解决了5.66万人饮水安全问题；回龙河水库建设工程稳步进，全年完成投资4009万元；启动了弄璋片区、新城片区1.78万亩的中低产田改造项目。克服时间紧、任务重、资金紧张等困难，恢复重建全面实施，完成民房拆除重建3232户，重损、中损及一般受损修复加固17526户。城农网改造工程顺利推进，农村通电率达到99%。科技、教育、卫生、文化、体育、通信、广播电视等各项社会事业基础设施不断完善，发展环境进一步优化，农业综合生产能力和抵御自然灾害能力不断增强，民生问题得到加强和改善。

（五）商贸旅游稳步发展，非公经济日趋活跃

全年完成进出口总额11.93亿元，增长13.1%，在全州所有口岸中一枝独秀。积极开展境外经济技术合作，签订替代种植合同面积86万亩，完成种植面积36.4万亩，其中2009年完成种植面积9.8万亩。成功举办了5期玉石毛料公盘交易，吸引全国各地大批珠宝商到盈江看货、采购，珠宝产业迈上新台阶。按照“一江、一线、两中心、两通道、三片区、五产品、八项目”的旅游发展总体布局，着力打造大盈江风光旅游品牌，全年共接待国内外游客94.9万人次，增长23.8%；实现旅游业总收入5.01亿元，增长35.4 %。招商引资取得新突破，大批县外企业到盈江投资兴业，并就盈江国际翡翠城、盈江国际大酒店、盈江国际商贸城、允燕大道南段道路建设引资2亿元与企业签订合作协议；全年实际引资22.5亿元。通过加强环境整治，改善政府部门服务水平，努力为私营经济发展营造良好空间。2009年末全县共有注册私营企业575户，增长12.9%，注册资金23.1亿元，增长6.4%；个体工商户5972户，增长23.8%，注册资金2.25亿元，增长21.4 %；非公企业上缴税金4.31亿元，增长51%。

（六）改革创新全面推进，发展活力进一步增强

积极推进新一轮政府机构改革，方案已上报审批。稳步推进县对乡镇财政预算管理方式改革和中小学绩效工资改革，兑现了事业单位工资补贴，干部职工福利待遇进一步改善，盏西糖厂和芒桑水泥厂改制正按计划稳步推进。继续深化行政审批制度改革，政务服务中心运行良好，受到省、州政府肯定和群众好评。积极推进实施法制政府、责任政府、阳光政府四项制度，政府公信力、执行力得到加强。全面完成集体林权制度改革，顺利启动低效林改造工程，林业发展进入了新的阶段。大力推进电子政务和网上审批，基本实现办公自动化，极大地节约了行政成本。土地征用制度改革稳步推进，第二次全国土地调查工作有序进行，经济社会发展的体制性制约进一步缓解，发展活力持续增强。

（七）社会事业协调发展，民生问题进一步改善

认真落实国家“两免一补”政策，加快推进中小学硬件设施改造，实施校舍改造工程72个，完成校舍D级危房拆除1.47万平方米，新建校舍5.06万平方米。义务教育、高中教育、职业教育、幼儿教育协调发展，高考综合上线率达91.34%，居全州县级普通高中第一名。学前教育入学率66.64%，小学学龄儿童入学率98.34%，初中入学率94.98%，高中阶段入学率37.69%。全面普及科学技术，科技进步对经济社会发展的支撑作用进一步显现。农村体育设施建设快速推进，完成了16个乡级文化站和78个村级篮球场地建设项目；深入实施农村电影“2131”工程，为51个村文艺队和广场大家乐配发了音响设备，建成农家书屋16个，广泛开展送戏、送书、送电影、送文艺下乡活动；大力挖掘和弘扬爱国主义民族文化，刀安仁故居、盏西烈士纪念碑等一批重点文化设施相继建成，成功举办了全国首次刀安仁革命思想国际学术研讨会，本县综合性刊物《话说盈江》连续出版。广播电视“村村通”工程顺利推进，广播电视覆盖率达到93%。公共卫生服务体系不断健全，重点卫生项目建设全面推进，完成了妇幼保健院、县医院住院大楼建设，实施了7个乡镇卫生院和9个村级卫生室改建工程，顺利推进县医院门诊大楼和县中医院住院大楼建设；不断扩大农村合作医疗，全县共有232578名农民参合，参合率为99.65%，较2008年上升8.56%；强化公共卫生服务管理体系建设，防控甲型H1N1流感疫情工作有序进行，疾病预防控制工作成效显著，县、乡、村三级医疗卫生网络建设不断完善，卫生监督、疾病预防、妇幼保健、无偿献血和红十字会等工作得到加强。计划生育工作取得新进展，全年人口自然增长率8.06‰，依法生育率95.2%，2009年末全县总人口29.96万人，取得了全州计生指标一等奖、政府指标二等奖的好成绩。继续加强环境综合整治、污染防治及环境执法监察工作，人口与资源、环境进一步协调发展。关心下一代工作广泛深入开展，老年工作各项活动取得显著成效。编辑出版了《盈江年鉴》（2008）创刊卷，实现了年鉴工作零的突破。重视和加强国防教育、民兵预备役建设、征兵和军警民边境联防工作，并圆满完成各项任务，取得明显实效，维护了边疆稳定发展。民族宗教、外事、侨务、老龄、统计、人事、移民、气象、防震、档案、审计、烟草、残联、供销、邮政、通信、人防等工作取得了新成绩。

（八）平安创建深入推进，社会治安综合治理成效明显

进一步落实安全生产责任制，努力构建安全生产监管长效机制，突出抓好非煤矿山、危险化学品、烟花爆竹等重点领域和重点行业的安全隐患整治，道路交通、消防及安全生产各项指标均控制在州下达目标之内。继续深入开展新一轮禁毒防艾人民战争，认真落实“四免一关怀”政策，进一步建立和完善禁防工作长效机制，努力营造健康文明的社会风气。全年累计查处零星贩毒案件762起，捣毁吸、贩毒窝点199个，收戒吸毒人员2844人。深入开展严打整治专项行动，全年共侦破刑事案件427件，抓获犯罪嫌疑人293名。食品药品安全监管工作得到加强，全年未发生重大药品、食品安全事故。信访和维稳工作取得新进展，信访渠道不断拓宽，秩序不断规范，措施不断强化；认真开展“书记县长大接访、大下访”活动，及时妥善处置了一大批突出的矛盾纠纷，保证了重大节庆期间社会和谐稳定。群众性精神文明创建活动蓬勃开展，城乡文明程度明显提高。

州情概览

德宏傣族景颇族自治州

地　理

【州　境】　德宏傣族景颇族自治州是云南省8个少数民族自治州之一。德宏地处云南省西部，高黎贡山南麓，属滇西峡谷区；位于东经97° 31′ ~98° 43′ 、北纬23° 50′ ~25° 20′ 之间。其东和东北与保山地区的龙陵县、腾冲县毗邻，南、西和西北与缅甸接壤。全州除梁河县外均有国境线，国境线长达503.8千米，有24个乡镇、600多个村寨与缅甸村寨毗邻。全州东西最大横距122千米，南北最大纵距170千米，总面积11526平方千米。德宏州首府驻潞西市芒市镇（城镇规划面积25平方千米，已建成15平方米），陆距省会昆明649千米，空距427千米。

【口　岸】　云南省有11个国家级口岸、10个省级口岸，其中德宏傣族景颇族自治州拥有2个国家级口岸（畹町口岸和瑞丽口岸）、2个省级口岸（陇川章凤口岸和盈江小平原口岸）。德宏口岸不仅是中国对缅贸易的主要口岸，也是通往东南亚和南亚的重要口岸。据考证，中国大西南的货运经中缅陆水联运大通道直入印度洋，可缩短运距5000千米，其运输费用最低。

畹町口岸：它与缅北九谷（捧赛）口岸毗邻，1937年成立畹町海关。1938年滇缅公路开通后，畹町成为重要的国家级口岸。二战期间，滇缅公路和史迪威公路通过畹町口岸，将国际上的大量援华物资运入我国。中国的10万远征军也从畹町出境，征战缅甸。1950年4月中国人民解放军进驻畹町时，每日进出境运货机动车达200余辆次。1985年畹町撤镇设市。1989年边贸商号达59户，进出口总值2.33亿元。按照当时汇率换算，人均国内生产总值突破800美元，已跨入小康生活水平。同年，畹町被列为全国人均国内生产总值超4000元的189个城市之一。1999年初，国务院决定撤销畹町市，将其行政区域划归瑞丽市。

瑞丽口岸：瑞丽是320国道终点。1987年被国务院定为国家级口岸，与缅甸的国家级口岸——木姐毗邻。历年来，通过该口岸的边境贸易进出口总值占云南省的70%以上、全国的34%，被誉为“口岸明珠”。1991年2月，云南省政府批准在姐告设立边境贸易经济区，建立跨国的中缅一条街，姐告迅速崛起，被誉为“云南的深圳”。1992年4月，国务院批准瑞丽为沿边开放城市，并撤县设市。1996年瑞丽以全省最大的边境口岸被国家评为“全国先进口岸”。1998年瑞丽被国家旅游局批准为“首批中国优秀旅游城市”。据统计，2000年瑞丽市接待中外游客152万人次，旅游收入达2.4亿人民币，占全市GDP的31%。

瑞丽地理位置特殊，东南、西南、西北三面与缅甸接壤，在长达169.8千米的国境线上，进出口通道多达33个。瑞丽与缅甸木姐、南坎，畹町与缅甸九谷共处瑞丽坝子之中，畹町与九谷、姐告与木姐，仅国门之隔。瑞丽优越的地理条件，构成了“一个坝子，两个国家，三个省邦（云南省、掸邦、克钦邦）交界，四大口岸，五座城镇（畹町、瑞丽、九谷、木姐、南坎）”和“一国两城”的独特地域景观。畹町九谷桥把320国道与滇缅公路直接连通。被称为“天涯地角”的姐告是320国道的终点，同时也是史迪威公路的交汇点。

瑞丽是年轻的城市，1954年才开始建设新城。从90年代起加大了城建力度，如今的瑞丽城区面积达12平方公里，城市道路总长291千米，年供水量468万立方米，建成了华丰大型综合商场、景成大酒店、口岸联检大楼、南卯湖水上公园、瑞丽江广场、珠宝城等一批上档次的硬件设施。

1999年，畹町加盟瑞丽市，从而使瑞丽拥有2个国家级口岸、2座边境开放城市、1个国家级边境经济合作区（瑞丽市内）、1个国家级经济开发区（畹町）、1个省级边境贸易经济区（姐告）、1个州级经济开发区（弄岛），成为云南省口岸和开发区最多的县市，也是云南省实施西部大开发，周边条件最好、发展潜力较大、基础设施较完善的县市。

陇川章凤口岸：它与缅北雷基（洋人街）口岸相依。陆距缅北重镇八莫最近，仅92千米，而八莫是中缅陆水联运大通道的第一港口。据史料载，1924年经章凤出口物资8万驮。1991年被列为云南省省级口岸。1997年缅政府定雷基为克钦邦与中国通商的唯一口岸。1998年8月13日，中缅两国举行了隆重的开通口岸典礼。

盈江小平原口岸：盈江古代便是滇缅通商要道，并在驿道上设有驿站。1894年中英《滇缅通商条约》签订后，曾一度成为滇缅最繁荣的商道，英国领事馆、海关等机构在芒允相继建立。经芒允出口的商品销往缅北、印度等大部分地区，进口的商品来自五大洲30多个国家。20世纪80年代中期，边境贸易重新崛起，成为盈江县经济主体之一。至20世纪90年代初，口岸公路网络以县城小平原为中心，分别经芒允、那邦、昔马、卡场、苏典、支那通向边境。其中经芒允出境的公路直通八莫，陆距131千米；经那邦出境的公路与“史迪威公路”连接，北上可达克钦邦首府密支那，陆距197千米。

渡口：1950年前，德宏无常设渡口码头，其水运是季节性的，由民间组织竹筏摆渡。1951年后，随着边境经济的日趋繁荣，民间往来频繁，沿江渡口昌盛。较大的渡口于1960年后改用载重1至20吨的木船，1980年后启用机动船。1990年已形成39个渡口。

【人　口】　据考古证明，早在3000至5000年前德宏地区就有人类繁衍生息，史书中的“濮人”、“朴子蛮”、“布雷”等便是今天德昂族的先民；“滇越”、“金齿”、“掸”、“百夷”等则是傣族的先民。明末清初，由于战争和屯垦戍边等原因，景颇族、傈僳族、汉族及其他少数民族相继迁入。

1950年前，由于瘟疫、战争、毒品等危害，各族人民处于“高出生、高死亡、低发展”状态。据1950年人民政府抽查估算，1949年德宏地区约有65000户，总人口约30万人。1950年后，国泰民安，医疗条件改善，生活水平不断提高，但人口发展失控，增长迅速。至1978年，德宏傣族景颇族自治州有12.72万户，总人口69.39万人。1979年开始实行计划生育政策，至80年代中期，控制了人口盲目发展的势头，人口发展纳入了计划轨道。

2009年末，德宏州有31.12万户119.4万人，分别比上年增1.5%和0.8%。人口密度为每平方千米103.6人。人口出生率13.5‰，死亡率6.2‰，自然增长率7.3‰。在总人口中：农业人口79.94万人，比上年减0.8万人，占总人口的66.95%；当地少数民族人口59.44万人，比上年增0.8万人，占总人口的49.78%。在当地少数民族人口中，傣族35.55万人，占总人口的29.77%；景颇族13.66万人，占总人口的11.44%；阿昌族3.09万人，占总人口的2.59%；傈僳族3.15万人，占总人口的2.64%；德昂族1.43万人，占总人口的1.2%。

【政　区】　2009年，德宏傣族景颇族自治州辖2市3县，即瑞丽市、潞西市、陇川县、盈江县、梁河县。辖50个乡镇，1个街道办事处，373个村（居）委会，3803个村民小组。首府潞西市芒市镇。

【开发区】　2009年德宏傣族景颇族自治州有5个经济特区：

一、姐告边境贸易经济区：于1990年12月26日建立，是云南省第一个经国家批准的经贸、旅游型的经济开发实验区。2000年6月23日，云南省委省政府在瑞丽召开“姐告边境贸易区”现场办公会，会议明确了姐告边境贸易区是经国务院同意，由云南省政府决定设立，并按“境内关外”方式管理的边境贸易区，是集贸易、加工、仓储、旅游四大功能为一体，面向东南亚、南亚开放的重要口岸和云南省扩大对外开放的示范区和实验区。同年8月28日，德宏州委、州政府在瑞丽姐告举行“中共德宏州瑞丽姐告边境贸易区工作委员会”、“德宏州瑞丽姐告边境贸易区管理委员会”揭牌仪式。

二、瑞丽市边境经济合作区：于1992年12月3日建立，是经国务院特区办批准的云南省三个边境经济合作区之一。

三、畹町边境经济合作区：于1992年12月3日建立，是经国务院特区办批准的云南省三个边境经济合作区之一。

四、弄岛经济开发区：1992年12月28日由瑞丽市委决定建立。

五、芒市经济开发区：于1993年4月9日建立，是云南省人民政府批准的省级经济开发区。

【地　貌】 德宏傣族景颇族自治州是横断山脉西南部、高黎贡山以西的一块自东北向南西倾斜的切割山原。地势的基本特点是东北高而陡峻，西南低而宽缓；峻岭峡谷相间排列，高山大河平行急下。全州最高点是盈江县北部的大娘山（大雪山），海拔3404.6米；最低点是盈江县西部的羯羊河谷（那邦坝的拉沙河与穆雷江交汇处），海拔210米；一般海拔800至2100米。州府驻地芒市，海拔920米。其地表景观主要由高黎贡山山脉南延的“三山”与“三江四河”构成。“三山”即大娘山、打鹰山和高黎贡山尾部主脉，“三江”即怒江、大盈江和瑞丽江，“四河”即芒市河、南畹河、户撒河与芒东河。

按海拔高度，德宏的地貌可分为七类地带：

一、海拔2700至3400米，其面积占全州土地面积0.22%。其特点是地势陡峭，多呈“V”型谷，跌水瀑布发育，森林茂密；冬有积雪，夏秋雨多雾浓，气候寒冷，无人居住。

二、海拔2200至2700米，其面积占全州土地面积5.64%。其特点是山顶浑圆，谷坡在20至30度，森林较多，局部地方已开垦为轮歇地，可种植苦荞、土豆等，林间牧场可饲养牛羊等牲畜。

三、海拔1800至2200米，其面积占全州土地面积16.52%。此类地带多为州内江河支流源头，次生林多，陡坡垦植也多。

四、海拔1600至1800米，其面积占全州土地面积44.1%。谷坡一般在15至30度，相对高度一般在100至500米之间。由于植被稀少，垦植较多，导致冲沟较多，是州内水土流失严重的地带。此外，该地带是旱粮、旱地甘蔗、茶叶、草果、八角及亚热带水果的主产地。

五、海拔950至1100米，其面积占全州土地面积15.25%。其谷坡一般在10至20度之间，植被多为灌丛、草地，冲沟切割较多，水土流失严重。

六、海拔600至950米，其面积占全州土地面积17.92%，其中耕地面积占全州总耕地面积57.03%。此类型属州内低热层地带之一，是橡胶等热带经济林木与热带水果的主产地。

七、海拔210至600米，其面积占全州土地面积0.39%，属热带河谷季雨林地带。未垦地多为热带原始森林和荒草坡地，植物种类繁多，是天然的热带动植物园。

【盆　地】 在德宏傣族景颇族自治州错综复杂的山峦河谷中，散布着28个大小不等的河谷盆地（俗称坝子），其面积占全州土地面积的17.1%。其中：10万亩以上的坝子有5个，即盈江坝（55.23万亩）、陇川坝（29.72万亩）、芒市坝（21.44万亩）、瑞丽坝（20.42万亩）、遮放坝（11.82万亩），其面积约占全州土地面积的14.32%；1至6万亩的坝子10个，即萝卜坝（57210亩）、户撒坝（48600亩）、南甸坝（45165亩）、勐养坝（43950亩）、轩岗坝（40890亩）、盏西坝（40320亩）、勐典勐弄坝（20340亩）、支那坝（13680亩）、昔马坝（13620亩）、苏典勐戛坝（10920亩），其面积约占全州土地面积2.33%；万亩以下的坝子13个，即南面坝（8700亩）、畹町坝（8010亩）、芒海坝（5250亩）、潞西腰刀坝（4230亩）、勐来坝（3300亩）、那邦坝（2550亩）、买桑坝（2010亩）、南俄坝（1980亩）、陇川腰刀坝（1230亩）、戛独坝、芒市轩岗坝、南多坝、芒捧坝，其面积约占全州土地面积0.43%。这些坝子，多系河流冲积的河谷平原，或陆盆型山间盆地，绝大多数位于海拔1300米以下地带，主要坝区平均气温18.3～20℃。它们是德宏的主要粮蔗产地，也是城镇的主要分布地区。

【气　候】 一、气候简述：德宏傣族景颇族自治州地处低纬高原，太阳辐射量大，是全国的光照高值区之一。其热量充足，气候温和，属南亚热带气候。年平均气温18.4～20.3℃，年最冷月（1月）平均气温11～13℃，最热月（6月）平均气温23～24.6℃，年较温差11.8～12.8℃，因而“冬无严寒，夏无酷暑”。德宏属云南省的多雨区，年降雨量1436.7～1709.4毫米，5～10月降雨量占全年降雨量的88～90%，其中7月是全年降雨高峰月。11月至次年4月，降雨量较少，仅占年降雨量的10～20%，冬、春旱较突出。州内有四种气候带：(一)北热带气候，年积温8000℃左右，年降雨量2655.5毫米；(二)南亚热带气候，年积温5980～7409℃之间，年降雨量1546～1717毫米；(三)中亚热带气候，年积温4641～6102℃，年降雨量1775～2080毫米；(四)北亚热带及其它气候，一般年温差小于15℃，年积温小于5000℃。（注：以上平均值均为1970～2000年30年的平均）

总之，德宏的主要气候特点是：四季不明显，春温高，夏季长，秋雨多，冬季短，雨热同期，干冷同季，年温差大。因此德宏优越的气候条件，为德宏州农、林、牧业发展提供了良好的条件和极大的发展潜力。

二、2009年气候

（一）气候特点

2009年主要气候特点：1、年平均气温全州正常至特高，全年热量条件较好。2、年降雨量全州正常至偏少，其中梁河年雨量为历年同期极小值。3、年日照时数全州正常略少，光照条件稍差。4、全州因气象灾害造成的直接经济损失为20100万元，其中农业损失8600多万元。5、冬、春、秋季森林火险等级偏高。全年全州共出现森林火灾17起，森林受害面积62.27公顷。

总之，2009年全州热量条件较好，部分县市降雨较少，光照条件稍差。冬、春、秋季干旱明显，夏季插花性干旱较上年偏重，有不同程度冰雹、大风、洪涝、泥石流滑坡、霜冻灾害，12月的霜冻灾害较常年偏重。但总的灾害程度较上年偏重。年内气候对全州工农业生产的影响属中偏好年景。

1、气温

（1）年平均气温：全州年平均气温在18.6～21.2℃之间，与历年同期平均值相比梁河为+0.3℃、潞西为+0.8℃、瑞丽为+0.9℃、陇川为+1.1℃、盈江为+1.2℃。即梁河正常，潞西、瑞丽偏高，陇川、盈江特高，全州属偏暖年份。

（2）季平均气温：冬季（12～2月）全州平均气温在12.5～15.7℃之间，与历年同期平均值相比梁河偏高，其它县市特高；春季（3～5月）全州平均气温在19.3～22.4℃之间，与历年同期平均值相比梁河正常，潞西、瑞丽偏高，陇川、盈江特高；夏季（6～8月）全州平均气温在23.1～24.8℃之间，与历年同期平均值相比梁河、瑞丽正常，其它县市偏高；秋季（9～11月）全州平均气温在19.8～22.3℃之间，与历年同期平均值相比梁河偏高，其它县市特高。

（3）月平均气温：潞西6月、12月正常，3月、4月、5月、8月、11月为偏高，其它月份特高。瑞丽5月、6月、12月正常，3月、4月、7月、8月、11月偏高，其它月份特高。陇川6月、12月正常，5月、8月偏高，其它月份特高。盈江6月正常，8月、12月偏高，其它月份特高。梁河12月偏低，3月、4月、5月、6月、8月、11月份正常，其它月份偏高。

2、降水

（1）年雨量：全州年降雨量在1002.7～1331.4毫米之间，其中潞西1331.4毫米，瑞丽1282.5毫米，陇川1215.5毫米，盈江1199.8毫米，梁河1002.7毫米，与历年同期平均值相比全州为-171.6～-493.9毫米，年降雨潞西、瑞丽属正常，其它县市偏少。

（2）季雨量：冬季（12～2月）降雨量全州偏少，在3.7～19.5毫米之间；春季（3～5月）全州降雨分布不均，潞西正常，瑞丽、陇川偏多，盈江、梁河偏少，全州在183.1～315.1毫米之间；夏季（6～8月）陇川、盈江、梁河偏少，潞西、瑞丽正常，全州在528.7～856.3毫米之间；秋季（9～11）盈江正常，其它县市偏少，全州在177.2～279.1毫米之间。

（3）月雨量：1月全州偏少，在0.2～7.0毫米之间；2月全州偏少，在0.0～7.4毫米之间；3月全州偏少，在5.2～13.7毫米之间；4月潞西、盈江、梁河偏多，瑞丽、陇川特多，全州在72.6～121.2毫米之间；5月潞西、瑞丽正常，陇川偏多，盈江、梁河偏少，全州在97.7～208.3毫米之间；6月陇川正常，其它县市偏少，全州在153.2～266.3毫米之间；7月潞西、瑞丽正常，其它县市偏少，全州在212.6～382.3毫米之间；8月陇川、梁河偏少，其它县市正常，全州在162.9～293.4毫米之间；9月潞西、盈江正常，瑞丽、陇川偏少，梁河偏多，全州在82.4～206.2毫米之间；10月盈江、梁河偏少，其它县市特少，全州在38.0～78.4毫米之间；11月瑞丽、陇川偏少，其它县市特少，全州在9.7～41.4毫米之间；12月全州偏少，梁河、盈江分别为0.2及1.9毫米，其它县市全月无降雨。

（4）雨季开始及结束期：雨季开始期与历年同期平均相比为正常至偏晚，潞西于5月25日开始，其它县市于5月30日开始。雨季结束期全州偏早，梁河于10月中旬结束，其它县市于10月1日结束。

3、日照

2009年日照时数：全州在2054.1～2238.2小时之间，与历年同期平均值相比偏少21.4～247.3小时。季日照时数：冬季在618.7～728.1小时之间；春季在536.9～640.3小时之间；夏季在252.9～297.6小时之间；秋季在497.5～600.5小时之间。冬秋季正常，春、夏季稍差。月日照时数：日照相对较好的月份主要是2月、9月、10月、11月、12月，其它月份日照相对较差。

（二）主要气候事件及影响

1、1～3月全州降雨偏少、气

温偏高至特高，致使森林火险等级偏高。

2、5月22日16时12分，梁河县勐养镇压中营、芒轩、芒蚌3个坝区村出现大风、冰雹，几个村均造成不同程度灾害。

3、6月5日受强对流天气影响，瑞丽市出现暴雨天气，大部分山区河水暴涨，使瑞丽市的勐卯镇、姐相乡、户育乡及畹町开发区出现洪涝灾害，共造成经济损失119.41万元。

4、7月13日梁河勐养镇出现大风、雷暴及降雨天气，部分农作物受灾。14日瑞丽市畹町经济开发区出现暴雨天气，部分房屋及农作物受灾，直接经济损失9.75万元。21日瑞丽市出现暴雨天气，使部分村、镇出现不同程度洪涝灾害，直接经济损失9.8万元。

5、8月25日，瑞丽出现单点性暴雨天气，强降雨使勐卯镇周边的村寨出现了不同程度的洪涝灾害，共造成直接经济损失64.6万元。

6、9月17日瑞丽市出现暴雨天气，部分乡镇出现洪涝灾害，共造成直接经济损失58.38万元。

7、12月23～30日受强冷空气影响，盈江县14个乡镇出现霜冻灾害，共造成各种作物受灾6346.7公顷，直接经济损失6692.27万元。梁河县12月中旬后，强降温明显，5日极端最低气温为-0.4℃，是2001年以来极端最低气温的最低值，23～27日出现了结冰天气现象。此次霜冻灾害，全县受灾农作物总面积3728.7公顷，成灾面积2083.1公顷，造成直接经济损失1575.8万元。

总之，2009年全州因气象灾害造成农业受灾面积24976公顷，直接经济损失20100万元，其中农业经济损失8600多万元。

三、气候对各行业的专题影响评价

（一）气候与小春（小麦）

2009年小麦播种至成熟，全生育期156天，生育期间≥10℃积温2591.2℃，降水量为111.8毫米，平均气温16.6℃，日照时数1046.7小时。降水量与去年接近，热量条件较去年优越，气温较去年高0.7℃，有效积温多176℃，日照条件稍差。11月下旬至3月下旬，降水量仅有25.2毫米，对苗期生长影响较大；后期降水多，对小麦灌浆成熟不利，籽粒饱满度差。全生育期没有发生低温冷害和高温逼熟现象。

总之，小麦生育期间的气象条件有利有弊，生长全过程未发生大的自然灾害和病虫危害。充足的热量条件和光照条件利于小麦生长，气象条件与历年相比属中等年景。

（二）气候与大春（水稻）

2009年水稻生育期142天，生育期间≥10℃积温3408.7℃，平均气温24.0℃，降水量1033.7毫米，其中降水量≥25毫米14天，日照时数545.4小时。极端最高气温34.4℃（7月13日），极端最低气温13.4℃（4月13日）。气象条件分析：平均气温较去年偏高0.3℃，积温偏多119.0℃，降水量比去年多26.8毫米，日照较历年平均偏少140小时左右。苗期气象条件分析：5月份降水量123.1毫米，日照时数183.0小时，平均气温24.1℃，光、温、水资源对水稻秧苗期生长较为有利。6～7月是水稻营养生长关键期，该期平均气温24.4℃，降水量562.8毫米，日照174.1小时，≥0.1毫米降水日数48天，光热水条件基本能够满足其生长所需。抽穗至灌浆期气象条件：8月是水稻抽穗灌浆期，该期热量资源较丰富，积温高达759.5℃。不利的条件是7～8月降水量正常，日照偏少，日照百分率只有14～20%，对水稻扬花及籽粒灌浆有一定影响

总之，2009年水稻生长期间，前期气象条件较好，对秧苗生长有利，7～8月降水偏多，日照偏少，对籽粒灌浆有一定影响，全生育期间未发生大的自

（三）气候与甘蔗

2009年4月份全州降水多，热量资源优越，对甘蔗出苗、发株较为有利。甘蔗出苗、发株整齐，分蘖能力较强，7～9月气温高，降水适量，对甘蔗生长有利，茎伸长较快，长势好，整个汛期未发生大的洪涝灾害和病虫危害。10～11月光热资源丰富，有利于光合作用和糖分积累。雨季结束后全州降水偏少，部分山区、半山区出现较为严重的干旱现象，对甘蔗生长有一定影响，对坝区灌溉条件好的地段影响不大。12月23～31日盈江县除那邦镇外，其余14个乡镇均出现了不同程度的低温霜冻灾害，对甘蔗的生长带来了很大影响，部分地段甘蔗受灾较重，造成了较大的经济损失。

总之，2009年甘蔗生长期间光、热资源丰富，降水充沛，利于甘蔗正常生长；不利条件是12月下旬低温给甘蔗生长带来了一定影响，其中梁河、陇川、盈江较为突出。气候影响评定为中等稍差年景。

（四）其它行业

2009年全州因大风、冰雹、洪涝、泥石流滑坡、霜冻等气象灾害对农业生产而造成的损失较2008偏重；2009年晴天日数偏多，

天气气候对全州交通、旅游业较为有利；由于雨量少、气温高、湿度小致使森林火险等级偏高，对林业部门的森林防火有一定影响，全年全州共出现森林火灾17起，森林受害62.27公顷，比2008年偏多53.62公顷。

（王绍山　李　娟）

【水　系】　德宏傣族景颇族自治州主要有“三江四河”。“三江”即大盈江、瑞丽江（陇川江）、怒江；“四河”即芒市河、南畹河、户撒河、芒东河（萝卜坝河）。大盈江和瑞丽江属伊洛瓦底江水系，四河皆为其支流。怒江干流从潞西市东南角擦境而过，属萨尔温江水系。

大盈江：在德宏境内流长114.6千米，流域面积3546.8平方千米，上游分为槟榔江和南底河二支。大盈江南流51千米后，至37号界桩处出境，流入缅甸伊洛瓦底江。

瑞丽江：在德宏境内流长112千米，流域面积5576.3平方千米。至瑞丽市弄岛乡榕棒旺附近出境，流入伊洛瓦底江。

怒江：在德宏境内流长13.7千米，流域面积570平方千米。至潞西市中山乡小街丫口以南曼辛河的汇合处出境，进入缅甸后改称萨尔温江。

芒市河：发源于龙陵县荆竹坪乡和潞西市象滚塘乡诸山溪，至木康以下进入芒市坝，至遮放坝尾南蚌汇入瑞丽江。河长102.1千米，流域面积1830.5平方千米。

南宛河：发源于陇川县清平乡野油坝和蕨叶坝诸山溪，进入陇川坝即称南宛河，至等戛寨沿国境线经瑞丽坝西南55号界牌处汇入瑞丽江。河长65.7千米，流域面积1426.3平方千米。

户撒河：发源于陇川县户撒乡诸山溪，贯穿户撒坝，至虎跳石下汇入大盈江。河长38.5千米，流域面积273.6平方千米。

芒东河：发源于梁河县杞木寨乡水箐山，贯穿芒东坝（萝卜坝），至坝尾汇入龙江。河长38千米，流域面积514.4平方千米。

此外，州内还有属大盈江水系的三级支流：即大盈江水系的支那河、芒牙河、永海河、曩宋河、油竹坝河及户宋河，瑞丽江水系的轩岗河、红丘河、三岔河、芒回河、汤涨河、勐戛浪河、南卡河、红那河、南洼河，怒江水系的朗洼河、朗比河、香柏河、晒干河、万马河、芒杏河、勐古河。直接出境的河流有木笼河、勐戛河、勐典河、勐来河等37条。总流域面积11187平方千米。

【资　源】　德宏傣族景颇族自治州现有山坝土地总面积1728.9万亩，其中已垦植233.2万亩，非农用地122.2万亩，尚有农林牧可利用地1373.3万亩。这些土地分布在三个层次：即海拔210～1400米的面积，约占总面积的50.34%；海拔1400～2500米的面积，约占43.8%；海拔2500～3400米的面积，约占5.86%，因山高坡陡，气候寒冷，大多尚未开发。

州内江河年平均产水量136.3亿立方米，过境水量81.7亿立方米。共有水资源总量218亿立方米，按1999年人口计算，人均占有水资源2.18万立方米，均高于全省、全国人均占有量。地表水大部分未被污染，物理性能良好，符合工农业生产和生活用水要求。目前，德宏的水资源利用率仅占拥有量的2.3%。全州水能理论蕴藏量362.4万千瓦，其中可开发利用量250多万千瓦。2000年全州水电量仅有46390万千瓦小时，2007年发展到311790万千瓦小时，成为德宏新的经济增长点。

全州在地热异常带内有温泉50个，其中水温在40℃以下的12个，40～70℃之间的28个，70℃～100℃之间的9个，101℃的1个（即瑞丽市棒蚌温泉）。

全州有草场1088.69万亩，占土地总面积的64%，其中山地草场193.1万亩，疏林地草场221.9万亩，灌木丛草场81.68万亩，林间草丛类草场535.7万亩，旱谷轮歇地草场33.67万亩，农隙地草场22.64万亩。因雨量充沛，阳光充足，土质条件好，牧草生长旺盛，近年来德宏喂养存栏草食大牲畜已达20多万头。通过有选择地人工种植牧草，可进一步开发利用草场资源，促进畜牧业的发展。

德宏具有丰富的森林植被类型和动物类型，是一个天然物种基因库，是中国半常绿季雨林最有代表性的地区。

境内有高等植物318科1886属6032种，其中原生植物有5414种、引种栽培植物618种。

森林分布在不同的气候带：热带、北热带季雨林，占全州森林总面积的5.4%，主要植被为龙脑香、阿萨姆娑罗双、柚木、美登木、肉楂、竹类等；在亚热带，主要植被为阔叶林，以红椎、栎类、栲类、木荷、红椿、楠木、柚木、油茶、松树等为主，面积约占57.2%；在温暖带，主要植被为常绿阔叶林、杉木、松树、油茶、核桃等，面积约占36.1%；在温带山地，主要植被为铁杉、高山栎、杜鹃灌木丛等，面积约占1.3%。属国家级、省级保护植物有红豆杉、秃杉、云南娑罗双、盈江龙脑香、桫椤、滇榄、鹿角蕨等159种。其中盈江龙脑香、云南娑罗双、羯布罗香、萼翅藤、鹿角蕨等近100种为德宏特有植物。德宏竹类品种繁多，历史就有“竹乡”美誉。还有普通野生稻、野生甘蔗、胡秃果、西番莲、林生芒果、菠萝密、山龙眼、橄榄、篓瓜、猕猴桃、番石榴等。此外，云南大叶茶群体种遍布全州，德宏小粒咖啡以味香质优享誉世界。

州境内有陆生野生动物719种，其中属国家和省级保护的野生动物有130种。现有国家规定的一类保护动物：绿孔雀、孔雀雉、白颊山鹧鸪、红腿小隼、黑颈长尾雉、赤颈鹤、红腹角雉、白尾稍虹雉、冠斑犀鸟、双角犀鸟、蜂猴、叶猴、金丝猴、熊猴、豚尾猴、马来熊、熊狸、黑颈长尾雉、巨蜥、长臂猿、云豹、云猫、金钱豹、孟加拉虎、亚洲象、云南野牛、扭角羚等。属国家二级保护动物有：草鸮（猴面鹰）、原鸡、绿斑鸠、竹啄木鸟、穿山甲、太阳鸟、岩羊、水獭、水鹿、麝、蟒、眼镜王蛇、秃鹫等。属国家三类保护动物有：白琵鹭、胡兀鹫、游隼、灰鹤、蛤蚧、娃娃鱼等。

已探明矿产资源有20多种。有色金属矿有锡、铅、锌、铜、钨、铬、镍，黑色金属矿有铁，能源矿产有煤和石油，稀有金属矿产有铍、铀、锗、粘土，特种非金属、建筑材料及其它非金属矿有云母、水晶、宝石、石灰石等。此外，还有10个重砂金测异常带。德宏矿产资源的特点是种类多，储量少，开采少。

【旅游胜地】 德宏州自然环境优美，历史文化灿烂，民族风情独特，被国内外誉为“孔雀之乡”、“神话之乡”和“歌舞之乡”。

德宏拥有瑞丽江、大盈江国家级风景名胜区和两个国家级优秀旅游城市——瑞丽市、潞西市。德宏四季如春，空气清新，鸟语花香，阳光明媚，是一块无污染的净土。德宏山川秀美、平坝广阔、翠竹遍野、四季鲜花、热带水果、独树成林、傣家竹楼、景颇山寨，构成了得天独厚的自然风光与人文风光，不愧是东南亚和南亚的精典画卷。参加瑞丽江原始森林漂江游，既可欣赏热带雨林景观，又可领略共饮一江水的中缅两国风光，“一个坝子、两个国家、三座县城”的奇观将使你留连忘返。潞西市的主要景点有4A级景区勐巴娜西珍奇园、勐焕大金塔、树包塔奇观、芒市镇教派齐全的南传上座部佛寺和三仙洞；瑞丽市的抗日名镇畹町、滇缅公路的终点——畹町桥、畹町生态园、4A级扎朵佛脚印风景区、姐勒金熊塔、麓川古城、淘宝场、姐告口岸、中缅一条街；陇川县的中国景颇园、景罕玉兔塔、邦角景颇山官衙门、品尝诱人的景颇绿叶宴和麻竹宴；盈江县的允燕佛塔、榕树王、马嘉里事件纪念碑、明代所建的“八关九隘”、姐冒仙人洞、虎跳石与落水洞奇观；梁河县的傣族故宫——4A级景区南甸土司衙门建筑群等风景名胜。

德宏具有特殊魅力的边贸集市和异国情调。德宏与缅甸的国境线长达500多千米，同一民族跨境而居，有2个国家级口岸和2个省级口岸，还有许多陆路通道和渡口。中缅两国人民历史上友好往来，有着边境贸易、通婚、互市的习惯。1985年4月8日，德宏州人民政府向国内外发出开放公告，把全州开放为边境贸易区。在瑞丽等口岸城市，不仅有来自缅甸的边民和华侨，还有来自港、澳、台地区及泰国、印度、巴基斯坦等国的客商。在这些现代化的边境城市，尤以珠宝玉石等商品多姿多彩，琳琅满目，独领风骚。神秘的南方丝绸之路经过梁河和盈江，从芒允镇出境，这条古道将吸引无数的寻古探险者。此外，德宏还有抗日战争时期的遗迹，如雷允飞机制造厂遗址、滇西抗日战争纪念碑和旧战场等。

德宏州内居住着傣族、景颇族、阿昌族、傈僳族、德昂族等少数民族，是全国景颇族、德昂族和阿昌族的主要聚居地。德宏的少数民族各具特色，观光民族风情，品尝民族餐饮，参加民族节日，对游客有着巨大的诱惑力。亦可跨出国门，饱览缅甸风光，领略异国风情。德宏之旅风光无限，前途无量。

历　史

【简　史】 早在新石器时代德宏地区就有人类繁衍生息。考古学家曾在陇川江流域的梁河勐养、潞西五岔路、瑞丽芒约及陇川芒胆发现新石器时代遗址。

据傣史记载，公元前364年后，傣族先民在今瑞丽江河谷建立勐卯果占壁王国（傣语称勐卯弄），建雷允城，遗址尚存。从有信史的公元568年立国开始，至1448年消亡，勐卯果占壁共延绵880年。约公元前四世纪，中国历史上最早的一条国际陆路交通线“西南丝路”开通，中印贸易便已开始，德宏即为西南丝路的必经之地。公元前122年，张骞出使西域探寻到的“滇越乘象国”，即指今德宏和缅甸的部分地区。公元前109年，汉武帝开西南夷，德宏为益州郡哀牢地。

东汉属永昌郡哀牢县（今盈江县）。魏晋南北朝属西城县（今盈江县）。唐南诏时，属永昌节度和丽水节度。宋大理国时，属永昌、腾越金齿部地。元代置茫施（潞西）、镇西（盈江）、平缅（陇川）、麓川（瑞丽）四路及南甸（梁河）军民府，隶属金齿宣抚司六路军民总管府。1287年，意大利著名旅行家马可波罗随元军南下，途经德宏地区，他在游记中详细记载了德宏见闻。明代设南甸（梁河）、干崖（盈江）、陇川宣抚司，盏达（原莲山）、遮放副宣抚司，芒市、勐卯（瑞丽）安抚司，隶属永昌府腾越州。清沿明制，乾隆年间增设腊撒、户撒两个长官司（今属陇川县户撒乡），光绪二十五年（1899年）增设勐板土千总（今潞西芒牛坝一带）。南甸、干崖、陇川、盏达、勐卯、户撒、腊撒土司隶属腾越厅管辖；芒市、遮放土司和勐板土千总隶属龙陵厅管辖。1874年在今盈江县芒允乡发生震惊中外的“马嘉里事件”。1911年10月27日，盈江土司刀安仁、张文光（均为同盟会员）领导“腾越起义”，推翻清政府在腾越边地的统治，宣告成立“滇西军都督府”。民国时期改府厅置道，设弹压委员；1917年改弹压委员为行政委员，设立政区，隶属腾越道。1927年废腾越道，隶属云南省第一殖边督办。1932年改行政区为设治局，设潞西、梁河、盈江、莲山、陇川、瑞丽6个设治局（为准县级），属殖边督办。1940年废殖边督办，隶属腾龙边区行政监督。1938年8月31日，滇缅公路全线通车，成为抗战期间中国与国际联系的陆路唯一交通要道。1942年5月，日军入侵，德宏沦陷。1945年1月国土光复后，仍置设治局，先后隶属云南省第六区（保山）及第十二区（腾冲）行政督察专员公署。1949年8月潞西设治局改为潞西县，县城设在芒市镇。

1950年4月21日中国人民解放军进驻潞西，德宏解放。军政代表团接管设治局，建立潞西县和瑞丽、陇川、盈江、莲山、梁河5个各民族行政委员会，隶属保山专区。1952年经政务院批准，瑞丽、陇川、盈江、莲山、梁河改设县，并设畹町镇（县级镇），均隶属保山专区。1953年7月，成立德宏傣族景颇族自治区，1956年5月保山专区并入德宏，改自治区为自治州，辖保山、腾冲、昌宁、龙陵、潞西、梁河、盈江、莲山、陇川、瑞丽10县及畹町镇。1958年10月，莲山县与盈江县合并为盈江县。1963年8月，德宏与保山地区的建置分开，德宏州辖潞西、梁河、盈江、陇川、瑞丽5县及畹町镇。1969年11月撤销德宏州，并入保山地区。1971年11月恢复德宏州，辖潞西、梁河、瑞丽、陇川、盈江5县及畹町镇。1985年改畹町镇为县级市。1992年6月瑞丽撤县改市。1997年4月潞西撤县改市。1999年2月8日，撤销畹町市，设立瑞丽市畹町经济开发区（副县级）。至此，德宏州辖2市3县，即潞西市、瑞丽市和陇川县、盈江县、梁河县。

民　　族

【傣　族】　德宏傣族景颇族自治州的傣族约占全国傣族总人口的30%，是傣族聚居最多的地区。傣族分布在全州各县市坝区和山间河谷地带；有傣德和傣勒之分。傣德，意为下边的傣人，主要居住在瑞丽市和潞西市遮放坝尾一带；傣勒，意为上边的傣人，分布于潞西市、梁河县、盈江县、陇川县及瑞丽市勐卯镇。语言属汉藏语系壮侗语族傣族语支傣语的傣那方言，使用“傣那文”。

傣族历史悠久，据傣文献记载，公元前424年（周威烈王二年），就有关于傣族部落战争的记述，公元前364年，傣人在今瑞丽江河谷建立勐卯果占壁王国。在汉文史书中，先秦时称其为“百越”，汉晋时称“滇越”、“掸”或“擅”，唐宋称“金齿”，元明称“白夷”或“僰夷”，清至民国称“摆夷”。傣人则自称为“傣”。中华人民共和国成立后定名为傣族。11至15世纪，勐卯果占壁王国称雄于世，被尊为“勐卯弄”，即“大勐卯”。唐宋时隶属南诏、大理国管辖。元明属云南行省，实行土司制度。清袭明制。民国置县制。1949年前，傣族已进入封建领主制社会，受南甸（今梁河）、干崖（今盈江）、盏达（今盈江）、陇川、勐卯（今瑞丽）遮放、芒市7个土司统治。

傣族文化灿烂，有珍贵的《贝叶经》、《嘿勐沽勐》、《俄并与桑洛》等傣文典籍。有著名的傣历、傣戏、傣医。男女老少能歌善舞，《孔雀舞》、《象脚鼓舞》及大型民间集体舞蹈《嘎秧》是其精品。自11世纪后，普遍信仰巴利语系佛教（南传上座部佛教），分摆奘、润、朵列和左底四个教派。同时还保留着原始宗教的残余，供奉树神和白马庙，每年皆按时祭寨神、地方神。实行一夫一妻制，恋爱自由，盛行“猎少”。服饰多样，傣勒和傣德差别较大：傣勒着传统、古朴、典雅的服饰，傣德则着缅装。傣勒多居土竹木结构的四合院瓦房，傣德则多居干栏式竹楼或铁皮顶吊脚楼。傣族精农耕，是最早种植水稻的民族之一。多依水而居，好洗浴，较卫生。主食大米、喜饮酒，好酸辣。常以“撒苤”、“巴撒”、“撒达鲁”等传统佳肴待客。男子有文身习俗。年长者尚保留嚼槟榔习俗。其民族节日多与佛教活动有关，主要有泼水节、进洼、出洼、干朵、堆沙塔、烧白柴节等。

【景颇族】 德宏傣族景颇族自治州的景颇族约占全国景颇族总人口的95%以上，主要分布在各县市的亚热带山区。景颇族分景颇、载瓦、喇期（茶山）、浪峨（浪速）、波罗五个支系。语言属汉藏语系藏缅语族景颇语支，其中载瓦语支系的语言属阿昌语支的载瓦语。20世纪初开始使用拉丁文拼音文字，1957年创制了新景颇文和载瓦文，现通用景颇文和载瓦文。

景颇族起源于青藏高原北部，传说为“木转省腊崩”（今青海省日月山一带），约在10000年前沿金沙江、怒江和恩梅开江南迁，至17世纪末逐渐定居在德宏一带山区。其先民属氐羌，在史籍中唐代称为“寻传”、“裸形蛮”；元明称载瓦支和浪速支为“峨昌”、“莪昌”；明史称“羯些”，“遮些”、“结些”等；民国称为“山头族”，称景颇支为“大山”，载瓦支为“小山”。然而，各支系却自称景颇、载瓦、喇期、浪峨、波罗。1953年7月德宏建州时，统一定名为景颇族。

景颇族历史悠久，但社会经济发展缓慢，至1950年仍处于原始酋长制经济末期，由山官直接统治。犁耕农业和个体家庭所有制虽已确立，但刀耕火种普遍存在，人民生活贫困。中华人民共和国成立后，实行“直接过渡”政策，于1956年彻底废除山官土司制，使景颇族获得跨世纪的飞跃。信仰原始宗教，信鬼不信神，部分群众信仰基督教和天主教。民间文学十分丰富，主要靠巫师口耳传承，如创世史诗《目瑙斋瓦》等。男女青年社交自由，实行一夫一妻制。通行单向姑舅表优先婚模式，形成独特的“姑爷种”和“丈人种”的婚姻关系。保留幼子继承制。居竹木结构干栏式住房。服饰式样不多，但特色鲜明：男子一般着黑布对襟短衣，裤腿短而宽，喜裹白布包头，以长刀和肩包为饰物；妇女一般着黑色对襟式左襟短上衣，下着编织艳丽的红毛线围裙，裹毛织裤腿，喜佩带银饰物。经济以农耕为主，辅以采集狩猎。主食大米，嗜烈酒，喜酸辣。民风豪爽骁勇，热情好客，常以各种春筒菜和特制的水酒待客。男女老少能歌善舞，每逢喜庆便跳集体舞“整戈”，当壮年人去世时，则跳集体丧葬舞，尤以祭祀、欢庆性大型集体舞“目瑙纵歌”著名和壮观。其主要节日是每年正月十五至十六日举行的目瑙纵歌节，届时人山人海，载歌载舞，通宵达旦。

【阿昌族】 德宏傣族景颇族自治州的阿昌族约占全国阿昌族总人口的85%以上，主要分布在梁河县、陇川县和潞西市。中华人民共和国建立后，建有九保、曩宋、户撒三个阿昌族乡。阿昌族有昌撒和傣撒之别：昌撒主要聚居于梁河的九保、曩宋及潞西的江东一带，傣撒主要居住在陇川的户撒与腊撒。语言属汉藏语系藏缅语族阿昌语支，有陇川、梁河和潞西3种方言，一般都兼通汉语或傣语等。没有文字，使用汉文与傣文。

阿昌族起源于青藏高原北部，约在13世纪从澜沧江流域的云龙一带进入德宏，多定居于依山傍水的平坝或半山区。其先民属氐羌，在史籍中汉晋时称“嶲”，唐宋称“峨昌”、“莪昌”、“阿昌”等。阿昌人则自称“蒙撒”、“掸撒”、“汉撒”和阿昌。中华人民共和国成立后，定名为阿昌族。

1949年前，阿昌族已进入封建社会，受领主、地主的双重统治。阿昌族的口头文学丰富，其创世史诗《遮帕麻与遮咪麻》是巫师口耳传承下来的精品。青年男女恋爱自由，对歌是他们最喜爱的文化娱乐活动，盛行“山歌恋”。结婚由父母决定，如女方父母不同意，则进行“抢婚”。实行一夫一妻制。住房多为土木结构，以穿斗瓦顶楼房居多，一户一院。在服饰方面，本民族衣着特点以腊撒地区保留得多，其妇女戴的黑包头，高达一尺，为国内外罕见。傣撒多信仰巴利语系佛教。昌撒过去多信鬼神，也供奉祖先。主食大米，好饮酒，嗜酸辣，常以“过手米线”待客。民族节日是“阿露窝罗节”，每年3月20至21日举行。

阿昌族精于农耕，擅长栽培水稻。相传水稻之王——“毫安公”，就是阿昌族培育的。在经济作物中，户撒烟享有盛名，畅销州内外。手工业较发达，有打铁、铸犁、木匠、石匠、银匠等，其中以打铁著名，制造刀剑的技术较高，其产品“户撒刀”远销国内外。

【傈僳族】 德宏傣族景颇族自治州的傈僳族约占全国傈僳族总人口的3.3%，主要聚居在盈江县西北的苏典一带，也散居于各县市山区。中华人民共和国建立后建有苏典傈僳族乡。傈僳族有自己的语言，属汉藏语系藏缅语族彝语支的傈僳语。原有拉丁文变体形文字，1957年又创制了以拉丁字母为基础的新文字，全民通用，并出版《德宏团结报》傈僳文版。

傈僳族先秦时期属氐羌，汉晋时属“叟”的一部分，“栗粟”一词最早见于唐代樊绰《蛮书》，宋称“施蛮”、“顺蛮”，元明清称“力些”、“栗粟”等。自称为“傈僳”。“傈僳”这个名称，除有关史籍用字稍异外，一直沿用至今。公元8世纪前，其先民居住于四川雅砻江及金沙江两岸的广阔地区；8世纪后，逐渐向云南西北迁徙。公元11世纪时，其先民为“乌蛮”的组成部分，与彝族、纳西族有着密切的渊源关系。12世纪后，受元朝丽江路军民总管府和明朝丽江土知府木氏的统治。16世纪中叶，由于丽江土知府木氏与西藏两个统治集团之间的长期战争，有大批傈僳族因不堪忍受本氏土司的压迫剥削与战乱，便在部落首领“土必扒”的率领下，迁入怒江地区。17世纪末，一部分傈僳族又“沿着太阳落的地方迁移”，从片马、古永进入德宏盈江地区，后又向四方迁居，形成大分散、小集中的特点。

1949年前，靠近坝区的傈僳族已进入封建地主经济，生产力接近汉、傣族水平；居住在边远山区的傈僳族虽已确立私有制，但还残存着原始公有制和氏族制残余。

傈僳族多信仰原始宗教，自19世纪以来，有部分群众改信基督教和天主教。德宏傈僳族系“花傈僳”，故妇女服饰较为鲜艳美观，衣裙镶数十片五色布块，绣五彩花边，头缠缀满流苏的花巾，耳戴铜环或银环。男服饰为黑布大包头，粗布长衫或短衫，宽裆裤长及膝，小腿另套布筒，喜佩腰刀、弓弩和皮箭袋。住房主要为竹木草结构，有木杈房和穿斗房二种。盖房采取互相帮助的办法，数天内将新房落成，进新房歌舞达旦。1980年后，部分傈僳族住上了瓦房。傈僳族是个能歌善舞的民族，他们采用唱调子的形式，把本民族的历史和重要的生活经验（即叙事长诗），一代接一代地传下去，成为傈僳族人民精神文化生活的重要组成部分。历史上习惯用自然历法，借助自然景物的变化，将一年划分为花开月、鸟叫月、烧山月、饥饿月、采集月、收获月、煮酒月、狩猎月、过年月、盖房月10个季节月。实行一夫一妻制，青年男女恋爱自由，实行幼子继承制，以大米、包谷、荞为主食。好饮酒，并以水酒为主。主要节日有阔时节，每年正月至十九日举行。

【德昂族】 德宏傣族景颇族自治州的德昂族约占全国德昂族总人口的75%，分布在全州各县市山区，以潞西市三台山居多。中华人民共和国成立后，建有三台山德昂族乡。德昂族分“梁”（汉语称花德昂）、“别列”（红德昂）、“绕买”（黑德昂）三个大的支系，其他还有“绕景”、“雷陇”等。德昂语属南亚语系孟高棉语族的佤崩语支，许多人通傣语、汉语和景颇语。原有本民族文字，仅用于佛教界，群众主要使用傣文和汉文。其先民古代属百濮族群，汉晋时称“闽濮”、“苞蒲”，唐称“扑子蛮”，元明称“蒲人”，清和民国称“崩龙”。德昂族自称“德昂”，意为居住岩洞的有道德的人。中华人民共和国成立后，沿用“崩龙”之名，至1985年9月，正式更名为德昂族。德昂族是德宏最古老的世居民族之一，与“哀牢”关系密切，远在公元前2世纪，德昂先民便居住在怒江西岸一带。被史书称之为“茫蛮部落”。元代前，德昂族处于奴隶制阶段；元明时期属于傣族封建领主经济的一部分；晚清和民国时期属傣族封建土司和汉族地主管辖，社会发展滞后。中华人民共和国建立后，对其实行“直接过渡政策”。德昂族以农耕为主，种水稻、玉米、薯类等。擅长种茶，是最古老的茶农之一。住房多为竹木结构的干栏式，楼上住人，楼下关牛。青年男女恋爱自由，实行一夫一妻制，盛行姑舅表婚，很少与外族联姻。男子着盛装时，裹黑、白布包头，戴大耳环和银项圈，穿蓝、黑色侧襟短上衣及大裆裤，缠裹腿。妇女裹黑布包头，戴银耳筒和银项圈，穿蓝黑色对襟短衣，下摆边沿用彩色小绒球装饰，着长裙，腰系黑漆篾圈。男子有文身习俗。中年以上男女多嚼槟榔。信仰巴利语系佛教的左底教派，过去仅饲养牛、公鸡和猫。以大米为主食，嗜酸辣，饮食清淡，好饮茶喝酒，常以烤茶煨水招待客人。由于宗教信仰与傣族相同，故许多风俗都与傣族相同。主要节日是泼水节。

【汉族及其他民族】 德宏傣族景颇族自治州的汉族及其他民族占全州总人口的48.2%，其中汉族占47.2%，白族占0.5%，回族占0.2%，彝族占0.17%等。主要分布在全州山区和集镇，其次分布在农垦系统垦区（多为坝区）。

唐宋时期，今德宏系南诏辖区，有白族、彝族等官兵驻守德宏。据历史记载，元时召募内地民众赴该地屯田。公元1277年，缅蒲甘军5万余人入侵今盈江、梁河一带，元朝庭派遣大批军队捍卫疆土。1441年，明朝庭派10余万大军“三征麓川”。1594年，云南巡抚陈用宾为保卫边境，筑八关，开22屯甸，驻军数千人。清雍正二年（1724），又增补为27屯甸，计151村。据《南甸司谱》载，汉族及其他后来少数民族“至明中叶，迁入定居者浸多。清乾隆征缅，道光禁烟以及洪杨杜（太平天国运动及杜文秀领导的滇西回民起义）发难，入居者愈众，山区全部为汉族所居有，坝区亦有不少杂居。”清代移民主要来自保山、腾冲等邻近地区。抗日战争至解放战争时期（1937至1950年春），汉、白、回等民族的商贩、工匠、流散军人等陆续定居集镇。如1945年末，仅在芒市定居的各省籍抗日将士和海外华侨就达600多人。中华人民共和国建立后，为保卫和建设边疆，从内地调派干部、职工和复转军人到德宏工作，并组织部分农民到德宏落户。1959年12月至1960年11月，从内地移民12819人至德宏农场，其中来自保山地区8266人，来自湖南4416人。1969年11月，昆明知青16000人到德宏农村安家落户；1970年3月，上海、北京、成都、昆明知青13782人安置到德宏农垦系统。1976年后，知青大多返回原籍。1970年2月，保山地区革命委员会从保山、施甸组成3700人的“贫下中农毛泽东思想宣传队”到瑞丽、陇川、盈江安家落户。1996年8月，为开发位于潞西市与陇川县之间的龙江河谷，先后从东川市和巧家县移民132户，534人，其中东川16户，64人；巧家116户，470人。2001年5月，再次从昆明市东川区和巧家县移民500人。

由于德宏汉族的先民祖籍多为江苏、江西、四川、湖南、湖北等省区，并先居云南省内地，之后再渐入边区，故习俗大致与内地相同。其他少数民族因人口较少，故多被中原文化同化。

宗　教

【原始宗教】　系统宗教传入前，德宏各民族皆信奉原始宗教，均有自然崇拜、图腾崇拜、祖先崇拜、鬼神崇拜（景颇族和傈僳族仅有鬼的观念）、圣贤崇拜、圣物崇拜。其中尤以景颇族和傈僳族的原始宗教发展得较为丰富、完整。如在景颇族的鬼类中，仅叫得出名的就有130余种。时至今日，傣族、德昂族和阿昌族仍有原始宗教的残留，每年皆定期举行祭祀寨神、地方神等活动。景颇族与傈僳族的原始宗教则迄今基本保留完整，祭祀采用不同的牺牲，祭大鬼要用牛、猪，祭小鬼须用鸡或鸡蛋，有的仅用干鱼之类。1951年德宏约有800名巫师，其中傣族巫师200余人。据1989年初德宏州委统战部宗教科对瑞丽、陇川、盈江三县景颇族与傈僳族地区原始宗教活动情况的调查报告记载：共有大巫师20人，其中景颇族16人，傈僳族4人。

【巴利语系佛教】　亦称南传上座部佛教，俗称小乘佛教。11世纪初传入德宏，首建“雷奘相”（今瑞丽市芒约佛寺）；14世纪中晚期麓川王思伦法皈依佛门后得到大发展，傣族、德昂族已多数信奉此教；14世纪末，阿昌族的“傣撒”支也改奉此教。清初仅芒市地区就有62座木结构瓦顶佛寺。普遍信奉此教的民族有傣族、德昂族及阿昌族，但受戒信徒仅占信教群众的五分之一，且多为五旬以上长者。2007年全州有巴利语系佛教寺院603所，僧侣等232人，信教群众38.7万人。

德宏巴利语系佛教分为摆奘、朵列、润和左底四个教派。其主要不同点是持戒的程度不同，并由此造成信众的日常生活方式也互有殊异。1949年前，各教派间矛盾较深，几乎不往来。1950年后，在党和政府的领导与疏通下，各派间的关系逐渐缓和。1982年德宏州佛教协会作出统一过泼水节、入夏安居（进洼）、出夏安居（出洼）等重大宗教节日的决议，由此形成了各教派同庆佛节的局面。目前，各教派的门户之见日趋消失，彼此团结尊重。

巴利语系佛教与大乘佛教的主要区别是：一、上座部把释迦牟尼视为主教，认为只有一尊佛；大乘则提倡三世十方无数佛，并视佛是离情绝欲，威力无边的神。二、上座部追求个人自我解脱，把“灰身灭智”达到阿罗汉作为最高目标；大乘宣传大慈大悲，普渡众生，把成佛渡世、建立佛国净土作为最高目标。三、在饮食方面，上座部僧侣日食二餐，即早餐和午餐，可吃荤，但超过12时则不许进午餐，只能用糖果汁充饥；大乘则可日食三餐，但只能吃素。四、服饰方面，上座部僧侣头顶不燃香迹，披黄单，着人字形圆头靸鞋；大乘僧侣则燃香迹，着衣服袈裟，穿鞋袜等。

【大乘佛教】　亦称汉语系佛教。德宏的大乘佛教主要在汉族、阿昌族和城镇“傣勒”中传播。9世纪，滇僧李贤至今梁河一带传教。元代建今梁河县九保太平寺。主要有禅宗和常斋教二个教派。禅宗主要分布在梁河、盈江、陇川、潞西4县市汉族与傣勒聚居的城镇；常斋教于19世纪末自腾冲、龙陵转入德宏，主要分布在潞西市山区和梁河县山区。常斋教以观音、玉皇、释迦牟尼、韦驮及弥勒为本尊，以禅宗六祖慧能为祖师，经典全系大乘经典，主张佛、儒、道三教同源。2007年全州有寺院65所，僧侣等60人，信教群众5.24万人。

【基督教】 1894年，基督教内地会派遣美籍牧师高曼自六库到今潞西市中山乡木城坡传教。1942年前，德宏基督教属英国教会领导，分两股教会势力直接控制：一股是缅甸密支那总会与八莫总会，另一股是国内的内地会。境外教会的势力大，控制范围有瑞丽、陇川、盈江（含莲山）。内地会仅控制潞西、梁河。1945年抗战胜利后，德宏基督教属美国教会管辖。1947年，缅甸八莫教会在陇川广山成立海洋教会，此后传教速度加快。1950年4月，欧美籍神职人员全部撤离德宏，但仍通过代理人直接控制德宏的教会组织。基督教主要在景颇族、傈僳族和山区汉族中传播。同年底，全州有教堂30余座，信徒6000多人。1951年3月，陇川县300多名基督教徒签名要求坚决执行中国基督教的“三自革新”（自传、自治、自养），提出“爱教必须爱国”的口号。1956年10月，在云南省基督教三自爱国运动委员会的帮助下，在陇川县广山成立“中国基督教浸礼会广山总会”。此时，全州信教户有1467户，信徒10166人，教堂61座，牧师7人，传道员43人。1958年至1961年，中国的宗教政策受“左”的干扰，全州基督教神职人员与骨干大部分外流。10年浩劫，宗教活动被迫停止。1980年陇川县广山和户撒乡的平山寨同时恢复宗教活动，并举办圣诞节。2009年全州有教堂228所，其中固定处所4所，教职人员315人，信教群众3.84万人。

【天主教】 1930年，法属圣心会大理教会派遣法籍神父郑绍基至盈江县傣族寨沙坡传教。1948年后发展教徒较多，截止1949年末，全州共有教徒148人，其中男62人，女86人。1950年外籍神父虽撤至境外，但仍操纵代理人建立吕保总堂，管辖陇川、瑞丽、盈江（含莲山）的天主教。1953年底，全州共有教堂11座，信徒169户，共875人。信徒为了有别于基督教，在住房的门头上插蓝色十字架为标记。1956年4月召开“德宏天主教上层人士座谈会”后，德宏天主教与境外教会脱钩。1958年天主教受到冲击，停止了公开的宗教活动。1980年后开始恢复宗教活动，当时全州仅有教徒百余人。1987年瑞丽、陇川两县先后成立天主教爱国领导小组，并联合在户兰举行圣诞节活动。2009年全州有教堂9所，教职人员10余人，信教群众2213人。

【道　教】 1381年明朝廷派平西侯沐英率军进驻德宏，道教随之传入梁河、盈江、陇川等地，主要在汉族、阿昌族和部分傣勒中传播。德宏道教属全真龙门派，主张儒释道“三教合一”。因佛教先于道教传入德宏，故道观名称皆袭用“寺”。主要道观有建于明洪武年间（1368～1398）的陇川县户撒乡皇阁寺和建于1733年的报恩寺；约1665年建的盈江县油松岭青云寺。2009年有道观1所（青云寺），道姑1人，信教群众452人。

【伊斯兰教】 19世纪中叶，腾冲龙江回族马姓迁入今陇川县户撒乡，新建拉七寨，伊斯兰教随之传入。不久，马家又邀龙江回族柳姓迁居洗马塘，并建老马寨。德宏抗日战争期间（1942年5月至1945年1月），马家寨有一座土木结构的瓦顶清真寺。1966年底拆毁清真寺，赶走阿訇。1980年逐渐恢复宗教活动。德宏州人民政府于1984年7月16日作出决定，并下发24号文件《关于划固定的回族坟地和建盖水房的通知》。同年7月1日，瑞丽市回族首次举办开斋节，共80余人参加，其中旅缅华侨和巴基斯坦商人10余人。1986年潞西县人民政府为回族划7亩固定坟山和2亩盖水房的地基，州人民政府拨专款8万元建“芒市回族服务站”（即水房）。瑞丽县人民政府也给回族划面积约70余亩的坟地。1987年2月，来自全州各县市的回族500余人在芒市举行水房落成典礼。2009年有清真寺（老马寨清真寺）1所，教职人员7人，信教群众2090人。

民族节日

【泼水节】 德宏傣语称“摆爽南”，德昂语称“拱拍”，阿昌人称“浇花节”。它是傣历新年；也是佛教节日，即浴佛节或佛诞节；是从印度的“洒红节”和到圣河沐浴的习俗衍变而来。泼水节有浴佛、过年、祈雨、迎春耕、祝愿人畜兴旺和五谷丰登之意，在巴利语系佛教文化圈内，它是一年中最盛大的节日。

其传说较多，现德宏普遍流传的是民女智杀魔王，但魔头落地即起火，于是民女们只好轮流抱魔头，一人抱一天，交换时互相泼水冲洗的传说。

节期是傣历十二月三十一日至一月二日，约在清明后7至10天后举行，一般欢庆3至7天。1983年4月9日，德宏州第八届人民代表大会第一次会议决定将其定为民族民间传统节日，节期固定为阳历4月12日至14日。第一天是傣历除夕，人们上山采花，装饰佛亭，把水注入水龙浴佛。从元旦开始，各户都端着供品入寺，由法师主持滴水仪式。节期内人们互相泼水祝福，唱歌跳舞，放孔明灯等。

傣族、德昂族及阿昌族认为，泼水可消灾祛病，吉祥如意。1985年后，地方政府对这个节日赋予了诚邀四海佳宾，以水会友，进行经贸洽谈，振兴德宏的新内容。

【目瑙纵歌节】 是景颇族传统的盛大节日，源于创世英雄宁贯娃的传说：很久以前，只有太阳的子女会跳目瑙纵歌。有一次，太阳鬼邀请地球上的万物去参加目瑙纵歌盛会。太阳宫的盛会结束后，鸟类便返回地球，途中，它们见果林中硕果累累，就高兴地跳起在太阳宫跳过的舞蹈。景颇族的祖先宁贯娃听到鸟类跳目瑙纵歌的消息，便赶去观赏。他被目瑙纵歌所陶醉，于是向鸟类学跳此舞。从此，天上的目瑙纵歌就移植到人间。不久，他在“木转省腊崩”（今青海一带）的日月山下举行了首次目瑙纵歌盛会。

过去，景颇支系称其为“目瑙”，载瓦等支系则叫“纵歌”，均为大伙跳舞之意。举办庆祝胜利、五谷丰收、迎接贵宾、纪念重要节日或嫁娶喜事等都举行目瑙纵歌。盛大的目瑙纵歌一般都选定在农历正月中旬，为期3至7天。为便于组织节日活动，1983年4月9日德宏州第八届人民代表大会第一次会议决定，每年正月十五、十六日为景颇族目瑙纵歌节。

节日里，景颇族男女老少穿上节日盛装，一早便结队汇集到目瑙纵歌广场进行欢庆。目瑙纵歌由两位德高望重的“瑙双”领头。瑙双头戴犀鸟嘴和孔雀帽，手中挥舞长刀，边歌边舞。舞场中央竖立有高大的“目瑙示栋”标志，上刻目瑙纵歌的路线，人们围着“目瑙示栋”尽情歌舞，参舞者少至数百人，多至上万人，故有“万人舞”之称。目瑙纵歌从早跳到晚，通宵达旦，颇为壮观，称得上集体舞蹈之最。

1950年前，目瑙纵歌是景颇族区域内较大的祭祀活动，是祭祀最大的天鬼“木代”而举行的隆重仪式。1985年后，目瑙纵歌节成了广交朋友，进行经济文化交流和加强民族团结的盛会。

【阿露窝罗节】 是阿昌族传统节日，于农历正月初四举行。关于它的来历，较普遍的说法是：纪念和歌颂阿昌族祖先“遮帕麻”和“遮咪麻”战胜危害人类妖魔“腊訇”的壮举。据《阿昌族创世纪》记载：远古时无天无地，是天公遮帕麻造天，地母遮咪麻织地，从此人们安居乐业。然而腊訇却造了个假太阳，钉在天幕上，毁灭了人类的幸福。天公和地母为了世间万物的生存，用神箭射落太阳，降妖伏魔，使人类获得新生。

窝罗节的前身叫“蹬窝罗”，即跳一种古老的原始宗教的祭祀舞蹈，也是昌撒支系的传统节日。“阿露节”（亦称“赶会街”）则是傣撒支系富有佛教色彩的节日。1983年4月9日，德宏州第八届人民代表大会第一次会议将其统一为“阿露窝罗节”，成为阿昌族的法定节日，每年3月20日举行，节期2日。

节日期间，阿昌人在舞场中央竖起壮丽的“阿露窝罗”标志，人们身着节日盛装，抬着白象和青龙，手持青枝绿叶，在象脚鼓声中围着阿露窝罗标志耍龙舞象，载歌载舞，欢迎佳节。

【阔时节】 亦称“拉歌”节，意即新年歌舞节。每年正月初九举行，节期2天。届时，各地选定场址，搭起台棚，附近村寨的人们聚集在一起跳三弦、芦笙或“木瓜瓜切”舞，举行火枪、弩箭射击比赛及对歌等活动。

1983年4月9日，德宏州第八届人民代表大会第一次会议将其定为傈僳族阔时节。1987年2月，在盈江县城允燕山建了阔时节的永久性标志“木多依”塔。1990年陇川县弄贤村也建了阔时节的永久性标志塔。

（以上撰稿除署名外，均为张建章）

党政机构

【州　委】

一、2009年州委工作思路及发展目标

2009年州委工作的主要任务是：全面贯彻党的十七大、十七届三中全会和省委八届六次全会精神，坚持以邓小平理论和“三个代表”重要思想为指导，深入贯彻落实科学发展观，紧紧抓住国家扩大内需保增长的机遇，把促进经济平稳较快增长作为首要任务，把加强基础设施建设作为重中之重，把发展特色产业作为主攻方向，把招商引资作为重要手段，把改革创新作为强大动力，把维护稳定作为基本要求，把禁毒防艾作为攻坚目标，把改善民生作为根本目的，把党的建设作为坚强保障，推动全州经济社会跨越式发展。

经济社会发展的主要目标：生产总值增长10%以上，财政总收入增长10%以上，地方财政一般预算收入增长10%以上，全社会固定资产投资增长30%以上，对外贸易进出口总额增长12%以上，城镇居民人均可支配收入增长9%以上，农民人均纯收入增长10%以上，城镇登记失业率控制在4%以内，人口自然增长率控制在7.4‰以内，万元GDP能耗下降3.7%。

二、工作措施及成效

2009年，全年生产总值、固定资产投资双双突破百亿元大关。生产总值实现115亿元，同比增长15%，增速高于全省3个百分点，居全省前列，是近20多年来增速最快的一年。完成固定资产投资总额100.9亿元，同比增长31.5%；实现农林牧渔业总产值51.5亿元、工业总产值72.5亿元，同比增长9.5%和26%；实现财政总收入17.23亿元，同比增长17.3%，其中财政一般预算收入9.83亿元，同比增长10.9%；实现社会消费品零售总额46亿元，同比增长20.5%；完成外贸进出口总额7.5亿美元，同比下降1.5%，降幅逐月缩小；城镇居民人均可支配收入达12558元，同比增长9.7%；农民人均纯收入达2831元，同比增长16.1%。全州呈现出经济发展、社会进步、文化繁荣、民族团结、边疆安宁以及生态文明建设和党的建设全面加强的良好局面。主要抓了9个方面的工作：

（一）深入开展学习实践科学发展观活动，科学理论武装头脑进一步强化

按照中央和省委的要求，结合德宏实际，提出“实现一个目标、开展两项活动、抓好三个结合、强化四个着力、突出五个重点”的工作思路，认真组织实施，形成了一级抓一级、层层推进学习实践活动的良好局面。全州第二批学习实践活动共有410个参学单位19680名党员参加，并圆满完成；第三批学习实践活动共有759个单位30642名党员参加。在开展学习实践活动中，强化理论武装头脑，着重抓两方面工作：一是要求县处级领导干部“在学习原著上下功夫，在领会精神上求实效；在结合实际上下功夫，在运用操作上求实效”。二是针对全州各族干部群众在工作和生产生活中普遍使用民族语言进行交流的实际，采取“五用”措施，使科学发展观的深刻内涵和精神实质深入全州各族干部群众心中，成为指导实践的思想武器和推动发展的强大动力。通过开展学习实践活动，进一步深化了对州情的认识，全州经济社会发展和党的建设思路更加清晰，重点更加突出，目标更加明确，措施更加有力，成效更加明显，有力地促进了经济社会又好又快发展。

（二）全力推进重大项目建设，固定资产投资规模进一步扩大

坚持一手抓项目争取，一手抓项目落地，抢前期、抢立项、抢开工、抢进度，切实做到思路项目化、项目工程化、工程操作化、操作数字化。全州共争取到中央新增投资项目279个，项目开工率100%。共有施工项目1236个，其中，5000万元以上94个，同比增加24个；亿元以上44个，同比增加9个。芒市机场扩建完工，腾陇、潞梁二级公路开工建设，大瑞铁路、龙瑞高速公路前期工作进展顺利。瑞丽口岸查验货场工程即将竣工，云南省国家投资的第一个口岸通道建设项目—章凤口岸建设完工并投入使用。实施农村公路基础建设项目206个，预计完成投资3.9亿元。麻栗坝水库、龙江水电枢纽、大盈江梯级电站等重大水利水电工程项目以及教育、卫生、文化、环保、危房改造、城市供水管网等一批民生工程建设项目进展顺利。加大农田水利基础设施建设力度，共完成农田水利建设投资3.03亿元。

（三）继续加大“三农”工作力度，农业农村经济进一步发展

坚持围绕稳粮食、促增收、强基础、重民生，认真落实强农惠农政策，加大对“三农”的投入力度，农业和农村经济稳步发展。开展了百亩核心区、千亩示范园、万亩辐射带粮食作物“百千万”高产示范区建设，带动全州粮食大面积平衡增产，全年粮食总产量54.83万吨，同比增长19.2%，创历史最高水平。完成中低产田地改造1.07万亩、中低产林地改造26.1万亩。冬季农业开发效益显著。甘蔗生产运行平稳。现代烟草农业快速发展。畜牧业不断壮大。农村沼气清洁能源进一步得到推广和使用。认真落实各项支农惠农政策，共兑付涉农补贴1.5亿元，农民人均所得补贴167元。新农村建设取得新成效，全年实施省、州、县三级试点村建设223个，共投入建设资金2.8亿元。农村群众的生产生活条件和乡村的文明程度进一步改善，农业农村好形势得到巩固和发展。

(四) 大力实施“五个百亿元工程”，产业结构进一步优化

按照发挥优势，科学规划，把握重点，突出特色，打造亮点的思路，坚持有所为有所不为的原则，集中人力、物力、财力，全力推进特色产业加快发展。一是大力实施生物特色产业百亿元工程。在整合巩固提升粮食、蔗糖、茶叶、橡胶、畜牧等传统产业的基础上，认真筛选，确定并大力发展具有德宏特色和比较优势的竹子、咖啡、坚果、柠檬、油茶、核桃“六棵树”和番麻“一棵草”，全州新增生物特色产业种植面积46.06万亩，已建和在建加工生产线10条。二是大力实施水能电冶工业百亿元工程。完成水电投资36.2亿元，大盈江四级电站等17座水电站建成并投产发电，全州新增装机容量94.91万千瓦，年发电量达76.1亿千瓦小时，同比增长93.3%。大力发展水电矿结合的清洁载能工业，德宏东方硅谷年产8000吨的一号炉点火生产。三是大力实施旅游文化产业百亿元工程。加大全州旅游资源整合力度，组建了德宏旅游集团，新编制了全州旅游规划，成功举办了第九届中缅胞波狂欢节。孔雀湖民族文化体育康乐谷、景成地海温泉度假村等一批旅游项目顺利推进。全年完成旅游业总收入37.8亿元，同比增长11%。四是大力实施珠宝玉石产业百亿元工程。成功举办了2009′中国(昆明)东盟石博会德宏珠宝文化宣传周活动和第二届中国·瑞丽国际珠宝文化节，与中央电视台合作举办了“寻宝—走进芒市”电视宣传活动，盈江、瑞丽两个翡翠玉石毛料公盘相继开盘运营，芒市珠宝小镇项目开工建设。全州已建成八大珠宝玉石交易市场，全年进口玉石毛料达2000余吨，珠宝玉石年贸易额超过56亿元。五是大力实施对外贸易百亿元工程。积极采取促进对外贸易的有效措施，大力拓展国外市场。加大农机、摩托车等机电产品和珠宝玉石、农副产品、木材等进出口力度。积极实施“走出去”战略，执行对外承包工程项目合同总额达8396万美元，完成境外罂粟替代种植面积43.16万亩。成功举办了第九届中缅边交会，规模和影响进一步扩大。全州对外贸易出口自5月开始实现扭降为升，进出口总额基本与上年持平。

(五) 坚定不移推进改革开放，经济社会发展活力进一步增强

启动新一轮政府机构改革，行政审批制度改革取得实效，责任政府等四项制度扎实推进，“阳光政府”四项制度全面实施，州政务服务中心建成并投入运行。积极推进司法体制改革。继续深化农村综合改革，集体林权制度主体改革工作基本完成，确权率、发证率和矛盾纠纷调处率均达96%以上。文化体制改革和专业艺术院团改革工作继续推进。事业单位人事制度和职称制度改革进一步深化。中小学教师绩效工资改革全面推进，中等教育改革发展各项措施得到落实。农村卫生改革继续深化。对内对外开放步伐加快，完成瑞丽、畹町、章凤、盈江四个口岸经济区总体发展规划，口岸管理水平、服务质量和工作效率不断提升。招商引资取得明显成效，其中引内资35.9亿元、外资1324.42万美元。“万村千乡”市场工程建设步伐加快，城乡市场持续繁荣活跃。

(六) 加快发展社会文化事业，保障和改善民生工作进一步加强

全年共投入农村义务教育保障经费补助资金1.4亿元，农村小学和初中学生公用经费分别由225元和375元提高到300元和500元，“两基”成果进一步巩固，教育教学质量进一步提高，州民一中高考取得历史最好水平。科技运用能力明显增强。全力抗击甲型H1N1流感疫情，覆盖城乡居民的公共卫生和基本医疗制度进一步完善，食品药品安全工作成效显著。人口和计划生育工作扎实开展。宣传事业取得明显进步，制作专题节目280个，营造了良好的社会舆论氛围，提高了德宏的知名度和美誉度。切实帮助困难群体和零就业家庭解决就业困难，失业率控制在4%以下。扩大了基本养老、医疗、失业、工伤、生育等社会保险覆盖面。廉租房建设全面开工，实施了一批城镇经济适用房、易地搬迁和安居工程。对221个贫困村实施“整村推进”，“整乡推进”试点工作正式启动，全年减少贫困人口3.4万人。认真贯彻落实促进少数民族和民族地区发展的各项政策措施，积极实施新三年“兴边富民工程”和边疆解“五难”惠民工程，加大扶持人口较少民族工作力度，加快民族地区经济社会发展步伐。各级财政投入资金4.35亿元，全面完成了地震灾区民房恢复重建任务，建设了一批集民族特色、产业发展、精神文明、生态文明于一体的新农村示范点。

(七) 积极发展社会主义民主政治，安定和谐的政治局面进一步巩固

坚持党的领导、人民当家作主、依法治州有机统一。全面落实民族区域自治制度。切实加强和改进党对人大、政协工作的领导，人大、政协履职富有成效。

举办了南洋华侨机工回国抗战70周年纪念活动，对台、侨务工作取得新进展，统战工作取得新成果，政党关系、民族关系、宗教关系、阶层关系、海内外同胞关系进一步加强。法院、检察院依法履行职责，司法公正进一步得到体现。工会、共青团、妇联、工商联等人民团体充分发挥了联系人民群众的桥梁纽带作用。召开了德宏双拥工作座谈会，双拥工作成效显著。政务、厂务、村务公开扎实开展，村民自治权得到充分行使。深入开展“五五”普法工作，依法行政水平明显提高。精心组织了庆祝新中国成立60周年纪念活动，深入开展群众性精神文明创建活动，加强未成年人思想道德建设，社会主义核心价值体系建设积极推进。认真学习贯彻胡锦涛总书记在云南和新疆考察工作时的重要讲话精神，紧紧围绕建设“民族团结模范州”这一目标，扎实推进民族团结进步事业，组织开展了第27个“民族团结月”活动，“三个离不开”思想共识进一步巩固，1个模范集体、3个模范个人在国务院第五次民族团结进步表彰大会上受到表彰。加大少数民族干部的培养选拔力度，全州少数民族干部占干部总数的34.9%，其中处级干部中少数民族占41.6%。全面贯彻党的宗教工作方针，积极引导宗教与社会主义社会相适应。

（八）深入开展禁毒防艾人民战争，和谐稳定的社会环境进一步形成

严格实行州级领导挂钩联系乡镇工作制度，抽调1361名干部组成558支工作队进村入社开展禁毒防艾工作。在106个自然村探索开展以村民理事会试点工作为切入点抓禁毒防艾的工作机制。组织实施“大清查、大收戒、大整治、大打击”活动，全州共查破毒品案件936起，收戒吸毒人员12870名。艾滋病综合防治工作不断加强，“四免一关怀”政策得到进一步落实。按照“七个必须”要求，坚持实行州级领导定期接待群众来访、重要信访件包案、新提拔处级领导和后备干部到信访部门顶岗锻炼等制度，信访维稳工作保持平稳态势。组织了治安整顿和消防、交通隐患整治等大会战，开展了“铁拳”专项整治行动，组建了特警、反恐支队，认真落实国庆60周年安保措施，依法严厉打击各类违法犯罪活动，人民群众的安全感不断增强。严密防范和打击境内外敌对势力利用民族、宗教、非政府组织进行渗透、破坏和分裂活动。加强边境管理，有效维护边境地区安全稳定。

（九）切实加强党的建设，党在边疆民族地区的执政基础进一步夯实

党的思想、组织、作风、制度和反腐倡廉建设得到全面加强，认真开展“个人形象一面旗、工作热情一团火、谋事布局一盘棋”主题实践活动，“边疆党建长廊”建设扎实推进。实施农村党员发展工程，发展农村党员933名，消除“党员空白村”54个，剩余36个村都培养了入党积极分子。实施农村党员素质提高工程，培训农村党员、群众9万多人次，新建党员示范基地43个、党员科技示范户327户，建成农村党员干部现代远程教育网络终端站点335个。实施农村带头人培养工程，培养了一批政治觉悟高、致富能力强、带动效果好的农村致富带头人。实施农民服务站建设工程，已建成乡镇农民服务站50个、村级农民服务点118个、组建流动服务队127支，为基层农民群众办实事16643件，在为民办实事中密切了党群干群关系，在为民服务中增强了党同人民群众的血肉联系。实施红旗飘飘工程，边境一线33个乡镇、78个村委会、89个村民小组的5150户农户和465户党员户参与了这项活动，边境地区党员干部和各族群众的国家意识明显增强。积极探索“党员分类、组织分设、功能专属”的姐告国门社区党建模式，得到中组部和省委的充分肯定。启动99个村级党组织活动场所建设项目，已建成投入使用7个。对全州2000多个基层党组织发挥作用情况进行全面排查，对极少数发挥作用差和软弱涣散的基层组织进行了调整。全州43家规模以上非公企业建立了党组织。深入推进党风廉政建设和反腐败工作，全年立案查处违纪违法案件76件，给予纪律处分61人；对122名干部进行了问责。

（李志祥）

（见“大事专题·州委”201页）

【州人大】 2009年，德宏州人大常委会全面贯彻党的十七届三中、四中全会、省委八届六次全会和州委五届九次、十次全会精神，围绕全州中心工作，针对人民群众普遍关注的热点难点问题，结合人大工作的自身特点，认真贯彻实施《监督法》，较好地履行了宪法和法律赋予的各项职权，为推进我州经济社会又好又快发展和民主法制建设作出了新的贡献。

一、立足全局，开展监督工作。州人大常委会坚持以经济建设为中心，紧紧围绕全州工作大局和落实“保增长、保民生、保稳定”的目标，从人大职能出发，抓住关键，集中力量，努力促进影响发展全局的问题解决，为保

障和促进全州经济社会全面协调可持续发展作出了积极的贡献。一年来，州人大常委会会议听取和审议"一府两院"专项工作报告21项，对3项工作组织了视察，主任会议听取相关工作汇报31项。

二、促进民主法制建设，切实做好立法工作。州人大常委会坚持走群众路线，在民主立法、开门立法中提高立法质量。根据立法程序和要求，将《瑞丽江--大盈江国家级风景名胜区保护条例》草稿发送立法领导小组和涉及的成员单位征求意见。通过多次召开座谈会，积极开展立法调研，对《条例》进行反复修改，为下一步深入开展立法调研和修改完善《条例》打牢基础。对州十三届人大二次会议期间代表提出的《关于修改完善〈云南省德宏傣族景颇族自治州禁毒条例〉的议案》、《关于提请州人大常委会制定和颁布〈德宏傣族景颇族自治州奖励和保护见义勇为公民条例〉的议案》进行了可行性调研和审议。

三、依法行使重大事项决定权和人事任免权。州人大常委会把关系全州经济社会发展有重大影响的国民经济和社会发展计划、财政预算执行情况和年度预算调整方案、预算执行及其他财政收支审计查出存在的问题整改情况、贯彻农业法以及全州重大建设融资贷款项目作为监督重点，严格审查，依法作出决议、决定7项；对全州贯彻执行禁毒法、公务员法、未成年人保护法、预防未成年人犯罪法和科技工作提出了审议意见。年内，州人大常委会坚持党管干部和依法任免干部相统一的原则，坚持任前法律考试和颁发任命书制度，增强被任命国家机关工作人员的法律意识、公仆意识。

四、大力加强代表工作，充分发挥代表作用。州人大常委会认真落实代表工作的各项措施，努力改进保障服务，使人大代表的作用得到了更好的发挥。加强代表培训工作，提高代表履职能力，努力拓宽代表知情知政渠道；强化服务代表意识，建立和完善了常委会组成人员联系代表工作制度，推动基层人大开展"人大代表活动室"、"人大代表之家"创建工作；积极争取提高代表活动经费标准，并列入州级财政预算；重视代表议案、建议的办理和答复工作，加强督促指导，提出办理要求和原则；积极组织代表开展视察活动，拓宽代表知情知政渠道，为代表参政能力创造条件，同时，也为省、州人大代表出席人民代表大会提出议案和建议作了充分的准备。

（聂茂华　陈友莉）

（见"大事专题·州人大"243页）

【州政府】　（见"特载·政府工作报告10页"）

【政　协】　2009年，德宏州政协常委会紧紧围绕州委、州政府工作部署，牢牢把握团结和民主两大主题，依靠全体政协委员、政协机关干部职工和参加政协单位，认真履行政治协商、民主监督、参政议政职能，为促进德宏经济社会又好又快发展作出了积极贡献。一、围绕中心工作，为科学发展献计出力。一是以组织会议活动为平台，为促进科学发展建睿智之言。坚持全体会议全面协商与常委会、主席会重点协商相结合，以委员大会发言、小组协商讨论、专题协商等形式，围绕全州经济、政治、文化、社会等重要问题。年内，组织召开7次专题协商会，4次情况通报会，提出了10余个方面50多条意见建议，推动了柠檬产业、番麻皂素甾体激素药物高科技示范项目和"村村亮"工程。二是以开展调研视察为抓手，为促进科学发展献务实之策。组织委员围绕全州柠檬产业发展、农业技术协会作用发挥、地震灾后重建、人口较少民族扶持和农村寄宿制学校建设等情况进行了深入调研视察，形成调研报告2份、视察报告3份、课题研究报告1份、建议案3份。年内报州委、州政府研究决定，形成了《中共德宏州委德宏州人民政府关于加快柠檬产业发展的意见》。三是以抓好重点项目为途径，为促进科学发展出有用之力。州政协主要挂钩督导国家西部高技术示范项目——番麻皂素甾体激素药物产业化建设、芒市机场大道改扩建、瑞丽江酒和傣药开发、瑞丽工业园区建设和畹町120万吨水泥厂建设等重点项目，围绕推动重点项目的顺利实施，协调关系，帮助红瑞柠檬公司、云南海柯生物开发有限公司等龙头企业解决项目实施过程中的各种问题，走出困境、渡过难关。在州政协常委会的带动和指导下，瑞丽市政协在抓石斛产业、陇川县政协在抓爱德基金会援助的禁毒防艾和社区发展项目、盈江县政协在抓灾后重建、梁河县政协在抓甘蔗生产、潞西市政协在抓土地征用工作中都发挥了重要作用，并取得了显著成绩。二、坚持以人为本，为改善民生履职尽责。一是组织委员对全州地震灾后重建、人口较少民族扶持等情况进行了专题视察并提出了意见建议。针对全州绝大多数自然村无路灯照明出行难以及少数农户未通电的实际情况，提出了在全州广大农村实施“村村亮”、“户户通”工程的建议，完成了潞西、梁河2县市8个自然村“村村亮”工程的试点工作，全州除新搬迁户以外基本实现了户户通电的目标。为全面实施“村村亮”工程奠定了基础。二是帮助挂钩联系点开展以禁毒防艾为突破口、产业发展和改善民生为重点的新农村建设。州政协多次深入挂钩联系的7个乡镇调查研究，为基层协调争取项目和资金200多万元，为群众做好事、办实事19件。协调各有关部门，争取各种建设项目，筹措解决各种资金，投资90多万元的帮别村金（勐）新（寨）大桥顺利开工建设。在加强禁毒防艾、基层组织建设、冬季农业开发、农村基础设施建设、维护团结稳定等方面也做了很多工作。在保民生方面做好事办实事，团州委认真实施西部计划地方志愿者项目，为52名大学毕业生找到了服务岗位；州妇联认真实施受艾滋病影响社区关爱等项目，为2400余名受毒品和艾滋病影响的儿童、特困儿童、留守儿童发放生活及医疗补助，救助了476名贫困女童完成学业；州科协积极开展“科普惠农兴村计划”，提高了农民群众的科技文化水平；州总工会在维护职工合法权益、稳定职工队伍等方面，州侨联在促进海外联谊、推进芒市华侨农场改革发展、维护侨益等方面，州工商联在帮助自主择业人员提供小额贷款担保、团结引导非公经济人士积极应对金融危机，促进经济社会发展等方面，做了大量工作。三、突出两大主题，为构建和谐社会作贡献。一是在政协委员中开展经常性的党的民族宗教理论方针政策教育，使广大政协委员牢固树立“三个离不开”的思想，形成了“民族团结是各族人民之福，民族分裂是各族人民之祸”的共识。二是利用各种节庆活动，通过召开全州政协民族宗教工作暨“民族团结月”座谈会、茶话会、联谊会和走访看望慰问宗教界人士、民族上层人士亲属、起义投诚人员等形式，广泛听取各族各界的意见和建议，进一步巩固了平等、团结、互助、和谐的社会主义新民族关系。三是协助州委州政府做好协调关系、化解矛盾、理顺情绪、维护稳定的工作。四、积极探索创新，充分发挥民主监督作用。一是围绕州委、州政府重大决策部署的贯彻落实情况，采取督查检查、评议部门工作等方式实施民主监督。协助州委对全州各县市、各部门贯彻落实《中共德宏州委关于加强人民政协工作的意见》和州委赵金书记在州政协十届二次会议上的讲话精神情况进行了专项督查，针对贯彻文件和讲话精神中存在的问题，提出了加强和改进工作的建议。二是召开了4次主席会和2次常委会，分别听取法院、检察院、公安局、司法局和财政局、农业局、国土资源局、教育局的工作情况汇报，并进行民主评议，就改进和加强工作提出了意见。五、力求统筹兼顾，积极做好基础性工作。一是高度重视，提案工作水平有新提升。州政协十届二次会议共收到委员提案148件，内容涉及经济、政治、文化、社会和生态文明建设各个方面，立案交办143件，主席会议确定了7件重点提案，由主席、副主席、秘书长牵头组织开展调研和面商，进行重点督办。二是营造氛围，政协宣传工作取得新突破。与各新闻媒体采取合办、联办等形式，努力增强政协新闻宣传的实效性和影响力。激励广大政协委员和机关工作人员向《云南政协报》、《德宏团结报》等新闻媒体投稿，全年在各类新闻媒体刊载稿件400余篇（条）。三是体现特色，文史资料工作有新进展。征集出版了《人民政协成立60周年纪念文集》，文章88篇、图片64幅，全面回顾总结了边疆民族地区人民政协事业发展进步的光辉历程和宝贵经验。四是搞好服务，联谊接待工作取得新成效。配合全国政协和省政协到我州开展了中缅瑞丽——木姐跨境经济合作区建设、国际大通道建设、特困少数民族脱贫发展等方面的调研视察，汇报存在的困难和问题，积极争取国家和省对我州经济社会发展中的重大问题给予高度关注和大力支持。承办了全省政协提案工作座谈会暨提案工作研讨会、云南省八自治州政协横向联系会等会议，加强与其它州市政协组织的交流。认真做好港澳台同胞、海外侨胞接待工作。年内，共接待调研考察团组86批1000多人次。六、夯实工作基础，着力推进自身建设。一是隆重庆祝人民政协成立60周年。组织广大委员和机关干部学习胡锦涛总书记在庆祝人民政协成立60周年大会上的重要讲话精神，召开了庆祝大会和座谈会，开展纪念征文活动，出版纪念文集，举办了书画展。二是创造条件，为委员履行职责提供有利条件，让委员的主体作用得到进一步发挥。做好委员的联络和服务工作，为委员订阅《云南政协报》、寄发有关信息资料；加强学习培训，激发委员履职的热情与活力；建成开通了德宏政协网站，为委员建言献策搭建平台，拓宽学习交流的渠道。三是以专门委员会为基础组织开展活动，先后组织200多名委员，分别参加建言献策、专题协商和调研视察等活动，进一步发挥了委员在履行职能中的主体作用。四是加强学习，努力提高整体素质。认真开展学习实践科学发展观活动，促进了政协各项工作的开展。在继续抓好经常性行政学习的同时，不断创新学习方式，丰富学习内容，提高学习实效，举办了委员相关业务知识培训班、常委会专题学习讲座、理论学习中心组深入挂钩点开展学习活动等。同时，安排州和县市政协干部参加全国政协、省政协组织的各类学习培训班，组织各专委会干部到省外学习考察。

（张红俊）

（见“大事专题·州政协”259页）

【纪检监察】 2009年，德宏州纪检监察机关紧紧围绕保增长、保民生、保稳定的目标，采取一系列扎实有效的措施积极应对国际金融危机，认真贯彻落实《建立健全惩治和预防腐败体系2008—2012年工作规划》，加强监督检查，着力解决党员干部党性党风党纪方面存在的突出问题，深入推进党风廉政建设和反腐败斗争，为全州经济社会发展提供了坚强的政治和纪律保证。加强监督检查，促进了中央和省、州重大决策部署的贯彻落实；严格执行党风廉政建设责任制，党风廉政建设各项工作稳步推进；进一步加强反腐倡廉宣传教育，领导干部廉洁自律意识进一步增强；进一步加大案件查办力度，继续保持惩治腐败的高压态势；强化问责工作力度，不断推动监察工作向前发展；切实加强纠风治乱工作，进一步优化发展环境；以主题实践活动为载体，纪检监察机关自身建设进一步加强。年内，在省纪委和州委、州政府的领导和关心支持下，德宏纪检监察各项工作在稳步推进的同时有创新、有发展，呈现出五大特点：一是案件查办工作力度加大，全州各级纪委均有自办案件，办案水平进一步提高。二是问责工作力度加大，问责数量是上年的1.5倍。三是政务中心建设迈出坚实步伐，州和潞西市的硬件建设创一流水平。四是县级纪检监察机关建设得到加强，增加编制、经费等工作落实得较好，受到省纪委的肯定。五是派出机构的工作得到加强，强化了职能。

（何家松　段　滨　尹丽莉）

（见“大事专题·纪检监察”263页）

【传媒集团】 2009年，德宏传媒集团是州委领导下的正处级事业单位，业务上归口州委宣传部管理；行业上接受州广电局、州新闻出版局的行业监督管理；项目建设、资产运营和市场经营上接受州发改、财政、国资、工商、税务等部门的监督管理。德宏传媒集团是跨媒介、跨行业组建的既具有新闻宣传属性，又具有市场运行特征的地方综合性传媒集团，下辖德宏团结报社、德宏人民广播电台、德宏电视台、德宏民族出版社、德宏少数民族语言文化译制传播中心、国际互联网德宏新闻中心6家新闻媒体，事业编制为原6家媒体编制的总和，全集团设置内设机构39个。德宏传媒集团的主要职能是：一手抓新闻宣传事业，巩固和壮大宣传舆论阵地，传播社会主义先进文化；一手抓产业发展，做大做强传媒产业，努力实现社会效益和经济效益有机结合，相互促进，互动共赢。

德宏传媒集团党委团结带领全体干部职工脚踏实地，以科学发展观为统领，按照“高举旗帜、围绕大局、服务人民、改革创新”的总体要求，坚定不移地贯彻中央、省委、州委关于深化文化体制改革、加快文化产业发展的决策部署，以发展为主题，以建设地方性综合传媒集团为目标，以改革为动力，以体制机制创新为手段，以资源整合为纽带，以新闻宣传为“第一要务”，着力推进制度建设、新闻宣传协调统筹指挥体系建设、改版创新、项目带动战略、经营产业发展和队伍建设，各项内部整合与改革稳妥实施，管理体制逐步理顺，新闻宣传良好运行，事业建设实现了新突破，产业发展有了新开端，“思发展、谋发展”成为了全集团干部职工的共同愿望。

（谷泉音）

（见“大事专题·传媒集团”217页）

经　　济

【经济简述】 2009年，德宏州遭受到有气象记录以来旱情持续时间最长、程度最重的一次秋冬连旱旱灾。德宏州采取有效的措施，认真做好抗旱救灾工作，减少灾害造成的影响，把加快发展作为第一要务，落实中央扩大内需，保增长、保民生、保稳定等一系列宏观调控政策，抢抓发展机遇，努力化解和消除经济社会发展中的困难和不利因素，较好地完成了州十三届人大二次会议审议通过的经济和社会发展目标任务。全年全州生产总值完成115.2亿元，比上年增15%，比10%的计划目标高5个百分点，完成年计划数112亿元的102.9%。其中：第一产业32.19亿元，增6.4%；第二产业

35.44亿元，增27.9%；第三产业47.57亿元，增13.2%。财政总收入17.23亿元，比上年增17.3%，比10%的计划目标高7.3个百分点，完成年计划的106.6%；地方财政一般预算收入9.83亿元，增10.9%，完成年计划的100.7%。全社会固定资产投资完成100.92亿元，比上年增31.5%，完成年计划的101.1%。社会消费品零售总额完成46亿元，增20.5%，比20%的计划目标高0.5个百分点，完成年计划数的100.4%；外贸进出口总额完成7.63亿美元，增0.2%，比计划增12%的目标低11.8个百分点，完成年计划数的89.8%。城镇居民人均可支配收入12558元，比上年增9.7%，比计划增9%的目标高0.7个百分点，增收1108元。农民人均纯收入2831元，比上年增16.1%，比计划增长10%的目标高6.1个百分点，增收392元。全年城镇登记失业率4%，控制在计划目标以内；人口自然增长率7.3‰，比计划控制目标下降0.3‰；居民消费价格总指数为99.3%，比上年降7.3个百分点；万元GDP能耗由上年的1.595吨标准煤/万元下降为1.527吨标准煤/万元，下降4.3%。

经济运行情况显示，年内主要调控指标除外贸进出口总额外，全面完成了州十三届人大二次会议确定的预期目标，全州生产总值和固定资产投资总额跃上100亿元台阶，三次产业排序由“三一二”调整为“三二一”，第二产业首次超过第一产业。

（张　健）

（见“大事专题·经济管理”303页）

【经　委】 2009年，德宏紧紧围绕“保增长、保民生、保稳定”的总体要求，着力推进“工业倍增”行动计划，抓协调、强服务、求发展，使工业经济工作取得了较好成绩，全州工业经济继续保持了平稳发展的势头。

一、工业经济平稳增长。全州完成工业总产值72.5亿元，比上年增26%，超计划10个百分点。全部工业增加值完成26.72亿元，比上年增26.2%，其中规模以上工业完成增加值19.8亿元，增31.4%；主营业务收入完成48.6亿元，增17.7%；利税总额完成7.1亿元，增12.7%；利润总额2.3亿元，下降17.1%。二、主要工业产品产量升多降少。新增水电装机容量94.91万千瓦，年发电量76.13亿千瓦小时，比上年增93.3%；水泥137.3万吨，增35.5%；工业硅10.48万吨，增69.5%；食糖47.35万吨，增0.1%；电解铝1.35万吨，增0.9%；酒精31829千升，下降13.8%；锡金属含量537吨，下降12.5%；机制纸及纸板2144吨，下降35%。三、进一步加大工业投资，着力推进重点项目建设工作。全州完成工业投资（不含电力）8.5亿元，比上年增23.1%。全年向国家和省申报扶持项目102个，获得国家、省项目扶持53个，争取到贴息和项目扶持资金4253万元。其中:非公经济608万元，新型工业化400万元，再生能源50万元，技术改造1680万元，节能降耗1230万元，乡镇企业285万元，有力地支持和促进了全州重点工业项目的建设。四、加快推进工业园区建设。认真贯彻落实省政府《关于加快工业园区发展的若干意见》文件精神，加快推进工业园区建设。通过抓工作机制的建立和完善，进一步健全园区管理机构。潞西、瑞丽成立了园区管委会，其他县市也成立了相应的领导机构；抓工业园区发展规划，使园区建设进一步科学、规范和完善；抓公共服务平台建设，提升园区配套服务能力；抓规范管理，推进园区产业健康有序发展，充分发挥园区对地方工业的聚集、带动作用。至年底，全州工业园区累计入园企业190户，完成工业产值28亿元，工业增加值10.69亿元，销售收入17.13亿元，上缴税金1.72亿元，实现利润1.71亿元。五、强化工业经济运行监测、预测和协调服务。加大对工业经济运行的监测和分析研究，进一步建立完善服务企业发展的责任机制，加强协调服务，切实做好对亏损企业的帮扶工作。全州69户规模以上工业企业中，工业总产值负增长企业从年初的44户下降到30户，利润总额从一季度亏损1599万元转为盈利2.3亿元。六、着力抓好节能降耗工作。按照省政府下达德宏州节能目标任务和要求，州政府与各县市政府签订了年度节能降耗目标责任书，进一步明确责任；州经委与州统计局联合举办了能源统计业务培训班，对县市经济局及重点节能企业统计人员102人进行能源统计业务培训；抓好高效节能灯的推广工作，全州推广节能灯130018支，超额完成了省下达的年度目标任务；进一步做好能源审计及资源综合利用工作，对5户企业进行了节能审计，2户申报资源综合利用的企业通过了省工信委的审核认定。通过采取有效措施，加大节能降耗工作，使全州万元GDP能耗下降4.3%，超额完成了省政府下达年度3.7%的目标任务。七、加快中小企业和非公经济发展。认真贯彻落实省委、省政府《关于加快非公有制经济发展的决定》等相关文件和全省中小企业暨非公有制经济发展大会精神，加快中小企业服务体系建设。年内，成立中小企业融资担保公司7户，小额贷款公司3户；全州非公经济完成增加值50.4亿元，比上年增26%；上缴税金完成13.3亿元，增17.7%；从业人员7.82万人，下降6%。

（毕　鸣）

（见“大事专题·州经委”317页）

【农　业】　2009年，德宏州农业局紧紧围绕农业增产、农民增收、农村稳定、产业发展这一中心任务，以新农村建设为契机，以“产业富州”为已任，结构调整为动力，开拓创新，扎实工作，较好地完成年度各项目标和任务。全年全州实现农林牧渔总产值51.5亿元，比上年增9.5%；农民人均纯收入达到2831元，增16.1%。

一、粮食生产在品种结构调整中稳步推进。全年全州完成粮食作物种植面积182.48万亩，比上年增16.2%，总产量54.83万吨，增19.2%，实现了粮食种植面积不低于150万亩，粮食产量不低于5亿千克的任务目标。其中：完成水稻种植面积85.21万亩，总产33.09万吨；完成玉米种植面积62.66万亩，总产15.88万吨；完成小麦种植面积10.55万亩，总产2.34万吨；完成豆类种植面积9.47万亩，总产0.76万吨；完成马铃薯种植面积9.47万亩，总产2.02万吨。

二、冬季农业开发再创新高。全州以冬玉米、冬马铃薯、冬早蔬菜等为主要作物的冬季农业开发已形成规模，面积逐年增加，单产逐年提高，效益十分显著。通过种植结构调整、增加投入、科技推广力度加大，实现了增产增收。冬季农业产业化开发成为德宏州种植结构调整、农业增效、农民增收的优势产业，成为全州农民增收的最大亮点。全年全州完成冬季农业开发总面积91.43万亩，占上年全州大春粮食种植面积的73%，复种指数达173%；实现农业产值6.11亿元，占上年全州农林牧渔总产值45.6亿元的13.4%，占全州农村经济总收入38.7亿元的15.8%；参与冬农开发的农民达68.13万人，占全州农村人口的85%；冬农开发区农民人均开发收入897元，比上年增18%。

三、传统产业进一步得到巩固提升。为做强做大茶叶产业，按照产业化经营、市场化运作（公司+基地+农户+科技）的机制，立足于培植带动型龙头企业。全年全州完成茶园新植面积2.2万亩，茶园总面积已达35.6万亩，产量1.2万吨，总产值1.2亿元；全州事茶人员近35万人，茶农人均收入228元；全州茶叶企业40家，已全部获得QS认证，“孔雀公主”、“勐巴娜”、“云宏”、“南甸”等品牌初见成效。

四、生物特色产业呈现良好发展态势。全州生物特色产业已形成，竹子以云南永利发林业有限公司，柠檬以云南红瑞柠檬有限公司，咖啡以德宏后谷咖啡有限公司，坚果以云南迪思企业集团坚果有限公司，番麻以云南海柯生物开发有限公司，优质米以潞西市遮放贡米有限责任公司，罗非鱼以潞西市柏林名特优水产养殖有限公司，奶水牛以德宏祥祥乳业有限公司为龙头企业产业化开发格局，生物特色产业成为拉动德宏州农业产业化经营，增加农民收入的重要产业，越来越受到广大农户的欢迎。全年全州以竹子、柠檬、咖啡、坚果、核桃、油茶、柠檬、番麻为主的优势创新产业新种原料基地25.6万亩，总面积达70.6万亩；带动农户10余万户，实现农业总产量50.8万吨，工农业总产值3.79亿元。

五、名特优水产养殖力度进一步加大。水产养殖以稻田无公害养殖、池塘精养和冬闲田养殖为主，全州水产养殖面积42532亩，比上年增803亩，增1.9%；水产品产量20790吨，增2093吨，增11.19%；鱼苗生产8.21亿尾，鱼种生产3311吨，大规格鱼种投放3279吨，分别减2.2%、增2%和3.8%；全社会渔业总产值36902.82万元，增4675.26万元，增14.5%；水产品人均占有量达17.4千克。

六、农业基础设施建设和农村生态建设不断加强。一是中低产田改造工程项目进展有序。年内，组织实施基本口粮田建设4000亩，中低产田地改造任务0.5万亩，完成工程总量的90%，预计将于2010年3月完工。二是农村沼气建设（国债项目）有序进行。年内，省下达德宏州新增农村沼气建设项目“一池三改”1600户，农村沼气服务网点建设27个。年内已完成“一池三改”1598户，投入使用1598户；农村沼气服务网点建设项目于9月底开工，各项工作正在有序进行。三是认真做好村容村貌整治。全年德宏州争取省级财政扶持村容村貌整治工程项目3个，争取扶持资金30万元。州农业局按照中央提出的新农村建设总体要求，有重点、分步骤、组织实施好省级财政扶持村容村貌整治工程项目，年内项目已基本完工。

七、各项惠农政策得到有效落实。全年省级下达德宏州粮食补贴资金9494.53万元，通过“一折通”服务平台，全州兑付粮食补贴资金9546.72万元，比省下达数超52.19万元。其中：下达油菜良种补贴资金140万元，实际兑付补贴面积22.12万亩，兑付补贴金额145.78万元；下达农资综合补贴金额6640.37万元，实际兑付农资综合直补面积149.72万亩，兑付补贴资金6640.77万元；下达粮食直接补贴金额853.36万元，实际兑付补贴面积80.87万亩，兑付粮食直补金额899.36万元；下达良种补贴资金1860.8万元，实际兑付补贴面积142.7万亩，兑付良种补贴金额1860.8万元；下达农机补贴配额资金1140万元（地方900万元，农垦系统120万元），第二批配额资金120万元（年内地方实施项目资金1020万元，农垦实施项目资金120万元）。全州全年实际完成补贴资金1021.415万元，购置农机具总数1853台（部），其中动力机械869台，收获机械98台，耕整机械771台，栽植机械2台，田间管理机械44台，收获后处理机械2台，农产品加工机械21台，排灌机械17台，畜牧水产机械29台；补贴农户1649户；带动农户投入2152.85万元。

八、新型农民培训、农村劳动力转移成绩明显。以“绿色证书工程”、“新型农民培训工程”为重点，不断完善农民科技培训体系，积极培养有文化、懂技术、会经营的新型农民，培养造就了一批有一定专业知识和技术技能的农村适用人才队伍，使全州农民的科技素养、整体素质不断提高。全年全州组织开展农民科技培训3287场次，培训农民365162人次，发放科技宣传资料230307份，投入培训经费244.79万元；培训劳动力13501人，劳动力转移就业46211人，劳动力外出务工收入19493.5万元。

九、龙头企业不断壮大。全面落实扶持农业产业化龙头企业的各项政策，积极培育本地具有一定规模、发展潜力较大、辐射带动面广的农业企业，采取政府推动、龙头企业带动、产业互动等多种手段，着力发展特色明显、带动能力强的特色产业集群，让农民依靠企业带动增收。全州各类农业产业化龙头企业达115家，年销售收入500万元以上的有47家，有国家级农业产业化重点龙头企业1家，省级重点农业产业化龙头企业8家，州级农业产业化开发重点扶持企业30家。

十、农村专业合作组织不断发展，农村集体经济日益壮大。大力发展农民专业合作社、民间中界组织、农村专业经济协会等各类农民专业合作组织，促进农民专业合作组织的规范化发展。全州已兴办各类农民专业合作组织81家，其中农民专业合作社29家，专业协会52家，入会会员10416万人，带动农户58442万户。全年全州争取到省级财政扶持农民专业合作组织项目4个，扶持资金28万元；壮大村级集体经济项目5个，扶持资金50万元。

十一、“数字乡村”工程和农业信息工作取得新的突破。年内，德宏州“数字乡村”工程建设以乡（镇）为网站维护基点，积极做好各级网站更新与维护，不断提升网页质量和水平，多措并举，全面保障网络平台正常运行，有力推进了全州农业和农村信息化进程。全州“数字乡村”网站审核发布各类信息45168条，其中全州343个行政村、2796个自然村均认真完成了基础信息更新任务，分别完成报表更新3139份，文本更新3139套，实现乡村基础数据统一更新成上年底的数据。全州各级网站更新补充完善了有关图片信息，做到及时拍摄发布，大大增强了网站信息的质量和时效性。

十二、农业执法和农产品标准化生产工作取得新进展。全州农业系统围绕主要农用生产资料，对种子、农药、肥料、渔机渔具渔药、农机及零配件等市场进行执法检查。全州出动执法人员3692人/次，印发宣传资料14万份，检查企业1647个/次，整顿市场760个/次，受理举报案件19起，立案查处248件，已结案248件；查获假劣种子13148千克，肥料1693935千克，农药14258千克，渔机渔具30台，货值272万元。“三品”认证工作主要围绕种子、农药、化肥等主要生产资料，严把生产过程质量关，认真做好以“三品”认证为主的农业标准化示范推进工作，加强“三品”认证企业管理水平，确保“三品”认证单位产品质量不出问题，达到农业标准化带动示范作用。全年完成蔬菜农药残留检测20621个样品，合格样品19955个，合格率为96.77%；100%地完成每个监测点每月100个样品任务；完成新“三品”认证申报单位3户，产品11个，认证面积41180亩，产量4750吨；获认证单位3户，产品4个，认证面积48.4万亩，产量122.86万吨；绿色食品继展2户，产品3个；无公害农产品复查换证2个；“三品”年检6户，100%完成了省、州下达的“三品”认证任务。全州“三品”获证单位12户，获证产品28个，获证面积66.8万亩，产量134.3万吨，产值4.9亿元。

十三、农业机械化水平持续提升。全州农机装备水平和作业水平不断提高，农机化技术示范推广、农机科技应用水平不断提升。全年全州农机总动力达9.89亿瓦特，农业机械原值73619.38万元，拥有各类拖拉机49019台，农机装备水平已处于全省发达州市行列。全年完成机械化耕作业面积139.51万亩，机收面积52.78万亩，机械植保面积66.09万亩。年内，组织农机手参加异地跨区机耕、机收作业429台（套），完成跨区机械作业面积14.47万亩，实现农机作业收入754.24万元。

十四、土地承包经营权流转实现财产性增收。按照中央有关农村土地经营权流转的政策，德宏州在稳定农村家庭承包土地经营的基础上，积极推动土地承包经营权合法、合理流转。全年全州农村土地流转户数达14858户，流转面积121175亩，其中转包20499亩；转让15666亩；互换946亩；出租60764亩；股份合作103亩；其它方式23197亩。全州完成土地承包流转面积12.1万亩，占家庭承包耕地总面积的8.26%，实现土地流转收入3029.37万元，亩均增收250元。全州发生农村土地纠纷153件，其中土地承包纠纷112件，土地流转纠纷41件；已调解合同纠纷122件，其中乡镇级调解62件，村级调解60件。

（舒　平）

（见“大事专题·农业”364页）

【非公经济】　2009年12月25日，全州在册登记个体工商户32085户，从业人员52376人，注册资金12.67万元；在册登记私营企业3136户，投资者6947户，注册资金65.43万元；外商投资企业113户，从业人员1500人，注册资金21780万美元；共登记农民专业合作社161户，成员2620人，出资总额6234万元。共解决就业人员79194人，实现经济增加值41.6亿元，占全州GDP的41.8%；缴纳税金5.66亿元，占全州财政总收入的38.5%。非公经济发展已成为促进德宏经济增长的强大动力；非公经济领域的从业人员占全州在岗职工人数的40.9%，并且以年均10%以上速度递增，成为就业的主渠道；广大非公企业把企业发展与德宏经济社会发展紧密联系起来，积极为建设富裕开放、和谐安宁的社会主义新边疆贡献力量，已成为构建和谐德宏的主力军。

（王建玲）

（见“大事专题·工商联”272页）

【畜牧兽医业】　2009年，德宏州畜牧业以“培育发展以德宏水牛为特色的畜牧产业”为目标，按照保增长、保民生、保稳定的要求，全面落实国家、省、州有关畜牧业发展的扶持政策和措施，抓住国家扩大内需的发展机遇，紧紧围绕“抓猪禽生产，壮大畜牧产业；抓水牛发展，打造特色产业；抓疫病防控，保障产业健康发展；抓执法监管，维护公共卫生安全；抓产业化经营，提升畜牧业现代化水平”的总体工作思路和要求，克服生猪价格下跌、动物疫病防控难度大等不利因素的影响，大力扶持规模养殖，努力转变畜牧业生产方式，加快产业化进程，全年重大动物疫情平稳，无畜产品质量安全事故发生，全州畜牧业生产保持了连续30年增长，成为农民增收的重要来源和建设社会主义新农村的重要产业之一。

全年全州完成肉、蛋、奶总产量78502吨，比上年增13.33%。其中：肉类总产71639吨，比上年增12.95%；禽蛋产量3838吨，增21.73%；牛奶产量3025吨，增12.37%。全州肉、蛋、奶人均占有量65.4千克，比上年的58.7千克增加6.7千克，增11.4%。实现畜牧业产值11.9亿元（现价），比上年增加1.1亿元，增10.18%，占农业总产值的23.11%。全州大牲畜存栏20.87万头，比上年增3.08%，其中水黄牛存栏19.33万头，增3.65%；生猪存栏66.88万头，增5.65%；羊存栏6.56万只，减2.33%；家禽存栏288.97万只，增4.55%。完成肉猪出栏59.49万头，比上年增12.74%；肉牛出栏6.18万头，增19.77%；肉羊出栏4.72万只，减3.01%；家禽出栏495.97万只，增7.43%。德宏水牛特色产业稳步发展，全州水牛存栏10.2万头，比上年增1.73%；杂交水牛存栏13778头，增6.33%，其中奶水牛存栏8428头，增10.3%；能繁奶水牛存栏4766头，增5.51%。水牛奶产量2106吨，增28.53%；牛肉产量6794吨，比上年增19.74%。

（母保生）

（见“大事专题·畜牧兽医业”272页）

【蔗　糖】　2009年，德宏州蔗糖生产办紧紧围绕全州经济发展大局和蔗糖产业中心工作，坚定信心，迎难而上，锐意进取，真抓实干，较好地完成了蔗糖生产各项任务，取得了预期的成绩。2008/09榨季全州蔗糖生产呈现以下特点：一、甘蔗、食糖减产。2008/09榨季，全州甘蔗农业总产407万吨，比上年减71万吨，减14.97%；入榨甘蔗378.47万吨，减62.05万吨，减14.08%；产食糖50.37万吨，减3.44万吨，减6.39%。减产的主要因素：一是甘蔗总面积减少，产量随之减少；二是因气候因素，病虫危害严重，水田面积减少，旱地蔗比重增加，甘蔗单产下降影响了总量；三是新植蔗受春旱影响，部分蔗区为保证出苗率，增加了用种量。二、全州平均产糖率创历史新高。由于甘蔗良种率提高，甘蔗含糖份提高，各制糖企业加大投入，引进了部分先进的工艺和设备，强化内部各项管理，加上气候等因素，全州平均产糖率创下德宏蔗糖史上的新高，达到13.31%，首次位居全省产糖州市之首。三、销售收入比上榨季增加。由于产糖率提高，食糖产量减幅不大，并且本榨季后期食糖市场价格上涨，企业销售收入达146673万元，比上榨季增3080万元，增2.14%，实现利润3054万元。四、节能减排降耗取得新进展。各制糖企业在生产过程中，紧紧围绕“节能、减排、降耗”不断加强技术改造、设备更新，促进了被称作耗能和排污大户的糖厂各能耗指标和COD排放指标逐年下降，特别是德宏英茂糖业公司、奥环糖厂和陇川糖厂，通过对锅炉进行改造，多数糖厂直接取消了供煤系统，做到不烧或少烧煤，在综合利用制糖废弃物——蔗渣作燃料，节约能源的同时，还做到SO_2的零排放。全州大部分糖厂实施了冷却水循环利用项目，既节约了生水取用量，又达到减少污水排放量的目的。五、企业生产安全管理好。全州制糖企业生产安全，无重大事故发生，安全生产率达99.59%，比上榨季提高0.19个百分点；甘蔗收购秩序良好，无跨蔗区抢拉甘蔗情况。六、甘蔗收购资金兑付情况良好。由于各企业高度重视，各金融部门的大力支持，多数企业能按时兑现蔗款、运费及各项扶持资金，做到不打折扣、不打白条，兑付情况好于往年。七、种蔗农民减产不减收。由于州政府从维护蔗农利益，稳定蔗糖产业发展出发，在2008/2009调整了甘蔗收购价格，各制糖企业全力配合实施，本榨季虽然全州甘蔗减产60多万吨，但蔗农人均甘蔗收入还是达到1462元，比上年增32元。

2009年，德宏州蔗糖系统主要工作：一、攻坚克难，圆满完成蔗糖生产目标任务。一是克服困难，完成甘蔗种植任务。2008/2009年度，全州下达秋、冬春甘蔗种植计划26万亩，其中秋甘蔗5万亩、冬春甘蔗21万亩（水田15万亩、旱地6万亩）；下达考核指标22.1万亩，其中秋甘蔗4.25万亩、冬春甘蔗17.85万亩（水田12.75万亩，旱地5.1万亩）。实际种植26.45万亩，占下达计划的101.75%，占考核指标的119.71%。二是强化培训，甘蔗种植管理水平进一步提高。一方面以项目带动，狠抓“吨糖田”建设，积极实施水田蔗间套种试验示范，增加亩积综合效益，确保蔗农提高甘蔗种植效益。同时，以种代管，确保第一次中耕管理及时有效；另一方面加强科技培训，提高种管水平。积极推行甘蔗第二次中耕管理，实行水田蔗增施肥、高培土等技术措施，通过全州及各县市召开的甘蔗中耕管理工作现场推进会，以会代训，提高植蔗管理技术，有效促进了全州甘蔗第二次中耕管理，为增加单产奠定了基础。三是多措并举，开展积极的病虫害预防控治。职能部门统领督促，企业投资，农民投劳，组织开展甘蔗病虫危害情况调查，开展甘蔗病虫害综合防治，并以药物、生物、农业、物理等多种办法进行综合防治，使全州蔗区范围内的地下害虫危害得到有效控制。三是依托龙头带动，推进甘蔗专业合作乡、村、社建设。各糖业公司注重原料基地建设，始终把甘蔗生产作为公司发展的“第一车间”来抓。在生产过程中，适时组织安排调运种子、化肥、农药、地膜等农用物资供应，把技术、生产物资送到蔗农手中，搞好生产、技术指导服务，充分发挥了龙头企业在产业发展中的带动作用。在蔗区基础设施建设上，多数企业按照州政府规定每入榨1吨甘蔗由制糖企业提取3元专项资金，专款专用，用于本蔗区道路建设、技术培训、项目配套资金使用，多数企业执行是到位的，有的企业还加大投入力度，为蔗糖产业的健康稳步发展注入了大量的人力、物力和财力，发挥了龙头企业的主导作用。二、优化服务，着力构建蔗糖产业和谐发展。2007/2008榨季全州蔗糖生产创历史新高，提前实现了蔗糖产业“十一五”规划目标。州和各县市蔗糖主管部门、各制糖企业优化服务，充分发挥职能部门的监管作用，适时抓好督促指导工作。一是州蔗糖办组织科所干部深入到各县市、各糖业公司、各植蔗区域，调研蔗糖生产情况，督促指导工作，与县市蔗糖办、糖业公司、乡镇共同研究解决生产中存在的困难和问题，并及时将调研情况上报州政府，使州政府能够适时指导蔗糖生产。县市蔗糖办干部职工、科技人员适时深入乡村、糖厂生产第一线，宣传、动员、指导、协调、服务，有力地促进蔗糖生产各项工作的完成。二是加强科技培训，提高种管水平。通过组织召开甘蔗种植动员会、种植技术培训会和现场推进会等多种形式，开展种植先进技术培训，推动科学种蔗，提高甘蔗种植、管理技术水平；组织开展甘蔗病虫危害情况调查，开展甘蔗病虫害综合防治，通过群防群治、多管齐下，甘蔗害虫危害得到有效控制，降低了甘蔗生产损失。全年州县市糖办和科研单位到村寨、田间组织各类培训100多场次，参加培训人数达1.2万多人。三是加速优新良种推广，优化品种结构，提高经济效益。全年全州优新良种率达87.3%，比2006年上升10.6个百分点，淘汰品种面积从2005年的1万亩，下降到年内的1989亩。同时，各县市和糖业公司加大投入，采取行之有效的政策措施，促进水田蔗发展。四是强化安全生产监督管理，确保榨季生产安全运行。州蔗糖办定期不定期深入企业督促检查，及时反馈存在问题，对有重大安全隐患的部位，实行挂牌整改并督促到位，保证了榨季生产安全顺利运行，圆满完成榨季生产各项任务。五是积极协助各县市蔗糖办向上争取基地项目资金。2009年，潞西、盈江、瑞丽3县市争取到国家第二轮糖料基地县市建设项目，争取到项目资金1000余万元。

（李晓全）

（见“大事专题·蔗糖”377页）

德宏州2008—2009年榨季甘蔗生产情况

单位：亩、吨、吨/亩

项目 单位	甘蔗收获面积			甘蔗总产量			甘蔗单产量		
	2008/09榨季	2007/08榨季	增减±%	2008/09榨季	2007/08榨季	增减±%	2008/09榨季	2007/08榨季	增减±%
全州合计	897044	941395	−4.71	4070157	4785831	−14.95	4.54	5.08	−0.54
德宏力量生物制品公司小计	93975	107774	−12.80	399231	488943	−18.35	4.25	4.67	−0.42
芒市糖厂	93975	107774	−12.80	399231	488943	−18.35	4.25	4.54	−0.29
遮放糖厂	—	—	—	—	—	—	—	—	—
梁河力量生物制品公司小计	91718	102662	−10.66	410310	493176	−16.80	4.47	4.80	−0.33
梁河糖厂	34007	37917	−10.31	150751	182359	−17.33	4.43	4.81	−0.38
芒东糖厂	19648	23345	−15.84	82923	103295	−19.72	4.22	4.42	−0.20
勐养糖厂	38063	41400	−8.06	176636	207522	−14.88	4.64	5.01	−0.37
德宏英茂糖业公司小计	596605	612398	−2.58	2655877	3156219	−15.85	4.45	5.15	−0.70
瑞丽糖厂	95969	104731	−8.37	430526	640333	−32.77	4.49	6.11	−1.62
景坎糖厂	221935	231449	−4.11	917501	1263730	−27.40	4.13	5.46	−1.33
弄璋糖厂	103838	105591	−1.66	490925	528726	−7.15	4.73	5.01	−0.28
平原糖厂	62445	64531	−3.23	307702	313147	−1.74	4.93	4.85	+0.08
盏西糖厂	35047	39031	−10.21	156134	142897	+9.26	4.45	3.66	+0.79
龙江糖厂	77371	67065	+15.37	353089	267386	+32.05	4.56	3.99	+0.57
陇川糖厂	59598	56913	+4.72	366422	368711	−0.62	6.15	6.48	+0.33
奥环糖厂	53610	59624	−10.09	227380	269102	−15.50	4.24	4.51	−0.27
康丰公司	1538	2024	−24.01	10937	9680	+12.99	7.11	4.78	+2.33
潞西市	200753	216065	−7.09	809551	955572	−15.28	4.03	4.42	−0.39
梁河县	72904	81640	−10.70	321285	394145	−18.49	4.41	4.82	−0.41
盈江县	202028	209770	−3.69	958532	987951	−2.98	4.74	4.71	+0.03
陇川县	325390	329189	−1.15	1535792	1807830	−15.05	4.72	5.49	−0.77
瑞丽市	95969	104731	−8.37	444997	640333	−30.51	4.64	6.11	−1.47

注：遮放糖厂统计数据并入芒市糖厂

德宏州2008—2009年榨季制糖生产完成情况

单位：吨

项目 单位	甘蔗压榨量			食糖产量			酒精产量		
	2008/09榨季	2007/08榨季	增减±%	2008/09榨季	2007/08榨季	增减±%	2008/09榨季	2007/08榨季	增减±%
全州合计	3784744	4405308	−14.09	503664	538057	−6.39	28593	34411	−16.91
德宏力量生物制品公司小计	375409	441404	−14.95	46322	51893	−10.74	2394	3029	−20.96
芒市糖厂	197418	260742	−24.29	24456	30350	−19.42	1319	1819	−27.49
遮放糖厂	177991	180662	−1.48	21866	21543	+1.50	1075	1210	−11.16
梁河力量生物制品公司小计	381360	460164	−17.13	48999	53593	−8.57	2840	3594	−20.98
梁河糖厂	133671	169875	−21.31	17791	20323	−12.46	1004	1304	−23.01
芒东糖厂	81378	100503	−19.03	10438	11456	−8.89	572	858	−33.33
勐养糖厂	166311	189786	−12.37	20770	21814	−4.79	1264	1432	−11.73
德宏英茂糖业公司小计	2482867	2924591	−15.10	338295	364609	−7.22	19289	22850	−15.58
瑞丽糖厂	397074	519500	−23.57	55082	68522	−19.61	2952	4029	−26.73
景坎糖厂	848223	1040399	−18.47	116635	130139	−10.38	6329	6821	−7.21
弄璋糖厂	491696	517723	−5.03	65794	65264	+0.81	3668	4493	−18.36
平原糖厂	274450	278413	−1.42	38202	34326	+11.29	2017	2223	−9.27
盏西糖厂	134873	114794	+17.49	17365	12029	+44.36	1012	925	+9.41
龙江糖厂	336551	453762	−25.83	45217	54329	−16.77	3311	4359	−24.04
陇川糖厂	338103	337970	+0.04	43736	40005	+9.33	2335	2537	−7.96
奥环糖厂	207005	241179	−14.17	26312	27957	−5.88	1735	2401	−27.74

德宏州2008—2009年榨季主要经济指标完成情况

单位：万元

项目 单位	工业总产值（按90年不变价）			利润总额			税金合计		
	2008/09榨季	2007/08榨季	增减±%	2008/09榨季	2007/08榨季	增减+−	2008/09榨季	2007/08榨季	增减+−
全州合计	140936	139597	+0.96	3054	6127	−3073	13245	11283	−1962
德宏力量生物制品公司	15209	16806	−9.50	−1148	223	−1371	1386	1274	+112
梁河力量生物制品公司	14870	15741	−5.53	607	−444	1051	1389	1280	+109
德宏英茂糖业公司	99142	89065	+11.31	4022	6153	−2131	10653	7263	+3390
陇川糖厂	11715	10987	+6.63	−427	39	−466	875	604	+271
奥环糖厂	—	6998	—	—	156	—	—	862	—

注：(1) 税金合计不含所得税；(2) 2009年底奥环糖厂被德宏英茂糖业公司收购，更名为轩岗糖厂，相关经济指标由英茂公司汇总上报。

【林 业】 2009年，德宏州有林业用地1238.7万亩，占全州总面积的73.9%。按林地使用权划分：国有369.7万亩，集体625.8万亩，个人243.2万亩。林业用地面积中：有林地1092.6万亩，其中国有林面积345.15万亩，集体林面积747.44万亩。活立木总蓄积量为6861.59万立方米，活立木年净生长量288万立方米。森林覆盖率67.07%。按两类林划分：商品林面积877.62万亩，公益林面积361.03万亩，其中国家重点公益林270.12万亩，地方公益林90.91万亩。森林覆盖率高于全国全省平均水平，全州森林覆盖率上期为61.19%，本次调查为67.07%，森林覆盖率比上期提高了5.88个百分点。实现了林业用地面积和活立木蓄积双增长，全州林业用地面积增加89.8万亩，净增7.81%；有林地面积增加183.1万亩，净增20.1%；活立木蓄积量增加1341万立方米，净增24.3%。人工造林面积增幅迅猛，全州人工林面积158.7万亩，比上期35.178万亩增加123.6万亩，净增351.3%。全州林业用地单位面积蓄积量有较大提高，全州林业用地单位面积蓄积量为5.54立方米/亩，比上期林业用地单位面积蓄积量4.81立方米/亩提高0.73立方米/亩。

（赵俊峰）

（见“大事专题·林业”383页）

【对外经济贸易】 2009年，德宏州商务系统积极面对国际国内不断变化的新形势，群策群力，全力应对金融危机，努力推动全州商务事业在困境中取得新成效，在全国、全省对外贸易下滑的情况下，实现外贸探底回升，小幅增长。据海关统计：全年全州进出口总额完成76279万美元，比上年增0.21%，其中对缅贸易71617万美元，完成省政府下达全年目标任务82968万美元的91.94%，占全省对外贸易总额的9.51%，占中国对缅贸易的24.6%，占云南对缅贸易的58.3%。其中：进口完成19535万美元，比上年降35.28%；出口完成56744万美元，增23.54%。按贸易方式划分：边境贸易完成67592万美元，比上年增0.51%，占全州贸易总额的88.6%，占全省边境贸易总额的53.6%；一般贸易完成8454万美元，降1.88%；外资企业进出口233万美元，降7.69%。按商务部门业务统计：全州进出口总额完成843825.54万元人民币，比上年降8.76%。其中：进口完成192873.6万元，比上年降31.67%；出口完成650951.94万元，增1.3%。按贸易方式划分：一般贸易73414.52万元，比上年降21.11%；边境贸易718408.23万元，降9.22%，其中小额贸易612512.7万元，降6.09%；边民互市105895.55万元，降23.9%；对外经济技术合作项下进出口46017.86万元，增41.98%；外资企业进出口5984.93万元，降25.18%。

截至年底，全州具备进出口经营权的企业有741户，其中外资企业36户，完成商品销售总额792435.13万元，比上年降10.73%；累计缴纳各种税费28029.45万元，降36.89%，其中关税804.3万元，降66.75%；海关代征增值税14666.03万元，降13.89%；进口商品增值税4251.24万元，降66.52%；地税各项税收1369.24万元，降52.63%；各项管理费6938.94万元，降25.97%。

（尚正宠）

（见“大事专题·对外经济贸易”320页）

【粮油购销】 2009年，德宏州粮食部门以《粮食流通管理条例》和中发〔2009〕1号文件为工作依据，以切实履行对粮食流通环节的“指导、服务、监督、服务”职能职责为切入点，增加储备，确保有效供给，加强市场管理，保障流通有序，启动托市价政策敞开收购种粮农民余粮，切实解决种粮农民和消费者利益。年内，秋粮收购通过州内国有粮食购销企业严格执行挂牌收购政策，既解决了全州种粮农民“卖粮难”的问题，同时也解决了种粮农民的增产增收。据测算，全州种粮农民因挂牌所售比市场粮价人均增收420元，充分体现了各级政府在保增长、保民生的承诺。全州国有粮食购销企业除潞西、畹町实现盈利外，其余县、市均是亏损，全州国有粮食购销企业抵扣盈利后，亏损总额达308.70万元，比上年实现盈利40.60万元，增亏349.30万元。

（杨恩杰）

（见“大事专题·粮油购销”322页）

【水 利】 2009年，德宏州水利部门以保障和改善民生、促进农业稳定发展、农民持续增收和社会主义新农村建设为目标，以水源工程、江河治理、农村饮水安全、干支渠建设等为重点，紧紧抓住国家进一步扩大内需，将水利建设作为基础设施建设的机遇，认真落实各项工作任务，千方百计增加投入，努力提高水利管理服务水平，迅速掀起新一轮水利建设新高潮，防汛防旱、水利水电工程建设和管理、水环境保护、队伍建设等各项工作均取得新进展，水利基本建设继续保持良好发展势头，较好地完成了年初既定的目标任务。据统计，全年全州完成水利投资402440万元，其中水利投资40460万元（基本建设投资30116万元，农水投资10344万元），水电投资361980万元。新增有效灌溉面积2.01万亩，新增节水灌溉面积1.245万亩，新增达标堤防4.84公里，解决饮水安全5.31万人，治理水土流失面积45.2平方公里，改造中低产田0.6万亩，完成干支渠防渗30公里，新增农村水电装机容量101万千瓦，年发电量达到76.69亿度。以麻栗坝、芒林、回龙河水库为重点的防洪保安工程建设进展顺利，成效显著。

据统计，年内全州有20.23千公顷农作物受旱，其中受灾17.31千公顷，成灾11.3千公顷，绝收0.01千公顷；旱灾损失粮食2288吨、经济作物2041万元，属于轻旱年。旱情发生后，全州各级各部门高度重视，进一步加强领导，采取科学调度、节约用水以及其他应急工程措施，提高水的利用率，管好用好现有水资源，全力投入抗旱工作，千方百计减轻灾害损失，努力确保春耕生产，确保城乡饮水安全。全州投入抗旱人数、机电井和机动抗旱设备的最大值分别为3.28万人、0.04万眼、0.37万台套；累计投入抗旱资金245.49万元，抗旱用电40.2万度、用油52.3吨，累计抗旱浇灌面积21.11千公顷次，临时解决人畜饮水困难1.44万人、0.54万头。实现抗旱效益：粮食产量1677吨，经济作物价值743万元。汛期入汛时间偏晚，全州无大范围强降雨过程，以局部性强降雨为主，州内各主要江河（段）水势运行平稳，均未发生流域性洪水过程，局部性山洪灾害损失不大。据统计，全州有5个县市23个乡镇受灾，受灾人口1.14万人；倒塌房屋6间；农作物受灾1.38千公顷、成灾1.13千公顷、绝收0.36千公顷，因灾减收粮食2589吨；水产养殖损失0.01千公顷47吨；损坏堤防18处长、0.66千米，损坏护岸21处；损坏灌溉设施32处；造成直接经济损失785万元。全州水利防汛部门及时安排部署，扎实做好汛前准备工作，大力开展防汛基础设施建设，层层明确防汛抗旱责任制，修订完善防汛抗旱相关预案，组建防汛抢险队伍和储备防汛抢险物资，多次开展防汛安全大检查，全力做好防汛抢险救灾工作，确保了大江大河、中小型水库、重要城镇和重要设施的防洪安全。

年内，积极争取上级资金，加快病险水库除险加固工作步伐。陇川县芒旦水库除险加固工程竣工验收，陇川县红卫、梁河县油竹坝、潞西市蚌相小（一）型水库除险加固工程开工建设。红卫小（一）型水库除险加固工程投资为1058万元，工程于2009年1月开工建设，累计完成投资606万元；油竹坝小（一）型水库除险加固工程投资为750万元，其中2009年完成投资375万元；潞西市草坝小（一）型水库除险加固工程投资1132万元，已完成招标工作；继续抓好盈江“8·20”、“8·21”地震震损水利工程修复工作，对潞西市黄莲塘、陇川县芒允、弄转、曼蚌4座震损水库进行了除险加固。

（早兴生）

（见“大事专题·水利”389页）

【电　力】　2009年，德宏供电有限公司获得较大的发展。全年完成销售电量23.04亿千瓦时，比上年增39.06%；营业总收入67838万元，增16.78%；总网损率5.05%，降低2.25个百分点；完成城农网工程和基本建设投资超过4亿元；电网安全稳定运行，安全生产实现目标达到可控在控；以创建标杆站所和优秀办公室推动创优达标工作有序开展，员工培训得到进一步加强，基础管理得到提升。年末，公司内部机构有办公室、计划发展部、财务部、电力营销部、工程建设部、安全生产技术部、党群工作部、调度中心、职教中心9个职能管理部门，下辖潞西、梁河、盈江、陇川、瑞丽、畹町6个县市级分公司和德宏上源电力进出口有限责任公司、德宏金诚电能计量装置检测技术有限责任公司2个全资子公司，共有47个供电所和48个变电站，并依法设立党委、工会、团委、女工委等党群组织。公司有员工2202人，其中在岗员工1530人，退休、内退672人；拥有资产总额9.45亿元，其中固定资产6.14亿元，流动资产1.18亿元，其他资产2.13亿元；负债总额10.16亿元，资产负债率达107.51%。

（闫自卫）

（见“大事专题·电力”338页）

【经济技术指标】

指标名称	单　位	2009 年	2008 年	同期相比（%）	备　注
供电量	万千瓦时	242613	178653.79	35.80	
售电量	万千瓦时	230368	165655.33	39.06	
售电收入	万元	67838	57311	18.37	
售电平均电价	元/千千瓦时	340	354.47	-4.08	
最高日供电量	万千瓦时	1052	726	44.90	
最高日负荷	万千瓦	48.925	38.23	27.98	
线损率	%	5.05	7.3	-2.25	百分点
主设备完好率	%	100	98.8	1.2	百分点
综合电压合格率	%	99.61	99.75	-0.14	百分点
供电可靠率	%	99.68	99.7	-0.02	百分点
负荷率	%	85	44.51	40.49	百分点
电费回收率	%	99.54	97.36	2.18	百分点
企业总资产	万元	94494	130004	-27.31	
固定资产原值	万元	80363	112955	-28.85	
固定资产净值	万元	61408	95588	-35.76	
销售收入	亿元	6.78	5.87	15.50	
实现利税	万元	7100	8590	-17.35	
全员劳动生产率	万元/人·年	30.81	25.71	19.84	

【安全生产】 2009年是国务院确定的全国“安全生产年”，德宏州安全生产监督管理局积极向州委、州政府汇报安全生产工作。州委赵金书记2次听取安全生产工作专题汇报，3次对安全生产作出重要批示，州政府孟必光州长多次听取安全生产工作汇报，及时帮助解决安全生产工作中遇到的困难和问题。7月16日和9月8日，州政府召开第10次、第11次政府常务会议，专题听取全州安全生产工作情况报告，着重解决全州安全生产监管中装备缺乏、应急救援机构不完善、执法队伍未建立等迫切需要解决的问题。为统筹协调各部门的安全生产工作，2月17日、4月10日、7月22日、9月9日州安委办先后组织召开安全生产委员会全体成员单位联席会议，对州直各部门的安全生产工作进行再部署、再落实、再要求。为认真抓好全州安全生产工作会议精神的贯彻落实，州安监局于2月18日、3月13日、5月15日、8月21日、11月13日、12月8日分别召开县市安监局长及相关科室负责人会议，安排部署煤矿、非煤矿山、危险化学品、烟花爆竹、尾矿库等安全专项整治及“安全生产年”的各项工作。在2月18日州县市局长会议，州安监局局长赵兴倬代表州安监局与各县市安监局签订了2009年安全生产监督管理责任书，进一步落实安全生产监督管理的责任。为深入贯彻落实全州安全生产工作会议精神，3月27日至4月4日州政府专门组织安全生产督查组，围绕“安全生产年”活动对各县市及州直各部门安全生产责任制的落实情况进行督导检查。督导组在州政府蔺汝健副秘书长的带领下，先后深入各县市及部门和企业，对州政府安排部署的安全生产工作的落实情况进行检查，并将督查情况以州政府办公室文件通报全州。5月18至21日，州政府组成2个检查组由州政府蔺汝健副秘书长和州安监局赵兴倬局长带队，深入各县市乡镇开展农村道路交通安全大检查，确保道路交通安全。7月13至17日，由州政府孙孔龙副秘书长和州安监局赵兴倬局长带领交警、消防、农机、安监等部门领导和相关人员，深入各县市政府和部份乡镇及企业，对上半年的安全生产工作进行督促检查，及时查找安全生产中存在的

问题和薄弱环节。州安委会副主任、州安监局长赵兴卓多次带领安监局相关人员深入煤矿、非煤矿山、尾矿库、危险化学品、烟花爆竹生产经营单位及重点施工建设现场进行督导检查，通过督导检查，进一步推进全州安全生产各项目标任务的贯彻落实。

年内，州安监局严格按照国务院和省政府关于开展2009年“安全生产年”活动的工作要求，全面安排部署“安全生产年”的各项工作。4月15日州政府以德政发〔2009〕81号文件转发了《云南省人民政府关于开展安全生产年活动实施意见的通知》；州安委会先后制定下发了《德宏州安全生产执法行动实施方案》、《德宏州安全生产治理行动实施方案》、《德宏州安全生产宣传教育行动实施方案》，《德宏州重大安全隐患排查整治实施方案》；转发了《云南省安全生产委员会办公室关于印发安全生产三项建设实施方案的通知》(德安办〔2009〕28号)。按照《实施方案》的布置和要求，各级政府和部门及企业认真组织开展安全生产“三项行动”和“三项建设”工作。在深入开展安全生产“三项行动”的同时，积极抓好安全生产“三项建设”。针对全州安全生产基础薄弱的突出问题，一是强化安全监管干部队伍的政治建设、思想建设、作风建设，切实加强政治学习，不断提高干部职工的政治素质和思想素质；二是加强干部职工业务学习和培训，不断提高干部职工的业务素质。5月13至15日州安监局专门组织县市安监局长、副局长和部分安全生产监察员42人进行执法培训，专门邀请州法制局、州纪委的领导讲课，还派出部份人员到省上学习培训；三是加强安全监管部门队伍及装备建设。在7月16日召开的政府常务会上，州政府批准给予20万元的装备经费加强安监队伍的装备建设，并同意建立应急救援队伍和执法专门队伍；四是贯彻落实阳光政府“四项制度”。按照州委州政府的统一部署和要求，有关安全生产的行政许可事项，全部进入州政府设置的办证大厅办理，进一步规范了安全生产行政许可行为。通过开展安全生产“三项行动”和“三项建设”，有力的打击了安全生产中的各种违法行为，整治了一大批安全隐患，安全生产基础工作得到明显增强，安全生产形势保持了稳定，“安全生产年”活动取得明显成效。

根据省政府关于云南省落实各级人民政府和有关部门安全生产监管主体责任规定、云南省落实生产经营单位安全生产主体责任规定的通知、省政府关于推行安全生产“一岗双责”进一步深化安全生产责任制的意见等文件精神，州政府制定下发了德宏州人民政府关于推行安全生产“一岗双责”进一步强化安全生产责任制的意见，要求各级政府和部门的领导认真履行安全生产责任，进一步加强对本地区、本行业领域安全生产工作的统一领导，强化安全生产行政首长负责制，建立健全领导干部安全生产“一岗双责”责任制度。为进一步贯彻执行好各有关部门和企业“两个主体责任规定”和“一岗双责”责任制，州安委会专门组织州安委会成员单位联席会议进行传达学习，分清各部门工作职责，并结合实际对各部门的安全生产责任作了进一步的明确，在3月27日至4月4日州政府组织的安全生产督导检查内容中，将各县市政府和部门及企业贯彻“两个主体责任”和推行“一岗双责”的情况作为督导检查的重要内容之一，要求各级政府和部门一定要把“一岗双责”责任制落到实处。通过传达学习和督导检查，进一步推进了全州安全生产“两个主体”责任和“一岗双责”责任制的落实。为进一步推动各级政府“一岗双责”的落实工作，9月8日州政府召开常委会议，孟州长分别与各位副州长签订了“一岗双责”责任书，进一步推进全州“一岗双责”责任制的实施。在安全生产工作中，全州安监部门认真抓好安全生产指标控制工作，坚决防范较大以上安全事故发生。全年省政府下达德宏州各类事故控制指标81人，其中道路交通65人，工矿企业16人。全州发生各类安全事故159起，死亡78人，受伤78人，直接经济损失325万元，比上年上升24%、下降4%、上升36%、上升2%。其中：道路交通事故71起，死亡63人，受伤69人，直接经济损失9万元，比上年同期上升14%、持平、上升30%、上升34%；发生消防火灾事故72起，无人员伤亡，经济损失86万元，上升36%、持平、减少1人、上升262%；发生企业安全生产事故16起，死亡15人，受伤9人，直结经济损失230万元，上升23%、下降21%、上升200%、下降20%。此外，发生盗采矿产资源事故2起，死亡4人，受伤6人。发生1次死亡3人以上的较大交通事故1起，死亡4人，没有突破省政府下达的安全生产控制指标，安全生产形式总体保持平稳。

(王继华)

(见“大事专题·安全生产”343页)

2009年（1-12月）全州各类事故四项指标统计表

项目 / 市、县	各类事故总数				道路交通事故数				消防火灾				生产企业			
	次数	死亡数	受伤数	直接经济损失（元）	次数	死亡数	受伤数	直接经济损失（元）	次数	死亡数	受伤数	直接经济损失（元）	次数	死亡数	受伤数	直接经济损失（元）
潞西市	41	31	18	1333188	21	24	15	43101	12	0	0	190087	8	7	3	1100000
瑞丽市	38	14	6	482872	12	12	4	14361	23	0	0	108511	3（含畹町1起）	2（含畹町1人）	2	360000
盈江县	31	13	19	628142	17	11	19	7300	12	0	0	320842	2	2	0	300000
陇川县	24	9	21	459260	7	7	21	13400	15	0	0	205860	2	2	0	240000
梁河县	25	11	14	352001	14	9	10	15201	10	0	0	36800	1	2	4	300000
全州合计	159	78	78	3255463	71	63	69	93363	72	0	0	862100	16	15	9	2300000
同期对比	上升24%	下降4%	上升36%	上升2%	上升14%	持平	上升30%	上升34%	上升36%	持平	下降1人	上升262%	下降23%	下降21%	上升200%	下降20%

【审　计】 2009年，德宏州审计机关积极学习贯彻新修订的《审计法》和国家审计署、省审计厅审计工作会议精神，认真履行审计监督职能，坚持“依法审计、服务局、围绕中心、突出重点、求真务实”的二十字方针，突出对经济和社会中的热点、难点和领导关注、群众关心的问题开展审计监督，为促进依法行政，维护财经秩序，推进廉政建设，优化经济发展环境服务等方面发挥了积极的作用，各项工作取得了较好的成绩。全年全州审计机关完成审计项目190项，通过对170个单位的审计，查出违规资金7872万元，管理不规范资金22196万元。查出的主要问题是：财政支出核算不实3790万元，未按规定缴纳财政收入440万元，应缴未缴专项资金573万元，未落实收支两条线和专户管理规定196万元，违规改变资金用途266万元，工程计价不实38万元，配套资金未落实123万元，虚报冒领16万元，虚列支出10万元，账外资金5万元，乱收费乱摊派4万元。全州审计机关对查出的问题，均依法进行相应处理，被审计的单位已上缴财政34 万元，归还原渠道资金33万元，调账处理990万元。年末，德宏州审计局被州精神文明建设指导委员会授予“德宏州文明行业”称号。

（李志远）

（见“大事专题·审计”308页）

【旅　游】 2009年，德宏州旅游局以改革创新为动力，以资源整合、项目推进、集团组建为重点，以宣传、旅游、文化、珠宝互动为合力，全力推动旅游业的发展，实现了全州旅游业持续、健康、良性的发展。全年全州接待旅游总人数413.3万人次，比上年增14.19%，其中海外旅游者8.22万人次，增17.02%，实现旅游外汇收入2337.09万美元，增25.59%；接待国内旅游者405.08万人次，增14.13%，国内旅游收入32.4亿元，增11.75%；旅游业总收入38.5亿元，增13.11%。年内，新增三星级酒店5家，二星级酒店3家，取消二星级酒店3家。截至年末，全州有星级酒店37 家，其中四星1家、三星13家、二星25家。全州有在册导游227 人。

（崔继华）

（见“大事专题·旅游”345页）

【财　政】 2009年，德宏州财政局认真贯彻落实全省财政工作会议精神，按照“保增长、抓管理、重民生、促发展”的思路，按照实施稳健的财政政策要求，着力推进经济结构调整和发展方式转变；坚持依法理财、科学理财、民主理财，深化财税改革，着力完善公共财政体系，继续优化财政支出结构，更加突出“三农”和改善民生，着力促进经济发展和社会和谐，加强财政科学化、精细化管理，着力提高财政资金使用效益，积极培植财源，打牢财政增收基础，狠抓财政增收，加强财政监管，努力增收节支。全年财政总收入首次突破17亿元大关，达到17.23亿元，比上年增2.53亿元，增17.21%；完成年初预算160298万元的107.49%。地方一般预算收入突破9亿元大关，达9.83亿元，比上年增0.96亿元，增10.82%；完成年初预算98398万元的99.95%。基金预算收入完成4708万元，比上年增167万元，增3.68%。税收收入完成68959万元，为年初预算65557万元的105.19%；非税收入完成29386万元，完成年初预算32841万元的89.48%。全州财政收入完成情况呈现以下特点：州本级一般预算收入完成16355万元，比上年增8.95%，县级收入完成81990万元，增11.30%；潞西市完成25521万元，增17.59%，增收3817万元；梁河县完成5702万元，增14.74%，增收735万元；盈江县完成21724万元，增15.93%，增收2985万元；陇川县完成6933万元，增12.99%，增收797万元；瑞丽市完成22092万元，降0.05%，减收11万元；畹町经济开发区完成2255万元，下降11.26%，减收286万元。潞西、梁河、盈江、陇川增幅达两位数，瑞丽、畹町仍处于减收状态。税收收入中，营业税、增值税、个人所得税和烟叶税增收较大。个人所得税增收的主要原因是德宏福榕大盈江水电开发有限公司18位股东向国电云南电力有限公司转让股权，转让计税金额51070.17万元，缴纳个人所得税10214.03万元，印花税49.28万元，2项合计增加州财政一般预算收入1692万元，其中所得税1643万元、印花税49.28万元。营业税增收主要是税务部门持续加大税收征管力度，在房地产、交通运输业、服务业等行业严格执行“以票控税、以管促收、先税后票”的管理办法，确保了税款及时足额征收入库，上述行业的营业税增9.54%，增收2039万元。随着红土晒烟种植面积的不断扩大，充分发挥带动农民增收、财政增长的良好效应，烟叶税比上年同期增加4倍，增收1440万元。全州财政地方一般预算支出完成488697万元，比上年增支122763万元，增33.55%。其中：一般公共服务支出完成66114万元，比上年增12.48%；公共安全支出完成42432万元，增50.76%；教育支出完成74758万元，增32.18%；科学技术支出1858万元，降1.12%；文化体育与传媒支出11852万元，增16.21%；社会保障支出85252万元，增4.05%；医疗卫生支出43071万元，增74.40%；环境保护支出完成13133万元，增99.38%；农林水事务支出61173万元，增32.06%。支出增长的来源：一是上年结转专款增加；二是上级专项补助比上年同期增加；三是公务员规范性津补贴执行限高最后一步、义务教育和高中阶段执行绩效工资改革、其他事业单位预增绩效工资等政策相应增加支出。基金预算支出完成23704万元，比上年增支5634万元，增31.18%。

（罗洪启）

（见“大事专题·财政”392页）

2009年度德宏傣族景颇族自治州一般预算收支决算总表（表一）

单位：万元

预算科目	调整预算数	决算数	预算科目	调整预算数	决算数
一、税收收入	69327	68959	一、一般公共服务	71205	66114
增值税	15481	15090	二、外交	17	17
营业税	28832	28876	三、国防	837	808
企业所得税	1609	1639	四、公共安全	43001	42432
企业所得税退税			五、教育	76109	74758
个人所得税	3241	3221	六、科学技术	1887	1857
资源税	451	454	七、文化体育与传媒	11866	11852
固定资产投资方向调节税			八、社会保障和就业	87891	85252
城市维护建设税	3681	3605	九、医疗卫生	43901	43071
房产税	1945	1943	十、环境保护	14143	13133
印花税	1116	1112	十一、城乡社区事务	24659	24589

预算科目	调整预算数	决算数	预算科目	调整预算数	决算数
城镇土地使用税	1450	1459	十二、农林水事务	66990	61173
土地增值税	1807	1806	十三、交通运输	30475	30475
车船税	1172	1175	十四、采掘电力信息等事务	7246	6132
耕地占用税	2603	2604	十五、粮油物资储备管理等事务	11634	10103
契税	4067	4059	十六、金融监管支出	318	318
烟叶税	1872	1916	十七、地震灾后恢复重建支出	260	260
其他税收收入			十八、预备费		
二、非税收入	29559	29386	十九、国债还本付息支出		
专项收入	4299	4255	二十、其他支出	20231	16353
行政事业性收费收入	10506	10208			
罚没收入	9257	9084			
国有资本经营收入	1524	1524			
国有资源（资产）有偿使用收入	3579	3921			
其他收入	394	394			
本年收入合计	98886	98345	本年支出合计	512670	488697

2009年度德宏傣族景颇族自治州一般预算收支决算总表（表二）

单位：万元

预算科目	决算数	预算科目	决算数
本年收入合计	98345	本年支出合计	488697
上级补助收入	370463	上解上级支出	4463
返还性收入	18807	一般性转移支付	203
增值税和消费税税收返还收入	16192	体制上解支出	
所得税基数返还收入	2615	出口退税专项上解支出	203
成品油价格和税费改革税收返还收入		成品油价格和税费改革专项上解支出	
其他税收返还收入		专项转移支付	4260
一般性转移支付收入	146180	专项上解支出	4260
体制补助收入	18506	计划单列市上解省支出	
均衡性转移支付补助收入	21329		
民族地区转移支付补助收入	6799		
调整工资转移支付补助收入	39233		
农村税费改革补助收入	12007		
县级基本财力保障机制奖补资金收入	2642		
结算补助收入	9056		
化解债务补助收入	179		
资源枯竭型城市转移支付补助收入			
企事业单位预算划转补助收入	1190		

预算科目	决算数	预算科目	决算数
成品油价格和税费改革转移支付补助收入			
村级公益事业“一事一议”奖励资金收入	1082		
工商部门停征两费转移支付收入			
一般公共服务转移支付收入	53		
公共安全转移支付收入	11959		
教育转移支付收入	17713		
社会保障和就业转移支付收入	1368		
其他一般性转移支付收入	3064		
专项转移支付收入	205476		
专项补助收入	205476		
增发国债补助收入			
地震灾后恢复重建补助收入			
省补助计划单列市收入			
财政部代理发行地方政府债券收入		财政部代理发行地方政府债券还本	
转贷财政部代理发行地方政府债券收入		转贷财政部代理发行地方政府债券支出	
		增设预算周转金	372
国债转贷收入		拨付国债转贷资金数	
国债转贷资金上年结余		国债转贷资金结余	
国债转贷转补助			
上年结余	32705		
调入预算稳定调节基金		安排预算稳定调节基金	
调入资金	15992	调出资金	
1.政府性基金调入		年终结余	23973
2.国有资本经营预算调入		其中：本级	15488
3.预算外调入	2365	减：结转下年的支出	20771
4.其他调入	13627	其中：本级	13226
地震灾后恢复重建调入资金		净结余	3202
预算稳定调节基金调入		其中：本级	2262
预算外资金调入			
收入总计	517505	支出总计	517505

【国　税】　2009年，德宏州国家税务局进一步依法治税，不断推进科学化专业化精细化管理，加强税收征管，努力完成省局下达的各项指标任务。全年组织入库国税收入7.46亿元，为年计划的111.9%，比上年增14.4%，增收9386万元，其中“三税”6.75亿元，为计划的111.7%，增14.4%，增收8482万元（其中：增值税6.04亿元，为计划的108.5%，增10.4%，增收5706万元；消费税2059万元，为计划的205.9%，增119%，增收1119万元；企业所得税5074万元，为计划的133.5%，增48.5%，增收1657万元。储蓄存款利息个人所得税503万元，为计划的83.8%，降60.8%，减收780万元；车购税6594万元，为计划的117.8%，增34.3%，增收1684万元。税收收入的主要特点有：一是严峻复杂的经济形势，对德宏州经济特别是产品出口生产企业产生了较大影响，加之国内需求

下降，使对外进口贸易量急剧下滑，进口额比上年减50%左右，边贸税收减收2589万元。二是结构性减税政策。如：增值税转型、调整小规模纳税人征收率、车辆购置税新政策实施造成国税收入减收。三是上半年组织收入形势极为严峻，进入下半年，随着“保增长、保民生、保稳定”等相关政策贯彻实施，成效逐步显现，工业经济趋稳回升，停产企业恢复生产，产品价格走出低谷，企业利润增加，特别是全州工业结构逐渐形成以电力为龙头，带动了能源和冶炼等产业发展。四是国税收入前3季度同比均呈下滑趋势，分别下降22.1%、19.1%、3.1%，自7月份开始月收入同比有所增长，特别是8月中旬后，响应省局党组“组织收入攻坚战”动员令，狠抓税源调研分析，狠抓工作措施落实，狠抓及时足额入库，仅10月份就组织入库1.04亿元，比上年增70.9%，首次实现了单月收入突破亿元的最好水平。

（郑碧锋）

（见“大事专题·国税”403页）

【人　行】 2009年，人行德宏州中心支行以推动地方经济金融健康快速发展为己任，积极落实国家适度宽松货币政策的各项措施，推动信贷合理增长；积极推动德宏跨境贸易人民币结算试点与退税进程，促进边贸发展；积极实施中央银行支付清算系统升级换代建设项目，优化金融服务。一是认真贯彻落实适度宽松的货币政策，全州贷款增长28.72%，创历史新高。二是积极推进金融改革，有效维护辖区金融的安全与稳定。建立了全州范围内的金融风险监测年报和周报制度，全面掌握银行、保险的经营情况以及国有商业银行、农村信用社改革情况，密切关注德宏州农行系统股改进程与金融机构理财产品潜在风险，充分发挥风险提示和预警作用，提高社会公众风险认知能力和风险自担意识。三是金融服务手段日新月异。中央银行第二代支付系统、中央银行会计数据集中核算系统和电子商业汇票系统建设全面升级，服务功能更加便捷高效。农村支付环境进一步得到改善，相继推出农民工银行卡、金穗惠农卡等便农支付工具，非现金支付工具广泛运用，实现了支票全国通用。银行卡产业迅猛发展，在瑞丽市珠宝街率先建成云南省首条县域“刷卡无障碍示范街”，对德宏州银行卡、珠宝两大产业的发展起到积极的促进作用，德宏州银行卡发卡量、POS机清算交易笔数、清算交易金额均创历史新高。2009年，人行德宏州中心支行荣获云南省银行卡二级地市发展组织推动奖。四是金融生态环境继续改善。中小企业信用档案建设、非银行信息采集工作得到进一步巩固，企业信息的采集范围和途径进一步扩大。

（兰　军）

（见“大事专题·人行”407页）

【公路交通】 2009年，德宏州完成交通固定资产投资96204万元，比上年增55239万元，增134.8%；新改建公路2401.07千米。截至年底，全州纳入统计的公路通车里程为6976千米，其中国道128千米，省道660千米，农村公路6065千米（县道1687千米，乡道2690千米，村道1688千米），专用公路123千米。按路面技术等级划分：二级公路441千米，三级公路215千米，四级公路3594千米，等外公路2726千米。按路面状况分：沥青路面621千米，水泥混凝土路面16千米，简易铺装路面220千米，未铺装路面6119千米。全州乡镇通沥青（水泥）路的比例已达76%，建制村公路通达率为98.1%，分别比上年增加18个百分点和8.8个百分点；公路密度为每百平方千米60千米，每万人58.42千米，分别比上年增加0.7千米和1.12千米。

（张立宪）

（见“大事专题·交通”346页）

【环　保】 2009年，德宏州环保局突出重点，全力防治环境污染，采取多种措施，强化生态建设，为实现保增长、保民生、保稳定的目标做出积极贡献。污染减排工作进展顺利，污染治理工作稳步推进，“生态”乡镇创建工作进一步加强，项目管理开通绿色通道，采取对建设项目分级管理、区别对待的原则严把项目准入，正确处理“环评”把关与服务的关系，对不符合环保准入条件和产业政策的项目一律不批，从源头严格控制污染。对国家财政投资拉动内需等项目开通环保绿色通道，实行特事特办、好事快办；辐射监管进一步加强，确保了放射源的安全，专项行动成效突出。开展了“德宏州2009年惩治违法排污企业保障群众健康环保专项行动”，对全州6个水源地水质安全、2个城市污水处理厂运行、陇川县梁河县2个垃圾堆放场、奥环水泥有限公司梁河粉磨厂等4个水泥厂、1个啤酒厂等企业进行了专项重点检查。全州出动执法人员1085人次，检查排污企业370家，立案查处违法排污企业11家。州级挂牌督办的15个问题也基本得到解决。加大对全州排污企业的监管力度，对14家国控企业、13个省级污染减排重点项目进行监督检查。开展“两高一资”及涉砷企业的集中检查，对全州18家硅冶炼行业环境安全隐患进行排查，对梁河锡矿等6家选矿企业的尾矿库、危险化学品经营企业环境安全隐患进行排查，同时对小水电建设项目加强监督。处罚了9家违规企业，征收排污费801万元。投诉案件得到查处，全州开通了“12369”环保热线，对群众投诉做到每件有回音，每件有结果，接到和解决环境信访案件143件。对国控断面、国控重点污染源、集中式饮用水源地、城市空气质量、降水、降尘、噪声和工程验收等各项环境监测全面完成。宣传教育多措并进，创建和命名了6所第三批州级绿色学校，组织州民族初级中学等17所中小学和幼儿园申报第五批省级绿色学校，命名潞西市勐焕街道办事处丙门社区第5个州级绿色社区，同时推荐申报省级绿色社区。开展环境教育基地创建工作，组织推荐南见村、瑞丽珍稀植物园等5家单位申报云南省环境教育基地。认真执行阳光政府四项制度，制定了《德宏州环保局阳光政府四项制度实施方案》和《德宏州环保局重大决策听证重要事项公示重点工作通报实施细则》，建立和完善了阳光政府网络平台；开展企业环境行为公开，制定了《德宏州企业环境行为公开实施方案》，对44家重点污染企业实行环境行为公开，接受社会监督。在德宏团结报开展“环保杯”征文活动，组织有关新闻报道、短片参加“七彩云南保护行动环境好新闻奖”评比，获得二等奖1个、三等奖3个。开展“六·五”世界环境日系列宣传活动，发放宣传资料15500份，环保围腰2000个，环保布袋4000个，宣传册8114册，接待群众咨询200人次，制作发出环保手机短信1306条，宣传挂历4000多张。实施企业环境行为公开，制定《德宏州企业环境行为公开实施方案》，以“1236”为主要内容对全州44家重点污染企业实行环境行为公开制度，规范企业环境行为，公开企业环境信息，全面接受社会对企业环境行为的监督。

（郭　静）

（见“大事专题·环保”434页）

社会生活

【教　育】　2009年，德宏州有幼儿园100所，在园幼儿27886人，其中少数民族幼儿12368人，占在园幼儿总数的44.3%；有教职工1304人，其中专任教师831人，幼儿教师学历合格率96.2%；有专科学历419人，占49.8%；有本科学历81人，占9.6%。小学有397所，有教学点166个，在校学生107872人，其中少数民族学生56219，占在校生总数的52.1%；有教职工7105人，其中专任教师6715人，小学教师学历合格率98.5%，有专科学历4895人，占68.9%；有本科学历620人，占8.7%。特殊教育学校6所，在校学生945人，其中少数民族学生394人，占在校学生总数41.7%；有教职工32人，有专任教师26人，教师学历合格率100%。初中有52所，九年一贯制学校7所，在校学生50974人，其中少数民族学生26125人，占51.2%；有教职工3564人，其中专任教师3069人，初中教师学历合格率98.9%；有本科学历教师2571人，占初中教师的60.4%。高中有8所，在校学生10489人，其中少数民族学生3680人，占校生总数35%；有教职工730人，其中专任教师702人，高中教师学历合格率96.15%；有研究生15人，占高中专任教师的2.1%。中等职业学校12所，在校学生9618人，其中少数民族学生4446人，占校学生总数40.1%；有教职工785人，有专任教师621人，教师学历合格率71%。有中等职业技术学校1所，在校学生有1720人，少数民族学生722人，占41.9%；有教职工142人，专任教师98人，教师学历合格率77.5%。有职业高中7所，在校生7898人，少数民族学生3724人，占47.1%；有教职工525人，专任教师417人，教师学历合格率73.3%。有成人中等专业学校4所，有教职工118人，有专任教师106人，教师学历合格率55.7%。

（陈　敏）

（见“大事专题·教育”436页）

【科　技】　2009年，德宏州科技局认真履行职能，创新发展思路，以提升全州科技创新能力为重点，加强科技人才队伍建设，组织实施一批重大科技计划项目，加大民生科技工作力度，深化科技体制改革，扎实抓好产学研相结合的创新体系建设，着力推进建设创新型德宏行动计划的落实，促进经济结构调整和发展方式转变，推动了全州经济社会健康快速发展。一、扎实抓好党风廉政建设。1月，局党组制定《中共德宏州科技局科协党组关于调整充实党风廉政建设领导小组的通知》和《中共德宏州科技局科协党组关于2009年度党风廉政建设工作安排和工作要点的通知》等文件。2月5日，党组与各科室所负责人签订《德宏州科技局科协2009年度科室党风廉政建设责任书》，明确科室党风廉政建设的8项工作职责，量化了各项任务目标的考核分值。3月，局党组严格按照干部选拔规定程序任用1名科长。4月，制定了办公用品采购、水电管理、公车管理等方面的管理措施。6月18日，局党组召开2009年度党员领导干部专题民主生活会。全年多次组织党员、干部职工学习《建立健全惩治和预防腐败体系2008-2012年工作规划》、《德宏州国家工作人员十条禁令》和“五不准”，全年无超标准购车、配车，班子领导无公费出国旅游情况发生，干部职工无违纪违法事项发生，无“吃、拿、卡、要”和个人经商办企业等情况发生，无吸食毒品、赌博等不良现象发生。二、组织开展学习实践科学发展观活动。局党组按照州委关于深入学习实践科学发展观活动的要求，组织州科技局、州科协1个党总支、3个支部共26名党员参加学习实践活动。三、贯彻落实“阳光政府”四项制度。4月，制定《德宏州科技局推行重大决策听证重要事项公示重点工作通报政务信息查询四项制度实施细则》，上报科技、知识产权《常见问题及解答信息收集表》。全年发布重要事项公示事项6件，重点工作通报事项3件。设置了“96128”专线电话，开展公众政务信息查询服务。四、出台科技发展政策。经州委、州政府审定，6月17日，出台《中共德宏州委德宏州人民政府关于实施建设创新型德宏行动计划（2009-2012年）的决定》（德发〔2009〕18号）、《德宏州专利扶持及奖励的暂行办法》（德发〔2009〕19号）、《中共德宏州委办公室德宏州人民政府办公室关于加速科技成果转化的意见》（德办发〔2009〕32号）、《中共德宏州委办公室德宏州人民政府办公室关于加快发展农村专业技术协会的意见》（德办发〔2009〕31号）等4个政策文件。五、积极争取国家、省科技计划项目支持。全年科技局组织申报国家、省科技计划68项（申报国家科技计划9项，申报省科技计划59项），争取到国家、省科技计划立项支持项目23项，争取项目经费支持1704万元，争取经费总额超越上年，再创历史新高。六、组织实施边疆解“五难”（学科技难）惠民工程。全年全州启动实施边疆解“五难”（学科技难）乡镇10个。全年建立和完善科技活动室70个，完成任务指标102%；建立和完善科普宣传栏80个，完成任务指标118%；选派10名科技特派员到实施乡镇指导工作，完成年度任务指标100%；培养科技辅导员54名，完成任务指标100%；开展农村实用技术培训761期，培训农村群众78649人次，发放实用技术资料8万多份，完成任务指标108%；新建农村专业技术协会12个，完成任务指标100%；实施特色产业项目23个，完成任务指标109%。同年，潞西市获得云南边疆解“五难”综合奖，瑞丽市获得云南边疆解“五难”（学科技难）单项奖。七、安排下达州级科技计划和扶持农业科技人员专项计划。年内，研究下达了州级科技计划项目51项，下达州级科技计划项目经费60万元；安排下达扶持农业科技人员专项计划项目26项，下达专项经费50万元。项目重点支持优质稻、玉米、小麦、甘蔗、油茶、蔬菜等新品种引选试验示范和反季柠檬种植、奶水牛养殖、土著鱼人工驯养、滇重楼栽培、无公害施肥、动物疫病防治、畜产品安全等技术研发推广。八、积极推进知识产权工作。组织开展“雷雨”、“天网”知识产权执法专项行动，出动执法人员56人次，执法车辆12辆，检查商场12个，查处假冒专利5件，受理专利纠纷案件3起，结案3件。邀请省知识产权局有关领导、专家到潞西、瑞丽，以现场指导、案例讲解的形式，举办了3场次专利申请、保护、诉讼培训，培训知识产权专兼职人员250名。州、县市知识产权局组织开展21场“知识产权进社区、进企业、进学校、进市场”宣传活动，展出展板106块，发放宣传资料2.3万余份，接待参观、咨询群众1.6万余人次。全年全州专利申请量达90件，在全省16个州市中排名第8；专利授权量达38件，在全省排名第10。申请量和授权量分别比上年度增加30件和13件，增幅分别达50%和52%。九、抓好科技奖励工作。4月，制发《2009年度德宏州科学技术奖申报指南》，共征集到请奖项目56项，其中工业及科普类项目4项，农业类项目36项，医药卫生类项目16项。7月，在《德宏团结报》和《德宏科技信息网站》公示征求异议。10月28至29日，在芒市召开年度德宏州科学技术奖评审会议，评选出年度德宏州科学技术奖项目41项，其中一等奖2项，二等奖4项，三等奖35项。十、开展农村实用技术培训。全年全州科技系统依托农函大和边疆解“五难”惠民工程的实施，组织开展竹子、咖啡、柠檬、坚果、油茶、畜牧、水产等农村实用技术培训2075场次，培训农民175150人次，推广实用技术26项。十一、加强科技情报工作。完成《德宏州高层次人才战略规划》、《石斛产业发展调研报告》等课题研究；完成

《德宏州瑞丽江流域洪水预报系统建设和应用》等8项技术的检索查新服务；完成全州科研机构单位、星火计划项目承担单位的统计年报和州、县市120家科普单位的统计工作；启动全州121家单位RD资源清查工作。十二、抓好禁毒防艾和新农村建设。抽调1名科长进驻禁防挂钩点——瑞丽市姐相乡贺赛村大等喊村民小组，开展禁毒防艾并担任新农村建设指导员，组织开展禁防工作入户宣传、整村重点整治、吸毒人员排查等活动，收戒吸毒人员82名，配合公安机关查获零星贩毒案50起，查获毒品554.4克，举办科技培训会13次，向14户贫困农户赠送4800多元资金和生产生活物资。十三、组织开展科技进步考核。4月，州人民政府召开全州县市科技进步考核工作会，制定《德宏州开展2007-2008年科技进步考核工作方案》，5月30日，各项考核材料按时上报省科技厅。12月，潞西市、瑞丽市、盈江县、陇川县等4个县市通过了国家科技部考核，瑞丽市获得考核先进县市称号。

（汤文耀）

（见“大事专题·科技”445页）

【科　协】　2009年，德宏州科学技术协会系统在职在编人员46人；州级学会、协会、研究会39个，会员6540人；县市级学会、协会、研究会55个，会员49867人；农村专业技术协会94个，会员5565人；乡镇科普协会50个。年内，对下属三个事业单位（德宏州农村科普宣传站、德宏州微型计算机开发中心、中国农村致富技术函授大学德宏州分校）进行了岗位设置管理及聘岗工作；州科协机关档案建设在云南省档案工作“八项工程”验收考核中，荣获三星级；12月，德宏州气象局被中国科协命名为“全国科普教育基地”。

（高芝红）

（见“大事专题·科协”276页）

【文　化】　2009年，德宏州文化局大力加强农村公共文化服务体系建设，促进全州文化事业繁荣发展，为构建和谐德宏营造了良好氛围。

一、舞台艺术。一是为充分展示德宏艺术魅力，积极探索文化与旅游业相结合的艺术产品商业化运作路子，州民族歌舞剧院大胆尝试，投入近20万元资金，创作排练出一台大型旅游商演剧目《孔雀舞》。本台节目以德宏州5个世居少数民族文化元素为素材，采用时尚与传统相结合的新民族风情表现手法，向观众呈现了德宏美丽的自然风光，多姿多彩的民族风情，五彩炫目的民族服饰，以及古朴纯净的民俗民风。二是州景颇歌舞团应上海旅游节组委会的邀请，于10月赴上海参加上海旅游节开幕式演出活动，在上海期间州景颇歌舞团先后演出了《景颇神韵》、《甩银泡》、《长刀魂》、《景颇姑娘的微笑》、舞蹈《哦然》、吐良独奏《山寨黎明》、阿昌族舞蹈《米酒敬亲人》、傣族舞蹈《串寨》以及傈僳族、德昂族等节目。景颇歌舞团精彩的演出，向全国全世界展示了云南少数民族别具一格的文化和边疆地区深厚的少数民族文化底蕴，展示了边疆各族人民在党的领导下，团结拼搏，共同建设美好家园的精神风貌，受到观众的欢迎。三是组织策划打造大型傣剧《刀安仁》。4月，由云南省傣学会主办、州傣学会承办的“刀安仁革命思想学术研讨会”在盈江召开。会议期间，州傣剧团上演的《刀安仁》第一场《铁壁抗英》，获得专家学者和观众的好评。四是围绕州委政府的中心工作，积极完成各项演出任务。全年全州6个专业团体完成各类专场演出390场，观众172万余人次。

二、群众文化。一是开展送戏下乡活动，解决群众看戏难的问题。全年全州专业团体到各县（市）89个乡（镇）及毗邻边境的村寨，演出204场次，观众93万余人次，丰富了农村基层群众的文化生活。二是坚持开展“大家乐”群众文化广场活动，充分调动广大群众参与的积极性，使广场文化活动真正成为“没有围墙的剧场”、“人民群众的舞台”。全年全州文化馆组织开展各类广场文化活动293场次，安排辅导人员1074人次，辅导群众22000余人次，举办各类群众晚会76场次，观众15万余人次。三是积极组织开展各类群众文艺比赛活动。年内，组织举办了德宏州“群众广场舞蹈集中展示月及德宏州首届‘大家乐’群众文化广场舞蹈大赛”活动。全州各县（市）17个代表队、29个节目、300余人参加比赛，并从中选出优秀节目赴昆明参加云南省首届“大家乐”群众文化广场舞蹈大赛，其中参赛节目《景颇霞依》荣获金奖，《阿露窝罗》、《激情娜西》获铜奖。举办德宏州第二届民族歌舞乐展演活动，并赴省参加云南第六届歌舞乐展演，全州24个极具地域特点和民族特色的优秀节目参加了展演，并选出优秀节目参加由省文化厅、省民委、玉溪市人民政府共同举办的“舞动云南·歌唱祖国”云南省第六届民族民间歌舞乐展演。德宏州代表队获得1个金奖、1个银奖、3个铜奖和1个组织奖6个奖项，是获得奖项最多的一家。承办北京——德宏青少年儿童心连心钢琴音乐会，来自北京和德宏的40余名小选手参加了演出。组织德昂族水鼓舞参加由中国文学艺术联合会民间文艺家协会、江西婺源县人民政府联合主办的“2009婺源·中国乡村文化旅游节暨第十届中国民间文艺山花奖评奖活动”，并夺得中国民间文艺最高奖—山花奖，为省州争得了荣誉。四是开展各类群众文化辅导培训。全州文化馆举办各类辅导培训班60期，培训人员13000余人；深入军警营、学校、社区、村寨乡镇辅导群众49000余人次，为基层文化活动的开展及拓宽文化活动层面创造了有力条件。五是发挥图书馆的职能和作用，积极为群众服务。全州6个图书馆全年接待读者13.5万余人次，图书流通量15万余册次，办理借书证619本；利用计算机网络，拓宽为读者服务的途径，建好信息资源共享工程，接待读者6.7万余人；积极开展各类图书宣传活动103次，接待读者近4万人次，发放宣传单1.5万余份。六是做好电影放映工作。全州61个农村电影放映队完成放映4032场次，观众162万人次。

三、历史文化遗产保护。认真搞好全国第三次文物普查工作，完成50个乡镇的普查工作，实地调查单位357处，其中复查54处，新发现303处；做好文保单位的维修，完成省保单位潞西市菩提寺、陇川户撒皇阁寺第三期维修工程、瑞丽等喊弄奘寺第一期维修工程及省保单位刀安仁墓周边环境整治工作；做好省级和国家级文物保护单位项目申报工作，共申报项目7个。

四、非物质文化遗产保护。完成第二批省级非物质文化遗产保护名录的申报工作，申报项目16个，新公布州级非物质文化遗产项目4个。截至年末，全州有国家级非物质文化遗产保护名录10项，省级19项，州级152项，县（市）级171项。完成国家级非遗项目“傣剧”向联合国教科文组织“人类非物质文化遗产代表作名录”的项目申报工作，项目材料已通过国家文化部非遗中心专家评审，并报联合国教科文组织。在第四个“文化遗产日”活动期间，开展以“弘扬民族文化，延续中华文脉，保护遗产，促进科学发展”为主题的文化遗产保护宣传系列活动。

五、民族文化艺术发掘。德宏州民族艺术研究所完成《傣族纹身》画册照片的筛选及撰稿工作；完成《傣族艺术辞典》的定稿，共30000字；完成《德宏州文化志》的总编，共12万字。

六、文化市场监管。一是加大文化新闻出版市场监管力度。全州文化新闻出版市场出动检查人员3624人次，检查出版物市场542户，检查店档摊点112家，检查印刷复制企业212家次。查缴非法出版物13916件，其中盗版音像制品11716件，盗版图书1200件，低俗音像制品1000件，查处案件8件；检查娱乐场所经营单位2210家次，立案调查21件，罚款73000元；检查网吧经营单位1610家次，立案调查5件，罚款23500元。二是开展德宏州绿色网吧试点。11月22日，德宏州首家“绿色上网专区”启动仪式在潞西市异样空间网吧举行，标志着德宏州首家“绿色网吧”成立。“绿色网吧”的成立将为推进德宏州网吧行业向正规化、合理化方向发展积累经验。三是做好文化市场法规宣传工作，增强公民文化市场管理法治意识。全年全州文化部门开展宣传活动44次，发放文化市场法律法规宣传单20000余份，展示正版光盘及盗版光盘各800余盘、盗版书籍1000余本，媒体宣传8次，出动人员396人次。

七、文化基础设施建设。积极推进德宏博物馆项目建设工程。本项目选址定于潞西市芒市镇仙池路59号，为行政划拨建设用地，占地5741平方米，建筑面积6500平方米，总投资4400万元。至年末已基本完成搬迁户搬迁及拆除工作，下一步将进行地质勘探、图纸设计、招投标工作。州歌舞团办公大楼建设通过政府立项，占地540平方米，总建筑面积2801平方米，总造价504万元，各项前期工作正有序进行。年内，新改扩建17个乡镇综合文化站，完成土建13个；建立5个县级文化信息资源共享工程支中心，建立乡镇信息资源共享工程站点20个，配备电脑120台；建立农家书屋54个，配置图书13万册。

八、文化艺术人才培养。全年有10名青年演员取得云南职业艺术学院中专学历；组织开展“两馆”业务骨干培训班，全州各县市（区）的文化馆长、业务骨干及50个乡镇综合文化站站长、图书馆长和业务骨干百余人参加了培训；举办全州第二期傣剧业余骨干培训班，全州125名业余傣剧骨干参加培训。

九、文化体制改革。制定撤销德宏州民族歌舞团、德宏州民族艺术剧院，组建德宏州民族歌舞剧院的方案。该方案经德宏州第十三届人民政府第十二次常务会议研究同意实施。

（李品春）

（见“大事专题·文化”453页）

【体　育】　2009年，德宏州体育局按照体育工作的发展目标，积极落实《德宏体育事业发展“十一五”规划》，进一步加强和改进新时期体育工作，不断促进各项工作的发展。

一、竞技体育。一是办好州少体校，加强竞技体育后备人才培养。全年州少体校学生考取大专院校15人，向省一级输送体育人才6人。二是加强县市业余训练扶持和管理工作。加强对县级少体校和体育传统项目学校业余训练工作的扶持力度，每年从体育彩票公益金中拨出一定资金，扶持县级少体校和体育传统项目学校开展业余训练工作。三是深化青少年体育竞赛制度改革，精心组织好州内各项比赛。坚持竞赛政策的连续性和严肃性，加大赛风赛纪整治力度，认真组织全州中学生运动会，选拔一批体育苗子，推动学校体育工作，促进了基层业余训练水平的提高。四是参加省级青少年体育比赛成绩斐然。德宏州组队参加全省青少年网球、游泳、排球、田径体育年度比赛暨省十三届运动会预赛、全省青少年举重比赛，共获得17枚金牌、13枚银牌、8枚铜牌，90名运动员获得省第十三届运动会的决赛资格。五是加强教练员的培训工作。采用举办培训班、学习班，参加学历考试以及比赛实战的锻炼等方式，加强教练员的培训工作，提高教练员业务水平，实现教练员从“经验型”向“知识型”的转变，提高训练质量。年内安排新进的游泳和网球教练员到省上跟队训练学习，选派3名中级教练员参加全国教练员培训班学习，派出1名高级教练员到成都参加全国教练员培训班学习。

二、群众体育。德宏州各级体育部门调整工作思路，加大工作力度，真正使群众体育与竞技体育相互促进、相映生辉，使群众体育事业有长足的发展，具有德宏特色全民健身服务体系不断完善，并初步形成政府领导、体育部门组织协调，有关部门各负其责、共同推进，形成社会力量积极兴办，人民群众广泛参与的格局。（一）各县市群众体育活动丰富多彩。全州各县市体育部门突出“以人为本”，注重发挥体育健身对改善大众生活方式的作用，创新活动方式，丰富活动内容，充分利用首个“全民健身日”和举办全国第十一届运动会的机遇，以“全民健身·人人参与”为主题，广泛组织社会各界群众开展丰富多彩、富有时代气息的体育健身活动和比赛活动。年内，各县市先后组织20余项符合地方实际，开展影响较大的体育比赛活动，全州“全民健身”活动参加人数达80000余人。（二）建立健全基层群众体育组织，加强基层体育社会团体和群众体育骨干队伍建设。全年全州建成健身气功站点13个，训练站点26个，习练人数达700多人；新培训160多名社会体育指导员，使指导员逐渐成为开展全民健身活动的中坚力量。（三）重视青少年体育工作，加强对学校体育工作的指导。年内，州体育局、州教育局联合举办全州中学生运动会，对培养学生强健的体魄、健康的心理、坚强的意志和昂扬的精神起到了积极的作用。据统计，全州中小学生体质健康标准及格率达90%以上。（四）残疾人体育运动水平不断提高。德宏州组团参加云南省第九届残疾人运动会暨第三届特殊奥林匹克运动会，参加了游泳、田径、乒乓球、举重、自行车5个单项46个小项，以及聋人篮球（男篮）的集体项目比赛，获得个人单项金牌9枚、银牌3枚、铜牌4枚，获得有效名次4个第四名，1个第五名，1个第六名，男子篮球队获第十名，获第三届特奥单项金牌1枚、银牌1枚、铜牌5枚，为全州各族人民群众争得了荣誉。（五）积极抓好民族体育工作。在积极配合州民宗局做好参加第九届全省民族传统体育运动会各项工作的同时，积极组队参加少数民族传统体育锦标赛，并取得了较好成绩。

三、体育场地建设。随着全民健身热情持续高涨，全州体育设施建设进入良好发展期。（一）积极配合国家农民健身工程建设工作的同时，启动了“篮球场建设进村工程”。年内，州、县市体育部门在全州农村建成60块篮球场，州体育局对建成的每块篮球场援助1副价值4000元的标准篮球架。截至年末，州体育局投入资金56万元，支持全州各县市的乡镇和中小学进行体育场地建设，各县市体育部门也投入资金30万元，用于加强体育场地设施建设。（二）积极完成芒市老年活动中心的规划设计。芒市老年活动中心占地面积15.28亩，综合楼建设是本期建设的主要项目，综合楼建筑面积5330平方米。（三）加强对芒市体育运动中心场馆设施的建设和维护，先后投资40余万元，新建了网球场挡雨、防风网、练习墙及2个门球场。

四、老年体育。年内，州体育局与老年体协加强老年骨干积极分子的技术培训，推广新项目，丰富老年活动内容，提高老年体育竞技水平。（一）通过各种培训班，培训骨干和裁判员200余人；（二）推广健身球操第七套、第八套规定套路，由州老年体协组织编创的景颇健身球操在芒市地区推广；（三）参加各种比赛活动，展示老年人的精神风采。德宏州第七届老年人运动会在芒市举行。运动会设门球、地掷球、乒乓球、象棋、陀螺、篾弹弓、桥牌、拳、剑、操、文艺汇演等12个项目的比赛。德宏州各县、市、区、中央、省驻德宏企业，州直系统单位、芒市地区老年健身团的36个单位、1300多人参加了运动会。运动会进行各类比赛501场，决出团体奖牌128块，个人奖牌255块，有9个单位荣获体育道德风尚奖。年内，德宏州老年人体育协会有县级团体会员7个，专项协会6个（门球、地掷球、网球、羽毛球、竞技麻将、桥牌老年协会），县以下基层团体会员245个，个人会员27179人；老年体协机关在职职工6人，其中公务员2人，机关工勤人员2人，劳动社会保障局安排公益性岗位工人2人。

五、体育彩票。德宏体彩分中心认真抓好基础工作和网点建设，加强营销宣传，强化销售员队伍建设，各县市体育部门积极协助德宏体彩分中心做好网点的管理工作和销售工作，采取有效措施，加大体彩销售的宣传工作，形成合力，促进了体育彩票销售量的上升。全年全州销售体育彩票8300万元，其中即开型彩票销售3384万元，比上年的6500万元销售量增加1800万元。

（张　旭）

（见“大事专题·体育”474页）

2009年德宏州参加云南省第十三届年度比赛暨预赛各项目成绩统计表

1、青少年组德宏代表团获奖牌和团体总分名次表

项目＼成绩	第一名	第二名	第三名	第四名	第五名	第六名	第七名	第八名	备注
排球			2						
田径	1	1	1	4	6	3	3	2	
举重	8	7	2	4		2	1	1	
网球					1				
游泳	9	6	8	2	8	4			
总分									

2、参赛各项目前三名成绩表

姓　名	项　目	名　次	奖牌数	比赛成绩	破纪录情况	教　练	备　注
张在辉	男子自由泳全能	第二名	1.0	286.6		杨　光 杨国华	潞西
李铭杰	男子仰泳全能	第一名	1.0	293.8			回队畹町
花皓然	男子蛙泳全能	第二名	1.0	260.9		杨　光 杨国华	潞西
线天宝	男子蝶泳全能	第一名	1.0	289.3			畹町
喳晓童	女子自由泳全能	第一名	1.0	313.2		杨　光 杨国华	陇川
王蕊梅	女子仰泳全能	第三名	1.0	277.6			畹町
杨品妮	女子蝶泳全能	第二名	1.0	291.6			畹町
朱周睿星	女子蝶泳全能	第三名	1.0	279.2		杨　光 杨国华	潞西

姓　名	项　目	名　次	奖牌数	比赛成绩	破纪录情况	教　练	备　注
段正宇	男子自由泳全能	第二名	1.0	314.6			畹町
宋志敏	男子自由泳全能	第三名	1.0	309			畹町
张自立	男子仰泳全能	第二名	1.0	302.2		杨　光 杨国华	潞西
杨　航	男子蛙泳全能	第一名	1.0	305.1			畹町
鲁贵玲	女子蛙泳全能	第三名	1.0	308.9			畹町
赵兴成	男子蛙泳全能	第三名	1.0			杨　光 杨国华	潞西
张在辉 （潞西）	男子4×100自由泳接力	第一名	1.0	4′　32″　16		杨　光 杨国华	张在辉、线天宝 郭成仪、李铭杰
张在辉 （潞西）	男子4×100混合泳接力	第一名	1.0	5′　07″　69		杨　光 杨国华	李铭杰、张在辉 线天宝、郭成仪
朱周睿星 （潞西）	女子4×100自由泳接力	第二名	1.0	4′　58″　03		杨　光 杨国华	朱周睿、杨品妮 李朝艳、喳肖童
朱周睿星 （潞西）	女子4×100混合泳接力	第一名	1.0	5′　26″　32		杨　光 杨国华	李朝艳、喳晓童 杨品妮、朱周睿
张自立 （潞西）	男子4×100自由泳接力	第一名	1.0	4′　04″　17		杨　光 杨国华	杨　航、张自立 段正宇、宋志敏
张自立 （潞西）	男子4×100混合泳接力	第一名	1.0	4′　28″　83		杨　光 杨国华	张自立、杨　航 宋志敏、段正宇
古琨之 （潞西）	女子4×100自由泳接力	第三名	1.0	5′　05″　38		杨　光 杨国华	瞿　鑫、古琨之 周　婷、鲁贵玲
古琨之 （潞西）	女子4×100混合泳接力	第一名	1.0	4′　53″　51		杨　光 杨国华	肖　云、古琨之 鲁贵玲、瞿　鑫
朗智奇 赵兴成 代宏伟 杨泽林	男子4×100混合泳	第三名	1.0	4′　38″　53		杨　光 杨国华	潞西
姜元东	男子48公斤级甲	第一名	1.0	127		张　兴	陇川
匡大勇	男子56公斤级甲	第二名	1.0	165		李祖爱 邓月红	瑞丽
李吉俊	男子56公斤级乙	第二名	1.0	147		李祖爱 邓月红	潞西
孙占才	男子62公斤级乙	第一名	1.0	200		李祖爱 邓月红	陇川
朱　俊	男子69公斤级甲	第一名	1.0	240		李祖爱 邓月红	潞西
张永随	男子77公斤级甲	第三名	1.0	225		李祖爱 邓月红	盈江
王绍帅	男子＋105公斤级甲	第一名	1.0	215		李祖爱 邓月红	潞西
杨金山	男子105公斤级乙	第一名	1.0	215		李祖爱 邓月红	陇川

姓　名	项　目	名　次	奖牌数	比赛成绩	破纪录情况	教　练	备　注
德　宏	男子举重团体甲组	第二名	1.0	51			
冯旺娣	女子48公斤级乙	第一名	1.0	125		李祖爱 邓月红	陇川
闫艳秋	女子44公斤级甲	第二名	1.0	90		李祖爱 邓月红	陇川
何果吧	女子44公斤级乙	第二名	1.0	90		李祖爱 邓月红	陇川
张自巧	女子48公斤级甲	第二名	1.0	110		李祖爱 邓月红	陇川
姚海玲	女子53公斤级甲	第一名	1.0	163		李祖爱 邓月红	陇川
罗宏蓉	女子53公斤级乙	第二名	1.0	89		李祖爱 邓月红	陇川
刀承芳	女子58公斤级乙	第一名	1.0	150		李祖爱 邓月红	陇川
郭素美	女子69公斤级甲	第二名	1.0	145		李祖爱 邓月红	盈江
屈改菊	女子63公斤级甲	第三名	1.0	145		李祖爱 邓月红	陇川
德　宏	女子举重团体甲组	第二名	1.0	44			
德　宏	女子举重团体乙组	第一名	1.0	37			
杨　阳 王雨潇 杨淑芳 陈杨杨 张丽娟 陈淑君	排球女子四人制	第三名	1.0	4		李　跃 鲁晓红	潞西
排木用 杨熊超 安玉菲 赵家乐 夏　曦 唐　萍 线相团 孔曼琪	排球女子六人制	第三名	1.0	6		李　跃 鲁晓红	潞西
杨生光	男子100米	第二名	1.0	11″00		高建国	潞西
焦文强	男子组跳远	第一名	1.0	6.7		高建国	潞西
焦文强 岳定宏 孟有忠 杨生光	男子4×100米	第三名	1.0	44″1		邱如平 高建国	潞西

【卫　生】 2009年，德宏州有卫生机构102个，病床4379张，卫生技术人员3645人，有诊所、医务室233家。全州每千人口拥有病床3.7张、卫技人员3.1人。属当地政府举办的医疗卫生机构81个，病床3163张，卫技人员2713人（正高28人，副高148人，中职1014人，初职1342人）。有医院29所（含个体办医、企业办医21个），卫生专业技术人员2493人；疾控机构7所，专业技术人员289人；保健院7所，专业技术人员189人；卫生监督机构6所，人员74人；乡镇卫生院49个，专业技术人员555人；中心血站1个，卫技人员18人；社区卫生服务中心（站）3个，专业技术人员27人。全州设有村卫生室329个，覆盖率为98.20%；有乡村医生739人。年内全州诊疗247.27万人次，治愈率为62.32%，好转率33.69%。卫生部门固定资产总额达56383万元。

（李宗旭）

（见“大事专题·卫生”461页）

【医疗集团】 2009年10月30日，德宏州机构编制委员会《关于德宏州中医医院机构设置的通知》（德机编〔2009〕14号）文件，明确“州中医医院设立独立法人机构，机构级别为副处级，设院长1名，核定事业编制200名（含民族医药研究所）”。11月16日，州委组织部组干字〔2009〕28号文件任命张益俊为州中医医院负责人（法人代表）。年内，德宏州医疗集团有编制科室52个，编制外科室1个，下属企业1各。其中：编制内科室为管理及职能保障科室16个，人民医院临床、医技科室27个，中医医院临床科室7个，以及德宏州民族医药研究所、德宏州紧急医疗救援中心；编制外科室为德宏州医疗集团司法鉴定中心；下属企业为工会职工服务中心。编制床位480张，实际开放608张。有离退休人员207人，在职职工707人。在职职工中，干部643人，工人64人；女职工473人，占在职职工总数的67%；有专业技术人员645人，其中卫技人员600人，其他专业技术人员45人；少数民族职工225人，占在职职工总数的32%，其中傣族134人，景颇族20人，其它少数民族71人；中专以上学历673人，占在职职工总数的95%，其中硕士2人，大学本科367人，大学5人，大专226人，中专73人。集团党委下设9个党支部，实有党员230人，其中在职党员171人，离退休党员59人。集团团委下设4个团支部，实有团员157人。年内，集团人民医院接诊门诊病人322643人次，比上年增54.68%；出院病人20110人次，增16.10%；开展手术6223台次，增19.88%；病床使用率131.70%；病床周转次数38.67次，降10.69%；出入院诊断符合率96.64%。中医医院接诊门诊病人5301人次，降0.93%；出院病人677人次，增19.19%；开展手术268台次，降1.47%；病床使用率42.94%；病床周转次数11次，增57.14%；出入院诊断符合率98.51%。紧急医疗救援中心出诊（车）2274次，其中院前急救1773次，接送病人362次，送尸体57次，各种原因空诊82次。随着全年各项医疗指标的顺利完成，医疗集团社会效益和经济效益得到了进一步提高。

（龙凤莲　黄益民）

（见“大事专题·医疗集团”468页）

【人口计生】 2009年，德宏州人口计生工作牢固树立和落实科学发展观，推进人口和计划生育由单纯控制人口数量为主，向在稳定低生育水平的基础上统筹解决人口问题转变，由行政制约为主向依法管理、优质服务和综合治理转变，进一步稳定低生育水平，提高人口素质，改善人口结构，引导人口合理分布，保障人口安全，促进人口与经济、社会、资源、环境全面协调和可持续发展，认真贯彻《中共中央国务院关于全面加强人口和计划生育工作统筹解决人口问题的决定》、《中共云南省委云南省人民政府关于进一步加强人口和计划生育工作统筹解决人口问题的决定》、《中共德宏州委德宏州人民政府关于进一步加强人口和计划生育工作统筹解决人口问题的决定》精神，认真执行人口和计划生育政策和法律法规，紧紧围绕“保民生、保增长、保稳定”大局和新时期人口计生工作任务，以统筹解决人口问题为主线，以落实“责任政府”四项制度和“阳光政府”四项制度为促进力，进一步加强人口和计划生育工作，深入开展宣传教育，全面推进依法管理、优质服务、流动人口服务管理、计划生育惠民政策落实、计划生育服务体系建设、推套防艾、基层基础工作等各项工作，全州人口计生工作呈现了依法生育率、优选节育率、独生子女办证人数提高，违法生育率、出生性别比下降，整体工作水平提升的发展态势，低生育水平保持稳定，全面完成了省政府、省人口计生委下达的责任目标和州委、州政府确定的工作任务。

（宁显流）

（见“大事专题·人口计生”479页）

【民　政】　2009年，德宏州民政局积极开展救灾救济和城乡低保，把党和政府的温暖送到千家万户，切实履行改善民生，落实民权，为全州经济发展、民族团结和社会稳定做出积极的贡献。一、抗灾救灾工作扎实有效，灾民基本生活得到妥善安排。全年全州遭受低温冷冻、干旱、洪涝、风雹、地震等灾害，农作物受灾面积21091公顷，绝收面积1662公顷；受灾人口313723人，紧急转移安置3535人，因灾伤病159人；因灾倒塌房屋483间，损坏11535间；交通、水利、输电、通讯、教育等基础设施不同程度遭到破坏，造成直接经济损失13961万元，其中农业直接经济损失8026万元。年内，下拨各类救灾资金13655万元，其中省级13615万元，州级40万元；发放棉被2000余床，大米1210吨，救助受灾群众99235人。二、社会救助体系建设逐步完善，城乡困难群众的基本生活得到有效保障。一是适当提高城乡低保标准和范围。年内，州民政局按照城乡低保标准自然增长机制要求，再次提高城乡低保标准，全州发放城乡低保金1.5亿元，低保金社会发放率达100%。年内，全州有城市保障对象21659户45625人，低保标准由每月178元、182元统一提高到200元，低保对象人均差额补助标准由上年的126提高到138元，累计发放6627万元，比上年增长24%；有农村保障对象131561人，低保对象人均差额补助标准由上年的每月50元提高到60元，累计发放8706万元，比上年增长80%。二是全面推进城乡医疗救助。为有效缓解城乡困难群众看病难的问题，年内省级财政下拨城市医疗救助资金453万元，累计补助困难群众就医3.23万人次；资助农村低保、五保对象和边境一线行政村参加新型农村合作医疗46.44万人次，支出资金1326.93万元。三是逐步建立城乡一体化临时救助制度。为解决城乡贫困居民的临时性、突发性、暂时性生活困难，年内省财政下拨162万元临时救助金，州财政配套10万元，救助城乡贫困居民6577人次。四是农村五保供养政策全面落实。年内全州有农村五保对象10568人，占农业人口的1.3%，其中集中供养1470人，分散供养9098人。五是进一步加大城市流浪乞讨人员救助。截至12月底，全州救助流浪乞讨人员1349人次，支付救助资金68.8万元。三、双拥优抚安置政策全面落实，有力地支持了国防和军队建设。一是认真落实优抚政策。全州有五类老优抚对象6026人，其中“三属”415人，伤残人员547人，在乡老复员军人2205人，带病回乡退伍军人235人，“两参人员”2624人；发放生活补助经费1686.3万元，发放医疗补助费210.3万元。二是双拥工作有新突破。2009年春节、“八一”、庆祝新中国成立60周年活动期间，州委、州人大、州政府、州政协领导率队走访慰问了驻军（警）部队、边防一线部队基层单位、公安、交警等，各乡（镇）、村、各单位召开了转业、复员退伍军人和烈军属座谈会、茶话会，共发放慰问金170万元。年内，州委、州政府、德宏军分区出台了《关于进一步加强新形势下双拥工作的意见》。三是退役士兵和军队离退休安置工作健康有序开展，全年全州接收退役士兵182人，其中符合城镇安置条件76人（含转业士官28人），经过文化考试，安置在行政事业单位71人、国有企业4人、自谋职业1人；回农村安置106人，安置率达100%。年内接受安置军队离退休干部3人。

（李　钢）

（见“大事专题·民政”486页）

【民族宗教】　2009年，德宏州民族宗教事务局深入开展学习实践科学发展观活动，认真贯彻党的十七届四中全会和国务院第五次民族团结进步表彰大会精神，贯彻胡锦涛总书记在云南考察工作时的重要讲话精神，贯彻省委书记白恩培在德宏考察工作时的重要讲话精神，把宣传贯彻云南省民族工作会议暨第六次民族团结进步表彰大会精神，作为当前和今后一个时期全州民族宗教工作的首要任务，不断增强民族宗教工作部门的社会管理和公共服务职能，全面加强自身建设，各项工作取得了新的成绩。一、坚持把维护民族团结作为首要责任，促进和谐德宏建设。主要围绕民族团结和宗教工作目标管理责任制的实施开展了以下工作：一是抓住国务院召开第五次民族团结进步表彰大会、省政府召开民族工作会议暨第六次民族团结进步表彰大会、国家民委召开扶持人口较少民族发展工作经验交流会等机遇，扎实开展“民族团结进步宣传教育”各项活动。在各新闻媒体广泛宣传报道全州60年，特别是改革开放30年来民族团结进步事业上取得的辉煌成就，受国务院、省政府表彰的民族团结进步模范集体、模范个人事迹；与德宏团结报联合开设“民族宗教法规专栏”，系列宣传《民族区域自治法》、《宗教事务条例》、《云南省实施〈民族区域自治〉办法》、《云南省民族乡工作条例》、党和国家民族政策基本内容、民族常识等共31期；电台电视台播报全州扶持人口较少民族发展和上海对口帮扶德昂族发展取得成效及经验；党校民干校开设民族理论和民族政策课程，512所中小学校开设民族团结教育课程；开展“民族团结示范学校”创建活动；“民族团结月”期间，州及县市主要领导发表电视讲话，各级各部门认真组织开展座谈会、联欢晚会、扶贫济困送温暖等活动，“三个离不开”的思想进一步深入人心，各民族平等团结互助和谐的社会主义民族关系更加巩固。二是层层签订民族团结和宗教工作目标管理责任书，分解目标任务，抓好工作落实。年内，全州50个乡镇、180个村委会、30个居委会（社区）、18个宗教活动场所、3个农场签订了责任书；州及县市共安排民族团结工作经费225.66万元，开展民族宗教政策及法律法规培训194场（次），民族团结教育91场（次）。为加强基层民族宗教工作力量，全州50个乡镇共配备民宗工作助理员88名，协调民族关系信息员74人。工作过程中，各级民宗部门不断修改完善涉及民族宗教方面的群体性突发事件应急预案，坚持对影响民族团结矛盾排查调处工作情况的月报、半年报、年报制度，坚持对涉及民族、宗教方面的群体性事件及时报告的制度，坚持“团结、教育、疏导、化解”方针，主动与各相关部门协调配合，把各种苗头、隐患消除在基层，解决在萌芽状态。截止年底，全州未发生少数民族群众参与的群体性突发事件，有效地维护了民族团结和社会稳定。年内，全州办理更改民族成份135件，不符合规定的有24件；办理答复有关民族宗教方面的来信来访39件，办复人大代表议案、政协委员提案15件，有效地维护了少数民族的合法权益。三是开展民族团结进步创建活动。2006至2009年，全州已在各民族聚居地区创建了19个“民族团结示范村”和“兴边富民示范村”，与州武警边防支队共同创建了13个“警民共建示范村”，这些示范村在全州新农村建设中发挥了很好的示范带头辐射作用。二是坚持把发展作为第一要务，努力提高各族人民的生活水平。年内，中央及省下达德宏州民族专项资金3325万元，452个项目；上海对口帮扶资金442.6万元，56个项目。年内中央和省级民族机动金、上海对口帮扶资金用于人口较少民族发展的项目353个，资金2549.5万元，占下达资金的67.67%，主要建设内容有水电路基础设施、养殖种植业、能源（沼气池及配套圈厕）、文化、科技培训等。年底，全州有17个人口较少民族聚居村委会通过了省级验收，11个村委会通过了州级验收，基本达到了扶持人口较少民族发展“四通五有三达到”的目标。三、坚持协调配合，推动少数民族社会事业发展。认真贯彻落实国家制定的少数民族事业发展规划，推动全州各项社会事业发展。民族教育方面，协助教育部门管理好“两免一补”教育资金，安排省下达全州的人口较少民族义务教育阶段学生生活补助费177.16万元、省定民族中学高中住宿生生活补助费28.95万元，多方筹资2.58万元资助13名少数民族贫困大学生；选录全州36名少数民族学生到省内外大中专院校就读，配合政法部门做好法院系统定向招录少数民族工作人员的工作。民族文化方面，协助相关部门开展全州非物质文化遗产保护传承、民族语言及文化传承研究推广等方面调研；组织参加云南省第六届民族民间歌舞乐展演，全州代表队获1金、1银、3铜和组织奖等6个奖项。民族体育方面，积极开展全州参加2010年云南省第九届少数民族传统体育运动会的前期各项组织筹备工作，努力争取好成绩。四、坚持依法管理，维护宗教和谐。围绕贯彻落实《宗教事务条例》，主要开展了以下工作：一是加强宗教调研，不断改善对宗教事务的管理。二是加强对信教群众和宗教工作“三支队伍”的教育培训。年内，全州918个宗教活动场所开展了80场（次）培训，发放读本800余册，《宗教事务条例》宣传单3500余份，593名教职人员、3万多名宗教骨干及信教群众受到了教育。三是加强对宗教团体的工作指导。年内，政府慰问宗教界人士94名，慰问金3万余元；宗教团体慰问贫困户193户，慰问金1.29万元，粮、油、物折合人民币4万元；协助指导州佛协召开全州首次汉传佛教工作会议，逐步解决全州寺多僧少的问题。四是加强对宗教活动场所管理。修善重建因2008年“8·20”、“8·21”地震受损的宗教活动场所40个，政府投资65万元；创建“和谐寺观教堂”51处；按审批权限和程序，新设立瑞丽市允刚佛国禅院为宗教活动场所。五是依法查处非法传教活动，维护宗教领域和睦。年内，潞西市依法查处3起非法传教活动，盈江县查处1起假冒僧人行骗案件；办复有关宗教方面的政协提案5件，宗教文物保护信访1件。五、以科学发展观为指导，不断加强完善自身建设。年底，州民宗局获得省民委《民族团结目标管理责任制》考核二等奖、获省宗教局《宗教工作目标管理责任制》考核二等奖、获省民委信息工作集体一等奖、获州党风廉政建设责任制考核优秀单位、获综治维稳和平安创建工作责任制考核优秀单位，有1人获信息工作先进个人。

（鲍　平）

（见“大事专题·民族宗教”489页）

【人民生活】 2009年，德宏州人均地区生产总值9685元，按可比价计算比上年增长14.2%。年末城乡居民人均储蓄存款余额11539元，比上年增长28.4%。职工收入继续增加，在岗职工年人均工资22287元，增长11.7%，其中国有经济单位在岗职工年人均工资22534元，增长12.6%；城镇集体经济单位在岗职工年人均工资22560元，增长19.5%；其他经济单位在岗职工年人均工资21690元，增长8.8%。城乡居民居住条件继续改善，年末全社会竣工住宅面积411.84万平方米，其中城镇竣工住宅面积56.18万平方米；农村竣工住宅面积355.66万平方米。

城镇居民生活：2009年城镇居民生活水平继续提高。据抽样调查，居民家庭有收入人数占家庭人口数的比重达到66.2%，比上年提高0.9个百分点。全州城镇居民年人均可支配收入12558元，比上年增长9.7%，其中工薪收入10367元，增长9.2%，是城镇居民收入的主要来源；人均经营净收入615元，增长9.4%；人均养老金和离退休金1543元，增长11.8%。居民收入的持续稳定增长为消费水平的提高奠定了基础，市场繁荣、商品丰富，城镇居民消费质量不断提高。从居民各类消费构成看，居民生活最基本吃的开支逐年减少，而发展及享受型消费越来越受到青睐。家庭耐用品消费更新换代，“老三样”彩电、冰箱、洗衣机不再是家庭的奢侈品，消费趋于缓慢；家用电脑、摄像机、移动电话、摩托车成为消费热点，交通通讯工具为城市居民的生活提供了极大便利，而作为大件耐用品的汽车成为居民消费的新亮点，逐渐进入居民家庭生活中；计算机、移动电话普及率提高，极大地方便了人们在工作及生活中的交流沟通。据调查：2009年人均消费支出9561元，比上年增长8.8%；人均食品支出3664元，增长0.6%；人均用于交通与通信消费支出1734元，增长24.4%；人均医疗保健支出659元，下降6.7%；人均教育文化娱乐支出1005元，增长14.8%。年末，每百户家庭拥有彩电127.2台，冰箱79.6台，家用电脑38.4台，摄像机2.9架，移动电话197.8部，摩托车96.6辆，家用汽车11.7辆。居民住房向设计合理、设施配套、宽敞舒适的方面发展，年末城镇居民人均住房使用面积36.2平方米。

农村居民生活：据抽样调查，2009年德宏农民人均纯收入2831元，比上年增长16.1%。从纯收入构成看，工资性收入、家庭经营收入、转移性收入快速增长。在纯收入中，家庭经营纯收入2204元，比上年增长14.8%；工资性收入359元，增长12.6%；转移性纯收入237元，增长42.5%；财产性收入30元，下降6.4%。可以看出家庭经营收入仍然是农民家庭收入的主要来源。随着农民收入的快速增长，农村居民生活水平、生活质量有了较大提高。2009年人均消费支出2442元，比上年增长10.6%，其中食品支出1215元，下降3.8%；衣着支出103元，增长20.7%；家庭设备用品支出105元，增长25%；医疗保健支出163元，增长35.6%；交通通讯支出247元，增长20.2%；文化教育娱乐支出114元，增长2.5%。年末，农村居民人均居住面积24.4平方米，每百户拥有彩电91.8台、电冰箱7.6台、摩托车65.9辆、移动电话81.8部。

（杨　洁）

年内大事

【商务部副部长钟山到德宏调研边贸工作】 2009年1月8至9日，商务部副部长钟山率商务部等6部委组成的边境贸易联合调研组，到德宏调研边贸情况。云南省商务厅副厅长王建伟、昆明海关副关长薛屹，德宏州党政领导柳五三、杨跃国、陈振冲等先后陪同调研。调研组一行实地查看了畹町口岸、海关货场、曼满通道、金行公司、姐告边境贸易区、瑞丽口岸联检中心等。州委常委、副州长陈振冲向调研组汇报了德宏州近年来经济社会发展及外经贸工作情况，重点介绍了金融危机冲击和我国相关政策出台对德宏外贸发展的影响、边境贸易人民币结算和人民币退税试点情况、推进建立中缅跨境经济合作区情况，提出了进一步完善相关政策，推动沿边地区经济发展的建议。通过实地调研和听取各方情况介绍后，钟副部长指出：近年来德宏对外开放和边贸等取得了骄人的成绩；州政府和相关企业提出的建议非常切合实际，很具针对性；调研组将把了解的情况进行归纳，形成报告，研究调整相关政策。

【州委五届七次全体（扩大）会议】 2009年1月20至21日，中共德宏州委五届七次全体（扩大）会议在芒市举行。州委书记赵金代表州委常委会向全委会作工作报告；州委副书记、州长孟必光总结了去年全州经济社会发展情况，并就2009年的工作提出具体要求；州委副书记李兴顺作《中共德宏州委关于推进农村改革发展实施意见》的起草说明。会议认为：2008年德宏州克服重重困难，全州继续保持了经济发展、社会进步、文化繁荣、民族团结、边疆稳定的良好局面。会议提出：紧紧抓住国家扩大内需保增长的机遇，把促进经济平衡较快增长作为首要任务，把加强基础设施建设作为重中之重，把发展特色产业作为主攻方向，把招商引资作为重要手段，把改革创新作为强大动力，把维护稳定作为基本要求，把禁毒防艾作为攻坚目标，把改善民生作为根本目的，把党的建设作为坚强保障，坚持科学发展，确保边疆稳定，奋力推动全州经济社会跨越式发展。会议明确了当前和今后一段时期全州经济社会发展的基本思路是：以科学发展观为统领，牢牢把握发展第一要务，紧紧抓住西部大开发、中国——东盟自由贸易区建设、兴边富民工程行动计划重大机遇，围绕全面建设小康社会这一目标，攻克毒品、艾滋病两个难关，打好农业、教育、交通三个基础，发展生物创新、旅游文化、水能电冶、外贸加工四大产业，确立生态立州、科教兴州、产业富州、开放强州、和谐稳州五大战略，把德宏建设成为富裕开放、和谐安宁的社会主义新边疆。

【太平洋财产保险德宏中心支公司开业】 2009年2月20日，中国太平洋财产保险股份有限公司德宏中心支公司在芒市开业。德宏州党政领导孟必光、余麻约、卜金富等出席开业庆典；余麻约、马光华为公司揭牌。该公司是一家实力雄厚的全国性专业财产保险公司，拥有较为完善的销售和服务网络，该公司落户德宏将为德宏的和谐发展提供更多支持。

【州政协十届二次会议】 （见“大事专题·州政协”260页）

【州十三届人大二次会议】 （见“大事专题·州人大”245页）

【芒市机场大道开工】 2009年2月28日，德宏州重要窗口形象工程——芒市机场大道开工。云南省机场集团有限责任公司总裁刘明，德宏州党政领导赵金、孟必光、余麻约、龚敬政、柳五三、汪保泉、杨庆华，潞西市四机关领导及有关部门负责人参加庆典仪式，州长孟必光代表州政府与云南机场集团有限责任公司总裁刘明签订《德宏州建设项目投资合作框架协议》，州政府同意由云南机场集团有限责任公司采用“BT”（建设——移交）模式投资芒市机场大道扩建工程项目，在芒市投资建设傣族皇家园林旅游项目。该工程总投资估算2.23亿元，全长5.315公里。其中主线天龙街至风平收费站4.145公里，道路等级为城市二级主干道，道路红线宽度50米，设计时速50公里；全线设中桥一座、涵洞6道、人行天桥3座。机场大道建成后，将有力地推进芒市城区西南片区城市化建设，对改善德宏投资环境、加快经济发展具有重要意义。

【瑞丽大道开工建设】 2009年3月6日，连接瑞丽和畹町两个国家级口岸的国际大通道建设重要交通枢纽——瑞丽大道开工建设，党政领导赵金、柳五三、杨跃国等前往祝贺。该工程位于320国道终点段，东起姐勒收费站，西至瑞丽市人民路，全长7130.73米，宽88米；是城市二级主干道，双向6车道，设计车速为每小时40公里，工程总投资2.49亿元。该工程采取“企业投资建设，政府分期回购”的BT模式，由瑞丽市政府与瑞丽景成集团有限公司签订《瑞丽大道工程项目委托代建合同》。该工程的建设进一步提升瑞丽“东方珠宝城”的城市内涵和“国际商贸旅游城市”的城市品位，也是改善民生、加强中缅边境经贸合作的基础性工程。

【孟必光州长率团访问泰王国达府】 2009年3月20至27日，应泰王国达府的邀请，以州长孟必光为团长，陈振冲、管国芳、龚能政以及外事、文化、商务、旅游等部门相关人员组成的德宏州人民政府友好代表团对泰王国达府进行访问。在7天的访问中，孟必光拜会了达府府尹昆空尚·益伽彩，并代表德宏州代表团与泰王国达府尹签署了《中国云南省德宏傣族景颇族自治州与泰王国达府缔结友好州府协议书》和相关《备忘录》；代表团成员在达府副府尹萨儒·慎阿伦及有关官员陪同下，先后与达府政界、商界、教育、文化、旅游、华人社团等各界人士进行了广泛接触，就两地缔结友好州府后双方的友好交往与合作事宜进行了认真探讨。

【全国政协副主席张榕明到德宏调研】 2009年3月24至26日，由全国政协副主席、民建中央第一副主席张榕明率领的全国政协、民建中央调研组一行14人到德宏，专题调研沿边开放和跨境经济合作建设情况。省政协副主席顾伯平，德宏州党政领导赵金、龚敬政、柳五三、杨跃国、番跃平等陪同调研。张榕明一行先后视察了畹町口岸、姐告边境贸易区、章凤口岸等。州委书记赵金向调研组一行介绍了德宏州经济社会发展的基本情况和实施对外开放战略的情况。通过实地调研和听取汇报，张副主席对德宏州对外开放工作给予充分肯定，认为德宏州对外开放经济发展的速度很快，中缅瑞丽——木姐跨境经济合作区的总体发展设想站得高、看得远，思路清晰，并就下一步的工作提出如下建议：一是要科学分析、测算中缅跨境经济合作区将产生的经济效益，理清中缅跨境经济合作区吸引投资商的优势和特色；二是要创新工作方式，建设一批加工企业，以经济势力雄厚的产业支撑跨境经济合作，提升中缅经济合作质量；三是要认真研究国家沿边开放政策共性和个性的东西，珍惜瑞丽拥有两个国家一类口岸的优势，合理分工，促进两个口岸的共同繁荣。

【德宏州荣获省政府粮食生产工作一等奖】 2009年3月，德宏州人民政府超额完成省委、省政府确定的粮食增产目标任务，被省人民政府评为2008年粮食生产先进单位一等奖。据统计，2008年全州实现农林牧渔业总产值45.6亿元，按可比价计算比上年增8.9%；农民人均纯收入2439元，比上年增393 元；粮食播种面积157.1万亩，比上年增11.6万亩；粮食产量46.1万吨，比上年增3.42万吨，增8.03%。同时，陇川县人民政府、潞西市人民政府、盈江县人民政府还被评为粮食生产工作先进单位二等奖。

【潞西市风平镇法帕村拉老村民小组荣获全国文明村称号】 2009年3 月，在北京召开的全国精神文明建设工作表彰大会上，潞西市风平镇法帕村拉老村民小组荣获全国文明村称号，成为德宏第一个国家级“文明村”。该村是一个傣族村，2008年末全村有97户480余人，有耕地590亩，主要以种植业和养殖业为主。近年来，该村紧扣“生产发展、生活宽裕、乡风文明、村容整洁、管理民主”的二十字方针，坚持“以地生财、以财建村、以村招商、以商富民、以商进村”的思路，努力把本村建设成为“富裕、文明、和谐”的社会主义新农村示范村。至2008年末，该村现代农业初具规模，种、养良种覆盖率达95%，科技入户率达90%以上，户均有一个科技明白人和一个从事非农产业的劳动力，富余劳动力转移输出50%以上，全村实现人均5年年均递增9%，人均收入达3500元。近10年来，该村从未发生过治安案件和刑事案件，村民对村级管理的满意度达95%以上，该村曾多次被省州命名为“文明村”及“中国科技致富示范村”等。

【德宏州强势推进竹产业发展】 2009年，德宏州强势推进竹产业发展。3月，成立了竹产业发展领导小组，明确以政府为主导，企业、社会参与、市场化运作的产业发展模式，云南永利发公司率先介入，建立竹子苗圃基地和自建试验示范基地1万亩，在全州布局526 个竹子初级产品加工点，安排专人编制竹产业专项规划。全州规划到2013年发展竹子基地120万亩，其中潞西60万亩、梁河5万亩、盈江30万亩、陇川23万亩、瑞丽2万亩。2009年实施完成20万亩。120万亩竹子基地建成后，企业规划分三期投资建立年产120 立方米的竹质定向结构刨花板生产线，打造年产值100亿元的竹产业。至2020年全州竹基地规模达200万亩。

【州委书记赵金率团赴缅甸考察】 2009 年3月29日至4月5日，德宏州委书记赵金，副州长柳五三、陈振冲率团赴缅甸联邦进行商贸、旅游考察。就如何提升沿边开放水平，加强与缅甸旅游合作，推动珠宝文化产业快速稳健发展等问题与我国驻缅使领馆官员和缅甸有关官员及商界人士进行了广泛交流，并与缅甸华商商会签署了关于进一步加强双方经贸合作的会谈纪要，达到了加深了解、增进友谊、拓宽视野、加强合作的目的，是一次务实之旅。

【《德宏团结报》改版彩印暨《云南日报》德宏代印点开印】 2009年5 月1日，《德宏团结报》社隆重举行《德宏团结报》改版彩印暨《云南日报》德宏代印点开印庆典，云南日报报业集团党委书记、社长罗杰，副社长、总编辑徐体义，省委《支部生活》杂志社社长李维，云南日报报业集团副总经理、《春城晚报》总编辑张光旭，北京人民印刷机械股份有限公司董事长庞连东，省邮政公司副总经理李克超，德宏州党政领导赵金、孟必光、李兴顺、余麻约、龚敬政、田大余、马福朝、番跃平、孙春兰、杨丽云，以及各地日报社、州直各部门有关负责人等参加了庆典活动。该项工程的实施完成，使德宏读者能够在当天看到《云南日报》，意味着“党报快速覆盖工程”正式进入实施阶段，标志着德宏州新闻宣传工作迈上了一个新台阶。

【德宏成立青年读书会】 2009年5月4日，德宏青年读书会成立，州委书记赵金、副书记李兴顺，州委常委、副州长、宣传部长田大余等分别发来贺词。该“读书会”是自主管理的公益性读书组织，由共青团州委发起，由喜爱读书、热心推动社会阅读的人士自愿组成。该“读书会”倡导“阅读是一种生活方式”的理念，以“搭建读书平台，推进读书交流，营造读书氛围”为宗旨，定期组织开展好书推荐、新书速摘、课题研究、阅读和英语沙龙、专题研读、周末晨读、书城同会和不定期地开展征文、演讲、辩论、讲座、调研采风等丰富多彩、健康向上的交流活动，教育、引导大家勤奋学习，不断提高自身综合素质。

【成功侦破盈江“4·27”劫财杀人案】 2009年5月5日，德宏州公安局在芒市会堂举行新闻发布会，局长马闻宣布盈江“4·27”入室盗窃转劫财杀人案成功告破，犯罪嫌疑人郑兴隆已被抓捕归案。4月27日下午16时49分，盈江县公安局接到报案称，盈江县医院副院长包志坚，县长助理、县招商局局长周湛萍夫妇躺在卧室内，血流满地。盈江县公安机关立即启动重大刑事案件侦查工作机制，经勘验，包、周2人已经死亡。案件发生后，州委书记赵金、州长孟必光做出重要指示，责成公安机关全力侦破此案；州公安局局长马闻亲临一线，明示“不破此案，决不收兵”；省州公安机关的有关领导、侦技人员先后赶赴盈江组织指挥及技术指导。经过7天7夜的奋战，5月3日下午18时30分终将此案侦破。犯罪嫌疑人郑兴隆因家庭破裂、生活拮据而挺而走险，凌晨5时决定对两个月前为其安装窗户的顾主，自以为有钱人的被害人家作为作案目标，郑犯攀墙入室，在搜寻财物时将女主人弄醒，当包、周二人与郑犯搏斗中言明认识此人，激起了郑犯的恐慌，郑犯疯狂地用匕首向包、周二人乱刺，包、周二人因失血过多而死亡。郑犯随即将女死者包内一钱夹劫走，仅获现金500元，身份证、银行卡等被郑犯焚毁。

【芒市机场新航站楼正式投入使用】 2009年5月6日，芒市机场新航站楼工程通过行业验收，正式投入使用。该工程于2007年11月10日开工，按年运输起降架次12221架次、年旅客吞吐量110万人次、货物吞吐量8800吨的航空业务预测量设计，总投资14719.85万元。新航站楼面积为13000平方米，约为老航站楼的8倍，具有常有的民族风情，是芒市最具傣族、景颇族风格的“德宏景像”，它的建成使用将使德宏发展的交通瓶颈得到有效缓解。

【云南省扶持人口较少民族发展工作会在德宏召开】 2009年5月12至13日，云南省扶持人口较少民族发展工作会在德宏州召开，副省长刘平出席会议并讲话，省民委主任、省扶持人口较少民族发展工作领导小组副组长王承才主持会议，德宏州党政领导赵金、孟必光、李兴顺、龚敬政、全洪涛参加会议。刘副省长一行先后视察了潞西市三台山允欠三社、畹町回环村德昂族发展情况，陇川县户撒乡拉启村、帮傲村的阿昌族发展情况，并用五句话肯定了德宏州的该项工作：项目区基础设施建设成效明显；产业扶持项目初见成效；群众收入不断增强，生活水平不断提高；村容村貌明显改观；总结形成了许多工作经验。据悉，德宏州扶持人口较少民族发展工作涉及阿昌族和德昂族，截至2008年列入扶持范围的28个村委会已全部得到国家和省扶持；28个德昂族自然村得到上海对口帮扶；95%的扶持项目已施工并通过验收。

【德宏公路路政管理支队成立】 2009年5月26日，德宏公路路政管理支队揭牌成立。该机构成立是国家实施成品油价格和燃油税费改革，需妥善安置原交通规费征稽系统人员的举措，是进一步理顺公路路段管理关系、提高管理效能的举措。该机构的主要职能是：宣传、贯彻、执行公路管理的法律法规、规章制度；实行路政巡查，维护路产路权；依法规范治理超限、越载运输，确保公路畅通。

【腾陇二级公路正式签约】 2009年6月4日，由云南省公路局和德宏州、保山市合作建设的腾陇（腾冲至陇川）二级公路在芒市正式签约，标志着腾陇高等级公路进入实质性建设阶段。该公路建设工程全长156公里，其中德宏境内138公里，保山市境内18公里。全线将按二级公路标准建设，其中坝区路基宽12米、山区路基宽10米，全线设计时速40公里/小时，总投资11.9亿元，由省公路局为项目业主，9月开工建设。

【德宏后谷咖啡有限公司获省级YC认定企业】 2009年6月，德宏后谷咖啡有限公司在由云南省商务厅和云南品牌企业促进会举办的YC认定企业活动中榜上有名，成为德宏州首个在“云品工程”中获评的YC认定企业。据悉，自2007年开始，云南品牌企业促进会组织专家对全省申报企业进行认定，迄今已有54家企业被批准为YC认定合格企业，获得YC认定证书并使用YC标志。

【2009中国（昆明）东盟石博会暨珠宝文化节德宏展团成绩斐然】 2009年7月10至18日，在中国（昆明）东盟石博会暨珠宝文化节中，德宏展团精心筹备，取得了销售业绩和品牌宣传的双丰收。实现以玉石和黄龙玉为主的毛料和成品销售额3150万元，其中毛料销售20200千克，成交金额1320万元；成品类10230件，成交额1830万元。特别是潞西市展出的黄龙玉毛料和成品呈旺销势头。在本次活动八个奖项评选中，德宏州获7项，分别是：瑞丽市、盈江县获“云南玉石之乡”荣誉称号，潞西市获“云南赏石之乡”荣誉称号，德宏州展出的翡翠、黄龙玉、树化玉获“消费者最喜爱的名玉”荣誉称号，德宏州的王朝阳、付学立、李振庆、肖军、张敬战、郑金盛获“云南十佳玉雕名师”，赵崇贵等16名雕刻师获“云南优秀玉雕师”荣誉称号，勐拱翡翠、盈江县宝玉玉器行等30多家珠宝店获“云南省石文化产业百佳名店”。“玉出云南、玉美德宏、翠在瑞丽”将成为中国珠宝玉石行业一张最靓丽的名片，最响亮的品牌。

【第九届中缅胞波狂欢节暨第二届国际珠宝文化节在瑞丽隆重举行】 2009年10月3至6日，由云南省文产办、省旅游局、缅甸国家旅游部旅行社宾馆饭店司和德宏州委、州政府主办，瑞丽市委、市政府和缅甸木姐地区和平与发展委员会协办的“中国·瑞丽第九届中缅胞波狂欢节暨第二届国际珠宝文化节”在瑞丽市隆重举行。原省政协副主席、省石产业促进会会长和占钧，省人大财经委主任何远灿，省旅游局局长喻顶成，省侨办主任杨光明，德宏州党政领导赵金、孟必光、余麻约、柳五三、田大余、马朝福、杨跃国、番跃平、管国芳、马闻、李有升、卜金富，缅甸联邦木姐地区和平与发展委员会主席吴通明若先生、缅甸木姐105码边贸处处长吴阳奈吞出席开幕式。州委书记赵金在致词中指出，该节已成为展示中缅两国绚丽多姿民间艺术、弘扬两国悠久历史民族文化、增进两国胞波情谊的重要平台；州委、州政府审时度势，把珠宝文化产业当作城市名片和支柱产业来打造，确立了“一都三城、一极两翼、多点辐射、联动发展”的产业品牌形象和产业空间布局，即：把德宏打造成为海内外知名的“中国玉都”，把“东方珠宝城——瑞丽”发展成为全州珠宝产业的核心增长极，把“翡翠毛料城——盈江”建设成为海内外知名的翡翠毛料集散和玉雕加工中心，把“黄龙玉城——芒市”建设成为海内外知名的黄龙玉集散中心和翡翠文化展示传播中心，通过3至5年的努力，使全州珠宝产业实现产值100亿元以上。在此节开幕式上，中缅两国文艺工作者联袂演出了“盛世胞波情”大型歌舞晚会。本次活动在进行传统牛车美女评选、珠宝公主选美和民族服饰评选的同时，还举行了翡翠玉石毛料公盘、新中国成立60周年书画摄影展、第三届“神工奖”玉雕大赛作品展、淘宝旅游、藤球表演、中国电视剧导演论坛等。据悉，中缅胞波狂欢节连续两年被评为“云南省年度最具影响力的旅游节庆活动”；中国·瑞丽国际珠宝文化节2008年12月首次举办即被人民网评为“改革开放30周年最具影响力的三十个节庆”之一。

【在全省“城市幸福指数”评比中德宏州获佳绩】 在2009年10月8日结束的全省16州市“城市幸福指数”评比中，德宏州名列第三，并获得最佳生态奖。本次活动是云南日报报业集团“祖国好云南红”大型采访宣传活动的重要组成部分之一，历时3个月，投票达4447099票，刷新全省同奖活动参与人数记录。本此活动，德宏“城市幸福指数”仅次于昆明和玉溪，摘得季军，充分显示了德宏的魅力已被越来越多的人所认可。

【全州最大的教育建设工程全面展开】 为推进全州教育体制改革，提升德宏教育教学质量和办学水平，德宏州财贸学校等3所中等职业学校成功合并组建德宏州中等职业学校、德宏州卫生学校升格为德宏职业学院。2009年10月13日，德宏州中等职业学校、职业学院新校区项目建设指挥部召开第一次工作会议，拉开了全面建设德宏州教育史上最大教育工程的帷幕。该新校区项目建设规划征地1200余亩，其中两所学校（院）规划占地800亩，预计投资4亿多元；园丁住宅小区规划占地400亩。该工程项目由德宏明瑞达新龙地产开发有限公司承建，工程建设将在土地交付承建后两年内建成。

【全国政协副主席黄孟复为陇川二小红丝带爱心教学楼竣工剪彩】 2009年10月26日，全国政协副主席、全国工商联主席、中华红丝带基金名誉理事长黄孟复为全国工商联中华红丝带基金在陇川县第二小学捐建的爱心教学楼竣工典礼剪彩。黄孟复夫人于义芬，全国工商联新能源商会会长、中华红丝带基金执行理事长李向君，中国疾控中心性病艾滋病预防控制中心党委副书记刘康迈，省政协副主席顾伯平，省政协副秘书长孟庆红，省工商联主度杨炎平，德宏州党政领导赵金、孟必光、龚敬政、孔勒干及杨世庄等参加剪彩。中华红丝带基金是2005年由全国工商联和20多位民营企业家共同发起成立，旨在配合政府开展艾滋病预防和控制工作的公益基金组织。今年初，该组织决定对陇川县第二小学捐建中华红丝带爱心教学楼。捐建项目总投资356.26万元，包括框架结构综合教学楼一幢（设教育14间，每间容纳学生60人）、多功能报告厅一幢（341平方米）、占地3907平方米的运动场1个。项目工程于2009年3月底正式开工，9月初完工投入使用。该项目的落成，充分体现了广大民营企业对边疆民族地区教育事业的关怀，社会各界对艾滋遗孤的重视和关爱。黄副主席一行在德宏的两天时间里，还视察了盈江县第二中学校园基础设施建设，畹町、姐告口岸基础设施及进出口贸易等。

【德宏青年剪纸艺术家樊涌作品获国际金奖】 2009年10月，德宏州青年剪纸艺术家、国家二级舞美设计师、现任德宏州歌舞团副团长樊涌的剪纸作品《铸梦》，参加第五届（中国·金坛）国际剪纸艺术展荣获金奖。中国·金坛国际剪纸艺术展是我国最高规格的国家级国际性展览，代表了当今剪纸的最高水平，在剪纸界影响巨大。本界国际剪纸艺术展共征集国内外作品1800多件，评出金奖21件。

【中共德宏州委五届十次全体（扩大）会议在芒市举行】 2009年11月5至6日，中共德宏州委五届十次全体（扩大（会议在芒市举行。出席这次全委会的有州委委员34人，州委候补委员2人。州纪委委员和有关方面负责同志、离退休老干部代表列席了会议。全委会由州委常委会主持。州委书记赵金受州委常委会委托作工作报告，州委副书记、州长孟必光主持开幕大会，州委副书记李兴顺就《中共德宏州委关于贯彻党的十七届四中全会精神和省委八届七次全会精神加强和改进新形势下党的建设的实施意见》作说明。全委会认真学习了党的十七大、十七届四中全会和省委八届七次全会精神，讨论了常委会工作报告，审议通过了《中共德宏州委关于贯彻党的十七届四中全会和省委八届七次全会精神加强和改进新形势下党的建设的实施意见》和《中共德宏州委五届十次全体会议公报》。充分肯定了今年以来常委会的工作，一致认为，贯彻落实好党的十七届四中全会和省委八届七次全会精神，是当前和今后一个时期全州各级党组织和全体党员首要的政治任务，也是我州进一步加强和改进新形势下党的建设的主要内容。全委会强调，加强和改进新形势下党的建设，要以邓小平理论和“三个代表”重要思想为指导，深入贯彻落实科学发展观，以经济建设为中心，以巩固党在边疆民族地区的执政地位为目标，坚持“一个强化”（即强化理论武装），做到“四个围绕”（即围绕经济发展抓党建设、围绕民族团结抓党建、围绕边疆稳定抓党建、围绕改善民生抓党建），实践“五项工程”（即农村党员发展工程、农村党员素质提高工程、农村带头人培养工程、红旗飘飘工程、农民服务站建设工程），加强干部队伍建设，抓好党风廉政建设，推进科学发展，构建和谐德宏，为建设富裕开放、和谐安宁的社会主义新边疆提供坚强保证。

【云南省委常委省委组织部长辛桂梓到德宏调研】 2009年11月6至7日，云南省委常委、省委组织部长辛桂梓到德宏调研。德宏州党政领导孟必光、李兴顺、杨跃国、马永福等陪同调研。辛部长先后深入到潞西市遮放镇，陇川县勐约栋村、拉影口岸、南等村，瑞丽市卡南村、姐告国门社区。通过实地调研和听取情况介绍后，辛部长充分肯定了德宏州在加强和改进党的基层组织建设的做法和经验，强调要结合民族文化创新基层党建工作，进一步提高社区基层党组织建设水平。

【全国人大常委会副委员长乌云其木格到德宏视察】 2009年11月12至14日，全国人大常委会副委员长乌云其木格到德宏，视察德宏边疆地区经济社会发展情况和民生工作。省人大常委会副主任杨建军和德宏州党政领导赵金、余麻约、番跃平、管国芳等领导陪同在德宏的调研。乌云其木格一行先后视察了梁河南甸宣抚司署、姐告口岸、畹町口岸和潞西市勐巴娜西珍奇园，听取了德宏州领导关于加快经济社会建设步伐，建设富裕开放、和谐安宁社会主义新边疆的思路和举措的工作汇报，并给予积极评价。

【潞西市孔雀湖旅游开发项目正式启动】 2009年11月18日，德宏州潞西市孔雀湖旅游开发项目正式启动。德宏州党政领导赵金、龚敬政、柳五三、马福朝、郭志德、番跃平、李燕兰、孔勒干、管国照等出席启动仪式。潞西市孔雀湖位于芒市城东南郊，总面积7140.5亩，其中湖域水面面积1404亩。湖区周围森林茂密、山清水幽，是人们休闲度假的宝地。该项目规划主要包括环湖公路、各项旅游基地设施、康体养生、康体娱乐、水上活动、拓展训练基地、会议中心、休闲别墅、旅游酒店等，项目建成后将与勐焕大金塔、勐马娜西珍奇园、五亚山绿色家园形成整体连片的经典旅游片区。届时，孔雀湖旅游区可实现年环境容量170万人次，年游客容量58.2万人次。该项目的启动建设是州委、州政府构建旅游二次创业，打造云南大旅游圈腾冲——瑞丽——芒市——龙陵精品板块的重大决策部署，标志着“旅游活州”发展思路进入了实施的新阶段。

【德宏旅游集团挂牌成立】 2009年11月8日，德宏州委州政府在勐巴娜西珍奇园举行德宏旅游集团挂牌成立庆典。省旅游局局长喻顶成、缅中旅游协会会长蒋志明，德宏州党政领导赵金、余麻约、田大余、番跃平、李燕兰、赵镇康、杨红、卜金富、周湛鸿等参加了庆典仪式。该集团的成立是州委、州政府实施旅游文化产业百亿元工程、加快推进德宏旅游二次创业的重大决策，也是实施集团化发展战略、有效应对竞争激烈的旅游市场采取的一项重要举措，对于促进旅游产业升级、实现德宏旅游跨越式发展具有重大而深远的意义，是德宏旅游发展的一个里程碑。

【’2009中缅边交会】 2009年12月2至6日，2009年第九届中缅边境经济贸易交易会在瑞丽市姐告举办。云南省副省长顾朝曦、省政府副秘书长崔质涛、省外事办主任周红、省商务厅副厅长王建伟、省公安厅副厅长严尚智、商务部驻昆明特派员办事处特派员刘小峰，德宏州党政领导赵金、孟必光、余麻约、龚敬政，缅甸联邦商务部副部长昂吞、联邦商务部边贸司副司长吴腊莫伍、木姐地区和平与发展委员会主席吴通明若、联邦驻昆总领事馆总领事佐朴温，泰国清迈府副府尹春潘·森玛尼、副府尹乌提·斯提素拉等官员出席开幕式。副省长顾朝曦和缅甸联邦商务部副部长昂吞在开幕式上致辞，德宏州委书记赵金致欢迎辞。历时5天的本届边交会成果丰硕，共有290余家国内外企业（其中缅甸参展企业42户）近2000余人参加了本届边交会的商品交易和商务洽谈，共完成进出口现货贸易30025.12万元，其中进口3148.19万元、出口26876.93万元；签订进出口贸易合同22个，金额12.32亿元，其中进口56632万元、出口66605万元；招商引资项目8个，协议投资金额7.65亿元人民币。

【德宏东方硅谷一号炉点火】 2009年12月3日，德宏东方硅谷矿业公司一期一号年产8000吨的工业硅炉点火仪式在潞西市遮放镇坝托村举行。德宏州党政领导赵金、孟必光、李兴顺、余麻约、龚敬政、柳五三、马福朝、马永福、郭志德、番跃平、李燕兰、赵镇康等出席点火仪式。德宏东方硅谷矿业有限公司位于遮放镇坝托村，占地面积560亩，由美东云南同乡会副会长陈伟先生牵头，多家美国公司共同投资，新建金属硅、多晶硅生产基地，投资硅产品深加工。该项目在国际属最高科技成果，将使德宏优质矿资源和丰富的水电资源优势得以充分发挥，整个项目分三期实施，一期计划年生产工业硅30000吨、多晶硅3000吨。该项目于2008年11月1日破土动工，已投入资金1亿元，一期工程12600KVA×4工业硅炉预计2010年6月全部投产。

【彭丽媛到瑞丽开展禁毒防艾宣传】 2009年12月18日，全国政协委员、总政歌舞团团长、国家禁毒防艾宣传员彭丽媛和全国禁毒防艾宣传员一行参加了在瑞丽举行的2009年“禁毒防艾边疆行”宣传活动，并为活动亲情献歌。国家卫生部疾控局副局长郝阳，副省长、省防艾办主任高峰，省政府副秘书长卫星，省卫生厅厅长陈觉民、副厅长徐和平，德宏州党政领导赵金、田大余、马福朝、郭志德、番跃平、孔勒干等参加活动。彭丽媛一行深入村寨卫生室、预防艾滋病重点宣传和干预场所，走访医务人员，看望抗病毒治疗人员、艾滋病致孤儿童，用中、英文演唱了《爱你的人》，鼓励大家进一步做好禁毒防艾工作。

【潞西至梁河二级公路开工建设】 2009年12月26日，潞西至梁河二级公路开工庆典仪式在潞西市芒市立交桥举行。州党政领导赵金、孟必光、余麻约、龚敬政、柳五三、马福朝、番跃平、孔勒干、板岩过、苏洪涛、杨庆华、周湛鸿等，省公路局农村公路处处长李云出席开工庆典。潞西至梁河二级公路是德宏州“三纵三横”干线公路网络“三横”中的核心路段，新改建的潞西至梁河二级公路全长111.05公里，路基宽12米，设计时速为每小时60公里，总投资21.42亿元；全线设隧道1座1910米，大桥87座14049米，桥涵、隧道总里程达23.5公里；预计2011年6月完工。该工程建设完成，将极大地改善潞西、梁河、陇川的交通运输条件，促进道路沿线各族群众脱贫致富。

（《年内大事》撰稿　杨星明）

领导干部名录

中共德宏州委常委、书记、副书记

常　委　赵　金（彝族）
孟必光（傣族）　李兴顺（2009年12月止）
唐文祥（瑶族，2009年12月任）
李松林（女，2009年2月止）
柳五三（白族）　田大余　马福朝
杨跃国　马永福（回族）　郭志德（彝族）
番跃平（景颇族）
陈振冲（挂职，2009年7月止）
李燕兰（女，藏族，2009年4月任）
赵镇康（回族，2009年5月任）
书　记　赵　金（彝族）
副书记　孟必光（傣族）
李兴顺（2009年12月止）
唐文祥（瑶族，2009年12月任）
秘书长　番跃平（景颇族）
副秘书长　邵　强（傣族）
赵立新（白族，2009年5月止）
李枝济　段培相（2009年9月止）
车发云（白族）
侯　胜（2009年5月任）
陶继清（2009年5月任）
党宽利（2009年9月任）
宋雨发（2009年9月任，兼）

中共德宏州委办公室

主　任　侯　胜（2009年9月任）
副主任　李枝济　段培相（2009年9月止）

机要局

局　长　袁昆贤（傣族）
副局长　李明柳（女，2009年5月任）

州委组织部

部　长　马永福（回族）
常务副部长　张盈生（景颇族，2009年9月止）
副部长　向明亮（傣族）　岳麻空（景颇族）
李富炳
宋雨发（2009年9月任，兼）
副处级组织员　尹可舰　冯祖懿（傣族）

州委宣传部

部　长　田大余
常务副部长　方桄明（兼文明办主任）
副部长　董家垠　赵云山
杨宏成（兼文产办主任，2009年9月任）
文明办副主任　管　斌（女，傣族）

州委统战部

部　长　李有升（兼）
副部长　王春花（女，2009年5月止）
岳　明（景颇族，2009年5月止）

州委政法委

书　记　郭志德（彝族）
副书记　曾学亮
夏　阳（兼综治维稳办主任，2009年9月止）
王　奇（兼综治维稳办主任，2009年9月任）
张维平（兼州委“610”办主任）
政治部主任　鲁志坚
办公室（调研室）主任　李学成（彝族，2009年5月任）
综治维稳办副主任　冯祖威（2009年5月任）

州委政研室

主　任　何春嵘（景颇族）
副主任　李仲钦（阿昌族）　杨新凯
州委农村工作领导小组办公室副主任
张力才（2009年5月任）

州直机关工委

书　记　岳麻空（景颇族，兼）
副书记　董有湘　丁如松（女）

州委老干部局

局　长　李富炳

副局长　曹云春（景颇族，2009年5月止）
　　　　雷　准（景颇族）

州委保密局

局　长　邵　强（傣族，兼）

姐告边贸区工委

书　记　杨跃国（兼）
副书记　刀晓瑞（女，傣族，兼）　许毅刚

德宏州第十三届人大常委会

主　任　余麻约（景颇族）
副主任　汪宝泉　毛勒端（景颇族）
　　　　杨　红（女）　王兴才（景颇族）
　　　　管国芳（女，傣族）
　　　　孙春兰（女，阿昌族）
秘书长　王明山（2009年10月止）
委　员　刀红艳（女，傣族）
　　　　刀承祎（傣族）　向光泽（傣族）
　　　　闫信能　李富炳　杨天明（傣族）
　　　　肖占先　张盈生（景颇族）　张滇晋
　　　　陈耀洪（布依族）　金学明（景颇族）
　　　　周启昌　方洪明（傣族）　江　滇
　　　　杨五青（德昂族）　张勒干（景颇族）
　　　　罗星明（彝族）　郑光永（傈僳族）
　　　　赵文胜（白族）　夏　阳　倪国强
　　　　排　生（景颇族）　排正忠（景颇族）
　　　　龚元政（傣族）　瑞　红（女，傣族）

德宏州人大常委会各工作机构

办公室

副秘书长　夏　阳（2009年10月任）
副秘书长、主　任　赵立新（2009年6月任）
副秘书长、副主任　汪绍东

民族华侨工作委员会

主　任　龚元政（傣族）
副主任　汪国平

法制工作委员会

主　任　闫信能
副主任　余永固（2009年6月30日免）

财政经济工作委员会

主　任　向光泽（傣族）
副主任　杨祥时

教科文卫工作委员会

主　任　金学明（景颇族）

选举联络工作委员会

主　任　张滇晋
副主任　张新跃（傣族）

农业环境资源保护工作委员会

主　任　方洪明（傣族）
副主任　杨顺昌

研究室

主　任　段晓光
副主任　王　伟

德宏州人民政府及政府组成部门（包括部门管理机构和承担行政职能的事业单位）

州人民政府

州　长　孟必光（傣族）
副州长　柳五三（白族）　田大余
　　　　杨晓红（女，2009年4月止）
　　　　李江虹（女，2009年4月任，2009年12月止）
　　　　孔勒干（景颇族）　板岩过（傣族）
　　　　陈振冲（挂职，2009年7月止）
　　　　马　闻（回族）
　　　　苏洪涛（2009年12月任）
州长助理　刀承贤（傣族）　龚能政（傣族）
　　　　全洪涛（2009年2月任）
　　　　刀承福（傣族，2009年5月任）
秘书长　周湛鸿
副秘书长　袁少全　王建江　普金发
　　　　郗育铎（傣族）
　　　　李　兵（2009年5月止）
　　　　刀保信（傣族）
　　　　李舟宇（白族，2009年10月止）
　　　　蔺以卫　沈　澎（女）　蔺汝健
　　　　杨　洪（2009年5月任）
　　　　孙孔龙（景颇族，2009年5月任）
　　　　李全民（2009年5月任，兼）
　　　　宋雨发（2009年9月任，兼）

州人民政府办公室

主　任　袁少全

信访局

局　长　蔺以卫（兼）
副局长　克琼芬（女，傣族）　尹丽芳（女）
　　　　钱　华（哈尼族）

法制局

局　长　黄丽云（女，傣族，2009年5月止）
　　　　吕泽霆（2009年5月任）

副局长　王　猛

无线电管理处

主　任　何国山

住房公积金管理中心

主　任　杨旭辉

机关事务管理局

局　长　普金发（兼）

副局长　杨丽萍（女，白族）

州发改委

主　任　刀承福（傣族，2009年6月止）

俄　吞（傣族，2009年10月任）

副主任　李兴光　杨立刚　王　莉（女）

州经委

主　任　闫生赞

副主任　成保平　岳太湘　罗宏榆

党组副书记　革兴国（2009年5月止）

州教育局

局　长　王根顺

副局长　肖丽华（女，傣族）　寸待龙　陈寿昌

教育督导室主任　彭武国

州科技局

局　长　沙玉庄（回族，2009年10月止）

何　琳（女，2009年10月任）

副局长　何　琳（女，2009年10月止）　江宗宽

州财政局

局　长　刘新光

副局长　尚立雄（景颇族）　帕安胜（傣族）

党组副书记　黄德明

农业综合开发办主任　雷宝才（阿昌族）

总会计师　徐祖林

非税收入管理局局长　杨善武

州人事局

局　长　向明亮（傣族）

副局长　保孔陇（景颇族）　李定林

周　莛（女，满族）

编办副主任　徐丽华（女，白族）

州劳动和社会保障局

局　长　赵科丁（景颇族）

副局长　龚云政（傣族）　郑　宇

鲁国良（2009年10月任）

州公安局

局　长　马　闻（回族）

副局长　甘宏伟　王瑞平（女，2009年5月止）

杨长林　杨守刚（白族）

徐云春（傣族）　余　兵（挂职）

麻　勇（回族，2009年5月任）

党委副书记　尚腊友（景颇族，2009年5月止）

麻　勇（回族）

纪委书记、督察长　瞿生怀（2009年5月任）

政治部主任　万永刚（傣族）

交警支队支队长　徐云春（傣族,兼,2009年5月止）

杨从品（2009年5月任）

交警支队政委　杨从品（2009年5月止）

交警支队副支队长　孙建疆（哈尼族,2009年5月任）

王志明（2009年5月任）

警令部主任　许连学（2009年5月止）

张　明（2009年5月任）

缉毒支队支队长　段光跃（2009年5月止）

穆晓康（2009年5月任）

缉毒支队政委　刘江南（2009年5月止）

许连学（2009年5月任）

治安支队支队长　宋　云

治安支队政委　刘盈红（2009年5月任）

刑侦支队支队长　肖新卫

刑侦支队政委　何银林（彝族）

国保支队支队长　吴云疆

国保支队政委　龚自春（傣族，2009年5月任）

警卫处处长　施学志

行动技术支队支队长　徐自斌（傣族）

经济犯罪侦查支队支队长　罗绍华（彝族）

特警支队支队长　刘江南（2009年5月任）

特警支队政委　张　斌（2009年5月任）

州强制戒毒所所长　陈连昌

州强制戒毒所政委　段光跃（2009年5月任，2009年9月止）

州强制戒毒所副所长　沈国云

州禁毒委办公室副主任　张　华

州司法局

局　长　赵祖平

副局长　尹有才（景颇族）　张云华

党委副书记、纪委书记　贾　波

政治处主任　万　琦（女）

州劳教所

所　长　尹有才（景颇族，兼）

副所长　乔跃生　刘明钦

州民政局

局　长　王　奇（景颇族，2009年10月止）

谷忠寿（2009年12月任）

副局长　杨麻糯（景颇族，2009年10月止）
　　　　李春明

州民宗局

局　长　王二软（傣族）
副局长　韩　锦　闵建国　陈绍昌
　　　　龚明海（傣族）
党组书记　韩　锦

州交通局

局　长　闫信统
副局长　杨天积　聂国强

州农业局

局　长　宋雨发
副局长　曹明发（阿昌族，2009年10月止）
　　　　李　鹏　王立岗
　　　　杨爱军（白族，2009年9月任）
农技推广中心主任　黄廷祥
茶办主任　周启昌

州水利局

局　长　胡琦龙
副局长　周云生　段兆雄
　　　　王家华（2009年10月任，兼）
党组副书记　万立新（傣族，2009年9月止）

州林业局

局　长　钱　强（哈尼族）
副局长　谭新贵（景颇族）　於会荣　李发良
森林防火指挥部专职副指挥长　龚延麟（傣族）
州森林公安局局长　董建川（景颇族）
州森林公安局政委　杨从宽

州商务局

局　长　排志科（景颇族，2009年10月止）
　　　　李舟宇（白族，2009年10月任）
副局长　思　伟（傣族）　张景邦

州文化局

局　长　许贵荣（傣族）
副局长　高庆鹤（白族）　杨韬南

州卫生局

局　长　田树明
副局长　赵兴海（阿昌族）　邵国荣（傣族）
　　　　滕　云（女）
州中心血站站长　郭兆富

州艾滋病防治办

主　任　段祝聪（女）

州人口和计生委

主　任　番绍芬（女）
副主任　雷麻腊（景颇族）　沈丽平（女）

州审计局

局　长　郝豫昆
副局长　刘宗燕　雪　琳（女）

州统计局

局　长　王　梅（女）
副局长　蚌有洲（傣族，2009年10月止）

州国土资源局

局　长　肖利生（傣族）
副局长　闫敬东　王成钢　蒋恩顺
党组副书记　高星光

州建设局

局　长　杨晓平
副局长　于江辉（2009年10月止）　赵恩泽
　　　　陈　争（2009年5月任）
　　　　罗本成（2009年10月任）
党组副书记　吴礼全
城乡规划局局长　刘子明

州环保局

局　长　杨成礼
副局长　于怀芳（2009年10月止）
　　　　刀小周（傣族）

州外事办

主　任　杨国胜
副主任　李永海（景颇族）

州侨务办

主　任　聂河云
副主任　左利民（女，2009年5月任）

州人民防空办

主　任　段清志（2009年10月止）
　　　　于江辉（2009年10月任）
副主任　杨　怡（女，2009年5月任）

州粮食局

局　长　杨　弄（景颇族）
副局长　杨忠承（2009年10月任）

州扶贫办

主　任　李　兵（2009年5月任）
副主任　王兴全（景颇族）

州广播电视局

局　长　谷忠寿（2009年10月止）
　　　　段培相（2009年10月任）
副局长　排禄强（景颇族）

州旅游局

局　长　彭文才

副局长　余加崇（2009年10月止）　王明亮
党组成员、旅游集团总公司副董事长
王云祥（女，2009年9月任）

州蔗糖办
主　任　刀忠明（景颇族）
副主任　李晓全（女，2009年5月止）　余　忠
余加崇（2009年10月任）

州防震减灾局
局　长　王绍昆
副局长　张德刚

州驻昆办
主　任　郗育铎（傣族）
副主任　何秀娟（女，景颇族）

州接待处
处　长　张　云（傣族）
副处长　龚艳辉（女，2009年10月任）

州史志办
主　任　陈德寿
副主任　杨星明（2009年5月任）
张保和（2009年10月任）

州民语委
主　任　跑承梅何腊（景颇族）
副主任　快永胜（傣族）

州供销社
主　任　杨海生

州档案局
局　长　段丽冰（女）

州麻栗坝水库管理局
局　长　王建江（兼）
副局长　王家毕、毛从祥

姐告边贸区管委
主　任　刀晓瑞（女，傣族，兼）
副主任　蔡映春（女，回族）　杨常纪
李其贵（傈僳族）
龚翠莲（女，傣族，2009年10月任）

州安全生产监督管理局
局　长　赵兴倬（阿昌族）
副局长　黄国荣

州招商局
局　长　赵　敏
副局长　姚宏科

州体育事业局
局　长　何继武（景颇族，2009年10月止）
副局长　段　敏

州畜牧兽医局
局　长　谢　波（傈僳族）
副局长　潘　伟　何朝阳（壮族）

州政府研究室
主　任　李全民
副主任　李维森　蔺如程

州卫生监督支队
支队长　董保锐
政　委　周发芹（女，傣族，2009年5月止）

州移民开发局
局　长　杨世彪
副局长　张哲铭（傣族）

州交通运政管理处
处　长　李本泽
党总支书记　赵永明

德宏铁路建设领导小组办公室
主　任　柳五三（白族，兼）
副主任　刀承济（傣族）　李志坚

德宏州中级人民法院
院　长　马真荣（回族，2009年2月任）
副院长　杨华相　王　建（彝族）
雷永华（景颇族）
党组书记　马真荣（回族）
纪检组长　李顺芬（女）
政治部主任　刀继纲（傣族）
政治部副主任　杨常伦
执行局局长　贾云宏
执行局副局长　夏少华（白族）
立案庭庭长　陈　波
刑一庭庭长　李本纪
刑二庭庭长　余　菲
刑三庭庭长　陈本启
民一庭庭长　高　立（女）
民二庭庭长　邵　文
监察室主任　王肃宏
办公室主任　王昌省
行政管理处处长　马光华（回族）
司法警察支队支队长　保建芳
审监庭庭长　丁志翔

德宏州人民检察院
检察长　铁　楠（女，2009年2月任）
副检察长　刀保萍（女，傣族，2009年6月止）
普　瑞（景颇族）　高应科
党组书记　铁　楠（女）

纪检组长　孙学锦（景颇族）
反贪局局长　李云虎
反贪局副局长　牛晓东（2009年5月任）
政治部主任　曹明厘（阿昌族）
政治部副主任　普明堃
监所检察处处长　帕三崃（傣族）
监察处处长　们发寿（阿昌族）
检察技术处处长　张树清
法警支队支队长　熊辉品
人民监督办公室主任　李寒梅（女）
公诉一处处长　李　明
控告申诉处处长　姜　雁（女）
民事行政检察处处长　玉　波（女，傣族，2009年5月止）
反渎职侵权局局长　徐国旗
侦查监督处处长　康　磊（2009年5月任）
法律政策研究室主任　王莉琼（女，布依族，2009年5月任）
犯罪预防处处长　王瑞兴（2009年5月任）
办公室主任　李江涛（白族，2009年5月任）

政协德宏州第十届委员会

常　委　卜金富　刀小周（傣族）　马占炜
马昆龙（回族）　李有升　王圣春
王振泽　尹以稳　尹可丹
玉 波（女，傣族）　召系利（傣族）
刘　英（女）　闫信统　江宗宽
祁美春（女，景颇族）　许连文
孙定发（景颇族）　杨　杏（女）
杨晓红（女）　杨翠芳（女，佤族）
肖阳和　肖丽华（女，傣族）　何　方
何　庆（女，景颇族）
何干桑（景颇族）　何朝阳（壮族）
张　宽（女，景颇族）　张义兰（女）
张益俊（阿昌族）　陈　丽（女）
陈川云　陈德寿　杨庆华
杨丽云（女，傈僳族）　岩　板（傣族）
罗富强　金　华　郑振泉　郑海洪
胡永强　钟焱芳　倪建明
曹发成（傈僳族）　密秉兴（傈僳族）
蒋　华（德昂族）　龚敬政（傣族）
董成宝（景颇族）　董保柱
管国照（傣族）　谢　波（傈僳族）
詹茂胜　熊相入

主　席　龚敬政（傣族）
副主席　杨庆华　李有升（兼）
董成宝（景颇族）　卜金富（兼）
杨丽云（女，傈僳族）
秘书长　管国照（傣族）
副秘书长　尹以稳　赵福所（2009年12月任）
王金华（2009年12月任）
包丽海（2009年12月任）

政协德宏州第十届委员会办公室及各专门委员会

办公室
主　任　尹以稳（兼）
副主任　赵福所（2009年12月任，兼）
王金华（兼）

经济人口资源环境委员会
主　任　何　方
副主任　宋光明

提案社会法制委员会
主　任　王圣春
副主任　张保和（2009年12月止）
岳秀英（2009年12月任）

教科文卫体委员会
主　任　陈川云
副主任　李根显（2009年5月止）

民族宗教侨务委员会
主　任　蒋　华
副主任　焦小帕

文史资料委员会
主　任　杨常锁
副主任　赵福所（2009年12月止）

中共德宏州纪律检查委员会

书　记　李松林（女，2009年3月止）
赵镇康（回族，2009年5月任）
常务副书记　李　友（纳西族，2009年5月任）
副书记　思利章（傣族）、孙金发（阿昌族）
常　委　王立东（景颇族）　何家松
赵家云（女，阿昌族，2009年12月止）
李映杰（达斡尔族）
调研员　何永盛（景颇族）
监察局局长　思利章（傣族）
副局长　王立东（景颇族）

工作机构
办公室主任　何家松

干部室主任　赵家云（女，阿昌族，2009年12月止）
宣教室主任　李映杰（达斡尔族）
案审室主任　周一丁
副处级纪检员　冯学军
纪检二室主任　杨朝友
纠风办专职副主任　侯永涵
纪检一室主任　蒋必戎
党风室主任　李漾湖（回族，2009年10月止）
综合室主任　何家松

州纪委监察局派出纪工委

党政纪工委书记　徐开卫（傣族）
副书记　克宝玉（女，傣族）　苟洪文
尹可谅（傣族）
分局长　克宝玉（女，傣族）
群团纪工委书记　刘　星（纳西族）
副书记　马麻弄（景颇族）
刀文华（傣族）
帅喊岩（傣族，2009年5月任）
财经纪工委书记　李维仲（傣族）
副书记　李茂林　余　忠　游荞宁（女）
分局长　李茂林
教科文卫纪工委书记　许枝熙
副书记　沈赵留（2009年10月止）
杨园林　尹定耀
分局长　沈赵留（2009年10月止）
人事民政纪工委书记　邓莉华（女）
副书记　梁昌权（阿昌族）
何培元（傈僳族）
寸待礼
分局长　梁昌权（阿昌族）
农林水纪工委书记　哏留兴（傣族）
副书记　张　芬（女）　蒋太平
岳太贵（景颇族）
分局长　张　芬（女）
政法纪工委书记　杨锡伟
副书记　杨春城
分局长　杨春城

德宏州群众团体、企事业单位

州总工会

主　席　孙春兰（女，阿昌族）
常务副主席　张　宽（女，景颇族）
副主席　孟必和（傣族）

州妇联

主　席　刀红艳（女，傣族）
副主席　杨翠芳（女，佤族）
杨玲艳（女，傣族，2009年10月任）

共青团德宏州委

书　记　刘桢梅（女，白族）
副书记　李君川

州工商联

主　席　卜金富
常务副主席　肖占先
副主席　王春花（女，2009年6月止）
管有成（傣族）　岳秀英（女，景颇族）
党组书记　王春花（女，2009年5月止）

州科协

主　席　沙玉庄（回族，2009年12月止）
副主席　何　琳（女）　江宗宽

州侨联

主　席　聂河云

州文联

主　席　龚家强（傣族）
副主席　倪国强

州老年体协

主　席　杨大荣
专职副主席　寸丽萍（女）

州残联

理事长　谷云芳（女）
副理事长　杨立志（女）　李兴强

州社科联

主　席　林念兰
副主席　陈　旭

州红十字会

会　长　杨晓红（女，2009年10月止）
常务副会长　张蕾红（女）

州医疗集团

总院长　赵文胜（白族）
副总院长　汪桃生（2009年5月止）　何明庚
李宗禹（傣族）　张益俊（阿昌族）
党委专职副书记　杨　平（2009年5月止）
沈赵留（2009年9月任）

州疾病预防控制中心

主　任　张保森

州妇幼保健院

院　长　郭云松（女，2009年10月任）

州委党校

校　长　李兴顺（兼）

副校长　谢大鹏　线庆升（傣族）　杨晓兰（女）

党委书记　谢大鹏

党委副书记　毛成才

州民干校

校　长　谢大鹏

副校长　线庆升（傣族）　杨晓兰（女）

州行政学校

校　长　孔勒干（景颇族，兼）

副校长　谢大鹏　线庆升（傣族）

州社会主义学校

校　长　李有升（兼）

副校长　谢大鹏　线庆升（傣族）　杨晓兰（女）

德宏职业学院

院　长　李长富（2009年5月任）

副院长　赵家福（阿昌族，2009年5月任）

杨清成（2009年5月任）

党委书记　杨子平（2009年5月任）

州中等职业学校

校　长　邵维涛（2009年5月任）

副校长　李春萍（女，2009年10月任）

州民一中

校　长　党　颖

副校长　王希和　线时盛（傣族）　杨　伟

党总支副书记　谭德学（景颇族）

德宏传媒集团

总　裁　田大余（兼，2009年5月止）

董家垠（2009年5月任）

党委书记　董家垠

党委副书记兼纪委书记　熊　艳（女）

副总裁　张　健　舒生跃（傈僳族）

舒迎春（傣族）　韩启祥

王云祥（女，2009年5月止）

谷泉音（女）

岳太龙（景颇族，2009年9月任）

德宏团结报社社长　张　健

副社长、副总编　李永斌　杨增洪

德宏州广播电台台长　韩启祥

德宏电视台台长　王云祥（女，2009年5月止）

舒迎春（傣族，2009年9月任）

常务副台长　杨　艳（女，德昂族）

德宏民族出版社社长　舒生跃（傈僳族）

国际互联网德宏新闻中心主任　谷泉音（女）

州民语译制中心主任

岳太龙（景颇族，2009年9月任）

德宏供电有限公司

党委书记、董事长、总经理　岳志强

副总经理　寸时健　李茂增（白族）

工会主席　龚启武

中央、省属驻德宏工作机构

德宏师范高等专科学校

党委书记　克明亮

校　长　江　滇

党委副书记　景德萍

副校长　刘建平

纪委书记　杨德贵

中国人民银行德宏州中心支行

行　长　尹以庄（2009年8月止）

副行长　罗本祥（主持工作）　郑艳玲　杨占福

纪委书记　张金湛

工会主任　尹微波

中国银行业监督管理委员会德宏监管分局

局　长　鲁建华

副局长　杨国胜　袁虹英

纪委书记　杨雁翥（2009年11月任）

中国农业发展银行德宏州分行

行　长　金珞德

副行长　杨文会　吴　飞

中国工商银行德宏州分行

党委书记、行长　刁文利

党委委员、副行长　黄　亮

党委委员、行长助理、工会工作委员会主任　沙永华

中国农业银行德宏州分行

副行长　郑守廉（主持工作）　许连存　欧润湘

王健骅

中国建设银行德宏州分行

党委书记、行长　杨庆华（傈僳族）

党委委员、副行长　梁二麟（壮族）　杨继康

党委委员、副行长、纪委书记、工会主席

李志芳（女）

风险主管　段红锋（女）

中国银行德宏州分行

党委书记、行长　解近宏

党委委员、纪委书记　朱　江

党委委员、副行长　何建富

农村信用社联合社

副主任　杨银彪

州国税局

局　长　杨家正

副局长　余正保　赵成继（傣族）

纪检组长　叶　剑

总经济师　线　三（傣族）

州地税局

局　长　岳志新

副局长　林体忠　孔　亮

纪检组长　李勒丁（2009年5月止）

终继光（2009年9月任）

总经济师　董瑞义（景颇族）

中国人保财产股份有限公司德宏分公司

总经理　杨雁翔

副总经理　陈　黎　许本清

中国人寿保险股份有限公司德宏分公司

总经理　管　波

总经理助理　聂永强　明黎强（2009年7月任）

李仕忠（2009年7月任）

资深主管　孙家良（2009年1月任）

芒市民航站

总经理　钟　敏

党委书记　马召保

副总经理　方川龙　杨　磊

州气象局

局　长　王绍山

副局长　李　进　徐八林

纪检组长　杨世杰

德宏电信分公司

党组书记、总经理　刘　强

党组副书记、副总经理　段　勇

党组成员、副总经理　杨富华（白族）

工委主任、副总经理　刘宏斌

云南电网公司德宏供电局

局　长　赵兴盛（2009年9月止）

副局长　谭　林　肖　颖（2009年9月任）

张四书（2009年9月止）　朱　贵

中国移动通信德宏分公司

总经理　倪建明

副总经理　袁国志　杨林波

中国联合网络通信有限公司德宏州分公司

总经理　赵　杨（2009年3月19日任）

副总经理　杨开亮（2009年3月19日任）

张庆东（2009年3月19日任）

林　毅（2009年3月19日任）

州邮政局

局长、党委书记　杜国才

副局长　段春燕　周　斌

德宏烟草专卖局

书记、局长　赵　强

副局长　尹跃邦

经　理　赵　强

副经理　赵之福　吴庭发（2009年6月任）

德宏州工商行政管理局

党组书记、局长　黄春伟

副局长　卢振伟　罗德宏　赵卫平

纪检组长　胡　宁

德宏州食品药品监督管理局

局　长　魏有曙

副局长　吴基权　杨　灵□

纪检组长　李蕙萍

德宏州质量技术监督局

局　长　李维新

副局长　洪　德　杨加祥

纪检组长　杨洪钦

国家统计局德宏调查队

队　长　张明明

副队长　岳志刚　王　涛

党组书记　张明明

德宏州水文水资源局

局　长　张正强

瑞丽海关

关　长　黄孝荣

副关长、缉私分局局长　李飞虎

副关长　杨道生　罗忠祥（2009年1月任）

刘光梅　李志东（2009年1月止）

昆明海关驻瑞丽、畹町纪检监察特派员　李　刚

瑞丽海关缉私分局

局　长　李飞虎

政　委　董诗强

副局长　马应旭　陈　波（2009年5月止）

李家明（2009年5月任）

海关总署缉私局瑞丽缉毒犬基地

主　任　张卫华（2009年6月任）

芒市海关

关　长　黄孝荣（兼）

副关长　徐　文（2009年4月任）　付光林

杨清渊（2009年4月止）
纪检监察特派员　李翠琴

盈江海关

关　长　张丽珍
副关长　丁小宝　徐　文（2009年4月止）
李光庆（2009年4月任）
昆明海关派驻盈江海关、章凤海关　赫建权

章凤海关

关　长　孟跃贤
副关长　张文斌　钏文军

畹町海关

关　长　朱建国
副关长　陈树森　李志东

德宏出入境检验检疫局

副局长　张继光（主持工作）
副局长　寸待凯
纪检组长　王利民
盈江办事处主任　焦德勇
章凤办事处主任　邓仙树
综合技术服务中心主任　杨新武

瑞丽边防检查站

站　长　何嘉林
政　委　张正军（2009年1月止）
吴勇军（2009年1月任）
副站长　罗绍峰　张耀权（2009年1月止）
何院军　杨加学
副政委　喻泽辉（2009年1月止）
谭新华（2009年1月任）
参谋长　柳继明
政治处主任　阳广举
后勤处处长　赵永奇
姐告分站站长　吴景初
姐告分站政委　杨　能

畹町边防检查站

站　长　邓　冰
政　委　喻泽辉
副站长　钱中华（2009年1月任）　李秋明
黄庆龙（2009年3月止）
副政委　杨晓田（2009年1月任）
司令部参谋长　钱中华（2009年1月止）
李跃江（2009年1月任）
政治处主任　伍万贵（2009年1月任）
后勤处处长　彭国发

德宏交通运输集团公司

总经理　秦国苍
副总经理　胡梦卿　段兆云　杨世苍
张谢龙　王跃华
纪委书记、监事会主席　林成钧
工会主席　王跃华

芒市公路管理总段

总段长　高尔朴
副总段长　杨定忠　张敏才
党委书记　杨永恩
纪委书记　王向宏
工会主席　李开贤

潞　西　市

地　　理

【市　境】　潞西市地处云南省西部、德宏傣族景颇族自治州东南部，位于北纬24°05′~24°39′，东经98°01′~98°44′之间。南北相距62千米，东西相距约71千米，总面积2987千米。东、东北邻龙陵县，西南接瑞丽市，西北连陇川县、梁河县，南与缅甸交界。国境线长68.23千米。芒市镇（规划面积25平方千米）是市政府所在地，同时是德宏傣族景颇族自治州州府驻地。潞西市陆距省会昆明679千米，空距427千米，320国道贯穿市境。其地形特点是：“八分山，二分坝，三山两坝一河”。东北至西南走向的山地之间为宽谷盆地，通称“坝子”；盆地中部被三台山隔断，形成了芒市和遮放两个坝子。地势东北高，西南低，芒市河沿此倾斜流入龙江。

【气　候】　潞西市地处低纬高原，热量丰富，气候温和，属南亚热带季风气候，具有夏长冬短、干湿分明、冬无严寒、夏无酷暑，日照时间长、雨量充沛、冬季多雾等特点。历年平均气温19.6℃，最热月（6月）平均气温24.1℃，最冷月（1月）平均气温12.3℃；历年平均降水量1654.6毫米。2009年，潞西市气候特征主要是：一、年平均气温偏高，热量条件较好；年平均气温20.4℃，比历年平均值偏高0.8℃，属偏高年份。年平均最高气温27.6℃，年平均最低气温15.7℃；年极端最高气温34.4℃（7月13日），年极端最低气温3.7℃（12月25日）；最热月7月，平均气温24.7℃；最冷月12月，平均气温13.3℃。全年有霜日3天，出现在12月24、25和27日。二、年降雨量偏少，洪涝灾害偏轻；雨季于5月25日开始，10月1日结束。年降雨量1331.4毫米，比历年平均值偏少323.8毫米，偏少20%，属偏少年份。降雨天数139天，其中零星小雨38天，小雨36天，小到中雨25天，中雨23天，大雨14天，暴雨3天；最长连续降雨日数20天（6月22日～7月11日，总降雨量221.9毫米），最长连续无降雨日数41天（1月3日～2月12日）。三、年日照时数正常稍少，光照条件稍差；年日照时数2102.5小时，比历年平均值偏少150.4小时，属正常稍偏少年份。年内较为有利的气候条件是热量条件较好，强降雨天气较常年偏少，无秋季连阴雨天气。不利的气候因素是冬、春季干旱严重，森林火险等级偏高；汛期轩岗乡、勐戛镇及风平镇出现洪涝灾害。

【行政区划】 2009年4月，潞西市根据《国务院关于推进华侨农场改革和发展的意见》，制定了《芒市华侨农场改革和发展实施方案》，将芒市华侨农场下属的3个分场正式并入勐焕街道办事处、轩岗乡、风平镇管辖，原有的25个农业生产队调整为28个居民小组，潞西市现辖芒市、风平、遮放、勐戛、芒海、轩岗、江东、五岔路、三台山、西山、中山11个乡（镇），1个街道办事处（勐焕街道办事处）；80个村民委员会，13个社区居委会，719个自然村，1008个村（居）民小组；辖1个国营农场——遮放农场，遮放农场下设4个农业分场、31个生产队、2个直属单位。

【人口民族】 2009年，潞西市总户数94885户，比上年增1.7%；总人口38.24万人，比上年增1.1%。其中：男性19.56万人，女性18.68万人。人口出生率12.54‰，死亡率5.1‰，自然增长率7.44‰。在总人口中：城镇人口14.07万人，占总人口的36.8%；农村人口24.17万人，占63.2%。各民族人口中：汉族19.36万人，占总人口的50.6%；傣族13.19万人，占34.8%；景颇族2.96万人，占7.8%；德昂族1万人，占2.6%；傈僳族0.43万人，占1.1%；阿昌族0.21万人，占0.5%；其他少数民族1.09万人，占2.9%。

历　　史

【简　史】 潞西古为“滇越乘象国”地。西汉为不韦县，属益州郡。东汉永平十二年（公元69年）划入哀牢县，属永昌郡。西晋秦始七年（公元271年）属宁州辖地。唐初称茫施，属金齿部，隶属剑南道姚州都督管辖。宋大理国时易名怒谋，属永昌府，为金齿白夷地。元朝中统二年（1261年），在金齿地设安抚司，属贺天爵安抚使管辖。至元八年（公元1271年）分金齿司地为“路”，今县城划入东路地区。翌年，东路改名镇康路。至元十三年（公元1276年）从镇康路划出，设茫施路，隶属金宣抚司六路总管府。明洪武十五年（公元1445年）废茫施路，置茫施府，隶属云南承宣布政司。万历十三年（1585年）在遮放地区置遮放副宣抚司。崇祯十三年（1640年）芒市御夷长官司升格置为芒市安抚司。清初属永昌府。乾隆三十五年（1770年）改属龙陵厅。光绪二十五年（1809年）置勐板土千总（今芒牛坝一带），属龙陵厅管辖。民国元年（1912年）划芒市、勐卯两司为芒板弹压委员辖地，划遮放、勐板两司为遮卯弹压委员辖地，均隶属滇西道观察使。民国四年（1915年）改划芒遮板三司地为芒遮板行政区，属腾越道尹，公署设在勐戛，后废道制，改属第一殖边督办公署。民国二十一年（1932年）改为芒遮板设治局（准县级）。民国二十三年（1934年）改设潞西设治局，因其位于（怒江）以西而得名，局署仍在勐戛。民国二十五年（1936年）11月始设区、乡（镇），与土司制度原设合一，共设3区24乡4镇。1949年3月，潞西设治局从勐戛迁入芒市，隶属第十二区行政督察专员公署，8月改为县治，县名仍为“潞西县”。芒市土司代办、设治局长方克胜任县长，治所设在芒市。

1950年4月21日，中国人民解放军陆军14军41师121团进驻芒市，潞西和平解放，随解放军一同到达的军政代表团接管了国民党潞西县政府。1950年建立了潞西县人民政府，隶属保山专署。1952年，置3区24乡（镇、街），划出畹町镇。1953年7月，潞西划入德宏傣族景颇族自治区。1954年高埂田等7个乡从梁河县划入。1956年德宏自治区改自治州，潞西县隶属德宏州，置9区（站）61乡（镇）。1958年10至12月，设15个人民公社，县辖曼令等8寨划归畹町镇。1959年县辖莫里等15寨划归瑞丽县。1960年县辖崩补乡50%乡域划归陇川县。1966年置12区（站）78乡（镇）。1969年，撤销德宏州后潞西县隶属保山专区革命委员会管辖，置14个人民公社80个大队。1971年恢复德宏州建制，潞西划归德宏管辖。1984年人民公社改区乡。1987年，改区、乡（镇）为乡镇、村公社（办事处），辖14镇11乡84个行政村办事处。1996年10月28日，潞西撤县设市（县级市）。1998年，风平、法帕、城郊3乡撤乡设镇，全市辖7镇8乡80个村委会、4个居民委员会。2004年，新设芒市经济开发区居委会，全市有80个村委会、5个居民委员会。2005年11月潞西市撤并乡镇，撤城郊镇、象滚塘乡并芒市镇，撤法帕镇并风平镇，撤东山乡并遮放镇，撤并后全市有5镇6乡；12月，根据（潞机编〔2005〕23号）成立潞西市工业园区管委会。2007年12月，经云南省人民政府《关于潞西市芒市镇行政区划调整的批复》，设置勐焕街道办事处。至此，全市有80个村民委员会，10个社区居委会。2009年4月，原芒市华侨农场3个分场（芒市分场、帕底分场、遮相分场）划归潞西市管辖，现有80个村委会、13个社区居委会。

社　　会

【经济简述】　2009年，潞西市实现生产总值36.35亿元，比上年增13.6%，完成年计划的103%。其中：第一产业9.81亿元，比上年增4.9%；第二产业10.33亿元，增29.4%；第三产业16.21亿元，增13.1%。全社会固定资产投资30.54亿元，完成年计划的110.7%，比上年增43.8%；工业总产值24.17亿元，完成年计划的107.3%，比上年增20.1%；农林牧渔业总产值15.18亿元，完成年计划的97.6%；社会消费品零售总额17.37亿元，完成年计划的103.4%，比上年增22%；外贸进出口总额9.09亿元，完成年计划的100.1%，比上年增12%；旅游总收入10.48亿元，完成年计划的125.2%，比上年增29%；地方财政总收入4.19亿元，完成年计划的102.2%，比上年增12.5%；地方一般预算收入2.55亿元，完成年计划的105%，比上年增17.6%；城镇居民人均可支配收入13197元，完成年计划的100.9%，比上年增10%；农村居民人均纯收入3106元，完成年计划的103.3%，比上年增13.6%；年内，城镇登记失业率控制在3.6%。

【固定资产投资】　2009年，潞西市完成固定资产投资30.54亿元，比上年增43.8%。其中：城镇投资27.25亿元，比上年增40.3%。按产业划分：第一产业投资14541万元，比上年增32.6%；第二产业投资11.46亿元，增14.6%；第三产业投资17.63亿元，增73.8%；一、二、三产业投资比例为5：37：58。“三农”完成投资47463万元，比上年增1.4倍。年内，争取到中央扩大内需投资项目54个，投资额2.27亿元，比上年增30.3%；全市3000万元以上在建项目46个，投资规模15.33亿元，增84%；3000万元以上大项目投资占固定资产投资比重的50.1%。

【农　业】　2009年，潞西市完成大小春农作物播种面积74.62万亩，比上年增13.9%；产量27.63万吨，增11.5%；产值49700万元，增11.7%。完成订单面积8.34万亩，总产量4.88万吨，产值12484.17万元。组织实施项目13个，财政补助经费849.41万元；完成科技试验示范项目11项，举办试验示范样板13.65万亩；召开专业技术现场培训会1800场次，参训13.5万人次。完成测土配方施肥推广面积60万亩，土壤样品采集送检800个，印发施肥建议卡50000份，测土配方施肥技术培训5490人次。完成花卉种植面积77.3公顷，总产值2149.5万元，其中种植业产值1193万元，加工业产值90万元，服务业产值866.5万元。完成阳光工程项目培训1400人，劳动力转移输出854人，农民外出就业收入4400万元。

年内，开展农资打假专项治理行动7次，检查农资批发市场47个（次）、农产品批发市场45个（次）、农资经营部（店）189个（次），查处违法案件21起，立案查处2起，当地处罚8起，口头警告整改7起，发整改通知书4起。抽检蔬菜784个批次样品，有48个样品超标，超标率6.21%；检查渔团特效经营户48户（次），水产品销售经营户30户（次），养殖企业62户（次）。完成兑付各项支农惠农政策资金3306.73万元，受益农户58948户276691人。投入村内道路建设资金2981.61万元，完成村内道路硬化261条133.4千米；投入农田水利工程建设77.33万元，修建小型灌溉沟渠7条5785平方米；投入人畜饮水工程建设416.23万元，修建蓄水池17个1568.5立方米，架设水管31条96.67米；投入文化设施929.68万元，新建村内公共活动场所2个1578.2平方米，文化活动室24个3797.76平方米。农村经济总收入17.88亿元，按行业分：农业收入7.37亿元，林业收入0.92亿元，牧业收入3.86亿元，渔业收入995万元，第二产业收入2.83亿元，第三产业收入2.82亿元。

年内，农机总动力32114.37万瓦特，比上年增1698.37瓦特，增5%；农业机械原值20578.85万元，增1260.54万元，增6%；拥有拖拉机20577台，增659台，增3%；农副产品加工机械5597台，增1134台，增25%；联合收割机356台，增46台，增14%。完成机耕面积38.4万亩，机收面积18.3万亩；农机运输总量完成5293.6万吨/千米，比上年增71万吨/千米，增1%；新训拖拉机驾驶员528人，新训汽车驾驶员736人；检审拖拉机2736台，农机经营总收入10419.7万元，比上年增506.25万元，增5%。

【林　业】　2009年，潞西市集体林权制度改革完成确权面积236.14万亩，确权率96.14%；完成确权到户156.95万亩，确权到户率96.14%；确权宗地102294宗，发证102294宗，发证率100%；完成核发林权证面积236.14万亩，发放林权证48844本（其中退耕还林核发林权证5.5万亩2506本）。完成商品林均山到户面积142.08万亩，商品林均山到户率82.01%；集体统一经营林地20.91万亩。完成林业权流转变更432宗，涉及面积3.52万亩；办理各种林权证错误更正和遗失补证1546件；完成森林资源调查评估抵押贷款23宗，面积1860亩；办理担保公司担保贷款面积约2万亩，担保公司实施担保贷款4.8亿元。

年内，兑付退耕还林补助1447.6万元。完成核桃造林26000亩，澳洲坚果造林250亩，竹产业项目14.63万亩（高产巨龙竹引种推广示范100亩）。调运检疫木材7.5万立方米，苗木50.76万株，树桩125吨，竹材5150吨，活立木979株，药材1047.48吨，树皮和锯木灰807吨。开具检疫证书5194份，收取检疫费23.01万元。办理商品材人工林29104立方米，商品材天然林23678立方米，自用材1766立方米，烧材13313立方米，核发林木采伐许可证2678份。办理外调国内木材折原木78528立方米，边贸木材折原木17659立方米，林产品外调1904吨，剩余物5623立方米。办理木材运输证4878份；办理征占用林地19件，面积118.46公顷。查处林政案件720起，处罚720人，没收非法木材2769立方米，为国家挽回经济损失118.73万元。

【贸　易】　2009年，潞西市完成进出口贸易9.09亿元，比上年增12.02%，完成州、市政府下达任务数的100.11%。其中：进口2655.21万元，比上年降61.79%；出口88247.58万元，增18.94%。完成税费1518.67万元，其中关税29.35万元，海关代征增值税307.6万元，进口增值税355.6万元，地税收入26万元，出口商品口岸建设费537.13万元，各项管理费262.99万元。完成社会消费品零售总额17.37亿元，比上年增22%，完成年计划的103.4%。年内，为外贸企业争取国家和省级财政各项扶持资金200万元，实际到位128.55万元；为企业申报从老挝、缅甸进口黄樟油易制毒化学品许可证150吨。

【水　利】　2009年，潞西市水利部门完成投资9647.13万元，其中中央补助6750.27万元，省补助880.24万元，州、市、乡级补助980.76万元，群众自筹216.12万元，民营321万元，其他498.74万元；水利部门完成投资4019万元，占计划数的105.76%。年内，有各类施工水利工程973件，完工955件，投入劳动工日63.23万个，完成土石方121.66万立方米，改善灌溉面积6.5万亩，新增节水灌溉面积0.15万亩，治理水土流失面积6.9平方千米，解决饮水安全人口3.27万人；修复水毁工程14处，疏浚河道4千米，新建水池90个。

年内，完成芒海通道勐古河界河治理工程，治理河段8.4千米，治理堤长8.35千米，总投资2967万元，完成土方0.4万立方米，石方0.58万立方米，实际完成投资135万元；烟区水利工程投资942万元，完成浆砌石方3.5万立方米，渠道防渗34千米，改善灌溉面积0.76万亩；农村饮水安全项目投资1500万元，完成土方14.12万立方米，石方0.61万立方米，架设管道599千米，解决了81个村寨3.27万人饮水安全问题。边境地区农田水利项目投资100万元，完成土方0.56万立方米，石方1.04万立方米，沟渠防渗1.96千米，改善灌溉面积0.11万亩。

年内，投入抗旱0.7万人，机动抗旱设备120台，装机容量1058千瓦，机动运水车辆50辆，抗旱用油4.2吨，抗旱浇灌面积0.35千公顷，临时解决0.54万人、0.13万头大牲畜的饮水困难问题，挽回粮食80吨，挽回经济作物损失50万元。投入抢险救灾人力0.24万人次，资金23.29万元，汽油0.5吨，编织袋7万条，竹子253棵，竹梢128捆，机动车25辆次；减淹耕地0.09千公顷，避免粮食减收150吨，挽回经济损失40万元。

【工　业】　2009年，潞西市实现工业总产值24.17亿元，比上年增20.1%；实现工业增加值76691万元，占GDP比重由上年的19.4%上升到21.1%，提高1.7个百分点。主要工业产量：成品糖10.16万吨，比上年增13.2%；水泥78.23万吨，增19.8%；发电量6.09亿千瓦小时，增24.6%；工业硅3.11万吨，增27%；酒精9293千升，降8.3%；精制茶6869吨，增22.4%。全市24户规模以上工业企业有11户亏损，亏损面45.8%，比上年上升25个百分点，亏损额为19380万元，是上年的14倍；企业利润总额由上年的7206万元下降为-10119万元；利税总额3952万元，降80.8%。

【旅　游】 2009年，潞西市有旅游住宿单位123家，客房4229间，总床位7457个，其中星级宾馆、酒店14家，招待所55家，非星级宾馆36家，社会旅馆20家。拥有旅行社9家，其中国际旅行社1家，国内旅行社8家，有导游92人。主要景区景点9个，其中4A级景区1个，其他景区景点8个；拥有旅游车57辆。年内，接待中外游客136.2万人次，比上年增20.7%。其中：国内旅游者135.02万人次，比上年增20.9%；海外旅游者1.18万人次，增2%。实现旅游社会总收入104770.61万元，比上年增37.8%；实现外汇收入354.22万美元，增10.05%。开展行政执法活动63次，处理旅游投诉案件和纠纷5起，处结率100%，满意率100%。

【财政税务】 2009年，潞西市财政总收入4.19亿元，比上年增12.5%；财政总支出10.8亿元，增40.3%。完成一般预算收入25521万元，比上年增17.6%；其中：增值税3294万元，比上年降3.1%；企业所得税478万元，降4.6%；营业税8543万元，增26.6%；完成一般预算支出10.35亿元，比上年增45.3%；其中：环境保护支出增88%；教育支出增34.6%；农林水事务支出增33.7%；社会保障和就业支出增36.1%。年末，金融业存贷款业务实现30%以上增长，各项存款余额为71.82亿元，比上年增33.3%，其中储蓄存款37.49亿元，比上年增22.3%；各项贷款余额60.45亿元，比上年增32.1%，其中工业贷款4.84亿元，增45.5%；农业贷款4.79亿元，增89.8%。年内，国税完成税收2.07亿元，比上年增7.1%，完成年计划的105.8%。其中：增值税收入1.32亿元，比上年降3.1%，完成年计划的96%；消费税收入1539万元，增557.7%，完成年计划的669.5%；企业所得税收入2314万元，增2.1%，完成年计划的100.6%；储蓄存款利息个人所得税收入196万元，降50.8%，完成年计划的130.7%；车辆购置税收入3510万元，增22.5%，完成年计划的109.7%。地税完成税收31516.6万元，比上年增22.3%。其中：地方税收完成21327.8万元，比上年增18.9%；地方各费收入10188.8万元。征收社会保险费9613.2万元，水资源费11.4万元，文化事业建设费45.8万元，地方教育附加215.8万元，代征工会经费301.7万元。

【城建环保】 2009年，潞西市城乡建设局办理《建设项目选址意见书》23份，总用地面积30.27万平方米；《建设用地规划许可证》26份，总用地面积57.79万平方米；《建设工程规划许可证》458份，建筑面积53.95万平方米。实施了团结大街、芒市大街、勐焕路等11条街道、58家单位（私人）的"穿衣戴帽和开墙透绿"工程，总投资2.3亿元。启动了芒市机场大道、人保路、团结大街、街坡、遮安路上段、白象街、广腊亮街、德兴路、金塔大街北段等道路的改扩和续建工程；投资1.26亿元，完成斑色路上段、罕相路上段、阔时路等道路建设；投资450万元，完成风平镇统建点、芒别统建点和西山统建点灾后恢复重建工程；投资368.5万元，改造和新建芒市大街、白象街、德兴路、广腊亮街、营水路、城北小区、松缘小区等道路照明和小区照明；投资1860万元，完成管线长约9千米的城市燃气工程；投资612万元，启动南秀河上段和南喊河等滨河绿化带建设；投资300万元，对金塔大街、勇罕街、南蚌路、罕相路、斑色路上段等多条主要街道、重点园林景点、公园绿地栽种及养护。

年内，办理建房许可证451份，建筑面积32.69万平方米，总投资43722万元。组织招标项目50个（其中市政工程建设项目16个，建筑工程项目34个），建筑面积56231平方米，投资17504.49万元。办理《房屋所有权证》2102户，建筑面积47.83万平方米；办理房产交易678户，建筑面积15.3万平方米。投资4938万元，启动2008至2009年廉租房项目开工建设，建设657套，面积32850平方米；完成农垦路东段、芒罕路、罕相路、河东路、人保路、团结大街北段、勐巴娜西公园和勐垅沙旅游等项目用地的拆迁补偿安置工作，支付补偿576.42亿元，拆迁面积88.06万平方米。环卫工人日清扫面积200万平方米，清运垃圾39460吨，粪便664吨，对城市干道尘洒水43800吨，平均日洒水120吨，垃圾清运率90%以上。

【教　育】 2009年，潞西市有各级各类学校167所，在校生62037人。其中：幼儿园20所，在园幼儿9396人；小学128所，在校生

32013人，入学率99.86%；普通初级中学14所，在校生15634人，毛入学率98.52%，年辍学率控制在0.99%；普通高中1所，在校生1880人；职业高中1所，在校生3114人。有教职工3385人，其中幼儿园教职工100人，小学教职工2028人，初中教职工951人，普通高中教职工150人，市职中教职工114人，成技校教职工6人，教育科研中心教职工28人，青少年活动中心8人。

全年全市有946人报名参加普通高考，其中报考文史类377人，报考理工类444人，报考艺术类71人，报考体育类54人。本科上线239人，专科上线307人；有2418人报名参加中考（其中当地少数民族938人），600分以上294人，500至599分490人。

年内，投资130万元，新配备9所乡（镇）中心小学计算机室，中小学计算机室达55个，拥有计算机1455台，生机比为33∶1；有多媒体教室41个，语音教室9个，卫星教学收视室114个，教学光盘播放设备427套。各乡镇成人技术学校培训各种实用技术人员30548人次（其中法帕成技校开展进城务工岗前知识、技能和实用技术培训36期4226人次）；农民工转移就业培训5期600人，已转移就业415人，转移就业率70%。为整合教育资源，对生源少的芒市镇的大湾，风平镇的南景、新光、芒毛、芒烘、芒小、葫芦口，轩岗乡的黄竹场、屯勐、空发，五岔路乡的邦岭，遮放镇的允午、芒号、团结、弄丘、下翁角，勐戛镇的香菜塘等小学校点进行撤并。

年内，排查鉴定中小学校舍1222个单体建筑物，面积42.67万平方米，其中需加固改造校舍18.76万平方米，占校舍总面积的44%；需拆除重建15.57万平方米，占36.4%。为顺利实施校舍安全工程，争取到中央、省级专项资金3008.41万元；市财政投入807.96万元；社会各界捐款180.79万元；银行贷款600万元；施工企业垫资6198万元。截至当前，开工建筑单体63个、面积68695平方米，已竣工面积25428平方米，超额完成州级下达的任务。

【科　技】　2009年，潞西市科技局围绕咖啡、德宏水牛、印楝素生物农药、优质水稻等优势产业为企业申报项目，争取到国家、省、州三级科技项目资金843万元；为项目实施村购置科普图书、挂图、电视、音响、光碟等科普设备争取经费38万元。年内，在11个乡镇开展优质稻种植、无公害蔬菜种植、低产老茶园改造、种草养牛技术、沼气运用管理等12个重点产业技术培训，聘请授课教师81人次，培训13期13250人次。在“4·26知识产权宣传日”组织工商、公安、安监等16个相关部门到芒市街心花园开展宣传活动，制作布标4幅，展出展板16块，发放《云南省专利保护条例》、《专利申请与保护指南》、《保护知识产权、促进创新发展》等宣传手册、宣传单8000份。全年全市专利申请25件，授权11件。

【文化体育】　2009年，潞西市文化体育局组织专业辅导教师深入农村、机关、社区、校园、军营开展形式多样的群众文艺培训75次，培训文艺骨干2100人次，编排文艺节目73个，制作、编创了歌曲《文邦圣亚》和《圣亚姑娘》，收录了目瑙纵歌音乐《纵歌之声》、《独么的微笑》、《新世纪文邦》、《蜜蜂传情》、《西山小调》7首歌曲；编创舞蹈、歌曲《少多哩》、《傣乡美》、《春米舞》、《罕扁双》、《伞情》等26个文艺节目，深入坝区、山区巡回演出108场次；送戏下乡83场，深入农村、社区开展图书宣传活动8次，送电影下乡3430场，开展群众文艺辅导30次，派出工作人员65人次，辅导编排文艺节目40个。

年内，重点开展了未成年人保护、扫黄打非、安全生产等各类专项检查行动，检查经营户1619户次，收缴非法出版物465本，非法书刊259本，受理来访10次，参加法制宣传摆摊设点4次，发放宣传材料2000份，开展法制培训16次，培训经营户250户次，培训人员472人次。编辑出版了《潞西市非物质文化遗产选辑》和《傣族剪纸》两书。将《傣族剪纸》作为《中国剪纸》的子项目参加联合国人类非物质文化遗产代表作项目申报，补充完成了410张图片，10份项目申报书，10份调查报告，10份DVD光盘，20份电子文本的申报材料。图书馆接待读者37903人次，图书总流通30091册次，增设15个流动书箱网点，送出流动书籍1995册、期刊100册，开展基层业务辅导3次，为华侨农场14个文化活动室配送书架14个，图书1641册。

【医疗卫生】　2009年，潞西市有卫生机构16个，病床665张，技术人员404人；有行政村卫生室72个，在职村医220名。年内，卫生部门收报乙类传染病12种647例，报告发病率为171.86/10万，比上年降20.52%。开展本地发热病人血检16983人份，检出阳性72例；疟疾休止期根治7233人份；治疗间日疟7425例，收报本地疟病96

例，比上年降47.83%；开展外环境监测各类样本101份，健康人群病原监测6114人份；收报腹泻病人71例；新涂阳肺结核病人97例。接受艾滋病自愿咨询检测395份，检出阳性59例，阳性检出率14.9%；孕产妇检测9029人份，检出阳性71例，阳性检出率0.79%；新婚登记人员HIV检测7636人份，检出阳性51例，阳性检出率0.67%；美沙酮维持治疗在组人员454人，其中HIV感染者185人，占32.5%。

全年全市应参加新型农村合作医疗农民27.32万人，实际参合27.29万人，参合率99.9%。新农合补偿46.82万人次，补偿资金2671.92万元，占年度资金的96.03%，其中门诊补偿44.26万人次，补偿资金457.27万元；住院补偿2.56万人次，补偿资金2214.65万元。受理卫生行政许可证1639件，审核发放卫生许可证1623件；新设置医疗机构2户，护士换证注册385人，医师换证注册72人。查出职业禁忌人员42人，调离率100%。检查经营单位2184户次，持有效卫生许可证2140户次，持证率98%；检查从业人员4587人次，持有效健康合格证4358人次，持证率95%。打击非法行医窝点20个，取缔无证行医28户，清理乡镇游医、假医摊点10个。举办各类健康知识讲座11次，健康咨询指导20221人次；对学生进行健康体检11498人次，对适龄儿童进行一类疫苗接种15305人份，二类疫苗接种17198人份。

【民　政】　2009年，潞西市农作物受灾面积12142.5亩，成灾5076亩，绝收1539亩；受灾人口42822人，紧急转移安置414人，因灾损坏房屋891间，倒塌房屋68间，造成直接经济损失739.63万元。年内，下拨自然灾害救济补助款146.2万元，发放救灾大米57.4吨，棉被250床，帐篷146顶。收到农村医疗救助申请734份，发放救助金92.78万元，救助734人，人均补助1264元；收到城市医疗救助申请562份，发放救助金95.9万元，救助562人，人均补助1705元。捐助贫困大学生67人，发放救助金5.35万元；接收退役士兵66人，兑现义务兵家属优待金54人13.68万元，重点解决了133名退役老兵的生活、住房、医疗问题，补助资金32.35万元；落实兑现参战人员、出国民兵民工定期定量生活补助870人，发放定补经费145.4万元。

年内，市民政部门深入10个乡镇（街道办）、农场慰问，慰问受灾户、特困户80户，城镇低保户90户，敬老院3所，困难老党员11人，困难职工74人，困难残疾人15人，台属、台胞3人；累计支付慰问金23万元，慰问品850份。发放原小乡干部定补129人，支付经费20.75万元。办理结婚登记1627对，离婚登记254对，补发婚姻证件110份，接受群众来人、来电咨询3000人次，整理婚姻档案3000多卷。办理社会福利企业审核登记6个，对民办非企业单位年检22家；办理社团登记2个，年检39个。救助城市流浪乞讨人员和衣食无着的流动人口1349人次，其中少年儿童275人次，青壮年1011人次，老年人63人次，省内342人次，省外606人次，地址不祥的401人次。

【民族宗教】　2009年，潞西市民宗局争取到中央、省级少数民族发展基金项目124项987万元，争取到上海对口帮扶云南德昂族发展项目36项258万元；完成上海对口帮扶道路建设项目4项，全长9730.11平方米；完成农田水利项目2项543.28立方米；完成人畜饮水工程项目2项，购电动抽水机1套，建蓄水池3个540立方米，引水管线3千米；完成茶叶种植600亩，橡胶种植544.3亩，坚果种植100亩；完成安居房建设15户；完成沼气建设42口。

年内，配合相关部门深入遮放、风平、西山等乡镇对境外宗教组织勾结市内信徒进行非法传教活动进行调查研究，加强对境外宗教渗透的监控力度；依法参与监督恢复或更改民族成份手续的办理工作，有效维护了少数民族群众的正当权益。

【治　安】　2009年，潞西市公安局立刑事案件1763件，破611件，破案率34.66%。破获年前积案218件，破案绝对数829件，比上年增177件，增27.15%；抓获作案人员397名，增25名，增6.72%；打掉犯罪团伙25个105人，抓获在逃人员161人，追缴财物191.02万元。查处各类森林案件161起，比上年减151起，降48.4%；处罚违法人员201人，为国家挽回经济损失87万元。查处纠正各类交通违法行为70054件，依法暂扣机动车937辆；年内，发生交通事故14起，致死17人，伤7人，事故数比上年减2起，降12.5%，死亡人数减2人，降10.53%，受伤人数减7人，降50%，直接经济损失减1199元，降3.17%；发生火灾13起，死亡2人，直接经济损失19.02万元，事故率增85.71%，死亡人数上升2倍，直接财产损失增1.26倍。

年内，查获毒品案件773起，比上年增98起，增14.5%；抓获作案人员783人，增41人，增5.5%；缴获毒品149.37千克（海洛因85.08千克，冰毒12.02千克，鸦片52.27千克），增25.84千克，增20.9%。整治重点村寨、区域160多个，破获零星贩毒案件604起，捣毁吸贩毒窝点140个，抓获零星贩毒人员604名，收戒吸毒人员1111名，参与美沙酮维持治疗357名，社区戒毒（康复）326名。组织15个派出所的法制副校长深入128所大、中、小学校讲授禁毒课，举办中小学生作文比赛、知识竞赛22场次；禁毒图片展88次；禁毒宣传大小会议1850场次，入户宣传66200次，走访吸毒危害家庭4000户，帮教吸毒人员27000人次，发放、张贴宣传资料26.8万份，书写标语14500条，利用文化活动室开展娱乐活动180场次。

年内，受理治安案件2326件，查处2315件，查处率99.53%，查处违法人员1888人，比上年增190件，增8.9%；清查流动人口15472人，办理暂住证2527人，清查出租房屋5471个，娱乐场所392家次，出租房备案1683家，签订责任书1683家；办理《中华人民共和国外国人出入境证》等证件456份，办理《境外边民临时居留证》延期1325次；管理边境地区缅甸籍边民人员2735人，中国籍边民出境人员1427人；清理、清查和登记缅甸籍人员1769人。

【人民生活】 2009年，潞西市城镇居民人均可支配收入13197元，比上年增10%；农村居民人均纯收入3106元，增13.6%；城镇居民人均消费支出10422元，比上年增3.7%；农村居民人均生活消费支出2610元，降0.5%。城镇居民人均住房使用面积35.8平方米，农村居民人均住房面积19.95平方米。年末，城镇居民每百户拥有家用汽车14辆，摩托车104辆，彩电131台，家用电脑36台，移动电话191部；农村居民每百户拥有影碟机63台，电视机97台，摩托车86辆，移动电话93部。

年内大事

【云南省联合调研组到潞西调研】 2009年2月15日，云南省林业厅副厅长冷华率省调研组一行3人到潞西市勐戛镇杨家场村就低产林改造和林木采伐管理改造试点工作进行调研，德宏州副州长板岩过，潞西市副市长李奇，州、市林业局科室负责人陪同调研。调研组实地到杨家场村海拔近1900米的高山林地察看森林资源现状，了解潞西市低产林改造和林木采伐管理工作情况，现场听取相关部门工作情况汇报。此次调研将对云南省今后出台低产林改造和林木管理的相关政策具有很强的指导意义。

【芒市机场大道工程正式启动】 2009年2月28日，潞西市芒市机场大道项目在芒市机场入口处举行开工典礼。云南机场集团有限责任公司总裁刘明，德宏州四班子领导赵金、孟必光、余麻约、龚敬政、柳五三、汪宝泉、杨庆华、王明山、管国照、蔺汝健、曾学亮，潞西市领导赵镇康、蔡四宏、张勒干、段吉永及州、市相关部门负责人出席开工典礼。芒市机场大道拟采“BT”（建设——移交）模式投资建设，预计总投资2.23亿元，全长5.31千米，其中主线天龙街至风平收费站4.15千米，道路等级为城市Ⅱ级主干道，道路红线宽度50米，设计时速50千米；复兴路连接线1.02千米，道路等级为城市Ⅱ级主干道，红线宽度50米，设计时速50千米；机场入口连接线0.15千米，道路等级为次干路，红线宽度40米，设计时速40千米；全线设中桥一座（30.06米）、涵洞6道（307.7米）、人行天桥3座。

【潞西市荣获云南省边疆解“五难”惠民工程先进县市】 2009年5月13至14日，云南省委、省政府在文山州马关县召开云南省边疆解“五难”现场推进会，潞西市荣获云南省边疆解“五难”惠民工程先进县市荣誉称号。潞西市自启动边疆解“五难”惠民工程以来，一是解决“读书难”。投入资金1759万元，进行教育D级危房改造和基础设施建设，小学入学率达99.7%、初中毛入学率达92.9%、高中阶段毛入学率达39%。二是解决“看病难”。投入资金390万元，建设村级卫生室65个，合作医疗补偿30.89万人次，补助2069.4万元，参合率达96.69%。三是解决“看电视听广播难”。建成数字电视西山、遮放、江东3个中继站，受益农户4000多户。四是解决“学科技难”。建设完善80个科技活动室，发展科技示范户20户。五是解决“看戏难”。送戏下乡148场，派出文艺辅导286人次，辅导文化骨干6649人次；争取资金552万元，投入农村文化阵地建设。

【“看中国·CRI中外记者边境行”大型采访团到潞西】 2009年8月13日，由中国国际广播电台，中共云南省委外宣办、云南人民广播电台联合组织的“看中国·CRI中外记者边境行”大型采访宣传活动采访团到潞西进行采访。采访团分别对市委书记赵镇康、市长蔡四宏进行专访。采访团还先后深入到三台山德昂族乡允欠三组、宏兴集团后谷咖啡有限公司进行采访，通过对三台山德昂族乡党委书记线加强和傣族民间艺人晚相牙的采访，深入了解潞西德昂族帮持发展情况以及特色生产和旅游文化产业发展的情况。

（《潞西市》撰稿　杨新荣）

领导干部名录

中共潞西市委

常　委　赵镇康　蔡四宏
沙玉庄（2009年10月任）
李　川　范　坤
李茂文（2009年5月止）
陶　明（傣族）
杨航深
穆勒准（景颇族）
韦德斌　赵海维
郭　山

书　记　赵镇康（回族，2009年9月止）
蔡四宏（傣族，2009年9月任）

副书记　蔡四宏（傣族，2009年9月止）
沙玉庄（回族，2009年10月任）
李　川（景颇族）

潞西市人大常委会

主　任　张勒干（景颇族）

副主任　窦泽民（景颇族）
腾二召（傣族）
杨五青（德昂族）
杨世寿

潞西市人民政府

市　长　蔡四宏（傣族，2009年10月止）
沙玉庄（回族，2009年10月代）

副市长　郭　山
穆勒准（景颇族）
金二保（傣族）
潘　宁
李　奇（傣族）
杨试纲
岳太科（2009年5月任）

政协潞西市委

主　席　李茂文（2009年6月任）

副主席　段吉永
何　庆（女，景颇族）
杨太生（傣族）
闵勇胜

秘书长　黄国伟

中共潞西市纪委

书　记　李茂文（2009年5月止）

副书记　何勒弄（景颇族）
黄培新　刘鸿儒

潞西市人民武装部

部　长　李龙章（2009年3月止）
张全清（2009年3月任）

政　委　范　坤

中共潞西市委工作机构、市群团组织领导名录

办公室

主　任　韦德斌

副主任　尹丽莉（女，傣族）
杨明伟
马　宏（哈尼族）
黄双虎
黄春梅（女，2009年7月止）

机要局

局　长　李伟寿

保密局

局　长　尹丽莉（女，傣族）

市委宣传部

部　长　陶　明（傣族）

副部长　刀保英（女，傣族）
吕艳琴（女，傣族，2009年4月止）
李荣宽（2009年4月任）

市委组织部

部　长　赵海维

副部长　石为民
景伸靖（傣族）
彭海林（景颇族）
杨荣信
杨加芳（女，白族，2009年4月任）

市委政法委

书　记　杨航深

副书记　查大伟　刘云江
赵新开

市委统战部

部　长　段吉永

市委督导室

主　任　程　庆

政研室

主　任　段体泽

老干局

局　长　彭家顺（2009年4月止）
杨加芳（女，白族，2009年4月任）

市直机关工委

书　记　石为民（兼）

市委党校

校　长　李　川（景颇族）

市总工会

主　席　闵勇胜

共青团市委

书　记　李春梅（女，景颇族）

市妇联

主　席　方安品（女，傣族）

市残联

理事长　朗玉相哏（女，傣族）

市工商联

主　席　何　庆（女，景颇族）

市侨办、侨联

主任（主席）　张恩教（2009年5月止）
刘晓玉（女，2009年5月任）

党史研究室

主　任　孔志恩（景颇族）

市人大常委会工作机构领导名录

办公室

主　任　杨新常（傈僳族）

法制工作委员会
主　任　方文俊（女，傣族）
科教文卫工作委员会
主　任　郭玉锁
财政经济工作委员会
主　任　龙玉明
选举联络工作委员会
主　任　杨　叁（傣族）
农业环境工作委员会
主　任　黄国旺
民族侨务工作委员会
主　任　石木比（女，景颇族）

市人民政府工作机构领导名录
办公室
主　任　董自明
副主任　李二喊过（傣族，2009年4月止）
尹忠德（阿昌族，2009年4月止）
刘宏春（女，景颇族）
李茂新　岳发坤
姚丽萍（女，2009年4月任）
市招商局
局　长　官运邦
市信访局
局　长　姚丽萍（女）
市法制局
局　长　刘　政
市外事办
主　任　赵早翁（景颇族，2009年5月止）
尹振祥（2009年5月任）
市发展改革局
局　长　岳太科
市经济局
局　长　杨国海
市安监局
局　长　朱如东（2009年5月止）
杨锡武（白族，2009年5月任）
市教育局
局　长　杨连升
市科技局
局　长　段立湘（2009年5月止）
周安明（2009年5月任）
市财政局
局　长　周润生
市人事局
局　长　彭海林（景颇族）
市劳动和社会保障局
局　长　李晓世（傣族，2009年5月止）
陈茂永（2009年5月任）
市民政局
局　长　鲍孔洪（景颇族）
市民宗局
局　长　李志能（傣族）
市交通局
局　长　李家仁
市农业局
局　长　杨绍刚
市林业局
局　长　晏祥文
市水利局
局　长　汤成毕
市茶叶局
局　长　杨安贵（2009年4月止）
项　赛（傣族，2009年4月任）
市商务局
局　长　江宗保（傣族）
市调处办
主　任　孙庆华
市人防办
主　任　彭韶华
市计生局
局　长　文恩贵
市审计局
局　长　周荣山（2009年5月止）
董菊萍（女，2009年5月任）
市统计局
局　长　匡国庆
市国土资源局
局　长　蒋恩顺（傣族）
市建设局
局　长　李小山
市监察局
局　长　何勒弄（景颇族）
市环保局
局　长　陈东晓
市扶贫办
主　任　杨朝余
市糖办
主　任　杨　红
市广电局
局　长　杨　宏（傣族）
市粮食局
局　长　袁国升（彝族）
市旅游局
局　长　马　剑
市卫生局
局　长　曾继康
红十字会
会　长　穆勒准（景颇族）
市档案局
局　长　通　四（景颇族）
驻昆办事处
主　任　黄建贵
市工业园区管委会
主　任　郭　山
市移民开发局
局　长　张永绍
市供销联社
主　任　谭　强（2009年4月止）
曹发成（傈僳族，2009年4月任）
市司法局
局　长　和金春（纳西族）
市公安局
局　长　潘　宁
政　委　邵云峰（2009年5月止）
市人民检察院
检察长　赵　斌
市人民法院
院　长　张文华
市防震减灾局
局　长　排永明（景颇族）

市食品药品监督局
局　长　杨丛艳（女）
市森林公安分局
局　长　尹建明
市工商行政管理局
局　长　李春涛
市地税局
局　长　黄　勇
市国税局
局　长　赵克平
市技术监督局
局　长　张有强(2009年12月止)
董建祥(2009年12月任)
芒市华侨农场
场　长　尹明强

遮放农场
场　长　石支边

市政协工作机构领导名录
办公室
主　任　黄国伟
教科文卫体史委
主　任　柏秀娟（女）
提案法制委
主　任　秦春茂(2009年5月止)
朱如东(2009年5月任)
经济人口资源环境委员会
主　任　朗　岩（傣族）
民族宗教委员会
主　任　赵早翁(景颇族,2009年5月任)

中共潞西市纪委工作机构领导名录
办公室
主　任　尹新勇
宣教室
主　任　龙盈惠（女）
案审室
主　任　魏晓红（女，2009年4月止）
金　玲（女,傣族,2009年4月任）
信访室
主　任　聂丽琼（女，景颇族）
干部室
主　任　谭　琪(2009年4月止)
祁永清(景颇族,2009年4月任)

潞西市乡镇概况一览表

单位：（米、公里、平方公里、亩、个、户、人、%、‰、人/平方公里、万元、元、吨、头、张）

项目 \ 乡镇			芒市镇	遮放镇	勐戛镇	芒海镇	风平镇	西山乡
地理位置			北	西南	南	南	西南	西南
政府驻地			遮安路上段	街道村	勐戛村	芒海村	风平村	弄丙村
海　拔			920	820	1370	900	835～2890	1480
距县城距离			2	42	33	84	10	64
土地总面积			349.5	411	389	105	374	257
耕地面积			52175	141367	61115	9954	117278	41019
其中	水　田		30410	76768	15653	4173	84254	10159
	旱　地		21765	64599	45462	5781	33024	30860
	人均耕地		1.29	2.62	1.98	1.70	1.84	3.52
行政区划	辖村委会（社区）		10	13	9	3	12	6
	自然村		128	120	64	19	99	40
	村民小组		175	120	108	21	191	48
人口民族	总户数		9132	13256	6944	1361	13958	2758
	总人口		40726	54039	30780	5721	64255	11563
	其中	傣　族	14980	32988	172	622	53306	9
		汉　族	18434	13734	27681	2368	8768	1317
		景颇族	253	4800	264	2066	191	9896
		阿昌族	15	13	29	0	482	18
		傈僳族	421	280	690	582	92	8
		德昂族	317	1236	1714	5	278	217

项目 \ 乡镇			芒市镇	遮放镇	勐戛镇	芒海镇	风平镇	西山乡
人口民族	其中	其它	6306	988	230	78	1138	98
人口民族	人口出生率		15.06	11.13	13.08	12.18	14.53	15.63
人口民族	自然增长率		9.81	6.26	8.08	7.20	10.33	8.43
人口民族	人口密度		117	131	79	54	172	45
经济收益	总收入		32139	30867	13445	3210	37617	5917
经济收益	纯收入		12293	15922	7834	1474	22764	3165
经济收益	人均纯收入		3154	3588	2689	2680	3616	2833
经济收益	总费用		18640	15114	6306	1929	15901	2939
经济收益	税收		1603	6		19		
农业产值	总产值		15217	33213	11898	3211	33003	6828
农业产值	增加值							
农业产值	其中	农　业	7582	21465	5476	1763	20643	4412
农业产值	其中	林　业	1491	4622	1954	654	1477	1189
农业产值	其中	畜牧业	5169	6052	4092	622	9189	1051
农业产值	其中	渔　业	609	646	26	13	1246	11
农业产值	其中	服务业	366	428	350	159	448	165
农作物总播种面积			77515	204588	86730	22415	185621	59826
其中	甘　蔗		3814	34693	4901	2881	13334	26549
其中	粮　食		56824	133393	72989	15841	129922	29175
其中	油　料		3982	11090	2361	697	6303	2052
其中	茶　叶		21268	11036	25075	3496	7219	6791
其中	园林水果		1194	2392	815	105	3879	722
农作物总产量			39869	201263	37150	16533	147015	105965
其中	甘　蔗		14595	136272	14420	11560	63940.5	99200
其中	粮　食		17275	47529	13626	3695	52598	5423
其中	油　料		358	948	144	52	571	72
其中	茶　叶		950	320	1230	115	498	334
其中	园林水果		864	388	142	16	1909	102
畜牧	牛存栏		5163	6152	7355	1262	5660	5772
畜牧	猪存栏		24159	30880	20547	4030	48860	7136
畜牧	羊存栏		2125	406	4522	143	7470	35
教育	中学	在校学生	1863	2016	839	299	2533	305
教育	中学	教职工人数	104	115	58	19	162	23
教育	小学	在校学生	3069	4563	2278	898	5179	1011
教育	小学	教职工人数	226	266	137	44	340	68
教育	幼儿	在校幼儿	664	1197	652	190	1080	232
教育	幼儿	教职工人数		30	10		32	

项目		乡镇	芒市镇	遮放镇	勐戛镇	芒海镇	风平镇	西山乡
卫生	医生人数		11	23	6	6	15	4
	病床		45	66	30	33	72	12
	卫生院		1	2	1	1	1	1
文化	文化站		1	1	1	1	1	1
	广播站							
领导干部	乡（镇）党委书记		雷二补旺	杨爱军 李君川	杨从安	缪　刚	李支宏 周安明	贾云山
	乡（镇）政府乡（镇）长		方志荣	金小三	赵国兴	张勒弄	双国强	张云科
	乡（镇）人大主席		岳发科	目勒用	李占清	赵永春	岳三过	何建国

潞西市乡镇概况一览表

单位：（米、公里、平方公里、亩、个、户、人、%、‰、人/平方公里、万元、元、吨、头、张）

项目			中山乡	轩岗乡	江东乡	五岔路乡	三台山乡	勐焕街道办事处
地理位置			南	西	西	西	西南	北
政府驻地			小街丫口	轩蚌村	河头村	五岔路村	帮外村	阔时路19号
海拔			523～2836	960	2303	1800	1136.75	913.8
距县城距离			71	20	40	45	22	0
土地总面积			296	152	228	202	158	14.7
耕地面积			34386	50740	27391	69731	37713	1272
其中	水田		10882	20632	16992	13347	4353	1220
	旱地		23504	30108	10399	56384	30285	52
	人均耕地		2.70	2.76	0.86	3.86	5.23	0.01
行政区划	辖村委会（社区）		5	6	8	6	4	11
	自然村		49	50	52	50	31	17
	村民小组		58	65	108	63	34	17
人口民族	总户数		2961	4123	7109	4294	1789	27200
	总人口		12640	18529	31630	18112	7191	87254
	其中	傣族	23	12579	104	12	20	17044
		汉族	9098	5614	29960	11577	1661	63426
		景颇族	1343	159	98	5347	1273	3929
		阿昌族	3	8	1013	0	2	502
		傈僳族	861	18	155	53	6	1139
		德昂族	746	16	62	1017	3996	402
		其它	566	135	238	106	233	812
	人口出生率		12.11	18.61	13.39	13.74	14.94	3.13
	自然增长率		8.29	13.30	9.46	7.70	10.80	1.73
	人口密度		43	122	139	90	46	5936

项目			芒市镇	遮放镇	勐戛镇	芒海镇	风平镇	西山乡
经济收益	总收入		6676	15158	13802	10480	3695	5778
	纯收入		2854	6738	7759	4470	1450	2114
	人均纯收入		2435	3282	2539	2593	2201	5258
	总费用		3727	8684	6905	6396	2440	4076
	税收		7		60			50
农业产值	总产值		5047	11533	8313	8965	4634	852
	增加值							
	其中	农　业	2222	7879	3766	5481	2968	264
		林　业	1315	912	1500	1580	722	27
		畜牧业	1373	2210	2387	1578	779	551
		渔　业	32	278	265	146	20	
		服务业	105	254	395	180	145	10
农作物播种总面积			32591	71589	48179	69912	35462	1974
其中	甘　蔗		3423	18101	6336	21130	17161	
	粮　食		27078	44765	34516	40576	15518	1461
	油　料			2066	2210	3500	1613	76
	茶　叶		12929	13307	22376	18514	7490	277
	园林水果		285	2123	565	581	1649	
农作物总产量			24277	98098	38080	96141	63820	1321
其中	甘　蔗		17366	80894	25766	84845	59682	0
	粮　食		5637	14084	7653	8991	3408	651
	油　料		0	172	162	229	129	4
	茶　叶		536	844	1102	739	216	35
	园林水果		14	1212	150	334	496	0
畜牧	牛存栏		2546	3170	7088	4628	2353	
	猪存栏		11151	13862	12050	9189	6709	3072
	羊存栏		3070	96	212	98	23	
教育	中学	在校学生	465	757	1392	785	243	14159
		教职工人数	37	61	91	58	24	679
	小学	在校学生	1059	2065	2633	1558	572	7128
		教职工人数	77	130	165	105	46	346
	幼儿	在校幼儿	132	479	320	321	125	4004
		教职工人数						352
卫生	医生人数		4	3	6	3	7	444
	病　床		12	35	18	20	11	1312
	卫生院（社区卫生服务中心）		1	1	1	1	1	11

项目 \ 乡镇		芒市镇	遮放镇	勐戛镇	芒海镇	风平镇	西山乡
文化	文化站	1	1	1	1		2
	广播站						
领导干部	乡（镇）党委书记	李怀韬	项　赛 乔保坐	杨明望	杨顺昌	线加强	杨国彪
	乡（镇）政府乡（镇）长	赵早门	乔保坐	左安卫	孔建坤	赵腊卓	黄贵邦
	乡（镇）人大主席	李茂志	金三团	杨明望	李学军	李玉门	段玉明

（杨新荣）

瑞丽市

地　理

【市　境】　瑞丽市地处云南省西部，德宏州西南部。位于东经97° 31′~98° 01′，北纬23°51′~24°11′之间。陆距省会昆明752千米，距州府潞西市芒市镇103千米，为东起上海西达瑞丽的320国道终点，是昆（明）瑞（丽）公路与中印公路（史迪威公路）的交汇处。其东连潞西，北接陇川，西北、西南、东南三面与缅甸克钦邦、掸邦山水相连，村寨相望。中国瑞丽与缅甸木姐共同构成了1坝（勐卯坝），2国（中国、缅甸），3省邦（云南省、克钦邦、掸邦），4区（瑞丽经济合作区、姐告边境贸易区、畹町经济开发区、畹町经济合作区），5座城市（瑞丽、畹町、木姐、南坎、九谷）以及一桥两国、一街两国、一寨两国、一院两国、一岛两国的特殊地理景观。瑞丽城区距缅甸国家级口岸木姐4.5千米，距缅甸南坎32千米，距缅甸水陆码头八莫138千米，距缅甸仰光981千米。有瑞（丽）木（姐）、瑞(丽)南（坎）、瑞（丽）八（莫）、畹（町）九（谷）4条跨境公路，是中国对缅贸易的最大口岸，是通向东南亚、南亚的重要门户。瑞丽市有2个国家级口岸，2个经国务院批准的经济合作区，是西南沿边对外开放的国际商贸旅游城市。国境线长169.8千米，有界碑（附碑）65座，大小渡口和通道36个，是云南边境界碑最密集和渡口通道最多的地段，是开通中缅陆水联运大通道及泛亚铁路西线的内陆港。全市总面积1020平方千米，山区面积占80%，坝区面积占20%。山区平均海拔1000米，坝区平均海拔760米，瑞丽市人民政府驻地勐卯镇，海拔780米。截至年末，全市森林面积47603.5公顷，森林覆盖率55.02%。

【气　候】　瑞丽市地处北回归线北侧，属南亚热带湿润性季风气候，全年分旱、雨两季。2009年年平均气温偏高，全年热量条件较好；年平均气温21.2℃，年极端最高气温34.8℃，年极端最低气温5.2℃。年降雨量偏少，雨季结束期偏早；年降雨量1282.5毫米；雨季于5月30日开始，10月1日结束。年日照数正常，全年日照2132.4小时。年内，瑞丽市出现了大风、洪涝和雷击等自然灾害，但总的来说气象灾害较上年偏轻，气候对工农业生产的影响是利大于弊，属偏好年景。

【行政区划】　2009年，瑞丽市辖4区3乡3镇，即瑞丽经济合作区、姐告边境贸易区、畹町经济开发区、畹町经济合作区，户育乡、姐相乡、勐秀乡，勐卯镇、弄岛镇、畹町镇，29个村委会，212个村民小组，274个自然村，11个居民委员会。辖2个国营农场，即瑞丽、畹町国营农场。

【人口民族】　2009年，瑞丽市总人口（含在瑞丽居住半年以上中国籍人口）16.99万人，比上年末增1515 人，增0.9%；人口自然增长率7.47‰；人口密度167人/平方公里，比上年末增2人。在总人口中：少数民族人口7.83万人，占46.1%。其中：傣族56113人，景颇族13874人，德昂族1821人，傈僳族938人，阿昌族251人，其他5267人。年内，全市户籍人口12.37万人，其中非农业人口4.72万人。

历　史

【简　史】　瑞丽，古称勐卯，历史悠久，是德宏开发最早的地区之一，是傣族先民的发祥地，被誉为傣民族的摇篮。据南姑坝和芒约的考古发现，瑞丽早在三、四千年前就有其先民在这里劳作生息。据傣文史籍《嘿勐沽勐》记载，公元前364年，傣族先民在瑞丽江河谷建立了勐卯古国。秦汉时属古哀牢地。唐代属永昌郡。宋隶属大理腾越府。元至元十三年（1276年）置麓川路军民总管府。明洪武十五年（1382年）置平缅宣慰使司，明万历二十四年（1596年）建平麓城，三十二年（1603年）设勐卯安抚司。民国四年（1915年）设勐卯行政委员；民国二十一年（1932年）设瑞丽设治局，与勐卯土司并存。1950年4月，瑞丽和平解放，建立各民族民主联合政府。1952年，经中央人民政府政务院批准设瑞丽县。1990年，国务院批准瑞丽为旅游开放县，1992年6月9日，国务院决定将瑞丽设为中国沿边开放城市，实行沿海地区一些开放政策；6月26日，国务院批准撤瑞丽县，设立瑞丽市（县级）。1999年2月8日，经国务院批准撤销畹町市，将其行政区域并入瑞丽市，设立畹町经济开发区（副县级）。

社　　会

【经济简述】　2009年，瑞丽市实现生产总值（GDP）24.81亿元，按可比价计算，比上年增12%。其中：第一产业增加值5.14亿元，比上年增9%；第二产业增加值5.53亿元，增10.4%；第三产业增加值14.14亿元，增13.6%。三次产业对经济增长的贡献率为16.2%、16.7%、67.1%。一、二、三产业结构由上年的20.9：23.7：55.4调整为20.7：22.3：57。非公有制经济创造增加值12.5亿元，占生产总值的50.4%，比上年提高1个百分点。人均生产总值14674元，比上年增11%，居民消费价格指数（CPI）101%，比上年涨1%；商品零售价格指数101.9%，涨1.9%。全年完成社会消费品零售总额10.9亿元，比上年增22.3%；对外贸易进出口总额60.16亿元，降2.4%。财政总收入7.74亿元（市本级财政收入），比上年增22.2%；财政一般预算收入1.98亿元，与上年持平。城镇居民人均可支配收入13544元，比上年增10.2%；农村居民人均纯收入3766元，增11.7%。

【固定资产投资】　2009年，瑞丽市完成固定资产投资22.43亿元，比上年增33.6%。其中：城镇投资18.94亿元，比上年增18.5%（房地产开发投资4.93亿元，降23%）；农村投资2.2亿元，增5.7倍；农村私人投资1.29亿元，增1.6倍。全市50万元以上施工项目494个，比上年增133个，计划投资总额在3000万元以上的项目56个，增9个；累计完成投资41.12亿元，占固定资产投资总额的52%。其中：亿元项目16个，比上年增3个，完成投资16.73亿元，占固定资产投资总额的46.2%；水利、环境和公共设施管理完成5.25亿元，比上年增48.6%；交通运输业完成8649万元，增56.3%；制造业完成9397万元，增58.4%；公共管理和社会组织完成3878万元，增40%。

【农　业】　2009年，瑞丽市完成农业总产值7.4亿元，按可比价计算，比上年增9%。农作物播种面积32.86万亩，比上年增8.8%；其中：粮食播种面积19.87万亩，比上年增25.4%；粮食总产量69317吨，增37.8%。甘蔗种植面积57654亩，降29.2%；产量35.5万吨，降27.8%。油料种植面积21973亩，增47.6%；总产量1890吨，增34.1%。蔬菜种植面积2019亩，增60.1%。年内，肉类总产量133343吨，比上年增13.7%；禽蛋产量980吨，增27.4%；牛奶产量45吨，降10%；水产品产量5657吨，增17.9%。

年末，全市拥有农业机械总动力12533万瓦特，比上年增3.9%；家用排灌机械总动力111万瓦特，增29.1%；大中型拖拉机833台，增33.7%；小型拖拉机6680台，增2.5%；农用运输车辆351台，增5.4%；联合收割机151台，增11%；机动脱粒机132台，增48.3%；机耕面积20.9万亩；机电灌溉面积38581亩；机械收获面积10.85万亩；有效灌溉面积13.25万亩，与上年持平；本年农村用电量542万千瓦/小时，比上年增13.6%。

【贸　易】　2009年，瑞丽市完成社会消费品零售总额10.9亿元，比上年增22.3%。按城乡分：城市实现消费品零售总额7.64亿元，比上年增17.4%；农村实现消费品零售总额3.26亿元，增35.7%。按行业分：批发业实现零售额1.06亿元，比上年增13.9%；零售业实现零售额8.12亿元，增23.7%；住宿业实现零售额0.21亿元，增16.9%；餐饮业实现零售额1.48亿元，增22.4%；其他行业实现零售额0.03亿元，增5.6%。按经济类型分：公有经济实现零售额1.27亿元，比上年增8.3%；非公经济实现零售额9.63亿元，增31.7%。

年内，完成口岸贸易进出口总额60.16亿元，比上年降2.4%。其中：进口总额15.4亿元，比上年降11%；出口总额44.76亿元，增0.9%。

【工业和建筑业】 2009年，瑞丽市完成工业总产值10.74亿元，比上年降2.2%。其中：主营业务收入500万元以上工业（简称规模以上工业）完成产值3.43亿元，比上年降21.2%；规模以下工业完成产值7.31亿元，增10.3%。在工业总产值中：轻工业完成产值4.11亿元，比上年增5.2%，重工业完成产值6.62亿元，降6.3%。规模以上工业企业13户，亏损企业7户，比上年增亏2户，亏损面扩大15.4个百分点；主营业务收入3.83亿元，降2.3%；主营业务成本3.25亿元，增5.6%；实现利润总额-166万元，减3733万元；实现利税总额2537万元，减4276万元。

年内，瑞丽市建筑业完成增加值2亿元，按可比价计算，比上年增30.1%。资质以上建筑业28个，从业人员4707人，完成建筑总产值5.91亿元，比上年增59.3%；实现利润总额1378万元，增149.4%；房屋建筑面积41.3万平方米，竣工面积19.4万平方米。

【非公经济】 2009年，瑞丽市非公经济创造增加值12.5亿元；有在册个体工商户6365户，从业人员15780人，注册资金2.34亿元；有私营企业372户，注册资金7.23亿元，从业人员5610人。

【乡镇企业】 2009年，瑞丽市乡镇企业实现总产值6.17亿元，比上年增0.2%；实现增加值1.49亿元，增16%；实现营业收入5.98亿元，降10%；实现利润827万元，增10%。年末，有从业人员20672人，比上年增0.5%。

【招商引资】 2009年，瑞丽市完成立项批复41项，协议资金17.33亿元。其中：工业24项，协议资金6.1亿元；房地产4项，协议资产6.4亿元；商业12项，协议资金4.65亿元；畜牧业1项，协议资金1000万元。正在施工建设的工业园区三期入园项目10项，协议资金2.3亿元（到位3298万元）。年内，立项批复的41个项目中，租地落实项目7个，自备地落实项目10个，市政府新征地落实（在建）项目12个（其中：工业园区二期10个，其他2个），未落实土地项目12个。

【旅　游】 2009年，瑞丽市有旅行社11家，其中国际社1家，国内社10家；宾馆饭店189家；星级饭店17座，其中四星级1座，三星7座，二星9座；拥有大小景区16处，其中AAAA级景区1处，AA级景区2处，全国农业旅游示范点1个，云南特色旅游村2个；中高档旅游车22辆；获得全国导游资格证的导游75人，旅游直接从业人员4000余人，间接从业人员1万余人。全年全市接待国内外游客134.97万人次，比上年增6.3%。其中：海外游客7.91万人次，比上年增18.1%；国内游客127.05万人次，增5.7%。瑞丽口岸入境一日游77.17万人次，比上年减10%。实现旅游总收入11.67亿元，比上年增8.9%；外汇收入5803.3万元，增10.74%。

【财政金融保险】 2009年，瑞丽市财政总收入85040万元，完成年初预算数的118.21%，首次突破8亿元大关；市本级财政总收入完成74402万元，比上年增22.2%，其中一般预算收入19837万元，基金预算收入610万元，上级补助收入46612万元，上年结转收入4317万元，调入资金3026万元（含以前年度结余资金）。财政总支出81428万元，完成年初预算数的113.22%，比上年增24.6%，创历史最高最好水平；市本级财政总支出71142万元，比上年增25.76%，其中一般预算支出61711万元，基金预算支出2858万元，上解支出6573万元。收支相抵，年终结余3260万元（含指标结转2056万元，基金结转1116万元，净结余88万元）。年末，金融机构各项存款余额76.09亿元，比年初增18.38亿元；其中：企业存款6.07亿元，比上年增0.94亿元；居民储蓄存款63.56亿元，增16.58亿元。各项贷款余额27.31亿元，增5.25亿元；其中：短期贷款14.91亿元，比上年增4.85亿元；中长期贷款12.4亿元，增0.4亿元；金融机构现金收支相抵净投放货币0.67亿元。全年全市有各类保险公司7家，实现保费收入9601万元，比上年增20.9%。其中：财产保险保费收入3229万元，比上年增22.1%；人寿保险保费收入6372万元，增20.3%。赔款支付额3130万元，其中财产险赔付2346万元，人寿险赔付784万元。

【城建环保】 2009年，瑞丽市建成区规划面积20平方公里（含城区18个村庄）；市区主次干道45条，总长47.3千米，道路总面积106万平方米。人均道路面积12.9平方米；城镇绿化率47.7%，绿化覆盖率27.3%，绿地率24.8%，人均绿地面积6平方米，新增绿地6万平方米；年内，安装路灯1.25万盏，景观灯59组，亮化率98%；完成廉租住房建设224套，发放廉租住房租赁补贴49.61万元（含姐告、畹町）对250户城镇低收入家庭实施了保障。全市清扫保洁面积114万平方米，人均清扫面积

1.07万平方米，人均保洁面积7547平方米；日处理垃圾125吨；日供水2.7万吨；日处理污水0.5万吨，污水处理率92%。全年完成环境污染治理项目2个，投资1300万元，地表水达标率100%；城市集中饮用水源地水质达标率100%；工业废水排放达标率96.8%；工业固体废物综合利用率100%。城市生活污水处理率80.1%；城市区域环境噪声55.8等效分贝；可吸入颗粒物（PMIO）达到国家空气质量Ⅱ级标准。全年建设项目环境影响评价执行率达100%。

【教　育】　2009年，瑞丽市有各级各类学校80所。有公立学校55所：完中1所，职业高中1所，初级中学5所，完全小学32所，单小、教学点15个，幼儿园1所。有民办学校25所：小学2所（其中1所有附设初中），幼儿园23所。在校学生27716人，其中小学在校生14583人，初中6396人，普通高中1178人，职业高中555人，学前教育5004人。有在册教职工1662人。小学专任教师学历合格率99.88%，初中专任教师学历合格率100%。4至6周岁幼儿入园率86.57%，7至12周岁适龄人口入学率99.81%，初中阶段入学率98.59%，7至15周岁残疾儿童少年入学率82.05%。小学辍学率0.01%，初中年辍学率2.93%，初中毕业参加中考升学率50.4%。

【科　技】　2009年，瑞丽市争取到国家、省科技计划项目7项，科技经费442万元。分别是瑞丽市勐卯镇勐嘎村科普惠农兴村计划项目5万元；瑞丽市青少年禁毒防艾科普教育项目5万元；生猪生态养殖产业化项目30万元；石斛仿野生贴树种植技术研究及深加工产业化项目100万元；高档红木家具工艺品加工关键技术及产业化项目100万元；瑞丽边疆解“五难”（学科技难）惠民工程42万元；3万亩优质高产柠檬规范化种植技术应用推广与加工项目160万元。全年全市获州科技进步奖3项，其中三等奖3项（由市民族医院完成的登革热临床研究，云南省德宏热带农业科学研究所完成的云南省不同海拔小粒种咖啡适应性研究，云南省德宏热带农业科学研究所完成的石斛与经济作物附生栽培技术研究与示范）；获市级科技进步奖12项。年内，专利申请量49件，获专利授权15件。

【文化体育】　2009年，瑞丽市有艺术表演团体1个，电影院1座，文化馆2座，公共图书馆2座，藏书8.7万册。中波转播台1座，电视转播台1座，电视差转台3座。地面卫星收转站6108座，有线电视用户2.38万户，电视覆盖率94%。年内，瑞丽市体育代表队在全州“全民健身日”少数民族健身操比赛中，傣族、景颇族健身操分别获一、二等奖；在德宏州“国庆杯”中国象棋比赛中获团体第一名；在全州第七届老年人运动会上获得8枚金牌、2枚银牌、1枚铜牌。

【卫　生】　2009年，瑞丽市有卫生机构22个，病床725张，卫生技术人员611人。其中：执业医师181人，执业助理医师42人，注册护士213人，药师25人。每万人拥有病床43张；每万人拥有卫生技术人员36人。全年诊疗32.13万人次。其中：急诊2.88万人次，门诊29.25万人次。住院1.45万人次，出院1.45万人次，治愈率61.77%。

年内，艾滋病防治共完成HIV抗体检测30585份，感染率1.43%。新报告HIV感染者、艾滋病人438人。其中：HIV感染者374人，艾滋病人64人。报告疟疾发病384例，本地131例，比上年降32.12%；报告结核病疫情131例，本地93人，外地14人，外籍24人；新接生法接生产妇1573人，新法接生率达99.18%。传染病发病率381.7/10万，比上年降17.45%；疟疾发病率比上年降22.23%，报告及时率99.49%，疫情漏报率0，迟投率0.15%。

12月4日，瑞丽一中首次确诊2例甲型H1N1流感病例。28日，全市累计确诊甲型H1N1流感病例22例。其中：实验室诊断17例，临床诊断5例，处理疫点10个，无死亡病例发生，甲型流感防控得到有效遏制。

【民　政】　2009年，瑞丽市发生了低温冷冻、持续干旱、风暴、暴雨等自然灾害，造成3.36万名群众受灾，直接经济损失2266万元。

全市城镇居民最低生活保障标准由178元提高到200元，享受低保3435户7031人，发放低保金926.24万元。农村最低生活保障标准由50元提高到60元，享受农村低保7400户7881人，发放低保金391万元。农村“五保”供养标准从60元提高到80元，“五保”供养1488人，发放供养金134.24万元。年内，救助看病难农村贫困人员547人，发放医疗救助金46.37万元；救助城市看病难居民161人，支付医疗费16.21万元。全市有艾滋孤儿389人，一般孤儿251人，享受城市居民最低生活保障29名，每人每月113元；享受农村最低生活保障104名，每人每月50元；纳入农村“五保”供养222名，每人每月80元。救助外地到瑞丽的流浪乞讨人员524人次，支付救助金12.48万元。完成1958对婚姻登记，其中结婚1789对(包括边民涉外结婚登记422对)，离婚169对（包括边民涉外离婚登记1对）。

年内，投资13万元，完成了城乡部分老龄工作组织机构建设。完成全市655名80岁以上老年人高龄保险和长寿补助的发放工作，共发放补助金6.45万元；8名百岁老人每人每年享受市政府慰问金1200元。为110名老年人办理了《老年优待证》。

【扶　贫】 2009年，瑞丽市投入扶贫资金2678.5万元。其中：整村推进项目17个，投资230万元(省级财政105万元，州级财政50万元，市级财政75万元，有1497户6250人受益)；800人易地扶贫搬迁项目总投资1075.5万元（省级财政投入250万元，地方政府债券资金150万元，市级财政配套资金300万元，群众自筹资金375.5万元)；贫困地区农村劳动力培训转移指标100人，资金8万元；有偿信贷扶贫资金（小额贴息信贷资金）1300万元，贴息率5%，贴息资金65万元。年内，争取到省、州扶贫无偿资金628万元，比上年增228万元，增57%；有偿信贷扶贫资金（小额信贷）1300万元，增800万元，增160%。

【人民生活】 2009年，瑞丽市城镇居民可支配收入13544元，比上年增10.2%；农村居民人均纯收入3766元，增11.7%。城镇居民人均消费支出11167元，比上年增18.3%；农村居民人均消费支出3118元，增31.2%。城镇居民人均住房使用面积37.4平方米，比上年增17平方米；农村居民人均住房面积28.6平方米，增0.7平方米。年末城镇居民每百户拥有家用汽车17辆，摩托车95辆，家用电脑63台；农村居民每百户拥有摩托车100辆，手机84部，电冰箱16台。

全年全市参加养老保险职工7137人，比上年增11.6%；参加医疗保险职工18476人，增1.3%；参加失业保险职工6953人，增1.8%；截至年末，有4270户、8581人领取城镇居民最低生活保障，8345户、8881人领取农村居民最低生活保障，全年累计发放保障金1714万元，比上年增22.7%。其中：城镇居民1107万元，比上年增8.7%；农村居民607万元，增60.2%。新型农村合作医疗保险参保率达98%。

年内大事

【国务院扶贫办领导到瑞丽调研】 2009年6月16日，国务院扶贫办副主任王国良在省、州、市领导陪同下对瑞丽市扶贫开发工作进行了调研。在调研红瑞柠檬研究所时提出：研究所要进一步加强科技创新，加大产业化开发，扩大特色柠檬产业规模，带动边疆山区农民有效增收，促进边疆山区农民脱贫致富。

【中国大陆构造环境监测网建成】 2009年6月，瑞丽市气象局完成了中国大陆构造环境监测网络瑞丽GNSS基准站（简称“陆态网络”）土建建设任务，项目总投资24.42万元。该项目是国家重大科技基础设施建设项目，由中国地震局、中国科学院、总参测绘局、国家测绘局、中国气象局和教育部6部门联合承担建设，以监测地壳运动、预测预报地震为主，同时服务于灾害性天气预报、军事测绘保障和大地测量，兼顾科学研究、教育发展、社会减灾和经济建设。

【彭丽媛瑞丽行】 2009年12月18日，全国政协委员、解放军总政歌舞团艺术指导、“预防艾滋病宣传员”著名歌唱家彭丽媛一行到瑞丽参加“清洗边疆，生命欢歌”2009禁毒防艾边疆行活动。

【畜牧业成为瑞丽市新的支柱产业】 2009年，瑞丽市畜牧产业实现总产值20458万元，比上年增5.2%，占农业总产值的36.9%，农民人均畜牧产业纯收入1369元，增20%，占农民人均纯收入的36.6%。成为继粮食、甘蔗后农民增收的又一支柱产业。

【表彰先进】 2009年，瑞丽市被评为云南省第八届双拥先进城市；市统计局荣获第二次全国经济普查先进集体，国家级先进个人3人，省级先进个人13人；市公安交警大队荣获云南省公安机关春运道路交通安全管理先进集体，国家级2008年度“平安畅通县区”；云南省农科院甘科所瑞丽育种站站长岳建强同志被国务院授予“全国民族团结模范先进个人”荣誉称号。

（《瑞丽市》撰稿　何文忠　伍振华　陈艳红）

领导干部名录

中共瑞丽市委

常　委　杨跃国
　　　　刀晓瑞（女，傣族）
　　　　黄　彪(2009年9月任)

尹可舰(2009年9月任)
罗加强　董　潇
党文军
罕贞晓依（傣族）
雷　政
尚丽霞（女,景颇族）
李德松（白族,2009年5月任）
戴邴仕(2009年9月任)
书　记　杨跃国
副书记　刀晓瑞（女，傣族）
卫　岗（傣族,2009年9月止）
黄　彪(2009年9月任)
尹可舰(2009年9月任)

瑞丽市人大常委会

主　任　排　生（景颇族）
副主任　板帅吞（傣族）
童国斌
瑞　红（女，傣族）
陈永山

瑞丽市人民政府

市　长　刀晓瑞（女，傣族）
副市长　董　潇
罕贞晓依（傣族）
排桂红（女，景颇族）
何立洪　赵兴会
刘盈红(2009年6月止)
龙汝林
蒋元海(2009年6月任)

瑞丽市政协

主　席　岩　板（傣族）
副主席　勒排干刀（景颇族）
马昆龙（回族）
尹宁华
艾　徐（女，德昂族）
秘书长　包崇向(2009年2月止)
杜增发(2009年2月任)

瑞丽市纪委

书　记　罗加强
副书记　庄本廉(2009年7月止)
排云祥(景颇族,2009年7月任)
孔　强
依　喊（傣族）

瑞丽市人武部

部　长　雷　政

市法院

院　长　蔡金海

市检察院

检察长　杨　刃

反贪局

局　长　杨　荣

瑞丽市委工作机构、群众团体领导名录

办公室

主　任　党文军(2009年6月止)
戴邴仕(2009年10月任)

组织部

部　长　李德松（白族,2009年6月任）

宣传部

部　长　尚丽霞（女，景颇族）

统战部

部　长　岩　岚（傣族）

政研室

主　任　樊德康(2009年7月止)
段兴海(2009年12月任)

团市委

书　记　杨燕飞(女,2009年12月止)
焕　宝(女,傣族,2009年12月任)

工　会

主　席　童国斌（兼）
常务副主席　邵晓应（傣族）

妇　联

主　席　马芙蓉（女，阿昌族）

工商联

会　长　佐　咩（女，傣族）

党　校

校　长　卫　岗（傣族,2009年12月止）
尹可舰(2009年12月任)
常务副校长　徐新华(女,白族)

机关工委

书　记　陈继萍（女）

老干局

局　长　杨本强

机要局

局　长　饶文明(2009年7月任)

保密局

局　长　段　滨（白族,2009年12月止）
相　亮(女,傣族,2009年12月任)

文　联

主　席　尚丽霞（女,景颇族,2009 年7月止）
刘和云(2009年7月任)

侨　联

主　席　邓庆飞（女）

政法委

书　记　卫　岗（傣族,2009年6月止）
黄　彪(2009年6月任)
副书记　杨兴才
祁弄纳（景颇族）
岩　占（傣族）
岳世华(2009年7月止)
肖航先(2009年7月任)
荣丽强（纳西族）

瑞丽市人大工作机构领导名录

办公室

主　任　夏延克

财经委

主　任　张仕元

选联委

主　任　赵瑞仁(傣族,2009 年8月止)
王建国(2009年8月任)

民侨委

主　任　王建国(2009年8月止)
副主任　吞　静(女,傣族,2009年8月主持工作)

法工委

主　任　李自品

科教文卫委

主　任　彭果门（女，景颇族）

农环委

主　任　张国翔(2009年8月止)

李建军(2009年8月任)

瑞丽市政府工作机构领导名录

政府办

主　任　张家祺

法制局

局　长　美　静（女，傣族）

接待办

主　任　金　剑

外事办

主　任　张玉造（白族）

信访局

局　长　依　闷(2009年7月止，傣族)

副局长　李泽丽(女,2009年7月主持工作)

人事局

局　长　木然南（景颇族）

劳动和社会保障局

局　长　苏卫东(2009年8月止)

副局长　杨佳宏(女,2009年8月主持工作)

财政局

局　长　尹宁华

公安局

局　长　刘盈红(2009年6月止)

蒋元海(2009年6月任)

政　委　岳　钢（景颇族）

交警大队

大队长　李建华

消防大队

大队长　刘跃生(2009年2月止)

朱能忠(2009年2月任)

森林公安局

局　长　陈华国

政　委　进航荣（景颇族）

经济局

局　长　邓有忠（傣族）

发展改革局

局　长　董诗文

安监局

局　长　郭明晓(2009年8月止)

杨瑞华(2009年8月任)

国土资源局

局　长　王成钢（香潭族）

统计局

局　长　王　懿（女）

工商局

局　长　李红彦(2009年5月止)

朱卫华(2009年5月任)

文化局

局　长　康丽年（女）

史志办

主　任　杨进才

广电局

局　长　陆　杰(2009年6月止)

毛　竹(女,傣族,2009年7月任)

教育局

局　长　杨正堂(2009年8月止)

亢宏伟(傣族,2009年8月任)

科技科协

局　长　李　强

体育局

局　长　帅很三冷（傣族）

卫生局

局　长　杨建军

计生局

局　长　刘安杰(2009年8月止)

张仁勇(2009年8月任)

档案局

局　长　杨嘉琪（白族）

审计局

局　长　和耀辉（普米族）

司法局

局　长　于恩东

农业局

局　长　张力才(2009年6月止)

濮易磊(傈僳族,2009年8月任)

畜牧局

局　长　刀保勇（傣族）

水利局

局　长　杨从柱

林业局

局　长　苏正双

民政局

局　长　杨增明（白族）

民宗局

局　长　干　喊（傣族）

扶贫办

主　任　罗繁荣

移民局

局　长　岩　冷（傣族,2009年7月止）

依　闷（傣族,2009年7月任）

交通局

局　长　杨世福

旅游局

局　长　毛　竹(女,傣族,2009年7月止)

杨正瑜(2009年7月任)

建设局

局　长　樊景洲

环保局

局　长　段黎鸿（白族）

地税局

局　长　尹可山

地震局

局　长　张志勇（彝族）

气象局

局　长　於慧玲（女）

商务局

局　长　唐文保(傣族,2009年8月止)

杨仕勇(2009年8月任)

残　联

理事长　张贵华

供销社

主　任　谭　彬

政务服务中心

主　任　程宝宏(2009年7月任)

人防办

主　任　何朝恩(2009年7月止)

寸永庚(2009年7月任)

红十字会

会　长　排桂红（女，景颇族）

防艾办

主　任　张苗云（女）

瑞丽市民族医院
　院　长　普日刚（景颇族）
瑞丽市第一民族中学
　校　长　郭晓阳

瑞丽市政协工作机构领导名录
办公室
　主　任　包崇向（2009年2月止）
　　　　　杜增发（2009年2月任）
教科文卫体委
　主　任　雷木介（女，景颇族）
经侨委
　主　任　李汶苍
民宗联络委
　主　任　岳麻干（景颇族）
提案法制委
　主　任　黄国荣

瑞丽市纪委工作机构
办公室
　主　任　王　云
监察局
　局　长　孔　强（2009年8月止）
　　　　　排云祥（景颇族，2009年8月任）

瑞丽市金融系统领导名录
银监办事处
　主　任　金德华（傣族）
人　行
　行　长　李　峰
中　行
　行　长　杨琨华（2009年1月止）
　　　　　张少波（2009年1月任）
工商行
　行　长　谷继红（女）
农　行
　行　长　屈永胜
农发行
　行　长　岩　过
建　行
　行　长　李　季
农村信用社
　理事长　彭明昌
　监事长　苏　娜（女）
中国人寿保险公司
　经　理　明黎强（2009年3月止）
　　　　　王　燕（女，2009年3月任）
财产保险公司
　经　理　普加冰（傣族）

中央及省州驻瑞丽单位
海　关
　关　长　黄孝荣
检验检疫局
　局　长　雷心恒
边防检查站
　站　长　何嘉林
　政　委　张正军
热作所
　所　长　白燕冰（女，回族）
省农科院甘蔗所瑞丽育种站
　站　长　岳建强
州林科所
　所　长　卢　靖（2009年8月任）
瑞丽公路段
　段　长　杨永贵（白族）
云南德宏国安培训中心
　主　任　王　华
瑞丽中波台
　台　长　邵惠群
国营瑞丽农场
　场　长　刘雪源
　书　记　李自森
药监局
　局　长　姚月媛（女）
住房公积金管理部
　主　任　姚淑波（女）
质监局
　副局长　寸跃春（主持工作）
瑞丽烟草专卖局
　局　长　邵维政（2009年8月止）
　　　　　高　峰（2009年8月任）
国税局
　局　长　雷春林
电信局
　局　长　尹兴伟
邮政局
　局　长　杨在伟（2009年3月止）
　　　　　罗有系（2009年3月任）

姐告边境贸易区

【区　境】　姐告边境贸易区位于瑞丽市城区东南方向4千米，隔江与瑞丽城相望。东、南、北三面与缅甸掸邦木姐市（国家级口岸）相连，有3个出入境通道，国境线长4.18千米，总面积2.4平方千米，开发面积1.92平方千米，是经国家批准设立的实行“境内关外”特殊监管模式的边境贸易区，是中缅两国贸易的物流中心，是集贸易、加工、仓储、旅游为一体的面向东南亚、南亚的大通道之一，是云南省实施国际大通道战略的桥头堡。

【贸　易】　2009年，姐告边境贸易区企业完成进出口贸易3.32亿元（含边民互市贸易），比上年降48%，完成目标任务3亿元的110.67%；完成固定资产投资1.38亿元，降51%，完成目标任务1.5亿元的92%；完成税费收入1800.3万元，降0.8%，完成目标任务1500万元的120%。

年内，经姐告边境贸易区的进出口贸易总值56.87亿元，比上年增2.4%。其中：进口13.3亿元，出口43.57亿元。经姐告边境贸易区的货运量89.44万吨，降4.8%。经姐告边境贸易区出入境人员729万人次，增3.6%；出入境车辆149万辆次，增45%。全年审批立项13项，协议引进资金1.54亿元。截至年末，区内有各种所有制经济实体1796户。其中：外资企业5户，内资企业32户，私营企业98户，个体工商户1661户。以个体和私营企业为主的经济实体呈现出稳步增长趋势。

【城　建】　2009年，姐告边境贸易区完成市政基础设施投资733万元，完成奘罕路、富鑫路、胞波路、东进路的路面改造工程。年内正在实施的市政道路Ⅰ标段、Ⅱ标段建设改造的道路有边防巡逻道二期、小康巷隆兴会展路、滨江路改造、人行道铺设等，按照“绿、特、优、亮”的要求，完成了12条道路的亮化、绿化工程，大力加强区内环境建设，使姐告向“宜居、宜商、宜学、宜游”方向迈进，进一步提升了城市品位。金龙大厦、隆云·荣里香莎、恒顺商贸城二期、怡霆会展中心二期、东协物流中心二期等重点项目建设进展顺利。全年有外来投资建设项目33项，开工建设至年末累计完成投资5.02亿元，本年完成投资1.42亿元。

【中缅边交会】　（见“州情概览·年内大事”98页）

领导干部名录

中共德宏州瑞丽姐告边境贸易区工作委员会

书　记　杨跃国

副书记　许毅刚

工委委员　龚翠莲（女，傣族，2009年9月任）

姐告边境贸易区管理委员会

主　任　刀晓瑞（女，傣族）

副主任　蔡映春（女，回族）

杨常纪

李其贵（傈僳族）

龚翠莲（女，傣族，2009年2月任）

主任助理　杨　智

姐告工委管委办公室

主　任　李维旭（2009年6月止）

副主任　魏海燕（女，2009年6月主持工作）

姐告工委政治工作办公室

主　任　杨晓梅（女）

姐告工委纪检监察办公室

主　任　张继鸿（女）

姐告管委外事办公室

主　任　田怀刚

姐告管委经济发展局

局　长　孟　明（傣族）

姐告管委土地城市建设规划局

局　长　范云珊

姐告管委财政局

局　长　杨生才

姐告管委社会事业管理局

局　长　沈泽英（女）

中共姐告边境贸易区机关委员会

书　记　邵元武

（《姐告边境贸易区》撰稿　何文忠）

畹町经济开发区

【区　境】　畹町经济开发区位于东经97°58′～98°10′，北纬24°02′～24°08′之间。东北与潞西市接壤，东南与缅甸九谷市相邻，西北与瑞丽市姐勒乡隔江相望。最高海拔1675米，位于芒棒乡回龙山顶；最低海拔778米，位于混板乡畹町河与瑞丽江交汇处；城区海拔830米。国境线长28.656千米，由西往东有86、87、88、89、90、91、92、93号界碑。距省城昆明733千米，距州府潞西市芒市镇82千米，距瑞丽市区23千米，是中国对缅贸易的国家一级口岸。总面积103平方千米，坝区面积14.2平方千米，山区面积88.8平方千米。年末，全区耕地面积13375亩（其中水田6671亩，旱地6704亩），有林地68711亩，园林地8770亩，森林覆盖率70%。

【气　候】　畹町经济开发区属南亚热带山地湿润季风气候，干、湿分明，雨热同季，冬无严寒，夏无酷暑，终年无霜，日照充足，雨量充沛。年温差小，日温差大，一月平均气温12.9℃，七月平均气温22.7℃，年平均气温20.7℃；最高气温36℃，最低气温1.2℃。年平均降雨量1522.4毫米，5至10月为雨季，雨季降雨量占全年降雨量的85.9%。年均日照总时数为2343.4小时，年均相对湿度为79%。

【行政区划】　畹町经济开发区成立于1999年2月8日，其前身是畹町市，现行政区域属瑞丽市。畹町经济开发区下辖畹町镇和国营畹町农场。畹町镇辖3个村委会，16个村民小组，3个城区居民委员会；国营畹町农场辖8个生产队，农场场部驻混板乡。

【人口民族】　2009年末，畹町经济开发区总人口13656人。其中：农村人口7230人，城镇人口6426人，城镇化率47.06%；人口出生率9.9‰，死亡率4.18‰，自然增长率5.73‰，人口密度133人/平方千米。在总人口中：汉族7599人，占总人口的55.65%；傣族4054人，占29.69%；景颇族734人，占5.37%；德昂族449人，占3.29%；阿昌族28人，占0.2%；傈僳族40人，占0.29%；其他752人，占5.51%。

【简　史】　“畹町”系傣语译音，意为“太阳当顶的地方”，含阳光普照、万物生长之意。西汉属益州郡哀牢地，东汉属永昌郡，唐归南诏国，宋归大理国，元属大理金齿宣慰司，明清属遮放副宣抚司和勐卯安抚司，民国时期属潞西县。早在唐代（公元618～907年）畹町就是“南方丝绸之路”至蜀身毒道滇缅段的重要通道之一；元十九年（公元1282年），南方丝路主线从腾冲府站（时称金齿站）入缅有天部马道、阿郭道、骠甸道、蒙光路等4条支线，其中天部马道即沿龙川江经茫施路（今芒市）、宛顶（即畹町）入缅到江头城（即杰沙）。明代（公元1368年～1644年）沿元代形成的中庆辰元道，开通了湖广辰沅普安云南道。该道至腾冲后分5路入缅，其中东南路即经畹町入缅。1928年芒市土司和遮放土司联合修建芒畹公路后，腾越海关把设于龙陵的税务司迁至畹町，畹町成了真正的口岸。1937年日本帝国主义封锁了中国海路，为打通盟国援华抗战物资的运输线，于1938年9月筑成了滇缅公路，畹町成为连接中缅惟一的陆路口岸。10万远征军从畹町桥出国抗战，大量的援华物资经此入境；滇缅公路成为我国抗战的大动脉和生命线。此时，畹町居民骤然增多，一时车水马龙，机关林立，发展成为我国大西南惟一的边境口岸和军事重镇。1942年5月2日，日寇侵占缅甸，继而占领了畹町。1945年1月20日，畹町光复。

1950年4月29日，中国人民解放军把五星红旗插上了畹町桥头，10月设畹町办事处，属保山专区潞西县；1952年12月，经政务院批准，畹町镇由潞西县划出，升格为县级镇，为全国惟一的县级镇，属保山专区管辖；1955年1月，经保山地委批准，畹町镇划归德宏傣族景颇族自治区管辖；1958年10月，瑞丽县混板乡和潞西县嘎中乡的5个自然村划归畹町镇。1965年又将潞西县新民乡的6个村寨划归畹町镇，并批准建立了曼另乡。1985年1月31日，国务院批准撤销畹町镇建立畹町市，隶属于德宏州。1992年6月，国务院批准畹町市为沿边开放城市；9月国务院批准设立畹町边境经济合作区（5平方千米）。1999年1月1日，国务院批准撤销畹町市，将其行政区域并入瑞丽市。2月8日，中共云南省委、省政府决定成立瑞丽市畹町经济开发区，设置中共瑞丽市畹町经济开发区工委和管委会（副县级），作为瑞丽市委、市政府的派出机构，实行“政经合一”的管理体制，行使县级经济管理权限和行政职能，原管辖范围不变。实行计划单列、财政自收自支，由德宏州直接管理。根据省委关于原市级部门机构只换牌不降格的精神，原畹町市级部门机构全部保留，畹町经济开发区工委管理原市委工作机构，畹町经济开发区管委管理原政府工作机构。2005年12月，乡镇机构改革，将畹町经济开发区混板乡、芒棒乡并入城关镇，将城关镇更名为畹町镇。2007年，州委、州政府决定将瑞丽市畹町经济开发区工、管委高配为正县级。

【机构设置】 根据中共德宏州委关于畹町经济开发区机构参照小县设置的精神，畹町经济开发区工委设置7个工作部门；畹町经济开发区管委设置16个工作部门；设6个行使行政职能事业局。上述机构中，监察局与纪工委合署办公，监察局列入管委工作部门序列，不计入管委机构个数；发展计划和经济贸易局加挂安全生产监督管理局牌子；机构编制委员会办公室为机构编制委员会的常设办事机构，既是工委的工作部门，也是管委的工作部门，与人事劳动和社会保障局合署办公。此外，设置议事协调办事机构1个：即扶贫开发办公室为扶贫开发领导小组的常设办事机构。

【经济简述】 2009年，畹町经济开发区完成生产总值21702万元，比上年增7.6%。其中：第一产业完成生产总值4954万元，比上年增9.2%；第二产业完成5232万元，降0.9%；第三产业完成11516万元，增11.7%；完成财政总收入10638万元；对外贸易进出口总值107488万元，降31.6%；工业总产值13221万元，降22.16%；旅游业总收入7300万元，增2.49%；农林牧渔业总产值7506万元，增10.4%；固定资产投资7730万元，增76.4%；社会消费品零售总额9164万元。

【个体私营经济】 2009年，畹町经济开发区有在册内资企业42户，比上年降6.67%；注册资金4773万元，降2.05%；其中：新开业3户，注销6户（含吊销2户）。有在册私营企业110户，比上年增0.9%；注册资金23663万元，增59.56%；从业人员1428人，增8.59%；其中：新开业私营企业24户，注销23户（含吊销13户）。有在册个体工商户679户，比上年增1.19%；从业人员1215人，增6.93%；注册资金1758万元，增0.33%；其中：新开业个体工商户110户，注销102户（含吊销18户）。年内，完成企业年检142户，年检率91.61%；年检合格户数127户，合格率89.43%；检存率81.93%，年检期间办理变更登记27户。参加验照个体工商户671户，验照率100%；验照后户数571户，验存率85.1%；验照期间办理变更登记15户。验存的571户个体工商户中，有从业人员

1026人，资金1323万元，销售收入5496万元，产值3693万元，社会消费品零售额1723万元。

【农 业】 2009年，畹町经济开发区实现农业总产值7467万元，比上年增251万元，增3.5%。其中：种植业3574.13万元；养殖业2812.6万元（畜牧2403万元，水产409.6万元）；农村服务业收入280.9万元（劳动力转移收入127.9万元，农村农机服务业收入153万元）；林业800万元。

全年完成冬农开发种植面积11424亩，比上年增4233亩，增58.8%；冬季农业开发总产量12495.23吨，增6863.42吨，增121.8%；总产值1288.77万元，增258.52万元，增25.09%。完成大春种植总面积17887.37亩，比上年增3357.25，增23.1%；实现农产品总产量10212.51吨（薯类折粮），增3910.88吨，增62.1%。完成甘蔗种植面积1705亩（其中水田1020亩，旱地685亩），比上榨季减2138亩，减55.6%。08/09榨季甘蔗砍收面积3837亩，比上榨季减2231亩，减36.7%；甘蔗总产1.56万吨，减14319吨，减47.8%；平均单产4吨，实现产值359.95万元，减240.95万元，减40%；种蔗户人均产值1407.3元。发放甘蔗生产补助金10.27万元，发放贷款4.84万元。收回上年甘蔗生产贷款29.01万元。完成橡胶新种植面积334.4亩，总产170吨，产值289万元。完成柠檬鲜果销售总产量216.5吨，农民总收入45.28万元（其中：地方收获鲜果总产81.6吨，总产值18.3万元）。完成木薯种植面积15000亩（其中：境内2500亩，境外12500亩）。

全年完成畜牧业总产值2403万元（现价），占农林牧渔业总产值的32.2%。实现肉、蛋、蜜总产1691吨（其中：肉类总产1547吨，禽蛋140吨，蜜4吨）。年内，水牛存栏850头，比上年增240头，增39.3%，肉牛产值占畜牧业总产值的15.69%；水产养殖面积1368亩，产量512吨，总产值409.62万元。

年内，全区推进农机购置补贴政策，完成农机补贴资金29.97万元，拉动农民投资84万元。截至年末，全区拥有拖拉机771台(其中大中型拖拉机110台)；完成农资综合补贴57.15万元，享受补贴农业人口5448人，人均享受补贴104.9元（不含农场）；粮食直补总面积11814.56亩；补助金额15.1万元。

【林 业】 2009年，畹町经济开发区林业部门积极开展了以下几方面工作：一、完成农村集体林权制度改革工作。林改工作档案已通过省级和州级检查验收，按照林业分类经营管理体制改革的要求，落实国家重点公益林73360亩的管护责任，落实责任人428人。二、造林绿化工作。调入林木优质种苗3.65万株，其中西南桦苗0.54万株，杉木苗2.325万株，旱冬瓜0.03万株，竹苗0.75万株，采摘各类种子2.65吨；完成造林面积590亩；完成退耕还林封山育林1万亩；人工更新造林2500亩；新建农村沼气100口。三、森林资源保护工作。年内，州局下达畹町商品材采伐指标蓄积量为2900立方米，材积2100立方米；实际完成人工林采伐蓄积量3002.32立方米，材积2668.38立方米。调运边贸材2050.46立方米；林产品928.9吨；再次运输144.75吨；国内材26.4立方米；查处森林资源和野生动物行政案件22起，处理涉案人员32人，收缴木材51.13立方米、木炭5吨、石斛1026.5千克，挽回经济损失21.883万元。四、森林防火工作。年内，签订森林防火责任状（书）46份，发放户主通知书2000份，挂历200份，制挂防火宣传牌19块，清明宣传单200余份，防火戒严令2090份。本年在森林防火目标责任制考核中取得96分的好成绩。五、林业有害生物防治工作。年内，完成松材线虫病综合治理749亩，采伐松材7912.114立方米，检疫木材1107.213立方米、竹材249吨、果品12362.32吨、石斛37.46吨，林产品4445.27吨，调运检疫率99.9%；产地检疫柚木种子1.5吨，产地检疫率95%；签发植物检疫证书1360份。

全年全区争取到林业项目资金365.97万元。其中：中央森林生态效益补偿35.8万元，退耕还林项目政策补助134.24万元，退耕还林封山育林1万亩项目70万元，森林防火项目5万元，松材线虫病综合治理项目60万元，巩固退耕还林成果后续工程建设项目53.33万元，地震灾害重建资金7万元，野生动物肇事补偿0.6万元。年内，直接兑现给农户林业项目资金171.36万元，农村人均受益264.44元。

【对外贸易】 2009年，畹町经济开发区工管委积极采取各种措施加强对外贸易工作：一是积极贯彻国务院保持外贸增长的20条政策措施及云南省商务厅促进外贸发展30条扶持措施，组织企业积极申报进出口项目，争取国家中小企业开拓资金、财政资金补助等外贸项目扶持资金；二是认真研究分析所面临的形势，转变观念、挖掘潜力，增强企业进出口能力；三是密切关注国际国内经济动态，及时向企业通报各类服务促进政策和经济预警信息，随时掌握重点企业、重点商品的经营状况，会同有关部门全力为企业提供优质服务，推动企业申报海关A类企业，降低出口报关成本，减少供货出口，为企业出口便利化创造条件；四是利用国家加强与东盟、东亚等地区合作的契机，抓住跨境经济合作机遇，加大对新兴市场的开发力度，优化进出口商品结构，鼓励企业生产适销对路产品；五是与海关签订《合作谅解备忘录》，帮助企业做好进口商品价格磋商工作，提高通关效率，落实扶持政策，营造便利通关环境。全年实现对外进出口贸易107488万元，比上年降31.6%。其中：进口总额61466万元，降34.6%；出口总额46022万元，降27.1%。

【工　业】　2009年，受全球金融危机的影响，畹町经济开发区工业经济降幅较大，工管两委积极采取各种措施为企业争取项目。年内，引进投资4亿元年产90万吨的省级项目乔瑞水泥厂正式开工建设；古城香厂、燃料乙醇淀粉厂也正式投产。全年完成工业总产值13221万元，比上年降22.16%，完成年计划的70.7%；完成轻工业产值2729万元，为年计划的98.8%；重工业产值10492万元，为年计划的65%。主要工业产品产量呈下降趋势，其中水泥64400吨，比上年降2.55%；木制品544立方米，降24.13%；大输液887万瓶，降7.89%；工业硅9132吨，降4.54%；啤酒3031吨，降9.14%。年内，完成了畹町边贸总公司的改制工作，安置在职职工11人。

【财　税】　2009年，畹町经济开发区完成财政总收入10638万元，比上年增1622万元，增18%。其中：一般预算收入2255万元，比上年减286万元，降11.3%；调入资金104万元（口岸建设费）；各项转移支付补助2729万元；税收返还716万元；各部门专款补助4568万元（一般预算专款4510万元，基金专款58万元）；上年结余237万元（一般预算结余176万元，基金结余61万元）；基金本年收入29万元。国税完成收入2276万元，其中上划两税1676万元，上划中央所得税40万元，上划省级所得税16万元，地方入库544万元；地税完成收入1300万元，其中上划中央、省级所得税491万元，上划省级营业税8万元，地方入库800万元；财政组织非税收入910万元。全年财政总支出10286万元，完成年初预算9225万元的112%，比上年增1507万元，增17%；其中：一般预算支出9526万元，完成年初预算8469万元的112%，增支1460万元，增18%；上解支出742万元，基金支出18万元。

【教　育】　2009年，畹町经济开发区有1所完全中学，4所小学，2个教学点。畹町中学有14个教学班（高中3个，初中11个），在校学生662人（高中127人、初中535人）；教职工30人。年内，参加高考53人，上线32人，上线率60%，为二十年来成绩最好的一年；参加中考153人，为历年来最多的一年，500分以上的31人，升入高中61人，升入职中50人，入学率72%。全年全区有4所小学2个教学点，有37个教学班，在校生1259人，少数民族学生630人，教职工95人。

年内，为农村义务教育阶段学生免费提供教科书1866套，为462名义务教育阶段寄宿贫困生发放生活补助14.08万元。年内，加强了硬件设施建设。投资290.3万元，对畹町小学新校、和平小学、芒棒小学混板中心校的教室、教师宿舍、食堂等进行建设、修缮；投资20万元，建成芒棒中心校计算机教室及多媒体教室；投资2.8万元，为3所中小学进行绿化美化；还完成了畹町小学搬迁及全区中小学的校舍排查、鉴定、规划及数据录入工作。

【科　技】　2009年，畹町经济开发区完成3个村委会科技活动室和3个科普长廊的建设配备工作，壮大了1个农村科技合作组织（畹町镇蔬菜协会）和1个特色产业（萝芙木产业），完成7个科技示范基地的建设和改造。全年开展科普宣传和培训75期，培训7866人次，发放宣传资料10032份，培训人数占全区农民数的133%；开展科技咨询1604人次，平均每个农民掌握1门以上实用技术，农民人均纯收入增至3438元。

【文　化】　2009年，畹町经济开发区文化部门主要开展了以下工作：一、完成德宏州公布第二批州级文物保护单位的申报工作。"畹町桥"、"中缅边民联欢大会楼旧址"、"中缅边界首次勘界会议楼旧址"被德宏州政府公布为"州级文物保护单位"。二、完成文物普查工作第二阶段调查工作，将回龙山战斗遗址等8个点确定为文物申报点；将畹町"非物质文化遗产传习馆"建设项目等4个项目确定为"非物质文化遗产项目"。三、参加了德宏州举办的"首届民族健身操比赛"文艺节目，并荣获三等奖。四、发动群众广泛开展文化活动，元旦、春节、五一、七一、八一、国庆以及各种民族民间传统节庆期间举办各类文艺晚会和游园活动9场，协助外来艺术团体慰问演出4场，电影下乡放映26场次；图书馆接待读者8942人次，赠送和平小学书刊370册。五、出动文化市场执法人员583人次，检查音像制品262家次，娱乐场所153家次，互联网上网服务营业场所201家次，书报刊经营场所96家次。

【体　育】　2009年，畹町经济开发区体育局举办、协办各类运动会和健身活动5项次，参与1500余人次。年内，畹町组队参加了2009年云南省青少年儿童游泳比赛和云南省第十三届运动会预赛暨2009年年度比赛，获得金牌9枚、银牌3枚、铜牌9枚，并获得云南省第十三届运动会预赛暨2009年年度比赛男子团体总分第二名、女子团体总分第二名的好成绩。年内，向省体职学院输送运动员1名。

老年体协做到天天有活动，每半年一次比赛。9月，派出76人组成老年体协代表团参加德宏州第七届老年人运动会，分别获得乒乓球男子团体第二名、乒乓球女子团体第三名，男子乒乓球个人第五、六、七名，女子乒乓球个人第三名，篾弹弓第三名，陀螺第五名的成绩，拳剑操获得了优秀组织奖。

【卫　生】　2009年，畹町经济开发区管委投入卫生事业经费344.9万元，比上年增14%；全区新型农村合作医疗累计补偿10370人次，补偿88.54万元；年内对各定点医疗机构开展监督检查10次，进村入户调查10次，走访参合农民64人。开展了社区卫生服务机构建设工作，畹町社区卫生服务中心建档752户，建档2359人，慢性病管理331人；芒棒社区卫生服务站建档438户，建档2055人，慢性病管理115人；畹町农场医院建档575户，建档2300人。

积极应对突发公共卫生事件，认真抓好甲型流感防控工作，严格实行24小时值班制和疫情“零”报告制度，组织开展演练活动，采购储备应急物资，全年全区未发现甲型流感病例。年内，畹町无甲类传染病发生；乙类传染病收报7种64例，发病率471/10万，比上年降31.18%。妇幼保健工作方面，新法接生率98%，孕产妇住院分娩率96%，孕产妇系统管理率82%，孕产妇死亡率、婴儿死亡率均为“0”。年内，配合州中心血站组织开展无偿献血6次，参加无偿献血238人次，采集血液60000余毫升；年内，发生医患纠纷2起，成功调解1起。

【劳动和社保】　2009年，畹町经济开发区企业职工基本养老保险参保1207人（其中在职职工1023人，离退休人员184人），领取企业职工基本养老保险金184人（新增退休人员11人，死亡2人），离退休人员月人均基本养老金1050元，社会化发放率100%。1至10月，全区完成养老保险基金收入313.03万元，支出194.74万元，结余118.29万元，累计结余养老保险基金896.56万元；养老保险金实现银行代发。1至10月，全区有66个单位2568人参加基本医疗保险（其中在职职工1429人，退休人员441人），本年转出26人，统筹基金收入164.2万元，支出91.5万元，医疗保险基金结余589万元。年内，城镇居民基本医疗保险参保2414人，个人保险基金收入6.9万元，支出23.67万元；工伤保险参保167人，收缴生育保险费0.3万元；失业保险参保729人，征收失业保险费6万元，发放失业保险金34.8万元，累计领取失业保险金616人次；扶持创业9人，发放创业贷款45万元，新开发公益性岗位27个，已补贴14个岗位；办理下岗失业人员《再就业优惠证》36本，年审《再就业优惠证》235本。城镇新增就业86人，就业困难人员再就业43人，城镇登记失业71人，新增转移农村劳动力150人，城镇参加失业保险729人，再就业资金上年结余7.06万元，年内，上级拨入35万元，支出18.9万元，结余23.1万元。农村养老保险新增参保3人，基金收入1.1万元，累计参保385人，历年基金积累40.48万元。年内，对90户用人单位进行了主动监察，督促用人单位与劳动者签订劳动合同232份，追讨农民工工资和加班费1.2万元，督促用人单位缴纳社会保险费0.36万元；对99户各类用人单位进行了劳动保障执法年审，涉及职工1678人，补签劳动合同64人。

【治　安】　2009年，畹町经济开发区公安分局立各类刑事案件64件，破案50件；查破各类贩毒案件29件，缴获毒品17.3千克，抓获犯罪嫌疑人17名，缴获毒资5万元；破获零星贩毒案件43件。受理治安案件149起，查处149起，查处违法人员124人；110接警343起，出动警力9621人次，出动警车1931台次，救助群众103人次，现行抓获违法犯罪人员26人。交警部门开展整治严重交通违法、酒后驾驶违法行为等专项行动，出动警力1418人次、警车460辆次，检查车辆6515辆次，查处交通违法行为906起。消防部门出警22次，扑救火灾4起，参与事故抢险救援6起，参加消防保卫12次，检查单位498家。年内，受理各类涉林案件18件，查处18件，挽回经济损失21.4万元。

年内，发放二代身份证300证，为返乡民工办理身份证80余份、送证上门200余份。开展“大走访”爱民实践活动，民警进农村、进社区、进企业、进家庭，了解群众疾苦，为群众排忧解难，排查调处矛盾纠纷，走访辖区群众2358户、5328人次，帮扶困难家庭27户、困难群众64人，捐款6700余元。

年内大事

【国家质检总局副局长蒲长城到畹町口岸视察】 2009年5月24日，国家质检总局副局长蒲长城视察畹町口岸。视察期间，蒲副局长了解了出入境人员的数量、组成和境外甲型H1N1流感防控情况，并查看健康申明卡填报、体温监测等检疫查验工作情况。

【外国驻华参赞视察畹町口岸】 2009年5月26日，德国海关驻华参赞罗纳德·莱恩斯一行到畹町口岸考察。在口岸考察期间，罗纳德·莱恩斯看望了口岸值班人员，了解了畹町口岸的历史沿革和贸易进出口情况。

【畹町小学新教学楼建成使用】 2009年8月21日，畹町小学新教学楼工程竣工验收，9月正式投入使用。该工程于2007年11月动工，投入资金850万余元，占地面积2.7公顷，建筑面积2920.6平方米。

【全国政协提案委调研组调研畹町民族文化遗产保护工作】 2009年9月10日，全国政协提案委员会“人口较少民族文化遗产保护”专题调研组到畹町调研民族文化遗产保护工作。全国政协提案委副主任王生铁参观畹町桥后，认为畹町桥具有重要的历史纪念价值，符合国家级文物保护申报条件。

【畹町海丰贸易有限责任公司获“中国普洱茶优秀品牌”企业称号】 2009年，畹町海丰贸易有限责任公司生产的“勐葩春”牌普洱茶，参加由中国国际品牌协会、中国新闻传播中心、中国轻工业投资发展协会共同主办的2008中国茶品牌（普洱）“金芽奖”评选活动，通过评选，该公司被评为“中国普洱茶优秀品牌”企业。

【第九届中缅边交会畹町参展团成绩喜人】 2009年，畹町古城香业有限公司、民鑫制药厂、泉力啤酒有限公司、金三塑料管业有限公司及云南普惠有限公司参加了边交会，畹町商贸参展团获得“布展二等奖”；普惠公司荣获交易会组委会评比“布展企业二等奖”。在边交会上，畹町签订了橡胶、芝麻、高粱、蓖麻子，冰冻海产品，锑、铅矿3个贸易项目的订购合同，签约合同金额达7240万元人民币。

领导干部名录

畹町经济开发区工委

书　记　黄　彪（2009年6月止）
　　　　党文军（2009年6月任）
副书记　帅罕罗（傣族）
　　　　刘永益

畹町经济开发区管委

主　任　帅罕罗（傣族）
副主任　杨瑞勇　杨卫平
　　　　金岩保（傣族，2009年6月任）
主任助理　李开忠（景颇族）
　　　　刘安真（兼）

畹町经济开发区工委工作机构领导名录

纪工委
书　记　刘继红
工委办
主　任　赵双应（女）
组织部
部　长　张　平
宣传部
部　长　张自达
统战部
部　长　尤金川（女，景颇族）
政法委
书　记　金依凹（傣族）
副书记　梁建忠　杨秉周
　　　　张正刚（兼）
防范和处理邪教问题领导小组办公室
主　任　张正刚
政研室
主　任　李　泽
机关党委
书　记　周文明
老干局
局　长　付开伦
机要局
局　长　赵双应（女，兼）

畹町经济开发区管委工作机构领导名录

管委办
主　任　武勋廷
发展改革和经济局
局　长　刘晋玖
科教文化局
局　长　王　晓

监察局

局　长　唐勒弄（景颇族）

民政民宗局

局　长　金小伍（傣族）

公安分局

局　长　张　斌(2009年5月止)

教导员　沙　冰(2009年5月,主持工作)

司法局

局　长　陈畹晨

财政局

局　长　刘安真

人事劳动和社会保障局

局　长　汤成有

国土资源局

局　长　赵文兴

建设交通局

局　长　段玉平

农牧局

局　长　孔自武（傣族）

水利局

副局长　番成山（主持工作）

林业局

局　长　郭云仲

商务局

局　长　杨保宏

卫生局

局　长　苏瑞芹（女）

审计局

局　长　甫如春

统计局

局　长　杨永萍（女）

外事侨务办

主　任　郭云朱

扶贫办

主　任　田家声

人口与计划生育局

局　长　段建德

安全生产监督管理局

局　长　李贵权

信访局

局　长　王治平

畹町经济开发区行使行政职能事业单位领导名录

粮食局

副局长　梅盛虎（主持工作）

广电局

局　长　杨世科

旅游局

局　长　陈留继

档案局

局　长　甫如明

体育局

局　长　马昆龙(回族,瑞丽市政协副主席兼)

畹町经济开发区检察室、法庭领导名录

检察室

主　任　王丕和

法　庭

庭　长　陆登尚（藏族）

畹町经济开发区群团组织领导名录

工　会

主　席　杨钧龙

妇　联

主　席　旺　所（女）

团工委

书　记　赵国梁

老年体协

副主席　和卫全（主持工作）

科　协

主　席　匡大伟

侨　联

副主席　刘永珍（主持工作）

残　联

理事长　金依补（傣族）

畹町经济开发区事业单位领导名录

畹町医院

院　长　蔺应章

畹町中学

副校长　杨保团（主持工作）

省、州驻畹町单位领导名录

畹町海关

关　长　朱建国(2009年6月任)

瑞丽检验检疫局畹町办事处

主　任　蔺以东

畹町边防检查站

站　长　邓　冰

政　委　何本忠(2009年2月止)

喻泽辉(2009年2月任)

工商局

局　长　朱卫华(2009年6月止)

副局长　段树强(2009年6月,主持工作)

国税局

局　长　董继仁

地税局

局　长　高建平（藏族）

（《畹町经济开发区》撰稿　甫如明　杨世洪）

瑞丽市乡镇概况一览表

单位：（米、公里、平方公里、亩、个、户、人、%、‰、人/平方公里、万元、元、吨、头、张）

项目		勐卯	弄岛	姐相	户育	勐秀	姐告	畹町
地理位置		中部	西南	南	西	西北	东	
政府驻地		团结村		姐相街	帕叠坝	勐秀村委会		畹町
海拔		760	750	752.2	1267.3	1400	762.7	778
距县城距离		1	29	18	20	22	4	25
土地总面积		232.3	99	60	204	283.3	1.92	103
耕地面积		38652	29604	41830	29712	57752		13375
其中	水田	26592	18881	33228	8585	10035		6671
其中	旱地	12060	10723	8602	20103	47717		4704
其中	人均耕地	1.38	2.3	2.54		5.31		0.98
行政区域	辖村委会	7	4	4	4	7		3
行政区域	自然村	62	32	39	30	89		16
行政区域	村民小组	69	32	40	28	44		16
人口民族	总户数	28671	3272	3962	1936	2593		4734
人口民族	总人口	72838	13068	16476	7334	10884		13656
人口民族	其中：汉族	5533	1940	1587	2093	5632		7599
人口民族	其中：傣族	22259	10093	14084	11	52		4054
人口民族	其中：景颇族	791	937		4854	4304		734
人口民族	其中：阿昌族		95			12		28
人口民族	其中：傈僳族			56	44	279		40
人口民族	其中：德昂族	263			425	553		449
人口民族	人口出生率	6	13		1.44	13.5		9.9
人口民族	自然增长率	11	10	5.3	6.4	6.9		5.7
人口民族	人口密度		132		34.17			133
经济收益	总收入	20174	7800	9542	5345	6265		3922
经济收益	纯收入	12289	4382		2519	3333		2162
经济收益	人均纯收入	4179	3499	3765	3568	3311		3446
经济收益	总支出	8603	3525		2955	2932		
经济收益	国家税金	150						
经济收益	集体提留							
农业产值	总产值	11736	8342	8538	3117	8764		7506
农业产值	增加值				35.5			4954
农业产值	其中：种植业	7329	5816	6631.1	2314	5982		1860
农业产值	其中：林业	467	475	118.2	803	306		741
农业产值	其中：畜牧业	3097	1612	1729	1610	2256		1650
农业产值	其中：渔业	843	256	54.1	146	68		164
农业产值	其中：服务业	821	183	20.2	2	152		539
农作物总面积		63791	46490	11050	37887	77227		32291

项目		乡镇	勐卯	弄岛	姐相	户育	勐秀	姐告	畹町
其中		甘蔗	6091	8388	31118	13252	22173		1391
		粮食	38772	29908		19178	32205		19733
		茶叶	472	1000		3732	150		923
		油料	4296	1745		2016	7944		1735
		水果		2500	6759	698	14755		4514
农作物总产量			442348	21083			121677		
其中		甘蔗	307230	76392	603	56429	109370		515
		粮食	16632	12163	2147	3846	5887		7162
		茶叶	322	50		41.4	1.3		8.5
		油料	3351	82		3686	609.7		191
		水果		1149		623	5809		9120
畜牧		牛存栏	2696	2091	2925	1952	3480		1630
		猪存栏	20273	5624	7207	4777	7495		9076
		羊存栏	836	65		274	260		993
教育	中学	在校学生	3447	715	642		294		662
		教职工人数	203	54	53		38		57
	小学	在校学生	7110	1685	1736	873	1089		1259
		教职工人数	432	93	102	65	73		95
卫生		医务人员	30	6	16	17	23		90
		病床	33	54	30	35	10		119
		卫生室	7	4	4	4	7		0
		乡村医生	13	4		8	14		0
文化		文化站	1	1	1	1	1		1
		电影院							1
		广播站	1	1	40	1	1		0
领导干部		乡（镇）党委书记	岩补	冯祖威	散孟	棍么	金宏		胡云昌
		乡(镇)政府乡(镇)长	张家有	岩吞亮	赵瑞仁	周德银	董志明		依晃
		乡（镇）人大主席	刀承平	李金才	杨再富	黄兴道	明正丛		侯正荣

（杨丽芬）

陇川县

地理

【县境】 陇川县地处云南省西部德宏州西南部，位于东经97°39′～98°17′，北纬24°08′～24°39′之间，东邻潞西市，南连瑞丽市，北接梁河、盈江两县，西与缅甸毗邻，国境线长50.899千米；全县由山区、半山区、盆地组成，南北长58千米，东西宽63.7千米，总面积1931平方千米；其中山区1429.55平方千米，占总面积74.03%；坝区433.9平方千米，占22.47%。县政府驻地章凤镇（国家二级口岸）距州府潞西市130千米，距省府昆明779千米，距缅甸八莫市92千米。陇川县全境由高黎贡山余脉纵贯，东北高峻，西南低平，最高海拔2618.8米，最低海拔780米。境内有大小河流98条，总长752.85千米，地表水量为77亿立方米。

【气　候】 2009年，陇川县气候特征主要表现为：一、全年热量条件优越，年平均气温和年总积温偏高；年平均气温19.7℃，比上年偏高0.5℃，较历年平均偏高1.1℃，属特高年份，与历史最高值持平；年最高气温34.2℃，年最低气温0.8℃，年总积温7190.5℃，比上年偏多163.3℃，较历年偏多401.5℃。冬季平均气温13.7℃，比上年偏高0.9℃，较历年同期偏高1.7℃，属偏高年份，出现了历史上第一个冬季无霜年；春季平均气温20.9℃，比上年偏高0.4℃，较历年同期偏高1.1℃，属偏高年份；夏季平均气温23.9℃，比上年偏高0.7℃，较历年偏高0.6℃，属偏高年份；秋季平均气温20.7℃，比上年偏高0.6℃，较历年偏高1.3℃，属偏高年份。二、全年总降雨量偏少，冬春干旱明显，汛期洪涝灾害不突出；全年总降雨量在1215.5毫米，比上年偏少522.9毫米，较历年同期偏少493.9毫米，属偏少年景。冬季总降雨量在8.9毫米，比上年偏少66.8毫米，较历年同期偏少40.3毫米，属偏少年份；春季总降雨量315.1毫米，比上年偏少16.3毫米，较历年同期偏多75.5毫米，属略多年份；夏季总降雨量693.0毫米，比上年偏少239.5毫米，较历年同期偏少349.0毫米，属偏少年份；秋季总降雨量201.9毫米，比上年偏少193.9毫米，较历年同期偏少176.7毫米，属偏少年份。雨季于5月28日开始，比上年晚27天；10月1日结束，比上年提前11天。三、全年总日照时数略少；总日照时数2054.1小时，比上年偏多269.9小时，较历年平均偏少247.2小时，属略少年景。全年各月日照时数除2月偏多外，其余各月均偏少。四、全年主要气象自然灾害表现为冬春干旱、4月大风；五、全年气候对工农业生产影响总体上属中上年景。

【行政区划】 2009年，陇川县下辖章凤、城子、陇把、景罕4个镇，户撒、清平、勐约、王子树、护国5个乡和1个国营农场。各乡镇有68个村民委员会，3个居委会，689个自然村，741个村民小组；国营农场下辖4个分场45个队（站）。

【人口民族】 2009年，陇川县总户数50221户，总人口180513人。其中：男92784人，女87729人；非农业人口34130人，占总人口的18.9%；年内出生3124人，死亡1471人，迁入1693人，迁出2087人。全县有22种少数民族，少数民族人口99645人，占总人口的55.2%；其中：汉族80868人，景颇族47011人，傣族29937人，傈僳族5038人，阿昌族13985人，德昂族1238人，其他民族2436人。人口出生率13.65‰，自然增长率6.52‰，人口密度为93人/平方千米。

历　史

【简　史】 陇川，傣语称“勐宛”，意为太阳照耀的地方。东汉归永昌郡哀牢县，唐南诏时属永昌节度，宋属大理金齿。南宋绍兴三十年（1160），麓川思氏部酋兴起，在勐卯（今瑞丽）统一了几个部落，随之兼并勐宛（陇川），建立麓川王朝政权。元至十三年（1276），在麓川统辖范围置麓川路、平缅路（置首府于今陇川坝北）。至顺元年（1330）置麓川军民总管府，统管原麓川地。至正十五年（1335），在姐兰（今缅甸南坎附近）置麓川平缅宣慰使司。“三征麓川”后，明正统九年（1444）撤麓川平缅宣慰使司，立陇川宣抚司，辖今陇川、瑞丽、遮放及缅属高丽等地区。清沿明制。民国时期，1912年设弹压委员，划入户撒、腊撒两司地。1916年改为行政委员，行署旱季住章凤，雨季住杉木笼。同年，户撒划归干崖，腊撒归勐卯。1932年改设陇川设治局，隶属云南第一殖边督办。1951年12月21日，成立陇川县各民族联合政府，隶属保山专区管辖。10月，瑞丽陇川两县合并，称瑞丽县。1959年9月，瑞、陇分开，重置陇川县，隶属德宏州。

陇川历史悠久，公元450年，居住在保山卡斯洼的傣族部落首领法赛练率367户，迁徙到陇川坝尾南宛河畔定居。法赛练氏部落统治勐宛480年，传19代。900余年，德昂族首领莽达良率众征服勐宛，在雷基（今洋人街）建立德昂王城。莽氏家族统治陇川304年。1233年，勐宛被勐卯王混贺罕兼并。元至元六年（1340）思可法立为勐卯王，迁都“姐兰”，建立麓川王国，并开始向德宏及保山地区扩张。明王朝为巩固其统治，派兵“三征麓川”，于正统九年（1444），立陇川宣抚司（正四品）。1447年，明朝庭废恭项，立原同知多歪孟为陇川宣抚使，沿袭28代，执政503年。

1950年5月，陇川解放。1951年12月，末代土司多永安选为陇川县各民族联合政府县长，原邦瓦山官排早堵选为副县长。1957年完成和平协商土地改革，建立家庭联产承包责任制。1993年修复“洋八公路”，县委、政府正式迁到章凤挂牌办公。1998年3月20日，陇川县城正式搬迁至章凤口岸。2001年原驻老县城各机关相继完成搬迁工作。2002年，邦瓦乡撤并城子镇、勐约乡，姐乌乡撤并城子镇。

社　　会

【经济简述】　2009年，陇川县完成生产总值14.47亿元，比上年增11.2%。其中：第一产业完成增加值5.9亿元，比上年增9.6%；第二产业完成增加值3.66亿元，增14.4%；第三产业完成增加值4.91亿元，增10.5%。

【招商引资】　2009年，陇川县引进外来投资项目4个，协议总投资2亿元。项目分别是：薯蓣种植及深加工项目，协议投资7000万元；翼龙汽车修理、销售项目，协议投资1000万元；章凤农贸市场改扩建项目，协议投资8000万元；正丰硅业15000千伏安硅冶炼项目，协议投资4000万元。实际到位资金11150万元，比上年增33.5%。

【固定资产投资】　2009年，陇川县完成固定资产投资112618万元，比上年增43%，完成年计划的109.97%。年内，全县实施项目112个，其中腾陇二级公路、龙江水利、麻栗坝水库工程、硅冶炼业、房地产开发、污水处理、土地开发整理、景罕供水等重点工程正在有序推进。

【农　业】　2009年，陇川县完成农业总产值9.65亿元，比上年增10.2%。完成农作物播种面积91.49万亩，比上年增8.42万亩，增9%；总产量193.72万吨，减19.74万吨，减10%；实现产值68774.18万元，比上年增1842.42万元，增2.8%。其中：粮食作物播种面积35.08万亩，比上年增5.33万亩，增17.9%；粮食总产12.21万吨，增2.63万吨，增27.5%；实现产值23808.2万元，增3748.3万元，增19%。油料种植面积9.42万亩，比上年增1.65万亩，增21%；产量0.96万吨，增0.2万吨，增26%；实现产值3841.9万元，增1266.15万元，增49%。甘蔗实收面积32.54万亩，比上榨季减0.38万亩，减1.2%；实现产值3.3亿元，减4000万元，减11.1%。蔬菜、瓜类、青饲料种植面积2.63万亩，总产2.12万吨，实现产值3468.3万元。名、特、优、新、茶等作物生产面积5.13万亩，总产0.17万吨，实现产值564.7万元。种草养畜0.63万亩，产量4.27万吨，产值855万元。红土晒烟种植面积15601亩，比上年增12485.4亩，增400.7%；产量1868.38吨，增1657.98吨，增788%；产值2915.48万元，增2532.36万元，增661%。草果、八果生产面积4.45万亩，产量0.05万吨，实现产值265.6万元。

全年全县共检修农机4026台/次，组织拖拉机4500台、联合收割机146台、排灌机械150台、脱粒机27台投入农业生产，实现农机收入6364万元，利润2900万元。兑付惠农补贴221.57万元，受惠农户301户（完成购机301台，开展驾驶员培训4期，培训驾驶员202人）；年内，检验拖拉机1320台，新注册拖拉机789台，核发拖拉机驾驶证155本，审验换发驾驶证79本；完成劳务输出转移978人。

【畜牧兽医】　2009年，陇川县畜牧业快速发展。完成肉、奶、蛋总产9661.5吨，比上年增7.5%。生猪存栏12.12万头，比上年增6%；大牲畜存栏3.7万头，增2.7%；羊存栏1.19万头，减10.5%；禽存栏35.83万只，增1.5%。年内，肉猪出售8.32万头，比上年增15.7%；肉牛出售0.93万头，增16.9%；肉羊出售0.88万只，增0.7%；家禽出售42.47万只，增4%。

全年全县改良牛1285头，改良奶水牛3056头，冻改黄牛662头；改良猪10980窝，产仔89471头，推广猪人工授精2100窝；推广良种禽2.862万只（鸡2.342万只，鸭0.5万只，鹅0.02万只）；推广人工牧草种植10130亩。开展畜牧科技培训35期、受训2166人次，编写科学饲养、改良、养殖技术资料6150份。建成奶水牛养殖示范村5个，奶水牛养殖示范户174户。投资170.67万元，建成年出栏生猪300头以上标准化养猪场3个。

年内，检疫猪40778头，牛1540头；开展上市猪胴体检验50343头，检出病害猪肉326头；牛胴体检验3085头，检出病害牛肉113头；检疫动物产品1078吨。全年检查各乡镇市场27次，屠宰场13次，出动监督检查人员96人次，执法人员403人次，车辆73辆次，发出相关通知2份。

年内，完成畜禽免疫225.99万头只，家畜注射80.83万头，家禽注射145.16万头。其中W病免疫32.87万头次，免疫密度达199.3%；禽流感免疫注射72.44万羽次，免疫密度98.9%；高致病性猪蓝耳病免疫注射23.65万头次，免疫密度111.1%；猪瘟免疫注射12.53万头次，免疫密度107.5%；新城疫免疫注射388050

羽，免疫密度120.1%。注射狂犬病疫苗3667条。动物防疫共采鸡血清504份，猪血清203份，牛血清271份，羊血清275份，猪全血180份，马血清60份。

【林　业】　2009年，陇川县林业局办理各类森林资源及野生动物案件119起，打击处理各类违法犯罪人员206人，依法收缴非法木炭226.68吨，锯材1.29立方米，野生植物大青树2株，石斛1.75千克；非法木材1122.58立方米，为国家挽回直接经济损失170余万元。

全年办理完成采伐许可证227份，采伐林木蓄积17857立方米，出材量10933.5立方米（商品材10689.5立方米，自用材244立方米）；征占用林地面积66.45公顷，办理征占用林地林木采伐2789立方米，预收森林植被恢复费308万元；木材运输25960.25立方米（其中国内材19456.9立方米，边贸材6503.35立方米）；边贸竹藤1183吨。

农村沼气池建设工作。年内，建成农村沼气池1472座（其中国债项目1237座、省级项目55座、巩固退耕还林工程项目180座），节柴改灶210座。举办沼气池安全使用知识培训19期，受训946人次。完成人工造林9.55万亩；义务植树15.4万株；核桃种植2.35万亩，占任务数78.3%；巩固退耕还林成果完成种植业2.55万亩，补植补造466亩，占任务数100%；竹子种植4.65万亩，占任务数133%；完成白花油茶采穗圃建设20亩。

全年全县参加林改面积112.52万亩（集体公益林21.68万亩，商品林90.84万亩），占全县林地总面积的62.35%；林改涉及9个乡（镇），68个村委，583个村民小组，上述涉改单位已全部制定林改方案。全年排查林权纠纷1339起，协议调处1310起，调处率97.83%。

年内，组织开展宣传培训20余场次，出动车辆37辆（次），展出展板8块，播放宣传光碟6盘，发放各类宣传材料68400份，宣传册900套3600册，宣传单12个种类64800份，撰写林业工作简报91期。

【贸　易】　2009年，陇川县外贸企业完成进出口总额43973.65万元，比上年增19.84%；其中：进口2214.89万元，比上年降17.14%；出口41758.22万元，增22.75%。年内，章凤口岸完成进出口总值90988万元，比上年增30.78%，完成年计划的116.65%；其中：进口3398万元，比上年降35.97%；出口87590万元，增36.3%；完成进出口货运量109320吨，比上年增11.07%。

【水　利】　2009年，陇川县完成水利水电投资6017万元（其中水利投资2977万元，水电投资3040万元），完成各类工程112件；投资511万元，新建饮水工程58件，解决了11217人的饮水安全问题；投资625万元，完成国界河治理防洪工程建设，新建堤防2.49千米。投资591万元，完成农田水利基础工程29件，修建取水坝21座，涵洞19道，渠道交叉建筑物46座；完成渠道防渗衬砌19.5千米，改善灌溉面积14090亩。

年内，认真抓好修复重建工作。投资250万元，完成震损人饮、沟渠修复工程14件、水库3座、灾后重建统建点人饮工程3件，恢复解决了3000人的饮水问题；洪涝灾害造成水利设施损失196万元，受灾1268户5619人；开展水资源费征收工作，征收水资源费29万元，水土设施补偿费和水土流失防治费5.5万元。

【工　业】　2009年，陇川县完成工业总产值77525万元，比上年增8.58%，完成年计划的101.34%；其中：规模以上工业企业完成产值58355万元，比上年降0.75%；规模以上工业企业实现利润总额1329万元，降76.23%。主要工业产品产量：食糖16.57万吨，比上年增2.88%；酒精8931千升，降14.02%；发电量9591万千瓦时，增44.58%；抗生素类胶囊3431万粒，增39.7%；精制茶278吨，降44.06%；工业硅产量20056万吨，实现产值1.7亿元。

【乡镇企业】　2009年，陇川县有乡镇企业3695户，从业人员6081人。完成增加值5577万元，其中完成工业增加值1391万元，完成农产品工业销售产值13138万元；上缴税金647万元。

【非公经济】　2009年，陇川县有个体工商户3402户，比上年增504户，增17.4%；从业人员6243人，增1139人，增22.32%；注册资金8519万元，增3580万元，增60.28%。全县有私营企业157户，比上年增29户，增22.66%；从业人员2444人，增615人，增33.62%；注册资金27533万元，增11112万元，增67.69%。非公经济上缴税金5283万元。

【旅　游】　2009年，陇川县接待海内外游客46.3万人次，比上年增10.4%；实现旅游综合收入3.63亿元，增15.8%；春节期间全县接待游客4.93万人次，比上年增

19.7%；实现旅游总收入2292.9万元，增22.8%。认真举办了目瑙纵歌宣传活动，加大了章八旅游线路的宣传，共组织8批、151人次到八莫旅游。加强旅游从业人员的培训力度，全年培训从业人员102人次，培训《旅行社条例》1次，参训20人次。

【财　政】　2009年，陇川县完成地方财政总收入14003万元，比上年增4.81%；其中："两税"上划中央3621万元，比上年减869万元，降19.35%，占年初预算的59.6%；所得税中央、省级分享837万元，增24万元，增2.95%，占年初预算的97.67%。地方一般预算收入完成6933万元，比上年增13%；一般预算支出6.5亿元，增37.21%。

部门完成情况：国税完成4784万元，比上年减1146万元，降19.33%，占年初预算的59.28%；地税完成3912万元，增108万元，增2.84%，占年初预算的78.24%；财政完成778万元，增139万元，增21.75%，占年初预算的97.25%。行政性收费收入比上年增收63万元，罚没收入比上年增收195万元，非税收入比上年略有增长。

【金融保险】　2009年，陇川县金融机构存款余额18.43亿元，比上年增25.9%；贷款余额109961万元，增53.04%。年内，中国人民财产保险股份有限公司陇川支公司承保各类财产保费收入1613万元，比上年增12.84%；支付各种保险赔款1198.36万元，增85%，综合赔付率74.29%；上缴营业税及附加90.32万元。

【交　通】　2009年，陇川县交通部门完成农村公路建设计划项目13个。其中：盆都村公路、营盘村公路、曼冒村公路、岗巴村公路、广外村公路、邦外村公路、瓦慕村公路、弄贯村公路二期工程、户弄村公路二期工程9个通达项目，邦瓦至瓦慕公路、弄把至坡罕公路2个灾后重建设项目，王子树客运站、拉影客运站2个农村客运站建设项目，建设里程149.5千米，预计总投资2479万元（中央车购税2145万元，地方自筹资金334万元），以上项目均已完成工可设计、施工图批复、招投标等各项前期工作。全年完成县道公路日常养护300.7千米（不包含在建设公路里程），乡、村道公路日常小修养护618.649千米（不包含在建设公路里程）；完成6项大中修工程项目上报工作，其中县道公路5项，乡道1项，预计投资414.26万元。全年为学校300多名师生就交通安全相关知识作专场宣传，发放宣传材料3000多份。以城子至王子树、中营至王子树、翁冷至城子、幸福路梁陇线至盈江、户早来细至户撒乡政府、中营至盆都、景坎至陇把等路线（路段）为重点，实施了路基工程、涵洞工程、桥梁工程、路面工程、沿线其他设施等8个大项目、58件小项目，完成结算总投资288万元。年内，还对全县的公路、桥梁进行了1次安全隐患排查，全面清理公路侵占道1次，对客运企业、维修企业、驾驶培训学校进行了安全大检查。

【城　建】　2009年，陇川县城建部门办理建设项目选址意见书2份；审批建设用地规划许可证102份，审批用地217.39亩；审批建设工程规划许可证111份，批准建筑面积57084.06平方米。组织建设工程施工放样验线180余人次；完成了户撒乡芒炳村板东村民小组建设平面规划设计、清平乡广岭村民小组二片区建设平面规划设计、埋桑坝村民小组平面规划设计、护国百叶村民小组平面规划设计、陇把户岛山平面规划设计、城子镇巴达村卡弄村民小组平面规划设计、龙江村民小组易地搬迁规划平面设计。办理新建房屋登记118户68926.76平方米，变更登记41户13419.8平方米，换证登记25户10471.99平方米，转移登记145户16672.64平方米，抵押登记542份163716.44平方米，拆迁面积2.69万平方米，预计房屋拆迁费1855.2万元；参与完成工程施工质量检测，出具危房鉴定报告891份。年内，完成招标项目30个，投资5122.64万元，面积33045.83平方米；审批工程项目34项，投资5559万元，建筑面积48648.15平方米；监督工程项目55项，建筑面积75859.52平方米，预计投资9291.22万元。完成竣工验收监督工程项目35项，建筑面积38033.96平方米。

【教　育】　2009年，陇川县有各级各类学校114所，普通中学7所，九年一贯制学校4所，职业高级中学1所，小学73所（完小65所，教学点8所），幼儿园17所（公办3所，民办14所），特殊教育学校2所，教科中心1所，成人文化技术学校9所（独立建制3所）。有在校学生31273人，其中普通中学8824人，职业高中611人，小学17420人（特殊教育156人），幼儿园4418人；有在校民族学生16563人，占在校生总数的52.96%。全县有在岗教职工2062人。

年内，全县有小学适龄儿童15434人，入学15350人，入学率

99.46%；13～15周岁人口7668人，在校生数7003人，入学率91.33%；16～18周岁人口8418人，普通高中在校生1696人，入学率20.15%。有479人参加普通高考，上线401人，上线人数首次突破400人，上线率83.72%，比上年提高12.52个百分点。其中：一本上线47人，居全州各县市第一；二本上线120人，三本上线58人，一专上线54人，二专上线122人。有1141人参加中考，600分以上146人，比上年增32人，占全州600以上人数的16.5%，居各县市第二。县一中学生何敏以686分的高分获州中考状元，在全州中考前10名中陇川占4人。

全年全县实施校舍建设项目67个，已竣工投入使用24个，拆除危房8483平方米，新建校舍46325平方米，投入建设资金5706万元；完成了中小学校危房12000平方米的改造工程；为加快职业高级技术学校的发展步伐，投资537.71万元，新建了教学楼，建筑面积3111.9平方米。

【科　技】　2009年，陇川县科技部门主要开展了以下几方面工作：一、强化科技培训，科技培训下到村组。开展以甘蔗、马铃薯、双低油菜、核桃、麻竹、枇杷、姬松茸、生猪育肥、优生优育等科技培训1320期5.58万人次；农函大办学8个专业，52个教学班，培训学员2688人。编印草果丰产栽培、养殖综合等技术手册2万册，制作生产适用技术光碟1000本。二、建立完善村级科技活动室26个，配送科技培训桌椅474套，科普电教设备19套。三、创建和培育农技协会12个（其中户撒乡优质稻协会、王子树乡蔬菜协会、勐约乡养猪协会、护国乡草果协会4个协会为新建协会），指导支持8个农技协会举办了奶水牛饲养管理、枇杷丰产栽培、冬马铃薯开发、优质稻统防统治、姬松茸种植、科学养鸭、稻田养鱼等技术培训班，培训44期2360人次，进村入户技术指导725人次；接待各地参观学习18次340人次，发放各种技术资料1880份、科普展图37套265幅、科教光碟55盒。四、向9个乡镇和2个协会选派科技特派员11名，培养村科技辅导员及农村科技带头人73名。五、建成科普宣传栏13块52平方米；六、创建麻竹丰产栽培，茶叶、核桃套种，甘蔗、马铃薯套种等科技示范基地6个1145亩。七、食用菌协会扩大了订单生产规模，共发展姬松茸大棚1400多棚，涉及菇农1267户，实现农业产值1800多万元。八、全年全县获科技进步奖励项目4项，指导项目完成单位申报并获州政府科技奖励2项；积极组织青少年开展科技创新活动，参加了全州第25届青少年创新大赛。

【文化体育】　2009年，陇川县文化体育局认真组织完成了各项文体活动，全年送戏下乡20次。年内，油画作品《收获》、舞蹈《瑙双瑙巴哦嗦嗦》荣获德宏州第二届民族歌舞乐展演二等奖，原生态声乐《盏西哦嗦》荣获一等奖。

年内，加大了对文化市场的监管力度，开展专项整治3次，联合执法检查6次，收缴非法音像制品5400余碟。对11家违法、违规经营户进行了批评、教育。累计巡查市场60余次，出动车辆74余次，出动工作人员180余人次，检查经营单位600余家次，确保了文化市场健康有序地发展。全年办理《文化经营许可证》5个，接待各外来参观团演出10次以上。

年内，投资240万元，建成村文化活动室196个；投资188.43万元，完成了勐约、护国、王子树等3个山区乡镇文化站建设；本年完成全县7个新建乡镇文化站的评估定级工作，其中清平乡文化站达到国家二级站，其余乡镇文化站达到国家三级站。

年内，完成了第二批省级非物质文化遗产保护名录的申报和第四批省级民族民间传统文化传承人申报工作，成功申报“景颇族目瑙纵歌”为州级第三批非物质文化遗产保护名录项目。年内，普查各类不可移动文物79处，新发掘了清平新山坝塔遗址、王子树弄糯圈墓塔、抗英英雄早乐东墓、户撒东么土城遗址、陇川“孔明城”遗址（乂称诸葛营盘）、芒捧奘寺、加孔寨奘寺、朵列奘（贺姐奘）、姐冒奘房等9处遗址和古建筑。其中新山坝塔遗址、早乐东墓、芒捧奘寺、朵列奘（贺姐奘）等4处历史文化遗迹列入州级保护单位。完成了户撒皇阁寺第三期修缮工作。

年内，在德宏州中学生运动会上，陇川队获得10金、10银、13铜、高中组团体第三名的优异成绩；在云南省举重年度比赛中，获1金、1银、2个第四名；在云南省第九届残运会及第三届特奥会举重比赛中，陇川县代表队获得2金、1银、1铜、1个第四名、1名个人体育道德风尚奖，代表队获团体总分第一名，还获得体育道德风尚奖。

【卫　生】　2009年，陇川县卫生局有县直公共卫生服务机构3个，县、乡新型农村合作医疗经办机构管理委员会办公室10个（县级1个，乡级9个），社区卫生服务机构1个，县级医疗机构1个，防保型卫生院1个，乡镇卫生院8个；病床453张，在职卫生工作人员424人（卫生专业技术人员297人），全县设立了71个村卫生室，覆盖率为100%；有乡村医生124人；有社会办医机构33个。医疗机构门诊诊疗23.01万人次，出院9305人，病床使用率46.19%；全县卫生系统收入5481.32万元；固定资产总值5811.07万元，比上年增3.25%。

全年报告法定传染病17种820例，发病率459.28/10万，比上年降11.45%，其中乙类传染病9种542例，丙类传染病8种278例；死亡89例，病死率8.4%，死亡率49.85/10万。年内发病上升的病种主要有：流行性感冒、麻风病、风疹、急性出血性结膜炎、其他感染性腹泻等。

年内，认真开展了甲型H1N1流感防控与医疗救治应急演练，提高规范处置和部门协调能力，开展医务人员防控与救治知识培训386人次；报告甲型H1N1流感病例5例，流感样病例38例；加大对学校的专项督查，累计接种疫苗1500份。完成性疾病防控疫苗常规免疫运转9次，并加强了免疫接种工作。在全县中小学生中开展了风疹和腮腺炎疫苗接种工作，接种3.1万人份，接种率达85%以上。

年内，投资72万元，新建了勐约乡卫生院，建筑面积628.79平方米；投资110万元，建设了城子镇卫生院，面积850平方米；投资48万元，改造了户撒乡卫生院，面积440平方米；投资50万元，建设了10个卫生室，面积800平方米；投资8.8万元，为全县71个村卫生室各配备了1台118升冰箱，为4个中心卫生院各配发了1辆价值15万元的救护车。

年内，加大了培训宣传力度。培训公安干警、禁防工作队员15场次，开展大众性宣传活动408场次，发放宣传材料42062份，受教育124770人次；输送人员到省、州接受防艾业务培训36期、76人次，培训医务人员10期、377人次。

年内，县合管办加强了对县、乡、村3级定点医疗机构的督查工作，进行指导12次，查处2起乡村医生套骗合作医疗基金行为，挽回被套骗资金并给予解聘处理；查处2起农民借证看病，追回被骗资金983元；查处2起双重参保，追回被骗资金3283.8元；对全县定点医疗机不执行单病种限价和部分村卫生室不执行收费标准的违规行为进行处罚61例次，扣减不合理补偿金19446.18元；对全县定点医疗机构不按药品统购要求进行药品采购3例，扣减其补偿金额1923.30元；核实外伤证明262人份，其中经核实确定不在补偿范围内101人次，有效保护了新农合基金的安全。全县享受医疗费用补偿参合农民28.13万人次，比上年增6.07万人次，补偿金额1086.34万元，增274.17万元，资金使用率达82%。其中：门诊补偿27.27万人次，比上年增5.95万人次，补偿266.83万元，增63.26万元；住院补偿7443人次，增1238人次，补偿770.17万元，增210.91万元；孕产妇正常分娩补偿1232人次49.34万元。

年内，核发、校验食品卫生许可证196件，公共场所卫生许可证41件，医疗机构执业许可证136件，放射诊疗许可证2件，医师执业证77件，护士再次执业195件。培训食品生产经营单位业主及从业人员1期124人，公共场所经营单位业主及从业人员1期67人，医疗机构法人及执业人员2期104人。查处食品卫生违法案件4起，销毁过期变质食品299.25千克；查处公共场所卫生违法案件9起；查处医疗违法案件7起，查处医疗机构使用非卫生技术人员1起，取缔非法行医2起，取缔非法牙医3起。监督检查食品生产经营单位458户次，处罚生产经营掺假食醋的酱醋厂1户。

【计划生育】 2009年，陇川县人口计划生育局认真完成各项工作任务，建立了流动人口计划生育联合办公机制，每季度检查一次，查验率85%以上，对不按规定办理《婚育证明》的处罚率达50%。优先节育率（三术率）78%，长效避孕及时率77%。广泛开展婚育新风进万家活动和“关爱女孩”行动，年内全县人口计生政策知识知晓率95%；认真开展计划生育优质服务，全面开展出生缺陷一级预防工作，新婚夫妇、孕产妇宣传率98%；叶酸、福施福服用率95%；孕前检查及产前筛查率60%；年内，认真落实“奖优免补”工作，统计台账运转合格率98%；落实农业人口“少生快富”政策，发放“少生快富”享受3000元的有1972户，金额591.6万元；享受2000元的有1582户，金额316.4万元，实际发放“少生快富”资金908万元。

【民　政】 2009年，陇川县民政局救助城市低保对象34132户次、74346人次，发放保障金1206.75万元；农村低保13144户、28471人，发放低保金1681.99万元；城乡医疗救助29824人，发放救助金122.94万元，其中城市医疗救助236人，发放救助金25.5万元；农村医疗救助29588人（包括助缴参合金和直接救助），发放救助金97.44万元。下拨各种救灾资金5343万元；其中：恢复建设资金3887万元，修复民房9146间；生活救济180万元，救济14320人；发放棉被2120床、衣物1600余件，救济5200余人。接收安置转业干部1人，为16户退伍军人解决住房困难问题；年内全县13个军警民共建点中有7个被州、县评为先进单位；发放伤残保障金11.44万元，“三属”定补6.53万元，在乡老复员军人定补13.9万元；核发347名参战人员补助金，发放补助金81.36万元；接收退役士兵17名，回农村安置11名，城镇退役士兵6名。为60岁以上老人办理《云南省老年优待证》1199本；做好80岁以上高龄老人补助补贴工作，全县80岁以上高龄老人1392人（其中百岁寿星老人6人），发放补贴金21.87万元。年内，全县有孤儿1065人（艾滋病致孤儿童413人），已纳入城乡最低生活保障救助1065人，年发救助金86.59元；引进美国浩德基金会对在校就读的280名孤儿实行救助。投资432.66万元，完成了中心敬老院的建设工程。全县登记在册五保户450人（集中供养41人，散居409人），散居人员纳入财政转移支付，年均支付960元；60人纳入城市居民最低生活保障，年均支付2400元，共发放救助金51840元；五保户看病已纳入了农村医疗救助。全年办理婚姻登记847对（其中结婚761对，离婚86对），合格率达100%。完成全县9个乡（镇）政府驻地街道命名工作，共命名28条街路名；完成全县城乡门（楼）牌登记工作，68个村委会、460个村民小组启用了新编门牌号码。年内，全县有公墓土地439亩，分无偿使用区和有偿使有区，无偿使用区有烈士陵园8亩，道路和停车场35亩，敬老院备用10亩。全年募集彩票资金328万元。

【扶　贫】　2009年，陇川县扶贫办开展了以下几项工作：一、实施了整村推进项目，项目涉及8个乡镇，21个村，1210户5708人。其中：每村投入10万元，共投入210万元（州、县各配套105万元），建设了21个农村党员文化活动室，建筑面积3420平方米；种植核桃1800亩；养殖仔猪600头；开展科技培训63期3150人次。二、实施了9个村民小组的“兴边富民工程”整村推进项目，建设村道路9件、长10.3千米，人畜饮水1件、主管长0.09千米，水池1个，沟渠建设（引水石坝）1个，党员文化活动室6个857平方米，活动场所2150平方米，种植核桃300亩，姬松茸19棚，养殖仔猪1004头，牛288头，沼气建设120套，村容村貌整治101户，安居房建设24户，标志碑9块。三、实施了200户特困户的住房改造，投入资金454万元，受益834人。发放扶贫到户贷款项目资金2200万元，获贷农户涉及全县6个乡镇、44个村委会、3539户16358人。易地搬迁161户762人，实施贫困村村级发展互助资金100万元，涉及7个乡镇，10个村民小组496户2237人。

【民族宗教】　2009年，陇川县民宗局争取到项目扶持资金1070万元。其中：扶持人口较少民族发展项目资金520万元，兴边富民重点县建设项目资金360万元，边境县人口较少民族整村推进项目资金150万元，上海对口帮扶资金40万元，项目资金已全部到位并启动实施。年内，制定了《陇川县特困少数民族脱贫发展“十二五”规划》，规划总投资76950万元，涉及9个乡镇、54个村委会、490个自然村的3981个项目，内容涉及交通、水利、科教文卫等16个方面。

【国土资源】　2009年，陇川县国土资源局充分发挥部门职能，保障各项工作顺利开展。全县新增建设用地6.25公顷，占年下达计划的17.85%；新增建设用地中占用农用地2.29公顷，占年下达计划的9.95%（耕地1.47公顷，占年下达计划的8.63%）；城镇村建设占用耕地1.98公顷，占年下达计划的11.65%。年内，征地14宗303.7亩，供应土地7宗23.53公顷。其中：划拨0.78公顷、有偿供地22.75公顷（招标拍卖挂牌出让21.03公顷），收取出让金1110.79万元。中低产田地改造建设1333.33公顷，新增耕地46.67公顷，总投资2901.99万元。年内，制作宣传展板9块，悬挂横布标12条，张贴宣传标语300份，发放宣传资料3000份，地质灾害挂历90份，开展土地、矿产巡查69次，下发《停工通知书》69份；查处违法案件1件，面积2.38亩，罚款79645元。排查核实165件268.65亩土地违法案件，登记在册的闲置土地365宗171亩，经过督办现已动工建设201宗，未动工建设164宗76亩；受理来信来访20件（其中：信访9件，人访11件），辖区矿山企业开展了年检工作，共检查探矿项目2个，采矿权5个、采矿点32个；征收矿政各项规费40.75万元，其中采矿权价款36.2万元，采矿权使用费、登记费2.02万元，矿产资源补偿费2.53

万元。全年发放国有土地使用证365宗，抵押登记444宗，集体土地使用权证49宗，办理土地转让127宗。

【治　安】 2009年，陇川县公安机关刑侦、治安部门立各类刑事案件380件，破案285件，破案率75%。破命案8件，破案率100%；破“两抢一盗”案件204件；破拐卖妇女儿童案件8件，解救被拐妇女5人。刑侦部门抓获各类刑事嫌疑人235人，打掉犯罪团伙19个82人，追缴被盗抢摩托车22辆、拖拉机1辆、赃款赃物折合人民币13.57万元。抓获各类网上逃犯82名，抓获命案逃犯4名，境外抓获10名。经侦部门立案14件、破13件，破案率92.86%，抓获嫌疑人25人，缴获假人民币9.79万元，查获各类卷烟3289条，涉案价值132.15万元，为群众挽回损失57万余元。

年内，查破毒品案件719件（破万克以上毒品案件3件，万克至千克毒品案件15件），抓获犯罪嫌疑人763人，缴获毒品116.56千克；查获易制毒案件3件，缴获易制毒化学品强酸1.84吨，处理违法单位2个、违法人员4名。整治重点村寨187个，开展中缅联合扫毒6次，捣毁零星贩毒窝点34个35人、吸毒团伙6个84人、吸毒窝点158个267人，查获零星贩毒案件663件，比上年增17.9%。收戒吸毒人员2268人，增24.5%。受理各类治安案件1755件，查处1755件，查处率100%。审核各类案件1082件1495人，其中刑事案件274件395人，行政案件808件1100人。

年内，全县发生交通事故7起，死亡7人，受伤21人，造成直接经济损失1.34万元。交警部门严厉整治酒后驾驶等严重交通违法行为，共出动警力16683人次，警车4736辆，巡逻22322千米，查验机动车30910辆，查处各类违法行为5814件，行政拘留6人。全县发生火灾15起，未造成人员伤亡，直接经济损失21.62万元。消防大队共接处警36起，出动消防车49辆次，消防官兵250人次，抢救被困人员6人，抢救财产价值90万元。

森林公安查处各类森林资源及野生动物案件119件（刑事案件20件，治安案件3件，林业行政案件96件），处理各类违法犯罪人员164人（行政处罚41人），收缴非法木炭198.28吨，非法木材795.38立方米，依法扣押穿山甲、眼镜蛇等一大批涉案国家保护野生动物，为国家挽回直接经济损失41余万元。

【人民生活】 2009年，陇川县城镇居民人均可支配收入10991元，比上年增10.48%；城镇居民人均消费支出8666元，比上年增12.97%；农村居民人均纯收入2186元，增18%；农村居民人均消费支出2032元，增14.32%；城乡居民人均储蓄存款5483元，比上年增12.54%。全年实现社会消费品零售总额34271万元，比上年增13.48%。

年内大事

【上海民宗委民族二处姜东基处长到陇川调研】 2009年1月9日，上海民宗委民族二处处长姜东基、云南省民委经济处副处长陈新华在陇川县县长李正环、州民宗局副局长陈绍昌、陇川县副县长李维献等领导及相关部门负责同志的陪同下，深入章凤镇户弄村委会费刚、芒棒村民小组，就2009年上海对口帮扶德昂族发展项目进行调研。

【省委组织部部长辛桂梓到陇川调研】 2009年3月9日，云南省委常委、省委组织部部长辛桂梓在德宏州委书记赵金，州委副书记李兴顺，州委常委、组织部部长马永福等领导陪同下，深入陇川县陇把镇户岛村委会就基层党组织建设工作进行调研。

【省商务厅副厅长朱晓阳到陇川调研】 2009年5月9日，云南省商务厅副厅长朱晓阳在德宏州委常委、副州长陈振冲及州商务局局长排志科的陪同下到陇川县调研口岸工作。县长李正环及商务、发改、海关、检验检疫、章凤站、拉线站等负责人陪同调研。朱晓阳一行实地查看了章凤口岸和拉勐通道的基础设施建设、通关条件、货物仓储和边民互市等情况。

【云南省人民政府副省长顾朝曦率队到陇川调研】 2009年7月29日，云南省人民政府副省长顾朝曦率省商务厅、外事办、省政府政研室、昆明海关、出入境检验检疫局、公安边防总队等相关部门负责同志，在州长孟必光，州委常委、副州长陈振冲，陇川县委书记杨世庄，县长李正环，县委常委、常务副县长张益伟等领导的陪同下，到陇川县调研口岸建设和口岸出入境管理工作。

【省委统战部部长黄毅到陇川调研】 2009年8月17日，云南省委常委、省委统战部部长黄毅，省委统战部副部长杨光海等领导一行冒雨赴陇川县陇把镇吕良村委会曼崩村民小组、中华红丝带——陇川二小综合教学楼和运动场项目施工现场进行调研。州政协副主席、州委统战部部长李有升，陇川县委书记杨世庄，县委常委、县委组织部部长排正有，县委常委、县委办公室主任陈绍昌，县政协副主席、县委统战部部长何庆国等领导及州、县民宗等相关部门负责同志陪同调研。

领导干部名录

中共陇川县委

常　委　杨世庄
　　李正环（景颇族）
　　多守辉（傣族）
　　尹银胜（白族）
　　排正有（景颇族）
　　何　华　张开家
　　陈绍昌　李兴庄
　　张益伟　董　云
书　记　杨世庄
副书记　多守辉（傣族）

陇川县人大常委会

主　任　刀承祎（傣族）
副主任　翟元章
　　何勒崩（景颇族）
　　许连昌
　　雷天四（阿昌族）

陇川县人民政府

县　长　李正环（景颇族）
副县长　张益伟　杨　刚
　　李兴庄
　　李维献（阿昌）
　　李益民（白族）
　　张富鸾（女，傣族）
　　毛从祥(2009年11月任)

陇川县政协

主　席　杨　杏（女）
副主席　们发忠（阿昌族）
　　何庆国　杨德恒
　　廖小腊
秘书长　李　泽

陇川县纪委

书　记　尹银胜（白族）
副书记　排有明　李定刚
　　陈卫星

陇川县人武部

部　长　邓先荣
政　委　董　云(2009年3月任)

陇川县人民法院

院　长　吴兴国

陇川县人民检察院

院　长　李兴明

陇川县委工作机构及群团领导名录

办公室

主　任　陈绍昌

组织部

部　长　排正有

宣传部

部　长　何　华

政法委

书　记　张开家

统战部

部　长　何庆国

政研室

主　任　彭武俊（景颇族）

团县委

书　记　杨新梅（女，2009年6月止）
　　刘珺琳（女，2009年6月任）

县妇联

主　席　许玲聪（女）

县工商联

主　席　廖小腊（兼，傣族）

县残联

理事长　岳太昌

县总工会

主　席　雷天四（阿昌族，兼）

县科技局、科协

局　长　李文英

县侨联

副主席　李韶景

县委直属部门领导名录

保密局

局　长　杨　刚

老干局

局　长　陈明芝（女）

县直机关工委

书　记　刘　祥(2009年6月任)

县委党校

校　长　和永生（纳西族）

信访局

局　长　孙定荣

机要局

局　长　丁加田

反贪局

局　长　张健华

县人大常委会工作机构领导名录

办公室

主　任　冯岩保（傣族）

法制委

主　任　莫自兴（傣族）

财经委

主　任　杨永娇（女）

民侨委

主　任　胡玉华

教科文卫委

主　任　康裕昌

选联委

主　任　何老五（景颇族）

农环工委

副主任　杨海荣（主持工作）

县政府行政事业机构领导名录

办公室

主　任　杨恩增

财政局

局　长　任祖荣

发展计划局

局　长　李维刚

经济局

局　长　杨　森

教育局

局　长　董宝强

人事局

局　长　孔建华（傣族）

劳动和社会保障局

局　长　冯祖文

监察局

局　长　排有明（景颇族）

公安局

局　长　杨　刚（兼）

司法局

局　长　姜小回

民政局

局　长　杨恩传

民宗局

局　长　阙永芳（2009年7月止）
　　　　银开云（2009年7月任）

交通局

局　长　杨德恒

农业局

局　长　董树宝

林业局

局　长　李益新

水利局

局　长　李学宏

文体局

局　长　刘永恩

卫生局

局　长　蔺富有

统计局

局　长　赵兴芳

国土资源局

局　长　刀　宏（2009年3月任）

建设和环保局

局　长　丁文勇（2009年7月止）
　　　　段宏巍（2009年7月任）

计生局

局　长　岳麻孔（景颇族）

商务局

局　长　杨绍龙

招商局

局　长　张益周

移民局

局　长　张益海

审计局

局　长　彭武清

旅游局

局　长　李紫云（女）

广播电视局

局　长　陈　刚

扶贫办

主　任　徐斌黎（2009年7月止）
　　　　胡剑钧（2009年7月任）

外事办

主　任　石麻龙（景颇族）

史志办

主　任　戴成柱

档案局

局　长　朱卫东

畜牧局

局　长　张　勇

陇一中

校　长　邓美和

陇二中

校　长　张德勐

陇三中

校　长　白保生

中共陇川县政协工作机构领导名录

办公室

主　任　陈宝华

经侨委

主　任　张　健

民宗委

主　任　线小焕（女，傣族）

法制提案委

主　任　谢瑞仙（女）

教科文卫委

主　任　郭永明

文史委

主　任　钟兴旺

中共陇川县纪律检查委员会领导名录

办公室

主　任　何从明

纪检监查室

主　任　甘朝良

案审室

主　任　王学刚

纪风办

副主任　刀勒定（景颇族）

干部室

主　任　周书丹

信访室

主　任　杨惠珍（女）

宣教室

主　任　吴经伟

执法室

主　任　许元在

综合室

主　任　段宝华

陇川县工贸企业领导名录

陇川县供销联社

主　任　杨　涛

甸川工贸（集团）股份有限公司

总经理　赵　勇

党委书记　周德学

云南省德宏州英贸糖业有限公司

厂　长　周玉生

陇川糖厂

厂　长　陆志明

书　记　叶　强

陇川县金融系统领导名录

人　行

行　长　濮德刚

农　行

行　长　谭柏阳

农发行

行　长　陈昌堂

信用社

理事长　杨　莉（女）

财保公司

经　理　余发鹏

人寿保险公司

经　理　张海锋

省州驻陇川机构领导名录

章凤海关

关　长　孟跃贤

气象局

局　长　龙建国

工商局

局　长　刘正举(2009年5月止)
　　　　杨明方(2009年5月任)

国税局

局　长　张　伟

地税局

局　长　佟继光（景颇族）

邮政局

局　长　李振宇

德宏州检疫局驻章凤办事处

主　任　王利民

武警边防大队

大队长　何　勇
政　委　高　益

消防大队

大队长　汤德祥(2009年8月止)
　　　　车加朝(2009年8月任)
教导员　朱天才

技术监督局

局　长　刀明忠

药监分局

局　长　白陇生

麻栗坝工程管理局

局　长　王建江

陇川电信公司

经　理　钱振雷

陇川移动公司

经　理　孔祥鹏

陇川联通公司

经　理　刘昆湖

德宏州景颇歌舞团

团　长　石勒干（景颇族）

（《陇川县》撰稿　熊尚前）

陇川县乡镇概况一览表

单位：（米、公里、平方公里、亩、个、户、人、%、‰、人/平方公里、万元、元、千克、头、张）

项目			章凤镇	陇把镇	景罕镇	城子镇	户撒乡	护国乡
地理位置			坝尾	西南	坝中	中部	西北	北部
政府驻地			章凤街	陇把街	景罕街	城子街	户撒街	护国街
海　拔			930	1519	1498	1498	1769	1755
距县城距离			0	15	10	26	32	61
土地总面积			134	203	248	214	244.2	160
耕地面积			72830	17590	100306	50042	59178	8969
其中	水　田		56648	13857	47764	39862	36155	4780
	旱　地		16182	3733	52542	10180	23023	4189
	人均耕地		2.41	1.93	4.17	2.76	2.58	1.38
行政区划	辖村委会及居委会		9	5	8	9	11	6
	自然村		87	42	100	98	122	31
	村民小组		147	42	129	85	126	37
人口民族	总户数		12062	6320	7271	7279	5608	1744
	总人口		43399	19321	26954	25278	23976	6666
	其中	傣　族	17289	189	4947	5032	402	26
		汉　族	19735	14137	11770	10385	7328	4184
		景颇族	3725	3519	9526	8958	420	1735
		阿昌族	536	136	164	349	13051	8
		傈僳族	157	834	133	143	2542	652
		德昂族	1190	5	105	10	2	0
	人口出生率		12.88	10.9	10.14	13.57	11.89	15.17
	自然增长率		8.97	4.83	5.32	7.46	6.03	9.45
	人口密度		323.8	95.2	108.7	118.1	98.2	41.7
经济收入	总收入		15937	5757	17004	8423	6705	2618
	人均收入		5281	6323	7075	4737	2915	4097
	人均净收入		2831	2143	2737	2102	1929	1740
	总费用		7402	3842	10427	4652	2475	1510

项目			章凤镇	陇把镇	景罕镇	城子镇	户撒乡	护国乡
农业产值	总产值		12777	7848	14196	12338	9800	7255
	农林牧渔服务业		167	80	125	122	111	75
	其中	种植业	9230	5177	10347	8330	5922	4842
		林　业	934	1011	1050	1095	1611	881
		畜牧业	1915	1422	2132	2264	1978	1457
		渔　业	531	158	542	527	178	0
农作物总面积			143507	55400	108521	87515	121872	41315
其中	甘　蔗		52960	20284	60959	31256	0	7100
	粮　食		62539	24197	34353	41181	65266	20910
	茶　叶		50	55	1789	2167	270	12696
	油　料		12280	5169	1558	5811	34078	5000
	水　果		203	4056	1402	769	0	0
农作物总产量								
其中	甘　蔗		2451790	958940	2676150	1484130	0	223000
	粮　食		23760	7142	13272	15186	19139	5555
	茶　叶		28	34	528	1315	20	2100
	油　料		11044	4257	658	6664	38729	4700
	水　果		1467	4984	2411	583	454	925
畜牧	牛存栏		3929	1964	4124	4924	6201	1632
	猪存栏		19016	6062	17654	20761	23400	3681
	羊存栏		205	640	2455	1810	1370	2156
教学	中学	在校学生	2060	708	1184	1338	1116	164
		教职工人数	274	66	97	116	50	11
	小学	在校学生	5173	1846	2473	2202	2276	616
		教职工人数	1201	128	149	144	148	48
卫生	医务人员		125	4	13	37	15	4
	病　床		177	0	50	60	20	10
	卫生室		9	5	8	9	11	6
	乡村医生		21	10	19	18	14	7
文化	文化站		2	1	1	1	1	1
	电影院		1			1	1	
	广播站							
领导干部	乡（镇）党委书记		刘永全	徐斌黎	肖　章	张树保	常枝旺	杨新梅
	乡（镇）政府乡（镇）长		赖正章	杨顺东	何胜富	李文安	阙永芳	尚正实
	乡（镇）人大主席		杨太荣	金麻干	王　干	董跑忠	许本学	寸守东

陇川县乡镇概况一览表

单位：（米、公里、平方公里、亩、个、户、人、%、‰、人/平方公里、万元、元、千克、头、张）

项目			清平乡	王子树乡	勐约乡	陇川农场		
地理位置			坝头	东北	东南			
政府驻地			清平街	王子树街	营盘村			
海拔			1063	1531	1250			
距县城距离			42	68	30			
土地总面积			199.6	256	200.15			
耕地面积			29579	23004	28044	42308		
其中	水田		11801	7969	6155	21063		
	旱地		17778	15035	21889	21245		
	人均耕地		2.71	1.64	3.8			
行政区划	辖村公所		9	9	5			
	自然村		56	88	65			
	村民小组		62	72	41			
人口民族	总户数		2948	3546	1973			
	总人口		11934	14383	7526			
	其中	傣族	2481	93	27			
		汉族	2092	7140	1610			
		景颇族	6877	6721	5795			
		阿昌族	22	257	11			
		傈僳族	431	68	15			
		德昂族	4	0	5			
	人口出生率		12.5	14.7	10.57	4.84		
	自然增长率		5.52	9.33	5.42	-2.22		
	人口密度		59.8	56.2	37.6			
经济收入	总收入		3214	4676	3497			
	人均收入		2949	3325	4735			
	人均净收入		1814	1748	2113			
	总费用		1284	2266	1939			
农业产值	总产值		8700	9174	7343	7068		
	农林牧渔服务业		96	84	80	110		
	其中	种植业	5556	6406	5076	6536		
		林业	1250	888	937	22		
		畜牧业	1514	1711	1203	350		
		渔业	284	85	47	50		
农作物总面积			44109	66936	44608	46559		
其中	甘蔗		18158	24609	22825	43336		
	粮食		18334	30285	17027	2073		
	茶叶		5036	19861	406	1200		
	油料		4047	5069	3236	440		
	水果		360	198	601	2446		

项目		乡镇	清平乡	王子树乡	勐约乡	陇川农场		
农作物总产量								
其中		甘蔗	971620	827580	816970	2857000		
		粮食	4246	5766	4046	1015		
		茶叶	928	5085	210	1050		
		油料	3110	3766	1861	174		
		水果	1330	151	1404	3488		
畜牧		牛存栏	3665	6091	3896	316		
		猪存栏	10158	12751	6716	3335		
		羊存栏	1941	698	757	0		
教学	中学	在校学生	399	518	212			
		教职工人数	35	41	15			
	小学	在校学生	1075	1140	700			
		教职工人数	84	104	62			
卫生		医务人员	8	8	6			
		病床	19	20	13			
		卫生室	9	9	5			
		乡村医生	16	10	8			
文化		文化站	1	1	1			
		电影院						
		广播站			1			
领导干部		乡（镇）党委书记	彭武镏	刘永生	谭永辉	田琦辉		
		乡（镇）政府乡（镇）长	刀宏	闫有	陆晓	张洪彩		
		乡（镇）人大主席	李自勇	陈德帆	何志强			

盈江县

地理

【县境】 盈江县位于云南省西部，德宏州西北部，东经97°31′~98°16′，北纬24°24′~25°20′之间。其东北面与腾冲县接壤，东南面与梁河县接壤，南面与陇川县接壤，西面、西北、西南面与缅甸为界。国境线长214.6千米，有33条通道通往缅甸。国土面积4429平方千米，占全州国土面积的38.4%。县城小平原海拔826米，距州府芒市165千米，距省会昆明864千米，距缅甸密支那197千米，距缅甸八莫131千米。

【气候】 2009年，盈江县平均气温20.6℃，比上年偏高0.5℃，较历年同期平均值偏高1.2℃，属特高年份。年平均最高气温27.8℃，年极端最高气温34.2℃，出现在10月2日；年平均最低气温7.0℃，年极端最低气温2.9℃，出现在12月29日。冬季平均气温14.9℃，比上年偏高1.4℃，较历年同期平均值偏高2.1℃，气温特高，属暖冬年份；春季平均气温21.7℃，比上年偏高0.5℃，较历年同期平均值偏高1.2℃，属特高年份；夏季平均气温24.7℃，比上年偏高0.7℃，较历年同期平均值偏高0.6℃，属正常稍偏高年份；秋季平均气温21.7℃，比上年偏高0.6℃，较历年同期平均值偏高1.5℃，属特高年份。全年降雨量1199.8毫米，比上年偏少322.9毫米，比历年同期平均值偏少354.8毫米，属偏少年份。年内月降雨量最多的是8月，月降雨量280.6毫米；最少的是1月，降1.2毫米。全年降雨日数（≥0.1毫米）为138天，比上年少9天，比历年同期平均值少21天。年内出现暴雨天数为3天，比上年少1天，比历年同期平均值少1天。年内出现大雨天数为9天，比上年少5天，比历年同期平均值少8天。年内一日最大降雨量65.1毫米，出现在9月20日。冬季总降雨量4.5毫米，比上年偏少73.4毫米，较历年同期平均值偏少48.4毫米，属偏少年份；春季总降雨量197.6毫米，比上年偏少25毫米，较历年同期平均值偏少53.3毫米，属偏少年份；夏季总降雨量718.7毫米，比上年偏少81毫米，较历年同期平均值偏少206.7毫米，属偏少年份；秋季总降雨量277.1毫米，比上年偏少146.2毫米，较历年同期平均值偏少48.9毫米，属正常稍偏少年份。夏季降雨量偏少，部分乡镇单点性、局地性暴雨突出，造成洪涝、泥石流滑坡灾害，灾害较常年轻。秋季出现了连续8天的降雨天气，因降雨量少，没有造成大的灾害。雨季于5月30日开始，开始期较历年偏晚；于10月1日结束，结束期与历年相比偏早。全年日照时数2238.2小时，比上年偏多134.4小时，与历年同期平均值相比偏少21.5小时，属正常稍偏少年份。

【行政区划】 2009年，盈江县辖15个乡镇，即平原、太平、旧城、弄璋、昔马、那邦、卡场、盏西8个镇，铜壁关、油松岭、新城、芒章、支那、苏典、勐弄7个乡（苏典为傈僳族乡），97个村民委员会，6个居委会，1151个村民小组；1个国营农场，国营农场下辖4个分场。

【人口民族】 2009年，盈江县总户数72993户，总人口299681人。其中：男性153826人，女性145855人；农村人口214690人，占总人口71.46%；少数民族人口172979人，占总人口17.3%。在少数民族人口中：傣族101983人，景颇族44170人，傈僳族19658人，德昂族417人，阿昌族1109人。全县人口出生率14.61‰，死亡率6.55‰，自然增长率8.06‰，人口密度每平方千米67.7人。

历　　史

【简　史】 公元前四世纪，“蜀身毒道”形成，今盈江即为主要通道。随着这条通道的打开，中原政权开始开发关隘之地。盈江地区西汉属滇乘象国。东汉明帝永平二年（59年）为永昌郡所辖，永平十二年（69年）属永昌郡哀牢县。南朝属永昌郡辖西城县。唐初为腾越软化府辖地。唐南诏时期在旧城设押西城，隶属永昌节度软化府。宋（大理）属腾冲府乞兰部辖地。元初属大理金齿等处宣慰司都元帅府，至元十三年（1276）隶属镇西路军民总管府。明洪武十五年（1382）改设镇西府，为云南52个土府之一；永乐元年（1403），置干崖长官司；正统九年（1444）升为宣抚司，直隶布政司；天顺二年（1458），刀思忠任干崖副使，管盏达地。清顺治十六年（1659），置盏达副宣抚司；清宣统二年（1910）盏达副宣抚使停袭。民国元年（1912），国民政府在干崖、盏达各设弹压委员一职；民国二年（1913）改为行政委员，设行政公署；民国二十一年（1932）年干崖、盏达改设为盈江、莲山设治区，为建县过渡机构，隶属云南第一殖边督办。1950年5月15日，盈江、莲山解放；5月30日，成立盈江县各民族行政委员会；6月，成立莲山各民族行政委员会。1951年12月，成立盈江县各民族联合政府。1952年1月，成立莲山县各民族联合政府。1955年6月，曾先后直属于保山专区和德宏州管辖的盏西区划归盈江县。1958年10月，盈江、莲山两县合并为盈江县，合并后下辖先锋、红城（新城）、弄璋、边防（姐冒）、遮坎、支那、平原、太平、支勐（勐弄）、飞跃（苏典）、昔马、铜壁关12个公社，64个大队。1959年2月，撤销公社，恢复区、乡行政建制。其中，飞跃公社改设苏典文化站，支勐公社改设卡场文化站。1961年10月，建立勐弄区。1962年12月，建立油松岭区。1969年3月，全县开展“人民公社化”运动，区站改建为人民公社，乡镇改为大队。1974年1月，从太平、铜壁关公社划出3个大队，建立芒允公社；从盏西公社划出4个大队建立芒章公社；从盏西划出3个大队，从苏典划出1个大队，建立支那公社；4月，从平原公社划出3个大队，建立平原镇；10月，从弄璋公社划出5个大队，建立姐冒公社。1975年1月，将原卡场文化站辖区从勐弄公社划出，建立卡场公社。1982年3月，设立盏西区公所，为县人民政府派出机构，协助县政府领导盏西、芒章、支那3个公社工作。1984年4月，撤销公社、大队，恢复区、乡建制，盏西区公所改建为盏西办事处（副县级），1987年1月开始区乡体制改革，原旧城区岗勐、富联、喊撤乡的部分村社和弄璋区丙辉乡的部分村社划出组建岗勐乡；原旧城区改设为乡级镇建制；原莲花山区胜龙乡划归平原镇；原苏典区黑河乡划归卡场乡。1988年7月，盏西办事处改建为县委、县政府驻盏西工作组（正科级），1994年7月撤销。1996年4月成立那邦镇。2001年5月，原弄璋、盏西、昔马、卡场4个乡撤销，改设为镇建制。2005年10月，撤销莲花山乡、岗勐乡整建制合并平原镇；撤销姐冒乡整建制合并弄璋镇；撤销芒允乡、太平乡整建制改设太平镇，撤并后全县有8镇7乡，97个村民委员会，6个居民委员会。

社　会

【经济简述】　2009年，盈江县完成生产总值（GDP）30.69亿元，比上年增21.1%。其中：第一产业9.02亿元，比上年增11.5%，拉动（GDP）增3.7个百分点，对经济贡献率为17.5%；第二产业13.14亿元，增41.1%，拉动（GDP）增14个百分点，对经济贡献率为66.4%；第三产业完成8.52亿元，增10.2%，拉动（GDP）增3.4个百分点，对经济贡献率16.1%。一、二、三产业结构由上年的31.7：37：31.3调整为29.4：42.8：27.8。人均生产总值10272元，比上年增1955元，增23.5%。非公有制经济创造增加值17.6亿元，占全县生产总值的57.4%，比上年提高4.6个百分点。

【物　价】　2009年，盈江县完成社会消费品零售总额11.27亿元，比上年增20.1%。县及县以上实现消费品零售额7.06亿元，增19.7%；县以下实现消费品零售额4.21亿元，增20.8%。批发零售贸易业实现零售总额8.42亿元，比上年增20.3%；住宿餐饮业实现2.54亿元，增30.8%；其他行业3098万元，降30.1%。居民消费价格比上年回落2.4%，其中食品价格回落1.8%，商品零售价格回落2.4%，农业生产资料价格回落2.9%。

【固定资产投资】　2009年，盈江县有施工项目285个，比上年增141个，增97.9%。完成固定资产投资29.51亿元，比上年增15.5%；其中城镇固定资产投资21.87亿元，比上年降7%。在城镇投资中：电力投资13.24亿元，比上年降21.9%，占城镇投资的60.6%；房地产投资6184万元，增54.4%。农村固定资产投资2.52亿元，增2.4倍；农村私人投资4.51亿元，增4倍。

【农　业】　2009年，盈江县完成农林牧渔业总产值13.98亿元，比上年增14.3%。其中：农业产值8.46亿元，比上年增12%；林业产值1.67亿元，增32.5%；牧业产值2.87亿元，增11.2%；渔业产值4521万元，增9.5%；农林牧渔服务业产值5265万元，增24.3%。完成大小春粮食播种面积52.32万亩、比上年增67736亩、增14.9%，总产量14.79万吨、增12.1%；油料种植面积4.91万亩、增8824亩、增21.9%，产量4376吨、增28.5%；甘蔗种植18.58万亩、减3.92万亩、降17.4%，产量93.36万吨、降8.6%；药材9.11万亩，增35.4%；蔬菜6.44万亩、增5.3%，产量3.58万吨、增6.7%；瓜类1.68万亩，降2.7%；烟叶8337亩，增48.9%；茶园10.01万亩、增20.4%，产量2324吨、增1.9%。完成农作物及产品调运检疫109批次1962.2吨。兑付三项补贴资金2758.75万元，其中油菜补贴24.05万元，种粮农民农资综合直补1872.85万元，种粮农民补贴323.75万元，水稻、玉米等良种补贴538.1万元。受理农村土地纠纷11起，妥善处置9起，调处率81.8%。

全年全县完成机耕面积34.62万亩，机收15.63万亩，机插秧154亩；完成农机购置补贴469户，补贴购置机具553台，补贴资金309.99万元。完成拖拉机年度审验2650台，检验率44.9%，持证率62.3%。开展驾驶员培训6期、受训420人，拖拉机驾驶员培训15期8500人次，受教育14.91万人次。年内，出动安全检查人员650人次，检查车辆175辆次，拖拉机1750台次，查处交通违法行为7起；检查农机加工站25个次，农机销售点18个次，农机修理点15个次，发放限期整改通知书15份，排除不安全隐患3个；检查农机加油站9个次，排除不安全隐患3个，发放宣传资料1.2万份，播放警示教育片46场次，展出展板450块次，张贴标语28条。出动农业执法人员812人次，车辆162辆次，发放宣传资料7.2万份，张贴标语410条，展出展板298块次，咨询4380人次，受教育14.2万人次。办理农药经营备案90份，肥料90份，农膜90份，“两杂”种子21份。检查农资经营单位280个次，农资4800吨；整顿农资市场115个次，抽检农药标签33个，合格26个，合格率78.79%。查处违法违规经营农资案件222件，挽回经济损失1191.37万元。调解种子纠纷2起，追缴补偿475元。受理投诉举报案件12件，回访2件。

【林　业】　2009年，盈江县完成绿化造林18.54万亩（含工程造林），完成任务数的195.14%，其中西南桦42420亩，核桃22829亩，桤木28430亩，杉木19595亩，秃杉6320亩，油茶20143亩，竹子32060亩，澳洲坚果13584亩。完成义务植树41.9万株，建立义务植树登记卡200份，森林覆盖率73.9%。批采木材12.81万立方米，其中天然林4.05万立方米，人工林6.24万立方米，薪材2.29万立方米，非商品材0.23万立方米；全年进口边贸木材5.44万立方米，承办外调出县边贸木材8.45万立方米（含库存），国内运输木材12.11万立方米（含库存）。检疫检验苗圃产地41.57亩，复检苗木25.5万株；检验检疫调运木材5.54万立方米，竹材1530吨，炭253吨，林产品260.56吨，苗木4.01万株。全县建沼气池554口，完成年计划的110.5%；建节柴灶100口，完成年计划的100%。集体林权制度改革涉及96个村委会1027个村民小组，涉林面积296.95万亩，完成勾图宗地12.01万宗，外业完成勾图面积293.99万亩，其中内业完成293.52万亩；确权面积293.17万亩，确权到户面积270.98万亩；完成打证793个村民小组，发证793个村民小组，发证面积242.35万亩。全县林地确权率98.73%，确权到户率98.62%，勘界准确率95%，发证率98%，纠纷调解率98.1%。年内，发生森林火灾6起，过火面积1776亩，受害面积477亩，森林火灾比控制指标低15次，森林受害率为0.12‰，比控制指标降低0.88‰；查处率66.7%，比控制指标低18.3%。查处林业案件588件，其中刑事案件12件（火灾案件1件，野生动物刑事案件4件），森林行政案件553件，治安案件3件，查处率100%；收缴木材1883.62立方米，活立木2012.14立方米，木炭91.09吨，处罚595人（刑事拘留9人，批捕1人，取保候审6人）；林政处罚579人，治安处罚4人，为国家挽回经济损失114.49万元。

【对外贸易】 2009年，盈江县完成对外贸易进出口总额11.93亿元，比上年增13.1%，其中进口总额3.19亿元，降8.9%；出口总额8.74亿元，增24%。进出口总额中：一般贸易出口完成6387万元，比上年降3.3%；对外经济技术合作出口3.81亿元，增20.5%；边境贸易进出口6.94亿元，增3.2%，其中边境小额贸易进出口5.75亿元，增3.5%；边民互市进出口1.19亿元，增1.6%。

【水　利】 2009年，盈江县投资484万元，建成江河堤防护岸11.6千米，放置钢筋石笼258道3.72千米；完成清障工程2处1.65千米，开挖土石方2.29万立方米，保护农田14.41万亩。年内，组建抢险突击队伍183支7673人，增设汛期专业工80人，出动防汛检查142人次；完成钢筋石笼67条439米，石笼石方1316立方米；打竹桩坝1.61千米，打竹桩76705节，放压竹梢221.92吨；群众投工39721个工日；储备编织袋5万条，钢筋20吨，块石2500立方米，竹桩5万节，竹树梢150吨，圆笼80条，竹筏50条，救生衣82件，汽灯30盏，发电机1台。

年内，盈江县水利局实施了以下工程：1、投资600万元，实施拉丙沟、南挡沟和西大沟干渠，防渗衬砌10.98千米；2、投资1000万元，实施上年新增续建配套项目（西大沟和赖哈沟干渠），防渗衬砌15.97千米；3、投资7806.9万元，完成回龙河水库建设；4、投资539.02万元，完成大盈江防洪治理工程；5、利用云南省级转移支付资金1000万元和中央扩大内需资金500万元，治理那邦国际河界12.16千米，恢复国土1.05平方千米；6、投资1774.9万元，实施农村饮水安全项目及恢复重建项目128件，解决3.47万人饮水问题；7、投资329万元，实施山区“五小”水利工程，7个乡镇10万人受益，改善20万亩农田灌溉条件；8、筹集资金35万元，修缮浑水沟管理所。

全年全县上报审查《工程项目水土保持方案》11份，《工程项目水资源论证报告》7份，配合上级主管部门开展水土保持单项验收10件，征收“水保两费”51.5万元；全年审核发放有效取水许可证54份，许可水量2.17亿立方米，征收水资源费1726万元；印制宣传资料3.5万份，发放宣传资料8000余份，制作永久性宣传牌12块；查办水事违法案件10件，发责令停止违法行为通知书23份，责令整改通知书6份，责令缴费通知22份。

【电　力】 2009年，盈江县完成电站建设投资13.24亿元。有运行电站59座，总装机184.47万千瓦，电力生产80亿度；有批建电站105座，总装机容量263.96万千瓦；新投产电站9座，新增装机85.51万千瓦，完成技改1座；在建电站23座，总装机60.54万千瓦；开工电站4座，在建水电站2座，设计总装机141.7万千瓦，计划投资69.17亿元。完成2个电网建设项目，投资1220万元。建设那邦35千伏输变电工程，投资1736万元。建设变电站，计划投资350万元。实施挖苦河一级小水电代燃料项目，投资495万元。改造西部农网工程，投入500万元。解决3999户无电户用电工程，投入2450万元。

【工　业】 2009年，盈江县完成工业总产值24.88亿元，比上年增58.4%。其中：规模以上工业完成

17.28亿元，增52.4%；规模以下工业完成7.6亿元，增73.9%；轻工业完成4.76亿元，增16.8%；重工业完成20.12亿元，增73%。完成工业增加值10.6亿元，按可比价计算比上年增49.6%；规模以上工业完成增加值8.69亿元，增56.2%，其中电力生产和供应业完成增加值6.38亿元，增82%；有色金属冶炼业8300万元，增5.9%；制糖业1.29亿元，增23.9%。规模以下工业完成增加值1.91亿元，比上年增0.4%。主要工业产品产量：食糖11.24万吨，比上年增8.3%；酒精7982吨，降2.3%；发电量64.68亿千瓦小时，增1倍；水泥34.38万吨，增59.9%；人造板3.9万立方米，增36.8%；工业硅3.55万吨，增1.5倍；铝1.35万吨，增0.9%；饮料酒1399吨，增11.8%。全县冶炼企业产能6万吨，完成允罕水泥日产2000吨新型干法水泥生产线和剑雄水泥厂年产30万吨粉磨生产线等技改项目。收储工业园区土地777亩，入园企业73户，就业5060人。

【非公经济】 2009年，盈江县有非公经济6547户，其中私营企业575户，个体工商户5972户，比上年增19.6%；注册资金25.35亿元，增1.56%；全县非公经济上缴税金4.32亿元，比上年增53.5%，占全县财政总收入的83.4%；个私从业人员20556人，比上年增12.6%；全县非公经济实现增加值17.62亿元，占全县GDP比重的57.4%。

【财　税】 2009年，盈江县完成财政总收入5.19亿元，比上年增1.77亿元，增52.1%。其中：县级一般预算收入2.17亿元，比上年增15.9%；上划中央两税1.8亿元，增50.9%。财政一般预算收入中：增值税收入5942万元，比上年增52.3%；营业税6136万元，降26.2%；企业所得税366万元，增35.1%。完成财政一般预算支出9.84亿元，比上年增1.06亿元，增12.1%。其中：社会保障和就业支出2.01亿元，比上年降36.1%；教育支出1.6亿元，增21.6%；医疗卫生支出8096万元，增73.3%；农林水事物支出1.48亿元，增27.3%；一般公共服务支出9631万元，降14.8%。

【金融保险】 2009年，盈江县金融机构存款余额30.14亿元，比年初增4.61亿元，增18%，其中居民储蓄存款18.33亿元，比年初增3.94亿元，增27.4%。金融机构各项贷款24.66亿元，比年初增4.59亿元，增22.9%，其中短期贷款7.9亿元，增1.08亿元，增15.8%；中长期贷款16.76亿元，增35113万元，增26.5%。全年全县金融机构现金收入82.03亿元，比上年增1.9%；现金支出86.43亿元，增1.5%；收支相抵，累计投放现金4.41亿元，比上年减2791万元，降6%。金融机构不良贷款2.38亿元，不良贷款率9.65%。年内，完成保险收入6761万元，比上年增20.8%，其中财产保险收入2689万元，增29.2%；人寿保险收入4072万元，增16%。支付各类赔款及给付3386万元，比上年增13.2%，其中财产险赔款1701万元，增32.7%；人寿险赔款1685万元，增0.5%。

【教　育】 2009年，盈江县有学校（幼儿园）241所，1456个班。其中：幼儿园29所（私立28所）、229个班（小学阶段学前班105个班），招生5144人（学前班3277人），毕（结）业3535人（学前班2538人），在园（班）幼儿6865人，少数民族幼儿3347人，占48.75%；小学191所、898个班，在校生29214人，少数民族学生17400人，占59.56%；普通初级中学18所、278个班，在校生14385人（含完中初中生），少数民族学生8615人，占59.89%；完全中学1所、40个班，在校高中生2049人，少数民族学生918人，占44.80%；职业高级中学1所、11个（专业）班，在校生1647人，少数民族学生959人，占58.23%；教师进修学校1所。全县3～6岁幼儿入园率55%，小学适龄（7～12岁）儿童、少年入学率98.34%，巩固率99.59%；初中阶段适龄少年（13～15岁）毛入学率110%，巩固率98%，毕业率100%。全县有教职工3242人（含私立幼儿园222人），其中专任教师2948人（含私立幼儿园154人）。开展农村成人教育82个班，受教育2541人；有42所学校开展农村劳动力转移培训，培训11950人次，就业604人次；开展农村实用技术培训421期，培训37364人次。开展课题研究15个，撰写（发表）论文18篇；中小学开展县级以上研究课题48个，结题4个。全县有计算机网络教室47个，多媒体电教室27个，语音教室4个，现代化远程教育卫星接收点143个，教学光盘播放点294个。开设信息技术教育课学校58所，计算机1544台，生机比33:1。有高中一类理化生实验仪器1套，高中二类1套，初中一类11套，初中二类7套，小学科学一类仪器13套，二类52套，三类48套，村完小以上学校实验室配备率100%。全县有图书室75个，阅览室22个，图书37.5万册，其中高中2.89万册，初中9.07万册，小学25.54万册；生均拥有图书：高中1∶14.1册，初级中学1∶4.7册，小学1∶7.3册。新增中小学图书8.98万册，价值179.62万元。年内，发放“兴边富民”工程义务教育阶段学生生活费补助1004.44万元，受益3.94万人次；发放义务教育阶段困难寄宿学生生活补助1089.48万元，受益3.39万人次；发放7种人口较少民族义务教育阶段学生生活补助7.85万元，受益314人；资助普通高中困难学生24.65万元，受益329人；发放职业学校助学金77.625万元，受益1035人；筹集捐资助学经费41.58万元，受益652人；办理贫困大学生助学贷款205人，金额98.48万元。

年内，争取校园建设、校舍改造和灾后重建等项目82个，资金7840.19万元，实施旧城、新城、弄璋和太平农村初中校舍改造，县职业高级中学校园基础设施建设，县一中学生餐厅和图书馆建设，寄宿制学校食堂建设和校舍维修改造，面积6.63万平方米，竣工项目39个，面积2.25万平方米。投资600万元，改造县一中学教学楼2幢和女生宿舍楼。

【科　技】　2009年，盈江县争取国家、省、州科技部门及省财政厅立项项目13个，资金418万元。全县种植咖啡5万亩，新种植9426亩，培育优质小粒咖啡种苗1000万余株，投产1.4万亩，产果1.4万余吨，实现产值2500万元，扶持带动农户1.5万户10万人；种植草果7.9万亩，新种植1.9万亩，建立优质草果苗圃基地50亩，播种600余万粒，培育种苗540万株，实现产值1.58亿元；种植澳洲坚果6.6万亩，新种植13584亩，建立种苗繁育基地200亩，繁育优质嫁接苗150万株，成为亚洲种植澳洲坚果最大区域，投产1.5万亩，总产1300吨，实现产值4800万元。全县有农村专业技术协会52个会员1738人，科技示范自然村5个25户，科技培训示范基地4个，面积400亩，宣传专栏23个。开展实用技术培训608期，受训9.1万人次，发放宣传资料3万余份，其中农函培训20期1000人次，发放宣传资料2.94万份，展出展板75块，受益3万余人。开展以4个乡镇（支那、盏西、芒章、油松岭），23个行政村为重点的“边疆解‘五难’（学科技难）惠民工程”，完善科技活动室23个，配置课桌690套，书柜和报架46个，配置农村实用技术手册6900册，电视和DVD各46台。开展保护知识产权宣传活动，展出展板12块，侵权假伪标识图画15张，侵权DVD10台，假冒走私香烟18种，利用电视播放知识产权知识5场次。开展“科普日”宣传活动，发放宣传资料2.94万份，展出展板75块，受教育群众3万余人。

【文　化】　2009年，盈江县文化局承（协）办了慰问巡回演出、泼水节文艺晚会、刀安仁学术研讨会综艺晚会、农村文艺调演汇报文艺晚会、建党88周年文艺晚会和建国60周年文艺晚会等大型文艺表演活动。全县有农村文艺队伍180多个，辅导培训业余文艺人员200多人。表彰奖励优秀文艺队35个，奖金24.5万元。参加德宏州首届“大家乐”广场舞蹈大赛，“景颇健身操”获一等奖。全年开展送书送戏送电影下乡活动，演出20多场次，演出节目100多个，放映电影500多场次，观众10万余人。全县馆（站）藏图书5.33万册，订阅期刊135个，购置图书1281册，接受云师大捐赠图书2700册，接待读者6.58万人次，流通图书2万册次，电子阅览室接待读者6.21万人次。投资950万元，完成15个乡镇文化站建设，建筑面积5500余平方米；投资300万元，修缮刀安仁先生故居和秦鼎彝（力山）先生墓；投资23.5万元，配备乡镇文化站图书阅览室设备，配备乡镇文化站音响35套。完成非物质文化遗产“光邦”鼓舞整理和申报工作，列入国家级非物质文化遗产傣文传承人1人，省级昔马山歌传承人1人，省级民族民间舞蹈传承人1人（景颇舞蹈），省级象脚鼓制作传承人1人，州级傣剧传承人2人，州级象脚鼓舞传承人1人，州级民族民间音乐传承人1人。申报全国重点文物保护单位2个（刀安仁先生墓故居、马嘉理事件发生地），计划申报省级文物保护单位8个（秦鼎彝）先生墓、四关遗址、刀盈廷墓、干崖土司护理府和南算奘房）。全年出动执法人员248人次，检查娱乐场所425户次，“扫黄”、“打非”期间，出动人员196人次，检查娱乐场所283户次，收缴非法音像制品1859盘，非法书刊53册，查处音像制品案件1起，处罚1000元，取缔非法出版物游商摊贩3个。收到行政许可申请67件，受理53件，不予受理14件，办理行政许可15件，换证23件，办理行政许可变更事项10件，注销登记1件，退回4件。

【体　育】　2009年，盈江县选派56名运动员参加了德宏州2009年中学生运动会，取得田径团体初中组第2名，男篮第2名，女篮第4名，金牌8块，银牌19块，铜牌16块，获体育道德风尚奖。年内，举办盈江县首届老年和中青年乒乓球赛，协助星云公司举办庆

“五一”、“五四”羽毛球和乒乓球赛，协助县委举办全州县（市）委办公室运动会，举办盈江县第36届篮球运动会，举办第一期篮球和田径裁判员培训班，培训人员52人。完成举重训练房搬迁，有举重训练在训人员15人，男篮、女篮和田径在训人员43人。年内，投资365万元，建设篮球场73块。

【卫　生】　2009年，盈江县有卫生机构23个，床位870床，卫生技术人员588人，其中执业医师211人，助理医师61人，护士192人，其他卫生技术人员13人。乡镇卫生院16个，床位251床，卫生技术人员132人；疾控中心1个，卫生技术人员51个；妇幼保健院1个，卫生技术人员21个；乡村医生191人，取得乡村医生资格180人，执业助理医师资格2人。

全年全县报告乙类传染病14种792例，发病率271.46/10万，比上年减102人，降27.2%；死亡46例（艾滋病45人、乙脑1人），死亡率15.77/10万，病死率5.8%，分别比上年下降1%和上升30%；报告疟疾398例（无死亡病例），发病率136.41/10万，发病率比上年降23.61%。进行休止期根治5103人，预防服药21608人份，灭媒喷洒9个乡镇37个自然村2124户；报告项目结核病病人110例，其中初治涂阳病人67例，复治涂阳病人3例，初治涂阴病人37例；报告手足口病例828例，死亡2例。开展碘盐监测居民288份，合格率97.92%。慰问麻风病患者26人，调查密切接触者66人次，未发现新增麻风病患者。年内，检测腹泻病人大便3份，外环境水样88份，食品27份，未检出霍乱弧菌。全年接种人用狂犬疫苗1260人份，接种犬用狂犬疫苗10685份。举办甲型（H1N1）流感知识培训班75期，培训1101人次，发放宣传资料6万份，张贴“温馨提示”3000张；开展甲型H1N1流感疫情应急处置演练1次，实施甲型流H1N1感疫苗接种1776份。免疫接种卡介苗率96.75%，脊灰疫苗率97.5%，百白破疫苗率97.6%，麻疹疫苗率95.8%，乙肝疫苗率96.2%，乙脑疫苗接种率79%，流脑疫苗接种率72.2%。普种乙肝疫苗4.8万针次，麻疹查漏补种5万人份，接种流行性腮腺炎疫苗4.6万针次，监测疑似AFP病例2例。全年，检测血样27169人份，美沙酮入组治疗695人，在治371人，门诊及流动车在治人员保持率分别为84%和65%；对26名HIV阳性孕产妇实施母婴阻断，HIV阳性孕产妇服用抗病毒药物79名，婴儿服用26名；对已满18个月的婴儿进行HIV抗体检测27人。全县累计入组抗病毒治疗913人，在治745人。全县有孕产妇4229人，活产婴儿1839人，孕产妇建册管理率83.29%，新法接生率98.21%，住院分娩率84.94%，高危产妇管理率98.85%，高危住院分娩率96.55%，孕产妇死亡率47.3/10万，孕产妇系统管理率59.11%；婴儿死亡率4.35‰，发生率0.47‰。

年内，全县新增自来水受益人口2600人，累计改水受益人口19.72万人，农村改水受益率83.88%；新建无害化卫生厕所（户厕）900座，累计建卫生厕所1.23万座，农村卫生厕所普及率24.6%，比上年提高3.1个百分点。开展春秋两季爱国卫生运动，出动车辆148辆次，发动群众3.1万人次，清运垃圾412吨，灭鼠7500余只，耗灭鼠药521千克，灭媒喷洒92个单位6870户，喷洒面积257.95平方米，耗杀虫剂1779千克。

年内，开展临床用血机构专项督查2次，未发现非法采供血行为，开展无偿献血活动16次，自愿无偿献血1210人次，献血量312950毫升。全县232578名农民参加农村合作医疗，参合率99.65%，比上年增8.56%。筹集资金2325.78万元，中央财政和省级财政各补助930.31万元；参合农民缴费465.156万元；补偿参合农民37.3万人次，补偿医药费1806.77万元，占筹集资金的77.68%。网上采购药品9824种，采购金额1703.65万元，所有定点医疗机构全部从中标企业采购药品，采购率100%，网上采购率93.93%，与上年相比分别升593.59%和528.13%。处理骗取新农合基金行为1起，追回被骗基金2100元。扣减定点医疗机构不执行用药目录、月处方值超限价和不合理收费等违规补偿资金16.48万元。全年，出动卫生执法人员2207人次，车辆951辆次，监督经营单位2443户次，抽检公共场所用品用具171件。受理和查处违法案件52起，处罚金额3.08万元，其中医疗违法案件18起，处罚金5200元；食品违法案件28起，处罚金2.31万元；公共场所违法案件6起，处罚金2500元。

【人民生活】　2009年，盈江县完成社会消费品零售总额112727万元，比上年增20.1%。城镇居民人均可支配收入13188元，比上年增10.1%，人均消费支出10125元，增1.8%，其中人均购买食品支出3878元，比上年降1.5%；农村居民人均纯收入3122元，比上年增17%。农民人均消费支出2597元，增12.2%，其中人均购买食品支出1263元，比上年降12.3%。城镇居民人均房屋使用面积40.5平方米，比上年增2.8%；农村居民人均住房26.2平方米，增0.4%。城镇居民每百户拥有轿车14辆，拥有摩托车106辆；农村居民每百户拥有摩托车57辆，拥有手机86部。全年城镇登记失业人数511人，失业率4%，与上年持平；转移农村富余劳动力9885人，比上年增2771人，增39%，其中政府组织劳务输出775人，降25.3%。全县参加养老保险7770人，比上年增5.9%；失业保险8080人，降0.3%；基本医疗保险17448人，增7%；职工互助合作医疗保险9934人、增4.8%，保险金额51.7万元、增4.9%；发放城市最低保障金1253万元、增38.4%，保障低保对象80094人次、增19.8%；发放农村最低保障金2698万元、增1倍，保障低保对象41203人次、增37.3%。全年发放失业金131万元，领取371人次。

【治　安】　2009年，盈江县公安局排查矛盾纠纷622件，成功调处259件。受理信访案件31起，办结31起，办结率100%。年内，立刑事案件741起，比上年增50.61%；破案427起，破案率57.62%；抓获犯罪嫌疑人293人，抓获网上逃犯150人，其中外省（县）逃犯43名，为群众挽回经济损失250余万元。立命案11起，破11起。立“两抢一盗”案件567起，比上年增211起，增59.3%；破案264起，破案率46.56%。立经济犯罪案件17起，涉案金额265.51万元，破案15起，挽回经济损失110余万元。立侵财案件588起，占案件总数的79.35%。查处治安案件826起，比上年增136起，增19.71%；办结826起，办结率100%。查破毒品刑事案件153起，其中海洛因和冰毒案78起，鸦片案71起，其他4起，万克以上毒品案12起，缴获毒品388.77千克，完成任务数的169.03%，抓获毒品犯罪嫌疑人218人。查处毒品治安案件736起，抓获嫌疑人746人。查处零星贩毒案件761起，完成任务数的141%，抓获嫌疑人770人（强制隔离戒毒715人，刑事拘留26人，行政处罚25人）。捣毁吸毒窝点142个，贩毒窝点63个。全年收戒吸毒人员2827人。积极开展毒品预防宣传教育活动，知晓率达95%以上。公安局机关计算机拥有率87%，派出所96%。完成安全保卫任务42次。换发16周岁以上二代身份证21万份，换证率96.12%。

年内，全县发生交通伤亡事故17起，死亡11人，受伤19人，财产损失7300元（没有发生一次死亡3人以上的重特大道路交通事故）。发生火灾事故11起，损失31.9万元，无人员伤亡。

年内大事

【盈江举办首届国内规模最大珠宝玉石毛料公盘交易会】　2009年1月11日，盈江县举办首届国内规模最大云南省首次珠宝玉石毛料公盘交易会，德宏州委常委、副州长、州委宣传部长田大余，州人大常委会副主任杨红，州政协副主席董成宝，盈江县委书记杨赛光，县长俄吞等领导，来自河南、广东和友好邻邦缅甸等地珠宝商，中央、省、州多家新闻媒体记者等参加了开盘仪式。2780名会员参加交易，翡翠毛料成交量27.6万千克，成交额1964万元，成交率31%。公盘交易市场总投资1200万元，占地面积10000平方米，建筑面积4173平方米，集生产加工、批发零售、展览拍卖、旅游购物、文化交流于一体，是云南省惟一的翡翠玉石毛料公盘交易市场。翡翠玉石毛料公盘交易市场的建成将从源头上解决盈江翡翠玉石毛料的来源问题，极大地推动盈江、德宏乃至云南珠宝产业的发展。截至当前，盈江县有注册专营珠宝玉石公司和商店60多家，市场集散玉石毛料1000吨以上。

【盈江县举办首届刀安仁革命思想学术研讨会】　2009年4月9至10日，盈江县举办首届刀安仁先生革命思想学术研讨会，中国作家协会名誉副主席邓友梅、云南省傣学会会长刀爱民，“四海作家采风团”、中国社科院、中央民族大学、云南大学等省内外科研院所专家、学者和嘉宾，州委副书记、州长孟必光，州人大常委会主任余麻约、州政协主席龚敬政等领导共200余人参加会议。孟州长代表德宏州委、州政府对各位专家、学者和嘉宾表示欢迎和感谢。在泼水节期间召开刀安仁革命思想研讨会，其意义就是在中国辛亥革命100周年纪念活动到来之际，依托“刀安仁故居纪念馆”深入研究和弘扬刀安仁民主革命思想，用刀安仁精神教育、激励后人，鼓舞士气，爱岗敬业，振兴中华，动员边疆各族人民进一步解放思想，利用先进的思想和文化推进德宏经济社会和谐发展与繁荣。来自香港、台湾、文莱、新加坡、印尼、美国、德国、荷兰、加拿大、澳大利亚、新西兰等10余个国家和地区的作家、学者和专家组成的“四海采风团”一行还对刀安仁先生的革命思想进行了研讨，并参观了刀安仁先生故居。

【民政部督察组到盈江督察地震灾后恢复重建工作】 2009年5月14日，国家民政部党组成员、纪检组长曲淑辉，民政部救灾司副司长庞陈敏、规划财务司副司长陈越良、民政管理学院院长蒋昆生，北京市民政局局长吴世民和民政部救灾司、监察局、北京市发展和改革委员会负责人组成的督察组一行12人，在云南省民政厅厅长王树芬、副厅长李国材、纪检组长周潮明、州委副书记、州长孟必光，州长助理刀承贤等陪同下，到盈江县平原镇兴和村屯董村民小组督察地震灾后恢复重建工作。督察组认真查看了地震灾后建设的傣家民居和村间硬化道路、排水沟、文化活动室、篮球场等公共设施，观看灾后重建宣传展板，与基层干部、群众交谈，详细了解统建点的规划和建设，询问了解村民的生产生活情况和产业发展、致富渠道、未来规划等情况。

【盈江玉石毛料在东盟石博会竞拍成功】 2009年7月14日，2009中国（昆明）东盟石博暨珠宝文化节首次在昆明国际会展中心举办，德宏玉石毛料精品在德宏3号馆进行了拍卖，昆明嘉富尔拍卖有限公司主持竞拍，盈江的5件玉石毛料精品代表德宏参与竞拍，名为“磨嘎笔场口石”红翡毛料，以13万元成交；另外3件分别以12万、32万、42万元成交；“达么坎场口石”以54万元成交。5件玉石毛料总成交金额达153万元。

【德宏州装机容量最大的电站竣工投产】 2009年8月3日，大盈江四级水电站竣工，并正式投入商业运行。该电站总投资29.61亿元，4台机组，总装机容量70万千瓦，为德宏州装机容量最大的电站，预计年发电34.18亿度，产值近6亿元，创税收近1.2亿元。

【盈江成为亚洲最大澳洲坚果种植基地】 2009年12月，盈江县澳洲坚果种植面积达6.6万亩，占全国澳洲坚果种植面积的58%，成为亚洲最大的澳洲坚果种植基地。

【表彰先进】 2009年，盈江县受表彰的先进个人如下：2月，盈江县残疾人运动员余世然在2008年北京第13届残奥会上取得1金1铜（其中打破1项世界纪录）的好成绩，被共青团云南省委、云南省青联共同授予“云南省青年五四贡献”奖章；5月4日，中国人民解放军77332部队84分队驻昔马连队3班班长，一级士官饶宗志，被共青团中央授予“全国优秀共青团员”称号；8月28日，德宏民营企业家、盈江县星云有限公司董事长李啸云先生，被云南省政府授予“云南省非公有制企业创业之星”称号；12月9日，盈江县太平镇大寨村委会大寨第一小组村民何依，在昆明召开的云南省第二届道德模范颁奖典礼活动中，被云南省委、省政府授予云南省“见义勇为模范”称号。

（《盈江县》撰稿　李加强　王菊芳）

领导干部名录

中共盈江县委

常　委　杨赛光（2009年7月止）
王明山（2009年7月任）
俄　吞（傣族，2009年10月止）
卫　岗（傣族，2009年9月任）
郑光永（傈僳族，2009年9月止）
杨荣凡　谭丽昆
李智仁
沙政成（傣族）
罗祥荣
何生兰（女，景颇族）
刘国强（白族，2009年5月止）
李林山（景颇族）
陈卫东（2009年5月任）
李漾湖（回族，2009年9月任）

书　记　杨赛光（2009年7月止）
王明山（2009年7月任）

副书记　俄　吞（傣族，2009年10月止）
卫　岗（傣族，2009年9月任）
郑光永（傈僳族，2009年9月止）
杨荣凡（2009年10月任）

盈江县人大常委会

主　任　排正忠（景颇族，2009年11月止）
孟成武（傣族，2009年11月代理）

副主任　孟成武（傣族）
寸待能
余　梅（女，傈僳族）
杨立祥（傣族）

副调研员　李俊涛（傣族）
赵国洪

主任助理　帕安仁（傣族）

盈江县人民政府

县　长　俄　吞（傣族，2009年10月止）
卫　岗（傣族，2009年10月代理）

副县长　杨荣凡（2009年10月止）
李智仁（2009年11月任）
沙政成（傣族）
童麻边（景颇族，2009年5月止）

赵冬梅（女，傣族）
毛　晓　张宏生
陶永贵(挂职，2009年7月止)
尚腊边(景颇族，2009年5月任)
李红彦(挂职，2009年12月任)
副调研员　侯佰楼　陈春刚
王明显　尹以品(傣族)
县长助理　刘盈和(2009年12月止)
杨永刚
郭美苍(2009年5月止)
杨　华
周湛萍（女，2009年4月止）

盈江县政协

主　席　王振泽
副主席　管国林（傣族）
杨恩宏
李穆仙（女，景颇族）
武剑军（景颇族）
调研员　思燕章（傣族）
副调研员　景跃章（傣族）
沙玉兰(女，景颇族)
主席助理　赵治海（白族）
秘书长　杨新强（傣族）

中共盈江县纪委

书　记　谭丽昆
副书记　龚健蓉（女，傣族）
早来春（傈僳族）
谢　波

盈江县人武部

部　长　邝云亮
政　委　刘国强（白族，2009年3月止）
陈卫东(2009年3月任)

边防大队

大队长　徐永春
政　委　宁玉文

盈江县人民法院

院　长　薛文定（女，傣族）

盈江县人民检察院

检察长　赵振荣（景颇族）

中共盈江县委工作机构及群众团体领导名录

办公室

主　任　李智仁(2009年10月止)
李林山(景颇族，2009年10月任)

组织部

部　长　李林山(景颇族，2009年10月止)
李漾湖(回族，2009年10月任)

宣传部

部　长　沙政成（傣族）

统战部

部　长　杨恩宏

政法委

书　记　罗祥荣
副调研员　张建边

政研室

主　任　寸守在

机要局

局　长　杨学灿（回族）

保密局

局　长　赵崇兴
专职副局长　早玉贵（傣族）

关工委

主　任　项仕保（傣族，2009年12止）

督查室

主　任　尹丽鸿（女）

机关工委

书　记　张定刚

老干局

局　长　岳文俊（景颇族）

总工会

主　席　李穆仙（女，景颇族）

共青团县委

书　记　侯　华（女，傣族）

妇　联

主　席　何生兰（女，景颇族）

残　联

理事长　赵兴寿(2009年12月止)

侨　联

主　席　雷金升（景颇族）

工商联

会　长　武建军（景颇族）
常务副会长　何腊拥（景颇族）

红十字会

会　长　赵冬梅（女，傣族）
常务副会长　杨云清(女，傣族)

县委党校

校　长　郑光永(傈僳族，兼，2009年10月止)
杨荣凡（兼，2009年10月任)
常务副校长　杨自新（傣族）
总支书记　杨自新（傣族）

盈江县人大常委会工作机构领导名录

办公室

主　任　寸待纯(2009年12月止)
项仕保(傣族，2009年12月任)

农业环境资源保护工作委员会

主　任　寸永常(2009年12月止)
张　忠(2009年12月任)

选举联络工作委员会

主　任　刀建华（景颇族）

法制工作委员会

主　任　寸守斌

财经工作委员会

主　任　杨学钦（回族，2009年12月止）
何忠海(2009年12月任)

教科文卫委工作委员会

主　任　徐　华(2009年12月止)
雷自良(傣族，2009年12月任)

民族华侨工作委员会

主　任　武学鼎

盈江县人民政府工作机构及有关企事业单位领导名录

办公室

主　任　罗有兆

信访局

局　长　罗有川

教育局
局　长　李绍波
党委书记　张建伟（2009年12月止）

经济局
局　长　杨永刚
党委书记　彭武全

民政局
局　长　屈生金
总支书记　杨泽鹏

发展和改革局
局　长　刘盈和(2009年12月止)
总支书记　刘盈和（2009年12月止）

粮食局
局　长　杨云芳

人口和计划生育局
局　长　马卫祖（回族）

人事局
局　长　姜吉华

劳动和社会保障局
局　长　肖建平（傣族）
副局长　左显全（2009年8月，主持工作）

财政局
局　长　罗安纪
总支书记　罗安纪

统计局
局　长　方保合（傣族）

建设局
局　长　李德松（白族,2009年5月止）
总支书记　赖文亮(傣族,2009年12月止)
尹安强(2009年12月任,主持工作)

环保局
局　长　李连宏

审计局
局　长　刀安美（女，傣族）

文体局
局　长　张芝能
总支书记　张芝能

司法局
局　长　赵　兴（景颇族）
党组书记　赵　兴（景颇族）

公安局
局　长　张宏生
政　委　李兴忠（景颇族）

科技局
局　长　李正阳

卫生局
局　长　瞿炳生
党委书记　刀保莲（女，傣族）

商务局
局　长　杨清向（傈僳族）
总支书记　潘定强（傣族）

林业局
局　长　龚永强（傣族）
总支书记　毛国生（景颇族）

森林公安局（2009年12月机构升格）
局　长　王德能(2009年12月任)
政　委　李兴光(景颇族,2009年12月任)

水利局
局　长　杨　华
总支书记　杜　斌（傣族）

民宗局
局　长　刀小发（傣族）

交通局
局　长　郭美苍(2009年6月止)
总支书记　王贵忠(布依族,主持工作)

农业局
局　长　杨恩德
党委书记　徐　维

蔗糖生产办公室
主　任　尹卫东

安全生产监督管理局
局　长　刘学刚

监察局
局　长　龚健蓉(女,傣族,兼)

盈江县人民政府纠风办公室
主　任　龚健蓉(女,傣族,兼)
专职副主任　龙显成（傣族）

外事办公室
主　任　排金明（景颇族）

国土资源局
局　长　杨　媚（女）

档案局
局　长　徐全英（女）

广播电视局
局　长　周湛禄（女）

扶贫办
主　任　董玉明（景颇族）

旅游局
局　长　杨连刚(白族,2009年12月止)

史志办公室
主　任　李林忠

招商引资局
局　长　周湛萍（女，2009年4月止）

畜牧局
局　长　窦相发（傈僳族）
总支书记　孟明宽（傣族）

人民防空办公室
主　任　杨贤章

防震减灾局
局　长　曹永富（傈僳族）

移民开发管理局
局　长　何　林

回龙河水库管理局
局　长　杨　华（兼）

卫生监督大队
大队长　武学义
教导员　李志萍（女，景颇族）

疾病预防控制中心
主　任　杨增源

县人民医院
院　长　张　涛

中医院
院　长　张晓明

县供销联社
主　任　寸待剑（2009年12月止）
马家庚(回族,2009年12月任)
总支书记　寸待剑（2009年12月止）

盈江县第一中学
校　长　冯映熙
总支书记　冯映熙
盈江县民族中学
校　长　梅　咏
总支书记　梅　咏
公路管理段
段　长　杨国有
电力公司
经　理　何业松
信用联社
理事长　易岩保（傣族）
总支书记　易岩保（傣族）
主　任　谢金华
芒桑水泥厂
厂　长　杨宗全

盈江县政协工作机构领导名录
办公室
主　任　杨新强（傣族）
提案工作委员会
主　任　宋　桦（女）
文史资料工作委员会
主　任　李建军(2009年12月止)
经济工作委员会
主　任　徐永文（傣族）
民族宗教侨务工作委员会
主　任　周　涛
教科文卫工作委员会
主　任　王盈边

中共盈江县纪律检查委员会工作机构领导名录
办公室
主　任　陈　鸧（白族）
纪律监察室
主　任　李根强
案审室
主　任　周洪邦
信访室
主　任　亢红映（傣族,2009年12月止）
宣传教育室
主　任　李　艳（女，傣族）
监察综合室
主　任　翟盈芬（女）
执法监察室
主　任　钏有政(2009年12月止)
干部室
主　任　思永飞（傣族）

中央省州驻盈江单位领导名录
国税局
局　长　董保能
地税局
局　长　饶光助
海　关
关　长　张丽珍（女）
工商局
局　长　杨明芳（白族,2009年5月止）
杜　江(2009年5月任）

德宏出入境检验检疫局盈江办事处
主　任　焦德勇
气象局
局　长　梁　刚
技术监督局
局　长　段德祥
党组书记　段德祥
中国电信盈江分公司
经　理　陶现名
邮政局
局　长　杨庆虎(2009年4月止）
王建跃(2009年4月任）
移动公司
经　理　杨安虎
联通公司
经　理　王建赟
人　行
行　长　杨永鸿
农　行
行　长　杨万明
农发行
行　长　余庚鹏
建　行
行　长　赵治江（白族）
银监办
主　任　李良辉
人寿保险公司
副经理　周　颖（主持工作）
财产保险公司
经　理　明　黎

盈江县乡镇概况一览表

单位：（米、公里、平方公里、亩、个、户、人、%、‰、人/平方公里、万元、元、吨、头、张）

项目＼乡镇	平原镇	太平镇	弄璋镇	旧城镇	新城乡	油松岭乡
地理位置	中部	西南	南	东	东北	东
政府驻地	县城小平原	太平街	弄璋街	旧城街	新城街	油松岭街
海　拔	826	810	810	850	850	1960
距县城距离	0	12	19	19	36	50
土地总面积	386.13	419.03	392.31	133.3	290.05	83.34
耕地总面积	62664	62157	76031	27207	54340	11679

项目		乡镇	平原镇	太平镇	弄璋镇	旧城镇	新城乡	油松岭乡
其中		水田	44965	37795	56890	21743	22997	8967
其中		旱地	16039	24362	19141	5464	31343	2712
其中		人均耕地	1.09	2.20	1.62	1.24	2.90	0.82
行政区划		辖村（居）委会	18	11	15	6	8	4
行政区划		自然村	136	97	167	64	65	22
行政区划		村民小组	161	109	190	104	83	71
		总户数	16486	7156	11241	4716	4480	3273
		总人口	57251	28278	46868	21990	18755	14193
	其中	汉族	25297	10133	16178	6995	5282	13291
	其中	傣族	21945	11687	24698	12566	10678	96
	其中	景颇族	6449	5246	3188	864	2204	345
	其中	阿昌族	197	70	402	198	88	49
	其中	傈僳族	2021	892	1730	310	196	373
	其中	德昂族	31	1	0	95	245	4
		人口出生率	7.70	16.06	14.89	12.72	14.72	17.04
		自然增长率	4.63	10.10	10.77	7.99	9.41	11.86
		人口密度	148	67	119	165	65	170
经济收益		总收入	17552	14305	22905	11654	9783	4240
经济收益		纯收入	12368	9784	16570	7715	6804	2765
经济收益		人均纯收入	3876	3993	3883	3967	3715	2026
经济收益		总支出	5436	4851	7450	4004	3051	1555
经济收益		国家税金						
农业产值		总产值						
农业产值		增加值						
农业产值	其中	种植业						
农业产值	其中	林业						
农业产值	其中	畜牧业						
农业产值	其中	渔业						
农业产值	其中	服务业						
农作物总面积			150083	113031	167740	58801	79518	34845
其中		甘蔗	38298	30882	36195	10344	21333	3627
其中		粮食	87277	59870	94548	38991	42444	22078
其中		茶叶	2254	3421	674	102	2503	18295
其中		油料	6067	5150	6557	1791	2903	1010
其中		水果	1198	4059	631	65	576	0
农作物总产量								
其中		甘蔗	202876	150902	201867	53000	102296	20582
其中		粮食	24868	19267	32206	13669	15425	5922
其中		茶叶	117	182	1	1	71	360
其中		油料	4298	4635	3290	2017	3370	910
其中		水果	707	844	528	256	4650	0

项目 \ 乡镇			平原镇	太平镇	弄璋镇	旧城镇	新城乡	油松岭乡
畜牧	牛存栏		6344	5417	5848	2381	4074	2876
	猪存栏		18250	18567	39068	15486	10381	7223
	羊存栏		2945	764	732	1300	1217	1409
教育	中学	在校学生	1881	1088	1258	1076	1028	580
		教职工人数	121	82	100	65	50	29
	小学	在校学生	3689	2703	3449	1831	1740	1075
		教职工人数	329	195	237	145	116	54
卫生	医务人员		66	22	24	30	10	7
	病　床		84	27	30	20	15	10
	卫生室		14	11	15	6	8	4
	乡村医生		34	22	28	14	15	11
文化	文化站		1	1	1	1	1	1
	电影院							
	广播站							
领导干部	乡（镇）党委书记		李德松（2009年5月止）	尹宏强（2009年12月止）	杨必章	闫信泉	许庆龙	李开洲
	乡（镇）政府乡（镇）长		杨晓梅	孟宏山	刀保胜	刀保彦	孟成琨	黄永勋
	乡（镇）人大主席		雷永光（2009年12月止）杨兰强（2009年12月任）	孟老楠	金老芒	左太庚	张为民	栋明辉

盈江县乡镇概况一览表

单位：（米、公里、平方公里、亩、个、户、人、%、‰、人/平方公里、万元、元、吨、头、张）

项目 \ 乡镇		芒章乡	盏西镇	支那乡	苏典乡	勐弄乡	卡场镇
地理位置		东北	北	北	北	西北	西北
政府驻地		芒章街	关上街	芒棒	大寨	勐弄街	盆代洋
海　拔		1010	1000	1030	1700	1800	1200
距县城距离		66	79	94	42	32	53
土地总面积		260.63	351.41	374.37	466.22	228.12	347.12
耕地总面积		31578	53179	28858	10817	19311	11853
其中	水　田	9478	23968	8982	5600	7952	5765
	旱　地	22100	22525	19876	5217	11359	6088
	人均耕地	2.60	2.28	2.13	1.39	1.96	1.46
行政区划	辖村（居）委会	6	8	5	4	3	5
	自然村	431	67	56	35	22	33
	村民小组	59	101	60	49	52	35
人口民族	总户数	2921	5276	3449	1986	2387	1933
	总人口	12134	23300	13554	7769	9867	8112

项目		乡镇	芒章乡	盏西镇	支那乡	苏典乡	勐弄乡	卡场镇
人口民族	其中	汉族	2928	4613	1137	2136	8374	1624
		傣族	3512	11029	6162	23	66	15
		景颇族	5039	5392	4706	247	327	4318
		阿昌族	14	13	4	2	0	3
		傈僳族	354	2150	1252	5353	1076	2148
		德昂族	0	0	0	0	0	0
	人口出生率		15.94	14.82	11.96	9.91	15.12	11.04
	自然增长率		9.92	10.33	6.20	5.24	10.63	7.03
	人口密度		47	66	36	17	43	23
经济收益	总收入		4317	8544	3842	930	2582	1888
	纯收入		2235	5835	2487	615	1800	1365
	人均纯收入		1991	2598	1836	845	1929	1599
	总支出		2102	3291	1376	390	982	601
	国家税金							
	集体提留							
农业产值	总产值							
	增加值							
	其中	种植业						
		林业						
		畜牧业						
		渔业						
		服务业						
农作物总面积			36287	92877	52557	25348	30007	33343
其中	甘蔗		9604	13770	6527			
	粮食		16163	48390	22386	12305	20680	17210
	茶叶		11152	9442	5711	2414	10407	10764
	油料		1325	8450	4130	1120	2571	1500
	水果		300	2118	117	495	156	381
农作物总产量								
其中	甘蔗		38406	70609	27810			
	粮食		2621	15078	4770	1577	4130	2073
	茶叶		87	74	2	36	195	249
	油料		1060	11195	2695	760	2732	635
	水果		283	322	94	15	41	20
畜牧	牛存栏		4672	6712	4992	6725	5923	3801
	猪存栏		7676	17562	7919	4359	5627	4703
	羊存栏		1217	3636	2560	5206	916	1155
教育	中学	在校学生	663	1018	926	329	590	572
		教职工人数	36	54	36	19	21	19
	小学	在校学生	1248	2081	1608	1058	1079	1256
		教职工人数	73	134	80	51	56	68

项目 \ 乡镇		芒章乡	盏西镇	支那乡	苏典乡	勐弄乡	卡场镇
卫生	医务人员	5	10	9	7	7	9
	病　床	10	25	10	10	20	10
	卫生室	6	8	5	4	3	5
	乡村医生	12	15	9	5	9	6
文化	文化站	1	1	1	1	1	1
	电影院						
	广播站						
领导干部	乡（镇）党委书记	黄永权	马家庚（2009年12月止）	姜加刘	谢金龙	刘　辉	管有任
	乡（镇）政府乡（镇）长	尹有山	赵明智	思院章（2009年10月止）	早志灵	邵维常	尹伟明
	乡（镇）人大主席	雷自良（2009年12止）尹兴志（2009年12月任）	石兵华（2009年2月任）	孙志华（2009年2月任）	曹兴光	王兴浩（2009年2月任）	曹　金

盈江县乡镇概况一览表

单位：（米、公里、平方公里、亩、个、户、人、%、‰、人/平方公里、万元、元、吨、头、张）

项目 \ 乡镇			昔马镇	铜壁关乡	那邦镇			
地理位置			西	西南	西南			
政府驻地			昔马街	嘎独	那邦			
海　拔			1660	1350	240			
距县城距离			53	46	92			
土地总面积			299.2	314.41	87.35			
耕地总面积			20745	13695	1762			
其中	水　田		8275	6087	731			
	旱　地		12470	7608	1031			
	人均耕地		1.78	2.13	1.14			
行政区划	辖村（居）委会		3	4	3			
	自然村		23	31	7			
	村民小组		37	31	9			
人口民族	总户数		2514	1695	396			
	总人口		11631	6436	1549			
	其中	汉　族	10091	2082	1254			
		傣　族	36	46	10			
		景颇族	441	4174	193			
		阿昌族	3	0	0			
		傈僳族	1023	103	17			
		德昂族	1	5	0			

项目			乡镇	昔马镇	铜壁关乡	那邦镇			
人口民族		人口出生率		11.83	15.82	16.42			
		自然增长率		5.02	8.44	11.73			
		人口密度		39	20	18			
经济收益		总收入		2397	1540	816			
		纯收入		1660	1233	489			
		人均纯收入		1870	2034	3149			
		总支出		760	380	345			
		国家税金							
		集体提留							
农业产值		总产值							
		增加值							
	其中	种植业							
		林业							
		畜牧业							
		渔业							
		服务业							
农作物总面积				27706	37644	2212			
其中		甘蔗			2920	10			
		粮食		20630	13695	1396			
		茶叶		8605	6563				
		油料		1150	2166				
		水果		986	135	636			
农作物总产量									
其中		甘蔗			11968	80			
		粮食		2762	2536	400			
		茶叶		71	13				
		油料		786	2269				
		水果		60	182	1071			
畜牧		牛存栏		3959	3273	585			
		猪存栏		5724	4652	659			
		羊存栏		1938		21			
教育	中学	在校学生		721	305				
		教职工人数		42	17				
	小学	在校学生		1694	721	438			
		教职工人数		76	54	17			
卫生		医务人员		8	8	5			
		病床		20	10	10			
		卫生室		3	4	3			
		乡村医生		4	6	3			
文化		文化站		1	1	1			
		电影院							
		广播站							

项目 \ 乡镇		昔马镇	铜壁关乡	那邦镇			
领导干部	乡（镇）党委书记	余星达	杨永辉	尹庆丰			
	乡（镇）政府乡（镇）长	王继伟	孙体龙	王兴和			
	乡（镇）人大主席	武必锦	岳兴海（2009年2月止）李成铭（2009年12月任）	张　忠（2009年12月止）王忠华（2009年12任）			

（备注：此表总户数、总人口、人口民族为户籍数字）

梁　河　县

地　　理

【县　境】　梁河县地处云南省西部横断山脉西南端、高黎贡山西麓坡阶地中的峡谷地带，位于德宏州东北部，介于东经98° 06′～98° 31′、北纬24° 31′～24° 58′之间。东北与腾冲县接壤，东南与龙陵县交界，南与潞西市、陇川县毗连，西与盈江县为邻。县城遮岛距省会昆明690千米；距州府芒市，经潞盈公路114千米（经腾龙线160千米）。梁河县属半山半坝县，全境有中山、低山、火山锥、台阶地、河谷平坝5种地貌类型。入境的大盈江、龙江将全县分割为两山夹一坝，较大的坝子是遮岛坝、萝卜坝、勐养坝。境内地势由北向南渐低，最高点是北部的瘌痢山顶，海拔2672.8米，最低点是南部的勐养镇老芒东，海拔860米。县境南北纵距49千米，东西最大横距45千米，总面积1159平方千米，其中坝区面积144平方千米，占总面积的12.42%；山区、半山区面积1015平方千米，占87.58%。全县耕地面积21.27万亩，其中水田10.25万亩，旱地11.02万亩。境内有温泉17处（其中水温90℃以上的沸泉1处，80℃以上的4处，50℃以上的12处），较大的温泉群有勐蚌温泉、热水塘温泉、丙赛温泉和龙窝寨温泉；有蓄积量较多的思茅松用材林；有药材类、芳香类、竹类等野生经济植物55科、101属、400多种；有锡、铁、硫、煤、铝、锌、铀等30多种矿产资源，其中锡和煤的储量较大。

【气　候】　梁河属南亚热带季风气候，其明显特点是：一、四季不分明，雨量充沛。历年平均气温为18.3℃，最热月平均气温为23℃，最冷月平均气温为11℃；历年平均年降雨量为1436.7毫米。二、立体气候明显。温度随海拔升高而减少，递减率平均为0.65℃／100米。三、冬季寒冷天数少，春夏秋季时间长。全年有7天左右的冬季，115天左右的夏季，243天左右的春秋季。四、日照时数长。年日照时数平均为2311.6小时，年平均积温为6705.1℃。五、农业灾害性天气种类多。一年四季有干旱、洪涝、低温、大风、冰雹等灾害重叠交错出现。2009年，梁河县年均气温18.6℃，极端最高气温35.5℃（7月13日），极端最低气温-0.5℃（12月25日）；年降雨量1002.7毫米；全年日照时数2175小时。年内多次发生气象灾害，大的灾害主要有：5月22日，勐养镇3个村出现大风、冰雹灾害天气，造成2人受伤，房屋受损576间，晾晒烟棚受损73棚，冬包谷受灾14.4公顷，双季稻早稻受灾1.3公顷，直接经济损失37.98万元；7月13日，勐养镇8个村再次出现大风、雷暴和强降雨天气，竹子吹倒400棚，蔬菜大棚吹倒9棚，灵芝棚倒塌0.2公顷，农作物受灾257公顷，毁坏道路2千米，造成重大经济损失；9月13日，大厂中学发生雷击灾害，造成直接经济损失2万元。

【行政区划】　2009年，梁河县辖平山、小厂、大厂、河西、九保、曩宋6乡（后2个为阿昌族乡），遮岛、芒东、勐养3镇，66个村委会，4个社区，396个自然村，674个村民小组。

【人口民族】　2009年末，梁河县总户数41133户，总人口16.15万人（常驻人口），其中城镇人口3.76万人，农村人口12.39万人。人口出生率12.64‰，死亡率7.11‰，自然增长率5.53‰。人口密度每平方千米139.4人。有少数民族人口54681人，占全县总人口的33.85%，其中傣族35631人，占22.06%；阿昌族13517人，占8.37%；景颇族1936人，占1.2%；傈僳族1539人，占0.95%；德昂族811人，占0.5%；佤族763人，占0.47%；其他少数民族484人，占0.3%。

历　史

【简　史】 梁河，古名南宋，又名南甸，傣名勐底。西汉时属益州郡不韦县，东汉时属永昌郡哀牢县。从元置南甸军民总管府起，开始成为一个独立的政区。明设南甸宣抚司。清袭明制。民国时期土流并治，先后设置八撮县佐和梁河设治局。从元朝至元二十六年（1289年）设军民总管府至1950年，南甸土司历史长达661年。1950年5月，梁河解放。1952年始设为县。1958年10月22日，国务院批准撤销梁河县，并入腾冲县。1961年4月15日，国务院批准恢复梁河县建置。全县辖7区、1镇、61个乡。1969年4月，改区乡为公社、大队，全县辖7个公社、43个大队。1984年设区建乡体制改革结束后，全县辖1个区级镇、9个区，9个乡级镇、52个乡（含7个民族乡）、2个办事处。1988年1月，撤区建乡体制改革结束后，全县辖9乡（含2个民族乡）、1镇、61个行政村（含7个民族行政村）、2个办事处。2000年，村级体制改革结束后，全县有63个行政村、办事处改为63个村民委员会。2002年，勐养、芒东2个乡撤乡设镇。2004年1月，遮岛镇撤销下属的遮岛村，成立团结、勐底、振兴和南甸4个社区。2005年11月，实施撤并乡镇工作，杞木寨乡被撤销，分别并入芒东镇和遮岛镇。至此，全县所辖6乡3镇62个村民委员会和4个社区。

社　会

【经济简述】 2009年，梁河县完成地区生产总值88416万元，比上年增15.7%（按可比价计算）；其中：第一产业完成23529万元，比上年增7.5%；第二产业完成27778万元，增34.7%；第三产业完成37109万元，增10%。一、二、三产业的比例由上年的26.7：27.6：45.7变为26.6：31.4：42。完成农林牧渔业总产值（现价）48927万元，比上年增11.4%（按可比价计算）；完成工业总产值50074万元，增29.5%（按现价计算）；完成工业增加值21063万元，增34.5%。完成社会消费品零售总额30465万元，增15.2%；从经济类型看：公有经济1844万元，比上年降27.8%；非公经济28621万元，增19.8%。

【食品药品监管】 2009年，梁河县有涉药单位194家，其中药品生产企业1家，批发企业1家，零售药店24家，县级医院1家，县级妇幼保健院1家，县疾病预防控制中心1家，美沙酮维持治疗门诊3家，社区服务站1家，计划生育服务机构9家，社区卫生室4家，乡镇卫生院8家，村卫生室134家，私立医院1家，个体诊所5家。年内，药品和医疗器械监管主要开展了6个方面的工作：一是强化技术监督抽验工作，完成监督和专项药品抽样106个批次，比上年增27批，在收到的60份检验报告中，检出不合格药品12批，不合格率为20%，配合药品快检车抽验药品196个批次，有19个批次药品初筛为阳性，初筛阳性率为9.7%。二是开展综合与各种专项整治，强化监管，全年出动执法人员579人次，车辆171车次，检查涉药单位453家（医疗机构275家次、药品经营企业172家次，药品生产企业6家次），监督检查覆盖率达100%；查处违法案件22起（涉及药品案件9起，医疗器械案件13起），立案查处20起，当场处罚2起；涉案物品总值2.7万元，罚款7.1万元。三是继续巩固"两网"建设，监督网方面：覆盖率100%，重点加强对"两员"的培训和考核，完善考聘机制；供应网方面：继续积极探索"两网"建设与"新农合"试点工作相结合的机制，确保向群众提供质量保证、价格便宜的药品。四是加大对特殊药品监管的力度。要求医疗机构从购进、保管、使用等各个环节加强管理，确保特殊药品的质量安全和有效使用。五是强化不良反应的监测工作，完善监测网络建设，在10个医疗机构建立了监测点，并配备专人具体负责，确保药品不良反应监测工作运转有序。六是突出专项整治，净化药械市场，以药、械为主线，扎实开展节日期间药械市场安全检查、医疗器械经营许可证专项核查、防控甲型流H1N1感药械专项检查等15次检查活动，查封扣押药品13个批次35盒。

食品监管工作方面：一是将食品安全工作纳入政府工作重要议事日程，全年共召开会议专题研究食品安全工作4次，进一步强化对食品安全工作的领导。二是在重大活动和重要节日期间，组织食品安全整治活动，出动执法人员572人次，车辆147辆次，检查食品单位283家，查处无有效证照经营单位5户、无有效健康证明从业人员38人，查处过期霉变食品10余种32.6千克，销毁不合格食品4.5千克。三是打击添加非食用物质和滥用食品添加剂专项整治，对全县各乡镇的涉及使用单位进行督促检查，立案查处以食盐、焦糖色、瓜尔豆胶等食品为添加剂加工不合格酱油案件1起，查封扣押不合格酱油2吨。四是开展农村红、白事宴请申报、监督、管理工作，全县共受理申报农村红白事宴请556起，涉及就餐人数3.91万人。五是积极开展食品安全宣传工作，组织了“3·15”、“食品安全宣传周”等宣传活动；出动车辆59辆次，人员138人次；发放宣传资料100余种23900份，展板36块，悬挂宣传标语40余幅，展出假冒伪劣食品30多种。六是积极开展餐饮业食品安全调研，调研餐饮业198户、学校食堂31家，涉及从业人员375人；编制了《食品安全工作手册》，拟分期分批发放至涉及单位。

年内，进一步健全完善了《梁河县食品药品监督管理局信访突发事件应急预案》、《梁河县重大食品安全事故应急预案》和《梁河县药品、医疗器械突发安全事故应急预案》，确保了辖区内应急工作的有效和及时处置。

【质量技术监督】 2009年，梁河县质量技术监督局主要开展了7个方面工作：一是质量管理。全年普查食品生产企业43户，工业产品生产企业7户，新增纳入小作坊管理企业5户。截至年末，梁河有获证企业15户、小作坊29户。二是标准化管理。年内新办理组织机构代码证33份，年检177份，换证53份，变更61份，废止21份，全库代码数据合格率为99.3%。三是计量管理。进一步完善年耗能5千吨标准煤以上、1万吨以下独立核算用能企业的计量管理，确定梁河力量生物制品有限公司梁河糖厂、芒东糖厂、勐养糖厂、万鑫硅业、云锡梁河矿业5家为重点用能企业，对重点企业的管理登记率达100%。深入开展“关注民生、计量惠民”活动，对用于贸易结算、医疗卫生和环境监测等强检计量器具进行普查建档，完成458台（件）计量器具的建档工作。四是特种设备管理。加强对特种设备使用的巡查监管，做好新修订的特种设备安全监察条例的宣传；做好了第二轮锅炉普查，彻底摸清底数，对所建档案台账进行查缺补漏。全年建立台账登记农村及活动中心用汽、水两用锅炉234台，中小学校用汽、水两用锅炉22台，蒸汽锅炉37台，起重机械47台，各类电梯7台。发出安全监察指令书13份，情况通报1份，锅炉安全警示256份。对辖区内2家液化气销售站（点）和1家氧气销售点钢瓶进行了检查。五是产品质量监督抽查。对农资、食品、成品油、建材等产（商）进行专项执法检查和整治，抽取检验样品42个，合格38个，合格率90.48%，不合格4个（化肥不合格3个、低压流体输送用焊接钢管不合格1个）。六是食品质量安全管理。加强对获得食品生产许可证企业证后的企业和“小作坊”的监管，杜绝食品质量安全重大事故发生。对14户使用食品添加剂的食品加工生产企业进行了备案登记，进一步严格了食品添加剂许可制度。年内查获3个糕点店使用无生产许可证编号、无QS标志并且已经过期的酵酶剂6袋、着色剂8瓶、增香剂3桶，没收了无证、过期产品。七是打击制假售假违法活动。全年立案查处各类行政处罚案28件，其中建材类2件、农资案件7件、特种设备案件1件、在建重点工程高低压配电设备案件9件、食品案件3件，家电案件4件，机动车案件2件，已全部结案，结案率100%，办理行政案件无复议、无诉讼，完成打假治劣工作目标。

【审　计】 2009年，梁河县审计局完成审计项目36项，超额完成计划任务20项，超额125%；查出违规金额148万元，管理不规范金额92.5万元，已上缴财政金额6.5万元。撰写审计信息38篇，提出审计建议83条。县审计局加强培训，年内参加省级业务培训3人次，州级培训7次，县级理论法规培训60人次；本年在政府信息网站公开发布信息23期。

【物　价】 2009年，梁河县物价部门积极维护全县价格秩序，保护广大消费者的合法权益。一是做好《行政事业收费许可证》年度检审工作，全县应检57户，已检57户，检审率100%；审验《行政事业收费许可证》收费项目51项，收费总金额1334.44万元。二是做好价格认证工作，全年办理认证44件，认证总金额233.38万元，其中刑事鉴证41件、民事鉴证3件，鉴证标的物品涉及交通工具、通讯工具、药材、动植物制品、家用电器、被毁坏的经济林木等。三是查处价格违法案件，立案查处9件，查处违法金额19574元，其中收缴财政1.7万元，退还用户2574元。四是召开县城生活垃圾收费价格调整听证会，完成水资源费和污水处理费听证会的前期准备工作；物价系统配合有关部门开展涉及农民负担收费和惠农价格的落实检查，对涉农价格和收费部门进行了监督管理；对全县旅游景区景点的门票价格进行了清理整顿；多次配合相关部门开展综合执法大检查，完善了商品明码标价（签）工作。

全年全县农业生产资料价格指数为99.3%，比上年减0.7个百分点；居民消费价格指数100.5%，增0.5个百分点；商品零售价格指数100%，与上年持平。

【固定资产投资】 2009年，梁河县完成固定资产投资71705万元，比上年增35.8%。其中：城镇固定资产投资47408万元，比上年增12.7%；房地产投资2425万元，增5.5倍；农村固定资产投资7194万元，增68.2%；私人投资14678万元，增1.4倍。全年全县争取到中央扩大内需项目32个，资金9564万元。年内，实施项目112个，比上年增49个（其中新开工项目95个，续建项目17个）；所实施的项目中，亿元项目5个，已竣工项目54个。灾后恢复重建项目投资2680万元，已全部竣工；农村能源沼气建设项目计划投资629万元，实际投资636万元，已全部完工；正在实施的项目有：县垃圾处理场项目计划总投资2479万元，完成投资396万元，占计划的16%；遮岛至小厂油路项目计划总投资2800万元，完成投资503万元，占计划的18%；房地产项目计划总投资14000万元，完成投资2425万元，占计划的17.3%；弄另电站项目（梁河部分）总投资57500万元，完成投资55432万元（其中本年完成投资5294万元），占计划的96.4%。

【农 业】 2009年，梁河县实现农林牧渔业总产值（现价）48932万元，比上年增11.4%。农作物总播种面积32.31万亩，比上年增7%。主要农作物情况为：粮食总播种面积181085亩，比上年增16.3%；总产量50017吨，增17.3%。油料播种面积29505亩，比上年增31.2%；总产2678吨，增24.5%。甘蔗面积64100亩，比上年减25.4%；总产284408吨，减19.7%。水产养殖面积39466亩，其中冬水田养殖3000亩，池塘养鱼3200亩，稻田养鱼33050亩，养殖名特优鱼类示范面积216亩；水产品总产量2227吨，比上年增1.5%。蔬菜瓜类播种面积16543亩，比上年增12.5%；总产11312吨，增5.5%。茶园总面积51590亩，其中投采3万亩，单产53千克，干茶总产1600吨，总产值2560万元。全县有各类初精制茶加工场（所）151个，其中初制茶加工143家，获QS认证企业8家。有茶农15000余户5万余人。烟草种植面积5761.6亩，实现烟叶税210万元；其中：种植马里兰烟5261.6亩，总产量645吨，收购金额856万元，税收188.27万元；烤烟示范种植500亩，总产量75吨，产值102万元，税收22.37万元。其他农作物播种面积16319亩，比上年增27.1%；总产27909吨，增2.9倍。

年内，县农业部门围绕农业增效、农民增收和推进新农村建设的“三农”目标，主要开展了10个方面的工作：一、冬季农业开发，与相关部门引进实施订单农业项目，全年冬农开发总产值6399.98万元，受益农户22784户94198人，人均开发收入679元。二、创新工作方式做好“三农”服务。开通农业服务热线电话19部（局机关农业服务专线1部（号码为6163110）、乡镇农技综合服务中心9部、县直农业站所9部），形成了覆盖全县的农业服务网络；建立科技服务责任制，将乡镇农业科技人员安排到村，并公示服务内容与责任人，以便群众监督；县农业部门成立科技服务专家组，负责提供咨询服务，进行技术攻关和破解生产中难点；设立农业执法服务、农机推广与安全服务、农业科技综合服务、农产品质量安全服务和农村合作经济服务5个小分队，常年开展流动服务，全年深入乡村开展技术指导服务127次，受益2.61万人次。三、办好样板，发挥科技示范作用。小春样板完成冬玉米“百亩核心区”102.5亩，参加农户37户；“千亩展示区”1000亩，参加农户598户。马铃薯“百亩核心区”108亩，参加农户32户；马铃薯“千亩展示区”1770亩，参加农户524户。油菜“百亩核心区”102.5亩，参加农户49户；油菜“千亩展示区”1000亩，参加农户253户。“核心区”和“展示区”种植的玉米、马铃薯和油菜产量明显提高，其中“油菜核心区”样板经州农业局组织专家实地验收，平均亩产281.8千克，超计划81.8千克。四、抓好食用菌产业开发。在稳定姬松茸种植的同时，积极引进开发其他优质食用菌种植业，全年发展香菇59户30万袋，木耳23户29.85万袋。五、积极抓好科技培训，提高农业科技含量。全年举办各类培训424场次，培训农民7.29万人次，发放宣传资料4.7万份，举办图片展览92场次，播放影像41场次。六、加强病虫草鼠预测预报，做好统防统治。全年发布简报5期140份，电视预报2期，农业信息3条，完成粮油作物病虫防治面积19.31万亩次，完成1000亩茶叶病虫绿色防控试验示范及有害生物的监测防控。七、加强农村经济统计、农产品成本核算、入户调查等工作，为上级制定农村经济政策提供科学决策依据；严格做好惠农政策落实，全年通过“一折通”发放补贴资金858.66万元；巩固“数字乡村”工作成果，新增7个视频（县级2个，乡镇级2个，行政村级2个，重点自然村1个），实施“数字乡村”工程以来，累计发布信息95372条，图片3845张，数据报表387张，视频79个。八、加强农业执法，为农业持续发展保驾护航。组织农业执法人员认真学习《农业法》、《种子法》等农业法律、法规和政策，提高执法人员综合素质；对辖区内24家茶叶、蔬菜协会和专业合作社的生产用药进行了调查，以确保产品质量安全；对63家农资经营网点做了标签抽查核实；在种子销售季节对3家种子公司和55个代售网点，采取点面结合、突击行动等方式进行管理，出动人员212人次，抽查种子234630千克，送验样品22个，对不合格的种子禁止销售；为1名外出昆明务工受伤农民工维权，帮其讨回医疗费、营养费、误工费等22300元；全年累计开展执法5次，出动执法人员95人，执法35起，检查水产品池塘养殖户21家，定期跟踪蔬菜生产协会3家，茶叶协会4家，加工企业6家，没收过期农药17瓶件价值60元，过期种子35千克价值240元，查处假玉米种北玉16号150千克，收缴电捕鱼具3次，整治农资市场4次，为农民挽回经济损失5万多元。九、强化项目争取工作，不断增加农业投入。全年争取到农业项目38个，项目补助资金1235.74万元，其中10万元及其以上项目20个。十、加强沼气建设推进农村能源建设。全年计划新增农村沼气建设667口，建设农村沼气服务网点41个；沼气池建设已接近完成任务，网点建设任务基本完成，配备沼气运料车41辆，为搞好农村能源建设服务提供了保障。

【农　机】　2009年，梁河县加强农机培训、推广和安全管理工作，加速农业机械化进程。一是加强农机具示范推广，积极组织农机下田作业，组织协调大型拖拉机20台套，手扶拖拉机和小型微耕机150台套，为农业生产服务；办理跨区作业证书38本，组织农机跨区作业，推广新型农机具，在勐养镇召开水稻精量穴直播机试验示范现场会，示范面积2.5亩。二是积极落实惠农农机补贴政策，兑付购机补贴农户187户，享受项目补贴农机具187台。三是加强农机培训工作，全年培训驾驶员702人，其中大拖拉机234人，汽车大车57人，小型汽车411人。

年内，县农机部门加大农机安全宣传力度，强化农机安全管理。全年开展大型宣传活动8次，展出展板103块次，播放光碟8场次，发放宣传材料6838份，张贴发放宣传画110张，开展咨询服务200余人次，在县电视台宣传3次，出安全简报2期，组织拖拉机驾驶员集中安全教育1270人，接受教育机手和群众15000余人次；在县农机学校组织新训驾驶员上安全课3次，发放安全手册200本，发放“致全省机动车驾驶人朋友一封信”600份。抓好农机安全日常管理，检查拖拉机451台次、驾驶员451人次、加油站4个、农机修理点5个、农副产品机械加工点8个，消除事故隐患8起，纠正违章作业12次，查处无牌无证行使3起。全年共检验拖拉机1137台，办理拖拉机注册登记351台，与拖拉机驾驶员签订责任书1006份，与力量生物有限公司县内的3个糖厂签订企业交通安全责任书3份。

【畜牧业】　2009年，梁河县完成肉蛋奶总产量7968.1吨，比上年增949.8吨，增13.53%。其中：肉类总产量7607.1吨，比上年增14.3%；禽蛋产量251吨，增17.8%；牛奶产量110吨，减27.2%。实现畜牧业收入1.52亿元，增0.03亿元，增1.6%；畜牧业产值1.21亿元（现价），增0.03亿元，增2.3%；畜牧业产值占农业总产值的24.73%，比上年减3.18个百分点。全县人均占有肉蛋奶49.3千克，比上年增6.4千克，增14.92%。生猪、牛、羊、禽存栏量分别达11.25万头、2.49万头、0.55万只、24.81万只，分别比上年增6.8%、减0.6%、减1.2%、增2.83%；猪、牛、羊、禽出栏量分别达6.8万头、0.5万头、0.39万只、34万只，分别比上年增14.4%、20.8%、9.3%、6.39%。

年内，县畜牧兽医局主要完成了3个方面的工作：一、防疫工作。动物常规免疫方面：完成免疫动物182440头／只，比上年增22372头/只，增14%。其中：家畜免疫74193头，比上年增3228头，增4.5%；家禽免疫108247只，增19144只，增21.5%。重大动物免疫方面：分别完成W病免疫动物218944头／只，比上年增21876头／只，增11.1%；参加免疫人员392人／次。禽流感免疫419123只，比上年增98774只，增30.8%，密度85.7%；参加免疫人员239人次。猪蓝耳病免疫197737头，比上年增141765头，增253.3%，密度93.8%。猪瘟免疫195592头，增40124头，增25.8%，密度92.8%。鸡新城疫Ⅰ、Ⅱ系免疫357956只，增146386只，增69.2%，密度

84.2%。狂犬病免疫，全县存栏犬9621条，免疫2545条，比上年减2720条，减51.7%，密度26.5%。完成畜禽厩舍、环境、市场预防消毒234290平方米，使用消毒药9.3吨。二、加强畜牧兽医行政执法工作。一是围绕“兽药、疫苗、饲料和饲料添加剂、生鲜乳”等涉牧经营市场开展执法活动114次，出动执法人员557人次，车辆113辆次。其中兽药疫苗市场检查17次，检查经营户113户，出动人员81人次，车辆15辆次；检查养殖户25次，共检查233户，出动人员135人次，车辆28辆次，查出禁用兽药针剂210毫升，依法进行了销毁；饲料、饲料添加剂执法检查19次，出动车辆16辆次，出动人员95人次；检查经营户206户，未查出假劣、过期产品；活禽交易市场检查31次，出动车辆16辆次，出动人员76人次；生猪定点屠宰场检查12次，出动车辆12辆次，人员50人次；肉类市场检查31场次，出动车辆15辆次，人员71人次，查出违法上市猪肉90千克，价值1080元。年内，开展产地检疫2.06万头/只，其中猪4593千头，禽类1.6万只，检出病害猪126头，禽类250只；县城定点屠宰场屠宰检疫猪1.16万头，牛羊794头/只，禽类2.2万只，检出病害猪25头，禽类20只，协助屠宰场和工商局进行无害化处理。加强了甲型H1N1流感防控工作，县防控甲型流感应急领导小组和应急队伍开展屠宰检疫1061头，市场检测3690头，养殖规模场排查监管243个次，监测22747头，未发现疑似病例。出动执法人员878人次，消毒22.78万平方米，消毒用药4.17吨。做好人员、物资、技术等各方面的储备，储备了大碱2吨，防护服30套，电动喷雾器4台等应急物资。全年开展“农资打假宣传周”、“食品安全宣传周”、“农业110服务宣传”等宣传活动7次，出动车辆8辆次，出动人员35人次，发放资料11050余份，接受群众咨询5040余人次；开展执法培训2次，培训人员75人次。深化畜牧科技推广工作。投资240万元，建成奶水牛标准化养殖小区3个，良种猪繁育场1个，扶持大批养殖专业户，带动全县养殖业的发展。年内完成牛舍建设2760平方米，猪舍建设2450平方米；完成牛改良配种461头，猪杂交改良21846窝（人工授精4110窝）；人工种草和青贮氨化饲料工作稳步推进，完成闲田种草5162亩，青贮氨化饲料4586吨；举办杂交改良技术、种草养畜技术、饲料青贮技术、疫病防控技术、水牛短期育肥技术等各类培训29期，受训1245人次。

【林　业】　2009年，梁河县林业部门主要开展了以下几方面工作：一是集体林权制度改革主体工作通过了省、州验收。全县65个村（社区）655个村民小组33755户涉及林改的林农均已开展确权工作，林地确权68010宗，确权面积71.05万亩，确权率98.65%，确权到户率86.46%；核（换）发林权证69804宗27496本，宗地发证率96.08%，宗地合格率91%；排查山林纠纷3916起，成功调处3776起，纠纷调处率96.42%。二是林政管理，实行木材采伐“采、运、销”三总量控制。办理商品材审批20266.5立方米，未突破上级下达的指标；签发云南省木材运输许可证19864.17立方米，其中国内材17565.6立方米，边贸材1797.58立方米；林地管理对“腾陇公路”、“潞梁公路”等重点项目进行现场调查，按照先审批后征（占）用原则，上报征（占）用林地工程建设项目5起，其中已批办2起；对58户木材经营加工企业进行了7次不定期抽检，强化了木材加工监管工作。三是林业执法。受理各类林业案件269起，查处265起，处罚、教育270人次；缴获木材441.5立方米，珍贵树木2株，野生动物活体78只，野生动物制品4660千克，补种树木505株，为国家挽回经济损失100余万元。四是营林绿化。新建竹子种苗繁育基地50亩，全县13个育苗点完成培育合格苗木295万株（核桃苗25万株，西南桦193万株，白花油茶嫁接苗77万株），保障了造林种苗需求；种植白花油茶1万亩、竹子1.94万亩、核桃2.51万亩；完成全民义务植树15万株，建成县城滨河路1000米长廊绿化带、勐养景颇族广场风景林绿化等绿化工程。其他种植业4300亩，补植补造309亩，开展科技培训400人次，完成任务率100%。五是继续抓好农村能源建设，完成沼气建设228口，其中巩固退耕还林成果118口，完成率100%；省级项目110口，超额完成60口超120%。节柴改灶475座，其中巩固退耕还林成果62座，完成率100%；省级项目413座，超额完成363口超7倍多。在全县举办沼气技术培训班6次，向沼气使用户讲解安全操作知识；在勐养、河西、曩宋3个乡镇成立农村能源管理服务点，定期不定期地做好指导服务，使农户沼气建设的使用率达98%以上。六是抓好森林消防宣传和火源管理。全年出动宣传车宣传50辆次，利用各种会议宣传24次，发放张贴布告1000份，发放户主通知书2.5万份，台历500本，进行广播电视宣传200余次，刷写宣传标语700余条，撰写森林防火信息15篇；清明节期间发放《森林消防条例》等法律法规宣传单2000份，在中小学学生中开展了消防法规知识征文、演讲比赛等，给学生上森林消防课200个课时；在防火戒严期间实行入山申报登记制度，严格火源管理；全年发生森林火灾3起，过火面积62.5公顷，受害面积8.48公顷，烧死幼树1.66万株，森林受害率为0.013‰；出动扑火车辆48辆次、扑火人员405人次，使用防火经费77.2万元。七是加强森林病虫害防治。10个测报站发布8次测报，监测面积221.92万亩，监测覆盖率100%；林业有害生物发生3.68万亩，发生率5‰，林业有害生物成灾率为0；防治松毛虫6400多亩，西南桦防治5000多亩；检疫调运木材13623.9立方米，竹材798.9吨，活树650株，中药材18.51吨，检疫率100%；检疫苗圃面积40亩；开展了“利剑2009”森林植物检疫执法专项行动，对68户从事森林植物及其产品生产、经营的单位和个人，以及26户使用木质包装箱的经销商进行了调查登记。八是做好野生动植物保护。全年发生野生动物肇事453起，损失农作物15.53万千克，山羊19只，造成经济损失33.07万元；并对肇事现场进行了勘查，摄制损失现场影像资料，完成向省州申报补偿工作。九是搞好全县21.09万亩的国家重点生态公益林管护，在各公益林区路口建盖管护宣传碑，落实管护责任区，与下辖的5个管护站签订管护合同，聘请管护专职护林员82名，使公益林管护良好，生态效益明显；完成了新增2.98万亩国家重点公益林和8.32万亩省级公益林的区划申报。十是加强宣传工作，全年编发信息动态52期，林业职工在《德宏团结报》投稿使用7篇（条）、在《葫芦丝之乡——梁河时政》发表消息9篇（条），在《德宏团结报》刊登林业信息22条，在梁河电视台播出信息31条。

【水　利】 2009年，梁河县水利部门扎实开展各项工作。一是农村饮水安全工作，争取到中央扩大内需分3批投资的农村饮水安全工程项目，总投资667.74万元（其中：中央534万元，地方133.74万元），项目实施后可解决30个村寨13269人的饮水问题；争取到其他部门投资41.9万元，可解决2918人的饮水困难。二是水库建设，油竹坝水库除险加固工程设计规划投资750.2万元，已落实资金400万元（其中中央资金300万元，省级100万元），开工后已完成投资374万元，对主坝进行了防渗及坝坡处理，新建输水隧洞主体工程、金属结构工程，完成土石方1.85万方，混凝土0.089万方；新建丛岗水库，该工程设计为小（二）型，工程“等别”为Ⅳ等，坝轴线长168米，最大坝高35.8米，预计投资2696.54万元，设计功能为农田灌溉与兼顾县城备用水源，已落实资金600万元，年内完成了“可行性研究”等5个方面报告和招投标等前期工作。三中小河流开发治理，完成治理水土流失面积6平方千米，建设基本农田0.9平方千米，水保林1.3平方千米，经济林0.19平方千米，封育治理3.61平方千米，总投资180万元；其中水利部门实施小流域水土流失综合治理工程1件，治理水土流失面积4.41平方千米，建设基本农田0.4平方千米，水保林0.4平方千米，封育治理3.61平方千米，谷坊5座，沟渠1.3千米。四是“五小”水利工程，投资165.94万元，完成工程42件，其中投工0.11万工日，水毁修复11处，新增渠道0.96千米，大沟修复70米，清淤渠道7.25千米，护岸工程680米，新建渡槽30米，涵洞埋设430米，取水坝1座，改善灌溉面积2200亩，改造中低产田240亩，治理水土流失面积4平方千米。五是干支渠节水防渗工程，分别投资100万元和20万元，实施了曩西沟7.5千米渠道防渗衬砌和勐养镇芒坎沟3千米续修配套工程。六是防汛抗旱工作，重新修订完善了《梁河县防汛预案》、《梁河县城市防洪预案》、《梁河县山洪防御预案》等专业防汛预案；储备防汛物资总值近8万元，组建登记造册抢险队伍10支。七是水电建设情况。已批德宏州龙江水利开发有限公司建设的弄另电站，梁河县大盈江开发有限责任公司建设的葫芦口电站，德宏州湘盈电业开发有限公司开发的曩宋河流域梯级水电站，德宏州江河电力开发有限公司建设的水草坝电站4个电站的开发权电源建设项目；电源建设项目，计划完成投资13亿元，装机25.8万千瓦，年发电量110339万千瓦/时；年内完成投资13.5亿，装机19.89万千瓦，年发电量23950万千瓦/时；本年争取到扩大内需电网建设项目4批，总投资2717万元，其中35千伏投资1050.41万元，10千伏及以下工程投资1666.59万元。八是水利管理，征收各灌区、水库水费10.85万元，对已完成的人畜饮水工程成立了管理机构，成立用水户协会42家，渠道引灌溉用水户协会1家；完成了全县水闸登记注册上报项目管理；在东大沟曩滚河至梁中小沙河段组织县直机关干部职工开展了冬春修农田水利建设。

九是水政执法，全年征收水资源费及采沙费4500元，电力企业水资源费38000元，非电力水资源费5100元。加强执法监督，本年度没有发生重大水事案件，发出《责令停止违法行为通知书》12份，办理《采沙许可证》6套，办理水土保持报告表2份。十是完成了《梁河县2010年项目计划建议表》等5个项目计划的编报及《梁河县水利发展“十二五”规划》的编制。

【电　力】　2009年，德宏供电有限公司梁河分公司努力完成农网改造，基建与大修工程，线损管理等任务。一是投资722万元实施35千伏勐养变电改造项目，投资415万元实施35千伏勐养变至大坪子变线路改造，两工程均已完工并投入运行；完成了5项2.1千伏及以下工程，分别为新建（改造）10千伏线路129.23千米，新建（改造）400伏/220伏线路13.729千米，安装配电变压器78台、总容量12290千伏安，安装JP柜93台；投资1756万元安装1户1表240户。二是基建和大修工程：基建项目完成了35千伏沙坝变主变增容和35千伏县城变主变修复，两项工程批准投资分别为50万元和14.9万元，实际投资48.84万元和14.36万元，比批准投资分别节约1.16万元和0.54万元；大修土建项目实施了11个单项工程，批准投资39.47万元，实际投资37.96万元节约资金1.51万元；变电及供电部分大修上级公司批准资金10万元，实施了5个单项工程。三是加强线损管理，组织160余人次对辖区内用电户进行用电检查和供电普查，查处窃电用户16户、违章用电1户，补收电费43452元，收取违约金27247元。四是加强电费及各项应收资金回收，全年回收电费5381.9万元，电费回收率100%，保证了电费月月结“零”。五是定期对计量装置进行校验（轮换），全年完成首检电能表2327只、低压电流感器120只、高压计量箱10台，周检电能表636只，检验合格率100%。

全年全县完成销售电量17341万千瓦/时，比上年增92%；其中：完成社会用电4931万千瓦/时，比上年增10.2%；硅冶用电12410万千瓦/时，增171.6%；综合网损率6.27%，比年计划网损率8%下降1.73个百分点；总回收电费5381.9万元，电费回收率100%；设备完好率、供电可靠率、电压合格率均达到考核指标。完成材料、工程安装和电力宾馆三产总收入163.6万元，成本支出95.6万元，实现利润68万元。全年实现各种税费592.7万元，其中供电税费569.1万元，“多经”税费23.6万元。

【工　业】　2009年，梁河县完成工业总产值50074万元，比上年增29.5%（按现价计算，下同）。其中“规模”以上工业企业完成总产值27962万元，比上年增24.3%，占全县工业总产值的55.8%；规模以下工业企业完成总产值22112万元，增58.6%。主要工业产品产量：食糖48999吨，比上年增2.5%；酒精2840千升，减27.1%；发电量42242万千瓦小时，增1.5倍；原煤8487吨，减17.1%；锡精矿含锡量537吨，减12.5%；硅8999吨，增1.9倍；中成药620吨，增2.85倍；松香956吨，增55.2%；精制茶98吨，减24.6%；水泥95102吨。工业产销率100.23%，比上年减2.53个百分点。

【非公经济】　2009年，梁河县有非公经济户2826户，比上年增15%；从业人员6012人，增28%；营业收入78359万元，增7.1%；全年非公经济注册资本金19360万元，比上年减10%；上缴税金3112万元，减6.3%。年内，非公有制经济创造增加值4亿元，占全县生产总产值的45.2%，比上年提高7.6个百分点。非公有制经济完成社会消费品零售总额28621万元，占全县社会消费品零售总额30465万元的93.95%，比上年增19.8%。

【招商引资】　2009年，梁河县实施招商引资项目17个，其中新签项目4个，上年结转项目13个；项目协议资金209534万元，到位资金20552万元，完成州政府下达引进州外（内资）20000万元的103%。外来投资企业实现营业收入22185万元，比上年增16952万元，增323.94%；上缴税金2339万元，增2144.5万元，增11倍；解决当地劳动力就业830人，增354人，增74.36%。年内，县经济局充分借助“昆交会”、“边交会”及省州组织的其他洽谈会等平台，发放宣传册200余册，宣传梁河经济、社会、人文、资源等基本情况和招商引资优惠政策；编制《梁河县招商项目推介》，利用政府网站、商务网站等扩大宣传面；做好来访客商接待，全年接待客商来电来访60余次；加强项目追踪，对落户外来企业的基本情况进行收集整理，搞好统计和档案建立，积极配合帮助外来投资商完成选址、审批注册。

【财　政】　2009年，梁河县完成财政总收入10974万元，完成年计划的107.6%，比上年增收1712万元，增18.5%。一般预算收入5720

万元，完成年计划的100.3%，比上年增735万元，增14.7%。其中：税收收入4315万元，比上年增373万元，增9.5%；非税收入1405万元，增362万元，增34.7%。财政总支出55224万元，比上年增支42.3%；财政一般预算支出53230万元，增16153万元，增43.6%。

【税　务】　2009年，梁河县国税完成税收收入6374.7万元，比上年增1130.7万元，增21.56%。其中：增值税5916万元，比上年增1012.3万元，增20.64%；消费税65万元，增2.4万元，增3.83%；企业所得税19.1万元，增4.6万元，增31.72%；利息所得个人所得税36.8万元，减44.7万元，减121.46%；车辆购置税337.8万元，增156.2万元，增86%。“三税”收入（增值税、消费税、企业所得税）完成6000.1万元，占县政府下达任务5500万元的109%，比上年增1019.1万元，增20.45%。年内，地税完成税收收入6398.7万元，比上年增795.7万元，增14.2%。其中：征收地方工商税4110.7万元，占州局下达任务的100.3%，比上年增14%；征收社会保险2203.6万元（其中养老保险1184万元、医疗保险754万元、失业保险185万元、工伤保险52万元、生育保险28万元），征收率101.3%；征收文化事业建设费1.5万元，水资源费4.1万元，地方教育费附加78.8万元。组织本级地方税收收入3812.1万元，占县政府下达任务的119%，比上年增351.4万元，增19%。

【金　融】　2009年，梁河县金融机构存款余额122415万元，比上年增26359万元，增27.44%；其中：企业存款11839.13万元，比上年减2856.28万元；财政存款4922.02万元，增2013.41万元；机关团体存款21301.3万元，增7577.95万元；储蓄存款78389.94万元，增17200.52万元；农业存款5892万元，增2859万元；其他存款70.76万元，减435.38万元。各项贷款余额81651.11万元，比上年增9550.76万元，增13.24%；其中：短期贷款29472.11万元，比上年增7757.76万元；中长期贷款52179万元，增1793万元。年内，加强了对人民币的管理，以开展“反假币宣传月”等多种形式，做好反假币宣传，全年收缴假币1751张145900元，为群众粘贴残损人民币14人次180张16832元。

【保　险】　2009年，中国人民财产保险股份有限公司梁河支公司完成保费收入728万元，比上年降215万元，降22.8%，其中车险收入407万元，非车险收入321万元。全年共处理赔案3378件，比上年增1215件；赔款金额758万元，增289万元，增59.24%（其中机动车辆险赔案1424件、车险赔付399万元，非车险赔案1954件、非车险赔付359万元）。上缴税金42万元，代扣代缴车船税34万元。年内，开展了能繁母猪保险、农房火灾保险等惠农保险项目，对辖区内14898头能繁母猪进行了投保，共赔付能繁母猪赔款1116头，赔款106万元，亏损37万元；为全县35052户农房进行了投保，对29起火灾事故赔付19万元。年内，中国人寿保险股份有限公司梁河支公司完成保费收入1960万元，超额完成100万元；比上年增467.21万元，增31.3%。其中：首年期交保费202.86万元，比上年增9.1%；10年期以上保费134万元，增19.6%；完成趸交保费834万元，增33.2%；中介期交19.4万元，增49%；短健险保费181.23万元，增8.5%；续期保费749.91万元，收保率93.1%。全年给付各类赔款138.76万元，结案率100%；给付各类满期年金及红利金295.82万元；支付业务员佣金130.75万元。年内共承保48021人次，承担风险保额17748.44万元。

【交　通】　2009年，梁河县交通部门努力抓好以下几项工作：一、实施好公路基础设施建设项目。全年实施项目15项，完成工程投资1639万元，其中农村公路通达项目11项，工程均已完工；在建工程4项为芒弄大桥建设项目、九保至下勐连通畅工程、遮岛至新华界公路改造项目、以及勐养镇帮盖公路通达工程建设项目。项目实施情况为：在建公路通畅工程项目2项，总里程51千米，为九保至下勐连、县城遮岛至腾冲县新华界农村公路油路改造工程。农村公路通达项目已完工11项，建设里程98.521千米，计划投资1294万元，完成投资957万元。10月，启动了县城至大盈江对岸第二座大桥——“芒弄大桥”的建设，该桥设计全长218.08米，宽16.5米，双向2车道，计划总投资1570万元。二、抓好“腾陇路过境线”、“潞梁路”两条二级公路的建设。腾陇二级公路梁河段全长26.4千米，预计征地1004.89亩，年内已完成征地25千米、占总里程的90.9%，征土835.114亩，兑付征地、临时用地、青苗及地面附作物补偿款2695.4万元。年内，还完成了潞梁二级公路开工前的各项准备工作。三、做好农村公路各项管护工作。一是实行“县道县管，乡村道乡管”政策，明确划分养护责任，年末县境内有公路180条，总里程959.149千米，公路密度82千米/百平方千米，纳入管理养护里程的农村公路有807.759千米。全年完成铲路肩18.39万平方米，清理水沟55.75万米，路面修补坑塘11.68万平方米，修边坡17.1万米，拉运养护材料7199立方米，清除塌方6.61万立方米，撒砂22.24万平方米，种行道树4200株，县道养护优良率83.35%，重点县道优良率93%。二是抓好大中修工程，全年完成工程10项（县道3项、乡道6项、村道1项），完成投资194.04万元，工程顺利通过州级验收（其中“下丝线”、“水勐线”和“平清线”被评为优良大中修工程）。三是完成地震灾后恢复重建和公路安保工程，其中灾后恢复重建工程2项，公路安保工程1项，3项工程均通过州交通局验收（大小厂公路涵洞恢复重建工程被评为优良工程）。四是抓好路政管理，维护路产路权，保障公路安全畅通。全年出动执法车辆35辆次，执法人员98人次，作出路政警告56起，恢复路产原状18起，路产赔偿1起，行政许可3起。四、建设以县城和重点乡镇为中心，以农村客运为依托，向周围乡镇、行政村辐射的农村客运网络。全年完成客运量29.65万人次，货运量10.6万吨，实现运输产值1312.14万元。其中：道路运输完成客运量26.38万人次，完成货运量10.58万吨，实现产值1310.04万元；水路运输完成客运量3.27万人次，完成货运量207吨，实现产值2.1万元。

全年完成客运量184万人次，旅客周转量13601万人/千米，货运量182万吨/千米，货物周转量19869万吨/千米。

【建设环保】 2009年，梁河县城乡建设和环境保护工作取得新成绩。县建设部门主要实施了9个方面的重点建设项目：一是启动了利用中央扩大内需计划投资实施城市生活垃圾处理工程筹备工作，该工程总投资2497.39万元，已完成库区和进场毛路清理等前期工作。二是实施了城市供水网改造一期工程建设，该工程中央预计投资300万元。三是完成了商品物流配送中心及农贸市场改扩建项目，该项目占地面积3688.3平方米，建筑面积3941.29平方米，总投资700万元。四是投资564万元，启动了勐底大金塔广场的绿化工程。五是完成廉租住房建设100套，建筑面积5000平方米，预算投资683.39万元（中央、省预算内投资274万元，地方财政自筹409.39万元），完成投资600万元；组织人均住房面积在10平方米以下家庭廉租住房租凭补贴发放工作，共发放补贴28.41万元。六是完成农村民居地震安全工程1700户（抗震加固1100户，拆除重建600户），省补资金824万元（含残疾人危房改造补助4万元）；农村危房改造工程600户（拆除重建500户，修缮加固100户），省补资金500万元，县级自筹20万元。七是加强房地产业怡心花园和南甸名居的开发管理。八是完成腾陇公路梁河段拆除评估和征地工作，共征用土地266亩。九是加快梁河县的固定资产投资，对县林业局等7家机关资源进行整合，统一建设便民服务中心，该项目已奠基开工建设。

年内，县建设和环境保护局抓好各项日常工作，办理“二证一书”15份，其中选址意见书9份，建设用地规划许可证6份，用地面积63612平方米；办理建设工程规划许可证135份，建筑面积126953平方米，并完成县城规划区内新建项目的控制红线工作；办理81项工程报建手续，办理施工许可证81份，建筑面积37666.54平方米，工程总投资7091.71万元；办理招标备案15个工程，涉及建筑面积34303.62平方米，工程造价4933.19万元；对全县在建工地进行7次安全生产大检查，共计138项次，处罚33个工地，罚款20020元；办理质量监督申报64项，建筑面积43983.3平方米，投资205万元；工程竣工验收13项，建筑面积10324.52平方米，投资728.9万元，备案5项。完成建筑材料检测（混凝土、砂浆、钢材）55项，砂石材料分析、混凝土、砂浆配合比实验9项，实体检测9项；全年共取缔占道经营行为1005起，扣押违章物品326件，查处违章建筑6起，查处拉运建筑垃圾污染城市7起，拆除违规悬挂横幅10条，发出整改通知10份。年内，共清扫保洁面积8000余平方米，收集清运垃圾1.09万吨，新增更换环卫垃圾桶70只，对滨河路行道树日常浇水保养，出车900余驾次，洒水4500多吨；投资45万元完成勐底民族文化广场的园林规划与设计。

年内，办理环境影响登记表19份，参与审批环境影响报告6份，对建设项目保护“三同时”和环保设施运转情况现场监察66家次，出动监察人员128人次，巡回检查企业14家，关停河西乡光坪村小土选企业2家；全年加大排污费征收力度，共征收排污费67.6万元。

【教　育】 2009年，梁河县有各级各类学校140所，其中幼儿园10所（含私立幼儿园8所）；小学117

所（完小63所，小学教学点54个），有附设学前班小学56所，小学校（点）比上年减22所；普通中学11所；职业中学1所；教师进修学校1所。全年有在校生25391人，其中高中1493人，初中6839人，职中367人，小学14077人，幼儿园（班）2615人（含学前班1704人）。有教职工2011人（含民办78人），其中职中46人，教科中心41人，普通中学667人，小学1139人，幼儿园118人（含民办78人）。有专任教师1782人（含民办78人），其中职中38人，教科中心39人，高中102人，初中481人，小学1066人，幼儿园56（含民办35人）。全县中小学总占地面积70.82万平方米，比上年减8.4万平方米；中小学校舍总面积21.1万平方米，其中D级危房面积11.04万平方米，C级危房1.2万平方米，全县D级危房率为52.3%。

年内，全县7至12周岁人口总数13452人，已入学13423人，入学率99.78%；辍学人数133人，辍学率0.93%。13至15周岁人口总数7155人，初中阶段在校生6918人，入学率96.68%；辍学153人，辍学率2.28%。幼儿入园率55.3%；15周岁人口初等教育完成率99.87%；17周岁人口初等教育完成率94.31%。本学年7至15周岁残疾儿童、少年入学率100%。

年内，县教育部门抓好以下各项工作：一是加强学校领导班子和教师队伍建设。对全县中小学69名校领导班子进行了调整；组织参加远程校长培训188人次，选派8人到上海参加“走进名校（名校长）”培训学习，组织17人到昆明参加课改交流学习；采用多种形式培训教师3237人次。二是有效开展教育科研课题研究。年内申报州、县级课题12个，申报县级微型课题研究95个；完成上年以前申报的各级课题结题101（省级3个，州级3个，县级95个）。三是多渠道筹措教育经费，进一步改善办学条件。实施教育系统建设项目65个，建筑面积54041平方米，排除D级危房32417平方米，总投资6677万元，争取到位资金4238万元。搞好学校图书馆（室）建设，全年新增图书2万册，价值4万元。四是完成梁河一中初、高中剥离工作，剥离后高中在梁河一中原址教学，初中在民族寄宿制学校教学。五是强化职业教育，改善县职中办学条件。投资300万元，建盖了县职中教学综合楼，建筑面积1708平方米；投入12.24万元，采购了教学用微机30台。六是积极兑现农村义务教育阶段贫困生生活补助。年内，兑现寄宿制贫困学生生活补助中央和省级资金362.19万元，其中小学生受益5971人，生均250元；初中受益5678人，生均375元。

年内，全县参加高考475人（含三校生36人），文史类上线177人，总上线率78.67%，比上年提高16.87个百分点；理工类二专以上上线152人，上线率81.97%，比上年提高8.27个百分点，理工类上线率居全州第二位。参加中考1215人，全县总平均分459.26分，居全州第一名；中考成绩600分以上的102人，占中考总人数的8.39%。参加水平测试小学毕业生2405人，数学平均分77.91分，居全州第一名；及格率82.95%，居全州第一名。

【科技科协】 2009年，梁河县充分发挥科技引领作用，各项工作取得明显成效。一是强化科技培训。依托“科技活动周”、“知识产权保护宣传周”、“实用技术培训”、“办农函大班”等多种形式开展群众性科技服务活动，加强农村科技活动阵地建设。全年发放科技培训教材380份，培训农民330人次；开展农村乡土人才培训200余人，发放教材资料500余份；招收农函大党员580人。二是通过了《梁河县2009年万亩优质玉米高产创建活动》省科技厅下达项目的验收。该项目投资40多万元，完成玉米“双百”、“双千”和“双万”工程面积23711.3亩，占全县大春玉米种植面积的58.3%；累计测产210个点，平均单产659.6千克，比非项目区平均单产228.8千克，增430.7千克。三是积极争取省州科技科普项目申报，全年组织申报各类项目15项。在小厂乡、河西乡，选定缺水的山区半山区开展“一年三熟”（油菜——玉米——水稻）试验种植各20亩，通过对试验种植点测产，油菜平均亩产171.1千克，玉米平均亩产380千克，水稻平均亩产127.3千克，试验提高了土地利用率，探索了农业缺水问题，减少了农民种植成本。四是开展了其他多项科技工作。完成了2007年至2008年科技进步考核工作汇总材料的撰写、表册的填报工作；草拟了《梁河县科学技术奖励办法（草案）》和《梁河县关于获取国家专利授权的奖励政策（草案）》，召开听证会并完善草案后提交县人民政府决策；采用与县广电局共同开办“科技之窗”栏目、在县城主要街道张贴标语悬挂横幅、进校园宣传等形式，开展了知识产权保护的宣传工作；开展了科协换届选举的筹备工作。

【文化体育】 2009年，梁河县成功举办了各类文艺活动。在“梁河县民族歌舞乐展演”活动中，葫芦丝合奏《古歌》、阿昌小合唱《阿昌背更果》被选送参加"德宏州第二届民族歌舞乐展演"，均获州级三等奖，《古歌》还被选送参加了云南省第六届民族歌舞乐展演并获铜奖；《阿昌背更果》获优秀奖。组织参加了州第二届民族歌舞乐展演、州傣族景颇族健身操比赛、州广场大家乐比赛、"2009年德宏州公安系统文艺汇演巡回演出"活动；组织培训少数民族健身操、气功、葫芦丝等活动30余场次，观众达40000余人次。组织策划了"梁河县知青返乡联谊晚会"；与县委宣传部联合举办了"德宏州第三届青年歌手电视大赛——梁河选拔赛"，推选出7名优秀歌手赴芒市参加复赛。参加德宏州首届广场大家乐舞蹈比赛，《窝罗邀请舞》荣获三等奖以及优秀组织奖。国庆前夕举办《庆祝建国六十周年书画摄影展》，共展出书画摄影作品190多幅；协助县卫生局赴瑞丽参加2009年云南省禁毒防艾边疆行"情动边疆、生命欢歌"主题文艺宣传活动，并到瑞丽进行节目辅导2次，辅导人数420人。年内，县文化馆开展好各项群众性文艺工作，多次组织业务骨干深入农村、机关、企业厂矿、学校开展文艺辅导，下乡下基层100余天，辅导1100余人，编排辅导节目52个。组织县直机关业余演出团队50余名队员不定期地开展演出活动，丰富县城干部群众的业余文化生活，组织各类演出20多场次，演出节目近40个；多次组织县城"大家乐"群众广场舞蹈活动，参与人员达数万人次。

年内，县文化体育部门开展了以下几项工作：一、打造葫芦丝品牌，培育本土葫芦丝文化产业。为梁河县金孔雀葫芦丝制作有限公司争取项目资金50万元，帮助企业申报葫芦丝产业发展项目。开展各类葫芦丝培训，培训人员100余人；与中国移动梁河分公司共同主办的"移动杯"第二届丝竹情韵葫芦丝演奏比赛，邀请到葫芦丝演奏家龚全国、德宏州傣剧团国家一级作曲家龚家铭教授、中国葫芦丝、巴乌专业委员会理事方桑保等知名人士担任评委。二、实施非物质文化遗产项目挖掘、保护。成功申报了《梁河葫芦丝传统器乐》、《阿昌族阿露窝罗节》两个省级非物质文化遗产项目，同时向上申报国家级非物质文化遗产项目；保护非物质文化传承人，向非物质文化遗产传承人发放补助，其中国家级1名发放补助8000元，省级5名每人发放补助3000元。三、加大对外宣传力度。南甸宣抚司署全年接待海内外游客23000人次，行政接待1500人次；李根源故居全年接待游客3500人次。四、完成全县文物普查，查到不可移动文物点65处，其中新发现40处，增61.5%。成功申报九保太平寺等7项州级文物保护单位。完成九保"李根源故居"申报第七批全国重点文物保护单位申报材料撰写及上报工作。五、县图书馆充分利用馆藏资源，免费开放图书室，全年接待读者1万人次，阅览图书16800册次，电子阅览室接待读者19703人次；新办借书证33个，为读者解答咨询100余次，免费为读者开放了电子阅览室；完成遮岛、曩宋、勐养3个乡镇信息共享工程基层服务点建设，为勐养镇基层点解决服务器降温设备1台。六、开展了主题为"阳光娱乐、和谐文化"的文化市场法律法规宣传，发放宣传单1008多份，接待咨询群众303人次；举办网吧、歌舞娱乐场所业主培训会，对15位业主进行培训；打击违法经营活动，出动检查人员134人次，检查经营户219户次，受理群众举报案件2起，收缴违法盗版音像制品227盘，侵权盗版书籍38册，查处违规超时经营网吧2家，对5户经营户发出警告，罚款4200元。

年内，成功举办第24届"南甸杯"体育运动会，运动会设有7项赛事；组织中学生运动会代表团参加德宏州举办的中学生运动会，取得9块金牌、10块银牌、3块铜牌。开展电影下乡活动，向乡镇文化专干培训电影放映技术，全年放映优秀科普教育片和故事片709场，观众82290人次，放映覆盖59个行政村、322个自然村，覆盖率89.4%；帮助乡镇争取基层综合文化建设资金150万元。

【广播电视】 2009年，梁河县广播电视事业稳步发展，一是电视宣传内容日益丰富，全年播出新闻154期1234条、播出电视剧2190集，《早间剧场》播出电影210部，播出图文广告70条、字幕广告27条、公益广告5条，游动字幕45条，播出《轻松一刻》160期，《南甸风景线》10期。二是开路电视转播中央电视台1套、7套、云南电视台1套、德宏电视台、德宏民语台等5套电视节目；转播中央人民广播电台1套、云南人民广播电台1套、德宏人民广播电台及梁河人民广播电台5套广播节目。三是有线电视和数字电视转播稳步发展，有线电视模拟信号用户6000多户，数字电视用户3000多户。四是完成广播电视"村村通"直播卫星覆盖工程建设，同时完成省广电局下达的159个边远贫困村寨和少数民族村寨4386户的安装任务，以上工程均通过了省、州验收；实施了云南广播电视无线覆盖工程，在芒岗山建设重点机站，工程建设后全县70%的乡（镇）大部分村寨能免费收听收看到中央、省、州的10套广播电视节目。五是有线、无线广播覆盖建设工作进一步得到加强。借助“整村推进”项目资金及多方筹资先后在曩宋乡关璋村等近50个自然村寨架设了广播，使广播覆盖率得到进一步提高。全年广播人口覆盖率90%，电视人口覆盖率94.5%。

年内，广播栏目在实现无线调频播出的基础上，自办节目播出时间从原来每天播出1小时30分提高到每天播出4个多小时。栏目设置有《新闻》、《每周一歌》、《请你欣赏》、《为您服务》等。全年播音6012小时，其中转云南台节目5256小时，自办节目829小时。播出稿件情况为：新闻892件（其中傣语226件），为您服务313件，法制天地66件，30年成就展10件，国家大事记12件，反邪教公益广告6件，音乐欣赏和每周一歌播出549首（其中傣歌176首）。

【卫　生】　2009年，梁河县设有公共医疗卫生机构12个，病床281张，每千人拥有病床1.75张。在职职工376人，其中卫生技术人员299人，每千人拥有卫生技术人员1.81人；其他技术人员14人，管理人员15人，工勤人员48人。有营利性医疗机构10个，卫生技术人员11人；有民营医院1所，卫生技术人员25人。全县62个村均设有村卫生室，有乡村医生159人，取得乡村医生绿卡159人，占乡医总数的100%。

全年全县各医疗机构共诊疗病人15.46万人次，入院1.07万人次，治愈率、好转率、病死率分别为66.64%、29.77%、0.34%，病床使用率为68.01%，病床周转率为31次，出院者平均住院日7天。医疗总收入3098.04万元，县、乡两级药品收入占业务收入之比分别为37.17%、63.67%；总支出3005.49万元，收支结余92.55万元。

年内，进一步完善县、乡、村卫生医疗设备。投资325万元，为县直医疗卫生单位购买医疗设备4 台件；投资47.5万元，为62个村卫生室配发办公设备和基本医疗设备。争取并实施了曩宋、芒东中心卫生院2项中央扩大内需投资项目，总投资分别为101.31万元和48万元，建筑面积分别为809.24平方米和369.62平方米，两项目均已建成并投入使用。

年内，全县有13.36万人参加新型农村合作医疗，参合92.19%。有39.46万参合农民得到医疗补偿（住院11229人次、门诊38.33万人次），补偿医药费1314.18万元（住院补偿金额967.49万元、门诊补偿金额346.7万元）。

年内，全县累计报告重点传染病14种（乙类10种，丙类4种）512例，发病率313.97/10万，比上年增15.22%。开展了春、秋两季灭鼠工作，全年未发生鼠疫疫情。霍乱防治，监测食品6份、水21份、腹泻病人25份，均未检出霍乱弧菌；发放夏季谨防食物中毒小知识及以霍乱、伤寒副伤寒为主的肠道传染病宣传资料5000人份。疟疾防治，开展发热病人血检8451人份，检出阳性51例，阳性率0.60%，发病率31.3/10万，比上年降42.05%，控制在州下达指标（137.35/10万）以内。结核病防治，完成初诊就诊病人485人，实际就诊225人，占年任务数的46.39%，涂阳结核病人家属接触者调查88人，未查出涂阳肺结核病人。全年完成初治涂阳43人，完成任务数的100%，复治涂阳3人。对9个乡镇进行结核病督导28次，访视病人50人次，通过对结核病人督导，促进病人规范服药。狂犬病防控，成立了综合防治狂犬病小组，利用乡镇防保组培训会议对乡镇防保组人员进行狂犬病危害知识宣传、犬伤人的应急处理培训；利用“5·15碘缺乏病宣传日”、“第三世界狂犬病日”等契机开展宣传活动，发放宣传材料1480份，实现了全年未发生狂犬病疫情目标。

年内，开展了疾病监测，没有监测到麻疹、AFP、百日咳病例和疑似病例，各乡镇也无相关病例和疑似病例报告。加强计划免疫，对2254名新出生儿童进行基础免疫建卡，建卡率100%；脊髓灰质炎疫苗应接种1340针次，实种1308针次，接种率97%；白百破应接种2300针次，实种2262针次，接种率98%；麻腮应接种2102针次，实种2089针次，接种率99%。乙脑应接种1408针次，实种1380针次，接种率98%。流脑A+C第一针应接种2385针次，实种2362针次，接种率99%。流脑A+C第二针应接种1563针次，实种1495针次，接种率95%。甲肝应接种2097针次，实种2086针次，接种率99%。白破疫苗应种2164人，实种2118人，接种率97%。乙脑群体性预防接种工作，全县实际接种儿童10271人，接种率96.31%。对腮腺炎疫苗进行了普种，全县接种23500人份。开展15岁以下乙肝人群乙肝疫苗查漏补种，完成第一针补种2436人、第二针补种2431人。完成第一、二批甲型H1N1流感疫苗5400人份的接种任务。

年内，全县有产妇2220人，出生活产婴儿2225人，开展孕产妇保健管理2218人，保健覆盖率99.91%；新法接生2088人，新法接生率93.84%；住院分娩2034人，住院分娩率91.42%；开展7岁以下儿童健康检查9228人，对3岁以下儿童系统管理3301人。5岁以下儿童死亡34人，死亡率15.28‰，其中婴儿死亡29人、死亡率13.03‰，无新生儿发生破伤风，无孕产妇死亡。开展了全县妇女病检查，应查32493人，实查130人，查出妇科疾病45人，其中宫颈炎22例，阴道炎23例。开展婚前医学检查4人。实施省级“降消”项目，共救助孕产妇1291人，救助金51.93万元。

全年办理卫生行政许可533项，核发、变更、校验《食品卫生许可证》140户、《公共场所卫生许可证》46户、医师执业20件、护士执业110件；新发《食品卫生许可证》128户、《公共场所卫生许可证》23户、《医疗机构执业许可证》78件、《放射诊疗许可证》2件、《母婴保健技术服务许可证》9件。开展食品生产和公共场所经营单位从业人员培训与体检工作，其中食品生产经营单位从业人员应培训、体检1494人，实际培训、体检1464人，培训与体检率98%；公共场所经营单位从业人员应培训、体检215人，实际培训、体检201人，培训与体检率93.4%；检出职业禁忌人员18人。专项整治工作，一是开展食品综合专项整治，出动卫生监督执法人员1265人次，车辆405辆次（含摩托车），对违反规定的业主警告5户，责令整改6户，责令销毁过期变质食品51千克，罚款1户，罚款2000元；二是对公共场所监督检查77户次，出动卫生监督执法人员84人次，车辆30辆次，查处违法案件3起，罚款2700元；三是开展医疗卫生专项整治工作，出动卫生监督执法人员267人次，车辆113辆次，取缔非法行医9起，行政处罚3户次，处罚金8000元，没收药品器械价值1500元。四是完成15批11500人次大型会议、重要贵宾接待和阿露窝罗节食品卫生安全保障任务，确保无食物中毒和食源性疾患发生。五是对食品加工单位进行样品抽检，共抽检样品21份，其中酱油1份、冷饮3份、糕点17份。

年内，全县举办无偿献血宣传活动10次，组织无偿献血6次，有723人次参加自愿无偿献血，献血量17.38万毫升，完成州下达任务700人份的103%。

【红十字会】 2009年，梁河县红十字会开展了以下几项工作：一是加强红十字精神宣传。利用“5·12防震减灾日”、第6个“世界献血日”等重要活动，制作5条横幅标语悬挂县城主要街道，并配合相关部门在县城人员集中区发放宣传单1000多份、防艾宣传笔记本2000多本、红十字会会员手册200多本，发放简报7期，深入乡镇宣传4次；“5·8”世界红十字日期间，在县电视台播放“善举救助贫弱人群，爱心构建和谐社会”15秒公益广告宣传片，播放时长累计225秒。二是做好人道主义救助工作。救助火灾户4户，发放棉被6床、踏花被3床、蚊帐4顶、衣物4件，现金1500元；帮助2名孤儿争取到德宏汇合投资有限公司助学款4370元，资助1名阿昌族女孩助学款200元；“六一”儿童节期间，向县民族寄宿制小学等3所学校捐赠防艾宣传笔记本1110本；国庆节期间，向遮岛小学、梁河一中等5个中小学和友义村发放念慈庵饮料50件，价值5400元；捐赠1000元参与中国扶贫基金会承办“爱心包裹”活动。三是搞好项目实施与申报工作。年内完成芒东镇笋子洼村滑坡重建项目——芹菜塘博爱新村建设后续工作，该工程由澳门红十字会投资20万元援建，年内向上级争取资金11万元，为其修建了纪念碑，制作了门牌号，结清了工程尾欠款；争取资金8万元，帮助贫困及弱势群体解决大病医疗补助；实施假肢项目，向上级红十字会协调为13名下肢残疾的群众检查和更换假肢（更换3人，新装1人）；年内，向上级申请了囊宋中学教学楼建设，以及文化活动室、人畜饮水、道路硬化、公厕等7个工程项目，申请资金263.82万元。四是完成“县红十字会换届工作。年内，召开了县红十字会第二届会员代表大会，选出理事33名，常务理事9名。

【人口计生】 2009年，梁河县人口和计生局主要开展了8个方面工作：一是搞好宣教工作。全年发放宣传单、册20000份，电视新闻宣传25期，滚动播出标语、部分政策摘录3个月。在九保乡勐科村、勐养乡芒轩村和平山上河东村创建3个婚育新风进万家和生育文化大院示范点。二是加强对流动人口的管理与服务。联合县公安局等7部门制定了《流动人口管理与服务联合办公机制》，并成立县流动人口联合办公机构；在县城开展了联合办公行动，对违反计划生育行为的39户流动人口进行了查处。三是采用请进来、走出去的办法搞好培训，提高队伍素质和业务管理水平。年内，邀请州计生委老师对县乡村3级计生系统180多位工作人员进行了3天培训，培训内容涉及政策法规、科学管理和业务技术等多项专题；局领导还率领各个股室负责人到9个乡镇的计生办、服务站所、村，对167名计生工作人员，进行了人口计生政策法规、业务技能的互动式培训7场次；年内开展医疗文书评比活动1次，表彰先进6人；派出3人到州医院进修，增强了人口和计生干部依法行政、优质服务和做好群众工作的能力水平。四是在全县开展了出生缺陷一级预防。抓住梁河被列为全省25个出生缺陷预防试点县的机遇，按照《云南省出生缺陷预防规定》坚持以预防为主，重点通过健康教育、遗传咨询、孕前检查、营养素增补、孕期筛查等，减少出生缺陷发生，全年对符合条件2025对目标人群开展出生缺陷预防，参加婚孕前培训3756人次、孕前检查1776人，发放叶酸8183瓶，服用叶酸后出生人数1218人，未发现缺陷儿出生。对生育病残儿家庭和不孕不育患者家庭给予关心指导，为2名不孕不育患者申请医学鉴定。五是申报落实计生服务体系建设项目。具体项目为：县人口与计划生育服务中心综合楼项目，框架结构四层，建筑面积1566平方米，已完成主体工程并通过工程质量验收，并投入使用；芒东镇人口与计生服务中心建设项目，占地1.5亩，建设规模364.44平方米，二层砖混结构，预计总投资77万元，已投资51万元，年内已通过工程质量验收。曩宋、大厂两个乡级人口与计生服务中心建设项目正在实施中。六是实施行为干预，努力做好推套防艾工作。全年向星级宾馆提供德宏套2700只，向普通宾馆、社会旅馆、酒吧、发廊、娱乐场所等提供省套16000只；联合全县7个推套防艾成员单位对39家宾馆、旅社、药店、酒吧、发廊、娱乐场所安全套的质量、摆放、使用进行督查，并对其日记账和月报表进行查看指导。七是提高计划生育药具易得性和群众的满意度，强化性药具和计划生育药具市场的综合整治。开展了药具“便民牌、直通车”服务，在县城部分超市和药店增设计划生育药具免费发放点。年内，还联合食品药品监督管理局、公安局等6个部门对5家成人性用品店，2家药店计划生育药械市场进行了集中整治，规范了计划生育药械市场。八是认真落实农业人口独生子女“奖优免补及计划生育家庭特别扶助”政策，利用梁河被列为全省41个农业人口独生子女父母奖励之一试点县的有利条件，实施农业人口独生子女奖励政策，全年发放各种计划生育奖扶资金65.8万元。

年内，县人口和计生局在认真完成县下达任务的同时，还结合部门实际制定了若干工作目标，实现了县下达“人口出生率”等10项指标、部门制定“优选节育率”等14项指标的“双任务”。

【侨　务】　2009年，梁河县侨联侨办积极开展各项工作：一是强化“侨法”宣传，营造依法护侨的社会氛围，利用一年一度的“宣传月”认真宣传《归侨侨眷权益保护法》以及国家和省的两个“实施办法”，全年制作广播专题宣传5期次。二是落实资金1万元，春节前夕走访慰问贫困归侨侨眷100户，每户发放慰问金100元。三是做好牵线搭桥、强化接待服务，侨务引资引智取得新突破，全年落户梁河的“侨心工程”项目7项，已完成“水箐侨心小学教学楼”、“新长城资助贫困大学生项目”、“救助本县地震灾区孤寡老人200名”、“资助贫困学生25名”4个项目；县儿童安置指导中心实施完毕未验收；美国妈妈联谊会援建的“平山乡荆竹林侨心小学”，香港“两地一心”慈善机构援建的“河西中心侨心小学”两项目正在实施。四是做好海内外联谊和涉外宣传，全年接待海外侨团40多人次，让海外人士认识了解祖国，介绍宣传祖国的招商引资优惠政策。五是努力为归侨侨眷办实事做好事，全年扶持归侨侨眷5户（发展毛叶枣1户、茶叶种植1户、姬松茸种植1户、养猪2户），通过这些种植养殖示范户，带动贫困归侨侨眷的脱贫致富。六是切实做好侨务信访，全年接待来信来访7件，全部办结，做到了件件有落实、事事有回音，维护了侨界稳定。

【扶　贫】　2009年，梁河县共立项申报争取扶贫项目7个，扶贫资金4057万元，其中财政扶贫2357万元，小额信贷1700万元。具体项目为：整村推进扶贫重点村60个795万元；九保整乡推进乡1个，争取资金930万元（省级600万元，州级配套210万元，县级配套120万元），地方部门配套资金4794万元，分两个年度实施；易地扶贫搬迁3个点94户430人，项目资金215万元；安居工程项目100户60万元；科技产业扶贫项目200万元；劳动力转移培训2400人72万元；小额信贷扶贫到户贴息资金85万元、小额信贷扶贫指标1700万元。

年内，县扶贫办积极做好各项工作：整村推进扶贫重点村建设，实施了上年度51个整村推进扶贫村项目，项目覆盖9个乡（镇）27个行政村51个自然村3945户17134人。其中：省级扶持37个，投资555万元；州、县重点扶持14个，投资140万元；启动实施了民族乡——九保阿昌族乡整乡推进试点项目。易地扶贫开发，完成了上年度实施的九保乡龙田村易地扶贫搬迁项目的扫尾，并做好省级验收的准备工作，项目总投资75万元，受益农民27户150人；完成河西野鸭塘新村、曩宋马厂和九保勐宋白路头新村3个易地扶贫搬迁点项目建设地点规划、土地置换、宣传发动、安居房备料、施工设计，并启动了实施工作。安居工程建设，完成了上年度200户安居房建设项目实施及资金兑付扫尾工作。劳动力转移培训，投入72万元实施了2400人的劳动力转移培训工作，其中引导性转移培训2000人40万元，基地转移培训400人32万元，对2000名参加引导性培训人员进行了就近就地安置。贫困村互助资金项目，在5个乡镇选定16个村民小组投入100万元，实施了第一批试点，试点项目运行情况良好。科技产业扶贫项目，投资100万元，发展白花油茶种植2200亩，受益涉及全县9个乡镇15个村民委员会425户1632人；投入50万元在8个乡镇37个村委会实施3000亩稻田养鱼工程，项目覆盖全县，受益农户2435户。小额信贷扶贫项目，全年发放小额信贷资金1700万元，扶持贫困户724户，帮助贫困农民发展种植、养殖、加工业。定点扶贫工作，全年累计投入定点挂钩扶贫资金222.4万元，受益贫困人口102579人，资助贫困学生393人。

全县投入各类扶贫资金4279.4万元，其中财政扶贫资金2357万元、小额信贷资金1700万元、定点扶贫资金222.4万元；解决了8000人的贫困问题（基本解决了3500人的温饱问题，巩固了4500人低收入人口的温饱成果）。年内，贫困地区基础设施不断加强，完成建设灌溉沟渠工程8件9条6.1千米，建设基本农田地950亩；扩建村内道路工程45件73条49.3千米，路面硬化16.93千米；新建、扩建人畜饮水工程6件，架设管道9.36千米，水池8个，解决了人畜饮水困难问题，涉及农户625户2359人、大牲畜161头；建设文化活动室15个4429平方米，建设公厕2个；全年累计扶持饲养良种生猪3332头，种植草果等经济作物60亩，种植白花油茶、桔子、核桃等经济林果4626亩，开展农村适用技术培训69期5891人次。

【民族宗教】 2009年，梁河县民族宗教事务局认真抓好各项工作：一是做好纠纷排查调处、议案提案和信访工作。全年接待群众来信来访34件，办理民族成分更改14件，办复人大代表议案、政协委员提案7件。二是完成了《云南省民族乡工作条例落实情况调研报告》、《扶持人口较少民族发展工作调研报告》、《扶持人口较少民族发展和整村推进项目实施情况报告》，为党委、政府决策民族经济发展大计提供了参考依据。三是组织好阿昌族阿露窝罗节、泼水节、浇花节等活动；尊重佤族干部群众的意愿，组织10名佤族干部群众到西盟县参加“木鼓节”，学习了解佤族文化。四是做好项目申报和规划，编制了《香港旭日集团帮扶项目》、《上海对口帮扶德昂族项目规划》、《少数民族发展资金项目申报计划》，完成了特困民族、散居民族、人口较少民族和民族特色村寨保护4个“十二五”规划编制基础数据的收集工作。五是组织实施了民族经济社会发展的各类项目22项，其中已完成通过验收项目11项，已完工等待验收项目7项，正在组织实施项目4项；项目总投资222.075万元（自筹26.875万元）。本年扶持人口较少民族发展资金项目基础建设类59个小项目，总投资300万元。六是依法加强宗教事务管理，参加了省、州举办的宗教活动场所爱国主义和法制宣传教育培训；认真抓好宗教教职人员的清理登记，对所有宗教教职人员进行认定、登记、备案；配合县公安国保大队，县委“610办”做好防渗透，反邪教工作；配合县佛教协会做好勐底金塔的恢复重建工作，协助办理工程建设、迎佛法事活动，加强对捐赠资金的管理，保障工程质量和进度，现主体工程建设任务已完成75%；做好中寨基督教堂的建设指导，使该教堂顺利竣工建成。

【国土资源】 2009年，梁河县国土资源部门充分利用“地球日”、“防灾减灾日”、“土地日”、“测绘日”积极开展宣传和培训工作，共播放科教片2部4次、出黑板报5期、展板12块、发放宣传资料11100余份、宣传册500本、宣传日历2000张、特刊1000份；对全县3个乡6个点17洞非法开采矿洞（非法开采小煤窑6个洞，非法开采锡资源11洞）进行了强制炸封关闭，收缴非法开采工具13件。

年内，县国土资源部门开展了以下几项工作：一是落实耕地资源，县内有农用地1546992亩，建设用地42284.3亩，未利用土地88089.8亩。耕地保有量24536.57公顷，基本农田保护面积20347.12

公顷，基本农田保护率82.7%。二是做好办证工作，全年核发《国有土地使用证》331本，《集体土地使用证》22本，办理国有土地使用权抵押登记156宗。三是加强土地征收和供应管理，全年征土面积约472.518亩，实际供地164宗，面积58693.56平方米，其中省审批单独选址建电站1宗，面积6003平方米；县政府审批163宗，面积52690.56平方米，主要用于个人住宅和工业用地。四是对全县国土资源违法行为进行检查，发现违法行为10件（土地违法行为5件，矿产资源违法行为5件），并及时发出《停止违法行为通知书》或《责令改正违法行为通知书》，全年国土资源系统共巡查、检查54次，制止违法用地42宗、下发《责令改正国土资源违法行为通知书》42份；对闲置的土地进行了清理。五是完成两项重点土地整理项目工程，即芒东镇土地整理项目，建设规模1100.85公顷，总投资1781万元，可新增耕地60.18公顷，新增耕地率5.47%；平山乡土地开发整理占补平衡项目，建设规模79.19公顷，总投资175.92万元（自筹资金），可净增耕地面积36.48公顷，新增耕地率46.1%。

年内，县国土资源部门积极做好土地利用总体规划局部修编工作，共修编4宗，分别为城市生活垃圾处理厂，建设规模8.66公顷，农用地转为建设用地8.66公顷，其中林地8.66公顷。腾陇公路（梁河段），建设规模38.33公顷，农用地转为建设用地36.49公顷，其中耕地28.6公顷（基本农田25.47公顷），未利用地转为建设用地1.84公顷。芒弄大桥，建设规模0.8公顷，农用地转为建设用地0.47公顷（其中耕地0.47公顷），未利用地转为建设用地0.33公顷。来连尾矿库，建设规模14.69公顷，农用地转为建设用地14.68公顷，其中林地14.68公顷。总建设规模62.47公顷，其中农用转为建设用地60.31公顷（耕地29.08公顷，林地23.34公顷），未利用地转为建设用地2.17公顷。年内，开展了矿产资源勘查，完成了第二轮矿产资源规划编制工作；实施的城镇土地定级和更新的基准地价已通过验收。

【人民生活】 2009年，梁河县城镇居民可支配收入11303元，比上年增9.5 %；城镇居民人均消费性支出7209元，增11.3%；职工（在岗）人均工资24840元，增12.2%；农民人均纯收入2016元，增27%。

社会保障工作覆盖面扩大，全县参加城镇基本养老保险4603人，比上年增67人，增1.5%；收取养老统筹金1316万元，支付养老金1171万元。参加失业保险5222人，比上年增90人，增1.7%；征收失业保险金185.4万元，支付失业保险及各种补助185.4万元；全年领取失业保险105人，比上年减40人。城镇职工基本医疗保险参保9221人，比上年增384人，增4.2%；城镇居民基本医疗保险参保4835人；基金收入1149.9万元，支付保险金727.38万元（含工伤、生育费）。城镇新增就业450人，完成年计划的100%，比上年增90人，增25%；城镇失业人员再就业278人，完成年计划的185%；“4050”人员再就业180人，完成年计划的127%。城镇登记失业率4%。农村养老保险参保1101人，基金收入128.92万元，支出基金5.77万元；全年发放城镇居民最低生活保障金705.82万元，受益居民5050人，受益面扩大2.1%；发放农村低保金1958.62万元，受益27453人，受益面扩大0.4%。

年内大事

【李林宪和郭必显出资帮助家乡修通致富路】 2009年1月4日，梁河县河西乡三锅疆村隆重举行护士坡至三锅疆弹石公路竣工通车典礼，该公路起于河西乡勐来村委会护士坡自然村，途经三锅疆村委会全部5个自然村中的一碗水、杧木林、三家寨、三锅疆，止于该村委会的芦场村民小组，全长11.075千米。“护三”公路是县交通部门原计划实施的农村公路通达工程，该村在外人士李林宪、郭必显获知消息后表示愿捐资支持家乡修路。该公路实际投资316.7万元，其中李林宪个人出资130万元，郭必显个人出资2万元。该公路的建成，为群众脱贫致富创造了条件，当地村民感激党和政府，感激李林宪、郭必显致富不忘乡亲，把“护三”公路称为连心路、致富路和希望路。

【县纪检监察机关征文、漫画获中央、省、州纪委表彰奖励】 2009年4月，由梁河县纪委干部陈江、县文化馆文艺工作者杨明创作的漫画类公益广告《口号》荣获中纪委三等奖、州纪委特等奖；在云南省5个获中纪委办公厅表彰的作品中，《口号》是惟一一个州市以下参赛单位获奖的作品。在此次比赛中，还有征文类、平面类、漫画类、影视类、广播类等10件创作作品获得省州纪委的不同奖项。

【省委书记白恩培到梁河调研】 2009年5月24日，云南省委书记白恩培在省委常委、省委秘书长杨应楠，州委书记赵金的陪同下，深入梁河县灾区重建点、阿昌族养猪户、特色产业基地等进行视察，通过走访群众，考察产业发展，与县、乡、村干部和群众代表进行座谈。白书记指出：梁河在各方面都取得一定成绩，但恢复重建一定要尽力而为、量力而行，既盖好新房，又立足实际抓好产业发展。发展优势特色产业，必须坚持全州统筹，县乡作为作战单位，各级干部在培育优势特色产业中，要勇敢地闯，大胆地试，看准的事情要一抓到底，以坚韧不拔的精神加快产业发展。

【梁河县阿昌族学生梁丽辉到中南海与温总理一起欢度“六一”儿童节】 2009年5月25日至6月3日，梁河县曩宋阿昌族乡育才小学五年级（2）班的阿昌族学生梁丽辉荣幸地到北京参加了中关村第三小学开展的“欢聚北京，祝福祖国”各族小朋友共庆“六一”活动。5月31日晚，梁丽辉和其他55种民族小学生代表一起参加了北京天安门广场的升国旗仪式，8点30分梁丽辉同学走进中南海与温总理共度“六一”，并得到温总理赠送的1本亲笔签名的成语词典和1套中国四大名著。梁丽辉同学也把梁河少数民族小学生的祝福和小朋友的贺卡亲手献给了温总理。

【梁河县首次发现国家一级保护动物——巨蜥】 2009年7月3日下午，梁河县芒东镇那勐村委会来福村民小组孟成光在路过村完小时，发现一只像蛇却有脚的受伤“怪物”，便打电话咨询曾在森林公安工作的儿子，了解到这个“怪物”是国家一级保护动物巨蜥。孟成光及时将巨蜥送交县森林公安部门，县森林公安局请来兽医技术人员为其治疗，并于康复后在三岔河林区将巨蜥放归大自然。这也是在本县内首次发现国家一级保护动物——巨蜥。

【梁河徐宠葫芦丝演奏在全国“第五届华夏艺术风采国际交流展示活动”中获奖】 2009年7月29日，从云南赛区脱异而出的梁河县少年徐宠、管能石玉参加了在北京举行的“第五届华夏艺术风采国际交流展示活动”总决赛，徐宠以一曲富有浓郁民族风情的《欢乐的泼水节》获得全场最高分97.59分，随后出场的管能石玉演奏的《竹楼情歌》获得95.54分的高分。两名选手的成绩在葫芦丝专业少年A组中位列前两名，双双获得了器乐类民乐——葫芦丝专业少年A组金奖。同时，他俩还获得中华少年英才工作委员会、全国少工委、中国关心下一代工作委员会、中国人口文化促进会、中国社会工作协会授予的“中华少年英才”荣誉称号。

【《梁河县政协志》召开出版发行会】 2009年9月28日，梁河县政协召开《梁河县政协志》出版发行会，县委、人大、政府及部分相关单位的领导，参与该书编撰的编审及编务等30余人参加会议。在发行会上，县政协主席孙定发指出：《梁河县政协志》的发行，了却了梁河县政协无专志的多年遗憾。该书编撰历时两年半时间，共40万字，分概述、大事记、正文、附录等，正文设10章37节，上限起于1949年，下限至2008年，采用详今略远的撰写方法，围绕团结和民主两大主题，记述了县政协50多年的发展历程。

【参与摄制的《阿昌姑娘爱戴花》MV获奖】 2009年10月，由云南电视台和梁河、陇川两县联合拍摄的阿昌族首部音乐电视作品专辑《阿昌欢歌》的主打歌《阿昌姑娘爱戴花》荣获2008年度“云南省广播电视政府奖”评选音乐电视（MV）类一等奖。该音乐电视作品生动地反映了解放以来，尤其是改革开放以来，阿昌族群众在党和各级政府的领导下，艰苦奋斗，勤劳致富的精神面貌。

【表彰先进】 2009年梁河县各级各部门表彰如下：1月8日，县地税局一分局副局长杨晓斌被授予“云南省城镇妇女‘巾帼建功标兵’”荣誉称号，受到省妇联和省地税局的表彰。2月29日，九保乡农科站们发友荣获2008年度“农信通”优秀信息员称号，受到新华社云南分社的表彰；2月，县安监局职工董保幸被评为“2008年度云南省第二批新农村建设优秀指导员”，受到省委、省政府的表彰；遮岛镇振兴社区党支部书记林庆芝被评为“2008年度云南省人口和计划生育先进工作者”，受到省人力资源和社会保障厅、省人口和计划生育委员会的表彰。农行梁河县支行被授予全国“案件防控先进单位”，受到中国农行总行的表彰，杨文益、番兴华、江余玲、郭希成、江朝川、肖碧莲、尹加兴分别获全省农行“纪检监察先进个人”、“基层综合改革先进个人”、“优秀会计主管”、“信贷管理先进个人”、“不良贷款剥离先进工作者”、“业务能手”、“‘春天行动’优秀个人”等多项荣誉，分别受到省农行的表彰奖励。9月29日，芒东镇湾中村大窝子村阿昌族农民梁昌乐荣获全国科普惠农兴村“农村科普带头人”荣誉称号，受到中国科协、财政部的表彰；9月，九保阿昌族乡党委、县民宗局局长赵兴光分别被授予“全省民族团结进步模范集体”和“全省民族团结进步模范个人”荣誉称号，受到省人民政府的表彰；杨忠杏、陈霞被省教育厅、省人力资源和社会保障厅授予“云南省优秀教师”荣誉称号。10月16日，县气象局李艳英、柴明和、雷艾萍3人均被中国气象局和云南省气象局授予“质量优秀测报员”荣誉称号。11月，县科技局王军荣获全省“农函大工作先进工作者”称号，受到省科协和省农函大的表彰。12月，县甸源自来水有限责任公司监事江蕊荣获云南省道德模范（助人为乐类）提名奖称号，受到省委宣传部、省文明办、省总工会、团省委、省妇联的表彰；年内，县公安局实现2006年至2008年连续三年命案全破目标，受到省公安厅的表彰。在全省2009年度地震监测质量评比中，梁河防震减灾局被省地震局授予“水氡”优秀奖单位。

【梁河县共青团启动实施“青春彩云南·扬帆工程”青年创业工作】 2009年，共青团梁河县委启动实施了“青春彩云南·扬帆工程”工作，鼓励青年自主创业，为全县广大青年创业就业探索提供示范效应。通过广泛宣传、组织培训、实地察看、多方审核等措施，在完成“初审、评审和审核”三关的基础上，分4批为30名青年办理“贷免扶补”项目，累计发放创业贷款150万元。

【梁河县红祥村村民养出1头1000余斤重的肥猪】 2009年，梁河县平山乡红祥村民小组闫自田养出1头壮如牛犊体重超过1000余斤的肥猪。该猪喂养了两年半时间，只用玉米面和猪草喂养，不添加任何新型的配合饲料。该猪虽已接近占满猪舍，但还能站立起来前后左右地转身。除这头特大号肥猪外，闫自田家还有两头500余斤重的肥猪。因闫自田的成功养殖经验，红祥村已将养猪做为本村一项主要创收产业，年内，全村108户人家户均养猪5头以上，养猪给村民带来了20多万元的收入。

领导干部名录

中共梁河县委

常　委　杨向宏（白族）
　　　　方文信（傣族）
　　　　石道竜（景颇族）
　　　　李发昌
　　　　梁照佩（阿昌族）
　　　　陈留英（女）
　　　　罗建明
　　　　梁其刚（阿昌族）
　　　　李培忠
　　　　段生平（傈僳族）
　　　　侯永晓（2009年5月任）
书　记　杨向宏（白族）
副书记　方文信（傣族）
　　　　石道竜（景颇族）

梁河县人大常委会

主　任　杨天明（傣族）
副主任　尹以顺　蔺以尧
　　　　杨元稳　赵建华（女，白族）

梁河县人民政府

县　长　方文信（傣族）
副县长　梁其刚（阿昌族）
　　　　陈留英（女）
　　　　景生安（傣族）
　　　　欧阳继明
　　　　闫信淮
　　　　邵云峰（2009年5月任）
　　　　龚自春（傣族，2009年5月止）

梁河县政协

主　席　孙定发（景颇族）
副主席　郑建云（女，傣族）
　　　　赵家富（阿昌族）
　　　　张自山　尹可丹
秘书长　（缺）

梁河县纪委

书　记　李发昌
副书记　江朝伟　杨忠承
　　　　赵　林

梁河县人武部

部　长　罗悦鸣（2009年1月止）
　　　　唐敬斌（2009年3月任）
副部长　黄　勤
政　委　罗建明

梁河县人民法院

院　长　李勒腊（景颇族）
党组书记　李勒腊（景颇族）

梁河县检察院

检察长　徐江涛
党组书记　徐江涛

县委工作机构及群众团体领导名录

县委办

主　任　侯永晓

县保密局

局　长　董诗晓

县委机要局

局　长　张杰光

县委组织部

部　长　段生平（傈僳族）

县老干局

局　长　冯怀启

县直属机关工作委员会

书　记　杨清旺

宣传部

部　长　梁照佩（阿昌族）

县文产办

主　任　杨常权（傣族）

县政策研究室

主　任　余绍权

县政法委

书　记　李培忠
专职副书记　车同流(兼综治委办公室主任)
寸永钦(兼610办公室主任)

统战部
部　长　赵家富（阿昌族）

县委党史研究室、县志办
主　任　孙稚泳

县委党校
校　长　石道竜（景颇族，兼）
常务副校长　雷逢荣（傣族）

县总工会
主　席　张自山

团县委
书　记　龚茂丹（女，傣族）

县妇联
主　席　赵一娟（女，阿昌族）

县侨联
主　席　亢宏云（女，傣族）

县科协
主　席　杨兴荣（傣族）

县工商联
主　席　尹可丹

县残联
名誉主席　孙定发（景颇族，兼，2009年1月止）
段生平（傈僳族，兼，2009年1月任）
主　席　陈留英（女，兼）
理事长　周德山

县政府工作机构领导名录

县政府办
主　任　胡　疆

县信访局
局　长　王远涛

县政府接待办
主　任　邹昌梅（女）

县外事办公室
主　任　孔有华（景颇族）

县发展和改革局
局　长　黄　磊
党总支书记　黄　磊

县人事局
局　长　董保仲

县机构编制委员会办公室
主　任　董保仲

县劳动和社会保障局
局　长　徐　照

县民政局
局　长　梁其祥（阿昌族）
党总支书记　梁其祥（阿昌族）

县审计局
局　长　赵家德（阿昌族）

县统计局
局　长　赵　洁（女）

县民族宗教事务局
局　长　赵兴光（阿昌族）

县建设和环境保护局
局　长　杨文彪
党总支书记　杨文彪

县人民防空办
主　任　张绍辉

县国土资源局
局　长　尹可跃
党组书记　尹可跃

县文化体育局
局　长　王爱宏
党总支书记　王爱宏

县广电局
局　长　赵　卿（阿昌族）

县教育局
局　长　赵光耀
党总支书记　赵光耀

县科学技术局
局　长　杨兴荣（傣族）

县防震减灾局
局　长　李安成（傣族）

县卫生局
局　长　李丽娟（女）
党总支书记　张明德

县艾滋病防治委员会办公室
主　任　李丽娟（女）

县红十字会
会　长　陈留英（女，兼）
常务副会长　胡　艳（女）

县人民医院
院　长　杨文赞

县人口和计划生育局
局　长　穆晓丽（女）

县农业局
局　长　寸时雄
党总支书记　寸时雄

县经济局
局　长　江朝湛
党总支书记　江朝湛

县商务局
局　长　江朝湛

县乡镇企业局
局　长　江朝湛

县安全生产监督管理局
局　长　罗维道

县林业局
局　长　杨荣敏
党总支书记　管国运（傣族）

县水利局
局　长　孙任宗
党总支书记　梁愿昌（阿昌族）

县交通局
局　长　刘在亮
党总支书记　刘在亮

县财政局
局　长　罗有彪
党总支书记　罗有彪

县监察局
局　长　赵　林

驻昆办事处
主　任　姜青山

县司法局
局　长　刘一统

县公安局
局　长　龚自春（傣族，2009年5月止）
邵云峰（2009年5月任）
政　委　瞿生怀（2009年5月止）
党委书记　龚自春（傣族，2009年5月止）
邵云峰（2009年5月任）

县森林公安局
局　长　孙宏庭
政　委　何从舜

县扶贫开发领导小组办公室
主　任　徐　明
县蔗糖生产办公室
主　任　李昌梁
县侨办
主　任　亢宏云（女，傣族）
县旅游局
局　长　董纯金（女）
县档案局
局　长　杨荣芳（女）
县粮食局
局　长　李朝济
县供销社
主　任　石德柱（傣族）
党总支书记　石德柱（傣族）
县畜牧兽医局
局　长　尹加荣
党总支书记　尹加荣
云南锡业集团梁河矿业有限责任公司
董事长　谭金有
党总支书记　缪章红
总经理　杨金福（苗族）
县信用联社
理事长　王兴军
梁河一中
校　长　邵维波
县职业中学
校　长　张本书

县人大工作机构领导名录
办公室
主　任　寸时良（2009年9月止）
副主任　叶达荣（傣族，2009年9月主持工作）
法制工作委员会
主　任　金成龙（2009年5月止）
财经工作委员
主　任　寸尊代
教科文卫委员会
主　任　张成海
选举联络工作委员会
主　任　尹定辉
民族侨务工作委员会
主　任　穆生龙（傣族）
农业环境资源保护工作委员会
主　任　罗本锐

县政协工作机构领导名录
办公室
主　任　蔺　江（2009年6月任）
提案委员会
主　任　许升华
民族宗教联络委员会
主　任　张仕民（傣族）
教科文卫委员会
主　任　李湘芝（女，阿昌族）
经济工作委员会
主　任　板玉龙（傣族）
文史工作委员会
主　任　杨永强

中央、省、州属驻梁河单位领导名录
邮政局
局　长　罗洪邦（2009年3月止）
副局长　杨开琴（女，主持工作，2009年4月任）
中国电信梁河分公司
经　理　李祖康（2009年6月止）
副经理　张映波（2009年6月，主持工作）
国税局
局　长　杨常繁（阿昌族）
地税局
局　长　赵　华（佤族）
气象局
局　长　李兆荣
县工商行政管理局
局　长　杨世体
党组书记　杨世体
县质量技术监督局
局　长　王　军
县食品药品监督管理局
局　长　艾寿兴（阿昌族）
人民银行梁河支行
行　长　段　斌（白族）
银监会德宏监管分局梁河办事处
主　任　李璨光（2009年12月止）
副主任　郭彩柱（主持工作，2009年12月任）
农业银行梁河支行
行　长　陈云峰
财产保险公司
副经理　寸志宏（主持工作）
人寿保险公司
经　理　车茂学
梁河移动分公司
经　理　詹云建（2009年2月止）
副经理　段　维（2009年2月任，主持工作）
县运政管理所
所　长　黄建伟（2009年2月止）
　　　　雷　鸣（2009年2月任）
德宏州运输集团梁河分公司
经　理　莫建南
国家统计局梁河调查队
队　长　谢金保
烟草专卖局
局　长　张　伟（2009年1月任）
云南烟草德宏州公司梁河分公司
经　理　张　伟（2009年1月任）
（《梁河县》撰稿　李同艾　杨秋萍）

梁河县乡镇概况一览表

单位：（米、公里、平方公里、亩、个、户、人、%、‰、人/平方公里、万元、元、吨、头、张）

项目			平山乡	小厂乡	大厂乡	九保乡	曩宋乡
地理位置			东北	东	东	东、西部	东北
政府驻地			平山村	小厂村	大厂村	九保村	曩宋村
海拔			1620	2050	1820	1070	1080
距县城距离			33	36	18	2.25	10.07
土地总面积			122	52.8	31.16	156	111.2
耕地面积			18706	7018	6312	22238	27089
其中	水田		8506	4441	1043	10486	16513
其中	旱地		10200	2577	5269	11752	10576
其中	人均耕地		1.1	0.67	0.68	1.5	1.1
行政区划	辖村委会		6	5	5	6	9
行政区划	自然村		49	23	22	39	49
行政区划	村民小组		81	46	54	67	111
人口民族	总户数		4343	2623	2354	3747	6500
人口民族	总人口		16771	10375	9266	14876	24437
人口民族	其中	傣族	74	56	85	2177	1832
人口民族	其中	汉族	15829	9525	8893	7976	18046
人口民族	其中	景颇族	190	111	112	67	63
人口民族	其中	阿昌族	147	588	130	3780	4121
人口民族	其中	傈僳族	118	73	12	427	72
人口民族	其中	德昂族	2	2	6	299	10
人口民族	人口出生率		15.16	12.03	15.86	11.56	10.54
人口民族	自然增长率		10.83	6.26	13.2	6.44	5044
人口民族	人口密度						
经济收益	总收入		4382	2557	4681	5000	7498
经济收益	纯收入		2581	1649	1504	2933	5099
经济收益	人均纯收入		1617	1651	1686	2181	2201
经济收益	总支出		1924	1141	3278	2344	2879
经济收益	国家税金						2
经济收益	集体提留		4	1	6	6	12
农业产值	总产值		3726	2498	4180	4502	7411
农业产值	增加值		265	265	265	270	280
农业产值	其中	种植业	1483	1386	2071	2531	3411
农业产值	其中	林业	529	225	397	322	564
农业产值	其中	畜牧业	1339	590	1437	999	2781
农业产值	其中	渔业	110	32	10	380	375
农作物总面积			27184	12274	15282	34599	38471
其中	甘蔗		2889	669		7433	7522
其中	粮食		19448	8692	8413	19497	20535
其中	茶叶		10348	12761	10625	4066	3262

项目 \ 乡镇			平山乡	小厂乡	大厂乡	九保乡	曩宋乡
其中	油料		1000	1298	3147	2270	4731
	水果						
农作物总产量							
其中	甘蔗		1156	2128		34890	32745
	粮食		3435	1763	2445	4961	6171
	茶叶		204	435	592	47	48
	油料		807	1109	3396	1972	3820
	水果		8	12	72	75	633
畜牧	大牲畜存栏		2862	1297	966	3125	2475
	猪存栏		15016	15690	14089	8313	12063
	羊存栏						
教学	中学	在校学生	603	495	331	532	1156
		教职工人数	44	39	28	56	89
	小学	在校学生	1358	931	744	1272	1800
		教职工人数	122	65	53	121	183
卫生	医务人员		11	11	13	12	22
	病床		7	12	16	10	12
	卫生室		6	5	5	6	9
	乡村医生		12	10	10	12	18
文化	文化站		1	1	1	1	1
	电影院						
	广播站		1	1	1	1	1
领导干部	乡（镇）党委书记		李晓辉	杨鹏昌	杨恩庭	陈绍攀	徐国争
	乡（镇）政府乡（镇）长		陈朝从（2009年1月任，此前为代乡长）	杨荣富（2009年1月任，此前为代乡长）	陈绍华（2009年1月任，此前为代乡长）	李仲臣（2009年1月任，此前为代乡长）	赵新
	乡（镇）人大主席		闫信伦	李文金	邵维新	曹先妹（女）	赵红玫（女）

梁河县乡镇概况一览表

单位：（米、公里、平方公里、亩、个、户、人、%、‰、人/平方公里、万元、元、吨、头、张）

项目 \ 乡镇		河西乡	芒东镇	勐养镇	遮岛镇	
地理位置		西北	西南	南	中部	
政府驻地		邦读村	芒东村	芒轩村	遮岛镇	
海拔		1180	1060	885	1042	
距县城距离		6	22	66		
土地总面积		123	231.7	256.9	25.62	
耕地面积		29011	54400	38637	9287	
其中	水田	15843	25671	16467	3510	
	旱地	13168	28729	22170	5777	
	人均耕地	1.5	1.66	2.2	0.52	

项目			河西乡	芒东镇	勐养镇	遮岛镇	
行政区划	辖村委会		8	13	8	6	
	自然村		49	78	49	26	
	村民小组		94	132	58	31	
人口民族	总户数		4907	7266	4103	5426	
	总人口		19859	32804	17700	17726	
	其中	傣族	2050	17981	8622	3251	
		汉族	15053	13442	7082	12545	
		景颇族	90	214	1018	120	
		阿昌族	1817	1031	910	876	
		傈僳族	357	99	11	181	
		德昂族	439	0	4	56	
	人口出生率		11.63	14.41	13.96	7.69	
	自然增长率		6.45	8.89	9.4	3.55	
	人口密度						
经济收益	总收入		7535	11514	6455	3060	
	纯收入		3708	6215	3508	1770	
	人均纯收入		1978	1957	2102	2618	
	总支出		3709	5721	3111	1530	
	国家税金		257			14	
	集体提留		13	29	5	3	
农业产值	总产值		5599	10901	7662	3115	
	增加值		270	295	285	275	
	其中	种植业	2850	6812	5253	1298	
		林业	342	918	554	188	
		畜牧业	1740	2499	1279	1132	
		渔业	397	377	291	222	
农作物总面积			37435	82994	62427	12619	
其中	甘蔗		10223	14363	18491	2510	
	粮食		18972	47357	31058	7106	
	茶叶		2782	6005	941	800	
	油料		4622	7427	2557	1062	
	水果						
农作物总产量							
其中	甘蔗		41191	60746	90058	1262	
	粮食		18979	13286	10325	2184	
	茶叶		41	107	7	37	
	油料		6576	4979	1899	1262	
	水果		35	550	87	54	
畜牧	大牲畜存栏		2630	6938	3598	883	
	猪存栏		12738	20203	7901	6526	
	羊存栏						

项目 \ 乡镇			河西乡	芒东镇	勐养镇	遮岛镇	
教学	中学	在校学生	715	1352	663	955	
		教职工人数	73	79	54	163	
	小学	在校学生	1521	3077	1495	1879	
		教职工人数	138	194	120	143	
卫生	医务人员		10	27	15		
	病　床		10	23	20		
	卫生室		8	13	8	2	
	乡村医生		16	26	16	5	
文化	文化站		1	1	1	1	
	电影院						
	广播站		1	1	1	1	
领导干部	乡（镇）党委书记		余文龙	邓有恒	郑　瑜（女）	李继鸿	
	乡（镇）政府乡（镇）长		屈继波	李佳敏	冯正才	克家华	
	乡（镇）人大主席		杨　敏（女）	龚帮仙（女）	曹先海	李文兴	

云南省农垦集团有限责任公司德宏分公司

地　　理

【位置面积】 德宏农垦位于德宏州境内，其所属各企事业单位分建于潞西市、瑞丽市、陇川县、盈江县境内，主要分布于坝区。年末，垦区土地总面积15316.92公顷，其中已开垦利用土地11759.45公顷，水域面积287.66公顷（其中生产用水域面积236.14公顷），已开垦未利用土地265.86公顷，可开垦荒地462.45公顷（其中宜植橡胶面积75.35公顷），其他土地面积2541.49公顷；实有耕地4066.65公顷，其中水田面积2312.56公顷，旱地面积1754.09公顷。

【辖　区】 德宏州农垦分局是德宏农垦系统的主管局，设在州府潞西市芒市镇。下辖5个国有农场，5个国有农场含18个分场，168个生产队（其中：橡胶生产队94个、茶叶生产队18个、粮食生产队12个、咖啡和胡椒生产队1个），有3个局直属企事业单位。5个国有农场及分布：盈江县境内建有盈江农场，陇川县境内建有陇川农场，瑞丽市境内建有瑞丽农场和畹町农场，潞西市境内建有遮放农场。3个局直属企事业单位及分布：云南农垦第二职工医院、德宏农垦商业公司均设在潞西市芒市镇，云南省德宏热带农业科学研究所设在瑞丽市。

【人　口】 2009年，德宏农垦实有15254户42373人，其中女性20663人，少数民族人口2599人，家属及小孩18091人，其他人员2553人。年内出生184人，死亡316人，人口自然增长率为–3.16‰。垦区实有从业人员12679人（其中女性5859人），在岗职工12587人（女职工4676人）。有离退休、退职人员9084人，其中离休85人，退休8952人，退职47人。

历　　史

【简　史】 1951年8月，中央召开橡胶工作会议。会后，政务院第100次会议通过了《关于培育橡胶的决定》，要求云南保护好现存的橡胶树并继续扩大调查。9月，云南省农林厅林业局建立林垦处；年底，中央从华北、四川调集一批干部到云南，在潞西县建立芒市林垦站，领导全区橡胶树引种试验。1952年，相继建立盈江、莲山、潞西3个林场。1953年3月，保山林业办公室撤销，建立云南垦殖局保山垦殖分局；同年，为贯彻中央“小型、重点”

的试验方针，保山垦殖分局撤销，建立云南特种林试验指导所，盈江、潞西2场撤销，潞西、莲山林场改为特种林试验场。1955年3月，云南特种林试验指导所撤销，成立云南省热带作物试验指导所，潞西特种林试验场改为德宏州热带作物试验场，莲山特种林试验场撤销；12月，成立云南省农林厅热带作物局，保留德宏州热带作物试验场。1957年3月，建立云南省农垦局。1958年8月，筹建德宏州农垦局。1963年初，芒市、遮放、瑞丽、盈江、陇川农场总场相继成立，分别管辖所在地原有各农场。1967年初，建立德宏州军管会，州农垦局机关及各农场总场、农场、局直单位均实行军管。1968年各农场总场、农场相继建立了“革命委员会”。1969年初，德宏自治州建制撤销，德宏州农垦局随之撤销，农垦的一切事务分别由保山地区“革命委员会”下属的政工组、办事组和生产指挥组代管。1970年3月，云南省农垦局撤销后组建了云南生产建设兵团，德宏农垦也随之编为“云南生产建设兵团第三师”；陇川农场总场编为10团，瑞丽农场总场编为11团，遮放农场总场编为12团，盈江农场总场编为13团，芒市农场总场编为14团，潞江农场总场和新城农场总场合编为15团，畹町农场改为11团6营。总场下属农场改变为营，生产队改编为连的建制。1974年10月，撤销云南生产建设兵团第三师，建立德宏州农垦分局，团改农场、营改分场（原11团6营改为畹町农场）、连改生产队。原15团改为潞江农场，并划归云南省农垦总局和保山地区领导。1978年7月，芒市农场划归云南省华侨办公室领导。1984年，德宏农垦兴办职工家庭农场，实行大农场套小农场的经营体制。1985年，经德宏州政府批准，建立“云南省农垦农工商联合企业总公司德宏分公司”，保留“德宏州农垦分局”行政建制（一套班子，两块牌子）。1996年2月，云南省农垦总局转制组建云南省农垦集团有限责任公司，德宏州农垦分局也相继组建为云南省农垦集团有限责任公司德宏分公司，同时仍保留德宏州农垦分局行政建制（实行一套班子，两块牌子）至今。

社　　会

【经济简述】　2009年，德宏州农垦分局实现工农业总产值32002.18万元，比上年减3576.82万元，减10.1%。其中：农业总产值20063.49万元，比上年减661.64万元，减3.2%；工业总产值11938.69万元，减2915.18万元，减19.6%。农业总产值及工业总产值占工农业总产值的比重分别为62.7%和37.3%。年内，全垦区实现国民生产总值18945.45万元，比上年增207.62万元，增1.11%；有从业人员12679人，实现人均国民生产总值1.49万元。其中：第一产业实现国民生产总值10809.99万元，从业人员11202人，人均0.97万元；第二产业实现国民生产总值2516.71万元，从业人员507人，人均4.96万元；第三产业实现国民生产总值5618.75万元，从业人员970人，人均5.79万元。

年内，德宏农垦完成固定资产总投资3427.46万元；其中：第一产业固定资产投资981.6万元，第二产业205万元，第三产业2240.86万元；固定资产资金来源为：国家预算内资金1837.83万元，自筹资金1018.83万元，其他资金273.88万元；年内，新增固定资产2461.06万元。

年内，垦区主营业务收入32422.15万元，比上年增7370.54万元，增29.42%。其中：农业收入19786.26万元，工业收入12641.48万元，商品流通收入1187.7万元，服务收入218.69万元，投资收益90.95万元；营业外收入2388.7万元，营业外支出1807.38万元。垦区缴纳税金1449.81万元。其中：增值税1210.17万元，营业税24.98万元，消费税31.38万元，城建税68.1万元，教育附加税42.78万元，其他各税70.31万元。年内，垦区实现利润总额－1104.57万元，比上年增亏82.3万元，增亏8.05%。亏损原因主要是：一、受自然灾害、病虫害等因素的影响，胶、糖、茶等主产品产量减少；二、受全球金融危机的影响，主产品价格下降。

年内，垦区非公有制经济持续发展。有非公有制经济经营单位5049个，从业人员6022人，从业人员劳动报酬1117.64万元。其中：第一产业经营单位3474个，从业人员4161人，从业人员劳动报酬683.64万元；第二产业经营单位1个，从业人员2人，从业人员劳动报酬0.8万元；第三产业经营单位1574个，从业人员1859人，从业人员劳动报酬433.2万元。实现非公有制经济生产总值4599.84万元，拥有资产总额6008.46万元。其中：第一产业实现生产总值2073.57万元，拥有资产总额422.21万元；第二产业实现生产总值16.55万元，拥有资产总额15.20万元；第三产业实现生产总值2509.72万元，拥有资产总额5571.05万元。年内，非国有经济完成固定资产投资374.28万元，有固定资产净值5916.35万元，其中第一产业完成固定资产投资43.97万元，固定资产净值232.16万元；第二产业固定资产净值15万元；第三产业完成固定资产投资330.31万元，固定资产净值5669.19万元。年内，缴纳税金212.13万元，实现利润总额2804.33万元，其中第一产业缴纳税金0.3万元，实现利润总额1375.37万元；第二产业缴纳税金0.1万元，实现利润总额15.45万元；第三产业缴纳税金211.73万元，实现利润总额1413.51万元。

德宏农垦经济2009年基本情况

项目＼单位	计量单位	合计	陇川农场	瑞丽农场	遮放农场	盈江农场	畹町农场	局直单位
总人口	人	42373	12672	12331	7171	7181	1655	1363
在岗职工人数	人	12587	4460	3415	2055	1861	411	385
在岗职工工资总额	万元	8891.6	2481.57	2582.18	1249.24	877.64	223.5	1477.47
在岗职工年平均工资	元/人	7064.11	5564.06	7561.29	6079.03	4715.96	5437.96	38375.84
分场数	个	18	4	6	4	4		
农业生产队个数	个	168	40	61	28	31	8	
土地总面积	公顷	15316.92	3764.63	7377.82	1686.53	1954.76	432.18	101
耕　地	公顷	4066.65	2847.66	523.58	159.84	464.12	71.45	
橡胶地	公顷	4858.64	9.67	2978.53	996.79	567.76	277.25	28.64
茶　园	公顷	533.51	80	50.39	119.81	280.45	2.86	
咖　啡	公顷	225.49		78.6	104.3	8.56	19.58	14.45
水　果	公顷	734.37	164.06	304.06	2.5	190.65	73.1	
造　林	公顷	280.7	21.96	198.22	16.23	10.99	33.3	
水域面积	公顷	287.66	179.21	82.8	8.61	11.28	4.82	0.94
其中：生产用水域面积	公顷	236.14	164.67	49.8	8.48	10.06	2.59	0.54
热带亚热带作物年末实有面积	公顷	237.9		82.12	104.3	11.86	20.21	19.41
工农业总产值	万元	32002.18	18950.24	6759.27	2609.82	2935.17	657.1	90.58
其中：农业总产值	万元	20063.49	7274.84	6759.27	2481.83	2799.87	657.1	90.58
工业总产值	万元	11938.69	11675.4		127.99	135.3		

非公有制经济基本情况

项目＼单位	计量单位	合计	第一产业	第二产业	第三产业
一、经营单位个数	个	5049	3474	1	1574
其中：领取工商执照单位数	个	385		1	384
1.个体经济	个	5035	3466	1	1568
2.私营经济	个	6			6
二、从业人员	人	6022	4161	2	1859
1.个体经济	人	5874	4071	2	1801

单位 项目	计量单位	合计	第一产业	第二产业	第三产业
2.私营经济	人	148	90		58
三、从业人员劳动报酬	万元	1117.64	683.64	0.8	433.2
1.个体经济	万元	1053.16	677.64	0.8	374.72
2.私营经济	万元	64.48	6		58.48
四、生产总值	万元	4599.84	2073.57	16.55	2509.72
1.个体经济	万元	4352.13	2073.57	16.55	2262.01
2.私营经济	万元	247.71			247.71
五、当年固定资产投资额	万元	374.28	43.97		330.31
1.个体经济	万元	274.28	43.97		230.31
2.私营经济	万元	100			100
六、资产总额	万元	6008.46	422.21	15.2	5571.05
1.个体经济	万元	4785.5	404.55	15.2	4365.75
2.私营经济	万元	1222.96	17.66		1205.3
七、固定资产净值	万元	5916.35	232.16	15	5669.19
1.个体经济	万元	4901.44	214.5	15	4671.94
2.私营经济	万元	1014.91	17.66		997.25
八、税金	万元	212.13	0.3	0.1	211.73
九、利润总额	万元	2804.33	1375.37	15.45	1413.51

【农　业】　2009年，德宏农垦实有橡胶面积5461.09公顷，实际开割面积3456.85公顷；实有橡胶189.54万株，实际开割96.94万株；全年胶乳总产量13346.21吨，年产橡胶4253.93吨，比上年增112.72吨，增2.7%。甘蔗种植面积3207.34公顷，年产甘蔗295907.1吨，比上年减19401.84吨，减6.2%；平均亩产6.15吨。茶叶实有面积695公顷，采摘面积619.96公顷；年产茶叶952.48吨，比上年减374.01吨，减28.2%；平均亩产0.1吨。咖啡种植面积225.49公顷，收获面积202.36公顷；年产咖啡348.2吨，增产40.32吨，增13.1%；亩产0.12吨。粮食作物种植面积1170.97公顷，年产粮食6792.09吨，增398.34吨，增6.2%；平均亩产0.39吨。种植花生、油菜籽等油料作物78.86公顷，年产101.13吨。年末实有蔬菜、瓜果种植面积500.42公顷，年产蔬菜、瓜果10244.32吨。其他作物种植面积76.37公顷，年产965.05吨。水果种植面积734.37公顷，收获面积478.3公顷，年产水果2709.79吨。热带亚热带作物实有面积237.9公顷，年产胡椒、咖啡、砂仁、澳洲坚果等361.71吨。年末，实有造林面积（不含橡胶林）280.7公顷，有自然林面积59.96公顷；全年采伐木材3505.93立方米，产竹笋4.6吨，砍伐毛竹4.52万根。全年农作物受灾面积2452.54公顷，绝收面积10.28公顷；灾害造成农作物损失的情况为：粮食减产168.6吨，茶叶减产261.89吨，糖料减产5791吨，橡胶减产329.98吨，房屋倒塌112间、受灾人口3361人，造成直接经济损失873.33万元。

年内，垦区大牲畜存栏1057头，猪7625头，羊83只，家禽90250只，兔112只；生产牛、猪、羊、家禽肉类总产量827.24吨（其中非公经济生产量818.54吨，占总产量的98.6%）；禽蛋产量115.45吨（均为非公经济生产）。养殖水域面积151.49公顷，生产鲜鱼等水产品347.13吨（其中非公经济生产鲜鱼等水产品306.63吨，占总产量的88.3%）。

年内，垦区拥有主要农业机械总动力43666千瓦，其中柴油发动机动力25884千瓦，汽油发动机动力939千瓦，电动机动力10590千瓦，其他机械动力6253千瓦。有大中型农用拖拉机193

台，动力8793千瓦，大中型拖拉机配合农具90套；小型拖拉机935台，动力9180千瓦，小型拖拉机配合农具148套。有农业排灌机械67台，动力628千瓦；农产品加工机械360台，动力10557千瓦；农用汽车150辆，动力7193千瓦；其他农机动力7127千瓦。年内机耕面积2183.26公顷，机械播种18公顷，机械收割780.19公顷，全年农业用电1630.5万度，有效灌溉面积2294.37公顷，有机电井1眼，排灌站2座，水库16座，水库容量1281.28万立方米。农药施用量276.84吨，其中化学除草剂89.34吨，除草面积4783.75公顷；化肥施用量9752.24吨（氮肥3465.17吨、磷肥1213.04吨，钾肥197.64吨，复合肥4876.39吨）；有机肥施用量20510.76吨。有沼气池307个，体积1523.4立方米。农用塑料薄膜使用量91.6吨，地膜覆盖面积2179.86公顷。输电线路28.4千米，变电设备13台，变电设备功率2785千伏安。

年内，垦区完成农业总产值20063.49万元，比上年减661.64万元，减3.2%。其中：种植业总产值11303.56万元（粮食1218.61万元，茶叶707.78万元，水果1242.82万元，甘蔗6898.04万元）；林业总产值7172.25万元（橡胶产值6764.45万元）；牧业总产值1264.47万元；渔业总产值323.21万元。

全年德宏垦区农业经营收入19786.26万元，比上年增6505.02万元，增48.98%；上缴农业税及附加费16.97万元；农业利润总额为-598.47万元，比上年利润总额减亏377.34万元，减亏38.67%。

德宏农垦农业2009年基本情况

项目 \ 单位	计量单位	合计	陇川农场	瑞丽农场	遮放农场	盈江农场	畹町农场	局直单位
橡胶实有面积	公顷	5461.09	9.67	2978.53	1032.12	817.82	594.31	28.64
橡胶实际开割面积	公顷	3456.85	9.67	2189.6	636.97	419.88	178.73	22
实有橡胶株数	万株	189.54	0.52	101.67	39.17	25.33	21.97	0.88
实际开割橡胶株数	万株	96.94	0.52	61.01	20.5	9.82	4.57	0.52
橡胶产量	吨	4253.93	30.9	2595.64	1109.44	344.12	159.92	13.91
粮食播种面积	公顷	1170.97	138.19	295.47	227.11	448.57	61.63	
粮食总产量	吨	6792.09	1014.3	1741.21	1223.39	2481.19	332	
平均公顷产量	吨/公顷	5.8	7.34	5.89	5.39	5.53	5.39	
茶叶采摘面积	公顷	619.96	80	66.52	110.59	337.69	25.16	
茶叶产量	吨	952.48	105	46.01	126.99	672.98	1.5	
平均公顷产量	吨/公顷	1.54	1.3	0.69	1.15	1.99	0.06	
甘蔗种植面积	公顷	3207.34	2847.92	111.04	26.22	221.36	0.8	
甘蔗总产量	吨	295907.1	267063	7557	1918.8	19320.3	48	
平均公顷产量	吨/公顷	92.26	93.77	68.06	73.18	87.28	60	
咖啡种植面积	公顷	225.49		78.6	104.3	8.56	19.58	14.45
咖啡产量	吨	348.2		46.67	228.4	5.37	14.2	53.56
蔬菜、瓜果类种植面积	公顷	500.42	18.56	237.69	24.55	179.92	39.7	
蔬菜、瓜果产量	吨	10244.32	204.2	5010.68	437.39	3362.05	1230	
水果种植面积	公顷	734.37	164.06	304.06	2.5	190.65	7301	
水果产量	吨	2709.79	361.8	2100.97	33.2	78.92	134.9	
其他作物种植面积	公顷	76.37	29.33	15.58	16.13	12.13	3.2	
其他作物产量	吨	965.05	331.5	391	65.15	106.4	71	

【工　业】　2009年，德宏农垦有工业企业7个，从业人员506人(在岗职工504人)，从业人员劳动报酬710.27万元（职工工资总额709.47万元）。年末有固定资产总额12876.15万元（生产经营用12054.47万元），固定资产净值9392.05万元。

年内，垦区生产白糖43735.8吨，比上年增3731吨，增9.3%；酒精2334.7吨，减202.19吨，减7.97 %；发电量1177万度，增165万度，增16.3%；生产砖瓦424.1万块，增209.33万块，增97.48%；碾米150吨，增40吨，增36.36%。

年内，实现工业总产值11938.69万元，比上年减2915.18万元，减19.6%。其中：制糖业11047.8万元，增1381.5万元，增14.3%；酒精制造业627.6万元，减209.8万元，减25.1%；砖瓦及建筑材料制造业134.9万元，增73.06万元，增118.1%。全年德宏农垦工业销售产值11783.31万元，其中轻工业销售产值11675.4万元。

年内，德宏农垦工业经营收入12641.48万元，比上年增616.94万元，增5.13%；上缴工业税金及附加费1269.65万元；工业利润总额为-407.23万元，比上年利润总额增亏276.5万元，增亏211.55%。

德宏农垦工业2009年基本情况

项目＼单位	计量单位	合计	陇川农场	瑞丽农场	遮放农场	盈江农场	畹町农场	局直单位
工业企业数量	个	7	2	1	2	2		
1、机制糖产量	吨	43735.8	43735.8					
产值	万元	11047.8	11047.8					
2、发电量	万度	1177	1177					
3、酒精	吨	2234.7	2234.7					
4、砖瓦	万块	424.1				424.1		
5、碾米	吨	150			100	50		

【卫　生】　2009年，德宏农垦有医疗单位23个，其中云南省农垦总局所属德宏农垦分局代管的医疗单位1个（云南农垦总局第二职工医院），农场所属医院5个，分场所属卫生院17个。年内，垦区医疗单位有从业人员647人，其中医务人员485人（医生244人）；有病床675床。年内，实施了13个分场医疗卫生项目建设工作，进一步提升了垦区的医疗卫生水平。

【科　研】　2009年，德宏农垦有科研单位1所（德宏热带农业科学研究所），职工96人（科技人员43人，工人53人）。全年共投入科研经费161.4万元，其中国家拨款96.8万元，云南省农垦总局拨款59.5万元，单位自筹5.1万元。

【社会保障】　2009年，德宏农垦支出在岗职工保险福利费1098.63万元，其中集体保险福利费880.31万元（集体福利事业补贴14.08万元、集体福利设施费20.24万元、文体宣传费11.25万元、医疗卫生费378.33万元、其他支出456.41万元），个人保险福利费218.32万元（丧葬抚恤救济费35.04万元，生活困难补助6.77万元，计划生育补助16.53万元，住房公积金69.18万元，其他支出90.8万元）；年末实有离退休、退职人员9084人，发放保险福利费用12073.81万元，其中离休111.35万元、退休11241.39万元、退职生活费37.7万元、医疗卫生费425.83万元、丧葬抚恤救济费248.43万元、其他费用支出9.11万元。

年内大事

【德宏农垦分局开展参照公务员管理工作】　2009年4月，德宏农垦分局组织开展了参照公务员管理工作。德宏农垦分局成立了“分局机关管理机构人员参公登记工作组”，开展机关人员参公登记工作；并按照有关规定，设置内部机构及职位，报上级部门批准后予以实施。

【陇川糖厂通过3000吨/日技改项目竣工验收】 2009年4月10日，由云南农垦集团公司、德宏农垦分局、陇川县政府、陇川农场及陇川县环保局、安监局等单位组成的验收组，对陇川糖厂3000吨/日技改项目竣工进行验收。经过验收组的验收评定，一致认为：陇川糖厂3000吨/日技改项目资金使用符合国家相关投资财务管理规定；监督机构健全，监督程序符合相关规定；工程监理按照要求严格执行，项目管理规范，材料齐备，符合国家行业管理部门规定。通过试运行，效果良好，各项设备达到设计要求。同意通过陇川糖厂3000吨/日技改项目竣工验收。

【中国农林水利工会农业工作部部长于蓉洁到德宏农垦调研】 2009年4月中旬，中国农林水利工会农业工作部部长于蓉洁在云南农垦总局工会副主席尹卓红、体改办干部蒋霞、德宏农垦分局工会主席冯雪满的陪同下，就德宏农垦体制改革工作进行调研。调研期间，于蓉洁部长一行深入农场，听取农场关于发展、改革及企业体制机制存在困难和问题的相关汇报，深入基层调研了解情况，组织退休干部、在职管理人员和职工代表召开座谈会。通过调研于部长表示，调研组一定把职工代表们提出的问题带回去，形成调研报告递交有关部门，并及时进行反馈；也希望农场在发展中，积极拓展发展空间，集中精力把企业办得更好。

【云南农垦总局党委书记杨焰平到德宏农垦检查指导工作】 2009年5月下旬，云南农垦总局党委书记杨焰平一行在德宏农垦分局党委书记罗星明等陪同下，先后深入瑞丽、陇川、盈江农场等地进行调研。在德宏垦区各企事业单位，杨书记听取了各单位的情况汇报。对各单位做出的成绩给予了充分肯定，对各单位存在的问题进行认真调查了解，与各单位负责人共同研究和分析，谋划发展思路。针对当前农垦面临的机遇与挑战，杨书记指出：一要坚持科学发展观，在省委、省政府的大力支持下，坚定信心、攻坚克难，推动农垦的改革发展；二要结合垦区实际，找准发展突破口，抓实发展项目，优化产业结构，调整发展机制；三要切实关注民生，抓好垦区保障性住房建设；四要维护垦区稳定，为农垦的发展营造良好环境。

【召开垦区关闭破产国有企业退休人员参加城镇职工基本医疗保险工作会】 2009年9月22日，德宏农垦分局召开了垦区关闭破产国有企业退休人员参加城镇职工基本医疗保险工作会议。分局及各农场领导、社保（医保）办主任参加了会议。德宏州劳动和社会保障局副局长郑宇、医保中心主任张兴武到会并进行指导。

会议传达学习了德劳社（2009）108号文件精神；副局长郑宇对开展好德宏垦区关闭破产国有企业退休人员参加城镇职工基本医疗保险工作进行强调与说明。会议期间，各农场领导和社保（医保）办主任就如何开展好下一步工作作了交流发言；分局党委书记罗星明、纪委书记宋建国还对垦区关闭破产国有企业退休人员参加城镇职工基本医疗保险工作提出具体要求。年末，此项工作已基本完成，进一步解决了农垦退休人员看病就医这一难题。

【德国伯恩大学教授到德宏热带农业科学研究所访问】 2009年10月，应德宏热带农业科学研究所邀请，德国波恩大学植物科学和资源保护学院（INRES）园艺研究所的Dr. Marc Jansens（迈克·杨森）教授对德宏热带农业科学研究所进行为期3天的学术访问和交流。

迈克·杨森教授参观了国家农业部瑞丽咖啡种圃以及咖啡良种繁育基地，并举办题目为《Breeding for crop quality –The case of coffee》的讲座。教授以甘薯、咖啡为实例，讲解了作物育种中分子遗传学的基础理论知识以及如何将数量遗传学应用到热带作物育种研究中。通过访问和交流，迈克·杨森教授进一步认识了云南咖啡以及中国咖啡，并对德宏热作所在咖啡选育种方面提出了宝贵的意见建议，促进了彼此间的进一步合作与交流。

（《德宏农垦》撰稿　杨清志）

领导干部名录

德宏农垦分局

局　长　闫和平（2009年4月止）
副局长　杨良骥（2009年8月止）
党委书记　罗星明（彝族，2009年5月主持工作）
党委副书记　宋建国（2009年10月兼工会工作）
纪委书记　宋建国（2009年10月兼工会工作）
工会主席　冯雪满（2009年9月止）

瑞丽农场

场　长　刘雪源
副场长　柯利川
党委书记　李自森
纪委书记　陈化龙
工会主席　杨余康
总农艺师　刘红平

陇川农场

场　长　张洪彩

副场长　李自清　王　龙

党委书记　田琦辉

纪委书记　胡延光

工会主席　余　杰

遮放农场

场　长　石支边(2009年7月止)

副场长　严金佑　周安明

党委书记　彭支边(2009年12月，主持工作)

纪委书记　宋玉民

工会主席　周　斌

盈江农场

场　长　尹建元

副场长　邹求生　相明和

党委书记　刘昌生

纪委书记　万有桥

工会主席　万有桥

畹町农场

场　长　甘春明(2009年11月止)

副场长　鲁国兴

党委书记　甘春明（2009年11月止)

党委副书记　殷华平(2009年12月，主持工作)

纪委书记　殷华平(2009年12月，主持工作)

工会主席　鲁秀兰

云南省农垦总局第二职工医院

院　长　尹克强（白族)

党委书记　尹克强（白族)

德宏热带农业科学研究所

所　长　白燕冰（回族)

党支部书记　张丽波

大盈江硅冶炼厂

厂　长　林裕平(2009年2月止)

党支部书记　林裕平（2009年2月止)

大事专题

党政机构

中国共产党德宏傣族景颇族自治州委员会

【《中共德宏州委关于推进农村改革发展的实施意见》出台】 2009年1月21日，五届德宏州委第七次全体会议通过《中共德宏州委关于推进农村改革发展的实施意见》。该“意见”提出农村改革发展的目标任务是：到2020年，农村经济体制基本健全，城乡经济社会发展一体化体制机制基本建立；现代农业建设取得显著进展，农业综合生产能力明显提高，主要农产品供应充足；农民收入成倍增长，农民人均纯收入与全国、全省平均水平差距和城乡居民收入差距明显缩小，生活水平大幅提升，基本消除绝对贫困现象；农村基层组织建设进一步加强，村民自治制度更加完善，农民民主权利得到切实保障；城乡基本公共服务均等化明显推进，农村教育、科技、文化、医疗卫生等社会事业全面发展，农民享受公共福利和生活保障水平显著提高；资源节约型、环境友好型农业生产体系基本形成，农村人居和生态环境明显改善，可持续发展能力不断增强。农村改革发展的基本原则是：推进农村改革发展，要遵循以下重大原则：必须巩固和加强农业基础地位，始终把维护粮食安全、保障重要农产品基本供给作为富民强州的头等大事；必须切实保障农民权益，始终把实现好、维护好、发展好广大农民根本利益作为农村一切工作的出发点和落脚点；必须不断解放和发展农村社会生产力，始终把改革创新作为农村发展的根本动力；必须统筹城乡经济社会发展，始终把着力构建新型工农、城乡关系作为加快推进现代化建设的重大战略；必须坚持党管农村工作，始终把加强和改善党对农村工作的领导作为推进农村改革发展的政治保证。工作措施是：稳定和完善农村基本经营制度；健全严格规范的农村土地管理制度；积极推进农村土地承包经营权流转；加快发展农民专业合作组织，建立新型农业产业化发展体系；建立促进城乡经济社会发展一体化制度；加快农村综合改革；建立健全农业支持保护体系；整合涉农资金；建立新型农村金融体系；加强农田水利基本建设；加强农村公路建设；加强农村生态环境建设；加强农村电力建设；加强农村信息网络建设；加强农村自然灾害应急体系建设；切实抓好粮食生产，确保粮食安全供给；加快农业产业结构调整，大力发展特色主导产业；依托德宏特色农业资源，加快发展农产品加工业；加强农产品质量安全监控；加强农业科技创新和服务体系建设；健全农村现代市场体系；促进农村劳动力转移就业；实施农民增收翻番计划；加大新农村试点示范村建设推进力度；重点实施好德宏特色优势产业推进计划；积极推进农村扶贫开发；加快新三年“兴边富民工程”建设；大力抓好山区综合开发；大力办好农村教育事业；积极发展农村医疗卫生事业；加快发展农村文化事业；健全农村社会保障体系；加强农村民主管理；健全农村工作领导体制和工作机制；完善县域经济发展机制；加强农村基层组织建设；抓好农村党员干部队伍建设；加强农村党风廉政建设。

【州委五届七次全体（扩大）会议】 2009年1月20至21日，德宏州委五届七次全体（扩大）会议在芒市召开。州委书记赵金同志受常委会委托作工作报告，州长孟必光同志作了讲话。五届州委委员、候补委员出席会议。州纪委委员；不是州委委员、候补委员的州级领导（含非领导职务）、县市长，畹町经济开发区工委书记、管委主任；不是州纪委委员的县市纪委书记；州委副秘书长、办公室副主任，州人大、州政府、州政协秘书长、副秘书长，办公室主任、副主任及州人大、州政协各专门（工作）委员会主要负责人；州中级人民法院、州人民检察院党组书记；不是州委委员、候补委员的州直和中央、省属各单位党组（党委、党总支）书记；德宏军分区、德宏公安边防支队、武警德宏支队、德宏公安消防支队党政主要领导；担任过实职的副州级以上离退休老领导列席会议。驻德宏部分企业负责人作为特邀代表参加了此次会议。

【五届州委第38次常委会议】 德宏州委于2009年2月3日上午召开五届州委第38次常委会议。有4个议题：1、听取州纪委党风廉政建设责任制及相关工作情况的汇报（州委常委、州纪委书记李松林汇报）；2、听取2009年全州宣传工作会议及全州旅游文化产业发展推进大会筹备情况汇报（州委宣传部常务副部长方桃明汇报）；3、听取全省组织部长会议精神汇报，研究德宏州贯彻实施意见（州委常委、州委组织部部长马永福汇报）；4、听取州十三届人大二次会议有关事项的汇报（州人大常委会秘书长王明山汇报）。

【全州党风廉政建设大会】 2009年2月4日上午，德宏州党风廉政建设大会在芒市召开。州委书记赵金同志，州委常委、州纪委书记赵镇康作了讲话。州委常委，州人大、州政府、州政协领导班子成员，州纪委领导班子成员；各县市（区）委、人大、政府、政协主要领导，各县市（区）纪委书记、组织部长、监察局长；州直和中央、省属驻德宏各单位主要负责人，州纪委、监察局各派出纪工委书记、副书记；州直各单位实职副科级以上干部参加了会议。

【州委农村工作及山区综合开发工作会】 2009年2月18至19日，德宏州委在芒市召开州委农村工作会议及全州山区综合开发工作会议。会议由副州长板岩过主持，州委副书记李兴顺作了讲话。州委、州人大常委会、州政府、州政协分管或联系工作的领导；州直和中央、省属驻德宏各单位主要负责人；各县市（区）委书记、县市长（管委主任）及分管农业农村工作的副书记、副县市（区）长（副主任），涉农部门（政研室、发改委、农业局、林业局、水利局、财政局、扶贫办）主要负责人；各乡镇党委书记、乡镇长；受表彰的第二批新农村建设工作队先进集体代表和先进个人；第三批省、州新农村建设指导员参加了会议。

【德宏州第二批深入学习实践科学发展观活动动员大会】 2009年3月24日，中共德宏州委在芒市召开德宏州第二批深入学习实践科学发展观活动动员大会，州委书记赵金同志主持会议，省委第四指导检查组领导作了讲话。州委常委，州人大常委会、州政府、州政协副州级（含非领导职务）以上党员领导干部；州委学习实践科学发展观活动领导小组成员；正厅级离退休老领导；潞西、梁河、盈江、陇川县（市）委书记、县（市）长、人大主任、政协主席，副书记、组织部长、宣传部长；四个县市组织部组织股长；州直各部委办局，各人民团体，各院校，中央、省属驻德宏各单位主要负责人和各单位党组、党委、党支部书记参加了会议。

【出台关于加快竹产业发展的决定】 2009年3月31日，德宏州委出台《中共德宏州委德宏州人民政府关于加快竹产业发展的决定》。决定在今后五年期间，在全州发展种植120万亩竹子基地；引进龙头企业建设年产5万立方米和30万立方米竹质定向结构刨花板项目，收购加工竹子，实现农民、企业、政府三赢的目标，促进全州经济社会又好又快发展。

具体目标任务是：全州规划发展竹板材原料基地120万亩，其中：潞西市60万亩，梁河县5万亩，盈江县30万亩，陇川县23万亩，瑞丽市2万亩。120万亩竹板材基地建成，可年产鲜竹材360万吨，竹材年产值达8.28亿元，可年加工120万立方米竹质定向结构刨花板，年工业产值可达60亿元。云南永利发林业有限公司规划分三期投资建设年产120万立方米的竹质定向结构刨花板。首期建设年产30万立方米竹质集装箱板和建筑模板加工生产线，投资12.6亿元，年工业产值达15亿元以上。在全州建600个竹子初级产品加工点，年加工竹子50万吨以上，年初级产品产值在2.5亿元以上。第二期建设年产45万立方米竹质定向结构集装箱板和车船工业用板生产线。第三期建设年产45万立方米竹质定向结构车船工业用板和建筑模板生产线。同时，利用竹子材料剩余物年产100万吨生物有机肥料，产值可达20亿元；年产竹碳和竹碳纤维10万吨，产值可达15亿元以上；年产竹醋酸10万吨，产值可达15亿元以上。

运作模式是：工业投资以企业为主，政府搞好服务；基地建设以政府为主，企业积极参与。120万亩基地建设，一是云南永利发林业有限公司要自建试验示范基地20万亩；二是100万亩基地建设以契约合同方式发展，企业明确种植的竹子品种、科技服务、竹材收购方案。采取“公司＋基地＋农户＋科技”的运作方式，由龙头企业与各县市政府、农户签订基地建设合同和原料收购合同，实行订单竹业，确保企业和种植户的利益。

【《神系云南》书画巨屏晋京暨国际巡回展创作组到德宏开展活动】 由中国书画院提出的“《神系云南》书画巨屏晋京暨国际巡回展活动倡议”得到云南省领导的高度重视和充分肯定，经省委宣传部、省文联、省美协领导同志研究，决定由中国书画院在全国范围内邀请实力派中、青年画家、书法家到云南采风写生，并将《神系云南》书画巨屏晋京暨国际巡回展开笔仪式移至德宏举行。该活动由中共云南省委宣传部主办，中国书画院、云南省文联，中共德宏州委、德宏州人民政府承办。2009年4月1日至3日在德宏活动。4月1日9时在芒市广场（中缅友谊馆前）举行开笔仪式，创作人员现场表演作画，部分作品赠送州委州政府。

【中共德宏州委出台关于深入学习实践科学发展观活动的指导意见】 2009年4月2日，根据中央《关于在全党开展深入学习实践科学发展观活动的意见》和省委的部署要求，结合德宏州实际，州委出台《中共德宏州委关于深入学习实践科学发展观活动的指导意见》。提出要准确把握开展学习实践活动的指导思想、主要原则和目标要求：开展深入学习实践科学发展观活动，要充分把握中央提出的“党员干部受教育、科学发展上水平、人民群众得实惠”和省委提出的“促进科学发展、维护边疆稳定、增进民族团结、构建和谐云南”的总体要求，立足州情，牢牢把握促进科学发展、维护边疆安宁、增进民族团结三大任务，在学习上下功夫，在实践上出成效，以学习推动实践，以实践促进科学发展。归纳起来就是“实现一个目标、开展两项活动、抓好三个结合、强化四个着力、突出五个重点”。实现一个目标：实现促进科学发展、维护边疆安宁、增进民族团结、构建和谐德宏的目标；开展两项活动：在党员干部中开展“一面旗、一团火、一盘棋”主题实践活动，在科级以上党员领导干部中开展“抓好一项特色产业、联系一个基层支部、帮助一户贫困家庭”主题实践活动；抓好三个结合：与保增长、保民生、保稳定的工作相结合，与边境、民族、欠发达的州情实际相结合，与瑞丽市学习实践活动的试点经验相结合；强化四个着力：着力在破除影响科学发展的思想观念和思维方式上下功夫，着力在克服阻碍科学发展的体制机制上下功夫，着力在消除制约经济社会跨越式发展的不利因素上下功夫，着力在解决干部思想作风和工作作风方面存在的突出问题上下功夫；突出五个重点：突出特色产业、禁毒防艾、基础设施、人口素质、党的建设五个重点。

【全州禁毒防艾工作会】 2009年4月10日下午，德宏州禁毒防艾工作会议在芒市会堂召开。州委常委、州委政法委书记郭志德主持会议，州委书记赵金作了讲话。州委常委，州人大常委会、州政府、州政协分管联系禁防工作的领导；州直和中央、省属驻德宏各单位主要负责人；州禁防办、州禁毒办、州防艾办全体干部职工；各县市（区）委书记、县市长（管委主任）、政法委书记和分管政法工作的副县市长，禁防办主任、禁毒办主任，禁毒办、防艾办常务副主任，各乡镇党委书记；受表彰的先进集体代表和先进个人参加会议。

【滇西精品旅游线路与促销考察调研团到德宏调研】 为打造滇西旅游精品线路，强力推进云南旅游“二次创业”，云南省旅游局党组书记刘建华同志率省旅游局相关处室、东航云南分公司、云南机场集团、云南知名旅行社、主流媒体等34人赴保山、德宏对滇西旅游线路进行统筹考察调研。2009年4月11日至4月13日在德宏调研，州委常委、副州长、宣传部长田大余同志陪同调研。

【州委举行中心组理论学习】 德宏州委于2009年4月23日举行州委中心组理论学习，会期一天。学习的主题：全面贯彻党的十七大、十七届三中全会、省委八届六次全会、州委五届七次全会精神，以邓小平理论和“三个代表”重要思想为指导，进一步深化对科学发展观的认识，牢固树立发展第一要务，狠抓工作落实，确保全州各项工作目标任务顺利实现。参加人员：州委常委；州人大常委会主任、州政协主席；州人大、州政府、州政协副州级以上党员实职领导干部；州法院院长、州检察院检察长。

【“百名留学博士云南行”考察德宏】 由云南省委组织部牵头组织的“推动云南生物产业发展——百名留学博士云南行”活动第二组于2009年4月22至24日，在云南省委组织部部务委员、副巡视员杜敏生带队下到德宏州开展活动，为德宏州生物特色产业发展建言献策。州委书记赵金，州委副书记、州长孟必光，州委副书记李兴顺，州委常委、组织部长马永福，州委常委、州委秘书长番跃平陪同。

【州委州政府召开竹产业发展推进会】 德宏州委、州政府于2009年5月8日在芒市召开全州竹产业发展推进会。州委副书记李兴顺同志主持会议，州委书记赵金同志讲话。会议听取各县市竹产业进展情况汇报，重点是竹子种苗繁育落实进展情况和2009年竹产业基地落实情况，以及贯彻落实州委、州政府《关于加快竹产业发展的决定》（德发〔2009〕11号）情况和下步工作计划等；听取云南永利发林业有限公司竹产业进展情况汇报。重点是500亩竹子育苗落实进展情况；2009年1万亩试验示范基地和1万亩竹博园工作进展情况，以及完成工作任务的保障措施；5万立方米竹质工业用板项目进展情况和计划竣工投产时间；对现有45万亩竹子资源收购加工利用的具体措施；30万立方米竹质工业用板项目进展情况和资金筹措情况；通报竹产业种苗繁育工作督查情况。州委、州政府主要领导及分管（联系）领导；州人大常委会、州政协分管（联系）领导；州竹产业发展领导小组成员单位负责人；州林业局局长、分管副局长和办公室、营林站、种苗站、林检局，林科所、退耕办、竹产办主要负责人；各县市（区）委书记、县市长、分管副县市长、财政局局长、扶贫办主任，林业局局长、分管副局长、营林站站长、种苗站站长；云南永利发林业有限公司负责人参加会议。

【出台《关于进一步加快教育改革与发展的意见》】 2009年5月22日，德宏州委出台《中共德宏州委德宏州人民政府关于进一步加快教育改革与发展的意见》，提出加快德宏州教育改革与发展的指导思想、基本原则和目标任务。

基本思路和总体要求是：坚持以邓小平理论和“三个代表”重要思想为指导，深入贯彻十七大和十七届三中全会精神，以科学发展观和现代教育理念统领教育工作全局，巩固提高“两基”成果，坚决打好危房改造、高中扩招、教育教学改革“三个攻坚战”，积极发展学前教育、中等职业教育和高等教育，深化改革，创新体制机制，全力推进我州教育跨越式发展，构建适应德宏经济社会发展需要的现代教育体系，努力办好人民满意的教育。

必须遵循的原则是：（1）公益性与公平性原则。就是要正确处理好普及与提高的关系，加强对薄弱学校的改造，依法履行各级政府对适龄儿童、少年应尽的责任，切实保障各族人民依法受教育的权利。（2）求实性原则就是要正确处理好继承与发展的关系，准确把握我州教育现状和实际，既要超前谋划教育的发展，又要实事求是，立足当前，有的放矢，按照积极、稳妥、发展、提高的原则来求实效、抓落实。（3）统筹兼顾的原则。就是要正确处理好各类教育之间的关系，努力做到义务教育与非义务教育衔接，基础教育与职业教育并重，公办教育与民办教育并举，城镇教育与农村教育均衡，各类教育协调、持续发展。（4）规模扩张与内涵发展并重的原则。就是要正确处理好规模与效益的关系，使教育不仅在量上有所增长，更要在质上有所提高，做到数量、质量、规模、结构和效益的统一。

目标任务是：一是农村学前一年儿童受教育率达到90%以上，学前两年或三年儿童受教育率明显提高；城镇3－5周岁学前儿童入园率达到95%以上。学前教育保教质量进一步提高。瑞丽市基本实现普及学前一年教育。二是全州“两基”水平达到国家检查验收标准的要求，区域之间、城乡之间义务教育差距进一步缩小，发展更趋均衡。小学适龄儿童入学率保持在99%以上，辍学率控制在1%以内；残疾儿童、少年入学率达到80%以上；初中适龄少年入学率达97%以上，辍学率控制在3%以内。把扫盲的巩固提高与实用技术培训有机结合起来，充分发挥乡村两级农民文化技术学校的作用，加大少数民族为重点的扫盲巩固、提高工作力度，使教育对农村经济发展的贡献率明显提高。三是全州高中阶段毛入学率达60%以上，各县市一中完全实现高初中分离办学，瑞丽市基本普及高中阶段教育，全州普通高中在校学生达1.6万人；高考一本上线率、本科上线率、二专以上上线率明显提高；德宏州中等职业学校整体迁入新校区，并达到“国重”办学标准，县市职业高中办学条件进一步改善，师资队伍、实习实训基地等基本能满足办学需求，全州中等业学校职在校生达1.6万人，中等职业学校部分专业在全省处于领先水平，毕业生就业率保持较高水平。四是全州高等教育毛入学率达15%以上。积极创造条件，使德宏师范高等专科学校升格为本科层次的综合性高校（院）；高起点、高标准规划建设德宏职业学院，确保顺利通过教育部的评估验收。五是大幅度提高办学水平和效益。通过整顿和改革，使全州中小学的办学水平和效益1年有改观，3年见成效，5年后全州基础教育无论总量还是质量都达到全省的中上游水平，并且有部分学校进入全省一流行列，教育教学与科研形成良性互动，同时学校开始朝着以人文为主的方向发展。基础教育对经济和社会的影响开始全面显现。

【出台《关于实施建设创新型德宏行动计划（2009—2012年）的决定》】 2009年6月17日，为贯彻党的十七大提出的建设创新型国家的发展战略，落实《中共云南省委云南省人民政府关于实施建设创新型云南行动计划的决定》和州委五届七次全会精神，着力增强自主创新能力，推进经济发展方式的转变，加快创新型德宏建设，州委出台《中共德宏州委德宏州人民政府关于实施建设创新型德宏行动计划（2009—2012年）的决定》。

实施建设创新型德宏行动计划的总体目标和要求：通过实施建设创新型德宏行动计划，建成一批重大科技创新基地，突破一批对竹子、咖啡、柠檬、坚果、优质稻、奶水牛、水电铝、番麻等八个重点产业、重点企业发展有重大支撑作用的核心技术和关键技术，形成一批具有德宏特色和优势的高新技术产业群。组织实施一批重大农业科技创新工程，应用高新技术改造和提升传统产业取得新进展，节能减排先进适用技术在重点行业得到推广应用，继续加强石斛、油茶、核桃、印楝、萝芙木、傣药、魔芋、滇皂荚等产业的科技攻关和开发力度，为产业化发展提供科技储备和支撑。

要求：一是取得对重点产业、重点领域发展具有重大支撑和引领作用的关键技术20项。二是新增专利授权100件，其中发明专利授权10件。三是建成10个产业技术创新中心，其中实现进入省级行列2个以上。四是培育省级高新技术企业5家，省级创新型企业试点5家，实现1至2家高新技术企业在国内外证券市场上市，创新型企业和高新技术企业实现年销售收入80亿元以上、利税20亿元以上，占全州工业销售收入比重40%以上。五是引进一批高层次科技人才；聘请一批产业专家顾问；培育一批省级技术创新人才和州级科技创新团队，形成100名不同领域的学术和技术带头人。六是全州公民具备基本科学素养的比例达到1%以上。七是全州科技进步水平和创新能力达到全省中等水平，科技进步对经济增长的贡献率明显提高。

【中央外办考察组到德宏调研】

2009年8月6至8日，由中央外办副主任杜起文为组长的中央外事工作领导小组到德宏调研，并于8月8日下午在芒市宾馆召开调研工作座谈会，州委副书记李兴顺，州委常委、州委秘书长番跃平陪同调研。州委、州政府有关领导；州委办、州政府办、州委政法委、州委统战部、州公安局、州发改委、州外事办、州安全局、州商务局、州民宗局、州民政局、州公安边防支队、德宏军分区等单位主要领导参加了会议。州公安局、州安全局、州外事办、州商务局4单位领导作了发言。

【中外记者边境行大型采访宣传活动采访团赴德宏采访】 2009年8月12至15日，由中国国际广播电台、中共云南省委外宣办、云南人民广播电台联合举办的“看中国·CRI中外记者边境行”大型采访宣传活动采访团赴德宏采访。此次采访活动主要由中国国际广播电台、云南人民广播电台的领导和记者20余人参与，以“现在时”为基调，用新的视角，充分透视经过60年的艰苦奋斗、改革开放发展，德宏州在经济发展、社会进步、民族团结、口岸建设、旅游文化等方面尤其是边境及双边地区在经济、文化等方面取得的巨大成就。州委、州政府主要领导接受了采访。

【州委经济工作会】 德宏州委于2009年8月17日在芒市召开州委经济工作会议，州委书记赵金，州委副书记、州长孟必光作了讲话。州委常委，州委、州人大常委会、州政府、州政协四机关正科级实职以上领导干部；州直各部委办局，各人民团体，各院校，中央、省属驻德宏各单位正科级实职以上领导干部（其中，正科级实职领导干部只参加大会，不参加分组讨论）；各县市（区）委书记、县市（区）长，各乡镇党委书记、乡镇长；有关企业负责人参加了会议。

【制定《关于进一步加强国有资产监督管理的实施意见》】 2009年8月25日，为认真贯彻落实《中共云南省委云南省人民政府关于加强国有资产监督管理工作的意见》（云发〔2008〕10号）文件精神，进一步深化德宏州国有资产监督管理体制改革，加强国有资产监督管理，促进经济社会又好又快发展，特制定《中共德宏州委德宏州人民政府关于进一步加强国有资产监督管理的实施意见》。

指导思想：以邓小平理论和“三个代表”重要思想为指导，全面贯彻落实科学发展观，认真落实云发〔2008〕10号文件精神，结合德宏州实际，进一步健全监管体系，完善监管制度，创新监管方式，提高监管效率，形成国有资本合理流动的有效机制，推进德宏州国有资产监督管理体制改革和行政事业单位国有资产监督管理体制改革；维护国有资产权益，保障国有资产安全，防止国有资产流失，实现国有资产保值增值，促进国有经济巩固和发展；创新发展理念，转变发展方式，进一步调整优化国有经济结构，发展壮大支柱产业，充分发挥国有经济的主导作用，不断增强国有经济活力、控制力和影响力，为德宏州经济建设和发展奠定坚实基础。

基本原则（一）政企分开、政资分开的原则。政府的公共管理职能与国有资产出资人职能分开，国资监管机构依法代表政府履行出资人职责，不具体参与经营活动，不行使政府社会公共管理职能，政府其他机构、部门不履行国有资产出资人职责。企业依法享有经营自主权和法人财产权。政府从传统的管理企业、经营资产向运作资本转变。（二）确定目标、保证存量、放活增量的原则。确定全州国有经济发展和国有经济布局的目标，在保证现有存量、确保国有资产保值增值的基础上，充分发挥国有经济的引导作用，引入社会资本，扩大经济总量。（三）对于行政事业性的国有资产，要逐步改变资源分散的现状，按照集中管理、分类处置、市场经营、资本运作的原则，强化市场化运作机制，满足社会公共设施和我州基础设施建设投融资的需要。

工作目标：由政府授权的国资监管机构根据政府授权，按照云发〔2008〕10号文件的要求，全面推进国有资产的直接监管、授权管理和委托管理，逐步实现国资监管的全覆盖，使国有资产监督管理工作体系逐步全面覆盖到州级全部国有资产，包括州属国有企业资产，行政事业单位经营性和非经营性资产，自然资源性国有资产，文化、旅游、体育和传媒等可市场化运作、企业化经营的国有资产，最终达到国有资产保值增值的目的。同时，通过深化改革，形成完善的国有资产监管体系，实现国有资产运营的高效化、资产代表的人格化、资源配置的市场化、资产管理的法制化。

【五届州委第56次常委（扩大）会议】 德宏州委于2009年10月17日下午召开五届州委第56次常委（扩大）会议。州委书记赵金主持会议。会议有4项议题：听取信访维稳有关工作情况汇报（州委政法委汇报）；听取原芒市宾馆信访事项处理情况的汇报（州政府秘书长周湛鸿汇报）；听取原州建筑公司信访事项处理情况的汇报（州建设局党组副书记吴礼全汇报）；听取原芒市华侨农场信访问题答复有关事宜的汇报（潞西市委书记蔡四宏汇报）。

【五届州委第57次常委（扩大）会议】 德宏州委于2009年11月2日上午召开五届州委第57次常委（扩大）会议，州委书记赵金主持会议。主要议题：传达学习省委八届七次全会精神；讨论研究关于召开州委五届十次全体（扩大）会议有关事宜；讨论审议《中共德宏州委关于贯彻党的十七届四中全会精神加强和改进新形势下党的建设的实施意见》（讨论稿）。

【州委五届十次全体（扩大）会议】 德宏州委于2009年11月5至6日在芒市召开中共德宏州委五届十次全体（扩大）会议。会议主要任务是：认真学习贯彻党的十七届四中全会和省委八届七次全会精神，总结全州1至9月的工作，对加强和改进新形势下党的建设工作进行部署；审议通过《中共德宏州委关于贯彻党的十七届四中全会精神加强和改进新形势下党的建设的实施意见（讨论稿）》

和《中共德宏州委五届十次全体会议公报（草案）》。五届州委委员、候补委员出席会议。不是州委委员、候补委员的副州级以上领导干部（含非领导职务）；州中级人民法院、州人民检察院党组书记；州纪委委员；州委副秘书长，州人大常委会、州政府、州政协秘书长、副秘书长，州人大常委会、州政协各专门（工作）委员会主要负责人；不是州委委员、候补委员的县市（区）委书记、县市长（管委主任）；不是州纪委委员的县市纪委书记；不是州委委员、候补委员的州直和中央、省属驻德宏各单位党政主要负责人；担任过实职的副州级以上离退休老领导列席会议。

【省委书记白恩培到德宏调研】

2009年11月12日，中共云南省委书记白恩培到德宏就边疆党建、林产业、特色产业发展等情况进行调研，并召开调研座谈会。州委书记赵金同志作了汇报。州委常委，州人大常委会主任、州政协主席，州政府副州长、州长助理，州委副秘书长、办公室主任，州人大常委会、州政府、州政协秘书长、办公室主任；州委组织部、州农业局、州林业局、州特色产业办主要负责人；潞西市委书记、市长，市委办公室主任，市政府分管领导，市委组织部、市农业局、市林业局主要负责人参加了座谈会。

【五届州委第58次常委（扩大）会议】 德宏州委于2009年11月17日上午召开五届州委第58次常委（扩大）会议，传达学习贯彻省委书记白恩培在德宏调研重要讲话精神。州人大常委会主任、副主任、秘书长，州政府副州长、州长助理、秘书长，州政协主席、副主席、秘书长，州法院、州检察院党组书记；州委副秘书长，州委政策研究室、州发改委、州财政局、云南日报驻德宏记者站主要负责人参加会议。

【全国政协调研组到德宏调研】

全国政协“实施南向互利合作，加快国际大通道建设”专题调研组于2009年12月10至11日到德宏调研。州政协主席龚敬政，州委常委、常务副州长柳五三，州委常委、瑞丽市委书记杨跃国，州委常委、州委秘书长番跃平，州政协副主席卜金富等领导陪同调研。

【五届州委第60次常委会】 德宏州委于2009年12月25日下午召开五届州委第60次常委会议，州委书记赵金主持会议。主要议题：1.讨论研究关于召开州委五届十一次全会、德宏州十三届人大三次会议、政协德宏州十届三次会议和德宏州妇女第八次代表大会有关事宜；2.听取和研究2010年全州经济社会发展主要预期目标；3.讨论审议《中共德宏州委关于进一步加强和改进督促检查工作的实施意见（送审稿）》；4.听取和讨论关于编辑出版《中共德宏州委执政纪要》、《德宏纵横》有关问题的汇报；5.听取和讨论研究有关宣传文化工作；6.讨论研究组织工作有关事项及干部人事问题。

【州委办公室“三服务”质量和水平有新提高】 2009年，德宏州委办公室“三服务”质量和水平有新提高。一是文稿工作有新提高。按照务实创新的原则，站位高远、集思广益，高标准完成了州委五届七次全会、五届十次全会、五届十一次全会报告，起草了《在全州深入学习实践科学发展观活动推进会上的讲话》、向中央巡回检查第五组所作的《德宏州开展深入学习实践科学发展观活动工作情况汇报》、《在全州经济工作会议上的讲话》、向国务委员、公安部部长孟建柱所作的《云南省德宏州边境防控维稳工作情况汇报》、在《德宏60年》中的署名文章—《光辉历程六十载跨越发展谱新篇》、《姐告国门党建做法》、《德宏州党政考察团赴苏、浙、闽考察报告》等共计130多篇文稿、80多万字，两次全会报告受到了与会领导的一致好评，许多重要文稿得到了州委主要领导的充分肯定。

二是办文工作有新进步。进一步规范办文工作流程，强化程序，严格把关，制发德发文件43个、德办发文件50个、德办通文件66个、要情通报26期、德请文件10个、德办请文件40个、德复文件12个、明传电报259期，制发了州委常委会议纪要22期、专题会议纪要12期、秘书长办公室主任会议纪要2期、办公室主任会议纪要2期，印发各种文件材料100多万份，全面贯彻落实中央、省委的方针政策，及时传达州委、州政府的决策部署和政策措施。

三是信息报送工作有新成绩。不断拓宽信息报送渠道，整合信息资源，提高信息报道的数量和质量。全年共收到各类信息7000多条，编发《信息专报》、《德宏信息》、《德宏信息增刊》共157期、1000多条，其中20多条信息被州委主要领导批示。全年完成中办考核分150分。上报中办、省委办公厅信息400余条（篇），被省委办公厅采用信息270条（篇），完成考核分1021分，已超额完成办公厅对州级信息直报点全年完成500分的考核任务，为州委领导科学决策提供参考。

四是督查工作有新举措。狠抓专项查办工作，重点抓好上级党委领导机关和领导同志重要指示、批示和交办事项以及信访件的督查督办。办好《德宏督查专报》、《德宏督查通报》、《督促检查情况》三种刊物。共发送立项督查通知6个，编写《德宏督查专报》41期，《德宏督查通报》12期，《督促检查情况》4期。办理省委领导批示、指示件6件，省委办公厅、省委督查室交办件13件，州委常委批示件8件，督办政协提案17件，年终办结率达100%。

五是机要保密工作有新成效。认真贯彻落实中央、省委关于机要保密工作的重要指示精神，大力开展保密警示教育，扎实开展保密知识培训，抓好涉密载体、计算机信息系统、手机等移动通信工具的保密管理。开展“全州保密工作大检查活动”，开展了“4·16”清查及查处工作，全州共清理州、县、乡三级政府信息公开门户网站535个，清理信息33350条，登记特殊文件173份。对涉及泄密9份涉密文件的9名相关责任人给予记过、党内警告、行政警告处分，对涉及泄漏44条内部信息的30个责任人给予通报批评。开展了全州密码保密大检查，召开了全州密码工作会议，进一步加强了中发〔2007〕号和云发〔2007〕号的贯彻落实，启用了新的电报管理方式，确保党的核心密码的绝对安全，全年共办理电报8996份，确保密码通信的畅通。

六是调研工作有新突破。为学习借鉴其他州市办公室工作的先进经验和做法，2009年6月中旬，由州委领导带队组成党政考察团到玉溪、昆明等州市学习考察，形成了调研报告，出台了《中共德宏州办公室　德宏州人民政府办公室关于切实加强和改进领导同志到基层考察调研接待工作的实施意见》（试行），进一步规范了全州接待工作。11月中旬，由州委主要领导带队，组成德宏州党政考察团赴苏、浙、闽三省，分别就竹产业和旅游产业发展、城镇和工业园区建设、商品市场开发和对外开放、干部解放思想和转变作风等进行了实地考察，开阔了视野，增强了加快发展的信心和决心，为我州的经济社会发展注入了新的理念与活力。12月7至8日，州委理论学习中心组第一阶段学习调研活动在盈江、梁河两县举行，打破原务虚学习的单一形式，积极创新学习形式，丰富学习内容，认真落实“一线工作法”，将学习活动前移到基层一线，坚持理论学习与工作实际相结合，实地调研与讨论交流相结合，督促检查与推动工作相结合，务虚与务实相结合，切实为县市服务、为基层服务、为重大工程服务，收到了良好成效。

七是后勤保障工作和机关大院管理有举措。认真做好会务服务工作，圆满完成州委五届七次全会、十次全会、十一次全会以及州委农村工作会、全州经济工作会等重大会议的筹备工作，完成州委常委会、理论中心组学习会、以及其他各类共100余次会议的筹备工作，为州委领导及各种会议的顺利召开提供了优质服务，树立了州委办公室规范、务实、高效的良好形象。认真做好接待工作，做到热情周到、有礼有节，让客人舒心、满意。加强大院管理，完善防范措施，切实维护州委机关大院安全稳定。完善了机关大院管理规定，制定了特殊时期突发事件应急预案，增设9个摄像头和监控系统，机关大院全年没有发生盗窃、治安等事件，维护了州委机关和社区的和谐安宁。

八是党风廉政建设有新亮点。高度重视党风廉政建设工作，建立党风廉政建设领导体制和工作机制，制定了《2009年党风廉政建设工作计划》，与各科室签订了《党风廉政建设目标管理责任书》。认真履行领导干部“一岗双责”责任制，把反腐倡廉建设纳入全局工作之中，与各项工作一起谋划、一起部署、一起落实、一起考核。加强党风廉政建设专题学习，坚持把惩治和预防腐败学习纳入到经常性教育活动中，做到防微杜渐，警钟长鸣。严格执行财务管理制度，严防漏洞，提高经费的使用效益，采取多种措施，厉行节约，减少浪费。一年来办公室从领导到普通的党员干部，没有出现一例违法违纪行为。

九是积极做好信访维稳工作。认真做好信访维稳工作，及时化解冲突，消除矛盾，定纷止争，全力维护全州和谐稳定。办公室先后抽调10名精干人员参与2008年“11·21”芒市华侨农场职工、德宏电力股份公司原电源点职工到州政府非正常群体性上访事件、2009年“1·29”芒市力量生物制品有限公司职工到州政府非正常群体性上访事件、德宏农垦分局原三师机械厂职工到州委群体性静坐上访活动、芒市机械厂职工到州委群体性上访活动，德宏众合有限公司职工到州委群体性上访活动等重大群体性上访活动的劝返工作。

十是老干工作有新提高。及时调整充实了老干部工作领导小组成员，加强老干部的服务保障。制定了办公室领导对口联系老干部的制度，利用重大节日、生日到老干部家中走访慰问和看望，全年共走访慰问老干部30余人次。为老干部订阅《云南日报》、《参考消息》、《德宏团结报》等二十多种报刊杂志，为每个老干部每人订阅一份《老年报》。坚持向老干部通报工作制度，按时参加老干支部组织生活，及时传达州委会议精神和办公室工作动态。先后组织5位老领导到盈江县和潞西市对澳洲坚果生产基地和企业进行调研，为全州发展建言献策。为30位老干部办理了医疗互助手续和健康体检，为两名离休人员办理了护理费，为5位老同志办理了医药费的报销手续。积极支持老干部参加各项活动，全年先后开支5000余元，组织老干部开展活动10余次。

（《州委》撰稿　李志祥）

（见“州情概览·州委”58页）

组织工作

【中组部课题研讨会在德宏召开】

2009年11月7至9日，中组部“边境地区党的基层建设和政权建设问题研究”课题研讨会在瑞丽市召开。省委常委、省委组织部长辛桂梓出席研讨会并致辞，中组部党建研究所所长高永中在会上作重要讲话。来自云南、新疆、内蒙、西藏、黑龙江、广西、辽宁8省区及新疆建设兵团组织系统和有关部门的近50位代表参加研讨会并作经验交流。通过交流研讨和现场参观考察，与会人员对如何加强新形势下全国边境地区党的基层组织和政权建设工作进行了深入分析、讨论，提出对策建议，并对云南省开展的“边疆党建长廊”建设和德宏州开展的“红旗飘飘”等加强边境地区党的建设的新思路、新举措和取得的初步成效给予了充分肯定。

【中央组织局局长傅思和调研德宏基层党建工作】　2009年12月19至20日，中央组织部部务委员、组织局局长、中央学习实践科学发展观领导小组成员办公室副主任傅思和一行，在云南省委组织部副部长崔茂虎，州委常委、组织部部长马永福等省州领导的陪同下，深入梁河、潞西、瑞丽3县市对基层党建工作进行调研。通过实地走访调研，傅思和认为，德宏州围绕中央和省委的部署和要求，紧密结合新形势下全州基层党建工作实际，深入实施“五项工程”，目标明确，措施有力，成效显著，具有较强的针对性和实效性。

【组织开展学习实践科学发展观活动】　2009年，德宏州委组织部按照中央、省委和州委安排部署，组织全州各级党组织和广大共产党员深入开展第二、第三批学习实践科学发展观活动。在圆满完成瑞丽市学习实践活动试点工作的基础上，全州第二批学习实践活动于3月24日启动，9月15日结束，共有410个单位和部门（含州直100个，县市310个）、72个党委、114个党组、106个党总支、1214个党支部，19600名党员参加，为民办实事好事5700余件，解决突出问题609个。通过用民族干部宣传科学发展观、用民族语言讲解科学发展观、用民族文字阐述科学发展观、用民族节庆展示科学发展观、用民族文化体现科学发展观，全州广大党员干部和各族群众对贯彻落实科学发展观的自觉性和坚定性明显增强，一些影响制约科学发展的突出问题得到有效解决，一批符合科学发展要求的长效机制得到建立完善。9月15日，全州第三批学习实践科学发展观活动全面启动，州直相关单位、乡镇（街道）、村（社区）及非公经济组织和新社会组织、学校、医院共793个单位、1589个党组织和30642名党员参加。通过继续采用“五用”措施，把理论学习同研究解决群众最关心最直接最现实的利益问题、本地区本部门改革发展的重大问题和边疆民族地区党的建设突出问题结合起来，为有效应对国际金融危机考验，保持全州经济平稳较快发展和社会和谐稳定奠定了坚实基础。12月下旬，全州第三批学习实践活动转入整改落实阶段。

【社区党组织换届指导工作】　2009年，德宏州委组织部与州人大、州民政局等相关部门组成检查指导组，深入州内各县市开展社区“两委”换届选举检查指导工作。全州35个社区顺利选举产生了新一届社区党组织委员会、社区居民委员会及党组织书记、居委会主任，其中9个社区党组织书记和居委会主任为同一天。

【开通“12371”党员咨询服务电话】　2009年，德宏州、县两级组织部门开通“12371”党员咨询服务电话，进一步畅通了党员咨询服务渠道。年内共受理党员各类咨询174人次，帮助解决各类困难问题22件。

【边疆党建长廊建设】 2009年，德宏州委组织部继续推进和深化边疆党建长廊建设。年内对全州剩余128个需新（扩）建的村级党组织活动场所进行全面建设，新建成16个，在建112个。在开展与昆明市对口联系工作中，昆明市所属的5个县市（区）共为德宏州援建村级活动场所6个，互派挂职干部19人，向瑞丽、盈江地震灾区捐赠救灾款物20.7万元，向州和县市组织部门赠送边疆党建长廊工作车6辆。年内瑞丽姐告国门社区“抓党建固边疆”的做法和经验得到中央政治局委员、中央书记处书记、中央组织部长李源潮和省委书记白恩培，省委副书记李继恒，省委常委、省委组织部长辛桂梓的充分肯定并相继做出重要批示，其党建工作模式在全省范围内得到进一步推广。通过加强工作调研，对梁河县平山乡红祥村民小组、潞西市风平镇弄么村、陇川县勐约乡勐约栋村民小组等一批具有边疆民族地区特色的基层党建工作经验进行总结并在全州范围内推广。

【基层党建“五项工程”】 2009年，德宏州委组织部结合德宏边疆民族地区基层党建工作实际，全面组织实施“五项工程”。一是“农村党员发展”工程。把发展农村党员同培养村级后备干部和农村人才结合起来，壮大党员队伍，优化党员结构，提高党员素质。年内全州共发展党员1768名，其中，农村党员1090名，在发展的农村党员中致富党员占40%，高中学历及以上占32%，40岁及以下占79%。消除党员空白村民小组54个，剩余36个党员空白村民小组均建立了入党积极分子队伍。二是“农村党员素质提高”工程。以学习培训为抓手，以特色产业发展为载体，以党建示范基地为平台，深入开展“三培养”和“双建双带”活动，不断增强农村党员“双带”能力。年内全州共培训农村党员55334人次，新建农村党员示范基地85个，建立党员示范户662户。三是“农村带头人培养”工程。按照“守信念、讲奉献、有本领、重品行”的要求，加强农村党组织书记队伍建设，注重选拔思想政治素质好，带头致富、带领致富能力强，协调能力强的优秀党员担任村党组织书记，同时积极组织村组干部开展集中培训。年内全州共培养农村带头人2847名，其中党组织书记278名、村委会主任90名、致富党员1507 名。四是“农民服务站建设”工程。着力构建为民服务网络体系，采取固定与流动相结合的方式，积极为农民群众提供服务。年内全州共建成农民服务站50个、村级农民服务点268个，组建流动服务队128支，配备专用工作车辆11辆，在全省范围内率先实现了乡镇农民服务站全覆盖。全年共为群众办理各类事项22749件。五是“红旗飘飘”工程。以“同升一面旗、共爱一个家”为主题，在边境一线村寨无吸毒人员农户（党员户）、新农村建设（特色产业）示范点、重要交通沿线和党组织活动场所、国家机关、学校等公共场所开展升（悬）挂国旗、党旗活动，增强边疆各族群众的国家意识、国民意识、国土意识、国门意识、国防意识，激发爱党、爱国、爱家乡的热情。年内全州有33个乡镇、151个村委会、142 个村民小组实施了“红旗飘飘”工程，2826户群众户和719户党员户悬挂国旗、党旗，边境一线形成了“红旗升起来、党建抓起来、形象树起来”的工作格局。“五项工程”得到了中组部和省委组织部的充分肯定，中央及省、州重要新闻媒体进行了全面深入报道，其中“农民服务站建设工程”在中央电视台《新闻联播》栏目中播出。

【农村党员干部现代远程教育】

2009年，德宏州委组织部进一步加强对农村党员干部现代远程教育工作的领导，优化调整州农村党员干部现代远程教育工作领导协调小组设置，细化各成员单位职责，健全农村党员干部现代远程教育专兼职干部、站点管理、教学资源开发、教学辅导员和技术服务“五支队伍”，积极做好骨干人员培训工作。年内共培训骨干350余人次，共组织党员、群众收看远程教育节目8235场次，受教育党员群众17万余人次。截至年底，全州共建成远程教育终端站点406个，占全部计划的95%。

【干部选任】 2009年，德宏州委组织部认真贯彻落实《党政领导干部选拔任用工作条例》，坚持“四用四不用”标准，注重“德才兼备，以德为先”，在重点工程、重大项目、重要工作的推进中认识干部、发现干部、锻炼干部、选拔干部，全州深化干部人事制度改革工作得到进一步推动。年内在全省范围内公开选拔了州粮食局副局长和瑞丽姐告边境贸易区管委副主任各1名，在全州范围内公开选聘了德宏州中等职业学校校长和副校长各1名。建立新提拔干部和后备干部到信访部门锻炼工作机制，选派新提拔的5名处级干部到州信访局挂职锻炼。配合省委组织部按新规定完成了2名县市委书记选配工作。制定下发了《德宏州选拔培养年轻干部行动计划》、《德宏州2009—2020年党政领导班子后备干部队伍建设规划》、《德宏州县处级实职领导干部进行交流任职意见》等干部选拔任用机制文件。积极开展干部高职低挂工作，从州直部门选派了2名副处级优秀年轻干部到乡镇挂职担任党委书记。对全州处级后备干部进行集中调整，建立了有正处级后备干部112名、副处级后备干部236名的处级后备干部队伍。年内共组织召开民主推荐会议48场，对86个职位进行推荐，对90个考察对象人选进行了考察。州委常委会对166名拟任人选进行了票决，其中：提拔64人，平级调整35人，改任非领导职务17人，保留待遇2人，兼任职务任免15人，军转安置2人，挂职2人，机构更名任免4人，免职9人，享受待遇提前退休11人，提前退休3人。州委全委会对6名县市党政正职和州委、州政府部门拟任人选进行了票决。配合省委组织部干部考察组对3名厅级领导干部和19名厅级后备干部考察人选进行了推荐和考察，对任职满一年的28名县处级领导干部和5县市党委、人大、政府、政协班子、123名成员及10名法检“两长”换届以来的履职情况进行了考核，完成了州级法检“两长”选举工作。

【干部监督】 2009年，德宏州委组织部认真履行干部监督职责，不断加大工作力度，干部监督体系进一步完善。年内有92名县处级领导班子负责人进行了书面述职述廉，35名厅级领导干部、516名县处级领导干部报告了个人有关事项，对原盈江县委书记用人行为进行了离任检查。对1名正处级领导、1名副处级领导的信访举报问题进行了调查核实并进行了信访约谈。年内州和县市组织部开通了“12380”举报专线，共受理来信95件，涉及106人，均已办结。同时接待来访65人次，劝返重信重访59人次。年内对新提拔的86名县处级干部进行了任前公示，对公示期内23名科级干部的信访举报件进行了受理，发出征求意见函和审查监督表16份442人，向州纪委征求任职满一年的干部意见24人，审批乡镇党政正职任免材料29人。制发了《德宏州干部选拔任用工作“一报告两评议”暂行办法》等9个法规性文件。配合省委组织部开展了厅级后备干部集中调整中拉票行为治理和干部选拔任用专项检查。配合统计部门开展了县乡村领导班子和党政正职的公信度调查。

【干部培训和挂职锻炼】 2009年，德宏州委组织部积极创新干部教育培训工作模式，不断提高全州干部队伍素质，干部教育培训工作实现了“以级别为主向按类别为主转变，由一般轮训向专题培训转变，由中长期学制向短学制转变”。年内完成了2009年干部教育培训规划编制，开展了全州科级以上干部教育培训需求问卷调查，建立了干部培训档案。举办“基于资源和区位优势的德宏旅游产业发展策略”等8个“干部创新思维系列专题讲座”，受训6000余人次。落实了中央、省级57个班次227名干部的调训任务，举办十七届四中全会精神专题培训班56期，培训干部10533人次。组织实施了“十大培训工程”，共培训各级各类干部25275人次。年内选派1名厅级少数民族干部到教育部挂职，选派2名处级、2名科级干部到省直单位挂职，选派20名州直机关35岁以下年轻干部到乡镇挂职，积极做好上级下派德宏州挂职的4名干部的管理服务工作。

【干部管理】 2009年，德宏州委组织部严格执行干部管理有关政策规定，确保干部管理工作运转有序。协助省委考核组完成了36名省管干部2008年度考核的上报审批工作，确定优秀等次8人，称职等次28人；完成了2008年度704名州管干部考核工作，确定优秀等次126人，称职等次575人，不称职1人，不定等次1人，不参加考核1人；办理工资审批和接转手续691人次，其中正常晋升250人，职务变动69人，滚动晋级101人，津贴变动126人，转正定级15人，办理工资转移手续130人；办理出国政审56人，其中因公出国36人，因私出境20人；共收归管理因私护照275本，港澳台通行证60本；办理调动手续31人，接收军队转业安置4人；推荐考察任免科级干部20人，试用期任职届满考核测评11人，新招录公务员试用期满确定职务7人；对2008年选聘到村任职的52名大学生村官进行任前培训，落实工资福利待遇、社会养老和医疗保险；完成2009年选聘261名大学生到村任职工作，并组织岗前培训；组织26名定向考录乡镇（街道）公务员参加了省委组织部举办的初任培训；完成了2009年度从村（社区）优秀干部中定向考录乡镇（街道）公务员工作；为34名检察系统公务员办理了录用手续，开展了党群部门工勤人员招录工作。年内对州委组织部负责管理的1200余名在职干部档案进行检查核对，补缺干部任免审批表800余份；转入、转出干部档案20余卷，提供档案借阅100余卷（次）；开展公务员登记表审核工作，涉及14个管档单位共10818名在职干部档案，补充完善材料2727份；做好干部学历教育监管和审核工作，年内审验干部学籍材料298份。

【人才工作】 2009年，德宏州委组织部发挥牵头抓总作用，全面推进全州人才工作。制发了《德宏州人才队伍建设中长期规划纲要编制工作方案》、《德宏州人才队伍建设中长期规划纲要战略专题研究任务分解》，明确了全州人才工作方向、重点和目标。完成《德宏州人才工作新格局研究》》等7个专题调研，出台了《州人才工作领导小组职责和工作规则》，规范工作运转。建立健全人才信息库，及时掌握人才队伍总体结构变化。组织召开了中长期人才规划纲要编制协调会，分解落实工作任务，发挥好全州人才工作整体效能。配合省委组织部完成百名海外留学博士云南行德宏考察组的接待和服务工作，做好云南省第二届“兴滇人才奖”参评人员推荐工作。年内全州共引进高层次人才41名，其中德宏师专引进博士1名、硕士28名（留学硕士1名），州农业、教育、卫生部门共引进研究生12名。采取分级负责方式，大规模开展农村乡土人才培训工作，共培训各类农村乡土人才2443人。

【老干部工作】 2009年，德宏州委组织部认真抓好老干部工作制度和政策落实，推动老干部工作不断取得新成效。一是抓好政治生活待遇落实。年内走访看望老干部及无固定收入老干部遗属3389人次，建立州级在职领导联系同级老干部制度，制定完善了州老干部局机关在职干部联系州直机关单位离休干部和副厅级以上退休干部制度。年内先后两次组织老干部对潞西市市政建设及新农村建设等进行参观考察。按照文件精神，及时对离休干部的护理费进行调整和落实。由州政府批拨资金16万元，组织对州直单位离休和副处级以上退休干部进行健康体检。完成了边纵七、八支队老干部到怒江、丽江、大理考察和参加“4·2”武装起义纪念活动各项服务工作。二是加强老干部党支部建设。严格按照当年上交金额80%的比例，向老干部支部返还党费，确保了稳定的学习和活动经费投入。三是积极开展老干部学习培训活动。年内举办了第十期老干部读书班暨首期老干部党校理论培训班，共培训76人。举办了中老年健康知识讲座，240余人参加。四是抓好老干部活动中心、老年大学和老干部党校基础设施建设，确保老干部老有所为，积极发挥余热。五是切实做好老干部信访工作。年内共接待来访老干部87人次，收到来信11件，均及时予以受理和答复。

（《组织工作》撰稿 吴 翔）

宣传工作

【召开全州宣传文化工作会】 2009年3月5日，德宏州宣传文化工作会议在芒市召开。会议的主要任务是，深入贯彻党的十七大、十七届三中全会、全国、全省宣传部长会议精神，深入贯彻中央和省委关于切实做好意识形态工作的重大决策部署，全面总结上年的宣传文化工作，研究部署今年工作，为推进德宏经济社会又好又快发展提供强大的舆论支持和思想保证。会议由州委常委、州纪委书记李松林主持。州委副书记李兴顺出席会议并讲话，对全州的宣传文化工作提出了总体要求；州委常委、副州长、宣传部长田大余总结了去年的宣传文化工作，对今年的宣传文化工作作了具体安排。各县市（区）委副书记、宣传部长、文明办主任、外宣办主任、文产办主任、文化局长、广电局长，州委宣传思想工作领导小组各成员单位负责人，州级宣传文化系统正科实职以上干部近300人参加会议。

【举行大型民族题材电视连续剧《金凤花开》关机仪式】 2009年3月24日，由云南省著名女作家景宜创作，著名导演阎建钢执导，王学兵、左小青、高明、刘威、唐国强、刘劲等众多明星合力打造的大型民族题材电视连续剧《金凤花开》，完成在德宏州拍摄的戏份后，在瑞丽市举行关机仪式。省委常委、省委宣传部部长张田欣出席关机仪式并讲话，州委常委、副州长、宣传部长田大余、州委常委、瑞丽市委书记杨跃国出席了关机仪式。

【举行《神系云南》书画巨屏晋京暨国际巡回展创作开笔仪式】

2009年4月1日，由中共云南省委宣传部主办，中国书画院、云南省文联承办的“《神系云南》书画巨屏晋京暨国际巡回展活动”开笔仪式在德宏芒市广场举行。德宏州党政领导孟必光、李兴顺、余麻约、番跃平、杨红、王兴才、马闻、李有升、董成宝、卜金富、王明山、周湛鸿以及《神系云南》

书画巨屏创作组50多位中青年书画家出席活动。开笔仪式上，创作组为德宏献上两幅巨画《情系德宏》和《德宏神骏一决冲天》，州长孟必光作了热情洋溢的致辞，中国书画院院长、著名书画艺术大师陈鼎坤先生介绍活动情况，省文联副主席黄映玲宣布《神系云南》书画巨屏创作正式开笔，数十位艺术家现场作画。

【全州启动新一轮省级文明创建考评活动】 2009年4月20日开始，德宏州启动新一轮省级文明创建活动，评选命名表彰第十二批省级文明单位、第五批省级文明村、第二批省级文明小城镇和省级文明社区。为积极推动全州的文明创建工作上台阶、上水平，全州做了扎实的基础工作，并做好省级文明创建荣誉的申报工作。年内，州直单位申报和县市初评推荐工作已基本结束。受省文明办的委托，州文明办对全州涉及的1个镇、2个社区、25个村寨、77个单位进行实地抽查、考评。在听取上述各单位创建工作的情况汇报后，现场查阅了创建工作文档、图片资料，对群众和干部职工进行问卷调查，实地查看了各单位的创建环境，并按照量化考评表对照评分，对创建工作中存在的不足现场提出整改意见。

【召开学习实践科学发展观活动】

2009年4月23日，德宏州委中心组召开学习实践科学发展观活动专题会，进一步深化对科学发展观深刻内涵、精神实质和本质要求的认识和把握。州党政领导赵金、李兴顺、余麻约、马福朝、杨跃国、马永福、陈振冲、毛勒端、王兴才、孙春兰、杨庆华、杨丽云和州法院院长马真荣、州检察院检察长铁楠参加会议，省委检查指导组领导胡敏到会指导。州委书记赵金主持会议并讲话。与会领导紧紧围绕“发展第一要务，狠抓各项工作落实，确保全州各项工作目标任务顺利实现”主题，纷纷畅谈学习心得体会。大家认为，科学发展观内容丰富、思想深刻，学习实践科学发展观具有很深的现实意义，在今后工作中，要进一步理解科学发展观的深刻内涵，坚持务实肯干、勤政为民的信念，结合实际抓好贯彻落实，推动全州经济社会又好又快发展。

【云南社科专家德宏行暨百名学者话德宏调研咨询活动圆满结束】

2009年5月6至14日，由云南省委宣传部、中共德宏州委、州政府、云南省社科联联合举办的“2010年云南社科专家德宏行暨百名学者话德宏”大型调研咨询活动在德宏顺利完成。此次大型调研咨询活动，是在全省认真贯彻落实胡锦涛总书记视察云南的重要讲话和省委八届八次全会精神，把云南建设成为“绿色经济强省、民族文化强省、中国面向西南开放的桥头堡”的背景下进行的。围绕德宏经济社会发展需要，省社科联确定了42个调研课题，组织了41名省内外社会科学、自然科学和实际工作部门的专家，分经济、社会事业和对外开放（桥头堡建设）三个组，从5月7日开始，对梁河县、盈江县、陇川县、瑞丽市、潞西市5个县市进行了为期7天的实地调研。调研组把调研活动与推进理论大众化结合起来，每到一个县市遴选两名专家作理论宣讲报告，在德宏州5县市共作了10场报告，涉及桥头堡建设、生态建设、文化产业建设、基层组织建设、阳光政府建设、经济发展战略、区域经济、旅游经济等方面的内容，并给基层村寨文化室赠送了涉及农村政策、科学种植、养殖、反邪教、社科普及知识的书籍、光盘和电脑。5月14日，在芒市宾馆举行了“德宏经济社会发展高端论坛”，专家们围绕各自的调研主题作了发言，就进一步加快德宏州经济社会发展的有关重大问题进行了交流和讨论，为德宏经济社会的发展提出了很多宝贵的意见和建议。

【德宏与中国电视剧导演工作委员会签订战略合作协议】 2009年6月17日，中国广播电视协会电视剧导演工作委员会在北京隆重举行成立仪式。中国电视剧创作前沿的优秀导演，上百位文娱界代表人物和当红影视明星出席了成立仪式。成立仪式上，州委常委、副州长、宣传部长田大余代表州委、州政府与导演委员会签订了战略合作协议，德宏州正式成为了导演委员会唯一地方性的战略合作单位。根据战略合作协议，中国电视剧导演委员会将把德宏州列为主要的创作基地，双方将在电视剧创作、文化产业发展、对外文化宣传等方面开展全面合作，德宏将利用导演委员会这个平台，借助文化名流、影视明星、艺术界、新闻界的资源，全面提高德宏的知名度和影响力，吸引全国知名影视艺术家到德宏采风创作，吸引海内外文化投资商到德宏投资创业。

【举行中国东盟石博会德宏（昆明）国际翡翠毛料展销会暨珠宝文化宣传周】 2009年7月10至18日，中国（昆明）东盟石博会暨珠宝文化节在昆明国际会际中心举行，德宏州作为主办单位，在此期间开展了德宏（昆明）国际翡翠毛料展销会暨珠宝文化宣传周系列宣传推介活动，积极宣传推介德宏的民族文化和珠宝文化，对外打响了“美丽德宏·中国玉都”品牌。活动内容包括新闻发布会、德宏（昆明）国际翡翠毛料展销会暨德宏珠宝文化宣传周开幕式、“玉出云南·玉美德宏”珠宝走秀展演活动、翡翠毛料精品公开拍卖活动、玉石毛料和成品展销活动等等。德宏丰富多彩的活动吸引了媒体的关注，新华社、中央电视台、新华网、云南人民广播电台经济频道、新华手机画报等30多家中央和省内外新闻媒体对德宏的活动作了报道。活动期间，德宏展销团共成交翡翠毛料2800公斤、黄龙玉毛料19000公斤，成交翡翠成品720件、黄龙玉成品9510件，成交总额达4498万元。德宏（国际）翡翠毛料展销会暨德宏珠宝文化宣传周的成功举办，进一步扩大了德宏珠宝的知名度和影响力，广泛宣传推介了德宏的美好形象，叫响了“美丽德宏·中国玉都”文化品牌。

【举办第七届“红土地之歌”演讲比赛】 2009年8月7日，“天翼杯”德宏州深入学习实践科学发展观暨第七届“红土地之歌”演讲比赛在芒市举行，从全州各县市160名选手通过层层遴选出的13位选手参加了比赛。全州党政领导马永福、李燕兰、赵家培、管国芳、杨丽云和主办单位领导出席演讲比赛。此次“红土地之歌”演讲比赛由州委学习实践科学发展观活动领导小组主办，州委宣传部、州文明办承办，州委学习实践科学发展观领导小组办公室、州关工委、州文化局、州总工会、团州委、州妇联、中国电信德宏分公司联办。通过激烈角逐，来自云南艺术学院的刘永京和来自梁河县广电局的伏玉洁获得一等奖，获奖选手将代表全州参加10月在昆明举行的云南省第七届“红土地之歌”演讲比赛。

【举行中央三部委向西部地区送电脑仪式】 2009年9月24日，中央文明办、教育部、文化部向西部地区送电脑仪式在德宏州潞西市芒市镇木康小学举行。活动仪式上，中央文明办专职副主任王世明转达了中共中央政治局常委李长春和中共中央政治局委员、中央书记处书记、中宣部部长刘云山对西部地区广大群众的关心和问候，就向西部地区赠电脑活动的重要意义作了说明。省人大常委会副主任、省文明委副主任杨保健、教育部基础教育二司副司长李天顺、文化部社会文化司副司长张永新分别作了讲话。州委书记赵金代表州委、州政府向中央和省对德宏的关心支持表示感谢，就使用好受赠电脑，抓好全州精神文明建设作了表态，提出了要求。省委宣传部常务副部长尹欣主持仪式。全州党政领导赵金、孟必光、田大余、汪宝泉、董成宝和潞西市相关领导出席了仪式。本次向西部地区送电脑活动，是中央三部委响应中央号召，旨在帮助目前还没有电脑的西部中小学校和乡镇、社区文化站改善上网阵地缺乏的状况，促进西部地区互联网建设和应用。

【举行庆祝新中国成立60周年纪念大会暨歌咏晚会】 2009年9月29日，德宏州举行庆祝新中国成立60周年纪念大会暨歌咏晚会，为祖国母亲60华诞献上一份厚礼。德宏州委副书记李兴顺主持大会。州委书记赵金在会上发表了热情洋溢的讲话，回顾了全州60年来在党中央、国务院和省委、省政府的关心帮助下，经济社会发展走过的历程和取得的巨大成就，描绘了全州未来经济社会发展的美好蓝图，提出了德宏要以新中国成立60周年为动力，努力实现与全国全省同步进入小康社会的宏伟目标。晚会上，来自州直各单位、各行各业、各驻军和潞西市党政机关的16支演唱方队献上了激情澎湃的歌声。用歌声赞美了改革开放以来全国经济社会各项事业取得的伟大成就，抒发了对祖国美好未来的向往，晚会在州委机关代表队演唱的《歌唱祖国》中结束。州政协主席龚敬政，州委、州人大、州政府、州政协四班子领导和离退休州级领导，各县市、州直各单位代表，各少数民族群众代表、妇女代表、工人代表，劳模、英模、先进工作者、专家学者、军休干部代表，以及驻德宏解放军指战员、武警部队官兵和企业界知名人士代表等2500余人参加了大会。

【举办新闻业务和宣传文化骨干培训班】 2009年11月10至13日，德宏州委宣传部、州委组织部、州委党校联合举办新闻业务培训班和宣传文化骨干培训班，州及各县市宣传文化部门和媒体的采、编、播业务骨干200余人参加了学习。州委常委、副州长、宣传部长田大余在培训班上作动员讲话，要求学员们要认清新形势下宣传文化工作的职能任务，提高宣传文化工作的历史责任感；要高举旗帜，围绕大局，突出重点，改革创新，认真抓好各项工作任务的落实；面对当前国际国内的新形势，要不断加强学习、更新知识结构、扩大知识面，提高工作本领，把自己锻炼成为高素质的干部，不断适应新形势下宣传文化工作的需要。培训班邀请《春城晚报》原总编辑、云南报业协会秘书长刘祖武，新华社云南分社记者秦晴、云南大学人文学院新闻系主任单晓红教授，分别就新闻写作专业知识、摄影专业知识和当代传媒发展趋势、地方传媒发展出路等内容作了专题讲座；邀请了省文产办常务副主任、省文化厅副厅长范建华、省外办新闻处处长李晖和州委党校副校长杨晓兰、副教授和跃宁，分别进行了文化产业发展实务、做好外国媒体采访突发事件工作、十七届四中全会精神解读和对建设马克思主义学习型政党、提高全党马克思主义水平的思考等内容的专题讲座。

【理论武装工作深入开展】 2009年，德宏州委宣传部以党校为阵地、县乡为重点全面开展了党的十七届三中、四中全会精神宣讲工作；以“五用”为主要抓手，扎实推进了全州深入学习实践科学发展观活动；安排部署德宏州宣传文化理论社科界学习贯彻党的十七届四中全会精神，并组织召开了宣传文化理论社科界“学习贯彻党的十七届四中全会精神理论研讨会”；组织社科专家、学者参加“首届刀安仁革命思想学术研讨会”；围绕德宏经济社会跨越式发展紧密相关的20余个课题，组织社科专家进行了深入调研，形成了课题调研报告；组织召开了社科联第三次代表大会，完成了换届工作；认真组织开展了德宏州第三次哲学社会科学优秀成果评奖活动，共评出优秀成果19项。

【社会宣传教育成效明显】 2009年，德宏州深入进行爱国主义、社会主义、集体主义教育，广泛开展公民道德建设、诚信教育实践、社会主义荣辱观教育等活动，增强各族人民爱党爱国爱社会主义的感情；加强禁毒防艾宣传教育，深入推进禁毒防艾宣传进学校、进社区、进医院、进车站、进建筑工地、走进田间地头，以“远离毒品、关爱未来”为主题，组织开展了“6·26”国际禁毒日系列宣传教育活动，组织实施了国家和省防艾委在瑞丽举办的禁毒防艾边疆行大型宣传活动；认真开展了“打击违法添加非食用物质和滥用食品添加剂”、“德宏州治理跨境赌博”专项整治活动的宣传教育工作，组织开展了第八个“安全生产月”宣传活动、“创建平安和谐德宏签名活动暨综治维稳宣传月启动仪式”、“全州见义勇为表彰大会暨政法综治先进事迹报告会”、“爱心包裹”募捐活动；认真做好甲型H_1N_1流感防控宣传工作，制定下发了《德宏州甲型H_1N_1流感防控宣传工作应急预案》、《德宏州甲型H_1N_1流感防控宣传工作方案》、《关于进一步加强甲型流感防控宣传报道的通知》；组织开展了德宏州庆祝新中国成立60周年的10余项系列活动，精心编撰了《与共和国同行——德宏60年》大型文献、《庆祝新中国成立60周年暨德宏经济社会跨越式发展研讨文集》；深入开展了社科知识宣传普及活动，发放各类宣传资料近3万份，受教育群众达7万多人次。

【舆论引导和新闻宣传取得新突破】 2009年，德宏州委宣传部围绕德宏州经济社会各项事业建设进程和社会热点难点问题做好新闻宣传，推进新闻媒体改版改革，加强社会舆论引导。一是认真抓好州委五届七次全会、德宏州十三届人大二次会议和德宏州政协十届二次会议等重大会议的新闻宣传报道。二是围绕全州经济社会发展各条战线的重点工作开展宣传报道，组织召开了德宏州扩内需保增长十大工作重点新闻发布会、阳光政府四项制度新闻发布会。三是推进了德宏州新闻战线“三项学习教育”活动，召开了德宏州新闻工作者协会、德宏州新闻学会第三次会员代表大会。四是推进了州级新闻媒体的改版改革。德宏团结报对汉文报和4种民文报实施全面改版，并将印刷设备全部改为彩印设备，推动了整体办报质量和办报水平迈上一个新台阶，《德宏团结报》汉文版在今年云南省第八届报纸质量评比会上荣获金奖，景颇文版报纸荣获优质奖，傈僳、载瓦文版报纸荣获优良奖。德宏人民广播电台加大改版创新力度，汉语、民语均实现了网上广播，全天播出时间增至17.8小时，并增加了大量的直播节目，《德宏热线》、《交通立交桥》、《飞越城市》等栏目深受听众喜爱，同时与国际广播电台合作建设“区域性国际频率”，实现了综合频率定时转播国际广播电台缅语节目。德宏电视台通过创新机制，配置了数字设备，节目播出质量明显提高，先后推出了《深入学习实践科学发展观》、《德宏记忆》、《德宏边疆红旗飘》、《民族立法的足迹》等一大批专题专栏，《第二视角》恢复了“走街串巷”

栏目，增添了节目的互动性、趣味性和参与性。德宏民语译制传播中心积极实施硬盘播出及演播系统安装工程，有效提高了民语电视的制播水平，并通过改版，进一步提高了收视率，有3件新闻作品获得省级新闻奖，实现了历史性突破。孔雀之乡网站通过改版改革，全新设计了网络页面和栏目设置，丰富充实了一大批可读、可视性较强的内容，于2009年10月荣获“全国地方门户创新品牌奖”，门户网站的影响不断扩大。

【精神文明建设不断深化】 2009年，德宏州委宣传部继续运用在实践中形成的精神文明建设的有效载体，着力在巩固、深化、拓展、延伸上下功夫，不断提高了群众性精神文明创建工作水平。一是启动了创建全省未成年人思想道德建设工作先进城市工作和新一轮省级文明创建考评工作；二是开展了德宏州第十二批省级文明单位、第五批省级文明村、第二批省级文明小城镇和省级文明社区的申报评选工作和德宏州首届文明小城镇、文明社区和2008—2010年度文明行业、文明单位、文明村的评选工作；三是深入开展新农村精神文明建设调研活动，形成了《德宏州农村精神文明建设调研报告》；四是开展了德宏州首届道德模范评选表彰活动、“向国旗敬礼、做一个有道德的人”网上签名寄语活动、第七届“红土地之歌”演讲比赛、“爱心送考”公益活动、“唱红歌颂祖国 赞歌嘹亮新边疆”冠华红歌会系列活动、“云南省精神文明建设成就展”之“文明德宏行”活动，组织参加了新中国成立60周年云南精神文明建设精品文艺汇演；五是抓好2009年“西部开发助学工程”受助贫困大学生的推荐申报工作；六是认真配合做好中央文明办、教育部、文化部向西部地区赠电脑活动。

【推进文化体制改革和文化产业发展】 2009年，德宏州积极推进文化体制改革和文化产业发展，其具体做法是：一是深化德宏传媒集团内部管理体制和运行机制的改革，初步建立起了一套科学有序、高效运行的机制。二是按照国家新闻出版总署的改革要求，启动德宏民族出版社的改革，明确把德宏民族出版社确定为公益性事业单位，改革方案经州委、州政府同意，上报国家新闻出版总署。三是撤销德宏州民族歌舞团、德宏州民族艺术剧院组建德宏州民族歌舞剧院。四是对公益性文化事业单位的内部“三项制度”改革进行前期调研，为启动改革做好准备。五是加强项目论证与储备，健全和完善项目库建设，论证和储备了40余个市场潜力巨大、可行性强和产业联动效应好的旅游文化产业项目，并通过省文产办文化产业推介中心进行招商引资。六是加快项目建设步伐，夯实产业发展基础，推进了“芒市鸿杰饮食娱乐文化城”、“孔雀湖休闲度假区”、“景成地海温泉”、“陇川景颇文化园”等项目建设。七是全力加快珠宝产业发展。修改完善了《德宏州珠宝产业发展规划》、《德宏州加快珠宝产业发展实施意见》，确定了德宏珠宝产业“一都三城、一极两翼、多点幅射、联动发展”的思路；推进了瑞丽翡翠毛料公盘市场、南亚东南亚商务会所、盈江永德珠宝城等一批珠宝产业项目的建设，盈江、瑞丽两个翡翠毛料公盘市场先后建成并开盘；启动了“数字玉都”电子导游工程，推进了珠宝诚信联盟建设活动；建设开通了“瑞丽国际珠宝网”、“云南珠宝文化网”2个大型专业珠宝网站，在“孔雀之乡网”等门户网站上开设了德宏珠宝频道，进一步拓宽珠宝信息发布宣传渠道和平台。八是推进德宏传媒集团经营性业务的拓展，新闻媒体经营性业务发展态势良好，全年收入达到600余万元，超额完成了州政府下达的经营创收任务。

【全面提速对外宣传】 2009年，德宏州实施对外宣传提速3年行动计划，多载体、多渠道、多媒体、多形式加强德宏对外宣传，提高了德宏的知名度和美誉度。其具体做法是：一是媒体外宣成效显著。年内，先后邀请中央和省内外新闻媒体100多家、230余批次、近700名记者到德宏采访报道，共采写、制作、刊播、转载反映全州民族风情、文化旅游、经济社会发展等内容的各类稿件22000余篇（条、幅），其中，报刊类媒体共刊发德宏专题近250个，广播类媒体共播发德宏专题50多个，电视类媒体共拍摄制作德宏专题120多个（央视拍摄72期），网络类媒体共编发德宏专题100多个。二是节庆外宣丰富多彩。通过民族传统节日歌舞展演等活动，充分展示了德宏的民族文化和民族风情；成功举办了东盟石博会德宏（昆明）国际翡翠毛料展销会暨珠宝文化宣传周、第二届中国·瑞丽国际珠宝文化节等一系列宣传推介活动，对外打响了“美丽德宏·中国玉都”品牌，扩大了德宏珠宝的知名度和影响力。三是文化外宣亮点突出。不断完善了

《东方珠宝》的办刊合作机制，与祥鹏航空公司合作，《东方珠宝》成为祥鹏航空公司唯一上机读物；编辑出版了《美丽德宏·康体天堂》画册和《德宏响声》旅游读物；牵头组织开展了《神系云南》书画巨屏晋京暨国际巡回展在德宏的各项活动、首届“美丽德宏风情、风景画展”；组织了第三届德宏州青年歌手电视大奖赛，并赴昆参加全省大赛；积极配合大型民族题材电视连续剧《金凤花开》剧组完成在瑞丽的拍摄工作，协助中央新闻记录电影制片厂《五十六个民族五十六朵花》摄制组完成了在德宏的拍摄任务；与中国电视剧导演工作委员会签订战略合作协议，德宏州成为中国电视剧导演工作委员会唯一地方性战略合作单位。对外宣传工作卓有成效的开展，极大的提升了德宏的知名度和美誉度。在由中华文化促进会、节庆中华协作体、宁波市人民政府共同主办的第二届“节庆中华奖”的评选中，“中缅胞波狂欢节”荣获最佳国际交流奖；在云南日报报业集团组织开展的“云南16州市幸福指数评比”活动中，德宏名列第三位；在人民网组织开展的“全国最具民俗文化特色旅游目的地”评选活动中，德宏获得全国20强，名列第十位。

【队伍建设】 2009年，德宏州宣传部加强干部队伍建设，具体做法是：一是根据《中共德宏州委德宏州人民政府关于加强宣传文化工作的决定》精神，理顺了宣传文化系统的干部管理体制。二是加强了干部培训。组织开展2009年全州新闻专业中、高级职称评定工作；举办新闻业务培训班和宣传文化干部培训班，对全州各媒体采、编、播业务骨干和宣传文化业务骨干200余人进行了培训；选送干部参加中宣部西部地区党委宣传部长培训班，全省“四个一批”人才培训班、全省理论骨干培训班、鲁迅文学院第十二届青年作家高级研讨班、中青班、全省新闻业务培训学习。三是实施了优秀人才引进工程。向社会公开招聘和选调具备本科以上文化程度的宣传文化人才28人充实到新闻媒体采、编、播一线，其中有5人为硕士研究生。四是组织了挂钩点梁河县河西乡芒杏村干部30人外出参观学习新农村建设经验，使村干部开阔眼界，提高了履职素养。

（《宣传工作》州委宣传部办公室供稿）

德宏传媒集团

【制度建设】 2009年，德宏传媒集团围绕整合目标，从制度建设入手，整章立制，用科学的制度实施有效管理，为建立新的体制机制提供制度保障。一是在深入调研、多方征求意见的基础上，通过集团总裁会议先后制定实施了《德宏传媒集团人事、行政、财务管理暂行办法》、《德宏传媒集团议事决策制度》、《德宏传媒集团固定资产管理办法》、《德宏传媒集团人事编制管理暂行办法》、《德宏传媒集团预算管理暂行办法》、《德宏传媒集团优秀人才评选规则》、《德宏传媒集团新闻对外协作管理办法》等一系列规章制度和奖惩激励措施，编印下发了《德宏传媒集团管理手册》，初步建立了集团内部的人事编制管理、资产管理、财务管理、广告经营管理的工作体系，理顺了集团与各媒体之间的相互关系。二是签订了集团对州委州政府宣传工作和经营管理的目标考核责任书，签订了集团与各媒体的宣传、经营管理、综治维稳、党风廉政目标考核责任书，明确了相应的年度工作目标、任务和考核奖励办法，选举成立了集团工会、妇委会等群团组织，理顺工会、老干、妇女、共青团等群团组织关系以及党风廉政责任制、综治维稳年度考核工作关系，初步实现了人事财务管理、行政后勤管理、对外开展经营活动的统一。三是按照“资源共享、优化配置、服务更好、效率更高”的整合要求，德宏传媒集团与州委宣传部共同制定下发了《关于统筹德宏传媒集团各新闻媒体宣传报道的通知》，规范了新闻宣传分级管理的原则和办法，明确了德宏传媒集团及所属媒体与州委宣传部的关系。四是集团领导及新闻部主动拜访州委、州人大、州政府、州政协和州纪委监察局等五大机关办公室负责人，就新闻宣传如何“围绕中心、服务大局”履行职能进行积极接洽，建立了通畅、快捷、有效的新闻宣传协调渠道，为及时宣传报道州五大机关的决策部署提供了有力保障。五是集团多次召开媒体负责人会议，明确新闻协调统筹办法，确定集团协调各媒体新闻宣传的对应负责人和相关科室，基本理顺了集团与所属媒体的新闻宣传统筹协调关系。

【新闻宣传】 2009年是新中国成立60周年，又是“保增长、保民生、保稳定”的关键年。德宏传媒集团以提高舆论引导能力为重点，围绕中心、服务大局，紧扣州委、州政府的中心工作，及时研究制定下发集团年度、阶段性新闻宣传要点和重大新闻报道方案，有效发挥传媒资源聚集的优势，加大对重大宣传报道的统筹协调力度。以宣传贯彻党的十七大精神为主线，坚持团结和谐、昂扬向上的宣传基调，紧紧围绕纪念改革开放30周年、深入学习实践科学发展观、应对金融危机"扩大内需，保增长，保稳定，保民生"、甲型流H1N1感的防控、庆祝建国60周年、纪念人民政协成立60周年、全面贯彻全州经济工作会议精神、认真贯彻党的十七届四中全会精神和州委五届十次全会精神等主题组织开展重点宣传，努力把全州干部群众的思想统一到中央对建国60周年、改革开放30年伟大成就、宝贵经验和历史地位的科学论述上来，统一到中央对当前形势的判断上来，统一到贯彻落实科学发展观的具体要求上来，统一到州委的决策部署上来，进一步凝聚了力量，振奋了精神，坚定了加快发展的信心和决心。在各项重大宣传战役中，德宏传媒集团及时统筹协调所属媒体适时开设专栏、专题、专版，以通稿、音像共用、相互投稿等形式开展报道，各媒体记者深入采访报道，上下联动、相互配合，初步形成了资源共享、优势互补的宣传合力；发挥新闻资源聚集的优势，以"孔雀之乡网"为平台和载体，整合所属媒体新闻信息资源，组织所属新闻媒体内容上挂网站，初步实现传统媒体、新兴媒体的联合和新闻资源共享，拓展了传统媒体的覆盖面和影响力。

【改版创新】 按照全州宣传工作会议的要求，德宏传媒集团及所属媒体遵循新闻规律，坚持"三贴近"，着力创新办媒理念、内容和形式，积极推进报纸、广播、电视、网站的改版创新工作，进一步提升办媒质量和水平。德宏团结报社以争创全省州市一流党报为目标，完成了印刷技改工程建设，小报改大报，黑白改彩印，并建设了《云南日报》德宏代印点，为德宏、保山、怒江三个州市服务，是全省"党报快速覆盖工程"重要举措；对汉文报和4种民文报实施全面改版，发行量显著提高，办报水平迈上了一个新台阶，报纸的吸引力、影响力大大增强，在全省第八届报纸印刷质量评比中，新版《德宏团结报》汉文版获得金奖，景颇、傈僳、载瓦文版分别获得优秀奖，全年有26篇作品获得省级以上新闻奖。德宏人民广播电台加大"孔雀之声"综合频率的改版创新力度，努力实现"拉近听众，向零距离靠近"，改版后全天节目时长增加30分钟，除新闻节目外均为直播节目，集思想性、服务性和娱乐性为一体，节目设置更合理、内容更丰富、形式更多样；全年进行"飞跃城市"对外连线直播48次，上传稿件被云南人民广播电台采用60条次，获得省级以上新闻奖项47个，广播新闻宣传的质量和水平不断提升。德宏电视台致力打造品牌栏目、精品节目，改版后《德宏新闻》每期播出新闻近20分钟，《第二视角》恢复了"走街串巷"栏目，全年上传新闻被中央电视台采用播出31条次、被云南电视台采用播出163条次，采用率排名跃居全省第五，共有22件新闻作品荣获省级以上新闻奖。德宏民语文化传播中心对节目、栏目实施全方位改版，突出本土化、民族化、大众化特色，自办节目大为增加，收视率逐步提高，少数民族群众越来越感到德宏民语台播出的节目"缺一天都不行"，全国人大、全国政协、国家民委、国家广电总局到德宏调研民语广播电视时称德宏民语台是"不上星的国际台"；中央、省有关领导多次表扬德宏民语电视所做的工作，特别在学习实践科学发展观活动中，坚持"五用"措施，发挥了汉语电视所不能替代的作用。互联网德宏新闻中心立足德宏、面向世界，主打外宣、兼顾内宣，突出网络信息的及时性和互动性，努力把"孔雀之乡网"建设成辐射广泛、具有影响力的门户网站，同年"孔雀之乡网"荣获"全国地方门户创新品牌奖"，品牌的对外影响力进一步提升。

【事业建设】 德宏传媒集团积极实施以项目带动事业发展战略，紧紧抓住国家"扩大内需，保增长"的重大机遇，打好边疆、边境、民语、民文、民族牌，抓好项目的规划、论证、储备、上报工作，依托国家、省建设项目改善设备设施，促进自我发展。2009年，德宏传媒集团共向省、州发改委申报项目14个，储备项目20个。德宏少数民族语言文化译制传播中心、德宏新闻中心等重点项目建设正在加紧推进。德宏团结报社购置500多万元的彩报印刷设备投入使用，极大地提高了报纸的印刷质量。德宏人民广播电台加大网络技术支持力度，汉语、民语节目均实现了网上广播，扩大了播出平台，拓展了收听的渠道，以陇川、盈江、梁河三县区为重点的民语广播得到延伸；与中国国际广播电台合作，大力建设"区域性国际频率"，实现了综合频率定时转播国际广播电台缅语节目，覆盖了整个边境一线；改造民语直播间，更新升级民语制播设备，引进先进技术，构建了制播一体化无缝连接的网络系统，极大地提高了广播节目制播水平。德宏电视台通过硬盘播出设备的购置使用及筹资购置拍摄摇臂等大型设备，播出质量有了较大提高。德宏民语文化传播中心实施硬盘播出及演播系统安装工程，提高了民语电视的制播水平。德宏民族出版社积极创新工作思路，投资建设瑞丽姐告"国门书社"，较好地发挥了对内方便群众阅读，对外进行文化传播的作用；同时，德宏少数民族音像出版社的申报工作获得重大进展。

【产业发展】 2009年，德宏传媒集团"一手抓公益性的新闻宣传事业、一手抓经营性传媒文化产业"，在发挥好党和人民喉舌功能的同时，又作为市场竞争主体，积极参与市场竞争，壮大自身经济实力。一是积极巩固提升传统传媒产业（即媒介广告），做到固基强本，全年广告收入达到了639万元，比改革前增长了1.75倍。二是积极盘活资源，在延伸产业上下功夫，在重点发展主业的前提下，积极向创意、策划、咨询、娱乐、演艺、印刷、旅游等衍生产业拓展。截至2009年底，德宏民族文化产业园区招商引资工作已达成初步意向，由集团控股的德宏民族文化传播有限公司已正式挂牌运营，德宏印务有限公司、德宏图书发行有限公司正在筹建之中。同时，运用广播电视频率、频道资源与州外媒体合作开发也取得一定进展。

【队伍建设】 2009年，德宏传媒集团积极实施"走出去"与"请进来"战略，按照"公开、公正、透明、择优"的原则，协助州委公开招聘集团常务副总裁、总经理1人，公开招聘新闻业务人员18人，公开选调新闻业务人员5人，引进硕士5人。加强在职在岗人员的培训，重点培训采、编、播一线人员、创意策划人员、技术维护人员、经营管理人员，努力建设一支精通业务、充满激情、开拓创新、干事建业的传媒队伍，全年全集团累计培训42批（次）964人（次）。

【采用"五用"措施宣传科学发展观特色】 按照州委赵金书记"新闻媒体要做传播科学发展观的主阵地、新闻记者要做科学发展观的传播者、学习实践科学发展观的排头兵、老百姓的贴心人和党委政府推动德宏科学发展的冲锋号"的指示，2009年，德宏传媒集团充分发挥各媒体民族干部职工多、民族干部职工素质较高和拥有宣传人才、宣传平台的优势，积极采用"五用"措施，在抓好汉语、汉文宣传教育的同时，突出民语民文宣传优势，以民文报纸、民文图书、民语广播、民语电视、民语节目、民族节庆为宣传平台，全方位、多形式地组织开展声势浩大的宣传活动，在第二批开展深入学习实践科学发展观活动期间6家媒体共刊播科学发展观活动新闻稿件5581条（幅），做到了"报纸天天有版面、广播天天有声音、电视天天有画面、网页天天有页面"，营造了浓厚的舆论氛围，推动了全州学习实践活动的深入开展。

【迁入正式办公地点】 德宏传媒集团组建后，集团总部机关及互联网新闻中心没有明确的办公地点，严重影响了各项工作的正常开展。经州政府研究决定，将原州体育局办公用房无偿临时借给德宏传媒集团管理使用。在做好资产移交手术并简单修缮和购置基本办公设备后，集团总部机关及互联网新闻中心于2009年2月30日从长江宾馆搬入原体育局办公楼（潞西市勇罕街1号）办公，解决了没有固定办公地点的问题。

【召开首次全体干部职工大会】

2009年3月31日下午，德宏传媒集团在州委党校报告厅召开首次干部职工大会，集团领导班子及所属媒体干部职工共200余人参加会议。集团党委副书记、纪委书记熊艳主持会议。会上，州委宣传部副部长、集团党委书记、常务副总裁董家垠传达了全州宣传工作会议精神，总结了德宏传媒集团组建以来所开展的主要工作，安排部署了2009年的工作任务，并代表集团分别与所属6家媒体签订了党风廉政建设责任书和综治维稳责任书；副总裁、总经理张峻对集团经营管理和产业发展提出了要求。州纪委党政纪工委副书记苟洪文应邀参加会议。

【召开首次全体党员大会】 根据州委批复，2009年11月20日，德宏传媒集团在州委党校阶梯教室召开全体党员大会，德宏传媒集团总部及所属6家媒体的146名党员参加大会。按照《德宏传媒集团党员大会选举办法》，146名党员通过无记名投票选举产生了中共德宏传媒集团第一届委员会委员和纪律检查委员会委员。之后，新当选的"两委"委员召开第一次全体会议，选举董家垠为中共德宏传媒集团党委书记，选举熊艳为中共德宏传媒集团党委副书记、纪律检查委员会书记。会上，董家埌代表新当选的“两委”委员做了表态发言，州委组织部副部长、州直属机关工委书记岳麻空对新当选的“两委”委员提出了要求。州纪委党政纪工委书记徐开卫等应邀参加大会。

【成立德宏州文化传播有限责任公司】 为进一步挖掘、开发、传播德宏民族文化，推进文化产业的发展，德宏传媒集团通过认真调研和论证，决定按照市场运作模式和现代企业管理制度，与潞西市四方广告装潢有限公司共同出资成立德宏州文化传播有限责任公司。2009年12月31日，德宏传媒集团在德宏广电大楼举行文化传播有限责任公司揭牌仪式。州人大常委会主任余麻约，州委常委、副州长、宣传部长田大余，州政协副主席董成宝等领导以及州和潞西市各部门负责人莅临祝贺。田大余在仪式上讲话，对德宏传媒集团深化文化体制改革、加快文化产业发展的举措表示肯定，并对文化传播有限责任公司今后发展提出要求和希望。集团党委书记、总裁董家埌介绍了集团组建以来的基本情况以及文化传播有限责任公司成立的背景。仪式上，余麻约、田大余共同为文化传播有限责任公司揭牌。

（《德宏传媒集团》撰稿　郑海洪）

德宏团结报社

【社区建设】 2009年1月，德宏团结报社重新修缮了社内公用单车、摩托车停车房。投资2万余元在单位办公楼、停车房、出租房、大门、印刷车间等公共区域安装了16路摄像头，值班室可对上述区域进行24小时监控，能及时处理突发性事件和提供综治痕迹录像，为报社综治工作提供了技术保障。4月，投资3万余元在大院内安装了一套露天健身器材、一幅篮球架，并将印刷车间门前的空地进行平整夯实，为报社职工和院内住户开展文体活动提供了便利条件。

【五种文报改版彩印】 2009年2月，为保障《德宏团结报》汉、傣、景颇、傈僳、载瓦五种文版报纸改版彩印，德宏团结报社领导班子认真听取技术专家的意见并吸取同行改版彩印的成功经验，有序地开展改版彩印的各项工作。在设备采购、安装、调试环节严格把关，投入500万元专项资金购置了北京人民印刷机械股份有限公司生产的北人40A4+4色对开轮转机、北人624四开四色平胶机和日本网屏激光照排机等印刷设备，使印报设备跨入全省州市党报印刷的先进行列。为了使报纸在视觉和内在品质上同步提高，报社专门成立了五种文版改版领导小组，充分吸取《云南日报》、《玉溪日报》及其他州市党报改版的先进经验，主要从色彩搭配、版面设计、栏目设计、图片安排、稿件选择方面着手对五种文版进行全面改版，力求视觉感官入目，新闻质量入心，稳步提高报纸的权威性、指导性和可读性，增加报纸的影响力、亲和力和竞争力，达到视觉与报纸内在品质的完美结合。4月27日《德宏团结报》五种文报经过改版领导小组精心设计交付印刷，同时向外宣布于5月1日正式改版。当五种文报以崭新的面貌出现在读者的眼前，受到了州委领导的高度评价和社会各界的交口称赞。

【报社印刷厂成为《云南日报》代印点】 2009年3月，云南日报报业集团为贯彻落实省委建设“党报快速覆盖工程”的要求，派考察小组到德宏团结报社考察调研，确定德宏团结报社印刷厂为《云南日报》第一个代印点。5月1日下午，云南日报报业集团党委书记、社长罗杰与中共德宏州委书记赵金共同按下彩色印刷机按钮，《云南日报》德宏代印点正式开印，德宏、保山、怒江3州市的干部群众当天就可以阅读到《云南日报》。

【举行《德宏团结报》改版彩印暨《云南日报》德宏代印点开印庆典】 2009年5月1日下午，《德宏团结报》改版彩印暨《云南日报》德宏代印点开印庆典隆重举行，云南日报报业集团党委书记、社长罗杰，副社长、总编辑徐体义，省委《支部生活》杂志社社长李维，《春城晚报》总编辑张光旭，云南日报报业集团副总经理刘卫平，北京人民印刷机械股份有限公司董事长庞连东，省邮政公司副总经理李克超，州党政军领导赵金、孟必光、李兴顺、余麻约、龚敬政、田大余、马福朝、番跃平、孙春兰、杨丽云，省印刷物资总公司、浙江萧山日报社、昆明日报社、丽江日报社、楚雄日报社、玉溪日报社、曲靖日报社、怒江日报社以及友好邻邦缅甸印刷业界有关负责人，州直各部门和中央、省驻德宏各单位及各县市有关负责人共400余人出席庆典。省新闻出版局、西双版纳报社、文山日报社、红河日报社、77332部队及州内相关单位发来了贺信、贺电。田大余主持庆典，李兴顺代表州委、州政府致辞，徐体义代表云南日报报业集团党委、庞连东代表北人集团讲话。赵金、罗杰、孟必光、李兴顺、余麻约、龚敬政、马福朝、徐体义、张光旭、刘卫平、庞连东、李克超共同为开印庆典剪彩。赵金、罗杰启动了《德宏团结报》改版彩印暨《云南日报》德宏代印点开印按钮，孟必光和庞连东启动了《德宏团结报》彩报民文版开印设备。当天下午和晚上还举行了庆典晚宴和联欢晚会。

【汉文版荣获省级印刷金奖】 2009年11月3日，在云南报业协会和省印刷行业协会主办的第八届全省报纸质量评比会上，《德宏团结报》汉文版喜获金奖，景颇文版获优质奖，傈僳、载瓦文版获优良奖。从全省开始开展报纸印刷质量评比以来，《德宏团结报》均排在末位，多次受到黄牌警告，这一历史性的突破标志着《德宏团结报》印刷质量实现了从倒数第一到金质奖章的跨越。省新闻出版局副局长李静波、云南日报报业集团总编辑徐体义就《德宏团结报》采用国产的北人机器设备印刷，在短期内印刷质量就达到全省报纸印刷一流水平的好成绩给予了充分肯定。北人印刷机械股份有限公司获知此事后要求把报样和获奖证书照片传至该公司，作为北人机器使用典型进行推广，并决定奖励一台价值6000余元的设备给报社印刷厂。其他州市的印刷厂闻讯后，也纷纷前来考察取经。

【五种文版发行创历史新高】 2009年末，在2010年度的党报党刊征订工作中，德宏团结报社协同州委督查组、州邮政局认真贯彻落实州委推行的“财政代扣，集订分送”制度、科学下达订阅任务数、首次建立报刊村、帮扶订阅、党报党刊进宾馆酒店和军警营、层层督查、各县市各部门上下联动等7项措施，使2010年度《德宏团结报》五种文版报纸发行数创历史新高。其中，汉文报订阅数为11757份，比上年增加593份；傣文版订阅数为1605份，比上年增加686份；景颇文版订阅数为1424份，比上年增加121份；傈僳文版订阅数为803份，比上年增加229份；载瓦文版订阅数为1483份，比上年增加63份。

【业务培训和创优工作】 2009年，德宏团结报社提出“人人是老师、人人是学生”的口号，围绕加强专业技术队伍素质、提高办报质量的主题开展了以下学习培训工作：选派编辑、记者40余人次到外地学习新闻理论知识和办报经验；邀请云南日报报业集团多名新闻执业资深人士为全社采编人员重点讲授新闻采访、版面设计、新闻摄影和编辑业务；组织干部职工参加州委宣传部组织的新闻业务培训班；邀请省内外部分州市报社长、总编辑到报社传经送宝；开展工作实践和业务论文交流，针对出报工作中出现的问题、取得的成绩和经验进行总结交流；培训印刷骨干和操作人员20人/次，共40余天。经过学习培训，全社职工的政治意识、理论水平和专业素养有明显提高，报纸质量有明显改进。报社先后开展了好新闻和优秀论文评选活动，全年全社共获各类新闻奖项129篇，其中获国家、省级奖26篇。

【学习实践科学发展观活动宣传】

2009年，德宏团结报社依托“六报一网站”着力抓好全州深入学习实践科学发展观活动的宣传报道，共开设“深入学习实践科学发展观”、“科学发展在德宏”等6个专栏，刊登科学发展观的消息、通讯、社论、知识介绍和图片1600余篇（幅），宣传科学发展观内涵、精神实质和根本要求，宣传开展活动的重大意义、指导思想和目标要求，及时报道学习实践活动的好方法、好经验，使科学发展观的深刻内涵和精神实质深入全州各族干部群众心中，为活动的开展营造了强大的舆论氛围。四种民文报在深入贯彻落实州委“五用”措施，创新报道方式，除刊登科学发展观稿件800余篇（幅）外，还5次组织编辑记者进农村、进学校、进民族聚集场所，把宣传科学发展观的报纸送到少数民族群众手中，用民族语言向少数民族群众讲解科学发展观，受到各族群众的热烈欢迎。

【改革开放30周年和建国60周年报道】 2009年，《德宏团结报》开设“纪念改革开放30周年”专栏和专版，采取记者深入各行各业采访和约稿的方式，全面系统地介绍了改革开放30年德宏州经济社会取得的成就。7月初至11月初，开设“颂歌献祖国”、“喜迎国庆”、“祝福祖国”、“光辉历程”、“共和国足迹”、“人民英雄”、“我与祖国共成长”专栏和专版，全面宣传了新中国成立60年来的大事、涌现的英雄模范人物，回顾了新中国成立60年来德宏州经济社会发展取得的巨大成就，共刊登稿件800多条（幅）、200多万字。在国庆节前后分别开设“红旗飘飘迎国庆”、“德宏边疆红旗飘”专栏，宣传德宏各族人民迎接建国60周年的喜悦心情和作为中国公民的民族自豪感。

【经济建设和民族团结宣传】 2009年，德宏团结报社围绕州委提出的“五个百亿元工程”，加大对生物特色产业、电冶工业、对外贸易、珠宝玉石产业、旅游文化产业的宣传报道力度，着重对麻栗坝水库、大瑞铁路、腾陇公路、龙江电站等重点工程建设，以及烤烟、咖啡、核桃、坚果、奶水牛、甘蔗、柠檬、油茶、竹子、石斛、番麻等种养业进行跟踪报道，为加快全州经济建设步伐营造了良好的舆论氛围。在“民族团结月”前后开设“民族政策法规”、“民族团结一家亲”等专栏，系统地介绍了民族宗教政策和民族区域自治法，及时报道了德宏州开展民族“团结月”的活动情况，宣传了“全国民族团结进步模范集体”——州人民政府和“全国民族团结进步模范个人”——余麻约、线加强、阙永芳的先进事迹，共刊发稿件300余篇（幅），使“三个离不开”、“四个不动摇”思想深入人心。

【防治甲型H_1N_1宣传】 2009年甲型H_1N_1流感爆发后，《德宏团结报》五种文版和网络版及时开设“多措并举，积极防控甲型H_1N_1流感”、“关注甲型H_1N_1流感”专栏和专版，全面介绍防控知识和疫情，及时报道中央、省、州各部门开展的防控措施和取得的成效，强调甲型H_1N_1流感是可以预防和治疗的，消除了群众的心理恐惧，稳定了民心。

（《德宏团结报社》撰稿　董履梁）

德宏人民广播电台

【获“省级文明单位”称号】 2009年3月，德宏人民广播电台顺利通过省级文明单位考评组的考核，被省委、省政府命名为文明单位，这是德宏广播人多年来精神文明建设取得的最大成果。之前，电台于1997年、2001年、2006年连续三次被命名为州级文明单位，并于2008年顺利通过了州文明委组织的重新考评。文明单位的创建工作，给广播发展带来了生机和活力。

【节目改版出亮点】 2009年5月10日，德宏人民广播电台“孔雀之声”节目改版后，全天播出18小时，共开办各类节目21档。改版凸现三大特点：一是增加了新闻性节目时间，《德宏新闻》、《德宏热线》、《法治德宏》、《新闻和报纸摘要》、CCTV新闻联播等新闻节目播出时间达到每天270分钟。二是增加了新开设节目，如为农民朋友开设的《乡村四季》、关注城市生活的《美食总动员》、小朋友喜爱的《阳光城堡》、女性世界《闻香识女人》、倾诉情感的《星空夜语》等。三是突出了综合频率特点，新闻、法治、健康、旅游、交通、音乐娱乐、少儿、女性、情感等各类节目样样俱全。

【组织“爱心送考”公益活动】 由德宏人民广播电台发起组织的“爱心送考”公益活动越来越受到社会的关注。2009年6月，电台与州文明办、州公安局、州出租办、州教育局等联合组织第三届“爱心送考”公益活动，800多名出租车、公交车和私家车车主报名参加“爱心送考”车队。送考期间，贴着“爱心送考”标志的各种车辆奔忙在大街小巷，服务考生，爱在城市中涌动。电台记者和主持人在芒市考点及各个送考现场进行采访报道、连线报道，及时通过电波传送给广大听众。

【加强民语广基础设施建设】 2009年，德宏人民广播电台积极争取国家“西新工程”项目的援助，7月至9月改造了民语广播的3个录音室和1直播间，并全部安装了新的直播系统和录制系统。为有效提高民语广播覆盖率，电台采用50千瓦全固态中波发射机和500瓦调频立体声发射机覆盖潞西市、盈江县和梁河县；10月底，在瑞丽市勐秀山安装了3千瓦调频立体声发射机，覆盖瑞丽市、陇川县、畹町经济开发区和缅甸木姐市、南坎市、九谷市和更多的缅北地区。

【“建国60周年”报道精彩纷呈】

2009年8月1日起，德宏人民广播电台开设“喜迎建国60周年”新闻专栏，共播出稿件120多篇；《德宏热线》播出“风雨60年”特别直播访谈节目8期240分钟，充分展示全州各行各业及各族人民群众生活翻天覆地的变化；文艺节目播出“爱国歌曲100首”、30集广播剧《解放之路》，参与全国百城广播电视大型系列节目《解放中国》的联合播出。10月21日，德宏人民广播电台与云南人民广播电台联合推出“德宏主题日”宣传活动，全天通过鲜活的录音报道、连线报道、访谈节目，全方位展示了德宏60年来取得的辉煌成就。

【举办建台开播30周年庆祝活动】

2009年9月底，德宏人民广播电台以建台30周年为契机，开展了系列庆祝活动，展示了广播人的风采。云南人民广播电台、昆明台及13个地州台、德宏广电系统各单位等共100多个单位、400余人参加了庆祝活动。台庆活动直接成果集中归结为“三个会”、“一个陈列室”和“两本书”。“三个会”，即成功举办了各电台代表座谈会、庆祝大会和庆祝晚宴；“一个陈列室”，即在台内建起一个广播设备陈列室；“两本书”，即如期编撰出版了《飞越蓝天的电波》和《德宏广播岁月——获奖作品集锦》。

【缅语广播落地德宏】 德宏人民广播电台与中国国际广播电台合作播出缅甸语广播节目，于2009年10月16日通过德宏人民广播电台民族语广播频率落地德宏，每天播出3小时，节目覆盖德宏边境一线。12月6日，两台在瑞丽举办节目推介座谈会，州市宣传部、外事办、侨联侨办领导，缅甸华侨华人、缅甸友人等共100多人参加了座谈会。缅语广播落地德宏，进一步扩大了广播的宣传服务功能，增进了中缅团结友谊、和谐发展。

【“中缅边交会”宣传】 2009年12月，德宏人民广播电台邀请中国国际广播电台二亚中心缅甸语部记者一行3人到瑞丽进行中缅边交会的合作宣传。期间，他们以独特的方式采访了省商务厅副厅长王建伟、缅甸联邦贸易部边境贸易司副司长吴腊莫伍等中缅双方官员，采访了众多参加交易会展览的缅方商人。两台联合完成了直播访谈节目“和谐共发展”，为边交会宣传增加了亮丽色彩。

【科学发展观活动宣传】 2009年，德宏人民广播电台在全州深入学习实践科学发展观宣传中，共播出专栏稿件900多条、访谈直播节目3期。民语广播译播了大量的论述文章和学习问答，并使用快板、山歌等多种文艺形式展示科学发展观成果。在做好宣传的同时，组织全台职工走进傣族村寨——潞西市风平镇拉老村，举办主题为“宣传科学发展观，共度泼水佳节”联欢活动。省委检查指导组成员胡敏给予了充分肯定。

【创办节目获佳绩】 2009年，德宏人民广播电台创办节目取得了令人欣喜的好成绩。据统计，全台共获国家级、省级、州级各类奖项64件次，其中：获中国广播文艺奖2件（一等奖1件、二等奖1件），云南省广播电视奖33件（一等奖6件、二等奖5件、三等奖21件、“十佳”栏目1个），云南广播外宣奖1件，云南新闻奖1件，云南省禁毒防艾好新闻奖2件。

【举办少儿广播故事大赛】 2009年“六·一”儿童节，德宏人民广播电台以少儿节目《阳光城堡》为平台，与中国移动德宏分公司、团州委、州教育局、州少工委等单位联合举办“迎国庆60周年少儿广播故事大赛”。初赛阶段，各县市报名人数近千人。经过近一个月共30场的州县级初赛，有69人进入复赛，39人在决赛中分别获得奖项。最后，选派5名优秀选手由《阳光城堡》主持人带队到北京参加“全国雏鹰之声少年儿童广播故事大赛”总决赛，荣获两金、两银、一铜的优异成绩，德宏人民广播电台获得最佳组织奖。

【实施人才战略】 2009年，德宏人民广播电台在实施人才战略中有计划、有步骤。一、安排10多名一线骨干工作人员到北京、昆明等地参加各类学习班学习。二、引进硕士生，签约5人。三、向社会公开招聘年轻民语播音员4人。人才战略的实施，为德宏广播事业的发展壮大提供了保障。

【制定绩效管理制度】 2009年下半年，经德宏人民广播电台班子研究，上报集团批准，出台《德宏人民广播电台绩效奖惩办法》，形成了奖励先进、惩罚后进，一级负责一级、层层抓落实的绩效管理制度。管理人员和工作人员以系数值绩效金挂钩进行考核，核定绩效金至各部门，各部门均按工作量进行考核细化，自定奖惩措施报台批准实施，有效激发了干部职工的工作积极性。

（《德宏人民广播电台》撰稿 朱 坚 赵光荣）

德宏电视台

【举办《第二视角》开播五周年纪念活动】 2009年11月5日，德宏电视台在新正酒店举行《第二视角》开播五周年纪念活动，全台电视新闻工作者与州直各单位、其他媒体记者、热心观众一起总结回顾了《第二视角》开播五周年来的风雨历程和骄人成绩，向第十个记者节献礼。州人大常委会主任余麻约、副主任杨红、州政协副主席董成宝出席纪念活动。德宏传媒集团党委副书记、纪委书记熊艳主持庆祝活动。州委宣传部副部长、德宏传媒集团党委书记、总裁董家垠在致辞中充分肯定了德宏电视台在传播党的方针政策、正确引导舆论、促进全州经济社会发展等方面所做出的积极贡献。德宏电视台把此次纪念活动作为一次大型活动直播演练，在合肥华林视通科技有限公司的技术支持下，全程按照直播的各种参数规格进行模拟演练，并将信号传送到播出机房收录，有效积累了现场直播活动的经验。德宏电视台《第二视角》是一档民生类新闻节目，2004年10月21日正式开播以来，始终以民众的视野、民生的情怀、民生的态度，大力弘扬社会主义核心价值观，用老百姓的话聊老百姓感兴趣的事，在化解矛盾、理顺情绪，促进全州民族团结、社会进步、经济发展等方面做出了积极贡献。2007年，《第二视角》栏目被评为云南省“十佳栏目”之一。

【开展学习实践科学发展观宣传】

2009年，学发展观活动宣传中，德宏电视台认真抓好主题报道，努力改进新闻报道形式，着力提高报道水平。一、在《德宏新闻》开设“深入学习实践科学发展观”专栏，分阶段及时报道各级各部门的学习实践活动，不仅注重面上的动态报道，而且重点对学习实践活动中涌现的先进典型、先进经验进行了报道。同时，围绕三个“突出”，着重对“三个一”主题实践活动进行宣传报道。在近5个月的时间里，记者深入基层采写了大量生动、鲜活和针对性、时效性强的报道，并积极与云南电视台沟通，及时上传播出，集中展示了我州开展学习实践科学发展观活动取得的成效。二、采取“五用”措施，发挥三种民语播出的优势，一方面做好《德宏新闻》的译播，一方面积极进行民语节目自采，及时对民族群众中学习实践的典型进行报道，用通俗易懂的民族语言向广大民族群众宣传。三、《特别关注》、《孔雀之乡》栏目按阶段对学习实践活动进行专题报道，深化活动主题。截至8月24日，全台在《德宏新闻》中播出深入学习实践科学发展观活动新闻225条，用傣语、景颇语、载瓦语三种民族语言共译播科学发展观活动新闻225条，制作播出新闻专题7组、专题片13个。

【建国60周年宣传】 2009年，德宏电视台绕建国60周年主题，精心组织策划，对德宏边疆发展历程进行回顾与总结。在《德宏新闻》中开设了大型专栏“美丽德宏·和谐边疆”和“德宏记忆”。“美丽德宏·和谐边疆”主要对德宏各行各业60年发展取得的成就进行报道，共播出25集。“德宏记忆”播出20集，主要以德宏发展各个关键时期亲历者的回忆，来反映全州各项事业的发展历程和各族人民的聪明才智，大量运用电影资料、字幕、音乐、同期声、情景模拟，具有很强的可视性。两档专栏节目播出后，在全州干部群众中获得了强烈反响。专题部深入基层采访，制作播出了《民族团结谱新篇》、《德宏城建六十年》、《民族立法的足迹》等三个建国60周年特别节目（专题），从不同的方向入手，以深入的采访、翔实的资料、客观的立场，对德宏州民族工作、城市建设、地方立法工作进行了深入总结、回顾。

【完善硬件设施】 2009年，德宏电视台全面更新编播设备，引进索贝E-NET3.0制播一体化网络系统，配置了10台有卡精编工作站、4台带DV1394接口的编辑工作站、1台节目后台合成迁移工作站、1台多功能的节目上载/卫星收录工作站、1台播出编单工作站、1台广告编单工作站、3台台长审片工作站等22个站点，加上4台主备播出服务器、4台播控工作站及相应服务器、存储盘塔，构成了一个从制作到播出的制播一体化无缝连接的网络系统，大大提高了节目播出质量。引进了一批价值150万元的专业级“西新工程”数字设备，包括5台专业数字蓝光摄像机、3套专业数字演播室摄像机、1套数字切换台、3台专业数字蓝光编辑录像机、3台蓝光数字读卡器及1套调音台、3台监视器。

【确保播出安全】 2009年，德宏电视台组建安全播出工作领导小组，及时对安全播出的日常管理、运行维护、规章制度、机房设施、工作环境及安全保卫、应急措施等做出具体安排部署，制订安全播出应急操作手册、应急处置演练预案，并于9月12至15日组织开展为期三天的安全播出应急处置演练。通过完善一系列安播措施，电视台进一步夯实了安全播出技术的保障基础，确保了春节、“五一”、国庆等重保期间和日常安全播出工作，被表彰为建国60周年安全播出先进单位。

【强化制度管理】 2009年，德宏电视台制定出台了《德宏电视台内部管理规定》、《对外协作奖励办法实施细则》、《工作岗位职责与运作成本核算》等管理规定，及时上报上级部门批准并下发至各中心、部门、科、室，保证了各项工作的顺利开展。对建台以来的工作，以档案查考为主的方式进行认真梳理，分概述、机构沿革、电视宣传、事业建设四个部分归纳整理，为今后工作开展提供了重要的参考依据。

【外宣和创优成效显著】 2009年，德宏电视台加大外宣力度，超额完成集团下达的宣传任务，外宣成绩显著。协助云南电视台《法治云南》栏目制作播出专题节目6个，协助和参与云南电视台《精彩云南，辉煌60年》大型电视直播活动1次；1至10月上传中央电视台新闻频道及其他频道播出新闻20多条次，上传云南电视台并在《云南新闻》、《民生关注》等栏目中播出新闻163条次，被采用稿件数量排名全省第五。节目创优有新突破，获云南省政府奖民语播音类一等奖1件、二等奖1件、三等奖3件，新闻、社教类二等奖1件、三等奖2件，广告类二等奖1件、三等奖1件；获云南省新闻奖三等奖2件；获云南省综治维稳奖和禁毒防艾好新闻奖二等奖2件、三等奖2件。

（《德宏电视台》撰稿　姜　英）

德宏民族出版社

【出书选题】　2009年，德宏民族出版社上报云南省新闻出版局的出书计划选题数为241种，经云南省新闻出版局批准的年度选题数为201种，实际出版发行图书150种，91种图书为在制品，图书出版总量比上年增长76%。

【开展“三下乡”活动】　2009年，德宏民族出版社在开展文化、科技、卫生“三下乡”活动中，认真贯彻中央、省委和州委部署要求，切实为“三农”和“禁毒防艾”工作服务，以各种形式向全州27个乡镇无偿捐赠图书8075册，合计码洋10.85万元。

【建设“国门书社”】　2009年，为抵御境外腐朽文化的渗透，维护国家文化安全，实施中华文化“走出去”战略，扩大社会主义文化阵地，传播社会主义文明道德风尚，解决边疆各族群众“买书难、借书难、看书难”的问题，经报请州委、州政府同意，德宏民族出版社筹资39万余元在瑞丽市姐告国门建设了“国门书社”，在中缅边境开展对内对外文化传播。9月9日，国门书社建成并正式对外开放。国门书社是一项社会公益性工程，实行读、用、借、卖相结合，以逐步把书社建设成对外宣传的窗口和图书发放网点。该项目荣获2009年中共云南省委宣传部“宣传文化创新奖”。

【出版体制改革】　按照国家新闻出版总署《关于加快推进经营性图书、音像制品和电子出版单位转制工作的通知》要求，结合边疆实际和自身特点，德宏民族出版社向州委、州政府和上级业务指导部门提出申请，请求在出版单位转制改革中继续保留公益性事业单位性质。2009年11月16日，州委作出《关于同意德宏民族出版社继续保留公益性事业单位的批复》〔德复（2009）13号〕，同意出版社在出版单位转制改革中继续保留公益性事业单位性质。省新闻出版局同意州委、州政府的意见，并上报国家新闻出版总署审批。

（《德宏民族出版社》撰稿　余胜连）

德宏少数民族语言文化译制传播中心

【新闻译播】　2009年，德宏民语文化传播中心积极履行新闻宣传的职能，努力做好民语电视节目译播工作，及时向全州少数民族群众传递党和国家方针政策。一是圆满完成了每晚25分钟央视《新闻联播》的译制播出任务，全年用傣语译制播出《新闻联播》264组3960条，用景颇语译制播出《新闻联播》132组1980条，用载瓦语译制播出《新闻联播》132组1980条。二是认真做好党和国家重要会议、重大事件的新闻译播工作，用傣、景颇、载瓦三种语言译播全国、全省“两会”消息120条。三是积极做好全州“两会”宣传报道和译播工作，用傣语、景颇语、载瓦语三个语种播出“两会”消息264条次，人物专访、《政府工作报告解读》等专题84条次，“两会”评论24条次。

【专题译播】　2009年，德宏民语文化传播中心克服人员不足的困难，按时译制播出中央电视台、云南电视台《今日说法》、《动物世界》、《走遍云南》、《农村实用科技》4个栏目的专题节目，向少数民族群众广泛传播法律、自然、文化、科技等方面的知识，全年用傣语、景颇语、载瓦语三个语种译制播出4个栏目的专题节目248期（组）。

【自办栏目】　2009年，德宏民语文化传播中心把节目栏目根植于少数民族村寨，大力推进节目的本土化、乡土化，突出地方少数民族特色，充分反映农村的新变化、新气象、新风貌，努力满足各民族群众的精神文化需求，年内开设《孔雀之乡》、《快乐新农村》、《文艺欣赏》、《今日点唱》等四个自办栏目，共用傣语、景颇语、载瓦语制作播出《孔雀之乡》节目144期、《快乐新农村》70期、《文艺欣赏》144期、《今日点唱》144期。

【影视剧译播】 德宏民语文化传播中心将影视剧译播作为2009年的一项重点工作，增加对国内外优秀电影、电视剧的译制量，逐步以译制节目取代汉语电视剧节目，受到各族干部群众的广泛欢迎。年内，以傣语完成了《西游记》、《唐老鸭与米老鼠》、《夜袭》、《八月一日》等影视剧的译制，以景颇语、载瓦语完成了《丛林大返攻》、《福五鼠》、《叶问》等影视剧的译制，部分完成了《济公》、《暖春》等电视剧的译制。

【科学发展观宣传】 2009年，德宏民语文化传播中心按照州委"五用"要求，充分发挥自身优势，以民族群众喜闻乐见的方式，通过深入浅出的持续宣传，切实把科学发展观的精神实质、内涵和要求传达给各族干部群众。一是及时译制播出央视《新闻联播》、《云南新闻联播》涉及学习实践科学发展观活动的新闻专题节目，共译制播出150余条。二是先后开设"深入学习科学发展观"、"科学发展在德宏"、"科学发展·时代先锋"三个专栏进行集中宣传，共播出各类新闻近500条。三是以民族语言讲解科学发展观，制作民语电视宣传片长期播出。四是依托孔雀之乡网的视频专题，将科学发展观的节目视频上挂网站，进一步拓展宣传面。五是积极利用泼水节、目瑙纵歌节、阿露窝罗节等民族节庆活动进行宣传，让少数民族群众在寓教于乐中领会科学发展观。

【改版创新】 2009年，德宏民语文化传播中心坚持"面向农村、服务农村、服务少数民族群众"的办台思想，对节目栏目进行全面改版，着力破解节目内容如何适应少数民族群众文化需求的问题，努力把自身打造成舆论导向正确、广为少数民族群众喜爱的民语电视。通过实施全面改版，新闻节目板块的《新闻联播》译制节目增加到25分钟，新增设了《云南一周要闻》译播节目，及时向少数民族群众传递党和政府的方针政策；对译制专题节目《今日说法》、《动物世界》、《农业科技》、《走遍云南》四档栏目，实行承包制和负责制，既保证了节目质量和节目源，同时增强了职工的工作责任心；对综合性自办节目《孔雀之乡》内容进行改版，新设了《边地新闻板块》、《民俗风情专题》两个板块，栏目更加贴近少数民族群众；《点歌节目》栏目改变现有点歌方式，节目融入各民族村寨的发展变化、家庭的变化，逐步取消境外歌曲的点播；《文艺欣赏》栏目改版后，以播出各少数民族的歌曲、舞蹈、曲艺为定位，以浓厚的乡土文艺展示民族文化的博大和精深；新增《快乐新农村》栏目，定位为综合性专题栏目和文艺板块节目，主要面对农村，重点打造大、中、小型文艺活动，展示农村改革发展的新变化；加大影视剧译制力度，重点译制国内外优秀电影、电视剧节目，逐步用民语译制节目取代汉语电视剧节目。

【事业建设】 2009年，德宏民语文化传播中心加强基础设施建设，筹集8万元资金新建了演播室，配置了电视剧配音所需设备，努力改善电影、电视剧译播工作。积极实施中央下拨的100万元的硬盘播出及演播系统安装工作，并自筹投入15万元的配套设备，匹配了UPS电源，改善了工作环境。

（《德宏少数民族语言文化译制传播中心》撰稿　项保英）

国际互联网德宏新闻中心

【荣获全国地方门户创新品牌奖】 2009年10月，在北京国际会议中心召开的全国互联网品牌大会上，"孔雀之乡网"以富有民族特色和创新精神荣获由全国网络联盟、中国互联网协会颁发的"全国地方门户创新品牌奖"。

【举办德宏60年辉煌巨变——德宏老照片"万金"征集活动】 2009年10月，在举国同庆祖国60华诞之际，互联网德宏新闻中心"孔雀之乡网"携手中国电信德宏分公司推出"辉煌巨变60年——德宏老照片"万金"征集活动"，共征集到记载德宏变迁60年的珍贵老照片168幅。

【"孔雀之乡网"全面改版】 为不断创新，适应改革发展需要，做大做强"孔雀之乡网"，实现德宏外宣提速，国际互联网德宏新闻中心2009年1月启动网站改版工作，在充分吸取其他先进省州市改版经验的基础上，借助国内最先进的网络技术，主要从网站构架、网站美工、功能拓展、安全策略、商业潜力挖掘、资源管理等方面着手全面改版。6月，以"美丽德宏、世界分享"为主题的新版"孔雀之乡网"经测试稳定运行。改版后，网页质量得到质的提升，网站功能更加强大，点击率不断攀升，宣传效果凸显。全年共发布国际国内新闻、文化、民族等信息14300余条，图片5000余幅。

【学习实践科学发展观活动宣传】 2009年，互联网德宏新闻中心着力抓好深入学习实践科学发展观活动的宣传报道，策划建设了《德宏州深入学习实践科学发展观专题网站》，共开设领导讲话、高层解读、民族语、活动简报、活动剪影、网上讨论等11个频道。申请注册了科学发展观专网独立域名（http://www.dhkxfzg.cn）；在网上提供了《科学发展观学习读本》、《科学发展观重要论述摘编》、《毛泽东 邓小平 江泽民论科学发展》、《科学发展观百科辞典》等5本电子书供网友学习；与德宏民语文化传播中心合作，开辟了民语宣传专栏，及时下载和转播宣传科学发展观的民语电视宣传片；开设了网上讨论区供网友发表意见。同时，图文并茂地及时报道和转载了州内外新闻媒体关于德宏州学习实践科学发展观活动的重要报道、重点文章，共发布新闻、消息、评论等稿件1828条（幅）。

【改革开放30周年和建国60周年报道】 2009年，互联网德宏新闻中心在网站开设“纪念改革开放30周年”专栏，全面系统地展示了改革开放30年德宏州经济社会取得的巨大成就；开设“喜迎国庆”、“德宏60年辉煌巨变”专栏，全面宣传了新中国成立60年来德宏的大事、涌现的英雄模范人物，回顾了德宏州经济建设、社会发展取得的显著成绩，共发布稿件900多条（幅）。

【基层党建“五项工程”宣传】 2009年，互联网德宏新闻中心按照州委“一个强化、两项加强、四个重点、五项工程”的党建工作思路和要求，在网站开设“红旗飘飘耀边陲”专题，着力宣传全州各级党组织实施“五项工程”的特色亮点和基层党建各项工作的生动实践，网站专题被中央文明网首页图标链接，全州基层党建工作受到中央、省委领导关注。

【经济建设和民族团结宣传】 2009年，互联网德宏新闻中心围绕州委提出的“五个百亿元工程”，加大对培育生物特色产业、水电冶产业、对外贸易产业、珠宝玉石产业、旅游文化产业的宣传报道力度，加大对麻栗坝水库、大瑞铁路等重点工程，烤烟、咖啡、核桃等产业的跟踪报道力度，为全州加快经济建设步伐营造了良好的舆论氛围。在“民族团结月”前后开设“民族政策法规”专栏，及时报道了德宏州开展民族“民族团结月”的活动情况，共刊发稿件400余篇（幅）。

【打造“美丽德宏·中国玉都”文化品牌】 2009年，互联网德宏新闻中心根据德宏州珠宝文化产业“一都三城、一极两翼、多点辐射、联动发展”的发展思路，通过网站着力打造德宏州珠宝玉石品牌，聚合中央电视台到德宏州拍摄珠宝节目和《东方珠宝》、《云南珠宝》杂志内容，大力推介德宏珠宝文化。

【网站建设】 2009年，互联网德宏新闻中心合作建设了中国陇川网、潞西市勐巴纳西网、潞西建设网，继续维护瑞丽江网；同时，努力为全州各县市、部门、企业及行业提供专业优质的服务，搭建了更加广阔的宣传交流平台。

（《国际互联网德宏新闻中心》撰稿 谷泉音）

（见“州情概览·传媒集团”64页）

统战工作

【全州统战部长暨台办主任会】 2009年4月，德宏州统战部长和台办主任会议在盈江县召开。来自州委统一战线、对台工作领导小组成员单位、州四套班子领导、州直有关单位领导、各县市委分管统战工作的副书记、各县市委统战部长及办公室主任参加了会议。州委副书记李兴顺到会并作了重要讲话。会议传达了全省统战部长和台办主任会议精神，总结和部署了2009年工作。会议确定了年内全州统战工作重点是：深入学习贯彻党的十七大、十七届三中全会和州委五届七次全会精神，进一步增强围绕中心，服务大局的责任感和使命感；应对国际金融危机影响，积极为全州经济平稳较快增长献计出力；深入贯彻党的民族宗教工作方针政策，积极维护民族团结、宗教和谐，促进经济发展；继续动员统一战线成员投入禁毒防艾人民战争，全力维护社会稳定；加强非公经济人士和党外知识分子工作，凝聚力量，促进全州“保增长”目标的实现；密切与境外华侨社团交往，为促进全州对外开放和招商引资服务；贯彻落实中央对台方针政策，促进全州与台交往；加强调研和宣传工作，扩大统一战线社会影响力；加强自身建设，提高服务水平。

【民族工作】 2009年，德宏州各级统战部门在民族工作中主要做了以下几方面：一是加强民族团结进步的宣传教育。认真宣传党的民族工作方针政策，开展“三个离不开”的思想教育，组织学习贯彻胡锦涛总书记视察云南时的重要讲话精神，学习贯彻国务院第五次全国民族团结进步表彰大会和全省民族工作会议暨第六次民族团结进步表彰大会及州委、州政府2009年第27个“民族团结月座谈会”精神。利用春节慰问和民族节庆活动，广泛宣传，加强宣传教育，切实做好保民生保稳定工作。二是积极配合政府引进资金项目，帮助全州少数民族村寨加快经济社会发展。联合组织州政协民宗侨委员对上海帮扶德昂族发展项目实施情况进行视察，向州委、州政协写出了视察报告。三是按州委要求，组织人员深入村寨，排查和妥善处理影响民族团结的热点问题，维护民族团结和社会稳定。四是大力发展教育事业，培养好少数民族人才，全面提高少数民族文化素质。五是加强民族干部培训工作。年内，积极配合省、州组织部、统战部选送了三批8人次厅级、处级少数民族干部到香港、北京、江西等地学习考察。

【宗教工作】 2009年，德宏州委统战部认真贯彻党的宗教政策，依法加强对宗教事务的管理。具体做法是：一是认真贯彻省委常委、省委统战部长黄毅到德宏州调研时的指示，加强对宗教工作的领导，依法增强宗教事务，不断增强“民族宗教无小事”的意识，切实做好宗教维稳工作。二是加强对宗教活动场所的管理及对信教群众的爱国主义和法制教育。下发了《关于妥善应对新疆“7·5”打砸抢烧事件做好当前维护民族团结和社会稳定工作的通知》和《关于对影响社会稳定的涉及民族宗教方面的问题和隐患进行排查处置的通知》，积极做好全州安全维稳工作。三是培养宗教教职人员的方式有所创新。共举办各种类培训班5批300多人次；选送了33名出国培训归国的南传佛教和基督教到云南省社会主义学院参加学习培训。在培养爱国爱教人士，积极向省委统战部、省宗教局争取加大德宏州牧师的培养力度，年内省基督教“两会”在全州按立牧师9名。四是抓宗教活动阵地建设，增强向心力。在州县市党委、政府和省委统战部的大力支持下，通过州县市统战部门的努力，德宏佛学分院总体设计基本完成；陇川基督教培训中心的扩建工作，报批手续、征地补偿、总体设计和论证基本结束；通过对急需修缮的重点宗教活动场所进行修缮，缓解了许多矛盾和问题，增强了党和政府在宗教人士和信教群众中的吸引力，为抵御境外宗教渗透、维护国家安全、边疆稳定打下了良好的基础。五是关心宗教人士，为他们解决实际困难。围绕解决全州宗教团体住会人员补助、宗教界代表人士生活补助两个重点（医保已参加农村合作医保），按照“分级管理、分级负责”的原则，着力解决州、县市级宗教团体住会人员的补助。六是坚持把宗教培训与群众生产技能、禁毒防艾等培训有机结合起来，积极引导信教群众大力发展生产，增加经济收入，过好宗教生活。

【对台工作】 2009年，德宏州对台办根据国台办、省台办有关精神，主要开展了以下工作：一是广泛宣传党和国家对台工作方针政策及《反分裂国家法》；二是组织学习中共中央在北京举行《告台湾同胞书》发表30周年座谈会和胡锦涛总书记的重要讲话精神，开展了推进两岸关系和平发展的活动。全州各级台办充分利用走访慰问台胞、台属、台商的机会，积极协调关系，为他们排忧解难。三是做好台胞、台属、台商来信来访的接待工作，全年共接待150余人次。

【海外统战工作】 2009年，德宏州统战部加强海外统战工作，具体做法是：一是在州委赵金书记的关怀和省委统战部的帮助下，州委统战部密切与中央统战部海外联络局的联系，为德宏州瑞丽市弄岛镇等秀村、姐相乡俄罗村、户育乡户育村、勐秀乡等扎村等10个村争取到“海联新农村卫生室”建设项目，资金50万元。二是密切与境外华侨社团的联系；5月随省委统战部华文教育考察团出访越南、泰国、缅甸三国，开展了海外华文教育考察和对外联谊工作，在境外拜访14个华侨社团、6所华文学校，充分发挥德宏海外联谊会的桥梁作用。

【非公经济组织党建工作】 2009年，德宏州统战部加强非公经济党建工作，具体做法是：一是按照省委和州委的统一安排，在全州76个非公经济党组织中开展了深入学习实践科学发展观活动；其中，参加全州第二批学习实践科学发展观活动的11个，第三批有65个。通过学习实践活动，使非公经济组织中926名党员都受到了教育。在学习实践活动中新建党组织3个，发展新党员210人。二是加强工商联党组的思想、组织、制度和党风廉政建设；支持行政班子大胆工作。三是深入企业调研，协商有关部门帮助非公企业解决发展中的困难，并指导各级工商联积极发展会员。四是动员全州非公企业和代表人士积极参与全州禁毒防艾和农村公益事业建设。

【调研工作】 2009年，德宏州委统战部根据中央统战部、省委统战部有关通知，参照省委统战部下达的调研课题，全州以少数民族地区工作为重点，深入开展统战理论研究和调研工作，在加强基层统战调研力度、改进调研方法、提高调研质量、转化调研成果上下功夫，向省委统战部上报了《云南省德宏州特困民族景颇族和傈僳族脱贫发展调查报告》，并获省委统战部2009年全省统一战线调研成果二等奖。

（《统战工作》撰稿 王 浩）

政法委（综治维稳委）

【召开政法工作会】 2009年2月15日，召开全州政法工作会议。州委书记赵金、州委、州人大、州政府、州政协分管（联系）领导出席会议。州委政法委委员和州综治维稳委成员单位主要领导，州级政法各部门班子成员，州委政法委机关全体干部，州森林公安局长、政委，州强戒所所长，州交警支队政委，各县市（区）委政法委书记、政府分管领导，综治办、610办、政法办、政工办主任，法、检、公、司主要领导；畹町边防检查站、瑞丽边防检查站、瑞丽工作站、瑞丽海关缉私局、瑞丽国家安全局、省安全厅驻瑞丽办事处、芒市民航公安局主要领导，部分非公企业负责人等200余人参加了会议。

会议的主要任务是：认真贯彻落实全国、全省政法工作会议和州委五届七次全会精神，深入学习实践科学发展观，总结2008年政法工作，部署2009年工作任务。

赵金同志在会上作《坚定信心，扎实工作，确保稳定努力为推动德宏经济社会跨越式发展》的讲话，他充分肯定了2008年全州政法工作所取得的成绩，对进一步加强和改进全州政法工作与政法队伍建设提出了要求。一是要以科学发展观为统领，不断提高政法队伍服务大局的能力和水平。二是要突出重点，全面履行好政法各部门工作职责。三是要加强和改善党对政法工作的领导，确保政法工作正确的政治方向。

州委常委、政法委书记郭志德代表州委政法委作《直面挑战抓稳定，科学发展促和谐，为全州经济平稳发展社会和谐稳定提供坚强法治保障》的工作报告。报告高度概括2008年的政法工作，总结所取得的成功经验，全面分析了当前德宏州政法工作所面临的形势任务，提出了2009年政法工作的总体要求是：高举中国特色社会主义伟大旗帜，以邓小平理论和“三个代表”重要思想为指导，深入贯彻落实科学发展观，按照全国全省政法工作会议和州委五届七次全会的部署，紧紧围绕“保增长、保民生、保稳定”的总要求，以服务经济平稳较快发展为首要任务，以有效化解社会矛盾为抓手，以司法体制和工作机制改革为动力，以平安建设为载体，以禁毒和防治艾滋病为重点，加强政法队伍建设，全面履行政法职能，为确保我州经济平稳较快发展、确保民生持续得到改善、确保社会和谐稳定提供强有力的法治保障，以优异的成绩迎接新中国成立60周年。按照这一目标要求，要着力抓好以下六个方面的工作：一是抓好法律保障和法律服务，在促进经济平稳较快增长上见成效。二是正确处理两种不同性质的矛盾，在维护社会和谐稳定上见成效。三是深入开展平安和谐德宏建设，在促进社会治安持续好转上见成效。四是坚持执法为民的本质要求，在保障和改善民生问题上见成效。五是以公正司法为目标，在推进司法体制改革和工作机制改革上见成效。六是坚持创新实践，在推进四项重点工作（党内执法监督、维稳风险评估、维稳预警机制、政法宣传）上见成效。强调全州各级党委和政法各部门要切实加强政法队伍建设，为完成各项工作任务提供坚强组织保证。一要切实加强政法干警的思想政治建设；二要切实加强政法机关党组织建设；三要切实加强政法队伍的作风建设；四要切实加强政法队伍的能力建设；五要切实加强党委政法委的自身建设。全面推进政法工作再上新台阶。

会上，州委、州政府还与各县市（区）党委、政府和州综治维稳委成员单位分别签订了2009年度综治维稳目标管理责任书。

【禁毒防艾工作会】 2009年4月10日，全州禁毒和防治艾滋病工作会议在芒市召开。州委书记赵金，州政府州长孟必光，州委常委、组织部长马永福，州委常委、政法委书记郭志德，州人大副主任毛勒端，州政府副州长马闻，州政协副主席杨庆华，德宏军分区政治部主任韦继杰出席会议；州禁毒防艾进村入社领导小组成员单位、州禁毒委成员单位、防艾委成员单位主要负责同志，各县市长、政法委书记、分管政法卫生工作副县市长、乡镇长，禁防办、禁毒办、防艾办主任以及受表彰的先进个人共600余人参加了会议。

会上，赵金同志作《以更加坚定的态度、更加有力的措施，坚定不移地打好禁毒防艾人民战争》的讲话，强调：在德宏不重视禁毒防艾的干部，不是称职的干部，全州各级各部门和广大干部群众一定要坚定信心，主动迎接困难和挑战，切实把思想统一到党中央、国务院、省委省政府和州委州政府的决策部署上来，进一步增强政治意识、大局意识和责任意识，坚决防止和克服松劲、麻痹、厌倦及畏难思想，以“毒品不禁，我心不甘；艾滋病不灭，我夜不眠”的强烈责任感、使命感、危机感和紧迫感，全民动员，坚持不懈，继续坚持高压态势和强力措施，全力攻克毒品和艾滋病两大难关。赵金书记要求：各级公安机关要继续发挥禁毒主力军的作用，紧紧抓住毒品生产、流通、消费三个环节，按照“六个坚持”：（坚持凡吸必戒、坚持传统毒品和新型毒品共同整治、坚持高压打击零星贩毒、坚持吸毒人员实数普查、坚持无毒创建和坚持境外除源），认真履行职责，始终坚持从重从快的严打方针，狠狠打击毒品犯罪活动的嚣张气焰，有效遏制毒品渗透、毒品危害和新吸毒人员的滋生。

孟必光同志在讲话中总结回顾了2008年全州禁毒防艾工作，分析了面临的形势，提出了2009年禁毒工作任务要从五个方面着手：一是加强组织领导，落实职责措施；二是强化宣传教育，增强宣传实效；三是坚持除源治本、遏制毒品渗透和危害；四是树立典型，整体推进禁毒防艾；五是致力发展，全面推进社会主义新农村。

马永福同志宣读了州政府关于《2008年禁毒工作责任状考核情况的通报》、《关于表彰无毒乡镇和创建无毒社区先进乡镇的决定》和《关于表彰2008年度禁毒防艾先进集体和先进个人的决定》，郭志德同志就贯彻落实会议精神提出要求；马闻同志代表州政府与各县市政府签定了《2009年禁毒工作责任状》；与会领导为昔马、护国两个“无毒乡”，城子镇等5个“创建无毒社区先进乡镇”颁奖，200个禁毒防艾先进集体和300名先进个人代表同时受到表彰。

【国艾办副主任郝阳到德宏州考察防治艾滋病工作】 2009年4月26至28日，国艾办副主任、卫生部疾控局副局长郝阳、卫生部疾控局艾防处处长孙新华、中国医科大学第一附属医院院长尚红、中国疾控中心性病艾滋病预防控制中心主任吴尊友、国艾办计划督导部主任胡虹、中国疾控中心性病艾滋病预防控制中心治疗与关怀室主任张福杰一行6位领导，在省卫生厅副厅长、省防治艾滋病局局长徐和平及省防艾局综合处、省疾控中心、昆明医学院第一附属医院的领导和专家的陪同下，考察德宏州防治艾滋病工作。

考察组一行先后参加州委、州政府在芒市召开的“德宏州领导干部防治艾滋病知识培训会”和陇川、盈江两县的防治艾滋病工作汇报会，实地查看两县人民医院抗病毒治疗点、陇川美沙酮维持治疗门诊和盈江县的社区艾滋病综合防治点。考察中，郝副局长一行听取了县政府防治艾滋病工作汇报，深入基层与防艾一线工作人员和艾滋病病人亲切交谈，详细查看了基层防治艾滋病工作。郝副局长充分肯定了德宏州近年来防治艾滋病工作取得的成绩，对下一步防治工作的开展提出了意见和希望，并表示将继续给予支持和指导，推动德宏州防治工作迈上新台阶。在“德宏州领导干部防治艾滋病知识培训会”上，郝阳、吴尊友应州委、州政府的邀请，分别作了“艾滋病对社会经济的影响及当前面临的挑战和对策”、“破解德宏州防治艾滋病技术难点的思考”的专题讲座。州委、州人大常委会、州政府、州政协副州级以上领导，州直和中央、省属驻德宏各单位主要领导共190余人参加培训会。州委副书记、州长孟必光主持会议并讲话。孟必光、州政协副主席董成宝、州政府副秘书长沈澎、州卫生局局长田树明、州防艾办主任段祝聪等领导和相关部门的同志陪同考察。

【全州政法机关深入学习实践科学发展观暨“大学习大讨论”活动培训】 根据州委关于深入开展学习实践科学发展观活动和省委政法委关于学习实践科学发展观暨深入开展“大学习大讨论”活动的统一部署和要求，按照州干教委2009年干部培训工作计划，结合德宏政法机关的实际，5月24日至26日，州委政法委在州委党校学术报告厅举办了为期3天的全州政法机关深入学习实践科学发展观暨“大学习大讨论”活动培训。

各县市（区）政法委书记、副书记，政府分管领导，政法各部门领导班子成员；州级政法各部门、州森林公安局副处（副团）级以上领导干部（含享受待遇）；州委政法委机关全体干部共220余人参加了培训。

培训围绕政法综治工作面临的形势和问题，聘请了州委党校、云师大的教授，省高院副院长田成有和德宏州相关党政领导进行授课。培训的8个专题涵盖了社会主义法治理念、科学发展观、公共事件应急管理、禁毒斗争形势和对敌斗争形势、德宏对外开放、宽严相济刑事政策、领导干部心理调整等与政法工作密切相关的各个方面。

通过培训，政法综治干部对如何牢固树立社会主义法治理念，深入贯彻落实科学发展观，准确把握全州对外开放的大好形势和当前对敌斗争、禁毒斗争的严峻来势，正确应用宽严相济的刑事政策，调整好自身的心理，切实做好新形势下的政法工作有了更加深刻的认识，对政法综治工作从理论到实践、从法规到政策有了更全面的了解，提高了理论素养，提升了领导管理政法工作的水平和驾驭各种复杂局面的能力。

【综治维稳】 2009年，德宏州政法委在州委州政府和省委政法委、省综治维稳委领导下，认真贯彻省委政法委、省综治维稳委各项工作部署，以维护全州社会和谐稳定，促进经济社会跨越式发展为目标，结合实际，突出重点，把确保国庆60周年庆祝活动安全顺利进行作为重要政治任务，严格落实维稳责任制，以化解社会矛盾为主线，以开展新一轮平安创建为载体，深入推进禁防人民战争，全面落实综治维稳工作各项措施，实现了“不出大事，少出小事，出了事也能及时有效处置”的目标。用更加务实的工作作风，采取更加有力的工作举措，狠抓各项工作措施落实，取得了显著成效。为维护边疆稳定，促进经济社会又好又快发展，营造了和谐稳定的社会环境。

一、工作成效显著

通过开展综治维稳工作，全面推进新一轮“平安和谐德宏”建设取得了显著成效。全州边防更加巩固、社会更加稳定、治安更加良好、民族更加和睦、人民更加安康，为促进全州经济社会又好又快发展提供了坚实保障。

（一）边防巩固。德宏边境安全和边防巩固，是最大的政治任务。通过加强综治维稳工作，全面推进人民边防建设，强化边境管理，有效地防范和打击了境外敌对势力破坏和非法宗教的渗透活动。

（二）社会稳定。通过深入系统地组织开展社会矛盾纠纷排查调处专项工作，排查和化解了一大批社会矛盾，全州没有发生危害公共安全的群体性事件。

（三）治安良好。进一步优化了治安环境，各种严重暴力性犯罪发案得到有效控制，可防性案件大幅度减少。

（四）人民安康。通过创建，呈现出团结和谐、规范有序、人民群众安居乐业的社会环境。群众对社会治安的满意率提高，安全感普遍增强。11月份，统计部门组织开展了公众安全感问卷调查工作。对全州范围的300名不同群体人员进行调查，被调查人员对当前社会治安的总体状况满意率达到96.6%（满意率为47.6%；基本满意率为49%）。

二、主要工作情况

（一）把维护社会稳定作为第一责任，纳入党政工作的重要议事日程，全州综治维稳各项工作实现了新突破。一是使综治维稳工作真正成为党政“一把手工程”。年初，州委赵金书记代表州委州政府与省委领导签订了综治维稳责任书。州委州政府把综治维稳工作作为促进全州经济社会协调发展的基础工程和保障工程，州委常委会、州政府常务会5次研究政法综治维稳工作。赵金书记、孟必光州长对重大的综治维稳工作亲自安排部署。州委州政府分管领导亲自抓，具体抓。二是将党政领导干部抓综治维稳工作实绩纳入领导干部政绩考核的工作取得了实质性突破，为深化维稳工作提供机制保障。州委制定下发《德宏州县市（区）党委政府领导维护稳定政绩考核办法（试行）》。州综治维稳委、州委组织部出台《德宏州关于对党政领导干部综治维稳政绩进行专项考核的通知》，通过对各县市（区）党政主要领导和分管领导开展维稳工作情况进行考评，并将结果纳入干部档案。维稳政绩考核工作步入制度化、规范化建设轨道。

（二）周密部署，确保落实。一是年初州委州政府组织召开全州政法综治维稳工作会议，对全州政法综治维稳工作进行部署安排。州委、州政府制定下发《关于做好维护社会稳定工作的通知》，要求各县市（区）党委政府，中央、省、州驻德宏各单位认真履职，确保社会和谐稳定。二是充分发挥“六级三层次四重点”的综治维稳目标管理责任机制的重要作用，层层签订责任书，确保了综治维稳各项措施落实。三是抓督查、促落实。2月份，州委州政府督查组对全州各县市贯彻落实中央、省、州三级第一次维稳和信访工作电视电话会议精神进行督查。7月份，州委对全州上半年综治维稳和禁防工作进行督查，并及时将赵书记、孟州长的批示和督查反馈情况印发全州各县市（区）贯彻执行。9月上旬，挂钩县市（区）的6名州级领导和6名处级领导分别对全州六个县市（区）和各成员单位开展综治维稳和国庆安保工作进行了全面的督促检查；9月7至11日，州人大组织代表视察全州综治维稳和监所管理工作。12月下旬，州委州政府组织联合考核组对2009年度全州综治维稳目标管理任务的完成情况进行了年终检查和考评。

（三）抓基层、强基础，夯实综治维稳基层基础工作。一是全州选派优秀政法干部到51个乡镇任副书记专抓综治维稳工作，将乡镇综治维稳办作为乡镇内设机构，调整2—3名人员作为综治维稳专职干部的工作得到了全面落实。二是综治维稳机构建设和人员编制得到落实。根据省编委223号文件精神和州编委批复，州委政法委从州劳教所调整划入4名政法专项编制。各县市已调整划入11名政法专项编制。各县市综治办全部升格为正科级，州和各县市都配齐配强综治维稳办主任、副主任，调整充实了办公室工作人员，做到了定级定编定人。三是抓好基层政法综治维稳保障工作。州级综治维稳经费财政按人均0.5元列入年度预算，平安创建各项工作经费财政按人均0.3元列入年度预算。县市（区）级的综治维稳经费财政按人均不低于1元列入年度预算。州财政已拨付98万元。在2008年州政府拨付100万元基础上，又拨付43万元作为见义勇为基金。四是层层推行了综治维稳挂钩联系基层和巡查制度。

（四）抓特色、出亮点、促创新，全力推进新一轮平安建设。一是州委常委会专题听取了平安创建工作汇报，出台了实施方案。二是3月1日，在芒市组织了声势浩大的新一轮平安建设启动仪式暨签名活动。三是把开展“行业平安创建”作为深化创建工作的重要措施，发挥各行业单位的骨干作用，重点在“金融、卫生、工商、文化、教育、旅游、民宗”七大行业开展创建活动，广泛开展创建“平安企业（医院、市场、网吧、校园、景点、寺院）”活动，年底，对平安创建工作进行验收和命名表彰。四是继续深化“十单位联防德宏模式”，使之成为治安联防体系建设中的奇葩。建立“十单位联防”机构93个，派驻保安人员1605人，护村护厂队910支。五是进一步丰富完善，深入开展“政企平安共建”活动，使之成为具有德宏特色的维稳工作新经验。六是把加强技防建设作为提高防范能力和水平的重要手段，州政府出台了加强技防工作的公告，州综治维稳委推行了“3.6.1工程”。在75个重点单位，1个涉危单位，3个公共场所，58个复杂路段新安装了监控探头。

（五）切实贯彻落实重大事项社会稳定风险评估制度和维护稳定预警工作机制。经反复调研和修改，8月报请州委制定下发《德宏州重大事项社会稳定风险评估制度》和《德宏州关于建立维护社会稳定预警工作机制的规定》，全面启动稳定风险评估和预警工作，对潞西市造纸厂拟上访情况和力量生物公司糖厂职工等不稳定情况进行了预警。共发出维护稳定预警通知4份，避免了1起群体性事件的发生。

（六）加大对治安混乱地区及突出的治安问题排查整治。经排查，确定了治安混乱点单位州级1个、县级8个、乡级20个，组织相关部门深入扎实地开展了排查整治工作，共排查出突出治安问题5起，各类矛盾纠纷553起，按照“谁主管，谁负责；谁引发，谁负责”的原则，制定整治方案、明确责任单位、责任领导和人员，落实化解责任。逐个整治了治安混乱点和重点部位。

（七）强化对重点人员的服务和管理。做到对流动人口、监外服刑人员、吸毒人员、“法轮功人员”、社会闲散人员和境外入境人员“底数清，情况明”。共排查高危人员695人，落实管控措施659人（下落不明36人）。列重点人员2477人，落实管控措施2427人（下落不明50人）。清理流动人口97150人次，清查出租房24942家；租房备案4656家，签订责任书4602家。设立21个治安查缉卡点，及时查获被盗抢车辆12辆，抓获违法犯罪嫌疑人员272人，抓获逃犯112名。清查娱乐场所956个，从业人员4252人。

（八）勇于面对新形势，积极应对新挑战，强化工作措施，全力排查化解影响社会稳定的矛盾纠纷。一是全力抓好林改纠纷调处工作。成立了以州委常委、政法委书记任组长的全州林改工作领导小组，抽调精兵强将组成四个强有力的工作组，督促指导县市际林权纠纷调处工作。主动与周边市对接边地区的山林纠纷进行调处。全州共排查林权纠纷8211件，已调处成功7928件，调处率达96.9%。二是全面排查调处影响社会稳定的各类重大矛盾纠纷。在州委、州政府的领导下，由州综治维稳委员会组织牵头，司法、信访、公安、纪检监察、民政、民宗、国土资源、林业、水利等州综治维稳委成员单位及州直和驻德宏各部门参与，先后五次深入到机关、企事业单位、农村认真组织开展全州矛盾纠纷排查化解及治安混乱地区和突出治安问题排查整治专项行动，对治安较混乱地区，尤其是社会管理问题特别突出、治安特别混乱的区域进行深入的排查，及时发现和掌握一批潜在的纠纷隐患。各级各地党委政府把排查出的纠纷分类，根据轻重缓急，按照“一个矛盾纠纷，一个调处班子，一个责任人，一个调处方案，一个调处期限”的要求进行排队，投入时间、精力和财力，用心、用情、用智慧”，设身处地为群众着想，真真切切为群众办实事，妥善解决了大批山林、土地纠纷。全州各级调解组织共开展矛盾纠纷排查1294次，共排查调处各类矛盾纠纷4392起，调处成功4189起，成功率达95.4％，（含上年未调处成功遗留结转至今年274起）；其中：新排查出影响稳定隐患的各类重大矛盾纠纷173件（已调处46件，正在调处127件）。即：山林土地水利矿产资源权属纠纷64件，企业改革改制及遗留问题22件，农民工权益22件，企业亏损及职工权益12件，交通运输环保医患纠纷17件，征地拆迁、重点工程、移民16件，其它20件。

（九）加强领导，深入推进新一轮禁毒防艾人民战争阶段性工作成效明显。坚持“把禁毒防艾工作重心前移到基层农村，把禁毒防艾工作重点前移到宣传教育”的工作方针，建立和完善群防群治体系。以村民理事会试点工作为重点，明确43名州级领导，143名县市级领导联系挂钩乡、镇，558个州县市派工作队，1361名工作队员继续挂钩驻村开展工作，州县领导和挂钩单位领导2764人次，深入到乡镇、村寨、社区等禁防工作一线开展调查研究，督促指导工作，帮助挂钩联系点解决实际困难和问题。通过不懈地努力，全州禁毒防艾工作实现了境外毒源、毒品渗透、新滋生吸毒人员、现有吸毒人员、社会面上漏管失控吸毒人员、吸毒人群感染艾滋病的比例、艾滋病新感染者“七减少”和吸毒人员戒断巩固人数明显增多，促进全州社会治安进一步好转。

（十）组织专项行动，突出抓好“严打整治”斗争。州综治维稳委组织公安、消防、安监、卫生、民政、610等部门结合职责任务，制定方案，明确责任单位、责任人和具体工作措施。严厉打击境外敌对势力、敌对分子和“法轮功”等邪教组织对我边境渗透破坏活动，积极宣传国家法律法规和党的宗教政策，依法取缔和制止非法宗教活动。建立反恐应急处置预案、处置境外非政府组织突发事件应急预案，落实对法轮功骨干人员、老上访人员等重点人员和重点群体的稳控措施。相继开展了“打黑除恶”、“涉枪涉爆等危险品整治”、“整治治安乱点”、“打击刑事犯罪破案大会战”、“强势收戒吸毒人员，集中整治重点地区”、“铁拳行动”等专项行动，对突出问题、重点地区进行专项整治，取得了辉煌战果。全州共侦破各类刑事案件2087起，抓获犯罪嫌疑人1585人，抓获各类在逃人员691人。破“两抢一盗”案件1352件，与去年同期比上升7.2%；机关发案突出的问题得到根本整治。

【禁毒防艾工作】 2009年是德宏州新一轮禁毒防艾人民战争的攻坚年，全州的禁毒防艾工作按照上级党委政府的部署要求，在州委、州政府的坚强领导下，全州各级各部门克服地震等自然灾害和全球金融危机造成的严重影响及带来的巨大困难，按照“保增长、保民生、保稳定”总体要求，以“毒品不禁、我心不甘，艾滋病不灭、我夜不眠”的强烈责任感、使命感、危机感和紧迫感，抓住关键、突出重点，动员力量、整合资源，以更加坚定的信念、更加果断的行动、更加有力的措施、更加深入细致的工作，继续深化禁毒防艾人民战争，为维护社会稳定和确保边疆安宁做出了积极贡献。开展的主要工作如下：

一、深化认识，强化组织领导，始终保持对禁毒防艾工作的高度重视。

一是州委、州政府始终把禁毒防艾问题作为德宏发展的重要州情来认识，多次召开州委常委会和州政府常务会，对禁毒防艾工作进行研究部署，州委五届七次全会把“攻克毒品和艾滋病两大难关”作为全州今后一段时期的基本工作思路和工作重点之一；州委、州政府及时调整充实了禁毒防艾领导小组成员，出台《关于进一步加强禁毒防艾工作的通知》，对禁防工作进行重点部署、重点安排。二是全州各级党委政府和各部门按照禁毒防艾工作会的部署和安排，统一认识，以“在德宏工作，不重视禁毒防艾的领导是不称职的领导，不会抓禁毒防艾的干部是不合格的干部”为要求，切实把禁毒防艾工作作为重中之重的任务来落实。三是继续实行领导和单位挂钩联系基层的工作制度，明确43名州级领导、143名县市级领导和558个州县市派工作队的挂钩联系点，派出1361名工作队员驻村开展工作（其中：党员883人，处科级干部672人），州、县市禁防办对所有的工作队员进行了培训，制作印发6000本《工作管理手册》，按《德宏州2009年禁毒和防治艾滋病进村入社工作队目标责任书》的要求及时驻村开展工作，确保禁防工作的连续有效。四是明确职责任务。州、县、乡层层签订了工作责任书（状），各禁毒防艾工作队也结合驻村实际，制定了2010年的工作方案（计划），明确工作的目标、任务。五是最大限度落实经费保障。州和县市（区）克服金融危机的影响，把禁毒防艾工作经费列入财政预算并逐步拨付，截止12月份，全州共投入禁防工作经费2999.517万元（其中：中央150万元、省级110万元、州级250万元、县级357.117万元、工作队挂钩单位投入2132.4万）元，确保工作顺利开展。六是加强检查督导。七月州委、州政府派出5个工作组对各县市（区）半年禁防工作进行督查，并将督查情况对各县市（区）进行了反馈，州委赵金书记、州政府孟必光州长分别就半年禁毒防艾和综治维稳工作督促检查情况作了重要批示。州委于3月、9月对全州禁防工作队驻村情况进行了督查，对抽查的情况及时通报各级各部门。州县领导和挂钩单位领导3565人次深入乡镇、村寨、社区等禁防工作一线开展调查研究，督促指导工作，帮助挂钩联系点解决实际困难和问题，工作队员累计驻村10万多天次。七是表彰先进，鼓舞士气。在4月召开的全州禁防工作会上，州委、州政府对2008年禁毒防艾工作中做出突出成绩的97个先进集体和217个先进个人进行表彰奖励，发放表彰经费29.89万元，极大地鼓舞了全州人民参与禁毒防艾人民战争的士气。八是全州各级各部门始终认真开展好吸毒国家公职人员的清查工作，全年共查实处理3名吸毒国家公职人员。

二、以村民理事会试点工作为重点，始终发挥好人民群众参与禁毒防艾工作的积极性和主动性。

围绕探索从制度和体制上保证整个禁毒防艾工作能够持之以恒、常抓不懈的长效工作机制，是新三年禁毒防艾人民战争一项重要任务。全州上下在认真总结前四年经验的基础上，积极探索，创新实践，不断健全和完善禁毒防艾工作的长效机制。一是进一步发挥好人民群众的积极性和主动性，以禁毒防艾工作为切入点，创造性开展村民理事会试点工作。为充分发挥人民群众的主体作用，提高人民群众对毒品和艾滋病抵御能力、战斗能力，深入推进本地新农村建设进程，筑牢农村社会文明、经济文明、政治文明基础。在组团到临沧、楚雄考察学习和广泛征求意见的基础上，州委、州政府于7月2日召开了全州村民理事会试点工作启动会，对全州106个自然村开展村民理事会试点工作进行了部署，要求在各级党委、政府的领导下，把村民理事会建成党委政府与农民联系的桥梁和纽带、成为人民群众自我管理的有效途径、成为群防群治组织的又一新力量，全面推进基层禁毒防艾长效机制建设。为了督促村民理事会工作的落实，10月13至22日，州委政法委组织调研组赴各县市区开展专题调研。各县市均成立了试点工作领导小组，按制定的试点工作方案、村民理事会章程，选举产生全州106个试点村寨村民理事会成员，并在推动农村基层组织建设、禁毒防艾人民战争、社会主义新农村建设、综治维稳和村民事务的作用初步显现。二是进一步建立健全州、县市（区）、乡镇、村、组五级禁毒防艾领导机构及工作机构，加强了工作力量。州和各县市禁毒防艾办均设为同级政法委的常设机构，各乡镇禁毒防艾办与综治维稳办合署办公，设为乡镇的内设机构，配备专兼职工作人员172人；从县市政法机关选派51名优秀的年轻干部到乡镇（街道办）任挂职政法副书记专抓综治维稳和禁毒防艾工作；全州招聘315名禁毒防艾辅警力量充实到基层派出所。全州3209支基层群防群治组织和4737名村社禁防联络员工作在基层禁毒防艾工作一线，切实当好村规民约的执行员、禁防知识的宣传员、党委政府的信息员、打击毒品违法犯罪的战斗员、吸毒人员的帮教员、守村护寨的巡逻员。全年共处理违反村规民约行为251起，走访25万多户家庭，举报毒品违法犯罪512起（核实奖励71起），协助公安机关开展行动1696次，抓获零星贩、吸毒人员6539人次，开展巡逻8653次，自发扭送吸、贩毒人员2004人次，管控帮教吸毒人员12376人，投入帮扶资金115万余元。三是进一步健全长效保障机制，解决好参与禁毒防艾工作后顾之忧。州、县、乡及驻村工作队共筹集537万余元作为长效机制保障工作经费，保障了群防群治工作的顺利开展，并投入群防群治组织工作经费53.81万元，用于补助禁防联络员30.8万元。州和各县市（区）共同出资为全州所有的驻村工作队员、辅警、民兵、妇女等参与禁防工作人员续购了人身意外伤害保险，解除了他们的后顾之忧。

三、坚持“两个前移”，不断深化宣传教育工作，始终保持好禁毒防艾浓厚的社会氛围。

继续坚持“把禁毒防艾工作重心前移到基层农村，把禁毒防艾工作重点前移到宣传教育”的工作方针，以《禁毒法》、《艾滋病防治条例》宣传为契机，以青少年、外出务工人员、公共场所娱乐人员、学生、戒断毒瘾和跨境婚姻人员等人群为重点，创新宣传方式，发挥工会、妇联、红十字会、共青团、关工委等社会团体作用，不断深入开展禁毒和防治艾滋病知识宣传教育，入户宣传率、宣传教育面均达到100%。一是利用召开群众会、村社干会等各类会议，对98万多人次参会人员讲解禁毒防艾知识1.5万余场次。二是利用节庆集日、敏感日开展各类宣传活动1449场次，受教育67万余人次。三是开展了禁防挂历、禁防宣传扑克、《青春红丝带你我共行动》宣传画册等宣传材料发放活动，共发放各类宣传资料56万多份。四是粘贴、刷写禁防标语18644条，制作宣传栏1579块。五是依托已建的农村文化活动室开展文体活动1122场次，播放宣传教育片4068场次，受教育群众达30万余人次。六是各级媒体共刊（播）禁防宣传稿件652篇（条）。七是工作队共深入24万户群众家庭进行面对面宣传。八是潞西开展“民警进万家”、“民警大走访”活动，盈江开展“平安盈江”、“盈江禁防杯”有奖征文活动，瑞丽重点加强对未成年人预防犯罪宣传工作。九是禁毒防艾宣传模式创新取得实效，由州委宣传部牵头，组织相关单位和部门，采取问卷方式，现场发现问题对受测者进行辅导，有力地提高了禁毒防艾的知晓率。

四、发挥好以公安为主的政法主力军作用，始终保持对毒品违法犯罪的高压态势。

全州各级各部门按照州委、州政府的统一部署和要求，严打毒品违法犯罪。一是加强国际合作，严厉打击边境一线毒品违法犯罪活动。截止12月底，共与缅方举行会谈会晤31次，开展联合扫毒行动26次。二是始终对毒品犯罪保持高压态势，有力震慑犯罪分子嚣张气焰。截止12月，全州共查破毒品刑事案件935起，缴获毒品1123.02千克，抓获犯罪嫌疑人883名，抓获省、部级督捕毒枭毒贩6名；查破零星贩毒案件2822起（含违法案件）。三是开展了集中整治专项行动。潞西市对毒品危害重点地区、部位划分为三类分别进行了重点整治和“夏季扫毒”专项行动；瑞丽市对出现吸毒反弹的部分地区进行了重点整治；陇川继续开展“百村整治”专项行动，对毒品危害的重点地区进行挂牌整治。四是坚持以人为本，积极开展禁吸戒毒工作。共收戒吸毒人员12870名，送强制隔离戒毒7025名，社区戒毒806名，社区康复2411名，转送2628名。全州现有吸毒人员13375人，与去年相比减少220人。五是“无毒”创建工作稳步推进。六是1–12月，全州检察机关共受理审查批捕毒品案423件582人，批捕378件487人，受理移送审查起诉和不起诉毒品案630件851人，提起公诉317件445人；1–12月，全州法院共审结512件755人。

五、充分发挥职能部门的作用，艾滋病防治各项工作取得新突破。

一是更准确地摸清了艾滋病疫情。截止12月，全州累计开展监测检测812220万余人份，累计报告艾滋病感染者/病人16460例（1–11月累计报告1557例，AIDS病人621例，死亡415人）。二是行为干预工作扎实推进。全州宾馆、酒店等场所安全套摆放率100%；截止12月，全州共开设5个美沙酮维持治疗门诊和6个拓展点、5辆流动服药车提供美沙酮维持治疗服务，共审批治疗吸毒人员3416人，在组服药1856人，治疗人员保持率为54.3%；全州设有17个针具交换点，覆盖925名吸毒人员，全年共发放清洁针具353161万余支，收回317977万余支，回收率为90.3%；对暗娼、男男性行为人群、外来务工人员、吸毒者、性病就诊者等高危人群开展好行为干预工作。三是“四免一关怀”政策得到进一步落实。截止9月，共为1826人提供免费自愿咨询服务；截止12月，全州累计开展抗病毒治疗3245人，在治2742人；对132名阳性孕产妇实施免费阻断管理；对1111名艾滋病致孤儿童中已上学的607人减免了学费，纳入五保571名、低保540名。四是对艾滋病感染者的管理取得突破。对新报告的HIV感染者的告知率、随访率、CD4检测率、配偶检测率、抗病毒治疗转介率都达到或高于国家的标准。

六、与学习实践科学发展观活动相结合，始终推进驻村经济、政治、社会各项事业深入发展。

各挂钩单位结合驻村实际，以禁毒防艾为切入点和着力点，紧紧与学习实践科学发展观活动相结合，深入推进驻地新农村建设。一是理清发展思路。共帮助驻村制定新农村建设规划624份，确定经济发展项目569个。二是完善基础设施建设。全州新、改扩建农村文化活动室171个（累计建设928个），修建沼气池5919口，修建乡村道路448条1546千米，架设人畜饮水管道189条1164千米。三是加强学习培训。组织开展各类科技培训1130场次，组织驻村群众外出观摩学习205批次。四是工作队派出各单位共投入资金2132.44万元，帮助争取资金2946.61万元，为驻地做好事办实事13050件，极大地改善了农村的村容村貌，推进了驻村经济、政治、社会各项事业深入发展。

（《政法委〈综治维稳委〉》撰稿　李其胜）

政策研究和新农村建设

【文稿撰写】 2009年，德宏州委政研室围绕州委中心工作和德宏经济社会发展中的难点、热点问题积极开展调查研究，搞好文稿工作，为州委决策提供科学依据，充分发挥参谋助手作用，具体做法是：一是起草拟定了州委指导全州农业农村工作及推进社会主义新农村建设的重要文件。年内州委农办工按照州委工作部署，精心研究组织拟定了德宏贯彻落实中央和省推进农村改革发展若干重大问题决定等重要文件精神的《中共德宏州委关于推进农村改革发展的实施意见》（德发〔2009〕3号）以及《中共德宏州委、德宏州人民政府关于促进农业稳定发展　农民持续增收的实施意见》（德发〔2009〕6号）两份文件，成为州委指导全州农业农村工作的纲领性文件。为全面深入推进德宏社会主义新农村建设，州委农办起草了全州新农村试点村建设、指导员管理的相关的意见和办法，为德宏新农村建设良性发展提供了全面完整的机制保障。二是根据省、州要求，撰写了州委领导在“省委农村工作会议”、“省委新农村建设工作队指导员座谈会及省级重点建设村建设启动工作会议”、“德宏州委农村工作会议”、“德宏州新农村建设工作队及指导员工作总结表彰会”、“全州新农村建设指导员暨省级重点建设村工作推进会”等会议上的重要讲话；三是完成各类汇报交流及专题材料。年内完成了《加强领导　科学发展　扎实推进德宏社会主义新农村建设》、《实施“生态立州”战略　建设德宏美好家园》等汇报交流材料；组织编写上报了《云南省社会主义新农村建设》丛书“德宏篇”材料，撰写了《认真组织开展调查研究　努力为地方经济社会服务》（《德宏60年》专稿）、《广阔天地在嬗变　美丽乡村风帆起——德宏州新农村建设巡礼》、《独创的民族政策　奏响民族团结进步的壮歌》等专题材料。

【专题调研】 2009年，德宏州委政研室加强专题调研工作，具体做法是：一是根据新一届州委班子提出的“五个百亿元工程”产业调研规划，积极协调配合相关部门，精心组织开展产业发展调研活动，并远赴浙江省及福建省两省开展竹产业发展和新农村建设的考察调研。完成了《德宏州西南桦产业发展研究报告》、《德宏州竹子产业发展研究报告》、《德宏石斛多样性及产业发展研究报告》、《优化蔗区布局　确保全州蔗糖产业巩固提升》4份产业调研报告和《借鉴先进地区发展模式　推进德宏新农村建设》、《学习先进地区发展经验　加快推进德宏林竹产业发展》2份学习考察报告，为全州新一轮产业的科学布局提出了合理的对策建议。二是根据州委领导安排开展相关调研活动，完成了德宏州中长期人才规划专项报告《加快建立不断适应德宏跨越式发展的人才强州战略体系》、德宏推进政府机构改革的调研报告《立足实际　积极稳妥推进边疆民族地区政府机构改革》及《中共德宏州委政策研究室（农办）工作情况调研报告》。

【内刊及资料图书编印】 2009年，德宏州委政研室为切实做好参谋助手，及时编发政研信息和新农村建设简报，为州委决策和了解掌握工作动态提供依据。年内，共编发《德宏调研》16期，其中德宏州产业调研报告4期、产业考察报告2期、州工商局深入学习实践科学发展观调研报告8期、土地流转试点调研报告1期。编发《政研简报》2期、《新农村建设简报》16期。此外，年内还组稿编辑了《德宏社会主义新农村建设》一书。

【开展社会主义新农村建设】 2009年，德宏州委农办在总结全州社会主义新农村建设工作启动开展两年多实践经验的基础上，先后出台了有关新农村试点村建设和指导员管理以及进一步推进新农村建设的具体措施意见，并以州委、州政府两办文件下发，为全州新农村建设下一步工作更好地开展奠定了良好的基础。年内全面完成了2007～2008年84个州级试点村的竣工验收工作，顺利实施了2009年50个州级试点村的项目建设工作，成功争取并启动了40个省级重点村的建设工作。下派了2009年新农村建设指导员，指导工作开展卓有成效。

【试点村建设】 2009年，德宏州社会主义新农村试点示范村通过近3年的建设，已建成生态文明型、优势特色产业支撑型、边境民族风情型、民族团结和谐型、旅游观光带动型、城镇拉动型、商贸服务型、生态移民型、灾后恢复重建花园型等一批各具特色的重点村、特色村。这些试点示范村的建设，产生了极好的示范作用和社会效应，极大的激发了全州各族群众建设社会主义新农村，改变自身的生产生活条件、生存发展环境，建设美好生活（家园）的热潮和社会各界支持新农村、参与新农村建设的热情。尤其是在面上，许多自然村在政府没有项目资金支持的情况下，自发组织起来，自筹资金，投工投料开展村内道路、公共服务设施、村容村貌等项目整治活动，掀起了比学赶超的新农村建设运动。体现了政府引导、农民主体、社会参与的建设机制，并取得了以点带面的良好试验示范和带动效果。

【州级试点村建设】 2009年，德宏州委农办组织领导小组部分成员单位领导和专家对2007～2008年度已实施完工的84个州县财政资金试点村建设项目进行了州级竣工验收。84个试点村建设项目共批准投资4077.62万元，实际完成投资6399.04万元，完成计划投资的156.93%。累计完成村内道路硬化94043.03米，支砌排水沟27701.1米，交通桥及进户便桥81座，安装过水涵管988.5米，安装人行道盖板5174块，支砌路沿石3320米，建盖文化活动室40个，建设人饮工程35791米，修建饮水池3座，修建斜坡阶梯900米，建设综合活动场6459.8平方米，民房改造322户，建设公厕30座，户厕223间，新建沼气池254口，垃圾池25个，科技培训25期4223人次，种植经济林木2317.14亩，澳洲坚果1380株，扶持养猪673头，发放饲料24426千克，村庄绿化植物栽种475株，安装太阳能30套。所有试点村都在县乡两级农办和新农村建设指导员的帮助指导下进行了5年建设发展规划，按要求完成村庄整治规划28个。通过项目建设，有50个乡镇、73个村委会、83个自然村的8117户村民37343人从中受益。各项目建设质量均符合国家相关行业建设标准，多数县市的项目达到优秀等级，并形成了规范完整的档案资料。上年的建设项目还通过了州财政局组织的绩效评价。2年来，在试点村的示范带动下，全州各级各类试点村建设中累计整合投入新农村建设资金14105.59万元，参与建设的村寨数近500个。其中：潞西4444.87万元，盈江7558万元，梁河641.77万元，陇川701.025万元，瑞丽561.146万元、畹町198.78万元。全州试点村建设初具规模，呈现“目标明确、重点突出、因地制宜、特色鲜明、进展顺利、效果良好”的发展态势。年内，德宏州委农办年初安排各县市编制上报了2009年州级新农村试点村建设项目五年规划和年度项目申报书。3月组织召开了州级新农村试点村建设项目评审会，邀请了部分成员单位的领导与专家一同对各县市编制上报的新农村建设项目进行评审，同意2009年县市上报的50个州级试点村的规划和建设项目，项目建设以村内道路硬化、文化活动室、排水沟、挡墙、公共厕所、垃圾处理池、消防池及产业培植和科技培训等为主要建设内容，共计划投资5511.80万元，其中：州级财政资金500万元、县级财政资金1521.3万元、整合各类项目资金1583.79万元、群众自筹资金1906.71万元。评审项目经报请州委农村工作领导小组同意，并随着建设资金下拨各县市已落实分解到各乡镇，全州50个新农村试点村建设顺利有序实施。

【启动省级重点村建设】 2009年，根据《云南省社会主义新农村建设规划纲要》，5月初，省委农办下发了《关于上报备选云南省社会主义新农村省级重点建设村的通知》（云农办发〔2009〕6号）文，按照文件要求，州委农办迅速组织县市力量编制上报德宏备选省级重点建设村53个的相关材料，经多方争取和反复汇报，省委农村工作领导小组下文同意德宏上报的40个备选村为2009年的省级重点建设村，德宏省级重点村建设顺利启动。随后州委召开了全州新农村建设指导员暨省级重点建设村工作推进会，全州组织各县市农办主任参加了省级的项目建设培训会，并按照省级重点建设村现行操作原则，各县市组织各相关乡镇上报了省级重点建设村五年新农村建设规划与2009年度实施方案，经州委农办与州财政局审查，并报请州委农村工作领导小组审定同意，各县市的省级重点建设村建设顺利开工建设。

【选派新农村建设指导员】 2009年，德宏州从363个省、州、县、乡党政机关、事业单位、学校、企业中抽调下派指导员共389人，（其中省级17人，州级73人，县级288人，乡级11人），组建51支工作队，派驻356个村（居）委会。下派指导员的比例结构合理，达到了“一村一名指导员、一个乡镇一支工作队”的要求。州委制定下发了《德宏州社会主义新农村建设工作队指导员管理暂行办法》、州委新农村建设工作队领导小组及办公室制定实施了派出单位及指导员工作承诺制；全州建立了领导干部挂钩乡镇负责指导新农村建设工作制度。同时完善指导员管理的各项规章制度，健全每月工作交流例会、季度工作汇报会、工作承诺公示、培训学习、难事梳理交办和乡镇党政班子成员联系等制度，明确规定指导员驻村时间的考勤管理办法，严格考核管理，进一步规范了对指导员工作的指导和管理。极大地增强了指导新农村建设工作的力量，有力促进了工作队及指导员工作的开展。为确保新农村建设工作队及指导员认真履行职责，工作取得实效，州、县市有关领导、督察室和新农队办经常深入到县市、乡镇、村委会进行督促检查。至7月底，全州各级新农队办开展工作指导和检查共377次，召开指导员工作会议202次，参会4181人，听取当地干部和指导员工作汇报，了解他们的工作、生活、学习等情况，及时向上级反映，帮助基层干部和指导员解决工作、生活上的困难，有效地促进了各项工作的落实。

【新农村建设指导员工作成绩斐然】 2009年，德宏州新农村建设指导员按照“六大员”和州委提出的“十到户”要求，开展了富有成效的驻村指导工作，通过一抓调查研究，摸清村情民意；二抓宣传发动，激发群众建设新农村的积极性、主动性和创造性；三抓规划，为实施新农村建设提供科学依据；四抓实事，帮助群众解决热点难点问题。五抓试点示范，确保试点村建设扎实稳步推进；六抓产业，增强群众建设新农村的能力；七抓重点，积极协助开展农村中心工作七大方面的工作等，赢得了群众的好评，为德宏新农村建设工作做出了重要的贡献。截止11月，各级新农村指导员完成驻村摸底调查483份，提出合理化建议683条，制定驻村工作计划346份，为老百姓办理实事1076件，参与调解纠纷840起，完成调研报告214份，其中得到应用的有79份，编写简报757份，个人与单位共协助驻村争取项目73个，争取项目资金579.87万元。

（《政策研究》撰稿　邵建萍）

保密工作

【传达上级会议和领导批示精神】 2009年初，胡锦涛总书记、温家宝总理等党和国家领导人针对网络泄密严重问题作出重要批示。中保委主任令计划在中央保密委员会第一次会议上讲话提出“务必加强教育培训、务必加强技术防范、务必严格管理制度、务必加大查处力度、务必强化领导责任”的要求。3月，中共云南省委书记白恩培、省长秦光荣、省委秘书长杨应楠和中共德宏州委书记赵金、州长孟必光、州委秘书长番跃平、州政府秘书长周湛鸿等省、州党政领导针对当前保密工作的形势和任务分别作出批示。4月，州委副秘书长、州保密局局长邵强带队到县市（区）传达上级会议、领导批示精神，各级保密组织、工作部门认真召开会议进行认真传达学习。一年来共召开各类保密工作专题会议15场次，各级各部门单位主要领导、办公室主任、秘书科科长、主要涉密人员2000余人参加学习。

【保密宣传教育】 2009年，德宏州保密局积极开展保密宣传教育：一是撰写《努力构建国家保密工作的“铜墙铁壁”》文献资料。文献回顾建国以来特别是改革开放以来德宏州保密组织机构建设及发展历程，总结德宏边疆开展保密工作的主要做法、成效和经验。文章被收录于《与共和国同行——德宏60年》一书中。二是做好保密业务书籍刊物的征订工作。2009年全州征订《党政机关工作人员保密须知》4000册，征订《保密工作》686份，州保密局、潞西市保密局、陇川县保密局分别被评为全国、全省《保密工作》通联工作先进单位。三是向全州37名在职厅级领导干部发送了《致厅级领导干部的一封保密提醒信》。四是组织开展保密承诺书签订工作，全州各级党政机关和企事业单位的主要领导与涉密人员签订了《保密承诺书》。五是开展保密业务培训。一年来，全州部分保密专职干部分别到深圳、昆明等地参加了计算机木马病毒防范、保密行政执法、文秘工作等培训3批次共15人。保密部门对全州初任公务员、新提拔任用领导干部进行保密知识教育培训5场次共350人。组织全州保密专兼职干部保密技术知识培训9场次共800人。六是深入基层调查研究。4月20至23日，邵强局长带队到县市（区）就当前全州保密工作存在的突出问题和急需解决的重大实际问题、保密工作机构问题、人员队伍状况、信息化条件下保密工作面临的形势任务及难点等九个方面内容开展情况调研。

【保密监管检查】 2009年，德宏州保密局主要开展了以下保密监管检查：一是开展党政机关保密大检查。6月至8月，根据中保委统一部署和全省专题会议要求，在全州组织开展了以计算机信息网络安全保密管理为主要内容的地方党政机关保密大检查工作。检查以自查与抽查相结合、行政手段与技术手段相结合的方式进行。全州共有684个单位开展自查工作并上报总结。州、县市（区）保密部门抽调56名保密业务骨干和专业技术人员组成检查组对210个单位进行了抽查。其中：现场检查保密要害部门部位524个，检查计算机1531台、办公网络36个、移动存储介质516个；检查非涉密计算机存储文件80余万份，查看保密规章制度1650余项。检查共发现问题800余处，对被抽查单位提出书面整改意见824条。通过检查达到找问题、查隐患、堵漏洞、抓整改、促管理的目的。二是开展涉密测绘成果市场清理整治。配合州国土资源局开展了全州涉密测绘成果使用管理及地理信息市场管理情况的专项整治工作，对20个使用涉密成果较多的部门和企业单位在获取、提供、使用、生产、出版和传输涉密测绘成果环节中的保密管理情况进行检查，及时查找存在问题，提出整改意见和要求。三是配合相关部门做好各类考试的保密监管工作。全年124人次参与了31场次考试的试卷押运、封存、保管、巡查等环节的考务工作，确保各类考试试题安全保密。四是做好中央、省委、州委等重要文件资料、各类移动存储介质的清退和销毁工作，把好最后一道关口。五是加强对印刷、复印行业、废旧物品收购摊点和再生资源市场的监管，严禁收购、出售涉密文件资料。六是做好各类志书、刊物出版的保密审查工作。一年来审查了《德宏州志·政治卷·法院篇》、《德宏矿产资源总体规划》和其他有关统计数据等共计16万字。七是做好政务信息公开保密管理工作。

【泄密查处】 2009年，德宏州保密局对全州政府信息公开网站进行清理检查，对一些部门单位由于不执行有关保密规定、对上网信息不履行保密审查手续，导致涉密和内部信息在政府信息网站上违规公布而泄密的事件进行了查处。年内州保密局依法依纪和按程序共对8个单位9位责任人进行了处理。

【保密防范技术】 按照《德宏州保密科学技术“十一五”发展规划》的目标要求，2009年德宏州保密局购进了一套国家保密局认证的“涉密计算机非授权外联监控系统”保密技术专用设备，用于对全州涉密计算机与互联网等公共网络的违规外联监控。目前，全州各县市（区）637个单位1102台计算机安装了客户端监控软件，成功阻断及报警违规外联100多次，有效预防了网络窃密、泄密事件的发生。

（《保密》撰稿 黄 蕊）

老干部工作

【召开老干部工作会】 2009年3月12日，德宏州老干局在芒市召开全州老干部工作会议。参加会议的有州老干部工作领导小组成员、各县市（区）委老干部局长、州直各单位分管老干部工作的领导和专兼职人员共158人。会上，州委常委、组织部长、老干部工作领导小组组长马永福同志作了重要讲话，对去年的老干部工作作了总结，安排部署了今年的工作任务；州委组织部副部长、老干部局局长李富炳同志传达了全省老干部工作暨老有所为“双先”表彰会议精神。

【老干部基本情况】 截止2009年12月31日，德宏州有离休干部254人。其中：行政单位的120人，事业单位的66人，企业单位的68人；1937年7月7日至1942年12月31日参加革命工作的4人，1943年1月1日至1945年9月2日参加革命工作的21人；享受地厅级待遇的2人，享受县处级待遇的139人，一般离休干部113人。全州共有退休干部10519人。其中：正副厅级42人，正副处级退休干部651人，一般退休干部9926人。

【落实老干部政治待遇】 2009年，德宏州老干局认真落实老干部政治待遇。坚持政治理论学习制度。内容主要有十七届三中、四中全会和省委八届七次、州委五届十次全委会议精神以及重大时事政治；坚持走访看望和情况通报制度。春节和建国60周年之际，共走访看望老干部及无固定收入老干部遗属3389次，召开情况通报会18次，参加通报会的老干部达2930人次。坚持联系老干部制度。建立了州级在职领导联系同级老干部制度，制定完善了老干部局机关在职干部联系州直机关单位离休干部和副厅以上退休干部制度。坚持参观考察制度。2月20日和10月23日先后两次组织州直单位离休和副厅级以上退休干部分别参观考察了潞西市三台山乡上芒岗村、遮放镇南见村的新农村建设和保山市龙陵硅厂、市政建设。举办老干部读书班和健康知识讲座。5月11日在州老年大学举办了第十期老干部读书班暨首期老干部党校理论培训班76名老干部党支部书记、副书记委员参加了培训。10月19日举办了中老年健康知识讲座，州直单位240多人参加了讲座。老干部党支部建设。以“支部班子好、党员队伍好、组织设置好、活动开展好、群众反映好”为目标，全州145个老干部党支部组织生活正常、按时交纳党费，并按交纳党费80%留给了老干部党支部，使活动经费有了保障。按云组通〔2009〕78号文件《关于提高云南省部分离休干部护理费标准的通知》精神，调整落实了离休干部的护理费。建立了老干部特困资金制度，认真为老干部解决特殊困难。州政府批拨资金16万元，于3月、4月为州直单位离休和副处级以上退休干部进行了健康体检。完成了边纵七、八支队老干部到怒江、丽江、大理考察暨到剑川参加“4·2”武装起义纪念活动的服务工作。

【老干部活动中心建设】 2009年，德宏州已建成6个老干部活动中心，总建筑面积达6097.45平方米，总投资959.5万元，可容纳2509人，活动人数达64900多人次。

【老年大学及老干部党校】 2009年，德宏州依托活动中心建成了6所老年大学和6所老干部党校，总面积达5289.25平方米，总投资718.5万元，可容纳4060人，在校学员达2366人。参加老干部党校培训的老干部党员达760多人次。

【发挥老干部作用】 2009年，德宏州老干局围绕州委的中心工作，根据老干部特长，本着自愿量力和鼓励、引导的原则，全州有6000多位老干部在经济建设和科技进步、弘扬党的优良传统、在各种学会、协会，在撰写回忆录、编写史志、在关心教育下一代及禁毒防艾等方面发挥作用。州委办老干部党支部、原州委副书记、州长刀安钜、原州人大副主任方吉龙分别受到省委组织部、省委老干部局的表彰奖励，刀安钜还受到了中组部的表彰奖励。

【来信来访】 2009年，德宏州老干局接待来访老干部87人次，收到来信11件。对来信来访做到件件有回音、事事有答复，热情接待，耐心听取老干部的意见建议和要求，使老干部的来信来访得到落实。

【挂钩扶贫工作】 2009年，德宏州老干局加强禁毒防艾和扶贫点工作。按照州委、州政府总体安排部署，抽派了3名干部到禁毒防艾及扶贫点开展工作，并为搞好禁毒防艾工作，每月出资500元聘请了一名禁毒防艾宣传员。多方筹措资金，为群众办实事、办好事，补助建盖党员活动室、乡村基础设施建设、禁防宣传、帮扶贫困党员、学生上学共投入资金4.6万元。

（《老干部工作》撰稿　吴陈刚）

州直属机关工委

【加强机关党员思想建设】 2009年，德宏州直机关工委全面加强机关党员思想作风建设，具体做法是：一是认真开展学习实践科学发展观活动，切实加强机关党员思想作风建设。3月至8月，机关工委按照州委统一部署认真开展第二批学习实践科学发展观活动。全体干部职工包括离退休老党员共15人参加了学习实践活动，结合机关党建工作制定了详细的实施方案，按质按量地做到规定动作不走样，按时转段，按时上报各种报表材料，简报；对不健全及不完善的制度进行了修订；发放了民主测评表，对收到的意见建议及工委所存在的问题，提出了具体的整改落实方案，做到整改有具体时间，有具体责任人，指导所辖基层党组织开展学习实践活动。二是认真抓好民主集中制建设。严格落实领导班子集体决策重大事项议事规则，进一步完善了机关工作制度、民主决策制度、岗位责任制度、内部监督制度和工作协调制度。班子成员特别是党政一把手加强沟通和交流，开展谈心活动，认真组织开好民主生活会，提高领导班子解决自身问题的能力，切实增强班子的整体合力。三是进一步转变机关作风。大力开展机关服务“品牌”创建活动和以“强素质，树形像”为主题的岗位技能比武活动和创建“学习型、创新型、服务型”机关活动为重点。

【机关党组织建设】 2009年，德宏州直机关工委从以下几方面加强党组织建设。一是加强对直属机关党委、总支、支部换届工作的指导。工委对机关党组织换届选举工作进行专题调查，督促，要求各直属党组织必须按照《基层党组织换届选举工作暂行条例》规定，按照程序，按时进行换届选举。截止12月底共有36个基层党组织完成换届选举工作。二是举办入党积极分子培训班。8月25

至28日，机关工委在州委党校举办了入党积极分子培训班，州直55个基层党组织选送了232名入党积极分子参加培训。三是认真做好党员发展工作。根据《中国共产党发展党员工作细则（试行）》，认真贯彻“坚持标准，保证质量，改善结构，慎重发展”的“十六字”方针，扎实抓好党员发展工作，做到成熟一个发展一个。严格各项审批程序，坚持做到个人汇报思想，组织谈话审查，严把党员发展“入口关”，截止12月底发展党员43名，办理预备党员转正29名。四是认真开展春节慰问活动。根据德组明电《关于在元旦春节期间开展走访慰问生活困难党员和老党员活动的通知》的通知精神，对所辖的46个企业党组织，特别是改制企业党组织的困难党员和老党员进行摸底调查，掌握情况，确定2个企业党组织，25名困难党员和老党员进行慰问，每个党组织慰问金1000元，困难党员和老党员慰问金每人500元，合计14500元，把党组织的温暖送到基层党组织和党员中，使困难党员过上一个好年。五是认真开展纪念建党88周年活动。6月25日，州直机关工委在芒市会堂隆重举办庆祝中国共产党诞辰88周年文艺演出。晚会的主题为“祖国在我心中”。演出节目有大合唱、舞蹈、独唱、快板、情景剧等节目共16个。各机关党委、总支、支部以深入学习实践科学发展观活动为契机，组织开展了丰富多彩的党的知识竞赛、形势报告、演讲比赛、文艺表演、表彰先进、慰问贫困党员等一系列庆祝活动。六是认真组织学习中央、省机关党建工作会议精神。中央、省委分别于5月、7月召开机关党建工作会议。胡锦涛总书记在会上指出：“机关党建工作必须适应新形势、新任务的要求，走在党的基层组织建设的前头”。省委提出“机关党建工作要走在全省党的基层组织建设前列”、“开展创建学习型、创新型、服务型机关活动”、“深入开展机关作风建设”等一系列要求。七是认真做好党费收缴和管理工作。按照中组发〔2008〕3号文件《关于中国共产党党费收缴、使用和管理的规定》的通知，认真完成了州直属机关86个党支部的党费收缴情况审核测算工作。八是坚持为基层党组织讲党课。按照中央、省委和州委“领导干部要深入基层讲党课”的要求，工委十分重视开展为基层党组织讲党课活动，先后为州文化局机关党委、州食品药品监督管理局党总支、州水利局党总支、州水文局党总支、州老干部读书班等讲党课。九是举办党务干部培训班。11月9日，州直机关工委在州委党校举办了2009年党支部书记培训班，范围覆盖所属的机关党委、党总支、党支部共有300人。十是好党报党刊的征订工作。按州委办公室要求，完成了《求实》、《半月谈》、《云南日报》、《德宏团结报》等报刊杂志的订阅任务；完成云南《支部生活》杂志征订11490多份，《致富天地》杂志1066份。

【加强党风廉政建设】 2009年，德宏州机关工委加强党风廉政建设工作，具体做法是：一是抓整改落实。对机关党员干部反映强烈的突出问题，共征集到意见建议5条，目前已有部分解决或正在解决。二是抓制度建设。按照科学发展观的要求，做好制度的废、改、立。对机关建设的学习制度、工委议事制度、分工负责制度、财务管理制度、文件印制与管理制度、车辆管理制度、党风廉政建设制度、岗位目标责任制度、党费管理制度、加强领导班子自身建设等项规定予以充实和修改，于8月30日前印发工委机关全体党员干部执行。三是加强党风廉政建设，推动反腐工作的深入开展。认真贯彻落实《中共德宏州委关于印发<贯彻落实建立健全惩治和预防腐败体系2008-2012年工作规划〉实施办法的通知》（德发〔2008〕33号）、《赵金同志在2009年全州党风廉政建设大会上的讲话》文件精神，严格按照州委州政府提出的“五不准”要求，对吸食毒品、参与赌博、经商办企业、利用手中权利“吃、拿、卡、要”，不遵守工作纪律等情况进行排查，没有发现参与吸毒、赌博行为；没有人员出境、挪用公款参与赌博行为；没有参与经商办企业，没有参与投资、建厂、办企业等商务活动；没有利用手中权利“吃、拿、卡、要”情况；能坚持上下班制度。

（《机关工委》撰稿　杨　芳）

党校工作

【干部培训】 2009年，德宏州委党校共举办干部培训32期，参训学员4017人次。比上年增加培训班次7期，909人次。其中第十五期中青班27人，第六期民干班28人，第六期科长班56人，第二期妇女干部班26人，第一期新任处级勤政廉政班123人，第十期老干部读书班55人，第四期政法干部培训班220人，第七期理论骨干班26人，第三期青年干部培训班116人，2008年新录用公务员初任培训2个班313人，德宏州2009大学生村官培训班240人，文秘人员培训班120人，入党积极分子培训班232人，组工干部培训2个班93人，十七届四中全会精神培训2个班550人，宣传业务培训2个班215人，德宏州城乡建设专题研修班86人，德宏州旅游产业专题研修班52人，德宏州商贸经济专题研修班58人，德宏州农业经济专题研修班50人，德宏州工业经济专题研修班97人，陇川县县域经济研讨班77人，瑞丽市县域经济研讨班80人，潞西市县域经济研讨班200人，梁河县县域经济研讨班300人，盈江县县域经济研讨班400人，德宏州非公经济培训班135人，德宏州司法局干部培训班42人。年内，德宏州委党校干部培训工作的主要特点是：围绕强化理论武装抓培训、围绕经济社会发展抓培训、围绕民族团结抓培训、围绕边疆稳定抓培训、围绕改善民生抓培训。共邀请四川省委党校教授孙超英，省委党校王国忠副校长、研究生部主任张雷军教授、经济学教研室主任周龙弟教授及州直部门领导、专家22余人次，到党校为学员讲授有关专题。在管理工作中严格要求，大胆管理，创新培训内容，认真总结干部培训工作经验，研究制定了干部培训制度和工作流程，提高了培训工作的制度化、规范化水平。

【科研工作】 2009年，德宏州委党校按照《党校工作条例》规定，积极推进教学科研改革，努力推动科研工作上台阶、上水平。具体表现在以下几个方面：组织实施校内外科研课题共13个，与州林改办合作《德宏州集体林权制度配套改革机制研究》、与盈江组织部合作的《盈江党建回顾与实践创新探索》、与州招商局合作的《德宏州招商引资对策研究》。对上年度的5个校级课题进行评审，全部通过验收，其中优秀1个，合格4个。课题总经费3.4万元全部兑现完毕。年内对5个与德宏科学发展实际紧密结合的具有重要决策参考意义的课题进行立项，参研教师25人，课题总经费3.7万元。积极组织教师参加各种征文活动，参加各种优秀科研成果评奖活动。参加全省党校、行政院第五届（2007—2008年度）优秀科研成果评奖活动，参评教师7人、参评论文6篇；参加德宏州第三届优秀社科成果评奖活动，参评教师4人、参评论文5篇。上半年共发表文章53篇，其中国家级2篇，省级24篇，州级27篇。此外，还撰写了期末教学工作论文100余篇。选派多名骨干教师参加州委宣讲团，成立党校深入学习实践科学发展观讲师团，深入乡镇、机关、企事业单位和县市进行科学发展观、政策形势巡回性普及性宣讲。据不完全统计，从4月上旬开始到学习活动结束，宣讲组共进行宣讲近60场，听众达1.5万多人次，有力地推动了全州学习贯彻科学发展观活动的开展。校刊《德宏论坛》共出刊4期，刊发文章80篇，字数约45万字。办刊质量继续稳步提升，稿源面继续扩大，稿件质量有所增强，在省内外的影响亦日益增大，为提升学校的知名度作出了贡献。

【学历教育】 2009年，德宏州委党校函授学历教育进入后期收尾阶段，国民教育稳步发展。年内春季学期党校函授学历教育在册学员为1054人，其中省函本、专科794人，中函本科240人。云南民族大学东南亚南亚研究生课程进修班在册学员为30人，四川省委党校区域经济管理在职研究生班87人。秋季学期党校函授学历教育在册学员为916人，其中省函本、专科678人，中函本科238人。四川省委党校区域经济管理在职研究生班在册学员87人和公共管理在职研究生班50人。函授国民教育在籍学生共有1362人，其中昆明理工大学成教院在籍学生1091人（专科728人；本科363人）。开设有经济管理、法律事务、计算机信息管理、建筑工程项目管理、供用电技术、法学、工程管理7个专业。云南民族大学继续教育学院在籍学生271人，开设有法学、经济学、计算机科学与技术3个专业。秋季学期五年制和职业教育中专在册240人，外送137人，开设五个专业：中文导游、外事旅游服务与管理、宝玉石鉴定与营销、音乐及计算机应用。

（《党校》撰稿　明碧琳）

德宏傣族景颇族自治州人民代表大会常务委员会

【人大会议】 2009年，召开了州十三届人大二次会议。依法听取和审议州人大常委会和“一府两院”工作报告并作出了决议；会议补选了州中级人民法院院长、州人民检察院检察长。

【监督工作】 2009年，德宏州人大常委会紧紧围绕全州工作大局和落实“保增长、保民生、保稳定”的目标，以州十三届人大二次会议和2009年工作安排意见确定的各项任务为重点，完善监督方式，加大工作监督力度，促进全州经济社会协调发展。

为强化对宏观经济运行情况的监督，促进我州经济持续的增长，州人大常委会把支持、督促完成人代会批准的国民经济和社会发展计划、财政预算作为抓手，认真听取和审议州人民政府关于2009年上半年国民经济和社会发展计划及财政预算执行情况报告，督促州人民政府抓好特色产业规划的实施，全力推进新型工业化进程和重点投资项目建设；抓好财政增收节支工作，坚持公共财政原则。针对2008年度州本级财政决算审计、审查发现的问题，要求州政府制定全州财政供养部门分类公用经费最低保障标准，努力消除机构运转中因公用经费不足而存在挤占、挪用专款的现象；积极组织开展州级预算内投资项目公示试点工作，对2009年州直部门决算实行审计审签试点。在对州审计局拟制的《德宏州本级2009年度预算执行和其他财政财务收支审计工作方案》进行审查后，提出向下级财政转移支付情况和预算科目之间的资金调整审计等建议，进一步促进和规范了本级财政预算执行情况的审计工作，提高了审计工作质量和水平。

围绕经济增长方式转变，州人大常委会建议加大科技人才的培养和引进力度，增加经费投入，争取项目支持，加强科技管理体系建设，促进科技成果转化，加强企业自主创新能力，有力地推动了我州科技工作的开展。针对全州特困民族脱贫发展，督促政府抓住“实施特困民族地区扶持发展工程”这一机遇，编制出我州扶持特困民族脱贫发展专项建设规划。州人大常委会组织了对全州贯彻实施农业法、《云南省中小企业促进条例》情况进行检查，提出意见和要求；对我州白花油茶的发展情况进行专题调研，充分肯定核桃和白花油茶项目对发展我州生物特色产业、优化农村产业结构、实现山区生态与经济协调发展所具有的重要作用。

针对盈江“8·20、8·21”、瑞丽“12·26”地震灾害恢复重建工作存在进展不平衡、公共基础设施恢复重建资金落实难等问题，州人大常委会督促政府加大对救灾资金使用监管力度，严把恢复重建工程质量关，在安排好灾区各族群众生产生活的同时，认真做好排查病险水库、泥石流灾害和滑坡易发地的防范工作。

围绕保护环境，改善民生，实现环境的共建共享，州人大常委会组织开展了“你我携手——保护生物多样性”为主题的2009年德宏环保世纪行采访活动；为巩固林改工作主体改革成果，确保德宏“山要长绿、林要成材、水要长流、民要富裕”，州人大常委会配合省人大常委会对我州集体林权制度改革工作进行视察；为促进我州生态环境保护，专题对盈江县大娘山的森林资源保护与开发进行了调研。

为推进公共服务体系建设，要求政府尽快制定药品进出口贸易的管理办法，在保障人民群众健康权益方面发挥了重要作用。同时，深入德宏州医疗集团人民医院宁养院和德宏州中心血站进行调研，参加州医疗机构设置、州工商行政处罚、州“乡村流通工程”规划和被征地农民基本养老保障实施细则听证会，参与州检察院人民监督员活动。针对存在的问题，提出意见建议，促进了事关民生的相关法律法规在我州的贯彻实施。

为加强平安和谐建设，营造社会安定有序的发展环境，州人大常委会对禁毒法在全州的贯彻执行情况进行了专项调查，提出尽快组织修改完善《云南省德宏傣族景颇族自治州禁毒条例》，积极开展群防群治、建立健全帮教体系、继续组织工作队进村入社等建议。针对保护未成年人的合法权益，组织开展执法检查和专题审议，督促各级政府组织相关部门继续加大对从事非法经营活动的网吧、电子游戏室等文化场所的打击整治力度，净化未成年人成长环境，加大未成年人健康活动场所建设力度。同时，高度重视全州社会和谐稳定工作，组织专题视察，为推进综治维稳工作建言献策。

为提高监督实效，州人大常委会加强了跟踪问效和督办落实工作，对《德宏州人大常委会关于全州贯彻实施〈中华人民共和国义务教育法〉的决议》落实情况进行跟踪问效，使全州教育管理体制逐步理顺，教育经费保障水平不断提高，教育发展规模水平稳步提升，教育教学质量进一步提高。开展了对科技、食品卫生等法律法规贯彻执行情况的跟踪督查，州科技局、州食品药品监督管理局、州卫生监督支队等部门对州人大常委会的审议意见认真进行了反馈。

【立法工作】 2009年，州人大常委会坚持走群众路线，在民主立法、开门立法中提高立法质量。根据立法程序和要求，将《瑞丽江——大盈江国家级风景名胜区保护条例》草稿发送立法领导小组和涉及的成员单位征求意见。通过多次召开座谈会，积极开展立法调研，对《条例》进行反复修改，为深入开展立法调研和修改完善《条例》打牢基础。州人大常委会认真开展了云南省民族立法面临的新问题和《中华人民共和国归侨侨眷权益保护法》及云南省实施办法的实施情况调研，并及时上报了调研报告。协助全国人大常委会内司委在我州进行的《中华人民共和国行政监察法》（修订）立法调研，完成了省委交办的《德宏立法面临的困难和问题》的立法调研课题。

【重大事项决定】 2009年，德宏州人大常委会把依法行使重大事项决定权与贯彻州委重大战略结合起来。一是对关系全州经济社会发展有重大影响的国民经济和社会发展计划，财政预算执行情况和年度预算调整方案，预算执行及其他财政收支审计查出存在的问题整改情况作为监督重点，严格审查，依法作出决议；二是通过了《关于德宏州国民经济和社会发展第十一个五年规划纲要实施情况中期评估报告的决议》；三是审议通过了《关于全州贯彻实施〈中华人民共和国义务农业法〉的决议》、《关于批准〈德宏州人民政府关于提请审议与国家开发银行云南省分行第五期合作贷款项目的议案〉的决议》、《关于批准〈德宏州人民政府关于以"委托代建模式"运作公路等六个项目议案〉的决议》、《关于批准〈德宏州人民政府关于筹集潞西至梁河二级公路建设资金的议案〉的决议》；四是对全州贯彻执行禁毒法、公务员法、未成年人保护法、预防未成年人犯罪法和科技工作提出了审议意见。常委会作出的重要决定、决议，提出的审议意见，有力地保障和促进了德宏州经济社会事业的发展。

【人事任免】 2009年，德宏州人大常委会始终坚持党管干部和依法任免干部相统一的原则，坚持任前法律考试和颁发任命书制度，增强被任命国家机关工作人员的法律意识、公仆意识。共接受辞职、任免国家机关工作人员31人次。其中：接受州人大常委会委员辞职1人，任命20人、免职10人。

【代表工作】 2009年，德宏州人大常委会认真落实代表工作的各项措施，充分发挥代表在管理地方国家和社会事务中的主体作用。年内举办人大代表培训班，280名州级人大代表参加培训；为代表订阅人大工作方面的报刊，发送履职学习资料，参加常委会执法检查和立法调研等活动，拓宽了代表知情知政渠道；进一步强化服务代表意识，建立和完善了常委会组成人员联系代表工作制度，召开全州人大代表工作研讨会，指导和推动基层人大开展"人大代表活动室"、"人大代表之家"创建工作；积极争取提高代表活动经费标准，并列入州级财政预算；对代表议案建议的办理工作加强督促指导，提出办理要求和原则，州十三届人大二次会议主席团交付审议和研究的2件议案，115件建议、批评和意见已全部办理答复代表；分别组织在我州的省十一届人大代表、州十三届部分人大代表对我州实施"十一五"规划中工业发展情况和交通建设情况进行视察、调研，同时，也为省、州人大代表出席人民代表大会提出议案和建议作了充分的准备。

【宣传工作】 2009年，德宏州人大常委会为进一步加强人民代表大会制度宣传，不断探索新形势下人大宣传工作的特点和规律，着力改进宣传方式，提高宣传效果。年内，制定出台了《德宏州人大常委会新闻宣传工作暂行办法》；注重加强宣传队伍建设，在全州人大系统内建立了一支70多人的通讯员队伍；在继续办好德宏人大网站的同时，创办了《德宏人大》杂志；注重加强与宣传部门和新闻媒体的联系，组织新闻采访团深入县市、乡镇进行采访报道；组织州第十七次年度"宣传人民代表大会制度好新闻"评选活动，共有22篇作品在评选中获奖；编辑出版《德宏州人大常委会公报》5期；编印《人大工作简讯》43期，加强信息的交流与沟通。

【信访工作】 2009年，德宏州人大常委会重视人民群众来信来访，把信访工作作为联系群众、推动政府和基层组织解决实际问题的重要渠道，督促办理群众反映的热点问题和普遍性问题。年内，共受理群众来信来访126件，接待来访群众301人次。常委会工作机构对这些来信来访按程序及时进行处理，并加大对信访工作的督办力度，积极推进和谐平安建设，保护了公民的合法权益，化解了社会矛盾，维护了社会稳定，发挥了地方国家权力机关监督“一府两院”和促进社会和谐的作用。

【州十三届人大二次会议】

(2009年2月22至26日)

一、听取和审查州长孟必光关于政府工作的报告；批准该报告并作出决议。

二、审查和批准州人民政府关于德宏州2008年国民经济和社会发展计划执行情况与2009年国民经济和社会发展计划草案的报告；批准该报告并作出决议。

三、审查和批准州人民政府关于德宏州2008年地方财政预算执行情况和2009年地方财政预算草案的报告；批准该报告并作出决议。

四、听取和审查州人大常委会主任余麻约关于德宏州人民代表大会常务委员会工作的报告；批准该报告并作出决议。

五、听取和审查州中级人民法院代理院长马真荣关于德宏州中级人民法院工作的报告；批准该报告并作出决议。

六、听取和审查州人民检察院代理检察长铁楠关于德宏州人民检察院工作的报告；批准该报告并作出决议。

七、补选产生德宏州中级人民法院院长马真荣（回族）。

八、补选产生德宏州人民检察院检察长铁楠。

【州十三届人大常委会第八次会议】

(2009年2月13日)

一、听取和审议德宏州人大常委会代表资格审查委员会《关于德宏州第十三届人大代表资格审查和代表变动情况的报告》。

二、听取和审议德宏州第十三届人大二次会议有关事项。

【州十三届人大常委会第九次会议】

(2009年4月28日至29日)

一、传达十一届全国人大二次会议精神。

二、听取和审议州人民政府关于德宏州国民经济和社会发展第十一个五年规划纲要实施情况中期评估报告及说明，以及州人大常委会财经工委的审查报告。并作出相关决议。

三、听取和审议州人民政府关于盈江“8·20”、“8·21”地震灾后重建工作的情况报告，以及州人大常委会调查组的调查报告。

四、审议州人民政府关于提请审议现国家开发银行云南省分行第五期合作贷款项目的议案及说明。并作出相关决议。

五、审议州人民政府贯彻实施《德宏州人大常委会关于全州贯彻实施〈中华人民共和国义务教育法〉的决议》的报告（书面）。

六、审议通过人事任免。任命李江虹为州人民政府副州长。

【州十三届人大常委会第十次会议】

(2009年6月29日至30日)

一、听取和审议州人民政府关于贯彻实施《中华人民共和国禁毒法》情况的报告，以及州人大常委会调查组的调查报告。并作出相关审议意见。

二、听取和审议州人民政府关于贯彻实施《中华人民共和国农业法》情况的报告，以及州人大常委会执法检查组的检查报告。并作出相关决议。

三、听取和审议州人大常委会代表资格审查委员会关于德宏州第十三届人大代表变动情况的报告。

四、审议通过人事任免。任命赵立新为州人大常委会副秘书长、办公室主任；免去余永固州人大法制工委副主任职务。任命杨会、程琪瑛、黄春飞、胡劲辉、刘超、杨明旭、董莹莹、板芸芸、杨文超、董诗磊为州人民检察院检察员；免去刀保萍州人民检察院副检察长职务，免去玉波州人民检察院检察员职务。免去刀承福州发改委主任职务。

【州十三届人大常委会第十一次会议】

(2009年8月27日至28日)

一、听取和审议州人民政府关于德宏州2009年1—6月国民经济和社会发展计划执行情况的报告，以及州人大常委会财经工委的审查报告。

二、听取和审议州人民政府关于德宏州2009年1—6月财政预算执行情况的报告，以及州人大常委会财经工委的审查报告。

三、听取和审议州人民政府关于德宏州2008年地方财政决算的报告，以及州人大常委会财经工委的审查报告。审查并批准德宏州2008年度州本级财政决算。并作出相关决议。

四、听取和审议州人民政府关于2008年度州本级财政预算执行及其他财政收支情况的审计工作报告。

五、听取和审议州人民政府关于全州科技工作情况的报告，以及州人大常委会调查组的调查报告。并作出相关审议意见。

六、听取和审议州人民政府关于贯彻执行《中华人民共和国公务员法》情况的报告，以及州人大常委会调查组的调查报告。并作出相关审议意见。

七、审议州人民政府关于以“委托代建模式”运作公路等六个建设项目的议案及说明。并作出相关决议。

八、审议通过人事任免。任命康磊、王莉琼为州人民检察院检察委员会委员；免去曹岩散州人民检察院检察委员会委员职务。

【州十三届人大常委会第十二次会议】

（2009年10月27日至28日）

一、听取和审议州人民政府关于德宏州2009年州本级财政年度预算调整方案的报告，以及州人大常委会财经工委的审查报告。审查并批准德宏州2009年州本级财政年度预算调整方案。并作出相关决议。

二、听取和审议州人大常委会执法检查组关于全州贯彻执行《中华人民共和国未成年人保护法》和《中华人民共和国预防未成年人犯罪法》情况的检查报告。并作出相关审议意见。

三、审议州人大常委会法委关于州十三届人大二次会议主席团交付研究的代表提出的议案研究结果的报告（书面）。

四、审议州人大常委会视察组关于全州综治维稳工作情况视察的报告（书面）。

五、审议通过人事任免。任命夏阳为州人大常委会副秘书长。任命俄吞为州发改委主任，何琳为州科技局局长；免去沙玉庄州科技局局长职务，王奇州民政局局长职务，排志科州商务局局长职务。接受王明山辞去州十三届人大常委会秘书长职务。

【州十三届人大常委会第十三次会议】

（2009年12月月29日至30日）

一、听取和审议州人民政府关于对2008年审计查出存在问题整改情况的报告。

二、听取和审议州人民政府关于办理州十三届人大二次会议代表建议、批评和意见情况的报告。

三、审议通过州人大常委会2010年工作意见。

四、审议《德宏州人大常委会工作报告（讨论稿）》及说明。

五、审议通过《关于召开德宏州第十三届人大三次会议的决定》及说明。并作出相关决定。

六、听取和审议州人大常委会代表资格审查委员会关于德宏州第十三届人大代表变动情况的报告。

七、审议州人民政府关于筹集潞西至梁河二级公路建设资金的议案及说明。并作出相关决议。

八、审议州人大常委会视察组关于全州交通建设发展情况的视察报告（书面）。

九、审议通过人事任免。任命苏洪涛为州人民政府副州长，免去李江虹州人民政府副州长职务。任命谷忠寿为州民政局局长。

（《州人大常委会》撰稿
聂茂华　陈友莉）

（见“州情概览·州人大”62页）

德宏傣族景颇族自治州人民政府

【重要通知】　2009年，德宏州人民政府共发布重要通知如下（按时间顺序排列）：

一、德宏州人民政府关于印发2008年经济工作情况暨2009年经济工作要点的通知（德政发〔2009〕1号）。

二、德宏州人民政府关于印发2009年州级行政事业单位“增收节支、以奖代补”考核奖惩办法的通知（德政发〔2009〕20号）。

三、德宏州人民政府关于批转德宏州节能降耗统计监测及考核实施方案的通知（德政发〔2009〕33号）。

四、德宏州人民政府关于做好和推进2009年全州重点督查的20个重大建设项目和20项重要工作的通知（德政发〔2009〕34号）。

五、德宏州人民政府关于在全州行政机关推行重大听证重要事项公示重点工作通报政务信息查询四项制度实施方案的通知（德政发〔2009〕43号）。

六、德宏州人民政府关于印发政府工作报告的通知（德政发〔2009〕44号）。

七、德宏州人民政府关于开展第四轮行政审批制度改革的通知（德政发〔2009〕45号）。

八、德宏州人民政府关于加强涉密测绘成果地图和地理信息管理工作的通知（德政发〔2009〕49号）。

九、德宏州人民政府关于开展打击“黑车”等非法从事出租汽车经营专项治理活动的通知（德政发〔2009〕65号）。

十、德宏州人民政府关于进一步加强全州就业工作的通知（德政发〔2009〕67号）。

十一、德宏州人民政府关于严格控制一般性行政支出全面贯彻落实“四个零增长”的通知（德政发〔2009〕69号）。

十二、德宏州人民政府关于贯彻执行完善退耕还林政策的意见（德政发〔2009〕73号）。

十三、德宏州人民政府关于切实做好2009年金融工作的指导意见（德政发〔2009〕75号）。

十四、德宏州人民政府关于进一步加强义务教育阶段“控辍保学”工作的意见（德政发〔2009〕146号）。

十五、德宏州人民政府关于印发德宏州电力设施保护工作方案的通知（德政发〔2009〕147号）。

十六、德宏州人民政府关于调整德宏州2008-2012年高中阶段教育发展规划的通知（德政发〔2009〕152号）。

十七、德宏州人民政府关于调整职工生育保险待遇的通知（德政发〔2009〕166号）。

十八、德宏州人民政府关于挂牌督办安全生产重大隐患的通知（德政发〔2009〕169号）。

十九、德宏州人民政府关于实施芒市城区绿化美化建设工程的通知（德政发〔2009〕174号）。

二十、德宏州人民政府关于推进商标战略工作实施方案的通知（德政发〔2009〕176号）。

二十一、德宏州人民政府关于实施农村移动信息富民工程的通知（德政发〔2009〕180号）。

二十二、德宏州人民政府关于全州2010年烟叶生产安排的意见（德政发〔2009〕183号）。

二十三、德宏州人民政府关于调整2009年廉租住房建设指标的通知（德政发〔2009〕188号）。

二十四、德宏州人民政府关于开展第六次全国人口普查的通知（德政发〔2009〕190号）。

二十五、德宏州人民政府关于上半年经济发展情况暨下半年经济工作措施的通知（德政发〔2009〕193号）。

二十六、德宏州人民政府关于深入开展创建“平安校园”工作的通知（德政发〔2009〕197号）。

二十七、德宏州人民政府关于批准德宏州医疗集团等23家单位为德宏州首批高校毕业生就业见习示范基地的决定（德政发〔2009〕201号）。

二十八、德宏州人民政府关于稳定蔗糖产业发展的意见（德政发〔2009〕203号）。

二十九、德宏州人民政府关于印发“十二五”规划前期研究及编制工作方案的通知（德政发〔2009〕214号）。

三十、德宏州人民政府关于印发2010-2015年州医疗机构设置规划的通知（德政发〔2009〕215号）。

三十一、德宏州人民政府关于2010年冬季农业生产的安排意见（德政发〔2009〕227号）。

三十二、德宏州人民政府关于2009年扶持新农村建设的通知（德政发〔2009〕229号）。

三十三、德宏州人民政府关于加快咖啡产业发展的意见（德政发〔2009〕234号）。

三十四、德宏州人民政府关于落实省属企业退休人员移交属地社会化管理服务工作的实施意见（德政发〔2009〕236号）。

三十五、德宏州人民政府关于实施小水电代燃料工程的决定（德政发〔2009〕241号）。

三十六、德宏州人民政府关于加快县域经济发展的实施意见（德政发〔2009〕256号）。

三十七、德宏州人民政府关于认真做好潞西至梁河二级公路工程建设征地拆迁安置工作的通知（德政发〔2009〕257号）。

三十八、德宏州人民政府关于确定第五批州级农业产业化开发重点扶持企业的决定（德政发〔2009〕258号）。

三十九、德宏州人民政府关于做好新型农村社会养老保险试点工作的通知（德政发〔2009〕274号）。

四十、德宏州人民政府关于切实抓好今冬明春林防工作的安排意见（德政发〔2009〕281号）。

四十一、德宏州人民政府关于印发德宏州职业病防治规划（2009-2015年）的通知（德政发〔2009〕282号）。

四十二、德宏州人民政府关于印发德宏州村级公益事业建设一事一议财政奖补试点实施意见的通知（德政发〔2009〕283号）。

四十三、德宏州人民政府关于做好2010年“遮放贡”优质稻农业订单工作的通知（德政发〔2009〕288号）。

【表彰奖励】 2009年，德宏州人民政府作出表彰奖励如下（按时间顺序排列）：

一、德宏州人民政府关于表彰奖励金融机构的决定（德政发〔2009〕17号）。

二、德宏州人民政府关于表彰奖励2008年度固定资产投资先进县市和部门的决定（德政发〔2009〕22号）。

三、德宏州人民政府关于表彰2007-2008年度全州无偿献血先进县市和集体个人的决定（德政发〔2009〕23号）。

四、德宏州人民政府对2008年度安全生产先进单位进行表彰的决定（德政发〔2009〕27号）。

五、德宏州人民政府关于对2008年度落实政府消防工作目标管理责任状先进县市进行表彰的决定（德政发〔2009〕28号）。

六、德宏州人民政府关于对2008年度道路交通安全目标管理先进县市进行表彰的决定（德政发〔2009〕29号）。

七、德宏州人民政府关于表彰先进私营企业和个体工商户的决定（德政发〔2009〕35号）。

八、德宏州人民政府关于兑现2008年畜牧产业发展和重大动物疫病防控责任考核奖励的决定（德政发〔2009〕37号）。

九、德宏州人民政府关于表彰奖励州政府研究室重大决策咨询研究课题工作的决定（德政发〔2009〕40号）。

十、德宏州人民政府关于表彰2008年度食品安全目标责任先进单位的决定（德政发〔2009〕42）。

十一、德宏州人民政府关于奖励云南电网公司德宏供电局的通知（德政发〔2009〕48号）。

十二、德宏州人民政府关于表彰2008年度建设工作先进单位和个人的决定（德政发〔2009〕50号）。

十三、德宏州人民政府关于表彰奖励2008年度工业经济发展目标责任先进单位的决定（德政发〔2009〕52号）。

十四、德宏州人民政府关于表彰2008年度统计工作先进集体和专业的决定（德政发〔2009〕53号）。

十五、德宏州人民政府关于表彰2008年度商务工作先进单位的决定（德政发〔2009〕57号）。

十六、德宏州人民政府关于对县市人民政府2007-2008学年度教育工作先进工作进行表彰奖励的决定（德政发〔2009〕59号）。

十七、德宏州人民政府关于表彰2008年度无毒乡镇及创建无毒社区先进乡镇的决定（德政发〔2009〕61号）。

十八、德宏州人民政府关于表彰奖励2008年劳动和社会保障工作先进县市的决定（德政发〔2009〕66号）。

十九、德宏州人民政府关于对2008年“增收节支”工作成绩突出的州级行政事业单位给予保障奖励的决定（德政发〔2009〕70号）。

二十、德宏州人民政府关于保障2008年度招商引资工作先进单位的决定（德政发〔2009〕77号）。

二十一、德宏州人民政府关于保障2008年度“两烟”打假打私网络案件的决定（德政发〔2009〕100号）。

二十二、德宏州人民政府关于对2008年度州科学技术奖励项目授奖的通知（德政发〔2009〕102号）。

二十三、德宏州人民政府关于表彰2008年度车船税代缴工作先进单位的决定（德政发〔2009〕151号）。

二十四、德宏州人民政府关于兑现2008年/2009年度秋冬春甘蔗完成种植任务奖励的决定（德政发〔2009〕194号）。

二十五、德宏州人民政府关于全州第一次污染源普查的表彰决定（德政发〔2009〕195号）。

二十六、德宏州人民政府关于表彰2008年征兵工作先进集体和个人的决定（德政发〔2009〕221号）。

二十七、德宏州人民政府关于对2009年度州科学技术奖励项目授奖的通知（德政发〔2009〕246号）。

二十八、德宏州人民政府关于表彰第三次哲学社会科学优秀成果的决定（德政发〔2009〕263号）。

二十九、德宏州人民政府关于对县市人民政府2008至2009学年度教育工作进行表彰奖励的决定（德政发〔2009〕287号）。

（谢志坚）

信　访

【圆满完成建国60周年庆祝活动的信访工作】 2009年9月3日，赵金、孟必光两位党政主要领导同志在德宏州综治维稳信访工作汇报会上，提出了：要用比“奥运安保信访工作”更高的要求、更高的标准、更严的责任，狠抓督办落实，确保国庆期间全州不发生影响社会稳定的群体性事件和集体上访，国庆期间赴省进京“零上访”的工作目标。在州委、州政府的坚强领导下，各级各部门以高度的政治责任感、历史使命感，充分借鉴奥运期间信访工作的先进经验，举全力、尽全职，上下联动一盘棋，奋力拼搏，顺利完成建国60周年庆祝活动等各个敏感时期、特殊时段的各项工作任务，圆满实现了工作目标任务。省委处理信访突出问题及群体性事件联席会议授予德宏州联席会议一等奖，授予州委、州政府主要领导和分管领导优秀个人荣誉。

【立足解决信访问题】 2009年，德宏州各级各部门切实加大解决信访问题力度，全州信访秩序平衡可控。一是认真办理群众来信，热情接待群众来访。年内，全州县级以上信访部门共受理传统来信来访2233件（批）次，其中，接待群众来访2021批13374人次。基本做到了“事事有回音、件件有着落”；二是加大督查督办力度。全州完成中央联席会议、国家信访局和省信访局交办的67件重要信访案件，办结率和反馈率为100%；三是严格信访事项办理、复查、复核程序，有效规范信访工作行为和维护信访秩序；四是设立信访专项资金。各级党委、政府切实加大对信访工作经费的投入，逐年增加工作经费，用于解决疑难复杂信访问题和开展信访工作业务经费；五是认真组织开展“信访积案化解年”活动，着力化解涉及土地征用、房屋拆迁、企业改制、涉法涉诉、劳动保障等方面的问题，有效化解了一批疑难复杂信访问题。

【建立健全信访工作制度】 2009年，德宏州信访局加强健全信访工作制度，具体做法是：一是建立了州级党政领导重要信访案件包案制度。州委、州政府建立了党政领导重要信访案件包案制度，对19个重要信访问题和矛盾纠纷突出领域进行包案。有效推动形成信访工作主要领导负总责、分管领导具体抓、其他领导“一岗双责”的责任体系；二是建立了德宏州新提拔干部和后备干部到信访部门锻炼制度。这一举措标志着信访部门成为全州培养锻炼干部的又一个重要平台和基地。并进一步增强机关干部执政为民的意识，增强群众观念、增进群众感情，提高化解矛盾纠纷的能力和水平；三是建立和完善了党政领导定期接待来访群众制度，并收到良好效果。州委、州政府领导接待日共接访群众43批152人次。接访领导17人。其中，厅级领导有8人，州委、州政府处级领导9人。

【开展“信访积案化解年”活动】 2009年，德宏州委联席会议在全州范围内组织开展“信访积案化解年”活动，着力化解涉及土地征用、房屋拆迁、企业改制、涉法涉诉、劳动保障等方面的问题，有效化解了一批疑难复杂信访问题。通过开展信访积案化解活动，全州共排查出57件信访积案，已解决信访积案27件，结案率47%。已三级终结和二级终审10件，息访数17件，息访率29.8%。

【网上信访工作情况】 2009年，根据国家信访局《关于进一步规范和全面推广“网上信访”工作的意见》要求，从5月1日起，在全州范围内统一启用《云南省网上信访应用软件》系统。解决了全州网上信访应用软件不统一的问题，进一步提高了网上信访工作质量和效率。全州共开通云南省网上信访系统282家。其中，州直单位60家，县市直单位165家，乡镇和社区57家。

【奥运会信访维稳表彰】 2009年，为认真总结上年信访工作取得的成效和经验，深入分析当前形势，安排部署2009年信访工作，州委、州政府于3月27日，召开全州信访工作会议暨奥运会信访维稳工作表彰会议，对工作成绩突出的州委联席会议办公室、木康公安边防查检站等39家单位予以表彰奖励。郭志德、马闻、杨庆华等州委、州政府领导同志出席会议。州委联席会议各成员单位、各专项工作小组组长以及州直有关企业负责人等110多人参加了。要求先进单位要把工作中好经验好做法固定下来，形成长效机制，继续做好处理信访突出问题及群体性事件工作，争取取得更大成绩。各级各部门要认真学习先进单位的经验和做法，进一步加强领导，不断推动工作取得新进展、开创工作新局面，为构建社会主义和谐社会、维护社会政治稳定作出新的更大的贡献。

【州委书记赵金对信访工作提出七点要求】 2009年，德宏州委书记赵金对加强全州信访维稳工作提出七点要求，做到“七个必须”：第一，组织领导必须坚强有力。全州各级各部门“一把手”是做好信访工作第一责任人，对本地区、本部门的信访工作负总责，是信访工作直接责任人。第二，思想认识必须高度统一。全州广大干部职工要把信访维稳工作放在与经济建设同等重要的位置，把思想认识和行动统一到中央、省委省政府和州委州政府的决策上来，要有“维护稳定，人人有责”的责任感，自觉维护党和政府的良好形象。第三，工作措施必须落实到位。对州委州政府作出的每一项决定必须做到

"言必行，行必果"。第四，问题矛盾必须限期了结。要想方设法、及时解决群众反映的合理诉求，决不能敷衍塞责、时间越拖越长，导致矛盾越积越多。第五，违法犯罪必须依法打击。对少数非正常上访人员严重扰乱社会公共秩序、妨碍公共安全和社会管理的，要及时搜集和固定证据，依法严肃处理；对极少数人为达到个人不合理目的借群众诉求，进行造谣、蛊惑、煽动群众非正常上访的，要依法给予严厉打击。第六，工作责任必须追究到底。州委督查室、州政府督查室、州纪委监察局、州委组织部要建立严格的信访责任追究机制，对信访工作责任问责追究到底，确保信访责任制的落实。第七，宣传舆论必须导向正确。正确引导群众，为全州社会稳定提供有力的舆论支持。

（《信访》撰稿　尹丽芳）

事务管理

【节能降耗】　2009年，德宏州政府机关事务管理局为全面贯彻落实《公共机构节能条例》，按照党中央、国务院和省州政府关于建设节约型社会和节约型机关的要求，采取切实有效措施，积极推进全州公共机构节能降耗工作。一、3月2日，组织成立了以州政府秘书长周湛鸿为组长、相关部门单位为成员的州直机关节能工作领导小组（德政办发〔2009〕43号），下设办公室在州机关事务管理局，负责日常工作。二、3月6日，组织召开了全州公共机构节能工作及能耗统计培训会议，各县市、畹町、姐告管委，州直及中央、省驻德宏单位的分管领导及工作人员200余人参加了会议。州政府秘书长周湛鸿主持会议并就开展节能工作的重要性和紧迫性作了动员讲话。会议传达了省政府节能降耗工作会议精神，讨论制定了节能工作联络员制度，明确了2009年工作目标任务。三、6月组织实施了"节能宣传周"、"能源短缺体验日"活动的各项内容，公共机构节能意识普遍提高。四、7月，完成《德宏州公共机构"十一五"后两年节能工作实施方案》（德政办发〔2009〕19号）的编制工作，确定了30个部门为全州节能工作的试点示范单位。五、对本年度全州节能工作进行了专项检查考核，11月进行了自查自评工作，12月15至18日，组成2个检查组，分别对30个试点示范单位的节能工作进行了检查考核。经过以上工作2009年全州用水、用油比上年分别下降23.97%、5.25%。

【车辆审批与管理】　2009年，德宏州政府机关事务管理局为理顺公务用车审办与省的对应和衔接，根据州政府领导的指示，公车办于4月从州发改委移交到州机关事务管理局。管理局副局长杨丽萍亲自负责抓此项工作。一是及时组织办理人员学习相关的政策规定和办理程序，使该工作在较短时间进入状态。二是加强与省公车办的请教报告和县市的沟通，及时解决工作中遇到的问题。三是对全州各县市、州直各部门的车辆配置、用车底数进行了摸底统计，建立和完善了车辆审批台账和流程，为公务用车审办奠定了坚实的基础。四是与财政局等部门密切配合，严格执行政策规定，认真审核车辆编制、拟购车型排量、价格及资金来源，对符合条件的及时给予办理，不合规定的坚决不给予办理，全年全州共审批办理公务用车387辆（其中州直95辆，潞西市94辆、瑞丽市72辆、畹町15辆、陇川县35辆、盈江县60辆、梁河县28辆），使用审核购车资金约6千万元（含中央、省级资金1580万元），购车资金和购车数与前3年平均数相比分别下降了29.87%、15%，节约购车资金约1861万元，超额完成了国务院及省州下达的下降指标任务。

（《事务管理》撰稿　李玉和）

政府法制工作

【依法行政】　2009年，德宏州法制局继续深入贯彻落实《德宏州人民政府依法行政五年规划》，制定下发全州2009年推进依法行政工作计划；组织州、县市政府（管委）领导、州直各单位领导共310人，参加关于加强县市级政府依法行政培训班，进一步推进德宏州县市政府依法行政进程；组织召开政府法制工作会议，根据《德宏州人民政府行政执法评议考核办法》，修改制定下发年度行政执法评议考核方案，对州直和县（市）政府等11个单位推进依法行政情况进行抽查，对州直单位上报的依法行政工作计划进行审核，促进依法行政工作深入进行；健全和完善科学民主决策机制，严格按照《德宏州人民政府重大决策听证制度实施细则》执行重大决策听取意见、听证、合法性审查、集体决定制度，政府法制机构列席政府常务会议、专题会议和州委常委会议，并对会议涉法问题进行合法性审查；严格执行政府规范性文件前置审查制，理顺审查流程，做到政府文件未经政府法制机构审查不发布，法制机构不同意不发布；不断深化行政管理体制改革，进一步提高行政效能，以公共需求为导向，按照“流程最短、质量最优、效率最高”的原则，按时按质完成我州第四轮行政审批制度改革工作。

【阳光政府四项制度】 2009年，德宏州法制局牵头制定《德宏州人民政府关于印发在全州行政机关推行重大决策听证重要事项公示重点工作通报政务信息查询四项制度实施方案的通知》（德政发〔2009〕43号）和《德宏州人民政府办公室关于印发重大决策听证重要事项公示重点工作通报政务信息查询四项制度实施细则的通知》(德政办发〔2009〕66号)等相关文件，以进一步增强行政机关公务员的责任心，不断提高执行力和工作效率，有效保障人民群众行使知情权、表达权、参与权和监督权；组织开展形式多样的学习和宣传培训活动，向全州各县市、各部门编制发放《德宏州人民政府实施阳光政府四项制度学习手册》5000余册，编印《德宏州阳光政府四项制度简报》共30余期；建立了州政府常务会议学习依法行政及“四项制度”知识的制度，组织“四项制度”相关学习培训20余次，培训人员2870人次；利用电视台、电台、报纸和网站等新闻媒体，全面深入地宣传报道阳光政府四项制度的进展和实施情况；加强实施“四项制度”的指导监督，组织召开九次联席会议，负责和指导全州实施重大决策听证45项，有效避免了集体上访、群体性事件的发生；负责区分转接“96128”坐席员无法进行区分和转接的问题，解答业务咨询64人次。

【行政执法监督】 2009年，德宏州法制局按照省人民政府下达行政执法监督检查项目的要求，拟定和下发《德宏州人民政府关于开展2009年行政执法检查的通知》，明确检查内容、重点、方法、步骤和具体要求；进一步清理核实各行政执法部门的主体资格和执法依据，督促完善和落实相关行政执法制度；加强与各行政许可部门的密切合作，进一步做好行政许可事前、事中和事后监督，坚持谁许可谁监督管理的原则，对仍然存在的重许可轻监督、只许可不监督的行为，再次进行清理、督促整改；积极主动提供业务指导及执法咨询，指导州直部门和县市政府规范行政执法行为，帮助州直各部门清理、审查行政许可事项，规范行政执法和行政许可程序，建立完善各项制度。

根据《中共云南省委、云南省人民政府关于进一步深化改革的决定》（云发〔2008〕6号）、《云南省人民政府关于第四轮取消和调整行政审批项目的决定》（云南省人民政府第150号令）等文件要求，按照“流程最短、质量最优、效率最高”的原则，压缩行政审批时限，及时对州直48个具有行政审批权单位的623项行政审批项目进行清理审核，保留行政审批项目共475项，取消和调整的行政审批项目共148项。

【规范性文件监管】 2009年，德宏州法制局制定并印发了《德宏州人民政府法制局关于进一步加强规范性文件备案工作的通知》，把我州规范性文件制定及监督工作纳入法制化轨道；建立规范性文件监管的联系制度，加强规范性文件监管力度，提高文件在制定环节中的质量，有效减少事后备案审查纠错带来的负面影响；认真开展备案审查工作。以维护法制统一、社会稳定为工作出发点，对群众反映强烈、社会敏感度高的文件，及时审查，慎重处理。在规范性文件的制定、审查、管理上，不断完善规范性文件管理机制和规范性文件制定模式，努力提高规范性文件质量。年内审查登记的报备文件共计86件，含规范性文件17件（其中州政府5件、政府办1件，州直部门1件，县市直10件）。

【行政复议】 2009年，德宏州法制局深入贯彻《行政复议法》和《行政复议法实施条例》，把抓好行政复议作为解决行政争议、化解社会矛盾、构建和谐社会的重要工作来抓，让更多管理相对人认识行政复议的作用，增强维权意识；畅通行政复议渠道，坚持有案必受和公开透明的原则，采用多种形式积极受理和解决行政争议案件；积极推进案件议决制，凡是适用一般程序办理的案件全部进行现场踏查，凡是需政府作出决定的案件全部由行政复议机构组织听证，进行合议议决，严格执行行政机关负责人参加行政复议听证制度，使行政机关在行政复议中自我纠错的能力大大加强，政府公信力进一步提高；坚持协调在先的原则妥善处理各种矛盾，注重提高调解结案比重，成功调处2起梁河县与盈江县历史遗留林权纠纷，积极协调处理《昆明经息商贸有限公司与中国农业银行昆明经济技术开发区支行诉梁河锡矿债务执行案件》；全年共办理行政复议案件7件，审结7件，结案率达100%。

【法制培训和宣传】 2009年，德宏州法制局围绕州委、州政府的中心工作和重点工作，着眼年度政府法制建设的重点和焦点问题安排法制培训宣传计划，多层次多途径组织行政执法培训，从职能所需、岗位急需、履职必需出发，明确培训内容和实务能力培训等多种培训方式。开展专题讲座，通过选取典型行政复议、行政诉讼案件，对行政执法行为及庭审情况进行点评，收获经验，吸取教训，确保行政执法行为的正确率。年内共举办培训班6期，培训行政执法人员1784名；应邀开展专题讲座4次。

（《政府法制工作》撰稿　刘会娟）

住房公积金管理

【机构设置】 德宏州住房公积金管理中心自2005年成立以来，都是直属于州人民政府不以盈利为目的的自支自收副处级事业单位。2009年，经德宏州机构编制委员会批复，单位性质由自收自支的事业单位调整为财政全额拨款的事业单位。12月份通过人事局随编招录了6名专业技术人员（财会4人、计算机2人），人员编制由原来36人增至42人，但实际在岗人员45人（含4名代办员）。其中，州中心22人，梁河管理部5人，盈江管理部5人，陇川管理部4人，瑞丽管理部5人，畹町管理部4人。

【队伍建设】 2009年，德宏州住房公积金管理中心积极加强职工队伍建设，提高干部职工整体素质和服务水平。具体措施：一是州住房公积金管理中心4月份组织二级班子成员及有关的工作人员，奔赴红河州进行学习培训。二是5月份邀请州委党校、州职教中心老师分别举办了物权法知识培训和公务礼仪培训，着重从物权法的立法背景、立法精神、主要内容等方面和接待礼仪、会议礼仪、办公礼仪、外事礼仪、内外形象等方面进行培训。三是8月份选派了5名年轻干部在州内进行轮岗锻炼。力求通过一年时间的实际锻炼，提高年轻干部的业务技能，增强大局意识和组织协调能力，使年轻干部茁壮成长。9月份通过州政府办公室党组新提拔了7名正科级干部。

【政策宣传】 2009年，德宏州住房公积金管理中心充分利用电台、电视台、报纸、网络等媒体，对住房公积金的有关政策进行全方位、多角度的宣传。一是联合举办了“公积金杯演”讲比赛。7月，与州财经纪工委联合举办“公积金杯”演讲比赛。共有11名来自州财经纪工委联系单位的选手参加比赛。演讲比赛期间，穿插了党史党建、纪检监察和住房公积金管理等知识。通过联合举办演讲比赛，在为广大干部职工提供展示自我平台的同时，进一步宣传了住房公积金政策。二是与受委托银行联合印制住房公积金组合贷款知识问答宣传折页，共发放宣传折页2000多份。三是组织编印涵盖中央、省、州有关公积金业务相关法律法规的《德宏州住房公积金资料汇编》共2万册。通过多种形式的宣传，住房公积金的知晓率和影响面在社会上逐步扩大，为住房公积金管理工作营造了良好的舆论氛围和群众基础。

【住房公积金归集】 2009年，德宏州住房公积金管理中心为维护广大干部职工的合法权益，6月，州政府办公室下发了《关于全面建立住房公积金制度的通知》要求，即“全州未建立住房公积金制度的财政供养行政及事业单位，必须在2009年底建立住房公积金制度。年内，州财政拨款的行政事业单位基本上都建立了公积金制度，新增公积金缴存户63户3724人。住房公积金的缴存比为：瑞丽、畹町为10%，州直、梁河、盈江、陇川为5%。截止2009年12月31日，德宏州住房公积金缴存登记单位1014户，职工51505人，全年全州共归集公积金26375.98万元，比上年同期增加6423.98万元，年增长32%；住房公积金缴存余额77477.55万元。公积金欠配问题得到解决。按照《德宏州人民政府关于限期补足梁河县欠配住房公积金的通知》（德政发[2008]86号）精神，梁河县财政欠配的2004年度住房公积金186.07万已于2009年7月全部足额匹配。潞西市教育系统挪用的2005年、2006年财政匹配部分住房公积金441.9万元，已归还150万元，尾欠部分承诺将在2010年内足额归还。

【住房公积金使用】 2009年，德宏州住房公积金管理中心按照《住房公积金管理条例》规定，充分满足广大干部职工购建房贷款和支取需求。一、贷款。根据我州住房公积金资金量小、干部职工贷款需求量大的实际矛盾，在借鉴其他州（市）成功做法、成功经验的基础上，经州管委会审议通过，州住房公积金管理中心于2009年1月和6月，分别与工、农、中、建四家受托银行联合推出了住房公积金组合贷款和按揭组合贷款两项新举措。组合贷款中银行的贷款比例最高不超过借款金额的50%，最低不低于1万元，公积金贷款最高20万元，期限最长15年。全年共发放住房公积金贷款1888户19034.6万元，比去年同期减少48%。共收回贷款10824.82万元；贷款余额54646.2万元，占住房公积金总量的71%；其中逾期贷款12户金额20.3万元，逾期率0.03%。二、支取。在贷款需求迅速增长的情况下，住房公积金首先保证满足干部职工购建房的支取需求。全年全州共办理住房公积金支取业务5649笔，支取金额6687.3万元。

【增值收益】 2009年，德宏州住房公积金管理中心在州委、州政府及住房公积金管理委员会的正确领导和各有关部门的大力支持下，通过全体干部职工的共同努力，实现了较好的经济效益和社会效益。全年实现业务收入2264.08万元，其中：银行存款利息收入368.86万元，委托贷款利息收入1895.22万元。全年业务支出1045.72万元，其中：付职工住房公积金利息支出985.45万元，委托贷款手续费支出60.21万元，住房公积金归集手续费支出0.057万元。全年共实现可分配增值收益1218.37万元。根据（财综字〔1999〕59号）《住房公积金财务管理办法》有关规定，增值收益分配为：提取住房公积金贷款风险准备金82.26万元；提取上缴财政住房公积金管理费用1014.27万元；提取城市廉租住房建设补充资金121.84万元。

【资金安全防范】 2009年，德宏州住房公积金管理中心采取一系列的防范措施。一是积极组织开展廉政文化建设、读书思廉活动、观看反腐倡廉警示教育片、举办反腐倡廉宣讲会等学习教育实践活动，筑牢了广大干部职工的廉洁意识和资金安全防范意识，提高了风险防范能力。二是实行政务公开，接受社会监督。根据州委、州政府阳光政府四项制度要求，及时更新了政务公开网站内容，将住房公积金工作动态、政策法规等各项工作置于社会监督之下。三是抓好贷前调查和贷后管理工作，建立健全逾期贷款催收机制。每月督促受托银行报送"委托贷款表"，建立查询到期贷款提前2个月催收制度及逾期贷款的预警催收机制。四是开展内部审计工作。主要是对州本级、各县市（区）管理部的住房公积金催建催缴、比例调整和缓缴审批、归集提取计划跟踪管理、业务办理、公积金对账、各类信息录入情况和贷款业务受理、审批和发放流程、档案管理和财务科的核算业务、经费管理等工作情况进行了全面审计。五是认真贯彻落实云建〔2009〕237号《云南省住房和城乡建设厅关于开展2009年重点稽查执法工作的通知》要求，重点开展稽查执法自查工作。对干部队伍作风建设、住房公积金覆盖面、风险防范等工作认真开展了自检自查，并将自查报告及时上报省住房公积金监管处。通过开展自查活动，及时发现工作中存在的问题，及时组织力量进行了整改，确保了资金安全。

（《住房公积金管理》撰稿 曩恩永）

无线电管理

【频率台站管理】 2009年，德宏州无线电管理处按照《行政许可法》和国家、省无线电管理的法规规章要求，遵循公开、公平、公正的原则，全年共对492个新设台站进行受理，新发电台执照578本；对492个移动基站进行了验收；无线电频率占用费征收工作。共发放缴费通知单50份，征收的无线电频率占用费全部及时上缴国库。

【无线电监测】 2009年，德宏州无线电管理处加强无线电监测工作，具体做法是：一、无线电频谱监测月报工作。每月按时按质向省监测中心上报无线电频谱监测月报，监测时间长达7223小时。二、无线电台站设备检测工作。对移动通信基站3%进行抽测，对新建基站进行验收抽测，共抽测40个基站。三、日常监测。（一）主要监测20MHz至3000MHz频段，对民航、广播电视、护林防火、公安、消防、120急救、移动通信频段实行重点监测，发现不明信号和无线电干扰立即组织人员进行排查。（二）对边境口岸电磁环境进行了2次监测。年内，州无线电管理处在边境一线共开展了2次查处GSM手机放大器和大功率无绳电话机的行动，拆除GSM手机放大器37台、GSM八木天线67付，GSM电话机5台、大功率无绳电话机3台、大功率无绳电话机天线15付、发出责令整改通知书31份、立案查处9家、罚款11000元；四、完成高考保障任务。根据云南省无线电管理办公室的要求，德宏州无线电管理处参与了2009年普通高校招生考试保障工作。在保障考试的工作中，积极与教育、公安等部门配合，圆满完成了考试的反无线电作弊工作。考试期间，监测人员利用固定监测系统和移动监测系统对考区进行巡回监测监听。经过两天的紧张工作，未发现利用无线电进行考试作弊的行为。

【无线电管理宣传】 2009年，德宏州无线电管理处加强宣传工作，具体做法是：一、开展宣传活动。3月1日上午，在芒市街心花园《举行德宏州新一轮创建平安和谐德宏签名活动暨综治维稳宣传月启动仪式》，在这次活动中，共发放无线电宣传资料500余份，收到了良好的宣传效果。二、深入宣传贯彻实施《云南省电磁环境条例》。在《云南省无线电电磁环境保护条例》颁布实施一周年之际，德宏州无线电管理处自宣传工作于3 月1日至7月31日，历时5个月，出动车辆18车次，出动人员50人次，播放2遍调频台《云南省无线电管理知识广播剧》；悬挂横幅布标15幅；请3家通信运营公司群发无线电管理宣传短信各2条；制作10块20平方米携式展版，在全州进行8场展出；总共发放《云南省无线电电磁环境保护条例》宣传折页1800份，《云南省无线电电磁环境保护条例》单行本（翻印）1600本，《云南省无线电频率与设置无线电台站申请使用指南》200本，《移动通信电磁辐射知识100问》38本；县市电视台对展出宣传工作进行了报道。把展版的全部内容在电子政务网上发布。通过广泛的舆论宣传，使无线电管理政策法规深入民众，进一步增强社会遵守无线电管理法规的意识。

【执法检查】 2009年，德宏州无线电管理处加强执法检查工作，具体做法是：一、依法行政，严肃查处GSM手机信号放大器和大功率无绳电话。5月，在瑞丽市开展行政执法检查时，发现仍然有人在使用GSM手机信号放大器和大功率无绳电话。GSM手机信号放大器的使用，让使用者在中国境内可以自由使用缅甸移动电话，而不需拨打国际长途，节省了大量的通信费用。由于缅甸移动电话使用的频率与中国移动电话使用的频率接近，使瑞丽地区，特别是姐告开发区的中国移动通信受到严重干扰，部份区域甚至处于瘫痪状态，给当地人民的生活带来不便，更影响了外地游客和投资者对瑞丽的美好映像，给瑞丽的经济发展造成了不可估计的损失。这次检查共收缴了GSM手机信号放大器19台、大功率无绳电话2台、天线10副、电话机5台，罚款11000元，发出责令改正通知书14 份，立案查处9家。通过这此检查，狠狠打击了非法使用GSM手机信号放大器的嚣张气焰，减轻了中方受到的干扰，维护了经营者和消费者的合法利益，维护了国家主权。二、规范使用对讲机。这次活动中共检查了27家单位，出发责令改正通知书12份，对已领取《无线电台执照》的按有关要求进行自查；已设置使用对讲机（包括车载电台）但尚未办理设台手续而又要继续使用的，要求其到无线电管理机构补办设台手续。截止10月30日，已有11家用户补办手续，领取电台执照75份。

【操作人员资格考试】 2009年，德宏州无线电管理处为了加强无线电管理，提高无线电台站操作人员的业务素质，规范无线电台站的使用和管理，避免无线电有害干扰，保证无线电频谱资源得到经济、合理地开发和利用，《云南省无线电管理条例》规定，凡从事无线电台站的操作、维护、建设、管理、规划等工作的管理人员和技术人员必须熟悉无线电管理的政策法规和有关规定，了解无线电波传输的基础知识和收发信机的工作原理，掌握无线电台的操作原理和维护知识，并经无线电管理机构考试合格，领取省无线电管理机构印制的《云南省无线电台操作资格证书》后，方可上机操作，并以此作为设置使用无线电台站的必备条件之一。3月，州无线电管理处举办了本年度无线电台操作人员资格考试，参加本次考试的共有67人。按照《云南省无线电台操作人员考试大纲》的要求，授课老师针对考试中涉及的重点、难点、考点问题进行讲解辅导，使参训人员在较短时间内掌握相关必备的知识，顺利通过考试。

（《无线电管理》撰稿 思安玲）

人　事

【落实“四项制度”】 2009年，德宏州人事局把组织全州行政机关认真贯彻落实“三项制度”工作作为一项中心工作抓紧抓好。一、明确了全州行政机关公务员及参照公务员管理的人员实施“三项制度”的指导思想和目标任务。二、组织有力，成立机构。在州政府成立实施“四项制度”领导小组的基础上，认真抓好“三项制度”办公室的工作，并督促各县市、州直各部门及时成立了工作领导小组对贯彻落实工作专题研究，认真安排部署。三、积极培训业务骨干，认真开展宣传学习。根据省州相关文件要求，组织人员参加在昆明举办的全省三项制度业务骨干培训班学习，进而在州委党校举办了全州贯彻实施“三项制度”工作业务骨干培训班，抓好了全州各级行政机关组织“三项制度”的学习、培训和考试。全州共参加考试人员

9100人，及格率达100%。通过抓学习宣传培训，做到了每位公务员都知晓“三项制度”的基本内容和精神，提高了对“三项制度”的认识。全州64个行政部门（含县市、区）都认真制定本县市区、本部门的服务承诺、首问责任、限时办结等制度，并通过报刊、电台、电视、网络向社会进行了公开承诺，并在全州350多个单位的办公场所显眼位置悬挂了《云南省行政机关八项工作承诺》，接受人民群众的监督。四、加强督促检查，确保三项制度的贯彻落实，实施三项制度以来在州政府的领导下州人事局共组织实施了3次全州大规模的专项督查，现在各县市都在采取措施，加大执行力度。例如潞西市把“三项制度”的落实与投资软环境建设相结合，对各部门的行政审批项目和规范性文件进行清理；盈江县以贯彻落实“三项制度”为契机，在全州率先成立便民服务中心，开展便民服务。开展四项制度工作以来，全州各级行政机关实施“三项制度”工作初见成效：一是机关的作风和形象有明显好转，公务员队伍得到了不同程度锻炼，综合素质有了较大的提升；二是为民服务的质量和效率有明显提高；三是内部管理的制度和机制有明显改进；四是依法行政、诚信服务的能力有较大提升；五是机关的凝聚力、执行力和公信力有较大增强；六是人民群众对政府的满意度有较大提升。年内，州人事局内部高标准严要求地抓好了“四项制度”工作，按州委办、州政府办《关于进一步加强机关和干部队伍作风建设的通知》文件精神，一是进一步认真学习“四项制度”、把贯彻落实“四项制度”和贯彻落实州委“五不准”有机的结合起来。二是进一步转变了机关作风，树立人事部门良好形象。人事部门是全州实施首问责任制、服务承诺制、限时办结制三项制度的主管部门，全体干部职工模范地遵守了本局制定的“四项制度”和州委“五不准”；三是向全局43名干部发放了《德宏州人事局清理国家工作人员吸食毒品情况自检自查表》、《德宏州人事局清理国家工作人员个人经商办企业情况自检自查表》，各科室和个人如实进行了填报并进行自检自查，把州委“五不准”规定认真落在实处。

【公务员队伍建设】 2009年，德宏州人事局公务员队伍建设主要抓了以下工作：一、继续认真开展《中华人民共和国公务员法》的实施工作。一是在全州加强《中华人民共和国公务员法》的深入学习宣传，使相关法规内容家喻户晓。二是严格按照《云南省公务员登记的若干问题的处理意见》的精神，坚持“依法办事，从严掌握；自上而下，先易后难；实事求是，稳慎处理；层层把关，逐级负责”的总体要求，认真开展全州的参照公务员登记工作，按时完成了全州第二批参公单位的登记工作，全州共30个单位268人进行了登记。以此为契机，解决了过去存在的不规范问题，理顺了关系，加强了人员信息管理，为今后依法规范管理和人事政策的决策打下了良好的基础。三是按《公务员法》的精神和2009年度招考公务员工作的总体部署，进一步规范了公务员考试录用工作，坚持“凡进必考”和“公开、公平、公正”的原则，完成了2009年公务员招考工作，共办理201人的录用手续，整个考试工作过程中，严格做到了公开、公平、公正。四是根据云南省委办公厅转发省委组织部、省人事厅、省农村工作领导小组办公室、省农业厅《关于定向考录优秀村（社区）党组织书记、主任进入乡镇（街道办事处）公务员队伍的实施办法》的通知精神，完成了定向考录公务员工作，全州共有226名人报名，录用9人。五是按照公开、平等、择优的原则，采取调任和考试录用相结合的方式，完成了芒市华侨农场现有管理人员转为公务员的工作，共办理了22人的公务员录用手续，并对调任的3位同志进行了公务员登记。二、做好干部任免工作。根据省人事厅云人开任〔2007〕27号文件，对省人事厅任命下派干部进行更换；完成164名科级干部任命和行政职务确定。三、完成年度考核工作。按省人事厅的要求，根据考核内容、考核标准、考核纪律和考核程序的相关要求，1月30日前完成了2008年全州行政机关的考核审核、统计、汇总上报工作，2008年全州应参加考核的人员10723人，实际参加考核10686人，占应参加考核人员总数的99.65%。其中：评定为优秀的1975人，占18.48%，未超出优秀20%的比例；评定为称职及合格的8392人，占78.53%；评定为不称职及不合格的15人，占0.001%；参加考核不定等次270人，未参加考核人员12人。根据《云南省国家公务员八条禁令》和《德宏州国家工作人员十条禁令》，为严肃政纪，对违反政纪人员给予必要的纪律处分，一年来共办理辞职手续1人。四、加强公务员培训工作。根据中共中央《干部教育培训工作条例（试行）》的精神，按照国家人事部《关于在全国公务员中开展公共政策培训的通知》以及中共云南省委组织部、云南省人事厅《关于在全省公务员中开展公共政策培训的通知》的要求，按质按量地完成了全州公务员以公共管理为核心的培训。年内组织全州党政机关8200多名公务员进行了《公共经济》和《突发事件应对法》考试和补考，合格率为100%；根据《中华人民共和国公务员法》的相关规定，为使新录用的公务员了解国家行政机关的工作程序，明白公务员应具有的职业道德和行为规范，掌握拟任职位所具备的基本知识和能力，为上岗打好基础。在州行政学院举办了一期初任培训，全州共参加培训了350人，合格率达100%（含省属单位）；根据州委组织部的文件精神，组织了州直党政群机关新任科级领导干部培训班，共60人参加培训。

【事业单位人事制度改革和职称制度改革】 2009年，德宏州人事局在事业单位人事制度改革和职称制度改革方面主要做了以下工作：一、认真做好各类考试。各类考试均严格按照操作规程办事，严肃考场纪律，加强监督和巡视工作。采取有效措施，及时处理现场考试当中出现的各类问题，保证考试工作的正常开展。全年组织全州各类报名考试工作14次，人数达14680人。二、进一步深化职称制度改革。一是结合事业单位人事制度改革，完善了专业技术职务岗位“结构比”控制管理，进一步推进了专业技术人才由身分管理向岗位管理转变。二是积极开展企业职称评审工作，全州国有企事业单位共有专业技术人员18585人，其中：具有高级技术职务资格的人数为976人，中级技术职务资格的人数为7152人，初级技术职务资格的人数为9428人，未评聘技术职务资格的人数为1029人。三是根据部分州直事业单位职称领导小组、中评委、初评委人员变动或任期届满的实际情况，确定重新组建了教育系统等8个职称领导小组、中评委、初评委，确保各相关单位的职称评定、推荐审核工作的完成。三、积极加快事业单位人急需人才的引进才。一是在双向选择的基础上，经用人单位考核合格后报主管部门和组织人事部门批准，引进并免试聘用研究生14人。二是在审核编制的基础上，经资格审查、考核、体检全州共引进紧缺人才43人。

【完善社会化人才服务体系】 2009年，德宏州人事局建立和完善社会化人才服务体系，健全人才市场机制，加强人才市场功能。州人事局积极发挥政府部门所属人才服务机构的社会化人才职能，发展人事代理业务，提升服务质量，强化人才市场的主渠道作用，促进各类人才在流动中合理配置。一是认真做好大中专毕业生就业指导和报到登记等服务工作。年内共为1728名到人才服务中心报到登记的大中专毕业生办理落户手续。二是与民政部门密切配合，圆满完成了2009年城镇退役士兵文化素质考试任务，为民政部门的安置工作提供了文化素质依据。三是积极推进农村乡土人才的开发工作。按照上级文件精神，认真细致地做好了省、州级拔尖农村乡土人才的遴选、推荐、上报、评审及表彰等环节的工作，向省级推荐优秀乡土人才5人，州级表彰工作正在筹备之中。四是认真做好“三支一扶”工作。年内，德宏州“三支一扶”经笔试、面试和体检共招募大学生18人，按照文件精神，对2007年招募的14名三支一扶大学生进行了考核和工作安置。五是定期组织举办全州性人才招聘会，竭尽所能拓宽就业渠道，提高毕业生就业率。2009年的人才招聘会于11月28日在德安酒店举办，当天参会总人数达1800余人次。

【军转安置】 2009年，德宏州人事局认真做好军转安置工作和部分企业军转干部解困稳定工作：一、继续做好军转安置工作。按照全国、全省军转工作会议精神以及州委、州政府的要求，州人事局深入驻军部队开展政策宣传，加大协调，沟通工作力度，有预见性和计划性地开展工作，顺利完成了省上下达德宏州的军转安置任务。年内共接收安置军队转业干部25名，达到了转业干部本人、部队和接收用人单位三方满意。二、维护稳定，深入细致做好企业军转干部解困稳定工作。按照中央和省委省政府、州委州政府的有关要求，州人事局认真做好企业军转干部解困维稳工作。一是切实解决了部份企业军转干部生活困难问题，根据上级要求，州人事局分别给企业军转干部15名下岗失业、69名退休、6名内退人员以及协议解除劳动关系，领取过补偿金的8名失业人员发放了困难补助，全州共兑付解困资金62.78万元。二是较好地完成了数据更新工作，对部分漏统、漏报人员进行了信息采集、入库上报，进一步解决了数据库建设中存在的问题。三是加强信息工作。切实把不稳定因素和上访苗头处理在萌芽状态。四是健立健全值班制度、上报制度。年内全州军转干部无赴京到昆上访人员，较好地维护了社会稳定。三、德宏州人事局被中央政法委和解放军总政治部表彰为全国维护国防利益和军人军属合法权益先进单位，受到了中央政法委和中央军委领导的接见和颁奖。9月，全省军转表彰大会在昆明召开，德宏州有2个军转安置先进单位、2名模范军转干部、1名先进军转工作者受到表彰。

【信访工作】 2009年，德宏州人事局共收到来信208件，接待来访12起33人次，所有信访来访都得到了较好处理，答复率100%，办结率达98%以上。其主要抓好了几方面的工作：一、加强领导，层层抓落实。整个信访工作按照“分级负责”和“谁主管、谁负责”的原则抓好落实。所有来信件局长亲自过目把关后，批转给分管领导或承办科室，承办科室再具体做好答复工作，群众来访坚持首问责任制，重大情况由分管领导或局长出面处理。二、加大制度建设的力度，形成长效工作机制。针对人事信访工作量大、复杂的特点，坚持4个信访制度。一是局长负责制度。做到“三个坚持”，即坚持每月25日的局长接待日制度，对外公开人事信访局长接待日，公开值班接访局领导的姓名、接访时间、接访地点，直面解答来访者提出的问题，督促落实解决符合政策的问题；坚持每封来信局长必阅签批，相关人员根据局长签批的意见落实到位；坚持重要信访件局长亲自办理，凡涉及带全局性的信访件或集体联名信访件，都由局长亲自参与办理，从调查取证、走访当事人、查阅政策依据到与信访人见面回复，都自始自终办理，让信访人满意。二是坚持回复把关制。为确保人事信访回复的准确率，实行重要信访件回复层层政策、文字把关制，采取办理人员起草，相关股室核稿，分管领导审核，主要领导审签；对重要信访件专题研究，实行查处案件讨论会、回复意见研究会、政策把关审核会，有效地把握了按政策回复的准确度。三是坚持专办人员责任制。明确专人负责举报投诉和来信来访的接待处理，对举报的案件，逐一登记核实，有署名的在做好保密的情况下，上门征求意见、听取反映、妥善处理；匿名举报，慎重对待，从严查实，公示处理结果。四是建立热情接待服务制。对每一位来访者接待真挚热情，听诉虚心认真，耐心解答释疑，求实解决问题，做到不因事小而不为，不因事烦为推诿。三、积极使用现代电子信息技术，大力开展网上信访工作。按照州委、州政府实施“网上信访”的要求，充分利用网络优势，拓宽信访渠道。年内州人事局开通了“网上信访”系统，开创了人事信访工作的新局面。年内共处理网上信访199件，成效十分显著。

【电子政务】 2009年，德宏州人事局认真完善电子政务，主要做了以下工作：一、德宏人事网日趋完善，服务水平不断提高。随着电子政务信息化技术的逐步推广，德宏州人事局十分重视信息化技术在人事工作中的运用。2007年投资1.2万元在互联网上开设了《德宏人事网》，面向社会公开人事的各类招考信息、人事法规政策、人事机构、人事办事指南、人事工作动态。全社会都可以通过网络及时获知考试信息方面的服务。2年来共有30万多人次登录德宏人事网，最高日访问量高达2993次，社会影响十分广泛。一方面节约了大量的办公经费开支，另一方面快速高效、长期、便捷地为广大群众提供人事信息服务。二、做好网上政府信息公开工作，实现阳光人事。根据州委办、州政府办关于实施网上政府信息公开工作的精神要求，州人事局建设了德宏州人事局政府政府公开网站，向社会公开了州人事编制机关的领导班子、机构设置、工作动态、行政许可、便民服务、政策法规等162项内容，极大地保障了广大群众的知情权，最大化实现了人事工作的阳光化。

（《人事》办公室供稿）

外　事

【外办主任会议】 2009年7月8至9日，召州外办在芒市召开为期两天的全州外办主任工作暨外事业务知识培训会。全州各县市区外办主任、副主任、业务骨干等28人参加了会议。会议主要内容：一是通报了上半年的工作情况、所取得的成绩和存在的问题，并安排部署下半年的工作。二是传达学习了省外办对缅工作会议精神，要求全州各县市区外办加强对缅调研工作，关注和上报缅甸2010年大选前后的动态。充分发挥外事部门的职能作用，当好当地党委、政府的“参谋、助手”。三是杨国胜主任向与会者授课内容涉及中国对缅政策、缅对华政策、边境外事工作特点、对外交往应注意的问题和做好边境外事工作的原则等。四是邀请州委副秘书长、州保密局局长邵强莅临会议并作涉外保密工作报告。五是传达学习了有关境外非政府组织及外国记者的管理规定。六是州外办主任杨国胜与各县市区外办主任签定《外事工作考核责任书》(2009—2013年)。

【友好往来】 2009年，经上报云南省政府、省外办、德宏州委、州政府批准，德宏州共请进团组64批844人(次)，派出团组248批1088人(次)。

请进团组主要有：2月26至3月1日，武汉大学中国世界研究院常务副院长胡彦初一行2人到德宏州考察边境情况；3月14日，缅雷基驻军321营代营长腊告一行8人应邀到陇川章凤参观考察；3月14至16日，文山州外办主任杨绍祥率团一行9人到德宏州参观考察边境外事工作；4月12至14日，缅商务部长丁乃登一行3人从瑞丽口岸入境，途经德宏州应邀前往西双版纳参加泼水节及边贸旅交会，往返期间，州委书记赵金、副州长陈振冲等州级领导就双方友好往来和经贸合作等事宜进行会谈；4月13日，经省外办、商务厅、公安厅、教育厅同意，缅克钦邦第二特区卫生部40名学员到州卫校进行医务培训；4月15至18日，中联部一局局长艾平率调研组一行6人在省外办副主任王伟等4人的陪同下就近期中国周边形势走向及对周边战略的建议研究课题到德宏州调研；4月18至19日，在省外办主任周红的陪同下，外交部国外工作局乐爱妹参赞一行6人对德宏州边境口岸进行调研、考察；4月24至25日，外交部边界司处长孙彦到德宏州进行边界考察；4月24日，国家水利部国际经济技术合作交流中心副主任陈霁巍率调研组一行6人，就界河管理及治理情况到德宏州调研；5月16至17日，外交部领事保护中心副主任吴健一行4人和省外办陪同3人共7人到德宏州考察领事保护工作；12月2至6日，缅甸商务部副部长昂吞准将一行26人，泰王国达府、清迈府代表团一行11人，缅甸驻昆明总领事一行3人，泰王国驻昆明总领事馆1人共45人应邀出席第九届中缅边交会。期间，州委书记赵金、州长孟必光、瑞丽市委、市政府领导分别会见了上述代表团。

派出团组主要有：2008年12月30日至2009年1月4日，时任州委副书记李兴顺率团一行10人应邀赴缅仰光参加缅华商商会成立100周年庆典，并拜会中国驻缅使领馆总领事和大使；1月8至13日，孟必光州长率团一行17人赴缅密支那参加克钦邦目瑙纵歌节及建邦61周年庆典，并拜会缅北部军区司令、克钦邦“和发委”主席苏温准将；1月8至10日，州景颇学会20人、潞西20人、瑞丽30人、陇川20人、盈江20人、梁河10人分别应邀到缅密支那参加克钦邦目瑙纵歌节及建邦节活动；1月13日，州外办主任杨国胜等人赴缅迈扎央拜会克钦邦等二特区东部专区三旅旅长木然东拉、专员司博刚就边境管理、打击垮境犯罪、边境禁毒、赌博等事宜交换意见；1月15日，畹町工管两委领导率有关部门负责人出境，利用传统节日春节走访缅九谷、木姐、105官员；1月22至24日，陇川县县长李正环率公安、外事就中国山西少年在缅迈扎央遭绑架事及开展边境禁赌行动事与缅克钦邦第一特区东部专区负责人进行会晤；2月4日，孔勒干副州长率德宏州景颇学会、瑞丽、陇川、盈江、潞西等学会一行100人应邀赴缅拉咱参加克钦邦第二特区目瑙纵歌节活动；2月20日，陇川县外办主任石麻龙等人出境礼节性拜会雷基驻军321营代营长腊告少将，新任“和发委”主席登索及新任移民局局长瑞温等人；2月26至27日，州外办主任杨国胜率盈江、潞西外办主任赴文山、红河等地考察学习，交流边境管理经验；3月9至11日，经请示省外办同意，潞西市外办主任赵早翁一行6人以友协名义应邀赴缅掸邦第一特区(果敢)参加其和平20周年活动；3月20至27日，孟必光州长率州人大、州政府办、外办、商务、旅游和文化等部门负责人一行11人应邀赴泰王国达府进行友好访问，并与达府府尹昆空尚·益伽彩签署了缔结友好州府关系《协议书》；3月25日，畹町外办及公安、消防等部门赴缅九谷南岛村协助灭火；3月29日至4月5日，州委书记赵金率团一行10人，应邀赴缅进行旅游、商务考察，并拜会中国驻缅使领馆和缅掸邦(北部)“和发委”秘书长及中国旅缅华侨社团，并与缅甸华商商会签署《关于进一步加强经贸合作的会谈纪要》；4月3至10日，州委番跃平秘书长、瑞丽市副市长董潇随全国友协副会长冯佐库率全国对外友协代表团应邀赴尼泊尔、孟加拉国访问。

【边境管理和领事保护】 2009年，德宏州外事系统共处理涉外案件33起，上报审批办理缅方人员借道3批20人；就领事保护、对外交往等问题与我驻缅使领馆和周边国家驻昆明总领事馆联系23次；与缅地方当局和“特区”就涉外事务、边境管理、界务维护、移交人犯打击垮境犯罪、边境禁毒、禁赌等事宜会谈会晤124次；接待来信来访12起34人次，配合有关部门接收缅方遣返人员19批35人，向缅方遣返人员93批199人；踏看界务83次。根据省外办的安排部署和下拨的项目经费，我州盈江、陇川及潞西3县市外办分别对S30至S32号界桩间的穆雷江、羯羊河、S45至S46号界桩段的南畹河、S52—S53号界桩段的南洼河、S104—S105号界桩的曼辛河等实施了界河维护治理工程，共修筑钢筋石笼坝8道，长458米；竹梢坝76道，长380米。

【边境调研】 2009年，德宏州外事部门充分发挥外事职能作用，整合外事资源，利用官方和民间两个渠道加强与缅地方当局、特区、驻昆明总领事馆及中国驻缅使领馆的友好往来和合作，对缅甸的政治经济和边境地区的复杂情况进行了深入调研，形成调研报告6篇，外事简讯40期，信息20则，为当地党委、政府和省外办决策提供依据。

【制度建设】 2009年，德宏州外办为全面贯彻落实和坚决执行州委、州政府提出的《德宏州国家工作人员十条禁令》和《五不准》要求，进一步加强机关和干部队伍建设，树立政府机关的良好形象，提高为公众的服务质量。在全体干部职工中，重申了我办关于加强作风建设和纪律的各项规定。并强调和要求：一是全办干部职工要进一步增强毒品对社会和家庭危害的认识，远离毒品，珍爱生命，对以身试毒者，一经发现将坚决按规定严肃处理；二是要坚决贯彻执行《德宏州国家工作人员十条禁令》，坚决杜绝上班时间，公共场所各种形式的赌博行为，提倡积极向上有益身心健康的娱乐活动，对不执行规定，不听劝告参与赌博者一经发现坚决严肃处理。三是在对外交往中，严格遵守外事纪律和涉外人员守则。四是正确行使党和国家赋予我们手中的权利，增强服务意识，为基层，为企业，为人民多办实事、办好事，严格遵守廉洁自律的各项规定，坚决杜绝利用手中的权利和工作之便“吃、拿、卡、要”的不良行为，对不执行规定、顶风违纪，败坏风气的一经发现，从严处理。五是全办干部职工要遵守工作纪律，维护正常的工作秩序，认真履行工作职责，严禁上班时间利用工作电脑从事玩游戏、上网聊天、炒股票、炒基金等与工作无关的活动，一经发现严肃处理。

（《外事》撰稿　哏留强）

中国人民政治协商会议
德宏傣族景颇族自治州委员会

【为全国省两级政协委员提交提案做好服务】 2009年1月14日，德宏州政协组织召开了相关职能部门负责人和驻德宏的全国政协委员、省政协委员座谈会，就全国政协委员、省政协委员到全国、省两级政协会议上提交高质量的提案做好准备工作，拟将德宏的一些重大的、事关全局的、需要国家和省帮助解决的问题，让两级政协委员以提案的形式向党中央、国务院，省委、省政府和有关职能部门反映，争取得到支持。

【春节慰问活动】 2009年春节期间，德宏州政协领导班子成员参加州委、州政府组织的慰问团（组），到全州各地开展慰问活动。1月16至17日，州政协慰问组一起到潞西市，对各族人民群众和广大部队官兵进行慰问；1月15至16日，州政协主席龚敬政、副主席杨庆华参加省委、省政府慰问团到德宏地震重灾区——盈江县进行慰问；1月14至17日，州政协副主席杨庆华参加州委、州政府春节慰问组，先后到盈江县“8·20”、“8·21”地震重灾区——盈江县苏典傈僳族乡、勐弄乡、卡场镇及厂矿、部队进行慰问；1月16日，州政协副主席、州委统战部部长李有升参加州委、州政府春节慰问组，对芒市地区的统战、民族、宗教代表人士以及非公有制经济代表人士等进行慰问；1月13至14日，州政协副主席董成宝参加州委、州政府慰问组，到梁河县囊宋乡马茂村、九保乡九保村、遮岛镇勐底社区等地，对退伍军人、老党员和困难群众进行慰问；1月15至16日，州政协副主席卜金富参加州委、州政府春节慰问组到瑞丽市，对出入境检验检疫局、海关干部职工和边防官兵及“12·26”地震受灾群众进行慰问；1月14至15日，州政协副主席杨丽云参加州委、州政府春节慰问组到陇川县，对“8·21”地震受灾群众、麻栗坝水库工程建设者、基层老干部、老党员，农村、农场和城市低保户、特困户，艾滋病遗孤、孤寡老人、复员军人、伤残军人及驻陇川部队官兵进行慰问；州政协原主席杨文忠，原副主席孔文忠、原副主席余正来，参加州委、州政府慰问组对省委选派到我州的干部进行慰问；参加州委、州政府组织的芒市地区州直副处级以上离退休干部“迎春报告会”及昆明离退休老干部“迎新春座谈会”；对驻军、武警官兵和公安干警、全州主要科研站所、民营科技企业及有突出贡献的科技人员、优秀教育工作者、科技特派员等进行慰问；1月19日，州政协主席龚敬政，副主席杨庆华、董成宝，秘书长管国照、原秘书长谷忠人等深入挂钩点——梁河县芒东镇帮别村慰问老党员和困难群众。

【召开十届二次会议】 2009年2月22至25日，政协德宏州第十届委员会第二次会议在芒市召开。277名州政协委员出席会议。十届州政协主席龚敬政作常委会工作报告，十届州政协副主席杨庆华作关于提案工作情况的报告，听取并协商讨论了《政府工作报告》、州人民法院工作报告、州人民检察院工作报告及计划、财政报告。会议收到提案148件，经提案审查委员审查立案143件。会议审议通过了州政协十届二次会议决议。

【首次引进甘蔗联合收割机进行演示】 2009年3月10日，德宏州政协组织的我州首次甘蔗联合收割机现场收割甘蔗演示会在陇川景罕镇蔗区进行。州农业局、州科技局、州糖办、州农机推广站等有关部门的负责人和陇川县直相关部门以及英茂、力量等糖业公司负责人共60多人观看了演示。

【召开全州第七次政协文史工作座谈会】 2009年3月18日，德宏州第七次政协文史工作座谈会在芒市召开。会议的主要议题：一是传达贯彻全国、全省政协文史工作会议精神，认真落实《政协全国委员会关于加强文史资料工作的意见》精神，进一步明确新时期、新阶段人民政协文史工作的方针、原则和任务；二是以科学发展观为统领，联系全州各县市政协文史工作的实际，研究在新形势下加强全州政协文史工作的新思路，探索新途径；三是以会代训，全州政协文史干部相互交流各地政协近年来文史工作的基本情况、经验、成果以及协商本届政协文史资料征编规划等事宜。州政协主席、副主席、秘书长、各委室主任，各县市政协分管文史工作的副主席及文史委的全体人员共40余人出席会议。

【开展深入学习实践科学发展观活动】 2009年3月27日至9月4日，州政协以“学习提高、调查研究，分析检查、找准问题，整改落实、完善机制”3个阶段14个环节的规定动作。通过开展深入学习实践科学发展观活动。共撰写心得体会文章22篇、论文5篇、专题调研报告5篇，主席班子成员到挂钩乡镇调查研究指导工作23次59天，为挂钩乡镇协调争取资金120多万元，解决困难问题19个。在征求各界意见、组织专题民主生活会、撰写分析检查报告、深入剖析存在问题和原因的基础上，制定了整改落实方案，建立了保障科学发展的体制机制。

【德宏柠檬产业发展课题研究报告通过专家评审】 2009年6月11日，由省农科院、州农业局、州新农办、州热作所、州经作站、州林科所等部门专家组成的德宏柠檬产业发展课题研究报告专家评审组，对《德宏柠檬产业发展课题研究报告》进行评审。通过深入调研和考察，形成了调研报告和建议案。5月26日，州政协召开十届六次常委会议，专题审议柠檬产业发展的调研报告和建议案，对其进行进一步的修改和完善。专家评审组认为，《报告》立意新颖、结构合理、材料翔实，从五大方面提出了德宏发展柠檬的优势与不足，明确了发展思路和目标，对我州发展柠檬产业具有促进作用。

【州委督查落实加强人民政协工作意见情况】 2009年7月6至9日，州委组成了以州委副书记李兴顺为组长、州政协副主席杨庆华为副组长的督查组，在全州范围内对《中共德宏州委关于加强人民政协工作的意见》和州委书记赵金在州政协十届二次会上的讲话精神的贯彻落实情况进行了专项督查。

【召开全省政协第十八次提案工作座谈会暨提案工作研讨会】 2009年8月19至21日，全省政协第十八次提案工作座谈会暨提案工作研讨会在德宏召开。会议总结交流自2008年换届以来的提案工作经验，并就如何正确处理提案数量与质量的关系、科学细化立案标准等问题进行分析和研讨。省、州、市有关领导参加会议。

【隆重庆祝中国人民政治协商会议成立60周年】 2009年是新中国60华诞暨人民政协成立60周年，州政协以各种形式隆重庆祝这一盛典。9月22日，由州政协承办的德宏州庆祝中国人民政治协商会议成立60周年大会在芒市会堂举行。州委、州人大、州政府、州政协的领导，驻军领导，副厅级以上离退休老领导及芒市地区中央、省属、州和潞西市副科以上干部及各族各界代表人士共1000余人出席庆祝大会；9月23日，州政协举行庆祝人民政协成立60周年座谈会暨2009年中秋茶话会，州委、州人大、州政府领导，驻德宏人民解放军和武警部队首长，公安、法院、检察院领导同志，州政协离退休老同志，州政协各专门委员会负责人，芒市地区的部分省、州政协委员及各族各界代表共80余人出席了座谈会；9月25日，由州政协主办，庆祝新中国60华诞暨人民政协成立60周年书画展在州老年大学开展，共展出了100多位书画爱好者提供的210多幅书画作品。

【召开全州政协民族宗教侨务工作暨“民族团结月”座谈会】 2009年10月15日，全州政协民族宗教侨务工作暨“民族团结月”座谈会在芒市召开。州政协主席、副主席、秘书长、各委室主任，全州政协民族宗教侨务工作领导干部和宗教界、归侨侨眷和少数民族代表人士等出席会议。

【召开全省八自治州政协第二十一次横向联系会议】 2009年10月27至29日，由德宏州政协承办的云南省八自治州政协第二十一次横向联系会在芒市召开。会议的主题是：积极建言献策，促进科学发展。以科学发展观为统领，认真总结、研讨、交流自治州政协如何在新的形势下建言献策，发挥作用，促进科学发展的问题。省政协和八个自治州政协应邀参加会议。

【帮别村惠民工程金新大桥开工建设】 2009年11月10日，州政协挂钩扶贫点——梁河县芒东镇帮别村金（勐）新（寨）大桥举行奠基仪式。该工程投资90余万元，预计2009年11月上旬开工，2010年5月竣工。

【召开全州政协工作研讨会暨办公室工作会议】 2009年11月24日，全州政协工作研讨会暨办公室工作会议在瑞丽召开。会议的主题是：学习贯彻党的十七届四中全会精神，探讨如何创新履职，促进政协工作开创新局面；总结研讨新一届政协换届以来的工作经验、不足，提出做好今后政协工作的意见和建议；总结交流并安排2010年全州政协的办公室工作。会议还传达学习了全省政协宣传信息工作会议精神，部署了2010年全州政协宣传信息工作和《云南政协报》征订发行工作。州、县市政协主席、副主席、秘书长和办公室工作人员共140余人参加会议。

【召开政协经济委联系会议】 2009年12月15日，全州政协经济委联系会议在陇川召开。会议学习了胡锦涛总书记在庆祝中国人民政治协商会议成立60周年大会上的讲话及中央经济工作会议精神，各县市政协经济委就2009年工作经验总结、探讨2010年如何围绕党委政府的中心工作创新思路、开展好经济委工作进行了交流发言。与会人员参观了龙江枢纽工程勐约栋移民搬迁点项目建设。

【召开常委会议】 2009年，政协德宏州第十届委员会召开常委会议四次，即十届五次、六次、七次、八次常委会议。州政协十届五次常委会议于同年2月11日在芒市召开。州政协十届委员会常务委员会共40人参加会议。不是州政协常委的州政协副处以上领导干部，州委办、州人大办、州政府办有关负责人列席了会议。会议讨论并审议州政协十届委员会常务委员会工作报告（草案）及提案工作报告（草案）；审议通过《关于召开政协德宏州第十届委员会第二次会议的决定》；审议通过政协德宏州第十届委员会第二次会议议程（草案）及日程（草案）；审议通过政协德宏州第十届委员会常务委员会工作报告和提案工作报告报告人建议名单（草案）；审议通过《关于邀请出、列席政协德宏州第十届委员会第二次会议人员范围的决定（草案）》；审议通过《政协德宏州第十届委员会第二次会议分组办法及各组召集人名单（草案）》；审议通过政协德宏州第十届委员会第二次会议秘书长、副秘书长名单（草案）》；审议通过《政协德宏州第十届委员会第二次会议大会秘书处各工作机构负责人名单（草案）》；审议通过《关于授权主席会议审定州政协十届五次常委会议未尽事宜的决定（草案）》。

州政协十届六次常委会议于同年5月26至27日在芒市召开。州政协十届委员会常务委员会共39人参加会议。九届州政协副主席方文琴，九届州政协秘书长谷忠人，州政协机关在职副处级以上领导干部，州委、州人大、州政府副秘书长列席会议，会议听取全州柠檬产业发展情况调研报告，审议通过建议案；听取全州农村寄宿制中小学校发展视察情况报告；听取州财政局工作情况汇报并进行评议；听取州农业局工作情况汇报并进行评议；通过有关人事任免事项：李根显，免去州政协教科文卫体委员会副主任职务。

州政协十届七次常委会议于同年9月8至9日在芒市召开。州政协十届委员会常务委员会共40人参加会议。州委、州人大、州政府副秘书长，不是州政协常委的县市政协主席和州政协机关副处以上领导干部列席会议。会议听取州长助理刀承贤受州长孟必光委托作的全州上半年经济运行情况的通报；听取全州农村专业技术协会发展情况的调研报告并进行评议；听取对上海市扶持德昂族发展情况的视察报告、全州地震灾后重建工作情况的视察报告；对州教育局、州国土资源局的工作进行了评议。

州政协十届八次常委会议于同年12月9日在芒市召开。州政协十届委员会常务委员会共38人参加会议。州委常委、常务副州长柳五三，州委办、州人大办、州政府办、州委组织部领导，不是州政协常委的县市政协主席，各县市政协驻会副主席及不是州政协常委的州政协副处以上领导干部列席会议。会议听取并协商讨论州政府2009年经济运行情况；研究州政协2010年工作计划；通过有关人事任免：赵福所，任州政协副秘书长、办公室副主任，免去其州政协文史资料委员会副主任职务；王金华，任州政协副秘书长；包莉海，任州政协副秘书长；岳秀英，任州政协提案社会法制委员会副主任；张保和，免去州政协提案社会法制委员会副主任职务。

【召开主席会议民主评议部门工作】 2009年，州政协以主席会议的形式听取部门工作情况汇报并进行评议。4月30日，州政协召开十届十六次主席会议，听取州公安局工作汇报并进行民主评议；6月23日，州政协召开十届十九次主席会议，听取州中级人民法院2009年1至5月的工作情况汇报并提出意见建议；10月30日，州政协召开十届二十二次主席会议，听取州司法局工作情况汇报并进行评议。

【开展专题调研视察活动】 2009年，德宏州政协组织开展了9次较大的调研视察活动。3月12日，州政协主席龚敬政率队到潞西市遮放镇遮冒村、允午村和多晶硅厂，调研社会经济发展情况；4月8日，州政协主席龚敬政，州委常委、州委政法委书记郭志德率单位负责人到梁河县芒东镇帮别村委会调研禁毒防艾和新农村建设工作；4月15至18日，以州政协主席龚敬政为组长，副主席卜金富为副组长的州政协调研组，先后到陇川、瑞丽、潞西等县市的柠檬种植点，调研全州柠檬产业发展情况；4月21至26日，州政协调研组到被称为“中国柠檬之都”的四川安岳县以及中国农科院柑桔研究所、重庆市农科院果树研究所、恒河果业有限公司，就柠檬的发展进行专题考察；4月14至20日，州政协组成以副主席杨庆华为组长的视察组，对上海扶持德宏州德昂族发展项目实施情况进行视察。5月13至15日，以州政协主席龚敬政为组长，副主席杨丽云、秘书长管国照为副组长的州政协委员视察组一行，对盈江县“8·20”、“8·21”地震灾后重建工作情况进行视察；7月13至22日，州政协组成由副主席董成宝为组长，州政协教科文卫体委员会、经济人口资源环境委员会、州科技局负责人为副组长的调研组，对全州农村专业技术协会工作情况进行调研；10月10日和12月18日，州政协主席龚敬政先后率州政协调研组到潞西市云南海柯生物开发有限公司，调研番麻皂素项目建设情况。

【全国政协和云南省政协领导到德宏调研视察】 2009年，州政协配合全国政协、云南省政协及有关部门领导到德宏开展调研视察工作，圆满地完成了接待及陪同调研、视察工作。1月15至16日，以省政协主席王学仁为团长，省委常委、常务副省长罗正富和省人大常委会副主任杨建甲为副团长，省政协秘书长车志敏、省政府办公厅、省政协办公厅、省民政厅、财政厅、建设厅以及省扶贫办的有关领导为成员的省委、省政府春节慰问团，深入德宏州地震重灾区——盈江县进行慰问；2月3至4日，在全国政协常委、省政协副主席曾华，省政协港澳台和外事委员会主任龙忠志，副主任严建、吴家穗等的率领下，省政协港澳委员一行20余人到德宏州视察跨境经济合作区建设情况；3月18至23日，省政协原副主席、云南中国西部研究与发展促进会常务副会长和占钧到德宏州调研边境地区水、电、路等基础设施建设情况；3月24至26日，全国政协副主席、民建中央第一副主席张榕明率领调研组，到德宏州专题调研沿边开放和跨境经济合作区建设情况，省政协副主席顾伯平陪同调研；4月24至29日，由省政协副主席马开贤带队，省政协常委、省政协民宗委主任郭秀文为组长的调研组一行到德宏州，就景颇族、傈僳族两个特困少数民族脱贫发展情况进行调研；7月16至19日，由省政协常委、省政协人口资源环境委员会副主任陈坚任组长，省政协人口资源委员会与农工民主党云南省委有关人员为成员的调研组，到德宏州调研计划生育家庭优享普惠政策长效机制工作情况；8月8至10日，以省政协副主席王学智为组长，省政协经济委员会主任段增庆和省政协外事委员会主任龙忠志为副组长，省相关厅、局、委负责人为成员的调研组，到德宏州开展“实施南向互利合作，加快国际大通道建设”专题调研；8月20日，省政协副主席管国忠到德宏州盈江县旧城小学视察，了解城镇教育改革、校点撤并和学校规划等方面的情况；10月26日，全国政协副主席、全国工商联主席、中华红丝带基金名誉理事长黄孟复到德宏州陇川县第二小学，参加全国工商联中华红丝带基金在该校捐建的爱心教学楼竣工典礼。全国工商联新能源商会会长、中华红丝带基金执行理事长李河君，中国疾控中心性病艾滋病预防控制中心党委副书记刘康迈，全国工商联扶贫与社会服务部部长、中华红丝带基金监事会副监事长谷彦芬，省政协副主席顾伯平，省政协副秘书长孟庆红，省工商联主席杨焱平等出席竣工典礼；11月18至19日，以全国政协办公厅研究室巡视员吴亚东为组长的全国政协调研组，到德宏州调研边疆民族地区社情民意信息工作情况；11月19日，全国政协民宗委副主任、原国家民委副主任周明甫率相关人员到德宏州调研民族问题；11月24至27日，由全国政协委员、国务院南水北调建设工程办公室稽查专家组组长、内蒙古军区原副司令李国安任组长，全国政协委员才让、海霞等为成员的全国政协民宗委委员调研组，到德宏调研边境地区广播电视发展情况。

【提案工作】 2009年，德宏州政协十届二次会议期间和会议之后，共收到提案148件，经审查立案143件，其中政协参加单位集体提案10件，委员提案133件。在已立案的提案中，分别送交州委办理14件，州政府办理129件，截止2009年11月底已全部办复完毕。提案所提问题已解决或基本解决、意见建议被采纳的有50件；正在解决或列入计划解决的64件，占44.8%；因客观条件限制或其他原因一时不能办理落实的29件，占20.2%。委员们对十届二次会议提案的办理落实情况，表示满意或基本满意。州政协十届二次会议的提案具有以下特点：一是关注经济发展，为促进经济平稳较快发展建言献策；二是关注民生，为促进社会各项事业健康发展出谋划策；三是关注建设和谐德宏，为促进边疆稳定和谐献计出力。提案办理工作具有以下特点：一是领导重视，各方配合，加大了提案办理工作力度；二是加强引导，严格把关，着力提高提案质量；三是突出重点，注重实效，着力提高提案办理质量。四是抓住关键，创新方式，不断提高服务水平。

（《州政协》撰稿　张红俊）

（见“州情概览·州政协”64页）

中共德宏州纪律检查委员会
德宏州傣族景颇族自治州监察局

【全州党风廉政建设会】 2009年2月4日，德宏州委召开党风廉政建设大会，学习贯彻党的十七届三中全会、十七届中纪委三次全会和省纪委八届四次全会以及州委五届五次全会精神，总结2008年度党风廉政建设和反腐败工作，研究反腐倡廉工作面临的新情况、新问题，安排部署2009年工作任务。州委书记赵金在会上作了《深入学习实践科学发展观，努力开创反腐倡廉建设新局面》的讲话。会议表彰了2008年全州党风廉政建设责任制先进单位37个。与全州5县市和90个州直部门签订了2009年《德宏州党风廉政建设责任书》。

【监督检查】 2009年，德宏州纪检监察机关切实加大了监督检查工作力度，具体做法是：一是会同有关部门加强对中央扩大内需项目的监督检查。年内，全州共争取中央扩大内需项目4批279个，年度总投资11.98亿元。按照精细化要求，对项目进度、投资方向、资金到位、审批管理、建设程序、安全生产、预防腐败等方面的情况进行了四次专项检查，严肃查处了盈江县挪用国家建设专项资金购置公务用车问题。二是开展了救灾恢复重建项目资金的检查，确保灾后恢复重建工作各项任务的落实。灾后恢复重建工作于7月全部完成，涉及资金4.35亿元，总体情况良好。三是紧紧围绕政府机构改革加强纪律教育，与州委组织部联合下发了《关于严明机构改革工作纪律的通知》，强化纪律监督。四是围绕建国60周年国庆安保工作和州委、州政府解决信访突出问题、保持社会稳定的一系列安排部署，充分发挥职能作用，全力维护社会稳定，为州委、州政府决策部署的落实提供了坚强的纪律保障。

【党风廉政建设】 2009年，德宏州纪检监察机关以科学发展观为指导，切实加大党风廉政建设工作力度，具体做法是：一是进一步完善党风廉政建设工作机制。对5个县市、96个州直和中央、省驻德宏单位2008年度党风廉政建设责任制工作落实情况进行了全面考核，优秀37个，合格64个。州委、州政府接受了省委、省政府党风廉政建设责任制考核，总评成绩合格。二是认真贯彻落实中央《建立健全惩治和预防腐败体系2008—2012年工作规划》。根据省委《实施意见》和州委《实施办法》，对2009年工作目标任务进行了细化和分解，将任务分解为9大项59个小项，明确了66个责任单位和20个牵头单位。各责任单位和牵头负责单位按照任务分解，认真制定落实工作任务的具体措施并积极开展工作，确保了各项任务的落实。三是全力推进农村党风廉政建设。成立了各级农村党风廉政建设工作领导小组。制定出台了德宏州《关于加强农村基层党风廉政建设的实施意见》。外出考察学习借鉴先进地区经验。重点加强制度建设，强农惠农政策的落实，涉农资金和各种扶贫、救灾及专项资金使用的监管，政务、村务、党务公开以及“三资”委托代理等。各县市大胆创新，探索出了部门制度备案制、乡镇农村党风廉政建设工作站、村组农村党风廉政建设监督委员会及义务监督员、县市派出纪工委挂钩乡镇纪委、乡镇纪委书记到县市纪委机关轮岗学习、纪检监察部门全程跟踪服务重大项目建设等经验，有力地推动了农村基层党风廉政建设的开展。全州已建立农村基层党风廉政建设工作站66个、廉政监督委员会103个，聘请义务监督员764人，开展农村基层干部反腐倡廉教育培训451次21525人，查处涉农案件16件18人。

【廉政宣传教育】 2009年，德宏州纪检监察机关加强廉政宣传教育工作，具体做法是：一是以党员领导干部为重点，进一步强化廉政教育。制作警示教育展板在全州巡展，48688余人受教育；开展演讲比赛81场次，372人参加了比赛；组织130名新任处级领导干部进行了廉政培训；邀请原中纪委纪检监察六室主任、中国纪检监察学院筹建办主任刘森到德宏作反腐倡廉形势报告，收到了良好的效果。二是加强对党员领导干部的廉洁管理。出台了《德宏州领导干部廉政谈话实施办法（试行）》，全年共对县级以下党政主要领导实施廉政谈话82人次，领导干部任前谈话592人，诫勉谈话107人，对433名拟提拔对象进行了廉洁自律情况核查；开展公款出国（境）考察清理，调整和取消了一批出国（境）团组，经费与上年相比降低30%；进一步加强公务用车管理，纠正超标准超编制配备公务用车问题，购车经费比前3年平均数降低15%；取消了一批一般性节会、论坛活动，政府一般性支出得到有效控制。三是继续推进廉政文化进机关、进社区、进学校、进农村、进企业、进家庭“六进”活动，涌现了一批基层廉政文化建设先进典型，形成了一批研究成果。《立足边疆民族实际、探索有云南特点的廉政文化建设之路》一文获省纪委“云南特点反腐倡廉建设论坛”论文评选一等奖；廉政公益广告《口号》获中纪委三等奖；《阿昌山歌唱清风》等13篇文稿在《中国纪检监察报》上刊登；云南卫视“党风廉政”栏目播出了德宏基层纪检干部抗震救灾先进事迹。充分发挥“大宣教”作用，调动各方力量，整合各种资源，依托《德宏团结报》、德宏电台、电视台、《孔雀之乡网站》、《德宏热线》和《清风》杂志等媒体和平台，进一步加大宣教工作力度，成立了德宏州纪检监察学会，为推动全州纪检监察工作新发展营造了良好氛围。

【查办案件】 2009年，德宏州纪检监察机关共收到群众来信、来访、电话举报392件次，其中来信246件，来访106件，电话举报28件，其他方式12件。初步核实违纪线索127件，立案76件，结案57件，处分61人，其中县处级1人、乡科级16人、一般干部21人、其他23人，移送司法机关处理5人，挽回经济损失656.78万元。协助省纪委查办了“2·11”专案并受到表彰。用“以案代训”的办法，加大对县级纪检监察机关办案业务指导力度，提高县级办案水平，实现了州、县各级均有自办案件。积极探索案件管理办法，不断提高案件查办质量。为20名受到不实举报的党员干部澄清了事实。继续深入开展商业贿赂专项治理，查处商业贿赂案件24件26人，挽回经济损失237.13万元。按照“党委统一领导，纪委组织协调”的反腐败工作机制，成立了州委反腐败协调小组，建立办案工作组织协调机制，不断提高有效突破案件的整体合力。积极探索从源头上预防腐败的有效途径和方法，利用自办案件制作典型案例警示教育片教育党员干部，进一步发挥了办案的治本功能和威慑作用；继续深化对源头预防腐败的探索，年内将原签订预防腐败协议的5个部门的工作触角延伸到县市基层，进一步扩大源头预防网络的覆盖面。

【行政监察】 2009年，德宏州纪检监察机关加大行政监察力度，具体做法是：一是认真贯彻落实《关于实行党政领导干部问责的暂行规定》，不断加大问责工作力度，推进行政监察、效能监察、廉政监察各项工作发展。全年共对122名国家公职人员进行问责，其中县处级9人、乡科级83人、一般干部30人。二是加大执法监察工作力度，全年共开展执法监察56项，办理省级督办件3件，下达县市督办件5件。加强安全生产执法监察，严肃查处安全事故相关责任人10人，其中处级1人、科级8人。三是开展工程建设领域突出问题专项治理工作，出台了《德宏州关于开展工程建设领域突出问题专项治理工作的实施意见》，查处了德宏州监理工程有限公司虚报资质骗取中标问题，这是全州查处的首例工程建设领域案件。四是开展“小金库”专项治理，查处了州民政局、梁河县发改局等私设“小金库”问题，涉及金额277.28万元，7名相关人员被问责。五是落实责任政府四项制度，努力打造“阳光政府”。建成了州政务服务中心并投入运行，收到很好的社会效果。目前全州共建成县级以上政务服务中心4个。建立了信息查询系统，开通了96128查询专线，搭建了“阳光政府”查询平台，建立了信息专线联络员队伍，组织重大决策听证45项、重要事项公示371项、重点工作通报902项。对630个公务员、事业人员和工勤岗位公开录用工作进行了监督，保证了招录工作公正、公开、透明进行。

【纠风治乱】 2009年，德宏州纪检监察机关加强纠风治乱工作。一是继续加大贯彻落实州委《十条禁令》和《五不准》力度，切实加强机关作风建设。组织开展了两次机关作风专项检查，向社会和企业发放问卷调查表895份，认真纠正工作纪律松弛、不认真履职、工作不落实问题。严肃查处乱设卡、乱摊派、乱罚款、乱检查及行政不作为、乱作为等行为，查处了盈江县新城乡彭某某等人挪用、贪污征地补偿费一案，为企业挽回损失17.47万元。二是加大对食品药品安全的监管。对全州药品和医用耗材、医疗设备进行了集中采购，涉及金额2.2亿元，查处各类药械违法案件164起。三是加大教育乱收费治理力度，义务教育经费保障机制得到有效落实。对全州10所高中、42所初中、232所小学教育收费和经费使用情况进行了检查。加强对全州中小学校舍安全工程的监督检查，确保了各项工程顺利实施。四是开展了社保基金管理情况专项检查，催收企业养老保险欠费242万元，催缴欠配和挪用住房公积金627.97万元。五是进一步加强行业作风建设。开展了对公安机关行业作风的民主评议，责成4个公安派出所对存在问题进行整改。六是认真纠正损害群众利益问题。纠正了交管部门在粘贴车身反光膜服务过程中滥用市场经营主导地位、虚高收费的行为；纠正了德宏交通运输集团公司的不规范着装问题；清理评比达标表彰活动90项。七是继续办好《德宏热线》。全年播出《德宏热线》351期，到直播间接访的州级领导和各职能部门负责人、专家、学者达139人次，接听热线电话646个，接收短信234条，来信16封，来访12人次，回复率100%，办结率97%。州政府孟必光州长做客省广播电台《金色热线》直播节目，直接面对全省听众，解答听众问题，收到良好效果。八是严格执行《云南省治理公路“三乱”服务承诺》，巩固治理公路“三乱”成果，确保了“绿色通道”畅通。

【自身建设】 2009年，德宏州纪检监察机关以学习实践科学发展观和“做党的忠诚卫士，当群众的贴心人”主题实践活动为载体，以贯彻落实中纪委〔2009〕9号、10号和省纪委〔2009〕4号文件精神为契机，自身建设进一步加强。一是抓制度建设。进一步规范常委会议事规则和决策程序，加强了机关制度化、规范化和程序化建设；进一步明确派出机构工作职责，巩固了派驻机构收归统管改革成果，理顺了派出机构工作关系。二是抓基层建设。在州和县市党委、政府的关心支持下，按照中纪委和省纪委的要求，以人员编制落实和经费保障为重点，进一步加强基层纪检监察机关建设。5个县市共增加编制28名，每县市增加5至6名；全州纪检监察机关人员公用经费全额纳入财政预算。三是抓队伍素质建设。加大了纪检监察干部培训力度，县市纪委书记全部参加了中纪委组织的培训，选派5名年轻干部到西南政法大学进行为期半年的脱产培训，邀请省纪委信息处领导对全州200余名纪检干部进行纪检监察信息写作知识培训，邀请中纪委原六室主任对全州250余名副科以上纪检监察干部进行查办案件业务知识培训。

（《纪检监察》撰稿　何家松　段　滨　尹丽莉）

（见“州情概览·纪检监察”64页）

人民团体

工　会

【女职工工作】　2009年，德宏州总工会女职工委员会团结带领各级工会女职工组织积极投身改革发展大潮，为全州经济发展和社会进步做出了重要贡献。3月5日，州总工会邀请中国科学院云南分院退休专家陈敬英老师为州直单位的女职工干部讲授了女性健康知识。“三八”节期间，州总工会配合州妇联共同开展了《妇女权益保障法》和《云南省实施〈中华人民共和国妇女权益保障法〉办法》知识竞赛活动。9至10月，州总工会开展了“德宏州再就业创业十佳女明星”评选表彰活动。在挂钩点盈江县铜壁关乡和平村开展庆祝“三八”国际妇女节活动，推荐乡级“五好文明家庭”3户，3个先进妇女集体，2名妇女被评为先进工作者，表彰了5名“好婆婆”。

【组织建设】　2009年，德宏州总工会进一步抓好工会组织建设和会员发展工作。截止9月30日，全州基层工会1210个，会员85245人，当年新增工会组织90个，完成省总下达建会任务数的103%；新增会员5283人，完成会员发展任务数的140%。

【财务资产管理】　2009年，德宏州总工会推进地税代收经费工作，积极协调财政直拨工会经费，加大收缴工作力度，较好地完成了预定任务。截止2009年12月31日，全州收缴工会经费1740万元，比上年增长191%；当年上解省总工会经费240万元，比上年增长126%。

【表彰先进】　2009年，德宏州召开了第三届劳动模范和先进工作者表彰大会，评选表彰了7名劳动模范、6名先进工作者；以改制企业和私营企业为重点，以建设合格职工之家为载体，着力提高工会团结职工、服务职工的工作能力，表彰了10个“工人先锋号”、10个“先进职工之家”、10个“先进职工小家”、10个“节能减排”先进集体、10个“节能减排”先进个人。开展了州总工会成立50周年纪念活动，编辑出版了德宏州总工会志。

【开展职工医疗互助活动】　2009年，德宏州总工会共组织动员816个单位5.42万人参加第五期医疗互助活动，第五期全州共为4353人次办理补助金260.57万元。第六期职工医疗互助活动有884个单位58306名职工参加，共收取互助金303.19万元，比上期活动增加4106人，互助金增加18.12万元。

【维权工作】　2009年是德宏州各种矛盾较突出的一年，德宏州总工会坚持把维护职工合法权益作为工会工作的出发点和落脚点，继续宣传贯彻《劳动合同法》、《就业促进法》、《劳动争议调解仲裁法》等劳动法律法规，不断提高工会干部依法维护职工合法权益的能力和水平。州总工会派出专人深入州机械厂协助州委州政府做好企业改制调处工作，深入德宏电力有限公司做好上防职工的劝退工作。组织一线职工2批87人参加了疗休养活动，较好地维护了职工的劳动合法权益。大力协助有关部门开展农民工工资支付专项检查，较好地保障了农民工工资的正常支付，有效维护了农民工的合法权益。广泛深入地开展了“安康杯”竞赛和“云天化杯”安全生产知识竞赛答题活动，为推动全州安全生产形势的好转发挥了积极作用。全年共受理信访案件20起，办理信访案件19起，接待来访职工45人次。

【帮扶送温暖工作】 2009年，德宏州总工会共发放送温暖资金146.41万元，同比增长58%，分别于春节、中秋两次深入企业337家，慰问职工6805人次，其中困难职工3809人次、农民工2083人、劳模167人次，一线职工746人，同时给148名农民工赠送了冬被；帮扶困难职工1581人，发放帮扶资金141.68万元；金秋助学294人，发放助学金41.36万元。

【劳模管理】 2009年，德宏州总工会进一步加强了对劳模的管理工作。一是免费为20名全国劳模进行了健康体检；二是在春节、中秋、国庆等重大节日慰问全国劳模40人次，发放慰问金4万元；三是帮扶省部级以上困难劳模43人，发放低收入补助金、特困补助金共17.9万元，个人最高补助达1.92万元，同时还协调资金1.3万元为盈江县两名全国劳模进行住房修缮；四是向省（部）级困难劳模发放价值500元的药箱30个；五是组织省（部）级以上劳模参加疗休养活动2批11人。

【民主管理】 2009年，德宏州总工会根据工会民主管理职能，制定下发了《德宏州2009年厂务公开工作要点》，督促指导企、事业单位依法召开职工代表大会或职工大会。动员53家企业签订“共同约定行动倡议书”，涉及职工1143人，为稳定职工队伍，维护社会安宁作出了贡献。

【经费审查】 2009年，德宏州总工会按照省总工会《关于加强工会经费审查监督工作的意见》和《经费审查工作规范化建设标准》的要求认真做好经审工作。一是州县两级总工会经审会认真组织开展了2009年本级工会收支预决算审计。二是各县市（区）总工会按照目标要求积极开展预决算审计和对基层工会经费收支情况审计有效地促进了财务和资金的管理。共对全州519家基层工会经费收支情况进行审计。三是州总本级积极开展对下一级工会经费收支情况审计。四是州县市两级工会积极开展2008年度及跨年度经费和劳模、送温暖、帮扶专项资金的自查审计。五是积极开展第五期职工医疗互助活动资金审计。六是积极开展县级总工会2008年财务收支情况审计。共审计收入801.84万元，支出675.64万元。

（《工会》办公室供稿）

共青团

【开展“2009年就业援助周”活动】 2009年1月10至16日，共青团德宏州委联合五部门开展2009年就业援助周活动，开发就业岗位400多个。期间开展就业困难人员、“零就业家庭”成员和城镇新登记失业人员调查，深入芒市各企事业单位走访调查，开发就业岗位。并开展援助主题日活动，组织芒市创伤骨科医院、芒市宾馆、云南元鑫通信有限公司、后谷咖啡以及芒市地区4家职业介绍所进行现场招聘，宣传就业扶持政策、现场登记符合条件的援助对象。

【联合开展“守望相助、暖在春节”慰问活动】 2009年1月22日，共青团德宏州委联合州和潞西市工会、共青团、妇联组成“守望相助，暖在春节”慰问组，深入芒市华侨农场困难职工家中进行春节慰问。慰问组分三个组，分别深入芒市华侨农场的三个分场、25个生产队开展走访慰问。当天，三个慰问组共走访慰问困难家庭100户，发放慰问金20000元。

【举办德宏州少年警校第七期培训班结业典礼】 2009年1月24日，共青团德宏州委在德宏公安边防支队特勤大队一中队举行德宏州少年警校第七期培训班结业典礼暨2009年服务青少年月活动。德宏州人大巡视员、德宏州关工委主任赵家培、共青团德宏州委书记刘桢梅等参加结业典礼。典礼上，培训班相关负责人总结了本期培训班主要工作，宣读了优秀学员名单，与会领导为10名优秀学员颁发了证书和纪念品。

【召开共青团德宏州委七届二次全体（扩大）会议】 2009年2月16日，共青团德宏州委七届二次全体（扩大）会议在州府芒市召开，72名代表参加会议。德宏州政府副秘书长袁少全出席会议并讲话，刘桢梅向全会作工作报告。会议传达了团省委十二届三次全委会精神；对获得团中央表彰的先进集体和个人及25个州级青年文明号和10个州级青年文明号示范岗进行了表彰；向荣获“第七届中国百个优秀志愿服务集体”称号的州医疗集团青年志愿者服务站和“第七届中国百名优秀志愿者”称号的杨玉兰同志颁发了获奖证书；并与各县市团委签订团内工作目标责任书，组织开展电子团务培训。

【开展纪念“五四”运动90周年活动】 2009年5月4日，共青团德宏州委召开“五四”运动90周年纪念大会。中共德宏州委常委、州政府常务副州长柳五三，德宏州人大常委会副主任管国芳，德宏州政协副主席杨庆华等领导出席大会。1000余人干部群众参加纪念大会。柳五三在会上致辞。大会举行了新团员入团宣誓和十八岁成人宣誓仪式、德宏州青年就业创业工作启动仪式，为潞西市宏天咖啡有限公司、景成大酒店、芒市宾馆等17个“德宏州青年就业创业见习基地”授牌。

【德宏青年读书会宣告成立】 2009年5月4日，由共青团德宏州委发起的德宏青年读书会宣告成立。中共德宏州委书记赵金、州委副书记李兴顺，州委常委、州政府副州长、州委宣传部部长田大余等给读书会发了贺词和寄语。在读书会成立仪式暨第一次会员大会上，州委常委、常务副州长柳五三对读书会的创办提出了明确要求，州政协原主席张国龙借用颜真卿的《劝学诗》寄语读书会，柳五三、张国龙为读书会揭牌。会议宣读了读书会倡议书，审议通过了读书会章程，推举了执行会员、会长、副会长、秘书长，州图书馆、新知图书城分别向100多名会员赠送了借书证和学习卡。云师大副校长，原州委常委、州纪委书记李松林也向读书会发来了贺词。

【德宏州首届小主持人大赛圆满结束】 2009年6月1日，由共青团德宏州委、州教育局、州少工委、德宏人民广播电台、中国移动德宏分公司联合举办的中国移动“关爱一线通”首届德宏小主持人大赛决赛暨颁奖典礼在芒市会堂举行。德宏州人大常委会副主任管国芳，州政府副州长李江虹，州政协副主席杨庆华，州人大常委会巡视员、州关工委主任赵家培等领导出席仪式并为获奖小朋友颁奖。本次比赛共有800余名小选手参加，比赛先是由各县市、州直单位组织分赛区进行选拔，选出69名优胜选手到芒市参加复赛，通过复赛决出39名小选手参加决赛，决赛的优胜选手被推荐到北京参加全国“雏鹰之声”少儿广播故事大赛总决赛。

【召开德宏共青团鼓励创业贷免扶补工作推进会】 2009年6月下旬，共青团德宏州委召开德宏共青团鼓励创业贷免扶补工作推进会。会上，团州委书记刘桢梅在对贷免扶补工作进行了安排，各县市团委分别汇报了落实“青春彩云南，扬帆工程”鼓励创业贷免扶补工作情况；德宏州劳保局、德宏州工商局、云南省联社德宏办事处潞西联社领导分别讲授了鼓励创业相关的政策、操作程序及相关的知识；团州委领导与各县市团委签订了《贷免扶补工作责任书》，与瑞丽景成大酒店等青年就业创业见习基地代表签订了协议书。据统计，年内全州团组织扶持成功创业200人以上，配合农信社发放贷款1000万元以上，并有15家企业被授为团中央、团省委、团州委“青年就业创业见习基地”，共提供青年见习岗位500多个。

【举办青年马克思主义者培训班】

2009年9月7至12日，共青团德宏州委举行2009年青年马克思主义者培训，来自全州各级团组织的专兼职干部、工作骨干、优秀少先队辅导员共111人在德宏军分区参加了培训。共青团云南省委副书记陆平出席开训典礼并为学员授课。培训期间，德宏州委常委、常务副州长柳五三为学员作了“领导艺术与区域发展”的专题辅导。开学典礼上，中共德宏州委常委李燕兰对全体学员提出要求，德宏军分区副司令员陈耀洪对学员提出了希望，军分区副参谋长吴基华为学员作《德宏边防情况》专题辅导。这次培训实行严格的全封闭、军事化管理，在开展严格军训的同时，还接受“六个为什么”、团务工作、禁毒防艾等七个专题辅导，开展了三次趣味体育比赛，召开了两次会议，组织了一场篝火联欢晚会、一次实弹打靶射击。

【开展边境一线农村共青团组织建设专题调研活动】 2009年10月19至23日，中共德宏州委常委李燕兰带领共青团德宏州委调研组一行，深入全州五县市进行了为期5天的“德宏州边境一线农村共青团组织建设”专题调研。调研组通过走访、实地察看、座谈交流等形式，对农村基层团组织建设中存在的问题和薄弱环节进行了调查研究，李燕兰对全州团的基层组织建设和基层工作提出了要求。调研中，共发放调查问卷250份，进一步了解了农村青年生产、生活及心理状况。

【举办德宏州少先队辅导员培训班】 2009年11月18至22日，共青团德宏州委、德宏州教育局、德宏州少工委举办德宏州少先队辅导员培训班，培训采取分点合县的方式，分芒市、瑞丽、陇川三个培训点共培训团教干部、少先队辅导员400人。同年11月18日，来自潞西、梁河、盈江、州直的团县市委书记、副书记，团教干部、各乡镇总辅导员、各中小学大队辅导员共128人参加了在中共德宏州委党校举办的第一个班次为期2天的培训，州委常委李燕兰莅临开班典礼并讲话。培训中，云南省少先队工作学会副会长、《蜜蜂报》社长、主编唐顺江为学员们授课。培训结束后，唐顺江还到《蜜蜂报》芒市三小、四小和瑞丽勐卯小学、姐岗小学小记者站培训了200多名小记者和少先队辅导员。

【举行德宏州“爱心圆梦大学”助学金发放仪式】 2009年12月3日，共青团德宏州委举行2009年德宏州“爱心圆梦大学”助学金发放仪式。德宏州群团纪工委书记刘星、共青团德宏州委书记刘桢梅、州直机关工委副书记董有湘、州文明办副主任管斌、州教育局副局长陈寿昌以及捐方代表出席了活动，受助学生和家长、工作人员和新闻媒体记者共30余人参加了仪式。仪式上，刘桢梅向来宾介绍了德宏州希望工程的开展情况。与会领导为受助学生和家长代表发放助学金23600元。据统计，年内希望工程落实完成5所小学的建设项目资金152万元，为916 名学生发放学生求助资金75万元，学校及农村青年资助项目23.6万元，申报立项5所小学项目资金238万元，项目资金及助学资金共计490.96万元。

【举行德宏州西部计划志愿者服务协议签订仪式】 2009年12月4日，共青团德宏州委在芒市举行德宏州西部计划志愿者服务协议签订仪式，中共德宏州委常委李燕兰莅临仪式并讲话，共青团德宏州委书记刘桢梅主持会议。德宏州西部计划志愿者项目工作领导小组成员单位州劳保局、州教育局、州财政局、州人事局以及各用人单位代表参加仪式。仪式上，西部计划地方项目办与招募的第一批德宏州地方项目44名志愿者签订了服务协议，并对志愿者进行了培训，德宏州西部计划地方项目办公室刀榕带领志愿者学习了志愿者行为规范守则，李梅对志愿者进行了公务礼仪的培训。

（《共青团》撰稿　朗昌辉）

妇　联

【加强妇联自身建设】 2009年，德宏州各级妇联通过组织报告会、培训会、专题讲座、学习日等形式，组织妇女干部学习中央、省、州的方针、政策，学习科技、经济技术知识，并将所学知识运用到工作中，团结引导广大妇女投入到“共促科学发展，共建和谐社会，共创美好生活”的实践中。按照州委的统一部署，州和潞西、梁河、盈江、陇川县市妇联参加德宏州第二批深入学习实践科学发展观活动。通过学习相关论述、文件、讲话，开展科学发展观大讨论，召开专题民主生活会，制定并逐步落实整改措施，达到了“党员干部受教育，科学发展上水平，人民群众得实惠”的目标。一年来，全州有591名妇女干部分别参加省、州、县市妇联组织的培训，其中参加省、州妇联岗位培训分别为65人、26人，参加县市（区）级培训500人。通过在岗学习和离岗培训，进一步提高了妇女干部贯彻落实科学发展观的能力。

【组织妇女参与经济建设】 2009年，德宏州各级妇联围绕中央“保增长、保民生、保稳定”的决策，积极组织妇女参与经济建设。一是加大培训有文化、懂技术、会经营、能致富的农村基层妇女骨干的力度。一年来，共举办各类实用技术培训班629期，培训妇女23527 人次。在开展培训中，充分发挥“妇女之家”（学校）的作用。州妇联对县市2008年申报的19个州级优秀妇女之家（学校）进行评估验收。全州“妇女之家”（学校）已发展到535所，成为妇女学习培训、健身娱乐、成才致富之家。二是围绕农村产业发展战略，继续抓好“巾帼科技致富示范村”的工作。梁河县在加强对原来创建的“巾帼科技示范村”下勐连、芒满、芒刚村巩固提高发挥示范作用的同时，今年又新创建了9个乡级“巾帼科技示范村”；瑞丽市妇联新建了23个巾帼科技示范基地。盈江县加强对“巾帼科技示范村”南永村和全国“双学双比”科技示范基地二坤村的指导，提高示范水平。三是积极争取项目，帮助妇女发展经济。继续使用妇女发展循环金项目、实施“双学双比”科技示范项目、受艾滋病影响家庭小额贷款项目、养殖扶持项目、重大农业科技项目等六个项目，争取项目资金107.86万元；实施鼓励创业“贷免扶补”工作，帮助妇女创业就业。州妇联认真落实云南省关于鼓励创业“贷免扶补”工作，经过组织宣传发动，分别在潞西、梁河、陇川三个县市为52名妇女贷款248万元，帮助农村妇女、下岗女工和女大学生创业。四是积极配合相关部门做好农村富余女劳动力的转移培训。全州共输出农村富余劳力3512人。

【维护妇女儿童合法权益】 2009年，德宏州各级妇联在“三八”国际劳动妇女节、“三八”维权周、“六一”国际儿童节等节庆日期间，组织开展维护妇女儿童合法权益的法律法规宣传。州妇联在州委党校举办以学习《妇女权益保障法》、男女平等基本国策为主要内容的法律知识培训。与州司法局、德宏人民广播电台共同制作3期《法制德宏——关注妇女》维权专题节目，起到较好的宣传效果。召开由妇女干部参加的以“共促科学发展，共建和谐社会，共创美好生活”为主题的座谈会。联合相关部门开展“2009儿童安全行动”宣传咨询服务活动。在各种宣传活动中，发放各种法律法规宣传资料10万余份。开展教育培训活动376场次，展出展板440多块，办黑板报110多期，张贴标语700多条开展宣传，受训妇女13万多人次。认真贯彻落实2009年州委、州政府《关于切实做好当前全州信访维稳工作的紧急通知》，州妇联制定《德宏州妇联系统关于当前开展信访维稳工作的方案》，成立了信访维稳工作领导小组，加强对信访维稳工作的领导。积极配合有关部门对芒市华侨农场、原州建筑公司上访户做入户宣传、慰问、劝返工作。同年，成立了德宏州妇女儿童法律援助联络站。全州各级妇联按照妇联工作职责要求，认真处理群众来信来访。年内，共收到群众来信来访401件，已处理393件，结案率达99%，为社会稳定发挥了积极作用。

【禁毒防艾】 2009年，德宏州各级妇联认真贯彻州委、州政府提出的攻克毒品和艾滋病两个难关的要求，继续按照《德宏州妇联关于开展“拒绝毒品，抗击艾滋，建设家园，共创平安”活动实施方案》，组织妇女和家庭开展禁毒防艾工作。按照州、县市委的统一部署，州和各县市妇联抽出干部12人组成工作队，分别到挂钩点指导帮助禁毒防艾工作，为基层做实事、办好事。州妇联“六一”儿童节向挂钩点�竹园小学捐资1000元，全体干部开展“一对一”结对助学活动，与挂钩点的7名贫困优秀学生结对，每年资助每个贫困生400－600元，为村组争取资金14000元，用于基础设施建设。各级妇联采取多种形式宣传《中华人民共和国禁毒法》、《云南省禁毒条例》等法律法规。州妇联提出要求，全州各级妇联要广泛开展“领导为毒品预防教育讲一课暨禁毒宣传六进活动（即：进单位、进学校、进社区、进农村、进场所）”，使禁毒宣传做到家喻户晓，采取群防群治措施，组织开展帮教转化工作。瑞丽市妇联在全市开展“不让毒品进我家”活动，在全市家庭中提出《拒绝毒品，携手共建美好家园》的倡议，倡议广大妇女当好家庭守卫者，当好孩子的守护神，当好禁毒宣传员。盈江县组建妇女禁毒联防队207个，年内参与“打零收戒”行动218起，创建“巾帼禁毒防艾示范点”5个。一年来，全州各级妇联还通过书信、走访、座谈等方式，对德宏籍在监狱服刑女犯和戒毒女学员139人开展帮教，帮助她们转化思想、认真改造，重新做人。

【全面实施“两个规划”】 2009年，德宏州各级妇联为全面实施《德宏州妇女发展规划（2001—2010）》和《德宏州儿童发展规划（2001—2010）》，确保妇女儿童工作有序开展。根据上级下达的目标任务，州、县市（区）、乡镇妇儿工委和州直成员单位层层签订了《2009年妇女儿童工作目标责任书》，落实责任制，形成“党委领导，政府主管，妇儿工委办协调，成员单位各司其责”的工作格局。调整充实德宏州妇女儿童工作委员会成员，加强对妇女儿童工作的督促检查指导。年内充分利用媒体宣传、摆摊设点等形式开展宣传，共发出相关公益宣传资料14万份（册），接待咨询2900余人次。开展关爱女性健康乳腺疾病普查活动，免费为我州1085名妇女进行乳腺病检查。同年，潞西市被确定为全省“农村妇女宫颈癌检查项目试点”市。加强对实施“两个规划”省级示范县盈江和示范乡镇工作的检查指导，总结推广经验，全面推进“两个规划”的实施。年内妇女儿童发展规划监测统计显示：“两个规划”提出的25项主要定量指标，有11项已提前达到终期目标要求，有12项指标离目标尚有一定差距，有两项指标数据空缺（妇女平均受教育年限、女性青壮年15—50岁识字率）。

【家庭教育工作】 2009年，德宏州各级妇联与教育行政部门、关工委和各中小学和幼儿园紧密配合，认真实施《家庭教育工作“十一五”规划》，建立健全组织，广泛宣传、指导、推进家庭教育工作。年内，圆满完成省家庭教育“十一五”规划中期评估督导组对我州的检查评估工作。目前，全州中小学和幼儿园中已正式挂牌成立家长学校的有557所。在全州365个村（居）委会中绝大部分建立了农村家长学校。年内，共组织开办家长培训班1632期，培训家长25.87万人次，引导家长树立正确的家庭教育观念，掌握科学的家庭教育方法，提高科学教育子女的能力。

【创建“五好文明家庭”】 2009年，德宏州各级妇联认真贯彻落实《公民道德建设实施纲要》，继续深入开展创建“五好文明家庭”、“平安家庭”、“美在家庭”、“美德在农家”等活动。州和县市妇联配合相关部门完成了省、州道德模范的推选及评选工作。开展廉政文化进家庭活动。州妇联编印了《廉政文化进家庭格言警句集锦》1万册，发至全州各单位、各级领导干部手中，提供廉政教育学习资料。年内，各县市（区）共评选表彰“五好文明家庭”479户，“平安家庭”7981户，促进了社会和谐。

【开展关爱工作】 2009年，德宏州各级妇联积极向省妇联、企业、民间组织争取项目资金，改善妇女儿童生存环境。年内全州实施项目8个，共筹集资金337.076万元。实施关爱救助项目、中国温暖“12·1”爱心基金中国移动关爱行动项目、实施受艾滋病影响儿童社区关爱项目、搭建“春蕾桥”项目、以华人华侨为主的民间组织“美国妈妈联谊会”项目、援建春蕾图书室等项目。为因受艾滋病影响的家庭、妇女和儿童提供学习、生活、医疗技术救助，其中，受助贫困学生1347人。

【表彰先进】 2008年，德宏州妇联获落实党风廉政建设责任制优秀奖、人口和计划生育目标管理考核一等奖、防治艾滋病工作责任目标考核一等奖、政法综治新闻宣传工作先进集体，李玲获政法综治新闻宣传工作先进联络员奖。

（《妇联》撰稿　李　玲）

社科联

【召开“首届刀安仁革命思想学术研讨会”】 2009年4月9至10日，德宏州社科联组织州级社科专家、学者共40余人，参加了由云南省傣学会、德宏州人民政府举办的“首届刀安仁革命思想学术研讨会”。中国社科院、中央民族大学、云南大学等省内外科研院所的专家、学者及来自泰国、日本、缅甸、中国台湾地区和省内外科研院所的专家、学者及由香港、台湾、文莱、新加坡、印尼、美国、德国、荷兰、加拿大、澳大利亚、新西兰等10余个国家和地区的作家、学者以及海外专家组成的四海采风团共200余人参加了研讨会。研讨会共收到论文94篇，编印大型文集“话说盈江”刀安仁专辑等有较高的学术研究价值的论文集。

【课题应用研究】 2009年4月25至28日，德宏州社科联组织州委党校、德宏师专、州金融学会、州邓小平理论研究会、州新闻工作者协会等10余个所属学会、协会、研究会，围绕制约社会科学工作科学发展的主要矛盾、体制机制、队伍建设及如何实现德宏经济社会跨越式发展等问题进行了专题调研。分别就《金融危机背景下德宏经济发展路径研究》、《建立跨境经济合作区促进中缅边贸发展的战略分析》、《南亚战略——德宏农业的发展对缅甸农业的影响》、《跨国婚姻国家认同与中缅边境社会和谐稳定研究》、《大瑞铁路建设对沿线州市经济社会发展的影响研究》、《云南对缅替代发展与边疆稳定研究》、《论德宏在南向战略中的功能定位》、《论口岸加工业在南向战略中的作用》、《中缅旅游产业可持续发展研究》、《云南对缅经济合作问题研究》、《对中缅边贸人民币结算的研究》等20余个课题进行了深入调研，形成课题调研报告，并积极向省社科联进行了申报立项。

【社科联第三次代表大会暨换届选举工作】 2009年8月17至18日，德宏州哲学社会科学联合会第三次代表大会在芒市成功召开。大会听取了州社科联第二届理事会工作报告，总结回顾过去5年来全州哲学社会科学工作，审议通过新修改后的社科联章程，选举产生了新一届社科联领导机构，确定了工作目标任务，为今后5年的社科工作指明了方向。

【举办全州第三次哲学社会科学优秀成果评奖活动】 2009年11月，德宏州第三次（2006～2007年度）哲学社会科学优秀成果评奖活动圆满结束。按照《德宏州社会科学优秀成果评奖条例》和《德宏州第三次哲学社会科学优秀成果评奖实施细则》的规定，德宏州哲学社会科学优秀成果评奖委员会，认真组织开展了德宏州第三次哲学社会科学优秀成果评奖活动。经组织申报，专家学科组对60项申报成果进行初评推荐、复审组专家复审和评奖委员会终评，共评出优秀成果19项。其中，荣誉奖1项、一等奖空缺、二等奖2项、三等奖16项。此次评奖活动在州公证处的监督下，公证、公开、公平进行，获奖结果向社会公示，最后报请州政府对获奖的单位和个人进行了表彰。

【开展科普宣传】 2009年，德宏州社科联积极深入宣传党的创新理论成果。多次组织州级学会、协会、研究会深入全州各县市，把党和政府的关怀送到千家万户，为当地群众送书、送医（药）、送理论、送政策、送知识、送服务，为广大干部群众提供了丰富的精神食粮和思想动力，促进了全民科学文化素质的提高，获得了广泛赞誉。具体做了如下工作：一是深入全州县市开展“三下乡”活动。二是开展社科知识宣传普及周活动。三是组织开展爱心助学活动。据统计，共免费向群众提供的实物价值近10万元，提供各类服务5千多人次，发放各类宣传资料近1万份。

【组织编印《纪念新中国成立60周年征文文集》】 2009年，德宏州社科联按照州委领导的指示精神，积极组织协调相关部门，围绕州委的中心工作开展调研，形成一大批有价值、有指导意义、可操作性强的意见建议材料，组织编印了《纪念新中国成立60周年征文暨德宏经济社会跨越式发展研讨文集》。共收到论文100余篇，涉及德宏州经济社会建设30余个方面。整个文集33万字左右。为德宏各级领导干部从事各项学习研究提供了大量的信息和成功经验。

（《社科联》撰稿　林念兰　思治明）

文　　联

【文化交流】 2009年3月，德宏州文联派员参加了在盈江县举行的以研究探讨景颇族各支系迁徙路线为主题的中缅景颇族历史文化研讨会。7月，三届四次滇西笔会及建国60周年百名作家怒江行在怒江州举行，州文联派出傣、景颇、阿昌4名作者参加。

【业务培训】 2009年4月，德宏州文联积极组织人员参加省新闻出版局举办的采编培训班。6月，选派民族作者代表到北京，参加“全国少数民族作家‘祖国颂’创作研讨班”学习。9月，选派傣族作者乔丽、景颇族作者闵建岚、阿昌族作者孙宝廷、德昂族作者艾傈木诺参加为期4个月的鲁迅文学院第十二届青年作家高级研讨班学习。11月，德宏州作家协会举办2009年文学研讨会，近40名州直及县市作家、作者参加。省作协主席黄尧、副主席杨红昆、保山市作协副主席赵振王等应邀到会。

【文艺活动】 2009年5月，德宏州文联与德宏师专联合承办了全省版画研讨会，60多名州内外艺术家参加了会议。艺术家们创作出一批有突破性的作品，推动了云南的版画创作事业。9月，州文联为“新中国成立60周年文艺成就精品展”制作完成了德宏文联工作成就展版。州文联为《德宏60年》提供书稿，回顾介绍德宏文学艺术界60年来的发展历程和取得的重大成就。10月，为庆祝国庆60周年，州文联举办了为期一个月的“庆祝新中国成立60周年书画摄影展”，共展出180幅书画摄影作品，作品内容反映了边疆的巨大变化和取得的辉煌成就。州文联为向“第六届云南省文学艺术创作基金奖”评奖委员会推荐参评作品。共评审并推荐长篇小说、诗歌集、民族文史画册、民间祭词及音乐、小品、美术、民文书法等13部（首、幅）作品和4部已荣获国家级奖项的文学作品、傣剧。

【各协会会员成果累累】 2009年7月，德宏州美术家协会杨小华的中国画《目瑙纵歌》、《瑞丽江畔》参加云南省中国画展。其中《目瑙纵歌》又参加了建国60周年云南省美术作品展。州民间文艺家协会会员金志强搜集整理出版了景颇文版书籍《龙尚》，该书籍主要以介绍景颇族祭祀寨门为主要内容，附有祭祀时的照片资料。8月，州作家协会左金惠创作的散文《蒙莱河的鱼》荣获“首届中国西部散文奖（新锐奖）”，作者赴内蒙古鄂尔多斯领奖。

【三刊特色】 2009年，德宏州文联办有三刊:《勇罕》(傣文)、《文蚌》(景颇文)、《德宏文艺》，是德宏傣族、景颇族及各民族文艺工作者的交流平台。国庆60周年，为讴歌祖国，《勇罕》开设专号。在刊物中通过论述性文章、回忆录及傣族快板书、山歌、叙事诗等形式，介绍了德宏边疆的发展历程，以及年文学艺术、工农业、教育卫生等方面取得的巨大变化，热情讴歌颂扬共产党的领导、边疆各族人民艰苦奋斗的精神。9月，在省新闻出版局举办的“第三届云南优秀期刊奖”中,《勇罕》“山歌”获优秀栏目奖，《勇罕》主编冯霄、《文蚌》编辑左金惠分别获优秀编辑奖。

（《文联》撰稿　管有恒）

工商联

【加强非公企业思想政治工作】

2009年，德宏州工商联围绕加强和改进非公经济人士的思想政治工作，积极开展宣教活动。一是利用召开执委会、座谈会之机，组织会员学习中央、省、州会议精神，印发《国务院关于鼓励支持和引导个体私营等非公有制经济发展的若干意见》和有关法律法规小册子，为广大会员提供学习资料；二是积极引导非公经济人士坚定信心，攻坚克难，积极应对国际金融危机，和工会、社会与劳动保障部门联合与20余家非公企业签定了“坚定信心、共渡难关的‘共同约定行动’”，为推进德宏州“保增长、保民生、保稳定”，起到积极的作用。三是加强企业文化建设，支持企业党建工作。组织会员企业党支部的党员参加“迎七一”、“庆华诞”义务种树活动，用实际行动庆祝党的生日和建国六十周年；利用上党课加强非公企业党员的理想信念教育，增强党员的责任意识和模范带头作用；举办演讲比赛，不断增强企业员工文化素质，丰富企业文化建设；四是积极开展中国特色社会主义学习教育活动。教育引导广大非公经济人士和工商联干部职工高举中国特色社会主义的旗帜，坚持中国特色社会主义的理论体系，坚定不移走中国特色社会主义道路；五是举行全州非公有制经济人士国庆中秋茶话会，对坚定理想信念进行宣传教育；六是积极引导广大非公经济人士开展“致富思源、富而思进”教育活动；七是认真做好非公有制企业党建工作，积极参加第三批学习实践科学发展观活动的非公有制经济组织活动的开展，共有65家民营企业的926名党员参加，其中5个异地商会的16名党员全部参加了活动；八是深入到会员企业中开展调研，宣传党和国家的方针政策，了解企业生产经营状况和企业主的思想动态，并协助有关部门妥善解决有关困难和问题。

【宣传表彰典型】 2009年，德宏州工商联在《德宏团结报》上开设了非公经济园地，大力宣传非公经济人士的先进事迹，扩大他们的影响力。年内全州共有70多人分别荣获国家、省、州政府的表彰：德宏州潞西市工商联执委杨玉兰荣获“全国百名青年自愿者”称号；盈江县星云有限公司董事长李啸云被云南省人民政府授予2009年“云南省非公有制企业创业之星”荣誉称号；瑞丽市金星有限责任公司总经理金华被省委统战部、省工信委、省人力资源和社会保障厅、省工商局、省工商联评为第三届“云南省优秀中国特色社会主义事业建设者”；在中国（昆明）东盟赏石石材博览会暨珠宝文化节上，瑞丽市的蔡大姐珠宝、百美珠宝、姐告玉城、翠祥缘、美珏珠宝5户商家被评为“云南省石文化产业百佳名店”；有17户先进私营企业和40名先进个体工商户受到州人民政府的表彰。

【提高非公经济人士政治地位】

至2009年12月，德宏州各级会员中，有省人大代表1名，州人大代表5名，各县市人大代表9名；全国政协委员1名，州政协委员29名，各县市政协委员98人；云南省工商业联合会（商会）常委3名、执委2名；德宏州工商业联合会（商会）副会长11名、特邀副会长6名；各县市工商联副会长46名，执委182名。

【积极参政议政】 2009年，德宏州工商联紧紧围绕本州经济建设的目标，积极引导非公企业家关注区域发展、支持区域发展、促进区域发展，针对本州非公有制经济发展内外因素，中小企业发展中的热点、难点等问题，以提案、议案的形式，提出《放宽市场准入，切实关注民生的建议》、《关于进一步加强执行工作的建议》、《围绕中央“三保”政策，积极帮助我州民营企业应对金融危机》等18篇建议、意见和提案。

【调查研究】 2009年，德宏州工商联代州委、政府调研、起草的柠檬产业发展报告，已被州委、州政府以《中共德宏州委、州人民政府关于加快柠檬产业的发展意见》（德发〔2009〕35号）为题进行印发。撰写了《改善发展环境，狠抓措施落实，促进我州非公有制经济又好又快发展》、《制约非公经济发展的因素》、《德宏州工商联（商会）改革开放30年工作回顾与展望》、《努力做好新形势下非公有制经济代表人士的思想政治工作》、《德宏州工商联关于全州乡镇商会的调研报告》等调研报告。

【维护会员合法权益】 2009年，德宏州工商联为会员开展房地产纠纷、质量技术监督等维权服务和纠纷调处10余件。9月29日，潞西市工商联政府服务中心成立了维权服务站，旨在维护会员的合法权益。

【帮助民营企业解决融资难问题】

2009年，德宏州工商联利用非公经济担保中心这一渠道，积极促进银企合作，帮助民营企业协调解决生产经营活动中遇到融资难的困难与问题，共为潞西宏丰物流有限公司、瑞丽德尔农业发展有限公司、盈江迪斯企业集团坚果有限公司、梁河博源松香有限责任公司、梁河金华硫精矿经营部等131户申请人提供小额信贷担保额2084万元。

【贷免扶补工作】 2009年，为认真贯彻落实省、州“贷免扶补”政策，为企业排忧解难，德宏州工商联超额完成上级下达给德宏州50名“贷免扶补”的任务，共为64名创业人员贷款318万元。

【组织民营企业参加展销会边交会】 2009年，为促进区域经济合作发展，加强沟通联系，做大做强企业，德宏州工商联积极组织民营企业家300余人参加省、州、县、市内外产品展销会、边交会等经贸活动。

【会员发展】 2009年，德宏州共有会员1884人（其中：个人会员1549人，企业会员319人，团体会员16个）。与上年相比，会员总数净增加579人，比上年增加45%（其中：个人会员比上年增加517人，增50%；企业会员增59个，增加23%；团体会员增3个，增加23%）。

【开展非公经济人士业务培训】

2009年，德宏州工商联与州委党校、州财政局、省农村信用社德宏办事处联合举办税务知识、先进管理理念等业务培训2次，来自全州的300余名工商联干部、非公企业家及其中层以上管理人员、业务骨干参加了培训。组织民营企业家参加由省工商联组织在菲律宾举行的“第十届世界华商大会”和由云南省人力资源与社会保障厅、省工商联委托浙江大学举办的“云南省非公企业经营管理人才高级研修班”的培训。

【组建异地商会和行业商会及乡镇分会】 2009年，德宏州工商联结合本州非公经济发展的实际，根据四川、重庆、广西在德宏经商人士的意愿，成立了德宏州巴蜀商会、德宏州广西商会、盈江县珠宝玉石联合协会。潞西市工商联成立了四个乡镇分会。

【非公企业党工团组织】 2009年，德宏州会员企业中，已建立党组织40个，其中，党委2个，总支5个，挂靠和联合建立党组织6个。企业中的工会、团组织也在逐步组建。

【加强信息工作】 2009年，德宏州工商联采用简讯、信息等形式，定期不定期为广大会员提供党委、政府最新出台的方针、政策，各类招商引资等信息，介绍优秀会员企业及企业家成功经验，反映会员心声，力求为会员提供快、多、新的政治、经济信息。全年编办《德宏州工商联简讯》69期，刊登《德宏团结报》20余篇，州、县市电视台媒体报道工商联活动动态和会员有关情况20余次。被省工商联采用信息20余条。

【积极开展光彩事业活动】 2009年，德宏州工商联积极组织向社会捐资捐物542万元。争取到全国工商联中华红丝带基金会对陇川县第二小学校改扩建项目资金359万元。10月26日，全国政协副主席、全国工商联主席、中华红丝带基金名誉理事长黄孟复亲临陇川县第二小学，为全国工商联中华红丝带基金在该校捐建的爱心教学楼竣工典礼剪彩并作了重要讲话。瑞丽民营企业家为勐力村地震后搬迁及恢复重建工作捐款110万元。商请上海东华（企业）集团有限公司董事长尹安泰先生为德宏州50名优秀贫困高中学生续读捐资15万元。盈江县红盈工贸有限责任公司向盈江县新城乡新龙村杨家寨捐资15万元。潞西19名非公企业家为中山乡黄家寨小学捐赠文化体育用品价值达1万多元。积极配合昆明诺仕达企业（集团）有限公司在德宏开展“光彩事业德宏行”活动，对德宏2009年高考文、理科状元、少数民族、艾滋孤儿等8名优秀状元和特困生进行了“诺仕达助学金”资助，受助资金共20余万元。梁河县扶孤助学光彩会扶助弱势贫困群体，对22名考取大学的贫困学生发放助学金1.62万元。

【组织非公企业参与社会主义新农村建设】 2009年，德宏州工商联按照州委、州政府和省工商联关于组织引导和支持民营企业参与社会主义新农村建设的有关要求，组织德宏后谷咖啡有限公司、迪思坚果公司、红瑞柠檬公司等会员企业把企业发展与社会主义新农村建设有机结合，以“公司+基地+农户”的经营模式，带动农户大力发展咖啡、坚果、柠檬等产业，形成区域化种植、专业化生产、一体化经营的产业体系，成功走出了一条以项目带动农民增收致富的路子。帮助瑞丽红瑞柠檬公司与勐秀乡等扎村芒冒小组开展了村企业合作共建“红瑞合创”柠檬基地，走出了一条发展柠檬产业、带动新农村建设的新路子。

（《工商联》撰稿　王建玲）

（见“州情概览·非公经济”68页）

侨　　务

【表彰先进】 2009年，德宏州侨联侨办在第八次全国归侨侨眷代表大会上，荣获全国侨务系统先进集体称号；聂河云、邓庆飞、张恩教、何成勇、李橄林等5位同志分别受到国侨办、中国侨联表彰。

【国内侨务】 2009年，德宏州侨联加强了国内基础性侨务工作，为构建德宏做好服务。一、队伍建设工作。年内建立完善促进侨务工作科学发展的体制机制，在管理创新和素质兴办等方面取得实效。侨务干部队伍建设迈上了新台阶，全州共有12人次参加了全省侨务干部培训；有2名干部参加了州委党校培训。二、为经济建设服务工作。全州各级侨务部门按照州委州政府的中心工作，加强为经济建设服务的力度，并取得积极成效。一是坚持策划大项目、引进大华商、促进大发展战略。年内争取到缅甸仰光云南会馆投资3.5亿元建设瑞丽珠宝文化园项目，协议已签署；继续做好缅甸华商商会投资4.5亿元建设瑞丽“东南亚商住城”项目的相关的跟踪服务工作；二是围绕服务德宏对外开放促进发展的目标要求，做好牵线搭桥工作。年内筹办、协办盈江玉石毛料公盘、德宏缅语广播台开播、云南省海外交流协会换届大会侨商推荐、2009边交会等系列重要涉侨活动。三、捐赠工作。年内共争取海外慈善机构对全州13所小学、3所乡村卫生院、559名贫困学生救助共计285 万元的捐赠；完成了美国妈妈联谊会捐赠50万元的“梁河县春晖儿童之家”土建工程；举行了香港两地一心慈善机构捐建的潞西市芒别侨心小学、梁河县水箐侨心小学落成典礼。四、参政议政工作。年内全州有州、县（市）两级侨界人大代表42人（其中州人大代表8人，县市人大代表34人）；有州、县（市）两级政协委员82人（其中州政协委员23人，县市政协委员59人）。在德宏州第十三届人大常委会第二次会议上共收到侨界州人大代表提交6件，议案涉及维稳民生、经济建设、三农问题、法制建设等方面。在政协德宏州十届委员会二次会议上共收到侨界州政协委员提案18件，立案17件，占提案立案总数143件的11.8%。提案涉及全州经济社会发展的各个方面。同时州侨联向政协德宏州十届委员会二次会议提交集体提案4个，提案工作受到州政协的肯定。五、维权工作。年内州法顾委共受理涉侨案件5起，采取领导亲自出面协调、向有关部门出具相关信函、出席旁听和向省法顾委反映等方法认真处理涉侨案件，接手的案件均按照法律程序进行。

【国外侨务】 2009年，德宏州侨联强化外联，服务侨胞，发扬中华文化。年内州侨联侨办随州政府代表团出访缅甸，参加了缅甸华商商会百年庆典；3月接待了美国妈妈联谊会会长张春华女士到德宏开展捐赠及考察；4至10月分别接待了香港两地一心慈善机构到全州考察，盈江县组团出访澳门，参加澳门缅华互助会泼水节活动；5月接待了缅甸华商商会考察团、仰光云南会馆商务考察团、美国大西南同乡会周顺祥会长在德宏的考察访问；6月随省委统战部华文教育考察团出访了越南、泰国、缅甸三国，开展了海外华文教育考察和对外联谊工作；10月接待了欧洲华侨华人总会妇女会副会长何少芳女士、陈德娟女士对德宏的考察访问。

【芒市华侨农场改革】 2009年，芒市华侨农场改革和发展工作得到了党中央国务院及国侨办、省委省政府的高度重视和关注。1月10日，国务院侨务办公室副主任马儒沛率队到德宏指导工作；1月12至13日、15日，省委常委、常务副省长罗正富两次到德宏调研指导侨场改革维稳工作；省政府侨场改革发展领导小组副主任、省侨办主任杨光民14次到德宏调研指导工作；省政府侨场改革发展领导小组下派督导组到潞西进行实地督导；省级各相关部门从多方面为芒市华侨农场改革与发展工作进行了大量的协调和大力的支持；州及潞西市以贯彻落实国务院6号文件和省政府13号文件为中心，以“体制改革、民生工程、持续发展”为重点，经过基础准备、制定方案和组织实施三个阶段的工作，按照“体制融入地方，管理融入社会，经济融入市场”的总体目标要求，稳步推进芒市华侨农场改革和发展工作。一、侨场体制改革。按照“体制融入地方”的要求，4月20日正式将芒市华侨农场的3个分场分别并入潞西市勐焕街道办事处、轩岗乡、风平镇，成立了勐焕街道办事处城西社区居委会、轩岗乡遮相村委会、风平镇兴侨村委会，各项工作完成对接。完成了3名场领导的调任和22名公务员的招录工作，31名在岗管理人员按事业编制考试招录后已分配到并入的乡镇、街道办事处。华侨农场管理体制改革后土地权属不变，实行以家庭联产承包经营为基础、统分结合的双层经营体制。二、危房改造。全场有危房户3572户（其中归难侨1316户，非归难侨2256户），危房面积20.2万平方米，占住房总面积21.6万平方米的93%。危房改造工作于4月正式启动，州及潞西市制定出台了相应的政策和措施，一是制定实施方案，明确工作任务。出台《潞西市芒市华侨农场危房改造工作指导意见》，明确危房改造的指导思想、基本原则、实施对象和改造方案。二是全场27个生产队、41个居住点全部完成住宅区规划和宅基地的平整工作。设计了16种不同档次的建筑户型供场员自主选择，自行建盖。三是筹措40万元资金聘请了云南科禹技术监理有限公司对芒市华侨农场危房改造工程质量进行整体监理，确保危房改造工程的建设质量。四是争取省里支持配套资金892万元用于宅基地平整、征地、道路、水、电等基础设施建设；同时州级潞西市在中央及省、州补助1.5万元的基础上又各增加配套补助0.5万元，每户补助资金达2.5万元支持危房改造；五是采取"一折通"的方式将补助款直接兑现到建房户。截至12月15日，省下达的芒市华侨农场归难侨危房改造1316户任务数已全部完成，实际完成1426户，超额完成110户。三、养老保险。侨场职工、改制场员基本养老保险实现全覆盖，全场共计2323人加入地方社会养老统筹，参保率100%。四、医疗保险。医疗保险基本覆盖，1420人参加了城镇职工基本医疗保险；3989人参加了新型农村合作医疗，华侨农场群众看病就医问题得到根本保障。五、低保。全场共纳入低保范围1158户2948人。六、基础设施建设和产业发展。州市政府做好侨场产业发展的规划和扶持，2006至2009年安排侨场州级整村推进项目共7个，年内根据改制后的芒市华侨农场中长期发展目标，制定了15项4.7亿元的发展项目规划上报省里，纳入省里规划的有12个项目共计3.26亿元，部分项目已在年内实施。同时，年内共投入产业发展资金100多万元，扶持种、养殖户共549户；组织场员职工外出参观种桑养蚕、姬松茸种植；组织286余人参加种植、养殖、修理、烹饪、计算机等技能培训。七、土地确权。已于1998年全面完成了侨场土地确权工作。八、维稳工作。由于历史和体制、管理的原因，2003年以来，受农场体制改革和调整产业结构的影响，引发了数起农场场员、职工群体性上访事件，这一问题得到了国家和省的高度重视，中央和省领导做了重要批示。为妥善处置芒市华侨农场上访问题，州市组织了500多人的工作队挂钩27个生产队，对群众反映的380多个诉求逐一认真研究，通过认真细致的工作，合理诉求全部得到解决，共投入资金4000多万元。同时积极推进实施侨场改革和发展方案，使场员群众注意力由要求利益向要求发展转移，侨场维稳工作取得实质性进展。在处置芒市华侨农场上访工作中锻炼了一批干部，为全州处置大规模上访事件提供了宝贵经验。11月，省政府华侨农场改革和发展领导小组检查组到德宏进行侨场改革和发展工作检查，对德宏的工作给予了高度评价和充分肯定，认为全州在体制改革、基层建设和产业发展、维稳工作三个方面走在全省侨场改革的前面，为全省侨场改革提供了宝贵的经验。

（《侨联》撰稿　尹朝红）

科　协

【表彰奖励】　2009年4月2日，德宏州科协对上年州级学会工作进行了年度目标管理考核，经评选，州林学会等13个学会荣获"优秀学会奖"；州气象学会等5个学会荣获"科学普及奖"；州财政会计学会等5个学会荣获"科学技术交流奖"，李文煌等15位同志为"优秀学会工作者奖"。12月9日，州科协评选表彰奖励了潞西市风平镇法帕村奶水牛协会等4个农村专业技术协会，德宏后谷咖啡种植科普示范基地等4个农村科普示范基地，潞西市风平镇上东村邵维海等5名农村科普带头人。

【学会活动】　2009年4月12日，德宏州观赏石协会积极参与由中央电视台CCTV《寻宝》栏目组大型电视节目《寻宝——走进芒市》活动。本次活动最终评选出由州观赏石协会会员林忠祥收藏的黄龙玉——《清明上河图》玉雕件为"芒市民间国宝"荣誉称号。7月10日，州观赏石协会还组织了350多名会员60多辆车，赴昆参加第三届东盟石文化博览会暨珠宝文化节，德宏馆展位6800平方米，本届石博会最引人注目的亮点是玉石之都——德宏的风采。5月17日，州珠算协会联合有关部门举办了德宏分赛区"第十八届海峡两岸珠心算通信比赛"暨德宏州第三届珠算珠心算比赛，州直、潞西、梁河三个区域的各大中专院校、小学和幼儿园同时开赛，参加比赛的学生和儿童共计1632名；9月22日，州农学会在换届大会上积极开展学术交流和农业专业技术培训，共收到科技论文90篇，编辑出版《发展现代农业推进社会主义新农村建设论文集》300册分送相关部门领导作为建言献策的科技资料；11月27日，组织举办了州级22个学会负责人和秘书长共40余人参加的学会联谊活动。联谊活动的目的是为学会搭建交流平台，相互学习共谋发展。学会之间加强联系和学习交流，进一步沟通了学会信息，统一思想和认识，促进学科交叉和学会的发展。年内，州级38个学会完成了上年度社团登记和法人代码年检工作。州农学会等5个学会进行了换届选举。

【国际民间科普交流活动】 2009年5月19日至11月5日，德宏州气象学会接待了两批“中国寻根之旅——缅甸华裔青少年夏令营”师生共计130人，到中国科协科普教育基地——德宏州气象局参观学习。基地向师生开展气象科普宣传，演示先进的气象现代化系统，并结合中缅边境常见的气象灾害，向侨生讲解了一些面临自然灾害如何正确应对、开展自救的常识；使缅甸华裔青少年对气象科学知识、气象防灾减灾知识、气象现代建设成果应用等知识有了更加深刻的认识和了解，大家一致表示，此行参观受益匪浅！科普基地对外宾的开放参观，有效促进了气象学会国际民间科普交流的开展。

【科普惠农兴村计划】 2009年，德宏州科协积极组织申报中国科协、云南省科协“科普惠农兴村计划”。省科协科普计划项目7项（中国科协3项、省科协4项），争取资金121万元，有力支持了农村专业技术协会、农村科普示范基地、农村科普示范村、培养农村科普带头人等建设的发展。同时，围绕产业抓科普安排州级科普计划项目44项，安排下达经60万元（其中科普惠农兴村计划10万元）。新建农村专业技术协会12个，扶持农技协47个；科普示范基地61个26980亩；实施特色产业项目23个；建立科技示范户3976户。让广大科技人员论文写在大地上，科技成果转化在产业中，更好的为农业增效、农民增收服务。

【学会工作】 2009年，德宏州科协及所属团体围绕德宏科技事业发展的重点、热点、难点问题，积极开展学术研究与交流。州级各学会、协会、研究会共组织学术交流20次，参加人数1125人次，收集论文265篇；年内，在中西南11地区组成的学会研究会第27届年会《论文集》中有全州选送《与时俱进，加速为青少年拓展创新平台》、《创新求生存，改革求发展》的两篇论文；有《学会改革和发展的思考》、《创新求生存，改革求发展》两篇论文被收录到全国性期刊《科协论坛》月刊的第五期和第八期。编辑组织出版《德宏科普报》全年发行赠送1.2万份；与《德宏团结报》共同合办《科普园地》全年发行52万份；《德宏科普公众网》发布信息698条，阅读人数643221人次；编辑出版《德宏语文报》、《德宏医药》、《德宏林业》等刊物，印发4700册，编辑科技期刊1种；举办学术讲座及各类培训班220次，培训人员23382人次。

【农函大培训】 2009年，德宏州农函大始终坚持以为“三农”服务为宗旨，着力推广农村实用技术，提高农民科技素质，增强学科技、用科技的致富本领。年内，农函大德宏州分校共开设110教学班，招生5811人，其中省校学员3547人，比原计划2645人多招3166人，增长120%；农村党员383人，占6.6%；少数民族学员3492人，占60%。针对全州农村少数民族多特点，将部份实用技术手册译制成傣族、景颇族文字发给学员，请辅导教师用民族语言进行教学，把难懂的实用技术用通俗易懂的民族语言讲解给各族群众，深受群众欢迎。

【科普工作】 2009年，德宏州科协按照“党政抓总、科协牵头、部门协作、社会参与”原则，围绕经济社会发展的热点、难点问题，具体做了如下工作：一、5月22日，在芒市街心花园开展以“携手建设创新型国家”为主题的“科技周”活动。活动周期间共展出科普展板520多块，出动车辆100驾次，有400余名科普志愿者、科技辅导员、专家、学者参加了活动，发放科普资料及各类宣传册45000份、科普光碟500多片，知识产权保护VCD光盘140套，受益群众达50000多人次。二、9月4日，在中缅友谊馆开展以“崇尚科学、反对邪教、珍惜生命、关爱家庭”为主题的“科普日”活动。本次活动展出宣传展板81块，发放各种宣传资料共1.6万份，义务提供咨询服务2000余人次，义诊病人160余人次。三、9月18日，在芒市街心花园开展以“节能减排、保护环境、安全健康”为主题的“全国科普日”活动。本次活动共展出展版206块，内容涉及科学前沿、节能降耗、禁毒防艾、环境保护、气象与生活、防震减灾、健康生活、农业科技等方面科普知识，发放科普宣传资料104类52500份，图书500册，义务就诊200人次，科普咨询1200人次，参观群众3600人次。四、开展以“科教进社区”、文化科技卫生“三下乡”等重点科普宣传活动57次、参加活动工作人员844人次、接待群众咨询12万余人次、发放各种科技宣传资料10余万份，举办各类科普讲座92场次、科普展览45场次，向广大农户赠送了一批优质籽种、果苗，开展了科技咨询、义务就诊等科技服务活动。年内，积极调配和利用社会资源，通过共建共享，建立村级科普活动站313个，接待农民群众4.6万人次，举办科技知识培训486期、共计27922人次参加；建立村级科普宣传栏315块，宣传各类科普知识1260期；培养科普宣传员282名，推广农村实用技术50余项。同时组织制作农村实用技术光碟及相关读本，并翻译成傣语及景颇族语。

【青少年科技教育】 2009年，德宏州科协在有关部门的支持协助下，成功举办了第24届德宏州青少年科技创新大赛。本届大赛收到作品730件，经州级评委认真评选，共评州级一等奖65个、二等奖111个、三等奖145个。选送79件作品参加第24届全省青少年科技创新大赛，荣获省级一等奖3项、二等奖12项、三等奖26项。选送2件作品代表云南省参加在山东省济南市举办的第24届全国青少年科技创新大赛，德宏州民族第一中学余柳、杨航天、韩相宏等同学的项目《野外竹林人工养殖竹虫试验》和德宏州民族初级中学郭兆阳、吴童等同学的项目《用嫁接技术解决黄蚂蚁蛀食树番茄根系的试验》，分别荣获全国青少年科技创新大赛少年科学项目三等奖。

（《科协》撰稿　高芝红）

（见“州情概览·科协”83页）

军　事

中国人民解放军云南省德宏军分区

【落实科学发展观】 2009年，德宏军分区按照“党员干部受教育，科学发展上水平，履行使命见成效”的总要求，分学习调研、分析检查、整改落实3个阶段11个步骤，严密组织、精心筹划、扎实推进，学习实践活动进展顺利，成效明显。军分区成立学习实践活动领导小组，研究制定《意见》和《实施计划》；及时召开常委会、党委扩大会和干部大会传达学习军委、总部和两级军区的指示要求，统一思想认识，研究贯彻措施；坚持每个环节有小结、有讲评、有动员、有部署；严格落实考勤登记、检查督导、分析讲评、集中补课等制度，形成大事大抓的强劲态势。采取难题辨析、体会交流、网上论坛等方式，集中3天时间开展解放思想大讨论，更新了思想观念，理清了发展思路。采取常委分工、定题到人，分期分批、交替进行的方式，深入开展调查研究，发放问卷调查、征求意见表120余份，召开座谈会10余次，征集意见建议40多条。全区各级党委委员定点挂钩68个调研单位，撰写调研报告48份，培训理论骨干68人。召开专题民主生活会和专题组织生活会，查找问题差距，分析原因教训，开展批评与自我批评，形成分析检查报告，制定整改落实方案，实事求是解难题，尽力而为办实事，解决了部队遗孀就医、历史债务偿还等10件实事。9月，启动第三批学习实践活动，军分区和77332部队党委、机关与基层营连建立联系挂钩点，利用第二批学习实践活动成果深入基层进行宣讲辅导，确保了第三批学习实践活动有序推进、扎实开展。

【“双拥”共建工作】 2009年，德宏军分区深入持久开展拥政爱民活动，促进“双拥”工作健康发展。军分区部队按照省军区“六个主动作为”的要求，建立扶贫挂钩点46个，培养科技致富骨干1300多名，为灾区捐款50多万元。开展“1+1”捐资助学活动，先后有50多名团以上干部与贫困学生结成帮扶对子。积极参与驻地环境整治，累计植树造林300余亩，疏通河道30多千米，清理淤泥垃圾上千吨。军分区针对驻地自然灾害频发的实际，修订完善预案，加强针对性演练，扑灭山火50余次，在2008年盈江“8·21”地震和瑞丽“12·26”地震中，累计出动官兵5000余人次，民兵6万余人次，车辆800余台次，转移安置灾民近5万人。军分区部队积极响应州委、州政府打响“禁毒防艾人民战争”的号召，组成禁防工作队，深入村寨，持之以恒抓禁防，印制反腐蚀教育挂图400套下发乡村，完善“青年民兵之家”，组建民兵禁防队伍，积极参与整治行动。完善国防教育制度，安排官兵担任校外辅导员，全州260多个村（居）民委员会均设国防宣传员。年内，针对缅北紧张局势，进一步健全了军警民联防管控体系，4次召开军地联席会议，有机整合各方资源，有效捍卫了边防稳定。4年间，全州各级党委政府先后投入3000多万元支援部队，有效改善了部队硬件设施建设。全面落实各项拥军优抚安置政策，努力解决转业干部安置难、随军家属就业难、小孩入学入托难等问题，切实为军人和优抚对象排忧解难，建立长效机制，形成上下贯通、快捷高效的支前保障网络。年内，军分区党委制订下发了《关于深入持久开展双拥工作的意见》，编印《双拥工作文件汇编》、《双拥小故事》，制作双拥工作系列挂图和《孔雀之乡双拥情》专题教育片，巩固了军政军民团结的大好局面，77332部队被省军区表彰为“参加和支援西部大开发先进单位”。12月14至15日，德宏双拥工作座谈会在军分区召开，云南省委常委、省军区党委书记、政治委员郎友良率机关和各单位领导参加会议，成都军区政治部办公室副秘书长曾黎明、云南省民政厅副厅长褚正武到会指导，解放军报社政工部主任编辑凌翔、记者部主任记者姜兴华以及州县（市）、军分区部队有关领导等180人参加会议，与会代表参观了部分一线连队、瑞丽市勐嘎村“青年民兵之家”和后谷咖啡公司“军民共建点”，对德宏州双拥工作给予了充分肯定，进一步营造军爱民、民拥军的良好氛围。

【完成军事志编纂出版】 2009年，德宏军分区始终把军事志编撰工作纳入党委议事日程，做到常委分工有责任，工作部署有要求，平时进展有跟踪，经费落实有预算，具体干事有队伍。采取抽调现职干部、回聘离退休老同志和聘请地方专业人员相结合的办法，稳定修志队伍，先后20余人参加修志。建立定期汇报工作制度，及时掌握各单位编修进度及存在的问题，确保编纂工作整体推进。先后投入经费80万元，保证了编纂工作的顺利开展。截至11月，德宏军分区完成州县两级军事志编纂出版工作。全州六部军事志共计230余万字，客观记叙了德宏历史上的军事活动，集中反应了建国以来建设边疆、保卫边疆的光辉历史，是一套具有德宏军事特色的综合性地情书。

【征兵工作】 2009年，德宏军分区下大力抓好本年度征兵工作。德宏州人民政府和军分区专门召开电视会议部署廉洁征兵工作，军地主要领导参会并提出廉洁征兵要求。领导带头签订《廉洁征兵承诺书》，建立“宣传发动日报、阶段工作周报、特殊情况季报”的请示报告制度，确保情况清楚。制定长期机制，把每年11月定为“国防教育月”。充分利用各种媒体全方位、深层次、多渠道宣传征兵政策和纪律要求，做到“广播有专栏、电视有专题、报纸有专刊，街道有标语、宣传有专车、手机有短信”，营造良好征兵氛围。选拔政治强、思想好、业务精的地方人员参与征兵；对体检医生实行考核上岗，落实封闭式体检，执行单科淘汰；采取“查年龄防虚、查户口防伪，查学历防假、查病史防漏、查案底防劣”抓政治审查，保证了兵源质量。坚持“领导带头守廉、军地联动促廉、检查指导督廉”，公开举报电话，设立举报信箱；制作《廉洁征兵监督卡》发放到每个应征青年及征接兵工作人员；指定专人处理举报信件、接待到访人员、受理来访电话，做到来信有回音、来电有回复、来访有结果。11月28～29日，军委纪委廉洁征兵检查组到德宏州检查，充分肯定了德宏州征兵工作。全州共有1510名适龄青年报名应征，其中城镇户口占19%，农业户口占81%；党团员占32.3 %；在校大学生占3%，大专占7%，中专占8.5%，高中占14.4%，初中占51.5%；汉族占52.7%，少数民族占47.3%。

【党建工作】 2009年，德宏军分区始终坚持用党的创新理论武装头脑、指导实践、推动工作，下大力增强党委班子的创造力凝聚力和战斗力。一、落实制度促规范。深入学习党的三代领导核心和胡主席关于民主集中制的重要论述，采取研讨交流、剖析个案等方法，认真研究解决影响和制约分区各级党委贯彻民主集中制质量存在的突出问题，形成抓住大事定议题，调查论证作准备，提出原则拿预案，个别酝酿求共识，集体讨论作决断，分工负责抓落实的党委议事决策“六步法”，使集体领导从制度和程序上得到保证。二、改进作风补短板。贯彻落实军委《关于进一步加强军队高中级干部作风建设的意见》，抓党委带机关促部队，正风气作表率树形象，深入开展“八治”活动，结合学习实践活动和“重事业、强素质、树形象”专题教育，召开民主生活会，自我剖析，接受监督。努力为官兵排忧解难，团职转业干部在驻地安排副处以上实职，11名随军家属被妥善安置进入事业单位工作。三、廉洁自律树形象。以党风廉政建设试点为契机，加强制度建设、形成长效机制，规范权力运行，保证公正用权，有力促进了各级党委班子科学、民主和依法决策。军委纪委《党纪工作通讯》刊载了军分区加强党风廉政建设先进事迹。四、着眼发展强素质。采取理论辅导、现身说法、法规学习、当兵锻炼等形式，抓好新分配学员岗前培训，提高第一任职能力。采取以会代训、以工代训、送学培训、举办培训班等办法，走活机关与基层、边防部队与人武部“双向交流、双向锻炼”的路子，加速干部能力素质生成。重视做好计划生育工作，无计划外怀孕和超生问题。

【军事训练】 2009年，德宏军分区坚持以使命任务为牵引，着眼应对多种安全威胁、完成多样化军事任务，大抓军事训练，提高部队核心军事能力。一、各级党委高度重视。各级党委认真履行组织领导军事训练的职责，着力研究解决重大问题，不断完善配套保障措施，逐步优化训练政策机制，充分发挥把关定向的核心领导作用。各级主官以主要精力抓训练，亲自筹划、参加和组织训练。年内，各级党委专题议训16次，各级领导下部队调研训练情况24次，集中研究解决了制约部队训练科学发展的5类18个问题。二、突出重点难点。采取学、训、考、比等方法，突出首长机关信息化条件下指挥、决策、管理理论的学习，深化对边境防卫作战和边境应急处突问题的研究，练谋略、练指挥、练战法。开展岗位练兵和比武竞赛，大力加强干部骨干训练。积极开展军警民维护社会稳定和边境应急处突实案化训练，检验完善各类方案预案，进一步提高部队遂行多样化军事任务的能力。三、坚持全面训练。严格按新大纲规范训练各个环节，严格落实参训比例、训练内容、训练时间和标准要求，扎实狠抓全要素、全员额、全过程训练，有效防止和克服偏训、粗训和漏训，建立正规的训练秩序，打牢部队战斗力生成基础。

【政治教育】 2009年，德宏军分区始终把思想政治建设摆在首位，大力培育当代革命军人核心价值观，确保了广大官兵理想信念坚定和思想道德纯洁。一、突出理论教育。坚持用中国特色社会主义理论体系武装头脑、指导实践、推动工作。结合学习实践活动，采取专题化学习、课题式研究、对策性探讨的办法，举办2期理论集训班，编印6期科学发展观理论知识要点下发基层，邀请5名专家辅导，举办10次专题讲座，辨析30余个热点问题，以讲促学，以研深学。二、狠抓大项教育。按照试点先行、探索方法，教育动员、全区实施，评估效果、总结经验的步骤，狠抓“培育当代革命军人核心价值观”主题教育。教育共分4个专题，组织5次理论专题辅导、3次网上交流讨论、2次实地参观见学、编写教案40余份，专家授课20多次，利用24天时间，全区官兵参加教育，激发了广大官兵践行当代革命军人核心价值观的政治热情。采取理论学习与党课辅导、正面教育与警示启迪、谈心交心与征求意见、述职述廉与民主考评相结合的办法，集中12个党日进行“重事业、强素质、树形象”专题教育，认真查找解决领导和机关干部在事业心责任感、素质能力、作风形象等方面存在的突出问题，达到了人人受教育、个个有收获的目的。三、抓好双拥工作。12月14～15日，德宏双拥工作座谈会召开，对德宏州双拥工作给予了充分肯定，进一步营造军爱民、民拥军的良好氛围。深化反腐蚀教育成果，分别为部队和全州所属村（居）民委员会发放反腐蚀宣传教育挂图500多套。组织开展“军歌嘹亮颂祖国”、“民族文化进军营，军营文化进村寨”等活动，官兵文化生活不断丰富，理想信念进一步坚定，思想道德进一步纯洁。

【后勤保障】 2009年，德宏军分区后勤工作紧紧围绕军分区党委的决策意图，加强后勤战备训练，强化后勤科学管理，提高保障能力，促进后勤建设协调发展。一、后勤自身建设不断加强。狠抓日常管理，强化后勤人员的职责意识和服务意识，提高工作效率和工作标准。坚持按原则、政策、规定、制度和程序办事，始终注重加强对资金安全、油库管理、车辆运输和工程建设等安全敏感问题上的管理和监督力度。二、后勤战备训练深入扎实。修订完善《德宏军分区机关直属队抢险救灾行动后勤保障计划》和边境应急处突保障应急预案，建立“平战一体，军地结合”的保障物资储备体系，落实经费、物资、油料和药品的储备，做好应急处突行动后勤保障各项准备。着眼战训一致的目标，严格后勤训练标准，丰富训练手段和方法，切实强化训练管理，较好地保证了训练“四落实”。三、后勤科学管理见成效。推行公务卡支付，深入基层了解掌握部队伙食管理和生活保障落实情况，探索营养餐、标准餐保障路子。投入资金20余万元，对一线营连的生产设施进行整治，指导部队适度发展农副业生产。全区共有田园菜地21.6亩，大棚12.5亩，饲料地8.5亩，果园28亩，鱼塘6.1亩，存栏猪216头，牛羊40头，存栏鸡鸭282只，年产蔬菜55000公斤，产肉7600公斤。进一步深化部队“资预结合”改革工作，严格对照编配标准进行审核，成立物资集中采购办公室，健全制度、规范票据、严格结算，规范物资采购。四、营院正规化管理稳步推进。认真抓好军分区、77332部队部分分队和瑞丽市人武部“8·21”盈江地震受损营房修缮加固工程。开展营区综合整治，完成营区电线等悬空线路入地、大门外道路拓宽、办公楼防水整治及附楼装修、围墙修复等工程。指导77332部队完成基础供水设施配套整治，安装净水设备17套，解决饮水难题。开展“建设绿色营区、创建文明卫生军营”活动，提升营区环境品位。军分区被成都军区评为“文明卫生军营”。支持西部大开发，配合地方开展竹产业基地建设义务栽种竹苗15000余株。扎实开展甲型H1N1流感病情防控工作，全区部队无一疑似病例。

【民兵政治工作】 2009年，德宏军分区坚持党管武装原则，落实“双重领导”制度，发挥地方党委管武装，政府办实事、解难题的积极作用，努力形成地方党委统揽、政府主抓、部门支持、社会参与的良好局面。以“青年民兵之家”为载体，抓住民兵训练、整组等时机，抓好民兵教育，增强民兵使命意识和责任意识。开展第九个全民国防教育日活动，组织“团结杯”国防知识竞赛，300多个单位3500余人参加竞赛答题，200余名党政军和企事业单位干部参加省国防教育巡回讲师团宣讲报告会。发放《国防教育法》、《兵役法》等宣传资料23500余份，举办图片展览30多场次，各级媒体先后刊发国防类新闻消息21条、专题4条，3篇国防教育征文被省军区采用。着眼巩固健全民兵禁防长效机制，规范民兵禁防执勤，抓好试点工作，印制下发《民兵禁防要事日志》，有效促进了禁防工作深入开展。先后组织民兵开展禁防宣传2000多次，参与打零收戒行动100多次，举报毒品违法犯罪线索117条，捣毁零星贩毒吸毒窝点68个，收戒吸毒人员460余名，查获各类毒品2300余克。

【表彰奖励】 2009年，德宏军分区受表彰奖励先进单位和个人的情况是：共青团中央表彰77332部队84分队班长饶宗志为全国优秀共青团员。成都军区表彰军分区为文明卫生军营、表彰77332部队司令部为先进单位、表彰军分区参谋长龙安进为优秀参谋长。

省军区党委表彰77332部队71连党支部为先进基层党支部，表彰张峻峰为优秀团级单位党委书记，陈捷为优秀党支部书记；省军区表彰军分区参谋长龙安进、作训科参谋王海修为比武竞赛先进个人；省军区表彰77332部队为参加和支援西部大开发先进单位。

军分区表彰77332部队61分队、75分队、83分队、50分队为基层建设先进连队。军分区给饶宗志、普军分别记二等功一次，给王琳、王荣、艾小明、蒋成高、王映林、陈琦、龙潜、王宝江、杨甘沛分别记三等功一次。军分区表彰张君波、梁斌、向海、陈小鹏、钱奎、周金、周华明、周峰、阴从林、姚建新为十佳官兵。

（《德宏军分区》撰稿　蒋程春）

武警德宏州支队

【召开支队党委扩大会议】 2009年1月20至21日，武警德宏支队召开党委扩大会议，认真总结分析2008年度部队建设形势，确立新年度工作的指导思想和奋斗目标，研究部署2009年度工作任务。会议表彰了2008年度先进单位和个人。德宏州政府副州长、州公安局长马闻出席表彰大会，支队机关全体干部、基层中队主官参加会议。

【中央军委委员、总参谋长陈炳德上将到支队视察工作】 2009年2月16日，中央军委委员、总参谋长陈炳德上将在总参谋长助理戚建国、成都军区司令员李世明、武警部队副司令员刘红军、成都军区参谋长艾虎生、总参情报部部长杨晖、总参三部部长吴国华、总参通信部部长陈东、云南省军区司令员邱型柏、武警云南省总队总队长周军、政委王海亮陪同下视察武警德宏支队。

【云南省公安厅副厅长严尚智看望支队官兵】 2009年3月3日，云南省公安厅副厅长严尚智在德宏州检查监管工作时，深入到武警德宏支队第二中队亲切看望官兵。

【主办庆“八一”系列活动】 2009年7月29日至7月30日，武警德宏支队组织承办了德宏州“庆祝建军82周年”系列活动。7月30日晚在德宏州民族影剧院举行以“赞成就、话使命、做贡献”为主题的庆“八一”军警民联欢晚会，中共德宏州委书记赵金，州委副书记、州人民政府州长孟必光等地方领导以及驻芒部队600多人观看晚会。

【思想政治工作】 2009年，武警德宏支队针对部队驻地环境的特殊性，坚持把思想政治工作放在首位，狠抓经常性基础性政治工作落实。一是在培育当代革命军人核心价值观上求深入。坚持把培育当代革命军人核心价值观作为基础工程、灵魂工程，科学制定教育方案，召开了主题教育准备会和动员部署会，采取在全支队优选政工干部和教案的方法，组织网上授课；大力开展“立足岗位学英模、践行誓言尽职责”和学誓词、唱组歌活动，把经常性学习实践融入于平时的执勤、训练、处突维稳任务中，官兵积极参与、自觉践行。针对德宏“四反五防”形势严峻的实际，经常开展“四不一保持”、防间保密、警示法纪、艾滋病防治等教育，官兵政治坚定、道德纯洁。狠抓政治教员队伍素质，采取培训、帮带、教案送审评选等措施，不断提高素质能力，潞西中队指导员陈昌武获总队“四会政治教员”比武第三名。二是在做好一人一事的思想工作和解决实际困难上求实效。充分发挥“三互”、“双四一”等载体作用，认真开展“五个过一遍”和“深知兵、真爱兵”活动，认真建立官兵思想档案，制定重点关注人员排查和帮建措施，广泛开展谈心活动，尊重官兵合理需求，主动帮助官兵解决实际困难。组织全支队官兵为家庭涉法的战士毛沙居捐款23400余元，并指派一名部门领导负责陪同回家处理，受到全支队官兵和地方政府、本人家庭的好评。春节、七一和国庆，分别慰问了退休老干部、困难党员。三是在优化政治工作环境上求突破。在部队内部，我们始终靠警营政治环境、俱乐部、网络学习室、图书室这些主阵地，营造高尚警营文化，构建优美“软环境”。投入32万元，为基层中队建立了计算机网络学习室，统一购买了摄像机、数码相机和投影仪，制作了灯箱、展板，开通了支队政工网和各基层单位主页系统。结合庆祝建党节，组织全体党员重温入党宣誓；坚持每周和重大节日组织官兵进行了升国旗仪式，举办了“歌声嘹亮颂祖国”歌咏比赛。在部队外部，我们坚持以作为换地位，充分展示的武警部队的良好形象。积极组织队员参加德宏州首届金盾杯运动会，取得了篮球、警察三项第一名的好成绩；主办了德宏州建军82周年座谈会和军警民大型联欢晚会，参与了德宏州、潞西市“迎国庆”歌咏晚会等大型活动。四是积极支持地方经济建设。积极参加和支援西部大开发、禁毒防艾和社会主义新农村建设等社会公益事业，捐资2万余元，帮助陇川县户撒小学改善办学条件，资助贫困学生5人；组织义务献血126人次3万余毫升；种植竹子500余棵。支队禁毒防艾工作事迹被新华社内参刊发，在中央新闻和军事频道播出，支队被总队表彰为参加和支援西部大开发先进集体，警政警民关系进一步密切。五是在发挥政治工作作战功能上求提高。坚持政治工作始终围绕中心工作来展开，扎实抓好任务中政治工作6个法规性文件的学习培训，修订完善了各种政治工作方案预案；配齐了任务中政治工作的物资器材，机关和基层中队都建立了“三战”政治工作箱；坚持把“三战”纳入教育训练，适时组织针对性实战性演练；注重在军事训练和遂行任务中激发官兵政治热情、强化战斗精神，确保了各项任务圆满完成，政治工作的直接作战功能得到有效发挥。

【执勤战备】 2009年，武警德宏支队认真贯彻云南省执勤目标安全工作会议和总队丽江现场会议精神，狠抓经常性中心工作，固定执勤目标连续10年安全无事故。一是抓训练，提高执勤能力。认真学习贯彻新大纲，坚持以任务为牵引，严格按纲施训，依法治训、科学组训。狠抓了新兵训练、专勤专训，勤训轮换、处突反恐训练和首长机关训练，坚持每季度组织首长机关和驻芒市部队汇操和每天体能训练。组织军事骨干参加了总队反恐大比武，分别举办了一期新大纲暨擒敌术教练员集训、反恐骨干集训和预提指挥士官集训，三期勤训轮换。针对中缅边境维稳，3次组织了支队前指带机动分队全员全装拉动演练。二是抓规范，正规执勤秩序。坚持党委（支部）议中心制度，每月对部队执勤情况进行通报讲评；严格落实“三员一兵一组”

组勤模式，扎实开展“向‘三班四哨’要形象，向执勤哨位要安全”的勤务专项治理，对营区和哨兵防袭击工作进行了研究部署，对值班员、网络查勤员、哨兵的查勤方法、执勤动作和军事语言进行了规范，建立了中队干部查勤前向支队值班员报告、支队值班员全程跟踪监控、中队干部查勤后及时反馈情况机制，进一步正规了执勤秩序，有效防范了执勤中的“常见病”、“多发病”。全年共看守在押犯3629名，目前在押1431名，其中毒品犯796名，占55.6%。三是抓整治，消除执勤隐患。以隐患突出的执勤目标为重点，注重搞好上层推动，支队党委专题向州委、州政府和州公安局汇报了总部学习贯彻《人民武装警察法》会议，总队丽江会议精神，拟定了《德宏州监管场所执勤目标设施建设项目可行性研究报告》和《关于全州监管羁押场所三年执勤目标设施建设实施方案的报告》；9月份协调州人大组成视察团，对全州看守目标进行视察。通过视察，督导相关部门现场办公解决执勤设施维修费21.8万元，有力推动了执勤隐患的治理。同时，积极介入陇川、潞西、瑞丽、盈江4个目标单位新（改、扩）建，确保建设一个，合格一个。四是抓技防，增强执勤效能。注重搞好信息化建设，加强对网络设备的统一管理与远程维护，先后投入39万多元用于信息化建设，分别为基层中队配发了24台对讲机，建起了超短波同频同播网，为所属单位新建了三人应急小组备勤室和卫兵室，购买了警用器材和通讯设备，完善了“四防”体系。五是抓战备，重大任务圆满。结合德宏群性事件上升的趋势，严格落实战备制度，积极收集预警性信息、搞好战备动员、完善处突方案、补充战备物资、展开应急训练。组织专人对全州24个边境口岸和通道进行了勘察，9月20日至10月20日，组织100名处突分队集中驻训。全年，先后用兵164人次，圆满完成了公安部长孟建柱、总参谋长陈炳德、总装备部部长常万全、缅甸内政部副部长蓬瑞等临时勤务8起；出动兵力65人次，完成了德宏“两会”、第九届中缅胞波节及国际珠宝节等现场警卫任务4起。配合公安局，成功处置了“9·3”军火走私诈骗案，抓获1名犯罪嫌疑人；组织城市武装巡逻勤务100组1129人次。

【部队管理】 2009年，武警德宏支队把依法从严治警与突出防范重大安全问题结合起来狠抓安全工作落实。一是树牢安全发展理念。认真贯彻落实《安全工作条例》和总队安全工作电视会议精神，坚持每季度党委议安全工作，扎实开展了安全宣传教育月，条令学习月，“学法规、知法规、用法规”，部队管理教育调研，经常性基础性工作检查，“五个过一遍”、“迎大庆、严管理、树形象、保安全”作风纪律教育整顿等活动，认真组织安全教育、安全常识培训和安全知识网上竞赛，进一步强化了官兵安全发展理念。注重运用外单位发生的几起安全事故案例，在部队中广泛开展警示教育，并对各单位、各部门存在的隐患苗头进行整治。二是突出重点难点工作。我们按照重点防范的8类重大安全问题和“六个确保”的要求，认真学习贯彻武警部队管理教育工作会议，坚持依据机关、基层两个《正规化管理规定》，深化治理“五个重点问题”，突出抓了五个方面：（一）抓密切内部关系。深入开展“深知兵、真爱兵”活动和尊干爱兵教育，明确提出：不管是什么原因，打骂体罚战士，一律给予组织处理。全年为5名干部家属、子女协调了工作调动和入学，拿出3万余元救助特困官兵，组织官兵体检427人次，对患病官兵送院治疗68 人次，下派代职干部解决基层干部休假难16人次，春节、国庆期间，支队52名各级干部走上哨位替战士执勤，积极营造了团结和谐的警营内部关系。（二）抓枪弹管理。先后投入37万余元，对支队的军械库进行了改造，派出专业人员，为8个中队和教导队的军械室红外线报警器、监控设施、指纹密码锁进行了维修保养。开展了为期5天的军械员培训，加强对枪弹的检查和清查，提高了枪弹管理的安全系数。（三）抓车辆管控。严格车辆管理和派遣，规定在每周交班会上，业务股汇报车辆的派遣情况，在节假日和特殊时期，提高车辆派遣权限。不定期对驾驶员进行集中教育整顿，聘请交警进行专题授课，组织观看车辆事故警示图片展，有效提高了驾驶员的安全意识。同时，严格准驾手续，加强了对私家车管理。（四）抓信息保密安全。制作下发了《严密防范网络泄密十条禁令》卡片，做到了人手一份，人人熟知内容，投入1万多元，为保密室购买了相关的保密器材和制作保密规章制度。组织观看了网络泄密相关警示资料，加强对涉密载体的管理，先后组织开展3次保密大检查，有效防止了失泄密问题的发生。（五）抓直属队正规化建设。针对警勤中队存在作风松散，纪律松驰，违纪问题时有发生的现象，支队党委在半年时对中队党支部进行了调整，分工一名党委成员牵头，司令部一名副职领导专管，在配齐配强中队主官的基础上，加强对直属单位的检查指导，适时进行专项教育整顿，并投入3万元完善了“四项设施”配套建设，较好地解决了直属队正规化建设不正规的问题。三是严格责任追究。逐级签定安全和信息保密责任书，制定了《安全工作奖惩措施》，每个月拿出5000元用于安全奖励；结合重大节日、敏感时期、执勤工作“三个一遍”、“五个过一遍”等时机，组织了五个回合的安全大检查；安排机关人员，不定时间、不打招呼深入部队检查和录像，每月通报一次情况；严格落实问责制，先后对3名值班违纪人员，召开支队电视大会进行了公开检查，并扣发了包括支队值班首长在内值班费和安全奖，不断强化了官兵的安全意识。

【基层建设】 2009年，武警德宏支队坚持把工作重心放在基层，狠抓“四个基本”和“三项经常性工作”落实，不断夯实发展基础。一是在选准配强上下功夫。按照“选准、稳住、训好、管严、关心”的要求，充分考虑党支部正副书记的素质要求，按照强弱新老、性格脾气等个体素质，配齐基层干部、配强正副书记，全年调整7名支部正副书记。二是在提高落实能力素质上使长劲。坚持把提高干部队伍素质能力作为提升部队建设质量的突破口，扎实开展大练“六项基本功”活动。在参加总部、总队各类培“集”训的基础上，利用集中培训、季度讲评、以会代训、网上施训等时机，狠抓了党（团）支部书记、武警委员会主任、保卫委员、士官支委、司务长、思想骨干等不同人员的经常性的学习培训。9月份，集中一个星期，扎实开展了经常性基础性工作培训，着力解决了操作不得法问题。三是在完善机制上抓规范。认真学习贯彻新《纲要》，坚持依据《纲要》抓建基层。年初，调整了抓基层领导小组等25个组织机构，先后制定下发德宏支队《二〇〇九年度按纲建队计划》、《党委机关建帮基层实施计划》。修定了《三项经常性工作实施意见》。坚持每季度召开按纲建队分析和“双向讲评”；突出抓好远直差单位建设，对长期未跨入先进的盈江县中队和基础比较弱的警勤中队实施了重点帮建，为远离机关的四个县（市）中队超配了一名排长，形成了统筹规范的抓建机制。四是在蹲点指导上建绩效。坚持改进作风，认真贯彻考察帮建《实施意见》，按照“三治”、“三个一遍”要求，党委机关先后派出6个工作组30 人次下基层进行传帮带，党委成员蹲点、跑面均在65天以上。为提升帮建质量，我们建立了“机关干部指导基层资格制度”，每次下基层前，进行集中培训，组织考核，成绩合格的才能取得蹲点帮建指导资格；下基层与官兵严格实行“五同”，返回后提交调研报告和蹲点档案，做到了“去”有准备、“帮”有套路、“干”有招法、“蹲”有形象，“回”有反馈，受到基层官兵一致好评。

【后勤保障】 2009年，武警德宏支队针对德宏自然灾害频发、群体性事件增多、反恐形势严峻和每年担负临时勤务多等实际，及时修订完善了各类应急保障预案，补充更新后勤战备储备物资。一是加强应急保障分队建设。积极开展后勤指挥、后勤保障等科目训练和实兵演练，达到了“一次出动100人实现自我保障”的要求。支队参加总队厨师比武取得团体第六名的好成绩。二是狠抓“四项设施”配套建设。我们坚持“够用、适用、耐用”的原则，采取总队经费扶持一点、支队家底挤出一点、地方政府支持一点、用兵单位解决一点的办法，先后投入74万余元用于基层“四项设施”配套建设，使8个中队达到了“四项设施”配套建设标准。投入24万余元改造了党委会议室、作战勤务值班室和更换了机关办公设施，改善了机关的办公条件。为解决干部无住房的后顾之忧，支队投入260余万元建起了公寓房，与房地产公司联系，组织干部购买了34套团购房。三是狠抓后勤规范化管理。全面推行资产与预算改革相结合，对资产进行条形码管理。在经费管理上，坚持党委当家理财，贯彻落实后勤经济管理各项规定，加强“四类经费”管理。年初，对基层中队全部进行经费管理情况全面审计。目前，各中队家底经费达到规定的家底限额标准。在伙食管理上，落实好“五项制度”，大力加强农副业生产，官兵对伙食比较满意。在卫生防病治病上，针对德宏艾滋病高发、各类传染性疾病多发的实际，结合H1N1防治的严峻形势，投入3万余元购买了防护服和相关药品，定期对营院进行消毒，执行零报告制度，达到有效预防的目的。

【班子建设】 2009年，武警德宏支队紧紧扭住班子建设不放松，着力发挥党委核心领导作用。突出抓好四个方面：一是抓学习。

主要采取集中学习、个人自学等方法，坚持每月不少于2天中心组集中学习、每月撰写一至二篇体会交流文章、每季度一次专题调研等制度。先后开展了"加强党性修养，振奋革命精神""学习实践科学发展观"、《武警部队团以上干部考核评价实施办法》、"六个为什么"、"迎大庆、树形象、保安全"和学习十七届四中全会精神、《人民武装警察法》等专题学习教育，提高了党委班子成员的理论素养、思维层次和领导部队建设的能力。二是抓团结。针对班子成员工作阅历、性格修养、思想水平各有差异，正副书记带头讲团结，大力倡导团结共事的浓厚氛围。注重运用民主生活和谈心交流，相互尊重和关心等形式，不断增强团结的质量。教育引导班子成员自觉做到"五多五不"，即：平时工作多通气、发现问题多提醒、听到闲言多思考、有了摩擦多协调、出现矛盾多化解；互相支持不争权，互相信任不猜疑，互相配合不推诿，互相尊重不作梗，互相补台不拆台。三是抓制度。我们认真落实民主集中制要求，党委每次重大决策前要认真组织大家学习，充分听取各方意见。特别是在干部调整、选送技术学兵、重大工程建设等热点敏感问题，严格按规定程序办理，全部由党委集中讨论决定，没有个人说了算的现象。四是抓风气。我们深刻领悟"风不正则理不公，理不公则气不顺，气不顺则劲不足，劲不足则事不成"的哲学内涵，深入开展"读书思廉"活动，狠抓党委机关作风建设，经验做法在总队风气建设电视会议上做了交流发言。在选人用人上，依据《武警部队营以下干部考核选拔暂行办法》，制定完善了《德宏支队干部教育管理规定》，严格按程序考核选拔任用干部，达到了以考促学、以考促训、以考促建、以考促廉、以考促素质能力提高的目的，全年调整使用干部30余人，官兵人人服气，个个信服。在内部关系上，坚持从预防插手基层敏感事务抓起，推行党务、政务、队务、财务公开，制定了《德宏支队士官考核量化实施细则》等规定，确保士官评先、选取公平公正。在工作落实上，建立了"要事督办"制度，提高了机关工作和办事效率。在经费开支上，制定下发了《德宏支队四类经费管理规定》，特别是对接待费、差旅费、公杂费等易超难管科目，严格开支程序、范围、标准，有效防止了奢侈浪费问题的发生。通过"四抓"，支队党委班子的凝聚力、战斗力得到了加强，核心领导作用得到了充分发挥，同时，也得到了总队党委的充分肯定，支队党委被总队党委评为"先进党委"。

【支队获总队表彰】 2009年，武警德宏支队党委紧紧围绕武警党委总体工作思路，坚持揭露矛盾求发展，盯着问题抓落实，紧扣"四个基本"抓基层、打基础、谋发展、保稳定，部队建设呈现出全面协调、稳步健康的发展势头。7月，支队被总队表彰为先进支队党委。12月，支队被总队表彰为先进支队。

【潞西市中队荣获标兵中队称号】

2009年，武警德宏支队潞西市中队坚持以《纲要》为统揽，扎实打基础、反复抓落实、点滴求过硬，圆满完成以执勤和处突为中心的各项任务，实现了中队建设全面。12月，被总队表彰为基层建设标兵中队。

（《武警德宏州支队》撰稿　殷昌荣）

德宏州公安边防支队

【领导视察】 2009年2月8日，公安部边防局张崇德副局长率公安部中缅边境工作会晤小组在云南公安边防总队周书奎政委等领导陪同下，到德宏边防支队银井边防工作站及姐相、姐勒边防派出所和支队所创建的卡南、银井爱民固边模范村、云井边防爱民模范小学视察。3月26日，全国政协副主席、民建中央副主席、全国总工会副主席张榕明在德宏州委书记赵金等领导的陪同下，到支队章凤边境检查站口岸和拉线边防工作站拉勐通道视察。4月13日，全国人大民族委员会副主任委员牟本理率工作组在德宏州人大常委会主任余麻约、副主任管国芳等领导的陪同下到章凤口岸视察。6月25日，云南省委书记白恩培，省委常委、省委秘书长杨应楠，省委常委、省政法委书记、公安厅长孟苏铁等领导通过视频慰问"缉毒先锋站"木康公安检查站官兵。7月29至30日，云南省委常委、副省长顾朝曦率"省口岸工作调研组"在云南省公安边防总队龚华武副总队长、德宏州州委书记赵金、州长孟必光等领导陪同下到支队章凤口岸、瑞丽大队混板站曼满通道调研。7月31日，德宏州委书记赵金率州委常委班子成员到木康公安边防检查视察，参加木康站纪念建军86周年和荣立集体一等功庆典活动。8月18日，省委常委、统战部部长黄毅到支队盈江边防大队视察工作。8月15日，中央军委委员、总装备部部长常万全上将在成都军区司令员李世明中将等领导的陪同下，到瑞丽边防大队银井通道视察。8月29日，国务委员、公安部部长孟建柱到德宏边防支队银井通道视察，国务院副秘书长汪永清、公安部副部长孟宏伟、云南省委常委、省委秘书长杨应楠、云南省委常委、省委政法委书记、公安厅厅长孟苏铁、云南省副省长曹建方等领导随同视察。9月22至23日，那顺巴雅尔总队长在支队童子元政委等领导的陪同下，深入临沧南伞边境一线亲切看望慰问支队边境处突执勤官兵。9月23日，全国人大常委、中国致公党中央副主席杨邦杰到支队芒海边境通道视察。11月27日，国家安全部副部长邱进到支队银井通道视察。

【组织建设】 2009年，德宏公安边防支队党委坚持以学习实践科学发展观活动为主线，把各级班子和干部队伍素质能力建设作为促进部队发展建设的先导性、基础性工程来抓，不断夯实部队科学发展基础。一是扎实开展学习实践科学发展观活动。年内支队党委组织召开党委常委会专题研究部署，切实加强组织领导，周密制订学习计划，建立了领导干部挂钩联系、督导、学习、考评制度，层层发动、逐项落实、全程跟踪问效，为推动部队科学持续发展打下坚实的理论基础。二是不断加强党委班子自身建设。以提高理论水平、建设学习型党委为目标，制定了党委中心组、班子成员学习计划，坚持每月2次党委中心组学习制度，深入学习科学发展观、党的十七届四中、中纪委十七届三中全会精神和部局、总队党委扩大会议精神，专门组织党委班子成员围绕实施爱民固边战略、禁毒人民战争、部队安全稳定等进行了专题调研，进一步摸清实情，加强指导，班子科学决策能力在公安边防工作实践中得到了检验和提高。三是建强配实基层班子。支队党委对基层9名团职、91名营职、116名连职干部进行调整，涉及5个大队级党委班子47个基层党支部班子，并通过举办培训班、参观见学、理论研究等形式，进一步提高了（党委）党支部书记的综合能力和水平，增强了各级班子凝聚力、执行力、创新力。支队木康站、遮放所、机动三分队、姐勒所、苏典站、腊撒站六个党支部被总队评为先进党支部。

【思想政治建设】 2009年，德宏公安边防支队结合深化“爱民固边”战略、新一轮禁毒人民战争、国庆安保、边境处突等重大任务多、战时长的实际，组织部队开展了以“三观”教育、忠诚教育为主要内容的主题教育活动，大力弘扬正气，宣传和推广典型，使部队始终保持坚定正确的政治方向和昂扬向上、不畏艰难、积极进取的战斗风貌。特别是在南伞边境处突中，按照紧贴实战、跟进实战、服务实战、保障实战的要求，积极创新和探索战时思想政治工作方法，保持了官兵思想稳定，激发了官兵不畏牺牲、英勇顽强、敢打必胜的战斗热情。年内，涌现出“和平勋章”获得者、云南省“十大杰出青年”邓学海，为保护群众生命财产安全与犯罪嫌疑人展开殊死搏斗光荣负伤的陇把边防派出所警官、二等功臣杨飞，“公安边防部队新时期群众工作先进集体”姐勒边防派出所和“公安边防部队爱民固边模范村”卡南爱民固边模范村等一大批先进典型；支队党委和主官分别被总队党委评为优秀班子和优秀主官，并被省委省政府荣记二等功；木康公安检查站、苏典边境检查站分别被公安部荣记集体一等功和集体二等功；木康站站长黄涛同志作为全国边防部队功模代表赴京参加国庆观礼活动；支队15个集体荣获省部级表彰，139名官兵荣记二、三等功。

【爱民固边战略】 2009年，德宏公安边防支队把握爱民固边战略的中心工作地位，坚持继承发展、创新发展，主动谋划，积极作为，不断提升实施爱民固边战略的层次和水平。一是着力打造爱民固边模范村创建新亮点。支队在着力巩固“卡南、法帕”两个先进典型基础上，不断在挖掘和打造银井爱民固边模范村、“云井”边防小学新亮点上下功夫，先后投入资金35万余元、对云井边防小学进行了修缮和改造，建立了云井边防小学展览馆、修建云井边防小学娱乐活动场，并通过开办法制学堂、组织学生军训、资助困难学生、建立老年人调解队等形式，引导缅方边民积极配合落实各项边境管理措施，共建平安和谐边境，得到了国务委员、公安部部长孟建柱、副部长孟宏伟、云南省委常委、政法委书记、公安厅厅长孟苏铁等领导的充分肯定。同时，主动将爱民固边模范村建设与兴边富民工程、创建社会主义新农村建设有机结合起来，累计投入资金373万元（部队投入资金52万元、协调其他部门投入资金321万元），引进致富项目25个，边防辖区30个模范村建设质量都有了明显提升。年内，法帕爱民固边模范村被评为“国家级文明村”，遮放所被云南省政法委评为“爱民固边模范派出所”，姐勒所被云南省民委评为“第六届民族团结进步先进集体”。二是深入开展爱民实践大走访活动。支队大力开展以“进家庭、送真情，进学校、送法律，进企业、送服务，进村寨、送科技，进场所、送平安”为主题的爱民实践大走访活动。全年，共走访群众56878户186860人次，排查出各类矛盾纠纷235起，向党委政府和相关部门提供群体性事件预警信息10条，参与处置群体性事件7起，警政警民关系进一步更加密切。三是扎实推进警官任村官工作。德宏公安边防支队把民警兼任村官作为巩固基层政权，促进边境和谐发展的有效抓手。年内，109边防警官辖区兼任了103个村（居）委会村党支部副书记或委员，建立了165个治保会组织、556个护村（厂）队、256个单位内保组织，夯实了基层党政基础。四是全面提升边检服务水平。年内落实总队11项服务承诺和12条便民利民措施，继续开通“绿色通道”，实行24小时备勤预约通关制度、联合前移边境办证点等措施。章凤站连续3年被评为“对外贸易优质服务单位”、木康站连续6年被评为“文明服务窗口单位”。

【边境维稳】 2009年，德宏公安边防支队党委将国庆60周年安保工作作为首要的政治任务和中心工作来抓，全警动员，全警参与，全力以赴地做好边境维稳工作。一是加强边境管控。组织开展了“边境禁赌”、“边境狩猎”、“破案追逃保大庆”、“打击拐卖妇女”、“打击假币09行动”等一系列专项行动，有力地打击了各种违法犯罪活动。全年，共投入执勤兵力6563组59600多人次，一线管理出入境人员车辆48372辆678821人次，二线查验车辆454502辆2019186人次，受理刑事案件715起破302起，受理治安案件1467起查处1464起，收戒吸毒人员3434人次，排查各类矛盾纠纷235起，化解103起，发现群体性事件苗头10起，处置群体性事件7起，消除隐患苗头49起，打掉系列盗窃团伙15个，抢劫、抢夺团伙12个，先后成功解救被赌场拘禁的中国公民36名，抓获网上追逃人员62名，查获假币21.8万元。二是圆满出色完成南伞边境处突任务。缅甸果敢“8·08”事件发生后，8月11和25日，支队先后两次受命组建150官兵的处突应急分队赴临沧南伞执行边境处突任务。在执行任务期间，共查获溃败逃入中国境内缅甸政府警察9人、果敢同盟军人员187人，收缴各类枪支237支（挺）、手榴弹172枚、手雷26枚、子弹13972发。

【禁毒防艾】 2009年，德宏公安边防支队按照新一轮禁毒人民战争的统一部署和要求，一是加强边境毒情调研。加强了对毒品渗透的重点地区、重点地段进行了调研，适时调整斗争策略，对秘密力量进行了清理、整顿，在重点地段设置了65个查缉点，从加强情报侦查队伍建设、完善情报搜集网络情报、严密查缉网络、强化专案侦查、严厉打击易制毒化学品违法犯罪活动五个方面对查缉工作思路、战术和警力进行调整和部署，进一步增强了打击实效。二是加大专项行动和专案侦查力度。支队先后部署开展了“春季扫毒”、“边境狩猎1、2、3号”等一系列专项行动，成功侦破了“4·13”、“4·20”、“7·20”等一系列万克大案要案，有效地打击了毒品犯罪活动。三是积极开展禁毒防艾工作。把创建“无毒村寨”、“无毒家庭”作为创建爱民固边模范村的主要内容，积极开展法制宣传，广泛发动群众参与禁毒工作，严格落实吸毒人员帮教措施，集中开展禁毒戒吸工作，共组织开展集中收戒专项行动16次，破获零星贩毒案件814起，捣毁吸毒窝点36个，零星吸贩毒团伙28个，收戒吸毒人员2388名，净化了社会环境。全年查获毒品案件513起354人，缴获毒品507.827千克，其中：海洛因180.1千克，鸦片292.5千克，冰毒35.2千克，缉毒总数占德宏州公安局的52%，破获毒品案件数、抓获犯罪嫌疑人数、缴获毒品数、二线毒品查缉数连续6年禅连总队“四个第一”。

【部队建设】 2009年，德宏公安边防支队始终坚持把“三项”建设（执法规范化建设、部队信息化建设、构建和谐警民关系）作为一项基础性、先导性工程来谋划，不断巩固和提升部队战斗力。一是狠抓边防派出所建设。年内，先后选调了85名大学生干部充实到边防派出所，提拔16名大学生干部担任边防派出所主官，实现24个边防派出所主官配齐率达到100%；并对56个农村警务室进行了改造，在24个边防派出所成立了矛盾纠纷调解室，建立了所站队联动反应机制，并初步形成了“区域联动”、“对应联动”、“边沿联动”、“整体联动”四种警务联动模式，有效地提升了应急快速反应能力。遮放所被公安部评定为一级所、苏典所被省公安厅评定为二级所。到2009年底，全支队24个边防派出所共有一级派出所2个、二级派出所5个、三级派出所17个。二是狠抓军事业务训练。坚持以提升部队快速反应、应急处突、防暴反恐能力为目标，按照从严、从难、贴近实战的要求，坚持分类施训，科学组训，围绕处突执勤需要和全州公安机关大练兵反恐汇报演练任务，重点加强实战科目的训练，组织部队深入开展了法律知识培训和考试，提高了官兵的法律素养，部队实战能力和水平得到了进一步巩固和提高。三是狠抓执法规范化建设。按照“法制效果、社会效果、政治效果相结合”的法制工作规范理念，研究制定了《执法规范化建设三年规划》和《2009年学法活动实施意见》，组织部队开展了“每日一题、每月一法、每周一测、每月一考”日常学法活动、争创“执法示范单位”、“执法标兵”活动以及最差案件和精品案件评选等活动，研究建立了执法案件“一案一评一析制度”；采取请进来、走出去的方法，组织民警到地方业务部门跟班学习、参与法院庭审旁听等措施，极大地减少了各类执法问题，提升了部队执勤能力和执法水平。今年，全支队共有3起案件被州公安局评定为精品案件；支队木康站、瑞丽大队侦查队姚军强分别被部局评为基层执法标兵单位和标兵个人。四是狠抓部队信息化建设。支队按照“突出重点、跟进保障、领导带头、全警会用”的要求，重点加强信息化基础建设，在推广软件应用、抓好装备管理等方面下功夫。结合云南省公安厅指挥中心信息化自动预警平台，投入资金12万元为边防派出所解决落地查控专用计算机，完成了24个边防派出所软视频系统建设，投入21万元购置了130部警务通，为基层站、所配备了53台“二代证”读卡仪，分5批组织24个边防派出所领导和内勤对信息化自动预警平台进行集中培训，制定完善了《计算机网络管理制度》、《预警信息处理规定》、《警务通使用管理规定》等信息应用管理规定，全年，通过网上排查、网上比对、网上监控、网上追逃等信息化手段，共抓获犯罪嫌疑人652人，查获吸毒人员875人。五是狠抓部队安全管理工作。支队党委始终把安全防事故工作作为部队保底工程、基础工程来抓；紧紧抓住开展严肃整饬部队纪律活动、安全稳定教育整顿和忠诚教育活动，连续两年实现了安全无事故，部队保持了安全稳定持续发展的良好态势。

【后勤保障】 2009年，德宏公安边防支队以提升实战保障能力为目标，不断加强后勤综合保障建设。进一步加强了财务管理，健全完善了财务集中核算工作，科学合理编制年度经费预算，加强了预算的执行力度，强化了审计监督，严格执行“凡建必审”和“未经审计，不得结算”规定，对重大基建和集中采购项目，实行全程跟踪审计，年内积极协调、主动争取，顺利完成了支队指挥中心80亩建房征地工作；雷允站、章凤所等12个灾后维修加固工程已完工投入使用；完成了9个通道移交单位及机动三分队营房建设工程已全部开工，瑞丽、陇川大队公寓房工程已顺利验收并交付使用。坚持三个第一，把解决基层吃水、照明、洗澡、看病等关系官兵“冷暖”的问题作为优先解决的事项，努力改善官兵工作、生活条件，先后为基层下拨防水维修专用经费10万余元，对全区部队漏雨营房进行了防水处理，为基层配发电脑、复印机、数码相机75台（套）、调配车辆18辆，为11个基层单位购置自助餐具。完成了芒市片区、瑞丽片区120套经济适用房，陇川大队、瑞丽大队48套公寓房的建成使用。大力发展农副业生产，全年，全区部队自产蔬菜9.5万公斤，自给率比去年同期增加5%；产肉3.37万公斤，自给率比去年同期增加10%。大力加强卫勤保障和疫病防控工作。全力以赴做好甲型H1N1流感疫情防控工作，对五大场所消毒1056次，煮服大锅药632次，完成了30名团以上领导干部、1500名营以下干部战士身体健康体检，为985名官兵注射了甲型H1N1流感疫苗，实现了全区部队未出现一例感染病例的目标。

（《德宏州公安边防支队》撰稿　张国君）

政法

司法行政

【中国法律援助基金会岳宣义副会长到德宏调研】 2009年10月21至22日，中国法律援助基金会岳宣义副会长一行，在云南省司法厅党委委员、纪委书记宋联芳的陪同下，到德宏州梁河县对正在开展的“1+1”中国法律援助志愿者行动工作进行调研。“1+1”中国法律援助志愿者行动是年内由司法部、团中央、中华全国律师协会、中国法律援助基金会等单位联合发起的一项法律援助活动，针对我国西部地区和经济欠发达地区存在的法律援助人员严重短缺，特别是一些县（市）缺乏律师，而当地困难群众大量的法律需求得不到满足，严重影响着当地的经济和社会发展的现象，共同招募派遣由1名律师志愿者和1名法学应届大学生志愿者到“律师贫困县”组建“1+1”中国法律援助志愿者工作站，开展法律援助工作。德宏州梁河县是在云南省实行“1+1”中国法律援助志愿者行动中的两个试点县之一。岳宣义副会长在广泛听取发言后，充分肯定了“1+1”中国法律援助志愿者云南梁河工作站取得的成绩，并对省司法厅、德宏州委、州政府及州、县司法局的高度重视及关心、支持和帮助表示感谢。他表示在今后工作中，还将不断扩大“1+1”中国法律援助志愿者行动领域，让更多的律师、大学生志愿者积极参与到“1+1”中国法律援助志愿者行动行列之中。他强调要加大对“1+1”中国法律援助志愿者行动工作的宣传，善于发现总结梁河县“1+1”中国法律援助志愿者行动工作的特点、亮点，形成经验，突出特色，为营造一个团结、和睦、法治、和谐的社会环境做出应有的贡献！

【德宏州司法行政网开通】 2009年，德宏州司法局建成了“德宏司法行政网”，搭建了电子政务网络平台。应用系统设置主要包括办公室政务信息管理系统、法制宣传教育信息系统、律师公证工作管理信息系统、基层工作管理信息系统、刑释解教人员信息管理系统、法律援助信息管理系统、社区矫正人员信息管理系统、司法鉴定管理信息系统、国家司法考试信息系统、队伍建设管理信息系统、公示公告管理系统、劳动教养工作管理系统。

【干部培训】 2009年，德宏司法行政机关积极开展干部教育培训，制定并组织实施了《德宏州司法局干部教育培训实施方案》和《2009年干部教育培训计划》。积极完成上级培训任务，有4名司法局长到清华大学、2名司法局长到中央司法警官学院参训，20余人次参加了州委政法委组织的深入学习实践科学发展观暨“大学习、大讨论”活动培训，实行干部教育培训登记制度，建立了干部教育培训档案，通过培训，全面提高了队伍的整体综合素质。

【劳教工作】 2009年，劳教工作紧紧围绕场所安全稳定，严格签订所管、生产安全、执法执纪三项责任书，形成自上而下的权责分明、休戚相关、齐抓共管的格局。年内，结合《禁毒法》的实施，以改革创新和求真务实精神，按照州委、政府的部署，州劳教所加挂了“德宏州强制隔离戒毒所”牌子，全年共收治强制戒毒人员916人，其中，在所学员868名。在所行政设施建设方面，特殊病隔离管理区第一期工程行政用房、医疗用房、食堂餐厅共3358平方米已全部竣工；并新建生产习艺钢质结构大棚560平方米。全年实现“七无”即：无逃跑、无非正常死亡、无重大所内案件、无疫情、无生产安全事故、无所内吸毒、无警察职工违法违纪。

【安置帮教和社区矫正】 2009年，德宏州司法局加强安置帮教工作宣传，不断改进安置帮教衔接管控，建立健全报到登记、建档立卡、签订帮教协议、重点对象管控、信息反馈等帮教措施，把安置帮教工作落到实处，最大限度地预防和减少重新违法犯罪。全州共接收刑释解教人员460名，其中刑满释放人员378名，解除劳教人员82名。安置407名，安置率为88.48%；帮教455名，帮教率98.91%。州司法局从机关和州劳教所抽调30余名干警，分4个工作组进驻瑞丽市、陇川县、盈江县和梁河县协助基层集中开展排查，掌握认定社区矫正对象底数。全州累计接收矫正对象887人，年内在册矫正对象735人，其中：管制9人，缓刑374人，暂予监外执行226人，假释111人，剥夺政治权利15人，接收率100%。

【普法与依法治理】 2009年，德宏州司法行政机关切实履行普法主管部门的职能，认真组织实施“五五”普法规划和依法治州规划。加大各级领导干部特别是公务员和行政执法人员的普法教育力度，组织对领导干部、司法、行政执法人员、公务员的法律培训、法制讲座、普法考试，增强了依法执政意识，提高了依法行政能力。州普法办与德宏电视台、广播电台联合录制了“五五”普法依法治理法制宣传片，广泛开展宣传。加强农村普法宣传，积极参加“三下乡”活动，把群众生产生活需要的法律知识送到农村。结合全州边疆少数民族的特点，利用民族语言宣传国家法律法规，投入资金5万元，与德宏电视台开办了《农村普法》专栏，录制民族语言《农民法律知识》光碟846套7272张，为广大农民学法提供了“法律套餐”。基层民主法治创建成果不断巩固，制定了《德宏州“民主法治村”创建标准》，全州共创建“民主法治村（社区）”278个，其中，年内创建“民主法治村（社区）”44个，创建率为76.37%，进一步完善了村民自治，推动了农村民主法制建设进程。法学教育年内有北京理工大学远程教育本科在册学生11名。年内全州领导发表普法电视讲话23场次，展出图片板面3004块，悬挂宣传标语337条，播放法制电影录像119场，举办法律知识竞赛8场，法制文艺演出18场，橱窗墙报350期，编印发放宣传资料23万余份，投入宣传经费近17万元，受教育80余万人。

【法律服务】 2009年，德宏州司法局积极组织律师担任各级政府及政府部门法律顾问，不断提高依法行政水平，进一步帮助企业建立法律顾问制度，着力提高企业依法经营、依法管理水平；充分发挥律师专业优势，积极参与涉法信访工作，依法调处群体性涉法上诉案件，引导群众用合法的方式表达诉求；在律师队伍中开展“中国特色社会主义法律工作者”主题教育实践活动、“法律服务为构建社会主义和谐社会服务的主题实践活动”，组织开展法律服务“进社区”、“进企业”、“进乡村”和“进校园”，选派8名律师义务担任创建“平安和谐民企”法制辅导员，选派5名律师义务担任“德宏州保护消费者权益委员会”法律顾问；还定期不定期到民营企业开展职工法律培训和举办法制讲座，提高企业员工的法律意识和法律素质。在维护民营企业职工合法权益过程中提供相关的法律服务，解答民营企业在发展中遇到的相关法律问题。推动法律服务工作向社区，农村、企业延伸。全年全州律师事务所办理各类案件989件，比上年减少1.36%。其中：刑事案件318件、民事案件534件、行政案件42件、非诉案件36件、办理法律援助案件59件，担任法律顾问116家。全州公证处共办理各类公证事项2769件，比上年增长46.3%。其中：国内公证2510件，涉外公证227件，涉港澳台公证32件，接待来访7992人次，办理经济公证事项涉及金额14.37亿元。全州法律援助机构办理法律援助案件627件，其中：刑事案件278件，民事案件349件（含非诉讼）；接待来电来访咨询共1448人次，其中：“148”法律服务专线接电解答法律咨询750人次，接待来访当事人法律咨询698场次；代写法律文书62份。全州基层法律服务所共代理诉讼事务165件，代理非诉讼事务51件，调解纠纷596件，办理农民工事项46件，办理征地事项2件，办理土地承包事项64件，解答法律询问7759人次，参与司法行政工作149人次，其它法律事务148件，担任法律顾问17家，避免挽回经济损失24.79万元。

【司法鉴定和司法考试】 2009年，德宏州司法局加强司法鉴定管理，积极做好面向社会服务的司法鉴定机构和司法鉴定人资格申报工作，切实履行职能，建立完善有关制度、程序和工作制度，严格管理、强化监督，力求鉴定结论的科学、客观、准确。年内办理各类鉴定案件355件，其中：法医临床鉴定351件，法医病理鉴定2件，法医物证鉴定2件，采信率98%。全州报名参加国家司法考试人员181人，实际参考148人，共有43人通过，通过率为29.05%。

【基层司法行政工作】 2009年，德宏州司法行政机关以有效化解社会矛盾为主线，贯彻“调解优先”原则，深入推进各项人民调解工作。全州共有各级调解组织429个，人民调解员8425人；成立了4支维稳应急队伍，定期召开人民调解工作例会，排查纠纷，做好预案，提高调解成功率；在全州农垦系统建立了新的人民调解委员会4个，选举聘任人民调解员157人；对在全州规模以上企业建立人民调解组织进行专题调研。全年全州各级调解委员会共调解各类纠纷2350件，调解成功2265件，成功率为96.38%；防止民间纠纷转化为刑事案件9件512人。在基层司法所方面，德宏州司法局认真贯彻中央、省有关加强基层司法所建设的指示精神，全面抓好基层司法所规范化建设工作，全州实现了司法所收编上划管理和所长副科级待遇；云南省下达的司法所办公用房48个已全部投入使用，建设项目完成率达到100%，完成司法所办公用房建筑面积13919.44平方米，平均每所228平方米；在装备配置上，所有司法所配备了电话、电脑、打印机、复印机、传真机、办公桌椅、档案柜等现代化办公设备，部分司法所配备了业务用车；在业务工作上，按照司法所九项职能要求，强化制度建设，建立了月重大情况报告制。全州全年基层司法所共协助基层政府处理社会矛盾纠纷370件，成功298件；开展矛盾纠纷大排查357次；防止群众上访28次；制止群众性械斗42次；为基层政府提出司法建议113条，被采纳103条；参与专项治理严打152人次；协助基层政府制定规范性文件8件；制定村规民约24件。

（《行政司法》撰稿　陈裕江）

法　院

【量刑规范化试点工作】 2009年6月1日，最高人民法院决定在全国部分法院开展量刑规范化试点工作，对《人民法院量刑指导意见》和《人民法院量刑程序指导意见（试行）》两个文件进行试点。经州法院与州检察院协商，决定将潞西市法院作为德宏州试点法院开展量刑规范化试点工作，由法官在法庭审理中组织控辩双方对量刑问题展开辩论。

【审判杨老二等涉黑案】 2009年10月23日、12月1日德宏州中级人民法院两次公开开庭审理了杨老二、郭彩山、孟清刚、兰桂芹4人涉黑案本案。经审理查明：2007年4月至次年4月期间，被告人杨老二伙同他人在毗邻云南省陇川县章凤镇拉影街缅甸境内一侧的雷基市组建“老昊昇”赌场，在赌场内规定了严明的组织制度，设立“单房”专门用作非法羁押场所，纠集被告人兰桂芹等赌场“外联”经纪人，以旅游观光、商贸洽谈等事由为幌子诱骗中国公民出境到赌场后进行绑架、抢劫，逐渐形成以杨老二为组织、领导者，以被告人孟清刚、郭彩山、兰桂芹等人为成员的、主要针对我国公民实施犯罪的黑社会性质组织，该组织在中缅边境地区跨境实施违法犯罪活动多起，对陇川县的旅游业、边境管理、对外形象及投资环境造成了极大的损害，严重破坏了当地的经济、社会生活秩序，造成了重大影响。根据《中华人民共和国刑法》和全国人民代表大会常务委员会《关于〈中华人民共和国刑法〉第二百九十四条第一款的解释》等相关规定，判决如下：一、被告人杨老二犯绑架罪、犯抢劫罪、犯组织、领导黑社会性质组织罪，判决无期徒刑，并处没收个人全部财产。二、被告人孟清刚犯绑架罪、犯参加黑社会性质组织罪，判决有期徒刑十六年，并处罚金人民币20万元，刑满释放后驱逐出境。三、被告人郭彩山犯抢劫罪、犯参加黑社会性质组织罪，判决有期徒刑十一年，并处罚金人民币10万元，刑满释放后驱逐出境。四、被告人兰桂芹犯参加黑社会性质组织罪，判处有期徒刑一年。五、被告人杨老二、孟清刚、郭彩山的犯罪所得依法追缴后返还被害人。

【审判郑兴隆抢劫案】 2009年12月11日，德宏州中级人民法院对盈江县周某某夫妇二人被杀案作出了一审判决。审理查明：2009年4月27日凌晨5时许，被告人郑兴隆步行至盈江县平原镇贺罕街医院家属区包某某、周某某家，翻墙入室进行盗窃，当郑兴隆进入包某某、周某某的卧室内实施盗窃时，被正在卧室内睡觉的包某某、周某某发觉，被告人郑兴隆为抗拒抓捕，拿出随身携带的匕首将被害人包某某、周某某杀死，并抢走周某某的钱包一个（内有人民币570余元及银行卡等物品）后逃离现场。2009年5月3日，被告人郑兴隆在盈江县弄璋镇被公安人员抓获归案。德宏州中级人民法院审理后认为，被告人郑兴隆无视国家法律，以非法占有为目的，入户盗窃他人财物，在被害人发现后为了抗拒抓捕，持凶器刺死二名被害人的行为，已触犯刑律，构成抢劫罪，依法应判处十年以上有期徒刑、无期徒刑或者死刑；被告人郑兴隆犯罪手段残忍、情节特别恶劣，后果特别严重，属于罪行极其严重的犯罪分子，应依法予以严惩。法院以抢劫罪判处被告人郑兴隆死刑，剥夺政治权利终身；赔偿附带民事诉讼原告人丧葬费、死亡赔偿金、抚养费共计人民币57.58万元。

【刑事审判】 2009年，德宏州两级法院以维护社会稳定为首要任务，全力打击各种刑事犯罪，为德宏州的和谐稳定做出了积极贡献。全年受理各类刑事一审案件1203件、1865人（含旧存83件128人），比上年减少211件，下降14.92%；审结1120件、1747人，结案率为93.1%；受理刑事二审案件75件，已全部审结，其中维持原判55件、132人，改判14件、23人，发回重审4件。全年审结一审毒品案件503件、733人，故意杀人案件23件、29人，伤害案件71件、114人，强奸案件13件、14人，“两抢一盗”案件268件、467人，贪污贿赂案件27件、28人，走私案件7件、20人，涉黑案件2件、8人。与此同时，对犯罪情节较轻、社会危害不大、认罪悔过态度较好或具有减轻、从轻情节的被告人依法轻判，年内对23名犯罪分子免予刑事处罚，2名单处罚金，18名判处管制，262名判处拘役、缓刑。生效判决中，共判处犯罪分子1762人，其中判处五年以上有期徒刑至死刑的882人，占50.06%。全年为281名没有条件委托辩护人的被告人指定了辩护人，依法宣告1名被告人无罪。在审理刑事附带民事案件时，对附带民事部分加大调解力度，全年审理一审刑事附带民事案件110件，结案58件，调解率为52.73%。

【民事审判】 2009年，德宏州两级法院共受理民商事一审案件1720件（含旧存95件），比去年上升12.34%；审结1642件，结案率为90.47%。受理民商事二审案件256件（含旧存8件），较去年上升45.45%；审结252件，结案率为98.44%。已结的二审民商事案件中，维持原判72件，改判64件，调解25件，发回重审41件。已结的民商事一、二审案件涉诉标的额为31432.59万元。

【行政审判】 2009年，德宏州两级法院坚持保护行政相对人合法权益与维护、监督行政机关依法行政并重，认真审理行政案件，妥善化解行政争议。全年受理行政一审案件24件（含旧存1件），审结22件；受理行政二审案件5件，已全部审结，其中维持原判4件，撤回上诉1件；审查非诉执行案件34件，全部准予执行。

【审判监督与国家赔偿】 2009年，德宏州两级法院坚持有错必纠的原则，正确处理好纠正错误裁判与维护生效裁判权威性的关系，审慎开展审判监督工作和国家赔偿工作，全年审理再审案件5件，审结4件，审结国家赔偿确认案件1件，审结国家赔偿案件2件。

【执行工作】 2009年，全州法院共受理执行案件704件（含旧存185件），执结584件，中止12件，执结率为82.95%，执结标的额为11308.24万元。经统计，全州共有执行积案1198件，其中有财产可供执行的案件192件，无财产可供执行的案件1006件。通过开展工作，全州1198件执行积案全部顺利执结，执结标的额3889.99万元。

【业务培训】 2009年，德宏州两级法院安排88人次分别到国家法官学院、省高级法院参加晋升高级法官、法官续职、预备法官培训及审判业务、司法政务等培训。同时，按照组织部门的通知，先后安排26名干部到党校参加各种班次的政治理论培训，通过培训，干警的政治素质、理论素养、业务能力得到进一步提高。年内加大对干警参加司法考试的支持力度，鼓励干警积极参加司法考试培训，全州法院共有60人参加司法考试，通过37人，其中取得A证17人，C证20人，通过率达61.7%，通过率继续居全省各州市法院前列。

【贯彻人民陪审制度】 2009年，德宏州两级法院注重加强人民陪审员的法律知识培训和指导工作，提高人民陪审员的法律素养和审判业务水平，充分发挥人民陪审员的自身特长和优势，做好协调调解工作。年内新任命10名人民陪审员，参加审理案件208件。

【司法为民】 2009年，德宏州两级法院结合实际，不断推出司法为民新举措：一是坚持在立案阶段实行案件繁简分流、庭前调解、诉讼风险告知等制度和措施，为群众提供方便快捷的诉讼途径，潞西市法院还成立了民商事案件速裁庭，专门负责简易程序案件的速调速裁，提高了诉讼效率，减轻了当事人的诉累。二是进一步加大巡回审判力度，努力将矛盾平息在基层，化解在民间，全年共巡回审理案件236件，降低了人民群众打官司的成本。三是对涉及弱势群体利益的追索劳动报酬、赡养费、抚养费、医疗费等案件，继续优先立案、优先审理、优先执行。四是关注贫困群众的司法需求，加大司法救助力度，全年共缓、减、免交诉讼费41.84万元，让贫困群众打得起官司。

五是基层法院与相关部门普遍建立诉讼调解与司法调解、人民调解、行政调解等相衔接和配合的多元化纠纷解决机制，共同消除和化解矛盾纠纷。盈江县法院还从该县实际出发，与县司法局联合制订《巡回立案管理规定》，在昔马、卡场、苏典、勐弄及油松岭等5个乡镇设立立案点，由各乡镇的司法所代为收集诉讼材料，使司法调解与诉讼调解得到了有效对接。

【来信来访工作】 2009年，德宏州两级法院普遍建立信访首问责任制、院长接待日制，积极开展大接访、大下访活动，确保信访案件事事有回音、件件有落实，有效缓解了人民群众申诉难问题。全年接待来访群众165人次，其中申诉、申请再审55人次，执行11人次，其它99人次；处理来信126件，其中告诉2件，申诉、申请再审54件，执行13件，其它57件；立案审查申诉、申请再审案件23件，全部审结，其中驳回申诉16件，决定再审2件。

（《法院》撰稿　王昌省　杨新磊）

检察院

【反贪污贿赂】 2009年，德宏州反贪部门共受理、初查案件39件，立案29件29人，其中州检察院直接立案6件6人。侦查终结29件29人。通过办案为国家挽回经济损失298.34万元。年内反贪污贿赂工作特点:一是办案数量与上年相比有所上升。二是立办要案数上升。查办副处级以上干部要案4件4人，与上年相比翻了一倍。三是贿赂案件的查处依旧突出。贿赂案件为20件20人，占立案数的69%。四是办案质量和效果明显提高。所有立办的案件均已侦查终结，并且全部移送起诉，法院均作了有罪判决。五是院领导亲自带头开展侦查一体化工作，侦查一体化成效明显。全州两级检察机关按照“省院为指导，州院为主体，县市院为基础”的侦查工作模式，充分发挥侦查一体化机制的优势，加大提办、交办、督办的工作力度。做到上下联动，左右互动，充分调动各办案单位的积极性。突破案件做到以点带面，查办窝案串案收到了很好的办案效果。共查办电力系统犯罪案件10件10人，立办劳动保障部门犯罪案件5件5人，立办国土部门犯罪案件2件2人。六是全州反贪干警主动侦查意识明显增强。立办的29件案件中，检察机关自行发现20件，占了立办案件总数的69%。七是强化办案安全意识、程序意识，全年无安全事故发生，无违法违纪现象。

【预防职务犯罪】 2009年，德宏州检察机关预防职务犯罪部门主要开展了以下工作：一、结合办案，积极开展个案立项预防职务犯罪工作。共开展个案立项预防15件，并有针对性的向案发单位发了4份检察建议，均得到落实。二、州院预防处与保山市院及保山监狱协调，积极组织技术监督局、林业局、卫生局、烟草公司等预防联系单位的干部职工200余人，到保山监狱进行警示教育。三、加大预防职务犯罪工作的宣传力度。全州检察机关预防部门深入相关系统、行业，开展预防知识讲座57场，受教育人数达2000多人。四、州院预防处突出重点，调整工作思路，及时将预防职务犯罪工作延伸和拓展到重点工程建设领域中。与州移民局加强联系，对全州最大的移民搬迁工程进行了跟踪监督检查。五、积极做好行贿档案查询工作。对400个单位及其法定代表人进行了网上查询，对其中涉嫌行贿犯罪嫌疑的1个单位建议取消了投标资格。六、积极开展预防调查。针对近几年涉林职务犯罪居高不下的实际，深入调研，找出林业系统存在的问题，提出了建议和工作方法。

【渎职侵权检察】 2009年，德宏州渎职侵权部门共受理、初查渎职案件13件14人，立案9件11人。侦查终结9件11人，移送起诉9件11人。一审作出有罪判决4件5人。通过办案挽回经济损失98.6万元。渎职侵权检察工作的主要做法是：一、认真贯彻落实高检院、省院关于继续深入查办危害能源资源和生态环境的渎职犯罪专项工作。二、以专项活动为契机，深入林业、土地和社保三大系统调研、调查。全年查办涉林案件2件2人；涉土案件2件3人；社保渎职犯罪案件4件5人；安监部门渎职犯罪案件1件1人，查办大要案2件3人。三、进一步完善侦查一体化办案机制，做到线索管理一体化，侦查力量一体化。四、主动加强与侦监、公诉部门及审判机关的联系，为反渎案件实现快捕、快诉、快判做好相关工作。五、积极撰写反渎简报和信息，及时上传下达。全年上报反渎简报5期，信息8篇。

【协助追逃】 2009年，德宏州4个边境协查站全部在口岸联检大楼挂牌办公，协查力度加大、工作更加规范；协查案件45件，取证172份，抓获在逃职务犯罪嫌疑人2人。瑞丽边境协查站协助官渡区检察院将涉嫌贪污公款980万元、潜逃境外12年的原昆明市官渡区乡镇企业开发公司出纳王某某等2人从缅甸抓捕归案。

【人民监督员制度】 2009年，德宏州两级检察机关共启动人民监督员监督程序案件4件4人。其中犯罪嫌疑人不服逮捕决定2件2人，拟不起诉案件2件2人，人民监督员评议后，均同意检察机关的意见。经对“三类案件”数据清理，不定期的检查，全州没有“漏告知”和“漏监督”情况的发生，保证了“三类案件”全部纳入监督程序。通过检查、调研，“五种情形”相关告知制度也得到落实。全州共查办职务犯罪案件37件38人，全部案件均按规定对犯罪嫌疑人进行了权利告知。州院组织10名人民监督员观摩了案件庭审，使人民监督员更加直观地了解检察机关执法办案活动的具体内容。

【侦查监督】 2009年，德宏州侦查监督部门共受理各类提请批准逮捕的刑事案件1183件1768人，其中州院受理147件215人。经审查已批准和决定逮捕1051件1513人，不批准和决定不逮捕245人。全州共受理立案监督案件线索23条，经审查，共向侦查机关发出《要求说明不立案理由通知书》20份。共办理立案监督案件21件。主要做法：一是适时介入，引导侦查。对重大、疑难、复杂的案件，全州侦监部门采取提前阅卷、参与案件讨论等方式，积极引导侦查机关收集、完善和固定证据，帮助分析解决问题，为依法办案提供有力支持，使案件质量得到较大提高。年内，全州侦监部门共提前介入案件143件。二是强化监督，确保实效。全州侦查监督部门共发出《提供法庭审判所需证据材料意见书》402份，发出《检察建议（意见）书》63份，《补充侦查意见书》107份，《纠正违法通知书》和书面纠正违法意见共45份。全州刑事司法与行政执法相衔接网络平台建设工作顺利完成。实现了县、州、省的三级网络连接。目前网络平台运转正常，各行政执法机关已能正确使用平台录入案件信息，现已登录各类工作、案件信息280余条（件）。

【审判监督】 2009年，德宏州公诉部门共受理移送审查起诉各类刑事案件1669件2535人。经审查，依法提起公诉1005件1514人，不起诉72件117人，撤回起诉2人，依法提出抗诉案件5件；纠正侦查机关漏诉6人，向侦查机关、审判机关发出检察建议13份，发出纠正违法通知书2份。在受理的案件中，涉毒案件共866件1199人，件数和人数分别占受理案件总数的52.36%和48.06%。其中，州院公诉处共受理案件548件858人，经审查依法提起公诉393件624人，出庭支持公诉421件（含上年）；对法院依法判处死刑的149人，派员进行了执行死刑临场监督。全州共适用简易程序办理案件184件，采用普通程序简化审理的方式办理案件206件。积极推进“量刑建议纳入庭审程序”试点和“检察长列席同级人民法院审判委员会”制度，潞西市院在庭审中共向法院提出量刑建议105件，法院采纳检察机关意见量刑60件。州院共提出量刑建议14件，法院采纳8件，陇川县院提出建议4件，法院采纳2件。全州各级检察长共列席同级法院审判委员会10次。

【监所检察】 2009年，德宏州6个看守所累计关押3957人，比上年减少647人。主要做了以下具体工作：一是认真开展驻看守所、劳教所的检察监督工作和对州戒毒所的巡回检察工作。全年共发生在押人员死亡4起，事件均得到了妥善处理。对劳教学员进行个别谈话20人次，配合劳教所管理科对解教学员进行出所教育共计200余人。共监督接收投戒学员8批次，对戒毒所10名戒毒学员死亡事件的调查和处置过程进行了监督。对在押人员新增办理监外执行手续的71人进行了监督。全州看守所年内未发现违法出入所的情况。对省高院超审限的24件案件进行了通告。办理被监管人员控告申诉4起，为被监管人员家属追回被骗委托费11.8万元。二是组织开展全州“牢头狱霸”、监管场所执法专项检查、刑事审判法律监督三个专项活动。对1494名在押人员进行了全面的体表检查。与州法院、州公安局、州司法局召开了联席会，就解决监外执行罪犯的续保手续的问题、暂予监外执行罪犯的收监执行和监外执行法律文书的交接问题进行了统一规范。

【控告申诉】 2009年，德宏州控告申诉检察部门共受理来信来访179件，其中来信159件，来访15件，电话1件，网络4件（其中州院控申处受理各类来信来访112件）。经审查，依法立案复查刑事申诉案件5件，其余来信来访均根据性质进行了及时分流处理。主要工作：一是认真接待和处理来信来访案件，做好答复工作。二是开通了12309全国检察机关统一举报电话，方便了广大人民群众向检察机关举报犯罪案件和提出咨询。办理了全省首件刑事被害人救助案件（不起诉案件），支付20000元救助金。三是认真开展“举报宣传周”活动，全州共设立15个宣传点，有15名正副检察长和122名干警参加。四是认真开展刑事审判法律监督专项检查活动，对上年以来不服法院刑事判决的两件申诉案件逐一进行了检查，对4件举报审判人员违法的线索分流情况进行了检查。

【民事行政检察】 2009年，德宏州民事行政部门共受理民事行政申诉案件40件，其中州院受理23件。建议提请抗诉5件，抗诉1件，省院抗诉后，法院依法改判了1件。共受理非抗诉类案件10件。开展执行监督6件。主要工作:一是全州首例对两起破坏电信设施、一起破坏公私财物的被告人，民行部门提起了刑事附带民事诉讼，法院判决被告人赔偿国家损失，已经得到履行。二是与有关单位的联系，建立民事行政检察便民联系点，拓宽民行案源渠道。共印发《民事行政检察宣传手册》、《民事行政检察知识问答》7000多册。三是加强与林业主管部门的协调和联系，启动涉林案件民行工作机制。四是充分利用新闻媒体加强工作宣传，提升全州民行检察工作的知名度。

【科技强检】 2009年，德宏州检察机关积极开展刑事技术检察和信息化保障工作。一是州检察院司法鉴定中心通过了高检院审批，设立了2个鉴定门类（法医临床、司法会计），共有鉴定人员6人。年内参与法医尸体检验9件，出具死因鉴定1份，提供法医咨询11件，提供法医协助6件次。对全州看守所在押的1456名在押人员进行了体表检查。配合自侦部门利用审讯系统进行同步录音录像28次18人累计70多小时。二是认真做好信息技术工作，全年上传外网信息461篇，工作动态168篇，县、市院工作动态65篇。三是进一步加强全州检察机关网站的建设。建立了“检察调研专栏”，上传州院干警撰写的调研文章8篇。在办公软件中流转文件2055件，在办案软件中流转案件2103件。利用视讯会议系统保障了各级检察会议的召开。行政执法与刑事司法共享平台已完成，全州已有90多家行政执法在使用和上传执法案件。

【检察委员会】 2009年，德宏州检察机关共召开检委会会议109次，讨论决定各类案件189件272人。其中，州院召开检委会会议23次，讨论决定各类重大疑难案件67件150人。充分发挥了检委会议事作用，保证了各类重大、疑难案件的办理质量。

【检察宣传】 2009年，德宏州检察机关共收到各内设部门报送的各类信息234条（篇），上报州政法委169条（篇），超额完成了州政法委下达的116条（篇）的信息任务。在国家级、省级、州级报刊见稿113条(篇)，其中，国家级媒体1条（篇），省级媒体26条（篇），州级媒体86条（篇）。协助高检院、省检院、州电视台拍摄了8个专题片，先后在江西电视台、云南电视台和德宏电视台播出，收到了良好的宣传效果。

【队伍建设】 2009年，德宏州检察机关以开展深入学习实践科学发展观活动为载体，不断加强思想政治建设。一是组织开展学习科学发展观活动，确定8个重点调研课题，并形成调研报告8份。精心组织召开民主生活会，对查摆出来的问题，认真制定落实领导班子整改方案，规范化工作机制建设进一步得到完善和加强。二是加强组织人事工作。在全州两级院符合条件的人选中公开推荐选拔5名副处级干部；提拔任用了3名正科级干部；配合州委组织部考察确定了2名正处级后备干部、4名副处级后备干部。公开招录了34名公务员。三是加强学历教育及培训工作。选送3名县市检察长到高检院培训。组织16名干警参加法学专升本的学习，支持3名干警参加在职研究生学习，鼓励4名干警参加在职研究生入学考试。全州检察干警346人次参加高检院、省院和州院组织的各种业务培训，参加州委有关部门组织的干部理论培训181人次。全州参加司法考试44人，通过21人。四是对工作突出的集体和个人进行表彰。州院检察长铁楠被省妇联授予“三八红旗手”称号；两级院有13个部门、3名个人分别受到高检、省院、州委表彰，13个集体和64名个人获州院表彰。

【法警工作】 2009年，德宏州法警支队共执行看管、拘传、押解等任务1833人次。为本院工作区安全、办案安全以及突发事件等安全处置做出了有力保障。在履职过程中，始终坚持依法、规范、文明、安全的原则，认真制定看管预案，严格执行交接手续，在执行看管任务中，坚决做到贴身看管、文明看管，确保了办案安全万无一失。

（《检察院》撰稿　左爱萍）

公　安

【队伍建设】　2009年，德宏州公安机关紧紧围绕建国60周年安全保卫工作这一主线，着力解决制约公安工作和队伍建设的各种问题和难题，强势推进公安队伍正规化建设。一是以学习为先导，以实践为目的，积极开展学习实践科学发展观活动。成立21个学习组深入组织学习实践科学发展观，撰写专题调研报告26份，撰写推动公安工作科学发展的文章23篇，全面促进公安机关学习实践科学发展观。二是统一思想，提高认识，积极开展“公安民警爱民实践大走访”和“三同”活动。年内，全州公安民警共走访单位2614家、困难家庭60005户，收集社会各界的意见和建议3000条，化解矛盾1275起，侦破群众关注案件481件，接受群众提供案件信息线索1365条，成功侦破各类刑事案件273起，查处治安案件221起，化解纠纷隐患苗头319起，解决治安突出问题334个；推出服务举措292条，捐送款物合计18万元，“大走访”活动取得了实效。积极开展宣传教育2154场次，共发放用傣文、景颇文等少数民族语言文字印刷的法制宣传手册7000余册，交通安全、消防安全知识手册等10000余份，现场解答群众疑难3000余人次。三是开展“治虚、灭假、纠偏”专项整治工作。6月14日，州公安局党委果断决定在全州开展一次声势浩大的“治虚、灭假、纠偏”专项活动，多措并举，突破陈规，革故鼎新，彻底挤掉当前各项工作中存在的“泡沫”和“水分”，起到了内除积弊，外消积怨的积极作用，全面促进队伍和业务工作健康发展。

【公安宣传】　2009年，德宏州公安机关共在州级以上新闻媒体刊播公安工作报道3964篇，其中：中央级报道23篇，省级819篇、条，地州级3122篇、条。此外组织召开新闻发布会5次。建设完成由19块宣传板块组成的德宏公安法制宣传栏，分为《禁毒防艾》、《警情提示》、《法制经纬》、《环球实事》、《社会纵横》、《生活常识》等栏目，不断向广大群众展现公安机关丰富的警营文化。全力强化“国庆安保”宣传，多角度、多侧面地展示德宏公安为确保“国庆六十周年”所做的各项工作、所付出的各种努力，有力地激励了广大民警全身心地投入到“国庆安保”工作之中。

【大练兵暨反恐演练】　2009年，德宏州公安机关为贯彻公安部关于建立“大教育、大培训”工作格局和工作体系的精神，切实加大民警培训力度，提升全州公安机关整体战斗力。年内，将“大练兵暨反恐演练”作为德宏州公安机关培训要求的一项重要基础工作，通过培训实战练兵不断提高全州民警工作水平和队伍战斗力。全年参加省级培训班36期，参训民警达172人次，组织参加州级各类培训班62期645人次。11月22日，德宏州公安机关2009年反恐大练兵汇报演练在芒市成功举办。演练中，与会领导和现场观众分别参观了公安工作图片及装备展，观看了公安、武警、消防、保安方队分列式，擒敌拳表演，处置群体性突发事件队形表演，反劫持人质演练等科目表演。全州1000余名公安民警、武警、消防官兵、保安队员向全州各族人民群众充分展示了德宏公安队伍的精湛技能和过硬素质。此次演练在全州公安民警中掀起了大练兵活动热潮，实现了“战训合一，轮职轮训，人人参加训练，个个受到教育”目标，提高了公安队伍政治素质、业务素质和体能素质，树立了公安机关“立警为公、执法为民”的良好形象。

【科级领导干部竞争上岗】　2009年，州公安局党委紧密结合自身工作实际，对州局直属部门内设机构空缺的18个正科和2个副科职位实行了公开竞争上岗，经过严格的程序和步骤，17名优秀民警脱颖而出奔赴新的工作岗位。通过这一有效竞争手段，激发队伍活力、增强队伍凝聚力、提升队伍战斗力，实现德宏州公安局警务效益最大化，切实解决“干与不干，干多干少，干好干坏一个样”的问题。

【公安运动会暨文艺巡演】　2009年，德宏州公安机关成功举办了首届公安运动会暨文艺巡演活动。全州有500多名公安民警、公安现役官兵、武警官兵、保安人员和职工结合自身特长，踊跃报名参加。于4月15日至19日经过比赛共决出了篮球、足球、乒乓球和警体三个项目（三公里越野长跑、射击、游泳）共14个名次。同时文艺汇演经过初选，由全州各级公安机关11个单位精心选送的《人民警察新一代》、《为改革开放来服务》、《美丽德宏》等13个节目进入汇演，其中梁河县公安局作品《丝语声声》在参加公安部举办的文艺汇演中荣获优秀奖。

州公安局还组织150名演值人员从4月23日至27日到全州5个县市作巡回演出，共演出6场、观众达1万余人。

【关爱民警】 2009年，德宏州公安机关一是组织开展各类优抚看望慰问活动。组织慰问175人次，共计发放各类慰问金47.9万元。二是继续落实民警子女高考“喜报”奖励制度，对州局机关8位参加全国高等院校统一考试，成绩上线并被本科院校录取入学的民警子女给予奖励。三是组织全州各级公安机关集体和932名民警个人向云南省公安民警英烈基金会捐款91860元。四是组织在全州公安机关深入开展了走访慰问公安优抚对象活动。共走访慰问革命烈士家属2家，因公牺牲民警家属15家，家庭特困民警3名。五是做好老干部“两个待遇”的落实。办理发放离退休人员特需费、公用经费、活动费；坚持看望慰问因病住院的老同志等。六是注重调节民警身心健康，认真落实民警年休假、年体检、局长责任险、因公致伤抢救“绿色通道”和医疗保障制度。

【推出系列便民利民措施】 2009年，德宏州公安局为了不断深化公安行政审批制度，简化办事程序，缩短审批时限，最大限度地便民、利民、惠民。州公安局先后两次向社会郑重公布111条缩短审批时限的行政审批和管理服务便民利民新举措。其中：在公安行政管理方面，推出37条新举措。在户籍管理方面，推出16条新举措。在交通管理方面，推出32条新举措。在出入境管理方面，推出13条新举措。在消防管理方面，推出13条新举措。111条便民利民新举措，一是减少了行政审批项目，由原来的90项，减少为31项；二是大大缩短了审批时限，31项行政审批项目和47项管理服务项目中，有66项审批项目由原来的15个工作日变为当场办理，大幅缩减了审批时限，让百姓办事更省事、更便捷。真正做到“便不便民、利不利民，百姓说了算”。

【纪检督察】 2009年，德宏州公安机关共开展专项督察126单位、1025人次，组织明察暗访组12个、136人次，明察暗访单位347个、1456人次；并对公安机关收费、罚没款物、扣押财物、收取保证金等开展专项审计调查4项，金额500多万元。全州各级公安机关共收到信访案件24件，其中州局纪委16件、县市公安局纪委8件，已办结23件，1件正在办理之中，查结率96%。同时，通过交叉检查、督察暗访、内部审计等多种方式，拓宽案件线索来源。

【维护社会稳定】 2009年，德宏州公安机关牢牢抓住国内维稳和境外调研两个阵地，按照“日常情况定期研判、突发情况及时研判、预警情况超前研判、专题情况深入研判”的要求，先后收集各类情报信息8448条，比去年同期多收集400多条，上升5.6%。排查种类矛盾纠纷和社会治安问题2833起，涉及人数20000余人，其中山林草场纠纷2793起10000余人、征地拆迁17起738人、企业改组改制（兼并破产）44起6525人。

【治安管理工作】 2009年，德宏州公安机关积极组织开展“治乱点、查黄赌、严防范”治安整顿和“抓源头、除隐患、保安全”消防、交通隐患整治大会战、“铁拳”治安整治行动，为建国60周年庆典创造良好的治安环境。共查处治安案件7056起，同比上升23.9%，查处率99.8%；查处违法人员7036人，同比上升26.2%。清查流动人口9.71万人次，清查出租房2.49万家，出租房备案登记和签订责任书4743家；管理重点人口2477人，其中2351人已录入重点人口管理系统，录入率为94.9%；上网比对11.55万人，抓获逃犯12人；清查娱乐场所1441家6201人；设置全天候24小时查缉的武装堵卡点18个、定点不定时盘查的查巡点40个，共堵获被盗车辆26辆、抓获犯罪嫌疑人96人、查处违法人员587人、收缴雷管29枚、管制刀具216把。确定A级治安乱点1个、B级治安乱点8个、C级治安乱点20个开展整治，破获刑事案件358起，查处治安案件2716起，端掉取缔各类犯罪团伙和窝点30个102人，缴获毒品3642.17千克，收戒吸毒人员1765人。年内，继续加大换发二代证工作。全州共受理二代证制证信息831096份，占16周岁以上应办证人口872715的95.23%；首次为现役军人和人民武装警察办理居民身份证，目前，全州应发证人数1726人，已审核上传1638人，申领发放率达94.9%。州公安局治安支队基础科被公安部表彰为“全国公安机关集中换发第二代居民身份证工作先进集体”。

【治安防控】 2009年，德宏州公安机关一是健全完善巡逻设卡工作，着力构建街面治安“网格化”巡逻防控网络。大力推行“弹性工作制”等新型勤务模式，采取分时段、分区域控制措施，及时调整警力部署，保持街面警力投入与警情变化同步调整。二是加强群防群治工作，构建社会治安防控网络。争取各级党委、政府支持，组建治保会585个，发展和壮大群防群治队伍，对5769名治保委员中的4504名治保人员进行了业务培训；全州治保组织共协助公安机关开展“四防”安全检查3234次、排除整改隐患356起、帮教违法人员1013人、调解各种民间纠纷779起。三是积极会同政府行业、系统的主管部门，大力加强内部保卫网络建设。全州共检查单位745家、保卫组织699个、保卫人员1261人、检查重点单位595家、检查重要部位515个、审查重要部位人员背景485人、签订安保责任书676份、制定处突预案104家、演练处突预案175次、排查治安隐患113起、整改治安隐患102起、限期整改治安隐患50起。四是积极推进技术防范网络建设。围绕全州社会治安防控体系建设和城市报警与监控系统建设工程活动的要求，全面推进全州重点单位技防建设、公共娱乐场所技防建设、居民小区技防建设、校园技防建设等，积极构建全州内保防控网。

【打击刑事犯罪】 2009年，始德宏州公安机关终坚持“破案才是硬道理”，组建49个突击队，重拳出击，严厉打击各类刑事犯罪活动。全年共侦破各类刑事案件2460起，破案率51.9%，比去年同期多破213起，破案率同比上升12.24个百分点。抓获作案成员1404人，同比上升8.8个百分点。组织精兵强将，迅速侦破瑞丽“3·08”、盈江“4·27”、陇川“11·07”等37起刑事命案，命案破案率达94.87%，陇川、盈江、梁河三县实现命案全破的工作目标。侦破省厅挂牌督办涉黑案件1起，抓获涉案人员6人，侦破涉恶案件4起，抓获涉案人员34人，在侦涉恶案件3起，打黑除恶工作取得历史性突破。快速侦破公安部、省厅挂牌督办的“4·24”等107起拐卖妇女儿童案，抓获犯罪嫌疑人108人，摧毁拐卖妇女儿童联络中转站点13个，解救妇女76人、儿童8名。抓获上网逃犯594人，其中抓获外地上网逃犯201人、抓获境外在逃人员57人。广泛开展深挖犯罪工作，监管场所共获取线索970条，破获刑事案件305件，占破案总数的15.66%。多方筹措资金180万元开展DNA数据采集及指纹库升级改造，指纹管理工作连续两年排名全省第一。

【打击经济犯罪】 2009年，德宏州公安机关全面履行“打击与预防、管理与服务”职能，全力打击经济犯罪活动。共侦破各类经济案件100起，抓获犯罪嫌疑人136人，为国家和集体挽回经济损失310万元，缴获假币78.42万元、假美元0.56万元，缴获赃物赃款400多万元。其中侦破的机开假发票案为全省首例机开假发票案，成功打掉了一个以浙江籍犯罪嫌疑人为主、涉及金额过亿的特大制售假发票的团伙。潞西市局及时破获一起合同诈骗案，为100多名农民工挽回经济损失60万元。在省厅指挥下，成功侦破“8·24”非法经营假冒卷烟网络案，捣毁囤积假冒卷烟窝点9个，查获12个品种7044条卷烟，涉案金额240万元。

【禁毒斗争】 2009年，德宏州各级公安机关牢固树立禁毒“一盘棋”思想，全警参与、整体联动，不辱使命、攻坚克难，科学谋划、重拳出击，通过组织开展为期一年的“夏季铁拳”、“缉毒破案”、“深挖毒品犯罪”、“重点地区重点整治”、“边境扫毒铁拳”等一系列严打毒品犯罪专项行动，有力震慑了贩毒分子嚣张气焰，全面推进了新一轮禁毒人民战争的稳步开展。全州共破获毒品刑事案件981起，抓获犯罪嫌疑人915名，缴获毒品1164.781千克，缴获毒品数排名全省第二位。通过进一步织密“边境一线堵、州内二线查、出州三线截”的毒品查缉网络，切实强化公开查缉“双向查缉”措施。年内，全州公开查缉共破获毒品案件595起，缴获毒品404.54千克，分别占全州破获毒品案件总数和缴获毒品总数的61.63%、34.73%。通过严把易制毒化学品“出、入口”关，切实加大易制毒化学品打击和管控双向工作力度，全年共破获易制毒化学品案件26起，缴获易制毒化学品41.673吨。通过重拳打击零星贩毒活动，进一步萎缩毒品市场，共破获零星贩毒案件（含行政违法案件）2857起，抓获犯罪嫌疑人2879名。共与缅甸警方开展联合扫毒行动32次，举行会谈会晤39次，抓获毒枭、毒贩7名，有力地震慑了境内外贩毒分子的嚣张气焰。在国家相关政策的主导下，积极大力发展境外罂粟替代种植，把替代种植与“走出去”战略相结合，动员组织更多国内企业到境外发展罂粟替代种植，从农业向工业、交通、旅游、基础设施建设等方面转变，进一步扩大种植面积。年内，新增参与替代经济的企业6家，新增种植面积13万亩。年末，全州共有32家企业在缅甸境内开展替代经济项目，种植面积达49.5万亩。年内，全州共收戒吸毒人员13247

人，完成省上下达任务数的115.96%，完成数全省排名第一名。累计建立吸毒人员登记卡、尿检卡、帮教卡“三卡”20335份，录入吸毒人员动态管控信息26166条；在强化全员收戒吸毒人员的同时，把深挖犯罪作为一项禁毒工作的重要战场来抓好落实，积极开辟禁毒第二战场，充分运用强制隔离戒毒场所“1＋3＋N”运行平台，深挖犯罪线索，严打毒品刑事犯罪，期间，通过“1+3+N”运行模式获取线索6622条，破获各类案件69起，抓获犯罪嫌疑人19人，收戒吸毒人员281人，摧毁贩毒网络窝点3个，缴获毒品313.9克。

【道路交通管理】 2009年，德宏州发生统计范围内的道路交通事故71起，造成63人死亡，69人受伤，直接财产损失93363元，与去年同期相比，事故次数上升14.52%、死亡人数持平、受伤人数上升30.19%、直接财产损失上升34.53%。其中，发生道路交通死亡事故50起，造成63人死亡，27人受伤，直接财产损失61362元，与去年同期相比，死亡事故次数减少5起，下降9.09%；死亡人数持平；受伤人数减少17人，下降38.64%；直接财产损失减少1088元，下降1.74%。年内，全州交警上路上单位65449人次，查处交通违法车辆111195辆次，处理各种交通违法227254人次。全州公路巡逻民警上路巡逻156118人次，出动巡逻警车57823辆次，巡逻里程2208489千米，紧急出警1193次，为群众排忧解难469次。年内，全州公安交警系统交通安全宣传进行政村寨238个，进社区23个，进单位265个，进学校295所；共举办交通安全宣传展览1543场次，召开现场会714次，制作宣传牌381块，印发宣传材料275694份，出动宣传车68123辆，放映电影718场；在各级新闻媒体共刊播稿件1334篇，其中，中央一级新闻媒体刊播稿件3篇，省一级新闻媒体刊播稿件731篇，州级新闻媒体刊播稿件600篇，为创建平安、畅通、和谐的道路交通安全环境发挥了积极的作用。年内，全面规范和加强车辆管理工作，源头管控和便民利民服务水平得到提升。州公安局交警支队车管所、盈江县车管分所被公安部评为全国二等车辆管理所。全州共有在册机动车301783辆。其中，汽车47459辆、摩托车220628辆、低载车6606辆、拖拉机27078辆、挂车12辆；共有机动车驾驶人272310人。全州公安管辖机动车拥有量为274705辆，与去年（247471辆）同期相比机动车净增长27234辆，增长率为11%；公安管辖机动车驾驶人232497人，与去年（211141人）同期相比净增长驾驶人21356人，增长率为10.11%。年内，创新推出了加强机动车驾驶培训考试源头管理和便民利民服务八项新举措，有效加强机动车驾驶人源头管理工作。

【出入境管理】 2009年，德宏州公安出入境管理部门开展了外国人管理专项排查整治工作、清理“三非”外国人专项行动、清理整顿外派劳务市场秩序专项行动以及出入境通行证专项整治工作，不断加大边境安全防范工作力度，积极化解消除边境不安全因素，努力提高边境管理服务质量。共清理“三非”人员2322人（其中，非法入境247人、非法居留2035人、非法就业40人），遣返“三非”人数2135人，与去年同期上升84.85%；纳入管理5128人。此外，年内协助外州、外省遣送“三非”人员12次87人。年内，全州出入境管理部门共与缅方进行会谈会晤46次，从境外抓获9名在逃人员。管理出入境人员635.58万人次，其中入境536.68万人次、出境98.9万人次。受理审批出国（境）证照82495份，为缅边民办证19090份，办外国人签证243份。

【公安信息化】 2009年，德宏州公安信息化工作取得重大进展，全警采集、全警应用、全警共享格局初步形成。成立信息化建设工作领导小组，使信息化建设上升为党委、政府工程。州委、州政府先后4次专题听取公安信息化工作汇报，赵金书记、孟必光州长两次做出重要批示，州政府在经费十分困难的情况下及时拨付200万元经费用于解决相应的配套资金需求，为信息化建设的健康发展、加速推进提供了坚强的组织保证。及时启动“警务通”系统建设和“平安城市”报警监控系统及金盾网络扩容改造工程，配发警务通939台，基层一线民警配备率超过30%；向23个公安边防检查站和65个派出所配发身份证读卡仪118台、配套笔记本电脑77台，配发率达100%；投资1825万元，建设公共监控点327个、视频监控中心9个，社会各企事业单位、住宅小区自建监控点3000个，共享接入公安监控平台247个。投入120万元，建设州局指挥中心，承担受理群众报警、求助和应急处突调度。投资243万元，在全州11个主要进出城路口设置高清视频抓拍系统，每天将对所有过往车辆进行抓拍比对，让无牌和被盗抢机动车无处躲藏。开展等级机要室达标创建工作，实现机要室达标100%。投入123万元，完成了2个二级视频服务器和5个三级视频服务器的安装调试，完成12套双向视频会议室终端、6套指挥中心系统终端、37套基层所队桌面型视频系统终端；积极筹措资金新购10台服务器、9台交换机及158台电脑，确保全州民警上网计算机拥有率达90.8%。高度重视信息化自动预警情报查处工作，抽调6名骨干组建查处中心，共签收省厅发布的预警指令11519条，通过出警核实抓获在逃人员126人（其中命案逃犯2人）、查获吸毒人员4286人。

【公安法制】 2009年，德宏州公安法制工作一是建立"一案一评一析"制，周审查，月审核，当月案件当月清，有效消除执法漏洞。13个警种印发了基本法律知识100题，深入开展法律知识网上每天一小题，每周一小考。对63个办案部门、1242件卷宗、858本执法台帐进行检查，逐案过关。对633个执法中存在的问题和4个办理信访案件中存在的问题及时进行了通报。审核各类案件10169件。二是积极加大对重信重访案件的化解，减少信访存留量。全年共受理来信来访446件，同比上升51.7%，其中受理网上信访160件，同比上升176.7%。现已办结433件，办结率97%。并成功化解上级机关交办重信重访案件14件，化解率为82%。三是认真抓好"三考"工作的落实。在州局主网页上开设"三考"栏目，每天加载一题基本法律知识，组织开展"每日一题每周一考"的基本法律知识学习活动，每天通过手机发送一条法律小知识；州局机关"三考"工作在全省16个州市公安机关考核中排名第一，陇川、梁河两县公安局分列全省县级公安机关第二名、第三名。

【警察协会工作】 2009年，德宏州警察协会召开了一届四次理事会。组织开展了"深入学习实践科学发展观调研活动"、"纪念改革开放、民主法治建设30周年"、"三大建设"、"2009年度调研工作"及"庆祝新中国成立60周年征文"等5次理论调研征文活动，收到各类调研文章233篇，比2008年增加41篇。州警察协会向省警察协会推荐参评优秀论文15篇，有6篇获奖，其中特别奖一篇，三等奖三篇，优秀奖二篇。全州警察协会"五个一"工程建设进一步得到深化。对外交流与合作工作有新进展。由协会主办的《德宏公安》刊物越办越有特色，充分反映出了德宏公安的精神风貌。完成了2008年《云南公安年鉴》德宏州条目24条、1.6万余字、照片16幅及《德宏年鉴》公安条目的编撰任务。州警察协会获得了2009年度全省警察协会系统"先进警察协会"和"警学理论征文活动组织奖"的"双先"殊荣。

（《公安》撰稿　杨庆东）

消　防

【消防宣传教育】 2009年5月1日，新修订的《中华人民共和国消防法》正式颁布实施，德宏州消防支队以宣传贯彻《消防法》为契机，切实强化消防宣传教育和培训。年内，相继组织开展了自动消防系统控制室值班操作人员培训、《消防法》及配套规章培训、消防安全知识讲座等130多期，受教育群众10万余人，组织消防安全培训班76次，培训人员3222人，发放消防宣传资料3万余份，组织农村消防放映队放映各类消防宣传光碟200余次，制作发放2000套消防宣传挂图。承办了宣传贯彻《消防法》文艺巡回演出在德宏州期间的宣传演出，开展了"《消防法》宣贯月"活动、第十七个"有你参与·消防360°"119消防日宣传活动等系列活动。与州文明办、州民宗局遴选上报了3名具有民族代表性的"消防宣传形象大使"，聘请102名少数民族消防宣传员，扩大民族消防宣传工作。依托德宏州各级、各类电视新闻媒体，强化对新《消防法》和消防安全知识的宣传。立足地域实际、民族特点，开展消防安全进企业、进奘房、进企业、进学校、进农村、进家庭等活动，切实提高了群众消防安全意识和逃生自救能力。

【队伍建设】 2009年，德宏州消防支队紧紧抓住班子建设这个龙头工程不放松，认真贯彻落实《公安消防部队党委班子建设标准（试行）》，党委领率能力、科学决策能力和把关定向能力显著增强。年内，按照审批权限，先后提拔任用正团职干部1人、副团职干部7人、正营职干部4人、副营职干部3人、正连职干部3人、副连职干部6人。支队被公安部消防局表彰为勤政廉政先进单位。同时，支队着力提升官兵整体素质，年内开展各类业务培训班7期，培训官兵248人次，组织网上业务考试56次，开展专业技术干部考评2次、全州执勤岗位大练兵考核2次，选派32名士官骨干参加总队执勤中队长助理、特勤队员暨灭火救援攻坚组培训，组织10名驾驶员开展为期6个月的新训驾驶员培训，极大地提升了官兵业务素质和工作能力。年内，支队被省人民政府荣记集体二等功，支队军政主官分别被省政府荣记个人二等功，全州有8人荣立三等功，30人被评为“优秀士兵”，5人被评为“优秀士官”，12人被评为“红旗车驾驶员”，12人被评为“执勤岗位练兵先进个人”，66人受到嘉奖。

【部队教育与管理】 2009年，德宏州消防部队重点开展“弘扬公安消防精神，忠诚履行职责使命”主题教育、学习实践科学发展观主题教育活动、学习贯彻胡锦涛总书记“忠诚可靠、服务人民、竭诚奉献”三句话活动，强化了“忠诚于党、热爱人民、报效国家、献身使命、崇尚荣誉”当代军人核心价值观教育，全面开展历史使命、理想信念、战斗精神和社会主义荣辱观等基本教育，开展了纪念中国共产党建党88周年、中国人民解放军建军82周年、“十个一迎国庆”、“三句话”宣讲暨学习宋文博先进事迹报告等系列活动，举办了首届“边陲消防好警嫂”表彰活动。同时，全州部队牢固树立“精细化”管理理念，严格落实部队条令条例和安全防事故各项规章制度，年内，投入20余万元，在全州7个大队、8个中队新建了视频监控系统，强化对各单位视频监督。认真开展了5月“安全月”活动、“安全防事故流动红旗”评比活动、“安全双百日竞赛”活动和12月“作风纪律教育整顿月”等系列活动。年内，支队被总队评为2009年下半年“安全流动红旗”、被公安部消防局评为“全国安全双百日竞赛活动先进支队”。

【火灾防控】 2009年，德宏州消防部门把建国60周年消防安全保卫作为一项重大政治任务，相继开展了春节期间的“红盾八号”专项行动，木材加工行业专项治理，公众聚集场所、高层和地下建筑消防安全专项整治行动，“三查三保”专项行动，中小学校舍消防安全专项整治，建国60周年火灾隐患排查整治专项行动，社会福利机构消防安全专项整治，消防控制室专项检查行动和冬季防火攻坚战专项行动，消除了大批火灾隐患。全年全州消防部队共检查单位（场所）5088家，填写《消防监督检查记录》5088份，发现火灾隐患1883处，下发《责令改正通知书》482份，下发《重大火灾隐患限期整改通知书》8份，责令立即改正火灾隐患739处，责令限期改正1144处，实施行政处罚71起，罚款30.37万元，“三停”处罚10起，临时查封单位（场所）22家。年内，全州消防部门重点开展了公共娱乐场所、餐饮住宿场所、车站码头机场、商场市场和医院、学校等五类场所的“三提示”工作和“零火灾乡镇”、“零火灾村寨”、“零火灾单位”、“零火灾社区”等4个创建示范，推出21个消防安全创建示范典型，全州176个单位达到消防安全标准化管理要求。

【落实消防安全责任制】 2009年，德宏州以落实消防安全责任制为主线，州人民政府2次组织召开防火安全联席会议，分析火灾形势，研究安排部署消防工作。年初，各级党委、政府、各单位逐级签订了《消防安全责任书》，落实消防安全责任。各级党委政府领导高度重视消防工作，多次视察消防部队，加大消防投入，帮助解决发展中存在的困难。省、州各级政府领导带队，先后12次就火灾隐患排查整治工作进行检查、督查和验收，强化政府消防安全责任制考评，确保消防工作与经济社会发展同步。年内，州人民政府将农房火灾保险工作列入2009年“为人民群众办理的十件好事”之一，保险费全部由政府财政负担，全州201581户农户参保，累计投入资金120.95万元，农村火灾保险覆盖率达到100%。各单位认真履行消防安全主体责任，部队依法监督管理，群众积极参与，确保了全州火灾形势基本稳定，杜绝了重大以上火灾事故，尤其是群死群伤火灾事故的发生。年内，德宏共发生火灾74起，死亡2人，受伤0人，直接财产损失863200元，过火面积7988.9平方米，受灾65户，受灾人数141人。与上年相比，火灾起数上升64.44%，亡人数上升100%，伤人数下降了100%，直接财产损失上升238.06%。

【灭火救援与执勤保卫】 2009年，德宏州消防部队始终坚持“救人第一，科学施救”的指导思想，依法履行《消防法》赋予的灭火及抢险救援各项职责使命，全州消防部队共出警294次，出动消防车551辆次、消防官兵2659人次，抢救被困人员65人，疏散被困人员1444人。特别是在“2·21”瑞丽、姐告跨区域灭火作战，“4·19”、“5·18”、“11·12”重大交通事故处置，“5·10”潞西山体坍塌救援，“11·10”液化气槽车侧翻事故救援中，全州官兵全力以赴，出色地完成了任务，为人民群众挽回巨大经济损失。3月25日，畹町消防大队赴缅甸九谷市棒赛镇正南岛乡参与跨国灭火救援，促进了中缅消防友谊。年内，全州消防部队强化执勤备战，完成了“两节”、“两会”、泼水节、目瑙纵歌节、第九届中缅胞波节、第二届国际珠宝文化节、国庆消防安全保卫等重大活动和节日消防保卫任务。各大队还派出警力参与公安机关社会治安防控武装巡逻，参加公安机关堵卡点执勤，为社会和谐稳定做出了重要贡献。

【岗位练兵】 2009年，德宏州消防支队以提升部队战斗力为目标，结合打造云岭消防铁军和灭火救援攻坚组建设，深入开展执勤岗位大练兵。年内，深入开展了高层建筑、公众聚集场所和地下建筑灭火救援准备工作、国庆期间“大演练、大练兵、促战备”活动，先后三次集中特勤中队、潞西中队和部分基层中队官兵骨干，全力投入公安机关岗位练兵暨反恐汇报演练，完成了阅兵分列式、消防车辆装备展示和灭火救援综合演练等任务，展现了消防部队装备建设成果，树立了消防部队良好形象。组队参加德宏州首届公安系统“金盾杯”运动会。组织9名指挥员参加“全省基层指挥员大比武竞赛”活动。开展年度执勤岗位练兵考核，畹町大队、梁河大队被评为“执勤岗位练兵先进单位”，14名官兵被评为“执勤岗位练兵先进个人”。召开了灭火救援专家组工作会议，制定完善了灭火救援及各类灾害事故应急救援预案。开展重大危险源调查与评估，完成了潞西市、瑞丽市重大危险评估工作。积极创新训练手段和方法，以瑞丽大队为试点，创新性地制作了深井救人、烟热训练、起重救生、切割堵漏等一系列训练辅助设施，召开了现场会，推广工作经验，全面推进德宏消防铁军建设。

【基层基础建设】 2009年，德宏州消防支队报省编委、省公安厅、省消防总队批准建立了梁河县消防中队（编制暂定8人）和特勤消防中队（编制暂定30人）并完成兵员进驻。全州7个基层大队落实了省、州、县（市）三级器材装备建设配套资金304万元，斥资246万元购买5辆消防战斗车（登高平台车1辆、抢险救援车2辆、泡沫车1辆、水罐车1辆），配备了消防员个人基本防护装备和部分抢险救援器材。支队指挥中心办公大楼及附属楼完成竣工验收并正式投入使用。支队机关及7个大队全部完成“两证”办理。支队投入100余万元对特勤队办公楼装修改造、对训练场地进行了规划设置、改造和装修了机关食堂、建立了心理训练设施。盈江、畹町、瑞丽、姐告大队建设了训练塔，畹町大队完成了公寓房建设。支队机关和7个基层大队完成了横向与公安机关100兆光纤接入和改造，纵向与总队8兆光纤的扩容改造。完善了视频会议系统，新建了视频监控系统，配置了信息网络安全设备，强化了信息网络安全管理，提升了信息化建设水平。

【和谐警民关系】 2009年，德宏州消防部队紧紧围绕总队提出的实施“亲民消防、法治消防”战略思路，坚持公开、公平、公正、便民的原则，认真贯彻落实公安消防部队服务承诺制、首问责任制和限时办结制“三项制度”，严格落实各项便民利民措施，扎实开展了消防进农村、进社区、进企业、进家庭，送温暖、送安全、送服务的“云岭消防大走访”爱民实践活动，先后走访慰问专职、志愿、义务消防队员98人、单位消防从业人员75人、城镇失业下岗和低收入生活困难群众25人、农村贫困群众26人、贫困学生15人、留守儿童17人，开展扶贫帮困16对、帮扶贫困老党员17人，帮扶和慰问资金支出10万余元。积极开展扶贫帮困和捐资助学等活动，全年为部队困难官兵、学校学生、公安英烈基金、灾区捐款10万余元。支队机关、潞西大队、瑞丽大队、盈江大队派出专门警力参与了州县市禁毒防艾进村入社和新农村建设。以姐告大队为试点，举行了“国门消防巡查服务车”启动仪式，强化消防巡查服务工作，进一步和谐了警民关系。年内，支队被州委、州人民政府、德宏军分区授予德宏州2009年度“拥政爱民先进单位”，被州委政法委评为“综合治理先进单位”；支队、姐告大队被评为“拥政爱民先进单位”，2人被评为“拥政爱民先进个人”；姐告大队、畹町大队和陇川中队被省委、省人民政府授予第十二批“文明单位”。

（《消防》撰稿　王德久）

经济管理

发改委

【农业和农村经济】 2009年，德宏州启动实施特色农业产业发展计划、中低产田改造和中低产林改造工程，加大对农业的投入力度，农业和农村经济持续稳定增长。全年全州农林牧渔业总产值完成51.53亿元，比上年增9.5%。加快农业产业化进程，使农业特色产业种植面积得到进一步扩大，种植竹子面积70.47万亩、咖啡10万亩、澳洲坚果9.5万亩、柠檬3.4万亩、番麻2.15万亩、核桃24.51万亩、油茶4万亩。传统产业得到巩固提升，粮食种植面积182.47万亩，总产量54.83万吨，比上年增8.81万吨，增19.1%，是继2003年以来第7个粮食连续增产的一年。甘蔗种植面积74.2万亩，比上年降17.3%，橡胶、茶叶等传统产业稳步发展。全年水产养殖面积3.39万亩，比上年增14.98%，实现水产品产量1.5万吨，增17.6%。冬农开发总面积91.43万亩，比上年增22%。烟草种植面积51304.9亩，产烟叶6074.66吨，实现税收1894万元。大力发展畜牧业，实现肉蛋奶总产量7.85万吨，实现畜牧业产值11.9亿元，比上年增12.4%。农业机械化水平逐步提升，农业机械总动力达到9.89亿瓦特。全州各类农业产业化龙头企业115家，年销售收入500万元以上的有47家。推进农村基础设施建设，解决农村饮水安全人口5.31万人，新增有效灌溉面积2.01万亩，新建、改建农村公路2114.07公里，实施土地开发整理，新增耕地1.21万亩。

【工业生产】 2009年，德宏州为应对全球金融危机，帮助企业解决困难，实施了水电硅价格联动政策，激发硅厂生产积极性，提高水电利用率，解决弃水窝电问题，实行发电、供电和用电三方价格联动机制，增强了全州水电和硅冶共同抵御市场风险能力，使保增长成效明显。全州完成工业总产值72.5亿元，比上年增26%；完成工业增加值26.72亿元，增长26.6%。全年发电量76.1亿千瓦小时，比上年增93.3%；工业硅10.5万吨，增长69.5%；食糖47.35万吨，增长0.1%；水泥137.3万吨，增长35.5%。着力推进东方硅谷、大盈江四级水电站等重大电冶和水电项目建设，加强节能减排目标的落实，推广节能灯13万只，单位GDP能耗下降4.3%，超额完成了省政府下达德宏州的目标任务。

【固定资产投资】 2009年，德宏州把国家扩大内需政策的机遇转化为促进德宏经济社会发展的动力，争取国家和省的支持，争取到一批事关全局和长远发展的交通、能源、水利以及民生、环保、城镇基础设施建设等扩大内需项目279项，资金70297万元，其中中央扩大内需资金53754万元，省扩大内需资金16543万元。推进项目建设，解决项目建设中的各种困难和问题，促进了全州固定资产投资的持续快速增长。全年全州有50万元以上施工项目1236个，比上年增318个，其中新开工项目870个，增387个；5000万元以上施工项目94个，增24个；亿元以上施工项目44个，增9个。项目建设攻坚战成效显著，固定资产投资总额首次跃上100亿元台阶，达到100.92亿元，比上年增31.5%，超额完成了年初确定的增长30%的目标任务。

【国内外贸易】 2009年，德宏州在城乡居民收入稳步增加和国家"家电下乡"等刺激消费政策持续发挥效应以及市场物价平稳回落、"旅游二次创业"等有利因素的促进下，商业批发零售增长较快，全州实现社会消费品零售总额46亿元，比上年增20.5%。按行业分：批发业实现零售额37.52亿元，比上年增21.1%，住宿、餐饮业实现零售额7.61亿元，增29.5%，其他行业实现零售额0.88亿元，下降0.8%。居民消费价格总指数99.3%，比上年下降7.3个百分点。全面落实国家关于家电、汽车、摩托车下乡的政策，累计向农民兑付财政补贴资金1814万元，带动销售额17752万元。接待国内外旅游总人数413万人次，实现旅游外汇收入0.23亿美元，旅游业总收入38.5亿元。积极帮助企业应对国际金融危机冲击和国家边贸政策调整带来的影响，努力扩大出口，使对外贸易止跌回升。全年完成外贸进出口总额7.63亿美元，比上年增0.2%，其中出口5.67亿美元，增23.5%；进口1.95亿美元，降35.3%。着力推进大通道建设，加快口岸基础设施建设，通关便利化水平和口岸服务能力不断提高。成功举办了第九届中缅边交会，进行了双边旅游、文化交流与合作，为巩固中缅双方的友谊和加强贸易往来发挥积极的作用。做好替代种植发展工作，全州有境外替代种植企业33户，累计协议种植面积259万亩，经过核查公示的累计，完成种植面积43.16万亩。

【财政金融】 2009年，德宏州财政总收入完成17.23亿元，比上年增长17.3%；一般预算收入9.83亿元，增10.9%，其中税收收入6.9亿元，增14.2%；非税收入2.94亿元，增3.9%。财政一般预算支出48.87亿元，比上年增33.5%，其中社会保障和就业支出8.53亿元，增4%；教育支出7.48亿元，增32.2%；一般公共服务支出6.61亿元，增12.5%；“三农”支出6.12亿元，增32.1%。财政收入的增长，有效缓解了财政困难的局面，财政支持经济社会发展的能力进一步增强，对公共财政的投入明显加大。金融机构存贷款持续增加，信贷资金向重点行业和基础薄弱环节倾斜。年末，金融机构存款余额210.03亿元，比年初增长29.8%；金融机构贷款余额131.58亿元，按可比口径，比年初增长28.7%。逐步建立投融资平台，年内宏康投资公司贷款建设项目累计13个，政府信用贷款发放2.86亿元，拉动投资近7亿元，完成社会融资4亿元，用于解决潞梁公路建设项目资本金，有力地支持了全州经济建设和社会事业发展。

【城乡人民生活】 2009年，德宏州通过一系列惠民生、促消费措施的实施，城镇居民人均可支配收入实现12558元，比上年增9.7%，农村居民人均纯收入实现2831元，增长16.1%。完善三级医疗卫生服务网络，全年有85万农民参加新型农村合作医疗，参合率达97.1%，人民的健康和安全保障水平得到提高。新增转移农村劳动力12004人，通过劳务输出，增加农民收入，改善了农村群众生活，推动了农村经济社会发展。农村社会养老保险工作稳步推进。全面实施新三年“兴边富民工程”和边疆“解五难”行动计划，完成4440人的易地扶贫搬迁，解决和巩固3.4万人的温饱问题。全面落实各项农业补贴政策，对农民直接补贴资金15169万元，比上年增32.9%。

【价格改革和监督】 2009年，德宏州积极稳妥地推进电力价格改革，实施特殊电价措施，开展水电硅价格联动及竞价工作，开展医疗废物处置收费价格改革，医疗废物的无害化处理进程得到推进，启动城市生活垃圾处理价格改革，完成瑞丽、陇川、梁河3县市的听证工作。年内，制订了潞西市城市供排水价格改革方案，围绕党委、政府全年经济工作的中心任务和社会关注的价格、收费热点、难点问题，加大价格监督检查力度。全州查处各类价格违法案件17件，查处价格违法金额87.29万元。

【社会事业】 2009年，德宏州加大教育投入力度，办学条件明显改善，教育质量稳步提高，优化教育资源配置，德宏卫校升格为德宏职业学院。全年全州财政安排教育支出74758万元，比上年增32.2%，突出抓控缀保学、中小学校舍安全工程、高中阶段扩招和职业教育发展等工作。推进中小学校舍安全工程建设，拆除D级危房14.55万平方米，开工建设22.89万平方米，已竣工11.16万平方米。农村文化公共服务建设逐步完善，建成17个乡镇综合文化站、54个农家书屋、60个村级篮球场。县、乡、村三级医疗卫生基础设施条件得到改善，传染病防控能力和卫生应急能力得到提高，以艾滋病防治为重点的传染病防治成效显著；加强甲型H1N1流感防控工作，采取措施对疫情进行了有效处置；新型农村合作医疗平稳运行，农村居民缺医少药问题逐步缓解，扩大医疗保障覆盖面，新型农村合作医疗参合率97.1%。实施城乡统筹的就业机制，努力开辟就业渠道，促进就业和再就业，城镇新增就业2560人，城镇登记失业率控制在4%以内。加快城乡保障性住房建设和恢复重建工作，实施廉租房建设1776套，建设面积89482平方米。基本完成了地震灾区民房恢复重建任务。落实人口与计划生育政策，人口自然增长率控制在7.3‰，比上年降0.3个千分点。

（发改委　撰稿　张　健）

（见“州情概览·经济简述”64页）

宏康投资开发公司

【出版《周年报告》】 2009年7月，德宏州宏康投资开发有限公司出版第四册《周年报告》。该册收录的报告年限为2008年7月至2009年6月，分为三个部分：第一部分为政策法规篇，第二部分为工作业绩篇，第三部分为附篇，较全面地汇集了公司开展的业务工作情况，为以后查询项目相关资料提供依据和参考。

【项目融资贷款】 2009年，德宏州宏康投资开发有限公司以“委托代建模式”运作贷款项目的要求，争取到国开行贷款支持项目5个，贷款资金9600万元。具体为：潞西市职业中学贷款1500万元、盈江县职业中学贷款1500万元、陇川县民族寄宿制中学2000万元、梁河县人民医院医技楼贷款1000万元、潞西市城市污水处理厂项目3600万元。年内，主要融资建设项目有：一、受州财政委托，为腾冲至陇川二级公路、潞西至梁河二级公路贷款1.12亿元。二、为缓解盈江县扩大内需项目建设地方配套资金缺口，贷款给盈江县投资公司400万元。三、协助发放全州城投企业债券前期工作。根据州人民政府与太平洋证券股份有限公司签署的融资合作协议，公司配合太平洋证券公司，就全州发行公司城投企业债券开展前期工作，并形成初步调查情况报告，提出发行债券工作方案的建议，为政府决策提供了依据。

【项目申报】 2009年，德宏州宏康投资开发有限公司在争取贷款资金的同时，到县市开展项目调研，并根据项目前期工作条件完善情况，筛选符合贷款条件的4个项目向国开行申报，项目总投资为47724万元，申请国开行贷款24700万元，贷款期限均为12年，其中宽限期2年。其具体项目是：德宏州中等职业学校新校区申请国开行贷款1亿元、德宏职业学院新校区申请国开行贷款1亿元、盈江县人民医院门诊综合楼申请国开行贷款3000万元、盈江县第一中学扩建项目申请国开行贷款1700万元。该批项目经州人大第十一次会议审议通过，并完成开行所需相关保障材料，贷款资金基本落实。

【贷款本息偿还】 2009年，德宏州宏康投资开发有限公司履行借款合同的各项义务，按时偿还贷款本金。全年偿还国开行本息2904万元，其中本金1345万元，支付利息1559万元（公司成立至今已偿还国开行本金2260万元，支付利息4314万元），为德宏赢得了良好的声誉。公司督促潞西、梁河、盈江、陇川、州交通局、德宏师专将各自承担的项目还贷资金列入2010年度财政预算，确保国开行贷款本息的按时偿还。

【规划合作】 2009年，德宏州宏康投资开发有限公司开展了如下规划合作业务：一、签订规划合作协议。公司不断加强与国开行省分行信息的及时报送、交流，多次赴省分行与相关处室做专题汇报，促进开行继续增强对德宏州经济和社会发展的金融支持。12月，州政府与国开行云南省分行签订《规划合作协议》，双方在国民经济和社会发展总体规划、主体功能区规划、专项规划、区域规划等中长期发展规划，以及国民经济和社会发展年度计划等政府负责牵头编制的规划上开展合作，并加强各类规划之间的衔接和整合，构建既符合双方利益，又满足贷款条件的项目流，为双方持续深入合作奠定坚实基础。公司将遵照国开行“规划先行、项目支撑、融资推动”的规划合作机制，积极开展业务工作。二、助学贷款。积极配合国家开发银行开展年度生源地信用助学贷款扶持资金的发放工作，对德宏州1013名高考录取学生发放助学贷款4968380元，让贫困家庭的子女圆了大学梦。三、与银行合作。德宏州向国开行融资贷款建设的13个项目，公司委托中行、农行、农发行、建行、农信社进行业务结算及代理，并向中国银行、农业银行、建设银行等商业银行就今后的金融合作进行了多次的沟通和交流。

【财务管理】 2009年，德宏州宏康投资开发有限公司为提高资金的使用效率，认真做好如下资金管理工作：一、财务管理。11月，州审计局对公司2007至2008年度的财务收支情况进行审计，对公司借贷资金的管理使用情况、资产负债情况和经营情况进行行政审计，审计结果，未发现存在严重问题。同时，德宏州会计师事务所进行年度会计报表决算审计，并出具《审计报告》，并发表了审计意见。二、项目贷后管理。公司以月报、季报方式对项目资金支付情况、资金到位情况、投资完成情况和工程形象进度等方面进行跟踪监管。同时，严格按照相关协议、合同的约定，强化建设项目的贷后管理，并配合相关职能部门对项目进行检查，确保了建设资金及时到位，专款专用，安全高效地运行。

【增资注资】 2009年，德宏州宏康投资开发有限公司按照州政府文件要求，采用注入货币资金和实物资产的方式，增加公司注册资本金，增强投融资功能。公司注册资本从1亿元增加到2.85亿元，实收资本1.8亿元，公司实力的不断增强，为拓宽投融资渠道打下了良好的基础。年内，以入股的方式，投资瑞丽傣王宫旅游景点项目建设资金2000万元人民币，迈出了公司增资扩股的第一步，为拓宽公司资本运作范围进行了尝试。

（《宏康投资有限公司》撰稿 何瑞萍）

统 计

【乡镇统计站管理】 2009年，德宏州统计局出台《德宏州乡镇统计站工作职责》，进一步明确乡镇统计站的基本任务，各县市统计局进一步加大统计站的软、硬件建设，使统计站的工作条件、工作成效得到进一步提升。全州51个乡镇（街道）全部成立了统计站，乡镇统计人员从原来的39人增加到现在的75人，县级地方调查队有17名编制，目前已到位16人。统计管理结构的规范化，进一步增强乡镇统计人员的基本职责，统计站的职能得到有效发挥，源头数据的采集能力得到加强，基层基础数据的全面性、及时性、准确性有了明显提高。

【统计信息化建设】 2009年，德宏州统计信息化建设上了一个新台阶：一是国家统计局在第二次经济普查过程中，投入大笔资金，为西部省份的县乡级统计部门配备计算机设备。全州接收61台PC机、56台激光打印机、5台高性能服务器，极大地充实了县乡统计部门的硬件设施。州局结合工作的实际需要，更新了8台PC机，对老旧机型进行更新换代。二是进一步完善州、县、乡三级统计信息网服务功能，对乡镇统计人员的计算机应用技术、报表程序、网上传输等技术进行大规模培训，有力地推进了全州统计信息化建设，进一步提升了统计人员的统计能力。

【业务培训】 2009年，德宏州统计局为提高统计人员的综合业务素质，推动统计改革与发展，举办统计分析能力、能源统计知识和乡镇统计人员业务知识培训班。通过开展多层次宽领域的业务培训，切实提高了各级统计人员的业务素质和工作能力。同时，还积极开展统计从业资格培训。全州设立了潞西、瑞丽、盈江3个培训点，对179名统计人员进行培训，参训人员全部参加了从业资格考试，成绩合格并取得资格证人员177人，有效提高了统计从业人员的业务水平。

【统计法宣传及统计执法】 2009年，德宏州统计局加大统计法宣传及统计执法力度。一是多措并举宣传贯彻《统计违法违纪行为处分规定》。7月，州纪委、州监察局、州人事局、州劳动和社会保障局、州统计局、国家统计局德宏调查队联合下发《关于认真贯彻落实〈统计违法违纪行为处分规定〉的通知》，对各县市、各部门进一步做好《处分规定》贯彻落实提出明确要求。州县统计部门认真组织学习，并利用统计业务培训、从业资格培训的机会，在9个培训班上开展学习《处分规定》的专题讲座，受训人员达500多人次。9月10日，组织全州公职人员参加《处分规定》知识测试，全州563个单位、14036人参加测试，同时将宣传《处分规定》纳入统计“五五”普法重点工作，纳入党风廉政建设的重要内容。二是认真抓好新《统计法》的宣传。采取不同形式，区分不同对象，利用广播、电视、报刊、网络等宣传媒体大力推动新《统计法》进机关、进单位、进社区、进企业、进农村，在全州掀起学习贯彻新《统计法》的高潮。三是大规模开展统计执法检查，严肃查处统计违法行为。全州检查了30个乡镇，52个村民委员会，690个单位，走访城乡住户157户。对检查中发现的问题，及时进行处理，对5起统计违法行为进行立案查处，其中警告4件，罚款1件，对55个单位进行批评教育。

【数据质量管理】 2009年，德宏州统计局在严格执行统计制度，认真贯彻落实《德宏州统计数据质量管理暂行规定》的同时，对重点专业、重要指标数据开展审核评估。加强GDP下算一级工作，对农业、工业、投资、贸易、城乡调查等实行下管一级，对3000万元以上重点建设项目实行跟踪监测，进一步强化服务业和能源统计工作，使各项统计数据能客观、真实地反映德宏经济发展的真实情况。

【常规统计调查】 2009年，德宏州统计局精心组织各项常规统计调查工作。在省统计局考评的18个专业中，有14个获特等奖，3个获一等奖，1个获二等奖。在高质量地完成好各项常规统计调查任务的同时，组织完成了警民关系调查、劳动力调查、公众安全感调查、贫困监测、文化产业调查、公信度调查等多项一次性调查工作，为党委政府及相关部门提供了及时有效的统计服务。

【统计服务】 2009年，德宏州统计系统紧紧围绕德宏经济运行热点、难点，开展统计分析研究，为党政领导科学决策提供参考，为社会公众提供高效快捷的统计服务。一是开展大范围的调查研究。围绕德宏经济社会发展的深层次问题，州局先后派出2批、5个调研小组，深入部门、单位、企业、乡村了解经济运行中存在的困难和问题，并根据各组的调研情况形成6个专题调研报告。二是主动搞好统计服务。由于受国际金融危机的影响，全州经济运行遇到很多困难和问题，德宏州统计局及时按月、按季向党政领导汇报各项经济指标的运行情况，并提出存在问题的原因和解决问题的建议，得到了领导的认可和好评。三是认真做好各项统计资料整理编辑工作。为使“两会”代表能全面了解德宏经济社会发展情况，州统计局在“两会”前收集整理编辑了《德宏领导干部经济工作手册》、《德宏州国民经济和社会发展情况资料汇编》、《德宏州国民经济和社会发展统计公报》、《德宏州1978—2008主要指标发展示意图》等资料，为代表参政议政提供较为丰富的统计信息，深受代表们的好评。同时，积极做好党委政府和各有关部门临时所需的数据资料整理提供工作，认真做好由州委州政府主编的大型文献书籍《德宏六十年》的统计图表设计、主要经济数据整理工作。

【统计信息发布】 2009年，德宏州统计局及时做好统计信息发布，加大对外宣传力度。一是加强与宣传媒体沟通联系，分别在德宏州政府公众信息网、德宏团结报、德宏电视台、广播电台及时发布月度、季度、年度统计信息、分析，扩大统计影响力。全局在中国信息报发表1篇、在国家统计局信息网发表3篇、在德宏政府公众信息网发表29篇、在德宏团结报发表39篇统计信息分析文章。二是在德宏州统计局信息公开网站及时发布季度、年度统计分析、统计公报。三是在全州每季度召开的经济运行分析会上，通报季度经济运行情况。四是充分利用统计信息网络平台发布信息。全年在云南统计信息网发表46篇、在云南经济普查网发表26篇、在德宏统计信息网发表73篇统计分析、信息文章。

【普查调查】 2009年，德宏州统计局认真组织好各项普查调查工作。一是认真组织实施德宏州第二次全国经济普查工作。德宏州第二次全国经济普查工作贯彻“责任、效率、质量”的普查精神，做到组织到位，责任到位，协调配合到位，经费到位，人员到位，奖惩到位，宣传到位，质量到位。德宏州第二次全国经济普查办公室在全省组织的考评中成绩名列前茅，被评为国家级表彰的先进集体。瑞丽市统计局，潞西、梁河、盈江、畹町经普办，陇川县陇把镇人民政府等单位被州经普办推荐为国家级表彰的先进集体。二是切实做好德宏州第六次全国人口普查前期准备工作，州县组建普查机构，落实办公室工作人员和办公地点；完成云南省边境地区人口普查专项试点工作，为全省边境地区人口普查总结了经验，提供了借鉴模式。三是圆满完成R&D清查和乡村领导班子和领导干部群众公信度调查工作。

（《统计》撰稿 曹勤宗 邓俊华）

德宏调查队

【统计调查业务】 2009年，德宏调查队认真贯彻全省调查工作会议精神，以提高调查数据质量为核心，完成国家调查任务为根本，服务地方党委政府科学决策为宗旨，有效地抓了如下工作：一、加强业务建设，提高数据质量。一是建立评审分析制度，按季组织业务骨干，对涉及面广而且敏感性较强的调查数据进行分析评估，确保调查数据的真实性和准确性。二是强化基层业务建设。以搞准源头数据为目的，以加强台账建设为重点，定期深入基层企业（公司）、城镇、农村个体经营户检查指导完善统计台账，提高源头数据的准确性。三是加强业务培训。通过机关业务会议对基层统计人员进行集中培训，对重点对象进行入户业务指导。二、精心组织，圆满完成各项定期调查任务。加强调查过程各个环节的工作，重点加强业务培训，加强源头数据的审核把关，加强数据上报的及时性管理，增强样本的代表性，确保了定期调查资料的客观、准确、及时。年内完成国家下达的规模以下工业抽样调查、企业集团调查、企业景气调查、畜禽监测、服务业抽样调查等五项定期调查任务。三、开展调查研究，服务地方党委政府科学决策。全年全队围绕各级党委政府重视，民生关注的热点、焦点问题，开展多项专题调查研究。全年累计组织业务骨干深入部门、企业（公司）、农村（农户）1500人次，撰写调研报告17篇，调查信息25篇，信息专报8篇，调查简报50条，累计102篇（条），其中被省、州各类刊物和媒体采用112

篇次，采用率达110%。组织编辑的《德宏调查》具有较强的可读性，能从社会和谐的高度，紧扣德宏热点、难点、重点问题进行跟踪调查，对领导及时掌握社会动态和呼声有一定的针对性，得到领导的肯定。此外，围绕就业组织调查撰写的大学生就业状况一文被《云南统计》刊载，围绕民生问题调查撰写的《德宏州实施新型合作医疗状况及存在问题》一文被州委学践办作为全州7篇调研成果报告选送刊载在《云南省学习实践科学发展观调研成果报告》书中。德宏州创新产业龙头企业经营情况调查、私营企业职工社会保险调查、外贸企业经营情况等调查也得到各级领导的好评。完成《云南省县（市、区）领导班子及领导干部群众公信度调查》、《云南省机关党建工作情况调查》、《云南省居民出省（境）旅游调查》、《组织工作满意度民意调查》、《云南省群众评议省直机关工作作风活动调查》、《云南省州、市公安机关工作与公众安全感调查》、《云南省惩防体系问卷调查》、《公众对城市环境保护满意率调查》等一次性专项调查任务，为各级各部门科学决策提供参考服务。

【“两会”服务】 2009年，德宏调查队积极为德宏州人大政协“两会”服务。“两会”召开前夕，德宏调查队组织全体职工编辑出版《2009年德宏调查资料汇编》和《德宏景气调查》2本资料，供“两会”代表参政议政参考。两会期间发放资料1040本。

【统计法制建设】 2009年，德宏调查队以努力提高干部队伍统计执法水平为重点，提高统计法制建设。一是组织全队职工强化统计法律法规知识学习，派出业务骨干参加云南调查总队组织的统计执法培训，进一步提高统计执法人员的执法水平。积极参加全州“五·五”普法学习活动，8月初全队分2批参加德宏州法制局组织的行政执法人员上岗培训，提高了队伍依法行政能力。二是强化《统计法》学习宣传教育，印制《统计法》宣传单，在年会上发给企业。三是对19个重点企业，开展数据质量大检查，检查中对违反《统计法》有关规定的行为依法批评教育，为提高统计调查工作质量创造良好的工作环境。

【表彰先进】 2009年，德宏调查队获云南调查总队分析研究与重大信息一等奖，获重点企业（集团）监测一等奖，获企业景气调查一等奖，获畜禽监测三等奖，获服务业三等奖，获法制工作一等奖，获财务管理三等奖，获固定资产投资价格调查二等奖，获规模以下工业抽样调查二等奖。

（《德宏调查队》撰稿　岳志刚）

审　　计

【预决算执行审计】 2009年，德宏州审计机关以审查预算收支真实性为基础，以强化预算分配约束机制为重点，加强对重点领域、重点部门、重大投资项目、重点专项资金的审计。全年全州审计机关开展预算执行审计18项、决算审计2项，查出违规资金6586万元，管理不规范资金15253万元，责令上缴财政收入61万元，调账处理462万元。审计结果表明，虽然财税部门在执行财经法规和财政管理方面存在一些需要改进和完善的地方，但经过历年的审计监督，各项预算收入的征缴、管理工作已逐步趋于规范。年内在省审计厅财政处的指导下，德宏州在传统财政财务收支审计的基础上，利用AO辅助，开展针对地税局税收征管业务的审计，为做“深”财政审计进行了有益的尝试。

【专项资金审计】 2009年，德宏州审计机关继续对专项资金开展审计，其中重点强化对企业职工基本养老保险基金、财政支农资金、扶贫专项资金、住房公积金等民生资金的监管。全年开展专项资金审计130项、审计调查11项，审计专项资金总额747247万元。查出的主要问题是：违规改变项目计划和资金用途40万元，应缴未缴专项资金573万元，配套资金不落实123万元，虚报冒领16万元，虚列支出10万元，账外资产5万元等。对查出的违规行为，审计从体制、机制和制度上对执行资金运用结果进行分析，查找运行机制和管理中存在的问题，对资金使用的管理水平和使用效益作出评价，并在审计报告中提出改进建议和意见，促进拨付资金到位4444万元，从而规范专项资金的管理、使用，使部分资金落到实处、发挥最大效益，切实维护人民群众最关心、最直接、最现实的切身利益。

【固定资产投资审计】 2009年，德宏州审计机关按照《德宏州国家建设项目审计暂行办法》和省审计厅投资审计工作会议精神，将工程决算审计和工程财务收支审计相结合，大力开展固定资产投资审计工作。全年完成固定资产投资审计10项。查出主要问题是：配套资金不落实26万元，多计工程款39万元，超计划超标准超规模13万元，并针对查出的违规问题依法进行处理处罚，为国家节省了建设资金，为维护地方建筑市场秩序作出积极的贡献。结合中央新增4万亿投资的经济刺激方案，重点开展对新增中央预算内扩大内需投资专项资金的调研及审计，并通过了解资金的管理、拨付、使用情况，分析、揭示了项目建设的投融资体制、建设管理体制和运行机制中存在的问题，提出完善项目管理、规范投资行为、提高投资效益等建议，发挥了审计“免疫系统”功能，促进了资金和项目的规范管理，确保将党中央的决策贯彻落实到位。

【领导干部任期经济责任审计】

2009年，德宏州审计机关认真贯彻落实《审计法》和中央两办《暂行规定》文件精神，以预防和惩治腐败为契机，同纪委、组织部、监察局、人事局等部门协调配合，坚持“积极稳妥、量力而行、提高质量、防范风险”的十六字方针，有计划、有重点地开展领导干部任期经济责任审计工作。全年完成领导干部任期经济责任审计21项，审计查出违规资金327万元，管理不规范资金1605万元，均依法进行了处理处罚，严肃了财经纪律，促进了领导干部正确履行经济责任。

【行政事业单位审计】 2009年，德宏州审计机关加强对行政执法部门、财政资金支出大户的财政财务收支监督，重点审计预算外收入、行政事业费收入、其他收入的资金管理和支出情况。全年审计30个行政事业单位，查出主要问题是违规改变资金用途226万元，未落实收支两条线和专户管理规定196万元，乱收费乱摊派乱罚款18万元，应缴未缴预算收入5万元，账外资产49万元等，对所发现违规问题依法进行处理处罚，责令上缴财政14万元，促进了财政财务收支行为的规范化。同时，审计注意对各个分散的审计项目材料进行收集、整理，从中归纳带有普遍性、倾向性、苗头性的问题，提出针对性强、切实可行的意见和建议，为政府及有关部门的宏观决策提供了信息和帮助。

【县市基层审计机关建设】 2009年，德宏州审计局严格贯彻云南省人民政府出台《关于加强基层审计工作的意见》的文件精神，及时研究部署工作，提出德宏州县市基层审计机关建设的具体实施方案，并向省审计厅汇报。截至年末，全州各县、市、区审计局申报的建设项目已被审核批准，并下达资金计划，强化基层审计机关建设工作已全面展开。

（《审计》撰稿　李志远）

（见“州情概览·审计”76页）

工商行政管理

【召开全州工商行政管理工作会议】 2009年2月27日上午，德宏州政府在芒市召开全州工商行政管理工作会议。副秘书长、办公室主任袁少全主持会议。州长助理龚能政出席会议，并对2009年工商工作提出要求：一是大力培育各类市场主体，服务全州经济平稳较快发展；二是大力整顿和规范市场秩序，加大流通领域食品安全和广告市场监管力度，严厉打击走私、传销等违法行为；三是积极推进商标战略的实施，继续加大商标行政保护力度和扩大品牌覆盖范围，认真落实“兴边富民”工程；四是加强消费维权组织建设，努力营造良好消费环境；五是进一步加强干部队伍建设，树立国门工商良好形象。

【召开州消委二届六次理事会暨三届一次理事会】 2009年2月28日，德宏州保护消费者权益委员会第二届六次理事会暨三届一次理事会议在芒市召开。副州长孔勒干出席会议，并提出三点要求：一是要提高认识，坚持用“三个代表”重要思想指导消费者权益保护工作；二是要求消委会工作要充分发挥联系党委政府和广大消费者的桥梁纽带作用；三是要进一步加强“一会两站”基层网络建设，努力提升消委会的服务效能。名誉会长李志明充分肯定第二届理事会的工作，并对新一届理事会的工作提出希望。第二届理事会会长黄春伟代表常务理事会作了第二届理事会工作报告。会议审议并通过了《德宏州保护消费者权益委员会第三届理事会选举办法》，通过三届第一次会议选举，选举黄春伟担任会长，聘请德宏州人大副主任汪宝泉、德宏州人民政府副州长孔勒干、德宏州政协副主席杨庆华3位领导担任名誉会长。州人大副主任、州消委第三届理事会名誉会长汪宝泉对第三届理事会工作提出新要求。随后，召开第三届一次理事会议，会长黄春伟宣读第三届一次理事会决议，讨论并通过了《德宏州保护消费者权益委员会章程（修正案）》。

【召开州个私协第六届会员代表大会】 2009年3月1日，德宏州个体私营经济协会召开第六届会员代表大会。州人大副主任汪宝泉、副州长孔勒干、省个私协会办公室主任陈斌、州政协经济委主任何方等领导参加会议。州人民政府对云南省盈江星云有限公司等17户先进私营企业，王俊彦等40位先进个体工商户予以表彰。副州长孔勒干到会提出三点要求：一是广大个体劳动者和私营企业者要进一步解放思想，更新观念，增强机遇意识、开放意识、创新意识和诚信意识，冲破小进即安、小富即满等思想束缚，树立远大志向和产业报国思想，加快发展做大做强；二是个私业主的先进代表要进一步发扬在私营经济发展大潮中的“领头雁”作用；三是个体私营经济协会进一步发扬党和政府联系广大个体经营者、私营企业及其从业人员桥梁和纽带作用。第五届理事会会长黄春伟代表理事会作工作报告，大会选举产生了第六届理事会，新当选的第六届理事会会长黄春伟就开展好工作提出了4个方面的要求。

【举行纪念3·15宣传活动】 2009年3月15日，德宏州消委会、潞西市消委会联合在芒市街心花园举行芒市地区3·15纪念活动。州消委会名誉会长、副州长孔勒干参加活动，并要求：全州各级消委会认真贯彻落实州政府的部署，紧紧围绕“消费与发展”的主题，夯实消费维权的基础性工作，充分发挥消委会、分会及两站的作用，为德宏各项事业全面进步做出新的贡献。全州组织各种宣传活动40余场，现场接受咨询1250余人次，义务服务362人次，发放宣传资料（汉、傣、景颇语）65000多份，宣传群众超过10万人次，现场受理投诉5件，挽回经济损失8000元，展览并销毁假冒伪劣商品256个品种，货值51.35万元。

【首例侵犯奥林匹克标识案】 2009年8月25日，云南省高级人民法院对瑞丽市姐告边境贸易区个体工商户李某诉德宏州工商局对其因侵犯奥林匹克标志作出行政处罚一案进行终审判决，德宏州工商局胜诉。由于本案的事发地在全国唯一实行“境内关外”特殊管理政策的德宏州姐告边境贸易区，因而该案不同于一般的行政诉讼，引起社会各界广泛关注。

【查处首例违反《食品安全法》案件】 2009年9月20日，潞西市工商局勐焕分局立案查处首例销售过期变质食品案件。此案是《食品安全法》自6月1日实施以来，德宏州工商系统首次适用该法查处的食品案件。

【举办“颂中华·迎国庆”文艺晚会】 2009年9月22日，德宏州个体私营经济协会、州工商局共同举办“颂中华·迎国庆”文艺晚会。州委常委、常务副州长柳五三、州人大常委会副主任汪宝泉、州政协副主席、州工商联主席卜金富等领导和全州个体私营经济协会会员代表等800人参加晚会。州委常委、常务副州长柳五三在晚会致开幕辞。晚会在州工商局、潞西市工商局百人合唱《云南工商之歌》中拉开帷幕，先后表演了《火火中国》、《今天是您的生日我的中国》、傣族舞蹈《浪舞瑞丽江》、景颇族舞蹈《彩之情》以及小品《小店今日遇春风》、配乐诗朗诵《和谐市场》、快板《为德宏经济发展做贡献》等14个独具边疆民族特色、紧扣个体私营经济发展与工商行政管理工作的文艺节目。

【干部队伍建设】 2009年，德宏州工商局机关有在职公务员65人，事业人员6人，工勤人员2人，内设职能科室10个，代管社团组织3个。州局机关设总支委员会，下设4个支部委员会，有党员76人，其中第一、第二支部为机关在职干部支部，有党员48人；第三支部为离退休干部职工支部，有党员13人；第四支部为个体私营经济协会党支部，有党员14人。德宏州工商局下辖潞西、瑞丽、梁河、盈江、陇川5个县市工商局和姐告、畹町2个直属分局。全州工商系统有在职公务员435人，事业人员47人，工勤人员7人。切实加强各级领导班子建设，对5个县市局、2个直属分局一把手进行交流轮岗，调整充实6人担任工商所（分局）领导，使班子结构不断得到优化.年内，制定《2009年干部教育培训方案》、《2009年度理论学习安排意见》，组织各类政治理论、业务知识培训30期，1100人次；制定《德宏州工商行政管理局关于边境地区工商所（分局）工作指导意见》、《德宏州工商行政管理局边境地区工商所（分局）工作目标考核办法》和《德宏州工商行政管理局边境地区工商所（分局）岗位职责和工作流程》等3个制度，分别从职能职责、内部机构设置、绩效考评、岗位职责、工作流程等方面对规范化建设进行规定，形成一套较为完整的工作规程及考核评价体系。全州24个工商所（分局）中，确定16个工商所（分局）为达标工商所。

【阳光政府四项制度】 2009年，德宏州工商局为实施阳光政府四项制度成立领导小组及办公室，及时制定下发《德宏州工商行政管理机关推行阳光政府四项制度实施方案》，使阳光政府四项制度在全州工商系统得到了有序开展。实现96128信息查询专线与12315信息互动平台的有机结合，由12315指挥中心负责对人民群众查询政务信息进行解答、咨询。全州工商系统投入经费8万多元，做到“八公示”、“八统一”，统一公示岗位职责公示卡492块，行政许可公示牌63块，行政处罚程序、流程公示牌129块，片区责任人身份公示牌296块，工作人员身份公示牌429块，意见箱50个，意见簿45本，工作人员在岗情况公示牌13块，辖区图公示牌20块。全州工商系统组织重大决策听证1次，重要事项公示42次，重点工作通报70次。

【计算机培训】 2009年，德宏州工商局组织实施“计算机”、“注册”、“执法”三个能手岗位大练兵技能大比武活动。期间全州开展培训班21次，参加培训人员654人次，产生县级能手37名、州级能手各3名、省级能手3名。全州工商系统组织367名干部职工参加全国第30次计算机一级等级考试，有218人取得一级考试等级合格证。投入30余万元，配置移动执法终端190台，推进“移动执法”工作。

【个体私营经济监督管理】 2009年，德宏州登记在册私营企业3136户，投资者6947人，雇工26186人，注册资金654289万元；个体工商户32085户，从业人员51966人，注册资金126652万元；新登记私营企业554户，注册资本79083万元；新增个体工商户8548户，注册资金32911万元，个体工商户验照率为94%，私营企业年检率为91%；免收个体工商户证照类、登记类行政事业性收费18万。年内，认真组织开展安全生产清理整治行动，检查人口密集区域、场所265个，检查重点商品、重点行业经营户1435户，发出责令改正通知书8份；回访被处罚主体480户，对600户轻微违法经营户予以从轻或免除处罚。

【企业注册登记】 2009年，德宏州工商局、潞西市工商局统一进驻德宏州政务中心，实行一个窗口对外，一条龙服务，一站式办公，公开、透明地为申请人提供便民、优质、高效的准入服务。全州登记在册内资企业1133户，注册资金220839万元，其中新登记内资企业99户，注册资金72534万元。全州登记注册外资企业116户，其中法人企业37户，分支机构79户；投资总额29702.91万美元，注册资本15075.96万美元，其中外方12204.58万美元。年内新登记外商投资企业13户，其中法人企业2户，分支机构11户；投资总额29702.91万美元，注册资本15075.96万美元，其中外方认缴注册资本12204.58万美元。认真做好企业年检工作，内资企业年检率为93%，外商投资企业参检率为98%。在年检工作中实际走访企业248户，开辟“绿色通道”25个，引导企业到农村设立连锁企业、分支机构73户，积极支持国有企业改组改制，新登记中国农业银行德宏分行等改制企业27户；积极支持企业通过股权出质融资，帮助企业解决融资难问题。全年办理股权出质登记25件，出质股权数额21009万元，担保债权总额29550万元。

【行政执法】 2009年，德宏州工商局围绕保民生、保增长、保稳定工作大局，集中开展流通领域产品质量和食品安全、打击走私贩私、查处虚假违法广告、打击传销、扫黄打非、治理商业贿赂等专项行动。全年立案查处各类经济违法案件1519件，案值1800万元。

【打击传销】 2009年，德宏州工商局组织开展“打击传销百日联合执法行动”，配合公安部门开展对香港世界通网络涉传案调查取证工作。全州排查出涉嫌“世界通”传销人员63人；对“旅游快车”传销案正式立案调查，协助公安部门对6个主要骨干成员进行刑事拘留。全州驱散、捣毁传销窝点或非法聚众场所16个，教育劝返参与传销人员59人，刑事拘留6人，收缴了一批用于传销活动的产品及相关资料，发放宣传材料6000多份。3月31日，潞西市工商局、公安局联合在市粮油机械厂家属区内取缔非法传销窝点1个，现场查获传销物品13件，传销用书籍、笔记本、资料200余本，银行卡20张，涉嫌金额2000余元。5月16日，潞西市工商局、公安局共同捣毁传销窝点1个，查处参与传销人员27人，查获用于开展传销活动的皮包1个，西服套装2套，笔记本数本。

【市场监督管理】 2009年，德宏州纳入工商管理的各类商品交易市场175个，其中城镇市场56个、农村市场119个，已办理营业执照90个，未办理登记注册85个，符合市场信用分类监管的有36个，认定A类市场24个，B类市场12个。同时，在全州确定4个重点示范市场；认定1A级诚信市场31个，2A级诚信市场17个，3A级诚信市场9个，4A级诚信市场3个。全州加大粮食市场监管力度，严厉查处各种扰乱市场秩序行为，登记在册粮食经营户297户。加强对商品展销会、动产抵押和拍卖监管，办理商品展销会8场、企业动产抵押登记合同28份，借贷金额67705.64万元，办理拍卖备案16起，拍卖委托书金额6709.6万元，拍卖确认书89份，拍卖确认金额5110.89万元，现场监拍16场；立案查处违法销售塑料购物袋案件6件，各大超市、商场已全部使用环保购物袋。加大甲型H_1N_1流感防控商品市场监管力度，切实维护市场稳定，全州登记在册鲜猪肉经营户1279户，猪肉制品经营户83户，仔猪经营户76户；严格落实推套防艾工作责任制，与266户普通宾馆、273户社会旅馆签订责任书，摆放安全套50多万只。全年查处假劣农资案件15件，案值7.73万元，没收一批过期农药、玉米种子、化肥等；留样备案玉米、水稻、小麦、西瓜种子558个；对农资经营主体资格进行清理规范，全州1004户农资经营户普遍建立健全“两帐两票，一卡一书”制度；支持具有合法经营资格的农资经营户建立农资连锁经营服务网点236个；登记在册农村经纪人186户，其中新发展113户；登记在册农民专业合作社161户，成员2620人，出资额6234万元，其中新发展105户，成员1893人，出资额4253万元；加大涉农合同推广力度，推行省局制定的“甘蔗种植订购合同”、“蔬菜买卖合同”、“水果买卖合同”等4个涉农合同示范文本275份；加强“涉农”合同检查，及时解决合同纠纷，检查各类合同3690份，涉及金额15550万元。

【商标监管】 2009年，德宏州工商局举办“企业商标战略”培训班2期，培训300余人；接待商标注册咨询服务621人次，走访商标企业732户；全州新申报云南省著名商标17件，新申报驰名商标1件，新申请注册商标71件；加大商标保护力度，立案查处商标侵权案件50件。全州有云南省著名商标14件，德宏州重点扶持商标58件。

【广告监管】 2009年，德宏州工商局组织开展打击整治网络淫秽色情等有害信息专项行动，对全州44家网站进行重点检查；加强对户外广告的登记管理，严把广告市场准入关，受理登记各类户外广告1298件；严厉打击虚假违法广告行为，查处违法广告案件84件。

【消费者权益保护】 2009年，德宏州工商局采取有效措施，保证12315投诉电话和网络畅通，加强业务技能培训，强化快速处置功能，建立定期信息分析制度，进一步提升12315服务功能。全年12315指挥中心接听热线电话6961个次，接待消费者来访、咨询6235人次，收到短信30条，发布消费提示4条；受理消费者举报158件，并通过举报查处案件34件。全州工商系统创建食品安全示范店330户；集中开展打击违法添加非食用物质和滥用食品添加剂专项整治，查处制售假冒伪劣食品案件38件，案值54万元，查获假冒伪劣各类食品数量21965千克；依法办理食品流通许可证300户。认真开展流通环节食品质量监测，对65类商品进行食品快速检测，检测样品602个，合格595个，合格率为98.83%。继续抓好家用电器等10类重点商品质量监管，1008户10类重点商品经营户均按要求建立了索证索票和进货台账制度。

【消委会工作】 2009年，德宏州工商局按照“政府主导、工商推动、消费者参与、全社会齐抓共管”的模式，在全州乡镇、社区、商场推进“一会两站”建设。建成消委（协）分会55个、消费者投诉站和12315联络站650个，聘请义务监督员、维权联络员697人。全州各级消委受理消费者投诉453件，不予受理8件；涉及投诉金额超过120万元，接受咨询（含电话）、接待来访1041人次，成功解决了446起投诉，办结率为98.5%，为消费者挽回经济损失达83万余元。

【个私协会工作】 2009年，德宏州工商局积极抓好入会宣传、会籍管理等基础性工作，为会员解决各类纠纷40多件，挽回经济损失近30万元；组织65家民营企业参加全州民营企业高校毕业生招聘会，提供就业岗位645个；认真贯彻落实鼓励创业贷免扶补政策，在全州建立6个高校毕业生就业见习基地，提供见习岗位74个，在省创业导师库网上录入创业导师91人，为41户符合贷款条件的创业者发放贷款205万元。

【开展第二届德宏州消费品评选活动】 2009年，德宏州工商局开展“第二届德宏州消费者喜爱商品（服务）”评选活动。活动组织了40件商品、107家服务企业参加评选。经初评、终审，评选出“勐拱翡翠”等31件商品及中保财保德宏分公司等36户企业为“德宏州第二届消费者喜爱商品（服务）”称号。

【表彰先进】 2009年，德宏州工商局12315指挥中心、瑞丽市工商局女子市场巡查队被全国妇女巾帼建功活动领导小组评为“全国巾帼文明岗”，潞西市工商局荣获全国工商行政管理系统商标工作先进集体称号，盈江县消协被中消协评为全国2009年“消费与发展”年主题活动先进单位，州工商局信息中心主任徐林被国家工商总局评为全国工商系统信息化建设先进个人，盈江县消协罗有助荣获全国消协组织保护消费者权益先进工作者称号，盈江县个私协杨进春被评为全国个私协会先进工作者。姐告工商分局被省人事厅、省工商局记集体二等功，德宏州工商局党组书记、局长黄春伟被省人事厅、省工商局记个人二等功，畹町工商分局局长朱卫华被省人事厅、省工商局记三等功，潞西市公平交易股（经检大队）获“云南省工商行政管理系统先进工商所（队）”称号，张槟峰荣获全省工商系统先进工作者称号，瑞丽市工商局干部郭聪被评为全省工商行政管理系统先进个人，德宏州工商局、潞西市工商局、瑞丽市工商局、梁河县工商局、盈江县工商局、陇川县工商局被命名为云南省第12批省级文明单位，州工商局被省工商局授予全省推进商标战略实施工作先进单位，荣获二等奖，州工商局荣获2008年度全省财务报表考核一等奖，州工商局被省工商局评为全省奶制品市场整治先进集体，吴猛、龚宜进、李慧琴分别被省工商局评为2009年度执法办案能手、计算机操作能手、注册登记能手，州工商局干部孔维福荣获全省工商系统政务信息工作二等奖。瑞丽市工商局干部姚承坤荣获“2008年度全国法制好新闻三等奖”和全省工商行政管理系统新闻报道工作二等奖。州工商局被中共德宏州委评为2009年度落实党风廉政建设责任制工作优秀单位，被州政府评为食品安全监管一等奖，荣获2009年德宏州政府信息公开工作二等奖，受到州人民政府表彰，被州精神文明建设指导委员会评为“德宏州未成年人思想道德建设工作”先进单位，荣获2008年度德宏州综治维稳工作一等奖，受到州委、州政府表彰，2006～2008年连续荣获德宏州综治维稳工作一等奖，受到州委、州政府表彰；瑞丽市工商局副局长何艳、干部雄在青荣获德宏州2008年禁毒和防治艾滋病人民战争先进个人荣誉称号。

（《工商行政管理》撰稿　孔维福）

食品药品监管

【食药监管】 2009年，德宏州有药品、医疗器械生产、经营、使用单位1631家，其中药械生产、批发、零售企业458家，特殊药品批发企业1家，麻醉药品、一类精神药品、易制毒特殊化学物品、放射性药品使用单位157家，边贸药品经营企业17家，药品使用单位1014家。全年全州有食品生产加工、经营企业15120家，其中食品生产加工企业436家，食品经营企业11383户，餐饮服务业2855户，学校、幼儿园、机关、企事业单位食堂335个。

【食品安全监管】 2009年，德宏州食品药品监督管理局继续履行食品安全综合监管职能，认真组织开展食品安全宣传活动，积极开展打击违法添加非食用物质和滥用食品添加剂专项整治工作。整治期间，全州各部门出动执法人员5740人次，检查单位23831家次，查处案件14起，整治重点地区137个次，整治重点单位880家，整治重点产品480种；抽取农产品样品8107个，合格样品8012个，合格率为98.83%。开展餐饮消费环节食品安全监管情况调查，全州有餐饮经营户2784户，持有效卫生许可证的2564户，无证经营户220户，其中饮食服务2120户，从业人员7156人；集体用餐食堂46户，从业人员198人；学校学生食堂398户，从业人员1029人；量化分级管理中无A级单位，B级27户。

【药械市场监管】 2009年，德宏州食品药品监督管理局严格履行职责，强化企业的责任意识。年内，州食品药品监督局同州内6家药品生产企业的负责人签订《德宏州药品生产企业质量保证责任书》。全年出动执法人员4188人次，出动执法车辆1347辆次，监督检查涉药单位3120家次，其中药品批发企业111家次，零售企业1484家次，使用单位1036家次，药品配送企业171家次，城乡集贸市场72个次。截止10月31日，全州查处各类药械违法案164起，没收药械货值金额13.29万元，销毁假劣药品货值金额10.36万元，取缔无证经营5家，切实保障了公众饮食用药用械安全。

【药械质量检验】 2009年，德宏州食品药品监督管理局积极发挥技术监督作用，针对重点品种加强靶向抽验。全年收检药品749个批次，不合格78批次，不合格率为10.4%；合格671批次，合格率为89.6%。其中：监督抽验599个批次，委托抽验150个批次。全年药品检测车运行35天次，出动人员468人次，行程超过1700多公里，检测涉药单位116家，检测药品1072批次，其中抗生素药品187批次，化学药品624批次，中成药245批次，中药材及饮片16批次。初筛未通过111批次，对具备抽验条件的44批次进行现场抽样，按法定方法检验，确定不合格21批次。

【甲型H_1N_1流感防控】 2009年，德宏州食品药品监督管理局积极配合州委、州政府做好甲型H_1N_1流感的防控工作，有针对性的加强市场药品、医疗器械的监督检查，重点检查抗流感类、增强免疫类等针对性药械的质量，督促各药械经营企业严格遵守行业道德，坚决杜绝借机囤积居奇，哄抬物价，销售假劣药品和医疗器械，扰乱药品市场秩序的情况发生。全年出动检查106人次，检查药品医疗器械经营使用单位175家；建立应急监测网络，对到药店购买治疗咳嗽、发热等流感样病例或不明原因肺炎药品的患者进行重点监测，及时报送药品销售监测登记报告表。

【边贸药品管理】 2009年，德宏州食品药品监督管理局加强药品边贸经营企业的监督管理，多次开展药品边贸经营企业的调研工作。3月初，在瑞丽召开全州药品边贸经营企业座谈会；4月15至30日，州人大常委会杨红副主任一行对德宏州的药品边贸企业开展工作调研，主要调研边贸药品进出口业务现状、管理过程中存在的主要问题以及对促进德宏州边贸药品进出口业务有效规范管理的意见建议；5月22日，德宏州第十三届人大常务委员会召开第15次主任会议，会议审议了德宏州人民政府关于药品进出口贸易监管工作的情况报告。年内，对药品边贸企业的管理进一步理顺、规范，帮促2家企业通过GSP认证，全州有3家药品边贸专营企业，对未获证的，12月31日以后不得再经营药品。

【中药材种植】 2009年，德宏州有中药材种植企业8家，农户种植709家，累计种植181898.92亩。其主要品种有石斛、重楼、萝肤木、砂仁、草果、胡椒、姜黄等药材及药食两用的经济作物。1至5月，云南省食品药品监督管理局局长孙学明、州人大常委会副主任汪宝泉、杨红等分别对德宏州石斛产业种植发展情况进行了调研指导；州委州政府高度重视石斛产业发展，连续2年在德宏举办“全国石斛论坛”，宣传和扩大德宏州石斛的影响力；在中国乡村经济网注册德宏“石斛之乡”品牌。同时，德宏州食品药品监督管理局积极申报潞西市为“全省云药之乡”，切实提高德宏中药材在全省的地位。

【抗疟药质量监控】 2009年，德宏州食品药品监督管理局深入开展抗疟药质量监控工作。年内，与缅甸克钦邦第二特区卫生部签订《边境地区抗疟药品质量监控合作协议》，构建以中国那邦镇、缅甸拉咱市边境地区为中心，辐射周边214．64公里边境地区的抗疟药品质量监控合作机制。5月，全球基金疟疾项目主要负责人、国家食品药品监督管理局药品市场监督办公室姜简财处长一行到德宏州调研抗疟药品的质量监控情况，对这一合作机制给予了充分肯定。

（《食品药品监管》撰稿　尹祖杏）

质量技术监督

【质量管理】 2009年，德宏州质量技术监督局在质量管理工作中，主要完成如下工作：一是开展“质量和安全年”活动。成立领导小组，制定下发《德宏州质监系统“质量和安全年”活动实施方案》，先后4次召开协调会议，充分利用3·15消费者权益保护宣传日、食品质量安全宣传周、5·20计量宣传日、9月“质量月”等活动，向社会宣传。在德宏团结报报道5篇，邀请媒体记者10人次，对4项重要活动进行现场采访，在网络上刊登报道49篇次，编印专题简报49期，在德宏州人民广播电台德宏热线直播1次。投入专项经费8000余元，制作20块大型宣传展板，深入各县市工厂、农村、学校、集市开展“质量月”活动宣传图片巡回展览；利用中、小学开学之际到全州18所学校开展“食品质量安全进校园”宣传活动，将3000份印有食品安全知识的包装书壳发放给学生，受到了广大师生及家长的好评。二是紧紧围绕地方特色产业和支柱产业开展调研，动员具备条件的企业申报云南名牌。年内，有5个企业的4类产品被省质监局列入云南名牌推荐目录中；2次邀请有经验的企业质量管理专家，免费对州内60余家有一定规模的企业进行先进质量管理方法及企业质量管理体系知识的集中培训。三是对1家复混肥料生产企业进行现场核查。四是协助省质监局对州内4家水泥厂进行生产许可证到期核查工作，派出5人次审查员参加现场核查，安排5人次观察员对核查现场进行秩序维持及核查纪律监督。制定产品质量风险预警实施方案，按期上报风险预警信息。

【计量管理】 2009年，德宏州质量技术监督局在计量管理工作中，主要完成如下工作：一是为防止甲型H_1N_1流感疫情流入德宏州，于5月11至12日邀请省计量院工作人员为德宏州盈江、瑞丽、拉影、芒海、芒市机场等多个出入境通道在用的20台体温检测仪、43支体温计进行免费检定、校准，确保了体温检测仪器的准确和有效。二是组织开展“关注民生、计量惠民”专项行动。对潞西市芒市地区17家废旧金属回收站计量器具使用进行联合检查，发现并查处6家经营户故意人为破坏计量器具准确度，向不法商人购买、更换使用可任意改变台秤标尺力点刀距的台秤标尺的违法行为。组织资深技术人员对各县市局计量工作人员进行培训，组织学习《定量包装商品计量监督管理办法》、《零售商品称重计量监督管理办法》、《商品量计量违法行为处罚规定》及JJG14—1997《非自行指示秤》等5个规程，并进行了取证考试。三是进一步明确全州年耗能5000吨标准煤以上，1万吨以下的独立核算用能单位名单，督促各县市能源计量工作的开展。借鉴外地经验编制了《德宏州用能单位能源计量状况调查表》。在新闻媒体上进行节能知识宣传。四是开展计量论证实验室监管，规范计量认证实验室管理。按照省局要求，指定相关科室负责，历时14个工作日，对全州有资质认定获证的17家实验室进行检查，检查对象主要是卫生系统疾病预防控制中心和工程质检站。经检查，德宏州城建系统、德宏州防雷装置安全检测中心等6实验室计量认证证书到期，云南省水环境监测中心德宏分中心、德宏州综合技术检测中心（含瑞丽珠宝站）2家实验室管理规范，质量体系建设、能力建设和日常管理到位，满足资质认定要求，其余管理基本规范，基本满足资质认定要求，对个别项目存在问题要求实验室负责人及时进行整改。

【标准化管理】 2009年，德宏州质量技术监督局在标准化管理工作中，主要完成如下工作：一是按阶段完成农业标准化示范区工作及材料的上报工作。做好国家标准委对农业标准化示范区的抽查工作，陇川县麻竹农业标准化示范项目在国家标准委抽查中，以96.5高分被评为7省市第一名；潞西市咖啡农业标准化顺利通过验收。二是开展标准化工作现状调查。根据省局下发的企业名单，逐一开展调查工作，并针对部分企业关停倒闭现象，按省局要求重新确定调查对象，做到不重不漏，全州标准化现状调查工作提前按质完成。三是组织德宏州服务行业标准化试点工作的申报。将瑞丽珠宝街作为德宏州首批服务行业标准化试点，并力争将盈江县《云南坚果》、潞西市《云南小粒咖啡》上升为地方标准。四是开展备案食品企业产品标准清理工作。对全州自2006年6月1日后备案的全部食品企业产品标准进行清理，清理了44家企业的62份食品企业产品标准，并对所有清理标准提出继续有效、需要修订或注销备案的建议和意见；注销2个保健酒标准，修订3个食品标准，继续有效备案食品企业产品标准60个。注销的2个企业标准按要求告知2家企业，按时上报统计表。五是协助企业制订、修订企业标准9份，委托德宏州标准技术审查专家库的专家审查企业标准9份。

【食品质量安全监管】 2009年，德宏州质量技术监督局在食品质量安全监管中，主要完成如下工作：一是开展打击违法添加非食用物质及滥用食品添加剂违法行为整治工作。全州出动执法人员522人次，巡查企业402家次，对3个制糖企业使用的食品添加剂（磷酸）及3个涉及使用食品添加剂的产品、17家饮用水企业生产的桶装饮用水、3个竹笋产品进行了监督抽样，未发现违法添加非食用物质的行为。二是开展专项执法打假活动，确保节日食品质量安全。对“两节”期间食品安全检查全面安排部署。联合工商局、卫生局、畜牧局、商务局、食药监局等相关单位人员组成联合检查组，对辖区相关食品生产加工企业和小作坊进行检查。期间，全州出动执法人员275人次，检查各类企业121家，发出整改意见通知书5份，立案查处1家。三是开展重点产品专项整治。对辖区3家乳制品生产企业进行整顿和规范工作，并派出人员，指导企业对在产品质量方面存在的问题进行指导帮扶；组织各县市局对辖区淀粉产品、即食食品、大米制品、蔬菜水果制品等进行专项整治。针对整治中发现的企业生产产品标签、标识不规范的问题，下发《德宏州质量技术监督局关于进一步加强食品生产企业产品标签标识检查的通知》，要求各县市局迅速对辖区食品生产企业使用的产品标签进行检查，并要求企业停止使用不合格的标签，通过整治，辖区企业产品标签得到了进一步规范。四是稳步推进食品市场准入工作。年内，接受并审查食品生产企业管理57家，受理工业企业8家。

【特种设备安全监察】 2009年，德宏州质量技术监督局在特种设备安全监察工作中，主要完成如下工作：一是促进落实三方安全责任，健全安全生产责任体系。年内，分别与企业、检验机构和监察部门签订责任书，明确企业的安全管理主体责任，检验机构的技术把关责任，监察机构的监管责任。二是加大整治力度，加强现场安全监察。始终保持安全生产的高压态势，以“三落实、两有证、一检验”为核心，不断加大现场安全监察力度，加大安全隐患的整治力度。年内，协同德宏州质量技术协会组织特种设备作业人员培训考核班12期，共考核发证1198人次。三是向企业和重点用户发放特种设备宣传单3000多份，制作并发放1239块汽水两用锅炉安全使用警示牌给汽水两用锅炉使用单位；督促使用单位落实安全管理主体责任，建立并有效实施各项规章制度，确保特种设备处于良好状态，确保作业人员符合规定。年内，各县市局建立了特种设备台账和隐患台账，进一步摸清辖区内特种设备状况。国庆期间，抽调特种设备专业技术人员对在用的特种设备进行全天候值守，备齐应急救援工具和检查仪器设备，对节日期间使用电梯进行巡查，确保特种设备安全运行。四是深入开展起重机械、压力管道元件和锅炉等特种设备专项整治。核实各地区重点监控特种设备和特种设备重大事故隐患，建立相应台账和档案；督促企业制定隐患治理方案，并建立隐患治理长效机制，落实隐患治理目标和工作进度；建立隐患治理分级管理机制，对隐患治理实行量化评价考核。年内，办理特种设备开工告知123份，办理注册登记320台次，注销或停用设备16台套。

【质量监督和执法打假】 2009年，德宏州质量技术监督局质量监督和执法打假工作主要围绕十项专项整治行动来开展。一是安排部署农资、下乡家电产品、絮用纤维制品、仿瓷餐具、液化石油气产品、乳制品、食糖、食品添加剂、肉制品、方便食品、豆制品、粉条、可可制品、计划生育药械市场、塑料购物袋、防控甲型H_1N_1流感疫情物资质量监督工作等执法检查及专项集中整治行动。同时，下拨监督抽查经费23万元。二是严把产品质量关，确保救灾物资与恢复重建产品质量安全。深入灾后恢复重建施工现场检查建材产品，调查了解建筑材料进货、使用情况，并对生产企业和施工工地使用的钢筋、水泥、砖、电线电缆等产品进行监督抽样送检。期间，共抽样品94个，合格58个，不合格36个，对经检验不合格的产品，除下达责令停止生产和使用通知书外，还进行了相应的处理。三是组织开展监督抽查及定期监督检验。年内，将农资产品作为监督抽查的重点进行监管。全州检查企业92家，合格47家，合格率为51.1%；抽查产品132个批次，实物质量合格83个批次，合格率为62.9%，标识抽查合格率69.85%，综合合格率为59.85%。认真按照“过罚相当”的要求开展，对29家抽查不合格的企业、40个产品进行处理，其中责令整改5家，立案查处35家。四是完成全州质量技术监督系统行政执法证件的第七批换发工作。全年办证8人，其中换证4人，发证4人。全年质监系统出动执法人员1506人次，查办案件410起。

【“两码”工作】 2009年，德宏州新办理条形码12家、续展12家；审查办理代码4031户，新办650户，变更346户，换证671户，年检2687户，废置155户，迁址3户。

【基础设施及技术机构建设】 2009年，瑞丽市质量技术监督局、瑞丽珠宝检测站办公楼成功置换，大大改善了基层办公条件，提升了服务能力。首次建成启用“实验室软件管理平台”，完成新购置大型精密仪器气—质谱仪、原子吸收仪和十万分之一电子分析天平各1台（件）套的安装调试验收工作，并投入使用。改造大型精密仪器实验室，按时完成特检技术机构资质核准审核的整改工作，并获得5项资质。完成法定计量机构复审换证考核的整改工作，顺利取得道路运输危险货物罐式车辆金属及非金罐体定期检验、危险化学品常压容器监督检验和定期检验的检验资质。顺利申报并通过质检机构检验资质到期复审换证和扩项检验资质现场评审。年内，出具产品质量检验/检测报告2462份；检定/测试计量器具4541台（件）；完成锅炉产品监检229台，安装监检42台，锅炉水压试验25台，锅炉技术鉴定26台，锅炉修理改造监检13台，定期检验235台；完成压力容器安装监检31台，定期检验137台，压力容器委托检验18台；完成压力管道安装监检4152米；检验道路运输液体危险货物罐车辆79辆；校验安全阀222只；起重机械验收检验78台，定期检验43台；委托的水电站压力钢管焊缝超声波检测1424米，射线检测42张；珠宝检验22万件/次。

【队伍建设】 2009年，德宏州质量技术监督局进一步加强干部队伍建设：一是调整充实内设机构。成立人事监察科，撤销综合科，成立食品质量科和标准计量科，调整7名干部，优化干部结构。二是注重理论学习。坚持每两周召开一次局务会议，及时组织学习传达省局及地方党委政府的相关会议精神，安排部署工作，交流工作开展情况；每月精选1个典型案例，组织全州质检系统副科以上干部学习，通过正反两面的典型案例，用身边事教育身边人；年初组织全系统副科以上干部到保山监狱参观学习，教育和警示广大党员干部增强党纪法律意识，筑牢思想道德防线。采用“送出去和请进来”相结合的方式，开展“自学、互评、互学”活动，多渠道多形式培训人才。先后4次聘请有关工程技术人员和专家对检测中心的仪器使用人员进行现场培训，邀请厂家技术人员现场教授安全阀在线检验仪器操作知识；派出业务骨干参加国家局、省局组织的业务培训，组织干部职工相互交流培训心得，扩展知识面，共同提高业务技能。三是建立健全各项规章制度。将近两年来制订、修改、完善的51项规章制度汇编成册，纪检部门负责监督落实，逐步形成用制度管人、管权、管事、管物的管理机制。年内，发出廉洁信息反馈表931份，收回583份；发出执法监督卡470份，收回470份；发出核查（评审）廉洁告知书47份，收回47份。三是贯彻落实“阳光政府”四项制度，积极推行“开门办案”，转变机关作风。年内，“12365”举报中心受理举报、投诉、情况反映27件，“96128”查询专线受理举报、投诉、情况反映5件，全部办结；7月2日，潞西市局邀请市政协、市人大、市纪委、市法院、市法制局等相关部门及10名个体私营企业代表和相关媒体，举行对查处潞西市芒市盈黎电器部销售不合格DVD视盘机一案的听证会，率先在全系统开展“开门办案”工作。四是积极开展学习实践科学发展观活动，不断加强科学发展能力。由局党组成员率队组成4个调研组，深入5个县市8个联系点开展调研，共召开座谈会20次，走访群众53人，走访34家企业及单位，完成调研报告4篇。向全州质监系统副科以上领导干部发放测评表进行满意度测评，发出测评表37份，收回37份，满意率为100%。向州直机关两会代表（委员）、相关联系单位和企业发放测评表进行满意度测评，发出测评表40份，收回40份，满意率为100%。

（《质量技术监督》撰稿　黄春梅）

贸　易

经　委

【召开老旧汽车更新工作会议】 2009年1月8日，德宏州老旧汽车更新领导小组在芒市召开全州老旧汽车工作会议。州老旧汽车更新领导小组成员单位的领导、老旧办工作人员、德宏宏宇实业集团公司及各县市报废汽车回收网点的负责人参加了会议。会上，通报了2008年全州老旧汽车更新开展情况，并对2009年全州老旧汽车更新工作作了安排，德宏宏宇实业集团公司与各县市报废汽车回收网点签订了《2009年报废汽车回收与拆解安全经营责任书》。会议通报了2008年全州回收各类报废汽车413辆，其中出具报废证明的有238辆，养征拍卖回收48辆，无牌无照127辆，比2007年增123辆，增长42.41%。

【召开系统工作总结暨表彰会】 2009年3月9日，德宏州经委系统2008年度工作总结暨表彰会在芒市召开。各县市区经济局、州盐务管理局、州经委共80余人参加了会议。州财经纪工委领导应邀参加了会议。会议传达贯彻中央经济工作会议和全省工业经济工作会议精神，对2008年全州工业经济工作进行了总结，安排部署2009年的工作任务。会上，各县市区经济局作了交流发言，并与州经委签订2009年目标管理责任书，州财经纪工委领导对做好年内的工作提出了要求。会议对2008年工作表现突出的单位和个人进行表彰和奖励。

【举办首期能源统计培训班】 2009年5月16至17日，德宏州经委与州统计局在州委党校联合举办首期能源统计业务培训班。州经委，各县市区经济局、统计局的领导和业务负责人及全州规模以上工业企业业务人员102人参加了培训。省节能技术中心和省统计局的专家从能源及能源统计的基本概念、节能评价指标及其计算方法、地区单位GDP能耗核算、重点用能企业能源利用状况统计及其处理程序的基本操作、能源报表处理及其相关指标计算六个方面进行了授课。

【省工业和信息化主任刘绍忠到德宏调研】 2009年6月17至20日，云南省工业和信息化委员会刘绍忠主任率相关处室的处长一行7人，到德宏州专题调研工业发展工作。在德宏期间，刘绍忠主任一行实地察看了潞西市永利发林业公司、海柯生物开发有限责任公司番麻皂素厂、卓信硅业有限公司、宏天后谷咖啡速溶生产线、遮放多晶硅项目、遮放贡米厂，畹町源洋生物公司，瑞丽工业园区、宏冠木业、德冠木业、珠宝玉石加工区，盈江县芒桑水泥厂、澳洲坚果公司等企业，并与州委州政府领导进行了座谈。刘绍忠主任提出要求：一是完善政策措施，创新推进德宏工业发展的观念和机制。二是完善重点产业发展的专项规划，强化对重点企业的科学指导。三是加快工业园区建设，打造产业企业集群。四是集中力量抓好重点项目建设，培育龙头企业。五是改善投资环境，坚定投资者的信心。

【省工信委调研组到德宏调研】 2009年7月20至25日，应德宏州委州政府的邀请，受省工信委刘绍忠主任的委派，省工信委轻工处武俊处长带领有关专家和人员一行9人到德宏，开展食品、珠宝、家具产业发展规划编制调研。在德宏期间，调研组与州政府进行座谈，听取了州政府领导的情况介绍，并深入有关企业了解情况，与州经委就规划编制工作交换了意见，并确定了规划编制的指导思想和基本思路。12月15日，由云南省工信委段洪巡视员带队的调研组一行4人，到德宏州开展工业园区建设工作调研。调研组一行实地查看了潞西、瑞丽2个省级工业园区建设的进展情况，并听取园区管委会的工作汇报。调研组对德宏州工业园区建设工作给予了充分肯定，同时对进一步加快推进工业园区建设、优化工业布局、提高项目承载力提出了指导意见和具体工作要求。

【举办工业经济研修班】 2009年10月20至26日，由德宏州委组织部、州经委和州委党校共同主办的第一期工业经济研修班在州委党校举行。各县市政府分管工业经济的领导，经济局、国土局、环保局、质监局、招商局、工业园区负责人，各乡镇党委书记、乡镇长以及州经委科以上领导干部100余人参加了培训。州委常委、常务副州长柳五三参加了开班仪式，并作了题为《充分发挥地缘和资源优势，加快推进德宏工业化进程》的授课。培训班紧紧围绕州委州政府"产业富州"发展战略和"工业倍增计划"、打造特色产业集群等发展思路，设置了中小企业产品开发与融资、农产品加工业发展思路、工业园区、新型工业化与县域经济发展、德宏进出口加工业发展情况等学习内容。培训会上，省工信委和州内的专家就如何加快推进中小企业发展、企业融资和工业园区建设等方面内容进行了专题讲授，州内有关企业负责人介绍了产业发展中的经验和做法。培训期间，组织学员到潞西宏天公司和永利发公司进行了参观考察。

【乡镇企业】 2009年，德宏州以"加快农产品加工业发展、提升乡镇企业发展水平、服务三农"为目标，紧紧围绕保增长、保民生、保稳定的工作要求，积极应对金融危机对全州乡镇企业带来的影响，以农产品加工、转移农村劳动力为重点，继续推进企村结对共建社会主义新农村建设、农村劳动力的转移培训、劳动技能培训等工作，促进乡镇企业快速发展，较好地完成了各项目标任务。全年乡镇企业完成增加值13.31亿元，比上年增40.37%，其中工业增加值9.75亿元，增49.57%；实缴税金2.52亿元，增32.65%；农产品加工业销售产值完成26.92亿元，增18.4%；职业技能鉴定完成268人；企村结对完成15户。

【职称评定】 2009年，德宏州经委组织开展工程系列职称评定工作。全年完成工程系列高、中、初级职称推荐和评定，向省有关高评委推荐上报高职10人，中职评定68人，初职评定270人。

【报废汽车补贴资金】 2009年，

德宏州财政局、州经委根据财政部、原国家经贸委《关于发布〈老旧汽车报废更新补贴资金管理暂行办法〉的通知》，财政部、商务部2007年第16号公告》和云南省工业和信息化委员会、云南省财政厅《关于做好2008年老旧汽车报废更新补贴资金发放及2009年补贴资金申请工作的通知》精神，安排专人，认真做好2008年报废汽车补贴资金审核、发放工作，在规定的时间内将补贴资金及时发放到车主手中。全年全州发放老旧汽车报废更新补贴资金6万元，涉及报废汽车15辆。

【安全生产】 2009年，德宏州经委系统进一步强化安全管理，以安全促生产、保发展。年内，对州内11户重点技改项目的工业企业和入驻工业园区的15户企业，进行全面的安全生产隐患排查治理和督促检查工作。同时，加强对盐业市场的监管，保证了市场食盐的安全。全年出动盐政执法人员243人/次，出动车辆100辆/次，发放各类宣传材料21759份，查处涉盐违法案件32起，查获各类违法盐产品45614.5千克，其中假冒加碘食盐172.5千克。

【水泥生产】 2009年，德宏州生产水泥137.3万吨，完成工业总产值37000万元，比上年同期增6.4%。全州11户水泥生产企业，年设计生产能力291万吨，其中畹町乔瑞水泥有限公司80万吨/年和德宏州弘安水泥有限责任公司100万吨/年2条新型干法水泥熟料生产线项目正在建设中；梁河县奥环水泥有限公司60万吨/年粉磨站一期30万吨项目和盈江剑雄水泥有限责任公司60万/年吨粉磨站一期30万吨项目建成，并经省工信委批准同意进行试生产。

（《经委》撰稿　毕　鸣）

（见“州情概览·州经委”65页）

招商引资

【召开全州招商引资工作会】 2009年4月10日，德宏州委、州政府召开全州招商引资工作会。州委常委、常务副州长柳五三主持会议。州长孟必光总结了上年全州招商引资工作，赵金书记作重要讲话，并布置年内德宏州招商引资工作。会议表彰了招商引资目标任务完成较好的县市，潞西市获2008年度全州招商引资一等奖。同时，签订《德宏州2009年度招商引资目标责任书》，将招商引资目标任务分解到各县市(区)。

【参加第十七届昆交会】 2009年6月4至6日，德宏州招商局派人参加第十七届昆交会。期间在召开的云南省首届生物产业大会中，德宏州有8个生物产业招商引资项目在会上签约，其中引资项目6个，引智项目2个，引资签约项目总金额为14.7亿元人民币。在昆交会期间，签约外资项目1个，项目总投资5.8亿元，拟利用外资7800万元；签约内资项目3个，项目总投资34000万元。

【园区项目】 2009年9月初，德宏州招商系统进一步加大园区招商工作。年内，与浙江商会、香港思源国际实业有限公司等就采取BT模式做好基础设施建设进行对接；与太平洋证券有限公司合作，签订该公司为德宏州进行全方位直接融资及发行企业债券、理财产品等战略合作协议。同时，盈江五星级宾馆、潞西工业园区BT模式开发取得实质性进展。这些项目的实施，将整体加快工业园区的建设步伐。

【参加第九届中缅边交会】 2009年12月2至6日，德宏州招商引资系统组织参加第九届中缅边交会。边交会期间，发放各类资料3000多份，光碟200本；签订招商引资项目8个，协议引进资金7.65亿元人民币。

【招商引资推介宣传】 2009年，德宏州招商系统编制招商引资宣传项目6000多册，其中州招商局编制1500册。在各种节庆展会推介活动中，发出招商、旅游、珠宝文化、产业扶持等方面的宣传资料8000多套，与近千家企业进行了交流和座谈。通过广泛征集各有关单位和部门，年内研究推出重点招商项目53个，其中已签约27个，目前在谈9个，项目招商取得实质进展。同时，做好招商引资项目咨询和落地项目的服务工作，优化服务质量。州和潞西市两级便民服务中心的成立运行，为外来投资者创造更加便捷、快速、优质的服务环境，提高外来投资的服务质量和效率。据不完全统计，全年全州为来自美国、新加坡、缅甸与台湾、香港、湖南、广东、浙江、福建、广西、四川、上海等国家和地区近1200多名中外客商提供了有效的咨询和服务，为外来投资企业协调解决项目运作过程中出现的问题和困难。5月29日，成功组织了缅甸仰光云南华侨商会考察团德宏项目推介会。会后，瑞丽工业园区珠宝城等项目成功签约，对缅甸华商投资德宏、回报家乡产生了积极的影响。

【实施项目情况】 2009年，德宏州招商项目涉及农业、林业、畜牧业、矿业、旅游业、木材加工、电力、批发零售业、房地产业等23个行业，覆盖电力、矿冶、商贸和城镇基础设施建设等方面，对种植业、竹木加工、物流、农（副）产品加工等产业的投入也有较大增长，出现了外来投资多元化的新格局。全年全州实施国内经济合作项目84项，其中上年结转项目40项，新增项目44项；项目协议总投资2338116万元，其中结转项目总投资750546万元，新签约项目总投资1451920万元。实施项目实际到位资金359004万元，比上年增131338万元，增57.68%，其中省内到位资金138565万元，占到位资金的38.6%；省外到位资金220.439万元，占到位资金的61.4%。年内，完成省下达目标任务17亿元的129.67%，完成州政府下达任务26亿元的120.61%；国内经合项目到位资金占全州1至11月固定资产投资85.9亿元的41.79%。全州引进外资项目4项，实际到位外资1324.42万美元，实际到位外资为省政府下达州利用外资1300万美元指导性目标任务的101.8%。实施项目按行业类划分：农业5项，林业3项，畜牧业1项，电力工业18项，轻工业及食品加工业14项，商贸服务业15项，矿业9项，房地产4项，医药卫生5项，其他行业9项。实施项目按所在县市（区）划分：潞西18项，到位资金129307万元；瑞丽23项，到位资金84690万元；陇川15项，到位资金10734万元；畹町6项，到位资金4005万元；盈江11项，到位资金72195万元；梁河10项，到位资金20552万元；姐告1项，到位资金8120万元。全州招商系统在册国内外来投资企业110户，注册资本金199805万元，其中省外注册资金121941万元，省内注册资金77864万元，项目实现营业收入99779万元，征收税金12668万元，增加5011个就业岗位，当年新增1043个就业岗位，实现工业产值69518万元。

【课题研究】 2009年，德宏州招商局与州委党校合作进行德宏《招商引资对策研究》、与州政府研究室进行《工业园区招商引资课题研究》，就如何应对金融危机，适应新形势、新阶段工作需求的招商引资新格局进行综合分析，对今后乃至“十二五”招商工作奠定理论支撑和工作参考作用。同时，在广泛调研和征求意见的基础上，拟定《中共德宏州委州政府关于进一步加强招商引资工作的决定》，全面修改了州人民政府2006年颁布实施的《鼓励投资优惠政策》，并与州法制局按法定程序进行4次较大范围的征求意见、建议及公示、公告，于12月中旬提交州政府常务会审定公布施行。新修改的德宏州鼓励投资政策，增强了地方政策的实用性、权威性和可操作性，对整合资源、培育支柱、拓展领域、创新方式、优化环境、考核奖惩以及项目促进制度进行了明确的规定，提高了引资优惠政策对外商的吸引力。

（《招商引资》撰稿　陈玉田）

对外经济贸易

【全州商务工作会议】 2009年3月，德宏州人民政府召开全州商务工作会议。会议传达全省商务工作会议精神，总结上年全州商务工作，表彰奖励了7个完成和超额完成进出口目标任务的县市（区）政府、27个外经贸优质服务单位和8个先进管理单位，对17户完成进出口额1亿元以上的外经贸企业、4户先进外商投资企业、8户先进内贸流通企业、1户先进境外替代种植企业、2户先进境外经济技术合作企业进行了表彰。会议分析当前面临的形势，制定工作措施，安排布置年内全州商务工作任务，确定2009年国内市场社会消费品零售总额增幅达到20%以上，对外贸易进出口额、对外经济技术合作营业额、对外实际投资和实际利用外资分别实现12%以上的增长，境外罂粟替代种植面积不断扩大的工作目标。

【发展对外贸易】 2009年，德宏州商务系统进一步发展对外经济贸易工作。一是认真学习和贯彻实施国家对外贸易政策法规，把国家和省的有关外贸促进政策宣传好、贯彻好、落实好，用好政策，帮助企业应对国际金融危机冲击和国家边贸政策大幅调整带来的影响，努力减少企业损失，减缓德宏州外贸进出口下滑的局势。二是加强与上级部门的协调，努力为企业争取外贸扶持项目和扶持资金，帮助企业加快发展。年内，为6户企业争取出口商品配额指标，为3户企业申报两用物项和技术进出口指标，为16户企业办理了木材、矿产品备案，获得省商务厅核准自缅进口木材209684.9立方米，矿产品422310吨，帮助90余户外贸企业申报获取扶持资金3600多万元。三是做好对外贸易进出口经营权的备案登记工作。全年为140户企业或个体经营者办理了对外贸易经营者备案登记及变更手续，其中新办87户。截至年底，全州具备进出口经营资格的企业达741户，其中外资企业36户。四是加强行业管理，完善贸易发展管理政策。为促进德宏州对缅木材、矿产贸易的规范、有序和持续发展，打击非法，保护合法，根据省对缅木材矿产合作管理的办法，报请州政府出台了《德宏州人民政府关于进一步规范对缅木材、矿产品贸易的规定》，为德宏州规范、有序地开展对缅甸木材、矿产贸易打下了基础。五是针对国际金融危机影响，协同德宏州贸易商会举办了进出口保险、融资担保、进口业务及贸易形势分析等相关业务培训班，努力提高全州外贸企业抗风险能力和经营者的业务技能。通过采取有效措施，确保德宏州外贸进出口额在全国、全省下滑的情况下，保持了小幅增长，实现进出口额76279万美元，比上年增0.21%。

【实施“走出去”战略】 2009年，德宏州商务系统积极实施“走出去”战略，不断加强对外经济技术合作。全年新批执行对外承包工程项目合同14个，合同总额2693.85万美元，完成金额1705.3万美元；新批执行对缅投资项目2个，投资总额805万美元，完成金额343.5万美元。

【境外毒品替代种植】 2009年，德宏州各级商务部门加强对境外罂粟替代发展工作和相关政策的宣传，认真研究和反映替代发展工作中的问题和困难，做好替代种植企业的业务指导和服务工作，认真开展替代种植实地核查，积极为企业争取项目补助资金1026万元，努力采取措施，促进境外替代种植的发展。全州新增境外替代种植企业7户，新增协议种植面积95万亩。截至年底，全州有境外替代种植企业33户，累计协议种植面积259万亩，经过核查公示的种植面积43.16万亩。种植品种主要有橡胶、木薯、薯蓣、甘蔗、麻竹、香蕉、茶叶、玉米、芝麻、豆类及水果等农经作物。全年返销国内农产品16.96万吨，返销金额3275万美元。

【利用外资】 2009年，德宏州商务系统加大对外宣传和招商引资力度，做好对现有外资企业的服务，同相关部门做好外资企业的联合年检和服务，努力开展利用外资工作。全年新批外商投资项目4个，合同利用外资3839万美元，实际利用外资1324万美元，完成省政府下达德宏州实际利用外资1300万美元的任务。截至年底，全州外资企业实存36户，全年完成销售收入14.18亿元，比上年增25%，实现利润1.5亿元，上缴税费13255万元，解决就业3495人。

【口岸建设管理】 2009年，德宏州商务、口岸部门进一步加强口岸建设管理工作。一是主动加强与各口岸相关管理服务部门的沟通协调和协作配合，与各口岸管理单位进一步统一思想，努力抓好口岸综合管理，促进口岸服务便利化。二是结合国家对口岸建设发展的要求，完成瑞丽、畹町、盈江、章凤等4个口岸经济区总体发展规划，潞西芒海通道建设规划进入实施阶段。三是完成瑞丽口岸查验货场工程的前期各项工作，工程进入投资建设阶段。四是完成国家投资的第一个口岸通道建设项目—章凤口岸拉勐通道联检查验现场办公设施建设，通过项目及功能验收，并投入使用。五是争取口岸建设资金5000多万元，使瑞丽口岸查验货场建设工程、一国门两通道功能完善工程，畹町口岸旅检通道改造工程、物流查验场建设工程，章凤口岸联检楼及查验货场建设工程，盈江口岸中心货场功能完善工程、那邦联检中心和货场建设工程进入规划或实施。六是努力推进中缅瑞丽——木姐跨境经济合作区的申报工作。经过2年多的努力，得到省委、省政府的认可和支持，被正式列入商务部与省政府“共同提升云南沿边开放水平合作备忘录”，申报工作取得重要的阶段性进展。七是积极申报芒市机场为口岸机场，申报章凤口岸和盈江口岸为一类口岸。经过努力，全州口岸基础设施条件、管理服务水平得到不断改善，服务质量和工作效率不断提高。全年全州各口岸出入境人员998.62万人次，比上年增10%，占全省口岸总量的56.04%；出入境交通工具176.49万辆次，增33.97%，占67.86；进出口货运量175.2万吨，增30.99%，占27.63%；口岸进出口额116047万美元，增7.11%，占28.55%。其中：瑞丽口岸出入境人员、出入境交通工具、进出口额在全省口岸中均排名第一，出入境货运量排名第二；盈江口岸出入境人员、出入境交通工具分别在全省口岸中排名第三和第二。

【举办中缅边境经济贸易交易会】

2009年，由德宏州政府主办的中缅边境经济贸易交易会在瑞丽举办。本届边交会设室内标准展位413个，室外展位390个。经过5天的展洽，完成签约项目30个，其中进出口贸易合同22个，金额12.32亿元（进口56632万元；出口66605万元）；招商引资项目8个，金额7.65亿元。会展期间，有290余户国内外企业（缅甸参展企业42户）参展，完成进出口现货贸易30025.12万元，其中进口

3148.19万元；出口26876.93万元。展出期间，每天有1万余人次到馆内参观、洽谈和采购。边交会期间还成功举办了双方代表团的高层会晤，举行了中缅边境贸易联委会（JBTCCC）会谈、中缅商务会谈和缅甸投资政策推介会，进行了双边旅游、文化交流与合作。通过中缅双方积极组织、认真筹备，圆满举办了本届中缅边交会，实现了中缅双方互利互惠的目的，为巩固中缅双方的友谊和加强贸易往来发挥了积极的作用。

【参加第十七届昆交会】 2009年，德宏州商务局为集中展示名特优新产品，全方位展示德宏州对外贸易新形象，组织参加第十七届昆明进出口商品交易会。期间在农特馆、投资促进馆、轻纺织馆设立了16个展台，通过认真准备，精心布展，大胆创新，加大宣传，取得了经贸交易和对外宣传双丰收。会展期间，实现进出口贸易总额817.7万美元，其中出口17.7万美元，进口800万美元，主要为农副产品和海产品；签订招商引资项目8个，协议引资14.7亿元，涵盖竹、咖啡、柠檬、印楝等产业。德宏州取得的丰硕成果，被昆交会组委会授予德宏最佳组织奖。

【内贸流通市场管理】 2009年，德宏州各级商务部门努力克服内贸工作经费和工作人员等方面的困难，一是抓好流通保障工作，做好成品油供应市场布点建设和储油设施扩容工作。全年全州批准建设成品油加油站13个，批准注销加油站6个，完成成品油销售18万吨。二是全面实施“家电下乡”工程。通过广泛宣传动员，认真执行扶持政策，全州有144户营销商备案，涉及2000多个型号的产品，销售相关家电产品14822件，兑现补贴263.9万元。三是继续加快“万村千乡”市场工程建设。建设指标新建设农家店100个，配送中心2个。四是加强内贸市场调研、工作考核。完善全州城乡市场运行监测体系，加强城乡市场体系建设，活跃城乡市场。确定12个重点商品市场应急保供企业，加强重点商品市场监测。五是加速培育农业农村市场体系，争取国家和省资金支持，建设和改造一批乡镇集贸市场和农产品批发市场。得到商务部批准“双百市场工程”建设项目2个，省商务厅批准农贸市场建设项目4个。六是抓好城乡肉食品供应和安全保障工作。新批建设生猪屠宰厂2个，进一步实施对生猪屠宰市场的规范化管理，及时销毁病害生猪及其制品，在全州各生猪定点屠宰厂（场）逐步推行和完善无害化处理设施，做好病害生猪及生猪产品无害化处理工作。七是继续开展推广使用节能灯和节能设备的活动，积极参与做好节能减排工作。确定6户推广使用试点单位，使用1.1万余支节能灯。八是完成全州再生资源回收经营者备案124户，进一步做好品牌车、二手车、拍卖、典当、酒类、直销、旧货等特殊流通行业的管理和服务。全年全州社会消费品零售总额累计完成460131万元，比上年增20.5%，完成州政府下达增长20%以上的目标任务。

【信息化建设】 2009年，德宏州商务系统努力加强《德宏州商务系统网站上网信息管理措施》的执行和对网站的维护，做好信息的收集、筛选、整理、报送和发布，进一步做好云南省新农村商网农副产品网上购销对接会的信息服务工作。年内，向商务之窗网站上传德宏商务信息297条，向州委信息科报送信息102条，发布政府公开信息62条，查询信息20条，公示信息3条，发布德宏商务信息94期。组织全州商务信息服务培训会，使商务工作信息化建设得到强化，系统信息服务和对外宣传得到加强。

【庆祝建国60周年活动】 2009年，德宏州商务局重视商务工作环境建设，努力营造团结向上、充满激励、空间宽松、关系和谐、凝聚力强的工作氛围。在喜迎建国60周年之际，一手抓好当前各项业务工作，一手抓好庆祝建国60周年系列活动，举办了“颂德宏·爱家乡”演唱赛，集中展示了全州商务系统干部职工团结拼搏、开拓进取、开放发展的精神风貌，激发了全州商务系统干部职工战胜金融危机的信心和决心，增强了凝聚力。

（《对外经济贸易》撰稿　尚正宠）

（见“州情概览·对外经济贸易”72页）

粮油购销

【开展军粮财务大检查】 2009年4至5月，德宏州开展2006至2008年军粮财务大检查。通过军粮站、代供点的自查，州局抽查，省级复查，国家局的巡查，德宏州2006至2008年军粮供应财务处理合规，政策把握到位，没有任何违规现象存在，得到省局、国家局的肯定。为此，国家局还特意对德宏州2008年因地震受损情况给予30万元的网点修缮补助。

【军供基础设施建设】 2009年7月17日，德宏军供基础设施建设得到进一步加强。根据云南省粮食局长座谈会议和云粮发电〔2009〕17号精神，省决定对德宏州补助270万元，州政府匹配补助50万元，用于新建和改造德宏州的军粮站和代供点基础设施。目前，此项工程进入建设实施阶段。

【粮食购销】 2009年，德宏州粮食局以《粮食流通管理条例》和中发（2009）1号文件为工作依据，以年初制定的工作计划、目标、任务为方向，以切实履行对粮食流通环节的“指导、服务、监督、服务”职能职责为切入点，增加储备，确保有效供给，加强市场管理，保障流通有序，启动托市价政策敞开收购种粮农民余粮，切实解决种粮农民和消费者利益。年内，秋粮收购通过州内国有粮食购销企业严格执行挂牌收购政策，既解决了全州种粮农民“卖粮难”的问题，同时也解决了种粮农民的增产增收。据测算，全州种粮农民因挂牌所售比市场粮价人均增收420元。全州国有粮食购销企业除潞西、畹町实现盈利外，其余县、市均是亏损。全州国有粮食购销企业抵扣盈利后，亏损总额达308.70万元，比上年实现盈利40.60万元，增亏349.30万元。

【地方粮油储备】 2009年，德宏州粮食部门认真落实和完善省人民政府安排的粮食、油脂储备规模。德宏州虽作为云南省内为数不多的粮食净调出州，但必要的储备同样是必不可少，按省级要求，德宏州在上年末省级1300万千克（晚籼稻谷，下同）、州级储备500万千克、县市（区）级280万千克的基础上，增储了县、市级储备粮200万千克。至此，德宏州的地方储备总规模达到2280万千克，储备菜籽油10万千克，为应对不可抗拒的自然灾害粮油供应打下了坚实的物质基础。全州辖区内中央储备粮、地方（省、州、县）储备粮、油建立健全，为确保中央提出的粮食工作省长负责制及云南省人民政府提出的粮食工作各级行政首长分级负责制和“米袋子”、“油瓶子”行政领导负总则提供了前提保障。

【开展全国粮食清仓查库】 2009年，德宏州粮食部门根据国办发（2008）118号、云政办发(2009）18号文件精神，为摸清国家粮食库存底数，确保数量真实、品质完好，必要时调得动、用得上、质量有保障，开展全国粮食清仓查库工作。从2月19日至4月18日，全州粮食部门抽调近1229余人次，对全州国有粮食购销企业、部份私营企业，受省委托到怒江复查，全程查库所工作坚持“有仓必到、有粮必查、查必彻底”的原则，进行不留死角的清查工作。通过县市（区）自查、州级抽查和省级复查，德宏州国有粮食购销企业所存粮食数量真实、品质完好，未出现和存在任何违规、违法行为。

【粮油流通市场管理】 2009年，德宏州粮食部门按照《粮食流通管理条例》、《粮食流通监督检查暂行办法》等规定，主动配合工商、物价、食品安全等部门，加强对粮油流通市场的监督检查力度。全年对不认真履行《粮食流通管理条例》的经营户移交工商处理2件，发出整改通知书3次；对全州所有经营户进行强制要求配齐保管员，国有及部份私营企业配齐检化验员。通过规范监督，全年全州粮食流通交易市场秩序井然，交易秩序规范。

【启动托市政策收购农民余粮】

2009年，德宏州粮食局为确保种粮农民的利益，针对年内全州粮食再一次获得丰产丰收，粮食播种面积和产量再一次创新纪录，启动托市政策收购种粮农民余粮，兑现了国家宏观确保种粮农民利益的政策。全年粮食种植面积达182.47万亩，比上年增16.1%；总产量达54.83万吨，增19.2%。据测算，全年上市商品粮达30.16万吨（按55%的上市商品率测算，含大小春粮豆及署类作物）的实际，面对秋粮上市时中晚籼稻市场成交价低于国家规定的中等（三级，下同）每千克1.84元的实际情况，7月下旬德宏州粮食局会同州发改委、州财政局、农发行德宏州分行对全州粮食市场、种粮成本、全国粮食价格走势等进行全面调研，并及时向州人民政府上报了调研报告和请求按最低价收购的请示，州政府向省人民政府上报德宏要求托市收购的请示；10月13至16日由省粮食局牵头，省发改委、省财政厅、农发行云南省分行、怒江州、迪庆州、临沧市、昆明市及相关企业实地进行了调研。经省调研组与德宏州政府达成共识，由4地州、市的国有粮食企业在11月1日至12月31日到德宏按每千克1.84元挂牌收购；4地州、市的国有粮食企业到德宏按每千克1.84元挂牌收购的同时，德宏州国有粮食购销企业也同样按每千克1.84元挂牌收购。在确保州内自求平衡外，仅水稻（含大米折稻谷）调出州外达12.90万吨，再一次启动了最低价收购政策。据测算，全州启动托市价收购后，种粮农民因挂牌所售比市场粮价人均增收420元。

【粮食责任制考核】 2009年，德宏州粮食局行政首长负责制考核工作根据德办通（2009）64、66号文件精神，按全州集中统一考核的要求，抽调7人参加州人民政府对全州各县、市（区）的统一考核。经过对粮食考核所设定的7个大项、30个小项考核认定，全州在发展粮食生产、加强调控、充实地方粮油储备、粮食风险基金使用、创新粮食管理机制方面，均完成了省对州、州对县的各项考核任务。粮食系统目标经考核，全州粮食工作人员无一人“落马”，安全生产为零事故，食品无投诉，9项考核目标除利润指标未达标外，其余8项指标均如期完成。

【档案达三星级标准】 2009年，德宏州粮食局档案管理工作达三星级标准。为做好档案清理工作，6月州粮食局成立档案清理小组，抽调2人具体对2008年度的文件进行清理、分类、归档工作，并在州档案局的业务指导下，按时完成了档案清理工作。经州档案局组织验收，州粮食局档案管理达三星级标准。

【粮油市场监测】 2009年，德宏州粮食局为粮食生产者、消费者的利益着想，加强对粮油市场价格的监测。全年对全州粮油市场监测100余次，提供调研报告4份，分析简报7次，有力地为各级政府正确决策提供及时有用的依据。

【签订中储粮与地方国有粮食购销企业经营协议】 2009年，瑞丽市粮油购销公司与中储粮德宏直属库签订合作经营协议。德宏州粮食局为探索新形势下的粮食流通体制管理和经营模式，在国家粮食安全的前提下，以县、市（区）为单位，保证国有粮食购销企业以确保国家宏观调控、做好储备管理、军良供应、救灾抢险和确保特殊情况期间的粮食供应外，鼓励和指导各县、市（区）国有粮食购销企业按“一县一策、一企一个方案”的发展模式，本着成熟一户推动一户，条件具备一家启动一家，大胆创新合作机制、分配和劳动用工体制。通过认真酝酿，瑞丽市粮油购销公司与中储粮德宏直属库签订了为期10年的合作经营协议。“协议”从2010年1月1日至2020年12月31日止。双方本着按“互惠互利、各自发挥、利益共享、风险共担”的经营模式经营，为国有粮食购销企业跨行业经营走出了“探索性”的一步。

（《粮油购销》撰稿　杨恩杰）

（见“州情概览·粮油购销”72页）

供销合作

【参公管理】 2009年6月17日，潞西市供销合作社、梁河县供销合作社、盈江县供销合作社、陇川县供销合作社、瑞丽市供销合作社根据云南省人力资源与社会保障厅文件，关于德宏州畜牧兽医局等30个单位参照公务员法管理的通知》（云人社发〔2009〕151），参照公务员法管理。至此，州、县市两级供销合作社全部参照公务员法管理，州县市两级供销合作社有工作人员61人，其中参公管理38人，机关工人23人。

【培训少数民族农产品经纪人】

2009年8月19至21日、8月24至26日，德宏州供销社首次与州民宗局，分别在瑞丽、盈江举办2期少数民族农产品经纪人培训班。培训班对全州人口较少民族特困民族农产品经纪人进行业务知识培训。有204名符合条件的人员参加培训，其中景颇族77人、德昂族29人、傈僳族29人、阿昌族25人、傣族14人、其他民族30人。培训主要内容是学习农产品市场营销、农产品基础、农产品市场信息采集与分析、相关经济法律等知识。经考试合格，有203人获得由国家人力资源和社会保障部授权中华全国供销合作总社颁发的农产品经纪人职业资格证书。通过此次培训，提高了参训人员的经营技能，促进了民族团结，增强了供销社的向心力。

【组织机构】 截至2009年底，德宏州供销社有1个州级社、5个县市级社，有24个法人企业。其中：农资公司12个，日用品经营企业2个；有农村集贸市场10个，经营网点650个，从业人员2500余人。州供销社机关编制6人，实有9人，设1个综合科；下有6个加盟企业，从业人员120余人。全系统资产总额7006万元，所有者权益3450万元。

【实现业务经营快速增长】 2009年，德宏州供销合作社突出抓好“乡村流通工程”建设，努力推进供销合作社“二次创业”，进一步深化改革，创新机制，开放办社，联合发展，圆满完成州委、州政府和省供销合作社安排的各项工作任务，主要经济指标及业务经营实现快速增长，实现“五个突破”、创“五个新高”的成绩。一是实现经营总额53121万元，比上年增64.1%，首次突破5亿元，创历史新高，提前完成州委下达的2012年奋斗目标。二是实现化肥销售13.2万吨，比上年增14.7%，首次突破13万吨，创历史新高，约占全州化肥使用量的80%。三是汇总实现利润211万元，比上年增263.8%，自全系统2005年实现扭亏增盈以来盈利首次突破200万元，创5年来新高。四是发展“两社一会”152个，比上年增18.8%，当年发展农民合作组织首次突破150个，创历史新高。其中：农民专业合作社87个，综合服务社60个，协会5个。截至年末，全州供销社发展农民专业合作社156个，占全州总量的80%以上。五是培训持证农产品经纪人203人，当年培训持证农产品经纪人首次突破200人，是全系统前4年培训人数之和的1.8倍，创历史新高。年内，州供销合作社荣获2008年云南省供销合作社系统综合业绩考核优胜单位一等奖。

【贯彻省委14号文件】 2009年，德宏州党委政府加大贯彻《中共云南省委　云南省人民政府关于深化改革推进供销合作社“二次创业”的意见》文件的力度。其具体采取了如下措施：一是2月12日出台了《中共德宏州委　德宏州人民政府关于深化改革推进供销合作社“二次创业”的意见》（德发〔2009〕5号）。“意见”提出通过深化改革、推进社办企业改革重组、探索重组基层供销社等措施，建立新型农村流通服务体系，实现“二次创业”，使全州供销社成为农业社会化服务的骨干力量，农村现代流通的主导力量，农民合作经济的带动力量。具体目标为：到2012年每个县（市）建设1至2个农村商品配送中心，新建或改扩农贸市场8个以上，建设覆盖全州农村流通网络的终端企业800个，力争90%的农资连锁配送，70%的日用品连锁经营，60%的网络终端企业兼营不影响环境的再生资源回收业务，50%以上的农副产品由网络营销。全州供销社经营总额实现8亿元，利润80万元。二是4月10日，州委州政府召开全州供销合作社改革发展工作会议。会议总结了近年来供销社工作，分析供销社面临的形势，安排部署供销社改革发展工作。三是编制《德宏州“乡村流通工程”规划》。经征求社会各界意见并举行听证后，德宏州人民政府办公室11月30日以德政办发（2009）265号文件正式印发了该文件。四是确定陇川县为德宏州“乡村流通工程”建设试点示范县。五是从2009年起每年安排100万元“乡村流通工程”补助资金，以后根据财力增长情况逐年增加，纳入州级财政预算。州、县（市）两级安排扶持资金320万元。

【乡村流通工程建设】 2009年，德宏州供销社根据省委14号文件、州委5号文件的要求，以构建农村现代流通网络为目标，紧紧围绕德宏州乡村“流通工程规划”，加快“乡村流通工程”建设步伐，采取合资、合作、参股、加盟等形式建设农村流通网络。年内，完善5个农资配送中心，新建1个日用品配送中心，发展266个配送点，使农村消费安全得到提高，购物环境得到改善，供销社为农服务的能力得到增强。

【发展农民合作组织】 2009年，德宏州供销合作社系统继续抓好新型农民合作组织“两社一会”（专业合作社、综合服务社、协会）的发展工作，认真贯彻《农民专业合作社法》，始终坚持在规范中发展，在发展中完善的指导思想，按照德宏特色产业发展的要求，以搞活农村流通为重点，以助农增收为核心，发挥供销社网络、资源等优势，通过宣传引导，组织发动，培训骨干，扶持补助，中介等办法发展“两社一会”。全年新发展“两社一会”152户，其中农民专业合作社87户、综合服务社60户、协会5户。截至12月底，全州供销社系统发展“两社一会”457户，其中专业合作社156户，入社农户3679户，农民入股金额5377万元，带动16653户农户；综合服务社291户，服务13.7万户农户；专业协会10户，服务2690户农户。“两社一会”基本覆盖了全州行政村及部分自然村。全年“两社一会”帮助农民实现收入3478余万元。通过兴办以“两社一会”为主要形式的农民合作经济组织，农民的组织化程度得到提高，从而把千家万户的小生产与千变万化的大市场有机对接，在参与农业产业化经营中发挥了积极作用，为农业增效，农民增收，农村稳定做出了贡献。

【农资供应】 2009年，德宏州供销社抓好农资供应工作。一是积极组织农资公司；二是积极争取各方财政资金、项目建设等支持直接给供销社控股、参股企业，提高社有企业的经营实力，为供销社服务“三农”有手段、有企业、有能力奠定基础；三是积极引导农资经营企业开展连锁经营，商品配送。陇川县供销社景山农资公司通过开展连锁配送，经营服务能力不断提高，每年让利农民20万元，受到农民群众和党委政府的肯定；四是各化肥经营企业认真落实保障化肥供应和稳定价格的各项措施，统筹抓好农资调运、储备、销售等各个环节的工作。全年供应化肥13.3万吨，比上年增14.7%，农资供应做到不断档，不脱销，无假货，满足了农业生产的需求。

【教育培训】 2009年，德宏州供销社系统加大对全行业干部职工的素质培训和思想教育力度，努力打造一支能适应市场经济新形势，全力服务“三农”的供销队伍。全年开展“乡村流通工程”实用人才培训、职业技能培训22期，培训农产品经纪人、农业生产资料经营服务网络人员、农民专业合作经济组织负责人及其它管理人员1327人次。全系统在州内认真开展对系统内从业人员培训的同时，积极参加省社组织的培训活动，全年组织3批、15人分别参加了省社举办的会计人员培训、“新网工程”项目申报培训、配送中心建设及管理培训。通过培训学习，使州、县市社相关人员的业务素质进一步得到提高，工作能力进一步适应当前供销社改革发展的需要，为供销合作社的改革发展提供了人力、人才资源支持。

【社属企业发展】 2009年，德宏州供销合作社系统坚持为农服务的宗旨，坚持社会主义市场经济发展方向，坚持合作制的基本原则，开放办社，采取合作、参股等措施，整合社会资源，建设供销社自己的企业。年内，新建德宏州陇川玉然商贸有限责任公司、陇川县集强林竹产业有限责任公司、梁河县华联商贸有限责任公司，增强了供销合作社的实力，提高了供销合作社为“三农”服务的能力。

（《供销合作》撰稿　赵新宏）

烟草专卖

【国家局副局长何泽华到姐告视察调研】 2009年1月3日，国家烟草专卖局何泽华副局长在云南省烟草专卖局（公司）局长（经理）余云东，云南中烟工业公司总经理张水长和德宏州委常委、州委秘书长番跃平，副州长板岩过等相关领导的陪同下，到德宏姐告边境贸易区视察调研。何泽华副局长充分肯定了德宏州烟草专卖局在云南省烟草专卖局和德宏州委、州政府的正确领导下，边境地区“两烟”打假打私工作取得了新的成绩，卷烟销售网建工作稳步推进。同时，肯定姐告边境贸易区烟草专卖分局的成立，标志着德宏边境地区的“两烟”打假打私工作又得到进一步的加强。

【召开德宏州烤烟生产工作会】

2009年1月9日，德宏州政府在盈江召开全州烤烟工作暨大田移栽现场会议。州委办、州人大、州政协领导，盈江、梁河、陇川3县分管农业的副县长，州和盈江、梁河、陇川3县农业、水利、气象、国土、财政、烟草、农行、信用联社、供电局等部门领导，种烟乡镇、村公所领导以及烤烟育苗专业户、种植专业户代表110人参加会议。州新烟开发领导小组副组长、州烟草专卖局（公司）局长（经理）田泽华对烤烟生产工作进行了安排部署。州新烟区开发领导小组烤烟生产办公室主任、州政府副秘书长李兵向与会部门传达了全省烟叶工作会议精神，并受州新烟区开发领导小组副组长、州人民政府板副州长委托发表了重要讲话。

【ISO9001质量管理体系启动】

2009年3月13日上午，德宏州烟草专卖局（公司）召开ISO9001质量管理体系启动培训会。州局（公司）党组书记、局长、经理赵强指出：要进一步统一思想，加强认识，高度重视ISO9001质量管理体系建设，按照“六统一”的工作原则以及“六化”的建设目标和一年打基础的工作要求，全面推进德宏州烟草专卖局（公司）ISO9001质量管理体系建设工作。此会的召开，标志着ISO9001质量管理体系正式启动。

【许可证换发】 截止2009年3月31日，德宏州烟草专卖局对原专卖信息系统中的许可证进行换发工作。原专卖信息系统中有5308份许可证，其中对5067份进行了延续换发许可证，依据零售户主动申请和依法注销241份，顺利完成了许可证的延续换发工作，完成率为100%。

【晾晒烟收购】 截止2009年7月7日，保山香料烟有限责任公司德宏分公司在德宏州种植的近5万亩晾晒烟收购工作全部结束，并顺利调运至保山。2009年度保山香料烟有限责任公司德宏分公司在全州16个乡镇签订晾晒烟种植面积49307亩，收购5891.1吨，种植面积比上年增200%，收购量增250%。德宏州烟草专卖局和各县局积极履行属地监管职责，在育苗、移栽、大田管理、烟叶采摘、晾晒调制、收购、调运等环节，依法进行内部专卖管理监督，并提供专卖管理服务，确保了晾晒烟收购调拨工作的规范有序进行。

【德宏昆明“8·24”非法经营假冒卷烟网络案告破】 2009年9月24

日，“德宏、昆明‘8·24’非法经营假冒卷烟网络案件”成功破获。为顺利破案，成立涉烟网络专案组，并经过1个月的努力，此案成功告破。该案共抓获主要犯罪嫌疑人14人，捣毁囤积假冒卷烟窝点9个，查获12个品牌规格的假冒卷烟7044条，涉案金额达140万元。

【召开德宏州烟草第一届一次职工大会】 2009年11月12至13日，德宏州烟草公司系统第一届一次职工代表大会在瑞丽召开。会议有46名正式职工代表参加了会议。本次会议以深化劳动用工收入分配制度改革，理顺企业劳动用工关系为主要议题，审议通过了劳动用工收入分配制度改革相关的16项制度及德宏州烟草专卖局（公司）明示承诺制。州局（公司）党组书记、局长、经理赵强代表州局（公司）党组作题为《抓住机遇　深化改革　全面推进德宏烟草事业新的发展》的工作报告。

【竞聘上岗】 2009年，德宏州烟草专卖局（公司）严格按照国家局“分类管理、科学设岗、明确职责、严格考核、落实报酬”的总体要求，积极开展劳动用工收入分配制度改革工作。截至年底，全州系统科级干部31人参加竞聘上岗，股级及以下员工166人参加双向选择；选拔任用优秀年轻干部3人，改革取得了明显成效。

【卷烟营销网建】 2009年，德宏州销售卷烟39086.53箱，比上年增1239.25箱，增幅3.27%；平均单箱（不含税）收入12672.36元，增1403.40元，增12.45%。零售户入网率达100%，网上订货率达90%以上，实现了边疆民族地区营销网建的创新发展。

【烤烟扩大试种】 2009年，德宏州烤烟扩大试种工作稳步推进。全州约定烤烟烟叶收购计划量5200担，实际收购烟叶5174担，占计划量的99.5%，实现总产值328.31万元，烟叶税72万元。

【专卖管理和“两烟”打假打私】 2009年，德宏州出动打假打私人次2437人次，车次739辆次，查获行政案件216起，查获假冒卷烟253.22万支，查获非法渠道进货卷烟283万支，罚没款合计13.157万元（含变价款），查获回流烟159.76万支，烟叶2.82吨，销毁卷烟466.41万支，公安机关立案19起，其中符合省局标准的网络案件1起，刑拘48人，逮捕17人，判处有期徒刑10人，拘役15人。

【表彰先进】 2009年，德宏州烟草公司卷烟营销中心荣获“云南省烟草公司系统2009年度卷烟销售、网建工作先进单位”；德宏州烟草专卖局因“两烟”打假打私工作成绩突出，被评为“2008年全国卷烟打假先进集体”。

（《烟草专卖》办公室供稿）

口　岸　管　理

海　　关

瑞丽海关

【签署“MOU”协议】 2009年3月和7月，瑞丽片区海关党组、瑞丽海关分别与德宏州、瑞丽市商务局签署“MOU协议”。同时决定成立海关、商务合作领导小组。“MOU协议”的签订进一步强化对企业经营行为的引导、口岸管理、协调沟通、法制宣传、数据信息交换等五方面开展合作。此外，瑞丽海关继续与检验检疫局开展定期的数据交换。

【口岸管理】 2009年，瑞丽海关口岸管理主要抓了如下工作：一是加强口岸管理。坚持处长巡视和科长带班制，年内4名处级领导全年口岸现场巡视191次，12名科级领导带班1352次，加强对口岸业务现场工作的掌控。二是加强货运监管。坚持“三到”原则，继续巩固边民互市规范管理成果，切实规范进出境货运车辆监管。全年办理边民互市9395票，比上年下降68.4%，监管边民互市进出口物品1.156万吨，降67.68%，边民互市进出口物品总值人民币5232.48万元，降51.46%；监管货运车辆6.3712万辆次，降22.41%。三是做好“属地申报，口岸验放”和转关过境货物的监管。全年办理“属地申报，口岸验放”83票，比上年降29.06%，总重量2188.7275吨，降30.1%，总价值683.88万美元，降23.3%；办理转关、过境货物638票，增87.10%，货物总重量52796.2吨，增624.05%，总价值7732.18万美元，增226.40%。四是严密联检中心非货运通道的管理。根据监管现场建设和管理规范化要求，积极协助完成口岸联检中心非货运通道电子卡口系统改造项目，具体的电子车牌制发、日常管理和维护等工作正在积极协商中。年内，完成对免税店增设经营场所情况的考察、验收工作。同时，针对姐告边境贸易区的特殊性，加强对口岸联检中心非货运通道的夜间管理，继续实施大夜班制度，机关后勤及其他业务科室全部参与联检中心的夜间值守，形成每晚2名关员、1名保安共同值守的值班模式。全年监管进出境旅客6.19万人次，比上年减7.3%；监管进出境邮递物品13782件，增加34.3%；查验进出境非货运车辆2.33万辆次，监管备案外籍商务自用车进出境1484辆次，有效促进了口岸管理更加规范。口岸现场业务部门查获移交违法违规案件59起，缴获毒品海洛因11.2克、冰毒1.4克、氢氧化钠6250千克。

【综合治税】 2009年，瑞丽海关以防控两大风险为载体，以构建口岸监管格局为目标，积极优化执法环境，落实监管通关两级质量管理要求，保持打击走私高压态势，努力推进综合治税。一是严把报关单数据质量关。全年审核进出口报关单28214份，比上年增加13.1%。二是加强价格调研。针对金融危机下商品价格变化频繁的情况，对本口岸主要进口商品木材、矿产品、芝麻、鳝鱼、西西果核等，开展价格调研7次，上报价格参数调整建议3次。三是努力挖掘税源。加强与云南电网、中色镍业等税源大户的联系和沟通，建立税源大户企业的专人联系制度。四是积极推广网上税费支付业务。开通网上税费支付企业10家，办理网上支付税单483份，网上支付税款人民币3136万元，实现了企业快速缴税，货物快速流通，降低了企业的经营成本。五是严格替代种植商品的减免税审批。年内，办理替代种植减免税证明275份，减免税合计人民币3076.8万元。全年瑞丽海关监管进出口货物89.44万吨，比上年减4.8%，其中进口52.77万吨，增加6.5%，出口36.67万吨，减少17.4%；进出口总值人民币56.87亿元，增加2.4%，其中进口人民币13.30亿元，增加1.7%，出口人民币43.57亿元，增加2.7%。全年征收税款人民币1.655亿元，比上年增4%，完成全年税收任务的104%，其中关税1280万元，进口环节税1.527亿元。

【后续管理】 2009年，瑞丽海关进一步加强后续管理工作。一是实施企业稽查。年内，对8家企业开展稽查，其中专项稽查6家，常规稽查2家。二是积极开展市场调查和贸易调查。开展企业贸易调查5家，对橡胶、矿产品、木材以及电子产品等开展专题调研。三是充分发挥风险平台预警功能。报送风险动态5条、工作动态3条、风险分析报告1篇，均被昆明海关采用。四是继续深化一线监管与二线验证的联系配合，形成片区监管格局。在片区党组的统一协调下，瑞丽海关继续派出2名关员到芒市参与二线验证工作。全年芒市木康二线验证点监管进口外调货物58万吨，监管货运车辆3.2万辆次，验证报关单4.2万份次。

【打私缉毒】 2009年，瑞丽海关进一步加大情报调研力度和巡查力度，加强对口岸走私形势的掌控，并针对一段时期的走私形势，先后开展“打击化肥走私专项行动”、“打击望水族专项行动”和“打击涉税走私全力保障税收专项行动”。全年受理行政案件74起，立案69起，结案81起，案值人民币1528.05万元；受理各类刑事案件28起，其中毒品、易制毒化学品走私案件10起，涉税走私案件14起，野生动植物走私案件2起，走私废物案2起，立案22起，结案36起，案值人民币2073.44万元，抓获犯罪嫌疑人43名，查获各类毒品1862克、易制毒化学品氢氧化钠29.975吨和大批野生动植物、涉税走私物品。7月21日，瑞丽海关查获的走私易制毒化学品案，缴获氢氧化钠29.975吨，占全省海关当年查获易制毒化学品数量的55.19%。

（《瑞丽海关》撰稿　章涤飞）

瑞丽海关缉私分局

【表彰先进】 2009年，瑞丽海关缉私分局有4人次荣立个人三等功，9人次受到嘉奖，3人次受到关区内通报表扬。同时，获昆明关区“我为祖国守边关”演讲比赛第一名、第二名，获德宏州公安系统首届“金盾杯”运动会精神文明奖、乒乓球团体第一名。

【打私缉毒】 2009年，瑞丽海关缉私分局“以打促税”保持打私高压态势，构建规范、有序的海关监管大格局，进一步加大情报调研力度和巡查力度，加强对口岸涉税走私形势的掌控，组织州内各缉私部门统一开展“打击化肥走私专项行动”、“打击望水族专项行动”和“打击涉税走私全力保障税收专项行动”，主动加强与林业、森林公安、烟草、经侦、工商、边防、商务、德宏州人民检察院等有关职能部门的联系，充分发挥反走私综合治理作用。2008年12月1日至2009年11月20日，分局受理行政案件67起，立案69起，结案80起，案值1400.67万元人民币，偷逃海关税款355.73万元人民币；受理各类刑事案件28起，立案21起，其中毒品、易制毒化学品走私案件11起，涉税走私案件13起，野生动植物走私案件2起，走私废物案2起，结案36起，案值1569.14万元人民币，偷逃海关税款332.9万元人民币，抓获犯罪嫌疑人41人，查获各类毒品5170克、易制毒化学品氢氧化钠29.975吨和大批野生动植物、涉税走私物品；分局所属芒市、畹町、章凤、盈江海关缉私科受理行政案件104起，行政立案74起，结案70起，立案案值958.64万元人民币，偷逃海关税款88.34万元人民币。

（《瑞丽海关缉私分局》撰稿 孟令印）

瑞丽缉毒犬基地

【培训工作】 2009年，海关总署缉私局瑞丽缉毒犬基地深化教学改革，完成培训任务。全年完成6次培训、复训班任务，共培训、复训训导员、助理教员52名，工作犬51头。10月，基地第39期缉毒犬及训导员培训班、第40期助理教员（香港海关2期）培训班开班。

【科研工作】 2009年，海关总署缉私局瑞丽缉毒犬基地深入推进科研工作。撰写的学术论文《浅议烟酒搜查犬的训练与使用》、《向训用细节要缉毒犬毒品查获率》被中国畜牧兽医学会养犬学分会第六届全国会员代表大会暨第十三次养犬学术研讨会评选为海关系统惟一的2篇优秀论文。7月，中澳海关缉毒犬合作项目终期评估会谈在基地举行。

【打私缉毒】 2009年，海关总署缉私局瑞丽缉毒犬基地做好现场用犬工作，推动海关警犬技术与监管工作。全年使用缉毒犬查获、鉴定各类毒品案件13起，共9550.9克。1月，基地配合保山市烟草专卖局开展烟草查缉专项行动，查获1起涉烟违法案件；2月，基地参加昆明海关奥运安保与服务工作总结表彰电视电话会议，3名同志分别受到嘉奖和通报表扬；3月，基地机动犬队在昆协助腾冲海关缉私分局查获1起涉嫌走私毒品案件，派员赴厦门海关缉私局缉毒犬队进行现场业务指导工作；4月，基地缉毒犬在“2009年昆明机场海关旅检现场查缉毒品专项行动”中，查获衣物藏匿毒品案件，机动犬队在瑞丽口岸联检中心查获1起毒品走私案，交流昆明机场人员用犬查获第4起毒品走私入境案件，机动犬队联合瑞丽海关行邮科连续查获2起毒品走私案件。基地第37期缉毒犬及训导员复训班、第38期缉毒犬及训导员培训班开班；6至7月，基地配合瑞丽海关缉私分局查获1起毒品走私案，配合瑞丽市烟草专卖局使用搜烟犬查获2起涉烟违法案件，配合瑞丽市公安局禁毒大队查获1起走私毒品案，机动犬队在版纳参战人员连续参与查获4起毒品走私案件；9月，查获1起毒品走私案；12月，配合地方公安捣毁零星吸、贩毒窝点。

【宣传工作】 2009年，海关总署缉私局瑞丽缉毒犬基地努力做好对外宣传工作。6月26日下午，中央电视台一套“半边天”栏目播出《特殊战友》专题片，专门讲述了瑞丽缉毒犬基地女训导员的工作风采。11月5日《人民日报海外版》(海外版）第04版报道了基地为香港海关培训第2批缉毒犬训练助理教员情况。通过对外宣传，使瑞丽缉毒犬基地的知明度进一步得到提高。5月，基地缉毒犬培训教员王朝被评为首届“瑞丽十大杰出青年”；基地荣获“德宏州文明单位”称号。

（《瑞丽缉毒犬基地》由办公室供稿）

芒市海关

【海关总署机构调研组到芒市海关调研】 2009年4月18日，人教司潘伟平副司长率总署机构调研组一行，在昆明海关张治洲关长的陪同下，到芒市海关进行机构调研。潘伟平副司长一行听取工作汇报，到海关“二线”验证点实地视察，并看望值班关员。

【进出口业务】 2009年，芒市海关办理进出口报关单126票，其中进口报关单120票，出口报关单6票；监管进出口货物20278吨，其中进口20278吨，出口电力731822千瓦时；进出口总值1645万元，其中进口1568万元，出口77万元；征收税款187万元，其中关税7万元，增值税180万元，超额完成全年税收任务。

【打私履职】 2009年，芒市海关牢固树立“守土有责”的责任意识，继续保持打击走私的高压态势，加大对涉税案件查处力度。年内查办各类案件12起，涉案货物价值人民币127万元。进一步加强反走私教育宣传力度，以案施教宣讲海关政策法规，与地方职能部门联合开展专项整治打击行动，签订合作备忘录，加强协作配合，形成了群防群治的反走私综合治理格局。

【“二线”验证】 2009年，芒市海关稳步推进二线验证工作，为瑞丽片区海关综合治税工作提供保障。一是结合实际，为外调出德宏州的进口货物制定“接单审核——现场查验——数据录入——货物放行——动态信息报送——数据汇总分析”的工作基本流程，规范二线验证工作；二是定期发布《芒市海关月度木康二线验证数据统计分析》，为片区党组、总关职能处室提供决策参考，为口岸一线海关提升综合治税水平、堵塞正面监管漏洞、加强打击走私和后续力度管理提供参考和处置依据；三是进一步统筹加强二线验证点工作，加强口岸一线与二线验证点之间的联系配合；四是根据风险信息提示及协查通知要求，加大对重点企业和重点商品的实际查验工作力度，最大限度杜绝税收跑、冒、滴、漏，为片区综合治税工作提供保障；五是严防“两个风险”，提高业务执法能力，适时开展纪检监察特派员驻点监督和走访、定期组织廉政警示教育，加强对廉政风险的监督防控。年内，芒市海关木康验证点监管进口外调货物579772吨，监管运输进口外调货物车辆32096辆次，验证报关单42296份次。

【内部管理】 2009年，芒市海关不断完善内部管理，其主要抓好如下工作：进一步夯实保密、信息安全及财务后勤等基础工作；加强对“海关人员6项禁令”、不准参与赌博、吸毒，严禁关员私自出境等规定的监督检查；认真开展行风专项治理工作，坚持不懈地把海关规范业务执法和预防执法腐败、预防廉政风险贯穿于芒市海关整个管理工作中；切实推进关务公开工作，进一步完善公开内容，执法更加透明化；认真组织实施政治理论学习和各项专题教育活动，不断创新廉政学习和教育机制，促进了关警员的廉洁自律；扎实开展2009年社会治安综合治理和禁毒防艾工作，顺利通过年终考核验收。

【法制宣传】 2009年，芒市海关加大政策法规宣传，提高海关管理工作透明度。一、把对外宣传工作作为海关外树形象的重要渠道，利用互联网、广播电视、报刊杂志等媒体宣传海关政策；二、认真组织开展“4·26”知识产权保护宣传周、“8·8”海关法制宣传日、“12·4”全国法制宣传日专项普法活动，采取发放宣传资料、张贴宣传画、在验证点播放法律宣传片、结合禁毒防艾工作，开展送法律进村入社活动等形式，向社会各界、企业和广大群众宣传海关法律法规。通过宣传，使海关的知名度进一步得到提高，树立了海关的良好形象。芒市海关荣获“德宏州2009年度全州对外贸易工作优质服务单位”荣誉称号。

（《芒市海关》撰稿　曾　志）

畹町海关

【进出口业务】 2009年，畹町海关重点围绕“狠抓质量管理、发挥海关监管整体效能、加强党风廉政建设”的主题，围绕昆明海关第一次业务例会有关综合治税的工作部署，认真开展综合治税工作，认真实施质量管理框架、落实综合治税措施、加强反走私综合治理、促进通关便利、提高行政管理水平和加强党组织建设工作，力求做到有布置、有检查。年内，召开6次全关大会，21次关务会议和6次理论中心组学习会议，提高干部理论素质和业务管理水平。一是在通关环节切实防范伪报、瞒报行为和归类错误，严厉打击绕越设关地走私行为，严密防范税收流失；二是加强辖区非指定通道综合治理工作，积极拓展海关税源，在保证海关监管到位的前提下，尽力满足企业通关便利要求，促进贸易增长；三是认真做好每季度1次的通关监管两级质量管理总结工作，分析存在问题，借鉴其他海关业务监管经验，提高业务监管质量；四是积极探索实施地方公务人员到海关业务现场协助监管机制，实现海关严密监管和防范两个风险的有机统一。在保稳定促发展方面，积极实施“5+2”工作制和鲜活产品24小时预约通关制，并采取开展调研、走访企业、上门服务和规范管理等方式，积极挖掘税源，做到了税收应收尽收。全年监管进出口货物11.12万吨，货物总值33254万元，征收税款2100.5万元，监管进出境运输工具2.54万辆（次）。

【打私缉毒】 2009年，畹町海关在开展打私缉毒工作中，始终保持打击各类走私违法犯罪活动的高压态势，通过加强与地方公安、驻地边防武警、边防连队等部门的联系配合工作，形成辖区反走私综合治理的良好格局，并取得实效。全年立案查处各类走私违规案件13起，查获走私货物鳝鱼、化肥、橡胶、冻牛肉、活体水牛及废旧电瓶等，总计案值达53万元，上缴罚没收入40万元；查获毒品走私案件1起，缴获毒品151克，其中海洛因81克、鸦片70克。年内，地方公安、边防武警向畹町海关移交涉嫌走私案件2起，案值30余万元，打私综合治理效果明显。

【内部管理】 2009年，畹町海关严格执行昆明海关党组、瑞丽片区党组的指示和要求，注重团结协作，对20余项规章制度进行清理修订，认真研究制定适合畹町海关发展的相关措施，组织实施质量管理框架。同时，为提高岗位人员应知应会能力，提升关员业务操作水平，增强关员岗位责任意识，组织开展了岗位练兵活动。年内，对关员进行了4次岗位练兵基础知识测试（开卷考3次，闭卷考1次），要求关员在明确各自工作岗位的同时，认真对照《昆明海关业务操作手册》检查自己的业务操作质量。全关科室间配合紧密，关警融合，形成以制度管人，按章程办事的良好局面，团结向上，积极进取的精神在畹町海关体现出来，各项工作得到进一步加强，业务执法更加统一规范。

（《畹町海关》办公室供稿）

盈江海关

【进出口业务】 2009年，盈江海关不断完善和调整口岸通关监管模式，增强口岸通道综合监管效能，加强边民互市规范管理，严格落实“人到、货到、证到”作业管理要求，规范边民互市贸易，不断提高把关服务的能力，促进地方经济平稳较快发展。全年海关监管货运量260072吨，比上年增92.8%，其中进口91853吨，减5.1%；出口168219吨，增342.2%。实际监管货物总值88056662美元，比上年增9.3%，其中进口23886718美元，减40.8%；出口64169944美元，增59.4%。全年征收税款25265643元，比上年增14.4%，其中进口关税753361元，减32.1%；出口关税6940027元，增2035.8%；进口增值税17572255元，减14.8%。

【表彰先进】 2009年1月，盈江海关再次荣获全国第二批“全国文明单位”荣誉称号、云南省2006至2008“文明单位”荣誉称号。

（《盈江海关》办公室供稿）

章凤海关

【进出口业务】 2009年，章凤海关按照“文明、高效、快捷、便利”的要求，进一步提高关员的服务意识和服务水平，认真落实海关支持促进地方经济增长的一系列措施，使口岸进出口贸易呈现大幅增长。全年进出口货运量107873吨，比上年增14.01%，进出口总值12993.44万美元，增35.71%，均创下章凤口岸的历史新高。全年为企业办理预约通关229人次，监管进出口货物总值5868.15万元，受到企业的一致好评。

【境外罂粟替代种植】 2009年，章凤海关为保证西瓜、甘蔗等鲜活产品不在口岸滞留，采取简化现场审批环节、缩短现场作业时间、派员下厂监管等措施，加快货物通关速度。全年验放替代种植项下返销进口甘蔗40000吨，价值791.49万元；验放替代种植项下返销进口西瓜5140吨，价值154.2万元。

【打私工作】 2009年，章凤海关继续坚持“以打促税”，推进关警融合，加强关警联动，强化外部协作，形成打私整体合力。全年查处案件14起，案值1477.02万元，打掉1个长期活跃在章凤口岸，利用“蚂蚁搬家”方式走私进口农副产品的团伙，打私工作成效明显。

【表彰先进】 2009年，章凤海关有2个科室分别荣获集体嘉奖，5人荣立个人三等功，3人受到通报表扬，关、科领导受表彰人数占全部受表彰人员的66.6%。

（《章凤海关》由办公室供稿）

出入境检验检疫

德宏出入境检验检疫局

【签订“关检合作备忘录”】 2009年6月19日，德宏出入境检验检疫局与芒市海关共同签署《关检合作备忘录》。通过《关检合作备忘录》的签署，建立了良好的合作平台，并在今后的工作中，双方将密切配合、相互支持、协同把关，既依法履行各自职责，又讲求执法联动、互动，有效运用技术和法律资源，发挥整体的优势，严格执法，共同维护国家及社会公共利益，积极推进地方“大通关”建设，提高工作效率，共同促进地方对外经济贸易的持续发展。

【检验检疫情况】 2009年，德宏出入境检验检疫局按照总局“提升质检水平，服务科学发展”的总体部署，以实现“围绕‘一条主线’、提升‘三种能力’、‘六个有效性上下功夫见实效’”为目标，抓好防控甲型H1N1流感及“质量和安全年”等工作，采取切实可行的工作措施，使各项工作取得了一定成效。全年接受入出境货物报检2537批次，货值40721.4万元，比上年增加294批，增13.11%；货值减少16607.9万元，下降28.97%，其中入境货物检验检疫1089批次，货值10418.1万元，增加3批，增0.28%，货值减少13280.7万元，下降56.04%；出境货物检验检疫882批次，货值16780万元，增加366批，增70.93%，货值增加4147万元，增32.83%；出境查验566批次，货值13523.2万元，减少75批，货值减少7468.1万元，下降11.7%和35.58%；截获有害生物和疫情10批，货值50.04万元，上半年检出不合格商品4批，货值10.5万元。全年查验入出境人员12830人次，对1419名入出境人员进行健康体检监测，其中入境人员787人，出境人员589人，从业人员43人；检出阳性人数100人，其中HIV9例，HbsAg阳性者85例，性病5例，其他传染病1例。全年对12830辆入境运输工具进行检疫及卫生处理；全年签发各类检验检疫证单7579份，其中签发边贸单证6714份，签发一般贸易单证865份。

【甲型H_1N_1流感防控】 2009年，德宏出入境检验检疫局全面开展辖区口岸、通道甲型H_1N_1流感防控工作。一、措施到位，确保防控成效。一是成立由主持工作的副局长张继光任组长，其他党组成员任副组长，各办事处、各科室负责人和业务骨干为成员的防控甲型H_1N_1流感疫情工作领导小组，并增设防控甲型流H_1N_1感疫情保障组；二是加强组织纪律教育，强调领导小组成员、各部门负责人、值班人员等必须保持24小时通讯畅通，加强请示汇报工作，确定疫情报告员，坚持相关信息和工作情况日报告和零报告制度；三是加强甲型流H_1N_1感疫情防治知识学习和培训，提升应急处理能力；四是加强口岸出入境人员传染病监测与控制工作，切实做好出入境人员的体温监测、医学巡查和医学排查工作，按照医学排查规范要求，处理好发热病人的医学排查和留验、转诊等工作；五是切实加大对出入境交通工具的卫生检疫和卫生处理力度；六是加强个人防护，增强自我保护意识；七是坚持防控甲型H_1N_1流感疫情与检验检疫日常工作并举的战略；八是切实加强疫情的保密和对外宣传管理工作；九是加强与各相关单位或部门的工作协作；十是抽调局机关工作人员充实到那邦、章凤等人流量较多的重点口岸和通道工作，确保一线口岸工作人员到位，措施到位；十一是及时制定和下发《德宏局防控甲型流H_1N_1感疫情应急处置预案》；十二是加强后勤保障和物资储备工作；十三是加强督查工作，局领导多次深入工作一线进行督导检查等。二、加强协作，建立健全联防联控机制。一是按照云南局疫情疫病联防联控“3+1”防线构建机制要求，积极与卫生、边防、畜牧等部门建立协作机制，形成互通信息，相互配合，措施联动的联防联控工作格局。加强与缅方有关部门的沟通与联系，建立疫情互通机制，为及时了解和掌握境外疫情动态奠定了良好基础；二是盈江、章凤、芒海均分别与当地医疗机构建立工作协作关系，指定发热病人转诊定点医院，局本部与德宏州人民医院建立工作联系，确定定点诊治医院；三是为解决人员不足的问题，本局与当地CDC、边防武警等部门加强工作协作与配合。章凤和盈江口岸，当地CDC和边防武警鼎立协助开展入境人员的体温监测、医学巡查、医学排查等各项工作。三、口岸通道防控查验工作情况。自5月1日以来，德宏局一是加大对出入境交通工具的卫生检疫查验和卫生处理力度。截止10月31日，对出入境交通工具实施卫生检疫查验和卫生消毒处理11571辆次；二是加大对入境人员的卫生检疫查验、体温检测、医学巡查、医学排查和《健康申明卡》的填写与检查验收力度，各口岸和通道一线，力求做到逢入必检，一个不漏。截止10月31日，对入境人员实施传染病监测、检查验收《健康申明卡》和测量体温124057人次，查出发热32例，未发现甲型流H_1N_1感疑似病例；三是实施场地消毒处理20000多平方米。

【开展“质量和安全年”活动】

2009年，德宏出入境检验检疫局认真开展“质量和安全年”活动。一是开展内部工作质量自查。对单位内部管理，特别是本单位关键环节、敏感业务、重点进出口商品等工作质量进行全面自查，重点检查在岗位责任管理方面，是否存在责任不明确，落实不到位，监督管理薄弱等问题。对自查中发现的薄弱环节，进行了整改。二是对出口食品生产企业进行重点检查。对辖区内4家涉及出口食品的企业进行重点监管和跟踪检查，100%签订《出口食品农产品企业质量安全承诺书》，帮助企业建立《出口食品生产企业自查表》，督导企业进行自查，并对整改情况进行跟踪监督检查。三是抓好入境木材疫情防控工作。年内德宏局在芒海通道建立了熏蒸处理指定场地，在保证检疫处理有效性的同时，确保了安全，防止了疫情传入的潜在危险性。四是强化出入境检验检疫监管。对入境货物采取更加严格的现场检验检疫制度，批批检，并强化与边防、海关等部门的协作，严防疫病疫情、不合格商品、有毒有害物质，特别是肉类、水果、废物等非法入境。加强出口货物特别是出口食品的口岸查验，认真核对运输包装检验检疫标志，货证不相符的，一律不准出口。

【实验室建设】 2009年，德宏出入境检验检疫局经过不懈努力和数十次的比对实验，解决了理化实验室工作过程中的各种难题，顺利完成金属硅的比对实验，具备了金属硅的检测能力。4月，在综合实验室原子荧光、原子吸收等仪器完成安装调试后，开展93批进口食品的重金属残留检测工作，检测结果稳定，检测能力得到了验证。目前，食品实验室已开展西瓜、香蕉、芝麻、茶叶等食品重金属和农药残留检测，具有了相关产品的检测能力。

【食品安全监管】 2009年，德宏出入境检验检疫局在食品安全监管方面主要抓了如下工作：一、重点对辖区现有的4家出口食品生产企业全面进行专项整治与监管，建立了企业诚信管理体系；二、在春节前夕的食品安全专项整治和“食品安全宣传周”、“3·15”、“中秋、国庆”两节前的执法检查等活动中，派出人员50余人次、车辆21辆次，主动出击或配合相关部门的执法行动。检查食品加工企业75家、食品经营场所105个、抽查和检测样品11种、查处生产加工劣质牛肉干巴小作坊2家、发放各种宣传资料3200余份、悬挂宣传横幅9条、接收群众咨询600余人次，对查获的“三无”、过期、假冒伪劣、变质等不合格食品进行了下架、销毁等处理；三、开展打击违法添加非食用物质及滥用食品添加剂专项整治行动。对10家食品生产企业进行检查，散发宣传资料1000余份；四、积极做好《食品安全法》的宣贯活动，以及开展认证认可和质量安全的宣贯座谈会。

【查处非法进出口货物】 2009年，德宏出入境检验检疫局严厉打击违法进出口货物行为。一是在盈江对1560件非法出口的过期啤酒进行公开销毁处理；二是查处外调进口材运输车辆268辆次、超方木材854立方米；三是集中销毁盈江县红十字会受捐的非法入境旧衣物3大包、380件；四是对准备出口的15辆摩托车、1500条毛毯因货证不符，给予不准出口的处理；五是开展打击走私废旧电瓶入境的活动；六是销毁3.2吨非法走私入境的牛肉干。

【服务企业】 2009年，德宏出入境检验检疫局深入境外替代种植企业基地，对香蕉等替代种植产品在种植和返销等方面存在的问题进行指导，促进境外替代种植产品的顺利返销；主动送服务上门，深入企业所在地，为外出务工人员开展健康体检工作，不仅节约了企业时间，更大幅度降低了企业的成本；积极帮助企业办理植物检疫审批手续，对入境水果西瓜按替代种植返销货物接受CIQ系统报检工作，让企业享受到替代种植货物相关减免政策，顺利完成替代种植返销入境西瓜85批、5140吨的报检通关工作；深入使用外籍劳工的用人单位，宣传检验检疫法律法规，对外籍劳工开展健康体检工作。

【HIV筛查实验室通过能力验证】

2009年初，德宏出入境检验检疫局按照国家认证认可监督管理委员会的通知要求，HIV筛查实验室参加“传染病血清学检测”能力验证。在实验室工作人员精心准备、规范操作和严格质量控制的工作基础上，顺利通过“人类免疫缺陷病毒抗体、梅毒螺旋体特异性抗体、丙型肝炎病毒抗体及乙型肝炎病毒表面抗原”4个测试项目的考核，能力验证结果均为满意，成绩为100%，顺利通过HIV 筛查实验室能力验证。

（《德宏出入境检验检疫局》撰稿 黄学荣）

瑞丽出入境检验检疫局

【甲型H_1N_1流感防控】 2009年4月27日，瑞丽出入境检验检疫局第一时间启动应急预案，开展甲型H_1N_1流感防控工作。从5月1日起对入境人员严格执行填报健康申明卡制度、日报告制度、零报告制度和周报制度，及时建立口岸联防联控机制，对口岸检疫查验中发现发热等流感症状患者，一律移送瑞丽市民族医院作进一步诊治。全面开展宣传栏、留音机、电子屏、宣传标语、宣传图片、宣传折页等形式多样的宣传工作，与卫生、疾控、医院、联检等部门联合举行口岸甲型H_1N_1流感应急防控演练。10月下旬，为100 名口岸一线干部职工注射了甲型H_1N_1流感疫苗。截止12月31日，在口岸卫生检疫查验中发现169 例发热或有相关症状人员，未发现疑似病例。

【传染病防控】 2009年5月7日，瑞丽口岸发现1例输入性登革热病例，瑞丽出入境检验检疫局第一时间启动登革热防控应急预案，采取应急防控措施，全方位开展防控工作，有效防控登革热疫情。同时，在主要入境通道全面装配了热成像体温检测仪、电子屏或电视宣教多媒体，进一步规范和强化体温检测、医学排查等口岸卫生检疫查验工作。先后外派10 余人次学习登革热防控、疟疾防控、病媒生物防控等方面专业知识和技能的培训，大力开展口岸卫生检疫核心能力建设；开展年内中缅边境鼠、蚊传疾病监测课题项目、云南省2008~2009年边境地区埃及伊蚊、登革热疾病监测与控制项目工作；开展“驾驶员之家”艾滋病防控宣传教育活动。

【国家质检总局蒲长城副局长视察瑞丽】 2009年5月24日，国家质检总局蒲长城副局长率云南检验检疫局范国珍局长、云南省质量技术监督局李元书局长等领导到瑞丽视察甲型H_1N_1流感防控和“质量安全年”活动工作。蒲副局长一行先后视察了畹町口岸、瑞丽口岸、“一寨两国”边民通道，听取了瑞丽出入境检验检疫局、德宏出入境检验检疫局、德宏质量技术监督局、瑞丽质量技术监督局的工作汇报，现场就解决上述4 个单位和德宏州、瑞丽市党委政府提出的问题和困难以及进一步做好甲型流H_1N_1感防控和质量安全工作做了指示。

【动植物疫情防控】 2009年5月，瑞丽口岸部分木材加工厂发生双钩异翅长蠹疫情，瑞丽出入境检验检疫局在商务、林业等部门的配合下，进行扑灭疫情工作。年内对口岸16500立方木材进行熏蒸灭虫处理，对65000平方场地进行喷雾杀虫处理，监督企业将350多立方难以作有效除害的木材进行焚烧销毁处理，为企业挽回经济损失2000余万元。进一步提高疫情检出率，全年截获检疫性植物有害生物种类比上年新增了5种，截获一般性植物有害生物种类比上年增加9种，疫情检出率为2.4%，比上年提高0.4个百分点。新增的检疫性有害生物种类中，害虫4种、杂草1种。4种害虫分别为瓜实蝇、双钩异翅长蠹、南亚实蝇和桔小实蝇，杂草为青葙子。其中：瓜实蝇、南亚实蝇、青葙子属本口岸首次截获；截获动物致病菌比上年增加36批次。年内，对进口的西瓜、芒果、木薯干、饲料鱼粉和出口苹果等7种进出口货物抽样进行硫磷、甲胺磷、氯氰菊酯、敌敌畏等13种农药残留和三聚氢胺、二氧化硫2种有害物质检测，均未检出农药残留和有害物质超标情况。

【检验检疫情况】 2009年，瑞丽出入境检验检疫局认真贯彻国家质检总局的部署和要求，依法对出入境人员、货物和交通工具实施检验检疫及检验检疫处理，开展甲型H_1N_1流感防控、质量安全年活动、出口食品安全专项整治、登革热等传染病防控、动植物疫情外来有害生物及有毒有害物质防控、非法进出口行为的整治，进一步强化服务工作，保护国家安全和口岸安全，促进外贸和地方经济发展。全年检验检疫及监管出入境货物19092批，货值50851万美元，比上年批次下降11.95%、货值下降19.12%。其中：检验出口货物5975批，货值14862万美元，比上年分别增4.73%、7.28%；查验出口货物3623批，货值18301 万美元，分别减20.96%、25.76%；检验检疫进口货物9494批，货值17688万美元，下降16.68%，货值下降27.41%；检验检疫边民互市出入境货物8118批。

全年检疫各类入境交通工具54956辆次，对35.3万辆次各类交通工具和8576批、34.8万吨、13.7万立方米、2043.1万件动植物产品实施了卫生除害处理；依法对出入境人员实施卫生检疫查验431.8万人次，发放宣传材料191848份，提供健康咨询87280人次，监督口岸饮食、服务经营单位342家次，签发从业人员健康证455份，签发现场卫生监督笔录188份，签发卫生许可证34份，换发卫生许可证140份。从出口货物中检出不合格商品14批，不合格商品货值17.9万美元。从进境的植物及其产品中截获检疫性有害生物9种、148批，截获一般性有害生物33种、1254批，疫情检出率2.4%，有害生物检出率22.9%；从进境的动物产品检验检疫中检出动物致病菌6种86批次。在卫生检疫查验中发现发热病人及其他可疑患者470人次，检出登革热病例2例；对2165人进行传染病监测体检，检出HIV初筛阳性55例、乙肝表面抗原阳性152例、梅毒阳性5例、丙肝抗体阳性98例。在旅客携带入境的物品中截获禽类及其产品、偶蹄动物产品、废旧物品、植物及其产品等禁止进境物820批次、56362公斤；在入境货物口岸查验和执法监管工作中查获非法入境3批、764千克、59头。

【开展质量安全年活动】 2009年，瑞丽出入境检验检疫局认真开展质量“3·15”宣传咨询、知识竞赛、认证认可宣贯培训等活动，并结合口岸实际，开展一些“特色”活动。一、开展走访宣传活动。主动到口岸进出口企业，宣传检验检疫部门为推动外经贸发展，维护“中国制造”形象的积极作为；二、开展区域性质量问题集中整治。3次对10余个农贸市场、50多家食品加工经营单位、150多家食品批发零售店、10家超市进行检查；三、开展入境货物口岸仓储场所安全检查。对4家公司、6个仓储场所、124个仓库进行安全大检查；四、与所有涉及检疫处理的进出口企业，签订检疫处理质量安全承诺书和检疫处理质量安全责任书。

【进出口食品安全整治】 2009年，瑞丽出入境检验检疫局按照“四查、四建、四落实”的要求，开展进出口食品安全整治活动。一是开展摸底排查，全面查清辖区进出口食品的种类、数量、质量安全、检验检疫管理等情况；二是开展打击违法添加非食用物质和滥用食品添加剂专项整治，未发现违法添加非食用物质和滥用食品添加剂情况；三是开展缅甸进口腌茶的专项检查活动。对瑞丽市茶叶销售场所、销售商户开展缅甸腌茶的专项检查，未发现有来自缅甸的腌茶销售；四是推进企业质量诚信体系建设。与口岸8家进出口食品经营企业和辖区惟一一家出口食品生产企业（红瑞柠檬厂）签订质量和食品安全信用责任承诺书，对瑞丽辖区口岸27家进口食品企业实施备案登记，对进口食品实施备案编号和流向登记制度。

【非法走私入境产品】 2009年，瑞丽出入境检验检疫局贯彻执行《中华人民共和国食品安全法》、《边境贸易出入境检验检疫管理办法》及其实施细则，进一步规范和加强边境贸易出入境货物检验检疫工作，严厉打击非法走私入境疫区动物及动物产品。年内，与瑞丽海关联合焚烧销毁64.16吨非法入境疫区盐腌牛羊皮和2批、20件、624千克非法入境的疫区鳝鱼；牵头组织海关、公安、边防、解放军、工商、环保、商务等部门联合开展非法入境缅甸废旧电瓶整治，对废旧物资、废旧电瓶收购点和棒蚌、贺闷、屯洪渡口及便道进行突击查处，有力打击了非法贩运缅甸废旧电瓶入境违法行为。

（《瑞丽出入境检验检疫局》由办公室供稿）

边防检查

畹町边防检查站

【与缅方会谈会晤】 2009年9月4日，畹町边防检查站邀请缅甸九谷市和平发展委员会主席、移民组、警察所、军事安全组、警察情报队等部门负责人就做好国庆60周年安全保卫工作、共同维护口岸及辖区边境社会稳定进行了会晤。会晤期间，双方回顾总结了长期以来在共同维护边境地区安全与稳定中所取得的成绩，并就当前中方开展国庆安保工作所面临的形势、如何进一步加强口岸查控力度、建立长期有效的合作机制、全力确保边境地区社会稳定交换了意见，达成了共识。双方一致认为：一是要严格口岸出入境边防检查，共同加大口岸管控力度，全力维护口岸正常出入境秩序，为中国建国60年大庆活动的举办提供通关保障；二是共同加大对口岸两侧非法出入境通道的查堵力度，严防涉枪涉爆等违禁物品及可疑人员非法流入境内，全力打击各类敌对恐怖势力的渗透和破坏活动；三是进一步加强协作与配合，继续巩固合作机制，共同促进两国边境的和平与繁荣发展。建国60周年国庆安保期间，畹町站抽调执勤警力84组496人次，对边境一线和边境便道开展巡逻，确保了口岸安全和边境稳定。

【边防检查】 2009年，畹町边防检查站以创建"模范边防检查站"为目标，狠抓边检服务定式养成，不断提高边检服务水平。一是修改完善《畹町站提高边检服务水平工作奖惩规定》、《畹町边防检查站执勤定式养成规范》，推出"一看、二学、三演练"工作方法，找准服务形象、服务方法和服务效率三个突破口，狠抓定式养成训练。二是加强交流与学习。派出6名业务骨干到云南边防总队、瑞丽边防检查站进行业务学习，并邀请昆明边防检查站、河口边防检查站、猴桥边防检查站、清水河边防检查站等单位的业务骨干到单位开展业务交流，取长补短。三是科学配置警力，提高旅客通关效率，推出便民利民措施，力所能及满足出入境旅客和进出口企业的需求。四是加强对出入境人员、车辆及行李物品的检查力度，对进入限定区域的观光游客实行登记管理，为进入限定区域工作的员工办理了《畹町口岸限定区域工作人员通行证》，并开展军警民联合处突演练，有效维护了口岸的安全畅通。五是落实社会监督员制度。召开社会监督员座谈会2次，广泛征求边检工作意见和建议。全年管理入出境人员351124人次，管理出入境车辆39073辆次，出入境旅客满意率达99.97%。

【爱民固边】 2009年，畹町边防检查站开展"边检大走访"、资助贫困学生、宣传边境管理法律法规等系列活动，进一步深化爱民固边战略，进一步密切军政军民关系。先后走访公司、企业20家108人次，走访困难家庭17户，出入境旅客3000余人次，发放《征求意见表》1600余份，征求意见和建议28条，发放各类宣传资料1400余份，为群众办实事、解难事80余件，化解矛盾纠纷11起，解决影响边境稳定和出入境秩序的问题12个，5个支部长期资助5名困难儿童上学，资助学费4290余元，为畹町教育和社会捐款13920元。开展法律法规宣传活动3次，受教育人数达1000余人次，为村民体检300余人次，义诊群众160余人，发放价值600余元的药品，帮教转化吸毒人员20余名。

【缉　毒】 2009年，畹町边防检查站根据实际情况，修改完善了处突预案，组织开展处突演练20余次。全年办理行政案件32起，处罚43人，协助公安机关查获涉赌车辆2辆，网上追逃1起1人。同时，充分发挥情报调研队伍的作用，全力打好禁毒人民战争。先后开展"边境狩猎"一、二号行动，派出警力80余组、640余人次在重要路段和边境通道开展公开查缉；搜集上报各类情报信息127条，破获毒品案件15起，抓获犯罪嫌疑人27人，缴获毒品22.365千克。7月，吴四峰、纪恩瑞、陈勇军3名干部参加中国第八支赴海地维和防暴队远赴海地代表国家执行维护世界和平任务，得到全国人民的充分肯定和高度赞扬。

【宣传报道】 2009年，畹町边防检查站积极抓好宣传报道工作。组织新闻报道骨干写稿投稿，宣传好的经验和做法，推树先进典型。全年在各类新闻媒体发表稿件85 篇，其中中央级18篇，省级25篇，地州级42篇。

【队伍建设】 2009年，畹町边防检查站加强检查员队伍边检业务、缅语、计算机、服务礼仪的培训，进一步提高干部队伍素质。11月，开展为期2年的缅语培训，组织开展执法培训4次，提高了执勤官兵的法律知识水平和执法办案能力。同时，加强机关干部的业务培训，提高机关干部的文字处理和计算机应用能力，抓好队列、擒敌、体能等基础科目的训练，加强实战训练，全面提高队伍军事素质和处置突发事件的能力。全年提拔使用8名干部到基层任职。

（《畹町边防检查站》由政治处供搞）

瑞丽边防检查站

【完成缅甸联邦内政部会晤代表团出入境边防检查任务】 2009年2月6 日，瑞丽边防检查站顺利完成缅甸联邦内政部会晤代表团出入境边防检查任务。以缅甸联邦内政部综合管理总局局长吴妙哥为团长的缅甸内政部会晤小组一行14 人，从瑞丽口岸入境，瑞丽边检站以优质、高效的服务为代表团一行进行入出境边防检查，并顺利完成检查任务，受到代表团成员和中国公安部、部边防管理局领导的好评。

【推出便民利民新举措】 2009年4月20日，瑞丽边防检查站推出“对持公安机关签发的多次出入境有效《中华人民共和国出入境通行证》从瑞丽口岸出入境从事边境贸易、商务考察和替代种植项目的人员，对其证件实行一年只在其首次出入境时加盖一对验讫章”的利民新措施，大大提高了旅客证件的使用率，节约了出入境成本，得到了出入境旅客的高度评价。

【查获利用孕妇贩毒案】 2009年6月24日，瑞丽边防检查站根据线索查获1起利用孕妇贩毒案件。此案件缴获毒品海洛因2.5千克，运毒车辆1辆，抓获犯罪嫌疑人2名。

【查获特大运输毒品案】 2009年7月25日，瑞丽边防检查站破获1起特大运输毒品案件。该案件抓获犯罪嫌疑人4名，缴获海洛因11.938千克，运毒摩托车2辆。

【抗震救灾】 2009年，瑞丽边防检查站积极开展抗震救灾工作。期间，投入警力45人次、车辆10余辆次，向瑞丽市勐秀、姐相、户育等乡灾区运送大米11吨、棉被600余床、棉衣200余件、帐篷40余顶，为勐秀乡回崩小学搭建帐篷小学1所，并为高里村民送去了部分生活物资。

【队伍建设】 2009年，瑞丽边防检查站坚持在基层党支部建设上下功夫，对各党支部建设情况进行了摸排和评定。年内，对8个支部进行了调整，举办为期7天的支部正、副书记培训班，开展支部考评帮建活动，增强了基层党支部带领部队全面建设的能力；加大对年轻干部的培养和选拔，选送12名干部分别参加部局、总队和德宏边防支队举办的任职前培训，加大检查员业务培训，分批组织官兵到木康“缉毒先锋站”和昆明边检站观摩学习，抽调9名骨干积极备战云南边防总队举办的“政工大练兵”和“军事大比武”，使部队的整体素质进一步提升。

【表彰先进】 2009年，瑞丽边防检查站下属1个单位被共青团省委授予“青年文明号”称号，4个单位分别被继续认定为国家级、省级和州级“青年文明号”，1个单位被评为“优秀党支部”，1名干部荣立二等功，22名官兵荣立三等功，68名官兵受到嘉奖，5名党员、1名团干部、2名团员、2名女干部分别被部局、总队表彰。7月，瑞丽边检站被德宏州委、州政府评为对外贸易工作“优质服务单位”。瑞丽边检站被中共德宏州委、州人民政府评为义务献血“先进单位”，被中共瑞丽市委、市人民政府评为民族团结“模范集体”；被中共瑞丽市委、市人民政府评为综治维稳“先进单位”、禁防工作“先进单位”，2名干部被评为禁防工作“先进个人”，挂钩村寨新平村民小组率先被市委市政府评为“无吸毒村寨”。瑞丽边检站被云南省公安厅评为国际人类学与民族学联合会第十六届大会安全保卫工作“先进集体”，4名干部被评为“先进个人”；被云南省公安边防总队评为“新闻宣传先进单位”，1人被评为“先进个人”。瑞丽边防检查站工作队被中共瑞丽市委、市人民政府评为“禁防先进工作队”，这是瑞丽边检站“两支”工作队连续4年获此殊荣。

【边防检查】 2009年，瑞丽边防检查站牢固树立“主业”和服务保障的意识，坚持以创建“模范边检站”、“打造云南陆地边检服务品牌”为目标，扎实开展边检爱民实践“大走访”活动，取消了口岸出入境交通运输工具的查验收费，实现边检“零收费”。年内，瑞丽边检站管理出入境旅客735.3万人次，交通运输工具150.3万辆次，分别占全省总数的44%和55%，收集上报各类情报信息168条，翻译缅文资料11份，接收缅方遣返中国公民15批25人，向缅方遣送缅甸籍公民123批244人，协助内地公安机关向瑞丽市打拐办移交被拐卖妇女、儿童368人；办理行政案件79起，刑事案件15起，行政处罚79人，查获新疆籍涉恐人员2名，边控对象2人，网上在逃人员3名，伪假护照1本，宗教非法宣传品2150册，淫秽光碟2755张，被盗摩托车1辆。8月17日，瑞丽边检站执勤人员通过网上追逃方式，成功查获1名贪污公款600余万元、潜逃境外达12年之久的巨贪。

【业务培训】 2009年，瑞丽边防检查站在积极推出便民利民措施的基础上，坚持从提升检查员队伍整体素质入手，加强职业精神培养，加大检查员边检业务、法律法规、计算机操作、外语等方面培训。年内，先后举办了缅语学习班1期，证照知识培训班1期，计算机培训班2期，并为云南河口、畹町、猴桥、磨憨、清水河等边防检查站举办4期业务培训，收到了明显效果。为瑞丽一中、三中及姐告小学开展军训3次，举办国防知识讲座2次。

【缉　毒】　2009年，瑞丽边防检查站破获毒品案件16起，其中万克以上大案1起，千克以上案件6起，缴获毒品35.07千克，抓获犯罪嫌疑人25名，打掉3个长期盘踞在瑞丽的新疆籍贩毒团伙，1个彝族团伙和1个回族团伙，摧毁1条由瑞丽至攀枝花再到西昌的秘密贩毒通道。

【国庆安保】　2009年，瑞丽边防检查站在国庆60周年安保工作启动后，全面进入三级战备状态，站党委及时召回所有探亲休假人员，制定《国庆60周年安保工作方案》和相应工作预案，拟制《国庆安保工作风险评估报告》，建立了军警民联防制度，将80%的警力部署到执勤一线，每天派出18名官兵协助公安机关对营区周边的市面街区进行治安巡逻，突出警营内部安全防范，全站官兵全警动员、全员参与，出色完成了国庆安保任务。期间，投入经费35万余元，出动警力1150组、11000余人次，动用车辆1115辆次，枪支572支，开展全站范围处置突发事件实兵演练3次，查获网上在逃人员2名，边控对象2名，非法出入境人员78名，实现了大小事故不出，边境、口岸和部队内部安全稳定的目标。泼水节期间，瑞丽边检站官兵成功抢救溺水儿童1名。

【文化建设】　2009年，瑞丽边防检查站参加地方举办的晚会、篮球运动会等活动20余次，并在瑞丽市“民族团结杯”及“姐告杯”篮球比赛中分别荣获冠军。年内，充分利用广播、电视、网络等媒体，对部队工作和瑞丽经济建设取得的成就进行全方位、多角度、立体式宣传，分别在各类报刊、广播电台、电视台、各大门户网站上刊载各类稿件400余篇（条），在部队内部信息网上发布信息226条，稿件采用量及信息发布量居全省各边防检查站之首，扩大了社会影响，充分展示了全站官兵的良好精神风貌和瑞丽经济社会发展取得的新成效。

【军事训练】　2009年，瑞丽边防检查站坚持分类指导原则，制定操作性强的训练计划，科学安排时间和内容，加强应用射击、擒敌、越野、体能、设伏堵卡等科目的训练，提升部队的实战能力。年内，对新兵和新学员分别进行为期1个月的复训，组建了1个特勤班，突出抓好抓捕、处突、战术和战地救护等实战科目训练，提高了部队应急处突能力。坚持每季度开展1次军事汇操，以竞赛促训练，提高了官兵的训练积极性，增强了训练效果。同时，注重军事骨干和训练尖子的培养，抽调5名军事业务骨干进行脱产集训，备战总队司令机关大比武活动。全年完成军事训练1070课时，开展军事汇操4次，人员参训率达85%。

（《瑞丽边防检查站》由办公室供稿）

工　业

电　力

【表彰先进】　2009年2月，德宏供电有限公司获德宏州委州人民政府新农村建设指导员工作先进派出单位；获德宏州人民政府2008年度重点企业安全生产责任状考核优秀单位；获盈江县委县人民政府2008年新农村建设指导员工作先进派出单位。4月28日，公司获德宏州总工会竞技比赛一等奖。7月，公司获云南省总工会2004～2008年云南省职工医疗互助活动先进基层工会。11月，公司获云南电网公司2009年“素质杯”线路运行与检修技术技能大赛配电线路工种团体三等奖。

【改制重组】　2009年6月18日，“云南电网德宏供电有限公司”正式在德宏州工商局登记注册，成为云南电网公司所属全资子公司。2009年3月2日，国资委批复同意公司资产无偿上划云南电网公司，完成公司改制重组和上划的所有工作。重组上划后的公司为独立核算，自主经营，自负盈亏的企业法人实体，主要负责德宏州110千伏及以下电网规划、建设与供电运营管理。重组后的公司将面临如下困难和问题：一是公司资产负债率过高，经营压力增大。由于近年来体制改革剥离资产，公司持续加大电网建设投资力度，年末公司的资产负债率达107%，对公司的正常生产经营和融资、贷款等带来不利的影响，对公司的科学发展会带来一定的制约因素。二是电力市场复杂多变，国际国内经济形势复杂，硅冶市场变化反复，用电市场不稳定，用电需求预测和计划难度加大，电费回收风险加大。三是党风廉政建设工作有待加强。年内，公司在党风廉政建设和管理方面出了一些问题，部分领导干部在经济方面犯错误。虽然都是由于个人原因造成的，但从另一方面也反映出公司在此项工作中存在管理不到位、监督制约机制不完善、制度不健全，对各级领导干部的思想教育防控不到位等问题。

【安全生产】 2009年，德宏供电有限公司高度重视安全生产管理，以抓学习规章制度、增强安全意识为基础，重点抓好安全生产规程规范的落实，并结合工程建设切实加强“两票”、“三制”的管理，严格执行安规和停复电管理程序。公司全年发生障碍534次，比上年减348次，降39.46%；发生一般事故37次，减6次，降16.22%；没有发生生产性人身死亡事故，没有发生电网瓦解事故和大面积停电事故，没有发生人员责任重大设备事故和重大设备损坏事故，安全生产持续保持良好平稳的态势。同时，圆满完成了春节、“两会”及国庆60周年保供电工作。

【供电工作】 2009年，德宏供电有限公司以提高供电可靠率为总抓手，成立增供扩销领导小组，对增供扩销工作进行专题研究，合理调整电网运行方式，与220千伏电网实现三点四线联接和转供，转供能力大幅增加，有效提高电网供电能力，将德宏的电量尽可能消耗在本地，解决了枯季电量不足的问题。进入丰水期以后，积极响应政府号召，实施硅电价格联动方案，提高硅冶等大用户的生产积极性和电站发电利用率，有效解决了丰季弃水窝电问题。全年增供电量6.47亿千瓦时，增39%；最高日供电量达到974万千瓦时，比上年的749万千瓦时增加225万千瓦时，增30%；最大日供电负荷达到48.93万千瓦，比上年的38.23万千瓦增加10.7万千瓦，增长27.98%；平均供电负荷30.4万千瓦，比上年的20.9万千瓦增加9.5万千瓦，增长45.45%。

【优质服务】 2009年，德宏供电有限公司全面推广实施南方电网视觉识别系统，统一更换公司机关和3个分公司的办公区，9个营业室以及12个标杆站所的VI标识，其中4个主要营业厅按照南网县级营业厅的标准进行规范化装修改造，起到了降低柜台，携手用户，贴心服务的效果。此外，通过加强营销服务，严格规范业扩流程、加强停复电管理、实现少停多供。年底，在省公司的大力支持下，增加转供电量，对硅冶用电实行竞价开炉生产，及时解决供用电矛盾，实现供用电双赢局面，为超额完成售电量指标奠定了基础。

【基本建设】 2009年，德宏供电有限公司完成基本建设投资1.12亿元，投资建设主要项目有电网网络建设工程、信息化建设、公司VI系统建设等基建项目，以及大修、固定资产购置等项目；完成项目主要有110千伏遮放输变电工程、110千伏中山输变电工程、35千伏帕弄线改造工程、35千伏那邦送电线路工程、莲花山供电所营业室工程、勐秀供电所灾后重建工程、瑞弄公路沿线10千伏配电线路改造等。

【城农网工程】 2009年，德宏供电有限公司与德宏供电局组建城农网工程项目部，扎实推进德宏城农网工程建设管理工作。在时间紧、任务重、标准高、要求严的情况下，全体参建人员不计个人得失，节假日、公休假坚守在工作岗位上，把安全作为前提，把技术能力作为后盾，把细致的管理作为保障，全力投入到城农网工程建设中，精心组织开展设计工作“百日大会战”和建设施工“百日大会战”2次大会战，完成了德宏州2009年城农网总投资3.085亿元的工程建设任务。通过参与城农网工程建设，严格管理，规范操作，积累了建设大项目、大工程的经验，同时使公司员工队伍得到极大的锻炼和提高。

【调度工作】 2009年，德宏供电有限公司在电网运行中，针对局部电网薄弱、工程建设停电频繁、增供扩销任务艰巨的问题和困难，紧紧围绕公司生产经营工作和电网安全可靠、优质、经济运行开展调度工作，同时贯彻计划用电“先生活、后生产、保人民生活、保效益、保重点”的原则，在枯水期电站来水量偏少、各电站发电能力不足的情况下，公平合理安排硅厂用电和错峰。加强调度运行和电网应急预案管理工作，有计划地安排了电站和110千伏变电站大修，供电可靠率达99.68%，实现了安全、经济、科学调度及“三公”调度。

【员工培训】 2009年，德宏供电有限公司投入100余万元培训经费，组织各类专业技术岗位的人员进行学习培训，先后组织调度员、35千伏变电运行值班员、供用电稽查员、营业员等5个生产岗位的员工进行培训，并参加全省公司系统的调考。年内，组织员工参加云南电网公司组织的“素质杯”配电、线路技术技能大赛，并取得团体三等奖（排名第四名）和个人三等奖的优异成绩。通过教育培训考试，极大地增强了员工的学习热情和自觉性、主动性，有效提高了员工素质和岗位胜任能力。

【创建“标杆单位”工作】 2009年，德宏供电有限公司按照《云南电网公司2009年县级供电企业班组建设实施方案》和相关规范，制定解决发展和管理中存在问题的实施方案，修订变电运行、供电管理、用电服务、营业厅管理、电能计量管理等班组评价标准。按照资料管理规范化、机构及人员管理规范化、制度标准规范化、安全管理规范化、工器具和材料管理规范化、设备管理规范化、“两票三制”管理规范化，并引入员工准军事化管理，逐一开展创建“标杆单位”工作。完成6个供电所、6个变电站、4个用电服务中心、4个营业大厅、4个计量检定站24个单位的创标杆工作。

【宣传工作】 2009年，德宏供电有限公司积极开展新闻宣传和企业文化建设。年内完成了12期报纸的编辑出版工作，网站宣传共上传资料892篇；组织编写的《德宏电力工业志》，完成了送审稿工作任务。

（《电力》撰稿　闫自卫）

（见“州情概览·电力”73页）

云南电网公司德宏供电局

【外送电量突破20亿度】 截止2009年1月1日，德宏电网水电外送电量达到20.964亿千瓦时。云南电网公司进入德宏3年来总计外送电量39.374亿千瓦时，供地方电量总计5.95543亿千瓦时。

【召开工作会暨一届三次职代会】

2009年2月5至6日，德宏供电局召开工作会暨一届三次职代会。会上，该局确立了2009年“111”工作思路。以党的十七大精神和科学发展观为指导，深入贯彻南方电网公司和云南电网公司工作会议精神，全面落实云南电网公司各项工作部署，继续深入践行南网方略，根据公司“3213”工作思路和“1149”战略实施工程，以提高供电可靠率为总抓手，全力创建“地区领先的电网运营企业”为目标；以改造和完善城网、农网为契机，集中精力加强电网发展；以建设和进入两个基地工作为标志，全面提升挖潜增效，增供扩销和企业管理水平。此次大会是在德宏供电局面临新的挑战和机遇下，为认真贯彻落实科学发展观及省公司年内工作会议精神，总结工作、分析形势、研究布置工作而召开的一次重要会议。与会全体职工代表向全体员工发出“立足本职，爱岗敬业，同心同德为建设地区领先的电网运营企业而努力奋斗”的倡议。倡议书号召全体员工：一是在学习局发展战略和工作思路上有新提高；二是在贯彻落实局工作部署上有新作为；三是在为实现局发展战略目标上作出新贡献。

【召开云南西部电网运行安全性分析会】 2009年2月15日，由云南电力调度中心组织的“云南西部电网的运行安全性分析会”在德宏供电局召开。会议分析了滇西南电网运行中存在的安全问题，明确提出云南西部电网能向主网送多少水电，取决于西部电网的运行安全性。并要求各单位全面落实好五项措施。一是进一步加强网架结构；二是加快培育地区负荷；三是进一步挖掘发电侧潜力、提高电网的动态稳定性，提高相应输电线路的送电极限；四是加强运行方式的动态管理，“打时间差”增加电力送出；五是加强潮流控制。会上，德宏州政府领导表示，对云南电网公司所做的工作及德宏电力外送表示满意和理解。同时，要求再到电源集中的盈江县给当地党政领导、电站业主作更大范围的介绍，以求更多的理解、更大的支持。一致表示党委、政府一定在电力事业及相关产业发展政策上给予支持，在新闻媒体宣传报道上积极给予正确引导和疏导，营造良好的气氛，同舟共济，全力培育德宏电力支持产业，促进德宏社会经济持速快速发展。

【召开电网规划建设领导小组会议】 2009年3月5日，德宏州人民政府召开德宏州电网规划建设领导小组会议。德宏供电局、德宏电力股份有限公司分别通报上年电网建设工程完成情况和年内电网规划建设及投资计划，云南电网公司孙学勤副总工程师和德宏州人民政府柳五三副州长分别对德宏电网规划建设的总体工作作了具体要求和指示：一是各级人民政府、各部门要从讲政治的高度，准确把握国家扩大内需的政策和机遇，确保州政府确定的2009年全州固定资产增长30%以上的目标实现；二是认真做好前期工作。要把城市规划、工业建设规划等与电网规划结合起来统一考虑，要加快落实“村村通、户户亮”工程，加快德宏电网环网改造工作；三是认真抓好落实工作。各级政府和各部门在整个电网建设和城农网建设过程中，必须高度重视，遵循特事特办、急事急办的原则，通过现场办公和手机汇报，快速、高效落实和解决问题；四是要认真落实好资金问题，要加大建设资金的投入力度；五是认真做好电力建设的服务工作。落实要现场办公制度，把电力建设“达标创优”落实好，继续考察学习，减少水源林的砍伐，要充分从发展的战略性、长期性考虑；要加强电力设施的保护工作，加大破坏电力设施犯罪的打击力度；按照属地管理的原则，认真做好上访工作，化解矛盾；要从讲政治、顾大局的高度，认真做好电力输送工作；六是认真做好对已批电站的管理。要向安全要进度、向安全要质量、向安全要形象，要全面加强施工管理、调度管理和项目招标的管理；七是认真做好统计工作，继续加大奖惩和问责力度；八是要加强宣传和报道，全面树立诚信意识。

【南方电网公司总经理赵建国到德宏调研】 2009年3月30日至4月2日，南方电网公司赵建国总经理到德宏调研学习实践科学发展观活动开展情况，对德宏电网规划建设和德宏小水电管理做出重要指示。赵建国指出：学习实践科学发展观，关键在实践，重点在落实，核心在解决问题。德宏乃至云南的大多数中小水电都是径流式发电，没有调节水库，丰枯矛盾突出，电能质量差，远距离输送困难。德宏电力发展主要面临着进一步理顺体制和小水电如何消纳两大问题，解决好两大问题，就是学习实践科学发展观的具体行动。赵建国总经理就如何运用科学发展观来反思、分析和研究存在问题，进一步理顺德宏电力体制，解决云南中小水电问题，切实做到可持续发展提出的指导意见和探索性构想。

【500千伏太平德宏输电线路投运】 2009 年4月13日6点15分，连续经过3次冲击试验的500千伏太平德宏输电线路投运。线路的投运极大地满足了德宏州水电电力外送需要，也为大盈江四级电站（设计装机70万千瓦）的电力送出提供强有力的外送通道。工程的建成在优化能源结构，发挥西部资源优势，以及对提高德宏地区电网安全可靠性和经济发展水平起着重要的作用。500千伏太平德宏输电线路工程起于大盈江四级电站500千伏升压站，止于新建500千伏德宏变电站，工程由云南电网公司建设分公司建设，云南省火电建设公司负责施工完成。

【省安全性评价组到德宏进行安全复评】 2009年4月19至27日，由云南电网公司安全监察部、技术中心组织云南省电网安全生产专家组专家及电力研究院、通信分公司、大理供电局有关人员共15人组成安全性评价专家复评组，对德宏供电局进行安全性评价复评。通过安全性评价专家组的复评，最后在4月27日的安全性评价复评总结会上，云南电网公司邹立峰副总工程师指出：德宏供电局的安全性评价得分高，评价好，安全形势整体相对平稳。

【举行德宏供电局办公大楼落成庆典】 2009 年4月25日，德宏供电局举行办公楼落成庆典。德宏州州委书记赵金、州长孟必光、副州长柳武三，及各市县领导、相关单位领导共25人参加了庆典仪式。4月26日19：38分，新、老调度大厅交接班交接正常，所有调度业务转移到新办公大楼工作。6月5日，德宏供电局成为南方电网公司首个在地调建立水调系统的试点单位。

【召开德宏电网专题规划评审会】

2009年6月10至12日，云南电网公司组织专家，在德宏召开2009至2013年德宏电网专题规划评审会。公司副总经理李品清、副总工程师郑外生，德宏州人民政府常务副州长柳五三，德宏州发改委、环保、城建、林业、国土、规划等职能部门参加了审查会。会议通过2009年至2013年德宏电网将投资16.0388亿元，构建坚强的州内配电网，大幅提高德宏州供电可靠率。

【签订《德宏供电有限公司国有产权无偿划转移交云南电网公司协议书》】 2009年6月26日，云南电网公司副总经理赵炳松与德宏州人民政府常务副州长柳五三在芒市会堂签订《德宏供电有限公司国有产权无偿划转移交云南电网公司协议书》。协议书的签订标志着原云南德宏电力股份有限公司国有资产正式划转云南电网公司，正式成为云南电网公司全资子公司。

【档案通过“四星级”达标验收】 2009年11月20日，由云南省档案局、云南电网公司、德宏州档案局组成的评审组，对德宏供电局档案工作规范管理进行了考评。在听取该局档案管理工作基本情况后，评审组进行了实地考评。经过严格的考评，德宏局最终以139.5分顺利通过考评，达到“四星级”标准。德宏局得分是“四星级”评分标准的最高分。

【城农网建设】 2009年12月20日，德宏供电局按时按质完成德宏州城农网建设和改造工程。累计改造110千伏变电站1座，容量80兆伏安；新建及改造35千伏变电站15座，容量52.8兆伏安；新建及改造35千伏线路7条，总计134.47千米；新建及改造10千伏线路1013.26千米；新建及改造400伏线路544.83千米；安装变压器621 台；安装一户一表12626户。完成投资3.005亿元。

【安全生产】 2009年，电网公司德宏供电局认真制定“安全生产年”活动实施分解方案，将活动要求落到实处。一、组织开展各专项活动，深入开展隐患排查工作。年内，认真落实“三项行动”的要求，对该局所辖电力设施保护范围内的违法行为进行排查清理，发现隐患94项，治理81项，整改率86%。组织“迎峰度夏及汛前安全专项检查”、“迎峰度夏前继电保护专项检查”、“客户安全用电专项检查”等，圆满完成迎峰度夏和“国庆”、“中秋”特级保供电工作。省公司专家组对该局进行的安全性评价，共发现各类问题和隐患162项，其中重点问题28项，并针对暴露的问题，制定了整改计划，明确完成期限、整改措施、责任部门。目前，已经按计划完成整改138项，整改率85%，其中28项重点问题完成27项。制定德宏供电局10项人身安全风险和5项恶性误操作风险控制分解方案，成立德宏供电局应急指挥中心，不断强化安全风险控制。强化安全培训管理，共培训1410人次。年内，发现设备缺陷89条，其中紧急3条、重大19条，重大及以上缺陷消缺率达100%。二、电网安全稳定运行水平提高。以电网运行的8大风险分析为突破口，制定相应的25项防范措施，并认真落实到位。全面推进德宏小电机网协调试验工作，完成“一次调频”试验21台次，PSS试验33台次，进相试验14台次，励磁参数实测17台次；举行德宏电网历史上最大的一次联合反事故演习，事故处理难度大，操作复杂，检验了各级调度系统运行人员的整体协作能力，强化了人员的应急处置能力；成立德宏电网调度管辖电厂规范化建设领导小组和德宏电网调度系统规范化建设领导小组，“两个建设”取得实效。三、加强安全生产体系建设和规范化管理。全面推进安全风险管理体系建设，以作业、设备风险控制为重点，加强作业风险管控，实现安全生产管理规范化。同时，持续做好生产管理信息系统的运用和管理，该局7座变电站均开通生产管理信息系统，各模块功能应用情况正常，生产管理人员基本熟悉应用技能。按照体系化、规范化、指标化建设要求，修编了局层面和部门的生产制度标准31个，新建9 个。每月定期组织召开计划检修协调会，有序合理安排检修计划，严格控制非计划停电，减少设备停电操作次数，降低人员操作风险，提高输变电设备可用率。

【电网建设】 2009年，电网公司德宏供电局通过云南电网公司对《德宏电网规划》报告的评审，2009～2013年德宏电网规划建设规划投资预计将达16亿元。年内，按期完成110千伏勐戛变二期工程建设任务，完成220千伏潞西变电站二期工程初设等前期工作及220千伏瑞丽输变电工程前期核准工作，完成综合调度大楼、值休楼的搬迁，完成食堂文体楼、生产检修实验楼、场外工程以及小区配电的后期收尾建设。

【电力营销】 2009年，电网公司德宏供电局成立增供扩销领导小组，加强协调，优化电网运行方式，不断提高电网转供输送能力。该局日转供电量由原来的6.8万千瓦提高到24万千瓦，日均增加转供电量150万千瓦时。积极配合政府研究汛期富余水电消纳措施，支持并认真贯彻执行硅电联动政策，有效应对金融危机；组织开展市场调查，深入了解客户用电情况，对包含地调直调的13家水电发电站、3个110千伏变电站相关并网点和相关客户等安全用电进行专项检查，内容主要是客户防洪防汛应急预案和反事故措施、设备维护和缺陷处理等；开展负控系统建设工作，共安装运行负控终端106台，实现在线率95%以上，地调直调18座发电站和相关售电关口点共77块电能表，并已全部纳入监控范围，通过提高营销技术手段，加强小水电管理，不断提升优质服务水平。

【职工培训】 2009年，电网公司德宏供电局制定下发《德宏供电局员工素质工程2009年重点工作推进计划》，有步骤地逐步深入推进，按照“五类人才”培养要求，深入开展全员教育培训。全年有117人次参加省公司培训。同时不断推进员工持证上岗管理和专业职称申报评定工作。

（《电网公司德宏供电局》撰稿 伍 斌）

安全生产

【召开全州安全生产工作会】 2009年2月17日，德宏州政府召开全州安全生产工作会议。会议贯彻落实全国全省安全生产工作会议精神，州政府副州长马闻作了重要讲话，对2009年的安全生产作全面的部署安排，并代表州人民政府与2市3县人民政府及15个州直部门、20户重点企业分别签订了2009年安全生产责任状，将安全生产目标任务分解下达到各县市政府及部门和企业。州人大常委会汪宝泉副主任、州政协杨庆华副主席亲临会议指导并提出工作要求。会议召开前，州委书记赵金、州政府州长孟必光专题听取了安全生产工作情况汇报，对全州安全生产工作分别作了重要批示，要求各级政府、部门和企业要切实履行职责，把安全生产工作当作第一要务来抓。

【开展安全生产执法行动】 2009年，德宏州安全生产监督管理局按照国务院及云南省政府的安排部署，认真组织开展安全生产执法行动。全州开展执法行动794起，其中查处无证或证照不全从事建设、生产、经营的457起；关闭取缔后又擅自建设生产经营的4起；小煤矿应关未关的2起；私采滥挖、超层越界开采、尾矿库违规排放的12起；违反建设项目安全设施“三同时”规定的3起；重大隐患隐瞒不报或不按规定期限予以整治的5起；不按规定进行安全培训或无证上岗的164起；拒不执行安全监管监察指令、抗拒安全执法的4起；其他非法违法建设、生产、经营的143起。按行业（领域）划分：工矿商贸190起（煤矿12起，金属非金属矿山52起，建筑施工81起，化工8起，烟花爆竹30起，民爆物品1起，冶金、有色、电力等工商贸企业6起），人员密集场所71起，道路交通457起，水上交通9起，渔业船舶4起，农业机械28起，其他35起。

【开展安全生产治理行动】 2009年，德宏州安全生产监督管理局组织开展安全生产治理行动。通过活动的开展，排查治理煤矿、金属非金属矿山、危险化学品、烟花爆竹等工矿企业436家，排查一般隐患1454处，已整改1375处，整改率95%。排查重大隐患19处，已整改12处，整改率63%，列入治理计划的重大隐患7处，累计落实治理资金3668.85万元；排查治理交通运输、公路养护、建筑、学校、机场、电力、水库、农机、渔业、特种设备、商场市场等重点行业（领域）企业单位3926家，排查一般隐患6042处，已整改5652处，整改率94%。排查重大隐患59处，已整改40处，整改率68%，列入治理计划的重大隐患19处，累计落实治理资金2728.53万元。在安全生产治理行动中，全州开展安全生产标准化创建企业170家，达标企业93家。制定修订应急预案528家，企业与救援队伍签订救援服务协议53家。通过治理整顿，关闭和取缔不符合安全生产条件企业27家。

【安全生产宣传】 2009年，德宏州安全生产监督部门开展宣传教育活动2272次，参与人数476189人次；组织召开新闻发布会（新闻通气会、专题采访）3次；创建安全文化企业7家，诚信企业32家，安全社区7个；安全生产新闻报道176篇；举办电工电焊工培训班2期、205人，举办企业负责人及安全管理人员安全资质培训班9期、900人，其中非煤矿山390人，危化品安全管理人员培训班422人，烟花爆竹30人，其它58人。在德宏团结报、德宏电视台、德宏广播电台开办了安全生产专题宣传栏目，向广大群众宣传安全生产知识，为提高全州安全监管部门工作人员素质，组织14名安全生产管理人员参加全省执法培训。通过广播、电视、报纸、网站对安全生产工作情况进行及时的宣传报导，让广大人民群众广泛了解安全生产的形势，不断增强安全生产意识。同时，对全州发生的各类安全事故进行通报，对有关责任人进行责任追究，起到了较好的警示教育作用。6月1日，在全国第八个安全生产宣传月中，州长孟必光在德宏电视台发表题为“关爱生命、安全发展”专题电视讲话，对6月安全生产月活动作动员。6月14日州政府在芒市街心花园举行了隆重的安全生产咨询日活动，副州长马闻亲自参加，并宣布活动开始，州市直30多个部门及企业278多人参加了活动，芒市地区各小学的小朋友还专门表演了安全生产的文艺节目。安全生产月活动中，共发放安全生产宣传单53800多份，展出展版174块，悬挂安全宣传横幅布标32条。安全生产月期间，州安监局、州交警支队、州消防支队、州建设局等部门深入机关、学校、厂矿、社区、农村召开安全生产座谈会，广泛宣传安全生产的法律法规，不断提高各族干部群众的安全意识。

【煤矿专项整治】 2009年，德宏州安全生产监督部门始终保持对私挖乱采、非法开采小煤矿专项整治的高压态势，对违规违法开采的小煤矿发现一个查处一个，取缔一个，坚决防止私挖乱采小煤矿的死灰复燃。全年开展煤矿专项执法检查12起，关闭无证非法开采小煤矿2户，对梁河县长坡煤矿南林接替井井下没有设置挡车器、通风不畅、箱木架设不规范的安全隐患要求限期整改，确保了煤矿生产安全和全州煤矿开采秩序。

【非煤矿山专项整治】 2009年，德宏州安全生产监督管理局组织12家非煤矿山重点企业在全州非煤矿山安全生产工作会上签订《非煤矿山企业安全生产承诺书》。年内，州政府对非煤矿山重大隐患挂牌督办3项，县市级政府挂牌督办8项，全州换发非煤矿山安全生产许可证50个，颁发新证7个（含探矿）。州、县两级安监部门检查非煤矿山企业128家，查出安全隐患1216项，整改1195项，整改率达98%；责令停产整改矿山10座，取缔关闭非煤矿山8座；查处非煤矿山各类非法和违法违规行为36起；补做矿山开采设计并通过审查的19家，通过开展专项整治的10家非煤矿山企业，开展了安全标准化创建活动，露天矿山推行中深孔爆破技术的68座，使用液压锤二次破碎的52座。通过开展专项整治，企业安全生产主体责任得到进一步落实，矿山安全生产条件得到改善和提高。

【尾矿库专项整治】 2009年，德宏州尾矿库专项整治工作按照“七个一”要求，彻底整治隐患，得到省政府的充分肯定。其矿库专项整治工作主要取得如下5方面成效：一、全州尾矿库做到“四清楚”。即：做到底数、安全状况、管理运行、下流冲击范围“四清楚”。全州尾矿库分布在3个县市，其中在用库4座、在建库1座、已停用库4座、已闭库1座。二、尾矿库安全状况明显改善。2008年底，全州尾矿库基本是病险库。专项整治后，全州险库、病库全部整治为正常库。在专项整治中，共消除尾矿库隐患76项，其中坝体隐患6项、排渗系统隐患12项、截排洪系统隐患18项、调洪库容不足隐患14项、放矿方式不规范隐患16项、干滩长度不够隐患10项。通过整治，全州尾矿库基本做到证件齐全合法、配套设施健全、管理运行规范、坝体稳定安全。三、在专项整治中，取缔关闭不具备基本安全生产条件的尾矿库3座。四、解决许多历史遗留问题。专项整治后，在用尾矿库的安全生产许可证取证率由整治前的30%提高到100%，生产运行的4个库补做了安全评价。五、尾矿库安全管理明显加强。全州4个尾矿库进一步完善了安全管理规章制度、应急预案和安全管理档案。通过专项整治，各部门和企业更加重视尾矿库安全生产工作，尾矿库的建设、运行及闭库等安全管理工作更加规范，尾矿库安全管理水平得到明显提高，安全状况得到明显改善。

【烟花爆竹企业整改】 2009年，德宏州有烟花爆竹生产企业1户，批发企业7户，零售企业1049户。根据国家烟花爆竹劳动安全技术规程CB11652-89标准，全州7户烟花爆竹批发企业仓库达不到安全要求。为确保烟花爆竹安全，从2009起，要求7户烟花爆竹批发企业对所有仓库进行整改，梁河县和潞西市烟花爆竹仓库已完成整改，其余县市的烟花爆竹仓库正在整改中，预计2010年底完成整改。

【表彰先进】 2009年，德宏州安全生产监督管理局局长赵兴倬、盈江县安监局局长刘学刚、陇川县安监局局长彭明3位安监干部被国家安全生产监督管理总局授予2009年度全国监管监察先进个人荣誉称号。

（《安全生产》撰稿　王继华）

（见“州情概览·安全生产”74页）

旅　　游

【召开全州旅游工作会议】 2009年3月6日，德宏州旅游工作会议在芒市召开。各县市（区）旅游局局长、副局长、纪检组长、办公室主任、州旅游协会、景点景区、星级宾馆等负责人60多人参加了会议。会上，全面总结了上年全州旅游工作情况，安排部署年内旅游工作，为德宏旅游产业的发展奠定了坚实的基础。

【项目建设】 2009年，德宏州旅游局进一步完善旅游基础设施建设，推进旅游重大项目建设。制定下发《德宏州旅游重大重点项目管理办法》，定期、不定期召开旅游项目进展情况分析会议，及时研究解决存在的问题和困难，适时推进各项工作。根据全州旅游发展实际，按照建设提升一批、规划论证一批、储备一批、招商一批的项目发展思路，认真对重大重点旅游项目进行了梳理，完善和充实了德宏州旅游重大重点项目储备库，制作了德宏旅游招商项目指南，积极向上申报德宏民族文化体育康乐谷等一批重大重点旅游项目的国家资金补助支持，努力推进景成地海温泉度假村、瑞丽江漂江游、勐巴娜西珍奇园、瑞丽江旅游精品项目集群区域等项目的开发建设工作。

【旅游业务培训】 2009年，德宏州旅游局利用多种形式着力抓好全州旅游从业人员的“素质教育培训”。全年举办13期培训班，培训人数1607人次。其中：举办讲解员培训5期、350人，导游年检培训2期、156人，宾馆酒店服务员培训4期、460人次，旅游专题研修班1期、54人，导游资格考试培训1期、37人，餐饮培训450人，有效提高了旅游从业人员的综合素质。

【旅游市场管理】 2009年，德宏州旅游局进一步抓旅游市场管理，确保旅游市场秩序。一是参加省、州组织的旅游市场检查6次，分别对旅行社、旅游景区（点）、宾馆酒店、旅行车队及旅游从业人员等旅游企业和人员进行专项检查，加强旅游安全生产检查力度。二是加大旅游执法力度，维护游客和企业的合法权益。年内，受理旅游投诉案件13起，理赔金额达350500元，投诉处理结案率92%，确保了旅游市场秩序的健康发展。三是认真开展旅行社年检工作。2至3月，对3家国际旅行社和18家国内旅行社给予通过年检，促进了旅行社的健康经营发展。四是积极开展导游年审工作。年内，对参加年审的176名导游员给予通过年审，对没有参加年审的导游员不予通过年审，认真加强对导游的监督和管理，对无证导游进行了严厉打击。五是加大“推星提质”进程，努力提升星级酒店质量。把2009年确定为“宾馆饭店推星提质年”，对全州范围内新建的宾馆酒店进行大规模的“推星提质”活动。六是大力宣传和实施《旅行社条例》。先后开展《旅行社条例》宣讲5次，印制了《旅行社条例》和《旅行社条例实施细则》400份，分别发放到旅行社从业人员手中。七是按照《旅行社条例》的规定，对全州21家旅行社重新进行资格认证，换发经营许可证，完成了旅行社质量保证金的存储，完善了旅行社的部门审批等工作，努力规范旅行社的经营行为。八是强化旅游安全生产监督力度，努力营造安全旅游环境。年初安排部署全州旅游行业安全生产工作，同各县市区旅游局及各科室签订了责任书，在每个黄金周前召开安全生产专题会议，并组织人员开展安全生产检查。年内，认真完成安全生产月报和各种安全隐患排查工作；精心组织两个“黄金周”旅游安全大检查，确保旅游黄金周期间无重大旅游安全事故的发生。全年开展安全生产检查8次，督察2次。

【旅游外宣工作】 2009年，德宏州旅游局主要抓了如下旅游外宣工作。一、先后投入资金数十万元，在昆明国际机场候机楼、芒市机场候机厅、梁河和腾冲公路交界处，分别设立德宏旅游形象大型宣传广告牌5块；二、利用潞西市举办勐巴娜西风情节暨泼水节活动的契机，与保山市在芒市广场联合进行由国家旅游局组织开展的“全国百城旅游宣传周”活动，通过派发精美的旅游宣传资料和提供旅游咨询服务，进一步推介了德宏的旅游资源；三、在“春节”、“目瑙纵歌节”、“泼水节”、“十一”旅游黄金周及各种节庆活动期间，不断创新旅游宣传形式，推出自驾车奖励旅游、景区门票优惠等方式，制订出台了一系列的促销政策和办法，吸引大量的游客到德宏观光旅游和参与节日活动；四、7月28至29日，应省旅游局的邀请，台湾旅行商业同业公会许禓哲副会长一行32人，对德宏州进行踩线考察。通过考察，考察团给予德宏很高的评价，并就建立双方日常联络机制，开展互为旅游目的地的宣传促销活动，加强两地同行业间的交流与合作，积极促成两地旅游企业的业务合作等达成共识；五、组织参加中央、省、州外举办的各种会展活动，不断提升德宏知名度。重点组织参加在大连举办的中国国内旅游交易会、昆交会、中国昆明国际旅游交易会，以及在广西南宁举办的珠洽会、中缅边交会等，通过会展活动的平台，充分展示德宏丰富的旅游资源，树立德宏良好的对外形象；六、积极参加7月份在昆明举办的东盟石博会德宏州展馆的筹备和布置，“美丽德宏·中国玉都”、“东方珠宝城——瑞丽”、“中国翡翠毛料第一城——盈江”、“中国黄龙玉城——芒市”等品牌得到有力宣传，提升了德宏州珠宝玉石的声誉。

【整合旅游资源】 2009年，德宏州旅游局在成立德宏旅游集团的基础上，进一步整合德宏旅游资源，实施集团化发展战略。年内，将瑞丽莫里瀑布、潞西勐巴娜西珍奇园、梁河南甸宣抚司署、瑞丽江漂江游4个主要景区（点）纳入集团管理，发挥聚合效应，形成合力，达到资源共享，促进德宏旅游业发展的目的。

【精品旅游线路调查】 2009年，德宏州旅游局规划发展科为加快旅游产业升级转型，巩固和发展云南旅游产业，实现云南省旅游“二次创业”，本着“布局优化、资源共享、优势互补、区域联动”的原则，对全州各县市区在旅游业发展中存在的优劣势、工作重点等进行摸底调查。同时，进一步统一思想，将线路统筹的工作重心移到对州内旅游交通、旅游资源、旅游城镇和旅游基础服务设施等的详细了解和普查上。通过调查，推出精品旅游线路2条环线，芒市——畹町——瑞丽——陇川——盈江——梁河——芒市；芒市——畹町——瑞丽——腾冲。

【甲型H_1N_1流感防控】 2009年，德宏州旅游部门根据省、州关于甲型H_1N_1流感防控的相关文件要求，及时组织召开甲型H_1N_1流感防控紧急会议，开展了甲型H_1N_1流感防控工作。迅速成立防控领导小组，制定紧急处置预案，形成由主要领导挂帅、多个层次管理、干部职工积极参与的防控工作监督管理体系，完善与有关部门的应急联动机制，落实值班领导和值班人员制度，保证24小时值班和联络畅通。对全州各旅游企业进行2次甲型H_1N_1流感防控工作督查，各县市旅游局进行检查16次；举行3次旅游企业经理及其骨干甲型H_1N_1防控相关知识的培训，培训人数86人，各县市旅游局培训5次，培训人数328人次。

（《旅游》撰稿　崔继华）

（见“州情概览·旅游”76页）

交　通

公路交通

【召开全州交通运输工作会】 2010年3月10日，德宏州交通工作会议在芒市召开。州农林水纪工委、芒市公路管理总段、德宏交通规费征收稽查处的有关领导；州交通局全体干部职工，州运政处、集团公司、达程公司党政主要领导；各县市交通局党政主要领导、分管运输的副局长、纪检组长、海事局长、地方段长、运政所长共80余人参加了会议。会议听取了闫信统局长所作的工作报告，报告对全州交通运输面临的形势和任务进行深刻分析，做出科学判断，总结上年的工作，统一了认识，明确年内交通工作的指导思想、主要目标和工作任务；杨天积副局长对水运和农村客运发展的指导思想、基本原则、任务目标等方面做了详细的部署安排，为今后的水运和农村客运发展明确了指导思想和工作方针。会议围绕年内的工作目标任务，提出“四个加快”、“四个加强”、“四个深入”的要求。“四个加快”即：一是加快推进项目前期工作，抓住国家实施积极财政政策，进一步扩大内需的重大历史机遇，积极争取国家、省、州的支持；二是加快推进交通重点项目建设，努力为打造德宏通边大海国际大通道作出积极贡献。重点抓好龙瑞高速公路、腾陇二级公路项目前期工作，力促其尽快兴工建设。同时，切实加强集物流、人流、信息流和经贸、文化、旅游合作于一体的德宏出边达海国际大通道前期调研工作；三是加快推进农村公路建设，不断改善农民出行条件，服务社会主义新农村建设；四是按照‘先开通，后规范，再发展“的步骤，加快推进中缅边境国际便利化运输。“四个加强”即：加强道路、水路运输管理工作；加强交通行业安全监管工作；加强交通科技教育工作；加强交通干部队伍建设。“四个深入”即：进一步深入推进农村公路管理养护体制改革工作；进一步深入推进依法治交和行业精神文明创建工作；进一步深入推进“平安和谐交通”创建和禁毒防艾工作；进一步深入推进行业党风廉政建设和反腐败工作。

【举行腾冲至陇川二级公路开工庆典仪式】 2009年9月6日，德宏州委、州政府在陇川县举行腾冲至陇川二级公路开工庆典仪式，标志着腾冲至陇川二级公路正式开工建设。腾陇二级公路全长154.1千米，其中德宏境内135.9千米，总投资11.9亿元，预计2011年6月30日完工。省交通运输厅副厅长王彩春、省公路局局长吕云锋、省交通规划设计研究院副院长方向池，德宏州党政军领导赵金、余麻约、孟必光、李兴顺、柳五三、杨跃国、马永福、郭志德、番跃平、板岩过、卜金富、陈耀洪和保山市副市长王力等出席开工庆典。州委常委、常务副州长柳五三主持庆典仪式。州委副书记、州长孟必光在开工典礼上指出，腾陇二级公路是滇西重要的经济交通干线和沿边干线公路，沿途腾冲、盈江、陇川3县都有口岸和公路与缅甸密支那、八莫等重要城市相通，是中国连接“两亚”的重要国内运输通道。工程的建设，将极大地改善腾冲、梁河、盈江、陇川的交通运输条件，为腾冲至瑞丽的边境黄金旅游线路提供便捷通畅的交通保障，促进沿线各族群众脱贫致富，是一条集人流、物流、信息流于一体的综合性经济通道、旅游通道、民生通道、友谊通道和边防通道，对加快保山、德宏乃至滇西经济社会发展，增强民族团结，维护边疆稳定和促进中缅两国经贸文化交流与合作都有着十分重要的作用。孟必光要求全州各级各有关部门认真履行省政府、省公路局与州政府签订的《云南省加快政府还贷在建二级公路建设责任书》、《省道233线腾冲至陇川二级公路合作建设协议书》赋予的职责任务，以高效、优质的服务，确保工程顺利推进。工程沿线的县乡党委、政府要组织各职能部门，全力做好各项协调服务和保障工作，为工程建设创造良好的社全环境，腾陇二级公路建设指挥部和施工、监理、设计单位要认真履行“协议书”和“合同”中的责任和义务，严格按规范操作，全面做好施工组织、工程管理、质量监督、工程设计、安全生产、廉政建设等各项工作，确保工程按规定的建设进度和质量要求如期全面完成，确保工程质量交（竣）工验收时达到省政府要求的优良等级；做好工程建设、监理、设计等的资料规范建档，及时组织完成债务锁定工作，使项目达到国家取消政府收费还贷二级公路审计的要求。云南省公路局局长吕云锋希望芒市公路管理总段切实履行好项目业主的职责，按照“天亮进工地抓施工进度，灯亮进办公室解决存在问题”以及有关程序和法律法规，严守章程，科学组织，全力推进项目建设。云南省交通运输厅副厅长王彩春要求各参建施工、监理单位共同努力，为边疆各族群众提供一条安全畅通、生态文明、地方特色浓郁的二级公路和旅游示范公路。出席开工典礼的赵金、王彩春、吕云锋、孟必光、李兴顺、余麻约、王力、卜金富、陈耀洪、高尔朴等领导为其剪彩。

【州人大代表视察全州交通运输工作】 2009年11月16至20日，德宏州人大常委会组织20余名委员、代表深入各县市，对全州近年来公路、运输等方面的建设情况进行视察。视察组由州人大常委会副主任、州总工会主席孙春兰任组长，州人大常委会副主任毛勒端、杨红、王兴才、管国芳任副组长，州长助理刀承贤，州交通局局长闫信统等陪同视察。视察组先后到梁河县、盈江县、陇川县、瑞丽市和潞西市视察了拟建的潞西至梁河二级公路，在建的腾冲至陇川二级公路，盈江县平原至卡场农村公路改造工程，陇川县陇把户岛通达工程和陇把至城子通乡油路工程，瑞丽市广卡至勐典公路通达工程，勐秀乡通乡油路工程，瑞丽市鹏达客运公司，拟建的龙瑞高速公路，在建的法帕至遮放通乡油路工程，勐戛镇交通管理所以及芒市机场和德宏交通运输集团等多项工程和相关单位；听取了州和各县市政府对交通工作情况的汇报，并进行了座谈。实地视察并听取汇报后，代表们认为近年来德宏州的交通运输事业发展突飞猛进、形势喜人，各大项目正在快速推进，为全州的经济社会发展做出巨大的贡献，并对今后的交通运输工作提出五点要求。一是加强领导，加快交通运输建设步伐；二是强化管理，促进交通运输事业健康发展，加大执法、管理力度；三是加强协调，加大宣传，提高水平，提升服务能力；四是强化安全意识、廉政意识、责任意识和风险防范意识；五是科学规划，抓好项目储备工作，做好规划方案。

视察中，代表们积极踊跃为全州交通运输事业建言献策，提出多条符合德宏州实际的好建议、好点子。代表们建议：一是加大宣传力度，在全社会形成共识，创造德宏州“大交通”建设的良好氛围；二是加强领导，加强协调配合，各单位、行业间要加大支持力度；三是积极争取资金，降低道路修筑成本、养护成本；四是加强综合治理，尽量避免农村、城镇以路为市现象；五是注重工程建设中的生产安全、工程质量和环境保护等工作；六是进一步加快全州交通建设步伐，大力发展农村客运事业。

【完成龙瑞高速公路前期工作】

2009年12月25日，国家国土资源部正式对龙瑞高速公路的建设用地预审作出同意实施的行政许可。为此，经过2年多卓有成效的工作，云南省交通运输厅委托德宏州人民政府代行龙瑞高速公路项目业主职责需要完成的相关前期工作全部结束。

龙瑞公路是国道主干线（GZ65）上海至瑞丽公路在云南境内的最后一段，也是国家高速公路网规划“7918”网18条横线中横12杭州至瑞丽高速公路的最后一段，既是云南省滇西交通运输的大动脉，也是中国通往缅甸、东南亚和南亚次大陆的陆路大通道。根据修改后的工程可行性报告，项目拟建里程157.876千米，总投资103.031亿元。为加快推进该项目建设，2007年10月11日，云南省交通运输厅发文给德宏州交通局，委托德宏州完成龙瑞高速公路的环境影响评价、土地预审等前期工作；2008年7月7日，云南省交通运输厅致函德宏州人民政府，委托德宏州人民政府代行龙瑞高速公路建设项目业主职责，负责抓好文物考古调勘报告、土质灾害危险性评估报告、矿产资源压覆报告、水土保持方案报告、环境影响评价报告和项目建设用地预审等各项前期工作。

接到省交通运输厅的委托函后，州人民政府高度重视，及时召开会议，研究部署任务落实工作，在第一时间将各项工作分解落实到州直各相关部门和相关县市，建立了工作进展情况定期汇报和跟踪督查制度，全力推进龙瑞高速公路建设项目前期工作。为做好与国家和省相关部门的协调工作，州委、州政府主要领导、分管领导多次亲自带队前往国家相关部委汇报、协调相关工作；州交通局成立了由主要领导负责的工作组，安排专人具体抓好各项工作的落实，全力加快推进工作进程；各相关部门、县市全力给予支持，尽力做好各项服务协调工作。2008年3月10日，云南省文物局对龙瑞高速公路文物考古调查勘探技术服务评估报告书作出同意实施的行政许可，3月12日云南省国土资源厅对龙瑞高速公路的地质灾害危险性评估报告书作出同意实施的行政许可，12月24日云南省国土资源厅对龙瑞高速公路的压覆矿产资源评估报告书作出同意实施的行政许可；2009年3月5日，国家水利部对龙瑞高速公路的水土保持方案报告书作出同意实施的行政许可，2月3日国家住房和城乡建设部作出同意龙瑞高速公路路线经过瑞丽江——大盈江风景名胜区的行政许可，11月3日国家环境保护部对龙瑞高速公路的环境影响报告书作出同意实施的行政许可，12月25日国家国土资源部正式对龙瑞高速公路的建设用地预审作出同意实施的行政许可。云南省交通运输厅委托德宏州完成的龙瑞高速公路相关项目前期工作全部得到落实，为工程可行性报告的批准实施创造了条件。同时，受省交通运输厅的委托，德宏州顺利完成了龙瑞高速公路勘测设计的招投标工作，初步设计已编制完成，待取得国家发改委工可报告同意实施的许可文件，即可上报国家交通运输部审批。目前，云南省公路开发投资有限责任公司已经正式组建龙瑞高速公路建设指挥部，建设项目使用林地、地震安全性评价、融资方案、工可报告、初步设计的上报审批等后续工作将移交指挥部具体承担办理。德宏州将继续加强向省交通运输厅的汇报沟通，积极组织各级各相关部门配合指挥部做好各项工作，努力为龙瑞高速公路在2010年顺利实现开工建设创造条件。

【举行潞西至梁河二级公路开工庆典】 2009年12月26日中午12点，德宏州政府在芒市举行潞西至梁河二级公路开工庆典，标志着潞梁二级公路正式破土动工。参加庆典仪式的领导有：州委书记赵金，州委副书记、州长孟必光，州人大常委会主任余麻约，州政协主席龚敬政，州委常委、常务副州长柳五三，州委常委、德宏军分区政委马福朝，州委常委、州委秘书长番跃平，州政府副州长孔勒干，州政府副州长板岩过，州政府副州长苏洪涛，州政协副主席杨庆华，州政府秘书长周湛鸿，省公路局农村公路处处长李云以及潞梁二级公路建设领导小组成员单位，各县市党政领导、交通局长、州直各相关单位负责人，潞梁二级公路建设指挥部相关人员和施工、监理代表400余人参加了庆典仪式。州委副书记、州政府州长孟必光在开工典礼上要求全州各级各相关部门要把思想和行动统一到州委、州政府的决定上来，进一步牢固树立服务交通就是服务发展的意识，统一思想，坚定信心，全力支持，服务交通建设。指挥部要以破釜沉舟、背水而战的勇气和必胜信心，统筹协调好施工、监理、设计等单位，精心组织好施工管理，科学合理地安排工期，强化质量监督，狠抓工程质量、安全、廉政建设和施工进度，努力确保工程按时、按质完工，确保工程优质、施工安全、干部廉洁。州县两级财政要加大力度，想方设法、千方百计尽快完成各自应承担的建设资金筹措，切实为工程建设提供资金保障。沿线的潞西、陇川、梁河3县市党委、政府要组建强有力的机构，集中人力、物力、财力，在最短时间完成辖区内的征地拆迁工作，全力做好建设用地、临时用地、砂石料厂的提供，施工驻地综治维稳、各种矛盾纠纷的排查化解及综合协调服务等各项工作，为工程建设及时提供用地，营造良好的施工环境。州级发改、公安、国土、林业、环保、水利、信访、建设、审计、农业、防震减灾等相关单位要按照各自工作职责，坚持“不花钱、少花钱、先开工后完善”的原则，认真做好各项综合协调和跟踪服务工作，及时帮助指挥部完善各项手续，切实为工程建设提供强有力的保障支持，为项目按时、按质完工创造良好条件。要有信心、有决心按时、按质完成建设任务，做到“五个确保”。一是精心组织工程管理，统筹兼顾，科学合理地组织施工，确保工程于2011年6月30日完成建设任务；二是以宁当恶人、仇人，不当历史罪人的无畏精神，加强监督，严格监理，扎实抓好工程质量，确保工程优质；三是明确责任，加强监管，强化措施，认真落实安全生产责任制，确保施工安全；四是严格落实国家财经制度，严格资金管理，让每一分钱都用在刀刃上，确保资金安全；五是认真落实工程建设施工和党风廉政建设双合同制，切实抓好党风廉政建设工作，确保干部安全。该项目按二级公路标准改建，设计速度60千米/小时，路基宽12米，路线总长111.05千米（含梁河县城联络线1.26千米）。全线设隧道1910米/1座，大桥14049米/87座，中桥2384米/37座，小桥65米/3座，涵洞5092米/307道，路基土石方1725万立方米，排水及防护工程40万立方米，沥青混凝土路面108万平方米，工程投资概算总金额21.42亿元，平均每千米工程造价1928.9万元。

【农村公路建设】 2009年，德宏州实施农村公路基础建设项目213项，完成农村公路建设投资51775万元，新改建农村公路2118.07千米。至年底，全州农村公路通车里程达6188.34千米，其中等级路面33497.093千米，通车里程和等级路面分别比上年增加141.981千米和345.593千米。全州乡镇通沥青（水泥）路的比例已达76%，建制村公路通达率为98.1%，分别比上年增加18个百分点和8.8个百分点。

【农村公路管理养护】 2009年，德宏州农村公路管理养护按照“深化、完善、创新、巩固、提高”的要求，进一步理顺各级农村公路管理机构、养护企业的关系，完善农村公路管理养护考核评价体系，创新农村公路的管养方式，不断深入推进农村公路管理养护体制改革，做到“有路必管，有路必养”，让群众不断感受到实实在在的实惠；按照“雨季抓水毁，冬季抓养护，平时抓落实，年底抓检查”的思路，坚持“建养并重、协调发展”的方针，全力做好农村公路管理养护工作；以县道为主，适当兼顾乡村道，以路基修复、排水设施、防护工程及路面修复为重点，切实加强农村公路养护大中修工程管理；认真组织开展农村公路养护资金审计工作，加强养护资金的管理，确保专款专用。全面推行插牌养护制度，进一步完善和推广乡村公路“以奖代补”的日常养护和季节性养护制度；加强农村公路应急抢险常设队伍建设，完善应急抢险快速反应机制，切实做好抢险保通工作；加强向省交通运输厅和省公路局的请示汇报，将潞西（遮放）至陇川（章风）、潞西（风平）至盈江（那帮）2条县际公路和潞西隔界洼至畹町芒棒1条边防公路提升为省道，使3条公路的管养有了进一步的保障。年内，省公路局下达德宏州的县道路况优良率为55%（乡村公路未做具体要求），全州县道路况优良率为65.5%，公路技术状况指数加权平均值达59.8；乡道路况优良率为42.3%，公路技术状况指数加权平均值达37.8；村道路况优良率为31.5%，公路技术状况指数加权平均值达29.8，农村公路路况质量比上年明显提升。

【交通安全管理】 2009年，德宏州交通安全管理坚持“安全第一、预防为主、综合治理”的方针，加强领导，落实责任，全力抓好行业安全生产工作，按照开展“安全生产年”活动的要求，扎实抓好行业安全生产“三项行动”、“三项建设”，多措并举，加强交通运输重点领域、重点时段、重点环节的监管措施，以“安全发展”为主线，面向基层、面向企业、面向职工，积极开展形式多样、内容丰富的安全教育活动，积极争取资金，不断完善干线公路和农村公路安保工程，严格施工管理，规范施工组织，切实抓好工程建设和养护作业施工安全，提高公路客运车辆安全监管的科技含量，充分发挥GPS监控平台和车载终端的作用。截至年末，全州已建成GPS监控二级平台1个，三级平台14个，全州9座以上的客运车辆、旅游客车、危险货物运输车辆全部安装了GPS车载终端。年内，认真落实四级承包责任制，完善监管手段，确保全州水上运输市场的安全、健康、有序发展。全年全州交通行业没有发生较大安全生产事故，没有发生安全生产责任事故，实现了水上运输安全生产连续18年零事故。

【运输管理】 2009年，德宏州交通运输管理按照“多予、少取、放活”的原则，积极推广“丘北经验”，大力培育农村客运市场，加强农村交通安全管理工作，切实解决农民乘车难、出行难的问题，及时发放农村客运燃油补贴，减轻农村客运经营者负担，加大农村客运运力投放力度，积极培育农村客运市场，引导农村客运个体经营者以班线或片区为单位，组建农村客运公司或车队，提高规范化管理水平。年内，在梁河县的曩宋、芒东、勐养3条农村客运班线，开展服务质量招投标试点工作，并根据市场需求和群众意愿，通过集中许可，投放农村客运车辆133辆。至年末，全州已开通农村客运班线118条，建成农村客运站18个，乡镇班车通达率达100%，行政村班车通达率达72%。同时，加强运输组织和运力协调，确保粮、蔗、糖、油等重点物资的运输，周密部署，精心安排，圆满完成春运和其他节假日客货运输任务，实现了“安全、优质、有序”的要求。年内，兑付燃油补贴308.35万元，减轻农村客运、城市出租客运和公交客运经营者负担；办理绿色通行证6507份，提高了鲜活农产品运输效率。积极推进中缅国际便利运输，全州4个口岸与缅方开通了跨境货物运输，中方运输车辆在缅境内的纵深里程由原来的15千米增至220千米，中缅国际定线旅游车辆正式开通。全年全州道路运输完成客运量1545万人次，货运量986万吨，实现道路运输业产值66344万元；水上运输完成客运量61.89万人次，货运量41.32万吨，实现水路运输业产值2624.4万元。

【表彰先进】 2009年，德宏州交通局被省公路局授予“云南省2009年度农村公路养护管理先进单位”；被州级授予“2009年度安全生产责任状考核优秀单位”、授予“按比例安排残疾人就业工作先进单位”、授予“综治维稳工作一等奖”。德宏州交通局党委书记、局长闫信统被州人民政府评为“按比例安排残疾人就业工作先进个人”，郑晓杰、字志伟被云南省交通运输厅工程质量监督局评为2009年度全省公路工程质量监督先进个人。

（《公路交通》撰稿 张立宪）

（见“州情概览·公路交通”80页）

公路管养

【信息化建设】 2009年2月，芒市总段信息化建设完成内部电子政务网，实现公文流转“无纸化”办公，依托地方政府门户网站，与基层单位实现电子公文网上传输。年内，开通芒市总段信息公开网站，架设开通96128政务信息查询专线，适时上传和更新信息，及时发布路况变化、路网改造、工程施工、灾害险情等影响公众出行的信息，自办信息、简报112期，发布公众出行、施工安全通告信息28条，编发各类信息900余条。

【预防性养护劳动竞赛活动】 2009年5月24日，芒市总段召开沥青路面预防性养护劳动竞赛动员大会。会后成立竞赛机构，加强组织领导，确定参赛路段，拟定措施办法，重视宣传教育、理论学习、技能培训、制度执行、质量考核，做到宣传动员、认识水平、组织安排、制度保障、监督考核到位。同时，制定出台《公路预防性养护实施细则》，建立预防性养护长效机制，明确预防性养护标准，修订和补充完善公路管养方面的19项制度办法和实施细则。年内，完成预防性养护项目资金127.75万元，将各类病害处理在萌芽状态，延缓公路路况的恶化，提高养护资金的有效利用，实现预防性养护认识水平、技能水平和路况水平“三个提高”，获得省公路局沥青路面预防性养护片区竞赛第二名。

【腾陇二级公路建设项目开工建设】 2009年6月4日，云南省公路局和德宏州人民政府在芒市签订《省州合作建设腾冲至陇川二级公路建设协议书》。该工程项目全长154.55公里，投资概算14.56亿元。6月10日，芒市总段组建成立腾陇二级公路建设指挥部，代省公路局履行项目法人职责。9月6日，德宏州人民政府在陇川举行腾冲至陇川二级公路建设开工典礼，全线开工建设。按照德宏州人民政府“特事特办、边办边干、依法规范、注重完善”的要求，芒市总段认真履行项目业主职责，有效运转指挥职能，强化服务意识，加强协调沟通，突出“环保、生态、旅游、休闲、舒适、安全”的建设理念，紧紧抓住工期、质量和安全三个关键环节，采取倒排工期、倒逼进度的方式，按层次、分阶段、分项目抓工作落实，各项工作快速推进，工程进展顺利。

【税费改革路政职能移交】 2009年6月，芒市总段为税费改革路政职能移交工作，成立税费改革维稳工作机构，建立突发事件处置应急预案，严格按省政府税费改革路政职能移交要求，组成工作组，拟定方案。该工作撤销总段路政支队和各管理段路政大队，划转路政人员41人，将路政档案和资产整体移交德宏公路路政管理支队，做到人心不散、思想不乱、工作不断、确保稳定。

【路网结构改造】 2009年，芒市总段以路网结构改造项目为重点，对重点路段、重点项目实施重点改造。年内，完成大中修6项1609万元，危桥改造14座190万元，灾害防治8项152万元，安保工程34处90万元，基本消除四类、五类桥梁，改善超期服役路段的路况质量水平，提高管养路段安全通行能力。

【安全生产管理】 2009年，芒市总段坚持安全日巡查和专项检查相结合，加强重大节庆活动、砂石料场、施工现场和机械设备、易燃易爆及危险化学品等重要时段、重点部位、重点物品的安全检查，全面推行“一岗双责”，层层签订《安全生产责任书》，积极开展“安康杯”安全生产知识竞赛和机动车驾驶人交通安全集中教育活动。年内，签订“责任书”495份，组织安全宣传27次，发放宣传单5000多份，受教育人数2312人/次；组织安全检查6次/125人，巡查公路2140公里，检查大中型桥梁159座/次，栽设警示桩424棵，施工安全通告牌55块。

【公路养护管理】 2009年，芒市公路管理总段确立“三个五”的工作思路，牢固树立统筹兼顾、科技兴路、以人为本、服务社会、深化改革“五个发展理念”，切实提高管好公路、养好公路、带好队伍、树好形象、持续发展“五个发展能力”，妥善处理好条与块的关系，管与养的关系，主与辅的关系，虚与实的关系，近与远的关系，圆满完成公路管养护理指标。芒市总段公路养护质量指数（MQI）82.38，其中国道82.79，省道81.68，县道79.19；优良路率57.77%，其中国道71.09%，省道66.31，县道45.5%；大修返修率低于0.1‰；工程优良率80%，合格率100%。年内，依法检测超限运输车辆275221辆/次，卸载货物1643411.1吨；千人死亡率、重伤率为零；发生责任事故一次性经损不超考核指标，每百辆车经损不超考核指标；机械设备综合完好率98.75%，综合利用率40.29%，单机单车核算率100%，无重大设备责任事故；推广应用新技术、新材料和新工艺4项；公路养护管理目标责任考评得分99.63分，在国省干线公路养护管理中排名全省第一。

【表彰先进】 2009年，芒市总段先后荣获“云南省交通运输系统2007～2008年度先进单位”、“老干部工作先进集体”和省公路局2009年度“先进党委”、“双文明先进单位”、“安全生产先进单位”、“综治维稳治超工作先进集体”荣誉称号；总段被命名表彰为第十二批省级文明单位。总段党委书记杨永恩被全国公路政研会评为“全国公路系统优秀政治思想工作者”；遮放收费站副站长邵斌被评为“德宏州首届道德模范”。

（《公路管养》撰稿 王 政）

路政管理

【成立德宏公路路政管理支队】 2009年5月26日，德宏公路路政管理支队正式挂牌成立。该支队前身是德宏交通规费征收稽查处(之前是芒市公路养路费征收稽查所)，是云南省交通运输厅公路路政管理总队的下属，系省直管的交通行政执法事业单位，承担辖区内高速公路、国道、省道的公路路政管理工作。支队机关内设办公室、政工科、资财科、路产管理科、超限运输管理科、科技科、执法监督科7个科室；下设5个公路路政管理大队：潞西公路路政管理大队、瑞丽公路路政管理大队、陇川公路路政管理大队、盈江公路路政管理大队、梁河公路路政管理大队。人员由原德宏交通规费征收稽查处53名职工与芒市公路管理总段41名路政员组成，共有职工94名，其中党员36名，占职工总人数38.3%；团员14名，占职工总人数14.9%；35岁以下38名，占40.4%；大专以上72名，占76.6%；离退休职工5名，占5.3%。支队管辖区内国道和省道公路里程为881公里，其中潞西大队284.6公里，瑞丽大队135.5公里，陇川大队180.9公里，盈江大队177.2公里，梁河大队103公里。其工作职责是：一、负责宣传、贯彻执行公路路政管理的法律、法规、规章和政策；二、拟定有关路政管理办法、业务规范和管理制度；三、承担辖区内高速公路、国道、省道公路路政管理工作，依法查处各种违反路政管理法律、法规、规章的案件；四、指导、协调辖区内普通公路及其他公路的路政管理工作；五、组织实施治理超限运输车辆管理工作；六、组织指导辖区内路政部门管理保护公路、公路用地及公路附属设施和公路两侧建筑控制区；七、负责辖区内国道、省道公路通阻信息报送工作，指导、协调辖区内普通公路及其他公路通阻信息报送工作；八、组织实施辖区内公路路政巡查、维护公路安全畅通和在建公路、公路养护的保通工作；九、办理本级路政许可事宜；十、车辆通行费监督检查工作。各公路路政管理大队工作职责是：一、认真贯彻执行党的路线方针政策，国家法律、法规和规章的规定以及本单位制定的各项规章制度；二、组织公路路政管理法律、法规、规章和规范性文件的学习、宣传活动；三、负责组织辖区内的公路路政巡查、安全保通和超限运输车辆行驶公路管理工作，负责辖区内公路、公路用地及公路两侧建筑控制区的管理保护工作；四、负责辖区内重大案件的查处，重大灾害事故、突发事件处置和协调处置工作；五、负责所属路政人员的业务培训、指导检查和年终考核工作，装备和经费的保障工作，行风建设和信息公开工作；六、与当地党委、政府和相关部门的工作联系与协调；七、所属队伍的规范化和法制化建设，按照规定的权限和程序，受理、承办路政许可事项，组织参与当地人民法院受理路政强制执行案件的执行，参加路政案件的诉讼或复议工作；八、组织定期收集、整理、汇总和上报路政管理工作信息，重大问题及时请示汇报；九、完成领导交办的其他工作。

【开展路政管理】 2009年，德宏公路路政管理支队积极开展路政管理业务：一方面是按省总队的要求，加大路巡工作力度，对辖区内省管公路的桥梁、涵洞、隧道、边坡、边沟进行安全检查和排查。各大队积极清理以路为市，加大宣传力度，做到耐心说服教育，由于工作积极有效，以路为市的情况大有好转。另一方面积极有效地查处违法违章开口、建筑、埋设管线、乱砍行道树的行为。7至12月发生路政案件124起，处理124起，查处率100%，收回损坏路产赔（补）偿费191062元，确保全州公路的安全、畅通，为德宏公路交通事业发展保驾护航，为德宏经济的发展做出贡献。

（《路政管理》撰稿 冯艳萍）

民 航

【完成机场改扩建和跑道盖被工程】 2009年11月底，德宏芒市机场经过近2年大规模改扩建和跑道盖被工程顺利通过竣工验收。机场由原来的3C级机场升格为4C级机场，新航站楼总面积达13000平方米，约为老候机楼的8倍，其中国内候机厅10500平方米，国际候机厅2500平方米；新停机坪面积达56400平方米，可同时停泊9

架波音737-800、空客A319等以下机型。新候机楼内有8条值机通道，5条安检通道，10台安检X光机。原机场货运库容纳货邮吞吐量约20吨/日，新货库容纳货邮吞吐量约40吨/日，比原货库增容1倍；现有货运平板9块，其中5块货运、4块行李，电子板称1台，可满足波音B737-300、700，空客A319、320客货机收运和装卸操作。盖被完工后的跑道PCN值为61/F/B/W/T，能起降波音737-800、空客A319（含）及以下机型的飞机。机场的全面改扩建及配套设施进一步完善，大大提高了机场的服务功能、综合保障能力和市场竞争力。

【表彰先进】 2009年12月，德宏芒市机场被德宏州委、州人民政府、德宏军分区评为2009年度爱国拥军先进单位；德宏芒市机场被德宏州人民政府评为2009年度重点企业安全生产责任状考核优秀单位；德宏芒市机场被云南机场集团有限责任公司评为先进女职工集体。

【生产运行情况】 2009年，德宏芒市机场下设9个部门，13个班组；有员工135人。全年保障航班起降3870架次，旅客吞吐量为380265人次，货邮吞吐量为2888吨，比上年同期分别下降10.9%、7.8%、5.5%。机场客座率为70.20%，载运率为60.09%。夜航灯光、场务设施、航务保障设备正常率达100%，完好率100%。

【安全检查】 2009年，德宏芒市机场安检站检查航班乘客197638人次，检查旅客随身行李395276件，开包检查197638件，人身补查197638人次，礼遇检查1255人次，免检0人次。检查旅客托运行李126406件，开包检查65604件；检查货物75689件，检查邮件10315件。查获危及空防安全的各类违禁物品224起，其中枪支1支，子弹127发，弹匣1个，弹壳82枚，气枪弹2181颗，管制刀具110把，打火机油25瓶，烟花爆竹2盒，假身份证15张，冒用他人证件3起，查控人员1起，伪报品名1起，化学物品1瓶，警械26件（打击器14支、电击器4支、警棍6、手铐2符），疑似枪械配件1起，赌具4套，淫秽光盘6张；查获国家野生保护动物及制品29起，野生动物1件，穿山甲片12小包，熊胆4个，熊掌4只，大象皮41块。全年德宏芒市机场安检站查获毒品案件60起，抓获犯罪嫌疑人58人，查获毒品20476.47克，其中海洛因18640.1克，冰毒1835.87克，鸦片0.5克（部分案件毒品重量因公安办案原因尚未统计完全）。

【签订“协议书”】 2009年初，德宏芒市机场为规范管理，更好的细化各项目标考核，签订了如下“协议书”：一、芒市机场与各部门、各部门与员工签订《航空安全责任书》、《防火安全责任书》、《治安综合治理责任书》；二、与森林防火挂钩点潞西市轩岗乡遮相居民委员会签订《2009年森林防火安全责任书》；三、与机场各部门、各驻场单位签订《公共区域安全防控责任书》和《公共区域安全防控协议书》；四、党委和各部门、各支部分别签订《党风建设和领导人员廉洁从业责任书》及《2009年党建目标责任书》。

【运输服务】 2009年，德宏芒市机场客梯车为航班安全服务3385车次，安全运送货邮行李3514车次，安全完成接待任务49次，专机保障任务3次。服务队为轮椅旅客服务35人次，接待无人陪伴儿童、老人144人次，捡到和归还旅客遗失的现金25884.5元人民币、1000元港币，物品价值人民币94800元，为旅客排忧解难等好人好事9件。

【三标一体及SMS贯标工作】 2009年，德宏芒市机场为确保基础“三标”认证进程正常，采取“走出去，请进来”的方法对机场“三标”工作进行培训，积极向集团公司汇报相关情况，得到集团公司大力支持和帮助。云南机场集团有限责任公司按GB/T19001-2008、GB/T24001-2004、GB/T28001-2001标准建立“三标一体”管理体系的符合性、有效性，运行的充分性和适宜性，2009年6月29日至7月11日，对德宏芒市机场进行内部审核。同时，为顺利完成机场2009年SMS体系内审，机场高度重视，及时对相关工作进行了部署和安排，要求各部门提前做好迎审准备。同年9月7日，机场组织一期SMS体系内审培训班，重点对照此次SMS内审检查单逐条进行梳理。9月8至9日，集团安全管理部对芒市机场SMS体系进行了全面内审。围绕整改项目的落实，结合SMS体系运行，机场进一步加强了危险源管控、文件管理、纠正与纠正措施、应急救援、安全策划、安全调查、信息沟通与传递等方面的工作。

（《民航》撰稿　王　羽）

铁路建设

【省铁路督导组到德宏督查】 2009年4月10至12日，云南省政府铁路建设督导组组长、原副省长梁公卿到德宏州督导铁路建设工作，帮助德宏州抢抓机遇，全力推动大瑞铁路德宏段早日开工建设。梁公卿说：德宏是云南省重要的边疆少数民族自治州，省委、省政府十分重视德宏的发展。改革开放以来，德宏发生了翻天覆地的变化，发展不断加快，但在发展中，交通仍是制约发展的最大因素。当前，德宏迎来了前所未有的全国铁路建设大好机遇，德宏各级党委、政府和各族人民以十分高涨的热情和实际行动迎接这一千载难逢的机遇，充分说明铁路建设对德宏发展的重要性和迫切性。梁公卿要求德宏州在铁路建设各项准备工作中，进一步把困难想得多一些，把问题研究得细一些，对群众的利益考虑得充分一些，把社情民情工作做得实一些、好一些，举全州之力做好开工前的各项工作。

【铁道部审查通过高黎贡山长遂方案】 2009年8月3至7日，铁道部通过反复论证、勘察和必选审查了新建铁路丽江——香格里拉线、大瑞线保山-瑞丽段，并通过了可行性报告，高黎贡山长隧方案基本确定。高黎贡山隧道长约34.322千米，地形地质条件复杂，具有高地热、高地应力、高地震烈度、多断层的特点，工程建设难度极大。针对高黎贡山隧道工程地质、施工设计及施工难点，对施工设计和施工措施进行了探讨。堪称目前亚洲最长的铁路隧道，将成为“亚洲第一隧道”，创下中国高海拔铁路建设史上的又一个新纪录。

【州委书记赵金调研铁路建设工作】 2009年9月4日，德宏州委书记赵金，在州委副书记李兴顺、州委常委州委秘书长番跃平和州铁建办的陪同下，先后到潞西市芒赛村、帕底村查看站点布局情况及线路平面图和站点布局图，听取了大瑞铁路德宏段建设工作进展情况汇报，了解德宏州在推进大瑞铁路建设工作中存在的问题和困难；及时研究解决德宏州铁路建设工作存在的困难和问题。赵金书记要求：大瑞铁路建设要与发展德宏特色产业布局结合起来，与城市建设结合起来，与发展旅游业结合起来，与对外开放结合起来，做到促进德宏经济社会发展与独特的资源、美丽的生态环境相协调，全力推进大瑞铁路建设，为实现德宏经济社会跨越式发展打下坚实的基础。

（《铁路建设》由办公室供稿）

交通运输

【生产经营情况】 2009年，德宏交通运输（集团）有限责任公司积极应对世界性金融危机的持续影响，继续在调整生产经营结构、转变经济增长方式上想办法、找措施，围绕“服务保你满意、质量请你放心”的企业经营管理理念，努力开展生产经营和服务管理工作，取得了生产经营效益。全年集团公司完成营业总收入1365亿元，比上年增长20.2%；实现利润317万元，比上年增长46.8%；上缴国家各种税金820万元，比上年增长13.1%。

【员工增薪】 2009年，德宏交通运输（集团）有限责任公司为调动员工生产经营的积极性，公司从1月起给全体员工每人每月均增加工资72.6元，而中层以上干部自愿放弃增资机会。全年集团公司增加工资成本80多万元。有关领导深入所属经营单位检查、指导生产经营工作。通过检查发现，由于受世界性金融危机的影响，流动人口大幅减少，企业客运、宾馆住宿率大幅下降，集团公司所属各经营单位的经营收入与上年同期相比呈大幅下滑之势，给经营单位如期完成公司下达的全年生产经营指标带来一定的困难。为战胜困难，有的经营单位提出以缓增甚至取消员工工资来降低成本的要求。对此，集团公司明确要求，再难不能难员工，既要如期完成任务，又不能缓增或取消员工工资。各经营单位要站在企业稳定、发展的大局，一方面要以人为本，善待员工；另一方面要以高度的危机感、责任感和主人翁精神，共同应对经营困难，推动企业稳健发展。同时，决定集团公司坚持以人为本，不顾经营困难和压力给员工增加工资的举措和全体中层以上干部自愿放弃增薪的“义举”，使广大员工十分感动，并与全体干部一道，爱岗敬业，把“服务保你满意、质量请你放心”落实到各项工作中，克服各种困难，从而促进集团公司全年生产经营目标任务的完成。

【安全生产情况】 2009年，德宏交通运输（集团）有限责任公司紧紧围绕“保增长、保民生、保稳定”的目标要求，狠抓安全生产管理工作，把“宁当恶人，不当罪人”切实体现在严查、严防、严管、严惩“四严”要求上，确保了安全生产的正常运转，实现了以安全促效益促和谐的目标。全年发生的道路交通事故比上年有所下降，各项安全指标均控制在省交通厅下达的控制指标内。

【表彰先进】 2009年，德宏交通运输（集团）有限责任公司表彰在两个文明建设中涌现出的瑞丽分公司等5个文明单位，液化公司、宏运水厂等7个先进集体，矣建源等10个“十佳服务员”，沙崇明等10个“十佳文明车驾驶员”，何明华等10个“十佳管理员”。

（《交通运输》撰稿 李 斌）

邮 电

电 信

【召开电信工作会议暨第二届四次职工代表大会】 2009年1月10至11日，中国电信德宏分公司召开工作会议暨第二届四次职工代表大会。会议传达落实了省公司年内工作会议精神，认真总结德宏分公司上年取得的主要成绩和存在问题，明确年内的工作思路、目标任务和措施，全面履行了职工代表大会的各项职能。德宏州副州长杨晓红、秘书长周湛鸿，德宏州总工会副主席孟必和，德宏分公司领导、各部门及各县市分公司领导、退休员工以及职工代表102人参加了会议。

【表彰先进】 2009年2月4日，中国电信德宏分公司被中共德宏州委授予“2008年度落实党风廉政建设责任制优秀单位”；中国电信德宏分公司连续7年荣获德宏州综治维稳工作一等奖，被德宏州委、州政府授予“长安杯”荣誉称号；中国电信德宏分公司荣获德宏州禁毒人民战争”陆空邮物”等相关行业缉毒工作先进集体二等奖，州分公司市场部王娟荣获先进个人三等奖；10月29日，中国电信德宏分公司被潞西市地税局评为2008年度优秀纳税企业荣誉称号，该公司是德宏州地税局特别表彰10户优秀纳税企业中的一家，也是潞西市唯一一家获得此项殊荣的企业。德宏分公司还为15名优秀共产党员、三个先进党支部进行了表彰。

【举办“天翼”杯电子竞技大赛】 2009年2月28日至3月1日，中国电信德宏分公司在潞西市锐锋网吧举办全州“天翼”杯电子竞技大赛。此次大赛参加反恐精英对抗赛25个队、125人，实况足球40人。大赛奖项设置反恐精英1.6奖项6个，实况足球奖项3个。此次大赛充分展示德宏州电子竞技选手的最高竞技水平，提升了中国电信“天翼”品牌业务的知名度。

【举行“家电下乡”启动仪式】

2009年3月16日，由德宏州人民政府主办，德宏州商务局和财政局承办，中国电信德宏分公司协办的德宏地区“家电下乡”启动仪式在芒市大街电信枢纽大楼广场举行。启动仪式上德宏州副州长陈振冲作了重要讲话，德宏州商务局对家电下乡中标企业进行了授牌仪式，中国电信德宏分公司代表家电下乡中标企业宣读了“德宏州家电下乡中标企业销售服务承诺”。中国电信德宏分公司将借“家电下乡”的东风，积极开展“手机下乡和电脑下乡”活动。同时，将一如既往的秉承“用户至上、用心服务”的服务理念，认真贯彻落实“追求企业价值和个人价值共同生长”的价值取向，全力推进“手机下乡和电脑下乡”活动。

【举行“德宏州平安城市建设暨金盾网络扩容改造合作项目”签署仪式】 2009年4月28日，德宏州公安局与中国电信德宏分公司签署“德宏州‘平安城市’建设暨金盾网络扩容改造合作项目”协议在芒市举行。此项目是继上年8月13日德宏州人民政府与中国电信德宏分公司签订长期稳定的战略合作关系后，德宏州推动社会信息化发展、构建“和谐德宏”的一个新的里程碑。德宏州人民政府副州长、公安局局长马闻，公安局副局长王瑞平、余斌，全州各县市公安局领导，德宏州直各机关单位领导，新闻媒体记者及中国电信德宏分公司领导参加了签字仪式。签字仪式上，德宏州公安局副局长王瑞平与中国电信德宏分公司总经理刘强签订了合作协议书。参加签字仪式的领导和来宾参观了全球眼、数字城市业务体验、3G宽带业务、警务通、工商e通、手机定位等电信业务演示。

【首家天翼手机专营店开业】 2009年5月17日上午，德宏州首家天翼互联网手机专营店在盈江县开业。盈江县天翼互联网手机专营店是一家全业务开放的合作营业厅，由中国电信德宏分公司、盈江永胜通信有限公司、瑞丽金萍通信有限公司3方共同合作经营。该店集形象展示、客户服务、业务受理、新业务体验等功能于一体，软硬件设施均处于盈江县领先水平。

【成功举办政企客户综合信息业务体验活动】 2009年5月18日至6月16日，中国电信股份有限公司德宏分公司在全州成功举办8场政企客户综合信息业务体验活动。此次政企客户综合信息业务体验活动历时1个月，活动覆盖全州各县市分公司，分别邀请州委、州政府及各县市政府领导，党政军、金融保险、大企业等338个行业客户，共626人参与体验活动。体验活动中演示了全球眼、天翼对讲、警务E通、工商E通、定位系统、无线宽带、综合办公、3G手机及3G无线上网本等8项综合信息业务。

【座客“德宏热线”栏目】 2009年5月20日晚，中国电信股份有限公司德宏分公司段勇副总经理、市场部刘庭静副主任、客户服务部赵鹏飞副主任走进电台新闻直播间，参加“德宏热线”栏目。段副总经理、刘副主任、赵副主任与热心听众展开互动交流，共同探讨电信的发展，以及在发展中用户所关心的热点难点问题。同时，对一些问题给予了当场解答。

【开展“爱心送考”公益活动】 2009年6月2日上午，由德宏州文明办、德宏州出租办、德宏传媒集团、德宏州教育局、德宏州交警支队主办，德宏传媒集团德宏人民广播电台承办，中国电信德宏分公司协办的“爱心送考”活动启动仪式在芒市广场举行。中国电信德宏分公司作为唯一的一家协办企业为此次活动提供100件爱心T恤、1000份爱心倡议书和1000张爱心送考车标。并利用此契机，在爱心倡议书背面印制了“天翼3G互联网手机”促销宣传内容。通过爱心活动，给3G业务赋予了新的内涵，使天翼3G深入人心，为业务的发展营造良好的社会氛围，树立中国电信德宏分公司建设责任社会、和谐社会的新形象。

【“96128”政务信息查询】 2009年6月25日上午，云南省人民政府在中国电信云南公司天翼营业厅举行“云南省政务信息查询“96128”专线开通仪式”，并通过电视电话系统向全省16个地州进行直播。在德宏会场，州长孟必光、副州长李江虹、州政府秘书长周湛鸿及州直各相关单位负责人，中国电信德宏分公司领导参加了会议。开通仪式结束后，孟州长对德宏政务信息查询“96128”工作给予了充分肯定，并对德宏政务信息查询“96128”工作提出要求：一是提高认识，加强领导。各县市、各部门要从进一步开展政府信息公开，改进机关工作作风，增强为人民服务的宗旨意识，加强对“96128”政务信息查询工作的领导；二是建立健全制度规范。要将“96128”政务信息查询工作与首问负责制和限时办结制有机结合，明确联络员即为首问责任人，严格执行首问负责制限时办结制；三是进一步加强服务电话和联络员建设。各单位联络员要以文明礼貌热情的态度处理来电，要将电话查询与服务承诺制、首问负责制、限时办结制有机结合起来，加强监督检查；四是做好宣传动员工作。做好宣传工作，扩大政务信息查询工作的影响力和服务面；五是严格依法依规。整个“96128”政务信息查询的法律依据是《政府信息公开条例》，要切实把握好主动公开、依申请公开和不予公开的范围和实施方法；六是进一步加强监督检查。

【清华大学胡左浩博士到德宏授课】 2009年8月4日，中国电信股份有限公司德宏分公司特别邀请清华大学经管学院市场营销系的胡左浩博士到德宏分公司授课。胡博士对全体员工进行“如何在我国市场实现高绩效的销售”专题讲座培训，并从客户关系、策略行动、激情队伍、考核激励4个方面的内容进行了讲述。同时，在培训过程中，穿插了互动项目训练。

【举办“庆祝建国60周年职工文艺汇演”】 2009年9月26日晚，中国电信德宏分公司“庆祝建国60周年职工文艺汇演”晚会在芒市举行。来自全州的电信员工欢聚一堂，载歌载舞欢庆祖国60华诞，讴歌新中国60年来取得的伟大成就，表达对伟大祖国最真挚的祝福。德宏州委、州人民政府，潞西市委、市政府，州直、潞西市相关单位领导，新闻媒体，中国电信德宏分公司领导、离退休职工、员工家属观看了精彩的文艺演出。演出中通过评委评出如下奖项：由瑞丽分公司选送的景颇舞蹈《目瑙神韵》荣获一等奖；舞蹈《傈僳敬酒舞》、《景颇人民想念毛主席》获二等奖；现代舞《青春旋律》、《十分钟》、印度舞蹈《阿育王》获三等奖；优秀节目奖12个。

【全省档案业务综合管理培训在德宏举办】 2009年11月3至5日，中国电信云南公司档案业务综合管理培训班在德宏举办。全省15个地州、信产公司、号百公司综合部分管档案工作的领导、档案管理人员（含县市公司）100多人参加了培训。

【经营发展】 2009年，中国电信股份有限公司德宏分公司推进聚焦客户的信息化创新战略，把握全业务发展机遇，以跨越计划为主轴，有效益地推进品牌规模化发展和全业务快速发展，网络能力不断增强，精确管理水平和服务能力逐步提升，并实现全业务开局之年的平稳健康发展。全年业务收入稳步增长，在收入保持增长的情况下，非话收入比上年提升15%；品牌客户规模不断扩大，品牌经营行为正逐步成为自觉行动。年内，德宏面临较大的境外减收压力，固话语音的流失超预期想象，但德宏分公司在科学发展观的指导下，通过努力，收入的稳步增长有效化解了自身境外收入风险，各项工作取得了积极进展，经营工作得到持续、稳定、健康发展。

【第一期村通100个建设项目开通】 2009年，中国电信股份有限公司德宏分公司根据云南省农村党员干部现代远程教育项目推进的要求，以农村党员干部远程教育平台建设为契机，积极组织开展村通项目建设。截止4月26日，德宏分公司第一期村通100个乡村接入点设备全部安装，并调试开通。

【3G网络无缝覆盖建设】 2009年，中国电信股份有限公司德宏分公司为保证在5.17县城以上城区必须具备提供EV-DO业务能力的建设目标，实现全州各县市城区3G网络无缝连接，在目前基站建设SDH传输设备不到位的情况下，积极调整全州传输设备，确保EV-DO站点的开通。此次工程不仅做好工程质量、安全、进度的管控，确保按期高质量地完成建设任务，同时在网络部项目经理、技术人员与各县市分公司、督导、施工队、监理人员团结协作，全力以赴，加班加点，于4月底提前完成全州县城3G网络无缝覆盖建设任务，具备提供EV-DO业务能力。

【节能减排和降本增效】 2009年，中国电信股份有限公司德宏分公司根据集团公司和省公司应对金融危机、切实做好降本增效工作的精神，以及节能减排的工作要求，进一步完善管理制度，增强创新能力，开展节能减排和降本增效专项工作。树立全公司、全部门、全员的降本增效意识，并采取一系列有效措施，一是完善会议费、差旅费、业务招待费、车辆使用费、办公费、物业费、旅游费、用水用电及相关费用管理办法；二是对全州综合管理费用和能源耗用同比增长率指标进行逐级分解；三是对全州C4机房部分空调设备进行更新改造；四是对全州DMS交换机用户模块端口及中继模块端口进行调整；五是对网络覆盖较差且接近电信原有小灵通站址的C/G共用基站进行搬迁或关闭。

【推进差异化服务】 2009年，中国电信股份有限公司德宏分公司重点从持续推进电脑保姆服务、电信e家俱乐部服务体系、营业厅自助缴费终端、网上营业厅、掌上营业厅等方面开展差异化的服务工作，进一步明晰电脑保姆服务流程和工作机制。年内，近28000户客户享受了电脑保姆服务；建立了电信e家俱乐部服务体系，电信e家俱乐部的工作有序开展，会员客户的保有和维系得到进一步的改善。为提升客户服务质量，对城区品牌客户及普通宽带接入线路各个环节实施全方位整治，实施缆线整治，客户服务质量指标得到整体改善，减少了用户障碍，提高了服务质量。10月中旬，在省公司开展的全省全业务服务标准检查中，德宏分公司获得全省第三名的好成绩。

【职工培训】 2009年，中国电信德宏分公司针对全州电信员工的业务素质状况，围绕企业管理和经营发展的需要，坚持自办培训和通过网上大学自学相结合的学习办法，进行职工培训。全年举办培训班506期，参加培训的员工人数1305人次，员工培训率达100%，新进人员培训率达100%，网上大学在线学习率达100%，在线学习员工人均学习时长达82.29小时。

（《电信》撰稿　钟　珊）

邮　政

【召开全州邮政金融纪检监察会议暨邮政一届五次职工大会】 2009年1月14至15日，德宏州邮政、金融、纪检监察工作会议暨德宏州邮政第一届五次职工（会员）代表大会在芒市新正酒店召开。州局局领导、邮储银行德宏州分行领导、州局各部室中层管理人员、邮储银行德宏州分行中层管理人员、各县市局局长、副局长、专职支部书记、支行行长、工会主席、职工代表70人参加会议。州局局长、党委书记杜国才在会上作“不断解放思想，勇于求新求变，促进科学发展，为实现德宏邮政从又快又好向又好又快可持续发展而努力奋斗”的工作报告，报告对上年的工作进行总结与回顾，对年内工作进行了全面的安排部署。州邮储分行杨杏姝副行长作了金融专业工作意见，市场经营部作了专题发言，就全州重点业务、重点项目进行了讲解和布置。在14日晚上召开的全州纪检监察工作会议上，杜国才局长进行了集体廉政谈话；州局纪委书记、副局长李文星作了题为“围绕企业中心，拓展工作领域，深入推进德宏邮政党风廉政建设和防腐败工作”的报告。在15日上午召开的第一届五次职工（会员）代表大会上，工会主席李文星作了题为《深入学习实践科学发展观，努力开创工会工作新局面》的工会工作报告。会议还听取了计财部作的财务工作报告及业务招待费使用情况报告，人力资源部对《德宏邮政企业带薪年休假实施办法》和《2009年德宏邮政企业内部考核分配（暂行）办法》作了说明，听取了工会财务工作报告，全体正式代表民主评议了企业领导班子，并通过职代会决议。会上，州局行政、工会分别与全州各局、各部门、工会签订了年内党风廉政建设、安全生产和社会治安综合治理、工会目标4个责任书。同时，会议对上年度各个层面的先进集体和个人进行了表彰奖励。

【省公司郜瑛副总经理到德宏调研】 2009年3月10至11日，云南省公司郜瑛副总经理在德宏州召开全州电子商务业务推进会期间调研电子商务工作。郜副总经理到会看望会议代表，并做出重要讲话。郜瑛副总经理充分肯定了近年德宏局电子商务工作取得的成绩，强调电子商务是邮政由传统邮政向现代邮政迈进的重要步骤，明确了云南邮政电子商务的发展方向和发展战略。指出：德宏邮政要充分认识电子商务发展的重要性和高效性，增强加快发展电子商务的紧迫感，要发挥自身优势，开动脑筋，边实践边探索；要依靠科技进步，整合内外资源，加快电子商务平台建设，搞好配合协调，明确业务牵头，在加快建设的同时加快业务发展，做大做强电子商务业务，努力实现全州邮政电子商务工作的新突破。

【全国邮政业禁毒知识宣传材料编辑课题组到德宏调研】 2009年4月18至19日，全国邮政业禁毒知识宣传材料编辑课题组到德宏州进行邮政实地调研。调研组听取了德宏邮政的禁毒工作汇报，与窗口营业人员进行座谈，了解邮件收寄验视过程，现场查看了禁毒前沿州局中心营业室和瑞丽局中心营业室。通过调研，调研组充分肯定了德宏邮政在长期禁毒人民战争中所取得的卓越成效，并希望德宏邮政继续发扬成绩，巩固在长期禁毒人民战争所取得的成果，在新一轮禁毒人民战争中取得更大的成绩。

【省公司李克超副总经理到德宏调研】 2009年5月1至5日，云南省公司李克超副总经理到德宏局调研邮务类业务工作，并对德宏局下阶段的经营工作和邮务类工作做了专题部署和安排。李副总经理在听取《云南日报》在德宏设立分印点的工作汇报后，充分肯定取得的成绩，并要求德宏邮政要充分认识分印工作的重要性和战略意义，认真履好职，做到政府满意、报社满意、省公司满意、读者满意，力争达到3个目标：分段到县达到100%；报刊12点以前到达县城，实现当天投递；优化投递网、邮运网。4日，李副总经理就邮务类业务开展座谈。在听取德宏局的工作汇报和各专业负责人的经营思路和想法后，指出当前德宏邮政面临4方面的压力：一是经营上如何上一个台阶；二是如何进一步加强营销队伍建设，实现人员结构优化；三是与省公司提出10个项目能够对接的项目是什么，自己开展的项目是什么；四是如何从综合营销走向专业营销。并要求德宏局一是要认真领会省公司提出的10个项目，认真思考如何去对接、如何去切入、如何去导入；二是要快速发展邮务类业务，做大规模；三是要搭好营业平台、投递平台；四是要优化内部作业流程，提高邮件传递时限，提高服务水平；五是要管理上一个台阶。

【举行“爱心包裹”募捐活动启动仪式】 2009年5月25日，德宏州在芒市花园举行“爱心包裹”募捐活动启动仪式。启动仪式上州委常委、常务副州长柳五三向州邮政局颁发“中国扶贫基金会‘爱心包裹’捐赠站”牌匾。“爱心包裹”项目暨“‘5·12’灾区学生‘六一’关爱行动”是由中国扶贫基金会联合多家单位共同发起的一项慈善募捐活动。活动以“寄一份包裹、送一份关爱”为主题，为汶川灾区300多万中小学生募集“爱心包裹”，同时筹集善款，设立“新长城‘5·12’自强奖学金”，用于奖励灾区优秀的大中小学生。德宏州开展此项活动的目的是呼吁全国各界爱心人士为汶川地震51个重灾县和德宏州盈江地震灾区的340万名中小学生捐赠“爱心包裹”。为积极做好“爱心包裹”募捐活动，德宏州专门成立由州委宣传部、州文明办、州总工会、共青团德宏州委、州妇联、州民政局、州扶贫办、州红十字会、州邮政局等10多家单位组成的募捐活动领导小组，并联合向社会发出为灾区学生募集爱心的倡仪。“爱心包裹”募捐活动启动仪式募集到爱心捐款42100元。

【召开德宏邮政第二届一次代表大会】 2009 年6月19日，德宏州邮政局召开第二届一次会员代表大会。州局党委书记、局长杜国才，周斌副局长、段春燕副局长和州局相关部门领导，以及来自全州各个岗位的50名会员代表参加了会议。会上，分管工会工作的周斌副局长受上届委员会委托对德宏州邮政工会3年来的工作进行总结，部署了年内的工作。大会顺利完成了各项议程，审议并通过财务工作报告，选举产生了德宏州邮政工会新一届工会委员会、经费审查委员会和女职工委员会。最后，党委书记杜国才作了重要讲话，并对工会工作提出希望和要求：一是新一届德宏州邮政工会委员会要进一步用科学发展观指导工会工作，充分发挥全体员工的积极性、主动性、创造性，为德宏邮政改革、发展、稳定工作作出新的贡献；二是继续推进工会改革，完善工会制度，把工会工作推向更广的广度、更深的深度，使工会工作适应现代邮政企业发展的需要；三是努力提升职工代表、会员代表、工会干部的整体素质，努力推进民主管理，参政议政的能力。此次会议的召开是落实科学发展观，发展基层民主，扩大民主权利，确保职工当家作主权益的重大体现。

【召开全州邮政县市局长座谈会】

2009年7月19日，德宏州邮政局召开全州邮政县市局长座谈会议。杜国才局长、段春燕副局长、周斌副局长及全州各县、市局局长，州局中层以上领导干部35人参加了会议。会上，杜国才局长从经营发展、体制机制建设、服务质量提升、和谐企业建设、学习科学发展观取得阶段性成效5方面工作进行了总结，肯定了上半年工作中呈现出的齐头并进、相互促进的良好格局。同时，针对目前存在的干部素质不高、市场拓展力度不够、少数干部思想观念跟不上形式、经营思路不清、发展重点不突出等问题，应该引起重视，特别是领导干部要努力提高自己的思想素质和能力素质，以适应现代企业管理的需要、适应市场竞争的需要和岗位履职的需要。会议分析了当前邮政局面临的各专业、县市间发展不平衡，个别单位进度迟缓、下半年经营压力大等形势，部署了下半年工作。一是继续坚持科学发展观，认真把握“规模、质量、效益”三个着力点，坚持调结构、提质量的发展战略，构建“以人为本”和谐企业；二是确定重点发展项目，确保“三大板块”业务全面可持续协调发展的基础上，重点打好“三大战役”，实现“两个突破”，即“10贺卡战役、中秋营销战役、10报刊大收订战役”；三是要继续深化企业内部改革，包括推进邮政网点经营方式、优化人力资源、加强财务管理等方面的改革；四是加强内部基础管理，明确岗位职责、加强学习教育和培训，完善监督体系；五是强化支撑，着力抓好核心能力建设，包括实物网建设、营投网建设、营销体系建设；六是切实提升服务质量，树立好邮政新形象。参会人员还进行了分组讨论，共同为德邮大家庭的发展出谋划策。

【举办第二届青少年集邮展览】

2009年9月28日，由中共德宏州委宣传部、共青团德宏州委、德宏州教育局、德宏州邮政局主办，德宏州集邮协会承办的“庆祝新中国成立60周年第二届青少年集邮展览”在中缅友谊馆开展。此举是广大青少年集邮爱好者为庆祝新中国成立60周年，弘扬时代主旋律，全面反映共和国发展历程和取得的辉煌成就，为祖国60华诞献上的一份贺礼。本届青少年邮展旨在铭记历史，缅怀先烈，激发青少年爱祖国、爱家乡的情感；弘扬和传承地方民族文化和集邮文化，用不同的文化元素，一样的爱国情感；展示建国60年改革开放30年来德宏的发展和对祖国对家乡的热爱。本次展出邮集80框，其中青少年邮集10部，特邀邮集4部。展出邮集从不同的视角和角度，充分展示了对祖国、对家乡的热爱；展现了伟大祖国山河如此之娇和德宏州政治、经济、文化和对外交往等方面的辉煌成就。

（《邮政》撰稿　蒋志刚）

移　动

【省公司领导到德宏调研】　2009年1月13日，云南移动通信公司高玉芬副总经理到德宏分公司调研。高副总一行在总经理倪建明的陪同下，视察了梁河分公司“沟通100”营业厅。9月25日省公司马奎副总经理到德宏分公司调研。在倪建明总经理的陪同下，马副总先后实地考察了潞西市遮放镇及瑞丽市姐相乡136信息富民村工程推进情况；12月19日省公司李锋副总经理到德宏分公司调研指导工作，李副总听取汇报后，又前往梁河、陇川、瑞丽进行实地调研。

【中国温暖“12·1”爱心基金项目在盈江启动】　2009年2月12日，德宏州妇联在盈江县举办“中国温暖‘12·1’爱心基金项目管理者和爱心家长培训。盈江、梁河、畹町的妇联主席，受助儿童家长代表、儿童代表43人参加会议。此会议的召开标志着该项目在德宏州正式启动。中国温暖“12·1”爱心基金——中国移动关爱行动（简称中国温暖“12·1”项目）是全国妇联权益部、中国移动、中国儿童少年基金会在卫生部和国务院防治艾滋病工作委员会办公室的直接指导下，于2007年12月共同发起的关爱艾滋病致孤儿童的公益慈善项目。项目为期5年，2008年6月至2013年7月。项目为万名艾滋病致孤儿童寻找爱心家庭，对爱心家庭进行资助和培训，中国移动捐赠5000万人民币作为启动金，建立“中国温暖‘12·1’爱心基金”，用以资助艾滋病致孤儿童在爱心家庭的生活及学习。中国移动同时出资300万人民币建设中国温暖“12·1”项目网站和信息管理平台，促进项目规范管理，提高项目的动作水平，努力营造适合艾滋病致孤儿童健康成长的社会环境，促进社会和谐稳定。2008 年7月4日，由全国妇联、中国移动、中国儿童少年基金会联合开展的“中国温暖‘12·1’爱心基金——中国移动关爱行动”在北京举行启动仪式。中国温暖“12·1”爱心基金——中国移动关爱行动在德宏的实施，德宏每年得到26.2万元的资助，使德宏州的盈江、梁河、畹町3县区18 个乡镇因艾滋病致孤儿童234人受助（因艾滋病致孤儿童每人每年1000元）。

【三级经理竞聘】　2009年2月13日，德宏移动通信分公司根据文件精神，对分公司三级经理进行任免通知：免去段维瑞丽分公司副经理职务，聘任段维为梁河分公司副经理（主持工作）；聘任龚毅芳为综合部副经理（主持工作）；免去詹云建梁河分公司经理职务，聘任詹云建为潞西分公司经理；免去黄东华潞西分公司经理职务，调州公司集团客户中心工作。3月23日，德宏移动通信分公司举行“德宏分公司三级经理副职职位任职资格竞聘”，有9人参加竞聘。5月8日任命一批经理：聘任黄东华为集团客户中心副经理，张肃平不在兼任集团客户中心负责人，聘任哏天广为梁河分公司营销顾问，免去盈江分公司副经理职务，聘任刘霆为盈江分公司副经理，聘任李顺娣为陇川分公司副经理，聘任李卿为瑞丽分公司副经理。

【签订“警务通”协议】　2009年4月2日，德宏移动通信分公司在芒市宾馆举行《德宏公安移动“警务通”签约仪式》。州公安局及各县市公安局长、移动公司各部室经理及相关管理人员参加签约仪式。倪建明总经理与州公安局副局长王瑞平签订了“警务通”合作协议。

“警务通”系统建设的签约，标志着德宏州公安机关移动“警务通”系统建设工程启动和“信息化建设全警应用年”工作拉开序幕，全州公安机关科技强警和公安信息系统应用进入了一个新时代。“警务通”是云南移动公司针对公安民警日常工作凸现的移动性、紧急性、突发性等特点及需要而设计并开发的业务，充分发挥了移动通信技术所特有的随时、随地、随心的特点，满足外勤警务人员在治安、交通、刑侦、监管、户政、经侦、边防、出入境等方面的需要和适时进行信息交互的需要，是用信息化实现“科技强警”的有力保证。州公安局为全面提高公安民警在办公地外处理相关警务信息的能力和移动采集、查询办公办案的水平，强势推进公安信息化建设，积极依托德宏移动分公司的资源优势，建立全新的公安信息化应用平台——移动“警务通”系统。全州公安民警可通过此平台的多种功能远程访问公安数据库，查询常住人口、流动人口、机动车、驾驶员、在逃人员、被盗车辆、出入境等信息，实现网上处理业务。“警务通”应用极大地突破了地域和公安计算机网络覆盖范围的限制，大大提高了工作时效。同时“警务通”依托中国移动先进的通信和加密技术，在移动信号覆盖的区域内，通过移动电话终端查询各类公安信息，为在路面执勤、外出执法办案的民警，随时随地获取公安业务信息、增强移动警务实战能力提供良好的保障与服务。

【3G示范基站建设开通】 2009年4月9日，德宏移动第三代移动通信（3G）TD-SCDMA示范基站在芒市大街服务厅建成开通。按照省公司统一规划，德宏首期TD-SCDMA拉开建设，通过精心组织实施，完成78个TD基站的建设任务，圆满完成了省公司下达的TD基站建设任务。年内，针对州内公路弱覆盖区域进行重点整治和建设，通过优化网络结构、新建基站补点，解决了16个弱覆盖区，使潞西至瑞丽、潞西至梁河、梁河至盈江、盈江至陇川公路沿线信号覆盖得到有效增强，干道覆盖率达99.44%。

【举办首届“关爱一线通”小主持人大赛】 2009年6月1日晚，中国移动“关爱一线通”首届德宏小主持人大赛决赛暨颁奖仪式在芒市会堂举行。比赛由团州委、州教育局、少先队州工作委员会、德宏人民广播电台、中国移动德宏分公司联合举办，同时也是全国第六届少年儿童广播故事大赛的选拔赛。有800余名小选手参加，比赛由各县市、州直单位组织分赛区进行选拔，选出69名优胜选手到芒市参加复赛，有39名小选手参加决赛，决赛的优胜选手将被推荐到北京参加全国“雏鹰之声”少儿广播故事大赛总决赛。

【业务经营情况】 2009年，德宏移动通信分公司围绕“新客户、新话务、新业务”不断拓展市场，积极开展劳动竞赛活动，认真抓好服务工作，提升客户满意度，强化精细管理，不断提高管理水平，业务经营继续保持良好的发展势头。全年实现运营收入3.9亿元。年末，交换机容量达96万门，基站500余个，转输杆路1828公里，光缆3646皮长公里，在网客户68万户，普及率57.6%，全年全州干道覆盖率为99.59%，比上年提升10.47pp。通信能力和通信实力得到进一步增强，保障了各项重大活动举行的通信畅通。

【表彰先进】 2009年，德宏移动通信分公司在全省劳动竞赛中，一季度、二季度荣获优胜奖，受到省公司奖励；三季度、四季度达标。1月19日，德宏分公司召开2008年度先进集体、先进个人表彰会，表彰了9个先进集体，48名先进个人。德宏分公司在全省年度网络质量考核打分排名第4名，比上年排名上升5名；网络满意度全省排名第三，比上年排名上升6位；网络质量提升大会战获全省网络质量提升大会战三等奖。12月中国移动云南公司举办第二届员工书画摄影展，公司员工王建文的摄影作品《报喜》获特等奖，赵秋玲摄影作品《献血》、李根宇摄影作品《“欢乐新农村”中头奖的农民朋友》分别获二等奖。

【渠道建设和管理】 2009年，德宏移动通信分公司按照省公司的要求，认真落实渠道扁平化管理，不断拓宽渠道覆盖面。年内，实现1546个渠道网点的直接管理，其中指定专营店123个，特约代理点973个，村级服务站359个，为服务农村客户、方便农村客户办理业务提供了保障。全年开展渠道网点VI改造工作，完成106个指定专营店、359个村级服务站VI装修工作，进一步规范了渠道网点形象，提升了客户对代理渠道的认知度。

【拓展市场】 2009年，德宏移动通信分公司为进一步拓展市场，开展了如下促销活动：一、抓好双节营销。按照全省统一部署，认真组织开展“双重大奖迎新年，移动好礼贺新春”活动，取得了良好的发展成效。全州累计参与活动客户183305户，为完成客户发展打下了坚实的基础。二、大力拓展家庭市场。通过精心策划，准确定位家庭目标市场，开展“亲亲家园”、“一元购机”等系列营销活动，大力推广“全家福”家庭产品，快速渗透家庭市场，发展亲亲家园客户28978户。三、扎实抓好校园营销。抓住暑期校园营销黄金时间，通过开展“橙人行动”、“我的地盘，到哪都是自己人”校园营销活动，有效传播了“动感地带”品牌文化，快速扩大了校园客户规模。四、扎实推进“136信息富民村工程”，大力拓展农村市场。7月24日德宏移动“136信息富民村”工程在州政府启动。全州各县市按照省公司“136工程”的战略部署，实施片区管理、狠抓村站落实、确保农民实惠。到年末，全州创建信息富民示范村7个，信息富民村45个，信息富民村创建进步奖132个，信息富民村创建到位率为

54.76%，创建信息富民乡镇2个，信息富民乡镇创建进步奖30个，组建移动惠农网336个。五、数据业务营销。扩大体验营销客户范围，快速提升数据业务的普及率。通过开展免费版139邮箱，赠送账单递送服务，开通无线音乐体验营销，本地手机报；利用互动平台，提升业务活跃度；开展“飞信闯关，赢取话费”、“飞信游戏竞技大赛”、“我为K歌狂”活动，在调频广播《动感地带》直播专栏开通飞信主持人支撑平台，有效提高了业务的健康度；通过外呼与面对面营销相结合的方式，指导客户使用手机上网；强化宣传，与德宏电视台《时尚快报》专栏联合拍摄了15部重点数据业务生活情景短剧，累计播出90期，有效提升了数据业务的普及。全年手机上网普及率34.8%，彩信普及率9.73%，短信普及率52.1%；数据业务收入达8700万元。

【提升服务质量】 2009年，德宏移动通信分公司为进一步提高服务质量，开展如下系列活动：一、开展便捷服务专项活动。按照全省统一安排部署，围绕“资费套餐量身优选”、“电子渠道以指代步”等五项内容，全面开展“便捷服务　满意100”活动，提高了客户的资费满意度和方便办理业务。二、优化服务流程。通过内部开展流程穿越活动，定期召开服务分析会，及时发现和解决服务方面存在的问题。三、提高客户满意度。严格执行投诉处理流程和考核制度，提高客户投诉的解决率和及时率，最大限度减少客户升级投诉。年内，公司万名客户投诉率下降至万分之0.85，客户服务满意度得分为84.92分，比上年上升4.74个百分点，领先同行19.65个百分点，在全省排名第8位。

（《移动》撰稿　王建文）

联　　通

【德宏“新联通”正式运营】 2009年1月1日，原中国联通德宏分公司和中国网通德宏分公司在完成全部人员、业务、资产、财务等方面实质性合并后正式运营。合并正式运营的中国联合网络通信有限公司德宏傣族景颇族自治州分公司（简称中国联通德宏州分公司）继承了原中国联通德宏分公司和原中国网通德宏分公司的全部电信业务。德宏州分公司全年实现主营业务收入4970万元，完成年计划的95%。至12月底，市场份额由年初的10%左右提升到17.6%左右，全年总收入与上年同期相比，实现了2%的正增长突破；移动GSM用户数突破11万户，固定电话达1.5万户，宽带用户达1万户。

【省公司刘海鹰书记到德宏调研】

2009年1月7至11日，云南省公司刘海鹰书记在省公司计划管理部负责人尹琮的陪同下，到德宏州分公司开展工作调研。调研期间，刘海鹰书记召开了德宏州分公司筹备组领导班子成员座谈会，就如何提高G网市场的有效发展和存在的离网率问题展开专题讨论和分析。会议统一了德宏“新联通”筹备组领导班子的思想，明确了下一步重点工作措施。

【召开工作会暨工会二届三次职代会】 2009年1月19日，中国联通德宏州分公司召开工作会暨工会二届三次职代会。此次工作会是德宏“新联通”树信心、明措施、落实09年具体目标任务的一次重要会议。德宏州分公司筹备组赵杨组长传达了省公司09年工作会议精神，要求公司全体员工在新的一年里认清形势、统一思想、转变观念、力求各项工作有新的突破，树立德宏“新联通”全新的品牌新形象，实现又好又快的发展目标。会议期间，赵杨组长代表公司与各经营单位签订2009年度经营责任书、安全生产责任书、党风廉政建设责任书。下午，公司工会主席杨开亮回顾和总结了上年分公司的工会开展情况，并对年内的工会重点工作做了安排和部署。

【召开经销商座谈会】 2009年2月6日，中国联通德宏州分公司为秉承“做大做强品牌，与客户共同成长”的宗旨，感谢经销商一直以来的支持，举办“新联通2009年经销商座谈会”。座谈会特邀了州内50家具有代表性的代理商合作伙伴参加。会议为双方“合作共赢”共同交流、探讨德宏通信市场的发展和未来。

【召开第一届工会代表大会】 2009年6月3日，中国联通德宏州分公司根据云南省公司工会筹备组《关于召开中国联通德宏州分公司工会第一次代表大会的批复》文件通知精神，召开了德宏“新联通”分公司第一次工会会员代表大会。大会按照选举程序通过了选举办法、工会委员会和经费审查委员会候选人名单，同时对监票人、计票人进行了表决，经参会会员代表现场对工会委员、经费审查委员候选人进行投票。选举产生了德宏州分公司新一届工会委员9名、经费审查委员会委员

3名，并一致通过杨开亮为德宏州分公司工会主席，江宗斌为经费审查委员会主任，公司第一届工会代表大会取得圆满成功。

【集团公司裴爱华副总经理一行巡检中缅国际光缆传输工程】 2009年6月8至12日，集团公司裴爱华副总经理在集团公司网络建设部、国际业务部、中讯邮电咨询设计院有限公司、云南省分公司、中国通信建设总公司相关部门、单位负责人的陪同下，对中缅国际光缆和传输系统工程德宏——腾冲——保山段现场巡检。检查瑞丽口岸光缆双路由过境施工及临时电路开通情况，现场巡检瑞丽至腾冲段300千米沿线以及腾冲至保山部分段落沿线工程施工质量及进展情况。现场巡检中，裴爱华副总经理一行还慰问了光缆施工现场施工人员。通过巡检，为保证该工程质量，及时协调工程期间可能出现的问题，按工期及时开通国际业务起到积极的作用。

【网上选号系统正式上线】 2009年6月16日，中国联通德宏州分公司自主研发的网上自由选号系统正式在互联网上上线。该系统将手机号和固定电话号码资源整合在选号系统内，以完全公开的方式，提供可用的号码资源供用户选择，并可以实现网上缴费、续费。选号系统支持互联网，并可在2G、3G手机实现网上选号。该系统的使用，不仅方便了一线员工及合作代理商拓展公司业务，更有利于提高销售成功率和客户保有率。

【召开德宏保山怒江分公司经营工作座谈会】 2009年6月18日，中国联通德宏、保山、怒江3地州分公司经营座谈会在德宏州分公司召开。3地州分公司总经理、分管经营的副总经理、市场部经理以及省分公司挂钩德宏、保山、怒江工作的部门负责人参加了会议。会议由中国联通云南省分公司党委委员、副总经理刘海鹰主持召开。会上，3家分公司针对经营工作的主要完成情况、工作经验教训及存在问题、下半年拟采取的措施和需要省公司解决的问题等内容进行了汇报。参会人员积极发言，共同分析讨论上半年的经营发展，提出各自的意见和建议，相互查找对方的亮点、问题，提出解决的措施和办法，让大家更加理清了思路，看清了问题的本质，为各分公司下一步的发展和工作重点指明了方向。

【举办驾驶人交通法规知识讲座】 2009年7月17日晚，中国联通德宏州分公司特邀请州交警大队法制宣传科警官到公司，举办公司驾驶人交通法规知识培训讲座。公司有46人参加培训。培训内容主要是交通法规及安全知识等方面的知识。通过典型交通事故案件剖析、交通安全法规宣讲，增强了公司员工的交通安全意识，进一步提高公司广大员工自学遵守交通法规和驾驶职业道德意识。

【召开上半年工作会】 2009年8月10日，中国联通德宏州分公司为贯彻落实省公司年中工作会议精神，总结德宏州分公司上半年的经营管理工作，明确下半年具体工作措施和目标，召开上半年工作会。德宏州分公司领导班子以及州公司各部门、移动网络公司各部门经理、各县市分公司总经理（副总经理）参加会议。会上，分公司总经理赵杨传达了省分公司年中工作会议精神，总结分析了分公司上半年经营发展状况，在肯定分公司上半年经营工作取得成绩的同时，指出分公司目前存在的问题和不足，提出了公司下半年的工作任务目标和措施。

【合同管理系统审批实行单轨运行】 2009年9月28日，中国联通德宏州分公司正式实行合同电子审签单轨运行。合同电子审签单轨运行是为规范合同审批管理工作，省分法律事务部与管理信息系统部联合开发了中国联通云南分公司合同管理系统，并经过前期调测及实行纸质和电子审批流转双轨运行的流程操作。公司按照全省合同审签取消纸质审签流程的要求，实行合同电子审签单轨运行。

【二干A网光缆】 2009年12月9至21日，中国联通德宏州分公司和保山分公司为保障分公司省干传输系统安全稳定的运行，安排全部维护人员，对二干A网光缆进行全程整治。先后处理完成大衰减故障26个点，降低原光缆衰耗近18db。通过整改，最大程度上排除了二干光缆的安全隐患，确保公司网络运行安全稳定。

【3G业务正式商用】 2009年12月20日，根据WCDMA移动网络二期工程建设完成进度，WCDMA网在保山、楚雄、德宏、迪庆、临沧、怒江、普洱、文山、昭通州府所在地，以及瑞丽、腾冲城区已具备业务开展条件，分公司正式开展联通3G业务商用。

【工程建设】 2009年，中国联通德宏州分公司开展WCDMA网络建设，GSM网络建设，本地网传输建设，固网宽带建设，中缅国际传输建设。年内，WCDMA二期工程建设完成投资394.01万元，完成130个WCDMA基站，并在州内投入运营商用；全州新建70个GSM移动通信基站，完成投资653.55万元，GSM移动通信基站累计达到303个，新增覆盖面积320平方千米；新建本地网光缆506千米，计划外新建109千米。截至年底，全州累计建设光缆1890千米，新建电缆20千米，管道11千米；建设开通本地15条专线，完成30个点的大客户接入，宽带EPON完成352万元投资设计，900多个设备点（10000个端口）的建设，ADSL新建扩容920线，EOC广电合作新建节点80个，投资43.5万元；开通芒市至木姐155M电路开通测试，完成芒市——瑞丽——盈江——梁河——腾冲光缆附挂工程，完成中继站设备安装工程。

（《联通》撰稿　陈应华）

农　业

农业综合开发

【项目结转扫尾工程建设】 2009年5月，德宏州各县（市）农业综合开发工作严格按照计划批复和项目工程扩初设计的要求，按时、按质、按量地完成上年结转项目工程的各项建设任务。全州投资2570万元，完成上年结转的各项扫尾工程。其中：改造中低产田1.9万亩，完成投资1622万元。主要建设内容完成衬砌渠道23.58千米，修建渠系建筑物91座，改良土壤0.84万亩，建良种仓库300平方米，购良种500千克，修建机耕路13.01千米，举办农业科技培训0.7万人次，购置仪器设备19台，进行农业科技示范和推广0.12万亩；农业生态治理0.5万亩，完成投资244万元，修建机耕路1千米，造林0.5万亩；产业化经营项目完成投资704万元，完成潞西市1万亩咖啡种植新建项目，潞西市3万吨遮放贡米加工新建项目，潞西市1500吨CTC红碎茶加工项目，瑞丽市1000吨猪肉加工新建项目，陇川县1500亩无公害茶叶种植扩建项目等产业化经营项目上年结转的各项建设任务。

【检查验收项目实施情况】 2009年6月7至15日，德宏州农业综合开发领导小组组成检查组，到各县、市项目工程实地进行州级检查。检查组通过实地察看、查阅财务资料、听取汇报，认真检查各个项目工程的设计布局、建设质量、综合利用及所发挥的效能情况、项目资金使用和财务管理情况等，认为各县、市上年度农业综合开发项目实施工作，党委、政府重视，部门协调，项目布局得当，设计合理，完成了各项建设任务，工程质量较好，项目资金如数到位，资金使用合规，管理规范，开发效益明显，基本实现了农业增效、农民增收的开发效益目标。8月19至27日，省农业综合开发验收组对德宏州上年度农业综合开发项目进行验收。检查组通过实地察看、查阅财务资料、听取汇报，认真检查各个项目工程的设计布局、建设质量、综合利用及所发挥的效能情况、项目资金使用和财务管理情况等，一致认为：德宏州的农业综合开发项目选择较好，区域分布合理，土地治理项目区主要集中在坝区，农业生产条件相对较好，发展后劲强，开发潜力大，对提高开发区农业科技水平，稳定德宏农业，促进全州农村经济的全面持续发展，发挥了重要作用。

【项目开发实现“四个第一”】 2009年，德宏州农业综合开发产业化经营项目结合德宏产业区域优势，实施潞西市1万亩咖啡种植新建项目、潞西市3万吨遮放贡米加工新建项目、潞西市1500吨CTC红碎茶加工项目、瑞丽市1000吨猪肉加工新建项目、陇川县1500亩无公害茶叶种植扩建项目。通过项目的实施，德宏州农业综合开发项目取得“四个第一”。其具体是：咖啡加工规模和澳洲坚果种植规模全国第一；遮放贡米加工规模全省第一；柠檬种植规模全省第一；第一次在全省率先进行甘蔗生产过程中的若干环节的机械化作业示范推广。

【项目投资计划和建设任务】 2009年，德宏州农业综合开发项目计划总投资8261万元，其中财政资金5850万元（中央财政资金3895万元、省级财政资金1757万元、州级财政配套资金51万元、县级财政配套资金147万元），自筹资金2076万元，水利部门配套资金335万元。投资项目：一是土地治理项目。按照国家农业综合开发的指导思想，结合德宏自然资源条件和农业产业结构的特点，围绕优质稻、甘蔗超吨糖田、冬早马铃薯、蔬菜等优势产业实施土地治理，以及采取植树工程和谷坊工程进行生态治理，对山、水、田、林、路进行综合治理，并大力做好农业科技示范推广和农业生态工程建设，切实改善农业生产的基础设施条件，不断增加高产、稳产农田，增强农业发展后劲。全年全州土地治理项目计划总投资6719万元，治理面积11.55万亩，其中财政资金5474万元（中央财政资金3645万元、省级财政资金1644万元、州级财政配套资金48万元、县级财政配套资金137万元），自筹资金910万元（群众投工投劳折资857万元，群众自筹现金及投物折资53万元），水利部门配套资金335万元。围绕优质稻、甘蔗吨糖田、冬早马铃薯、蔬菜等优势产业进行中低产田改造及高标准农田建设，围绕陇川麻栗坝水库水源林建设种植竹子、林木等进行农业生态治理，围绕陇川麻栗坝水库建设工程进行节水配套工程建设，围绕热带作物、农业机械、畜牧、茶叶、优质稻、良种甘蔗、水产、核桃等新品种、新技术进行科技推广示范。（一）改造中低产田项目（含盈江县高标准农田建设示范工程）计划投资4929万元，其中财政资金4116万元（中央财政资金2740万元、省级财政资金1236万元、州级财政配套资金40万元、县级财政配套资金100万元），自筹资金813万元（群众投工投劳折资764万元，群众自筹现金及投物折资49万元）。改造面积4.62万亩。主要建设内容为加固小型水库1座，开挖疏浚渠道5.4千米，衬砌渠道48.9千米，渠系建筑物321座，改良土壤0.92万亩，建良种仓库150平方米，建农用晒场10000平方米，购良种51.13千克，建机耕路48.16千米，购农业机械10台，造林0.1万亩，举办农业技术培训4039人次，购仪器设备38台，示范推广0.77万亩。（二）农业生态综合治理项目计划投资450万元，其中财政资金353万元（中央财政资金235万元、省级财政资金106万元、州级财政配套资金2万元、县级财政配套资金10万元），自筹资金97万元（群众投工投劳折资93万元，群众自筹现金及投物折资4万元）。采取工程措施与生态林相结合的办法，在陇川县进行农业生态治理0.5万亩。主要建设内容为衬砌渠道6千米，建机耕路4千米，造林0.5万亩。（三）陇川县中型灌区节水配套改造项目计划投资1340万元，其中财政资金1005万元（中央财政资金670万元、省级财政资金302万元、州级财政配套资金6万元、县级财政配套资金27万元），水利部门配套资金335万元。治理面积6.43万亩。主要建设内容为衬砌渠道13条，全长33.73千米，渠系建筑物598座，其中农桥549座，涵洞7处，进水闸和节制闸13座，渡槽16座，输水管道0.28千米。二是产业化经营项目为全年全州计划总投资1542万元，其中财政资金376万元（中央财政资金250万元，省级财政资金113万元，州级财政资金3万元，县级财政资金10万元），企业自筹资金1166万元。计划实施产业化经营项目3个，其中重点产业化经营项目2个（盈江县10000亩澳洲坚果种植新建项目、潞西市3万吨遮放贡米加工新建项目），一般产业化经营项目1个（陇川县1000吨茶叶加工扩建项目）。具体建设内容：（一）盈江县10000亩澳洲坚果种植新建项目计划总投资810万元，其中财政资金150万元，企业自筹资金660万元。主要建设内容为新植澳洲坚果1万亩，建基地管理房1440平方米，坡改梯1000亩，土壤改良1000亩，修建基地道路1千米，埋设供水管道3千米，架设线路6千米，购置农用器械310台（把），举办澳洲坚果种植技术培训2500人次。（二）潞西市3万吨遮放贡米加工新建项目计划总投资400万元，其中财政资金150万元，企业自筹资金250万元。主要建设内容为扩建日产100吨，年产3万吨精米加工厂1座，新建仓库5700平方米，购置加工设备3台套，附属设备3台套，技术培训1万人次。（三）陇川县1000吨茶叶加工扩建项目计划总投资332万元，其中财政资金76万元，企业自筹资金256万元。主要建设内容为改造扩建厂房950平方米，购置加工设备6台，举办茶叶种植技术培训1000人次。

【项目工程实施进度】 2009年，德宏州各县（市）农业综合开发办认真完成项目初步设计及实施方案的编制、项目工程建设招投标等工作。截至年末，全州完成投资2458万元，其中土地治理项目完成投资2139万元，改造中低产田面积完成2.28万亩，修建衬砌渠道16.72千米，渠系建筑物140座，改良土壤0.72万亩，购良种51.06，修建机耕路20.56千米，举办农业技术培训6190人次，购置仪器设备17台，示范推广0.48万亩；产业化经营项目完成投资319万元。

【项目及资金管理】 2009年，德宏州农业综合开发办认真按照国家农业综合开发项目资金管理的要求，严格执行《国家农业综合开发项目和资金管理暂行办法》，积极抓好全州农业综合开发的资金运行管理、项目实施管理、工程质量监督管理、财务管理、报账制实施管理等各项工作。一是农业综合开发项目资金实行封闭运行、专户管理、专款专用，切实加强全州农业综合开发的项目资金管理工作；二是工程建设实行面向社会公开招标制。按规范的程序优选施工队，其中盈江县扩大到全省范围内公开招标；三是全面推行项目工程监理制。由州开发办统一委托云南城兴建设监理有限公司对盈江县和梁河县年度农业综合开发项目工程的施工建设进行工程监理，委托瑞丽市建设工程监理有限公司对潞西市和瑞丽市年度农业综合开发项目工程的施工建设进行工程监理，委托德宏州建设工程监理有限公司对陇川县年度农业综合开发项目工程的施工建设进行工程监理，从而提高工程建设质量。

【申报开发项目】 2009年，德宏州农业综合开发办按照云南省申报2010年度农业综合开发项目的通知要求，结合德宏农业产业发展规划，组织各县、市认真进行调研，并组织专家组对各县、市上报的项目进行评估论证。同时按照省开发办限定的个数，向省开发办申报45个竞争类开发项目，其中围绕优质稻、甘蔗、蔬菜、马铃薯、柠檬等优势产业生产基地建设申报了9个中低产田改造项目（含盈江县高标准农田建设项目），围绕梁河县水土流失治理和陇川县麻栗坝水库水源林建设，申报了2个农业生态治理项目，围绕甘蔗生产机械化、石斛高产高效种植、冬春辣椒种植、优质肉羊新式养殖、土著胡子鲶养殖、水稻测土配方施肥、无公害蔬菜种植、遮放贡米良种繁育、杨梅种植、铁刀木种植、柠檬苗繁育、优质竹种植、种草养鹅、蔗田套种、玉米病虫害防治、草果种植、茶叶种植、荔枝种植、稻田养鱼等德宏新兴优势农业产业的科技示范，申报了19个省级科技推广示范项目，围绕优质稻米加工、畜牧养殖与加工、茶叶种植与加工、竹笋加工等德宏的优势产业，申报了8个产业化经营财政补贴项目。同时，结合本地实际，申报7个产业化经营银行贷款贴息项目。

（《农业综合开发》撰稿　杨恩才）

扶贫开发

【扶贫投入】 2009年，德宏州得到中央和省级财政扶贫开发资金的大力支持。到年末，全州累计安排各类扶贫资金37343.9万元。其中：扶贫部门实施投入21836.3万元（财政专项扶贫资金10172.4万元，信贷资金11500万元，外资项目资金163.9万元），其它部门实施扶贫项目投入15507.6万元。扶贫资金主要用于贫困乡村的基础设施建设、产业发展、易地搬迁、安居工程、劳动力培训转移及扶贫减灾项目等，扶贫资金的不断加大，为贫困地区经济社会发展注入了活力。按国家规定的年度扶贫标准统计，全年全州减少贫困人口3.4万人，贫困程度进一步得到缓解，扶贫开发工作取得明显的成效。

【整村推进】 2009年，德宏州安排实施整村推进231个贫困村，其中“兴边富民”整村推进项目扶持90个村，投入财政扶贫资金6155万元。为确保整村推进扶贫工作顺利完成，通过调查摸底，本着“缺什么补什么”的原则，因地制宜编制了实施方案，继续突出抓好基础设施建设、产业开发、社会公益事业及农民技能培训等项重点工作。年内，修建道路212.88公里，沟渠建设8.98公里，人畜饮水工程建设41个水池，架设管道70.16公里，沼气池1136口，基本农田地建设和中低产田地改造5000亩等，发展经济林果及作物48683亩，养殖牛、猪、羊、鸡等11271头（只），修建党员活动室、文化活动室等115个21518平方米，公厕10个520平方米，消防池、垃圾处理池6个33立方米，村容村貌整治101个，培训农民24662人次。实施以上重点工作，为农民增收、改善生产生活条件、进一步推进脱贫进程做出贡献。盈江县富联村弄贯、拱别村民小组地处偏远，生产生活等基础设施滞后，信息不灵，经济发展缓慢，通过大力整合资源，实施整村推进扶贫开发后，全村面貌焕然一新。

【整乡推进与互助资金】 2009年，德宏州扶贫“整乡推进”和贫困村互助资金探索试点，扎实推进，整乡推进试点工作在扶贫重点县梁河县九保乡展开。规划总投资

6360万元，其中省扶贫资金600万元，分2年实施。项目涉及产业开发、基础设施建设、社会事业、生态能源建设、科技培训与推广、民生保障及农村基层组织建设等，按照“产业支撑、强化基础、综合配套、整乡推进”的扶贫思路，项目进展顺利，取得较好的扶贫试点效应和示范带动作用。全州村级发展互助资金试点工作首先于2008年，在梁河县16个贫困村民小组开展，投入100万元，成立了16个互助资金社，项目进展情况良好。年内，以陇川县为试点，投入村级发展互助资金100万元，目前开展试点的10个村民小组都成立了互助资金社，制定了章程和实施办法，并全面开始配股入社，进入实质性操作阶段。通过互助资金项目的组织实施，受益农户1478户、7147人，随着试点工作的逐步展开，将为改变贫困村面貌，建设新农村发挥重要作用。

【信贷与产业扶贫】 2009年，德宏州争取到小额信贷扶贫资金1亿元，比往年大幅增加，扶贫到户贷款规模不断扩大，圆满完成了年度扶贫贴息到户贷款计划100%，扶持发展粮食作物34414亩，经济作物62992亩，经济林果16877亩，养殖大牲畜24720头，家禽43453只，水产81810千克，85个加工厂等，总收入达1991.68万元，增收798.43万元，受益农户7512户33756人，受益农户人均纯收入和人均粮食增11%。扶贫到户贷款有效缓解了贫困农户贷款难、发展难、增收难的问题，促进了农村经济发展。产业扶贫：一是安排35%的整村推进资金实施扶贫重点项目开发，发展经济林果及作物4.9万亩，养殖大牲畜1万多头。二是争取投入中央财政产业扶贫资金350万元，发展茶叶2000亩，白花油茶6000亩和食用菌产业。三是以扶贫贴息贷款资金为支撑，采取公司+基地+农户的模式，抓好扶贫龙头企业辐射扶持贫困农户工作，年内，“永虹”、“祥祥”、四季茶叶等龙头企业争取到省级扶贫贴息贷款1500万元。四是争取省投入160万元，围绕产业开发，对3500个贫困劳动力实施了劳动技能培训、劳务输出、转移就业工作。

【安居工程与易地搬迁】 2009年，德宏州安居工程和易地搬迁1490户6440人，其中安居工程400户2000人；易地搬迁1090户4440人。为完成好安居和易地搬迁扶贫任务，州及各县、市扶贫办在安居工程建设上，提前布局并做好前期准备工作，突出抓好工程质量和配套温饱措施，春节前已完成400户2000人安居房建设。同时在易地搬迁工作中，坚持按照“搬得出、稳得住、逐步能致富”的要求，采取就地、就近、靠近学校、公路，小规模集中安置等形式，在完成上年度294户1133人易地扶贫搬迁任务的同时，年内1090户、4440人的地方债券易地搬迁，在做好选址、可研、评审、落实土地和扶贫资金，解决生活资料和基础设施配套建设等工作的基础上，已全面启动实施，将如期完成建设任务。安居工程和易地搬迁工作的有序开展，贫困地区、灾区群众的生存环境和生产生活条件得到逐步改善。

【社会扶贫】 2009年，德宏州继续坚持党政机关定点帮扶工作，坚持以农民增收为中心，以改善基础设施为重点，以提高农民素质为基本途径，同时与新农村建设和禁毒防艾工作有机结合，开展社会扶贫工作。全州组织452个单位，抽调干部987人，组织成工作队，深入363个贫困村开展帮扶工作。据统计，年内各级各部门帮扶投入999.7万元，协调引进资金4275万元，实施197个定点扶贫项目，受益人数373259人，举办各类培训1444期，培训108390人次，修缮校舍35所，资助学生2502人，组织劳务输出1948人，引进人材14人，党员结对帮扶1795户5360人。中央、省、州、县市帮扶单位多年来凭着高度的责任感和事业心，一如既往支持扶贫开发工作，广泛开展定点扶贫济困活动，为贫困地区做好事、办实事，进一步密切了与群众的联系，大大增强了贫困农户脱贫致富的决心和信心。

【扶贫减灾】 2009年，德宏州扶贫部门为减轻因地震、滑坡泥石流等自然灾害造成的危害，根据中央、省、州关于灾后重建家园、恢复生产的精神要求，把盈江县、陇川县、梁河县、瑞丽市等重灾区、贫困地区，列入扶贫减灾项目重点扶持地区，争取和安排各类扶贫资金3000多万元，信贷资金2000多万元。其中：盈江县积极申报易地扶贫和整村推进项目资金954万元；陇川县投入重点村、安居工程整合灾后重建、易地扶贫开发等项目资金492万元；梁河县在各乡镇安排地震、滑坡泥石流等减灾防灾项目资金265万元；瑞丽市灾后重建转移安置193户800人，投资1000多万元；潞西市因山体滑坡需要易地搬迁2个点，计划投入1000多万元。同时积极开展社会挂钩扶贫救灾等工作，上述救灾、减灾、防灾扶贫措施的开展，极大地缓解了自然灾害造成的危害，促进了灾后重建家园、发展生产、经济社会的和谐发展。

【资金监管】 2009年，德宏州扶贫办为做好扶贫资金监管专项治理工作，按照省、州的要求有序进行扶贫资金监管工作。一是对扶贫资金管理情况进行自查和总结；二是加强对扶贫资金的监管和自查；三是完成年度整村推进绩效评价考评工作；四是组织开展专项抽查工作，形成了检查考评报告等。通过检查考评，德宏州扶贫资金项目严格执行各级《财政扶贫资金管理办法》，没有随意调整、变更项目建设内容和规模的行为，对个别需调整的具体项目及时完善了报批手续，项目建设操作规范，未发现违规使用扶贫资金的现象。

（《扶贫开发》撰稿　余祖凡）

农经管理与服务

【农民负担监督管理】 2009年，德宏州各级减负部门按照“深化改革，加强监督，防止反弹”的指导思想，积极稳妥推进农民负担监督管理，坚持和完善“谁主管、谁负责”的专项治理部门责任制，开展涉农收费专项调查，自觉接受群众监督，开展行政事业性收费、农村合作医疗、农村义务教育、农村生产和生活用水、农民建房收费等专项检查，重点对支农惠农补贴资金、村级公益事业建设一事一议筹资筹劳及财政奖补、政府补贴补偿资金等项目调查。全州开展执法检查88次，其中州级3次，县市级32次，抽调检查人员958人次。年内没有出现因加重农民负担案（事）件严重问题而引发的群体性事件和恶性案件。

（杨惠萍）

【农村土地承包合同管理】 2009年，德宏州各级土地承包合同管理机构继续加强农村土地承包合同管理，认真落实农业部《农村土地承包经营权流转管理办法》，坚持“依法、自愿、有偿”的原则，积极引导和鼓励农村土地承包经营权合理流转，维护农民土地承包经营权流转的主体地位和自主权，进一步加强农村土地承包纠纷的调处力度。全州农村土地流转户数达14858户，流转面积121175亩，其中转包20499亩，转让15666亩，互换946亩，出租60764亩，股份合作103亩，其他方式23197亩。针对农村土地承包纠纷问题，应用信访调解、政策解释等多种手段解决纠纷进行了有益的探索，加快了农村土地承包纠纷调处新机制的建立步伐。全州发生农村土地纠纷153件，其中土地承包纠纷112件，土地流转纠纷41件；已调解合同纠纷122件，其中乡镇级调解62件，村级调解60件。

（徐品飞）

【农村集体资产和财务管理】 2009年，德宏州继续巩固村级财务公开民主管理制度，严格公开程序，规范公开方式，完善公开内容，认真开展村级财务审计工作。全州开展农村财务公开的村委会336个，公开率为100%，村民小组3523个，公开率为93%；开展村组财务审计单位1765个，审计金额14438万元，审计出违纪单位3个，违纪金额8.4万元，查处贪污案件2件，金额8万元，已退赔0.4万元，受处分3人。根据《云南省人民政府办公厅关于全面推行村级会计委托代理服务工作的通知》文件精神，积极会同财政部门按照试点先行，全面推开的原则，稳步推进村级会计委托代理服务工作。全州成立领导机构57个，其中州级1个，县市（区）6个，乡镇50个；出台工作意见7个，其中州级1个，县市（区）6个；制定工作实施方案47个，其中州级1个，县市（区）6个，乡镇40个。全州落实工作经费74.3万元，其中省级16万元，州级19万元，县市（区）36.2万元，乡镇级3.1万元。举办各类培训班82期，2842人次，其中州级3期、181人次，县市（区）7期、443人次，乡镇72期、2218人次。完成村级财务清理的乡镇19个，占应完成数的37.25%，完成财务清理的村委会310个，占86.35%，完成财务清理的村民小组2737个，占63.86%；成立代理服务中心的乡镇44个，已开展服务工作的乡镇29个，已签订委托协议的有12个乡镇、135个村委会、593个村民小组；实行会计电算化的乡镇12个，配备设备12套，配备代理服务中心人员241人，配备村组报账员1372人；累计代管集体资金4465.43万元，代管集体资产11618.8万元。该项工作的开展，标志着德宏州村级财务管理开始步入规范化轨道。

（曹　英）

【农民专业合作组织】 2009年，德宏州各级农经部门进一步加大对《农民专业合作社法》和发展农民专业合作组织政策的贯彻落实和学习、宣传、培训工作力度，重点做好农业部农民专业合作组织统计监测分析，上年省级财政扶持农民专业合作组织发展项目的管理和年内项目申报，农民专业合作组织创建、规范化发展的指导和服务等方面的工作，切实加强对全州发展农民专业合作组织的指导和管理。年内，全州依法登记注册的农民专业合作组织151个，其中专业合作社97个，各类专业协会54个；全州农民专业合作社成员总数0.91万人，带动非成员农户2.66万人，统一组织销售农产品总值1.78亿元，培训成员和农民2.52万人。通过项目申报争取到各级财政扶持农民专业合作社项目6个，扶持资金58万元，其中获得中央财政扶持2个，扶持资金30万元，省级扶持4个，扶持资金28万元。

（王　涛）

【村容村貌整治】　2009年，德宏州农业部门认真贯彻落实中共中央国务院关于推进社会主义新农村建设的若干意见，按照“生产发展、生活宽裕、乡风文明、村容整洁、管理民主”的总体要求，认真做好上年省级财政扶持村容村貌整治工程项目的督促检查和跟踪管理工作。村容村貌整治工程项目建设成效明显，改变了项目建设村脏、乱、差的面貌，达到了预期的效果，并顺利通过了州级检查验收。年内，积极组织申报省级财政扶持村容村貌整治工程项目，并争取到省级财政立项扶持村容村貌整治工程项目3个，扶持资金30万元。

（曹　英）

【农村集体经济】　2009年，德宏州农业部门认真贯彻落实省委8号文件精神，积极探索发展壮大农村集体经济的有效途径，增强集体经济的服务功能，加强调研，制定政策措施，做好项目申报和项目管理。全年全州争取到省级财政扶持农村集体经济发展项目5个，争取到扶持资金50万元，有力地推动了全州农村集体经济的发展壮大，确保了基层组织的正常运转。

（曹　英）

【农村公益事业建设】　2009年，德宏州各级农经部门根据省、州村级公益事业建设“一事一议”财政奖补试点工作的安排部署，抓住机遇，科学谋划、精心组织，规范运作，配合财政部门开展全州村级公益事业“一事一议”财政奖补试点工作。年内，全州组织实施村级公益事业建设“一事一议”财政奖补试点项目481个，项目覆盖481个自然村，受益村民17.65万人。全州完成村内道路建设项目275个，其中修建村内道路639条，里程305.32千米，修建挡墙191个，体积51975.48立方米；文化体育设施项目154个，其中兴建村内活动公共场所176个，面积56265.95平方米，科技文化活动室56个，面积10587.3平方米；人畜饮水工程项目31个，其中修建蓄水池50个，体积18140.2立方米；架设水管57条，长度185.26千米；小型农田水利项目11个，修建小型灌溉渠10条，面积5985平方米；村内环卫设施项目3个，其中修建垃圾存储池6个，体积118立方米；修建公厕33个，面积1171.67平方米；其他项目7个，面积9915平方米。项目总投资12952.50万元，其中村民以资代劳6.35万元，村民以物折资471.12万元，村民筹资323.88万元，村集体投入2525.54万元，村民投工投劳533862个，村民以工折资1067.72万元，社会捐赠赞助421.96万元，村民捐资630.87万元，申请财政奖补资金4990.93万元，其它财政资金2514.13万元。

（王　涛）

【粮食补贴政策】　2009年，德宏州农业部门认真落实粮食补贴政策，其主要补食如下：云南省级下达德宏州粮食补贴资金9494.53万元，通过“一折通”服务平台，全州兑付粮食补贴资金9546.72万元，比省下达数超52.19万元。其中：省级下达油菜良种补贴资金140万元，实际兑付补贴面积22.12万亩，兑付补贴金额145.78万元；省级下达农资综合补贴金额6640.37万元，实际兑付农资综合直补面积149.72万亩，兑付补贴资金6640.77万元；省级下达粮食直接补贴金额853.36万元，实际兑付补贴面积为80.87万亩，兑付粮食直补金额899.36万元；省级下达良种补贴资金1860.8万元，实际兑付补贴面积142.7万亩，兑付良种补贴金额1860.8万元。

（李　黎）

【农村经济收益分配】　2009年，德宏州大小春粮豆播种面积181.63万亩，比上年增21.85万亩，增13.68%。粮豆总产54.54万吨，比上年增9.13万吨，增20.11%，其中小春粮豆种植面积40.16万亩，增8.21万亩，增25.7%，产量9.49万吨，增2.36万吨，增33.1%；大春粮豆种植面积141.47万亩，增13.64万亩，增10.67%，产量45.05万吨，增6.77万吨，增17.69%。全州人均生产粮食614千克，经过三者分配后，农民人均占有口粮376千克，比上年增23千克。全年全州农村经济总收入459661万元，比上年增72570万元，增18.75%，人均5158元，增735元；农村经济总费用为

214932万元，增37519万元，增21.15%；农民所得收入总额为253200万元，增39547万元，增18.51%，人均纯收入2841元，增400元，增16.39%。

（李　黎）

【农产品成本核算及经济效益评价】　2009年，德宏州农产品成本核算及经济效益评价以州级、潞西、梁河、盈江、陇川、瑞丽6个县市的58个成本核算调查点，262个调查户为目标，采取驻村入户建立台账、项目分品种核算等方法，完成了马铃薯、冬包谷、油菜、香料烟、西瓜、甘蔗、优质稻、杂交稻、玉米、藕、茶叶、甘蔗、柠檬等58个农作物品种的投入、产出效益调查核算工作。通过核算分析，进一步降低了农产品种植成本，达到了低投入、高产出、提高经济效益的目的。

（沈福英）

【“数字乡村”工程建设】　2009年，德宏州“数字乡村”工程建设以乡（镇）为网站维护基点，积极做好各级网站更新与维护，不断提升网页质量和水平，多措并举，全面保障网络平台正常运行，有力推进了全州农业和农村信息化进程。全州“数字乡村”网站共审核发布各类信息45168条，其中343个行政村、2796个自然村均认真完成了基础信息更新任务，分别完成报表更新3139份，文本更新3139套，实现乡村基础数据统一更新成上年底的数据。全州各级网站更新补充完善了有关图片信息，做到及时拍摄发布，大大增强了网站信息的质量和时效性。

（革加宽）

种植业

【冬季农业开发】　2009年，德宏州完成冬季农业开发总面积91.43万亩，比上年增16.56万亩，增22%；实现农业产值6.11亿元，增1.08亿元，增21%。带动开发区农民68.13万人，开发区农民人均开发收入897元，比上年增136元，增18%。

【粮食生产】　2009年，德宏州完成农作物播种面积329.13万亩，比上年增20.38万亩，增6.6%，其中粮食作物种植面积182.47万亩，总产54.83万吨，增8.81万吨，增19.14%；完成水稻种植面积85.21万亩，总产33.09万吨，其中优质稻完成52.04万亩，总产19.70万吨；完成玉米种植面积62.66万亩，总产15.88万吨；完成小麦种植面积10.55万亩，总产2.34万吨；完成豆类种植面积9.47万亩，总产0.76万吨；完成薯类种植面积14.04万亩，总产2.72万吨，其中马铃薯种植面积9.47万亩，总产2.02万吨。

【经济作物生产】　2009年，德宏州完成油料作物面积21.33万亩，总产1.93万吨；完成烟叶面积5.36万亩，总产0.63万吨；完成蔬菜面积17.60万亩，总产13.52万吨；完成瓜果类面积5.97万亩，总产7.30万吨；完成果园面积8.14万亩。

【农业技术推广】　2009年，德宏州完成杂交水稻播种面积43.28万亩；优质稻面积52.04万亩；再生稻面积0.28万亩；完成玉米种植面积62.66万亩，其中杂交玉米面积38.30万亩；完成玉米地膜覆盖面积24.17万亩；无公害蔬菜面积2.78万亩；完成秸杆还田面积292.20万亩，秸杆覆盖面积21.81万亩；完成化肥深施面积107.98万亩；配方深施面积160.87万亩，节水灌溉技术10.33万亩。

【病虫害防治】　2009年，德宏州农业部门完成农作物有害生物防治面积724.14万亩次，其中水稻病虫害防治145.99万亩次，玉米大小斑病、锈病防治34.34万亩次，小麦病虫害防治10.71万亩次，马铃薯病虫害防治10.17万亩次，油菜病虫害防治17.17万亩次，蔬菜病虫害防治19.62万亩次，其它经济作物病虫害防治253.49万亩次，有效控制了各种病虫害的发生，确保了农业增产增收。

（《种植业》撰稿　雷存娣）

特色产业

【特色产业】　2009年，德宏州以竹子、柠檬、咖啡、坚果、核桃、油茶、柠檬、番麻为主的优势创新产业新种原料基地25.6万亩，总面积达70.6万亩；带动农户10余万户，实现农业总产量50.8万吨，工农业总产值3.79亿元。随着特色产业的不断壮大，具有德宏特色的产业化发展格局初步形成，特色产业发展稳步推进，努力实现从生物资源优势州向绿色经济强州的跨越。

【农业产业化企业】　截至2009年，德宏州有农业产业化国家级重点龙头企业1家，为德宏后谷咖啡有限公司；农业产业化省级重点龙头企业8家，其中特色产业龙头企业3家，为云南红瑞柠檬开发有限公司、云南迪思企业集团坚果有限公司、潞西市遮放贡米有限责任公司；州级农业产业化重点扶持企业29家，其中特色产业龙头企业9家，为德宏州宏天实业（集团）有限公司、云南红瑞柠檬开发有限公司、云南迪思企业实业集团坚果有限公司、陇川县集强麻竹产业公司、潞西市遮放贡米有限责任公司、潞西市柏林名特优水产养殖有限公司、云南海柯生物开发有限公司、德宏贵岚养殖有限公司、德宏祥祥乳业有限公司。至年末，全州拥有云南省著名商标14件，其中特色产业2件，为德宏州宏天实业（集团）有限公司“后谷”商标、潞西市粮油购销公司“遮放贡”商标。目前，德宏已获得“中国咖啡之乡”的称号，并积极为打造“中国澳洲坚果之乡”品牌作充分准备。

（《特色产业》由办公室供稿）

农　机

【农业机械装备总量持续增长】 2009年，德宏州农机部门继续贯彻落实《中华人民共和国农业机械化促进法》，紧紧围绕“粮食稳定、农业节本增效工程、农民增收”为目标，依靠科技增效益，围绕市场调结构的农机发展思路，加大农业机械购置补贴宣传力度，力争中央、省级财政购机补贴额度，营造了农业机械化发展的良好氛围，有力地推进农业机械化健康有序的发展。截至年末，农业机械原值达73619.38万元，比上年增8745.62万元，增13.48%；农业机械总动力98864.64万瓦特，比上年增8311.45万瓦特，增9.18%，其中柴油机动力83461.55万瓦特，增13190.59万瓦特，汽油机动力1969.63万瓦特，减4381.58万瓦特，电动机动力13433.46万瓦特，减497.56万瓦特。拖拉机总数达到49019台，比上年增加2337台，增5.01%，其中大中型拖拉机达8728台，增加1711台，小型拖拉机达40291台，增加626台；耕整机达2672台，增862台；农用运输机械达2933辆，增217辆；农产品初加工动力机械13185台，减86台；联合收割机总数达1186台，增163台，增15.93%；农机具配套大中型拖拉机达4620部，增1236部，增36.52%；小型拖拉机达51159部，增3459部，增7.25%；水稻插秧机13台，增2台，增18.18%。

【农机化作业总量增长】 2009年，德宏州农机部门围绕冬季农业、大春生产、甘蔗生产、农业运输作业量，投入农田作业成效显著。截至年末，机耕面积达139.51万亩，比上年增4.52%；机收面积达52.73万亩，增15.46%，其中机收小麦面积4.59万亩，水稻机收面积48.14万亩；机械脱粒粮食数量21.07万吨，增6%；农机运输作业量达17319.15万吨/千米，其中农业运输作业量14533.3 4万吨/千米；机械植保面积107万亩；机械化秸秆还田面积52.49万亩；机械初加工农产品数量61.45万吨；水稻机插秧面积3290亩。农机跨区作业面积133193.4亩，其中机耕面积56358亩，机收面积76835.4亩（机收水稻70119.4亩，小麦6716亩）。

【中央财政农机购置补贴】 2009年，德宏州潞西市、梁河县、盈江县、陇川县、瑞丽市（畹町开发区）被列入中央财政农机购置补贴项目县。根据德宏州农业局、德宏州财政局关于转发云南省2009年第二批农业机械购置补贴资金实施方案的通知》要求，认真组织实施购机补贴项目，做到公开、公正、透明、规范操作程序，并严格按方案开展宣传、动员、登记、审查、公示、决定补贴对象。机具补贴标准按《2009年云南省农业机械购置补贴产品目录》规定补贴资金标准实施，完成整个工作程序，把农机具兑现到农民手中。全州农机补贴配额资金1140万元，其中地方900万元，农垦系统120万元；第二批配额资金120万元。年内，地方实施项目资金1020万元，农垦实施项目资金120万元。其项目县市完成情况分别为（不含农垦）潞西市309.971万元，购置农机具628台（部）；梁河县59.92万元，购置农机具187台（部）；盈江县309.991万元，购置农机具553台（部）；陇川县221.57万元，购置农机具301台（部）；瑞丽市（畹町）119.963万元，购置农机具184台（部）。全年实际完成补贴资金1021.415万元，购置农机具总数1853台（部），其中动力机械869台，收获机械98台，耕整机械771台，栽植机械2台，田间管理机械44台，收获后处理机械2台，农产品加工机械21台，排灌机械17台，畜牧水产机械29台；补贴农户1649户；带动农户投入2152.85万元。

【农机科技推广与技术培训】 2009年，德宏州农机部门根据农业部和省农业厅的部署和要求，按计划、目标管理推进水稻机械插秧工程项目。“东洋牌”PF455S型、“碧浪牌”水稻插秧机达13台，比上年增加2台。水稻机械化插秧示范推广面向全州铺开，取得重大进展，水稻机械化插秧技术逐步成为农民使用的自觉行动，机插秧面积不断扩大。全年全州机插秧面积达3290亩，比上年增1076亩，其中潞西市1516亩，盈江县154亩，陇川县73亩，瑞丽市1547亩。

【农机安全监理】 2009年，德宏州县市农机监理部门积极利用现有条件，以民族节日、深入农村、乡镇集市，采取广播、电视、发放传单、粘贴标语、办宣传栏等形式，以《中华人民共和国道路交通安全法》、“事故案例”、“安全行车”为内容，大力开展农机道路交通安全宣传教育活动。全年出动人员3365人次，车辆995台次，深入乡镇、集市363个次，进村、入寨570个次，发放宣传资料249931份，张贴标语646条；举办农机安全生产工作座谈会146场次，参加人员5809人次，受教育群众285020余人次。为切实加强农机安全生产管理，规范执法行为，从源头上加强监管，落实安全责任制。年内，州局与各县市农业局签订“德宏州农业系统安全生产责任书”6份；各县市农机监理站与农机手签订安全生产责任书40275份。开展拖拉机驾驶人集中教育38536人，占应集中教育拖拉机驾驶人38911人的99%；检查农机培训机构5次；检验各类拖拉机11611台，审验拖拉机驾驶执照332本；拖拉机驾驶人培训29期，1467人经考试取得拖拉机驾驶证。全州没有重大农机事故发生，田间、场院未发生农机事故。

【农机跨区作业】 2009年，德宏州农机跨区作业围绕农民增收，走农机致富的路。年内，由州农机推广站牵头，抽调10名科技骨干组成“跨区作业党员服务组”，随队出征，跟队作业，为跨区农民机手提供后勤保障和技术指导服务；组织潞西、陇川、盈江等县市大、中型拖拉机90台，稻麦联合收割机20台，农民机手210余人，到大理州祥云、弥渡、鹤庆作业，实现单机最高收入2.8万元，最低收入0.62万元，完成农机跨区作业面积13万余亩。

【农机投入稳步增长】 截至2009年底，德宏州农业机械化总投入7137.17万元，其中中央财政投入1140万元（含农垦系统120万元）；地方财政投入551.81万元；农民个人投入5441.96万元；其它投入3.4万元。

（《农机》撰稿　蚌德启）

畜牧兽医业

【第八次上湄公河口蹄疫区划与动物流动管理会议在德宏召开】 2009年2月9至11日，世界动物卫生组织第八次上湄公河口蹄疫区划与动物流动管理工作会议在德宏州芒市召开。会议有来自OIE亚太区高级副代表夏广一雄博士、OIE亚洲、远东和大洋洲委员会主席嘉德纳·穆雷博士、OIE区域协作官罗尼罗·阿比拉博士、联合国粮农组织（FAO）跨境动物疫病防控指导委员会委员李华春（中国）博士及来自泰国、缅甸、老挝、越南、澳大利亚、日本、欧盟、联合国粮农组织等国家和国际组织的23位博士和农业部兽医局、省农业厅、省畜牧兽医科学院、省疫控中心的领导及专家40余人参加会议。会议由云南省畜牧兽医科学院承办，德宏州人民政府协办。本次会议是世界动物卫生组织第二次在中国召开的会议，也是中国于2007年5月正式加入世界动物卫生组织后，第一次在中国召开的会议。会议主要是交流、探讨上湄公河口蹄疫区域与动物流动管理工作的开展情况和制定今后的工作计划；落实2008年3月温家宝总理在大湄公河次区域经济合作第三次领导人会议上提出的“加强跨境动物疫病防控体系和预警体系、实现有关信息的共享和及时交换”的主要要求。会议期间，组织与会人员到德宏州德宏祥祥乳业有限公司、瑞丽市姐告国门和边境贸易通道及消毒现场、银井“一寨两国”，畹町九谷桥入境消毒点实地考察。与会人员一致认为：德宏在防控口蹄疫方面做了大量工作，并取得了较好成效。

【国家动物疫病防控督导组到德宏检查指导】 2009年7月10至11日，由国家发改委农业司副司长方言、农业部计划司副司长张天佐、农业部兽医局副局长张弘和省发改委副主任李新平、省农业厅副巡视员李冀、兽医处处长欧茶海等组成的国家动物防疫督导组到德宏州检查指导工作。督导组深入潞西市风平畜牧兽医站、陇川县章凤畜牧兽医站检查指导边境动物防疫体系建设情况，详细了解日常工作的重点。随后还深入到瑞丽市姐告边境贸易区、国门、畹町口岸等实地检查指导动物疫病防控工作。通过实地检查，并听取汇报后，国家动物防疫督导组对德宏州动物疫病防控工作和国家动物防疫体系建设项目取得的成绩给予了充分肯定，并提出：要继续抓好动物疫病防控工作，抓好国家动物防疫体系国债项目建设，有效开展动物疫情监测，防御境外疫情传入等。

【国家农业部兽医局督查组到德宏检查动物疫病防控工作】 2009年12月6至7日，国家农业部兽医局副局长李长友一行3人，在省农业厅兽医处处长欧茶海和省动物疫病预防控制中心主任张应国的陪同下，先后到潞西市、瑞丽市和畹町开发区的部分基层兽医站、边境村寨、通道、口岸检查动物疫病防控工作情况。检查组通过实地检查和听取汇报后，对德宏州边境动物疫病防控工作和动物防疫体系国债建设项目的建设工作给予了充分肯定，认为德宏州国境线长、又无屏障（无天然、人工屏障）、口岸多、通道多，地理位置特殊，由于各级党委、政府高度重视，各相关部门相互协作，防控措施到位，防控工作扎实有效，为国家做出了积极的贡献。

【召开全省动物疫情监测工作总结表彰会议】 2009年12月18至21日，云南省动物疫情监测工作总结表彰暨业务培训会在德宏州召开。省动物疫病预防控制中心和16个州市疫控中心及30个国家动物疫情测报站、边境动物疫情监测站的负责人、技术骨干计70多人参加会议。会议由省疫控中心张文东副主任主持。会议总结了年内全省动物疫情监测（测报）工作，安排部署2010年工作任务；由省畜牧兽医局表彰2009年度全省动物疫情监测（测报）工作中取得优异成绩的34名先进个人，其中德宏州受表彰4人。受表彰的先进个人在会上作了经验交流；成都军区疾病预防控制中心研究员张富强博士作了《甲型H_1N_1流感防控》专题讲座。会议期间组织到瑞丽、畹町参观学习口岸动物疫病防控情况。

【举办全省重大动物疫病防控技术培训班】 2009年12月21至24日，云南省重大动物疫病防控技术培训班在德宏举办。培训班由省动物疫病预防控制中心举办，有来自保山、怒江、德宏3州市及所辖区15个县市（区）疫控中心负责人、技术骨干计109人参加培训。旨在进一步规范疫苗使用管理，减少疫苗浪费，降低动物免疫应急反应造成的损失等。培训主要由乾元浩生物股份有限公司谷山研究员和中牧实业股份有限公司高佃平研究员分别教授《禽流感免疫防控技术》和《口蹄疫防控技术》及疫苗的保存、管理、使用、应急反应与处置等相关知识，并到瑞丽、畹町实地参观学习口岸动物防控情况。

【召开全省重大动物疫病防控工作会议】 2009年12月24至25日，云南省重大动物疫病防控工作会议在德宏召开。会议由云南省防治重大动物疫病指挥部主持召开。云南省农业厅副巡视员李冀、云南省防治重大动物疫病指挥部办公室主任欧茶海、省疫控中心主任张应国、省动物卫生监督所所长宋学林、德宏州重大动物疫病防控指挥部指挥长、副州长板岩过出席会议。全省16个州市畜牧兽医局局长、指挥部办公室主任、动物疫病预防控制中心主任、动物卫生监督所所长及部分边疆县、市畜牧兽医局局长等119人参加会议。会议由省农业厅兽医处处长欧茶海主持，板岩过副州长代表德宏州人民政府到会致辞，省农业厅副巡视员李冀在会上做了重要讲话：一是总结年内全省重大动物疫病防控工作。二是分析当前禽流感、口蹄疫等重大动物疫病防控形势的严峻性。三是安排2010年重大动物疫病防控工作。重点要求：一、创新免疫工作方式，确保免疫密度和质量，着力推进；二、“分片包干、集中免疫，整村推进”；三、强化疫情监测和报告，确保及时消除疫情隐患；四、推进检疫监管，确保流通环节不传播疫情等。会议期间，组织参会人员到德宏祥祥乳业有限公司参观学习该公司的奶牛（水奶牛）防疫、消毒、乳品加工、管理等，到潞西市风平畜牧兽医站参观学习乡站建设、动物免疫档案、产地检疫、动物疫病可追溯体系建设等规范化管理。

【畜牧发展资金】 2009年，德宏州政府继续与各县市政府签订《德宏州重大动物疫病防控责任书》和《德宏州畜牧产业发展责任书》，细化分解目标任务，落实目标责任，加强目标管理，保障了畜牧业快速、健康发展。同时，加大资金投入，扶持畜牧产业发展。全年州级财政预算安排畜牧业资金430万元，其中畜牧产业发展贷款贴息资金200万元、“百村万头”奶水牛养殖小区建设补助资金100万元、基层畜牧兽医站体系建设州级配套资金60万元、重大动物疫病防控专项资金30万元、畜牧产业发展经费30万元、畜牧业责任制考核奖励资金10万元。据畜牧部门的不完全统计，年内全州到位各类畜牧兽医资金3618.91万元，其中国家和省2508.81万元，州、县1110.1万元，有效促进了畜牧产业的发展。

【政策落实和项目实施】 2009年，德宏州各级畜牧兽医部门积极争取项目立项建设，以项目促发展，有效促进全州畜牧业生产快速发展。一、认真抓好国家惠农政策的落实，积极实施好能繁母猪保险保费补贴、奶牛良种补贴、重大动物疫病疫苗补助等扶持政策。（一）全州完成能繁母猪保险保费补贴数为51438头，落实各级财政补助资金246.9万元；（二）完成奶牛良种补贴项目水牛冻改12318头，落实中央补贴资金24万元；（三）国家和省用于重大动物疫病强制免疫疫苗补助经费680万元；（四）中央下达基层动物防疫工作补助经费60.01万元。二、抓好项目实施。全年全州实施项目13个，争取到位畜牧兽医项目资金2221.08万元。（一）畜牧养殖项目7个。1、巩固退耕还林成果后续产业养殖项目建设168.8万元；2、良种繁育和优势特色种养示范121万元；3、发展现代农业产业生猪项目建设500万元；4、现代农业产业技术体系建设50万元；5、优质畜产品基地建设164万元；6、国家生猪标准化规模养殖场（小区）建设300万元；7、奶水牛标准化规模养殖场（小区）建设250万元。（二）动物防疫及动物卫生监督项目6个。1、动物防疫基础设施项目建设148.74万元；2、2008年动物卫生监督体系项目建设132万元；3、2008年县级动物疫情测报站、检测站项目建设233.54万元；4、省下达重大动物疫病防控经费100万元；5、省下达专项病防治和疫情监测及饲料检测经费48万元；6、中央下达防控甲型H1N1经费5万元。项目的建设实施，有效改善了畜牧业基础设施建设，促进了畜牧业生产的发展。

【规模养殖发展】 2009年，德宏州畜牧兽医部门以实施国家扶持的奶牛标准化规模养殖场（小区）、生猪标准化规模养殖场（小区）、现代农业生猪标准化养殖示范、“百村万头”奶水牛养殖小区（场）建设、正大一条龙肉鸡养殖、蛋鸡标准化规模养殖等大批项目为重点，在州、县畜牧产业发展贷款贴息资金520.47万元拉动信贷6949.14万元的推动下，积极扶持畜禽规模养殖发展，努力推进畜牧业生产方式转变，提高养殖效益，促进农民增收，推动新农村建设步伐。全年全州畜禽规模养殖场（小区）、示范户2183户，其中年出栏肉猪50头以上的规模养殖户（场、小区）600户，出栏肉猪67686头，占全州出栏量的11.38%；存栏奶水牛10头以上的规模养殖场（小区、户）99个，存栏奶水牛4026头，占全州奶水牛存栏量的53.96%；年出栏肉牛10头以上的规模养殖场（户）478个，出栏肉牛12084头，占全州出栏量的19.57%；存栏山羊50只以上的194户，肉羊存栏1.53万只，占全州存栏量的24.31%；出栏肉鸡2000只以上规模养殖场（户）家禽的213户，出栏肉鸡144.45万只，占全州出栏总量的29.12%。存栏开产蛋鸡2000只以上的规模养殖户8户，鸡蛋产量982.5吨，占全州禽蛋产量的25.60%；存栏能繁母猪30头以上的养殖场（户）68户，存栏能繁母猪4230头，占全州存栏量的7.36%，年出售仔猪4.3万头。畜牧业生产方式的逐步转变，规模养殖场（小区）建设的不断发展，规模养殖场具有肉蛋奶生产、秸秆蔗稍转化、有机粪肥料生产、标准化养殖示范的功能“四位一体”的功能日趋凸显，千家万户传统的分散养殖方式逐步向现代畜牧业生产方式转变，为农村经济发展，建设社会主义新农村起到了积极的促进作用。

【畜牧龙头企业和养殖协会】 2009年，德宏州各级党委、政府加大扶持力度，畜牧龙头企业和养殖协会（合作社）不断发展。一是有3家乳制品加工企业投资开发水牛奶加工业，全年加工处理生鲜乳1704.1吨，其中水牛奶1085.6吨，黑白花乳618.5吨；生产乳制品2587.9吨，其中水牛奶1249.4吨，黑白花乳1338.5吨；实现销售收入1131.98万元。有水牛肉精深加工企业11个，传统牛肉制品企业（户）12个，全年加工处理鲜牛肉2508.5吨，生产产品887.5吨，实现销售收入6499.8万元。有9家大牲畜屠宰企业，全年屠宰大牲畜5.32万头，牛肉产量5895吨，外销冻肉5209.5吨、牛杂1713.4吨，实现销售收入13604.4万元。有潞西市圣丰公司、瑞丽市龙宝公司等多家企业投资种猪饲养、仔猪销售、商品猪养殖等。二是全州现有各类养殖协会（合作社）58个，会员（社员）1669人，其中养猪协会（合作社）26个、622人，水牛协会（合作社）23个、752人，其他协会（合作社）9个、295人。规模养殖、协会、企业的不断发展，推动了全州“公司+基地”、“公司+农户”、“公司+基地（协会）+农户”的畜牧产业化发展雏形的形成，并表现出良性发展的趋势。

【动物防疫】 2009年，德宏州畜牧兽医局按照“加强领导、密切配合，依靠科学、依法防治，群防群治、果断处置”的防控方针，认真落实国家、省、州重大动物疫病防控工作的精神和要求，切实抓好动物疫病防控工作，全年无重大动物疫情发生。一是免疫工作扎实推进，免疫密度进一步提高。全州完成高致病性禽流感免疫571.9万羽，免疫密度103.8%；猪、牛、羊牲畜口蹄疫免疫180万头（只），免疫密度101.1%；猪瘟免疫131.02万头，免疫密度102.7%；高致病性猪蓝耳病免疫129.64万头，免疫密度101.6%；鸡新城疫免疫527.04万羽，免疫密度95.64%。二是加强免疫效果监测，确保免疫质量。全年完成禽流感免疫效果监测2741羽份，免疫抗体合格2157羽份，合格率78.7%；完成鸡新城疫免疫效果监测2741羽份，免疫抗体合格2288羽份，合格率83.5%；完成牲畜口蹄疫免疫效果监测3045头份，免疫抗体合格2124头份，免疫合格率70%；完成猪瘟免疫效果监测688头份，免疫抗体合格491头份，合格率71.4%。以上免疫监测均达到国家要求的70%以上，监测结果反映免疫工作扎实有效。三是加强动物疫病病原学监测和动物疫情监测，切实开展高致病性禽流感、口蹄疫、高致病性猪蓝耳病、鸡新城疫等动物疫病病原学监测和动物疫情监测工作，共采样监测9742份，为动物疫病防控及时提供预警信息。四是进一步加强专项病防治工作。认真组织开展奶牛结核病、布鲁氏杆菌病、马传贫、羊蓝舌病等专项病监测和净化工作，完成检测6642头（只份），对阳性畜已通知相关畜主按要求进行扑杀和无害化处理，对畜舍及环境进行彻底消毒，专项病防治工作取得实效，为畜牧业健康发展、畜产品质量安全作出贡献。五是扎实开展甲型H1N1流感防控工作。认真贯彻落实国务院、农业部、省委、省政府和州委、州政府关于做好甲型H1N1型流感防控工作的有关要求，成立防控工作领导小组，组建应急预备队（州及县市畜牧兽医部门组建7支180多人的应急预备队），建立了信息日报告制度和24小时应急值守制度，严格做好各类相关信息报送工作，做到“早发现、早报告、早控制、早处置”。各县市累计排查规模养殖场2543户（次），散养户8.2万户（次），交易市场718个（次），开展生猪临床监测和流行病学调查，排查生猪80多万头次，使用消毒药品14吨，完成消毒面积99万平方米，对辖区所有屠宰场加强日常监管。

【动物卫生执法监管】 2009年，德宏州各级畜牧兽医部门努力提升动物卫生监督执法水平，强化监管，确保畜禽产品质量安全。一是认真组织抓好畜产品生产环节和投入品监管。以“全国打击违法添加非食用物质和滥用食品添加剂专项整治活动”和“全国农产品质量安全整治暨执法年活动”为契机，加大畜牧兽医行政执法监管力度，依法严厉打击畜产品生产过程中的违法违规行为，制定下发了《2009年德宏州畜产品质量安全执法年活动实施方案》和生鲜乳、饲料、兽药及兽药残留、涉牧农资打假等专项整治行动实施方案，保证各项整治工作顺利开展。全州开展执法活动1008次，出动执法人员4758人次，检查饲料生产、经营企业（户）3745家次，检查兽药经营户1178户次；检查畜禽养殖户3160户次；查处违法行为53起，处理违法案件13次，立案查处2起，责令整改41起，重点整治区域98个。二是加强检疫，确保上市畜禽产品质量安全。对进入定点屠宰场屠宰的生猪做好宰前、宰后检疫，建立检疫责任制和责任追究制，防止流通环节传播疫情。对出栏和出售的畜禽，检疫人员到场、到户实施产地检疫，有效防止病害畜禽进入流通环节。全州实施产地检疫猪20.3122万头，牛5.1986万头，羊0.0086万只，禽55.9592万羽；实施屠宰检疫猪30.3712万头、牛羊6.4697万头（只）、禽133.0946万羽，检出病害动物1504头（只、羽）。

【畜牧技术推广及培训】 2009年，德宏州各级畜牧兽医部门努力加强畜牧兽医科技推广工作，畜牧业生产水平不断提高。一是加大品种改良工作力度。继续推行猪人工授精技术，加强猪品种改良工作，降低养殖成本，提高商品猪出栏率。全州进行猪杂交改良配种73352窝，比上年增13.77%，其中本交54924窝，人工授精18428窝；产仔猪57.86万头，窝均产仔7.9头，平均受胎率89.2%。二是重视抓好水牛人工授精工作，积极组织实施国家奶水牛良种补贴项目，全州完成牛改良配种18334头，比上年增3.54%，其中水牛人工授精改良配种12921头，增2.6%。三是积极开展良种禽的推广工作。全州推广良种禽454.66万羽，比上年增52%。四是人工种草和青贮氨化饲料工作稳步推进。全州现有人工种草面积6.34万亩，其中新增人工种草面积2.78万亩；全州推广青贮氨化饲料42152吨，其中青贮饲料41435吨，氨化饲料717吨。五是加大畜牧科技培训力度。各级畜牧兽医部门举办杂交改良、种草养畜、饲料青贮、疫病防控、水牛短期育肥等各类技术培训班374期，培训人员29399人次。畜牧兽医技术培训力度的加大，畜牧科技推广的不断深入，有力的促进了全州猪、牛、羊、禽出栏率的提高，有效的促进了畜牧业增产增效和新农村建设的发展。

【表彰先进】 2009年，德宏州各级畜牧兽医部门获奖12项，其中获省农业厅技术推广奖3项（二等奖1项、三等奖2项），州政府科学技术奖5项（二等奖1项、三等奖4项），州畜牧兽医系统科技推广奖4项（一等奖1项、二等奖3项）。

【职称评定】 2009年，德宏州畜牧兽医部门受理申报和变更专业技术职称39人，其中推荐申报副高级职称的10人，认定10人；申报中级职称的25人，认定25人；变更中级职称1人，认定1人；申报初级职称3人，认定3人。畜牧兽医科技服务队伍技术力量的逐步加强，有效地提高了畜牧业科学发展的水平。

【畜禽养殖业污染源清查】 2009年，德宏州畜牧兽医部门认真组织开展畜禽养殖业污染源清查工作。全州畜禽养殖业污染源普查确定普查对象807户（822个普查单元），涉及6个县市（区）的45个乡镇、1个农场，151个村（居）委会、5个农场分场，录入普查对象807个、数据15000多个，圆满完成数据录入和数据汇总分析，撰写了普查工作总结和技术报告，并通过省、州普查办的审核。

（《畜牧兽医业》撰稿　母保生）

（见"州情概览·畜牧兽医业"68页）

渔　业

【潞西市发生毒鱼案】 2009年2月10日，潞西市芒市大河芒究煤厂河段发生重大毒鱼案。该案件为群众举报，在大河发现鱼类大量死亡，潞西市渔政监督管理站及德宏州农业局渔业科迅速展开调查工作。死鱼水域系潞西市芒市大河风平至遮放段，涉及潞西市风平镇、三台山乡、轩岗乡和遮放镇4乡镇、5个村民委员会、8个村民小组，以及华桥农场二分场十二队、三分场三队和芒究煤厂、越盛硅厂等场矿；投毒地点系越盛硅厂朔河而上第五个河湾处左岸的礁石上、芒究煤厂朔河而上第一个采沙点上200米处、芒市糖厂后芒市大河允门大桥桥下；毒物系甲氰菊酯乳液农药。通过调查，初步认定是民间团伙投毒捕鱼。事件对公共水域的野生水生动物资源造成了毁灭性破坏，直接和间接经济损失68万元。此事件危害面广，影响极其恶劣，已触犯《中华人民共和国渔业法》，根据"渔业法"第三十八条之规定，已构成犯罪。

【渔业生产】 2009年，德宏州水产养殖面积42532亩，比上年增803亩，增1.9%；水产品产量20790吨，增2093吨，增11.19%；鱼苗生产8.21亿尾，鱼种生产3311吨，大规格鱼种投放3279吨，分别减2.2%、增2%和3.8%；全社会渔业总产值36902.82万元，增4675.26万元，增14.5%；水产品人均占有量达17.4千克。年内，渔业生产主要抓了如下工作：一、加大以池塘精养高产技术为重点，加快池塘养鱼新技术的推广应用。全州2.89万亩池塘养鱼总产达15354吨，平均单产531千克，每亩单产比上年提高70千克，新增产量2016吨，新增产值2300余万元。二、继续稳定稻田养鱼面积。全州以山区半山区为主推广稻田养鱼12.7万亩，参与农户达24400余户，其中稻鱼工程面积达1.2万亩，参与农户达3463户；稻田养鱼产量3530吨，平均单产27.8千克，实现产值5290余万元，取得了较好的经济、社会和生态效益。三、大力推广普及水产优良品种，提高良种覆盖率。全年组织放养单性罗非鱼种6425万尾，推广面积达0.8万亩。四、调整优化水产养殖品种结构，积极开展名优品种的试验、示范、推广工作。全年繁殖生产本地胡子鲶鱼苗1990余万尾供应养殖户；继续抓好名优品种斑点叉尾鮰人工繁殖试验、示范工作，斑点叉尾鮰人工繁殖的产卵率、孵化率得到明显提高，繁殖生产苗种20余万尾。五、继续开展罗氏沼虾养殖推广工作。以瑞丽、潞西为重点，组织引进罗氏沼虾苗种2100多万只，推广面积近1500余亩。六、认真抓好鱼苗鱼种生产及大规格鱼种投放工作。全年鱼苗生产8.2亿尾，鱼种生产3311吨，大规格鱼种投放量达3279吨。七、积极培育水产品加工龙头企业，推进渔业产业开发。潞西市伯林名优水产养殖有限责任公司计划投资2350万元，在潞西市帕底工业园区新建年产1万吨罗非鱼速冻鲜鱼片加工厂。目前已完成厂地平整、围墙建设、职工宿舍、办公室及冷库库房等基建投资250余万元，预计2010年内引进设备，并生产鱼产品（鱼片、鱼酱、鱼松、鱼丸等）。八、加大渔业科技服务力度。结合"科技三下乡"活动，围绕渔业产业结构调整、水产品生产安全、健康养殖、大水域养殖、稻田养殖、养殖证、苗种生产许可证发放等，开展了一系列科技服务活动。

【水产养殖面积】 2009年，德宏州水产养殖面积42531亩，比上年增242亩，增0.6%，其中池塘养鱼面积28940亩，增213亩，增

0.74%；水库养殖面积13591亩，增100亩；稻田养殖面积127520亩，其中稻鱼工程面积12058亩，与上年基本持平；水库网箱养鱼面积2050平方米。

【水产品产量】 2009年，德宏州水产品产量20790吨，比上年增2093吨，增11.19%，其中养殖产量20039吨，增2188吨，增12.13%，自然捕捞751吨。按养殖水域和养殖方式分：池塘养殖15354吨，比上年增2016吨，增15.11%；稻田养鱼3530吨，减236吨；水库养鱼产量1155吨，增227吨。在养殖产量20039吨中，按品种分：鱼类产量19932吨，甲壳类产量82吨，其他类产量25吨。

【渔政管理】 2009年，德宏州各级渔政管理部门认真贯彻执行《渔业法》，开展多种形式的渔业安全生产及安全生产隐患排查治理、渔业法律法规宣传教育活动。渔政执法人员经常深入案件多发区，对苗种生产，渔药、饲料、添加剂的销售、使用等进行监管，严厉查处电、毒、炸、盗鱼等违法活动。年内，发放《关于严禁炸鱼、毒鱼及非法电触捕鱼的通知》、《水产苗种管理办法》、《水产养殖禁用药物名录》等宣传资料14000余份，开展76次打击非法捕鱼专项行动和18次安全生产、渔业法律法规宣传活动，参加执法人数897人次，查处电捕鱼案件183起，查处炸鱼案件8起，协查毒鱼案件13起，协查偷鱼案件42起，收缴自制电捕鱼器186台，没收非法渔获物452千克，警告374人次，没收违法财物183起，折合人民币24300余元，有效打击了非法捕鱼和破坏渔业生态环境的违法行为。

（《渔业》撰稿 乔小新）

茶　叶

【茶叶产值】 2009年，德宏州新植茶园21585亩，提前3年完成30万亩的“十一五”茶园面积发展规划。全州有茶园栽培面积354390亩，采摘面积190680亩，其中潞西市151905亩，梁河县51585亩，盈江县100140亩，陇川县43530亩，瑞丽市7230亩；茶叶产量12199吨，产值1.2亿元。全州通过绿色食品认证面积达18000亩，有机茶园认证面积9649.5亩。全州有40家茶叶企业全部获得QS认证。全州事茶人员近35万人，茶农人均收入达到228元；茶叶企业40家，全部获得QS认证，“孔雀公主”、“勐巴娜”、“德凤”、“云宏”、“南甸”等品牌初见成效。

【茶叶机械】 2009年起，德宏州茶叶机械中的中耕、修剪、采茶机械，再次纳入全省农机补贴范畴，并通过大力宣传、培训茶叶机械使用技术，积极推广茶叶机械。全年全州各县（市）累计购置各种茶叶机械25台，其中修剪机4台，采茶机1台，杀青机4台，揉捻机16台。

（《茶叶》撰稿 杨 涛）

（见“州情概览·农业”66页）

蔗　糖

【云南省食糖制造工职业技能大赛在德宏举办】 2009年3月3至6日，由云南省总工会、云南省劳动和社会保障厅、云南省工业和信息化委员会主办，云南省轻纺工业行业协会、云南省轻纺工会承办，云南省糖业协会、英茂德宏糖业有限公司协办的云南省食糖制造工职业技能大赛在陇川县景坎糖厂举行。省总工会党组书记、常务副主席卢正国，省轻纺工业行业协会党组书记、会长李俊铭，德宏州委常委、常务副州长柳五三，州政府秘书长周湛鸿等省、州领导出席开幕式。大赛分理论考试和实际操作考核2部分进行。有来自全省28家糖厂的49名员工展开激烈的角逐。经过公开、公正、公平的理论考试和实际操作竞赛，决出技术状元1名，技术能手4名，优秀选手5名。技术状元桂冠被耿马南华糖业有限公司严贡华摘得，德宏力量生物制品集团有限公司遮放糖厂李花云等4名选手获得技术能手，德宏英茂糖业有限公司景坎糖厂毛春平等5位选手被评为优秀选手，大赛组委会对获胜者颁发了奖状和奖金。

【表彰先进】 2009年3月15日，德宏英茂糖业有限公司荣获德宏州“先进外商投资企业”荣誉称号；荣获盈江县委、县政府“2007~2009年社会主义新农村建设贡献奖”。年内，受德宏公司表彰的先进集体7个，优秀员工有115名。公司荣获“2008年度德宏州总工会重点工作责任制先进单位一等奖”，弄璋糖厂压榨车间荣获中华全国总工会、云南省总工会授予的“工人先锋号”称号；公司员工分别荣获德宏州安康杯竞赛活动优秀组织者、云南省节能减排技术标兵、云南省统计系统先进个人。

【陇川糖厂白砂糖采用国际标准通过复查验收】 2009年4月，德宏州陇川糖厂生产的白砂糖采用CODEX STAN4—1981国际标准经州和陇川县质量技术监督局复查评审合格。受云南省质量技术监督局、省采用国际标准办公室委托，州和陇川县质量技术监督局相关人员组成的复查评审组到陇川糖厂，进行白砂糖采标复查评审。评审组听取陇川糖厂白砂糖采用国际标准工作情况汇报后，检查了陇川糖厂生产测试现场及成品库，审核陇川糖厂产品质量检验机构白砂糖产品检测报告，考核陇川糖厂标准化、计量和质量管理，并就陇川糖厂执行GB317—2006国家标准情况对部分职工进行现场提问。评审组认为：陇川糖厂严格按照国家标准，制定内控标准、技术标准、生产工艺规程；产品质量检验报告和化验检验报告结果证明陇川糖厂生产的白砂糖实物质量达到国家标准，符合国际标准，生产设备、工艺装置和检测手段基本齐全，能满足批量生产需要。

【举办安全生产知识竞赛活动】

2009年6月，德宏州蔗糖办安委会根据德安监管《关于开展2009年“安全生产月”活动的通知》要求，结合系统实际，在“安全生产月”中举办了安全生产知识竞赛活动。全系统26个单位、700余人参加竞赛活动。本次竞赛活动结合行业实际，竞赛题包括选择题、判断题，内容涵盖安全生产法、食品安全法、环保安全及相关法律知识、安全生产管理知识、安全生产技术、案例分析判断等知识点，题目灵活，重点突出，面广意深。安全知识竞赛采取笔答形式。评选出：德宏英茂糖业公司荣获第一名，龙江糖厂、盏西糖厂荣获第二名，梁河糖办、陇川糖厂、州甘科所获第三名。

【召开全州蔗糖工作会议】 2009年8月21日，德宏州人民政府在芒市召开全州蔗糖工作会议。会议全面总结2008/2009年度全州蔗糖产业工作情况，分析当前蔗糖产业存在的困难和问题，安排部署2009/2010年度全州蔗糖工作任务，兑现2008/2009年度甘蔗种植任务完成奖。会上州长孟必光充分肯定全州2008/2009年度蔗糖工作取得的成绩，并站在全局的高度，全面分析了国际国内食糖形势和德宏州蔗糖产业发展面临的机遇与挑战，对今后的蔗糖产业工作提出了具体要求。副州长板岩过总结了2008/2009年度全州蔗糖工作，安排部署2009/2010年度蔗糖生产任务。州蔗糖办党委书记、主任刀忠明就《德宏州人民政府关于稳定蔗糖产业发展的意见》（讨论稿）做了相关说明。会上，州人民政府与各县市人民政府签订2009/2010年度《甘蔗生产目标考核责任书》。州人大副主任王兴才，州政协副主席卜金富，州委副秘书长段培相，各县市（区）政府分管领导、州直各有关单位主要领导，各县市糖办主任、各植蔗乡镇领导及德宏英茂糖业有限公司、德宏力量生物制品有限公司、梁河力量生物制品有限公司、德宏奥环集团有限公司、陇川农场主要负责人及所属各单元糖厂厂长参加了会议。

【国家甘蔗产业技术滇西培训会在盈江举办】 2009年10月29至30日，国家甘蔗产业技术体系滇西培训会在盈江举办。国家甘蔗产业体系张跃彬专家带领吴正昆研究员、催雄维助研，并邀请云南省马铃薯专家随启君研究员，大豆专家耿智德，陈际才高级农艺师，在盈江、陇川2县，对60余名甘蔗科技人员和种植大户进行系统的蔗园间套作培训。培训包括甘蔗间套作原理、间套作规范化技术，甘蔗套作马铃薯技术和间套大豆技术。云南省农业厅种植业处陈跃副处长专程到会进行动员和指导。会后，国家甘蔗产业技术体系专家组专程到盈江县上缓线村，与盈江县蔗糖办、甘蔗技术推广站、县农科站，布置安排“国家甘蔗产业技术甘蔗高产创建、高效间套作”示范片800亩，其中甘蔗高产创建技术示范500亩，规范化套作马铃薯100亩，间套大豆100亩，间套早熟矮杆玉米100亩。

【德宏英茂糖业公司成功收购奥环糖厂】 2009年11月6日，德宏英茂糖业公司正式与奥环糖厂签订收购协议，奥环糖厂更名为德宏英茂糖业公司轩岗糖厂。奥环糖厂原名芒市华侨糖厂，是联合国国际难民署为安置归难侨、发展边疆和华侨农场经济，投资建设的一座中型机制白糖厂，建厂时厂名为“遮相糖厂”，隶属于芒市华侨实业农场，1979年筹建，1982年1月竣工投产，总投资673万元。建厂设计为日处理甘蔗500吨，日产酒精4000公升，厂区占地面积12.5万平方米，主产白糖、副产品酒精。厂址位于潞西市轩岗乡遮相，西南距轩岗乡政府2公里，东南距潞西芒市镇19公里。1993年更名为“芒市华侨糖厂”，隶属于芒市华侨实业总公司，2003年隶属于芒市华侨集团有限公司。2006年芒市华侨集团更名为奥环集团，芒市华侨糖厂随之更名为奥环糖厂。2009年，德宏英茂糖业公司正式收购奥环糖厂后，公司即时抽调相关人员进行奥环糖厂原料发展基地、生产设备、技术资料、办公设施等资产及相关证照的现场核对移交，以及员工劳动关系建立、定岗定编定员定薪和员工岗位竞聘等工作，资产移交工作顺利进行。针对奥环糖厂员工与原企业存在的一些矛盾问题，为确保糖厂收购后正常进入新榨季制糖生产，公司采取在规定期限内与新公司签合同的可以单项选择，公司无条件接收，超过规定期限的双向选择，公司可以选择不与其签约。结果有98%以上的原奥环制糖生产线员工与德宏州公司建立了劳动关系，并通过岗位竞聘上岗，投入到紧张的检修技改工作，确保了2008/09榨季顺利开机生产。

【安全生产】 2009年，德宏州蔗糖办坚持“安全第一，预防为主，综合治理”的方针，树立“安全生产责任重于泰山”，“安全出效益”的理念，围绕国务院、省、州“安全生产年”的部署和安全生产年度目标，保安全、求稳定、促和谐，全面落实安全生产责任制，做到安全生产工作与中心工作同安排、同部署，精心组织，扎实抓好各项工作的落实。州蔗糖办定期不定期深入各制糖企业开展隐患排查治理工作，不断强化对各制糖企业的安全监管，推进工作创新，努力探索和构建长效管理机制，谨防较大事故的发生。一是加强领导，落实安全生产责任。明确职责，责任到人，层层签订责任书；二是认真开展安全生产隐患排查治理行动。州蔗糖办会同州安监局及相关部门组织联合检查组，在榨前、榨中对各制糖企业进行安全生产工作督查检查，对存在的安全隐患，及时下放整改通知书，并督促其认真整改。同时，加强对运蔗车辆的管理，杜绝“病车”上路现象，确保了榨季生产安全顺利运行；三是认真组织开展“安全生产月”活动。结合“安全生产月”活动，6月，在全州系统开展德宏州蔗糖系统安全生产知识竞赛活动，竞赛试题涉及安全生产的相关法律法规，内容多、知识面广，有665人参加了竞赛，共评选出一等奖1名、二等奖2名、三等奖3名。德宏英茂糖业公司有756名员工，参加云南省总工会、安全生产监督管理局举办的“云天化杯”安全生产知识百题问答竞赛活动。通过参加竞赛活动，真正达到学习安全生产知识，提高全体干部职工安全意识，防范事故发生，促进蔗糖产业安全发展的积极效果。

【奥环蔗区推广10万亩旱地甘蔗高产高糖品种德蔗95/7获奖】 2009年，奥环蔗区推广10万亩旱地甘蔗高产高糖品种德蔗95/7获德宏州科学技术进步三等奖。德蔗95/7是德宏州甘科所以新台糖1号为母本，崖城73-226为父本杂交，经“五圃制”德育而成的早熟、高糖、稳产旱地甘蔗新品种。2002年列为重点观察材料，2004年进入品比试验，单产达到5.34吨/亩，比对照品种新台糖10号的4.42吨/亩提高0.92吨/亩。2005年开始大面积推广种植，2007年通过德宏州农作物品种审定委员会审定。该品种大部分选育工作均在奥环蔗区进行，适宜于该蔗区的旱坡地种植，具有萌芽好、分蘖中、成茎率中、宿根发株率高、大生长期生长快、节间长度中、有效茎多、糖分高峰值持续期长、纯度高、还原糖低、纤维适中、粗生耐旱、抗风、抗病虫害能力强，宿根性强等特点。到2008年，轩岗蔗区累计示范推广该品种100394亩，实现农业产值10722万元，工业产值24120万元，已成为奥环蔗区主要当家品种。该项目选题准确、科学适用，实施中领导重视、措施得力，“三性”突出，效益明显。

【平原糖厂清洁通过省级验收】 2009年，德宏英茂糖业有限公司平原糖厂第一轮清洁生产通过省级审核验收。3月27日，由省环境保护厅、省环境科学研究院、州环境保护局及盈江县经济局、环保局相关工作人员等7人组成的清洁生产审核验收小组，对云南德宏英茂糖业有限公司平原糖厂清洁生产项目进行审核验收。工作小组按照查阅资料、听取汇报、专家组讨论评定的程序逐一验收。在听取段正常副厂长所作的实施清洁生产审核汇报后，对企业开展清洁生产的背景情况、审核准备、预审核、审核、方案的产生和筛选、可行性分析、方案实施阶段、建立持续清洁生产运行机制八个阶段工作提出工作不足和所做工作成绩给予充分肯定。平原糖厂在本轮清洁生产审核中，实施了42项无/低费方案、5项中/高费方案后，其中可量化考核部分的资金投入389.59万元，产生效益价值149.141万元，达到本轮清洁生产审核的目的。清洁生产审核在云南德宏英茂糖业有限公司平原糖厂取得了良好的效果，实现节水56.55万立方米，节标煤522吨，节电38.1万千瓦时，资源化利用COD2916吨；改变蔗糖业污染严重和高能耗、高物耗的现状，改变过去污染仅靠末端治理为主的传统方式。经过讨论评定，审核验收小组成员一致同意通过德宏英茂糖业有限公司平原糖厂第一轮清洁生产审核工作。

【“甘蔗蓟马防治技术研究及推广应用”获奖】 2009年，德宏州甘科所“甘蔗蓟马防治技术研究及推广应用”项目获德宏州科学技术进步三等奖。甘蔗蓟马Fulmekiola serratus是德宏州甘蔗的主要害虫之一，分布于全州蔗区，由于该虫具有发生早、数量多、个体小、发生速度快、危害时间长，世代重叠、易传播扩散，危害部位隐蔽等特点，往往不易被人们所发现和重视，加之甘蔗生长期长，管理粗放，为甘蔗蓟马的越冬繁殖及发生创造了很好的条件，导致甘蔗蓟马危害逐年呈上升趋势，陇川蔗区的危害尤为严重。自2003年以来，仅景罕糖厂蔗区甘蔗蓟马已连续6年大面积连片发生，每年受害面积达10多万亩，占该蔗区植蔗总面积的70%以上，严重影响了甘蔗产量和糖份的提高，2007年，德宏英茂糖业有限公司与甘科所达成甘蔗蓟马防治技术研究及推广应用协议，采用“公司+科研+农户”的模式，在受蓟马危害最严重的景罕糖厂蔗区开展甘蔗蓟马综合防治技术的研究及推广应用。通过几年的试验研究和推广应用，进一步摸清甘蔗蓟马的田间发生危害规律，总结出一套行之有效的综合防治技术，甘蔗蓟马大面积发生危害的趋势得到有效控制，并取得了较好的防治效果。项目实施过程中，以企业为主体、产业为导向，采用“公司+科研+农户”的产学研模式进行试验研究和推广；利用专业机防队，实行“六统一”的统防统治；为保证项目的顺利完成，成立组织管理机构，制定统一技术方案，负责组织实施；深入防治第一线，大力开展科技培训和技术指导，完成培训200多场次，培训1.8万人次，发放防治技术资料8000多份，组织措施得力有效。3年来，实施甘蔗蓟马综合防治21.08万亩，新增工农业产值3500万元，新增纯收益2874.62万元，科技投入产出比1：5.03。在取得经济效益的同时，还提高了蔗农的防虫意识和技术水平，扩大了水田蔗的种植规模，促进了农民增收、企业增效、财政增长和蔗糖产业的稳步发展。该项目经济、社会、生态效益明显，成果的“三性”突出，具有较强的科学性、先进性、适用性和推广性。

【甘蔗科研】 2009年，德宏州甘科所紧紧围绕德宏州蔗糖产业“十一五”发展规划，调动一切积极因素，真抓实干，扎实工作，认真做好各项保障工作。一是争取省农业厅重大农业推广项目《甘蔗综合配套技术示范推广》和州财政《甘蔗地下害虫综合防治技术推广应用》项目立项。二是实施完成省发改委《甘蔗糖料基地建设项目》和《省第十套甘蔗品种区试》。三是《甘蔗蓟马防治技术研究及推广应用》成果显著，获州政府科技进步三等奖。示范推广了25%阿克泰水分散粒剂12800亩，防治蓟马防效达94%；促成英茂制糖企业收购金龟子成虫12.8吨，从而减轻了地下害虫的危害。四是提供甘蔗良种：德蔗03/83、03/17、03/68、粤糖00－236、53号、云蔗99/91、03/103、03/422、02/2332、云引58号、新台糖28号等品种600吨左右，丰富全州甘蔗品种资源，对新一轮调整全州品种结构发挥巨大的作用。五是摸索出甘蔗间套种玉米技术，亩产玉米达250～300千克，从而增加蔗农经济效益，对保水田蔗种植起到一定作用。六是开展甘蔗科技培训，共培训蔗农50场次、4961人，从而提高蔗农的科学种蔗水平。七是与企业进行全方位的技术协作，及时解决甘蔗生产中存在的问题，从而达到双赢。

【甘蔗稍调制技术及饲喂模式系列试验项目在德宏州实施】 2009年，为充分开发利用好德宏州丰富的甘蔗稍等秸秆饲料资源，对甘蔗稍的处理、保存与利用作进一步的研究和推广，云南省草地动物科学研究院、德宏州畜牧站、德宏傣佳肉牛养殖有限公司联合实施的甘蔗稍调制技术及饲喂模式系列试验项目在德宏傣佳肉牛养殖有限公司养殖基地正式实施。甘蔗稍的调制技术及饲喂模式系列试验设4个处理组：鲜蔗稍、青贮、氨化青贮和微贮利用，调制制作试验用饲料200余吨，设17个饲喂试验组，试验牛102头。通过试验研究，将有效解决甘蔗稍的调制及利用技术，并对不同处理蔗稍的营养价值、消化率进行综合评价，结合饲养肉牛的经济效益分析，为德宏州发展以奶水牛产业为主的畜牧产业提供技术支撑，延伸制糖业产业链，促进农业增效、农民增收。

【甘蔗种植保险试点】 2009年，德宏州在瑞丽、盈江2个县试行甘蔗种植保险试点。甘蔗是德宏除粮食以外的大宗农作物，对甘蔗进行保险可为蔗糖产业持续稳定健康发展保驾护航。7月15日召开的甘蔗种植保险试点工作会上，结合德宏农业实际，积极稳妥地推进甘蔗保险试点工作。先把瑞丽市和盈江县32万亩甘蔗作为2009年度保险工作试点，采取“先试点、后推广，先起步、后完善”的方式，结合德宏实际情况，以点带面，逐步推开。凡符合当地政府和糖业部门生产管理要求及种植规范标准的甘蔗均可参保，保险期限自甘蔗移栽大田成活或出苗时至保险单约定的甘蔗成熟砍收时止，保险的基本责任范围主要是因火灾、地震、洪水、渍涝、山体滑坡、泥石流、暴风、龙卷风造成的损失，在基本险基础上附加投保霜（冰）冻保险责任和旱灾保险责任，附加保险费另计，附加旱灾保险责任自下田种植即行开始。甘蔗保险在种植户自愿参保的基础上，各级政府对保费给与适当补贴，具体由中国人保财险德宏分公司开展业务运作。年内，甘蔗保险所需保费资金由省州县（市）财政、制糖企业和农户共同承担，25.5元/亩的总保险费农户只需承担5.1元/亩，每亩保险金额为750元。

【“全州累计推广粤糖93/159突破80万亩”获奖】 2009年，“德宏州累计推广粤糖93/159突破80万亩”获德宏州科学技术进步二等奖。1999年，州蔗糖办从广东引种粤糖93/159进行试验、示范，粤糖93/159亲系为粤农73/204×CP72/1210，2003年进入德宏州第一轮品比试验，2004年进行宿根性的对比试验，2003年确定为德宏州早熟高糖稳产优良品种，并在各县市繁殖推广。经引种——试验——示范——繁殖——推广，粤糖93/159在德宏蔗区的表现为：一是分蘖力强，有效茎多。在同等条件下，粤糖93/159分蘖率达212%，比新台糖10号的160%高52个百分点；亩有效茎为5687株，比新台糖10号的5579株多108株。二是蔗糖份高，持续期长。该品种11至2月平均蔗糖份达14.84%，比新台糖10号的13.12%高1.72个百分点，平均重力纯度90.23%，比新台糖10号的82.43%高7.8个百分点。三是耐摆晒，蔗糖转化慢。根据甘蔗品种耐摆晒试验，粤糖93/159耐摆晒，转化慢，蔗糖转化率为2.27%，比新台糖10号的7.23%低4.96个百分点。四是纯度高，纤维分适中。项目选题准确，实施中领导重视，统一认识，精心组织；规范栽培，快速扩繁，结构合理；采取甘蔗单芽直播栽培技术，冬植地膜覆盖栽培技术，加强中耕管理工作等措施，2003～2008年全州累计推广粤糖93/159、面积816876亩，全州平均蔗糖份、优新良种率得到较快提高，蔗农科学种蔗意识得到增强，经济效益、社会效益和生态效益十分显著。平均单产比新台糖10号提高0.22吨，新增甘蔗产量179712.72吨，平均收购按每吨220元计算，新增产值3953.67万元；推广粤糖93/159累计甘蔗产量6249101.4吨，平均每吨收购价比新台糖10号高20元，新增产值12498.20万元；按产糖率12.5%计算，新增白糖22464.09吨，按销价每吨3500元计算，企业新增产值7862.43万元；平均亩产糖量比新台糖10号高0.17吨，累计新增白糖138868.92吨，按平均销售价每吨3500元计算，企业新增产值48604.12万元；新增税收8204.54万元。推广粤糖93/159主要是加大甘蔗下田种植力度，提高了单位面积的产量及蔗糖份，增加蔗农和企业的收入，控制种植面积，确保总产稳定，蔗区布局进一步优化，甘蔗种植向优势区域集中发展，让运距远、海拔高、坡度大的蔗区逐步退耕还林、还草，既保证了农民收入、企业增效、财政增长，又促进了生态的发展和资源的良性循环，促进了农业的可持续发展。

【全州平均产糖率创历史纪录】 2008/09榨季，德宏州平均产糖率达13.31%，比上榨季的12.21%提高1.1个百分点，创下德宏州50年来历史最好水平。2008/09榨季，全州5户制糖企业所属13座糖厂、14条生产线全部投入生产，累计收榨甘蔗面积91.02万亩，入榨甘蔗378.47万吨，产白砂糖50.37万吨，产精制糖0.39万吨，平均出糖率13.31%，产酒精2.86万吨，其中食用酒精26721吨，工业酒精1870吨，平均万吨甘蔗产酒精70吨。

【“盈江县15万亩水田宿根甘蔗铲蔸技术推广应用”获奖】 2009年，“盈江县15万亩水田宿根甘蔗铲蔸技术推广应用”获德宏州科学技术进步三等奖。2004年，在云南省农业厅种植业处的帮助下，盈江县蔗糖办和德宏英茂糖业公司组织实施了“盈江县15万亩水田宿根甘蔗铲蔸技术推广应用”项目，项目采取快锄低砍、清理蔗园、科学铲蔸、加强管理等技术措施，通过样板引路、多点试验示范，效果十分明显。2005—2008年，在全县部分蔗区大面积推广应用。截至2008/2009榨季，全县累计推广面积152338亩，平均单产达到6.13吨/亩，比项目外的甘蔗单产5.18吨/亩提高0.95吨/亩。由此带动全县甘蔗增产14472吨，蔗农增加收入3000多万元，企业增收6000多万元，财政增加税收900多万元。该项目选题准确，科学适用，效益明显。

【云南省制糖工作座谈会在德宏州召开】 2009/2010榨季，云南省制糖工作座谈会在德宏州瑞丽市召开。德宏州人民政府副州长柳五三到会，并向大会致辞。会议认真总结2008/2009年榨季全省食糖生产销售工作和市场运行情况，各产糖州市和各制糖企业交流了制糖生产、管理、开拓市场及节能降耗等方面的经验；分析2009/2010年榨季食糖市场形势，研究解决全省制糖行业生产经营发展中存在的流动资金贷款难、甘蔗种植面积减少、境外替代种植的甘蔗入关及外汇结算难、食糖出省铁路运输和食糖产业进一步提高经营管理水平、降低成本等问题；安排部署2009/2010年榨季云南省制糖生产、销售工作。会上，省糖协理事长洪叔南通报了2008/2009年榨季全省食糖生产经营情况，7个重点产糖州市经委（糖办）和7户企业作了大会交流发言；参会的10个省直部门就新榨季制糖行业的甘蔗种植、流动资金、甘蔗公路运输、食糖出省铁路运输和成品油供应等问题分别表了态，提出了很好的意见、建议，特别是提出了一些积极的应对措施。最后，省工业和信息化委员会主任助理陈昌弟作会议总结。指出：云南制糖工业面临很多实际困难，突出的有如下几个方面。一是甘蔗种植形势不容乐观。由于甘蔗种植的比较效益低，部分种蔗土地资源将被烤烟、茶叶、蚕桑等取代，劳动力向这些产业转移，新榨季甘蔗种植面积不容乐观，产业竞争形势严峻。二是企业生产成本将进一步增加。1、原料价格上调；2、新榨季甘蔗产量减少，导致固定费用单位成本增加；3、出糖率很难达到08/09榨季这样的历史最好水平，吨糖耗蔗量将有所增加。三是制糖企业融资难问题仍需解决。四是白砂糖产品质量有待进一步提高。五是食糖外运压力较大。六是境外替代种植甘蔗通关及外汇结算难问题。就抓好新榨季各项工作强调：一要努力提高制糖行业总体水平，增强市场竞争力。二要认真抓好糖料的生产收购工作，确保榨季生产顺利进行。三要全力协调解决流动资金及运力问题，优化生产要素配置。四要进一步推进污染治理和节能降耗，走循环发展之路。省经委及相关处室领导、省糖业协会、云南省农业厅、省商务厅、昆明海关、昆明铁路局、人民银行昆明中心支行外汇管理处、省农发行、农行省分行、工行省分行、建行省分行、农村信用社省联社相关部门负责人，各州市经委、蔗糖办、各制糖企业领导参加了会议。

【职业技能培训与鉴定】 2009年，德宏州制糖工业研究所充分发挥云南省第109职业技能鉴定所及德宏州糖业职业技能培训站的职能作用，始终以“科学严谨、客观公正、优质高效、考生满意”为宗旨，以“严肃认真、严守规范、确保质量”为理念贯穿到职业技能培训、鉴定考核的实际工作中，树立良好的职业技能培训、鉴定工作品牌形象，维护国家职业资格证书的严肃性和权威性，走“站（所）企合作”、“站（所）校合作”、“立足糖厂，面向社会”的发展之路，并取得了较好的成绩，制糖企业员工素质不断提高。一、多次深入龙江糖厂、陇川糖厂、德宏力量公司、潞西市职业高级中学等单位开展职业技能培训鉴定调研工作；二、积极探索职业技能培训、鉴定工作的发展路子，与潞西市职业教育中心建立良好的长期“站（所）校合作”伙伴，并取得了良好的效果；三、鉴于龙江糖厂新职工较多的实际，经双方协商，由本所为该厂制糖主要岗位的职工，实施榨前岗位技能培训，接受培训的有中和、加热、蒸发、煮糖助晶等岗位，有29人参加培训；四、为陇川糖厂开展为期3天的榨季生产实作技能鉴定工作，鉴定采取与实际生产操作相结合的模式，跟班（每天3个班次）操作的方式，进行实际生产技能鉴定。参加鉴定的有压榨、清净、煮糖、锅炉、机修等岗位，有28人参加鉴定；五、为潞西市职业高级中学开展毕业生职业技能实作鉴定2

期，其中第一期进行实作鉴定，鉴定中级维修电工44人；第二期进行实作鉴定，鉴定中级家电产品维修工31人；六、为支持德宏州贫困地区农工劳动力转移（安置帮扶）工作，根据德宏州劳动和社会保障局的安排，受潞西市职业教育中心委托，经双方共同商定，于9月1日，由该所对潞西市职业教育中心农民工劳动力转移（家电产品维修）培训班学员进行职业技能鉴定，鉴定73人次。全年累计培训、鉴定205人。

（《蔗糖》撰稿　李晓全）

（见“州情概览·蔗糖”68页）

林　业

【成立德宏州林业有害生物防治检疫局】　2009年3月，德宏州林业有害生物防治检疫局”正式挂牌成立。同月，州财政局同意将州林业局林检局的财务从州林业局分设出来，设立一级账户。该局为参公管理的正科级单位，有编制5人。其工作职责是：一、宣传和贯彻执行《森林病虫害防治条例》、《植物检疫条例》、《植物检疫条例实施细则（林业部分）》等相关法律、法规和规章等；二、依法开展全州林业有害生物监测、检疫和防治工作，防范危险性林业有害生物传入；三、组织开展全州林业有害生物的调查普查工作，建立健全德宏州主要林业有害生物预测预报网络和数据库；熟悉并掌握全州林业有害生物的主要种类、分布、危害特点及防治方法；四、掌握检疫对象分布情况及相应的检疫措施，组织协调管理好全州林业有害生物防治和检疫工作；五、组织开展全州突发林业有害生物的监测和综合防治工作；加强林业有害生物综合治理防治技术指导和推广应用；六、组织开展林业有害生物防治相关的学习、培训和会议，并编制相关文件资料等；七、完成上级交办的其它工作。

【开展纪念全民义务植树28周年暨建党88周年义务植树活动】　2009年，德宏州开展纪念全民义务植树28 周年暨建党88周年义务植树活动。6月19日上午，在全国第29个义务植树节及德宏州植树造林月之际，州和潞西市委、人大、政府、政协、德宏军分区、77332部队、武警德宏边防支队，州、市林业局共300余人，到潞西市勐板河水库种植竹子370多株；7月17日，德宏州党政军领导赵金、孟必光、余麻约、龚敬政、李兴顺、板岩过、龚平等领导，与德宏军分区、77332部队、德宏公安边防支队、武警德宏支队、州公安消防支队、潞西市4大机关、州市林业局等23家单位、1000余人，分赴320国道各路段、潞盈路沿线道路两旁义务种竹子6000多丛。

【省林改副组长、省林业厅厅长陈玉侯到德宏调研】　2009年8月23至29日，云南省林改领导小组副组长、省林业厅厅长陈玉侯率省级检查组一行10人，对德宏集体林权制度主体改革进行检查期间，对德宏州的林业建设和产业发展进行了调研。州委副书记李兴顺，州政府副州长副组长板岩过，州林业局局长、州林改办主任钱强，州森林公安局政委、州林改办常务副主任杨从宽等领导陪同调研。检查组一行对盈江县新城乡、昔马镇、太平镇3个乡（镇），9个村委会，27个村民小组，对81块宗地进行实地检查。在检查中，检查组通过听取工作汇报、观看林改专题片、查阅档案资料、召开座谈会、发放调查问卷、入户随机调查、实地勘查宗地等方式，对盈江县的组织领导、经费筹措、宣传发动、方案制定、纠纷调处、明晰产权、档案管理等10个方面的林改工作进行了全面检查，对陇川县、潞西市林改工作采取查阅档案资料、召开村民座谈会、入户随机问卷调查、实地勘查宗地等方式进行抽检。通过实地调研和听取介绍，陈玉侯厅长指出：昔马镇林改工作充分尊重群众的意愿，宣传发动到位，工作措施有力，群众满意度高。特别是在山区林产业的发展上，广大群众的积极性得到充分调动，形成了山区林产业种类多、上规模、发展快的特点。并要求：昔马镇要紧紧抓住国家大力发展林产业的良好契机，加强种苗基地建设，加强技术指导，加大资金投入，加强政策扶持，加大招商引资，着力培育龙头产业，紧紧抓住地方资源优势，念好“山”字经，真正把山区林产业培育成为增加农民收入，推动地方经济社会发展的支柱产业。在陇川县集强林竹有限公司、陇川林场竹种园调研时，陈玉侯要求：要立足资源、发挥优势、以科技作为支撑，实施龙头带动战略，发展特色经济，注重品牌打造。陈玉候一行到德宏州林科所调研珍贵用材林建设工作时，提出3点要求：一是要充分利用德宏珍贵用材树种资源，加强人工抚育管理；二要开展造林密度、管理强度及年生长量等方面的基础试验及资料收集工作；三是通过开展试验研究，制定推广造林技术标准，为指导珍贵用材林基地建设发展提供依据。

【联合国大学项目官员到德宏调研】 2009年9月8至10日，联合国大学负责环境与可持续发展项目官员梁洛辉先生与云南省林业研究所所长沈立新研究员一行3人到德宏，对德宏州少数民族社区传统森林资源的可持续管理与利用进行了调研与考察。州林学会积极陪同调研。此次调研着重对当地少数民族社区森林资源在可持续管理与利用过程中的生产技术、村规民约、传统森林培育文化等方面进行考察和参观。调研组先后到德宏州具有代表性的少数民族村社，潞西市风平镇法帕村委会户允村、潞西市勐戛镇大新寨、潞西市西山乡以及梁河县等地进行了实地参观和考察，并与相关林业专家进行了交流和座谈。调研中，梁洛辉先生对历代少数民族保护生态意识给予高度评价，对群众自发形成对森林的可持续管理与利用方法感到敬佩，尤其是对保护生态环境具有巨大促进作用的《村规民约》表现出浓厚兴趣和极大的关注。此次调研，将为年底在昆明召开的“亚太地区传统森林管理文化研讨会”提供典型素材，并在大会进行交流。

【省林业法规执行情况调研组到德宏调研】 2009年9月8至10日，以云南省林业厅王德祥副厅长为组长，省林业厅法规处、国家林业局驻云南专员办、省检察院、省森林公安局等为成员的省林业法律法规执行情况调研组，到德宏州陇川县、潞西市开展林业法律法规执行情况调研工作。王德祥副厅长在听取汇报后，对德宏州开展预防职务犯罪工作给予充分肯定，对州、县（市）两级政法委、检察院、法院、法制局等部门对林业执法工作的关心、关注及指导帮助表示感谢。并指出：德宏州在森林采伐管理改革和低效林改造试点工作中，要处理好保护和发展的关系，积极稳妥的推进改革，使两项改革能为全省，乃至全国提供借鉴经验，是德宏州改革的一项任务。王德祥副厅长最后表示，将把此次林业法律法规执行调研情况认真归纳整理，形成专题报告上报国家林业局、云南省政法委和省检察院，为下一步《森林法》等法律法规的修改提供依据。

【德宏州油茶良种繁育基地与丰产栽培示范区建设规划通过省级评审】 2009年9月15日，德宏州林业局在昆明主持召开《德宏州油茶良种繁育基地与丰产栽培示范区建设规划》项目评审会。评审会邀请省林业厅相关处室、省林业科学院、省林业规划院、省林业技术推广总站、省林木种苗管理总站、西南林学院的领导和专家，对省林业科学院、德宏州林业局、德宏州林科所等单位合作完成的《德宏州油茶良种繁育基地与丰产栽培示范区建设规划》项目进行评审，并顺利通过评审。专家一致认为“规划”全面分析德宏州各县市自然条件、森林资源状况、社会经济发展水平、林业产业发展状况和省州油茶产业发展规划的基础上作出的，基础资料翔实，指导思想明确，建设技术措施科学合理，规划基地建设规模、产值、产量目标明确，具有较强的科学性和可操作性；项目选题准确，符合云南省与国家林业局签署的合作发展木本油料基地备忘录的建设布局，符合德宏州建设60万亩油茶示范区的要求。同时，专家组建议德宏州要尽快组织向省、国家上报良种基地建设和丰产栽培示范区项目。

【森林资源规划设计调查成果通过省级验收】 2009年9月17日，德宏州森林资源规划设计调查成果通过省级验收。德宏州梁河县、盈江县、陇川县、潞西市、瑞丽市分别于2007年底至2008年初，先后组织开展森林资源规划设计调查工作，调查过程严格实行全面质量管理，对各调查环节严格进行质量控制与检查，历时1年多圆满完成了各项任务。经云南省森林资源管理总站和德宏州林业局联合检查，5县（市）外业调查质量均评定为“优”。根据验收结果，全州林业用地面积1238.7万亩，占全州总面积的73.9%，其中有林地面积1092.6万亩；活立木总蓄积量为6861.59万立方米，活立木年净生长量288万立方米；森林覆盖率67.07%，森林覆盖率高于全国全省平均水平，比上期1998年61.19%提高5.88个百分点。全州林业用地面积增加89.8万亩，净增7.81%；有林地面积增加183.1万亩，净增20.1%；活立木蓄积量增加1341万立方米，净增24.3%。人工造林面积增幅迅猛，全州人工林面积158.7万亩，比上期35.178 万亩增加123.6万亩，净增351.3%，实现了林业用地面积和活立木蓄积双增长。

【召开集体林权改革暨森林采伐改革启动会】 2009年9月23日上午，德宏州林改领导小组在芒市会堂新闻发布厅召开德宏州集体林权制度改革整改完善工作部署暨森林采伐管理改革和低效林改造试点启动大会。会议由州政府州长孟必光主持，州委书记赵金、州委副书记李兴顺、州人大副主任王兴才、州政府副州长板岩过、州政协副主席卜金富等领导，州林改领导小组成员单位领导、州森林采伐管理改革暨低效林改造试点工作领导小组成员单位、州林业局领导班子、州林改办主任及工作人员，各县市（区）党委书记、林业局长以及新闻媒体记者等80余人参加会议。下午，州委、州政府在潞西市轩岗乡举行德宏州森林采伐管理改革暨低效林改造启动仪式。启动仪式由州政府副州长板岩过主持，州委副书记李兴顺作了动员讲话，州林改领导小组成员单位领导，州森林采伐管理改革暨低效林改造试点工作领导小组成员单位、州林业局领导班子、州林改办主任及工作人员，各县市（区）党委书记、林业局长，州林业局和潞西市林业局工作人员、轩岗乡党政领导和工作人员，新闻媒体记者及林农代表等100余人参加启动仪式。

【集体林权制度改革】 2009年10月，德宏州涉及5个县（市）、50个乡镇、339个村（居）委会、3373个村民小组、16.96万户、79.99万人的集体林权制度主体改革正式通过省级重点检查，标志着全州主体改革工作基本完成。截止12月31日，全州有3163个村民小组完成了外业勘查，确权户数126098户，确权宗数318767宗，确权面积755.2万亩，已核发林权证130181本，发证面积702.86万亩，确权面积和发证面积分别占全州集体面积的97.8%和98.63%，确权到户面积633.55万亩，确权到户率97.99%；全州排查林权纠纷累计8211起，涉及面积63.58万亩，已调处7932起，已调处面积56.89万亩，调处率96.6%，面积调处率89.5%；已全面转入配套改革实施阶段。

【省人大常委会视察德宏州林改工作】 2009 年11月1至4日，由云南省人大常委会副主任杨建甲带队，以省人大常委会委员、财经委主任何远灿为组长，省人大常委会委员、省人大代表和州人大常委会领导组成的视察组，对德宏州集体林权制度改革情况进行视察。省林业厅、省发改委、省财政厅相关领导陪同此次视察。11月1日下午，在芒市会堂新闻发布厅召开德宏州集体林权制度改革工作汇报会。省人大常委会视察组全体成员，州委书记赵金、州长孟必光、州人大副主任王兴才、副州长板岩过等领导出席了会议，州林业局、州发改委、州财政局、州林改办相关领导及新闻媒体记者等40余人参加了会议。会上，州长孟必光向省检查组汇报德宏州深化集体林权制度改革工作情况；与会人员观看了德宏州林改汇报专题片《孔雀之乡又一春》；省人大常委会杨建甲副主任就此次视察的目的、视察的内容、方法步骤等方面作了安排。2至3 日，省人大常委会视察组分别到陇川县和瑞丽市视察2县市的林改和林业工作，实地检查了陇川县陇把镇吕良村低效林改造现场，在景罕镇芒胆村民小组赛号一社召开了基层干部和林农座谈会，广泛听取基层干部和林农对集体林权制度改革的意见和建议，并分析和探讨做好集体林权制度改革的思路和办法。视察组视察了瑞丽市木材及柠檬加工企业。3日下午，视察组在芒市会堂新闻发布厅召开意见反馈会。杨副主任代表视察组作了意见反馈，充分肯定了德宏州林改工作取得的4点成效：一是林改激活了机制，进一步释放了林业生产力；二是林改增强了活力，进一步促进林产业的发展；三是林改转变了观念，进一步促进社会主义新农村的建设；四是林改扩大了民主，进一步促进社会和谐与稳定。认为德宏州林改呈现8个特点：一、领导重视，层层推进；二、目标明确，任务到人；三、注重实效，提高质量；四、经费落实，保障到位；五、强化宣传，营造氛围；六、化解纠纷，促进和谐；七、操作规范，程序公开；八、认真整改，巩固成果。同时指出林改工作中存在的不足和问题，并对下一步工作提出7点意见和建议：1、进一步提高认识，坚定不移地推进集体林权制度改革；2、认真落实经营主体的合法权益，建立促进林农增收的长效机制；3、严格标准，强化督查，杜绝发大证；4、建立健全林权管理机构，完善林业社会化服务体系；5、积极探索，完善政策措施，抓好配套改革；6、妥善调处林权纠纷，全力维护农村稳定；7、认真履行部门职责，形成支持林业工作的强大合力。

【德宏与保山林权纠纷协调会在潞西召开】 2009年12月18日，云南省林改办受省政府孔垂柱副省长委托，在潞西市组织召开德宏州与保山市行政接边地区山林权属纠纷协调会。会议由省林改办主任、省林业厅副厅长王德祥主持。省民政厅、省司法厅、省农业厅、省林业厅、省森林公安局、省林改办负责人，保山市、德宏州人民政府领导，保山市和德宏州政法委、监察局、民政局、司法局、国土资源局、林业局、森林公安局、林改办负责人，腾冲县、龙陵县、潞西市、梁河县和盈江县人民政府、政法委及5县市相关部门负责人，林权纠纷涉及乡镇党委、政府领导，未调处的林权纠纷所涉及村委会支书或主任、村民小组长共计230余人参加了会议。国家林业局驻云南专员办党组书记、专员万兆奇到会指导。王副厅长在会上强调林权纠纷调处工作的重要性，简要介绍了保山市与德宏州行政接边地区山林权属纠纷的情况，就调处工作提出5点要求：一、要求各级各部门高度重视接边地区的纠纷调处工作；二、最大限度采用双方协商的方式进行调处；三、在争议地块调处未达成协议前，任何一方都不得发放《林权证》和《林木采伐许可证》，林地、林木实行冻结，不得流转，不得在有争议的林地上从事基本建设或从事除森林防火、森林病虫害防治工作以外的生产活动，不得兑现生态公益林补偿；四、双方州、县两级人民政府要积极主动的互通情况、交流信息、掌握动态，及时做好行政接边地区山林争议的调处工作，预防重大群体性事件的发生；五、各级与纠纷调处相关的单位和部门，要认真履行职责，加强监管和督察。对未调处的纠纷，林业部门按行政勘界的界线，做好行政界线已方一侧的森林管护和资源林政管理工作。此次协调会的召开，充分体现了省委、省政府、省林改领导小组、省林业厅以及省直相关部门对边疆人民地区稳定和发展的高度关注，尤其是对接边地区涉及林地纠纷群众的经济发展、和谐稳定的高度重视。与会的两州市相关部门就行政接边地区林权纠纷调处工作达成共识，坚定了妥善解决林权纠纷的信心和决心，将对两州市林改工作和林业事业的发展产生极大的促进作用。

【《云南德宏州高等植物》一书出版发行】 2009年12月，德宏州林业局组织编写由国家权威出版集团科学出版社出版的《云南德宏州高等植物》一书，正式出版发行。德宏州林业局自1997开始，统一领导、统一规划，组织全州林业科技人员对全州各县市进行高等植物调查摸底，实地采集1万多份标本，进行标本鉴定，在参考引用了相关文献资料的基础上，通过5年的努力，基本弄清全州的植物资源，形成了《德宏州高等植物名图》，并于2003年获得云南省政府科技成果三等奖和德宏州政府科技成果一等奖。为使该成果广泛的推广应用，2007年德宏州林业局开始聘请省内外专家，组织修编组进行全面的修编，最后于年内出版发行。此书是云南省惟一在科学出版社出版的地州级植物专著。

【森林防火】 2009年，德宏州发生森林火灾17起，其中一般森林火灾4次，较大森林火灾13次，占省下达控制指标的34.6%；火场总面积266.38公顷，森林受害面积62.37公顷，占省下达控制指标的12.7%，受害率为0.1‰，低于省下达控制指标0.9个千分点；火灾案件查处11起，查处率为64.7%，林火当日扑灭率为76.5%；省通报卫星热点120个，经核实，农事用火56个，烧造林地56个，林火4个，查无火3个，境外火1个。以上除火案查处率和当日扑灭率未能达标外，各项森林防火指标均在省下达控制之内，圆满完成州政府确定的森林防火目标和任务。年内，各级政府严格按照《森林防火责任状》、《云南省森林消防条例》、新修订的《森林防火条列》的规定，把森林防火经费列入财政预算，森林防火资金得到保障，进入森林防火期后，各级政府相关部门严格按照《森林防火责任状》、《云南省森林消防条例》的要求和规定，把森林防火经费列入各级财政预算，按时拨付到森林防火实施单位，确保森林防火工作顺利实施。全年全州投入防火资金327万元，其中省级35万元，占总投入的10.7%；州级119万元，占36.7%；县市级173万元，占52.9%。省州县（市）森林防火资金足额到位，为森林防火工作的开展提供了有力的保障。

【造林绿化】 2009年，德宏州完成人工造林46.78万亩，完成计划的244.3%。其具体按实施项目分：省级林产业项目完成19.36万亩；州级项目完成18．71万亩；珍贵用材林基地建设0.06万亩；退耕还林工程完成8.65万亩。按实施树种分：完成竹子25.41万亩，核桃12.39万亩，油茶3万亩，澳洲坚果1.4万亩，西南桦4.05万亩，旱冬瓜0.47万亩，山桂花0.06万亩；完成林下资源种植0.73万亩，其中草果0.68万亩，石斛0.05万亩。

【种苗生产】 2009年，德宏州准备种子153002千克，穗条384.3万条；育苗2913亩，总产苗量10095万株，其中容器育苗881亩，提供容器苗7519万株。

【义务植树】 2009年，德宏州完成义务植树150.8万株，完成计划的125.7%，有47.35万人参加义务植树，其中1.57万人“以资代劳”缴纳绿化费19.62万元。建立领导样板林2片，面积0.04万亩。

【林木采伐】 2009年，云南省厅下达德宏州商品材采伐量97.89万立方米，出材量65.37万立方米，其中天然林采伐量63.45万立方米，出材量42.76万立方米，人工林采伐量34.44万立方米，出材量22.61万立方米。实际完成商品材采伐量43.25万立方米，出材量29.09万立方米，其中天然林采伐量24.58万立方米，出材量16.62万立方米，人工林采伐量18.67万立方米，出材量12.47万立方米，完成年度木材生产计划的44.2%。林木采伐证发放基本合格，未出现商品材采伐类型指标串用的问题，未发现超限额和木材生产计划采伐的问题。

【木材加工】 2009年，德宏州有持证木材经营加工企业757家，其中国内木材加工168个，民用木材加工152个，竹材加工50个，边贸材加工单位230个，工艺品加工53个，家具加工73个，边贸炭加工9个，剩余物加工22个。全年生产加工木制品29.39万立方米、竹制品4120吨，销售木制品31.16万立方米、竹制品3240吨，产品销售收入5.95亿元，上缴税金9381万元，利润总额11709万元。

【林地管理】 2009年，德宏州各级林业主管部门紧紧围绕州委、州政府确定的腾陇、潞梁二级公路等重点建设项目，积极主动服务，提前介入，协助用地单位做好征占用林地审批材料的咨询、指导、服务工作，确保重点工程建设征占用林地审批手续在州委、州政府要求的时限内审批完毕，使重点工程建设依法依规、健康、有序地进行。年内，上报省林业厅审批的建设征占用林地项目43宗，林地面积261.8公顷，预收森林植被恢复费1447万元。

【木材运输及检查】 2009年，德宏州实际运输边贸木材30.81万立方米，比上年同期减1.2%；运输国内木材24.03万立方米，减8%。全年查验运输木材47306车次，检查木材69.1万立方米，处罚782车次、1708.45立方米，没收木材1852.45立方米，罚款6.95万元，木材变价款164.23万元。

【林政案件】 2009年，德宏州发生林政案件1340起，其中盗伐林木14起，滥伐林木132起，违法征占用林地32起，违法运输木材1028起，非法收购经营加工木材126起，其它案件8起，查处1339起，查处率99.9%，受处罚人数1417人，为国家挽回经济损失201.14万元。

【森林公安】 2009年，德宏州森林公安紧紧围绕服务林权制度改革的中心工作，根据省林业厅、省森林公安局的统一部署，先后组织开展“春绿行动”、“绿盾三号行动”、“打击破坏野生动物资源违法犯罪专项清理整治行动”等一系列专项行动，严厉打击涉森林违法犯罪。全州森林公安机关出动车辆7145辆次，警力17250人次；依法查处各类森林和野生动植物案件765起，比上年同期少查处148起，降16.2%，其中森林刑事案件65起，少查处39起，降37.5%，野生动物刑事案件21起，少查处11起，降34.4%，森林行政案件665起，少查处100起，降13.1%，野生动物行政案件14起，多查处7起，增100%；查处违法犯罪嫌疑人员830人，少查处130人，下降13.5%，其中刑事拘留36人，刑拘在逃1人，取保候审41人，逮捕21人，治安拘留3人，林政处罚728人；依法查处涉案活立木蓄积3528.46立方米，收缴木材807.3立方米，锯材85.73立方米，百晴6株，青树15株，榕树50株，龙抱树3株，香树皮6.68吨，树根23件，树皮3吨，木炭181.01吨，石斛10.9吨，水麻皮2.316吨，野生植物一支箭1.1吨，滑鼠蛇418条，圆斑蝰蛇干936件，果子狸1只（活体），熊掌3只，马鹿心1个，水鹿脚12支，水鹿心脏3颗，水鹿尾巴3根，马鹿角148件，野牛角138件，犀牛角16.1克，象牙2片，象皮454.3克，穿山甲74只（活体6只），穿山甲甲片573.5千克，蜂猴2只（活体），竹鼠11只

(死体)，甲鱼0.2吨，龟类0.1吨，野生动物死体95.8千克，为国家挽回经济损失241.96万元。

【林业有害生物防治检疫】 2009年，德宏州发生林业有害生物10.62万亩，发生率为1.21%，成灾率为0，防治面积9.81万亩，防治率为92.37%；全州应实施林业有害生物监测面积858.15万亩，实施林业有害生物监测面积858.15万亩，监测率100%；全州对954.9亩的苗木进行产地检疫，检疫率达100%，保证了造林用苗的质量；全州调运检疫木材29.19万立方米，苗木68.48万株，药材9332.32吨，果品17324.36吨，收取检疫费136.59万元。全州有林业有害生物测报站点50个，其中中心测报点2个，一般测报点48个；有测报人员122人，其中专职14人，兼职108人；发布预报次数62次，份数137份。

【农村能源建设】 2009年，德宏州新建沼气6312户，其中省级项目1206户，退耕还林884户，国债项目4222户；农村改灶2014户，其中省级项目1753户，退耕还林261户。农村能源建设可为农户节约16000多吨薪柴，相当于保护了4000多亩林地，可为农户提供约284万立方米优质清洁能源，相当于节约202万吨标煤，可为农户提供40000多吨的优质有机肥，实现农户节支增收约540万元，每年约30000多农村人口受益。

【林业科技】 2009年，德宏州林业科技紧紧围绕州委、州政府产业发展重点和林产业发展的中心任务，组织科技人员努力做好科技支撑工作。全年争取到本级林业科研项目11个，获得76万元的资金支持。重点结合州委、州政府“六棵树、一棵草”发展战略中涉及林业产业的项目开展技术攻关，主要有《油茶优良品种选育》、《油茶丰产栽培技术研究》、《油茶采穗圃建设》、《油茶低产林改造》、《优质材用竹丰产栽培技术研究》、《乡土优质竹种快速繁育技术》、《澳洲坚果丰产管理示范》、《石斛丰产栽培技术示范》、《涉林产业病虫害防治技术》等科研项目；与西南林学院专家联合开展油茶技术攻关项目，并争取25万元的项目资金；全州有7项科技成果通过州级验收和系统评议推荐，其中《德宏州林业产业发展规划》等5项科技成果获州政府科学技术三等奖；组织修编组人员完成《云南德宏州高等植物》修编工作，并顺利由科学出版社出版发行1500套（3000册），完成林业推广项目的申报及《林业科技储备项目》的收集整理工作，上报科技储备项目5项；举办林业“科技成果管理培训班”，邀请州科技局等单位领导和资深专家，对各县市林业局及州局相关部门的40名技术人员进行了培训；开展国际民间科技交流与合作。积极邀请国际竹藤网络中心专家考察德宏竹藤产业发展情况，为“十二五竹藤资源培育规划”进行调研。

【林业宣传】 2009年，德宏州林业系统紧紧围绕林产业发展的重点，组织科技人员开展科研和科普培训、宣传，编制实用技术资料，收集、编辑和制作、更新17块林业宣传展板内容；利用《中国绿色时报》、《云南林业》、《云南科技报》、《德宏团结报》、《德宏林业简报》、《德宏林业》会刊、《德宏科普》以及德宏电视台、德宏林业信息网、德宏林改网、德宏森林防火网等各种媒介，报道宣传林业工作动态、先进科技人物、实用科普知识，组织开展形式多样、内容丰富的林业法律法规、政策宣传。全年发放宣传材料30余万份，其中通过电视、电影宣传林改560场次，广播3188次，发放资料53096册，宣传标语83404条，报刊、简报、板报报道1634期；召开各类会议和培训班12789次，培训人员211410人次；发放森林防火户主通知书21万张，德宏州人民政府森林防火令8000张，《省长令》4000张，广播、电视宣传4705次；出动宣传车138辆次，出森林防火版报162期；发宣传语5428条，半永久性宣传标语3920块，建永久性宣传标牌122块；张贴《森林防火条例》塑料板4000块，发放森林防火知识手册2万本，《森林防火条例》手册2000本；林区学校广泛开展“五个一”宣传教育活动，给学生上防火课1964课时，给小学生发放印有森林防火宣传标语和“虎威威”标志的作业本9万本；发放林业法律法规及有关林业方面的知识宣传材料14200余份。制作了林改、林业改革开放30周年专题片，在德宏团结报刊出林业文章129篇、3万余字，编发《德宏林业简报》115期、6万余字，编写各类信息90多条，其中被国家林业局采用20条，省林业厅采用34条，州政府采用80条；在德宏林业信息网、林改信息网、森林防火网上编发各种工作动态160条次，图片120多张，展出板块30块，受教育人数达10万多人次。

（《林业》撰稿　赵俊峰）

（见“州情概览·林业”72页）

水利水文

水利

【陇川县红卫水库除险加固工程开工建设】 2009年1月，陇川县红卫水库除险加固工程正式开工建设。陇川县红卫水库是一座具有灌溉、防洪、供水、水产养殖等综合效益的小（一）型水库，坝高20.43米，总库容827万立方米，设计灌溉面积1.67万亩。工程是1970年动工兴建，1981年竣工。水库自建成以来，就出现病情，一直处于限制蓄水，带病运行状态，工程效益不能正常发挥。红卫水库除险加固工程投资为1058万元，至年底，累计完成投资606万元。

【瑞丽市芒林水库通过截流阶段省级验收】 2009年12月28日，瑞丽市芒林中型水库顺利通过截流阶段省级验收。瑞丽市芒林中型水库位于瑞丽市西北部南宛河支流南惹河上游，距瑞丽市区36公里，是一座以灌溉为主、兼顾集镇及乡村人畜供水的综合利用中型水库。水库控制径流面积46.3平方公里，总库容2238.9万立方米，兴利库容1324.5万立方米，设计洪水位785.28米，校核洪水位785.95米，正常蓄水位783.85米，设计灌溉面积4.76万亩。水库主要建筑物由拦河坝、溢洪道、导流输水隧洞等组成。拦河坝为均质坝，最大坝高27.5米，坝顶长度154米；批准初步设计概算总投资18973.9万元，工期为3年。该工程于2008年11月1日举行开工典礼，6日开工建设，工程总投资18973万元，至年底累计完成投资10200万元，其中年内完成投资8200万元，完成导流输水隧洞开挖和洞身混凝土浇筑。

【麻栗坝水库通过下闸蓄水阶段省级验收】 2009年12月29日，陇川县麻栗坝水库工程顺利通过下闸蓄水阶段省级验收。陇川麻栗大（二）型水库工程总投资54672万元，工程于2003年9月开工建设，截至年底，累计完成投资49206万元，其中年内完成投资6100万元。水库枢纽工程基本完工，顺利通过下闸蓄水阶段省级验收，灌溉干渠工程正在紧张施工。

【盈江县回龙河水库工程建设】 2009年，盈江县回龙河水库工程建设进展顺利，完成投资4009万元。回龙河水库位于盈江县西南回龙河回龙寨附近，是一座以灌溉为主、兼有养殖和防洪等综合效益的中型水库。经批准水库总库容1478.20万立方米，兴利库容1219.40万立方米，调洪库容353.50万立方米，设计灌溉面积5.4万亩。水库主要建筑物由主坝、副坝、导流输水隧洞、溢洪道和灌渠组成。主坝坝高49米，坝轴线长183米，坝顶宽6米；副坝坝高5米，坝轴线长40米；坝顶高程1756.10米。批准初步设计概算总投资13427万元，工期为3年。工程于2007年9月10日开工建设，累计完成投资7802万元。导流与输水隧洞工程已基本完成，拦河坝一期度汛坝体填筑已全部完成，开始进行拦河坝二期坝体填筑，灌区南北干渠工程正在紧张施工。

【畹町红石河水库工程】 截至2009年底，畹町红石河水库工程累计完成投资937.7万元，其中年内完成投资756.7万元。畹町红石河水库位于瑞丽市畹町经济开发区芒棒村委会芒另村，是一座以灌溉为主、兼顾城镇供水备用水源的小（一）型水库。经批准水库总库容111.1万立方米，兴利库容91.02万立方米，死库容6.68万立方米，设计灌溉面积0.25万亩。水库主要建筑物由拦河大坝、导流输水隧洞、溢洪道和灌渠组成。大坝坝高39.58米，坝轴线长190.5米，坝顶宽5米。批准初步设计概算总投资2169万元，于2008年11月13日开工建设。

【梁河县丛岗水库工程前期工作完成】 2009年，梁河县丛岗水库工程建设完成前期工作。丛岗水库位于梁河县西部勐连河中段，是一座以灌溉为主，兼顾城市供水备用水源的小（一）型水库。于2008年元月，梁河县水利局委托德宏州水利电力勘察设计院编制完成《梁河县丛岗水库可行性研究报告》，2月19日，德宏州发改委对《梁河县丛岗水库可行性研究报告》进行了批复。丛岗水库规模为总库容165.78万立方米，估算总投资2696.54万元。年内，导流洞工程已完成招标工作，准备开工。

【瑞丽江等国界河流治理工程建设】 截至2009年，瑞丽江国际界河治理工程瑞丽段工程累计完成投资12361万元，其中年内完成投资1475万元，工程总投资12940万元；陇川县章凤口岸南宛河界河治理工程总投资4780万元，累计完成投资643万元，均为本年完成投资；大盈江防洪治理盈江段工程总投资10531万元，累计完成投资10303万元，其中年内完成投资361 万元；盈江县那邦通道界河整治工程总投资2964万元，累计完成投资1500万元，其中年内完成投资843万元；潞西勐古河界河治理工程总投资2345万元，累计完成投资135万元；芒市大河城区段、南宛河章凤段、南底河第一期河段和盈江盏达河城区段（第一期）4项工程完成规划和上报工作。

【潞西市草坝水库除险加固工程完成前期工作】 2009年，潞西市草坝小（一）型水库除险加固工程完成招标工作。工程概算总投资1018 万元。潞西市草坝水库位于潞西市江东乡，于1978年建成，有主坝和副坝，主坝高30米，副坝高20米，径流面积1.34平方公里，总库容233万立方米。

【潞西市蚌相水库除险加固工程】 2009 年，潞西市蚌相水库除险加固工程建设进展顺利，累计完成投资570万元。潞西市蚌相水库位于潞西市芒市镇蚌相村，是一座以灌溉为主，人畜饮水为辅的小（一）型水库。该水库于1990年建成，总库容104.66万立方米。蚌相小（一）型水库除险加固工程投资为864万元，工程于2008年12月22 日开工建设。

【梁河县油竹坝水库除险加固工程】 截至2009年底，梁河县油竹坝水库除险加固工程建设累计完成投资400万元，其中年内完成投资375万元。该水库是一座具有灌溉、防洪、供水等综合效益的小（一）型水库，坝高22米，总库容158万立方米，兴利库容134.57万立方米，设计灌溉面积0.225万亩。工程于1956年动工兴建，1958 年扩建。水库自建成以来，就出现病情，一直处于限制蓄水，带病运行状态，工程效益不能正常发挥。梁河县油竹坝水库除险加固工程于2008年12月5日开工，油竹坝小（一）型水库除险加固工程投资为750万元。

【盈江大型灌区续建配套工程】

截至2009年，盈江大型灌区建设累计完成投资4017.5万元，其中年内完成投资1564.5万元。盈江大型灌区建设年限为2001～2015年，工程总投资41327万元。盈江大型灌区总耕地面积42.12万亩，设计灌溉面积33.33万亩，续建配套干渠23条，斗渠196条，农渠908条，田间建筑物580座。灌溉设施以引水工程为主，渠系配套相结合。完成了陇川麻栗坝大型灌区规划报告并已上报省水利厅。继续加快干支渠建设步伐，干支渠防渗工程总投资1917万元，截至年底累计完成投资1245.2万元，其中年内完成投资652万元。改造中低产田0.6万亩，投资720万元。

【冬春农田水利建设】 2009年，德宏州水利局实行“民办公助”，抓好山区“五小水利”建设，引导山区农民积极兴建小型蓄水、引水、提水等水源设施和灌溉设施。全年全州各级各部门争取小型农田水利建设资金3343.3万元，已完成投资2813.3万元，改善灌溉面积1.021万亩，增加灌溉面积0.03万亩，进一步改善了农村基本的生产生活条件，为农村经济发展提供有力的水利保障。

【解决农村饮水问题】 2009年，德宏州水利局为办好州人民政府承诺的关系人民群众切身利益的实事，进一步明确目标任务，强化工作措施，积极争取国家和省的支持，多渠道筹集建设资金，继续加快农村人饮的建设步伐。全州农村饮水安全项目总投资7673万元，至年底累计完成投资7397.66万元，其中年内完成投资3557.78万元，解决5.31万人的饮水安全问题；完成人畜饮水工程震损修复61件，解决2.95万人的饮水问题。

【水资源管理】 2009年，德宏州水利局加强水资源管理力度，深入开展好普法宣传教育活动，扎实推进“五五”普法工作，以世界水日和中国水周为契机，广泛进行水法宣传，完善水行政执法体系，规范行政执法程序。全年全州发生各类水事案件52起，其中现场处理47起，立案查处5起，结案3起。同时，以水资源优化配置、节约、保护为核心，认真落实取水许可制度，严把新建工程项目的水资源论证审查关，依法进行水资源论证、水土保持设施方案的审查，把水量水质的监管落到实处。全年全州征收水资源费1770 余万元。

【中小水电站建设】 2009年，德宏州大盈江四级电站、南掌河二级电站、万马河二级电站、南马河二级电站、高河一级电站、木笼河三四级电站、勐蚌河电站、大湾电站、香柏河二级电站、狮子山电站、水草坝电站、芒里电站、葫芦口电站、支那河一级电站、香柏河一级电站、槟榔江增容电站17座水电站建成，并投产发电。截至年末，全州新增装机容量101万千瓦，总装机容量215.9万千瓦。全州在建水电站32座，总装机容量88.95万千瓦。同时，继续实施“十一五”水电农村电气化县建设，实施盈江县挖苦河一级代燃料项目。

（《水利》撰稿 早兴生）

（见“州情概览·水利”72页）

水　文

【表彰先进】 2009年2月27日，德宏州水文水资源局被潞西市委、市政府评为2008年度潞西市综治维稳先进集体一等奖，总支部书记、局长张正强被评为先进个人。9月10日，州水文局被潞西市文明办评为2008至2010年度文明单位。

【全省水文系统老干部工作会议在芒市召开】 2009年3月30日，云南省第二届水文系统老干部工作会议在芒市隆重召开。省水利厅、省水文水资源局有关处室，州老干局、各（州）市水文局相关负责人，德宏州水文局职工及特邀老干部代表60余人参加会议。会议由云南省水文水资源局主办，德宏州水文局协办。云南省水利厅老干办主任胡志慧、省水文水资源局局长李苦峰作了重要讲话。会上省水文水资源局党委副书记胡国华传达了省委常委、省委组织部长辛桂梓在全省老干工作会议上的讲话精神；会议表彰了老干部工作先进单位；部分分局作交流发言。会后，与会人员到戛中、瑞八桥水文站参观考察。

【水文“十二五”建设规划】 2009年3至4月，德宏州水文水资源局编制了水文基础设施”十二五”建设规划。其主要内容是规划编制水文工程、中小河流洪水易发区水文二期、跨界河流水文站网第三期建设、水文实验站一期、水资源监测能力、饮用水安全应急监测、水文基础数据库、数据中心及水文水资源预测、预报、预警系统建设。

【召开全州水文水资源工作会议】 2009年4月24至25日，德宏州水文水资源工作会议在芒市召开。德宏州政府副秘书长李兵、云南省水文水资源局副局长此里能布、潞西市政府办公室副主任尹忠德、州水利局副局长段兆雄、州气象局科长董利华、德宏州气象台台长李娟、各县市水利局领导，局党政领导、各科（室）、测站负责人和机关全体职工，还特邀请2名退休老领导56人参加会议。德宏团结报社和德宏电视台对会议作新闻报道。会上，李兵副秘书长作了重要讲话，肯定了多年来德宏水文在防汛抗旱减灾中的重要作用，对德宏水文人在平凡的岗位上能够坚持做好水文工作给予了赞扬。省水文局副局长此里能布围绕大水文观作重要讲话。会议传达了全省水文工作会议精神；表彰了上年度目标管理责任考核先进集体、先进个人；书记、局长张正强作工作报告，并与分管领导及各科（室）、测站签订2009年目标管理责任书、党风廉政建设责任书和社会治安综合治理维护稳定责任书；对各科（室）、测站提出的困难和问题给予一一解答。会议要求全体职工认真贯彻落实会议精神，转变思想，更新观念，树立大水文观，促进德宏水文又快又好发展。

【监测报送工作】 2009年1至4月，德宏州水文水资源局完成8个水文站、1个专用水文站、29个委托雨量站、13个蒸发站、7个泥沙站的水位、流量、泥沙、降水、蒸发的收集、手编和电算整编工作，各项测验精度指标达到规范要求，成果刊印使用；发水情信息报5696站次，编写水情简报6期，水情快报3期，旱情简报6期，作业预报6次，为德宏州防汛抗旱防灾减灾提供科学决策依据；完成了13个基本站64站次的监测工作。

【开展南宛河水污染应急工作】 2009年5月13日18点48分，德宏州水文水资源局按照州政府办公室《关于处置瑞丽市弄岛镇南宛河流域鱼类出现大面积异常死亡事件领导批示》的通知，并根据《德宏州突发性水污染事件应急预案》，及时安排陇川水文站、瑞丽瑞八桥水文站取样和调查相关情况，立即组织有关人员连夜赶往瑞丽弄岛，分别到瑞八桥段、弄岛大沟沟头段及热水塘段各取1组水样，收集了陇川水文站、瑞八桥水文站、弄岛镇所取的6组水样，连夜送达分中心实验室。通过2天的检测，获取相关的数据，及时编写了《云南省水环境监测中心德宏州分中心关于南宛河瑞丽段（弄岛）鱼类大面积异常死亡水质监测情况报告》上报州政府及相关部门，顺利完成应急监测工作。

【“全球眼”视频监控系统竣工验收】 2009年6月4日，德宏水文“全球眼”视频监控系统工程竣工验收会议在德宏州水文局召开。德宏州水文局领导、中层干部以及中国电信德宏分公司领导及工程技术人员出席了会议。德宏水文“全球眼”视频监控系统由中国电信德宏分公司承建，主要安装在德宏州水文局8个基本水文站的水位观测断面。全体与会人员听取了建设单位对工程情况的汇报与演示，并到木康水文站进行实地检查。会议一致同意该工程质量综合评定为合格，同意验收。

【开通”96128”政务专线】 2009年6月30日，德宏州水文水资源局开通”96128”政务专线。根据德宏州政府的要求，实行阳光政府政务公开，在公开单位领导班子成员、工作职责、服务范围和内容等的基础上，开通“96128”政务专线，并运行正常。

【召开六个”为什么”专题培训会】 2009年9月17日上午，德宏州水文局召开《六个“为什么”》专题知识讲座培训会。参培人员有局机关全体职工、测站负责人共34人。培训会邀请德宏州委党校教授和跃宁专讲，主要围绕马克思主义指导思想、中国特色社会主义共同理想、以爱国主义为核心的民族精神和改革创新为核心的时代精神、社会主义荣辱观为主要内容的社会主义核心价值体系，结合水文工作，以鲜明的观点，国内国外的生动事例，透彻的说理，深入对比分析，全面准确地阐述了关于社会主义核心价值体系的6个重大问题。通过深化对6个重大问题的认识，推进了德宏州水文局学习实践科学发展观活动扎实有效地开展，对干部职工深入学习贯彻中国特色社会主义理论体系、深入把握社会主义核心价值体系有着重要的意义，对加强职工思想政治工作，提高综合素质和工作效率具有促进作用。

【瑞丽江流域洪水预报系统建设和应用项目获三等奖】 2009年12月9日，由德宏州水文局建设实施的《瑞丽江流域洪水预报系统建设和应用项目》被德宏州人民政府评为技术成果三等奖。瑞丽江流域洪水预报系统完成了水情分中心机房、办公室各1个，值班室2个的建设规模，在引进、消化中国洪水预报系统的基础上，根据瑞丽江流域自然地理及气候条件，采用科学的技术手段和方法，深入分析了流域产汇流特性，建成了戛中水文站和等戛水文站2个预报方案。系统运用计算机、信息处理技术、预报方法技术等现代化高新技术和设备，实现了人机交互预报，有效的提高了预报精度和时效性。同时，系统与德宏水文自动遥测系统相结合，实现了水文测验、水情报汛、资料整编、洪水预报一体化，提高了水文信息采集能力和预报自动化水平。该系统自2003年建成以来，取得了较好的成效，特别是在抗击2004年“7·05”、“7·20”泥石流洪涝灾害中发挥了重要作用，为德宏州防汛抢险工作提供了科学依据，得到了各级领导的一致认可。

（《水文》撰稿　杨惠玲）

财　税　金　融

财　政

【召开全州农业综合开发工作会议】 2009年1月13至19日，德宏州农业综合开发工作会议在瑞丽召开。会议对全州上年度农业综合开发工作进行了全面总结，安排部署年内农业综合开发工作任务，对具体业务工作进行了培训，并组织全体与会人员到各县市正在实施的项目工程实地进行考察、学习、交流。

【表彰先进】 2009年1月，德宏州财政局被德宏州人民政府办公室评为“2008年度政务信息工作三等奖；州财政局被中共德宏州委授予2008年度落实党风廉政建设责任制优秀单位；被德宏州人民政府授予2007至2008年度无偿献血先进集体；被云南省财政厅授予2008年度人事报表工作三等奖；被德宏州国防动员委员会授予2008年度国防动员工作先进单位；被州委、州政府授予新农村建设指导员工作先进派出单位。3月，州财政局被德宏州人民政府授予德宏州2008年度对外贸易工作优质服务单位；被中共德宏州委、德宏州人民政府评为2008年禁毒防艾州级挂钩单位“先进工作队”。4月，州财政局被云南省财政厅评为2008年度全省财政信息二等奖；被德宏州人民政府授予2008年度招商引资工作优质服务先进单位。9月，州财政局被云南省人民政府授予全省民族团结进步模范集体。10月，州财政局被云南省财政厅评为《云南财政年鉴》宣传工作先进单位三等奖。12月，州财政局被中共德宏州委、德宏州人民政府、德宏军分区授予2009年度爱国拥军先进单位；被中共云南省委、云南省人民政府授予文明单位；被云南省财政厅非税局评为2009年度大中型库区基金征收工作先进集体；被省珠协评为组织管理工作一等奖；被省财政厅评为会计管理工作二等奖；被省财政厅评为2009年农村综合改革宣传报道和信息报送工作二等奖。3月9日，州财政局长刘新光被德宏州人民政府评为德宏州污染减排先进工作者；被德宏州人民政府授予第一次污染源普查先进个人；被云南省财政厅评为《云南财政年鉴》“优秀组织奖”。4月许华开被云南省财政厅评为2008年度全省财政信息工作先进组织者；罗洪启被云南省财政厅评为2008年度全省财政信息优秀信息员，被云南省财政厅评为《云南财政年鉴》优秀撰稿员二等奖；王云松被州委、州政府评为2009年度新农村建设优秀工作队长；王新、李红卫被省财政厅评为全省财政国际金融组织信息工作先进个人；张平被中珠协评为全国优秀教练师。

【财政部预算司副司长李承到德宏考察】 2009年2月17至18日，财政部预算司副司长李承在云南省财政厅副厅长王卫昆、预算处调研员申玉环的陪同下，到德宏考察边境口岸建设和边境贸易情况。在德宏期间，州委赵金书记、州财政局局长刘新光全程陪同。考察中，赵金书记全面细致的向李副司长介绍了德宏州的州情；李副司长一行对瑞丽市边境口岸建设、边境贸易发展、玉石交易和玉石产业发展现状等进行详细了解，并对如何立足德宏实际、推动边疆地区与内地共同发展提出了许多指导性的意见和建议。

【召开全州财税工作会议】 2009年2月20日，德宏州财税工作会议在芒市会堂召开。参加会议的领导有州人大副主任汪宝泉、州政协副主席卜金富、州政府副秘书长李舟宇，各县市人民政府、畹町管委会分管财税的领导，各县市财税三局局长、办公室主任、财政预算股长、国地税分局长、地税纪检组长、计会股股长、国税计征科科长，州直各单位，省属、中央属各单位主要领导和会计，州财税三局的全体干部职工600多人。会议由州长孟必光作了题为《团结协作、奋发拼搏、再创全州财税工作新局面》的重要讲话。州政府副秘书长李舟宇宣读《德宏州人民政府关于印发德宏州2009年州级行政事业单位“增收节支　以奖代补”考核奖惩办法的通知》。此次会议是在全国上下面对国际金融危机、促进经济平稳增长的形势下，召开的一次十分重要的会议，对做好全年财税工作具有十分重要的意义。

【开展财政法制宣传活动】 2009年3月6日，德宏州财政局为隆重纪念第99个“三八”国际劳动妇女节，在州妇联的组织下积极参加“三八”维权周法制宣传活动。专门制作《会计法》、《云南省会计条例》、《预算法》、《财政违法行为处罚处分条例》、《政府采购法》等财政行政执法相关内容的展板进行宣传，共发放宣传资料500多份。总会计师徐祖林亲自到宣传活动现场进行指导，并参与宣传资料发放和有关法律法规的咨询解答。此次活动，为进一步宣传财政行政执法工作，促进廉政勤政建设，保障财政法律、法规和有关规章、政策措施的实施起到很好的宣传作用，让广大妇女同胞和广大群众进一步了解和支持财政执法工作，从而将财政执法工作置于全社会的监督之中。

【财政部国际司国金二处处长李东向到德宏调研】 2009年3月14至15日，财政部国际司国金二处（亚行贷款处）处长李东向等一行在省财政厅副厅长刘野樵、涉外处周佳处长及德宏州政协副主席杨丽云、州财政局局长刘新光、州交通局局长闫信统等陪同下，考察调研龙陵至瑞丽高速公路及中缅国际便利运输工作。龙陵至瑞丽高速公路项目是国道主干线上海—瑞丽公路滇境昆明至瑞丽的最后一段，也是国家高速公路网规划“7918”网18条横线中的横12杭州至瑞丽高速公路的最后一段，是云南省滇西交通运输的大动脉，也是中国通往缅甸、东南亚和南亚次大陆的陆路大通道。全长157.876公理，总投资为103.031亿元，规划利用亚行贷款2.5亿美元。州政协杨丽云副主席将龙陵至瑞丽高速公路前期工作进展及口岸情况作了汇报。调研组一行对瑞丽口岸、畹町口岸的货物、人员交流、过境车辆以及国际运输线路情况等作了实地考察，同时对高速路段进行了沿途考察。通过考察，调研组对瑞丽市充分利用自身口岸资源优势，发展地方优势产品，以适应市场消费需求和时代需要的特色产品给予了高度评价，并对如何进一步发挥德宏资源优势，做大做强地方特色产业提出较好的发展思路和意见建议。要求德宏州一是要积极主动，进一步推进此项工作；二是加大前期工作力度，保证项目的顺利实施；三是各部门要通力协作，交通部门要协调好各环节的工作，力争于2010年签约使用贷款资金。

【召开推进村级会计委托服务工作会】 2009年3月25日，德宏州财政局为全面推进全州村级会计委托代理服务工作，促进村级会计管理工作规范化和科学化，促进村集体经济健康发展，组织召开全州推进村级会计委托代理服务工作会议。会议由州政府副秘书长李兵主持，副州长板岩过作重要讲话，州财政局副局长尚立雄、州农业局副局长李鹏结合部门职责，作了具体部署。会上，板岩过副州长指出：州政府召开推进全州村级会计委托代理服务工作会是贯彻落实党的十七届三中全会精神，加快推进农村改革发展的一次重要会议，全州各级政府和有关部门必须统一思想，提高认识，把推进全州村级会计委托代理服务工作作为今后工作的一项重要内容。同时，对全面推进全州村级会计委托代理服务工作提出目标要求：到年底，在原有基础上全州90%以上的村级、80%以上的村民小组全面推行村级会计委托代理服务，力争到2012年全州基本实现村级会计委托代理服务。

州财政局副局长尚立雄结合财政工作职责，对推行村级会计委托代理服务做了具体的工作安排。要求在4月10日前与农业部门组成工作组，做好宣传发动工作，重点指导乡镇成立会计核算中心，组建会计委托代理服务机构；4月30日前，对乡镇实施村级会计委托代理服务工作情况进行收集和督促、检查，以确保2009年潞西、梁河2个试点县市全面推行实施，非试点县市在原有的基础上积极推行，力争到2012年全州基本达到省州提出的目标要求。

【家电下乡补贴】 自2009年3月16日，德宏州正式启动家电下乡民心工程以来，全州各级财政部门本着“心系农民、情系农民、服务农民”的理念，积极结合实际，采取会议培训、电话指导、发放宣传资料等方式，让家电下乡、汽车摩托车下乡工作做到家喻户晓、人人皆知。同时，采取由销售网点直接兑付补贴的工作方法，积极开展家电下乡兑付活动，全面做好补贴资金清理、审核及兑付工作。全年全州累计销售家电下乡产品13432台，销售金额2301.62万元；下乡汽车、摩托车销售11310台，销售金额4627.23万元，发放补贴金额1054.44万元。

【国务院农资综合补贴调研组到德宏调研】 2009年4月2日，以财政部经济建设司副司长张学文为组长，财政部、国务院综改办、国家发改委、农业部相关人员组成的国务院农资综合补贴调研组一行6人，在省财政厅党组成员副厅长王卫昆，省财政厅、省发改委、省农业厅相关人员的陪同下到德宏调研农资综合补贴。调研组听取了德宏州人民政府的工作汇报。会上，张学文副司长介绍了调研的目的和任务，德宏州人民政府副州长板岩过向调研组汇报德宏州农资综合补贴工作情况。汇报指出：德宏自2006年开始享受国家农资综合补贴政策，州委、州政府对此项工作十分重视，州、县市、乡镇三级人民政府均成立了粮食直接补贴和良种补贴工作领导小组及办公室和“一折通”工作领导小组及办公室，制定了工作目标责任制，每年及时兑现补贴，确保任务完成。同时，加强资金管理，做好督查工作。州政府州长孟必光就德宏州的问题向调研组提出解决的意见和建议，建议中央财政加强支持边疆少数民族地区的发展，在农资综合补贴上不搞一刀切，应考虑路程、运输条件等因素多向边疆民族地区倾斜，同时应将补贴种类范围扩大，依据各地农业部门上年统计的农作物实际播种面积，应补尽补，建议对此项工作安排一定的工作经费等。州财政局局长刘新光就财政部门实施此项工作存在问题进行了汇报，并提出意见和建议。调研组一行到风平镇那目村和芒市镇芒核村的农户家进行实地调研。在农户家中，调研组仔细询问了农户受到农资综合补贴的情况，查看通过“一折通”给农户的农资综合补贴金额。同时，了解农户的经济收入及收入的主要来源及家庭生活存在的困难等。广大农民就实施农资综合补贴带来的实惠纷纷发表见解，都觉得这是党中央、国务院实施的民心政策，使广大的农民切实得到了优惠。

【召开全州财政资金和扩大内需资金安全管理检查会议】 2009年4月16日，德宏州财政局为进一步加强财政资金安全管理，切实堵塞财政资金安全管理漏洞，召开财政资金安全和扩大内需资金安全管理检查工作会议。会上传达了全省财政资金安全会议精神，宣读德宏州财政资金安全检查方案，并安排部署全州财政资金安全检查工作。根据财政部和省财政厅关于开展地方财政资金安全检查工作的通知要求，为更好地搞好财政资金安全管理，认真根据德宏财政实际，制定了科学合理的实施方案，对各县市区的财政资金安全管理进行全面清理检查。检查的内容主要是组织领导、制度建设和内控管理、岗位设置和人员配备、资金收付管理、财务处理、对账管理、财政资金专户管理、印鉴和票据管理、代理银行管理、信息系统管理等方面进行检查。通过检查，规范财政资金管理，确保全州财政资金的安全运行。

【召开全州财政系统反腐倡廉工作会议】 2009年4月16日，德宏州财政局为加强财政系统反腐倡廉工作，召开全州财政系统反腐倡廉工作会议。全局干部职工及各县市区财政局领导及相关人员130多人参加了会议。会议邀请了财经纪工委书记李维仲参加。会议认真总结了上年全州财政系统的反腐倡廉工作和部署下步工作，并对开展此项工作提出具体要求。同时，安排部署下步的党风廉政建设和反腐倡廉工作，并对此项工作提出4点要求：一是加强对积极财政政策实施情况进行监督检查，推动科学发展重大决策部署的贯彻落实；二是严格落实党风廉政建设责任制，切实加强财政部门领导干部的党性修养和作风建设；三是加强党风廉政教育，认真搞好廉洁自律；四是推进财政改革和专项治理工作，扎实推进财政部门反腐倡廉任务的落实。财经纪工委李维仲书记就财政部门如何进一步加强党风廉政建设和反腐倡廉工作提出要求：要求财政部门进一步改革工作作风，全力服务于全州经济建设这个中心，为德宏经济发展做出更大贡献。

【召开全州一季度财政运行分析会议】 2009 年4月16日，德宏州财政局召开全州一季度财政运行分析会议。会上，州财政局党组书记、局长刘新光首先通报了全国和全省财政运行情况，指出一季度全国财政收入比上年同期下降8.32%，全省降8.3%，全省只有5个州市实现增长，其余11个州市均不同程度减收，财政形势不容乐观。其次分析了全州一季度经济运行情况和经济运行对财政收入的影响。三是通报全州一季度财政收支执行情况。并指出，一季度全州财政总收入完成2.7亿元，比上年同期下降18.5%，而支出则达到7.3亿元，比上年增27.9%，收支矛盾较为突出。四是分析财政运行中的突出问题。主要是财政增收形势严峻，完成全年收入任务艰巨；财政增支压力较大，平衡难度加剧；扩大内需进展不够理想和债务风险居高不下。五是针对存在的困难和问题，为确保全年财政收支任务的顺利完成，刘新光局长向全州财政系统提出7条指导性的意见和建议：一要狠抓收入征管，兑现结构性减税政策；二要加快投融资体制改革，抓好产业发展，促进产业结构升级；三要抓紧抓好扩大内需执行工作，尽早发挥拉动经济增长的作用；四要筹集资金落实和兑现各项民生增支政策；五要牢固树立过紧日子的思想，狠抓节支工作不放松，确保预算平衡；六要加强政府债务管理，防范和化解财政风险；七要狠抓作风建设，在工作中实践科学发展观，努力打造昂扬向上、风清气正的良好环境。

【省政府国资监管和国企改革督导组到德宏督导】 2009年5月7至9日，根据省委、省政府《关于加强国有资产监督管理工作的意见》和省政府第86期专题会议纪要精神，为认真贯彻落实文件精神，加快推进国资监管体制改革及国有企业改革工作，云南省国有资产监督管理和国有企业改革工作领导小组派出以原政协副主席孟继尧为组长、省国资委副主任谢一华任副组长的督导组一行7人，对德宏州国有资产监督管理工作进行专项督导。督导组一行听取了州、市政府有关情况的汇报，深入潞西市和瑞丽市进行调研，并交换了意见。督导组通过调研、听取汇报和座谈的形式，对德宏州国资监管机构建立以来的工作给予了充分肯定，认为德宏州的国资监管工作州委州政府高度重视，做了大量的工作，且工作卓有成效，督导组对德宏的工作比较满意。同时，督导组对全州国资监管工作今后在机构设置、国资监管模式及加强资本运作等方面提出了很好的建议。

【首次举办德宏分赛区“海峡两岸珠心算通信比赛”】 2009年5月17日，由德宏州财政局、州珠算协会主办，州教育局、科协、关工委、共青团、妇联协办的德宏分赛区“第十八届海峡两岸珠心算通信比赛”暨德宏州第三届珠算珠心算比赛正式开赛。德宏州州直、潞西、梁河3个区域的各大中专院校、小学和幼儿园的1632名学生和儿童参加比赛。中国珠算心算协会与台湾省商业联合会自1992年起联合举办“海峡两岸珠心算通信赛”，已连续举办了17届。此次比赛是德宏州首次组织参加的全国两岸性的、不同地点同一时间的通信比赛，目的不仅仅是弘扬和研习中华民族优秀传统文化，而是通过参与比赛，提高学习珠算、珠心算兴趣，加强两岸对少年儿童脑潜能开发的学术交流，增进两岸民间友谊。为此，此项活动是财政等7个部门将科学发展观运用于协会活动实践的新尝试。经过评卷审核，有338名同学上报中珠协获取优胜奖证书，有648名同学获取州优胜奖证书，有27名、50名、84名同学分别获得州级一、二、三等奖证书。特别是在申请鉴定的228名学生中，芒市第四小学、芒市镇中心校的王艺均、张苓菁同学分别通过少儿珠心算能手八级和一级鉴定。

【全省外国政府贷款绩效评价初评会在德宏召开】 2009年6月23至24日，云南省外国政府贷款绩效评价初评会议在德宏州召开。会议由州财政局党组书记、局长刘新光主持。会上德宏州人民政府副秘书长李舟宇致欢迎词，并向参会人员介绍了德宏州基本情况。会上，省财政厅金融处副处长李婉明指出：外国政府贷款弥补了经济发展过程中资金不足的问题，对促进当地的经济发展具有重要的意义。会议要求：要充分认识绩效评价工作的重要性。此次会议对全省利用外国政府贷款的10个项目进行了初评，通过专家对项目的初评，找出了存在的不足，并对不足的地方提出修改意见和建议，为下一步终评起到了积极的推动作用。

【德宏州财政局长刘新光到县市调研】 2009年6月29日至7月3日，德宏州财政局成立以党组书记局长刘新光为组长的调研组，到各县市调研财政预算执行情况。调研的内容主要是：一、分析各县市1至5月财政预算执行情况；二、了解各县市非税收入纳入预算管理的情况，包括1至5月非税收入完成情况，已纳入预算管理非税收入种类和收支完成情况，尚未纳入预算管理的非税收入种类和收支完成情况；三、预测各县市全年收入，包括税收收入预测，分部门税收预测，非税收入预测，对已纳入预算管理的非税收入和尚未纳入预算管理的非税收入分别预测，提出达到收入增长目标的措施；四、了解乡镇财政预算管理体制改革部署及工作进展情况；五、了解各县市在预算执行中存在的困难和问题以及采取的措施和办法。调研主要采取座谈会的方式进行，各县市财政局就各县市的工作实际详细向调研组进行汇报。通过调研，使调研组对全州的财政预算执行情况有了深入的了解，掌握了大量的第一手信息，更有利于在下半年的工作中积极采取有效措施，有针对性地解决困难和问题，顺利实现全年财政收入目标任务。德宏州财政局就此次调研撰写了调研报告，为州委、州政府主要领导决策提供重要的参考依据。

【省村级组织建设和运转经费保障调研组到德宏调研】 2009年6月23至24日，以云南省政府研究室副主任杨士吉为组长，省财政厅、民政厅等相关单位领导为成员的云南省村级组织建设和运转经费保障调研组到德宏州进行调研。德宏州人民政府副州长板岩过向调研组领导汇报全州的基本情况。汇报指出：德宏辖5个县市、50个乡镇、1个街道办事处，362个居委会，其中338个行政村、2843个自然村、3760个村民小组。2007年全州通过第三届换届选举产生村委会主任、副主任、委员1952人，有村干部1006人。自“村改”以来，德宏州全面贯彻落实《中华人民共和国村民委员会组织法》，深入开展村民自治实践活动，农村各项事业建设得到全面发展。同时，汇报德宏州的经济发展、财政收入和村干部经费保障情况。调研组一行深入到潞西市三台山乡和风平镇的村委会和村干部家中进行了座谈，了解了村级组织建设及个人、家庭生产生活情况。

【举办村级会计委托代理服务师资培训班】 2009年7月28日，德宏州村级会计委托代理服务工作师资培训班在芒市开班。此举标志着德宏州村级会计委托代理服务工作迈出了坚实的一步。村级会计委托代理服务工作是2009年政府20项督办工作之一，州财政和农业部门协调配合，通过调查了解农村财务人员能适应、接受的培训形式和教学方法，共同开展此次有实用性、针对性的培训。培训力求有效规范村级财务工作，纠正和解决农村现存的主要财务问题，提高村级财务人员业务素质，促进全州村级会计委托代理服务工作全面开展，实现至年底，在原有基础上全州90%以上的村级全面推行村级会计委托代理服务；80%以上的村民小组全面推行村级会计委托代理服务；力争到2012年，全州基本实现村级会计委托代理服务”的目标。培训会上，州财政、农业局领导要求每位学员遵守纪律、认真学习、深入思考，紧密结合实际，用科学的态度分析问题、解决问题，积极探索会计委托代理服务工作新思路，努力提高自身综合素质和业务技能水平。

【农业综合开发项目通过省级验收】 2009年8月19至27日，云南省农业综合开发办公室会同省审计厅、省农科院、省国土资源厅等省级单位组成的农业综合开验收组，在州政府副州长板岩过、州财政局长刘新光等的陪同下，对德宏州上年度农业综合开发项目进行验收。德宏州农业综合开发项目完成总投资6089万元，占计划数5914万元的102.96%，其中中央财政资金2901万元，省级财政资金1315万元，州级财政资金57万元，均占计划数的100%。县市级财政资金266万元，均占计划数91万元的2.92倍；自筹资金1444万元，占计划数的100%。验收组到各县市进行认真的检查验收，并对项目资金的拨付及有偿资金核销、项目档案建设等进行检查。验收组对德宏州的农业综合开发工作给予了充分的肯定，对验收过程中发现的问题提出了整改意见，并要求在今后工作中农业综合开发领导小组成员单位要对实施的项目积极参与协作，加大资金的整合力度，切实加强全州农业基础设施建设和生态建设，改善农业生产条件，提高农业综合生产能力，达到实现农业增效，农民增收的目的。

【中国财经报新闻部副主任李存才到德宏采集项目情况】 2009年9月19至22日，财政部中国财经报新闻部副主任李存才在省财政厅调研员李越舟、副调研员袁明高陪同下，到德宏了解上年开展村级公益事业一事一议财政奖补项目建设情况及村民满意度。李副主任分别到潞西市遮放镇和陇川县城子镇的部分村寨进行实地走访、入户询问，听取村民对一事一议财政奖补试点工作的情况反映、意见和建议。根据实地察看，德宏州实施一事一议财政奖补试点工作的村组，村内道路修好之后，给村民带来了极大的方便，村内宽畅的水泥道路，给农村地区带来了强烈的和谐音符。通过项目的实施，进一步发展和改善项目村的基础设施建设，推进项目村的经济建设，改善了群众的生产生活条件，提高了群众的生活水平。通过实地走访，李副主任充分肯定德宏州开展一事一议财政奖补试点工作所取得的成效。

【举办全州新型农村合作医疗管理人员培训班】 2009年10月25至27日，德宏州卫生局、州财政局在芒市举办新型农村合作医疗管理人员培训班。培训主要针对几年来工作中存在的不足和现行政策进行培训，力求通过对新型农村合作医疗基金财务会计制度及相关政策、新农合监督与管理、常见公文写作、公务礼仪等具体操作方式方法的讲解，使与会人员既深入学习相关制度政策，又能让大家增进了解和相互交流，以总结几年来的工作经验，取长补短，推动全州新型农村合作医疗工作的更大发展。参加培训的有全州各县市卫生局分管领导、新农合经办机构、财政社保领导及业务人员50多人。

【省国资监管和国企改革督导组到德宏督导】 2009年10月26至28日，云南省国资监管和国企改革工作领导小组派出督导组到德宏州督导国资监管工作。督导组由省政协原常务副主席孟继尧率队，成员由省国资委原监事会主席韩长旺、云南商业集团有限公司原总经理陈德兴、省国资委副主任赵玉林等组成。州委常委、常务副州长柳五三，州长助理刀承贤和相关部门负责人等陪同督导。在10月27日召开的汇报会上，柳五三就德宏州前三季度的经济社会发展情况和国有资产监管工作向督导组作了汇报。听取汇报后，督导组对德宏州国资监管工作取得的成效给予了充分肯定。

【举办教育财会人员培训班】 2009年10月19日，由德宏州财政局、教育局联合举办的全州教育系统财会人员培训班开班。州财政局、州教育局的领导出席了开班典礼，并作讲话。此次培训，分3期进行，培训对象为各县市区教育局机关财务人员、经费管理中心全体人员、州直学校（园）财务人员及各县市区中小学校报账员197人。培训班聘请州中等职业学校的教师及州财政局相关科室人员进行授课，分别从如何管好用好教育经费、如何搞好教育经费的预算、如何搞好教育政府采购等方面进行授课。此次与教育系统携手举办培训班是州财政局在培养会计人员，提升职业道德，提高部门会计人员业务技能，有针对性地开展培训的新探索，对今后拓展会计人员培训方式起到积极的作用。

【国家新型农村合作医疗督查组到德宏督查】 2009年11月5至6日，财政部社保司副巡视员路英、卫生部农村卫生管理司合作医疗处处长傅卫等6人，在省财政厅副厅长杨利邦、卫生厅副厅长徐和平的陪同下，到德宏州对新型农村合作医疗工作进行督查。督查组深入盈江听取盈江县的汇报，查看盈江县卫生局新农合办、财政局相关工作资料，并到盈江县弄璋镇卫生院查看补偿台账、病历和处方等，还听取了参合农民对制度执行中的意见，征求扩大制度覆盖面，提高缴费补助标准的意见和进一步提高报销标准的想法。

【省财政厅检查组到德宏检查一事一议财政奖补试点工作】 2009年11月20日，由云南省财政厅综改办副主任张锡德率队的检查组到德宏州检查一事一议财政奖补试点工作进展情况。检查组深入潞西市风平镇芒赛村，实地检查一事一议取得的成效，听取了州财政局和市、镇、村干部的汇报后，对村民筹资筹劳的积极性，资金的收取、管理、使用、监督等方面进行详细了解，并就如何解决困难和问题、完善机制征求意见建议。检查组指出：村组公益事业建设一事一议财政奖补试点工作是一项财政支农新制度，德宏州各级各部门要高度重视此项工作，认真履行指导和管理职能，及时成立领导小组，积极做好项目相关工作，积极推进农村综合改革，增加公共财政对农村的投入，既为调动农民群众的积极性和多渠道增加农村公益事业投入探索了一条有效途径，也让农民群众切身感受到党和政府的关怀，有力地促进了城乡协调发展。同时，检查组还要求德宏州要加大查缺补漏工作力度，确保项目建设按质按量完成，积极整合资金，充分听取群众意见，正确引导农民自愿出资出劳，将一事一议财政奖补试点工作办成“领导放心、干部支持、群众满意、成效明显”的民心工程和惠民工程。

【财政部海关总署边民互市贸易调研组到德宏调研】 2009年11月27至28日，财政部海关总署边民互市贸易调研组一行4人到德宏调研。调研组首先召集瑞丽市、盈江县、畹町开发区、姐告开发区和相关职能部门进行座谈。座谈会上，州委常委、副州长柳伍三作了专题汇报，围绕德宏对外贸易发展情况、德宏边民互市贸易发展情况、缅方开展边民互市的政策情况、存在的困难和问题等方面进行详细汇报。调研组听取德宏州就边民互市贸易开展情况和所提出的意见建议后，表示回去后会认真进行研究。座谈会结束，调研组又深入瑞丽姐告口岸实地查看，进一步了解边民互市贸易开展的情况，圆满完成了此次调研工作。

【召开全州财政决算工作会议】 2009年12月12至13日，德宏州财政决算工作会议在陇川县召开。会上，通报了1至11月全州国库资金调度情况和上年度财政决算、预算执行分析工作受表彰奖励的先进县市，总结了2008年全州财政决算工作。并对国库工作提出5点要求：一是加强国库基础工作。二是加强预算执行分析和信息报送工作，做好2009年决算。三是加强财政资金安全管理工作。四是继续深化国库集中支付改革，积极推行公务卡制度改革。五是加强干部队伍建设。通过召开财政决算工作会，为进一步提高各县市报表编审质量和水平，不断规范决算编审程序，加强业务培训和数据审核，增强软件的分析操作能力，确保全州财政决算准确性和及时性打下了较好的基础。

【召开财税库联席会议】 2009年12月18日，德宏州财政局召开德宏州州级财税库银联席会议。州国家税务局、州地方税务局、中国人民银行德宏州中心支行、中国建设银行德宏分行、中国工商银行德宏分行、中国农业银行德宏分行及州财政局7个部门的相关人员参加了会议。会上，对财税库银横向联网工作作动员，宣传开展此项工作的重要意义。会议还研究了国税部门税款缴库有关工作，并就加大商业银行经收税款的监督力度，以及加速库款解缴达成一致意见。同时，就年末授权支付额度清零、账务核对、国库集中支付运行中存在问题等多项内容进行讨论，并达成共识。最后，各部门统一思想，表示要以会议为契机，加强协调配合，形成合力，齐心协力完成2009年各项工作，努力做好财税库横向联网新系统的启动准备工作，确保财税库银横向联网的顺利运行。

【召开部门决算工作会议】 2009年12月21日，德宏州财政局召开州级部门决算工作会议。州直132个单位的财会人员和州财政局有关业务人员参加了会议。会上，要求预算单位强化资金安全管理，规范银行账户，提高资金的使用效益，确保账务的准确、完整、规范。同时，总结上年度部门决算编审工作，表彰奖励上年度部门决算工作获奖的60个单位，明确了额度下达时间、现金存回银行时间及相关年终对账事项，详细讲解了年内部门决算填报口径和报表要求，宣读了《德宏州财政局关于印发〈德宏州州本级部门决算批复暂行办法〉的通知》，为2009年度州级部门决算的汇审打下了坚实的基础。

【组织财税收入】 2009年，德宏州各级财税部门紧紧抓住机遇，密切配合，认真分析税源，努力开辟财源，积极挖掘税收潜力，大力加强税收和非税收入征管，狠抓财政增收。一是坚持依法治税，严格执行财税优惠政策，加强税收入库管理，强化征管手段，提高税收征管效率，有效堵塞“跑、冒、滴、漏”。二是稳步推进非税收入管理改革，规范非税收入管理，税收与非税收入做到应收尽收。积极发挥非税收入的支撑作用，确保全年财政收入实现增收。三是拓宽非税收入来源，坚持收支两条线的同时，调动执收单位积极性，增加政府可调控收入。按照全省要求稳步推进行政事业单位国有资产，包括经营性国有资产的管理改革，在摸清家底的基础上，盘活存量资产，变现一部分资产，增加财政收入，或以资产产权作为抵押，促进重大基础设施建设融资，有效缓解财政支出压力。全年国税部门组织收入67492万元，地税部门组织收入75432万元，非税收入完成29386万元。

【支持地方经济发展】 2009年，德宏州财政部门坚决贯彻落实中央、省保民生的重要政策措施，千方百计筹措资金，争取上级的支持，确保重点支出的需要，促进全州经济社会发展。全年争取省厅调入预算资金420373万元，其中拨入预算资金346067万元，社保资金10236万元，教育补助资金8236万元，新农活补助资金7016万元，车辆购置税补助资金20386万元，预抵税收返还17511万元，其他2691万元。保证全州干部职工工资和离退休费的发放和机构运转，同时根据州政府的决定，将未纳入本年预算的义务教育绩效工资比照公务员津补贴标准发放、“农村中小学D级危房改造”、维持华侨农场稳定，兑现胶林、茶园土地补偿和生活困难补助、扩大内需项目财政配套资金等各项重点支出采取预拨方式拨付。全年预拨资金28785万元；划拨各县市资金317161万元，其中潞西市84021万元、梁河49221万元、盈江72583万元、陇川61128万元、瑞丽42425万元、畹町7783万元。一是增加三农投入，积极推进特色产业发展，认真落实各项惠农政策，促进农村发展，农业增效，农民增收，缩小城乡差距。二是调整和优化支出结构，实施好中小学教师绩效工资改革。三是积极推进就业和再就业工作，贯彻落实好省政府《关于鼓励创业促进就业的若干意见》和“贷免扶补”政策，统筹做好高校毕业生、农民工、复转军人等人群的就业工作，努力保持就业局势稳定。四是认真落实和兑现提高农村义务教育保障经费、提高农村五保户补助标准等各项民生政策，促进社会和谐稳定。

【内需资金项目建设】 2009年，德宏州财政部门紧紧抓住中央实施扩大内需政策的机遇，积极争取项目，着力推进重大项目的落地和建设，重视发挥资金效益，积极配合相关部门做好项目前期工作，与项目形成合力，推进项目实施进度，在加快资金拨付的同时，特别注重资金效益和规范管理，确保扩大内需资金的安全，充分发挥实施扩大内需项目拉动经济增长的作用，促进全州基础设施建设跃上新的台阶。全年向上级争取中央和省扩大内需资金41756.67万元，推进全州279个项目建设。主要实施了全州大中型水库建设，县市医院建设，污水处理厂，垃圾处理场建设和兴边富民工程及扶持较少民族发展等项目。

【社会保障工作】 2009年，德宏州财政部门充分关注民生，财力进一步向弱势群体倾斜，切实加强社会保障工作，积极配合相关部门稳步推进农村医疗救助和全面启动城镇居民基本医疗保险，支持乡镇卫生院和村级卫生室建设，加大城市社区卫生建设力度，努力改善农村和城市社区医疗卫生条件，缓解了群众看病难、看病贵的问题，对社会弱势群体提供保障。全年实现医疗卫生支出43071万元，社会保障支出85252万元。其主要实施情况如下：一是加强社会保险工作。全年组织社会保险基金收入55422万元，其中养老保险33049万元、失业保险2047万元、城镇职工基本医疗保险19653万元、工伤保险367万元、生育保险306万元；全年社会保险支出43727万元，其中养老保险29472万元、失业保险850万元、城镇职工基本医疗保险13024万元、工伤保险246万元、生育保险135万元。年末，基金滚存结余53853万元。二是加强社会保障资金管理。全年组织社会保障资金收入31198万元，其中就业补助2026万元、新型农村合作医疗基金8489万元、新型农村合作医疗风险基金314万元、城市居民最低生活保障7667万元、农村最低生活保障9389万元、城镇贫困医疗救助453万元、农村特困医疗救助1660万元，城镇居民医疗保险金1200万元；全年支出社会保障资金26757万元，其中就业补助2034万元、新型农村合作医疗基金8419万元、城市居民最低生活保障6038万元、农村最低生活保障8242万元、城镇贫困医疗救助276万元、农村特困医疗救助847万元，城镇居民医疗保险金901万元。三是全年拨付上级下达专项资金2846万元，主要拨付1700万元实施盈江县人民医院门诊综合楼建设，拨付90万元实施全州18个村卫生室建设，拨付866万元实施全州14个乡镇卫生院建设，拨付190万元实施潞西市勐焕街道办事处城南社区服务中心。四是根据《德宏州高龄保健补助和长寿补助暂行实施办法》，对全州80岁以上的老年人给予补助。全年80岁以上老年人有10688人，其中90岁以上1261人、100岁以上59人，确定分别按月每人10元、20元和200元标准补助，并在重阳节或按月发放。五是认真做好关闭破产困难企业退休人员参加医疗保险工作。年内，将10317名关闭破产困难企业退休人员纳入职工医疗保险范围，共筹集资金7131.96万元，其中中央财政补助3955.05万元，省财政补助693.48万元，州财政补助208.04万元，县市财政补助485.44万元，企业筹集1789.95万元。六是做好稳定企业在岗职工就业工作。根据《云南省人民政府关于鼓励促进就业的若干意见》和《德宏州人民政府关于进一步加强全州就业工作的通知》要求，全州筹集资金1000万元，用于再就业培训补贴、转岗培训补贴和再就业补贴，对困难企业给予一定数额的岗位补贴，稳定企业职工就业。七是拨付盈江地震补助资金42811.51万元，拨付H1N1防控经费107万元，拨付再就业资金260万元。

【"三农"投入】 2009年，德宏州各级财政部门加大"三农"投入力度。一是按照中央1号文件精神，认真贯彻落实好全省农村工作会议精神，全面贯彻落实党的各项惠农惠民政策。全年拨付支农资金60503.63万元（含扶贫资金专户10081.1万元、退耕还林专户3786.02万元）。全面落实"一折通"发放的各项惠民政策，拨付粮食直补899.36万元、良种补贴1860.81万元、农资综合补贴6640.37万元、农机具购置补贴1020万元、测土配方施肥补贴233万元、能繁母猪补贴238.53万元、退耕还林补贴4101.53万元、扶贫资金10637.17万元。同时，财政部门积极与相关部门密切配合，完成农民补贴信息系统和惠农"一折通"的发放服务平台，各项补贴资金及时兑付到农民手中，受到了广大农民的欢迎。二是求真务实，开拓进取，围绕中心，服务大局，狠抓政策落实，切实强化监管，有效推动了社会主义新农村建设，促进了农村繁荣、农业发展和农民增收。全年州本级安排支农专项资金2612万元，主要是全州冬季农业开发和大春生产专项经费150万元；全州新农村建设项目50个乡镇共安排拨付500万元；全州扶贫"整村推进"重点村项目450万元；扶持畜牧业产业发展贴息资金200万元；护林防火配套资金35万元、防汛报汛费20万元、重大动物疫情防控执法监测等专项经费30万元。三是拨付水利工程项目资金8617万元，主要解决了梁河油竹坝水库、陇川县红卫水库、潞西蚌相水库、芒究水库、盈江回龙河水库、南挡沟干支渠防渗工程、户宋河北大沟、大型灌区续建配套和节水改造、畹町红石河水库、麻栗坝水库、瑞丽灌区团结大沟和瑞丽江、畹町河、南宛河瑞丽坝区界河等工程建设；拨付交通工程项目资金25911万元，主要加强了农村基层道路建设、通乡油路建设，全面实施通达工程、农村客运站站点、路网、渡口改造入渡改桥工程等项目建设。四是认真开展村级公益事业建设一事一议财政奖补试点工作，惠及广大群众，极大地调动了农民参与公益事业建设的积极性和主动性，促进了农村民主化进程，促进了社会主义新农村建设，对构建社会主义和谐社会起到了较好的作用。全年各县（市）完成村级公益事业建设一事一议财政奖补实施项目362个，其中完成村内道路建设项目218个，（其中主干道352条、236.57千米；支道902条、94.35千米）；完成小型农田水利项目10个；完成人畜饮水工程项目29个；完成卫生设施项目8个；完成植树造林项目3个；完成文化体育设施项目94个。实际完成项目工程建设总投资11601.71万元。其中村民筹资捐资1335.97万元，村集体资金投入2147.30万元，社会捐赠赞助资金556.86万元，村民以工折资1681.10万元，村民以物折资352.95万元，州级财政投入652.95万元，县市级投入1201.1万元，乡镇级投入36.41万元，其他财政资金投入1467.07万元，中央、省级奖补资金2166万元。以上项目覆盖476个自然村，一事一议财政奖补项目的覆盖面达到自然村总数的12.77%，受益村民20.08万人。

【抓好农业综合开发工作】 2009年，德宏州农业综合开发工作紧紧抓住增加农民收入这个中心，结合德宏农业优势产业的发展，着力加强农业基础设施建设，改善农业生产条件，土地治理项目按统筹规划、综合开发、突出重点、合理布局、集中连片、持续发展、推进科技进步、不断创新机制的要求，以改造中低产田为重点，对山、水、田、林、路进行综合治理，并大力做好农业科技示范推广和农业生态工程建设，进一步改善和增强农业基础设施条件，巩固农业基础地位。突出德宏特色和重点，积极扶持龙头企业和优势产业，推进农业产业化进程，促进农业产业发展和农民增收。农业综合开发实施后，加强了对山、田、林、路的综合治理，不仅壮大了全州龙头企业的竞争势力，而且使全州的农业生产条件、生态环境、农业产值及农民收入得到了明显的改善和提高。全年全州农业综合开发项目计划投资8261万元，其中财政资金5850万元（中央财政资金3895万元、省级财政资金1757万元、州级财政配套资金51万元、县市财政配套资金147万元），自筹资金2076万元，水利部门配套资金335万元。具体为：土地治理项目计划投资6719万元，治理面积11.55万亩；产业化经营项目计划投资1542万元，计划实施产业化经营项目3个。

【保障农村义务教育和计划生育经费】 2009年，德宏州财政部门完善农村义务教育经费保障机制，保障计划生育投入。一是认真贯彻国家和省关于深化农村义务教育经费保障机制的文件精神，积极指导各县市建立专项资金实施细则，通过建章立制，确保各项农村义务教育资金安全、规范地按规定用途使用，确保资助范围内的学生和学校，特别是中心校以下各教学点享受公共财政政策，逐步缩小城乡教育资源差距，稳步推进城乡教育公平，进一步加强对农村义务教育保障专项资金管理，确保资金使用的合法性、规范性，不断完善“校财局管”财务管理新体制，使农村义务教育经费得到有力保障。全年中央、省、州下达德宏州农村义务教育经费保障机制改革专项经费23023.5万元，比上年的15525.1万元增48.29%。州级在财力十分困难的情况下，列入年初预算835万元。农村义务教育经费保障机制的建立和完善，使全州公办义务教育阶段学生全部免除了学杂费，并享受中央免费教科书政策，有162762名中小学生免除杂费和补助公用经费优惠政策，有111066人享受贫困家庭寄宿学生生活补助和7074人享受较少民族生活补助。二是健全完善计划生育保障机制。全年为符合奖励条件的10241个双女户家庭发放奖励资金5452.69万元，其中中央、省级资金4784.32万元，州级配套资金334.15万元，县市配套资金334.15万元。州级财政安排659万元计划生育专项资金，确保农村计划生育“少生快富”等项目的顺利实施。

【扶持企业发展】 2009年，德宏州财政局积极向上争取资金和政策扶持全州企业发展，使企业更好地为地方经济发展做贡献。全年上报“技术改造贷款贴息”、“非公经济暨中小企业发展专项资金”、“新型产业化发展专项资金”、“走出去战略发展专项资金”等30多个项目、158户企业的项目申报工作；全年争取资金5192万元。同时，积极管好用好财政部安排和省配套的境外罂粟替代种植专项资金，继续支持企业到境外开展罂粟替代种植，发展替代产业，发挥替代示范基地建设的项目带动效应，从源头上有效遏制毒品的蔓延。全年到位中央境外罂粟替代种植发展项目前期费用补助和贷款贴息1026.55万元。

【投融资体制改革】 2009年，德宏州进一步加快投融资体制改革，打造投融资平台，尽快突破融资困难的瓶颈，抓住中央实施宽松货币政策的机遇，积极运用财政贴息、公司担保等手段，放大政府投资效应，推进项目建设和产业发展，促进产业结构升级，壮大基础财源。截至年末，全州成立以民营资本为主的6户中小企业担保机构，注册金额达4200万元，已为10家企业担保贷款2.9亿元。提供的担保业务有进出口贸易融资担保、企业流动资金贷款担保、固定资产投资贷款担保和高新技术项目贷款担保等，有力地支持了中小企业的快速发展。同时，积极动员和鼓励企业成立小额贷款公司，拓宽中小企业融资渠道。省金融办分配给德宏州的小额贷款公司试点名额为1户，经努力争取，取得3户名额，并获得省金融办批准成立3家小额贷款公司。分别是潞西市新正小额贷款有限责任公司，注册资本1000万元；德宏汇鑫小额贷款有限责任公司，注册资本5000万元；德宏宏天小额贷款有限责任公司，注册资本1000万元。目前，3家小额贷款公司均已正式营业，运行情况良好。

【“贷免扶补”工作】 2009年，德宏州财政局高度重视“贷免扶补”工作，制定下发《德宏州人民政府关于进一步加强全州就业工作的通知》、《德宏州创业促进就业小额担保贷款管理（暂行）办法》、《德宏州鼓励创业贷免扶补承办单位业务经办规程》等配套政策措施，构建全州保增长拉动就业、鼓励创业拓宽就业、转变观念理性就业、搭建平台服务就业、深化创业促进就业和加强领导推动就业的政策体系，形成以推动“贷免扶补”政策落实，带动更多人就业的良好社会氛围，并形成州、县（市）各职能部门工作联席会议机制。全年全州受理创业申请1277人，参加创业培训237人，推荐创业人数677人，其中大学生42人、农民工322人、复转军人24人、城镇登记失业人员272人、其他人员9人、其他密集型小企业8个，发放贷款677笔，贷款金额4382万元，占应发放数的102%，财政累计贴息102.48万元。

【县乡基层政权项目资金监督管理】 2009年，德宏州财政部门认真总结梳理历年县乡基层政权建设和边疆地区专项转移支付建设项目取得的经验和成效，进一步加强项目资金监督管理，解决项目实施过程中遇到的困难和问题，督促项目实施单位按照合法规范的程序实施项目建设。全年实施乡镇基层政权建设项目11个，拨付资金370万元；实施边境地区专项转移支付项目35个，拨付资金4506万元，有力地加强了全州的基层政权建设，改善了边境地区的各项基础设施，促进了边境地区的发展。

【政府采购管理】 2009年，德宏州政府采购工作继续认真贯彻落实《政府采购法》、《政府采购货物和服务招标投标管理办法》，不断加大规范采购力度，扩大政府采购范围和规模，努力提高工作质量和服务水平，扎实开展反商业贿赂专项治理工作，严格执行中央《关于党政机关厉行节约若干问题的通知》精神，努力做到“四个零增长”，并以规范制度为手段，为建立一个行为规范、运转高效的采购程序，确保政府采购工作做到公开、公平、公正，切实实现“阳光采购”。在采购项目实施过程中，严格按照政府采购管理的采购方式进行，做到采购程序公开、采购信息公开、采购活动公开、采购结果公开和法律公证监督、纪检监察监督、审计监督、采购单位监督、社会舆论监督。全年州本级采购金额达9318万元，节约资金694万元，节约率为6.9%。

【加强财政监督检查与会计培训】 2009年，德宏州财政部门积极对财政资金安全和扩大内需资金的管理和使用情况进行监管和检查。各科室及各相关部门以此为契机，有针对性地完善、健全各项内部规章制度，形成各个环节、各个工作岗位之间的互相监督、互相制约，切实保障了资金的快速、高效、安全运行。一是认真开展《会计法》、《云南省会计条例》、《会计基础工作规范》执法检查。重点检查会计人员是否持有《会计从业资格证》，并进行会计从业资格人员培训，规范全州会计工作，严肃法纪法规，提高了会计人员的业务素质和法律意识。二是圆满完成年度会计专业技术资格注册会计师、高级会计师、会计从业资格考试的报名及考务工作。三是完成会计师事务所基本信息报备工作。四是积极开展村级会计委托代理服务工作。出台工作意见7个，制定工作实施方案47个，落实经费74.3万元；举办各类培训班82期、2842人次；成立民主理财小组1659个，累计代管集体资金4465.43万元，代管集体资产11618.83万元。

【开展财政资金使用绩效评价】 2009年，德宏州财政部门按照上级有关财政资金支出管理的要求，根据《德宏州州级财政支出绩效评价暂行办法》，组织开展新农村建设项目绩效评价。评价金额为3261.42万元；对“整村推进”重点村项目建设绩效评价，评价金额为3760万元；对畜牧产业发展贷款贴息资金项目绩效评价，评价金额为200万元；对中小学校危房维修改造建设项目绩效评价，评价金额为4730.04万元；配合省财政厅绩效评价处对上年度村集体经济发展项目、整村推进扶贫开发项目进行绩效评价。项目通过绩效评价后，得到了充分肯定。同时，依照相关规定提出进一步的改进意见，完善了财政资金支出管理，提高了资金使用效益。

【财政改革】 2009年，德宏州财政局按照依法理财、科学理财和透明理财的要求，继续深化各项财政改革，推动财政管理的科学化、现代化和法治化。主要实施了以下改革：一是实施预算编制改革。按照局领导提出的改革方向，结合上年实施“增收节支以奖代补”管理改革取得的经验，调整和制定年内州级预算单位“增收节支以奖代补”管理办法，在上年预算支出“定员定额、增收节支、以奖代补”考核奖惩办法的基础上，坚持非税收入“收支脱钩”，完善非税收入增收节支激励机制，为预算支出提供可靠的收入来源，调动了预算单位的节支积极性，提高了资金使用效益。二是进一步推进和深化财政国库管理制度改革。实行国库集中支付后，有力地监督预算单位的资金安排，杜绝单位随意改变资金用途的行为，增强了预算约束力，提高了理财意识，实现了财政部门对支付环节的动态实时监控，有效地减少了滞留、挤占、挪用资金现象，改变财政事后监督为事前监督。三是全面推进乡镇财政管理体制改革。按照《云南省人民政府关于深化乡镇财政预算管理方式改革的意见》精神，在全州范围内全面实施乡镇财政管理体制改革。4月组织召开“全州乡镇财政预算管理改革推进会”，按照省上统一的模式，稳妥地组织实施改革，此项改革于10月底完成。四是积极推行公务卡制度改革。拟定《德宏州预算单位公务卡管理暂行办法》报州政府发文，确定德宏州州级推行公务卡结算试点的实施方案和单位进行公务卡改革试点工作。目前，此项工作正在全州各预算单位推开。实施公务卡制度是对国库集中收付改革的进一步深化和完善，建立公务卡消费制度，有利于预算单位财政授权支付业务，减少现金支付结算，提高支付透明度，加强财政监管。

【宣传工作】 2009年，德宏州财政部门进一步做好宣传工作，增强财政工作透明度。年内撰写《德宏财政信息》252期，并及时向州委、州政府及省厅报送，积极向《德宏团结报》和德宏电视台投稿；在德宏州人民政府公众信息网上发表65篇，《德宏团结报》刊发41篇，《云南经济日报》刊发11篇，《云南科技报》刊发16篇，德宏电视台新闻报道15条，《云南财会》刊发7篇。

【举办全州企业所得税税源调查暨软件培训会】 2009年，德宏州财政局召开全州企业所得税税源调查暨软件培训会。各县市财政局负责企业所得税税源调查工作的股室负责人和具体工作人员参加了会议。会议认真总结了上年全州企业所得税税源调查工作取得的成绩，对企业所得税税源调查软件进行了培训。讲解年内全州企业所得税税源抽样调查方案、代码、指标企业所得税税源调查数据分析，为认真做好调查工作打下了基础。

（《财政》撰稿　罗洪启）

（见“州情概览·财政”76页）

税　　务

国　　税

【表彰先进】 2009年1月，瑞丽市国家税务局被省局命名为“文明单位”，潞西局、畹町局、陇川局、盈江局通过省局复查，为复查合格“文明单位”；梁河县局计划征收科被省局和省妇联表彰为“巾帼文明岗”；州局机关、盈江局、瑞丽局、陇川局和畹町局5单位被州委、州政府授予2008～2010年度“文明单位”荣誉称号；1月州局党组表彰51名“优秀税务工作者”，“7·1”州局党总支表彰1个“先进党支部”、27名“优秀党员”和5名“优秀党务工作者”。州局组织的歌舞《情满瑞丽江》，参加省局“祖国在我心中”建国60周年文艺汇演获“最佳风采奖”；组织创作书法、美术作品各20余幅和摄影作品800余幅，选送省局书画摄影展，有3幅作品入选。

【税源分析】 2009年，德宏州国税系统分税种及行业分析：一、增值税增减：1.新建电站建成运营，已发电电站110座，总装机容量达230万千瓦，发电量增加130万千瓦。随着大规模电网建设和改造速度加快，供电能力和质量明显提高，州供电局外送电量达63.05亿千瓦时，比上年增200.82%，售电量达6.95亿千瓦时，增163.26%；5月8日《2009年丰水期德宏电网金属硅生产用电电价联动核算方案》实施，工业企业用电量增大，拉动供电量大幅增长，电力实现税收2.47亿元，增收1.17亿元，增89.4%。2.硅厂技改增容，产量扩大，规模效益明显提高，工业硅年产量达10.48万吨，增产4.3万吨。随着国内经济复苏，销售价格回升，实现税收3916万元，增收333万元，增9.3%。3.制糖业税收减收1490万元，由于跨期糖税减少1581万元，加之市场价格波动大，虽然糖价后期有所回升，但大部分糖在价位偏低时已卖出。4.铝价下跌致铝的税收减收250万元。5.水泥税收减收270万元。6.受金融危机影响，从缅甸进口货物急剧减少，进口总额减少50%左右。海关取消边贸货物进口环节增值税减半征收的优惠政策，恢复全额征收，企业进项税额增大，国税增值税税负下降，边贸税收减2589万元。7.增值税转型政策实施后，企业固定资产纳入进项抵扣，进项税额增加，税负明显降低。小规模纳税人税率调整影响了商业增值税减收。二、消费税增减：1.消费税增收主要是因5月1日国家调整烟草消费税，对卷烟企业批发环节征收5%的消费税，烟草消费税增收1386万元。2.酒精消费税因产量减少和价格下降减收190万元。三、企业所得税增减：1.部分企业减免税到期或进入减半征税期，增收666万元。2.电力企业利润增加，增收559万元。3.查补入库增收254万元和纳税评估及房地产预售收入所得税增收366万元。4.烟草企业所得税受烟草批发环节征收5%的消费税影响，利润减少，减收439万元。四、储蓄存款利息所得个人所得税因执行上年10月9日起暂免征收政策，减收780万元。五、车辆购置税比上年增收1684万元，因国务院出台从1月20日起至12月31日购置1.6升以下排量乘用车暂减按5%的税率征收优惠政策以及汽车以旧换新、汽车下乡等政策实施，调动了居民购车积极性。全年征税车辆33484辆，比上年增11513辆；征税车辆总价达9.1亿元，增加3.5亿元。

【税收征管】 2009年，德宏州国税部门在税收征管方面主要做了如下工作：一、落实税收管理员制度，加强户籍管理，杜绝漏征漏管户。全州办理税务登记20364户，登记率达100%，准期申报率99.71%，入库率100%，无新增欠税，滞纳金加收率和处罚率均为100%。二、利用数据监控系统和综合征管软件查询功能，加强6率监控考核力度，有效监控税务登记、申报、入库、欠税等数据，及时预防可能出现的问题，同时坚持半年抽查2个县市局，考核征管质量，提高征管质量和效率。三、对小规模纳税人坚持核定及核定调整制度，严格控管，确保税收及时足额入库。年内，有12037户纳入电子定税管理，其中达起征点3836户，比上年提高0.39%。四、继续巩固和强化综合征管软件各系统运行维护工作。五、加强对普通发票日常管理和专项检查。2至11月开展商业零售行业发票检查，检查大型连锁超市、药店42户，发票16313份，检查商业零售企业和个体户1891户，发票127274份，检查率达100%，查补税款及罚款1.3万元。六、为落实上级局关于加强征管、堵漏增收文件要求，强化税源管理，优化纳税服务，确保税收任务圆满完成。10至12月开展重点税源专项评估工作，对50户企业（为一般纳税人的6.3%）开展自查评估，各县针对自评不到位及存在疑点的7户企业进行纳税评估（为企业自查评估面的14%），州局对重点税源中的3户企业进行专项评估，评估补税93.94万元。

【流转税管理】 2009年，德宏州国家税务部门在流转税管理方面主要抓好如下工作：一、认真落实增值税转型工作：加强领导并研究制定切实可行的实施方案，加大汇报和宣传力度，争取党委政府对增值税转型工作的重视与支持，准确做好经济和财政收入分析预测，做好增值税新旧政策的衔接工作；开展送服务送政策下基层进企业活动，帮助纳税人了解增值税改革政策，做好纳税辅导工作；对政策执行情况认真开展调研，及时发现问题和反馈及时加以解决落实。二、积极加强资源综合利用企业和民政福利企业税收管理，同时进一步强化各重点税源管理，深化增值税纳税评估等工作。三、加强车辆购置税和卷烟消费税的管理，及时开展两税种税收政策的调整工作。四、为及时反馈政策调整对边境贸易发展的影响，不断完善和规范边贸税收管理，组织撰写《加快边境贸易税收政策调整和创新促进德宏边境贸易发展》，并出台《德宏州边贸税收征收管理规定》。

【所得税管理】 2009年，德宏州国家税务局在所得税管理方面主要做了如下工作：一、采取举办培训班、“送税法上门”、召开企业座谈会等服务方式，帮助纳税人及时准确掌握税法及政策规定，营造和谐的征纳关系。年内，举办办税人员和管理人员培训班各7期，培训办税人员1000余人次，管理人员200余人次，有效提高了纳税人自觉纳税意识、税法遵从度和管理人员业务素质以及熟练运用所得税申报管理软件的水平，为所得税网络申报、介质申报软件推广运用奠定了基础。二、做好“2008版企业所得税年度纳税（A类）介质申报系统”组织实施工作，确保系统顺利推广运用。2月9至20日，组织参加了省局系统压力测试，搭建模拟培训环境和正式环境，开展师资培训，制定推广方案，对征管人员和辖区内使用介质申报软件的纳税人进行培训，3月1日前完成了软件相关信息维护工作；2月26日全州第1户企业通过介质申报系统申报成功，2008年度所得税汇算清缴全部通过介质申报系统上线运行完成。三、所得税汇算清缴继续按照“转移主体，明确责任，做好服务，强化检查”的要求做好汇算清缴。年内，企业登记户数为995户，应参加汇算清缴825户，实际参加822户，汇算面达99.64%。四、在落实优惠政策的前提下，严格减免税和财产损失税前扣除审批程序，审核、审批税前扣除申请8份，审查企业申请税前扣除金额3724万元，批准税前扣除2724万元，不准扣除1000万元，不予受理1户。五、对商业、电力、硅业为主的39户企业进行重点评估，对经营发生变化及减免税恢复征收后，应纳税降幅超30%的1户企业进行重点评估，对注册资本500万元以上连续3年亏损或零申报的13户企业等进行评估，11月30日完成评估工作，共评估136户企业，为汇算清缴总户数的16.54%。

【执行税收优惠政策】 2009年，德宏州国税系统贯彻执行上级各项税收优惠政策：一、开展出口退税专项检查和出口货物退税评估，促进管理水平提升，继续强化服务意识，履行服务承诺制，严格审核办理每一笔退税业务，提高办税效率。年内，为115户出口企业办理退税1181批次，办理退税3.55亿元，其中人民币结算办理退税2.97亿元，为退税总额的83.6%，外汇结算办理退税5820万元，为退税总额的16.4%，为5户生产企业办理免抵调库280万元。二、自所得税分享体制改革以来，已有604户享受减免税优惠政策，累计减免企业所得税4.08亿元，年内又有115户享受所得税优惠政策，共减免所得税8096万元。三、执行民政福利、资源综合利用等企业即征即退优惠政策。全年为10户福利企业办理增值税即征即退税款515.13万元，退税率为96.24%；为1户达到资源综合利用标准的企业，办理增值税即征即退税款445.38万元。

【税务稽查】 2009年，德宏州国家税务稽查主要抓了如下工作：一、整顿和规范税收秩序，依法严厉打击涉税违法犯罪行为。年内，检查纳税户2570户，发现问题715户，查补入库税款总额1624.89万元，入库率100%，为年计划的163%，比上年增收1060.91万元。同时，加大潞西木康、瑞丽江桥、梁河热水塘3个查验点的检查力度，查补入库税款及罚款197.1万元。二、对大型连锁超市及电视购物企业、办理出口货物“免、抵、退”税业务的重点企业、3年以上未实施稽查的重点企业及南方电网德宏供电局进行专项检查，并将潞西、陇川医药行业作为区域专项整治项目，对14户进行专项检查，发现问题4户，查补税款154.9万元；按每3年查1次规定，对22户企业进行第2轮分类检查，结案22户，有问题18户，查补税款244.84万元；开展“家电下乡”专项整治行动和出口企业出口CUP办理退（免）税检查等工作。三、做好协查子系统运维工作，6个协查网点运行正常。四、在系统内部开展发票专项整治的基础上，配合公安、地税开展行动，查处发票违法犯罪案件6件，其中制售假发票1件，非法取得和使用发票5件，涉案假发票3262份，查补税款3.17万元，罚款2.5万元；成功侦破“12·15”非法制售假发票专案，抓获犯罪嫌疑人7人，已起诉2人，取保3人，查获各类发票2019份（交通运输发票2份，商业零售发票300份，增值税专用发票22份，其他1695份），缴获非法私刻印章55枚，收缴作案设备2台，打掉1个制售假发票团伙。同时对“12·15”涉案受票方延伸检查，对德宏州涉及4家单位购买的13份假发票进行调查取证。

（《国税》撰稿　郑碧锋）

（见“州情概览·国税”79页）

地方税

【税费收入】 2009年，德宏州地税部门累计组织税费收入115634万元，比上年增24.9%，增收23039万元。其中：组织地方税收收入82374万元，比上年增24.0%，增收15922万元，完成省局下达年度计划78000万元的105.6%，超计划进度5.6个百分点；组织社会保险费收入28652万元，增20.3%，增收4834万元；组织文化事业建设费收入101万元，增6.3%，增收6万元；组织水资源费收入1771万元，增48.7%，增收580万元；组织旅游宣传促销费收入14万元，增27.3%，增收3万元；组织口岸建设费收入100万元，降62.3%，减收165万元；组织地方教育附加收入839万元，增12.5%，增收93万元；税务部门罚没收入43万元；组织工会经费和建会筹备金1740万元。完成州政府下达税收收入任务77967万元，完成年度计划的114.3%，超计划进度14个百分点，比上年增25.7%，增15956万元。

【税收执法监督】 2009年，德宏州各级地税部门严格贯彻落实中央和省委、省政府出台的一系列税收优惠政策。全年依法对870户纳税户实行税收减免，减免地方各税2085.2万元。同时，逐步规范税收执法。召开特邀监察员、税收执法监督员座谈会，加强外部执法监督工作；邀请省局法规处负责人到德宏召开“税收法制建设”培训会议；组织人员参加州法制局举办的执法培训；州局组成执法检查组对全州6县市（区）局开展年度税收执法及行政管理责任制重点考核检查工作；对41项行政审批的法律依据、审批程序、后续管理进行检查，有效提高了税务行政审批工作质量。

【税收征管】 2009年，德宏州地方税务局在税收征管工作中，主要抓好如下工作：一、加强委托代征税款管理。制定下发《关于进一步加强委托代征税款管理的通知》，对全州范围263户委托代征单位进行清理检查，取消97户委托代征单位，规范了代征税款工作。二、规范代开普通发票管理。州局下发《德宏州地方税务局关于进一步加强和规范全州地税机关代开普通发票工作的通知》，全州各级地税部门对代开普通发票工作开展清理检查，规范了代开普通发票管理工作。三、强化各税种管理。一是抓好车船税、城镇土地使用税和企业所得税新条例的贯彻落实工作，积极与相关单位协调，加强税源源泉控管。车船税代收代缴管理受到州委州政府的表彰；二是继续抓好土地增值税清算工作，组织房地产开发企业学习土地增值税政策和征管规定，使企业主动配合地税部门开展土地增值税清算；三是稳步推进房地产税收一体化管理工作，全州地税在土地、房产管理等部门设置一体化征税窗口6个，将交易环节涉及的营业税、个人所得税、土地增值税、印花税、城建税、教育费附加和地方教育附加全部纳入一体化征税窗口统一进行征管，实现“先税后证”和“以票控税”的管理措施；四是认真抓好上年企业所得税汇算清缴工作，深入企业安装电子申报软件，完成汇算企业323户，占地方企业所得税管理户389户的83%，实际上缴所得税6036万元；五是完成年所得12万元以上个人所得税自行纳税申报人数259人，比上年增加41人，增18.8%，纳税额614万元已全额收缴入库。四、巩固完善各项规费征收管理。一是认真贯彻落实国家出台的一系列措施保增长、促就业的相关缓缴社会保险费政策；二是大力推进工会经费代收工作。从2009年1月1日起，全省范围内的工会经费和建会筹备金由地税机关按照全部职工工资总额的2%按季全额代收。全州各级地税部门加大宣传力度，在地税办税服务厅显示大屏上滚动宣传缴纳工会经费的相关政策，向企业、事业单位、机关和其他社会组织发放《工作指南》5000余份，深入各行政事业单位、企业张贴宣传海报80余份，发放“宣传手册”400余本，工会经费代收取得新突破；三是扎实开展社会保险基金专项治理工作。成立工作领导小组，制定实施方案，州局检查组对征收重点环节逐一核对检查；四是加大社会保险费清欠工作力度。全年收回社会保险费欠费5858万元，完成全年基本养老保险费的清欠任务，收回企业基本养老保险费欠费359万元，占省局下达清欠任务350万元的102.6%；五是认真抓好水资源费征收工作。1至3季度全州各级地税部门征收的水资源费比上年同期增长76.9%，增收770万元。根据省政府相关规定，自本年10月1日起，地税部门不再负责在滇电力企业水资源费代征工作，全州地税部门认真做好清理和移交工作。五、加强信息化建设。加大对全州系统进行监控力度，制定下发关于防范病毒的相关文件，及时更新病毒服务器病毒码；对数据进行筛选清理，提高数据采集质量；将城镇土地使用税税源基础数据和工会经费征收业务并入数据大集中系统，提高信息系统的运用水平。

【表彰先进】 2009年，德宏州地方税务局组织参加云南省开展的以“税收·发展·民生”为主题的税收招贴画、优秀税收电视公益广告和地税“好新闻”征集评选活动，并分别获得一等奖、二等奖和三等奖的优异成绩；组织开展的全州2008年度优秀纳税企业评比活动，评选表彰了10户优秀纳税企业。同时，州地税局荣获2008至2009年全省打击制售假发票专项行动先进集体，获得省级文明单位和州级文明行业称号。州地税局代表德宏州参加全省精神文明建设精品文艺汇演，演出的情景剧《和谐乐章》荣获一等奖，组织13名老干部参加省老干部歌咏比赛，演唱的《长江之歌》获得三等奖。

【税务稽查】 2009年，德宏州地方税务局对交通运输业中的自开票单位和物流企业发票使用情况进行专项检查，检查领用发票3525份，开出发票2937份，总金额4864万元，缴纳地方税费266万元；与州国税稽查局联合对电力行业开展税收专项检查，查补地方税费130万元；对5户建筑安装行业进行重点检查，查补税款357.57万元，要求自查企业37户，自查补税382.2万元；与州公安局、州国税局联合开展打击非法制售假发票行动，成功查处“12·15”特大制售假发票专案，查处制售假发票案1件，非法取得发票案2件，查获涉及地税机关各类发票1351份，私刻各地税部门的印章24枚，缴获设备3台，抓获犯罪嫌疑人5人。根据省局安排，对涉及大型企业的分支机构2005年至2007年缴纳地方税费情况进行自查，企业补税187.69万元。全年全州稽查系统检查纳税户134户，其中稽查查办44户，企业自查90户，查补收入2690.43万元，实际入库2422.18万元（追缴以前年度未入库税款115.8万元），入库率85.72%，查补收入比上年增97%，选案准确率为100%。年内，继续抓好案件协查、违法举报查处工作，共受理举报案件5件，查处6件，结案4件，查补税款7.35万元。

（《地方税》撰稿　郑加强）

金　融

人　行

【开展内控安全大检查活动】 2009年1月1日，人行德宏州中心支行成立加强监督检查防范风险案件工作领导小组，由尹以庄行长担任组长，罗本祥副行长、张金湛纪委书记、郑艳玲副行长、尹微波工会主任为副组长，州中心支行各科室负责人为成员，并成立内控安全大检查工作组。工作组对人行各县（市）支行2008年会计核算、票据交换、货币发行、国库核算、安全保卫和信息管理等方面工作进行了全面检查。检查面100%，历时26天，投入304个工作日，排查风险、消除隐患、规范运行、强化监督、确保安全，内控安全大检查活动取得了明显成效。

【德宏首现HD90字头假币】 2009年1月12日，德宏州潞西市公安局城南派出所破获1起HD90字头假人民币案。该种假币首次在德宏州被发现，假币为案犯阮某某从玉溪市澄江县购买，到潞西市某饭馆购买香烟时被店主发现，阮某某被公安机关当场抓获，缴获假币16张1600元，其中HD90字头假币14张1400元。对此，人行德宏州中心支行高度重视，及时采取应对措施，坚决打击假币流通行为。一是运用德宏州人民广播电台孔雀之声和电视台在黄金时段滚动播出HD90、HB90假币的特征，详细讲述识别假币及反假防假知识，提醒广大民众提高警惕，注意防范，发现线索及时报案；二是利用各商业银行柜台优势，加强柜面宣传，散发宣传单，向群众详细介绍识别假币的多种方法，同时做好假币收缴工作，决不让假币再次流入社会；三是组织金融机构、公安、司法、工商等有关部门深入村镇，开展反假人民币知识宣传活动，增强农户村民防假意识；四是加大打击假币犯罪的力度，充分发挥反假联席会成员单位职能作用，共同打击假币犯罪，营造安全、稳定的边疆金融环境。

【召开全州人民银行工作会议】

2009年2月4日，人行德宏州中心支行召开全州人民银行工作会议。州中心支行党委班子成员、人民银行各县市支行行长和州中心支行副科级以上领导干部参加了会议。会议传达贯彻2009年人行成都分行、昆明中心支行工作会议暨外汇管理工作会议精神，全面总结2008年全州人民银行工作，深入分析当前经济金融形势，并结合德宏州实际，研究部署2009年各项工作任务。会上，州中心支行党委书记、行长尹以庄作了题为《把握形势　应对挑战　全力推进德宏经济平稳较快发展》的报告，提出2009年德宏州人民银行工作的总体要求。会上，尹行长与人行各县市支行、州中心支行各分管行领导分别签订“工作目标管理和社会治安综合治理”工作责任书。会议表彰了2008年度全州人行系统工作目标、党风廉政、社会治安综合治理和信息工作先进单位、先进集体和先进个人。

【举办落实中缅边境银行开立人民币账户座谈会】 2009年2月13日，人行德宏州中心支行在瑞丽市支行举办落实中缅边境银行开立人民币账户座谈会。缅方联络官缅甸经济银行木姐支行经理吴耶奈登一行4人，中方姐告管委副主任蔡映春，人行德宏州中心支行行长尹以庄，农行、建行德宏州分行副行长王健骅和梁二麟及相关负责人参加了会议。经过会谈和磋商，双方形成5点共识：一是畅通中缅银行结算渠道，是推动两国贸易发展和加深两国人民传统友谊的重要环节，是大势所趋，是两国人民的利益所在；二是缅方经济银行到中方边境指定商业银行开立人民币存款账户和中缅边境贸易实行人民币结算是可行的，现已取得实质性进展；三是有关账户开立和结算的细节问题，两国经办行再进一步磋商统一意见，并经人行昆明中心支行致函批准后择机开立。具体分两步进行：先开立人民币账户，后探讨中缅人民币结算事项；双方在向上级行报告情况的同时，报请当地政府协调海关、边防等部门配合做好保障服务工作；五是就缅方提出的请人行昆明中心支行出具同意缅方开户的函件问题，中方会谈小组表示将及时上报昆明中心支行批示。

【首家优惠银行卡手续费率试点取得成功】 2009年4月9日，瑞丽市珠宝市场顺利通过云南省首家优惠银行卡手续费率试点市场认定。自2009年4月23日起，瑞丽市批发类珠宝商户开始实行优惠银行卡手续费率政策，凡在认定的珠宝商店使用银行卡消费的，无论消费金额多少，最高只需要支付人民币200元的手续费，不仅大大降低了交易成本，而且带动了珠宝消费，对促进德宏珠宝和银行卡两大产业的发展，扩大内需，推动德宏经济平稳较快发展具有重要意义。

【云南省首条县域“刷卡无障碍示范街”在德宏建成】 2009年5月14日，德宏州银行卡联合宣传活动启动仪式暨“刷卡无障碍示范街”揭牌仪式在瑞丽市珠宝街隆重举行。人行昆明中心支行段会全副行长、德宏中支尹以庄行长、瑞丽市委卫岗副书记等领导出席了揭牌仪式。瑞丽市促进银行卡产业领导小组成员单位、中国银联云南分公司、银联商务云南分公司、云南日报社、德宏传媒集团等31家单位参加了活动仪式。瑞丽市“刷卡无障碍示范街”的建设，标志着云南省首条县域“刷卡无障碍示范街”在德宏州率先建成，必将在全省起到良好的示范作用，将对德宏州银行卡、珠宝两大产业的发展起到积极的促进作用。

【德宏州首家小额贷款公司成立】

2009年6月18日，德宏州首家小额贷款公司潞西市新正小额贷款有限责任公司正式挂牌成立。本着以农村和城市地区微小型企业、农户以及个体工商户为服务对象，遵循“只贷不存”和对现有金融机构进行有益补充的原则，经上级审批，潞西市新正小额贷款有限责任公司成为德宏首家小额贷款公司。小额贷款公司的成立标志着商业性金融、合作性金融、政策性金融相结合，资本充足、功能健全、服务完善、运行安全并适应“三农”特点的多元化、多层次、广覆盖的德宏州农村金融体系正在逐步形成。作为农村信贷服务的有益补充，对于满足辖区广大农户小额信贷的资金需求，积极推进农村经济多元化、多样化发展具有重要的现实意义。

【人行成都分行刘廷辉副行长到德宏调研】 2009年7月22至24日，中国人民银行成都分行刘廷辉副行长一行2人就人民银行县（市）支行岗位整合后业务运转情况、存在困难以及“制度落实年”业务制度学习等情况到德宏进行专题调研。刘副行长到达德宏当日，和州中心支行党委班子成员进行了工作交谈。23日对州中心支行保卫、发行、国库3个业务部门的分管行领导和部门全体工作人员进行了业务制度学习情况测试，并对测试结果进行了通报。在调研座谈会上，刘副行长对完善县支行基础业务岗位整合和继续抓好制度学习与落实等工作提出了具体要求。指出：各级领导一定要统一思想，提高认识，深入推进，要正确把握县市支行基础业务岗位整合的内涵与要求，从整合县支行人力资源，合理岗位设置，满足业务需要的角度出发，切实把县支行基础业务岗位整合工作当作一项加强县支行建设的重要工作抓紧抓实；二是要以成都分行、昆明中心支行基础业务岗位整合意见与方案为指导，结合实际，深入研究，不断深化和完善县支行基础业务岗位整合工作；三是基础业务岗位整合一定要切合县支行的工作实际，以支行实际业务量为基础，实行“分类指导、统筹优化”的方针，针对支行实情，采取“一行一策”的方式，合理设置岗位，切实改变基础业务部门等业务的时间比办业务的时间还多的状况，避免出现“人少事多”或“人多事少”的不合理现象；四是基础业务岗位整合一定要以人民银行内控机制要求为底线，正确划分不可交叉业务与可兼容业务的界线，正确运用“一人多岗”与“一岗多人”的工作方法，合理调配人力资源，有效满足支行实际业务需要；五是各级领导要关心支持县支行的工作，要深入一线，全面了解县支行工作实情，统筹各项业务检查与工作考核，避免重复检查；六是要积极探索“制度落实年”活动的长效机制，正确树立自觉学习与长期学习的思想理念，完善制度学习的监督机制，通过坚持不懈的有效学习，推动规范管理。

【开展支付系统宣传活动】 2009年9至11月，人民银行德宏州中心支行及辖内各支行为提升支付系统的社会认知度，进一步扩大支付系统的社会影响，相继组织金融机构开展送支付系统知识下乡活动。重点对小额支付系统和支票影像交换系统业务进行宣传推广，活动期间州中心支行及辖内各县市支行宣传小组走访了10个乡镇，耐心细致向企业客户、广大农民朋友讲解小额借记、小额贷记、“支票全国通用”等金融知识，认真听取客户提出的问题，解答客户的咨询，与客户面对面地交流和沟通，得到了客户的积极响应和好评，收到良好的宣传效果。此次宣传活动悬挂宣传布标157（含电子显示屏标语49条）幅，张贴宣传海报460张，发放宣传册3500册、环保袋2000个、碳素笔2016支、宣传纸杯600个、小便签1750个、支票夹240个，接受群众现场咨询1000余人次。

【开展征信宣传周活动】 2009年10月24日，为普及征信知识，提高百姓信用意识，推动传统诚信美德与现代信用社会的有效融合，人民银行德宏州中心支行、工商银行、农业银行、中国银行、建设银行、农业发展银行、邮政储蓄银行、潞西市农村信用合作联社等单位在芒市街心花园联合举行以“珍爱信用记录，提高信用意识”为主题的征信知识宣传活动。宣传现场设立8个宣传点，宣传工作人员身披印有“珍爱信用记录，提高信用意识”字样的授带，向群众散发宣传单，认真讲解征信知识和个人征信系统，并积极宣传关注个人信用报告的重要性，详细解答群众提出的各种征信问题。宣传采取多点、流动的方式对住户居民、过往行人进行面对面讲解和发放宣传资料，把征信常识、信用记录等百姓既感兴趣又亟需了解的金融知识送到群众手中。本次宣传全州统一行动，为期1周，10月24日梁河、盈江、陇川、瑞丽同日进行，全州各县（市）还专门抽调精通本地区民族语言的员工，针对不同民族分别用汉语、傣语、景颇语、德昂语等进行征信知识的宣讲、解答。据统计，全州金融机构173个营业网点悬挂宣传周活动标语横幅，宣传现场向30家商铺和群众发放《信用报告您的经济身份证》、《征信伴我行》等宣传材料1.2万余份，现场咨询累计达800余人次，现场查询个人信用报告20人次。此次宣传周活动扩大了征信知识宣传辐射范围，引起社会公众对征信的广泛关注，进一步提高了广大人民群众对征信体系的认知度，提升了征信知识普及率，取得了良好的宣传效果。

【国务院跨境贸易人民币结算试点调研组到德宏调研】 2009年11月18日，由国家财政部、商务部、海关总署、税务总局、中国人民银行、中国银监会及国家外汇管理局一行13人组成的联合调研组在组长（人总行货币政策二司司长）李波的率领下到德宏，对开展跨境贸易人民币结算试点工作进行调研。18日中午，德宏州委书记赵金和州委常委、常务副州长柳五三看望了调研组。调研组在芒市宾馆二楼会议室召开调研工作座谈会。云南省金融办事处刘建华主任、昆明中支李升高副行长、经常项目处文坚处长、德宏州委副书记李兴顺、州政府马闻副州长、州政府周湛鸿秘书长、人行德宏州中心支行罗本祥副行长、郑艳玲副行长和州财政局、商务局、国税局、芒市海关、德宏银监分局等部门的领导以及有关州级银行机构负责人、相关企业代表出席了座谈会。会上，马闻副州长对在德宏开展跨境贸易人民币结算试点工作提出4点建议：一是在德宏边境贸易出口人民币结算试点已经取得显著成效的基础上，扩大跨境贸易人民币结算试点区域，将德宏列入跨境贸易人民币结算试点范围；二是随着边境地区对外贸易出口人民币结算退税试点的成功，审核出口人民币结算退税业务中，应免予提供外汇核销单；三是针对德宏境外商人持人民币并存储中国境内银行的情况，按照《跨境贸易人民币结算试点管理办法实施细则》规定，在德宏发生的中缅边境贸易，实行人民币跨境清算要通过香港、澳门地区人民币业务清算行进行人民币资金的跨境结算和清算不现实；四是中缅边境地区银行间人民币结算账户合作尚处在起步阶段，开展的业务单一，满足不了双边经济交往需求。为更好地扩大边境地区双边经济交往结算需求，开展边境地区特许货币兑换，规范边境地区货币兑换市场，促进跨境结算、贸易不断发展和边境地区金融的稳定。罗本祥副行长向调研组汇报了德宏州边贸人民币结算的基本情况及面临的主要问题和困难，并对在德宏实施跨境贸易人民币结算试点提出3点建议：一是建议对非居民携带人民币分为贸易和非贸易管理，将贸易项下人民币出入境携带申报标准放宽至10万元以下，海关凭合同受理申报。二是建议相关部门授予办理边贸业务的各家商业银行《银行调运外币现钞进出境许可证》或人民币跨境运送通行证，以解决当前边贸结算中银行现钞跨境调运难的实际问题。三是建议尽快研究符合边境地区实际的人民币汇价形成和管理机制，更好地支持与周边国家经贸往来和人民币区域化发展需要。李波司长代表调研组高度评价了此次调研活动所取得的积极意义，对德宏边贸出口人民币结算退税试点取得显著效果给予肯定，表示调研组一定将在德宏调查了解到的情况如实向国务院报告，就德宏实行跨境贸易人民币结算试点工作，进行深入研究。

【货币政策传导措施】 2009年，人行德宏州中心支行认真贯彻落实上级人行工作会议精神，准确领会和正确把握国家宏观调控意图，按照国家金融宏观调控货币政策的要求，紧密围绕“保增长、扩内需、调结构”的宏观调控措施，充分发挥“窗口”指导作用，坚持“区别对待、有保有控”的原则，把握好政策的重点、力度和节奏，提高政策的针对性和有效性，妥善处理支持经济发展与防范金融风险的关系，多层面加强货币信贷政策和其它有关金融政策的宣传解释，全力执行适度宽松的货币政策，实现了全州贷款增长20%的目标。其采取如下措施：一、认真贯彻落实适度宽松货币政策措施。提出新思路，及早落实金融宏观调控政策。面对严峻的国内外经济金融形势，德宏州中心支行结合中央经济工作会议，人民银行总、分行及昆明中支工作会议精神，拟定《德宏州2009年金融工作的指导意见》，提出信贷指导思想、明确信贷支持重点和信贷增长建议目标，并就金融支持地方经济发展提出8点指导意见。二、采取新举措，引导金融机构加大信贷支持地方经济发展的力度。积极增强窗口指导的有效性，多次组织召开金融工作座谈会议和经济金融运行形势分析会议，开展多形式、广覆盖、多层次的金融政策宣讲活动，迅速提高政策知晓度，为贯彻落实适度宽松的货币政策创造良好的社会环境，通过项目推介会、银企座谈会等形式，为项目资金需求与银行信贷投放需求牵线搭桥。三、改善信贷管理，积极创新金融产品和服务模式。面对严峻的国内外经济金融形势，全州银行业金融机构认真贯彻执行适度宽松的货币政策，积极创新信贷产品、开展新业务、提供新服务，创新信贷投入机制。开展“社团贷款”、林权抵押贷款等新业务，推出住房“接力贷”、直客式房贷、非交易转按揭等消费信贷新产品，同时采取更加灵活的还款方式，帮助困难企业渡过难关，支持中小企业向前发展。四是适度宽松货币政策的实施成效明显。全年全州各项贷款较快增长，截至12月末，全州金融机构人民币贷款余额131.58亿元，比年初净增29.36亿元，增28.72%，贷款增幅高于全州GDP增幅14个百分点。全州金融机构积极贷款支持德宏州20个重大建设项目，以大项目促进大发展。全州新增基本建设贷款8.1亿元，有力保障了固定资产投资快速增长。同时金融机构改善消费信贷服务，加大对住房、汽车消费、“家电下乡”的信贷支持力度，促进消费需求拉动全州经济增长。至年末，全州个人消费贷款余额14.55亿元，其中新增个人住房贷款同比增加2.94亿元，增22.74%，德宏州社会消费品零售总额增20.5%。金融支持“三农”、中小企业、就业等改善民生取得新进展，信贷支农力度显著增强，全州金融机构涉农贷款余额18.65亿元，比上年同期新增8.42亿元；全州中小企业贷款余额61.51亿元；全州农村信用社累计发放创业贷款2654万元、下岗失业小额担保贷款1728万元，支持678名失业人员创业。认真贯彻落实《关于完善支农再贷款管理支持春耕备耕扩大“三农”信贷投放的通知》精神，督促农村信用社拓展支农再贷款应用空间，充分利用人总行扩大支农再贷款使用范围的有利时机，加大政策宣传力度，将全州90%的支农再贷款指标限额下达给各县市，为满足辖区农村金融机构合理的流动性需求奠定基础。信贷结构继续优化，对扭转经济下滑趋势、提振市场信心发挥了重要作用，有力地支持了全州经济平稳较快增长。

【金融服务】 2009年，人行德宏州中心支行加强对金融服务工作的综合性研究和统筹规划，不断拓宽基层央行金融服务的社会影响力和覆盖面，继续开展中央银行第二代支付系统、中央银行会计数据集中核算系统和电子商业汇票系统建设，大力改善农村支付环境，进一步加大非现金支付工具的宣传和推广力度，实现支票全国通用。年内，全州支付系统运行管理规范，支付清算能力不断增强，中央银行会计集中核算系统升级换版工作顺利完成，电子对账系统上线运行成功。一、努力推进德宏银行卡产业发展。相继推出农民工银行卡、金穗惠农卡等便农支付工具；积极开展银行卡整治犯罪专项活动，重视打击银行卡犯罪，有效维护持卡人合法利益，努力构建和谐金融生态环境；德宏州获得云南省首个珠宝产业银行卡优惠试点政策，率先在瑞丽市珠宝街建成云南省二级地市首条“刷卡无障碍示范街”，并联合省银联、各发卡机构、云南日报、德宏传媒集团等多家机构，深入开展2009年“刷亮瑞丽，银行卡伴你同行”银行卡联合宣传活动，通过“刷卡无障碍示范街”建设和银行卡联合宣传活动，对德宏州银行卡、珠宝两大产业的发展起到了积极的促进作用，德宏州银行卡发卡量、POS机清算交易笔数、清算交易金额均创出历史新高，单月交易金额首次突破1亿元大关。二、征信工作深入开展，金融生态环境继续改善。继续推进中小企业信用档案建设，大力推动非银行信息采集工作，积极主动与当地劳动社会保障部门、环保部门、质监部门沟通联系，扩大企业信息的采集范围和途径。全州辖区累计征集录入中小企业信用档案728户，提供企业及个人信用报告49431份。至12月31日，全州已评定信用户81932户，信用组214个，信用村19个，建立农户信用档案124844户，占农户总数的63.51%；发证农户112221户，核贷农户109553户，核贷金额50737万元，农贷面达59.20%。三、反洗钱监测水平不断提高，预防监控和打击洗钱犯罪的作用进一步显现。按时上报反洗钱监管报表及反洗钱统计报表，认真做好辖内21家银行业金融机构及保险公司的反洗钱非现场监管工作；加大与公安机关、武警边防部队等公检法机关的配合协调力度，有效打击辖区反洗钱违法犯罪行为；在“春季暴风禁赌行动”专案协查工作中，表现突出，被德宏州委、州政府评为全州禁毒人民战争“陆空邮物”等相关行业缉毒工作先进集体二等奖。截至12月末，收集大额和可疑交易数据20余万笔，涉及金额1500亿元人民币；协助、海关、国家安全局协查涉及赌博、贩毒、走私、恐怖案件16件，协查次数43次，涉案金额765万元。四、支付体系运行稳定，支付环境持续改善。顺利完成中央银行会计集中核算系统升级换版工作，电子对账系统正式上线成功运行，小额支付系统银行本票业务在全州推广应用，资金清算与使用效率不断提高。到12月末，全州开立对公存款账户2336户，撤销2245户；开立个人结算账户449530户；变更对公账户960户；建立账户档案1965户；通过年检的银行账户3625户；办理支付往来业务7357笔，金额256.55亿元；提入提出票据75712笔，清算资金187.84亿元。五、集中收付制度改革继续推进，国库收支平稳运行。认真实施单一账户改革，国库单一账户改革成绩显著，全州县级以上集中支付业务全面铺开，乡镇财政集中支付制度改革全面推进，乡镇财政资金直接通过“零余额账户”及时清算。截至12月末，全州实行财政直接支付的预算单位586个，实现授权支付的预算单位531个；办理预算单位工程支出、政府采购支出等国库直接支付业务63笔，金额0.22亿元。累计办理国库业务255445笔；办理中央预算收入4.3亿元；省级预算收入1.9亿元；地方一般预算收入9.8亿元；办理一般预算支出41.1亿元；办理出口退税3.8亿元，核算质量稳步提高。

【外汇管理】 2009年，人行德宏州中心支行广泛开展工作调研，积极与上级联系，主动牵线搭桥，努力促成国家跨境贸易人民币结算试点调研组到德宏调研，并积极协助调研组圆满完成调研任务，精心组织，严格筛选，积极推动德宏州个人外币兑换特许业务开展，并向国家外汇管理局云南省分局上报申请个人外币兑换特许业务的试点方案，待上级核准实施。全年全州银行结售汇总收入减少、支出增加，全州结汇收入累计8982万美元，比上年减5939万美元，下降39.81%，其中货物贸易项下结汇7866万美元，减4371万美元，降35.72%；服务贸易结汇309万美元，减637万美元，降67.34%；收益和经常转移318万美元，减446万美元，降58.43%；资本与金融项目结汇489万美元，减160万美元，降48.85%；售汇支出1283万美元，增432万美元，增50.76%；货物贸易售汇支出585万美元，增290万美元，增98.31%；服务贸易支出538万美元，增66万美元，增13.98%。截至12月末，对辖区131户核销企业发放出口收汇核销单21090份，收单核销20103份，核销总额53819万美元，其中一般贸易为6043万美元，占核销总额的11.23%；边境小额贸易核销额47580万美元，占核销总额的88.41%。边境小额贸易中外汇核销2064万美元，人民币核销45515万美元，进料对口、非对口、对外承包出口195万美元，贸易核销结构分别是外汇15.06%、人民币84.57%、进料对口、非对口、对外承包出口0.37%。

【现金管理】 2009年，人行德宏州中心支行结合德宏实际情况，细致测算、合理调配、切实做好发行基金调拨管理工作，确保全州经济社会现金供应。全年完成调拨任务82次，金额151亿元，投放现金49亿元；回笼现金33亿元；净投放16亿元；上调残损人民币0.85亿元。年内，完成人民币清分回笼券19.6亿元，提高回笼券的完好率和循环利用率，树立了良好的人民币形象。

【开展反假币宣传活动】 2009年，人行德宏州中心支行按照上级行的要求，积极配合公安机关“09”专项行动，组织各金融机构到农村乡镇、学校、厂矿、边境地区、集市街头，摆摊设点，开展人民币反假宣传活动。活动期间先后出动228人次，开展反假币宣传19次，散发宣传资料8万余份，接受反假知识咨询263人次，培训反假宣传骨干12人，新建乡镇反假工作站1个，新聘请联络员8人，建立反假工作站25个，其中社区反假工作站5个，乡镇反假工作站19个。全州收缴假币161.179万元。

【存　款】 2009年，德宏州金融实现历史性高位运行。截至12月末，全州金融机构人民币各项存款余额2100291万元，比年初增481994万元，增29.78%，完成全年规划目标（存款增长15%）的198%。存款分布情况为：州工行存款余额为199490万元，占金融机构各项存款余额的9.50%；州农行存款余额824069万元，占39.24%；州中行存款余额为186696万元，占8.89%；州建行存款余额为293915万元，占13.99%；州农发行存款余额为31812万元，占1.51%；州邮政储蓄银行存款余额为75087万元，占3.6%；信用社存款余额为426685万元，占20.32%。存款增长的主要原因：一是居民储蓄存款持续增长成为存款快速增长的支撑，德宏州居民储蓄存款余额1371188万元，比年初增309466万元，增29.14%，实现多增143350万元，新增储蓄存款占全部新增存款的64.21%，成为拉动存款快速增长的支撑因素；二是企业流动资金相对充裕，德宏州企业存款余额343574万元，在上年末出现负增长的情况下，实现比年初增加86225万元，增33.50%，充分说明大量信贷资金投放，企业派生存款增加，企业流动资金紧张得以缓解。

【贷　款】 截至2009年12月末，德宏州金融机构人民币各项贷款余额1315814万元，比年初增293621万元，增28.72%，实现多增151468万元，完成全年规划目标（贷款增长20%）的143%，高于全州经济增长（GDP）13.72个百分点。贷款分布情况为：州工行贷款余额133334万元，比年初增51872万元，占全部金融机构新增贷款的17.67%；州农行贷款余额363935万元，增24634万元，占8.39%；州中行贷款余额187791万元，增61999万元，占21.11%；州建行贷款余额192625万元，增46462万元，占15.82%；州农发行贷款余额127114万元，增38266万元，占13.03%；州邮政储蓄银行贷款余额3429万元，增1557万元，占0.26%；农信社贷款余额307586万元，增68830万元，占23.44%。全州金融贷款期限结构改善明显，短期贷款增长幅度明显高于中长期贷款增长幅度。截至12月末，德宏州中长期贷款余额834833万元，比年初增163717万元，增24.39%；短期贷款余额480951万元，增129874万元，增36.99%，超过中长期贷款增幅12.6个百分点。贷款增长的主要原因：一是国家宏观调控货币政策取向，为保增长，银行金融机构加大信贷对经济增长的支持力度，在适度宽松货币政策的推动下，各项贷款较快增长；二是扩内需，大力支持大项目建设，扩大消费信贷。12月末，全州新增基本建设贷款8.1亿元，有力保障了固定资产投资快速增长。同时，金融机构改善消费信贷服务，加大对住房、汽车消费、“家电下乡”的信贷支持力度，促进消费需求拉动全州经济增长；三是调结构，支持“三农”、中小企业、就业等改善民生工程的信贷支农力度显著增强，加快推进“金穗惠农卡”发放工作，大力推广农户小额贷款，支持农村基础建设，夯实农村经济发展基础，提高涉农贷款比例，加大中小企业贷款力度，积极支持改善民生领域，着力落实促进就业新政策—“贷免扶补”创业贷款和下岗失业人员小额贷款政策。

【表彰先进】 2009年，人行德宏州中心支行继续保留“平安单位”、“德宏州文明行业”和“云南省文明单位”荣誉称号；荣获云南省银行卡二级地市发展组织推动奖；被德宏州委、州政府评为全州禁毒人民战争“陆空邮物”等相关行业缉毒工作先进集体二等奖；被州政府档案局考核为“档案管理先进单位”；被陇川县委、县政府评为“新农村建设先进单位”。州中心支行国库科荣获2007—2008年度成都分行“女职工文明示范岗”称号；盈江支行基础业务股获2008年分行青年文明号称号；州中心支行会计核算中心被人总行工委继续认定为总行级“女职工文明示范岗”。1月24日，德宏州人民政府对在2008年工作成绩突出的17家金融单位进行了表彰奖励。

（《人行》撰稿 兰 军）

（见“州情概览·人行”80页）

2009年德宏州金融机构人民币存款情况

单位：万元

存款项目	2009末余额	比2008年增减	增减幅度（%）
一、企业存款	343574	88245	34.56
（一）活期存款	268673	82169	44.06
（二）定期存款	74902	6077	8.83
二、财政存款	62098	6435	11.56
三、机关团体存款	193290	32604	20.29
四、储蓄存款	1371188	309468	29.15
（一）活期储蓄	777880	201773	35.02
（二）定期储蓄	593308	107695	22.18
五、农业存款	100382	32340	47.53
六、委托存款	438	362	476
七、其他存款	29321	12570	75.04
各项存款合计	2100291	482025	29.78

2009年德宏州金融机构人民币贷款情况

单位：万元

贷款项目	2009年末余额	比2008年增减额	增减幅度（%）
一、短期贷款	480951	126880	35.83
（一）工业贷款	63580	24530	62.82
（二）商业贷款	60874	7305	13.64
（三）建筑业贷款	0	0	0
（四）农业贷款	186553	84217	82.29
（五）乡镇企业贷款	0	-29262	-100
（六）三资企业贷款	0	0	0
（七）私营及个体贷款	49501	2593	5.53
（八）其他短期贷款	120442	37496	45.21
其中：个人短期贷款	29610	9643	48.29

贷款项目	2009 年末余额	比2008年增减额	增减幅度（%）
二、中长期贷款	834833	166710	24.95
（一）基本建设贷款	301272	80928	36.73
（二）技术改造贷款	0	0	0
（三）其他中长期贷款	533561	85782	19.16
其中：个人中长期消费贷款	115851	27203	30.69
各项贷款合计	1315814	293620	28.72

德宏银监分局

【贯彻宏观政策】 2009年，德宏银监分局全面贯彻“保增长、扩内需、促稳定”的各项宏观政策，对各银行业机构新增贷款投向进行全面检查，及时纠正执行信贷政策中存在的偏差；与各银行业机构签订《德宏银行业严禁信贷资金流入股市承诺书》，防范信贷资金违规流入股市；着力执行《云南银行业落实信贷监管政策促进经济发展的实施意见》，先后召开8次经济金融运行分析会，下发文件要求各银行业机构着力支持地方经济结构调整、小企业发展、消费需求、地震灾区民房恢复重建、“三农”及新农村建设。全年累计投放贷款84.51亿元，比上年多投23.75亿元，较好地支持水电、公路、农村基础设施、农村人畜饮水等民生重点工程建设。农业发展银行、农业银行、农村信用社积极支持农业综合开发、农业产业链延伸和农业产业龙头企业的发展，年末涉农贷款余额18.65亿元，比年初增5.48亿元，增41.65%，实现涉农贷款不低于全年贷款平均增长速度的目标。全年新增个人短期消费贷款1.26亿元，比年初增73.96%，新增个人中长期贷款2.42亿元，增26.42%，较好地落实“扩内需、保增长”的政策要求。

【依法行政】 2009年，德宏银监分局按照打造“阳光”政府的要求，签订《政府信息公开责任书》，在德宏州政府信息公开门户网站开辟网页，设立“工作动态、行政许可、公示公告、工作职责、总结计划、领导讲话”等栏目，通过互联网快捷地将工作情况公诸于众，增强工作透明度，推进依法行政工作。全年公开政务信息72 项，实施行政许可53项，颁（换）发许可证43个，核准高管24人，否决1人，核准机构变更69个、终止2个，业务备案4项。

【银行业监管】 2009年，德宏银监分局建立《德宏州银行业金融机构非现场监管信息系统数据报送工作考核（暂行）办法》，与各银行业机构签订责任书，明确数据的采集，报送口径，强化统计质量考核；在全面完成上年农村中小金融机构监管评级的基础上，调整制定《德宏州农村合作金融机构2008～2010年3年达标升级规划目标》；组织完成上年银行业机构地图集相关数据的收集、整理和上报工作；针对全球金融危机对国内经济的影响，既严格按照上级统一部署完成好必查项目，又结合辖区实际，有针对性地开展现场检查。先后派出11个检查组，投入1207个工作日对新增贷款、重点业务、“三查”制度等11个项目进行现场检查，检查机构网点45个（次），检查覆盖率26.6%，检查资金30.15亿元，查出违规资金7.23亿元，发现问题88个，提出整改措施及监管意见65条，发出监管意见书12份；约见谈话49人，考核高管人员97人，合格88人，基本合格8人，不合格1人。

【舆情监测】 2009年，德宏银监分局确定专岗、专人，对每日国内外经济金融动态持续跟踪监测，对负面舆情和重大动态舆情及时澄清不实报道和言论，所编发的《银监会信贷风险管理要求引发各方关注与热议》分别被云南银监局和银监会采用；注重对信访、高风险贷款退出、银行业服务、协解人员上访等热点问题的监测与处理。年内，对公众反映的消费贷款、住房贷款、金融服务等11起信访投诉认真核实，通过网上、电话、书面、面对面等形式做认真答复和宣传解释。同时夯实信息基础工作，及时反馈舆情信息，《沿边银行面临的老、大、难问题》等特色信息先后被中办、国办、新华社《国内动态清样》、《内参选编》、《经济参考报》、《半月谈》、云南省委、省人民政府、中国政府网、新华网、新浪网、舜财网、《德宏团结报》、《德宏信息网》等采用，翻译信息连续被云南银监局《参阅件》采用4 期，实现零的突破，信息工作在全省银监系统29个考核单位中名列第六名，实现了既定目标。

【风险防控与处置】 构“一把手”签订《安全保卫暨平安和谐创建责任书》，全面落实案件防控“一把手”责任制；加强风险提示，全年形成监测分析报告13份，发出风险提示5份；督促银行业机构开展“防盗、防抢、防爆、防火、防毒气、反恐”等应急演练119次，深入边境一线网点进行安全“飞行”检查，配合公安机关开展“春季风暴”禁赌战役，对全州7家银行业机构136个网点进行安全评估验收，督促银行业机构完成125个机构网点的“双基”改造。按照“差别监管、风险可控”的原则，对大型银行实行不良贷款“双控”，对农村信用社实行不良贷款“双降”的考核办法。年末，全州银行业机构不良贷款余额7.59亿元，不良率5.77%，不良率比年初下降1.68个百分点，实现了年初既定的“控、降”目标。

【银行业改革】 2009年，德宏银监分局高度关注和支持4家大型银行分支机构，特别是农业银行股份制改造和内部经营机制改革，较好地推进农行的业务转型及人力资源整合，完成31个机构网点的更名、换证以及内部13个部室的调整。支持农业发展银行、邮储银行拓展业务领域，促进“三农”发展。年末，农业发展银行、邮储银行贷款分别增加3.28亿元和1009万元，创下两行成立以来贷款增量的历史新高。年末，农村信用社投资股比上年增加1146万元，资格股减少258万元，股金结构进一步优化，农村信用社经营实力得到明显提升。富滇银行瑞丽支行于12月19日正式挂牌营业，种类齐全、布局合理、功能完善银行业体系初步推进。

【创新服务】 2009年，德宏银监分局走出一条银行业服务创新的路子。采取召开银行业服务中小企业座谈会，要求各银行业机构对中小企业贷款实行专项管理、定期考核，按时报送小企业贷款进展情况报表，并以提示、任职前谈话（全年约见31人次）等方式，引导银行业机构加大对中小企业的支持。年末，中小企业贷款余额62.34亿元，比年初增5.45亿元，增9.59%，增9.14个百分点。加大对灾后重建的信贷扶持力度，对救灾贷款实行单项考核，在监管引导下，农村信用社以政府贴息、担保抵押和农户小额信用贷款等方式，向盈江地震灾区6888户灾民发放民房重建贷款1.31亿元，支持灾民在短时期内完成民房恢复重建。

【表彰先进】 2009年，德宏银监分局有2人获“云南银监局首届公文写作比赛”二等奖，1人获德宏州电子政务知识大赛第二名和德宏州“五一”劳动奖章，1人获“德宏州先进女职工”称号，2人分别获云南银监局“大爱无边真诚奉献”征文三等奖和优秀奖。该局的工会工作在中国银监会工会第四片区2009年度会议上作经验交流。

（《德宏银监分局》撰稿　杨中林）

农发行

【经营情况】 2009年，农发行德宏州分行以执行国家产业政策为依据，以强化信贷支农为重点，以服务客户为中心，以信贷业务有效发展为主线，以支持新农村建设为主的各项工作取得新成效。全年累计发放贷款149704万元，比上年多发放65340万元；累计收回115880万元，多收回48345万元。各项贷款余额127114万元，是2005年的3.88倍，比年初增加38266万元，增幅43.07%。连续4年保持平均40%以上的增幅。人均贷款1367万元，比上年增422万元。贷款结构进一步优化，政策性（含准政策性）贷款42724万元，占比33.61%；商业性贷款84390万元，占比66.39%，其中中长期贷款35310万元，占比27.78%，同比提高10.45个百分点。各项存款余额41287万元，比年初增加11140万元，增幅36.95%；日均存款33617万元，增3807万元，增12.77%；人均日均存款365万元，增46万元，增14.42%。不良贷款余额1480万元，与年初持平；不良贷款占比1.16%，比年初下降0.51个百分点。全年实现账面利润2310万元，完成省分行下达利润计划1400万元的165%，人均利润24.83万元，全辖4个营业机构全部实现账面盈利。全年实现了无经济案件、刑事案件、重大责任事故、严重违规违纪行为的“四无”目标。

【粮油贷款】 2009年，农发行德宏州分行认真履行政策性银行职能，把做好粮油信贷业务作为最重要的基础业务抓实抓细，确保各级储备粮增储、轮换及调控粮油信贷资金的及时足额供应，抓好粮油企业收购资金的供应和管理。全年累计发放粮油贷款24399万元，支持增加各级储备粮油2914万千克；支持轮入中央储备粮864万千克，支持企业收购粮油23168万千克；年末粮油贷款余额42724万元，占各项贷款余额的33.61%，确保国家粮食安全和农民增收的政策效应得到较好发挥。

【非经营性贷款】 2009年，农发行德宏州分行积极推进银政合作，增大非经营性贷款（政府信用贷款）投放力度，支持农村公路建设和县域城镇建设。全年累计发放非经营性贷款12600万元，占当年新增贷款的32.93%。其中：对潞西市法帕至勐戛、轩岗至五岔路2条农村公路建设项目发放贷款9000万元，对陇川农村饮水工程项目发放贷款600万元，对潞西市芒市城市绿化亮化工程项目发放贷款3000万元，在支持全州新农村基础设施建设中迈出新步伐。

【农村基础设施建设贷款】 2009年，农发行德宏州分行认真落实中央要求农发行"增加对农业开发和农村基础设施建设中长期贷款投入"的要求和州委州政府对做大做强水电产业化资源优势为经济优势的部署，对以水电站建设为主的4个农村基础设施建设项目发放中长期贷款14800万元。年末，农村基础设施建设贷款余额35310万元，占各项贷款余额的27.78%，在有力支持农村基础设施建设的同时，全行信贷资产结构得到进一步优化。

【食糖贷款】 2009年，农发行德宏州分行把支持好、维护好制糖企业作为信贷业务的重点，优化贷款品种组合，用好用活信贷政策，对企业在制糖生产和储备中所需的资金及时给予支持。全年对4户制糖企业累计发放贷款7.7亿元，其中地方食糖储备贷款2.75亿元，支持3户制糖企业完成11万吨食糖储备计划；糖料短期流动资金贷款4.95亿元，保障了08/09甘蔗入榨期间的流动资金需求和甘蔗款的及时兑付。年末食糖贷款余额3.95万元，占贷款总额的31.07%，突出了农发行对德宏支柱产业的倾斜支持，为德宏地方经济的平稳发展作出了积极贡献。

【农业产业龙头企业贷款】 2009年，农发行德宏州分行本着"稳中求进，好中选优，择优扶持"的原则，对3户农业产业化龙头企业发放贷款4700万元，向3户农业小企业发放400万元贷款，对缓解企业"融资难"问题起到了积极作用。

【存　款】 2009年，农发行德宏州分行采取存贷同步、加大客户营销、优化服务手段、强化账户管理、完善激励机制等措施，全力抓好存款组织工作。年末，全辖各项存款余额41287万元，比年初增加11140万元，增幅36.95%；全行日均存款33617万元，增3807万元，增12.77%；人均日均存款365万元，增46万元，增14.42%。

【中间业务】 2009年，农发行德宏州分行进一步抓好与保险公司的合作，积极实施保贷同步，努力抓好中间业务。全年实现中间业务收入37万元，其中代理保险手续费收入31万元，汇兑等其他手续费收入4万元，外币汇兑手续费收入2万元；人均中间业务收入4028元。年内，累计办理联名信用卡53张，开通网银业务5户，累计资金往来41371万元。

【风险防控】 2009年，农发行德宏州分行加强风险监测监控，防控贷款风险。一是以行业风险控制为重点，加强分析监测预警，发现苗头及时采取措施，严防新增不良贷款。二是狠抓存量不良贷款的清收，重点抓好云南南药梁河制药有限责任公司不良贷款的清收工作，进一步落实了抵债资产，为全额收回不良贷款本息打下了坚实基础。年末，全行不良贷款余额1480万元，与年初持平；不良贷款占比1.16%，比年初下降0.51个百分点。

【基础管理】 2009年，农发行德宏州分行注意抓好"两基"建设，多层次提升管理水平。一是强化信贷管理，规范办贷程序，严格贷款调查、审查、审议和审批，认真开展贷款资格认定、信用等级评定和统一授信管理，认真执行客户经理制和尽职记录。年内，与各县市支行签订贷款"三包"责任书，加强贷后管理和贷款质量监测分析，严防信贷风险发生。二是加强资金管理，坚持小额勤借勤还，准确匡算头寸，抓好资金调度，减少闲置占用。全年累计调入资金232笔，金额118950万元；归还资金19笔，金额12200万元；全省跨系统大额支付资金214笔，金额104445万元。三是加强财会管理，抓好综合业务系统的运行和维护，全面推行综合柜员制，严格执行财务收支规定，抓好收息工作，控制成本费用，认真做好反假货币和反洗钱工作。四是加强内控机制建设，认真开展和接受序时审计和专项检查，做好对检查发现问题的整改。五是加强信息技术工作，完成网络视频会议系统建设，抓好州分行老机房的改造，做好新机房各种系统的工程质量监督，做好各业务系统升级改造的技术指导和运用维护。六是深化人力资源改革，进一步推行岗位绩效考核，抓好“双向选择，竞争上岗”工作，推进州分行经营管理基础平台建设，成立了州分行业务营销和贷款调查、贷款审查、贷款监测3个中心。七是层层签订安全保卫责任书，按季抓好安全保卫工作的检查，消除安全隐患，确保安全营运。八是抓好公文公章档案的管理，保密和信息调研工作，业务接待和后勤服务保障工作日益加强，管理进一步规范，服务保障的作用和效果明显。

【队伍建设】 2009年，农发行德宏州分行以“四好”班子建设为抓手，带好队伍，促进业务有效发展。一是认真开展深入学习实践科学发展观活动整改落实“回头看”，继续加强保持共产党员先进性长效机制建设和基层党组织建设。二是根据工作需要，对州分行机关部分部门的负责人进行调整，开展中层干部重新竞聘上岗工作。全行有18名员工参加15个中层干部岗位竞聘，15名员工被竞聘为中层干部。三是抓好业务学习培训。全年除参加总行、省分行培训40人（次）外，通过以会代训、视频培训会等形式，培训员工350人（次）。四是严格执行党风廉政建设责任制，认真开展“遵章守纪、合规经营”专题教育活动和“四无”创建活动，抓好安全运营和违规积分管理。五是抓好企业文化建设，专业文化理念深入人心，干部职工执行政策和规章制度的自觉性和主动性进一步增强。

（《农发行》撰稿　朗恩存）

工　行

【业务经营情况】 2009年，工行德宏分行以科学发展观为统领，以省分行“四争两保”经营理念为指导，以提升核心竞争力、加快业务发展、提高经营效益为主线，加强基础管理，强化市场竞争，完善激励机制，突破重点业务，推进各项业务全面协调发展，经营规模、业务质量和经营效益明显提高。全年各项存款201055万元，比年初增加60795万元，增幅43.3%；各项贷款133334万元，增51872 万元，增幅63.68%；不良贷款72万元，减11万元，不良贷款比例0.05%，比上年下降0.05%；实现中间业务收入1239万元，增260万元，增幅26.6%；实现扣除资产减值准备前利润3774万元，增幅44.3%。

【资产业务】 2009年，工商银行德宏分行把法人信贷业务作为经营规模提升的突破口，资产业务发展取得成效。一是领导带头、部门参与，加强与省分行沟通联系，为项目评审及贷款发放创造条件，积极寻找新的信贷资源。全年发放项目贷款14000万元；二是拓展国内贸易融资、流动资金贷款业务，贸易融资替换率达20%；三是小企业和个人信贷业务保持良好的发展势头。全年个人贷款增加23762万元，新增小企业贷款3260万元；四是加大不良贷款清收力度。年内，累计清收现金38万元，转化426万元，收回账销案存本息13.3万元。

【负债业务】 2009年，工商银行德宏分行为夯实经营基础，支持资产业务发展，注重负债业务，强化主动负债意识，强化存款的基础地位，在扩大内需政策的大背景下，经济增长和金融行业的发展呈现出近年罕见的高增长，资产业务发展快于负债业务发展。通过采取有效措施，加大市场营销力度，促进了存款业务的发展。全年存款增幅达43.3%，其中储蓄存款增幅达46%。

【中间业务】 2009年，工商银行德宏分行继续加大中间业务拓展工作，中间业务收入增幅达26%。一是在发展信贷业务中积极拓展中间业务，投资银行业务、担保保理业务收入得到较大提高；二是推动“大个金”业务发展，加大对个人结算、银行卡、理财产品、电子银行业务的拓展力度，个金中间业务收入、银行卡中间业务收入、电子银行中间业务收入成为中间业务的重要来源；三是持续开展中间业务产品全员营销，实行产品计价的考核奖励。全年员工个人业余营销为全行经营做出了积极贡献。

【保障工作】 2009年，工商银行德宏分行进一步加强后勤保障工作。一、严格控制和合理开支费用，认真执行财务审批和财审委审议制度，减少和避免低效支出，继续加强财务管理；二、加快网点装修改造步伐，先后完成勐卯支行、潞西支行和瑞丽珠宝街自助银行点的装修改造，姐告支行、姐岗支行和牡丹支行装修工程进入实施；三、稳步推进运营三大改革，监督管理不断加强，业务集中处理继续推进，远程集中授权改革在四季度顺利实施；四、加强服务管理，强化服务考核，完善服务监督。通过对网点的服务检查、监控点评、明查暗访，以及对二线部门的服务考评，促进整体服务质量的提高；五、档案集中管理和推进电子化管理。年内，完成8588册超期档案清理销毁、31749条档案电子目录的录入工作，瑞丽支行的档案集中到州分行管理。

【内控外防】 2009年，工商银行德宏分行以强化基础管理为核心，完成各专业、各级支行和营业网点的各类检查工作。切实加强内控管理，开展专项审计、非现场审计、离岗审计及其他检查项目13个，检查县支行以上机构20次，发现问题195条、整改180条。坚持开展安全检查，进一步强化案件防范工作，认真开展安防设施维护，完善对押运公司和安保人员的管理，开展“学规定，促发展”主题教育和争创“无违规网点”、争做“无违规员工”活动；创新管理思路，整合监督资源，对网点柜员操作和服务工作进行监控录像点评，开展违规操作专项治理活动和服务提升活动，促进依法合规经营。

（《工行》撰稿 黄 斌）

农 行

【第一届职工代表二次会议】 2009年3月5至6日，农行德宏州分行第一届职工代表二次会议召开。出席会议的有各县（市）支行、州分行机关和直属机构44名正式代表、52名列席代表，会议邀请了州人民银行行长尹以庄、州银监分局局长鲁建华、省分行驻德宏审计办主任和文军参加。大会开幕式由党委委员、副行长许连存主持，大会首先听取了州分行主持工作的党委副书记、副行长郑守廉代表行政领导班子作《以改革为动力，加快经营转型，强化内部管理，努力推动全行又好又快发展》的工作报告，州分行党委委员、工委主任、副行长欧润湘代表工会作《2008年工会工作报告》，州人行、州银监局领导分别在会上作了热情洋溢的讲话，对会议的召开表示热烈的祝贺。全体代表在充分发扬民主和充分酝酿的基础上，一致通过《行务工作报告》、《工会工作报告》及《农行德宏州分行3·5·10发展规划》、《农行德宏州分行2009年县级支行综合绩效考评实施细则》、《农行德宏州分行2009年县级支行费用配用实施细则》、《农行德宏州分行工资分配办法》、《农行德宏州分行2009年县支行高级管理人员工资分配办法》、《农行德宏州分行2008年度县支行各项业务经营指标考核情况》、《农行德宏州分行2008年工会经费开支情况说明》。会议表彰了10个先进集体和23名先进个人。

【省农行副行长张首都一行到德宏调研】 2009年5月15日下午，云南省农行党委委员、副行长张首都率资产处置部姜耀平总经理一行4人到德宏分行进行工作调研。期间在德宏分行机关召开调研座谈会。5月16日，在州分行主持工作的副行长郑守廉、纪委书记许连存，省分行内控合规驻德宏办事处主任和文军及相关部门的陪同下，张副行长到瑞丽畹町支行和姐告支行考察了解员工结构情况和网点升级改造情况。

【中缅双方签订开立人民币结算账户协议】 2009年9月17日上午，中缅双方银行在瑞丽姐告经济贸易区举行签订开立人民币结算账户的协议仪式。农行德宏州分行副行长（主持工作）郑守廉、建行云南省分行行长助理王晶武分别与缅甸经济银行北禅邦支行总经理助理吴三貌签署开立人民币结算账户协议。瑞丽口岸对缅贸易总量占中国对缅贸易的26%，木姐口岸进出口额占全缅边境贸易的75%。随着中缅边境地区贸易规模不断扩大的同时，由于中缅两国金融机构没有建立边境直通结算机制，中缅贸易结算缺乏完善的金融结算服务平台支持，结算问题已成为制约两国贸易做大做强的症结。因此，畅通银行结算渠道，是推动中缅两国贸易发展的重要环节，也是中缅两国金融业发展的必然选择及大势所趋。2003年，农总行有关部门和省、州、市农行会同人民银行多次与缅甸贸易部、缅甸经济银行进行协商、沟通，达成缅方在中方银行开立人民币结算账户的共识，2008年3月中缅考察组对中国河口考察及昆明座谈会后，于2008年12月15日行文请示，中国人民银行以银办函〔2009〕59号文件批复同意“缅甸经济银行在中国云南省边境地区商业银行开立人民币往来账户，用于中缅边贸结算”。经中缅双方央行及有关管理部门批准，并在中缅双方银行的共同努力下，开立人民币结算账户协议正式签订。该项工作的开展，将引导边境地区居民与非居民到银行开立外汇、人民币结算账户，办理支付结算，进一步完善人民币结算体系，对探索中缅两国经济金融交往，深入开展两国资金清算迈出了坚实的一步，对中缅两国在今后经济金融合作方面将具有非常重要的现实意义。

【首届“农业银行杯”高尔夫球联谊赛在木姐举行】 2009年12月3

至4日，由中缅边交会组委会主办，中国农业银行股份有限公司德宏分行承办，德宏州高尔夫球协会协办，以“大行德广　伴您成长”为主题的首届“农业银行杯”高尔夫球联谊赛在缅甸木姐金鹿高尔夫球场隆重举行。此次“农业银行杯”高尔夫球联谊赛诚邀德宏州委副书记、州长孟必光，州委常委、常务副州长柳五三，中国农业银行股份有限责任公司云南分行副巡视员吴佩锋，党委委员、行长助理沈锐，缅甸联邦商务部边贸司副司长吴腊莫五，缅甸木姐和平与发展委员会主席吴通明若，瑞丽市政协主席岩析，姐告工委副主任、德宏州高尔夫球协会常务副会长李其贵及农行丽江、楚雄地州分行领导、德宏州市相关领导、中甸商会负责人、当地知名人士和农行高端客户240多人参加比赛。此次比赛为2轮9洞个人比杆赛，比赛规则依照2007年颁布的国际业余高尔夫球竞赛规则及缅甸木姐金鹿高尔夫球场规则；比赛设个人净杆成绩A组1至5名、B组1至5名、女子组1至3名，以及一杆进洞奖、最多小鸟奖、最远距离奖、最近旗杆奖、最近中线奖等18个奖项。经过2天紧张而精彩的比赛，12月4日在瑞丽景成大酒店举行颁奖晚宴。通过高尔夫球联谊赛的平台，农行拓宽了企业影响力，提高了农行在缅甸的知名度，加强了农行与政府领导和政府部门之间的关系，进一步增进了农行与广大优质高端客户的沟通与交流，为今后农行各项业务的经营发展打下坚实的基础。

【不良贷款控制和清收】　截至2009年，德宏州农行人民币各项贷款余额为363935万元，其中正常类贷款305479万元，关注类贷款32552万元，次级类贷款11440元，可疑类贷款14124万元，损失类贷款339万元。五级不良贷款余额为25904万元，比年初上升7979万元（梁河大盈江新增4710万元、南底河新增458、90万元），不良占比为7.12%，升1.46个百分点，控制在省行下达的计划内（省行下达计划26050万元）。全年清收不良贷款本息5104万元，其中本金3539万元，利息1552万元，清收已核销贷款13万元，全州除梁河县支行、盈江县支行不良贷款分别比年初增8391万元、302万元外，其余支行均比年初有所下降，分别为：直属降1922万元、瑞丽降67万元、陇川降5万元，超额完成省分行下达计划3158万元的任务（省行下达计划数为1900万元）。

【业务经营成效】　截至2009年12月末，德宏州农行公司类存款余额为108667万元，比上年末增加7001万元，占各项存款余额824069万元的13.17%，完成省分行计划5000万元的140.02%，完成州分行计划7000万元的100.01%；全州农行公司类贷款为265214万元，比上年增34291万元，占各项贷款363935万元的72.87%，完成省分行计划10200万元的336.18%，完成州分行计划36200万元的94.73%。全行城市行对公贷款客户有20户，年末贷款余额为95407.5万元，其中AA级客户有16户，年末贷款余额为86082万元，A级以下客户有4户，年末贷款余额为9325.5万元。

【机构业务成效显著】　截至2009年12月末，德宏州农行机关事业法人客户存款余额为134686万元，比年初增16362万元，占各项存款余额824069万元的16.34%，完成省分行计划5000万元的327.24%，完成州分行计划10000万元的163.62%；金融同业存款余额为3208万元，增1936万元，完成省分行计划800万元的242%，完成州分行计划800万元的242%；第三方存管业务客户总数为3408户，增1739户，完成省分行下达任务450户的386.44%，完成州分行下达任务900户的193.22%；银期转账客户总数为10户，完成省分行下达任务12户的83.33%。

【国际业务】　2009年12月末，德宏州农行外币存款余额为376万元，比上年末增加334万元，完成省分行计划25万元的1336%；国际结算量为33694万美元，增19.02%，完成省分行下达任务20000万美元的168.74%，其中边贸结算31343万美元；结售汇业务量2590万美元，完成省分行下达任务2500万美元的103.6%。

【代理保险业务】　截至2009年12月末，德宏州农行财险保费收入891.72万元，完成手续费收入84.31万元；寿险保费收入4325.64万元，完成手续费收入135.99万元，共计完成手续费收入220.3万元，完成省分行下达任务218万元的101.06%，完成州分行下达任务235万元的92.77%。

【代理业务】　截至2009年12月末，德宏州农行代理国税、海关、检验检疫局3个单位中央财政授权支付业务5473笔，支付额度达13900万元；省级财政授权支付业务，全行代理德宏州教育学院、德宏州地税局、德宏州农垦分局、德宏州热带科学研究所4个单位省级财政授权支付业务391笔，支付额度达2636万元；县级财政授权支付业务，全行代理195个单位，累计代理授权支付业务19314笔，额度达74608万元；截至年末，全州代理道路交警罚没款42万元，代理城市交警罚没款346万元。该行进一步加强与国开行、德宏州宏康投资开发有限公司的合作，争取到代理国开行“盈江县职业中学、潞西市职业中学”合计3000万元贷款资金结算业务。

【芒市地区农行经营成效】 截至2009年12月末，德宏州农行有直属网点（潞西）9个，各项存款余额为222168万元，比上月减4179万元，降1.85%，比年初增31711万元，增16.65%。其中：储蓄存款余额为133100万元，比上月增2893万元，增2.22%，比年初增24061万元，增22.07%，占各项存款存量的59.91%；单位存款余额为88543万元，比上月减6968万元，降7.3%，比年初增8202万元，增10.21%。外币存款余额为317万元，比年初增297万元，其中个人存款余额为16万元，减3万元；单位存款300万元，增300万元。各项贷款余额为94731万元，比上月减342万元，降0.36%，比年初减5993万元，降5.95%。在各项存贷比中:余额存贷比为42.64%；增量存贷比-18.9%。人民币不良贷款余额五级分类为9646万元，比上月减495万元，比年初减1922万元，占各项贷款10.18%。清收不良贷款961万元。

【“春天行动”业务营销】 2009年，农行德宏州分行、各县（市）支行、直属营业网点及州分行机关各部室均开展“春天行动”一系列的营销活动和采取一系列营销措施，取得了显著成绩，超额完成省分行下达的业务指标。至3月末，储蓄存款增加63770万元，比上年增27563万元，完成任务24000万元的288.3%，完成年任务55000万元的125.8%，在全省排名为第3名。储蓄存款余额达538871万元，首次突破50亿元大关，占总存款757766万元的71%；代理基金销售8885万元，完成任务数的148.1%，全省排名第4名；基金金额定投3456户，完成任务数的192%，全省排名第6名；第三方存管完成925户，完成任务数的358.4%，全省排名第4名；银期转账7户，完成任务的140%，全省排名第8名；贷记卡完成1780户，完成任务户数的178%，全省排名第9名；新增贷记卡激活127户，完成任务的71.6%，全省排名第9名；代理保险手续费收入123万元，完成任务的136.8%，全省排名第7名；网银个人客户完成4358户，完成任务数的155.6%，全省排名第7名；网银企业客户完成46户，完成任务数的184%，全省排名第5名。

【经营成效显著】 截至2009年末，农行德宏州分行业务经营实现拨备前利润1.69亿元，实现账面利润13176万元。全州农行实现行行盈利，农行人均利润36.9万元，各基层行的盈利情况是：盈江支行盈利4030万元，比上年增130万元；陇川支行盈利2214万元，增247万元；梁河支行盈利1380万元，减454万元；瑞丽支行盈利6551万元，减1423万元。一、存款市场份额稳步提高。截止12月31日，各项存款余额达82.4亿元，比年初增10.79亿元。在德宏同行业中增量份额占29%，存量市场份额占44.65%，多年保持存量、增量、人均分额第一，人均存款达1799万元，点均存款达27468万元。二、信贷运行良好，结构继续优化。各项贷款余额达36.4亿元，占同业的34.4%。年内，继续加大水电建设支持，新增水电贷款5.4亿多元，支持云南电网公司建设25000万元，支持云南华邦电力开发有限公司电站建设5000万元，支持德宏盟滇河水电开发有限公司电站建设6100万元，支持盈江明宇电力开发有限公司7600万元电站建设。全州农行电力贷款达26.22亿元，支持14家电力开发公司建设20座水电站，同时加大“三农”经济的支持力度，面向全州农户累计发放金穗惠农卡20950张，授信5155户，贷款5277多万元，至年末，全州农行涉农贷款达29亿元，占总贷款的81%。从贷款结构上看，贷款投向：一是关注民生的教育、卫生及“三农”扶贫贷款；二是个人消费贷款和住房贷款；三是个体私营经济贷款；四是电力开发贷款；五是糖业贷款。

【农村惠农卡发放】 2009年，农行德宏州分行惠农卡已覆盖全州25个乡镇，139个村民委员会，223个村民小组，发卡户数占总农户数的10%，授信户数占总农户数2.3%。截至年末，全州累计发卡20950张，激活数20818张，激活率99.37%，其中年内新增发卡15402张，完成省分行下达发卡任务的102.68%；新增激活15693张（含部分2008年未激活卡片），总激活率99.37%；新增授信农户3255户，完成省行下达任务的155%，新增授信额度7044万元，授信率21.13%，排名全省第五位；新增贷款农户3717户，新增贷款5137万元，完成省行下达任务的

147%，农户小额贷款余额5277万元。

（《农行》撰稿　何本华）

中　行

【业务经营情况】　2009年，中行德宏州分行围绕省分行提出的“保先、争位、翻番”四年发展战略的总体目标，在认真领会总行提出的“扩规模、调结构、做品牌、练内功、降成本、上水平”18字方针的基础上，以“争市场、扩规模”为第一核心任务，坚定信心，抢抓市场，分析市场，研究制定新的业务发展措施，努力完成省分行下达的各项主要任务指标。全行实现净利润3793万元，人均实现利润37.19万元，上缴各项税款1654万元，为国家和德宏地方经济的发展做出了贡献。

【负债业务】　2009年，中行德宏州分行人民币存款余额186696万元，比上年增加63636万元，完成省分行下达任务的162.07%，计划完成率排名全省20个考核单位的第六名，市场占有率8.89%，比上年末提高1.32个百分点。其中：公司存款92572万元，比上年增加36350万元，完成省分行下达任务的134.63%，计划完成率排名全省第十三位，市场占有率12.71%，比上年提高2.60个百分点。储蓄存款余额94057万元，比上年增27286万元，完成省分行任务的221.84%，计划完成率排名全省第一位，市场占有率6.86%，比上年升0.62个百分点。

【资产业务】　2009年，中行德宏州分行各项人民币贷款余额187790万元，比上年增61987万元，市场占有率为14.27%，比上年升1.97百分点；不良贷款余额为2588万元，降1391万元，完成省分行下达任务的178.33%，不良率为1.38%，降1.78个百分点，资产质量持续改善，不良授信资产实现双降。其中：公司贷款余额为168962万元，比上年增53185万元，市场占有率为14.58%，升1.87百分点；不良贷款余额为2542万元，降1347万元，不良率为1.50%，下降2.16个百分点；零售贷款余额18828万元，增8802万元，完成省分行下达全年第一目标任务指标的329.66%，计划完成率排名全省20个考核单位的第三位，市场占有率11.75%，升2.91个百分点。不良贷款余额为46万元，比上年减44万元，不良率为0.24%，降0.66个百分点，资产质量的持续改善，使中行连续5年不良资产持续实现“双降”。

【中间业务收入】　2009年，中行德宏州分行累计实现人民币中间业务净收入1022.30万元，完成省分行下达全年指标任务的92.43%。其中:国际结算净收入57.31万元，完成省分行任务的35.38%；零售业务净收入274.56万元，完成任务的52.20%；银行卡业务净收入67.24万元，完成任务的115.93%；资金业务净收入-0.29万元，完成任务的-1.45%；国内结算净收入86.06万元，完成任务的122.94%；公司业务净收入537.43万元，完成任务的199.05%。

【内控管理】　2009年，中国银行德宏州分行按照云南省分行“全面内控、全员内控和全程内控”的目标，把合规经营摆在第一位，组织开展“屡查屡犯”专项治理活动、“会计信息治理年”活动、清理执行积案专项活动、“整顿工作作风、规范工作秩序、提高工作效率”专项治理活动、“与祖国共成长、与中行共奋进”主题教育活动和“五五”普法系列之知识产权普法等活动，进一步提高员工学习制度、遵守制度的意识。同时，认真组织开展基层经营机构自查、每周风险日检查、季度内控重点检查，加大行务督办力度和员工问责力度，进一步提高执行力，促进管理水平的提高，使全行员工提高了合规经营理念。年内，严格落实重要岗位轮换制度，实行基层负责人轮换代职，重要岗位强制休假等措施，组织全辖10年以上工龄在岗员工进行休假，既解决了员工带薪休假的问题，又以休假方式解决了全辖31名重要岗位员工的轮岗和离岗检查，确保重要岗位和重要环节的有效控制。

【表彰先进】　2009年，中国银行德宏州分行党风廉政建设工作荣获2009年德宏州党风廉政建设优秀单位。该行参加省分行的“科学促发展、建功彩云南”企业文化文艺汇演，参赛的《人们向往的地方》节目获省分行最佳节目奖。

【安全运营】　2009年，中国银行德宏州分行加大对安全生产的检查力度，对各单位实行责任制，并与各单位签订《安全生产内部控制案件防范目标责任书》、《维护稳定工作目标责任书》，有效控制案件和事故的发生.该行连续6年实现“零案件、零事故”，做到“不发一案，不误一人”防案目标的实现。

【档案管理跃上新台阶】　2009年，中国银行德宏州分行档案管理工作通过省分行档案达标检查验收组的现场检查验收，档案管理从原来的三级上升到一级，管理水平跃上了一个新台阶。

(《中国银行》撰稿　龚登亮　蒋丽茜)

建　　行

【经营情况】　2009年，建行德宏州分行存款余额299135万元，比年初新增86621万元，增幅40.76%，四行占比19.82%，新增1.61个百分点。其中：单位存款余额140912万元，新增54903万元，增幅63.83%，四行占比26.27%，新增5.14个百分点；个人存款余额158223万元，新增31719万元，增幅25.09%，四行占比16.26%，下降0.38个百分点。各项贷款余额192625万元，比年初新增46462万元，增幅31.79%，四行占比21.95%，新增0.85个百分点。其中：对公贷款153890万元，比年初新增38363万元；个人贷款余额38735万元，新增8099万元。中间业务收入1226.76万元，四行占比18.43%，增加0.62个百分点。不良贷款余额274万元，不良贷款率为0.14%，不良贷款额比年初下降14万元，下降0.06个百分点。主营业务净收入9256.75万元，拨备前利润5301.18万元。

【公司机构业务】　2009年，建行德宏州分行在公司机构业务工作中主要抓了如下工作：一是强化激励约束，完善考核机制，改善条线资源配置，通过挂价激励方式有效促进业务发展，在全行推行绩效产品全额挂价和“现买单制”考核。强化对业务经办团队或个人的考核奖励力度，激发全行对公业务条线及相关人员拼市场、抢份额的决心，有力促进了对公业务的稳定与发展。二是利用国家促进经济增长的政策出台，大批新建项目即将开工上马的有利时机，围绕德宏州重点基础设施建设、房地产以及农村、教育、卫生、文化等方面的项目，深入开展分层营销工作。全年新开立基本结算账户124户，预算单位专用存款账户61户。同时，抓住大规模增加贷款投放的有利时机，实现“以贷引存”，认真做好信贷企业及下游客户的账户营销工作，存款结构得到改善，存款的稳定性不断增强。三是积极适应市场变化，抢抓发展机遇，信贷结构进一步优化。坚决贯彻落实总行“进、保、控、压、退”信贷政策，贷款主要投向电力、公路等拉动内需的行业，进一步夯实信贷结构调整与中小企业客户发展基础。四是加大新客户和新领域的营销，进一步强化市场基础。充分利用“民本通达”综合服务方案，在教育、卫生、社保、环保领域与相关客户全面开展合作，为民生领域客户发放各类借记卡4000多张，新增电子银行渠道客户300多户，销售客户个人理财产品560多万元，积极支持医疗卫生系统基本建设贷款2千万元。在总行到支行的四级联动营销下，成功成为缅甸经济银行在中方银行开立单边人民币账户的试点银行之一。年末，缅甸经济银行人民币存款达5011万元。

【个人金融业务】　2009年，建行德宏州分行在个人金融业务方面主要抓了如下工作：一是认真布置落实“红运新春，五牛奔福”旺季营销活动。在两节期间取得个人存款新增1.97亿元的历史新高。承接旺季个人业务良好的开局，持续开展以“四宝齐聚，赢在建行”、“芒种小满”等系列持续性营销活动。二是出台《建行德宏州分行2009年个金条线目标任务考核管理办法》，将全年任务目标分解到各经营机构，围绕市场份额强化激励考核，业务挂价与业务分值相结合，积极促进个人金融业务又好又快的持续发展。进一步完善“周通报”和“月通报”制度，按照各网点各项业务指标完成情况及时进行通报表扬和批评。在全行范围内各网点之间形成比、学、赶、超的良好氛围，增强网点及个人客户经理的荣誉感，促进了各网点营销的主动性。三是加强网点管理，强化服务提升，深化网点转型效果。进一步巩固和深化网点一代转型，扎实推进二代转型，提升高端客户服务能力，持续改进客户服务流程。进一步梳理存量客户，充分挖掘存量客户需求，建立、健全VIP客户服务信息台账，制定客户经理存量客户走访及产品销售方案，确实做好VIP客户的走访工作，有效开展专业化和差别化的服务与营销，网点服务与客户基础管理工作进一步加强。四是强化个贷基础管理，保持业务稳健发展。在房地产开发贷款增量减少的情况下，及时调整经营策略，积极推进公积金组合贷款，强力营销新楼盘项目，坚持一手房与二手房、存量客户与增量客户并举，促进住房金融与个人信贷业务稳健发展，进一步巩固和提升个人住房贷款市场份额。年末，个人贷款市场占比17.49%，比年初上升1.52个百分点。

【中间业务】　2009年，建行德宏州分行在中间业务方面主要抓好以下工作：一是转变贷款经营理念，推动公司业务转型，带动中间业务发展。州分行积极倡导建立对公业务整体营销态势，完善整体服务机制，以结算、代理、担保三大传统业务为基础，以现金管理、财务顾问、审价咨询、财产保险代理、柜面保险代理等业务为先导，增加综合性、高附加值产品的中间业务收入，通过产品的有机组合，变“单一产品营销”为“提供整体服务方案”，不断满足客户的个性化需求。通过信贷资源与中间业务收入捆绑营销方式取得有效突破。全年累计实现对公中间业务收入570.52万元，完成年度计划的172%，资产类中间业务收入结构得到明显改善，取得历史性进展。二是电子渠道服务管理初见成效。全行按照“两个渠道办银行，两个渠道做业务，两个渠道做服务”的经营理念，加强渠道整合，增加电子自助渠道交易占比在考核中的敏感度。截至年末，电子自助渠道交易占比43.14%，完成年度计划的105.45%。三是积极拓展收单商户，银行卡业务量质并举、快速发展。有效扭转建行POS商户发展的被动局面，借记卡、贷记卡发卡、消费交易新增均创历史新高。

【风险管理】　2009年，建行德宏州分行出台《中国建设银行德宏州分行对公客户贷中、贷后管理工作实施细则（试行）》，促进信贷基础管理工作常态化、制度化。其具体抓好如下风险管理：一、实施积极主动的信用风险管理。逐户拟定年内公司类到期贷款项目清单和信用等级到期项目清单，加强对到期贷款的回收和存量客户信用等级重检管理。加强信贷业务风险排查和风险提示，有效识别、监测、预警信用风险。开展固定资产贷款贴息情况排查、对公信贷资产风险排查、案件风险排查、出口行业风险排查、房地产行业授信业务风险排查、新发放贷款自查、资产保全业务三项制度检查等一系列的风险排查和自查，摸清风险底数。加强授信业务押品管理及CEWM系统等贷后管理工具的使用。二、严防操作风险，增强合规意识。加强风险排查和预警，不断提高岗位操作风险报告质量，有序开展操作风险自评估及合规文化建设，完善合规管理体系，加强对基层机构的监督、管理，促进领导人员及广大员工合规从业。不断探索合规文化基础教育方法，开展“合规从我做起”征文及演讲活动，组织学习基层机构重点管理环节违规操作案例集，强化全行合规意识。三、加强财务会计管理，进一步集中、规范核算。将全行的各项费用按部门职责划分到归口管理部门管理，并实行总量控制，加强费用归口管理部门的责任意识和效益意识。强化成本管理，在《建行德宏州分行财务管理实施细则》的基础上，出台《建行德宏州分行公务车辆管理暂行办法》和《建行德宏州分行本部接待费管理暂行办法》规范车辆管理和公务接待费管理。梳理内部管理“一手清”问题，加强内部账户监测。根据人行统一要求，积极组织开展人民币银行结算账户年检。进一步推进前后台业务分离，推广批量代收付业务，减轻柜面工作量，提高代收业务效能。四、加强案件防控，做好信访维稳工作。抓好总行《案件防控及整改工作方案》各项措施的落实，充分发挥案件防控协调联动机制，改进监督检查手段，深入开展稽查督导、员工行为排查和案件风险点排查。建立各级负责人年度“风险保证金”制度，加大责任认定力度，严肃执规执纪，强化基层机构内控管理工作的考核评价，保持案件防控高压态势。定期召开“案件防查联席会议”，加强各部门在防查案件和风险内控中的信息沟通与协调配合，进一步发挥全行的整体功能，实现全行案件防控工作的整体联动。加强安全生产监督和突发事件应急管理，加强敏感时期重大事项快速反应和行政值班工作，有力落实维稳工作制度，确保各项工作正常有序开展。

【兴边富民工程】　2009年，建行德宏州分行为进一步贯彻落实云南省政府办公厅《关于印发云南省实施“兴边富民工程”对口帮扶单位工作职责和绩效考核办法的通知》文件精神，认真履行与潞西市人民政府签订的“兴边富民”对口帮扶协议，切实做好帮扶工作。按照以“兴边富民工程”为载体，以市场化帮扶和公益性帮扶相结合为手段，以双方共赢为目的，使帮扶地区人民群众受益、受惠的总体工作思路，提出一揽子公益性帮扶计划，并按计划进行落实。在省分行的安排、部署下，由州分行一把手牵头，成立潞西市“兴边富民工程”新三年行动3+1对口支援备选项目调查小组，对潞西市区域内发展前景、效益良好的优质小企业全面开展调查，截至12月末，形成贷款余额2250万元。此外，该行从提高社会保障水平和文化素质等方面，落实了一揽子公益性帮扶措施：一是出资8.76万元为潞西市援建的建行希望学校购置115套学生课桌椅、84张学生高低床和

10套电脑桌椅。同时，发动昆明地区及德宏州分行的青年员工捐款3.5万余元，购置了数码相机、图书、图书架、乒乓球桌、文体用品、教具、文具、玩具等一批实用、丰富的爱心助学物资；二是为建行希望学校的10名教师提供暑假赴昆明参加中英联合教育项目培训，支出2.5万元；三是向5所村级“文化室”图书杂志和音像播放设备购置等项目捐助款项5万元；四是向3所农村卫生室卫生医疗设备购置捐助款项6万元；五是继续资助10个贫困高中生，并协商德宏州民族一中将20个贫困高中生名额向潞西市的学生倾斜，目前资助潞西市贫困高中生18名，年资助款项27000元，资助资金已落实到位；六是向潞西市捐赠计算机设备50台及配套桌椅，用于部分乡村中、小学校建设“电教室”。

（《建行》撰稿　王华明）

农村信用社

【信贷和财务管理系统成功上线】 2009年5月15日，德宏州农村信用社作为第三批推广上线单位，开始实施信贷管理信息系统的建账切换上线工作，到6月14日已全部成功上线运行，并运行情况正常。该系统的成功上线运行为实现信用社信贷业务处理流程化、规范化，提高信贷业务处理能力及信贷决策科学化，增强信贷风险管控能力，同时建立全面、准确及时的信贷信息数据库，为信贷风险分析和贷款定价提供数据基础，以达到“加强信贷管理，控制信贷风险，提高信贷资产质量，提高信贷资产使用效率”的信贷管理目标。1月，德宏州农村信用社根据省联社开发的云南省农村信用社财务管理系统，财务管理系统成功上线运行，并运行情况正常。

【启动新农保金融服务】 2009年12月，德宏州农村信用社根据《国务院关于开展新型农村社会养老保险试点的指导意见》和《云南省人民政府关于印发云南省新型农村社会养老保险试点实施办法（试行）的通知》精神，启动新农保金融服务工作。潞西市作为全省16个新型农村社会养老保险试点县之一，作为新农保试点金融服务的承办机构，积极配合做好金融服务工作。

【业务经营情况】 2009年，德宏州农村信用社整体实力显著增强。一是经营规模快速增长。年末，全州农村信用社各项存款余额426685万元，比上年净增106307万元，增33.18%；各项贷款余额307586万元，净增68830万元，增28.83%。二是资产质量明显改善。年末，全辖不良贷款余额28475万元，绝对额和不良率比上年同期分别下降4972万元和4.75个百分点，资产质量稳步提高。三是经营效益明显提高。全辖实现总收入24545万元，比上年同期增加2907万元，实现净利润1635万元，且所有县联社均实现盈余。四是抗风险能力逐年增强。全辖一般准备金余额3636万元，贷款损失准备余额14874万元；拨备覆盖率为65.75%，比上年末提高29.67个百分点；贷款损失准备充足率为101.78%，提高63.62个百分点；资本充足率达5.75%，提高2.1个百分点，抗风险能力进一步增强。

【支持“三农”和地方经济】 截至2009年，德宏州农村信用社各项贷款余额307586万元，比上年净增68830万元，增28.83%，其中农业贷款余额228760万元，比年初净增63623万元，增38.5%，占净增额的92.4%，完成年初计划34000万元的187.1%，有力支持了“三农”和地方经济发展。

【“双基工程”建设】 2009年，德宏州农村信用社为加强农村信用社营业网点基础设施和安防建设，提高物防、技防能力，各联社加大安防投入，加快“双基工程”建设，并取得显著成效。截至年末，全州农村信用社有营业网点80个，应改造77个，已改造并验收网点57个，占应改造网点的74%，正在改造11个，占14.3%，未改造9个，占11.7%；累计投入资金3520万元，提高了营业网点物防、技防能力。

【案件防范和安全保卫】 2009年，德宏州农村信用社认真贯彻落实银监会《农村中小金融机构案件防控治理2009～2011年工作规划》和《云南省农村信用社2009～2011年案件防控治理工作实施意见》，以及安全保卫工作“一岗双责”责任制度，加强员工安全防范教育，增强和提高安全防范意识，同时加大安防投入，提高物防、技防能力，并实行“一把手”负责制。建立健全案防和安全保卫工作“一把手”负总责、联社主任亲自抓、分管领导具体抓、其他领导分头抓的责任制，层层签订案防和安全目标“责任书”，把责任落实到部门和人员，确保了全辖安全经营。

（《农村信用社》撰稿　林国钦）

保　险

人保财险

【业务经营情况】　2009年，人保财险德宏州分公司实现签单保费收入10261万元，比上年增2.28%。其中：机动车辆险完成6384.7万元，比上年增8.53%；企财险完成1649.1万元，减13.32%；家庭财产险完成134.9万元，减5.24%；责任险完成154.3万元，减69.14%；工程险完成111万元，减82.79%；人身意外伤害险完成539.5万元，减29.04%；健康险完成11.9万元，减44.8%；农业险完成1160.7万元，增1071.76%；货运险完成114.5万元，增47.92%；产代寿保费收入635万元，完成全年计划数150万元的423%。全年已决案件21737件，比上年升55.23%，赔款金额8669.4万元，升63.26%，其中车险已决案件15822件，赔款金额为5466.7万元；非车险已决案件5915件，赔款金额3202.7万元。

【机动车保险】　2009年，人保财险德宏州分公司始终坚持“靠坚守保阵地，靠创新求发展”的思路，力求车险的健康发展。一是州公司在年初就制定车险业务的相关要求和实施方法措施，将车险全员营销和竞回业务指标一并下达，加强了对车险业务的考核和发展的激励措施，并结合“云岭雄风·百家争峰”竞赛活动和“车险1号工程”实施的各个阶段进行分析，注重对实施过程细节的督促和指导。二是全力进行公关协调，稳住政府招标采购、州运输集团、农村拖拉机保险等标志性业务。三是根据车险的分散性业务特点，在坚持走发展营销团队的道路，努力发展个人代理业务的同时，与银行、邮政、修理厂等代理渠道加强合作。四是重视客户资源的收集和整理、利用。在潞西、瑞丽支公司建立“人保车友俱乐部”，盈江支公司的“人保车友俱乐部”正在筹建，力求通过服务，对客户资源进行有效的掌控。五是带头规范市场。针对车险是各财险公司竞争焦点和主要违规业务的特点，充分发挥保险行业协会会长身份的作用，积极组织，并制定出台《德宏州机动车辆保险行业规范自律公约》、《规范保险事故车辆修理行为防范理赔风险自律公约》，统一了全州机动车保险市场的手续费率，并结合保监会的整治要求，组织各种打击违规经营活动的检查和处罚，对违规行为起到了一定的震慑作用。

【非车险业务】　2009年，人保财险德宏州分公司按照“牢牢巩固和努力挖潜企财险，有效地开办工程险，努力推动农村农业保险，实现各险种的统筹协调发展”的思路，努力发展非车险业务。一是努力巩固企财险原有客户不流失，通过不断提高服务质量和加大宣传力度，努力挖掘新客户，成功实现了州内大企业、大项目和标志性业务的续保和新保。二是努力发展意外险和责任险。在意责险的推动上层层落实责任制，将任务分解到人，明确奖惩办法；强化同教育主管领导和部门的协调，努力扩大学生保险的承保面；继续推动医疗事故责任保险，并开办了乡镇医疗机构的医疗事故责任保险。三是积极服务州内重点工程项目建设，承保了水电站、水库、公路的工程险和建筑施工人员意外伤害险。

【保险服务“三农”】　2009年，人保财险德宏州分公司始终坚持盯着市场干、跟着政府干，加强与政府的沟通、协调，促成州政府出台《德宏州人民政府办公室关于支持中国人保财险公司在我州各县市开展“保险先进村乡（镇）创建活动的通知”》、《德宏州人民政府关于加快发展农业保险支持社会主义新农村建设的通知》、《德宏州人民政府与人保财险德宏州分公司加快发展农业保险支持社会主义新农村建设活动的合作协议》及其《补充协议》、《德宏州人民政府批转德宏州农房火灾商业保险实施办法的通知》等一系列文件，农房火灾保险实现全州统保，解决了政策性能繁母猪中央及省财政拨款的缺口问题，实现了政策性能繁母猪应保尽保。全年能繁母猪决赔案1608件，赔款415.4万元，赔付率为129.3%。甘蔗保险得到省政府批准，已在瑞丽、盈江进行试点承保32万亩，除正常灾害外，在应对2009年底的甘蔗霜冻中，充分发挥了保险保障作用。

【经营管控】　2009年，是人保财险系统经营转型的重要年，德宏州各级公司加强对经营过程的全面管控，并把坚持走健康可持续发展之路的理念贯穿在展业、承保、理赔和公司经营的各个环节中。一、承保工作。严格执行中国保监会批准的条款费率，坚持依法合规经营，坚持最大诚信原则，并结合中国保监会《关于进一步规范财产保险市场秩序工作方案》精神的深入推进和落实，公司总经理身为州保险行业协会会长，要求公司全辖必须在市场规范过程中充分发挥领头羊的作用，杜绝各种违规行为的发生。通过公司内部的定期不定期检查和组织行业协会的全面检查和不断整改，公司广大员工的合规意识不断提高，在开拓市场、培育市场、规范市场中发挥了积极作用，并有效地促进了公司业务的发展。二、理赔工作。一是进一步加强州、县（市）两级公司执行力建设，根据上级公司按月对赔付率控制目标进行监控、督导和问责的要求，制定并下发《德宏分公司赔付率控制目标监控、督导和问责制度》，并根据检查督导的情况，下发《关于调整车险核损、核赔、报价权限的通知》，降低了各支公司的定损、核损、报价权限；二是切实加强现场查勘力度。严格执行各项理赔管理规定，使车险第一现场报案查勘率达90%以上，第二现场报案复勘率达100%，能繁母猪第一现场查勘率达100%；三是全面推行远程集中拆检定损，强化核心风险点的集中管控。从7月1日起，全州实现“集中管理，分级授权，分散操作”的理赔模式，所有出险车辆的定损全部纳入远程集中定损点，实现“前台操作、后台管控”的运作模式。全面加强对核损、核赔、报价、定损复查、维修复检等车险理赔过程的管控；四是采取有效措施，加大对假赔案、骗赔案件的打击力度。全年处理各种假赔案、骗赔案件10余起，挽回经济损失60余万元。三、财务工作。一是抓好资金管理。通过严格执行收支两条线管理办法，严格执行资金审批制度，实行无现金支付，严格对账制度，认真审核编制好资金报表等达到了资金安全管理的目的。二是抓好财会队伍建设。始终把财务人员的思想素质放在首位，在确保思想品质和责任意识优良的前提下，还须具备良好的业务技能。通过公司组织培训、参加地方财政举办的培训和其他培训及传、帮、带，使财会队伍的思想素质和业务素质得到进一步提高，保证了工作的有效运转。三是抓好资产管理促安全，定期盘点核实固定资产，严格执行上级公司的固定资产管理办法。四是抓财会基础工作规范、推广，并完善“一本账核算模式”。五是抓好财会监督检查工作。全年进行全州系统财务检查2次，促进财会工作逐步向科学化、精细化迈进。四、数据质量管理。成立州公司数据质量领导小组，在经营工作中，一是把好数据源头关，要求基层公司业务和财务数据必须真实、完整，严禁垃圾数据进入系统；二是要求州分公司相关部门作好日清日结系统的每日数据监控工作，发现问题，及时整改；三是严格执行州公司制定的数据质量管理相关规定，按问题数据的责任人进行处罚；四是严格执行上级公司运维工作的相关规定，对数据提取、数据修正、人员代码权限变更按规定上报审批。

【个代营销和两网建设】 2009年，人保财险德宏州分公司结合德宏实际，扎实推进个代营销及两网建设专项工作的推广实施。3月底，州分公司专项工作小组完成对全辖县市支公司团队改造和组建工作，按照基本管理办法完成个代营销软件管理的平台搭建。同时，对两网建设进行专项检查，下发9条重点整改指导意见。4月在复查后对每个网点存在的问题发出书面整改通知书，督促各县、市支公司对自身辖区内的各个网点进行整改。全州系统组建团队49个，其中包括17个本部营销团队，2个城网团队，30个农网团队，合计纳入个代营销基本办法管理的销售人员为153人。各支公司按时完成基本法的推广复制工作，基本实现团队化管理，营销管理软件正常结转和使用。截至12月底，个代营销保费收入4227.64万元，完成省分公司调整计划3000万元的140.92%；31家营销服务部收取保险费收入1139.73万元，完成年计划的105.53%，平均产能36.76万元。全州50个乡镇中有31个乡镇设立农村保险营销服务部，网点覆盖率达到62%。保险先进村创建工作在潞西市江东乡、瑞丽市弄岛镇、陇川县章凤镇、盈江县旧城镇、梁河县河西乡等开展试点。

（《人保财险》撰稿　曾广济）

人寿保险

【企业年金保险业务实现零的突破】 2009年9月2日，中国人寿德宏分公司按照省公司的安排部署，结合当地实际，积极寻找企业年金目标客户，并在多次沟通的基础上，顺利召开由公司与中国农业银行德宏州分行联合主办、德宏州劳动和社会保障局协办的首场国寿-农行“永丰”企业年金推介会。会后公司组成项目领导小组，积极跟进，最终于年底顺利实现企业年金保险业务零的突破，实现保费1172万元。

【保费收入首次突破2亿元】 2009年，中国人寿德宏分公司保费收入首次突破2亿元大关，保费收入达20963.45万元，其中股份总保费收入20054.81万元；集团保费收入908.64万元；长险首年保费收入8379.69万元；短险保费收入1945.42万元；中介趸交保费收入5383.87万元；中介期交保费收入509.74万元；续期保费收入9729.71万元。公司经营情况良好，呈现出公司和谐、班子团结、队伍稳定、骨干突出、经营平稳、业务发展均衡的良好局面，被省公司评为全省甲类2A级公司。公司在自身获得快速发展的同时，不忘承担对客户的承诺，积极履行保险责任，当年支付死亡、伤残、医疗、满期、年金给付共6555.65万元，其中一年期短险赔款支出910.49万元。公司在德宏寿险市场上继续占领先的市场份额，领跑业界。

【表彰先进】 2009年，中国人寿德宏分公司被中国人寿（集团）公司授予全国“精神文明建设先进单位”和“诚信教育先进单位”荣誉称号；被省、州文明办评为“州级文明行业”，“省级文明单位”。分公司客户服务中心被州妇联授予“巾帼文明示范岗”荣誉称号。

【学生平安保险再上新台阶】 2009年，中国人寿德宏分公司为抓好短险业务学生平安保险，召开全州学生安全保险工作会议，州人大、州政府、州政协的相关领导以及全州5县市分管教育的县、市长，州、市两级教育局局长，人寿保险公司经理，州直院校的校长70多人参加会议，并为学生平安保险业务的发展统一了思想，明确了目标。至9月30日，承保学生148361人，保费收入突破900万元，比上年净增200多万元，增30.7%，学生平安保险工作再上一个新台阶。

（《人寿保险》撰稿　乐潮洲）

天安保险

【业务经营情况】 2009年，天安保险股份有限公司德宏中心支公司坚持“合规、效益、创新”的经营方针，充分发扬创新、拼搏、奉献的企业精神，始终把“更及时、更全面、更专业、更道德的服务，建设中国保险第一品牌”的经营理念运用到公司经营和管理的各个层面，渗透于各个环节，使之成为推动公司永续发展的动力。在管理方面实行专业化、人性化的管理制度，自上而下建立健全业务、营销、财务、行政人事四位一体的管理体系；在营销管理方面采取合理有效的激励措施，让员工时刻保持危机感，深深了解到与市场“共存共亡”的深刻道理，彻底改变“观望”的态度，以更加积极主动的姿态参与市场竞争，进一步激发和调动了员工的工作积极性和展业热情，充分体现多劳多得，按劳分配的原则，为公司的持续、快速、健康发展打下有力的基石，并取得了显著的成绩。全年承保各类财产总额406334万元，实现保费收入1761万元，其中财产险收入1739万元，人身险收入22万元，完成省分公司下达年度计划任务的126%，比上年增25.79%。各县市完成情况：潞西完成784万元，比上年增29.51%；瑞丽营销服务部完成462万元，增8.98%；盈江营销服务部完成272万元，增35.11%；梁河营销服务部完成146万元，增55.26%；陇川营销服务部完成97万元，增57.21%，市场份额达10.98%。全年受理各类案件5496件，其中已结案4384件，未结案1112件，结案率为80%，支付赔款1051万元，综合赔付率为59.65%。全年缴纳营业税金及附加100多万元，为当地地税部门代收取车船税190多万元。

【优质服务】 2009年，天安保险德宏中心支公司为在竞争中学会竞争，在竞争中力求发展，在竞争中不断前进，在全面提升管理水平的同时，不断提高服务水平。一、继续以“化险为夷，补天爱人”的企业精神作为神圣使命，在理赔部门专门设立了理赔岗位和客户服务岗位，理赔岗位人员以正、副班的形式轮流值班，以保证24小时全国统一服务电话95505随时畅通，客户服务人员专门负责开展客户关系维护，投诉处理，活动策划等方面的工作，为客户提供“快速、便捷、优质、高效”的服务。二、为不断加强与客户的接触和沟通，公司总经理定期抽调承保或理赔客户的相关资料，直接向客户咨询和了解公司的承保、理赔服务质量，密切了公司与客户之间的联系，及时改进公司在服务环节中存在的问题。三、为回馈广大客户，公司推出以下服务举措。电话预约、送单上门，以及安排专人为客户落户及检审等等，将服务触角延伸到了客户所需的方方面面，让广大客户充分享受到最优质的服务。

（《天安保险》撰稿　尹兆金　胡　晓）

大地财险

【业务经营情况】 2009年，中国大地财产保险股份有限公司德宏支公司面对激烈的市场竞争和复杂的市场变化，坚持以“调整转型、效益发展”为核心，积极响应总、分公司“承保有利润，发展有效益”的号召，坚决贯彻执行分公司承保管控政策，制定和完善符合支公司发展的一套承保政策，实现历年应收保费清零的任务，保障了保费资金的安全，实现上级公司下达的各项工作目标和任务。全年完成保费1551万，比上年增4.73%，实现利润184万元，利润率达11.86%，其中车险完成1328.11万元，比上年增2.38%，短期意外险完成112.83万元，增137.44%，企财险完成110.23万元，减18.95%，健康险完成0.32万元，减50.77%。全年处理各种赔案3713件，比上年增45.33%，支付赔款金额913.5万元，增17.39%，赔付率58.88%。

【培训教育】 2009年，大地保险公司德宏支公司为达到保监持证上岗，合规经营的要求，组织了一批代理人进行统一培训，统一考试的活动。此次培训有38人通过代理资格考试，增强了公司营销队伍，为德宏州创造就业机会做出贡献。

【开展公司成立5周年宣传活动】 2009年，大地财产保险公司德宏支公司在公司成立5周年之际，对大地保险全国通赔服务、网上查询服务、德宏支公司优质服务等情况进行重点宣传。其主要参与潞西市文体局送“文化下乡”活动，以此提高企业的知名度。活动主要以放影片、摆设书箱、文艺演出为主要内容，范围涵盖乡镇、厂矿、学校、广场等等。活动进行2个月来，公司参与活动9次，深受广大群众喜爱，多次受到上级领导的表扬。同时在电视台做了新闻报道。在参与此次活动中，公司在协助好市文体局开展活动的同时，借此机会散发宣传单、悬挂宣传布标、粘贴广告、宣讲保险知识、接受媒体采访等形式，有力地宣传公司及各种业务，从而提高了公司的知名度。

（《大地财险》撰稿　罗怀建）

平安保险

【业务经营情况】 2009年，中国平安财产保险股份有限公司德宏中心支公司秉乘平安集团的企业使命和现代企业经营理念，以平安集团“诚信第一、效率第一、客户至上、服务至上”的服务宗旨，为被保险人提供全方位、高效、优质的保险服务，为德宏州的经济发展和人民生活安定保驾护航。全年完成保险收入956.7万元，市场份额稳步提升，为德宏州的经济发展起到促进作用。

（《平安保险》由办公室供稿）

国 土 建 设

国土管理

【州局办公楼竣工验收】 2009年11月，德宏州国土资源管理局办公楼竣工验收。该大楼建筑面积2240.3平方米，6层框架结构，预算总投资650万元。办公楼的建成，承担了土地登记办证、国有土地出让交易、地质灾害监测防治、矿产资源、测绘管理等办公。

【表彰先进】 2009年，德宏州国土资源管理局先后被国土资源部表彰为“全国县（市）、乡（镇）、村级干部国土资源法律知识宣传教育培训活动成绩突出单位”，被省委、省政府表彰为“新农村建设工作先进派出单位”，被省国土资源厅党组表彰为“全省国土资源系统信息宣传工作先进单位”，被省测绘局评为“年度考核优秀单位”，被州委、州政府表彰为“招商引资工作优质服务先进单位”；盈江县国土局被省国土资源厅表彰为“地质灾害防治工作先进集体”。

【开展“双保行动”】 2009年，德宏州开展“保增长、保红线行动”。该项工作与坚持“保增长、重民生、促稳定”的工作主线紧密结合，始终以依法用地为前提保增长，以强化执法为措施保红线，确保扩内需项目的用地合法和确保不乱占耕地。全年开展动态巡查122次，发现并及时制止用地违法行为30件，违法案件立案查处1件，结案1件；累计清理闲置土地1277宗，面积177.19公顷，收取闲置费88.94万元。年内，编印“双保行动”专项工作简报16期，在各类媒体刊登稿件82篇。

【土地规划利用】 2009年，德宏州国土资源管理局完成龙瑞高速公路等24个独立选址建设项目、土地利用总体规划局部修改报件上报和38个独立选址（含2008年上报2009年审批）建设项目规划修改方案审查及备案工作；完成德宏州医疗废品处置中心等26个建设项目的建设用地预审，总用地规模1350.23公顷，其中农用地1121.04公顷，建设用地156.83公顷，未利用地70.15公顷；完成龙瑞高速公路等7个建设项目土地复垦方案编制的审查。

【建设用地】 2009年，德宏州上报农用地转用及土地征收征用城市批次和单独选址建设用地32批（项），总面积3431.68公顷，其中新增建设占用农用地3191.21公顷（新增建设占用耕地1127.99公顷），未利用地828.3公顷，建设用地50.33公顷，盈江回龙河水库93.02公顷，由于计划指标不足，未上报国土资源部。属占用2009年省厅下达德宏州土地利用计划新增建设用地184.13公顷，新增建设占用农用地126.7公顷，新增建设占用耕地85.71公顷；建设用地8.47公顷；未利用地57.44公顷。全州审批建设用地230宗，面积176.5公顷，其中新增94公顷，存量建设用地82.5公顷。有偿供地192宗97.46公顷，成交价款25304.2万元，其中协议出让120宗5.5公顷，成交价款875.97万元，招拍挂72宗91.92公顷，成交价款24428.22万元；划拨供地38宗79.04公顷。

【土地整治项目】 2009年，德宏州国土资源管理局对潞西、盈江等11个土地开发整理项目进行初验，并完善相关资料上报省厅验收。计划实施土地整治（中低产田地改造）项目5个，建设规模6.22万亩，预计新增耕地0.33万亩，投资9724.05万元，签订了《德宏州国土资源部门2009年度土地整治中低产田改造项目任务书》。年内，组织完成县级国土部门中低产田地改造规划编制和审查。

【矿政管理】 2009年，德宏州国土资源管理局顺利推进《德宏州第二轮矿产资源规划》编制，州级规划专题研究和预审稿已编制完成，并通过省厅审查，县市级规划完成初稿。年内，组织开展全州矿业权实地核查，完成64个探矿权、192个采矿权的实地核查工作。矿产资源开发整合工作取得成效，全州拟整合矿区19个，整合后矿区面积由107.84平方公里缩减为93.85平方公里，矿业权由103个减少为50个，减少矿业权数53个。推行与矿业权人签订矿业权行政管理合同及承诺书，共签订286份。盈江县成功挂牌出让1宗探矿权，交易金额1800万元。全年完成47份探矿权年检，组织评审备案13份地质储量报告，颁发采矿许可证24个；完成矿补费征收入库99.64万元，完成任务数的142.34%，征收入库有偿使用费331.9万元。

【地质灾害防治】 2009年，德宏州各级投入地质灾害防治专项经费67万元，落实监测人员1169名，对793个地质灾害隐患点（严重隐患点217个）实施有效监测，发放防灾工作明白卡1156份、避险卡14331份。年内，充分利用省厅配发的80个滑坡裂缝报警器、2台滑坡预警伸缩仪和全州已建立的103个自动雨量观测站，加强地质灾害监测预警预报，并会同气象部门每天在德宏电视台、广播电台和州国土资源局网站上发布德宏州地质灾害气象预警预报信息，严格执行汛期值班制度；对673所中小学校舍进行地质灾害隐患排查和鉴定，形成鉴定意见49份。全年发生地质灾害58起，其中达到统计标准的32起，因地质灾害造成经济损失217万元，未造成人员伤亡和重大财产损失。全州收取矿山地质环境恢复治理保证金70.09万元。

【测绘管理】 2009年，德宏州测绘管理主要做了如下工作：一、积极向国家争取基础测绘“德宏州潞西、瑞丽、陇川1：5000测图”项目补助经费470万元；二、召开全州2009年度测绘管理工作会议，完成全州30个测绘资质单位的复审换证及地理信息市场专项整治工作；三、完成德宏州旅游交通图的编制，并向各级党委政府及有关部门提供地理信息400余份。

【土地调查】 2009年，德宏州完成州、县市级“三张图”及州、县市级土地利用总体规划修编专题研究和规划大纲的编制工作，并通过省级审查；第二次全国土地调查工作稳步推进，累计落实中央、省补助经费1175万元，州、县（市）到位资金427.8万元，完成全州5个县市11171.41平方公里的二次调查（农村部分）工作，二次调查（城镇部分）60平方公里的外业调查已进入内业建库；土地登记规范有序，共办理国有土地使用证5569宗，集体土地使用证10420宗，转让变更登记3033宗，抵押登记3037宗，调处土地权属纠纷42起。梁河、潞西、陇川、盈江城镇基准地价更新成果已完成并通过省厅验收。

【法律法规宣传】 2009年，德宏州国土资源系统围绕地球日、土地日、安全生产月、民族团结月等宣传，以地质灾害防治宣传为重点，积极开展宣传活动。期间，共投入宣传经费40万余元，通过宣传，唤起全州各族干部群众对国土资源问题的关注，为进一步强化国土资源管理工作奠定了正确的舆论基础。国土资源政务信息工作扎实有效，全系统通讯员在各级各类报刊、网站及媒体上报道和发表了大量的信息文章，共采用352篇，其中国家级1篇、省级83篇、州级207篇、县市级61篇，编印《德宏国土资源通讯》14期。

【信　访】 2009年，德宏州国土资源管理部门高度重视信访、“两案”办理落实工作。全系统接待群众来信39件、来访215次/281人，办结率100%；对3件网上信访、5件局长信箱进行详细调查、核实，均给予全部办复；办理州级代表议案2件、提案2件，州政协常委会评议全州国土资源工作1次。

【队伍建设】 2009年，德宏州国土资源局为主管全州土地资源、矿产资源、测绘管理等综合行政管理部门，下辖7个县、市、区国土资源局（分局）、50个国土资源所。全州国土系统有干部职工317名，其中行政编制113名，事业编制175 名，工勤29名，副科级以上干部93名。州局有局长1名，副局长3名（2名主要兼任潞西和瑞丽国土局长），党组副书记1名，科级领导职数14名，内设机构12个。年内选拔配备9名科级干部，选调3名县市局干部到州局机关跟班学习，1人在县市局进行交流。

【基层所建设】 2009年，德宏州有6 个基层所建设列入省厅补助建设计划，其中基础设施建设2个，办公配置4个。全州投入基层所建设资金783.06万元，其中省厅补助109.28万元、自筹673.78万元，为41个国土所配置和改善了办公条件，有独立办公场所的基层所从原来的3个增加到现在的8个，在建所11个，落实地块3个，基层国土所规范化建设工作得到了有力推进。

（《国土管理》撰稿　安顺川）

城乡建设

【城市建设投资】 2009年，德宏州城乡建设工作紧紧围绕州委、州人民政府建设美好家园战略，进一步加大建设工作力度。全年全州完成城镇建设领域固定资产投资26.11亿元，超出年初计划4.6亿，比上年增44.3%，使德宏州的城市经济得到进一步发展，城市功能得到进一步完善，城市品位得到进一步提升，城市的影响力、辐射力和竞争力迈出了重要的一步。

【信　访】 2009年，德宏州建设系统进一步加强来信来访接待工作，工作中认真按照政策规定妥善处理好每位信访者反映的问题，凡受理的来信来访，主要领导进行批阅督办，使信访问题得到妥善解决。全年办理人大建议意见政协提案17件，其中主办8件，协办9 件；回复网上信访47件，接待来访人员80余人次，来信来访处理率达100%，有效实施了事前预防，事中监督，事后查处，力求把问题解决在萌芽状态。

【城乡规划管理】 2009年，德宏州城建系统加强规划编制力度，指导城乡快速健康发展。其主要完成如下规划编制工作：一、完成盈江县城市总体规划报批工作，陇川县城市总体规划大纲进入省级大纲审查联合体，畹町城市总体规划编制待瑞丽市人大常委会审议通过后，报州人民政府批准实施。二、认真组织编制专业规划。潞西市完成城市绿地系统专业规划初步设计方案，潞西市“水岸边城”控制性详细规划初步方案已经完成；盈江县专项规划正在编制中，稳步推进详细规划及其他规划编制工作；瑞丽市完成旧城区控制性规划编制暨珠宝街修建性详细规划及工业园区弄岛片区4平方公里的控详规编制工作。三、为配合城市规划的实施，潞西市编制了城市设计；瑞丽市完成弄莫湖片区概念性规划设计，南卯湖公园及团结大沟景观带规划设计等辅助规划设计工作。四、积极开展集镇总体规划。完成潞西市风平镇、瑞丽市弄岛镇等集镇总体规划。同时根据州委、州政府的要求，结合社会主义新农村建设方案，完成德宏傣族景颇族少数民族民居建筑方案征集活动，编排出版《德宏傣族景颇族民居图集》。

【一书两证发放】 2009年，德宏州建设系统依法核发“一书两证”工作。全州核发建设项目选址意见书60份，拟用地面积172公顷，建设用地规划许可证260份，用地面积316公顷；建设工程规划许可证1056份，建筑面积168.75万平方米。全年查处各类违法用地33件，违法用地面积16513.7平方米；完成“十一五”中期评估工作；完成《关于加强我州建筑造型及建筑色彩管理的指导意见》的草拟工作，并于年底启动了2010年德宏州城市管理综合整治年。

【城市基础设施建设】 2009年，德宏州建设系统进一步加大市政基础设施建设力度，不断提高城市品味，完善城市功能。年内，完成总投资5.76亿元，比上年增130.4%。同时，潞西市建设机场大道、金塔大街北段、人保路等9条道路，瑞丽市在建续建及新建城市道路39条，陇川县实施环城东路、同心路、友谊路、泰安路工程建设，梁河县启动了40米大街建设工程。

【“两污”工程建设】 2009年，德宏州“两污”工程开工建设的有潞西市、瑞丽市、梁河县3个垃圾处理工程，总投资1.1亿元，完成投资0.41亿元；潞西市、瑞丽市二期、陇川县3个污水处理厂工程，总投资2.1亿元；潞西市、瑞丽市、畹町开发区、盈江县、梁河县5个城市供水及管网改扩建工程，总投资0.98亿元，年内完成投资0.2亿元。

【住宅与房地产管理】 2009年，德宏州城市建设系统继续加大房地产市场管理，规范和调控房地产市场秩序，加强房地产开发企业资质管理和日常监管。全州现有房地产开发企业69家，年内新批准房地产开发资质8家（暂定资质），资质升级3家，正在实施开发项目的58个，年内完成开发投资12.92亿元（统计部门为9.29亿元，统计范围有差异），比上年14亿元减7.8%，商品房屋施工面积120.61万平方米，商品房屋竣工面积60.96万平方米，商品房屋销售建筑面积45.13万平方米，商品房屋销售总额9.63亿元。全年发放《商品房销售许可证》22份，办理房屋产权登记4583户，面积38.52万平方米，发放房屋所有权证4583户；办理房产交易3434户；办理房屋抵押登记4441户；办理房地产评估2949户，办理危房鉴定1426户。实施的拆迁项目有7个，房屋拆迁492户，拆迁面积9.61万平方，补偿金额2.69亿元。

【廉租房建设】 2009年，德宏州建设部门积极做好新建廉租住房的各项工作。年内，下达指标70000平方米，建设1400套，计划总投资10938万元，6个项目全部开工建设，年内完成投资4900万元。年内，对1322户最低收入住房困难家庭，发放租赁补贴资金248.2万元，待新建廉租住房完成后，可基本解决全州现有城镇最低收入家庭住房问题。同时，起草《德宏州州级机关事业单位职工住房补贴实施办法》，经州政府研究通过，正在实施。

【举办德宏州第二届房地产交易会】 2009年11月，德宏州第二届房地产交易会在瑞丽市举办。举办此次房交会的目的是为参展企业搭建一个良好的交流平台，为广大群众选购优质房提供主要渠道，同时为全州房地产业更好更快发展起到积极的推动作用。本届房交会有26家房地产开发企业、房地产中介及相关企业参展；有商品房6956套、116.10万平方米，其中住宅4670套、70.5万平方米，商铺2276套、46.50平方米；再上市房屋5865套、98.1万平方米展出。通过交易会的举办，进一步规范和培育全州房地产市场，引导房地产理性投资和消费，提高房地产开发品位，促进全州房地产行业健康稳定持续发展。

【物业管理】 2009年，德宏州建设部门收到上报申请物业服务管理的企业4家，审查后符合物业资质管理三级暂定资质条件，并核发《物业管理资质证书》4家。为进一步提高全州物业管理企业从业人员的业务素质，实现规范化管理，举办3120余人物业管理企业从业人员岗位资质培训班；开展中小学校校舍安全工程排查学校763所，排查建筑物4950幢，总建筑面积140.33万平方米。经排查鉴定为A级建筑741幢、B级建筑物254幢、C级建筑物135幢、D级建筑物3820幢。

【农村危房改造】 2009年10月，云南省下达德宏州农村危房改造计划3500户，年内完成投资2000万元。云南省下达全州加固改造和拆除重建农村民居10240户，其中加固改造6180户，拆除重建4066户，补助资金5290万元（按加固改造每户补助2000元，拆除重建每户补助10000元），其中280户残疾人除省补助资金外，由地方增加补助28万元（1000/户），全州现已完成建设任务。同时，进一步修改完善了《德宏州建设局破坏性地震应急预案》。

【灾后重建工程】 2009年，德宏州建设局继续认真做好“8·20”、“8·21”盈江地震灾后恢复重建工程质量验收工作。年内，完成农村民居示范点和恢复重建5个统建点的地形图测绘、规划、选址、设计工作，设计出傣族、景颇族、傈僳族、汉族4种民居13类不同规模样式的民房施工图，组织工程技术人员深入村庄、农户指导恢复重建工程。同时，研究出台符合各地实际的农村民居地震安全工程建设技术要求，切实抓好技术指导关，并在各乡镇、各县（市）验收合格的基础上，严格按照省对各县（市）恢复重建的要求，从任务核实、工程质量检查、项目资金的管理和使用上，组织完成了州级工程质量验收工作。

（《城乡建设》撰稿　赵春玲）

人　防

【政务信息公开】 2009年5月，德宏州人防系统按照德宏州贯彻落实中华人民共和国政府信息公开条例的相关要求和云南省部署的“96128”工程，全面落实“96128”网上专线与电话的开通。“96128”网上专线与电话的开通，明确具体分管政府信息公开工作的领导及工作人员、联系人，按照保密相关规定和信息公开相关要求，主动公开人民防空办公室的主要职能、职责和机构设置、领导简历及咨询电话、监督电话等事项。潞西、瑞丽、盈江人防办派出工作人员，进入政务大厅办理行政许可事项。全州人防系统针对各区域内政府重点项目，实行宣传服务靠前，增强了群众的满意度和信任感，提高了全州人防政务信息工作的透明度、办事效率和质量。

【执法检查】 2009年10月中旬，云南省防空办在德宏州开展人民防空执法检查。重点对潞西、瑞丽2市进行抽查，从检查结果看，全州人防部门在行政执法过程中做到严格按行政执法程序规范执法，无违规违纪现象。12月初，州人防办联合德宏军分区、州纪委进行专项执法检查，更好地促进了全州人防执法的健康发展。各县市分别组织专项执法自查。检查结果为：全州人防部门切实以人民满意为标准，做到了公平、公开、公正执法，严格依法行政、依规办事，做到权为民所用、情为民所系、利为民所谋，工作中切实做到审批程序规范，职责明确，树立了人防干部职工的良好形象。通过执法检查，确保了人防法律、法规、规章的有效落实，为人防依法行政打下了良好基础。

【人防宣传】 2009年，德宏州人民防空办紧紧围绕新形势下人防建设的特点，在宣传教育工作中更新观念，创新方法。一是抓好对领导干部的人防知识宣传，不断增强领导干部的国防意识和人防意识，积极向各级领导宣传人防法规政策，及时汇报人防工作情况，提出合理化建议，有力地争取各级领导的支持。二是拓宽对市民的宣传面，抽出专项资金用于宣传教育工作。潞西、瑞丽、梁河多次开展街头版报宣传，组织人防工作人员进校园传播国防思想，强化人防意识，普及人防法规和民防应急知识，取得较好的宣传效果。三是积极与教育主管部门协调，通过“学校带动老师，老师教育学生，学生宣传家庭”的联动宣传方式，把人防知识从校园辐射到社会。四是在警报常规鸣放日前和法规宣传日，通过电视、报纸、手机、网络等媒体开展宣教活动，强化全社会的国防观念、人防意识，普及人民群众的人防知识。

【指挥所建设】 2009年，德宏州人民防空办对州直机关的疏散地域和预备指挥所进行选址，报请州政府出台相关决定，确定州级预备指挥所建设区域。潞西指挥所两证齐全，完成了地质勘探、工程设计、招投标工作，并破土动工；瑞丽指挥所一期工程（办公楼）施工进展顺利，完成土建部分，并已搬入办公；陇川指挥所一期工程完成选址工作，设计工作正在进行；盈江、梁河列入省级防空重点城市，盈江指挥所用地12月完成相关手续的办理。以上工作的推进，为全州人防“十二五”期间两防一体化和信息化建设奠定了基础。

【警报鸣放】 2009年，德宏州人民防空办按计划顺利完成“8·15”防空警报鸣放工作。年内，投资47万元，新增警报21台，完成全州防空警报升级扩容工作，实现区域中控、小集控管理，增加灾情警报信号。同时，加大对各县市警报操作人员的业务指导和技术培训，确保警报全覆盖无盲区，鸣响率为100%。

【工程“结建”】 2009年，德宏州人防系统深入贯彻落实《中华人民共和国人民防空法》及云南省实施办法，以开展州县市联合执法、加强执法监督等形式，积极推进全州的行政执法和“结建”管理工作。同时，按照“以建为主、以收促建”的原则，依照法规政策规定，对人防工程结建、审批、检查、验收做了明确规定，对人防工程的防护等级、施工质量、竣工验收等提出明确的要求，人防结建工作纳入依法管理的轨道。截至11月底，全州已建民用防空地下室4家，在建1家，总面积为4730.8平方米，正在办理报批程序1家。

【国防潜力调查】 2009年，德宏州根据成都军区和省军区文件要求和相关精神，成立德宏州国防潜力调查领导小组。为更好地完成国防潜力调查工作任务，州人防办于5月在芒市举办了为期3天的国防潜力调查业务培训班，培训对象为全州人防系统参与国防潜力调查人员，同时，加大对各县市国防潜力调查（人防部分）的检查指导。该调查工作于7月对县市上报数据进行认真的核实、汇总和上报，圆满完成国防潜力调查任务。为此，州人防办以各县市防空袭预案为基础，结合组织指挥业务要求，完成州级防空袭预案的报批工作，为全省州市级防空袭预案的编制提供了经验。

（《人防》撰稿　阮金平）

建筑业

【资质年检换证】 2009年，德宏州建设部门进一步加强建筑市场管理，营造有序的建筑市场环境。全年对全州34个建筑施工企业、12家设计企业、3个监理公司、5个质量检测机构的资质证书、安全生产许可证进行年度检审及新核定资质的资料初审和上报工作；对项目负责人、专职安全员、专职质检员等技术人员进行资格证培训，有433人参加了培训审验。全年有838个项目报建，建筑面积126.98万平方米，总投资14.1亿元，建设工程招标项目146个，建筑面积106.45万平方米，总投资4.38亿元；发放248个项目审查通知书，143个项目的审查备案；办理408 项次资质注册备案；组织二级建造师的考试报名和考前培训，全州有260人参加考试，审核及上报103人建造员执业资格申报资料；举办德宏州建筑施工企业三类人员安全生产考核证的培训，举办德宏州建筑施工企业电工、机械操作工、架子工的换证培训，共培训人员725人；组织了德宏州及驻德宏州各监理企业、建筑工程招标代理企业、勘察设计企业31家进行了行业自律公约签约，实现行业内部自律管理。

【安全生产管理】 2009年，德宏州建设部门紧紧围绕“安全生产年”的总体部署，精心组织全州建设领域安全生产月活动。全年建筑项目安全报建339项，检查工地467 次，停工整顿69个工地，下发整改通知456份，发现安全隐患894 项，对隐患严重的实施了处罚。年内，对州内32家建筑施工企业进行安全质量标准化达标检查，综合结论合格23家，基本合格8家，不合格1家，对全州建筑施工企业的应急救援机械（挖机、装载机、推土机、吊车等）的机主及驾驶员进行统计造册，建立市政公用设施运营安全月报制度。

【招标投标管理】 2009年，德宏州建设部门进一步完善有形建筑市场，做好招标投标监管工作，对全州建设工程招标投标工作进行监督管理。在《云南省工程建设信息网》上发布全州公开招标工程公告信息，有建设工程招标项目146个，建筑面积106.45万平方米，总投资43791.38万元，招标节约资金2048.49万元。

【农民工工资管理】 2009年，德宏州建设部门努力做好建设领域的农民工工作，积极推行农民工工资保证金制度，做好防止拖欠农民工工资的长效机制工作，努力规范建筑施工企业用工行为，加强建筑施工企业用工的合同管理，加强对建筑企业用工的监督检查工作。年内，积极配合劳动部门解决拖欠民工工资的投诉案件12人次，积极推行建筑施工企业意外伤害保险制度，全州办理施工许可证的施工工地，全面推行意外伤害保险制度，使农民工的合法权益得到保障。

【建筑工程质量监督】 2009年，德宏州建设部门继续加强建设工程质量监督注册工作，建立健全工程质量监督告知制度，提高监督执法的透明度，使工程质量监督真正成为“阳光监督”，减少和避免质量事故的发生。全年办理质量监督注册手续13份，13个单位，建筑面积3.672万平方米，总造价1.5亿元，监督竣工验收15项工程，建筑面积6.612万平方米，工程造价6392万元。通过竣工验收，合格率达100%；出具工程质量监督报告15个项目，同意备案15个项目，备案率达100%。

（《建筑业》撰稿　赵春玲）

环　保

【平原糖厂清洁生产通过省级验收】　2009年3月27日，由云南省环境保护厅李焱昆处长、省环境科学研究院高级工程师张逸庭等7人组成的省清洁生产审核验收工作小组，对云南德宏英茂糖业有限公司平原糖厂清洁生产项目进行省级审核验收。按照查阅资料、听取汇报、专家组讨论评定的程序，审核验收组听取平原糖厂实施清洁生产的工作汇报，充分肯定了平原糖厂在开展清洁生产所取得的成绩，审核验收小组成员一致同意通过平原糖厂第一轮清洁生产审核。

【首条热料新型干法水泥生产线通过省级验收】　2009年4月11日，由云南省环保厅副厅长高正文等组成的验收组，对德宏奥环水泥有限公司日产水泥1200吨的第一条生产线（熟料新型干法水泥生产线）进行竣工环境保护验收。该项目投资1.2亿元，环保投资2065万元，年生产水泥40万吨。验收组成员通过现场察看及听取省环境监测中心站对该项目竣工环境保护验收监测报告的汇报后，一致认为该项目一期工程生产过程中所排放的废气和各项污染物做到达标排放，生产废水封闭循环不外排，厂区生产的噪声不影响周围环境，项目环保设施和措施能够满足环保要求，“三同时”落实基本到位，总量控制均能达到建议指标的要求，同意项目竣工环保验收。

【龙瑞高速公路环境影响评价报告通过环保部评审】　2009年4月22日，为更好的环评龙瑞高速公路环境影响评价报告，由国家环境保护部环境工程评估中心、交通部和省交通厅、省环保厅、保山市环保局、州交通局、州环保局等组成的专家，在瑞丽召开“龙陵（龙山口）至瑞丽（弄岛）高速公路环境影响报告书”技术评估会。龙陵（龙山口）至瑞丽（弄岛）高速公路是国道主干线GZ65的重要组成部份，是滇境昆明至瑞丽的最后一段，在国家高速公路网规划中，属东西横线中的第12条，简称“杭瑞”高速公路。与会专家通过走路线、看现场、听汇报，并认真讨论，最后一致认为：该环评报告工程分析合理，现状调查清楚，对环境影响预测与评价全面，提出的环境保护措施可行，同意该项目的建设。

【开展环保专项行动】　2009年5月，德宏州环保局联合州发改委、州经济委等8个部门，开展“德宏州2009年惩治违法排污企业保障群众健康环保专项行动”。对全州6个水源地水质安全、2个城市污水处理厂运行、陇川梁河县2个垃圾堆放场、奥环水泥有限公司梁河糖厂等4个水泥厂、1个啤酒厂等企业进行专项重点检查。全州出动执法人员1085人次，检查排污企业370家，立案查处违法排污企业11家。同时，州级挂牌督办的15个环保问题也基本得到解决。

【召开纪念世界环境日座谈会】

2009年6月5日，德宏州环保委召开纪念“六五”世界环境日座谈会。会议研究贯彻落实省政府关于《七彩云南保护行动工作目标年度考核责任书》中污染减排的问题，提出具体的工作意见和建议。同时，州环保局通报全州近年来主要污染物总量控制及上年污染减排工作情况。州委常委、常务副州长柳五三参加会议，并要求环保委各部门要进一步增强思想认识，把污染减排当成一项严肃的政治任务，齐心协力，共同整治环境污染事件。州人大常委会副主任王兴才，州政协副主席卜金富及州环保委成员单位负责人参加座谈会。

【召开首次污染源普查总结表彰会】　2009年8月21日，德宏州政府召开第一次全国污染源普查总结表彰会。会议总结第一次全国污染源普查工作的开展情况，并对表现突出的7个先进单位和71个先进个人给予表彰奖励。会上，州委常委、常务副州长柳五三强调：各级党委政府要切实把环保工作摆在重要的位置，在全面规划县域经济、调查产业结构和招商引资时，充分考虑和科学处理好保护与发展的关系，避免片面发展、盲目发展；要把加快经济发展和有效保护生态环境结合起来，认真做好污染源普查档案、普查成果发布和普查数据开发利用工作，科学合理地开发利用德宏州丰富的生态资源，做到既要金山银山，又要绿水青山。

【奥环水泥有限公司二期生产线通过省环保验收】 2009年9月12日，德宏奥环水泥有限公司二期生产线顺利通过省环保厅验收。验收组认为：该项目二期工程基本落实了环评批复要求，生产过程中排放的废气各项污染物做到达标排放，生产废水封闭循环使用不外排，各环保设施和措施能满足环保要求。验收组通过现场查看、听取监测报告、查阅相关资料，一致同意该项目通过验收。

【污染治理】 2009年，德宏州顺利完成污染源普查工作。开展了全州城镇饮用水源地基础调查和污染防治规划编制工作，开展了全州33家污染源单位排污许可证年检工作；完成了潞西市、瑞丽市2008年城市环境质量综合整治定量考核工作，2市排名分别从2008年全省的第五、第六上升到第三、第四名；完成了全省第三批强制性清洁生产审核的遮放糖厂、龙江糖厂、瑞丽糖厂和平原糖厂4家。年内，州医疗废物处置中心建设顺利推进，已投入试运行。

【污染减排】 2009年，云南省政府下达德宏州的减排指标为削减化学需氧量（COD）5000吨。全州涉及省级污染减排重点项目17个，其中工程减排项目13个（全州13家糖厂），结构减排项目1个（盈江县芒桑水泥厂），新开工减排项目3个（潞西市污水处理厂新建1.5万吨/日项目，陇川县污水处理厂新建0.5万吨/日项目，瑞丽市污水处理厂新建1.5万吨/日项目）。全州13家糖厂，已完成“利用酒精废醪液生产PSB光合菌有机肥”减排工程，并投入运行。盈江县芒桑水泥厂已按期关停，瑞丽市污水处理厂扩建项目、陇川县污水处理厂新建项目、潞西市污水处理厂已开工。年内，积极向上级为9个糖厂争取污染治理资金590万元，为企业开展污染治理创造了条件。

【清洁生产审核】 2009年，德宏州环保局完成全省第三批强制性清洁生产审核的企业为遮放糖厂、龙江糖厂、瑞丽糖厂和平原糖厂4家，开办了第四批强制性生产审核企业清洁生产标准培训班，并完成第四批3家清洁生产审核企业的前期准备工作。

【项目环评】 2009年，德宏州环保局主动协助有关部门做好龙瑞高速公路、腾陇二级公路、潞梁二级公路、机场大道、弘安水泥厂、农（城）网改造、工业园区评审和林纸一体化项目等重大工程环评，有力的促进了项目尽早开工建设。全年完成38个建设项目的环评审查及行政许可，工程竣工验收8个许可试生产及延长试生产项目19个，出具审查意见12份，配合上级环保部门审批、验收建设项目7个。

【辐射管理】 2009年，德宏州环保局完成52家放射源及射线装置单位辐射安全许可证的发放，对全州22家放射性同位素和52家射线装置进行了现场专项执法检查，并建立了档案，编制了管理台账；安全收储13枚退役放射源和5公斤放射性废物，确保了放射源的安全。

【创建生态乡镇】 2009年，德宏州环保局完成2个县市《生态乡镇建设环境规划》编制评审工作，向省环保厅申报潞西市遮放镇、瑞丽市勐卯镇、盈江县那邦镇3个生态乡镇，并通过专家组的考核。年内，投资77万元完成了遮放镇南见村示范项目，并通过验收；投资100多万元的盈江县太平镇莫扫村污染综合治理项目开工建设。通过开展创建生态乡镇，农村的脏、乱、差综合治理得到整治，村容村貌得到改观。

【开通“12369”环保举报热线】 2009年，德宏州环保局开通了全州“12369”环保热线。同时，研究制定《州环保局12369管理办法》，建立健全“12369”环保热线值班制度，做到24小时值班。年内，对群众投诉做到每件有回音，每件有结果，共接到和解决环境信访案件143件。

【参加“七彩云南保护行动环境好新闻奖”获奖】 2009年，德宏州环保局与德宏团结报、德宏电视台选送4篇稿件和4个电视短片，参加云南省“七彩云南保护行动环境好新闻奖”评选活动。其中：电视短片《烟尘背后》、《我州高耗能企业通过节能环保技改实现经济社会效益双丰收》2个短片分别获得二、三等奖；文字类新闻《加大环境监管力度，确保环境安全全州环保局对13家糖厂派驻环保监督员》、《环保，请从身边的小事做起》2篇获得三等奖。同时，德宏州环保工作荣获2009年“七彩云南保护行动”一等奖，受到省人民政府的表彰。

（《环保》撰稿 郭 静）

（见“州情概览·环保”80页）

教　育

教育管理

【教育教学改革】 2009年3月，盈江、瑞丽、畹町高中教学改革启动，随后全州各县市所有高中学校参加了教学改革工作。8月，全州义务教育段教育教学改革正式启动，各县市根据实际选点进入改革，共有39所义务段学校进入试点，全州共有46所学校进入教学改革试点，制定下发了《义务教育段改革指导意见》，各项教育教学改革工作积极稳妥地推进。

【组建德宏职业学院】 2009年4月2日，国家教育部发文通知，同意云南省人民政府审批设立的德宏职业学院予以备案，并撤销原学校建制，“德宏职业学院”挂牌成立，走出了全州职业教育资源优化整合的重要一步。

【教师职称评审】 2009年5月17至22日，根据云南省、德宏州职改部门的安排布置，德宏州2008年度教师中级专业技术职务评审工作在芒市进行。此次评审申报中级及以上专业技术职务的评审材料共870份。经中评委评审中级职称，结果为：申报小学高级教师475人获得通过，3人未通过；申报中学一级教师266人获得通过，12人未通过；申报中专讲师1人获得通过。经中评委评审推荐副高级职称，结果为：同意推荐111人申报中学高级教师，不同意推荐1人；同意推荐1人申报中专高级讲师。经省高评委评审，结果为：申报中学高级教师109人获得通过，2人未通过；申报中专高级讲师1人通过。通过专家审查委员会认真审查，共认定中学高级教师资格26人（未通过2人）、中等职业学校教师资格19人（未通过2人）、中等职业学校实习指导教师资格1人。

【教研活动】 2009年6月，在芒市举行高中英语、数学教师差异化课堂教学竞赛；11月，在盈江举行高中语文、物理教师差异化课堂教学竞赛。通过竞赛，教师对教育教学改革有了更进一步的认识，对突破改革的重点和难点思路更加明确。同时，组织举办了全州义务教育段试点学校优秀教学设计、学案评选活动，共收到参赛教学设计、学案469份，评出一等奖41份，二等奖99份，三等奖166份，鼓励奖163份。

【开展县级政府教育工作督导评估】 2009年，按照云南省人民政府教育督导团规划要求，要在5年内对全省129个县市区政府的教育工作进行一轮督导评估。6月9至15日，盈江县、陇川县人民政府接了省人民政府教育督导团的综合督导评估，两县分别以91分、93分被评定为“云南省教育工作合格县”。

【州幼儿园被评定为“云南省优级甲等幼儿园”】 2009年7月，由云南省人民政府督学、教育督导团办公室副主任吕志雄带队，以省人民政府督学、昆明市第一幼儿园园长、特级教师王珏为组长，文山州幼儿园园长、特级教师王卫红等6位专家组成的综合评估专家组，对德宏州幼儿园的办园目标、条件、过程、效益、办园水平质量进行了综合评估，最终认定德宏州幼儿园为“云南省优级甲等幼儿园”。

【高中课改教师远程培训】 2009年7月21至30日，德宏州教育局组织全州8所普通高中承担高一12个学科教学任务的237名教师全员参加了上岗培训，为全州普通高中顺利进入新课程奠定坚实基础。

【普通高中新课程改革】 2009年9月，德宏州人民政府下发《关于做好全州普通高中新课程改革的通知》，成立了以副州长孔勒干为组长，教育、发改、财政、人事、编办主要负责人为成员的德宏州普通高中新课程改革领导小组，召开了启动会，对改革作了全面部署和安排。通过网上在线培训和参加省组织的面对面培训等方式，对高一年级全体任课教师（240人）进行新课程培训。州、县市教育部门和相关学校精心组织，努力克服设施设备不足，课改经费紧张，新分配任课教师到位滞后，准备时间仓促等诸多困难和问题，积极将教育教学改革工作与普通高中新课程改革有机结合，确保了全州普通高中新课程改革得以有序推进。

【高考研讨会】 2009年9月26至27日，在芒市中学举行了德宏州2010届高考第一次复习研讨会，各县市教育局局长、教科中心主任、高中学校的校长、主管教学的副校长、教科室主任及全州高三教师共241人参加高考复习研讨会。州政府州长助理全洪涛、州教育局局长王根顺出席会议并作讲话。

（许琼芬）

【校舍排查】 2009年9月30日，按照国家和云南省的有关规定，德宏州全力组织开展校舍安全排查鉴定工作，圆满完成了全州中小学校舍安全工程排查鉴定任务，为科学制定全州校舍安全工程规划提供了依据。排查鉴定结果为：全州共排查鉴定中小学747所、4950幢单体建筑，排查鉴定校舍面积139.66万平方米，其中：A级41.29万平方米，占33.2%；B级校舍13.64万平方米，C级11.98万平方米，占15.1%；D级72.66万平方米，占52%。

【审批设立“瑞丽市国际珠宝翡翠学校”】 2009年10月，云南金缅泰珠宝投资有限公司申请投资开办“瑞丽市国际珠宝翡翠学校”。德宏州教育局组织有关专家对学校办学筹备情况进行了实地考察，同意该公司在瑞丽市创办“瑞丽市国际珠宝翡翠学校”。审批设立的瑞丽市国际珠宝翡翠学校属民办全日制中等职业学校，学制为3年，按属地管理原则，隶属瑞丽市教育局管理。

（冯家柒）

【开展学校常规管理“百校行”检查活动】 2009年10月，为进一步贯彻落实《德宏州教育局关于进一步加强中小学常规管理的意见》，由德宏州教育局领导、各县市教育局分管教育教学副局长、州教育局各科室负责人分别组成的3个工作检查组，开展学校常规管理“百校行”活动，共抽查了全州各级各类学校94所，听课36节。通过“百校行”检查，评选出陇川县户撒乡明社完小等28所学校为全州第二批常规管理先进学校，评选出州一中等25所学校为年度“平安校园”学校。

【中小学布局调整和校舍安全工程规划】 2009年11月9日，根据在楚雄召开的云南省中小学区域布局调整工作会议精神和《云南省中小学区域布局调整指导意见》，德宏州在深入调研、分析，充分听取县市、乡镇、村、校意见的基础上，将学校布局调整规划提交人大、政府、政协论证审定，按照“两集中”原则，即中学向县城集中，小学向乡镇政府所在地集中，城区中小学布局调整的重点是“增”，农村中小学布局调整的重点是“收”，科学合理地制定全州中小学布局调整规划。全州规划长期（未来10年以上）保留各级各类学校280所（不含高校和幼儿园），比现在的747所（点）减少467所（点），减少62.51%，其中当前撤并学校187所（点），短期（2至4年）撤并154所（点），中期（5至10年）撤并126所（点），通过1到2年的努力全部撤销“一师一校”办学点；在校学生由现在的239人增加到826人，增加587人。11月19日，全州编制上报了中小学校舍安全工程规划和分年度实施计划，并通过云南省专家组的评审。

【德宏州职业教育园区正式开工建设】 2009年11月29日，德宏州职业教育园区正式开工建设。建成后先期入住德宏职业学院与德宏州中等职业学校。德宏职教园区规划占地面积1200亩，其中校区部分占地800亩，建筑规模为19.9万平方米，投资估算6.5亿元人民币；德宏职教园区教师住宅建设用地400亩，建筑规模30万平方米，约2000套教师住宅，投资估算4.5亿元人民币。德宏职教园区建成后，可容纳学生教职工近万人，将极大解决两所学校占地严重不足、办学条件差、办学规模小、办学质量和效益低下等问题。

【组织召开教育听证会】 2009年12月22日，德宏州教育局根据云南省教育厅决定从2009年秋季入学的七年级学生开始，实施以“初中学生学业水平考试制度、初中学生综合素质评价制度、高中阶段学校招生制度”为主要内容的初中教育评价制度改革，为全面推进素质教育，与州司法局组织召开教育听证会。会议对全州2010、2011年初中毕业考试和高中阶段学校招生考试实施办法进行听证。听证会由州人民政府法制局副局长王猛主持，州教育局副局长寸待龙、陈寿昌、相关科室负责人代表州教育局作决策发言，州人大、州政协教科文卫委领导、部分州人大代表、州政协委员，州民宗、侨务、计生相关部门，州和潞西市相关学校领导、教师、学生、家长等15位听证代表参加了听证会。从2010年起，取消全省统一组织的初中毕业升学考试（简称中考），2010年、2011年过渡期间的中考，由各州市自行命题制卷，按全省统一的考试时间、考试科目及分值、考试方式组织考试。听证会的举行，进一步完善了实施办法，对全州基础教育改革的顺利推进起到积极的作用。

（李荣章）

【校安工程建设】 至2009年12月31日，德宏州累计开工建设校舍面积22.89万平方米，完成应开工面积的88.03%；竣工面积11.16万平方米，占应竣工面积的124.04%。全州已开工建设的项目约需投入2.7亿元，实际投入校舍安全工程资金17217.2万元，其中中央及省级资金8702万元，州县财政资金3012.6万元，整合其他项目资金5502.6万元，缺口部分全部由施工企业垫资建设。年初，省下达全州校舍安全工程开工建设任务26万平方米，竣工面积9万平方米。

（黄邦发）

【州中等职业学校完成招生任务】 2009年，德宏州中等职业学校招生4282人，招生人数达400人以上的学校是：潞西市职业教育中心招生1128人、德宏州经济职业技术学校招生760人、盈江县职业高级中学招生693人、德宏州中等职业学校招生527人。全州中等职业学校在校生达11082人，比上年增加672人。中等职业学校与普通高中在校生比为1.03∶1，在全省率先实现了普通高中与中等职业学校在校学生大体相当的目标。

【成人教育培训】 2009年，德宏州农村剩余劳动力转移培训13486人次，其中开展引导性技能培训6435人，开展技能性培训6237人。中等职业学校面向城镇职工、农村从业人员开展职业教育培训4672人，为全州城乡经济发展、农民脱贫致富做出了突出贡献。

【中等职业学校毕业生就业率稳步提高】 2009年，德宏州各中等职业学校积极推进教育教学改革，重视学生实践能力培养，采取工学结合、校企结合、订单培养等办学模式，提高职业学校的职业能力，并以此提高毕业生的就业率。年内全州中等职业学校毕业生2099人，就业2043人，一次性就业率为97.33%。

（郑利军）

【教育目标管理考核】 2009年，为确保教育工作目标管理考核工作的顺利进行，德宏州政府成立了以孔勒干副州长为组长的考核工作领导小组和办公室。考核领导小组办公室认真审查了各县市的《自检自查报告》，并结合平时工作检查记录情况进行综合考核，并经考核领导小组审核得出最终考核结果：潞西市、瑞丽市、陇川县荣获2009年度教育工作目标管理考核一等奖，盈江县、畹町、梁河县获得2009年度教育工作目标管理考核二等奖。

（刘金华）

【开展中小学校长及行政干部培训】 2009年，德宏州教育局与国家教育行政学院合作建设“中国教育干部培训网·德宏州中小学校长培训中心”，通过便捷灵活、零时空、零距离的中小学校长培训平台，借助国家教育行政学院的优质资源，对全州各级各类学校605名校长、后备干部进行在线培训；年内与上海方略教育培训机构合作，分两批选派17名教育行政干部、校长到上海参加由该机构举办的“关注学校德育建设，提升学校管理境界”的德育专题培训和“教育部勃兴三十年”校长研修培训；年内还选派8名中小学校长到杭州、昆明参加由教育部、省教育厅组织的校长培训，收到了较好效果。

【中小学骨干教师培训】 2009年，德宏州教育局选送47名中小学教师（其小学35人、中学12人）参加了上海市和云南省共同举办的“西部农村中小学骨干教师培训”。委托德宏师专举办了德宏州第一期初中语文骨干教师培训，共培训36名语文教师；潞西市和盈江县分别举办小学数学、语文骨干教师培训班，共计培训62名小学骨干教师。选拔2名高中教师、6名初中教师、7名小学教师参加由教育部组织的中西部地区中小学骨干教师培训。

【招生考试及录取】 2009年，德宏州参加中考8744人，600分以上883人；全州参加普通高考3245人，上线2672人，上线率82.34%，比上年提高4.22个百分点，其中：一本上线314人，上线率9.67%，比上年提高0.41个百分点；全州高考成绩600分以上28人，在全省高考成绩普遍下滑的时候，全州成绩稳中有升，取得较好的成绩。

【扩大高中教育规模】 2009年，德宏州高中阶段学校招生7609人，在校生总数达21855人，其中普通高中在校学生10773人，中等职业学校在校学生11082人，分别比上年增加1076人、1654人，全州高中阶段毛入学率达48.02%，比上年提高了7.6个百分点。

【组织评选首届“州级骨干教师”】 2009年，德宏州教育局为加强州级骨干教师队伍建设，进一步推动全州教师队伍整体素质和教育科研水平的提高，努力创建有利于教师成长的机制和环境。12月，通过资格审查、组织评选、公示、发文等程序，认定了全州首届“州级骨干教师”60名。

【表彰先进】 2009年，德宏州教育局推荐评选全国教育系统先进集体1个、全国模范教师1人、云南省优秀教师18个、云南省优秀教育工作者5个；推荐评选全州民办学校优秀校长1人、优秀教师1人；评选表彰全州教育系统先进集体3个、优秀教师56个、优秀教育工作者17个、师德建设先进集体18个、师德标兵48个、受过国家或省部级表彰从教30年以上代表2个；推荐评选全州爱国拥军先进个人1人。年内，州教育局首次荣获云南省教育厅颁发的2009年度教育工作目标管理一等奖；老干部工作受到了州委组织部、州委老干部局的表彰，荣获全州老干部工作目标管理责任一等奖。

【招聘教师】 2009年，德宏州教育局组织潞西市、陇川县按照“二上二下”的考试方式，全州共招聘190名“特岗教师”。其中，潞西市175人（本科岗位97个，专科岗位78个），陇川县15人（本科岗位15个）；配合州人事局完成公开考试招聘教师工作，招聘300名新任教师；完成紧缺学科优秀教师考核招聘工作，招聘紧缺学科优秀教师10名。其中，州一中招聘6名、州职业学院招聘2名、州中等职业学校招聘2名；完成“三支一扶”2名“支教”人员的培训及下派工作。

【干部培训】 2009年，德宏州教育局选派副局长陈寿昌、梁河县教育局局长赵光耀到北京国家教育行政学院培训学习1个月；组织局机关25名公务员进行了“政府系统公务员危机管理”培训和考试；选派余果迈同志到州委党校参加“第二期妇女干部培训班”学习；选派李荣章、张弦清同志到州委党校参加“第六期新任科级干部培训班”学习。

（陈 敏）

【扫盲工作】 2009年，德宏州教育局制定下发《德宏州进一步加强扫盲工作指导意见》。年内开办12个扫盲班，学员299人。其中，开办人口较少民族扫盲班9个，学员222人；开办巩固提高班99个，学员4056人；开办民文脱盲后学汉文班49个，学员2790人；开办农村青壮年农函大班13个，学员860人。年内通过培训考试发放脱盲证书318份。

【“普九”工作】 2009年，德宏州教育局拟定下发《德宏州人民政府关于进一步加强义务教育阶段“控辍保学”工作的意见》。全州小学毕业生升入初中就读的比例达到98.5%，比上年提高了1.6个百分点；全州初中阶段适龄少年入学率达到98.3%，比上年提高了5.5个百分点。全州初中在校生年辍学率由上年的3.33%下降到2.57%，下降了0.76个百分点。

【学校卫生防疫工作】 2009年，德宏州教育系统积极组织开展学校甲型H1N1流感防控工作，制定下发了《德宏州教育系统防控甲型H1N1流感疫情应急预案》。制发和转发相关文件10余个，召开专题会议20余次。全州各级各类学校共举办甲型H1N1流感防控知识培训550余次，培训师生21万人次，发放宣传资料21万份。由于各地各学校高度重视，措施有力，尽管学生中有确诊病例，但避免了死亡病例的出现，极大地维护了师生生命安全。

（赵建忠）

【教育科研主题年活动】 2009年，德宏州教育系统认真落实《德宏州教育局关于加强教育科研工作的意见》。年内，全州各级教科研队伍建设得到加强；教科研经费得到改善，州教科所、潞西市教科中心、盈江县教科中心的教科研经费已列入本级财政预算；有针对性地开展了高三复习指导用书编写、考试研究、课题研究等一系列活动；各级教育科研部门彻底改变过去的教研模式，把工作重心下移，主动深入一线指导学校和教师的教育教学活动，务实有效的教研氛围已初步形成。构建了州、县、校（乡）的三维一体的教育科研网络。潞西市教科中心等3个单位被评为2009年教育科研工作先进单位；瑞丽市第一中学等17所学校被评为2009年教育科研工作先进学校。

【教学仪器配备】 2009年，德宏州实验室用房34938平方米，教学仪器高中I类7套、初中I类31套、初中II类26套、小学I类45套、小学II类110套、小学III类176套。

【中小学图书配备情况】 2009年，德宏州教育局投入30万元，各县市匹配30万元，全州30所学校分别得到38462码洋的图书。全州藏书达142.68万册，价值1756.74万元，其中：高中图书18.97万册，生均17.6册；初中图书36.39万册，生均图书7.6册，比上年生均增加1.2册；小学图书87.32万册，生均图书8.1册，比上年生均增加0.5册。

【教育信息化工作】 2009年，德宏州拥有语音室27个、多媒体电教室151个、远程教育卫星站点435个、光盘播放点设备1294套、乡镇信息中心3个、管理用计算机667台，中小学教师拥有计算机1878台、计算机教室162个、教学用计算机5962台，生机比由31∶1上升到28∶1，为全州教育信息化奠定了坚实的基础。

【勤工俭学】 2009年，德宏州开展勤工俭学的学校510所，开展面达88.9%；勤工俭学基地689个，其中农林牧渔基地437个，工业企业5个，第三产业94个，其他153个，接纳学生劳动实践基地315个，共接纳学生劳动实践57.41万人次；年内，勤工俭学总收入715.74万元，生均41元，其中用于基地建设39.23万元；减免学生学习费用11.66万元；学生生活补助90.65万元；修缮教学用房135万元；购置教学设备97万元；师生集体福利155万元；其他公用186万元。

（张正永）

【教育保障经费大幅度增加】 2009年，德宏州各级各类教育补助经费30913.89万元。其中：中央、省、州共下达全州农村义务教育保障经费28996.39万元。其中：公用经费5359.9万元，惠及学生14.86万人；城市学校免杂费274万元（其中州级财政补助61.82万元），惠及学生13873人；寄宿生生活费6707.2万元（其中：贫困寄宿生生活补助3851.16万元，惠及学生60392人；7个人口较少民族义务教育阶段学生生活费补助资金177.16万元，惠及学生7086人；“兴边富民”生活费扩面补助2678.88万元，惠及学生50672人）；进城务工农民工随迁子女接受义务教育中央财政奖励资金50万元；年内，春季学期特殊教育学校中央免费教科书资金3.13万元；2008年度“新农村卫生新校园建设工程”资金128.6万元；2009年基础教育改善办学条件专项经费295万元；2009年边境县国门学校建设专项资金2103万元；农村初中校舍改造工程建设扩大内需国债资金1326万元；邵氏基金赠款第二十三批省级配套资金135万元；2008年教育抗震救灾中央专项资金900万元；中小学校舍安全建设工程2009年中央、省级专项资金8702万元，州县级配套资金3012.56万元；各级各类教育经费1917.50万元。

（孙　玲）

（见“州情概览·教育”81页）

普通教育

【校园文化建设】 2009年，德宏州民族第一中学新建了400米塑胶跑道标准田径运动场；5月1日正式动工新建学生公寓1幢，4326平方米，2010年8月可投入使用；新增塑胶灯光篮球场2块；对食堂、超市进行了修缮。继续抓好校园绿化管理，在原有的花木基础上，新增种植了100多棵四季桂、茉莉花等，在科教馆前、运动场周围新增12套石桌凳，校园卫生干净、整洁，创造了优美的育人环境。学校以5幢学校主楼为依托，创建文化。一、科教馆：以优秀毕业生、有建树的校友、高考优秀学生为内容装饰。以照片形式反映。二、逸夫楼（实验楼）：张贴自然科学方面科学家画像；在图书，阅览室张贴一些人文科学家、哲学家、思想家、教育家画像等。三、办公楼：张贴学生绘画作品。四、德馨楼：张贴社会科学方面的名人画像。五、育英楼：张贴名言警语。此外，加强玉兰园、紫薇园、桂花园、三角梅园、读书园五园建设的完善。力争向生态型，文化型，数字型校园迈进。

【党风廉政工作】 2009年12月，在德宏州党风廉政建设考核中，经过考核组的认真考核、评比和查阅痕迹资料，德宏州民族第一中学获得“党风廉政建设优秀单位”。年内，德宏州民一中十分重视党的思想建设和党风廉政建设，将其列入重要议事日程和形成长效机制，层层签订目标责任书；坚持举办业余党校的学习培训，年内共发展党员8名，其中教师2名，学生6名，使学校党的思想建设和党风廉政建设工作取得实效。

【师德建设】 2009年，德宏州民族第一中学认真落实《中小学教师职业道德规范》、《德宏州国家机关工作人员十条禁令》，制订本校教师行为要求《八要八不》，组织教师学习，教师的思想道德素质、职业修养、精神面貌都有了进一步的提高。组织教师参加综合素质培训，提高教师的理论水平、专业素质和业务能力。安排各学科教师到省内外参加培训。9月，州委书记赵金亲临学校指导工作，提出要用3至5年的时间将州民一中打造成一所全省一流的学校，希望学校能继续认真贯彻执行党的教育方针，严谨治学，科学管理，扎实有效地做好全面育人工作。12月，组织学科长到上海进行学习考察；组织高三毕业班教师参加高考研讨会。学校教师队伍整体素质得到提高，敬业精神、责任心受到社会的普遍赞誉。年内，州民一中被省教育厅评为高中教育教学质量进步奖、德宏州普通高中常规管理一等奖、综治维稳二等奖，被评估为“全国民族中学示范校”、教育系统先进集体、教育科研工作一等奖、创建平安和谐校园奖、师德建设先进集体。

【德育工作】 2009年，德宏州民族第一中学为了健全各项常规量化考核制度，严格按常规量化考核制度，对班级及学生进行课堂纪律、学生违规违纪等8个方面的量化考核，制定了德育42条管理办法。抓宿舍内务、纪律；抓考勤，设立领导值班室，全面掌握学生在校与离校情况；抓疾病预防工作：对学生进行各种传染病防治知识的宣传教育，收集资料、编写宣传材料6份，完成了高一年级乙肝疫苗接种，接种人数219人。结合甲型H1N1流感疫情，在医务室医生监督指导下组织食堂煮大锅药，连续煮三天，住校生服用率达100%，起到一定的预防作用。抓好团委干部、学生会工作：组织篮球联赛、“五·四”歌咏比赛、升旗、安全生产月等活动；抓升旗演讲工作：全年共组织学生进行了17次升旗仪式。抓三好生、优干生、先进班集体评选工作：全年共评出省级三好生2人，州级三好生2人，州级优干生2人，州级先进班集体1个，校级三好生234人，校级优干生64人。抓困难学生生活补助金发放工作：社会资助情况为：1、“美国妈妈联谊会”捐助100名同学，每人500元，共50000元。2、马来西亚星洲媒体集团捐助50名同学，每人700元，共35000元。3、中央彩票公益基金教育助学项目资助68名同学，每人500元，共34000元。4、“建行——成长计划”资助20名同学，每人750元，共15000元。另外，学校共发放人助金11.8万元，寄宿生生活补助60930元。

【高考成绩】 2009年，德宏州民族第一中学在全国高考题难度增加，全省600分以上人数明显减少，最低录取分数控制线大幅下调的背景下，取得了令人瞩目的成绩。在539名考生中一本上线174人，上线率33%；二本上线127人，上线率24%；三本上线75人，上线率14%；本科上线376人，上线率70%；总上线506人，上线率94%。600分以上的考生达21人（全州总共28人），占全州600分以上总人数的75%；占全省600分以上总人数的2.05%，是上年的2.66倍，居全省同类学校前列，多项高考指标超出云南省名牌学校。

【教育科研工作】 2009年，德宏州民族第一中学抓住机遇，深化改革，坚持以质量求生存，以特色求发展，不断提高办学水平和办学层次，推进学校教育教学改革创新。在学习调研过程中，帮助老师们对教育教学改革过程中遇到的一些新情况，新问题进行研究，对高一、二年级学科长及2007、2008年新分入的年轻教师约40余人次进行了“课题选择与方案设计”方面的专题培训，鼓励老教师以结合教改，根据校情、教情和学情，开展微型课题的研究。整理出版了3册书刊《德宏州民族第一中学教育教学改革材料汇编》，本书汇集了学校教育教学改革文件9篇，各年级各科配餐教学实施方案24篇，各科配餐教学计划26篇，各科配餐教学示范学案39篇，教育教学改革工作简报13期。《德宏州民族第一中学教育教学改革教学设计学案选编》一书汇集了各科教学设计27篇，学案28篇。《德宏州民族第一中学2009年部份研究课活动反思》一书汇集了22篇研究课活动反思。深入课堂、备课组，促进教学活动，集体备课落到了实处，学科长都能组织本组教师保证每周一次的活动，活动以集体备课为主。集体备课中，加强落实“配餐”教学计划，统筹教学进度，尤其改观大的是，抓好了集体备课的各个教学环节，分解备课任务，提前备课，集体研究；备课充分注意知识难易层次，课堂学生自我支配的时间，课后各科目作业时间协调。教师教学研究的主动性极大增强，集体智慧得到发挥和保证。为青年教师的进步与成长建立了良好的平台。教育教学改革带来的教学方式、学习方式的转变，为将来新课程实施奠定了良好的基础。

【综治维稳工作】 2009年，德宏州民族第一中学加强对学生的四大教育：交通安全教育、禁毒防艾教育、国防教育、法制教育，并定期组织消防、地震演练工作。认真开展校园环境综合治理，定期不定期对教职工及师生间的矛盾纠纷进行排查，对发现的问题及时进行调解，研究热点、重点、难点问题，校领导不定期接待教职工、学生及家长来信来访，不上交矛盾。努力维护学校的稳定团结和正常的生活、教学和工作秩序，年内无群体性事件发生。

严格实行门卫制度，禁止无关人员入校，保卫人员二十四小时值班制，学校有内部的安全防范措施，无机动车、非机动车及盗窃案件，无刑事治安案件发生。学校高度重视校园安全管理和校园周边的治安综合治理，与城南派出所密切联系，实施警校共建；与潞西市交警大队开展警校共建安全管理社会实践基地。学校连续获综合治理一等奖、二等奖。

（李傣静）

职业教育

【招生与就业】 2009年，德宏州中等职业学校成立招生工作领导小组，制定招生工作实施办法，召开招生动员大会。年内共完成招生1175人，其中：中专526人，成人脱产大专班64人，成人函授大专、本科585人。在毕业生的就业指导中，采取学生自主择业和学校推荐就业的方法，6月25日，在一校区礼堂召开毕业生典礼暨供需见面会，邀请了36家单位和企业到会指导。全年共有毕业生478人，其中就业381人，升学73人，就业率95%。

【加强教师队伍建设】 2009年7月，德宏州中等职业学校通过面试和教育教学能力的综合测试，录用了3名紧缺学科人才充实到学校教师队伍中；聘请4位具有一定教学经验和实践技能的特聘教师参与学校的教学工作；安排13名教师到上海、四川、贵州和昆明进行学习深造。9月10日，召开教师节庆祝表彰大会，表彰校级优秀教师15人、优秀班主任8人、先进工作者12人。另外，本校教师被评为省级优秀教师1人、州级优秀教师3人、优秀教育工作者1人、师德标兵2人。温伟雄、朱德江老师被评为云南省中等职业学校首届教学名师。

【德宏州职业技术培训中心校志通过评审】 2009年10月24日，德宏州中等职业学校校长邵维涛组织德宏州职业技术培训中心校志编纂小组工作人员在一校区进行校志评审，原州政协主席杨拾全、州教育局副局长陈寿昌、州劳动局副局长郑宇、州史志办主任陈德寿、州史志办调研员张方元、州史志办赵家富、尹富才及原德宏州职业技术培训中心校领导出席了会议。与会同志对校志给予了高度评价，同意通过评审，并对校志提出了修改意见和建议。

【召开临时教代会】 2009年，德宏州中等职业学校为积极推行校务公开，广泛发动教职工参与学校的民主决策，11月17日，根据制定的《临时教代会选举办法》，按照选区分组名单，在校区负责人和工会主席的组织下，召开校区职工大会，选举出临时教代会代表45人。11月18日，校长邵维涛主持召开临时教代会筹备会议，讨论召开临时教代会时间、会议议程及代表分组名单。11月19日，教代会正式召开，邵维涛校长就《校内绩效工作暂行办法》和《函授、培训经费管理暂行办法》两项制度的起草过程和有关条款进行了说明，提请教代会代表讨论。代表们分成三个小组对两个《暂行办法》进行了热烈的讨论，提出意见和建议。最后，参会代表以无记名投票方式，表决通过了两个《暂行办法》。

【孔勒干副州长到州中等职业学校调研】 2009年12月8日，德宏州政府孔勒干副州长带领刀保信副秘书长及州劳动局、教育局、人事局、财政局、规划局等部门相关领导到德宏州中等职业学校调研。孔副州长一行先后视察了三个校区，实地查看了教学楼、实验室、学生宿舍、食堂等。召开了学校一、二级班子座谈会，听取邵维涛校长对学校办学情况的汇报，针对学校实际存在的困难和问题，各部门领导逐一进行答复。孔副州长在总结发言时，充分肯定了学校合并组建一年多来取得的成绩，针对学校存在的问题，并对学校今后的工作提出了具体的建议和要求。

【举办第一届冬运会】 2009年12月8日下午，德宏州中等职业学校在一校区举行第一届冬运会开幕式，州委办、州政府办、州教育局、州劳动和社会保障局、德宏师专等40多个单位、企业应邀参加。副校长李春萍主持开幕式，州政府副州长孔勒干、州教育局副局长陈寿昌出席开幕式并讲话，校长邵维涛致开幕词。在随后的3天比赛中，600多名学生参加了11个项目的比赛，产生46个团体奖，85名学生获得不同级别的名次。

【公开选拔校长】 2009年，德宏州中等职业学校根据《州委、州人民政府关于德宏州财贸学校等3所中等职业学校合并组建德宏州中等职业学校的决定》精神，州委决定在德宏州公开选拔德宏州中等职业学校校长、副校长。通过报名、资格审查、笔试、面试、组织考察、任前公示等环节；5月，原州教育局机关党委书记邵维涛同志被任命为德宏州中等职业学校校长；10月，原州财校教务科长李春萍被任命为德宏州中等职业学校副校长。

【理清办学思路】 2009年，德宏州中等职业学校校领导班子在充分征求意见的基础上，提出了“育人授技、励志成才”的办学理念，“淳德、力行”的校训，努力建设“团结、进取、勤奋、求实”的校风，“敬业、严谨、艺精、创新”的教风和“诚信、笃学、多思、善用”的学风。提出了今后的办学思路：“突出提升办学水平一条主线，打牢办学条件和师资队伍两个基础，狠抓招生就业、教育教学、成教培训三项重点工作，实施质量立校、特色兴校、人才强校、人文名校四大战略，推进人事制度、绩效分配、办学模式、教育教学、后勤社会化五项改革”。

【整合办学资源】 2009年，德宏州中等职业学校按照全校“一盘棋”的思路，拟定了办学资源整合方案，并精心组织实施。对三个校区的专业布局、教学设备等进行了科学合理调整，组建了公共基础、财经、机电、计算机、汽车运用维修、服务管理6个专业组，理顺了一些交叉工作，统一了全校班级与学号编排格式。制定了《学校教学常规管理实施细则》，对教师的备课、上课、作业布置与批改、考试与学生成绩评价、学生理论与实践课程比等教学常规工作提出明确要求。9月新学期开学，统一思想、统一教学计划、统一排课、统一管理，实现了全校教育教学“一盘棋”。

【对外培训】 2009年，德宏州中等职业学校在德宏州劳动和社会保障局、德宏州财政局、德宏电力股份有限公司等部门的大力支持下，完成电工、钳工、家用电子产品维修工、汽车维修、计算机操作员、电焊工、管道工、秘书、物业管理、营林工、收费员、挖掘机等技能培训和鉴定2212人，其中初级工培训、鉴定280人，中级工培训、鉴定445人，高级工培训、鉴定240人，特种作业操作培训、考证1092人，挖掘机培训155人。

【制度建设】 2009年，德宏州中等职业学校先后制定了《关于加强学生管理的八项制度》、《综治维稳工作领导小组管理制度和工作职责》、《安全工作领导小组职责》、《财务管理暂行规定》、《行政会议暂行规定》、《办学资源整合实施方案》、《学生困难补助发放暂行办法》、《校内绩效工资实施暂行办法》、《班主任管理与量化考核办法》、《科室工作职责》、《禁毒防艾及新农村工作队员管理办法》等十多项管理制度，确保各项工作有章可循。

（陆　勇）

【德宏职业学院圆满完成招生】

2009年8月，德宏职业学院成立后第一年招生，共招收3年制专科生505人，圆满完成了护理、药学、医学影像、医学检验4个专业的招生任务；招收与大理学院联办五年制大专生41人，招收中专生316 人（其中缅甸学生41人）；招收联办成人函授学生434人。招生工作得到省教育厅表扬。

【德宏职业学院举行成立庆典】

2009年12月31日晚，德宏职业学院举行成立揭牌暨州卫校建校50 周年文艺晚会。丰富多彩的文艺节目，生动形象地再现了州卫校50年来的流金岁月“团结、协作、拼搏、进取”的精神。云南省教育厅高教处处长张国华宣布省政府同意成立德宏职业学院的批复和国家教育部的备案通知，省卫生厅副厅长徐和平、昆明医学院院长姜润生教授、西南林学院院长刘惠民、州委常委李燕兰、原州人大常委会主任麻端、副州长孔勒干、州政协副主席董成宝、州政府秘书长周湛鸿等出席庆典。孔勒干在讲话中希望学院遵循高等教育发展规律，抓住国家扩大内需促发展的大好机遇，顺应高等教育改革发展的大趋势，转变教育观念，深化教育教学改革，努力探索，把德宏职业学院打造成富有专业特色和示范性的，集普通高等教育、成人高等教育、现代远程开放教育、社会职业培训为一体的综合性高职专科学院，切实提高全州职业教育发展水平，进一步促进德宏经济社会发展和扩大全州对东南亚的辐射影响，为德宏职业教育发展做出突出贡献。

（《德宏职业学院》撰稿　杨菊芬）

高等教育

【州委书记赵金到德宏师专调研】

2009年10月28日，中共德宏州委书记赵金，德宏州州委常委、州委秘书长番跃平，州政府副州长孔勒干，州长助理全洪涛，州政府副秘书长刀保信以及州直相关单位负责人一行10余人到德宏师专视察。在视察中，赵书记与全校师生进行了亲切交流，仔细询问学生在校学习生活的基本情况，认真听取了校领导对学校发展情况的汇报。赵书记对德宏师专合理的建设布局、规范的教学设施、优美的校园环境、现代化的教学理念给予了高度评价，对学校近几年来的发展给予了充分肯定。赵书记就如何促进全校的发展工作作出了五点指示：一要加强基础设施建设，改善办学条件；二要加强学科专业建设，要与德宏、云南乃至东南亚的经济发展相结合；三要加强科研平台建设力度，重点建设珠宝玉石、旅游等突出当地经济发展特点和民族特色的科研项目；四是要加强教师队伍建设，坚持人才强校战略；五是要加强学校思想政治工作，加强基层党建工作、师生品德教育以及民族团结教育。赵书记最后希望德宏师专能加快升本步伐，突出办学特色，办出独具特色的精品学校，为德宏经济政治发展再立新功。

【德宏师专被评为省高校党风廉政建设合格单位】 2009年12月，德宏师专在云南省高校党风廉政建设检查中，经省高等学校党风廉政建设责任制检查组第六组认真考核、评比，荣获合格单位，受到了省高校工委、省教育厅的表彰和奖励。年内，德宏师专十分重视党风廉政建设，认真开展党风廉政建设教育，坚持把党风廉政建设列为各部门的重要议事日程并形成长效机制，每年年初由党委书记和校长分别与各党支部书记、各部门负责人签定《德宏师范高等专科学校党风廉政建设责任书》，深入开展以学习《建立健全教育、制度、监督并重的惩治和预防腐败体系实施纲要》为主要内容的警示教育活动，加强对全校基本建设工程、大宗物资、教材及图书资料、仪器设备采购以及招生、考试、收费等工作的监督力度，使全体党员干部增强廉洁自律意识，提高拒腐防变能力。学校党风廉政建设年初有计划，年中有检查，年终有总结，取得了明显成效。

【加强师资队伍建设】 2009年，德宏师专加强了师资队伍建设：一是加大人才引进力度。按照学校引进人才办法及2009年招聘计划，新录用32人，其中博士1人，硕士28人，本科生3人。二是加大对青年教师的培养力度。鼓励青年教师带薪函授读研，现有19名教师硕士在读，3名博士在读。随着全校师资队伍的不断壮大和师资队伍整体素质的不断提高，全校高层次拔尖人才脱颖而出，尹可丽教授被评为省级教学名师，结束了全校没有省级教学名师的历史。全校的职称评定工作也取得较好成绩，共有19名教师定职为助教，28名晋级讲师，9人转评为讲师，1人破格晋升副教授，6人晋升副教授，5人转评副教授，2人转评教授。学校现有专兼职教师261人，其中正高级6人、副高级51人、中职124人，有143名硕士研究生（含在读），4名博士研究生（含在读）；另有外籍教师2名。

【加强专业建设】 2009年，德宏师专加快专业建设和课程建设步伐，向云南省教育厅申报了应用缅语专业和宝玉石鉴定与加工技术、计算机多媒体技术、国际贸易与实务四个专业。12月，学校共开设教师教育类、高职高专类专业35个。开展了180门校级合格课程、41门校级优秀课程、9门校级精品课程建设工作。积极做好省级精品课程（《大学生心理健康教育》）、省级教学团队（教育心理学教学团队）的申报准备工作，努力提高学校精品课程的质量和竞争力。数学教育专业被评为省级特色专业，结束了全校没有省级特色专业的历史。

【科研工作】 2009年，德宏师专始终坚持“以教学带科研，以科研促教学”的方针，广大教师积极参加教学科研活动。年内，全校教职员工共发表论文159篇，其中发表于核心刊物论文12篇，发表于公开刊物论文60篇，转载1篇；发表于公开出版论文集论文15篇，发表于内部出版资料论文71篇。出版教材、专著各1部，参加其他书籍编撰7部；获各类奖励9项。获省教科院、国家哲学社会课题立项25个。尹可丽教授的“我国社会主义民族关系的巩固与发展研究”获2009年国家级社科基金项目立项，这是本校首次获国家级立项科研课题，也是年内全省专科院校唯一获国家级立项科研课题；尹可丽教授的“云南青少年民族团结心理与教育研究”列入省哲学社会科学规划课题；副校长刘建平教授主编的（《大学生德育教育读本》——国情、省情、州情、校情及德宏州民风民俗）教材被评为省级优秀教材。年内，为加强产学研工作力度，学校成立了食用昆虫研究所，积极推进学校科研为德宏经济建设服务。

【学生教育管理】 2009年，德宏师专认真贯彻落实《普通高等学校学生管理规定》，进一步完善了学生安全报告制度、请销假制度等各项学生管理制度，切实加强了学生安全教育与管理，将成人成才教育、理想信念教育、爱国主义教育、心理健康教育、“三生教育”和就业指导教育贯穿于教学、管理、服务全过程，消除了学生管理安全隐患，学生的安全得到了较好保障。

【招生工作】 2009年，德宏师专十分重视招生工作，想方设法扩大招生规模。全校在26个专业招生（首次面向贵州、四川、湖北、湖南、广西等外省区招生）共招生1743人（三年制大专1519人，五年制大专167人，少数民族预科57人），另招有缅甸留学生30人。该年是本校招生专业数、招生人数最多、招生范围最广的一年，学校现有114个教学班，全日制在校学生达4898人，成人教育学生1100多人。

【扶贫助困】 2009年，德宏师专为保证贫困生不因经济困难而辍学，学校加大贫困生资助力度，研究制订了各种切实可行的措施加以解决。一是按有关政策规定，将学费的10%用于资助贫困学生；二是通过师生捐款，向党政机关、企事业单位等社会各界求助的形式筹集助困资金115.8万元，资助特困和较困学生1210人次；三是发放国家、省政府和校内奖学金，国家、省政府励志奖学金，国家及校内助学金共337.6万元，奖助2105名学生。四是利用生源地优惠的贷款政策，通过银行贷款解决资金。全校没有1名学生因贫困而辍学。

【毕业生就业】 2009年，德宏师专加强毕业生就业工作，通过组织开展毕业生就业指导课系列讲座、就业咨询，与当地人事部门、电站、公司、企事业单位合作，举办各种小型招聘会等形式，拓宽了毕业生就业渠道。年内毕业学生1099人，就业率达85.93%。

【表彰先进】 2009年，德宏师专教授刀保尧荣获“云南省教育功勋奖”。刀保尧教授从教30余载，在教育教学、管理工作的同时，在民族文化研究领域不辍耕耘，颇有建树，著有《民族文化论》一书，参加了“七五”、“八五”国家哲学社会科学重点科研项目——云南少数民族文学史系列《傣族文学史》的编著工作；另外，与龚肃政共同翻译整理了傣族民间叙事长诗《九颗宝石》，与刀保堂共同翻译了近代民主革命诗人刀安仁的诗作《抗英记》（含《游历记》）。刀保尧教授从1993年起享受国务院颁发政府特殊津贴；获教育部曾宪梓教育基金奖三等奖；先后被德宏州委、州政府授予有突出贡献的优秀专业技术人才一等奖、云南省优秀教师、云南省高校德育先进工作者、云南省有突出贡献的哲学社会科学专家、德宏州兴州人才奖等荣誉称号，为祖国边疆教育事业、傣族文学发掘整理工作以及各民族间文化交流工作作出了突出贡献。年内，德宏师专被省委、省政府授予“文明学校”荣誉称号；被省人民政府授予“消防安全示范学校”；被省教育厅、省军区司令部、省军区政治部授予“学生军训工作开展20周年先进单位”荣誉；被德宏州政府和潞西市政府授予创建“平安德宏示范学校”。

（《高等教育》撰稿 胡 斌）

科　　学

自然科学

科　　技

【州科技局荣获全国科技管理系统先进集体称号】 2009年2月24日，在云南省科技工作会上，德宏州科技局被国家人力资源和社会保障部、科学技术部授予2008年全国科技管理系统先进集体荣誉称号。

【省知识产权局局长高颂山到潞西调研】 2009年3月5日，云南省知识产权局局长高颂山到德宏州潞西市云南永利发林业有限公司、芒市特种茶厂、德宏咖啡后谷有限公司、云南海科生物开发有限公司进行企业知识产权专利战略调研。6日上午，在州政府二楼会议室与州直14个相关单位、3个科研所、10个企业40人进行座谈。

【重点产业发展调研】 2009年3月23日上午，沙玉庄到州林业局中心苗圃调研油茶种苗选育工作，查看了油茶种苗繁殖基地和选育大棚，听取了中心主任尹家笔就我州油茶种植和品种选育情况的介绍。沙玉庄要求对70年代初从文山广南和湖南引进种植在梁河县的千株油茶树做好保护和利用，为全州发展200万亩油茶提供强有力的科技支撑。3月31日，沙玉庄到瑞丽市调研柠檬产业发展，查看勐秀乡勐典村柠檬种植示范基地、红瑞柠檬研究所的柠檬种植研究基地，召开了市政府、市农业局、市科技局、红瑞柠檬公司、红瑞柠檬研究所等部门参加的调研座谈会。5月4日至8日，沙玉庄带队到潞西、瑞丽、畹町、龙陵进行石斛调研，先后到潞西的德康科技种植示范园、三和公司种植园，瑞丽热作所，龙陵的两个科技示范园、林源石斛开发有限公司进行调研，初步掌握了我州石斛发展的现状，找准了石斛在产业化发展中的问题，确定了石斛产业化发展中科技的支撑点。

【"4·26"保护知识产权宣传周】

2009年4月24日，德宏州知识产权局组织芒市地区的工商、海关、公安等部门，在芒市街心花园开展以"文化、战略、发展"为主题的知识产权宣传活动。本次共有5家单位参加，工作人员有24人，展出宣传展板24块，发放宣传资料15种12500份，咨询群众1650人。

【科技活动周】 2009年5月22日上午，芒市地区第九届"科技活动周"暨第八届"社会科学普及周"在芒市街心花园隆重举行。州科技局局长沙玉庄和州委宣传部副部长、州社科联主席林念兰参加活动。州级14个学会、协会、研究会的近100名人员参加活动并开展科技咨询、家电下乡、专家义诊、便民服务等，共展示宣传展板100块，发放资料125种4万份，实物77件，宣传群众达5000人次。

【厅州科技工作会商会议】 2009年6月23日下午，云南省科技厅与德宏州人民政府科技工作会商会议在芒市会堂举行。省科技厅厅长龙江、中共德宏州委书记赵金、州长孟必光出席会议。省科技厅相关处室负责人，州直有关单位，各县市（区）科技局，相关科研院所、企业负责人等80多人参加会议。孟州长介绍了德宏科技工作发展和建设创新型云南行动计划的落实情况，提出了本次会商的5项重大科技项目和3项重点科技工作。龙厅长简要介绍了全省科技工作现状及发展思路，高度评价了州委、州人民政府对全州科技工作的领导和组织推进，充分肯定了德宏几年来科技工作取得的进展，对会商的5项重大科技项目和3项重点科技工作将给予支持。赵金书记对会议精神的贯彻落实和全州科技工作提出了明确要求。

【州人大常委会对全州科技工作进行调研】 2009年7月15至28日，德宏州人大常委会副主任杨红带队，州人大教科文卫工委主任金学明、工委办公室主任闫光雄为成员，就新修订的科技法的贯彻落实情况、边疆"解五难"（学科技难）惠民工程实施情况、科技工作体系和科技工作队伍建设情况进行了调研。州政府州长助理全洪涛、州科技局局长沙玉庄、州财政局副局长帕安胜、州科技局副局长何琳陪同调研。调研组先后到科技示范基地、企业、协会、科技单位进行实地调研，听取了梁河县、盈江县、陇川县、瑞丽市、畹町经济开发区、潞西市人民政府关于科技工作开展情况的汇报。通过本次调研，进一步增强了各县市（区）党委、政府对科技工作的重视和支持，促进了新修订科技进步法的深入贯彻，加强了州、县市科技工作思路的对接和交流，基本掌握了全州科技工作的发展情况，为指导全州科技工作更好更快发展奠定了坚实基础。

【上海市科学技术交流中心到德宏考察】 2009年11月19至22日，由上海市科学技术交流中心主任杨庆根带队，上海大学生命科学院教授、博导许政暟及长宁、嘉定、松江、宝山、杨浦、青浦、静安区等29位上海科技界领导、专家组成的考察团，到德宏考察。11月19日下午，"上海——德宏科技合作交流会"在芒市宾馆举行，州人大常委会副主任杨红介绍了我州科技工作基本情况、指导思想、总体目标和主要任务。杨庆根主任、许政暟教授等先后介绍上海科技开发工作与合作交流的情况。上海科学技术开发交流中心现场为德宏开通了远程视频科技服务平台，杨庆根主任与何琳局长签订了合作框架协议，并向州科技局捐赠了价值两万元的现代办公设备。20至21日，上海科技考察团还到德宏后谷咖啡公司、瑞丽莫里热带雨林科普示范基地、姐告经济开发区、勐巴娜西科普示范基地进行了参观考察。

【孔勒干副州长到油松岭乡调研指导科技工作】 2009年11月23日，德宏州人民政府副州长孔勒干到盈江县油松岭乡调研。州科技局局长何琳、盈江县副县长毛晓陪同调研。上午，孔副州长先后到郭家寨村委会、椿头塘村委会、大寨陂小学等进行了实地察看，了解了仔猪养殖、蔬菜生产、畜牧兽医、农贸市场建设、学校建设等情况，察看了农村科技养殖示范户郭兆存建设的200多头仔猪养殖场。下午，孔副州长听取了乡党委、政府的工作汇报。孔副州长对乡党委、政府提出的“稳粮强基础、冬农增效益、蔬菜找出路、畜禽来致富、茶叶建生态、务工抓收入”工作思路给予高度评价，并提出了调整好产业结构、抓好技术培训和科技示范等六个方面的要求。

【全州科技工作调研】 2009年11月23日至12月4日，德宏州科技局党组书记、局长何琳带队，到各县市（区）科技局、企业、农技协、科研站所进行调研。重点调研2009年全州科技工作情况和2010年工作计划、边疆解“五难”(学科技难）三年实施情况、拟申报的科技科普计划项目。通过调研，基本掌握了县市（区）科技、科普、知识产权工作的开展情况，为制定2010年工作计划打下了坚实基础。

【州市党政一把手科技工程】 2009年，德宏后谷咖啡公司通过实施“州市党政一把手科技工程（书记工程）”等一系列重大项目，制定企业产品生产工艺标准和技术规程，确定了咖啡粉生产工艺技术参数，建立了企业技术研发中心，新建2万亩优质小粒咖啡种植基地，建成了2000吨速溶咖啡粉生产线，为全州咖啡产业发展奠定了重要的技术基础。红瑞柠檬公司通过实施“州市党政一把手科技工程（州长工程）”等一系列重大项目，组建企业技术创新中心，引进、筛选出了适宜我州种植的优质柠檬品种，建立了年出圃200万株柠檬育苗基地和2000亩种植示范基地，开发出了柠檬精油、柠檬胶囊、柠檬茶等新产品。

【粮食高产创新示范工程】 2009年，德宏州在潞西、梁河组织实施了粮食高产创新示范工程，其中潞西示范种植水稻24094亩，梁河示范种植玉米23711亩。州、县市科技局围绕工程实施，举办了218场次现场培训，推动了栽培技术规范，示范区产量有了大幅增长。

（《科技》撰稿 汤文耀）

（见“州情概览·科技”81页）

气　　象

【气象防灾减灾服务取得显著成绩】 2009年，德宏气象局在全州各级台站进一步完善了周年气象服务方案和突发性气象灾害应急预案，研究制定了森林防火人工影响天气应急预案。全州各级气象部门及时、主动地为各级地方政府及部门组织的目瑙纵歌节、泼水节、“六一”儿童节、高考等重大活动做好气象服务保障工作，服务效果显著，深受各级领导和相关部门的好评。

【农村气象信息服务系统建设全面开展】 2009年，德宏州气象部门加强了为“三农”服务：一是按照省局要求完成了全州气象信息员队伍建设、农村气象信息覆盖面调查等工作；二是全州各县市气象信息电子显示屏推广建设工作取得重要进展，全州已完成乡镇的定制安装工作；三是《德宏州现代烟草农业发展气象服务及其防灾减灾体系建设方案（2009–2015年）已提交政府实施并取得成效；四是利用GIS技术开展我州农业气候资源区划细划项目按计划实施顺利。

【人工影响天气工作】 2009年，德宏州气象局在全州人工影响天气工作稳步推进，争取到州和各县市政府资金30万元，为每个县市气象局配备一门人工防雹火箭炮及20发火箭弹，一部GPS；在每个县市选定了一个固定防雹作业点。部分县市局抓住有利天气成功实施了人工增雨及防雹作业。

【基础业务质量】 2009年，德宏州气象局基础业务质量保持稳定，地面测报错情率为0.05‰，农气测报质量错情率为0.0‰，各项测报质量达到省局考核要求，全年测报杜绝了涂改、伪造、早测、迟测等重大差错。年内有17个百班、2个250班无错情奖通过验收。

【业务技术技能竞赛】 2009年，德宏州气象局积极组织选拔业务科技人员参加全省第三届地面测报竞赛和全省行业预报服务竞赛，测报竞赛荣获单项第一、全能第九的好成绩。预报服务竞赛荣获团体第六，个人全能第十和一个单项第三的可喜成绩。

【气象科研和人才培养】 2009年，德宏州气象部门广泛开展与先进地区的学术调研交流活动，有效促进了业务交流、资源共享、成果转化等工作的开展。全州申报省局科研项目4项，获准立项2项；申报地方科普项目立项1项；年内有5个省、州局和地方科研项目结题，2个项目通过验收；有1项科研成果获县政府科技进步二等奖；完成了2000—2008年气象科技成果的登记调查工作。全年全州参加省、州、县各类培训人次达到150多人次，参加提高学历教育11人，举办了两期人工影响天气业务技术培训班。

【气象科普教育和宣传】 2009年，德宏州气象局继续加大气象科普教育和宣传工作的投入。组织开展了“3·23”世界气象日、科技活动周、气象科普基地接待参观等科普宣传活动。12月28日，中国科协正式命名德宏州气象局为“全国科普教育基地”，德宏首家获此命名；同时中国气象局、中国气象学会命名德宏州气象局为“全国气象科普教育基地”。

【气象依法行政】 2009年，德宏州气象局认真抓好法律法规宣传贯彻，制定了年度法制宣传计划，开展《气象法》颁布10周年问卷调查活动和各种普法教育学习与知识竞赛。完成了州局行政项目清理上报，州局行政许可审批进入德宏政务服务中心；全州各单位组织开展了以人工影响天气为主要内容的气象执法检查；电子政务、信息宣传工作进一步推进，年内全面实现了与州委州政府及其他部门的电子政务公文交换及无纸化办公。

【气象文化文明建设】 2009年，德宏州气象局制定了《德宏州气象部门2009年文明文化建设要点》，州局与州消防支队续签了警民共建协议，组织开展了丰富多彩的共建联谊活动，积极组织职工参加爱国卫生运动和健康教育活动。依托全州各台站地震恢复重建工作，加大综合改善力度，提升文明创建硬件建设水平。州气象局被中央文明委命名为“全国文明创建先进单位”；与陇川县局、瑞丽市局一同被云南省委，省政府命名为“云南省文明单位”。

【安全生产】 2009年，德宏州气象局安全生产工作长抓不懈，按要求开展了安全生产“三项行动”。年内共组织开展了8次人影、防雷、业务等安全生产检查，开展了1次消防安全知识培训和1次道路交通安全教育培训，切实加强节假日值班及安全生产工作，确保了全州安全生产不出问题。

（《气象》撰稿 王绍山 李 娟）

（见“州情概览·气象”48页）

地震科研

【震 情】 2009年，据云南省地震台网测定，德宏州境内共发生M≥1·0级以上地震385次，其中：1.0—1.9级248次，2.0—2.9级122次，3.0—3.9级12次，4.0—4.9级3次。最大为2009年9月25日09时14分12秒发生在盈江县芒璋乡4.2级地震，震中地区有强感无破坏。

【地震预测预报效能】 2009年，德宏州境内9月25日发生4.2级地震。地震活动主要集中在盈江老震区苏典、勐弄至芒璋、铜壁关一带，表现出盈江震区晚期3—4级地震持续活跃的特点。面对复杂而多变的地震形势，德宏州防震减灾局高度重视，明确责任，措施有力，任务到人，主要落实如下工作任务。一、建立健全组织管理和工作机构，切实将震情跟踪各项工作落到实处；二、完成震情短临跟踪方案；三、做好盈江、瑞丽、潞西强感地震跟踪监视；四、按时组织震情会商及震情报送；五、做好各种重大节日和重要政治活动震情会商及震情上报。

【基础能力建设】 2009年，德宏州为建立健全防震减灾“3+1”工作体系，组织实施“1233”工程战略目标，强化基础能力建设。年初党组提出“1233”工程，即，一是建设一个州局应急指挥中心办公用房；二是建设二个监测楼（州局地震前兆监测楼、陇川县局地震前兆监测楼）；三是建设三个台站（瑞丽市局监测站、盈江县局监测站、梁河县局监测站）；四是完成三个县市应急专用车配备（潞西市局地震应急专用车、瑞丽市局地震应急专用车、陇川县局地震应急专用车）。经过一年的实施，收到了明显成效。一是州局应急指挥中心和监测楼，已于8月29日开工建设，年底完成土建工程；二是陇川县局监测楼业务用房于12月竣工；三是瑞丽市局、盈江县局、梁河县局前兆监测台站于12月竣工；四是9月份完成潞西市局、瑞丽市局、陇川县局地震应急专用车辆的配备；五是全年多渠道争取资金170万元投入基础能力建设。

【地震科普】 2009年，德宏州防震减灾部门继续推进防震减灾科普知识教育，切实把防震减灾知识教育纳入大中小学教育体系，建立了大中小学防震减灾知识教育长效机制。把学校防震减灾知识教育工作纳入年终考核指标，对课时、应急演练、培训、知识竞赛、评选的等作了明确规定。全面提高公众防震减灾意识和应变处置能力。全年到党校、机关、中小学校开展科普讲座45次；到农村开展宣传活动48次；到社区开展活动27次；在全州中小学、大专院校开展活动521次；组织地震应急演练326次；共发放防震减灾科普读物15万册；在德宏团结报、政府网站、防震减灾网站发布专稿145篇。

【紧急救援体系建设】 2009年，德宏州防震减灾局紧急救援体系建设稳步推进，基本呈现出科学高效有序的工作机制。建立完善了地震应急指挥体系和联席会议制度，修订了地震应急响应流程，提高了预案的针对性和操作性。根据《防震减灾法》明确了各部门职责，确保地震应急工作落到实处。同时，将地震应急管理知识教育纳入行政机构培训教学计划和党校干部培训计划，提高各级领导干部地震应急指挥能力。组建救援队伍15支，志愿者队伍6支，并在历次地震救援工作中发挥了重要作用。

【获省级奖】 2009年，德宏州防震减灾局在云南省地震观测质量评比中信息网络荣获二等奖；在地震趋势研究评比获优秀奖；在地震前兆水位观测评比获优秀奖，在地震前兆水温观测评比获优秀奖，在地震资料数传评比获优秀奖，在地震预测预报评比中获优秀奖。

（《地震科研》撰稿　李建昌）

社会科学

政府研究室

【课题调研】 2009年4月，德宏州政府研究室根据州委州政府安排，牵头组织全州农业特色产业发展课题研究。州委办转发了《德宏农业特色产业发展研究方案》，按照“方案”确定的12个特色产业，研究室积极组织相关部门到各县市及州外开展调研，撰写调研报告。通过进一步征求意见、综合各课题研究报告、仔细查阅近年国内外生物产业相关资料，共形成《德宏农业特色产业发展研究总报告》12个专题报告、6个县市区的发展意见、7个部门的扶持意见，共计40万字。并代州委州政府起草发展特色产业的实施意见。7月，在法帕傣景乡召开的德宏农业特色产业发展研究课题评审会，对总报告、实施意见又进行多次修改，11月报州委、州政府。课题研究成果推动了全州生物特色产业的发展。

【圆满完成《与共和国同行——德宏60年》编辑出版任务】 2009年8月，为庆祝中华人民共和国60华诞，中共德宏州委、州人民政府决定编辑出版大型文献《与共和国同行—德宏60年》一书，确定由州政府研究室领导担任该书常务副主编，州政府研究室共抽调5名业务骨干参加审稿和编辑。9月29日，《与共和国同行—德宏60年》正式出版发行，按时完成了州委州人民政府交给的光荣任务，为中华人民共和国成立60周年献上了一份厚礼。

【县域经济发展指导工作】 2009年8月，德宏州政府发文，决定在州政府研究室设立“州政府县域经济协调领导小组办公室”。为促进和支持县域经济发展各项政策措施的落实，州政府研究室组织开展了大量的调查研究，于9月完成《德宏州加快县域经济发展的意见》。10月，先后到各县市组织开展县域经济发展知识培训，5县市副科以上的领导干部800余人参加培训。12月，完成全州县域经济相关数据收集、整理，并上报省。

【文稿起草】 2009年，德宏州政府研究室根据政府工作需要，撰写有关向国家、省的综合汇报材料及领导的重要讲话稿，主要完成《加快中国连接东南亚、南亚国际大通道建设》、《德宏州对外开放情况》、《关于云南省德宏州边境地区经济贸易有关问题的报告》、《实施南向互利合作，加快国际大通道建设》、《德宏州人民政府关于旅游用地情况的调研报告》、《中缅瑞丽—木姐跨境经济合作区及大通道建设情况汇报》、《抢抓机遇，强势推进努力实现全州经济平稳较快发展》、《德宏州工业经济发展情况汇报》、《解放思想，攻坚克难，全州经济社会发展取得新成绩汇报》、《围绕目标，稳步推进，努力开创扶持人口较少民族发展工作新篇章》等。

【决策与研究】 2009年，德宏州政府研究室积极组织开展了《中缅瑞丽–木姐跨境经济合作区可行性研究》、《德宏农业特色产业发展研究》、《德宏工业园区招商引资研究》、《德宏机场升格为口岸机场可行性研究》等重大课题研究。其中，《中缅瑞丽—木姐跨境经济合作区可行性研究》通过省政府跨境经济合作区领导小组专家组的评审，纳入省政府向国务院上报关于建立中缅、中越、中老三个跨境经济合作区的请示，列为国家商务部、海关总署与云南省提升沿边开放合作备忘录；《德宏农业特色产业发展研究》课题已通过州级专家组评审；《芒市机场航空口岸开放课题研究》正有序推进；《德宏州农业龙头企业和农业产业发展贷款情况调研报告》、《德宏州城市投资集团有限公司组建方案》等建议得到州政府的采纳；《德宏边境文化建设研究》、《区域人才竞争战略研究》成功提交政府。《关于畹町经济开发区区划调整的调研报告》、《德宏州加快县城经济发展的意见》（德发[2009]256号）、《德宏州工业园区招商引资研究》等已提交州政府决策。同时，根据州政府安排，州研究室与省政府研究室共同开展《德宏州中缅边境贸易发展问题与对策》研究。

【《德宏发展研究》创刊发行】 2009年，德宏州政府研究室承办的《综合调研》、《发展研究》、《缅甸动态》三种不定期内部刊物合并升格为《德宏发展研究》，由德宏州人民政府主办，州政府研究室承办，为双月刊。年内组织发行6期3000余册，收集刊登州内外决策咨询资料和研究性文稿112篇约78万字。同时，出版上年研究成果汇编《德宏发展研究—2008》，发行500本。刊物的发行，为全州各级领导了解德宏决策咨询研究成果提供方便。

【重大建设项目与重要工作】 2009年，德宏州政府研究室组织召开会议，提出“巩固提升德宏蔗糖产业研究提纲”；派专人配合省政府研究室和农垦部门开展“积极加快农垦经济社会发展问题”调研；参与全州经济社会发展“十一五”规划中期评估；参与瑞丽、畹町、盈江、章凤4个口岸经济区总体规划编制工作；参与《云南省主体功能区规划》讨论；积极配合发改委做好“十二五”规划提纲编制等工作；参与州十三届人民政府第九次常务会议研究德宏水电及电冶（硅、铝）业模式试运行工作研究等。

（《政府研究室》撰稿　思院章）

民族语言文字

【召开三个语种新词术语规范会】 2009年4月和10月，德宏州民语委分别组织召开了四次傣文、景颇文、载瓦文新词术语和疑难词条规范会，共规范1540条新词术语和疑难词条。

【举办民族语文基础学习培训班】 2009年5至7月，德宏州民语委与州景颇学会共同举办了两期景颇文、载瓦文基础学习培训班，共有168名学员参加了学习培训班。9月，与州傣学会共同举办了一期傣语文基础学习培训班，共有60名学员参加了培训班。

【完成翻译与出版工作】 2009年，德宏州民语委根据州委州政府的安排，主要完成了以下工作：一是用傣文翻译出版了《走健康之路·拒绝毒品·预防艾滋病》、《预防艾滋病·其实并不难》、《实践科学发展观，减少污染，行动起来，保护环境》、《环境保护常用法律》、《环境评估法》、《科学发展观全文》、《科学发展观宣传画》、《统筹经济社会发展全文》、《社会主义荣辱观》、《建设社会主义的新目标》和《民族宗教政策》等，共30多万字；二是翻译出版了傣文叙事长诗《拐情》和《德宏五土司大理、昆明游历记》；三是用景颇文翻译了《德宏傣族景颇族自治州深入学习实践科学发展观活动学习内容精选读本》、《高等植物名称》、《中华人民共和国环境影响评价法》、《中华人民共和国清洁生产促进法》、《中华人民共和国义务教育法》、《甘蔗种植技术》、“科学发展观的重大意义”、“便民服务”、《实践科学发展观，减少污染，行动起来，保护环境》等，共60多万字；四是用载瓦文翻译了《德宏傣族景颇族自治州深入学习实践科学发展观活动学习内容精选读本》、《载汉词典》、《科学发展观宣传画》、《中华人民共和国环境保护法》、《走上健康之路》、《预防艾滋病其实并不难》、《实践科学发展观，减少污染，行动起来，保护环境》等，共20多万字；五是完成了《泰国语与德宏傣语词语对照丛书》注音工作；六是完成了《基础傣语教程》和《德宏傣文圆体傣文对照学习教程》的编写校对工作；七是完成了《载汉词典》的编纂、审定、出版工作。

【积极参加学术交流活动】 2009年，德宏州民语委主要参加了以下学术交流活动：一、1至4月，应缅甸克钦邦密支那景颇文化委员会、克钦邦第二特区政府的邀请，前往缅甸参加了克钦邦第61届邦庆目瑙纵歌节和克钦邦第二特区第三届“宁贯目瑙纵歌”节等活动和学术交流会。组织参加了潞西市、瑞丽市、陇川县“目瑙纵歌”节和盈江县景颇学会在盈江县卡场镇召开的卡场片区景颇族文化研讨会。参与完成了由云南省傣学会、德宏州人民政府主办，盈江县人民政府和州傣学会承办的“首届刀安仁革命思想研讨会”的各项筹备工作和研讨会的服务工作。二、9至10月，州民语委主要承担完成了州傣学会、州景颇学会《傣学研究》和《景颇研究》的编审、出版工作。先后两次率团前往保山市、西双版纳州参加傣学会成立大会，进一步促进了三地傣民族文化交流，增进了友谊，开阔了视野。三、年内，积极参加景颇学会艺术团组织，努力完成了各种演出任务。一是完成了2009年芒市地区“目瑙纵歌”节、德宏州广场舞蹈“大家乐”启动仪式、潞西市风平镇芒别村文化室落成典礼和德宏州“非物质文化遗产纪念日”等活动的演出任务；二是参加了民族民间歌舞乐展演比赛活动，《欢庆目瑙纵歌》节目荣获省级一等奖和州级二等奖；三是参加了州商务局举办的“商务杯”歌咏比赛和德宏州首届“大家乐”广场舞蹈大赛活动，在第一届德宏州广场大家乐舞蹈比赛中获得了三等奖。

【开展学术研究合作】 2009年，德宏州民语委主要完成了以下学术研究工作：一、8月，与州景颇学会共同组织召开了解放前景颇族社会经济发展形态座谈会。新中国成立后，一些从事民族工作的研究机构和专家学者对解放前景颇族的社会形态、经济发展状况曾经作了调查研究，得出了解放前景颇族社会形态处于原始社会末期的结论，以此结论为依据把景颇族划归为“直过区”民族，在景颇族等后进民族地区不进行土改而实行直接过渡的政策。“直过区”政策的实行，对促进景颇族地区社会经济发展所起的作用是肯定的。但是，随着社会的发展，近些年来，景颇族内部的一些研究本民族历史文化的专家学者，对解放初期作出的解放前景颇族社会处于原始社会末期的定论有了新的认识，认为这一定论不够科学、不够准确、不够全面，存在以点带面的问题，有必要重新论证。二、9月，与州景颇学会组织召开了全州景颇族“目瑙纵歌”、“瑙双”、“瑙巴”文化研讨座谈会及“瑙双”、“瑙巴”舞步培训会。会议取得了良好的成果，达到了预期目的。三、10月，德宏州民语委、德宏州景颇学会从群众的意愿出发，组织召开了“解放前景颇族社会经济发展形态座谈会”。先后三次陪同台湾清华大学学者简君艾女士，前往潞西市、瑞丽市、陇川县、盈江县调研德宏傣族孔雀舞文化。

（民语委 撰稿 杨忠明）

史志工作

【圆满完成首轮州志《文化卷》文字编纂任务】 2009年2月，德宏州史志办首轮《州志·文化卷》通过省志办终审。省志办在肯定“指导思想正确”、“资料丰富翔实”、“主线明确”、“符合新编地方志的质量标准”的同时，提出了数十条修改意见。根据省志办的修改意见，州史志办地方志科举全科室之力，4个人分工修改，任务到人，至10月，完成了55万字的修改任务。修改中除按照省志办的意见修改外，还根据出版的部门志对志稿进行补充，使志稿更符合“横不缺项，纵不断线”的要求。

【加快部门专志的指导督促】 2009年，德宏州史志办地方志科承担德宏州续志撰稿任务138个单位督促指导。根据续志工作计划，各续志交稿时间为2008年底，至2009年1月31日除因成立时间在2005年后不写的5个单位外，交稿并由史志办地方志科审定通过的有46个单位，交稿未审定通过仍在修改的有12个单位，其余均未交稿。地方志科根据各单位完成任务不太理想这一现实，加强对未交稿单位的指导督促，效果明显，所有撰稿单位均行动起来，再充实撰稿人员，加快撰稿进度。至2009年11月24日，交稿的单位120个，未交稿的单位也制定了完成计划。至此，续志最艰难的组稿任务取得了决定性的胜利。

【专家指导编纂续志篇目】 2009年，德宏州的续志工作在首轮修志还没有结束的困境中起步，编纂中还有许多未解决的问题。10月，单位领导根据稿件基本收齐的情况，做出编辑《德宏州志(1978—2005)》的决定，聘请省地方志办公室地州指导处姜定忠处长亲临德宏，指导地方志科修改确定州志篇目与解决其它问题。经专家和州史志办领导以及续志专职人员反复研讨后，确定了篇目大的原则，再由地方志科科长拿出初稿，单位领导与地方志科讨论定稿后报省志办地州指导处审定，12月审定返回。篇目确定后，续志工作完成了一道重要工序，为下一步编辑创造了有利条件。

【首轮州志《文化卷》图片征集初见成效】 2009年，德宏州史志办首轮《州志·文化卷》在编纂文字稿的同时，图片征集工作也列入议事日程。5月30日，德宏州史志办《关于征集首轮〈德宏州志·文化卷〉彩页图片的通知》（德史志〔2009〕19号）下发后，地方志科加强指导、联系，到各县（市）落实通知精神，到文体局、科委、教育局、卫生局等文化卷涉及到的主要州直单位发动征集历史照片。由于工作到位，至11月底，共收到潞西市教育局、盈江县卫生局、瑞丽文体局、陇川科技局、陇川城子中心小学、州糖办、州农业局、德宏师专等16个单位500多张照片。其中有民国时期“芒市中正小学”照片、盈江部分小学医院旧貌、最早的目瑙纵歌图片，还有涉外体育、民族体育、农村体育、民族器乐等富有特色的珍贵的历史照片。

【借《条例》东风促进部门志编纂】 2009年，德宏州续修地方志工作启动后，《地方志工作条例》精神深入人心，出现了部门修志的小高潮。州史志办地方志科因势利导，加强指导，全年指导州卫生局、州教育局、州农业局、德宏农垦分局、州公安局、州职业技术培训中心、德宏军分区、州电力股份公司、州财政局、州烟草专卖局编修部门志、行业志。指导部门拟定方案、审批篇目、解答编纂中的凝难问题，培训撰稿员，完成《德宏州工会志》、《德宏职业培训中心校志》、《德宏州卫生志》志稿的终审。其中《德宏州烟草志》、《德宏州卫生志》、《德宏州军事志》已出版，县（市）出版了军事志、综合经济志等部门志。

【出版发行《中国共产党德宏历史大事记》】 2009年12月，由德宏州史志办编撰完成的《中国共产党德宏历史大事记》一书，正式出版发行。该书是根据中央、省委党史部门关于征集、整理、编辑社会主义时期地方党史大事记的要求而编写的。大事记以德宏傣族景颇族自治州行政区划为范围，以中共德宏州委的活动为主线，客观真实地反映了从1949年1月至2008年12月的半个多世纪里，德宏州在经济、政治、文化、社会、军事等方面的重大历史事件，同时也记述了德宏州各群众团体和民主党派的活动。它的出版发行，将充分发挥党史“以史鉴今，以史资政，以史育人”的积极作用，对全州各族党员干部群众深化州情认识，总结回顾德宏党建的历史经验教训，进一步加强和改进新形势下德宏州党的建设，推动建设富裕开放、和谐安宁的社会主义新边疆具有重要的历史意义和现实意义。大事记收录时间历时60年，总字数为45万字。

【《德宏年鉴》出版发行】 2009年12月，由德宏州人民政府主办，德宏州史志办编辑的《德宏年鉴》2009卷正式出版发行。该卷采用新体式分类编辑法，由特载、专文、州情概览、大事专题、附录5部分组成，全书正文100万字，并设有年内大事宣传彩页及部门行业形象宣传彩页60页。该卷在栏目设置上做了一些微调，将“年内大事”调至“州情概览”部类，使之与县市设置一致，更加规范合理；其次对各县市“社会”栏目下的分目膨胀进行一些精简、压缩，使之更具实用性和可比性。《德宏年鉴》2009卷在装帧印刷上，特别是在封面设计上，在保持原有庄重、典雅风格的基础上，更加注重德宏地方民族特色的展现，以此提升德宏的对外宣传，为各族各界认识德宏，建设德宏提供及时快捷的信息服务。

【完成州级《抗战时期德宏的人口伤亡和财产损失》课题综合调研报告】 2009年，根据中央、省党史研究室的部署，对“抗战时期人口伤亡与财产损失”调研工作的新要求，德宏州党史研究室再次组织全州各县（市）区史志办有关人员，对全州《抗战时期的人口伤亡与财产损失》课题调研工作进行指导、核查。经过严谨核实，科学统计，细致填报了各项调查数据，按时完成并及时上报了各类调查统计报表、文字资料、调查报告，完成300万字的《抗日战争时期德宏的人口伤亡与财产损失》课题综合性调研资料。

【队伍建设】 2009年10月，德宏州政府任命张保和为州史志办副主任职务，至此，州史志办配齐一正两副领导班子，改变了多年班子不健全的局面。领导班子配齐后，经班子研究决定，对州志办2名副科长进行科室调整，其中1名由地方志科调到年鉴编辑科，1名由行政秘书科调到地方志科，进一步调整优化了二级领导班子。同时，调整任命了州史志办编辑出版《中国共产党德宏历史大事记》、《德宏州志文化卷》、《德宏年鉴》3本刊物的执行主编、副主编6人。年内，建立健全单位干部职工的人事档案信息，为副处级以下干部办理《公务员证》14份，完成《中国共产党基本信息管理》系统2005版升级2008 版的升级、更新工作。全年州史志办吸收新党员2人，实有党员18人，其中在职15人，离退休3 人。截至年末，全州史志系统有在职人员63，其中州直24人，盈江8人，潞西7人，陇川8人，梁河5 人，瑞丽6人，畹町5人。年内州史志办出台了《德宏州史志办工作职责和规章制度》，详细制定了工作纪律制度、学习培训制度、奖励制度、财务及车辆管理制度，进一步明确各科室的工作职责，为德宏史志事业的全面发展打下了坚实的基础。

【完成省及中国民族年鉴德宏部分撰稿任务】 2009年，德宏州史志办公室根据中国民族年鉴编辑部和云南省年鉴撰写稿件的要求，完成《中国民族年鉴》、《云南省年鉴》德宏内容稿件的撰写上报工作。撰写上报《云南年鉴》德宏部分0.5万字、《中国民族年鉴》德宏部分1.5万字，较好完成上级年鉴交办的工作任务。

（《史志工作》撰稿　寸　华　田启云　尹富才）

文　化

文化管理

【召开新农村建设表彰会】 2009年1 月9日，德宏州文化局在梁河县勐养镇芒轩村召开上年度芒轩村禁毒防艾暨新农村建设工作总结表彰会。会议认真总结上年芒轩村在禁毒防艾、新农村建设工作中所取得的成绩，安排部署年内工作；会议对在上年度禁毒防艾、新农村建设工作中成绩突出的芒轩村委会等12个先进集体和龚茂文等40名先进个人进行了表彰。德宏州文化局党组书记、局长许贵荣，党组成员、副局长杨韬南，副局长高庆鹤，州教科文卫纪工委书记许枝熙，局机关派驻芒轩村禁防工作队、新农村建设指导员，勐养镇党委、政府领导出席会议。

【盈江县民族艺术团正式成立】 2009年3月9日，盈江县民族艺术团正式成立。民族艺术团的成立既是促进盈江县文体事业的发展，更是推动民族风情文化州的建设，促进德宏州文化事业大繁荣大发展的必然要求。盈江文体局局长张芝能与艺术团演员签订了聘用合同书。民族艺术团的各位成员肩负着神圣的使命，努力使民族艺术得到发扬光大，为全县文体事业的繁荣和发展做出自己应有的贡献。

【成立首家民间艺术教学基地】 2009年3月21日，由云南艺术学院文华学院与德宏州文化馆共建的民族民间艺术教学综合实践基地在州文化馆正式挂牌成立。德宏州人民政府副秘书长沈澎、云南艺术学院文华学院院长康建忠、舞蹈系主任岳亚明等参加了挂牌仪式。

【召开全州文化工作会】 2009年4月2日，德宏州文化新闻出版（版权）工作会在芒市召开。省文化厅厅长黄峻、州人大常委会副主任王兴才、州人民政府副州长马闻、州政协副主席董成宝、州文化局局长许贵荣等领导参加会议。会议指出：全州文化工作要紧紧围绕州委、州政府的中心工作，以实施“五大工程”、开展“三项行动计划”、加强“两基建设”为抓手，努力推进各项工作向前发展，力争文化建设有新成效，文化基础建设有新进展，文化创新工作有新影响。黄峻厅长对近年来德宏文化事业取得的突出成绩给予充分肯定。会议对上年完成文化工作目标管理责任的先进县市进行了表彰；为参加纪念改革开放30周年全省第十届新剧目展演获奖节目《景颇人》颁奖；州文化局与各县市文化（体）局签订文化工作和文化市场、出版市场工作目标管理责任书。

【省新闻出版局督查德宏州农家书屋建设情况】 2009年4月25至26日，云南省新闻出版局督查组到德宏州对农家书屋建设情况进行督查。德宏州农家书屋建设工作自2007年启动以来，已首批建设完成农家书屋61个，其中潞西市15个、瑞丽市6个、陇川县12个、盈江县17个、梁河县11个，发放书籍及音像制品价值61万元，担负起主动推荐介绍图书信息，组织建立阅读小组，召开读书会，组织开展农业技术、医疗保健知识讲座，放映各类影视作品，帮助农民上网，为村民代购图书的任务，成为农民群众理论学习站、信息交流站、文化娱乐站、知识加油站和文明传播站，深受农民群众的好评。按照“沿边沿线、布局合理、示范性强、辐射面广”的原则，州新闻出版局及时举办农家书屋管理员培训，提高管理员素质，为加强农家书屋管理工作打下夯实的基础。

省新闻出版局督查组通过实地查看，对德宏州的工作给予了充分肯定，并对下一步工作提出要求：一是要加强指导，建立规范高效的管理机制，将之作为加强农村精神文明建设与和谐村寨创建的重要内容安排部署；二是要加大投入，解决好个别偏远村寨农家书屋缺乏基本设施的困难；三是要加大宣传力度，营造读书用书的浓厚氛围，为推进边疆少数民族地区的公益性文化事业作贡献。目前，由省新闻出版局配发的农家书屋出版物已运抵德宏州，整理分发等相关工作正在有序进行。

【召开全州第一期农家书屋管理员培训会】 2009年3月26至27日，德宏州新闻出版局召开全州第一期农家书屋管理员培训会议。会议对54名来自全州各农家书屋的图书管理员进行图书管理和发行知识等方面的培训，为加强农家书屋管理工作打下夯实的基础。州委组织部副部长岳麻空在培训会上要求：各县市农家书屋工程建设工作领导小组要充分认识做好此项工作的重要性和紧迫性，切实加强领导，统筹协调，扎扎实实把此项民心工程抓紧、抓实、抓出成效；积极争取当地党委的重视、指导，协调做好农家书屋的规划、选点、建设及开展读书活动等工作；选配好管理员，努力实现建设好、管理好、使用好农家书屋的工作目标；适时开展一些出版物的经营、代销业务，增强农家书屋的自我“造血功能”。农家书屋管理员在完成好日常工作的同时，根据本村实际，主动推荐介绍图书信息，组织建立阅读小组，不定期召开读书会，组织农业技术、文化知识、医疗保健等农民需要的讲座，组织放映各类影视作品，帮助农民上网，为村民代购图书，反馈农民需要等延伸服务，使之成为农民群众理论学习站、信息交流站、文化娱乐站、知识加油站和文明传播站。

【召开全州农村文化信息素质教育工作会议】 2009年6月5日，德宏州文化局召开全州农村文化信息素质教育工作会议。此次会议以探索文化信息素质教育，促进全州图书事业的发展与创新新途径为主要内容。会上，许贵荣局长传达了云南省农村文化信息素质教育工作会议精神，并分析阐述全州公共图书馆当前面临的形势和机遇，要求大力推进文化信息资源共享工程建设，创新工作方法，明确全州公共图书馆的发展思路和办馆理念，拓展图书馆服务功能，延伸图书馆服务范围，整合图书馆资源，全面推动全州公共图书馆的发展，并对怎么抓好全州共享工程农民素质教育网络培训学校建设工作提出了要求；高庆鹤副局长结合年内全州社文工作作了安排布置。

【潞西市歌舞团被命名为国防教育艺术团】 2009年8月3日，潞西市歌舞团被德宏军分区、潞西市国防动员委员会、潞西市武装部命名为国防教育艺术团，并举行揭牌仪式。潞西市歌舞团是一支领导力量强、专业技术精、民族文化功底深的优秀文化宣传队伍，自建团以来，歌舞团积极参与国防教育和宣传活动，采用不同形式的文艺表现手法宣传国防法，向广大人民群众，特别是广大青少年进行爱国主义、革命英雄主义的宣传教育，为巩固边防、丰富边陲军营文化、推动国防后备力量建设做出了积极贡献。歌舞团深深扎根边疆，立足民族文化，先后编排了大量的国防宣传文艺节目到边关、哨所、村寨为边防部队和群众演出，深受部队官兵和边疆各民族群众的欢迎。国防教育艺术团的建立是潞西市委市政府落实州国防教育办公室指示精神，整合国防教育资源，加强全市国防教育工作的一项重要举措。

专业艺术

【编排《美丽的孔雀之乡·德宏》旅游剧目】 2009年10月14日，德宏州民族歌舞团为充分展示德宏艺术奇葩，同时基于德宏旅游演出市场极其匮乏高档次旅游观赏晚会的局面，寻求文化与旅游的完美结合，积极探索，大胆尝试，经过8个多月的不懈努力，创作排练出一台时长70分钟的大型旅游欣赏剧目《美丽的孔雀之乡·

德宏》（暂定）。剧目的表演形式为舞蹈诗画，由《孔雀》、《祈福》、《赶摆》、《傲姿》、《有一个美丽的地方》5部分组成，节目以德宏州5种民族元素为编排素材，采用时尚与民族元素相结合的新民族风情表现手法，向观众呈现了德宏美丽的自然风光、多姿多彩的民族风情、五彩云霞般的民族服饰，以及古朴纯净的民俗民风。州委常委、副州长、州委宣传部部长田大余，州政府秘书长周湛鸿到芒市影剧院，对州民族歌舞团新创作的大型旅游欣赏剧目《美丽的孔雀之乡·德宏》进行审查。田大余副州长对州民族歌舞团积极探索、主动干事、务实创新的精神给予了充分肯定，希望下一步州民族歌舞团演职人员再进一步加以打磨，使之成为德宏州一台经典的旅游商演剧目。

【州景颇歌舞团赴上海参加旅游节开幕式】 2009年9月8至16日，德宏州景颇歌舞团应上海旅游节组委会的邀请，再次到上海参加旅游节开幕式。州景颇歌舞团演员先后为观众献上景颇歌舞《景颇神韵》、《甩银泡》、《长刀魂》、《景颇姑娘的微笑》、舞蹈《哦然》、吐良独奏《山寨黎明》、阿昌舞蹈《米酒敬亲人》、巴扎二重奏、傣族舞蹈《串寨》以及傈僳族、景颇族独唱歌曲等等，优美的舞姿、洪亮动人的歌声，将云南少数民族文化和边境独树一帜的文化底蕴向游客做了充分展示，同时，向全世界充分展示了德宏的无限魅力。上海市旅游局和旅游节组委会的相关领导专门看望慰问了云南代表团，对云南德宏景颇歌舞团的精彩表演给予了高度肯定和赞扬。

群众文化

【北京——德宏青少年儿童心连心钢琴音乐会在芒市举行】 2009年1月17日，北京——德宏青少年儿童心连心钢琴音乐会在芒市举行。来自北京和德宏的40余名小选手参加了演出。州委常委、州委秘书长番跃平，州委常委、副州长陈振冲，州人大常委会副主任杨红、副州长杨晓红、德宏军分区司令员龚平出席并观看了音乐会。音乐会在潞西市文化馆葫芦丝艺术团演奏的《有一个美丽的地方》中拉开了帷幕，在北京和德宏的小朋友联合演奏6首联奏《有一个美丽的地方》、《我爱北京天安门》中精彩上演。音乐会上，无论是来自北京5岁小朋友于晞纱弹奏的《民俗小曲—抬花轿》，9岁学生孟华婴演奏的《猫和老鼠》，还是德宏州24岁的工程师唐力夫弹奏的《C小调前奏曲》，芒市小学6岁学生杨倩弹奏的《我和你》等等，深深地打动了观众。

【开展送戏下乡活动】 2009年2月6至14日，德宏州傣剧团组织演职人员38人，先后奔赴潞西市风平镇、丙午村，梁河县芒东镇里掌自然村等乡镇村寨开展送戏下乡活动，为群众带去了傣族传统优秀剧目《冒弓相》、《十二王妃的眼睛》、《朗推罕》、《娥妍与桑洛》、《甘蔗票》等。在为期8天的演出中，演出13场次，观众达3万余人。4月，州傣剧团深入盈江县平原镇弄恍寨和弄章镇南永寨进行送戏下乡演出，历时10天，演出22场次，观众6万余人次，为基层群众送去了傣剧《娥妍与桑洛》、《十二王妃的眼睛》、《朗推罕》、《千瓣莲花》等剧（节）目。

【举办“两馆”业务骨干培训班】 2009年8月8至11日，由德宏州文化局主办的文化馆（站）、图书馆业务骨干培训班在盈江县举办。全州各县市（区）的文化馆长、业务骨干及50个乡镇综合文化站站长、图书馆长和业务骨干百余人参加培训。本次培训内容丰富，涵盖文化馆（站）和基层图书馆（站）的工作职能职责、农村文化工作的组织与开展、综艺晚会的组织、非物质文化遗产保护、灯光音响的操作和管理、文化信息资源共享工程设备的管理使用、数据库的建设等内容。培训邀请省文化馆专家和德宏州从事文化工作多年的老师授课。

【瑞丽文化下乡10余万人受益】

2009年，瑞丽市为丰富广大农民群众的业余生活，调动群众参与文化建设的积极性、主动性和创造性，开展文化下乡活动。其具体活动为：一、开展送电影下乡活动。开展的送戏、送图书、送电影等文化下乡活动，为广大农民朋友送去丰富的精神文化食粮，使全市10余万各族群众受益。投入影片拷贝30个，为3乡2镇配备16毫米电影放映机各1台；到93个村寨放映161场次，观众3.9万人次。二是开展送戏下乡活动。开展各种演出35场次，观众10万余人。三是开展送图书下乡活动。订阅报纸30种、期刊90种；修补破旧图书报刊22册、分编图书552册、制作图书目录卡1200张；接待读者3998人次；组织1128人次阅读图书3122册。

文化遗产

【发放省非物质文化遗产传承人补助】 2009年1月8日，潞西市文体局在风平镇弄么村举行非物质文化遗产传习所挂牌暨省级传承人补助金发放仪式。相关州、市、乡领导及300余群众参加了仪式。1月14日瑞丽市文化局召开非物质文化遗产传承人和省级新农村文艺汇演表彰大会。副市长罕曾小依参加了会议，并为非物质文化遗产传承人发放生活补助金，为省级新农村先进文艺表演队颁奖。同日，梁河县文体局召开民族民间艺人、非物质文化遗产传承人座谈会，会议希望老艺人多为德宏州民族文化的发展做出积极贡献。2月3日畹町文化局局长一行亲自将生活补助金送到传承人手中。

【傣族孔雀舞传承人依团赴澳演出】 2009年2月6至9日，德宏州民族歌舞团副团长、国家二级演员、傣族孔雀舞传承人依团应澳门“中华文化交流协会”的邀请，由云南省文联组织的“缤纷云南艺术团”前往澳门参加“缤纷云南歌舞贺新春”大型文化交流活动。在此次活动中，由依团指导西双版纳傣族自治州民族歌舞团舞蹈演员玉罕共同表演的《男女混合孔雀舞》首次展演，反响热烈，受到澳门同胞的广泛好评。当地媒体《澳门日报》以不小的篇幅，在显著位置报道了傣族传统民间舞——孔雀舞。

【举办非物质文化遗产项目申报培训班】 2009年4月22至24日，德宏州文化局举办“德宏州非物质文化遗产项目申报”专题培训班。来自全州各县市（区）文化（体）局的分管副局长和文化馆从事该项工作的骨干30余人参加了培训。培训内容分两部分：一是理论讲解。二是结合本州非物质文化遗产资源状况，对各县市（区）作具体的工作安排。

【中央福建电视台到德宏专访傣文化】 2009年5月17至26日，中央电视台戏曲、音乐部《长江戏话》摄制组，福建电视台《走南闯北》栏目采访摄制组到德宏州专访国家级非物质文化遗产项目《孔雀舞》的发展及傣族泼水节。摄制组拍摄了由德宏州国家级孔雀舞传承人旺腊、省级非物质文化遗产传承人方桂英、民族民间艺人岳老、岳团过现场表演的原汁原味的傣族民间孔雀舞，随后专访了中国孔雀舞大师毛相之子依团。

【举办全州第二期傣剧业余骨干培训班】 2009年，德宏州文化局为弘扬傣族传统文化，保护、传承独有的地方剧种——傣剧，在盈江县旧城镇举办为期12天的全州第二期业余傣剧培训班。来自全州各地的125名业余傣剧骨干参加培训。此次培训，州文化局组织了国家级传承人、傣剧方面的多位专家、傣剧表演艺术名家进行面对面授课，对傣剧历史、傣剧创作、傣剧音乐、傣剧演唱与表演、傣剧打击乐、傣剧伴奏等内容逐一进行讲解。学员通过学习，决心把学到的傣剧技艺传授给更多傣剧爱好者，让傣剧得到更好的保护和传承。

图书管理

【开展送书下乡活动】 2009年2月20至24日，德宏州图书馆到梁河勐养镇、潞西三台山乡开展送书下乡活动。为群众送去除农村种植、养殖、医疗保健的图书外，还把中央1号文件的具体惠农政策摘选编印成宣传单，发放给基层群众，让群众及时了解、掌握党党中央、国务院的“三农”部署和政策措施。此次活动中，图书馆展出科技图书200余册，儿童及报刊杂志书籍100余册，发放宣传单2000张，禁毒防艾宣传画册500余张。

【开展寒假快乐读书活动】 2009年，德宏州图书馆儿童阅览室为丰富少年儿童假期生活，引导小读者更好地利用图书馆的信息资源和多读书、读好书，在寒假期间举办“开卷有益，读书有奖”阅读活动。活动吸引小读者积极参与。通过活动的开展，儿童阅览室的借阅率比往年假期提高了50%。同时，为增加与小读者的互动，每逢周五在图书馆多媒体教室举办假期少儿看电影活动，受到了小读者们的广泛欢迎。

【开展世界读书日宣传活动】 2009年4月23日是“世界读书日”，德宏州图书馆举办“让我们在阅读中一起成长”系列主题活动。活动的主要内容有：悬挂“知识改变命运、读书丰富人生”宣传标语，开展图书展览活动，向广大群众宣传图书馆职能作用；请德宏州幼儿园小朋友走进图书馆，开展“我读书、我快乐、我成长”主题绘画活动，让小朋友了解图书馆，体验阅读乐趣，从小培养良好的阅读习惯；在多媒体教室播放免费视频讲座“读书方法”及电影活动；向读者开展“我与图书馆”、“好书伴我成长”、“书缘”、“我最喜爱的一本书”

为主题读书征文活动。州图书馆当日接待读者200余人，办理借书证16本，发放500份“世界读书日”倡议书。

【开展图书馆服务宣传周活动】 2009年，德宏州7个公共图书馆开展以“庆祝新中国成立六十周年”和“全民阅读活动”为主题的年度图书馆服务宣传周活动。一是开展庆祝新中国成立六十周年活动。德宏州图书馆开展以“好书伴我成长”为主题的读书征文活动，收到35篇文章，评出10篇获奖文章；盈江县组织青少年开展“向国旗敬礼，做一个有道德的人”网上签名寄语活动，先后有500多名学生参加了签名活动。全州各（县）市图书馆利用共享工程开展爱国主义影片展播活动，有3000余名群众参加展播。二是利用全国文化信息资源共享工程开展宣传活动。州图书馆在宣传周期间，播放优秀视频讲座，分别组织“重读经典”、“教育让你走向睿智或是愚昧”两个主题的视频讲座活动，有92名读者参加；各（县）市图书馆开展免费上网活动，接待读者1500人。三是积极开展全民阅读活动。州图书馆、盈江县图书馆、瑞丽图书馆走出馆门展出馆藏的各类图书、发放各类宣传资料13000余份。同时，开展送书进校园活动。全州有2600余名小读者参与，图书流通4000余册次。

【省文化厅评估组对德宏图书馆评估】 2009年9月4日，由云南省文化厅社文处处长郭伟、省图书馆金美丽、唐俊组成的图书馆评估组对德宏州图书馆进行业务评估。评估按办馆条件、基础业务建设、读者服务工作、业务研究、辅导等7个部分，70余项评估指标，1000分分值的计分方式进行评估。考评组通过查看馆设建设、服务建设、窗口建设、查阅相关资料、听取汇报，对州图书馆的工作给予充分肯定，并给予625分的评估分。

文化市场

【召开印刷企业法人代表会议】 2009年1月16至17日，德宏州新闻出版局在梁河县举办印刷企业法人代表会议。全州28家印刷企业的法人代表参加了会议。会议通报上年全州新闻出版行业工作的情况，各业主就全州新闻出版工作作了交流发言。州新闻出版局局长许贵荣针对全州出版行业存在的问题和下步发展方向提出要求和希望：一是加快印刷产业结构调整，提高质量，形成整体竞争优势，以市场为导向，进一步调整产业结构，出版物印刷要把发展重点放在提高质量和档次上。二是抓住机遇，积极参与国内及缅甸境外市场的竞争，利用德宏的区位优势，让印刷业“走出去”。三是进一步强化企业管理者的法制意识，达到警钟长鸣的教育效果。会议上州文化局与全州28家印刷企业签订了责任书。

【召开全州“扫黄打非”工作会】 2009年4月2日，德宏州召开“扫黄打非”工作会议。会议强调要围绕“净化社会文化环境”这一主线，全力遏制非法出版物和清除网上有害信息，坚持开展集中治理，切实加强日常监督，坚决保护知识产权，确保意识形态安全，维护社会和谐稳定。9月18日，州政府“扫黄打非”领导小组召开成员单位负责人，动员和部署全州第三阶段“扫黄打非”工作，确保国庆期间边疆文化市场繁荣稳定。会议传达国家和省关于开展第三阶段“扫黄打非”行动的通知，部署全州第三阶段“扫黄打非”工作及行动方案。会议要求全州各成员单位及相关部门：一是进一步统一思想，加强领导，全力做好第三阶段“扫黄打非”工作。二是明确任务、突出重点，全面清理出版物市场。三是加强监管，强化措施。四是查办大案要案。五是加强协调，落实责任，齐抓共管。六是加强督察，狠抓落实。全州在第一、第二阶段“扫黄打非”集中行动期间，共出动执法人员1515人，检查出版物市场942个，印刷复制企业212家，店档摊点112家，为净化边疆社会文化环境做出了积极贡献。

【网络文化市场计算机监管平台建设工作正式启动】 2009年6月5日上午，德宏州文化局召开全州网络文化市场计算机监管平台建设工作会议。会议的召开标志着德宏州网络文化市场计算机监管平台建设工作正式启动。会上，德宏州文化局许贵荣局长对全州的网络文化市场计算机监管平台建设和下一步开展净化文化环境工作提出要求，对德宏州下步文化市场工作指明了方向；相关单位做了表态发言。

【安全生产暨执法检查】 2009年6月8至14日，德宏州文化局文化市场稽查队对全州各县市（区）文化、新闻出版市场进行了安全生产暨执法检查。检查歌舞娱乐场所26家、电子游戏室34家、音像出租零售店31家、三小印27家、网吧63家、印刷厂25家、书报刊摊点12家。从检查的情况看，全州文化、新闻出版市场总体经营秩序良好，经营行为规范，各类公众聚集场所大部分都能按照要求规范到位，但也有极少数场所存在灭火器配置不足、压力不足、摆放不到位等安全隐患。在检查中，对存在隐患的场所，执法人员当场指出，并要求及时改正。

（《文化》撰稿　李品春）

（见“州情概览·文化”83页）

广播电视

【重要活动宣传】　2009年，德宏州电台、电视台、译制中心以及各县市广播电视局领导高度重视在重要活动、重大事件、重要工程的宣传报道，认真策划，精心组织，攻坚克难，努力完成州党委、政府的重要活动宣传报道任务。在全州人大、政协“两会”期间，为保证“两会”新闻及时、准确，让各族干部群众第一时间收听收看“两会”盛况，两台、一中心和各县市广电局制定了周密宣传方案，部署“两会”宣传工作，节目开辟“两会”专栏，抽调精兵强将，用汉、傣、景颇、载瓦4语种及时、全面深入宣传“两会”召开盛况，报道代表和委员心声，营造了“两会”的热烈氛围。同时，拓宽思路，创新形式，深入宣传报道学习实践科学发展观、建国60周年大型宣传、“中缅边交会”、禁毒防艾、社会主义新农村建设、甲型H1N1防控等各种重要活动；注重成效，深化宣传，深入报道全州交通、水利、电力、市政、旅游文化等扩大内需重要工程建设成果，营造了全州各族人们进一步深化改革开放，推动跨越式发展，建设美好德宏的浓厚氛围。

【关注民生宣传】　2009年，德宏州各级广播电台、电视台坚持“关注民生、服务人民、以人为本”的理念，坚持“三贴近”宣传的原则，增强新闻针对性和时效性，用新闻工作者特有敏锐臭觉和目光洞察民生问题，州电台通过“德宏热线”名牌栏目，州电视台通过“第二视觉”栏目，深入宣传报道全州“三农”、医疗卫生、民主法制建设等方面的热点、难点，并耐心解答群众反映的问题。年内，州电台接进热线电话600多个，回复率达100%，办结率达97%。各县市（区）广电局在办好本地新闻节目的同时，克服人员、经费少的困难，均开设反映民生的栏目、节目。盈江广电局通过开办“百姓事”栏目，大力宣传报道了灾后恢复重建等民生问题；瑞丽广电局通过新闻和“边陲警示”节目及时、快捷报道群众关心、干部关注的民生问题，充分发挥了“联系党委政府和人民群众的桥梁”作用，切实营造了保民生、保稳定、保增长、建和谐的社会环境。

【民语译制】　2009年，德宏州两台、一中心及各县市广播电视重视少数民族语言广播电视工作，强化民语部门业务培训，加强译制设备设施建设，进一步提高民族语言广播电视译制能力和水平；通过傣、景、载佤语言，通俗易懂的大量译制播出了中央、省新闻以及一批科技节目和影视节目，进一步解决了少数民族群众听不懂看不懂广播电视的问题，使党的路线方针政策和科技文化知识贯彻落实到广大少数民族地区，丰富了少数民族群众精神文化生活。尤其是州电台转播中国国际广播电台缅语节目，州民语译制中心节目丰富多彩，形成了全省民语电视译制工作的亮点，大大促进了民族地方科技进步，进一步增强了“固边防渗”的能力。

【外宣报道】　2009年，德宏州电台、电视台和各县市广播电视局本着扩大“美丽德宏·世界分享”的思想高度，做好节目改版，加强行业协作，提高节目质量，着力提高外宣水平，取得了显著成绩。仅德宏人民广播电台送省电台播出节目152条，比上年增52条。德宏电视台送中央电视台新闻频道及其他频道播出新闻20多条次，在云南电视台《云南新闻》、《民生关注》等节目中播出新闻160条。陇川广电局推出“目瑙纵歌之乡”栏目。通过全方位、多层次、多角度地宣传德宏，提高了德宏的对外知名度和美誉度。创优节目成效显著，年内，有一批节目和学术文章获得了省级广播电视节目奖项；全州有100件作品获得广播电视奖，其中国家级2件，省级63件，州级35件。

【广播电视建设】　2009年，德宏州广播电视局始终坚持广播电视“大覆盖”的建设方针，抓工程、抓管理、抓落实，努力推进广播电视事业建设，加快推进构建广播电视公共服务体系建设。其具体实施完成了5大项目：一是实施云南省边疆“解五难”惠民工程。投资342.8004万元，实施5县市、7个农村省级广播电视无线覆盖建设项目点的建设任务，扩建、更新8部调频广播发射机和7部电视发射机，分别转播云南人民广播电台第一套节目和云南电视台第一套云南卫视节目；二是投资320万元，更新、改造德宏人民广播电台、德宏电视台、德宏州民语电视译制中心的民语采编译制设备，提高了德宏少数民族语言广播电视节目译制质量；三是实施西新工程第四期第一阶段高山骨干台更新、扩建工程。投资155.545万元，完成德宏州电视转播台发射塔、发射机房、值班室以及盈江那邦口岸、畹町口岸边境口岸广播电视发射台更新扩建工程；四是实施村村通工程。在实施村村通工程中，州、县、乡3级政府层层签订目标责任书，齐抓共管，狠抓落实，顺利完成20户以上广播电视“村村通”直播卫星覆盖工程第一期工程，第一期工程受益户30869户；五是积极稳妥的推进数字电视整体转换工作。全州完成数字电视用户55467户。通过实施以上5大项目，全州发射机总功率达到175.9千瓦，其中调频广播18.25千瓦，中波广播113千瓦，电视44.65千瓦；广播人口综合覆盖率93.3%，电视人口综合覆盖率为93.54%，解决近30万群众听广播、看电视难的问题。

【安全播出】 2009年，德宏州广播电视部门为保证广播电视安全播出，确保党和政府的声音安全准确地传送到千家万户，积极组织开展广播电视安全播出检查监督工作。一是进一步完善广播电视安全播出工作机制。进一步完善广播电视安全播出应急预案，完善安全播出应急实施细则，加强了广播电视安全播出应急演练工作。全年全州举行广播电视安全播出应急演练10次，提高了应急处置能力；二是加强广播电视设施的保护和防范。州广电局定期或不定期的与州委610办、州综治办、电力、安全等相关单位沟通协调，采取联合行动，对广播电视设施进行安全防范。在重要保障期，领导亲自带队，靠前指挥，开展专项检查，加强对工作区、机房、要害部门和职工住宿区的安全保卫及防火防盗督促检查落实工作，确保了国庆60周年等重大活动的安全播出，取得国庆60周年等重大播出活动“0”秒停播的好成绩，获得省广电局授予“国庆60周年广播电视安全播出先进集体”的荣誉；三是进一步提高广播电视技术管理机制。在抓好日常维护管理工作的同时，认真组织开展广播电视技术年检工作，提高专业技术水平，增强广播电视安全传输质量，让人民群众收听收看到声音好、图像清的广播电视节目。

【监督检查】 2009年，德宏州广播电视局加大对州直广电部门和各县市广电局的检查指导力度，使广播电视管理工作逐步向科学化、规范化、制度化迈进。一是深入开展抵制低俗之风行动，重点整治涉性节目和情感类节目，清理整治虚假违法广告，进一步加大对违法和不良广告的查处力度，对违规的相关广播电视机构发出整改通知，及时督促限期完成整改，净化了荧屏。二是开展对非法销售、安装和使用卫星地面接收设施专项整治工作。瑞丽市市委、政府积极组织公安、安全、质量技术监督和工商等部门，开展联合执法行动，效果比较明显。全州组织开展多部门联合执法53次，拆除接收设施2747座，取缔一批非法销售和安装经营户。三是加强开展互联网视听节目的专项整治工作。集中对影响较大的100多个网站和容易产生问题的栏目、频道进行清理，对州内重点新闻网站、视频网站、游戏网站、动漫网站，以及各类网站中的博客栏目和频道进行了全面核查。

（《广播电视》撰稿　李勒干）

档　　案

【云南省档案馆黄凤平馆长到德宏调研】 2009年6月11至13日，云南省档案局馆长黄凤平一行4人，对德宏州档案工作进行调研。黄局长实地查看了全州7个综合档案馆和听取工作情况汇报后认为：德宏州各级党委、政府重视档案工作，在基础条件较差的情况下，能做到工作扎实，管理规范，反映了德宏州档案部门干部队伍素质较高，上下协调，团结干事。同时，对德宏州的档案工作提出了要求：一是要进一步增强做好档案工作的责任感和使命感。二是要确保档案的安全。三是要进一步加强档案资源建设。

【云南省督查组到德宏督查】 2009年10月29至30日，云南省档案局（馆）副局（馆）长张文芝一行4人到德宏州瑞丽市、陇川县和州档案馆进行档案安全专项督查。督查组重点抽查了档案利用安全工作，重点档案抢救和保护工作，档案安全保管工作，档案安全制度建设和档案馆库建设情况。通过听、查、看的督查，督查组对德宏州档案馆档案安全工作取得的成绩给予了充分肯定：一是领导重视关心支持档案工作。从经费投入、硬件设备、领导班子配备、人员安排等方面到位，保证了档案业务工作的正常开展。二是档案人员业务熟悉、精神饱满、队伍素质较好。三是局馆制度健全、执行有力、档案业务开展有序。四是自查客观、实事求是。同时，督查组提出以下要求：一是要严格执行“十防”、“八不准”制度。二是要进一步完善查借阅制度，强化档案利用安全。三是要对重点档案的抢救工作常抓不懈。四是严格做好特殊载体档案的保管、抢救工作。五是要加强档案信息化建设。六是要提高档案人员业务素质。七是要尽力改变现阶段档案资源建设单一的局面，转变档案接收理念。

【档案基础设施建设】 2009年，德宏州各级综合档案馆完成基础设施设备建设投资400余万元。其中：盈江馆投资300余万元建成新馆1座，潞西馆购置小汽车1辆，州馆购置档案柜133组，畹町馆安装了档案密集架50立方米；各县市馆分别购置了除湿机、消毒柜、防磁柜、电脑、照相机等，极大地改善档案保管条件和办公条件。为确保扩大内需政策的执行，抓住中央预算内投资补助县级档案馆馆舍建设的机遇，德宏州对项目规划工作做了全面的安排部署。目前，梁河县已纳入云南省第一批县级档案馆建设项目实施单位，其他县市档案馆将在3至5年内陆续列入项目实施。

【档案法制化建设】 2009年，德宏州各级档案部门认真贯彻执行《档案法》、《云南省档案条例》等法律法规，档案法制化建设进一步加强。州档案局制定了《德宏州档案局2009年依法行政工作计划》、《行政执法检查方案》和《德宏州档案局关于进一步规范州直机关各门类档案整理工作的通知》。年内，全州各级档案部门对178个单位进行了业务指导，帮助整理各类档案10613卷（盒）、6146件；完成抗震救灾档案、林改档案的指导整理工作；全州各县市举办培训班12期，培训专兼职档案人员588人。全州各级档案行政管理部门按照《年检》标准，采取各种方式对综合档案馆和机关档案室进行了档案的安全督查和年度检查。

【档案信息化建设】 2009年，德宏州各档案局（馆）认真贯彻落实《中华人民共和国政府信息公开条例》和阳光政府四项制度，档案信息化建设步伐进一步加快。年内，全面开通了96128政务查询专线；各县（市、区）档案局（馆）购置了档案管理软件系统，建成内部局域网，建立了档案资料目录数据库。截至12底，全州各综合档案馆录入文件级目录数据849268条，实现了图书资料目录、开放档案目录、现行公开文件目录的网上查阅，极大地满足了社会各界对档案的利用需求。

【管藏与利用】 2009年，德宏州各级档案部门不断完善档案征集、保管制度，完备档案查阅利用手续，落实档案保密、安全和消防工作责任制，档案保管、利用水平进一步提高。全州馆藏783个全宗，档案160810卷、65977件，资料64972册（盒）。年内，接收文书档案2741卷、57271件，会计档案525盒，照片档案68张，光盘9盘，实物档案2件，印章3枚，资料44册，收集现行公开文件481份；接待查阅2404人次，利用档案资料9657卷（册、件）。利用档案为工作查考、编史修志、学术交流、落实政策、解决纠纷等提供了翔实、可靠的依据，产生了良好的经济效益和社会效益。

【档案抢救与保护】 2009年，德宏州各级档案馆按照“统筹规划、确保重点、分步实施、分级负责”的原则，对馆藏档案进行了认真细致地清理、筛选，准确把握重点档案抢救和保护范围，形成项目上报、储备。年内，对上年获得国家重点档案抢救和保护补助资金的州档案馆《贝叶经》、梁河县档案馆《民族历史档案》、盈江县档案馆《干崖宣抚司档案》、陇川县档案馆《建国初期档案》等项目进行了总结，对2009年州档案馆《民国时期陇川、梁河、潞西设治局档案》、瑞丽市档案馆《贝叶经》、畹町档案馆《建国初期重点档案》等重点档案进行立项审批，并获得中央财政补助资金17万元。州档案馆获得9万元，用于建立特藏室、抢救民族史料（翻译整理贝叶经2部）。

（《档案》撰稿　杨恩海）

卫　生

卫生管理

【省政府考核德宏卫生工作】　2009年1月4至7日，受云南省政府委托，省卫生厅组成考核组一行7人，在省卫生厅姜旭副处长和怒江州卫生局普永恒局长的率领下，对德宏州2008年卫生工作责任目标落实情况进行考核。考核组首先听取了德宏卫生工作开展情况汇报。随后，分别深入潞西市、瑞丽市查看了县级医院、城市社区卫生服务中心、乡镇卫生院，并走访了州医疗集团和州妇幼保健院。考核组每查一处，都认真查阅资料、核对表册、走访群众。考核组在听汇报、查资料、现场检查、走访社区后，于7日上午，在州政府召开考核情况反馈会，会议由副州长杨晓红主持。会上，考核组对德宏州2008年卫生工作取得的成绩给予了充分肯定，认为州委、州政府高度重视卫生工作，有效促进了卫生事业的快速、健康发展：一是各级党委政府抓卫生工作有重点、有部署，工作扎实、深入；二是下大决心、花大力气抓了当前卫生工作中的重点和难点，切实解决农村“看病难”问题；三是全州各级医疗机构在管理方面各有特色，取得了经济效益和社会效益的双丰收；四是卫生部门积极发挥作用，确保了大灾之后无疫情发生；五是城市社区卫生工作初见成效；六是农村卫生工作得到进一步加强，特别是新型农村合作医疗工作成效明显；七是医疗机构内部管理不断规范，并逐步向现代化迈进；八是疾控和妇幼保健工作取得了新进展。针对存在的问题，考核组提出了宝贵的意见、建议：一是要抓住国家扩大内需的机遇，不断加大基层卫生建设投入力度；二是要挖掘中医药发展潜力，加大工作力度；三是要加大控制疫情工作力度；四是要健全新型农村合作医疗药品配送监管机制；五是要抓好干部队伍建设。

【省卫生厅督查德宏卫生基础建设】　2009年3月11至14日，云南省卫生厅基础设施建设项目综合督导组一行3人，就德宏卫生基础设施建设项目的实施情况进行专项督查。督导组深入各县（市）人民医院、乡（镇）卫生院、村卫生室、州精神病医院等20多个医疗卫生单位详细了解了基本情况和基础设施建设工程进度、项目资金拨付等情况，对在建项目和新增项目进行了指导。督导组对德宏卫生基础设施建设工作给予了充分肯定：一是德宏州各级党委政府、卫生局对国家拉动内需政策认识到位，对重大建设项目非常重视；二是任务明确、责任到位、职责到人，各级政府都将建设项目工作纳入责任目标内容；三是注重协调、相互配合，各级政府、卫生局以及相关部门做了大量工作，有力推进了项目建设的进度；四是项目管理规范，坚持程序，严格管理，依法操作，档案资料管理规范完整；五是在财务管理上严格按程序使用资金，管理安全规范，特别是对乡镇卫生院实行了财务统一管理。督导组还对德宏州今后开展卫生项目建设工作提出建议和要求：一是认真总结和继续推广好的经验和做法；二是加快工作进度，创新工作方式，提高工作效率，认真做好项目储备和前期准备工作；三是做好县级医院、中心卫生院、村卫生室的项目规划编制工作；四是进一步加强监督，确保工程质量；五是严格资金管理，充分发挥资金使用效益，加大资金支付力度，加快支出进度，切实做到拉动内需的效果；六是继续加强组织领导，加强管理；七是按时报送进度报表及信息，及时与省项目办沟通联系。

【登革热监测工作部门联席会议在芒市召开】　2009年3月24日，德宏州卫生局与德宏出入境检验检疫局联合召开了项目合作联席会议，潞西、盈江、陇川三县市卫生局领导，德宏出入境检验检疫局芒海、盈江、章风口岸办事处领导和州卫生局、州疾控中心领导及相关科室负责人参加会议。州卫生局副局长赵兴海作了动员讲话，强调卫生、检验检疫两系统要充分认识开展登革热媒介监测项目工作的重要意义，站在努力实践科学发展观、促进全州疾病预防控制事业全面发展的高度，提高认识，加强组织领导，克服项目资金短缺、工作繁重、工作人手不足等困难，按照项目实施方案做好边境地区埃及伊蚊、登革热疾病监测工作；要认真整理分析监测数据，为制定全州登革热防控措施提供科学依据。通过卫生、检验检疫两部门的密切联系与通力合作，有效控制了境外传染病的输入和在德宏州的传播流行，建立起了有效的防疫屏障。希望两部门以此次良好部门联合为开端，加强沟通，齐心协力，团结协作，为全州登革热等境外输入性传染病的防控工作做出应有贡献。德宏出入境检验检疫局寸待凯副局长对会议进行了总结，对相关工作提出了具体要求，强调了下步工作重点。

【州卫生局组织开展预防职务犯罪警示教育讲座】 2009年5月7日，德宏州卫生局组织开展了一期预防职务犯罪警示教育讲座。该讲座邀请州检察院预防职务犯罪处副处长杨磊从职务犯罪的定义、特征、种类及罪名进行了详细的阐述，并结合部分实际案例生动地分析、讲解了贪污罪、挪用公款罪、受贿罪、巨额财产来源不明罪、渎职罪等罪名的构成要件及立案标准。剖析了近年卫生系统职务犯罪的特点及成因，提出了卫生系统预防职务犯罪的措施：一是深化卫生系统医保、医疗、药品生产流通体制改革；二是进一步规范药品购销行为；三是注重制度建设，规范权力运行机制；四是强化监督制约，实行医务公开；五是建立健全管理制度，改进管理方法；六是加强对院长及重点岗位人员的监督；七是加强廉政建设，特别是“一把手”、重点岗位及一线人员的法制教育及培训，构筑“道德、纪律、教育”并重的三道防线。

【李江虹副州长调研全州卫生工作】 2009年5月26至27日、6月2至5日和6月10至11日，德宏州人民政府副州长李江虹率队，分三个阶段，先后深入到6个州直卫生单位、28个县级卫生单位、8个乡镇卫生院和4个村卫生室，采取听、查、看、访相结合的方式，对各级卫生机构运转现状、禁毒防艾、传染病防治、医疗服务、妇幼保健、卫生监督、农村卫生、社区卫生服务、基础设施建设、人才培养、甲型H_1N_1流感防控等工作进行了调研。

通过实地调研，李副州长高度肯定了近年来德宏州卫生工作所取得的成绩。一是各级政府及职能部门高度重视疾病预防控制工作，按照“预防为主、防治结合”的方针，认真开展传染病防治及突发公共卫生事件预防控制工作，艾滋病防治取得突破性进展，扩大国家免疫规划稳步实施，甲型H_1N_1流感防控得到有效落实，传染病发病率稳定控制，防治工作成效明显；二是以实施妇幼卫生项目为龙头，各项妇幼卫生工作得到全面推进，相关指标达到省下达指标要求；三是新农合覆盖全州，参合率高，运行平稳，农民享受到了新农合的实惠；四是切实加强卫生监督机构能力建设，加大执法力度，严肃查处违法行为，执法能力和水平不断得到提高；五是切实加强社区卫生服务体系建设，按照“六位一体”的要求积极开展工作，社区卫生服务功能逐步得到发挥；六是卫生基础设施建设全面推进，卫生基础设施状况显著改善，国家扩大内需项目按计划组织实施，新项目争取工作得到有序开展；七是认真实施“科教兴医”战略，积极采取措施加强人才培养，卫生系统队伍整体素质不断得到提高。在充分肯定成绩的同时，李副州长指出了目前制约德宏州卫生事业发展的主要问题：一是各级卫生单位人员编制不足，无法引进高素质人才，制约着卫生事业的发展；二是乡镇卫生院职工住房条件差，卫生人员数量不足，素质不高，留不住人才，无执业医师资格证仍上岗执业的问题突出；三是经费投入不足，项目配套经费落实不到位，缺口资金大，严重影响着卫生机构的正常运转；四是各级卫生机构建设缺乏科学规划，布局不合理，新项目争取前期准备工作不及时、不到位，影响了项目的向上争取；五是新农合定点医疗机构监管难度大，存在套取新农合资金的现象；六是乡村医生从事公共卫生服务的补助低，影响了工作积极性；七是州、县疾控中心鼠疫强毒室建设标准低、布局不合理，存在实验室生物安全隐患；八是吸毒人群数量多、分布范围广，目前美沙酮维持治疗覆盖面比较窄，急需增加农村拓展点，扩大服务范围；九是村卫生室业务用房得到规范建设，但无厕所、宿舍、伙房等配套设施的问题日益凸显出来；十是甲型H_1N_1流感防控工作发展不平衡，少数部门领导重视不够，经费投入不足，应急物资储备有限，难以应对大规模暴发疫情。

针对存在问题，李副州长对下一步卫生工作提出六点要求：一是必须继续把传染病防治和突发公共卫生事件及时有效处置作为当前卫生工作的重中之重，采取有效措施，开展综合防治，确保各族人民身体健康和生命安全；二是要继续加强农村卫生工作，加强基础设施建设，改善服务条件，提高服务能力，为广大农村居民提供质优价廉的公共卫生服务；三是加大新农合定点医疗机构监管，严肃查处违规违纪行为，管好用好新农合资金，保证新农合平稳运行；四是要认真组织实施好各种建设项目，实施好目前已争取到的建设项目，抓住国家实施扩大内需建设项目的大好机遇，积极向上争取新项目，努力改善各级医疗卫生机构硬件条件；五是采取切实可行的措施，加强卫生人才队伍建设，提高卫生系统人员的综合素质和业务技术水平；六是抓住国家实施新一轮医疗卫生体制改革的机遇，提前思考本地区本单位医改的具体方法和措施，充分做好新医改方案实施的前期准备工作。

目前，国内外甲型H_1N_1流感防控工作形势严峻，李副州长要求全州各级各部门不能心存侥幸、麻痹大意，要增强责任感和紧迫感，进一步加大监督检查力度，持之以恒地开展好以下六个方面的工作：一是要进一步提高认识，充分认识防控工作的重要性、必要性、紧迫性和不确定性，切实加强组织领导，狠抓措施落实；二是各级外事部门要密切关注国内外特别是周边国家疫情形势，利用好官方和民间渠道，多与周边国家接洽，采取多种措施，做好疫情信息收集工作；三是各职能部门要做好疫情监测工作，采取行之有效的手段，落实严防疫情传入措施；四是各职能部门既要各司其职，又要密切配合，群策群力，做好信息互通工作，实现信息共享，进一步做好联防联控工作；五是未雨绸缪，做好应急准备，加大投入，管好用好专项资金，加强应急物资储备，提高应对能力；六是把握正确的舆论导向，充分利用各种新闻媒体，加大宣传报道力度，普及防治知识，提高群众自我防护意识及能力。

【省卫生厅召开全省卫生系统视频会议】 2009年9月16日，云南省卫生厅组织召开全省卫生系统视频会议，安排部署医药卫生体制改革、甲型H_1N_1流感防控、基层卫生单位学习实践科学发展观活动等工作。省卫生厅党组书记、厅长陈觉民、副厅长段鸿、付新安、纪检组长周天让分别作重要指示，传达学习了中央、卫生部、省委省政府有关甲型H_1N_1流感防控工作文件精神及领导批示。对做好拉动内需卫生建设项目、甲型流H_1N_1感防控、基层卫生单位深入学习实践科学发展观活动等工作作了安排部署。陈厅长提出了工作要求：一是认真贯彻落实省级医疗机构建设工作，继续加强医药卫生体制改革力度；二是不折不扣完成拉动内需各项工作任务，切实完成3个百分之百任务指标；三是有序、有力、有效的开展甲型流H_1N_1感防控工作；四是认真开展基层卫生单位深入学习实践科学发展观活动，促进卫生事业全面、可持续发展。

【卫生部专家到梁河督导预防艾滋病母婴传播工作】 2009年9月22至24日，卫生部预防艾滋病母婴传播督导组一行5人，到梁河县督查预防艾滋病母婴传播工作。督查组一行听取州、县工作汇报后，深入县、乡、村医疗机构查看相关资料，并与部分医务人员进行了座谈。通过督查，督导组对梁河县的工作给予了充分肯定：一是政府领导高度重视，营造了齐抓共管、多部门协作的良好氛围；二是建立健全了各项管理制度，管理比较规范，随访率较高；三是整合“降·消”、“新型农村合作医疗”等项目资源，较好落实了“四免一关怀”政策；四是认真开展了业务人员的培训，提高了业务水平，加强了职业暴露防护。对工作中存在的问题和不足提出了建议：一是高度重视育龄妇女的感染情况，要将预防艾滋病母婴传播工作关口前移，加强对目标人群的的宣传教育，加强与计生部门协作，有效降低再孕情况。二是加强对孕产妇、新婚登记人群的检测，规范门诊日志登记表的填写。三是完善告知程序，对检验结果不论阴性或者阳性均要进行告知，对感染艾滋病病毒的孕产妇及其婴儿，提供预防艾滋病母婴传播的咨询、产前指导、阻断、治疗、产后访视、婴儿随访和检测等服务，并将其纳入当地艾滋病治疗体系。四是加强预防艾滋病母婴传播知识及职业暴露的培训，尤其是临床妇产科医生的培训，不断提高产科队伍素质。五是将预防艾滋病母婴传播工作与妇幼保健常规工作有机地结合起来，进一步规范管理，建立常规化工作机制；把艾滋病自愿咨询检测工作与《孕产妇保健手册》结合起来，完善患者病历及个案表。六是提高信息收集的质量及对信息分析的利用。

【第20届省区（州、市）卫生局卫生改革经验交流会在芒市召开】

2009年10月16日，第20届11省区（州、市）卫生局卫生改革经验交流会在芒市召开。州政府副州长李江虹、11个省市友好区

(市) 卫生局的代表，及州卫生局副科以上干部，共70余人参加了会议。李江虹副州长首先向大会致词，欢迎11个外省区（市）卫生局代表们的到来，她认为这次会议是卫生工作者研讨交流卫生改革工作、增进沟通了解、加强横向合作的一次专业盛会，也是提高卫生管理能力、提升业务水平的一次大好时机。并向与会人员介绍了德宏概况和“边、情、绿、宝”的特点，及当前德宏的经济发展情况。州卫生局局长田树明向各位领导、各位代表汇报了德宏州卫生工作情况。他说：“我们将以此次会议为契机，学习和借鉴各地好的经验和做法，开展调查研究，提高工作认识，加强组织领导，结合德宏实际，切实采取措施，狠抓工作落实，为全州经济社会又好又快发展作出应有的贡献”。会上，11省区(州、市) 卫生局结合自身区域特点，针对医疗卫生改革、新型农村合作医疗、艾滋病防治、疾病预防控制等问题进行了交流，通过交流达到了各地区相互学习，相互促进，共同进步的目的。最后，州卫生局局长田树明向下届交流会举办单位上海市卢湾区卫生局长赵丹丹移交会旗，大会在祥和热烈的气氛中结束。

【省卫生厅到德宏督查惩防体系建设】 2009年10月22至24日，云南省卫生厅惩治与预防腐败体系建设督查组一行3人，在厅党组成员、纪检组长周天让的带领下，到德宏对卫生系统惩治和预防腐败体系建设、行风建设、扩大内需建设项目等工作落实情况进行专项督查。23日，督查组一行到瑞丽市人民医院现场查看了惩治和预防腐败体系建设、扩大内需建设项目落实情况，并听取了瑞丽市卫生局和瑞丽市人民医院工作开展情况汇报。24日上午，督察组在芒市听取了州卫生局有关工作汇报。州卫生局党组书记、局长田树明从建立健全组织领导、治理医药购销领域商业贿赂、药品集中招标采购、扩大内需建设项目等6个方面，就德宏州卫生系统惩治和预防腐败体系建设等工作落实情况进行了汇报。在听取汇报后，督导组对德宏卫生工作近年取得的成绩给予了充分肯定：一是近年来，在州委、州政府的正确领导下，在州卫生局党政班子齐心协力带领下，在全州卫生队伍共同努力下，攻坚克难，辛勤工作，较好地完成了各项卫生工作任务，尤其是防治艾滋病工作取得了很大的成绩，为全省乃至全国开展防治艾滋病工作提供了成功经验，深受各级党委政府领导和专家的好评；二是德宏州认真贯彻落实中央惩治和预防腐败体系建设、狠抓行业作风建设、认真治理医药购销领域商业贿赂、积极落实扩大内需建设项目等，工作落实到位，不乏创新和亮点，工作成绩较为突出。周组长还对德宏卫生工作提出了要求：一是要认真贯彻落实科学发展观，深刻领会科学发展观精神实质和深远意义，用科学发展的观点和理念审视、思考促进卫生事业发展和改革的办法，真正实现德宏卫生事业的全面、可持续、科学发展。二是要用战略的眼光看待德宏卫生事业的发展，尤其是做好医疗机构的长期发展规划，加大建设用地等资源储备，奠定发展基础；三是加大人才队伍建设。一方面是抓好现有人才队伍的素质提高，另一方面是加大人才引进，在抓好专业技术人才队伍建设的同时，决不能忽视管理人才队伍的建设。

【德宏州安排部署基本公共卫生服务均等化项目工作】 2009年11月19至20日，德宏州卫生局在芒市组织召开会议，安排部署德宏州促进基本公共卫生服务均等化项目工作。国家基本公共卫生服务项目共3类9项。第一类是针对全体人群的项目，包括建立居民健康档案、开展健康教育；第二类是针对重点人群的项目，包括儿童保健服务、孕产妇保健服务、老年人保健服务；第三类是针对疾病预防控制的项目，包括预防接种、传染病报告和处理、慢性病管理、重性精神疾病患者管理。提供国家基本公共卫生服务项目的服务机构主要是城市社区卫生服务中心（站），乡镇卫生院和村卫生室；各地疾病预防控制、妇幼保健机构主要职责是业务技术指导、人员培训和监督考核。为确保项目工作顺利开展，同年，国家以辖区居民人口数计算，按15元/年/人的标准对项目工作进行补助。其中：中央财政补助人均12元（80%）、省财政补助人均1.5元（10%）、州县财政配套1.5元（10%）。会上，州卫生局副局长邵国荣对促进基本公共卫生服务均等化项目工作做了安排部署，并就如何开展好德宏州项目工作提出了工作要求：一是要提高认识、加强领导，增强做好项目工作的责任感和使命感；二是要认真学习，深刻领会实施方案精神，理清思路，明确项目目标；三是要明确职责，狠抓工作落实；四是要加大宣传，提高群众知晓率和主动参与率；五是要抓住机遇，加快德宏州城市社区卫生和农村卫生工作的发展。

【爱国卫生工作】 2009年，德宏州共投入421万元，完成了中央补助地方农村改厕任务1875座，当年新增农村户厕2260座，累计卫生厕所普及率为37.86%；共投入农村改水经费2647万元，完成中央补助地方农村集中式供水水质监测135个水源、540份水样的检测任务，至2009年，全州累计改水受益率为77.44%。潞西市遮放镇荣获省“卫生镇”荣誉称号，遮放镇南见村、风平镇拉老村、芒市镇松树寨、轩岗乡拉乐村被云南省命名为省级“卫生村”，乡村卫生面貌进一步改观。

【突发卫生事件处置】 2009年，德宏州各级党委、政府及卫生部门高度重视突发公共卫生事件预防控制工作，认真贯彻落实《突发公共卫生事件应急条例》，全州建立和完善了卫生应急组织机构及信息报告系统，并落实各项防治措施。制定下发了《德宏州甲型H_1N_1流感大流行工作预案》，积极做好应急物资储备，共储备了价值107.7万元防病减灾卫生应急物资（州级61.5万元、县市46.2万元）。认真组织开展输入性登革热疫情、手足口病、上呼吸道感染疫情的调查与处置工作，疫情得到了有效控制，未发生扩散和蔓延。2009年，全州共发生突发公共卫生事件20起473人，治愈470人，死亡3人。

【新型农村合作医疗】 2009年，德宏州进一步加强对新型农村合作医疗（简称新农合）的领导，积极落实经办机构工作人员，加大经费投入，州、县市财政共下达工作经费85.55万元（州25万元、县市60.55万元），加强人员培训，年内共举办人员培训19期1020人次，提高了经办机构服务能力。全州共有85.06万名农村居民参加新农合，参合率达97.09%，筹集资金8506.06万元，共补偿就医参合农民178.43万人次，补偿资金8282.10万元，基金使用率为97.37%。其中：住院补偿66577人次，补偿6225.03万元；门诊补偿170.97万人次，补偿1734.68万元；住院正常分娩补偿8061人次，补偿322.39万元。

【卫生基础设施项目建设】 2009年，德宏州认真组织实施国债农村卫生基础设施项目和国家拉动内需、地震灾后重建、兴边富民项目建设，进一步完善三级医疗卫生服务网络。完成了2006和2007年省、州安排的289个村卫生室建设项目（含社会援建3个），总建设规模2.29万平方米，共投入资金1719万元。筹措资金275.7万元，以每村1万元的标准为273个村卫生室配置了基本设施和设备；全面完成了妇幼保健机构国债项目——盈江县、陇川县、瑞丽市保健院住院部建设任务；完成了2008年扩大内需建设项目29个（其中乡镇卫生院11个、村卫生室18个），建设规模9855.22平方米，总投资1236万元。年内，德宏州争取到扩大内需及地震恢复重建项目10个，规划建设规模42854.15平方米，计划总投资10511.56万元。年内完成2个建设项目；3个项目完成主体工程，正在装修；5个在建。加强重大项目建设工作，州医疗集团内科住院大楼、州中心血站检测实验楼开工建设，州精神病医院门诊综合楼建设项目完成初步设计。

【城市社区卫生服务体系建设】 2009年，德宏州、县级财政安排社区公共卫生服务补助经费77.01万元（州23.4万元、县市53.61万元），保障了各项工作的开展。全州已建有居民健康档案116215人份，建档率为41.50%；管理高血压4051人、糖尿病1052人、心脑血管、肿瘤等其他慢性病1282人；开展健康相关知识培训、宣传共3000余次，受教育34万人次。

【妇幼卫生工作】 2009年，德宏州产妇总数为15620人，出生活产婴儿15678人，产妇住院分娩14063人，住院分娩率为89.7%，新法接生率为98.09%；孕妇保健覆盖率为93.40%；孕产妇系统管理率为71.13%；孕产妇死亡6例，死亡率为38.27/10万，较上年下降17.24个十万分点。5岁以下儿童死亡272人，死亡率为17.35‰，其中婴儿死亡219人，死亡率13.97‰。截止2009年12月，全州累计有15家县级以上医疗卫生机构取得了《母婴保健技术服务许可证》，324人取得了《母婴保健技术服务合格证》，达到了依法执业的要求。规范开展预防艾滋病母婴传播阻断工作，全州共检测孕产妇34778人次，查出HIV阳性孕产妇309人（原阳112人），阳性检出率为0.88%。

【医疗卫生体制改革】 2009年，德宏州认真组织学习和贯彻中央、国务院出台的《关于深化医药卫生体制改革的意见》，州委常委会、州政府常务会分别听取了德宏州深化医药卫生体制改革、抓好医药卫生体制5项重点改革工作的汇报，研究了下步医改工作；州人民政府成立了医改工作领导小组，下设办公室于州发改委。州卫生局对医改工作任务进行了分解，进一步明确了局领导和科室负责人的相应职责，建立了医改工作领导机制。

州医改领导小组成员单位按要求认真组织开展相关工作，贯彻落实云南省2009年医药卫生体制五项重点改革，较好地完成了各项工作任务。同时，根据国家和省《关于深化医药卫生体制改革的意见》，结合德宏州实际，组织人员草拟德宏州医改意见，以保证新医改政策得到贯彻落实，促进各项改革工作顺利进行。

【甲型H_1N_1流感防控工作】 2009年，全球发生甲型H_1N_1流感大流行，德宏州高度重视甲型H_1N_1流感防控工作，成立了防控工作组织领导机构，建立了联防联控工作机制，明确成员单位职责，建立24小时值班、疫情零报告、信息报告和发布等制度。为保证防控工作顺利开展，州委、州政府先后3次划拨工作经费102万元，各县市政府划拨经费97万元，做好应急物资储备。各级医疗卫生机构认真开展发热、不明原因肺炎和流感病例监测报告工作，及时发现、转运和救治病人。按照"知情同意、自愿免费"的原则，全州共完成甲型流H_1N_1感疫苗接种4.2万人份。全州报告甲流病例88例（实验室确诊68例，临床诊断20例），报告重症病例2例，未发生死亡。

【卫生监督执法】 2009年，德宏州共审核发放食品卫生许可3162份（含餐饮服务许可证296份）、公共场所卫生许可829份、放射诊疗许可9份、母婴保健技术服务许可证15份，护士执业注册444人，医师注册1101人。全州共出动卫生监督执法人员8000余人次，监督检查各种生产经营单位15000余户次；抽检熟肉制品、冷饮、餐饮用具668份，检测水样287份，医疗机构医院感染抽样512份，一次性使用卫生用品9份；依法查处各类违法行为，给予行政处罚207户次；接受群众投诉举报案件33件，处理33件，处理率100%；完成97次64614人次大型会议和重要贵宾执行食品卫生安全保障任务，确保了无食物中毒和食源性疾患的发生，有力地维护了市场经济秩序，保护了市场公平竞争和消费者利益。

【党风行风建设】 2009年，德宏州进一步加强卫生党风廉政建设和行业作风建设工作，贯彻实施《建立健全教育、制度、监督并重的惩治和预防腐败体系实施纲要》，将反腐倡廉工作列入干部教育计划并认真组织实施。认真贯彻落实行政问责办法等四项制度，推行政务、党务和院务公开制度，开通了"96128"热线，共受理咨询、投诉49件次，已妥善处理47件，正在办理2件，做到了事事有交待，件件有回复；各级医院对服务项目、收费标准、药品价格等信息进行了公示，增加了决策等重大事项的透明度，最大限度地维护广大群众的知情权、参与权、表达权、监督权，自觉接受人民群众的监督。加强行业作风建设工作，各级医疗卫生单位把医德医风教育和日常业务工作有机结合，共设置固定宣传专栏85块，出版行风板报340多期，开展医德医风集中教育127场次，5215人次，有效提高了医护人员的服务意识。同时建立职工行风个人档案，实行医务人员医德考评制度，广大医护人员"以病人为中心"的服务理念得到树立，社会责任感明显增强。加强收受"红包"和"小金库"的治理，各级医务人员主动上交红包8起1800元多元。加强药品采购、工程建设、设备耗材监督检查工作，年内未发生商业贿赂和其他违规违纪行为。全州县以上医疗机构七项综合满意度达92.11%、卫生监督机构四项综合满意度达91.52%，卫生行风状况明显改观。

（《卫生》撰稿　李宗旭）

（见"州情概览·卫生"89页）

疾病预防控制

【甲型H_1N_1流感防控】 自2009年10月20日德宏州检测出首批甲型H_1N_1流感病人至12月31日，全州累计报告甲型H_1N_1流感病例87例，其中实验室诊断病例67例，临床诊断病例20例。通过积极应对，依法科学处置，经受住了甲型H_1N_1流感疫情的考验，有效减轻了对人民群众健康的危害。全州各县市甲型流H_1N_1感病例发生时间及分布为：潞西，首例病例于2009年10月20日发现，共报告14例。瑞丽，首例病例于2009年12月4日发现，共报告22例。盈江，首例病例于2009年12月4日发现，共报告28例。陇川县，首例病例于2009年10月31日报告，共报告15。梁河，首例病例于2009年10月31发现，共报告8例。

【传染病管理和疫情分析】 2009年，德宏州无甲类传染病发生，全年全州共报告乙类传染病14种2921例，死亡243例，年发病率为247.96/10万，死亡率为20.63/10万，病死率为8.32%。与2008年相比，发病率下降16.18%，死亡率上升3.78%。全年共报告丙类传染病9种3784例，死亡2人（均为盈江县报告手足口病病例），发病率324.19/10万，较2008年相比上升275.22%。年内疫情的主要特点：

乙类传染病总发病率稳中有降；传染病死亡率逐年上升（艾滋病）；丙类传染病发病数（率）大幅上升（流行感冒、手足口病）；报告发病数前五位的疾病是疟疾、病毒性肝炎、肺结核、艾滋病、伤寒＋副伤寒，发病占发病总数的85.62%，主导着全州发病率的趋势和走向；报告发病率各县市的位次是瑞丽市、陇川县、盈江县、梁河县、潞西市。年内成功处理突发公共卫生事件36起。

【艾滋病监测检测与干预】 2009年，德宏州艾滋病累计监测检测血样180496人份，共报告艾滋病病毒感染者和艾滋病病人2006例（含外籍393例），2006例中艾滋病病毒感染者1403例，艾滋病病人603例（其中既往HIV感染者进展成艾滋病274例），报告死亡455人（其中因艾滋病死亡233人）；2004—2009年免费抗病毒累计治疗人数为3425人，累计在治人数为2769人；年内全州共进行CD4检测11644人次。年内对新发现感染者告知率达98.03%；CD4检测率达91.41%以上，随访率达95.96%以上，感染者配偶检测率达84.15%。全州美沙酮治疗保持率为85.41%。开展高危人群干预工作：2009年全州对暗娼人群月均干预覆盖率约为89.1%；对男男性行为人群月均干预覆盖率约为55.0%；对外来务工人员月均干预覆盖率约为87.5%；对吸毒者人群月均干预覆盖率约为64.7%；对性病就诊者月均干预覆盖率约为67.4%；对其它人群月均干预覆盖率约为75.7%。年内艾滋病防治措施全面落实，工作卓有成效，水平属全省领先。逐步探索出适合德宏州的管理模式，为全省、全国提供了良好的实践经验。

【计划免疫及预防接种】 2009年，德宏州认真开展基础免疫和强化免疫。卡介苗接种率97.92%，脊灰接种率98.88%，百白破接种率98.57%，麻疹接种率97.85%，乙肝接种率97.57%，流脑接种率97.36%，乙脑接种率96.99%。年内在全州范围内开展两轮麻疹疫苗查漏补种与应急接种工作。第一轮麻疹疫苗查漏补种全州实种2337人，接种率98.73%；第二轮全州实种57884人，接种率96.40%。甲肝与乙脑疫苗群体性预防接种。瑞丽市开展甲肝疫苗接种22548人；潞西市、梁河县、盈江县、陇川县开展乙脑疫苗接种62626人。腮腺炎和风疹疫苗应急接种。为认真做好学校免疫预防接种工作，建立疫苗针对性疾病免疫屏障，根据我州疫情分析，在全州开展接种腮腺炎疫苗127635人份，应急接种风疹疫苗62550份，有效地控制了相关疾病的发生，收到明显的社会效果。甲型H_1N_1流感疫苗接种。为应对甲型H_1N_1流感流行，有效降低发病率和病死率，最大限度地减少疫情危害，年内州疾控中心已按上级要求，将分配到的8.08万份甲型H1N1流感疫苗全部接种完毕。

【传染病监测检测】 2009年，德宏州认真开展传染病监测检测工作。按照霍乱监测工作要求，认真开展以霍乱为主的肠道传染病监测防治工作，全州共监测上报腹泻病例882例，检测38例。监测检验食品及外来海水产品样331份，饮用水样110份，外环境水样253份，均未检出霍乱弧菌；全年共采集腹泻病例的大便标本50份进行病原学检测，检出O157：H7阳性2份；完成州级、县市级医疗机构医院感染监测检验标本512份，合格488份，合格率95%；完成从业人员预防性健康体检1563人，检出乙肝表面抗原阳性18人，实际发放健康证1484人份；完成州直学校学生健康监测体检3920人次，并建立健康档案，对建档学生体检指标进行统计分析和评价，完整出具检验报告；完成各类委托送检样品21份257项。年内完成各县市疾控中心送检疑似麻疹、风疹监测检验共计285份，其中麻疹IgM抗体检测143份，阳性16份，风疹IgM抗体检测142份，阳性38份；完成州医疗集团不明原因发热及疑似病毒性脑炎样本监测检验共计256份，从112份血清标本中检出乙脑IgM阳性39份，145份脑脊液标本中检出乙脑IgM阳性41份。按照《甲型H_1N_1流感监测方案》，参加疑似流感疫情调查采样工作，承担哨点医院的标本运输、储存和实验室检测和网络直报工作，州疾控中心于10月22日开始运行流感实验室核酸检测工作，截止12月31日共检测疑似流感标本183份，检出甲型H_1N_1流感阳性70份，季节性流感H1型阳性3份，季节性流感H3型阳性47份。

【结核病防治与管理】 2009年，德宏州疾病预防控制中心按结核病控制项目工作要求，深入开展结核病防治宣传，加大对县乡两级专业人员培训，全面推行现代结核病控制策略，加强肺结核病归口管理，积极发现和规范治疗肺结核病人，加强管理、重点督导等工作。全年全州共接诊初诊病人1935人，确诊初治涂阳病人305例，完成全年任务289例的105.5%；复治涂阳病人22例、初治涂阴病人132例。全州初（复）

治涂阳肺结核病人阴转率2月末、3月末分别为85.8%、95%。治愈率95.4%。继续在HIV感染者/AIDS病人中开展筛查肺结核病工作，共在HIV/AIDS中筛查肺结核病人251例，筛查出肺结核病人24例，接受治疗18人。

【鼠疫监测与防治】 2009年，德宏州全面系统地开展了鼠疫监测和防治工作。无鼠间鼠疫疫情和人间鼠疫病例发生。全州年内平均黄胸鼠室内笼密1.96%、夹密1.21%；室外黄胸鼠夹密1.39%。活黄胸鼠体表印鼠客蚤指数0.46；地面游离蚤指数0.005。动物检菌2947份；昆虫检菌673组；血清学检验846份；病原学和血清学检验结果均为阴性。自死鼠报告和零报告制度健全，在梁河、盈江和陇川收检到自死黄胸鼠17只，均未检出鼠疫菌，未发现鼠疫疫情。按照“重点疾病，重点预防；重点地区，重点防治；重点人群，重点保护”及因地制宜、分类指导的原则，2009年各县市认真开展了春秋两季灭鼠工作，通过开展以灭鼠灭蚤为主的综合性爱国卫生运动，有效控制鼠疫宿主和媒介数量，巩固了鼠疫防治联防成效。

【狂犬病防治】 2009年，德宏州疾控部门通过采取狂犬病防治培训、对犬伤者应急免疫、犬类免疫、检查督导和与畜牧部门进行及时沟通，协同开展狂犬病防治工作等措施，有效地控制了狂犬病疫情的发生，全州未发生人间狂犬病疫情和动物狂犬病疫情。年内全州对犬伤人员进行狂犬疫苗被动免疫接种7754人份。汇总、归类了全州狂犬病个案调查表，共18份。全州畜牧部门对犬类开展狂犬疫苗接种17742份。

【疟疾防治与监测】 2009年，德宏州疟疾发病801例，占全州传染病发病总数的24.32%，较上年同期下降31.01%，发病率为68.00/10万，较去年同期下降31.64%，死亡1例，与上年同期持平。年内全州共对21306例疟疾确诊病例、疑似病例、临床诊断病例进行了规范治疗；开展休止期根治19826人；全州共对出入境流动人员、大型施工队和山区下坝生产人员进行预防服药35110人份。年内完成发热病人血检63135例。共对全州48个乡镇、297个自然村、11997户农家、14所学校、4家沙石厂实施浸泡蚊帐工作，共浸泡61151顶蚊帐，完成项目任务的113.88%。受益人口达77572人；对23个乡镇、149个自然村、10307户农家、1所学校开展杀虫剂喷洒工作，面积达1999650平方米，受益人口达48243人。同时采用人诱叮人率和人工小时密度调查方法进行定时定点监测。

（《疾病预防》撰稿 王兴惠）

医疗集团

【医疗服务质量管理】 2009年，德宏州医疗集团继续深化医疗质量管理，狠抓各项服务质量管理制度的落实。一是以医疗质量为核心，加强内部质量管理，抓好各项规章制度的落实。坚持门诊处方、住院病历每月检查制度，按规定给予奖惩。全年共检查门诊处方5965张，合格率95%；检查住院病历408份，合格率95.1%。组织院内专家大会诊17次。二是为输血科配备专职工作人员3名，进一步规范输血科管理工作。共使用成分血8794.42μ，其中去白红细胞4081.72μ、去白洗涤红细胞254.75μ、新鲜冰冻血浆1918.69μ、机采血小板450μ、冷沉淀242.5μ、普通冰冻血浆1846.76μ。三是重点抓好医院感染、预防保健及传染病防治工作。开展消毒隔离查房12次；完成科室紫外线灯管监测61次；重点科室感染检测合格率81.7%；压力容器生物监测12次；处理输液反应25例；对新招收上岗人员、控感员及深圳尚荣德宏分公司部分员工开展医院感染相关知识培训共计309人；根据国家卫生部要求开展手足口病防控培训和甲型H1N1流感防控培训。按季度完成细菌耐药统计表、医院感染表的登统工作。为职工注射乙肝疫苗300人次；完成新生儿乙肝疫苗接种6850例。上报各类急性中毒及突发公共卫生事件21例。上报各类传染病1511例（其中：乙类传染病954例、丙类557例）。每月开展传染病漏报自查工作。完成上级部门安排的AFP疑似病例、麻疹、新生儿破伤风、15岁以下儿童乙肝等哨点检测工作，上报AFP疑似病例33例、麻疹8例。处理职工职业暴露77例，按要求服用HIV预防药物7例。完成传染病零报告工作。开展住院病人现患率调查，现患率6.81%，符合国家标准。自5月起开展手术病人感染目标性监测2661例，其中：Ⅰ类切口感染率0.21%，Ⅱ类切口感染率1.1%，Ⅲ类切口感染率5.67%。大规模投放灭鼠药2次，开展敌敌畏喷洒65次。四是加强护理管理，进一步提高护理质量和服务质量。设有6个护理质控小组，开展各类查房1337次。护理教研室组织业务学习21次，参加培训人员共1990人次。各科室组织业务学习190次；召开公休座谈会228次；每月开展病人对护理人员的意见调查，满意率98.99%。组织病人及家属开展健康教育小讲课228场次，住院病人健康教育覆盖率100%，随机抽查知晓率>60%；临床科室编绘健康教育宣传栏96期；门诊发放健康教育处方13424份、宣传册1685份，播放健康教育录像200小时。五是深入抓好医疗服务质量监控工作。严格落实告知义务，进一步完善临床及医技科室各种知情同意书，及时完善记录或履行签字手续。通过远程教育系统和特邀专家授课等形式，开展医疗纠纷防范和服务质量提高的教育培训活动。年内，医疗服务质量监控办公室共接办投诉38件，处理完毕25件，事故纠纷赔偿金额27.71万元。认真做好执业保险工作，在续签执业保险协议的基础上，又为在职职工购买了意外伤害险；向保险公司理赔13.58万元。

【艾滋病防治】 2009年，德宏州医疗集团继续承担全州艾滋病抗病毒治疗及中医药治疗艾滋病试点项目的临床治疗和指导工作。一是每月及时收集各县市艾滋病病人的相关信息资料，按时将艾滋病抗病毒药物治疗信息上报云南省关爱中心和省中医药研究所，无迟报、漏报现象发生。二是动态掌握全州各县市入组治疗的艾滋病病人总数，按计划发放10余种调查表。共申领、发放各种表格4500余份，各县市医院均未发生表格申领、填报脱节现象。三是累计开展抗病毒治疗255人，转诊37人，死亡12人，仍在治疗189人，退出治疗17人，退出率6.67%；入组中医药治疗艾滋病病人54人，脱失22人，脱失率40.74%；认真实施“推安防艾”干预工作，免费发放安全套4095只。四是与“德宏州中英艾滋病项目办”联合开展“爱心园”关爱项目，由专科医务人员和聘请的艾滋病同伴宣传员对艾滋病病毒感染者进行疾病知识宣传和心理支持干预。

【卫生支农工作】 2009年，德宏州医疗集团根据国家卫生部、财政部、中医药管理局《关于实施“万名医师支援农村卫生工程”的通知》和《云南省2008年“万名医师支援农村卫生工程”项目执行方案》的要求，集团选派三批共15名卫技人员到梁河县人民医院开展对口支援工作，支持该院的各项专科建设、技术指导及临床带教等工作。一是临床工作方面，派出人员服从受援医院安排，积极参与坐诊、义诊、会诊和抢救等日常工作，指导并参与医院大查房和危重疑难病例讨论等工作，组织开展了“急性中毒的处理”、“哮喘持续状态的处理”、“抗生素的临床应用”、“儿童结核的诊治”、“外伤性脾破裂非手术治疗”、“骨肿瘤学病理诊断”等63次业务讲座。年内，派出人员共诊疗患者3162人次，完成手术70例，抢救危重患者219例。年内受援医院门诊人次同比增长22%，转院率有所下降。二是护理工作方面，指导并帮助受援医院改进戊二醛的消毒技术，举办“重度烧伤病人的营养支持治疗”、“应用危机管理论规范护理行为，提高工作质量”等7次学术讲座。三是学科建设方面，注重新技术、新项目的开展与学科人才的培养，帮助受援医院开展新技术项目13项。同时，免费接收受援医院医务人员到集团进修学习。四是医技工作方面，指派CT、检验等专业人员协助对口科室开展日常工作，并帮助建立起《PCS管理工作制度》、《机器故障登记制度》等，开展了“循环系统影像诊断”、“X线诊断报告的书写”、“介入放射学概论”、“乳腺疾病影像诊断”等专题讲座。

【医疗设备购置】 2009年，德宏州医疗集团购置各种医疗设备103台（件），投入资金1795.27万元。其中10万元以上设备16台（件），主要是：美国佳乐等离子光治疗系统、日本奥林巴斯妇科等离子治疗系统和宫腔镜、德国Servoi小儿呼吸机、美国98XT主动脉内球队囊反搏泵、CSB-2004透析器复用机、飞利浦IU22彩色超声诊断仪、飞天6000和飞天8000数字X线机（DR）、XGI.DMB-1.2B脉动真空灭菌器、德国Fabius2000和美国Aesoire7100麻醉机、德国FMC4008B血透机、日立7600-110全自动生化分析仪、美国PB760呼吸机等，使医疗集团的检查、诊断、治疗条件得到大幅度改善。

【开展新技术项目】 2009年，德宏州医疗集团经云南省卫生厅组织相关专家现场审查后，开展心脏起搏器植入技术。在省级专家的指导下，完成冠脉造影加支架植入手术60例。开展的新技术、新项目分别是：骨二科——椎体成形术、下颈段前路椎体次全切植骨融合固定术、下颈段经后路椎弓根螺钉固定术；产科——妊娠期糖尿病的筛查；普外科——对不可触及的乳腺病灶行超声下导丝定位活检；外三科——腹腔镜下精索静脉高位结扎术；外二科——经鼻窦入路脑垂体瘤摘除术；口腔科——畸形面孔整形术；眼科——玻璃体切除术、垂直斜视手术治疗、离子导入药物治疗各种眼病、难治性青光眼的手术治疗；麻醉科——无痛介入治疗、硬性咽喉镜引导下行困难气道的气管插管技术、高龄及超高龄老年病人的麻醉技术；耳鼻喉科——前鼻再造术、视神经减压术；内二科——空气压力锅治疗仪预防脑卒中下肢静脉血栓形成、低频脉治疗仪治疗偏瘫及疼痛；儿科——呼吸机的临床应用、经鼻插管术；肛肠科——吻合器痣上粘膜环切术、应用吻合器治疗重度直肠脱垂手术；检验科——两对半定量检测等。

【人才培养及教学】 2009年，德宏州医疗集团安排外出进修学习19人次（三个月以上）、短期学习培训486人次。卫技人员参加远程继续医学教育288人（含“华医网网站”学习人员）。安排全院性学术活动50次、教研室活动30次。组织申报并实施州级继续医学教育项目4项。完成州科技项目计划2项、科普计划1项。荣获州科学技术奖4项（其中一等奖1项、三等奖3项），协助云南农垦总局第二职工医院完成项目1项（荣获二等奖）。邀请院外专家到集团进行业务技术指导72人次，选派技术骨干到下级医院指导工作48人次。带教实习生159人次、进修医生39人次，圆满完成带教实习任务。

【宁养服务】 2009年，德宏州医疗集团人民医院宁养院严格执行全国宁养办各项管理章程，系统开展了针对晚期癌症病人的镇痛治疗、心理疏导、哀伤辅导、护理指导以及义工培训等工作。年内，共服务晚期癌症病人495人，其中新增病人358人，目前在册153人；出诊1074次，电话随访2260人次；出诊里程35000余公里；发放宁养服务宣传单4000余份，利用电视等媒体宣传8次；项目运行总费用163余万元，其中基金会支出138万余元，医院自筹25万余元。年内，共收到患者及家属赠送锦旗18面、感谢信22封；荣获基金会授予《人间有情》金币奖和全国宁养办“最努力的宁养院”称号，并被评选为“三星级”宁养院，驾驶员杨领东获“最佳司机”称号。

【“创安”工作】 2009年，德宏州医疗集团进一步抓好建设“平安单位”和综治维稳工作。一是巩固、扩大“平安单位、科室”和“平安楼院、家庭”以及“无毒品危害单位、楼院”建设成果，对2008年31个科室开展建设“平安”工作情况进行考评，并对25个“平安科室”、6个“良好科室”以及11幢“平安楼院”、212户“平安家庭”进行了表彰。年内，与集团所有科室、租房户签订内部“平安工作”责任书。电子监控系统第三期安装工程实施完毕，设置监控摄像头总量达162个，基本覆盖了集团各个重要部位。通过监控系统配合公安机关抓获犯罪嫌疑人2名，追回被盗财物总价值980余元。二是加大建设“平安单位”宣传及教育力度。4月1日、5月6日分别组织离退休职工和团员代表，前往木康边防检查站开展禁毒教育活动。6月25至26日，利用集团人民医院门诊大厅闭路电视条件，开展2009年“6.26”国际禁毒日宣传活动，共展出反邪教、消防宣传展板36块，滚动播放禁毒及反邪教题材宣传教育片12场次，接受教育1500余人次。10月22日，组织新录用（调入）人员、尚荣德宏分公司员工以及购买和租用集团住宅区职工住房的外来人员共160余人开展禁毒防艾知识培训。三是积极配合公安机关，及时制止治安、刑事隐患事件。年内，集团保卫科共接警18件次。其中及时制止治安、刑事隐患事件8起，制止斗殴事件6起；其他突发事件4起。在集团区域内破获盗窃案件3起。全年共上报综治简报14期。

【工会工作】 2009年，德宏州医疗集团工会继续认真履行工会职责，较好的完成各项服务集体和职工的工作。一是积极维护职工权益，关心职工身心健康。组织1055名职工参加云南省第四期医疗互助活动，有34名职工获得补助，补助金额34165元；协助办理职工亲属丧事39起；慰问看望集团国家劳模及困难职工99人；组织在职职工体检629人次；严格执行《劳动合同法》，为签订劳动合同的编外聘用人员购买医疗保险、养老保险、生育险、失业险以及工伤保险，按时足额发放工资。6月10日，召开集团第二届职工代表大会第二次会议。二是开展送温暖、献爱心活动。利用各种节日开展形式多样的活动，向职工子女发放儿童节慰问金；职工向州妇联“春蕾计划”捐款资助失学女童23人，捐助金额共计12700元。三是开展丰富多彩的文化活动，增强集团凝聚力。组织10名职工参加芒市地区第四届“龙卡杯”元旦越野跑；3月3至5日，组织759名职工参加春游登山活动；4月20至23日，举办“迎五·一”职工趣味运动会；11月24日至12月9日，举办集团第五届职工运动会。

【共青团工作】 2009年，德宏州医疗集团对任期届满的团委第二届委员会进行换届，通过选举产生了第三届委员会，随即完成了4个团支部换届改选工作。集团团委共设委员7名，下设4个团支部，每支部设支委3名，团干部均为兼职。至年末，共有团员234名，其中男团员57名，占团员总数的24.4%；女团员177名，占75.6%；少数民族团员55名，占23.5%。2月，集团团委荣获共青团中央和中国青年志愿者协会授予“第七届中国百个优秀志愿服务集体”称号。集团团委严格按照集团团委和上级团委的工作部署和要求，围绕集团中心工作，积极开展各项活动。一是按规定办理团费的收缴工作，除向上级团委缴纳年度团费外，严格按照团章规定使用团费。二是认真做好团员的注册及超龄离团人员注销工作，为18名超龄离团人员办理离团手续。三是坚持“党建带团建”的工作方针，向党组织推荐优秀团员作为党员培养对象，年内共完成“推优”6人。四是组织开展形式多样团员活动。3月5日，组织6名青年志愿者参加由共青团州直机关工委组织的“学习雷锋纪念日”志愿者服务活动，到州福利院为孤儿和孤寡老人进行健康检查；5月22日，选派5名团员参加共青团州直机关工委组织的“科普宣传周”义诊活动；5月16日，组织团员代表到龙陵松山战斗遗址及德宏州木康边防检查站开展爱国主义教育活动；9月24日，集团工会、共青团联合举办庆祝中华人民共和国成立60周年歌咏比赛；11月，集团团委为陇川景罕镇景罕村委会等秀寨小石一家捐献建房爱心款1000元，组织团员为盈江苏典“8.23”地震重灾区伤员捐赠住院手术款1124元。

【后勤服务】 2009年，德宏州医疗集团继续抓好后勤服务保障工作。一是基建工作，完成内科住院大楼建设项目前期工作，并于10月30日正式动工。按步骤推进中医医院业务楼建设项目前期工作，完成日常零星修缮、改扩建等工作，完善后勤物资采购供应等后勤保障工作。二是完善后勤托管工作。深圳尚荣医院后勤管理服务有限公司管理进入第二年，托管的各项工作已逐渐步入轨道，后勤保障服务质量明显改观。三是抓好工会职工服务中心工作。职工服务中心下设便民一药房、便民二药房、招待所、自选超市、仓库及职工食堂6部门，主要承担经营性后勤保障工作。截至年底，共有职工56名，其中集团编制内职工11名、编制外聘用人员45名。

【内科楼建设项目】 德宏州医疗集团内科住院大楼建设项目于2007年12月4日经州人民政府第四十五次常务会议同意建设，并安排德宏州财政专项补助建设资金300万元；2008年1月11日，州发改委德发改社会〔2008〕9号文件批准立项；2009年10月30日正式开工建设，预计于2012年投入使用。新内科大楼建筑面积36246.6平方米，框架剪力墙结构，共17层（地上16层、地下1层），设病床583张，项目预算总投资10917.90万元。建成后将彻底改变医疗集团内科系统科室建筑面积小、病房布局不合理、功能设置不全等问题。

（《医疗集团》撰稿
龙凤莲　黄益民）

（见“州情概览·医疗集团”89页）

妇幼保健

【西班牙妇幼保健项目在德宏启动】 2009年4月9日，西班牙千年发展目标基金文化与发展项目妇幼卫生子项目在德宏州芒市正式启动。该项目旨在提高项目地区的妇幼保健服务质量，促进具有当地民族文化特色的妇幼保健服务体系的进一步完善，使妇幼保健服务能够更好地为少数民族妇女和儿童服务。项目持续3年时间，在贵州省、云南省、西藏自治区、青海省的少数民族地区实施，云南省潞西市、陇川县被列为项目县。来自国家卫生部妇幼保健与社区卫生司、国家人口计生委国际合作司的领导，联合国儿童基金会、联合国人口基金会、世界卫生组织等国际组织的官员，国家妇幼保健中心的领导与专家，4省项目地区的代表约60人参加了项目启动会，6月在国家妇幼中心，华中科技大学，全国三网监测办公室相关人员的帮助下，完成了两县（市）项目基调工作。并与8月、10月先后2次到项目县陇川进行了母子保健包的开发和预实验，为项目工作的顺利实施提供了保证。

【“降消”项目工作】 2009年4月21至22日，德宏州及时召开了全州“降消”项目工作会议精神，转发了《云南省卫生厅关于印发农村孕产妇住院分娩补助资金实施方案和降消项目工作经费实施办法的通知》，同时，制定下发了《德宏州降低孕产妇死亡率和消除新生儿破伤风项目实施方案(2009年)》。4月，全州新增加的“降消”项目县（瑞丽市）已启动了项目工作；至此，全州三县二市全面启动了农村孕产妇住院分娩补助工作。全州的“降消”项目工作仍然以抓产科基础设施和能力建设为突破口，通过建立健全产科急救“绿色通道”、开展人员培训、社区健康教育、对农村孕产妇住院分娩补助、选派专家蹲点等措施，提高住院分娩率，逐步降低孕产妇死亡率和消除新生儿破伤风。年内，根据补助方案共对10290名住院分娩孕产妇进行补助，使用补助资金395.34万元，资金使用率为77.53%，通过项目的实施，住院分娩率大幅度地提高，有效地降低了孕产妇死亡。

【开展新技术】 2009年5月21日，德宏州妇幼保健院“母婴天地”正式开展服务。“母婴天地”是以服务广大妇女儿童为目的，促进母婴身心健康为宗旨，提供孕产妇保健与康复、婴幼儿保健、婴幼儿早期教育等全方位专业的卫生保健知识与措施。孕产妇和家人可以通过培训和互相交流培养良好的生育理念，育儿和营养保健知识，让孕妇充满信心孕育胎儿，以积极的心态迎接宝宝的到来，让年轻的妈妈们满怀信心养育儿女，为儿童身心茁壮成长奠定了良好的基础。年内，共开办孕妇健康教育培训11期120人次，孕妇健身操26人次；举办婴儿早教75人次，婴儿被主动操306人次。

【妇幼保健情况】 2009年，德宏州7个妇幼保健机构有在岗人员226人，其中：管理人员32人，占14.16%；卫生技术人员171人，占75.66%；其他技术人员5人，占2.21%；工勤人员18人，占7.96%。全州妇幼保健机构有床位190张（比上年增39张），总诊疗274892人次（比上年增24566人次），其中：妇女诊疗102047人次，儿童诊疗59659人次，婚检32人次，其他22298人次；出院6780人次（比上年增1537人次），其中：妇科737人次，产科4793人次，儿科1197人次，其他53人次；下基层指导1246人次，4321天。全州妇幼保健院业务总收入2289万元（比上年增267万元）。

【人才培养及教学】 2009年，德宏州级、县（市）保健院共培养14名学科带头人，全院用于人才培养经费为15.36万元，占业务总收入的2.4%。全年申报继续医学教育项目1项（《德宏州PMTCT儿童喂养及抗病毒治疗培训班》）、参加远程继续医学教育的卫技人员10人。积极开展院内专业技术人员的业务培训，全年院内自办培训班7期322人次，11月19日，全院57名专业技术人员参加了危机管理教育培训及考试。

【孕产妇保健】 2009年，德宏州产妇15620人，出生活产15678人，其中：男性8173人，女性7505人，新法接生率98.09%，住院分娩率89.70%；孕妇保健覆盖率93.40%；孕产妇系统管理率71.13；孕产妇死亡6例，死亡率38.27/10万，与上年相比下降17.24个十万分点。经州级孕产妇死亡评审专家组评审，孕产妇死亡6例中，3例为可避免死亡，3例为不可避免死亡。

【儿童保健】 2009年，德宏州新生儿访视人数14282人，访视率91.10%；5岁以下儿童死亡数272人，死亡率17.35%；婴儿死亡数219人，死亡率13.97%，婴儿死亡控制在目标范围内。经州级5岁以下儿童死亡评审家组评审，若抢救及时可避免死亡77例，占47.83%，不可避免死亡84例，占52.17%。

【预防艾滋病母婴传播】 2009年，德宏州妇幼保健机构严格按照《德宏州预防艾滋病母婴传播工作实施方案》要求，积极开展人员培训，将预防艾滋病母婴传播工作与常规妇幼保健工作有机结合。采取有效措施，为HIV阳性孕产妇提供母婴阻断服务。年内检测孕产妇总数34778人，HIV阳性检出率0.88%。对阳性孕产妇进行了建档管理，阳性孕产妇抗病毒服药率96.6%；HIV阳性孕产妇所生婴儿抗病毒服药率99.33%；对已满18个月的婴儿进行HIV抗体检测，阳性检出率4.49%。年内全州对新婚人群23035人进行了检测，阳性检出率1%，举办州级培训一期50人；举办县级培训62期387人；采取多种形式广泛开展健康教育工作，营造预防艾滋病母婴传播工作良好的社会氛围。

（《妇幼保健》撰稿　吴瑞萍）

红十字会

【捐资助学】 2009年1月18至19日，上海航空公司到勐养中营博爱小学考察。为中营小学的师生们捐款5万元，建盖厕所。12月12日，州、市红十字会“奥丝蓝黛红十字助学帮困”项目组一行，到西山乡毛讲明德小学进行贫困学生助学帮困款发放。“奥丝蓝黛红十字助学帮困”项目是“汕头市时佳实业有限公司”为有效地解决贫困女学生生活、学习实际问题，连续5年总额为5万元，定向用于潞西市20名贫困山区女童的助学帮困项目，此次发放活动为第二年。为感谢捐助方的爱心，学校上报了学生成绩单，受益的20名景颇族贫困女学生，纷纷写了感谢信表达感激之情。

【项目评估】 2009年2月25日至3月1日，云南省红十字会艾滋病项目评估组对盈江县、梁河县两项目点执行由加拿大红十字会资助的"对德宏州受艾滋病影响孤儿救助关怀项目"进行评估。此次评估，对州红十字会今后的项目管理工作是一次很大的促进。4月10至12日，由中国红十字会总会、英国红十字会、云南省红十字会艾滋病项目办组成的项目督导评估组，对我会执行英国路虎汽车公司支持的"艾滋病感染者同伴宣传与关怀项目"情况进行督导评估。对项目执行县的工作给予了充分肯定，对项目的完成情况给予了好评。

【北京证监局捐赠电脑】 2009年3月9至12日，北京证监局捐赠德宏州红十字会电脑13台（笔记本电脑9台，台式4台）。这些电脑全部捐赠给基层红十字会，用于开展项目管理工作。

【与香港开心树联合开展夏令营活动】 2009年6月3日至6月9日，香港开心树社会服务有限公司组织学生23人到德宏州开展夏令营活动，来自香港的学生与边疆贫困少数名族学生进行交流和学习，使生活在城市的孩子体会到什么贫困，也激励了边疆的孩子们努力学习的决心。

【开展文化下乡系列活动启动仪式】 2009年6月6日，德宏州学习实践科学发展观办公室、德宏传媒集团、瑞丽海关、德宏州红十字会到潞西市风平镇峡门村开展《学习实践科学发展观文化下乡启动仪式》。整个系列活动，在全州范围内开展，红十字会计划此次系列活动中捐赠DVD、VCD共360台，以此来促进农村文化建设，进一步充实农民群众日益增长的物质文化需求，充分发挥"五用"的作用，让党委、政府的政策和爱心，扶民、帮民、富民的措施深入人心，使农村基层文化建设在社会主义新农村建设中发挥积极作用。

【开展驾校教练员卫生救护培训】

2009年6月19日至6月26日，德宏州红十字会面向德宏州343名驾校教练员开展卫生救护培训。培训分别设在芒市、盈江、瑞丽等地开展。培训采用理论讲授、实际操作相结合的，运用直观教具"心肺复苏模拟人"进行现场模拟，并进行了外伤急救四项技术演练，教练员逐一现场操作，掌握了操作要领。经过严格的笔试和操作考核，对考试合格人员颁发了《卫生救护员合格证》。

【省红十字会送装假肢患者回访】

2009年7月7至11日，云南省红十字会假肢项目办梁云生主任一行2人，对德宏州各县市红十字会送往昆明安装假肢的人员进行了为期5天的回访调查工作。州红十字会于2006年3月开始执行省红十字会与红十字会国际委员会联合开展的该项目，先后送74人次前往省红十字会假肢项目办免费安装假肢74只，于2008年开始工作以来，共接待患者约45人次，现场回访5次，下县回访4次。回访28人，维修假肢31只，确定待安装人员5人。

【灾后重建项目协议签订】 2009年，德宏州盈江县上年发生了"8·20"、"8·21"地震灾害，全县264所中小学校都受到了不同程度的损坏，校舍受损面积达33万多平方米。7月9至11日，由昆明市红十字会、昆明滇池国家旅游度假区等一行4人组成的项目考察组，对项目进行实地考察。并签订了129万元的项目协议，援建盈江县勐弄小学灾后重建新教学楼一幢。

【慰问敬老院孤寡老人】 2009年10月25日，德宏州红十字会在敬老节来临之际，发扬红十字关爱弱势群众的人道精神，潞西市红十字会牵头联合州红十字会、德宏州罗浪国标培训中心、德宏州旅游集团南方丝路演艺公司一行共50多人，携带饮料、水果、蛋糕等食品来到法帕敬老院，看望慰问该院158位孤寡老人，并为他们带去了多姿多彩的文艺表演，为他们送去红十字会的关爱与社会的温暖和节日祝福，祝愿他们健康长寿，享受幸福的晚年生活，并在文艺表演结束时，为敬老院举行了捐赠活动。

【造血干细胞工作站启动】 2009年11月7日，云南省红十字会造血干细胞分库德宏工作站启动，并正式启动德宏工作站造血干细胞资料采集工作，共采集了281份造血干细胞血样。

【举办"农村社区为本备灾项目"培训班】 2009年11月16至18日，云南省/香港红十字会"农村社区为本备灾项目"村民管理小组培训班在芒市举办，来自潞西市芒市镇大新田、大滚塘、白沙场3个项目点管理小组的成员，以及州、市红十字会相关人员共30余人参加了培训。

（《红十字会》撰稿　李松亮）

体 育

体育管理

【召开全州体育工作会议】 2009年3月6至7日，德宏州政府在芒市召开全州体育工作会议。州人大副主任杨红、州政府副州长杨晓红、州政协副主席董成宝，各县市政府分管领导、体育（文体）局局长、分管副局长、体育股长，州直各有关部门负责人、州体育局领导班子、各科室、下属单位负责人参加了会议。州体育局局长何继武代表体育局总结了上年全州体育工作，研究部署2009年体育工作任务。副州长杨晓红要求：各县市政府和体育战线工作干部要加强领导，提高认识，不断增强做好体育工作的责任感和使命感，以提高全民健康素质为目标，大力繁荣群众体育；逐步建立体教结合工作保障机制，促进竞技体育后备人才培养工作；加强队伍建设，加快体育事业发展。会议对全州群众体育、竞技体育、彩票销售、体育信息工作等先进单位和个人进行了表彰。同时，签订了2009年体育工作目标责任书。

【全国政协“发展我国体育产业”专题调研组到德宏调研】 2009年7月9至11日，全国政协科教文卫体委员会与国家体育总局组成“发展我国体育产业”专题调研组到德宏州调研。调研组成员有全国政协委员、教科文卫体委员会副主任蒋效愚，国家体育总局群体司副司长续川等19人。州政协副主席董成宝陪同调研。调研组一行在州政协主席龚敬政的陪同下，实地察看了州民一中、芒市体育运动中心的体育运动设施，听取了德宏州体育产业发展情况介绍，就如何更好地发展体育产业提出意见和建议。

【副州长李江虹到州体育局调研】

2009年7月22日上午，德宏州人民政府副州长李江虹到州体育局调研。李江虹一行听取了州体育局负责人关于全州体育工作情况的介绍，了解了芒市体育运动中心的运营、管理情况，并实地察看了体育馆、运动场和游泳馆。调研中，李江虹肯定了州体育局的工作，认为州体育局机构体系已逐步建立健全，各项体育工作得到了有效推进，在芒市体育运动中心项目上做了大量工作，为广大市民提供了良好的体育锻炼场所，场馆的运营和管理也得到了市民的认可。

【举办服务礼仪培训班】 2009年12月16日，德宏州体育局举办全体干部职工服务礼仪培训班。局机关干部、体育运动中心干部职工、场馆管理人员、保洁人员和保安人员等62人参加了培训。培训邀请潞西市职业教育中心礼仪培训专家李梅老师授课。培训结合单位实际情况，从行政工作到场馆服务接待，从服务礼仪含义、作用到实际操作，以及操作的技巧、人员的着装、沟通等方面进行了详细讲解。

竞技体育

【全州中学生运动会】 2009年1月17至20日，由德宏州教育局、州体育局主办，潞西市教育局、市文体局承办的全州中学生运动会在芒市体育运动中心举行。有8个代表队的317名运动员参加了田径、篮球2个大项、58个小项的比赛。本届运动会田径比赛分初中组和高中组进行，设有男女100米、200米、跳高、铅球、铁饼、标枪等56个项目。篮球比赛分男子、女子2个组进行。经过3天的激烈角逐，田径项目：初中组团体前三名分别被潞西代表队、盈江代表队、梁河代表队夺得；高中组团体前三名分别被州民一中、潞西、陇川代表队夺得。篮球项目：潞西代表队摘走男子、女子组的桂冠；男子组的亚军、季军和第四名分别被民一中代表队、盈江、陇川代表队夺得；陇川、梁河、盈江分别获女子组的亚军、季军和第四名。盈江、梁河代表队获得田径项目的体育道德风尚奖，畹町、瑞丽获得男子、女子篮球比赛的体育道德风尚奖，有37名表现突出的运动员和18名裁判员获得个人体育道德风尚奖。

【残奥冠军余世然获“云南青年五四贡献”奖章】 2009年2月25日，共青团云南省委、云南省青联共同授予德宏州2008年北京残奥会运动员余世然“云南青年五四贡献”奖章，以此表彰余世然在北京残奥会上的突出表现。余世然在北京2008年残奥会上参加了3项比赛，获得1枚金牌和1枚铜牌，成为德宏州在残奥会上获得奖牌的第一人，获得残奥会金牌的第一人，打破残奥会世界纪录的第一人。

【“勐拱翡翠”杯云南省拳击精英大赛在德宏举办】 2009年5月1至3日，由云南省体育局主办、州体育局承办的“勐拱翡翠”杯云南省拳击精英大赛，在芒市体育运动中心篮球馆举行。参赛8支代表队的35名选手均是省内一二线选手。比赛分48KG、52KG、54KG等9个级别。

【德宏州“体校4班”招生测试】

2009年7月1至5日，德宏州体育事业局组成德宏州“体育4班”招生测试组，对全州报考德宏州民族初级中学“体校班”的学生进行体育素质测试。测试组严格按照测试标准进行测试。全州参加测试的学生有187人，其中潞西94人、盈江31人、梁河14人、陇川17人、瑞丽22人、畹町9人。通过测试，有24人被“体育4班”录取。此次招生工作得到了各县市教育局、体育（文体）局的大力支持，圆满地完成了前期招生测试工作，为下一步招生录取工作奠定了基础。

【举办国家二级社会体育指导员及篮球裁判员培训班】 2009年7月20至24日，潞西市文体局、教育局举办为期5天的国家二级社会体育指导员和篮球二级裁判员培训班。来自芒市地区各中小学、乡镇文化站、勐焕街道办事处近100人参加了培训。通过培训，有31人获得了国家社会体育指导员资格，46人获得篮球二级裁判员资格。

【全省举重年度比赛在德宏举办】 2009年8月5日，云南省举重年度比赛在德宏州老年体协举重场举办。德宏州运动员冯旺娣凭借过人的力量发挥，夺得女子48公斤级乙组第一名；德宏州选手张自巧和何果吧分别获得48公斤级女子甲组和44公斤级女子乙组第二名。

【召开参加云南省九届残运会总结表彰会】 2009年11月10日，德宏州残联、州体育事业局在芒市体育中心新闻发布厅举行德宏州参加云南省第九届残疾人运动会暨第三届特殊奥林匹克运动会总结表彰会。参加云南省第九届残运会的全体运动员和教练员、州残联科级以上干部及州体育局相关人员63人参加了表彰会。在本次运动会上，德宏州代表队参加了游泳、田径、乒乓球、举重、自行车5个单项、46个小项，以及聋人篮球（男篮）的集体项目比赛。获得个人单项金牌9枚、银牌3枚、铜牌4枚；获得有效名次4个第四名，1个第五名，1个第六名；男子篮球队获第十名。获第三届特奥单项金牌1枚、银牌1枚、铜牌5枚。举重代表队获得单项团体总分第一名。

群众体育

【瑞丽举办元旦环城慢跑活动】

2009年1月1日，瑞丽市体育局举办“瑞丽市2009元旦环城慢跑活动”。来自社会各界的2009名运动员在瑞丽市文体广场集合参加慢跑活动。活动由瑞丽市文体广场起，绕市中心一周返回，全程5公里。活动分学生、中青年、老年3组进行。在所有参跑者中，抽取209名进行奖励。慢跑现场气氛热烈，秩序井然。

【陇川举行第五届“福斯特杯”元旦越野赛】 2009年1月1日，由“福斯特”实业有限公司独家赞助、陇川县文体局承办的2009年迎新年·第五届“福斯特杯”元旦越野赛跑在陇川政府大楼门前隆重举行。来自社会各界的1420名运动员参加了小学、初中、高中、老年、中年、青年6个组别的比赛。陇川县委常委宣传部部长何华等相关领导出席了开幕式。

【瑞丽市“国税杯”暨第十届青年足球联赛】 2009年3月27日下午，瑞丽市“国税杯”暨第十届青年足球联赛在瑞丽市第三民族中学运动场开幕。市政协副主席排干刀，市人民政府副调研员罗安会以及各代表队的领导和负责人参加了开幕式。本次联赛由瑞丽市体育事业局、瑞丽市国家税务局主办，瑞丽市第三民族中学协办。来自瑞丽、陇川、缅甸木姐、南坎、九谷等地的7支球队、156名运动员参加比赛。本次赛事将进行21场，历时39天。

【举办首届“金盾杯”运动会】

2009年4月15日，德宏州公安系统首届“金盾杯”运动会暨2009年“大练兵”活动启动仪式在芒市体育运动中心室内体育馆举行。州党政领导李兴顺、余麻约、柳五三、田大余、毛勒端、马闻、杨庆华等出席开幕式。全州公安机关13个运动代表队，500多名运动员参加警体三项、足球、篮球等6个项目的竞赛。经过12天的比赛，德宏公安边防支队荣获金盾杯，瑞丽市公安局荣获第二名，潞西市公安局获第三名。

【参加全省首届健身气功交流比赛】 2009年4月20日，德宏州体育局组织健身气功队参加云南省首届健身气功交流比赛。本次参赛的10名队员均为陇川籍队员。经2天紧张激烈的比赛，德宏代表取得了本次健身气功比赛集体项目八段锦第五名和易筋经第六名，及个人项目五禽戏第七名的好成绩。

【陇川县排球联赛】 2009年4月20日至5月8日，陇川县为迎接第一个全民健身活动日，在陇川县体育馆举行第三十五届排球联赛。比赛由陇川县文体局、陇川县总工会、陇川县广电局共同主办。来自全县的12支代表队、180余名运动员，经过16个晚上、31场激烈紧张的角逐，于8日晚圆满落下帷幕。州体育局、县相关部门领导出席颁奖仪式。

【芒市地区举行全民健身日暨健步走活动】 2009年8月8日上午，芒市地区“全民健身日”暨健步走活动启动仪式在芒市广场举行。州党政领导李兴顺、龚敬政、李燕兰、汪宝泉、毛勒端、管国芳、李江虹、董成宝、杨丽云，芒市地区100多家单位的8000余名干部职工参加了启动仪式。州老年体协在仪式开始前组织了健身操舞的展演活动。副州长李江虹在仪式上致辞。健步走活动从中缅友谊馆出发至阿露窝罗路，向南转至芒市大街，再转至目瑙纵歌路、勇罕街，最后至芒市会堂。晚上，举行全州民族健身操展演。来自全州各县市的12支代表队、80多名运动员参加展演活动。芒市地区1000多名各族群众观看了展演。最终傣族健身操：瑞丽代表队勇夺第一，陇川、潞西、盈江并列第二，梁河、畹町位列第三；景颇族健身操：陇川荣获第一，梁河、瑞丽获得第二名，盈江、潞西、畹町并列第三名。

【盈江县举行“全民健身月”活动启动仪式】 2009年8月8日上午，由盈江县文化体育局组织开展的以“我运动、我健康、我快乐”为主题的盈江县全民健身月系列活动启动仪式在大盈江广场举行。盈江县委常委、县委办主任李智仁，盈江县委常委、副县长、宣传部长沙政成，县委常委、县人武部政委陈卫东等参加了活动。此项活动将持续到10月中旬。8月8日盈江还举行了全民建身项目展演。展演的项目有：民族健身操4套（傣族2套、景颇族、有氧操）、24式太极拳、32式太极剑、健身气功易筋经、无极健身球、柔力球等健身项目，参加展演人数达100多人。

【潞西市开展民族民间体育活动】

2009年8月13日，由潞西市文体局牵头，公安交警、禁毒、消防、安监、科技、妇联、计生、农业等部门组成宣传队伍到风平镇开展体育三下乡活动。活动主要设置20米×10人迎面挑谷子、拔河、象脚鼓等具有民族特色和趣味性、健身性为一体的项目。本次活动有风平镇9个村、200多名农民选手参加。活动的开展吸引了近千名社会各族群众观看，各宣传队伍抓住好时机，在街边摆放农业科普、禁毒防艾、安全生产等宣传展板，发放宣传资料。

【全州第七届老年人运动会】 2009年9月22至24日，德宏州第七届老年人运动会在芒市体育运动中心体育馆举行。来自全州的38个代表团、1171名老年运动员参加了开幕式。省老年体协常务副主席张仁伟，州党政领导孟必光、李兴顺、毛勒端、李江虹、杨庆华、周湛鸿以及州级以上老领导出席了开幕式。本次运动会进行了门球、地掷球、乒乓球、象棋、陀螺、篾弹弓、桥牌、拳、剑、操、文艺汇演等12个项目的比赛。经过3天的激烈角逐，决出团体名次奖项65个，个人名次奖项69个，优秀组织奖单位29个；体育道德风尚奖单位9个。

【陇川县举行第35届篮球联赛】

2009年9月30日，陇川县为期16天的第35届篮球联赛在陇川体育运动中心落下帷幕。本次联赛由陇川县总工会、陇川县文化体育局、陇川县广播电视局共同主办，有来自全县25个单位、301名运动员参加。经过16天、63场激烈的角逐，最终麻栗坝水库管理局获得青年男子组第一名；城子镇、职高教师、翼龙队、陇一中、县医院获得二至六名；陇一中、山官宴、陇三中分别获得青年女子组一至三名；广等中学、县民小分别获得中年组的一、二名；清平乡代表队、陇二中、县一小获得本次比赛的体育道德风尚奖。

【德宏州举办“60国庆杯”象棋大赛】 2009年10月5~7日，由德宏州体育局主办，德宏州象棋协会承办的“德宏州‘60国庆杯’象棋大赛”在芒市开赛。来自州直、潞西、瑞丽、梁河、畹町、龙陵、缅甸8个代表队的24名象棋爱好者参加了比赛。经过2天的激烈角逐，瑞丽代表队、缅北棋协代表队、州象棋一队分获大赛前三名；前三名分别由州象棋协会一队潘佳景、瑞丽市代表队方尤佳和瑞丽市代表队朱文亮获得；保山市龙陵县棋牌协会获得体育道德风尚奖。此次比赛是德宏州体育局进一步深入落实科学发展观，促进德宏群众体育事业科学发展，喜迎国庆60周年的庆祝活动之一。

【瑞丽市举办“民族团结杯”暨26届篮球运动会】 2009年10月15日，瑞丽市举办“民族团结杯”暨26届篮球运动会。此次比赛有26个单位、29支球队、435名运动员参加。比赛分A组男子、B组男子、女子组、乡镇男子组4个组同时进行，共计66场，历时15天。比赛分别取前三名给予奖励，并评“体育道德风尚奖”4个队。

【第三届广电“村村通”杯运动会】 2009年11月1至9日，德宏州第三届广播电视“村村通”杯运动会在陇川举行。有来自州广电局机关、德宏705台、云广网络德宏分公司以及全州5县市广电局组成的9支代表队参加运动会。此次运动会由州广电局主办，陇川广电局承办，会期8天，共设男子篮球、女子篮球、乒乓球、羽毛球、8x100米迎面接力赛、拔河比赛6个项目。

【芒市地区第34届“孔雀杯”运动会】 2009年11月10至15日，德宏州体育局、州老年体协和潞西市文体局在芒市体育运动中心举办芒市地区第34届“孔雀杯”运动会。本届运动会的项目设有：篮球、象棋、足球、排球、男子个人网球赛、乒乓球个人赛、羽毛球个人赛、老年地掷球赛、老年团体门球赛、老年麻将数翻个人赛10个大项的比赛。来自芒市地区的州、市直各系统、机关、部队、学校、厂矿及企事业单位的90支代表队、890名运动员参加了此次运动会。经过16天紧张激烈的角逐，比赛产生了13个第一，13个第二名，12个第三名。

老年体育

【潞西市举办中老年地掷球比赛】

2009年2月26至27日，由潞西市老年体协、市地掷球协会组织的潞西市中老年人地掷球第一季度三人单项赛在州老年体协地掷球场举行。有9个代表队参加为期2天的比赛。经过激烈角逐，食品厂队、彩联一队分获男、女组第一名，彩联二队与供销二队、市供销与市粮局分别荣获男、女组二、三名的好成绩。

【举办健身球操培训班】 2009年2月、8月，德宏州老年体协先后举办健身球操第七套、第八套规定套路和自编景颇健身球操骨干培训班。3套操培训骨干124人，并在全州老年人群中推广。

【老年竞技项目裁判员培训】 2009年4至8月，德宏州老年体协先后举办门球、地掷球、老年排球二级裁判员培训班。有99人参加培训。通过考核，门球有14人、地掷球有11人、老年排球有9人达二级裁判员资质。年内，有1人参加省老年体协举行的门球一级裁判考试，并取得门球一级裁判资质；3人参加省老年门球协会举办的“2009门球裁判规则”学习。

【举办老年小金属地掷球邀请赛】 2009年4月8至10日，由德宏州地掷球协会主办的德宏周边州市老年小金属地掷球邀请赛在芒市举行。大理、保山、临沧、德宏芒市、瑞丽等11支代表队、50多名运动员参加比赛。比赛设团体赛和个人准确抛击赛。经过比赛，州邮政代表队获男子团体第二名，州农行、瑞丽代表队并列团体第三名；瑞丽、州电信女队分别获女子团体第一、二名。比赛期间，云南省小金属球专家张启元老师向所有参赛人员传授了小金属球训练方法和比赛经验。

【滇西首届国际小金属地掷球邀请赛在芒市举行】 2009年5月12日，由德宏州老年人体育协会承办的滇西首届国际小金属地掷球邀请赛在芒市举行。滇西各地区的代表队参加了比赛。经过紧张的比赛，男女团体队一、二、三名分别由祥云队、德宏邮政队、瑞丽队获得；郑培本、邹惠明分别获得男女个人第一名。

【召开全州老年人体育文艺工作会】 2009年5月20至22日，德宏州人民政府在盈江县召开全州老年人体育文艺工作会。州委、州人大、州政协及各县、市、（区）分管文体工作的领导，州、县体育局、文化局、文体局、老龄办和各级老年体协的负责人138人参加会议。会议学习《中共德宏州委办公室、德宏州人民政府办公室关于进一步加强老年人体育文艺工作的决定》和云南省第六届老年人体育协会代表会及全省老年体育工作会议精神；安排部署全州第七届老年人运动会竞赛工作；盈江县老年协会、老年体协交流了“老年协会”、“老年体协”两块牌子，一套班子老年人管理工作机制的经验；确定畹町工委、管委为2010年全州老年运动会承办单位。与会人员参观了盈江县农村老年文化体育活动示范点和灾后新农村建设示范村。州人民政府副州长李江虹在会上作了重要讲话，对全州老年体育文艺工作提出了要求：一是要提高认识，深刻理解抓好老年体育文艺工作的重要性；二是要强化措施，切实保障老年体育文艺工作健康持续发展；三是要抓好落实，开创全州老年体育文艺工作新局面。并强调：“要加强领导，确保老年体协、老年协会组织健康有序发展；建立健全老年人组织机构，实行“两块牌子，一套班子”的工作机制；积极改善老年人健身娱乐活动设施，把老年活动经费列入经费预算；加强老年组织自身建设，不断提高管理水平和服务质量”。此会首次由州人民政府召开。

【参加全省老年人柔力球比赛】

2009年5月，德宏州老年体协组织老年柔力球代表队一行15人，参加在丽江举行的全省老年人柔力球比赛。参赛规定套路为第五套规定动作，自选套路由州柔力球协会结合傣族舞蹈自行编创。经比赛，德宏老年柔力球代表队获总分第七名的成绩。

【召开陇川县老年体协第六届委员会】 2009年6月17日，陇川县老年体协召开陇川县老年体协第六届代表大会。有71人参加会议。会议选举通过了老年体协第六届委员会委员。排利国当选为第六届老年体协主席，会议选举产生了4名副主席、1名专职常务副主席和1名秘书长。大会讨论通过了陇川县老年体协第六届章程稿，安排部署了2009年下半年的主要工作。

【组织参加全民健身日活动】 2009年8月8日，德宏州老年体协组织芒市地区2000余名老年人，参加由州政府、潞西市政府组织的全民健身活动日健步走活动。其中有400多名老年人在健步走开始前，分别表演了五禽戏、傣族健身操、景颇健身球操等五套健身操。

【承办第七届老年人运动会】 2009年9月21至24日，由德宏州政府主办，州体育局、州老年体协承办的德宏州第七届老年人运动会在芒市体育运动中心举行。开幕式由李江虹副州长主持，州委副书记李兴顺致开幕词，州委副书记、州长孟必光宣布运动会开幕。开幕式上，400余名老年人分别表演了7项健身操。本次运动会设门球、地掷球、老年排球、乒乓球、羽毛球、桥牌、竞技麻将、象棋、篾弹弓、陀螺、拳剑操、文艺汇演12个项目。德宏州各县、市、区、中央、省驻德宏企业，州直系统单位、芒市地区老年健身团36个单位、1300多名运动员、教练员、裁判员、工作人员参加了运动会。运动会进行各类比赛501场，决出奖牌团体128块，个人奖牌255块，有9个单位荣获体育道德风尚奖。州委常委、副州长田大余出席了闭幕式，与会领导为获奖单位颁发了奖杯奖状。

【举办敬老节庆祝活动】 2009年10月26日，德宏州直属机关老年体协在芒市广场举办敬老节庆祝活动。副州长李江虹出席活动，并做了动员讲话。庆祝活动中，来自州教育文体协会等10个老年文体团队的246名老年朋友表演了傣族健身操、景颇族健身操、太极拳等充满活力的节目。协会还组织老年朋友开展了内容丰富多彩的游园活动，趣味无穷的各类游戏。

【梁河县举行“重阳节”登山活动】 2009年10月27日，由梁河县文体局、老干局、老龄办等举行的“重阳节”登山活动在县文化广场举行。县委常委、副县长陈留英，县委常委、宣传部长梁兆佩参加了启动仪式。活动中，有600多名老年朋友参加了登山活动。

【德宏健身球操队代表云南参加全国老年人健身大会】 2009年10月，德宏州老年健身球操队一行14人，代表云南省参加在浙江桐庐举行的全国首届老年人健身大会健身球操比赛。在35个自选套路比赛中，由德宏州老年人自编的“景颇健身球操”名列十五，团体总分获首届老年人健身大会健身球操比赛铜奖。

（《老年体育》撰稿　寸丽萍　张　旭）

体育场地建设

【畹町新增全民健身点安装完毕】

2009年3月，畹町体育局为更广泛的开展群众体育活动，增强人民体质，积极向州体育局争取到1条全民健身路径，并安装在畹町镇民主街社区，为民主街居民的群众健身活动提供了方便。民主街社区位于畹町中心地段，地处密集人口较多，居民日常的健身活动仅仅靠政府广场唯一健身路径，人口拥挤健身项目单一，已远远不能满足畹町群众的健身活动，健身路径的安装，为畹町的群众体育健身活动提供了方便，更好的满足社区群众的健身锻炼，受到了全区居民的称赞和好评。

（《体育》除署名外，均为张旭撰稿）

（见“州情概览·体育”85页）

社 会 生 活

人口计生

【州委书记赵金对人口和计生工作作出重要批示】 2009年3月20日，州委书记赵金对人口和计划生育工作作出重要批示：做好人口和计划生育工作是落实科学发展观的重要内容，在德宏边疆地区尤为特殊重要。州委、州政府历来高度重视人口和计划生育工作，人口计生部门工作积极努力，有思路、有重点、有举措、有目标要求，取得今天这样的成绩很不容易。人口计生工作任重道远，希望人口计生部门把握“控制人口数量，提高人口素质”两大任务，创造性开展工作，积极探索出一条德宏边疆民族地区人口发展与经济社会发展相适应相协调的路子和模式。

【召开全州人口和计划生育工作会】 2009年4月10日，德宏州委、州政府在芒市召开了全州人口和计划生育工作会议。州党政领导孟必光、李兴顺、杨红、卜金富出席会议。会上孟州长作了重要讲话，充分肯定了2008年全州人口计生部门开展人口和计划生育工作所取得的成绩，指出当前面临的发展机遇、挑战以及存在的困难问题，提出了2009年全州人口计生工作的指导思想、中心工作、目标任务和工作措施，就统筹解决人口问题进行了部署；孟州长与各县市政府和州人口计生协调领导小组成员单位签订了2009年目标管理责任书。李兴顺副书记通报了2008年各县市及州人口计生协调领导小组成员单位人口和计划生育目标责任考核情况；州人口计生委作了人口计生工作报告，并通报了2008年州推广使用安全套防治艾滋病工程工作成员单位目标管理考核情况，与各县市人口计生局签订了2009年《人口和计划生育目标管理责任书》和《推广使用安全套防治艾滋病工程目标管理责任书》。会后，兑现了2008年人口和计划生育目标责任奖和推套防艾工程目标责任奖。

【州委州政府出台统筹解决人口问题的决定】 2009年，德宏州委、州政府在科学判断全州人口发展形势，综合分析全州经济社会和人口发展趋势的基础上，4月10日，出台了《中共德宏州委德宏州人民政府关于进一步加强人口和计划生育工作统筹解决人口问题的决定》，对深入贯彻中央和省委精神作出具体部署。该《决定》全文分5个部分23条，深刻阐述了人口问题的地位、影响和全州人口计生工作的成绩、面临的形势和挑战，以及今后工作的主要思路；提出了德宏州近期、中期人口控制目标以及实现任务目标的政策措施。该《决定》在落实和完善利益导向政策、计划生育养老保障政策、村级计划生育宣传员待遇以及正常解聘补偿、养老保障、投入保障、队伍建设等方面都有新突破和新要求。

【计划生育惠民政策】 2009年，德宏州及潞西、瑞丽、陇川、盈江4个边境县市及畹町开发区被列为云南省计划生育“少生快富”试点县市。按照规定的资格认证条件，州及相关县市及时完成了调查摸底、资格确认、信息录入、资金申报等工作。全州为前2年度符合享受条件的21300个家庭（双女户家庭10241个、独生子女家庭11059个）申请了奖励金。年内全面启动了奖励金兑现工作，共兑现奖励金5400多万元，2万多个家庭领到了2000元或3000元的“少生快富”奖励金。同时，为符合奖励条件的989个新增家庭申报了奖励。年内认真落实“奖优免补”政策和特别扶助政策，在组织人员进行认真见面核实的基础上，为符合享受农村部分计划生育家庭奖励扶助条件的1268人申报养老生活补助金82.12万元；为符合国家计划生育家庭特别扶助条件的373人申报特别扶助金43.1万元。

【计划生育服务体系建设】 2009年，德宏州人口计生部门进一步完善全州计划生育服务体系建设规划，积极争取项目支持，8月省发改委下达德宏州第四批扩大内需计划生育服务站建设项目13个。对新增建设项目，遵循“资金投向不变，配套比例不变，建设标准规模不变”的原则，认真做好项目设计、评审、建设工作。在项目设计和建设中强化宣传教育、技术服务、优生指导、药具发放、信息咨询、随访服务、生殖保健和人员培训8个功能，围绕群众需求，打造富有行业特色的公共服务品牌，规范服务机构标识和外观形象设计；加强督促检查，实行项目建设目标管理，及时落实配套资金，并进行跟踪问效。13个新增第四批扩大内需建设项目已于2009年10月100%开工建设。

【启动农村妇女增补叶酸预防神经管缺陷项目】 2009年12月11日，德宏州人口计生委召开全州农村妇女增补叶酸预防神经管缺陷项目启动会。会上认真贯彻全省农村妇女增补叶酸（安宁会议）和相关方案，对农村妇女增补叶酸预防神经管缺陷项目工作进行了安排并提出明确要求：一是统一思想，充分认识农村妇女增补叶酸预防神经管缺陷项目的重要意义，切实施好项目；二是明确目标任务、项目范围和内容，精心组织、狠抓落实；三是县级成立项目工作小组，制定切实可行的实施方案，认真组织实施，做到认识到位、领导到位、措施到位、工作到位，把此项工作抓紧抓好。会议还对项目相关业务进行了全面培训。

【计生协会】 2009年，德宏州各级人口计生切实加强了计划生育协会组织建设，34个社区全部新组建了计划生育协会，截至12月31日组织达424个计划生育协会，团体会员298个，会员之家266个，会员小组2768个，会员联系户2652户，会员总数64686人。在加强组织建设的同时，组织实施好计划生育国际国内合作项目，帮助计划生育家庭发展生产，脱贫致富，全州开展的各类协会项目达14个，覆盖全州五县市及畹町开发区的17个乡镇，项目资金达94.2万元，其中计划生育帮扶资金65.2万元，累计帮扶计生户710户；中国计生协预防艾滋病宣传拓展项目1个，投入资金10万元；联合国人口基金会跨国界流动人口预防艾滋病宣传项目1个，项目资金3万美元。充分发挥群团组织的优势，积极开展了形式多样的宣传服务活动。计划生育协会自我管理、自我教育、自我服务的“三自”作用较好发挥。

【优生促进工程】 2009年，德宏州人口计生部门抓住优生优育这个重要环节，全面贯彻《国家人口和计划生育委员会优生促进工程实施方案》、《国家人口和计划生育委员会关于开展出生缺陷一级预防工作的指导性意见》和《云南省出生缺陷预防规定》，在全州开展了宣传倡导、健康促进、优生咨询、高危人群指导、孕前检查和营养素增补等工作。在梁河、陇川两个省级试点县还重点开展了孕前培训、孕前健康检查、孕期保健和对农业人口目标人群免费增补叶酸等出生缺陷一级预防工作。全年举办婚、孕前培训942班次，培训新婚夫妇、孕产妇17556对、29632人次，新婚夫妇、孕产妇宣传培训率达96.06%；举办技术人员培训114班次，培训446人次；共免费发放叶酸30659瓶，11392名农村产妇中有9002名服用叶酸，服用率达79.02%；对11418名孕产妇进行了跟踪随访服务；共发放优生优育、生殖健康、出生缺陷预防等科普知识宣传品185472份。陇川、梁河两个省级出生缺陷试点县免费发放叶酸26542瓶，新婚夫妇、孕产妇宣传培训率达98.15%，叶酸服用率达97.36%，孕检率达76.49%。出生缺陷一级预防工作的全面开展，为减少全州出生缺陷发生、提高出生人口素质、造福各族群众、构建和谐社会发挥了积极作用。

【新型生育文化建设取得新进展】

2009年，德宏州新型生育文化建设以农村村委会和城镇居委会为基础点，以群众的自觉主动参与为聚焦点，以婚育新风进万家示范活动为切入点，围绕人口文化促进活动、优质服务促进活动、女性权益促进活动、群众参与促进活动、出生缺陷干预促进活动、干部素质提高促进活动、管理民主促进活动、综合治理促进活动等婚育新风进万家示范活动的主要任务，采取用民族干部宣传计划生育政策、用民族语言讲解计划生育知识，用民族歌舞展示计划生育成就的方式，积极推进“关爱女孩”行动和“婚育新风进万家”示范活动，宣传人口计生政策法规，传播优生优育、避孕节育、生殖健康保健知识，持续推进科学、文明、进步的社会主义新型婚育文化建设。不断巩固完善宣传网络和阵地，充分发挥新闻媒体的作用，扩大婚育新风宣传的覆盖面，抓好示范引导和宣传精品进村入户，建立和完善婚育新风进万家活动长效机制。全州建成12个富有特色的农村人口文化大院和新家庭文化书屋。

【依法管理】 2009年，德宏州人口计生部门始终坚持计划生育基本国策不动摇，严格执行现行生育政策，认真落实责任政府四项制度、阳光政府四项制度和政府信息公开制度，全面准确公开办事时限、办理程序、办理流程和服务标准，公开执法内容、执法依据和执法程序，公开服务承诺，公开服务项目和收费标准，将依法行政和落实计划生育行政执法责任追究制贯穿于人口和计划生育管理的全过程，纳入年度责任目标考核，进一步规范执法行为、执法程序和法律文书，严明执法纪律，依法开展计划生育技术服务；采取部门联动、法律推动等手段，加大“两非”专项整治、药具市场专项整治工作力度，综合治理出生人口性别比偏高问题，努力控制违法多生育，切实加大社会抚养费征收力度。全州保持了低生育水平态势，25个乡镇、301个村（居）委会无多孩生育，人口出生率控制在13.5‰，人口自然增长率控制在7.3‰；出生人口性别比108，趋于正常值。

【优质服务能力进一步提升】 2009年，德宏州人口计生部门把优质服务作为实现人口计生工作思路和工作方法两个根本性转变的重要举措贯穿于人口和计划生育工作的始终，按照“四优一满意”和“六好”、“六化”、“八措施”的要求，全面开展计划生育优质服务先进县市创建活动，以创建活动促进优质服务水平提升，在巩固好达标、创优成果的基础上，大力推进潞西市创国优、瑞丽创省优、盈江县达省标活动。潞西市通过国家人口计生委组织的考评验收，瑞丽市、盈江县通过了省验收，基本达到省优、省标。加强计划生育服务站所规范性管理，推进依法服务。年内对53个县市、乡镇计划生育服务站所《计划生育技术服务机构执业许可证》和193名技术服务人员《合格证》进行了全面校验换证，对技术人员无执业资质的15个服务所发出了限期整改通知。通过整改，全州计划生育服务站所全部具有执业资质，管理服务工作进一步规范化、制度化，服务能力得到提高。群众对计划生育工作的满意率保持在95%以上。

【流动人口服务管理】 2009年，德宏州人口计生部门把流动人口计划生育服务管理工作列为人口计生工作的重要内容，纳入了综合治理目标管理责任书和“双线”目标管理责任书，实行目标责任考核，层层抓落实。年内，完善流动人口计划生育联合办公机制，积极开展送政策、送温暖、送信息、送法律、送健康的“五送”服务活动；认真做好外出育龄人员的宣传教育培训、节育措施落实和免费办理婚育证明等工作；落实社区、单位流动人口计划生育服务管理工作职责，按照“属地化管理、市民化服务”的原则，将流入人口计划生育服务管理纳入经常性工作范围，提供与户籍人口同等的免费服务。年内新配备社区流动人口计划生育信息交换平台专用电脑24台，全州流出成年育龄妇女办证登记率为84%，流出已婚育龄妇女综合避孕率为85%，流入已婚育龄妇女查证建档率为81%，流动人口计划生育政策知晓率为92%，流动人口出生政策符合率为84.56%，流出（流入）育龄妇女入库（录入PADIS系统）率为81%，PADIS全国流动人口计划生育服务管理工作平台应用率为100%，流入已婚育龄群众避孕药具免费发放率为100%，免费技术服务率为80%。

【“推套”防治工作】 2009年，德宏州人口计生认真履行“推套防艾工程”工作，组织协调成员单位层层实行目标管理；切实抓好宣传教育、培训和督促检查，“推套防艾工程”工作成效显著，全州36家星级宾馆、266家普通宾馆酒店、275家社会旅馆、67家歌舞厅、173家酒吧发廊、228家医疗疾控机构、1家私立门诊、237家零售药店均100%摆放安全套；宾馆、酒店、社会旅馆、娱乐场所等艾滋病防治重点场所免费摆放安全套181.81万只，使用134.68万只；宾馆、酒店、社会旅馆、酒吧、发廊、娱乐场所、零售药店等共营销安全套51万只；医疗机构、疾控中心等部门免费发放给艾滋病病人、艾滋病病毒感染者及其家属和性病患者专用安全套24.28万只；人口计生部门向育龄群众免费发放安全套89.96万只，向流动人口（农民工）免费发放安全套16.29万只，开展宣传服务发放28.47万只。推广使用安全套防治艾滋病工程工作取得了明显成效，群众对艾滋病预防知识知晓率达95 %以上，防范意识明显增强；高危人群艾滋病知识知晓率达98%，高危人群最近一个月安全套使用率为95.05%，为有效阻断艾滋病经性途径传播作出了积极贡献。

【队伍建设】 2009年，德宏州人口计生部门始终把建设一支思想好、作风正、懂业务、会管理、结构合理、精干高效、适应新时期人口和计划生育事业发展的高素质、职业化干部队伍作为重要工作任务抓紧抓好。一是以学习实践科学发展观活动为抓手，更新思想观念，认真查找制约人口计生工作科学发展的问题和困难，分析原因，制定整改措施，落实整改责任，群众和基层干部职工普遍关心的热点难点问题得到初步解决，促进了人口计生工作科学发展。二是以贯彻落实“阳光政府”四项制度和政府信息公开制度为契机，切实加强全州人口计生系统的作风建设，把依法行政、认真履职、抓好执行、搞好服务作为每个干部的硬任务、硬指标，贯彻到每一项具体工作之中。三是进一步加大党风廉政建设和行风建设工作力度，认真落实党风廉政责任制，强化教育监督力度，年内组织开展了5次较大规模的专项检查和跟踪问效；建立了行风评议制度，定期开展民主评议人口计生工作。四是加强干部教育培训，提高服务管理能力。4月9日，聘请省科研所的专家对全州各县市人口计生局分管药具的领导、计划生育服务站站长、药管员等进行“出生缺陷干预知识”培训。8月，请省人口计生委专家对全州技术服务人员进行了大规模、全方位的政策法规、业务知识培训；组织州县市人口计生干部近50人次参加了国家及省举办的业务培训学习；县市人口计生局对乡村两级人口计生工作人员进行了全员培训。

【完成人口计生年度目标任务】

2009年，德宏州人口计生认真贯彻落实中央、省委、州委《决定》，以统筹解决人口问题为主线，以落实“责任政府”四项制度和“阳光政府”四项制度为促进力，紧紧围绕“双线”目标管理责任书，进一步加强人口和计划生育工作。全州25个乡镇、301个村（居）委会无多孩生育，人口出生率控制在13.5‰，人口自然增长率控制在7.3‰，出生人口性别比108，趋于正常值；依法生育率达98%、长效避孕及时率达94.44%，综合避孕率85.22%，常住人口违法多生育人数下降为23人。在省委、省政府组织的2009年《人口和计划生育目标管理责任书》执行情况考核中，州政府、州人口计生委均以全省最高分获一等奖。

（《人口计生》撰稿 宁显流）

（见“州情概览·人口计生”89页）

劳动和社保

【劳动就业】 2009年，德宏州劳动保障部门认真贯彻落实国家就业与再就业各项优惠政策措施，实施城乡统筹的就业机制，努力开辟就业渠道，以“规范化、制度化、专业化、社会化”的标准不断完善劳动力市场服务功能，为劳动者提供方便快捷的服务，促进就业和再就业。年内，全州城镇登记失业人员3597人，城镇新增就业2650人，完成年度下达2500人目标任务指标的104%，城镇登记失业率为4%；扶持和鼓励各类创业人员成功创业626人，完成年度下达目标任务300人的209%；使用失业保险基金稳定困难企业就业岗位5155个，完成年度下达目标任务2000个的258%；开发公益性岗位889个，完成年度下达目标任务800个的111%；城镇下岗失业人员再就业人数达1313人，完成年度下达目标任务1000人的131%；就业困难人员再就业人数达2125人，完成年度下达目标任务2000人的106%；城镇参加失业保险人数47648人，完成年度下达目标任务45500人的105%；新增转移农村劳动力14575人，完成年度下达目标任务4000人的364%。

【贯彻落实就业再就业优惠政策】

2009年，德宏州劳动保障部门认真贯彻落实国家就业再就业优惠政策，促进下岗失业人员再就业。一是认真宣传、贯彻落实各项积极的就业再就业政策。年内，全州共发放宣传资料22150多份，接待咨询服务11300多人次，在主要街道悬挂大幅标语73幅，充分利用各种新闻媒体进行广泛的宣传。二是认真开展就业援助工作，促进下岗失业人员再就业。全州共认定“零就业家庭”78户，就业困难人员184人，实现了“零就业家庭”动态清零目标；开展了以“就业援助你我他，真情相助渡难关”为主题的就业援助周活动，共接待失业登记365人，入户走访142户，认定就业困难家庭123户，帮助就业困难人员实现就业389 人；开展了“春风送岗位”活动，集中举办现场招聘会5场，组织全州13家职业介绍机构为全州进城务工的农村劳动力提供免费职业介绍、职业指导等服务：共为农民工提供适合的就业信息200多条1200多个岗位，入场求职农民工2510人，登记求职1725人，介绍就业成功1362人；同时在全州50个乡镇启动送岗位下乡活动，收集了48个工种815个就业岗位，通过乡镇（街道）劳动保障所把815个就业岗位带到乡镇村寨，送到返乡农民工和准备转移就业的农村劳动者手中；举办了“为民营企业招聘员工搭桥，为大中专毕业生、农民工就业和创业铺路”为主题的“2009年全国民营企业招聘周”活动：共有民营企业65家参加，提供就业岗位645个，40多个专业（工种），进场求职人数达1650人，现场招聘成功19人，达成招聘意向158人，提供现场政策咨询服务1600多人，签定职业技能培训人数23人。三是加大就业培训工作力度，提高劳动者就业技能。全州共培训农村劳动力808人，共支出培训费40.4万元，特殊人群（在所劳教、戒吸人员）350人。四是继续做好创业促进就业小额担保贷款工作。全州累计发放创业促进就业小额担保贷款162户，发放金额1794万元，有力促进了失业人员自谋职业和自主创业。五是加大贷免扶补宣传，鼓励和扶持创业人员成功创业。全州各承办单位共发放“贷免扶补”宣传资料18000多份，创业计划书1500多份，受理申请（收回创业计划书）1298份。年内，通过对创业项目进行调查评估，符合贷款扶持条件并推荐创业人数668人，累计发放贷款549人，贷款金额2654万元。完成省下达德宏州扶持创业贷免扶补500人目标任务的110%。六是健全和完善高校毕业生就业见习制度，确定了全州23家用人单位为德宏州高校毕业生就业见习示范基地，并于8月28日在州府芒市举行了“德宏州高校毕业生就业见习示范基地授牌仪式”。年内，全州共有离校未就业高校毕业生159人参加就业见习，完成年度目标任务150人的106%。

【养老保险】 2009年，德宏州劳动保障部门认真贯彻落实中央、省有关养老保险政策，不断扩大养老保险覆盖面。一是加强养老保险扩面征缴，确保养老金按时足额发放。全州共有44168人参加了基本养老保险（其中企业职工34151人），共征收养老保险费13000万元，确保了全州10017名离退休职工养老金按时足额发放，维护了社会稳定。二是按时完成年度企业退休人员养老金的调整兑现工作，为9459名企业退休人员调整提高了养老金待遇，月人均增加退休金114元。三是进一步加大养老保险稽核力度。按照“保量提质”的目标对参加养老保险的单位进行稽核，年内，全州共稽核养老保险参保人数22930人，稽核面达52%。查处少报养老保险缴费基数1020.76万元，少缴养老保险费254.43万元，核查享受养老保险费854人，查出欺诈冒领人数6人，追回冒领金额3.06万元。

【医疗保险】 2009年，德宏州劳动和社会保障部门积极开展医疗保险扩面工作，不断扩大医疗保险覆盖面，提高医疗保险的保障能力。一是扩保工作成绩显著。全州共有10.36万人参加基本医疗保险，全州医疗保险基金收入18037万元，医疗保险基金支出11409万元，基金累计结余18474万元。二是城镇居民基本医疗保险参保覆盖面不断扩大，待遇水平得到提高。年内，全州参保登记的城镇居民为74109人，完成年度下达目标任务70000人的106%。城镇居民基本医疗保险费收入1200万元，支付城镇居民基本医疗保险费901万元，基金累计结余866万元。三是及时对城镇居民基本医疗保险待遇进行了调整，将城镇居民基本医疗保险住院最高支付限额由原来的1.6万元提高至2.2万元，对患有癌症、血液透析等四种特殊病的人员，住院费、门诊医疗费最高支付限额提高到2.6万元。四是加强对定点医疗机构和定点零售药店的管理，与97家定点医疗机构，92家定点零售药店签订了服务协议，明确了医保中心和各定点服务机构的权利和义务，约束和规范双方的行为，保证了参保人员的合理医疗和医疗保险基金的合理使用。五是积极做好关闭破产国有集体企业退休人员参加基本医疗保险工作。全州共有10317名关闭破产国有、集体企业退休人员参加了城镇职工基本医疗保险。年内已落实中央补助资金3164万元，州级财政补助资金208.04万元。六是继续做好离休干部医疗保障统筹工作。全州共有419名离休干部参加医疗保障统筹，共收缴离休干部医疗保障统筹费1067万元，应付离退休干部医疗费1256万元，实际支付离休干部医疗费1067万元（其中支付历年欠费334.8万元）。七是积极做好城镇职工基本医疗保险州级统筹准备工作，为方便患者异地就医奠定基础。

【工伤保险】 2009年，德宏州劳动和社会保障部门认真贯彻《工伤保险条例》和《德宏州贯彻〈工伤保险条例〉实施细则》，认真受理工伤保险投保赔付工作。年内，全州共有55454人参加工伤保险，完成年度下达目标任务30800人的180%，其中：农民工参保3657人，完成年度下达目标任务3500人的104%。全州共收缴工伤保险费367万元，支付工伤费用241万元，基金累计结余789万元。

【生育保险】 2009年，德宏州共有53244人参加生育保险，完成年度下达目标任务34600人的153%。全州共收缴生育保险费306万元，支付生育医疗费用135万元，基金累计结余642万元。

【失业保险】 2009年，德宏州参加失业保险人数为47648人，完成年度下达目标任务45500人的105%，新参保2067人。全年共征收失业保险金2046.73万元，为符合享受失业保险金待遇的1976人发放失业保险金556.21万元，确保了全州失业金按时足额发放。

【农村养老保险】 2009年，德宏州共有5个县、市50个乡镇242个村开展了农村社会养老保险工作，参保人数9730人，基金滚存结余3356万元，领取养老金360人，当年支付养老金56万元。年内新参保1644人，新征收保费1069万元（其中被征地农民752人，金额812万元）；被征地农民的基本生活补助费有1617户6245人，发放金额296万元，使广大的被征地农民得到了实惠。结合德宏实际，于12月底启动了德宏州新型农村社会养老保险试点工作，从2009年12月起，潞西市60岁以上的农村老人已领取到每人每月55元的基础养老金，全州新农保参保人数为12658人。

【企业退休人员审批】 2009年，德宏州劳动保障部门认真执行国家和省的退休政策，完善和规范企业职工、从业人员退休登记和特殊工种提前退休审批程序。全州共为604名从业人员办理了退休手续。其中，特殊工种提前退休84人，复退军人提前退休3人，因病丧失劳动能力提前退休31人。

【企业退休人员社会化管理服务】 2009年，德宏州劳动保障部门认真贯彻落实省、州企业退休人员社会化管理服务的有关文件精神，全面开展管理服务工作。全州共有9859名退休人员实现了社会化管理，社会化管理率达100%，其中：进入社区管理8057人，社区管理率达82%，社会化发放率达100%。

【劳动能力鉴定】 2009年，德宏州劳动保障部门认真做好劳动能力鉴定工作，严格按照相关政策法规组织专家对要求进行劳动能力鉴定人员进行鉴定。年内，共组织专家召开了6次鉴定会，为107名申请劳动能力鉴定人员进行了鉴定，其中，因工伤残鉴定25人，因病做劳动能力鉴定65人。

【社会保障基金监督检查】 2009年，德宏州劳动和社会保障部门认真开展社会保险基金监督检查工作，确保德宏州社会保险基金安全完整。一是健全基金监管体系，建立起社保基金“三方”管理制约机制，加大社保基金监督检查力度，落实各项社保基金的安全责任制，从源头上堵塞基金管理漏洞，做到了对存在问题早发现、早处理、早整改。二是加强社会保障基金监督检查和管理，认真开展社会保险费征缴情况专项检查工作。全州共稽核检查企业2593户（含书面稽核和实地稽核），稽核人数97040人，查出缴费单位少报漏报人数为1107人，少报漏报缴费基数4102.99万元，少缴各项社会保险费共321.59万元。查出欺诈冒领养老金6人，冒领失业金1人，冒领金额3.2万元，追回金额3.06万元。查出商业银行在计算养老保险基金和医疗保险基金利息过程中，未按有关规定进行计息，造成养老保险基金和医疗保险基金少计息318.73万元。收回基金利息损失318.73万元。同时，围绕参保单位依法履行社会保险登记、缴费申报、基金缴纳等内容，建立健全参保单位及个人账户信息库。三是加大对历年欠费企业的监控力度。对缴费单位的欠费情况实施动态跟踪，督促欠费企业按计划补缴养老保险费。年内共收回欠费298万元。四是积极配合省厅开展社会保险基金内部控制制度大检查，进一步规范了社保经办机构的内部管理制约机制。

【劳动保障法规监察】 2009年，德宏州劳动和社会保障部门认真贯彻执行《劳动保障监察条例》，依法开展劳动保障监察工作，切实维护劳动者合法权益。一是认真组织开展劳动保障执法年审工作，全州共审查用人单位2700户，涉及职工52200人，审查合格的单位2224户，发出限期改正指令书368份，督促用人单位补签劳动合同3174人，督促186户用人单位办理了社会保险手续，缴费140.05万元。审查用人单位规章209件，纠正用人单位规章10件；处罚用人单位12户，罚款金额0.6万元。年审用人单位户数比上年的2572户增加了5%，顺利完成年度目标任务。二是认真组织实施清理整顿人力资源市场秩序专项行动。全州共出动车辆26台次，工作人员89人次对11个职业介绍所、51户用人单位进行了检查；向678名劳动者进行了调查，未发现违法犯罪现象。三是认真开展整治非法用工打击违法犯罪行为专项行动。全州共检查乡村小砖窑、小矿山、小作坊等用人单位291户，涉及劳动者4458人，出动检查人员487人次，发出限期责令改正书11份，督促用人单位与266名劳动者补签了劳动合同，督促用人单位为622名劳动者办理了社会保险，追发劳动者工资15.03万元，责令企业退还劳动者抵押金4万元。四是积极开展农民工工资支付情况专项检查。全州共检查用人单位352户，涉及农民工11395人，共为1206名农民工解决了被拖欠的工资565.07万元，涉及用人单位20户。专项检查共出动车辆116辆次，检查人员162人次，发放宣传材料3810份。五是全州劳动保障监察机构共受理举报投诉案件234件（其中：拖欠农民工工资案件204件，涉及农民工3414人，均作协调处理，追发民工工资1022.52万元）。全州共作出行政处罚28起，共罚款5.15万元，均已按规定时限结案。

【劳动合同】 2009年，德宏州劳动和社会保障部门全面深入贯彻《中华人民共和国劳动合同法》，进一步加强劳动合同管理，实施预警报告制度，促进劳动关系的和谐稳定。年内，全州累计签订劳动合同90836人，其中新签劳动合同有9355人，劳动合同签订率为98%；共审查集体合同累计有30户，涉及职工5996人。

【劳动争议处理和信访】 2009年，德宏州各级劳动争议仲裁委员会依法受理劳动争议案件41件，结案40件，结案率为98%；受理群众来信来访共计1501件人次，其中：来信179件，来访1322人次；书记、州长信箱、局网上咨询及局长信箱82件。

【职业技能管理】 2009年，德宏州劳动和社会保障部门认真开展职业技能培训和考核鉴定工作。一是切实做好全州机关事业单位技术工人晋升等级培训考核鉴定工作，严格按照文件规定的申报条件，认真审核。全州对符合申报条件的技术工人618人进行培训，培训工种16个，有607人取得职业资格证书，其中：初级工51人，中级工258人，高级工程师298人。二是认真组织各类职业技术学校毕（结）业生参加技能考核鉴定。全州共有1106人参加鉴定考核，通过鉴定考核有952人合格，合格率为86.1%。三是充分利用各职业学校、培训站的师资力量和技术设备，积极开展职业技能培训、鉴定（考核），全州共组织社会化、农民工、部队、企业职工、下岗再就业人员2005人参加技能培训，通过职业技能培训鉴定考核有1925人合格。培训取证人数占鉴定考核人数的96%。四是认真组织技师培训鉴定工作。全州共培训技师51人，通过培训鉴定考核有51人合格，合格率为100%。五是认真组织落实技校招生宣传工作。共完成技校招收新生431人。

【农民工工作】 2009年，德宏州劳动和社会保障部门深入开展农民工工作，农民工政策得到进一步落实。一是大力开展返乡农民工底数调查工作。全州外出务工返乡的农民工累计达25219人。其中：省外返乡的13916人，省内州外返乡的11303人。返乡农民中，因失去工作返乡的19159人，正常返乡的6060人。省外输入在德宏州就业返回他乡的21000人。二是积极开展农民工技能培训工作。年内，开设种植业培训人数3430人、养殖业培训人数3448人、装璜业培训人数1540人、建筑施工业培训人数2570人、饮食服务业培训人数2500人、汽车（农机）修理业培训人数2730人、摩托车修理业培训人数1570人。三是积极开展农民工就近就地转移就业工作。协调德宏立项新建、在建的项目45个，带动农民工5191人实现就业。同时，在支持、引导返乡农民工创业和投身新农村建设中，扶持中小企业36个，吸纳农民工715人就业；推进740人创业，带动农民工1882人就业；加强新农村基础设施建设中，促进9047人农民工就近就地转移就业；发展劳务经济中促使11811人农民工就业。四是启动农民工工伤保险“平安计划”二期工作，加大农民工参加社会保险的覆盖面。

【网络信息化建设】 2009年，德宏州劳动和社会保障部门按照“金保工程”建设要求，积极开展网络信息化建设。一是按照“数据向上集中，服务向下延伸”的原则，进一步拓宽劳动保障网络的覆盖面，实现了全州50个乡镇劳动保障所网络的联接。二是完成了数据中心的网络改造，部署了核心交换机、防火墙等网络设备，对核心防路由进行了升级，完成了网络VLAN的划分，实现了生产库、交换库、业务经办区的划分，进一步增强了网络和数据的安全性。三是进一步加强数据中心建设，实现了城镇居民医疗保险信息系统上线运行、养老保险数据100%成功上传。四是统一业务应用软件运行稳定，实现了各项业务的信息网络化管理。

【基础建设】 2009年，德宏州劳动和社会保障部门以科学发展观为指导，切实加强全州劳动保障系统基层基础建设。一是各县市办公场所建设及乡镇劳动保障所“2113116”工程建设取得新进展；二是加强监察队伍建设，在全州统一配备执法监察专用车辆33辆。

【劳动保障宣传】 2009年，德宏州劳动和社会保障部门根据现阶段劳动保障工作的要求，广泛宣传劳动保障信息法规。一是重视劳动保障信息宣传，全力抓好劳动保障政务信息的采写和编辑。年内，共收到各类信息100多条，采辑编印《德宏劳动保障信息》86期。二是继续与德宏团结报社协作，充分利用新闻媒体，广泛宣传劳动保障法规政策，在《德宏团结报》开设每周一期“劳动保障知识专栏”，共登载52期，新闻报道稿件58条。三是与德宏电视台、广播电台协作，报道信息40多条。四是充分发挥网络宣传广泛的优势，在云南省劳动和社会保障厅网站、德宏州劳动和社会保障局网站和德宏州劳动力市场网站发布宣传信息150多条，图片50多张。

（《劳动与社保》撰稿 杨 臣 刘富雄）

民　　政

【提高“精减职工”补助标准】

2009年1月1日，根据云南省民政局厅、省财政厅《关于提高六十年代初精减退职职工生活省级补助标准的通知》（云民保〔2008〕31号）精神，德宏州民政局将全州521名上世纪60年代初精减退职职工，生活补助标准在原标准基础上每人每月增加60元，提高后每人每月最低领取120元，使20世纪60年代初精减退职职工生活待遇进一步得到落实。

【社会事务管理】 2009年，德宏州民政局加强社会事务管理工作，基础民主政治建设扎实推进，社会管理工作有效加强。一是城乡社区建设有力推进。年内在全州开展了农村社区试点工作，制定下发了《德宏州农村社区建设试点方案》（德政发〔2009〕48号，下拨试点补助经费60万元。认真履行民政部门的工作职责，在全州村民委员会开展村民自治和开展村务公开活动，下拨村务公开栏建设补助经费23万元。继续开展社区服务项目落实工作，在2008年申报的项目基础上，加大项目落实力度，年内共取得项目资金190万元，用于城市社区服务设施建设项目。二是民间组织发展迅速。工作中重点培育发展农村专业经济协会、公益组织、服务组织，全州在册登记民间组织347个，其中，社会团体293个、民办非企业单位54个。开展年度社团年检工作，全州符合年检社团316个，对28个长期不开展活动未按时换届的进行了整改。三是专项社会事务管理工作进展较快。（一）区划地名工作有新的举措。完成了德宏州、保山市相关县市行政区域界线联检资料、附图的上报工作。协助省厅区划地名处完成在德宏举办的云南省县级勘界档案信息管理系统培训后勤保障工作；做好潞西市更名的相关基础工作，进一步完善了德宏州地名数据。（二）殡葬改革、婚姻登记工作全面推进。根据殡葬管理目标责任书的任务要求，按照统一规划，新建瑞丽市、盈江县2个殡仪馆。年内，积极向上级争取资金，正在规划建设中，潞西市经营性公墓已建成，并投入使用；清明节期间以“文明祭祀、平安清明”为主题，大力宣传国务院《殡葬管理条例》、《云南省殡葬管理条例》、《云南省公墓管理条例》、《云南省国家公职人员违反殡葬管理法律法规行为行政处分暂行规定》，全州共悬挂宣传横幅180多条，张贴标语800余幅，发放宣传单2.5万份；年内共火化遗体286具，实现经济收入36.5万元。在全州范围内认真开展婚姻登记规范化建设活动，年内共登记结婚13748对（涉外结婚179对）、离婚296对（涉外6对）。

【社会福利事业】 2009年，德宏州民政局加大了对儿童福利机构的投入力度，德宏州儿童福利院于9月开工建设，计划投资420万元，建筑面积2508平方米，设置150个座位，年内已投资360万元，正在建设之中。按省民政厅的要求，全面启动了“重生行动”项目，据统计，年内全州上报贫困家庭中唇腭裂申请项目资助人数92名，送省红会医院已做手术86人。8至9月，在全州各县市开展《儿童权利公约》参与式培训、我快乐我成长孤儿夏令营、艾滋病感染儿童关怀以及成长的足迹家访等联合国儿童基金会合作项目，共有90名艾滋病影响的儿童和艾滋病感染儿童参加；年内，积极开展儿童收养工作，全州共办理国内收养手续56人（事实收养4人）。加强老龄工作，积极贯彻落实《云南省老年人权益保障条例》和《德宏州高龄保健补助和长帮补助发放管理暂行办法》，年初将80岁以上城镇无固定收入老人年纳入城市低保，全州共有211名老年人享受了这一特殊待遇。继续开展农村60岁以上特困老人的医疗救助工作，年内全州有180人得到每年每人300元的医疗救助。老年节期间走访慰问敬老院、老党员、老英模、老专家、老教授、在乡老复员军人以及80岁以上老年人共计6570余人。发放慰问金32.85万元。三是福利彩票发行工作稳步发展。年内全州共发行福利彩票4349万元，为国家筹集公益金1522万元，其中，为全州筹集公益金380万元。年内建成投入使用敬老院3所，正在新建3所。全州有敬老院10所，床位1270个，新增集中供养对象720人，供养率由上年的1.3%增长到14.6%。集中供养标准提高到每人每年3060元（入院老人享受城镇低保每人每年补助2100元，五保供养每人每年补助960元）。从今年开始入院老人还可享受每人每年600元的临时救济。

【灾后重建】 2009年，由于受上年“3·12”、“8·20”、“8·21”、“12·26”地震灾害的影响，德宏州民房恢复建设任务十分繁重。截至7月30日，盈江“3·21”地震民房扫尾重建的12户、修复的738户已全部完工入住；全州“8·20”、“8·21”地震后规划民房恢复重建37738户，已完成入住37683户，占总任务数的99.91%，修复加固32664户，已完成100%。瑞丽“12·26”地震统一规划重建和灾民分户自建632户重建工作正在建设中，其中大部分已完工入住，修复的160户全部完成。

【边境行政村村民参合救助】 2009年，德宏州民政局自上年将边境县市（区）边境一线以行政村为单位的边民纳入了资助参加新型农村合作医疗，每人每年20元标准参合，截止年底，资助边民参合14.47万人，支出救助资金289.4万元。

【临时救助】 2009年，德宏州民政局在全面建立城市临时救助制度的基础上，大力推进城乡一体化的临时救助制度建设，妥善解决边缘群体和其他困难群众的临时性，突发性生活问题，逐步将低收入家庭人口纳入救助范围，缓解其生活困难。年内省级财政下拨162万元城乡临时救助金，州级财政安排10万元城市贫困居民临时救助资金，累计救助6577人次。

【艾滋孤儿救助】 2009年，德宏州民政局按照上级文件要求，逐步将16岁以下的农村艾滋病致孤儿童纳入五保供养和农村低保，到年底全州已有1111名艾滋病致孤儿童领取了五保供养金或低保金，有607名致孤儿童在校生享受免费上学；继续做好与美国浩德国际儿童服务中心的合作项目，年内已投入救助资金84万元，共有280名孤儿受益，补助标准为小学生每人每月100元，中学生每人每月130元。

【优抚医疗救助】 2009年，德宏州民政局为解决重点优抚对象医疗难问题，6月由州民政局、州财政局、州劳动和社会保障局、州卫生局联合出台《德宏州优抚对象医疗保障实施意见》，各县市也出台相应的《实施细则》，年内全州有6026名重点优抚对象医疗困难得到了有效解决，共支出优抚对象医疗补助费210.3万元。

【社会福利企业管理】 2009年，德宏州民政局、州国家税务局组成检查组，对全州11家福利企业进行了年检、复审，11家社会福利企业都能按有关要求通过了年检。截止年底11家社会福利企业共安置残疾人260人，年销售额7316万元，实现利润1509万元，享受退税335万元，实现利润1509万元，残疾人职工年人均工资7000—10000元。11家福利企业还为残疾职工购买了“四险”，维护了残疾职工的合法权益。

【老年人优待工作】 2009年，德宏州老龄委办公室进一步贯彻落实《云南省老年人权益保障条例》。9月，州政府办公室出台了《德宏州高龄保健补助和长帮补助发放管理暂行办法》，该办法对80岁以上老年人保健补助标准、发放办法、经费的筹集方式、审批等做出了明文规定。具体标准为：80至90岁每人每月补助10元，90至99岁每人每月补助30元，100岁以上每人每月补助200元。

（《民政》撰稿　李　钢）

（见“州情概览·民政”90页）

残疾人事业

【康复工作】 2009年，德宏州残联在全州各县市调整充实康复工作领导小组，建立完善了县、乡两级康复指导站，成立了用品用具供应站，组织培训康复工作者150人次。免费为228名白内障患者施行手术；肢残康复训练38名；发放轮椅42辆，用品用具455件。聋儿语言训练12名，配戴助听器30台，培训聋儿家长22名；提供康复服务咨询2500人次，建立康复档案23人，开展各种康复专业技术培训3期134人次；利用“爱眼日”、“爱耳日”积极开展康复知识宣传教育，发放宣传资料2000多份。

【教育工作】 2009年，德宏州各级残联与教育局紧密协作，认真贯彻落实《残疾人教育条例》。全州有适龄残疾儿童少年712人，在特殊教育学校、特教班就读残疾学生242人，在普通学校随班就读残疾学生383人，残疾儿童少年入学率87.8%。全州随班就读和在特殊教育学校的残疾学生全部纳入“两免一补”范围。争取各种助学项目，帮助15名残疾学生和残疾人子女接受教育，资助金额1.5万元。对77名（本科38名，专科19名、中专20名）被普通大、中专院校录取的贫困残疾学生和贫困残疾人子女提供一次性无偿资助，资助金额17.2万元。认真组织实施“通向明天——交通银行残疾青少年助学计划”，资助高中生7名，大学新生4名，资助金额1.5万元。认真做好残疾人事业专项彩票公益金助学项目，95名残疾学生受县帮助，助学经费6.06万元。招收5名盲童、15名聋童进入州特殊教育学校接受教育。

【就业工作】 2009年，德宏州各级残联共安置各类残疾人集中就业41人；按比例就业6人；推荐盲人从事按摩就业13人。开展各类实用技术培训51期，参训残疾人及残疾人家属1376人次，投入资金14.93万元。在县市举办首期残疾人家电培训班，培训残疾学员10名。选送优秀残疾人参加省残疾人就业服务中心举办的首期残疾人高层次计算机CAD制图强化训练1人，电脑速录培训1人。开展盲人按摩培训1期，培训盲人按摩学员13人。盲人代表段宏盈参加了省残联组织的盲人按摩学术交流活动。举办了首期残疾妇女钩针编织培训班，培训残疾人妇女20名。全州共征收残疾人就业保障金250多万元。

【社会保障工作】 2009年，德宏州残联积极推进社会保障体系建设和城镇养老保险试点工作。年内有880名城镇贫困残疾人纳入最低生活保障；860名农村贫困残疾人纳入五保供养；4485名农村贫困残疾人纳入农村低保；720名享受定期补助；3243名农村残疾人参加农村新型合作医疗保险。年内在潞西市、盈江县开展城镇贫困残疾人个体户参加基本养老保险给予适当补贴试点工作，对9户参保的城镇贫困残疾人个体户给予补贴，补助金额0.63万元。

【扶贫工作】 2009年，德宏州各级残联切实抓好农村贫困残疾人危房改造工程。对全州农村贫困残疾人危房进行摸底核实，掌握数据，及时提供给新农办，把残疾人扶贫工作纳入扶贫“大盘子”；完成省残联下达全州贫困残疾人危房改造280户任务；积极帮助下岗残疾职工参加社会养老保险，补助金额1000元，扶持残疾人自主就业，扶持资金6000元。结合全州实际，确定“潞西市永金食品加工有限公司”为德宏州州级残疾人扶贫基地，积极帮助该福利企业申请康复扶贫贷款50万元，争取到贴息资金1万元。积极向州科协申报科普项目资金1.5万元，在州和盈江县举办职业技能培训班，让受训人员掌握基本知识基本技能，发挥示范作用，实现就业目的。

【文化体育工作】 2009年，德宏州残联积极开展残疾人文化体育活动，充分展示残疾人的艺术才华和精神风貌。组织德宏代表队参加了“第六届云南省残疾人文艺汇演”，全州选送的葫芦丝独奏《情歌》、笛子独奏《景颇山寨》分别获器乐类节目三等奖；州残联获组织奖；有2名残疾人工作者获爱心奖。组织残疾人体育代表团参加云南省第九届残运会暨第三届特奥会，全州代表队参加了游泳、田径、乒乓球、举重、自行车5个单项46个小项，以及聋人篮球（男蓝）的集体项目比赛。共获得个人单项金牌9枚、银牌3枚、铜牌4枚；获得有效名次4个第4名，1个第5名，1个第6名；男子篮球队获第10名。获第三届特奥单项金牌1枚、银牌1枚、铜牌5枚。州残联获组织奖。

【维权工作】 2009年，德宏州残联围绕事关社会稳定，确保一方平安大局，认真抓好残疾人信访维权工作。积极参与州司法局、州妇联法律宣传活动，共发放宣传资料2000余份，横幅标语10幅，接受咨询30多人次，成立残疾人法律援助联络站1个。接待和处理来信来访，解决问题，化解矛盾，按时按质完成上级交办的信访案件，回复率100%，办结率90%，无集体越级上访事件，减少重复信访。年内，州残联、潞西市残联被评为“全省信访工作先进集体”。

【组织建设】 2009年，德宏州残联积极推进各县、市残联基层残疾人组织规范化建设，全州50个乡镇、1个街道办事处残联配齐了理事长，371个村（居）委会确定了联络员和专职委员。按照州和县市财政分级负担的原则（州级承担30%、县市承担70%），解决了全州村（社区）联络员和专职委员待遇的问题。加强干部队伍业务培训和素质教育，陇川县被评为“全国第二次残疾人抽样调查先进县”；潞西市残联被国务院残工委授予“残疾人之家”荣誉称号。先后有5名残联干部被中残联、省残联表彰奖励。认真办理第二代残疾人证，全年发放二代证8000余本，受理办证登记11000人。

（《残疾人事业》撰稿　王贵云）

民族宗教

【民族团结和宗教目标管理】 2009年1月9日，德宏州民宗局与各县市（区）签订民族团结和宗教工作目标管理责任书，全州50个乡镇180个村委会30个居委会（社区）18个宗教场所3个农场签订了责任书。年内，州及县市（区）乡镇安排民族团结工作经费225.66万元、宗教工作经费27万元。根据责任书内容，主要开展了以下几项工作：一、加强组织领导，明确职责任务。年内，州委、州政府领导多次听取了有关民族、宗教工作方面的情况汇报，并就“民族团结月”活动、全州宗教普查及调研工作提出了具体指导意见；全州50个乡镇配备了88名专（兼）职民宗助理员、74名协调民族关系信息员，为顺利有效开展工作提供了有力保障。二、强化政策措施，抓好工作落实。一是结合实际深入开展形式多样的宣传教育活动。通过广泛深入的宣传教育，“三个离不开”的思想更加深入人心，各民族平等团结互助和谐的社会主义民族关系更加牢固。二是积极开展民族团结进步创建活动。截止年底，全州已在各民族聚居地区创建了19个“民族团结示范村”和“兴边富民示范村”，州民宗局和州武警边防支队联合创建了13个“警民共建示范村”；在各级各类学校开展“民族团结示范学校”创建活动；在全州宗教活动场所创建了51处“和谐寺观教堂”，这些示范点在全州经济社会发展和构建和谐社会中都起到了明显的示范带头作用。三是积极开展影响民族团结、宗教和睦的矛盾隐患排查，妥善调处民族、宗教“热点”、“难点”问题。年内，按照民族宗教政策有关规定和责任书内容，不断完善涉及民族、宗教方面群体性突发事件应急预案。办理更改民族成份135件，办复提案、议案15件，办复涉及民族、宗教方面来信来访39件。认真贯彻执行中办、国办《关于进一步做好新疆少数民族群众到内地务工经商服务管理工作的意见》（中办发〔2009〕37号文件），会同相关部门做好有关服务管理工作。贯彻省委“6.15”专题会议精神，解决了宗教团体25名驻会人员生活补助、宗教人士中282人农村低保、540人农村合作医疗问题。盈江县查处3起假冒僧人行骗案件，潞西市查处3起非法传教案件。全年办复涉及宗教方面的政协提案5件、办复宗教文物保护信访1件。三、抓好督促检查，不断总结完善。按照责任制考核办法，州民宗局组织检查考核组，对各县市（区）实施民族团结和宗教工作目标管理责任制情况进行了考核。考核结果为：潞西市、瑞丽市、陇川县、盈江县民宗局为优秀奖，畹町、梁河县民宗局为完成任务奖。

【召开首次汉传佛教工作会】 2009年4月15至21日，德宏州佛协在芒市召开首次汉传佛教工作会议暨第二期汉传佛教僧侣培训班，全州19所汉传寺院的40位大德法师、16位居士及工作人员60人参加会议和培训。会上，进行了党的宗教政策法规的宣传教育，省佛学院心源法师系统讲授《佛学修学总纲》知识，州佛协了凡副会长代表汉传佛教工作委员会作《加强寺院管理、弘扬佛教正法》工作报告。会议期间，进行了汉传佛教教职人员认定、登记、备案工作，印发了《德宏州汉传寺院管理办法》（征求意见稿）。

【“民族团结月”活动】 2009年9月，德宏州委办公室、州政府办公室发出了《关于开展好2009年“民族团结月”活动的通知》。9月30日，州及各县市（区）党政领导相继发表电视讲话，动员全州各级各部门认真组织开展好第27个“民族团结月”活动。整个活动呈现出以下几个特点：一是参与活动的部门多，气氛活跃。据不完全统计，州直有23个部门开展活动，并上报了活动工作总结。10月27日，召开瑞丽市第27个“民族团结月”座谈会暨民族团结进步表彰大会，各部门领导、各族干部及社会各界人士170余人参会，14个先进集体、18名先进个人受到表彰；文化部门和“民族团结示范学校”联合组织开展了“送文艺进村”民族团结主题活动，共演出8场次。二是主题突出，成效明显。各级各部门以建国60周年纪念活动和“民族团结进步宣传教育年”为契机，开展了丰富多彩的主题活动。州发改委制定活动方案，召开座谈会，捐资5300元救助4所学校10名贫困学生。州移民开发局帮助2个村党支部解决活动经费4000元，解决挂钩点贫困农户生产经费1500元。州科技局、州科协帮助14户结对帮扶农户解决生产经费2800元。州妇联为53名妇女争取到248万元创业就业扶持资金。州供销社与州民宗局开展人口较少民族、特困民族农产品经纪人职业资格培训，已有113名农民经纪人获得了资格证书。三是宣传报道及时有效，营造了全州各民族共同团结奋斗、共同繁荣发展的良好氛围。10月30日上午，州委、州政府在芒市会堂召开全州第27个“民族团结月”座谈会，及时传达学习全国第五次民族团结进步表彰大会、云南省民族工作会议暨第六次民族团结进步表彰大会精神，认真总结德宏建州以来民族团结进步事业取得的成效和经验。通过广泛深入的宣传教育及活动，形成了各民族相互信任、紧密团结、互帮互学、共同进步的良好风尚，全州各族人民的大团结得到了不断巩固和发展。

【参加全省第六届民族民间歌舞乐展演】 2009年9月10至14日，云南省文化厅、省民委、玉溪市人民政府在玉溪市聂耳大剧院共同举办“舞动云南歌唱祖国”云南第六届民族民间歌舞乐展演。全省16个州市23个民族768名演员66个节目参与展演。经过5天的激烈角逐，共评出金奖节目11个、评委会奖1个、银奖12个、铜奖16个、展演奖25个和组织奖16个。德宏州代表队（35人）共获得1个金奖、1个银奖、3个铜奖和1个组织奖6个奖项，是获奖项最多的一家。其中，由州景颇族学会民间艺术团表演的声乐《欢庆目瑙纵歌》获得金奖，潞西市歌舞团表演的《傣乡美》获得银奖，州景颇歌舞团表演的《盏西哦然》、州文化馆选送的潞西市三台山乡德昂族演员表演的《嘎拱当》以及梁河县选送的《葫芦丝古调》获得铜奖。

【民族团结进步表彰会】 2009年9月11日，云南省政府在昆明召开全省第六次民族团结进步表彰大会。德宏获表彰单位有州财政局、梁河县九保阿昌族乡党委、盈江县人民政府、潞西市民族宗教事务局4个模范集体，州人民政府州长孟必光（傣族）、瑞丽市人民政府市长刀晓瑞（女、傣族）、梁河县民族宗教事务局赵兴光（阿昌族）、潞西市三台山德昂族乡政府乡长赵腊卓（德昂族）、陇川县勐约乡政府干部排木云（女、景颇族）5个模范个人受到表彰。9月29日，国务院在北京召开第五次民族团结进步表彰大会。全州荣获表彰单位有德宏州人民政府1个模范集体、州人大常委会主任余麻约（景颇族）、潞西市三台山德昂族乡党委书记线加强（德昂族）、陇川县民族宗教事务局局长阙永芳（阿昌族）3个模范个人。

【民族专项资金】 2009年，中央及云南省下达德宏州民族专项资金3306万元、448个项目。其中：少数民族发展资金2556万元、372个项目，包括扶持人口较少民族发展专项资金1270万元、211个项目；兴边富民行动专项资金1260万元、156个项目；项目管理费26万元、5个项目。散居及边境民族工作专项经费11万元、2个项目。省级民族机动金74万元、8个项目。边境县人口较少民族聚居村整村推进资金640万元、65个项目，包括兴边富民工程转移支付资金340万元、39个项目；中央少数民族发展资金310万元、26个项目。第二批省级民族机动金15万元、1个项目。省级民贸企业贷款财政贴息补助19万元、4个项目。年内上海对口帮扶德昂族发展资金442.5万元、56个项目。以上两项共计3767.5万元、508个项目。分县市下达资金和项目数为：潞西市1270万元、161个项目；瑞丽市365.5万元、47个项目；畹町100万元、10个项目；陇川县1087万元、150个项目；盈江县293万元、36个项目；梁河县560.5万元、94个项目；州级75.5万元、9个项目。年内，中央和省民族专项资金及上海对口帮扶资金用于扶持人口较少民族发展的项目353个、资金2549.5万元，占年度下达资金总额的67.67%，占项目总数的69.48%。按项目类别分为：一、基础设施类1826.8万元、225个项目，其中：能源及生态建设48.3万元、8个项目；交通815.2万元、93个项目；农田基本建设及水利105万元、14个项目；人畜饮水130.9万元、15个项目；教育15.5万元、4个项目；卫生33.3万元、13个项目；文化体育594万元、66个项目；安居房84.6万元、12个项目。二、群众增收类722.7万元、128个项目，其中：种养业575万元、83个项目；农畜产品加工10万元、2个项目；第三产业及其它42万元、3个项目；科技推广及培训95.5万元、40个项目。年内，组织州和县市（区）民宗局深入调研，论证筛选，确立发展项目，编制了《德宏州特困少数民族〔景颇族 傈僳族 佤族〕脱贫发展规划》（2010—2015年），为全州特困民族经济社会发展打下了良好的基础。

【上海对口帮扶德昂族发展】 2009年，上海下达德宏州帮扶资金442.5万元、56个项目，其中：交通104万元、4个项目；种植业66.1万元、8个项目；养殖业96.1万元、13个项目；人畜饮水32.4万元、5个项目；农田水利6万元、1个项目；能源（沼气池）12.3万元、4个项目；安居房49.6万元、7个项目；文化43万元、5个项目；教育12.5万元、3个项目；科技培训14万元、4个项目；卫生6.5万元、2个项目。按帮扶项目计划（2009年底下达资金，2010年实施），将修建村内道路4.4公里；发展种植业1603亩，其中核桃433亩、无性茶400亩（套种坚果100亩）、白花油茶120亩、橡胶500亩、奥洲坚果270亩；发展养殖业1266头，其中黄牛73头、能繁母猪505头、仔猪684头、种公猪4头；架设人畜饮水管道12.75公里，建取水池、蓄水池各4个；建取水坝一道300立方米；扶持72户建沼气池72口；扶持70户农户建安居房；新建村级文化活动室4个400平方米、文化活动场地1个400平方米；扶持补助德昂族青年学习玉石加工技能；开展科技培训20期，培训2480人（次）；建村级卫生厕2个。年内，上海民宗委组织了4次对口帮扶考察及采访活动，其中：1月9日上海市民宗委民族二处处长姜东基到陇川县考察；4月10至12日，上海民宗委副主任曹海红率宗教团体及新闻媒体考察团一行21人，对2006年以来上海帮扶德昂族发展情况进行跟踪考察和采访；6月26至27日，上海卢湾区常委、副区长朱勤皓率考察团考察全州对口帮扶工作情况，再次捐资20万元修建文化活动室及扶持发展种植养殖业项目，并在三台山乡卢姐萨村（原名出东瓜新寨）进行了援建文化活动室签约暨奠基仪式；12月15日，上海市副市长胡延照率团到全州考察对口帮扶德昂族发展工作，在三台山乡考察时，希望公益基金会上海办事处和上海巴士出租有限公司为三台山乡九年制学校捐赠14500册图书；在汇报会上，上海市向云南省捐赠了德昂族发展帮扶资金500万元。

【宗教活动场所宣传教育活动】

2009年，根据云南省宗教局的统一部署安排，成立了德宏州宗教场所爱国主义和法制宣传教育领导小组，组长为州民宗局局长王二软，成员单位有州委统战部、州民宗局、州委宣传部、州司法局、州政府法制局等，同时制定了《实施议案》。各县市也成立了相应机构。这项活动主要以宗教活动场所和信教群众为重点，以《云南省宗教政策和法制宣传读本》为教材，采取“五用”方法，即用民族干部、用民族语言、用民族文字、用民族节庆、用民族文化，广泛开展宣传教育活动。据统计，6月份启动这项活动以来，在全州918个宗教活动场所开展了80场宣传教育及培训活动，共发放教材800余册、《宗教事务条例》宣传单3500余份，《德宏团结报》开设“民族宗教政策法规”专栏，连载条例7期。通过活动，增强了广大宗教界人士、信教群众的祖国意识、法律意识、公民意识，为依法管理宗教事务，抵御境外宗教渗透，维护宗教界和睦，构建和谐社会奠定了良好基础。

【宗教活动场所管理】 2009年，德宏州有宗教活动场所920所（寺观教堂911所，其它固定处所9所），其中：佛教寺院672所，固定处所5所（南传寺院606所，固定处所3所；汉传寺院66所，固定处所2所）；道教宫观1所；伊斯兰教清真寺1所；基督教堂228所，固定处所4所；天主教堂9所。宗教活动场所中有18处列入各级文物保护单位，其中：汉传1处、南传3处列入省级，南传1处列为州级，汉传4处、南传9处列入县级文物保护单位。全州信教群众50.12万人（按国家统计口径，傣族、德昂族、阿昌族和回族为全民信教民族）占全州总人口的41.97%，其中：佛教45.8万人（汉传52906人，南传40.52万人），道教452人，伊斯兰教2090人，基督教38390人，天主教2213人。全州宗教教职人员593人，其中：佛教270人（汉传89人，南传181人），道教1人，伊斯兰教7人，基督教315人。宗教教职人员政治安排：县人大代表2人，乡镇人大代表8人；省政协委员2人，州政协委员14人，县政协委员40人。全州宗教工作专职干部8人，兼职干部1人。全州宗教团体18个，其中：佛教6个，基督教9个，天主教3个。

【春节慰问】 2009年，德宏州民宗局慰问全州宗教界人士94名，发放慰问金31680元。慰问民族上层人士遗孀8人，发放慰问金6400元。

（《民族宗教》撰稿 鲍 平）

（见“州情概览·民族宗教”90页）

移民开发

【水利部王文珂局长视察德宏移民安置】 2009年4月29日和11月26至29日，水利部综合事业局王文珂局长一行到德宏州视察龙江工程建设和移民安置工作进展情况。视察期间，分别到龙江工程大坝建设工地和龙江工程一、二移民安置点与移民亲切交谈，深入了解移民安置工作。通过视察，王局长高度赞扬了移民支持国家建设和积极向上精神，充分肯定州、县市党委政府对移民工作的高度重视，州、县市移民部门和龙江公司以及各参建单位相互支持，密切配合，工作措施到位，作风扎实，成效显著，既维护了社会和谐与稳定，又促进了民族的团结与繁荣。同时，为推进移民安置工作进程提出了要求：一是参建各单位要进一步加强领导，提高认识。在州委州政府的正确领导下，要从大局的高度充分认识龙江工程移民搬迁安置工作的重要性，加强合同管理，认真履行职责。二是参建各方要严格执行移民法规政策，进一步加强沟通协调、密切配合、相互支持，努力推移民安置工作进程，为水库下闸蓄水发电、增加当地财政收入和移民生活水平提高而努力。三是要严格按照国家和省的移民资金管理法规，加强移民资金管理，切实维护移民、业主和当地政府的权益。四是德宏州移民局会同云南龙江公司整理编制龙江移民安置专题材料上报水利部。

【库底清理验收通过】 2009年6月4日，德宏州政府组织相关单位组成验收组，召开“云南龙江水电站枢纽工程库底林木清理竣工初验”会议。州指挥部、州移民开发局、龙江公司、移民设代、移民综合监理及潞西市群工组、陇川县移民开发局等单位的主要领导参加了会议。验收组在实地查看的基础上，听取了昆明怡然居木业有限公司龙江水电站枢纽工程库底清理项目部的专题汇报，并进行了讨论。验收组认为：库底清理工作在州政府的统一部署下，州、县移民部门和县市环保、文物、防疫等部门高度重视库底清理工作，在时间紧困难大的情况下，昆明怡然居木业有限公司龙江水电站枢纽工程库底清理项目部根据《实施规划报告》和《搬迁设计要求专题报告》中的库底清理内容、标准和要求，切实开展库区872米以下相关项目的清理工作，完成了林地清理15047亩、房屋建筑物和构筑物清理12.77万平方米、卫生清理29.13平方千米等项目，并通过了潞西市政府和陇川县政府的自验，一致通过《云南龙江水电站枢纽工程水库库底林木清理初验报告》，同意验收。

【移民情况】 2009年，龙江水电站枢纽工程移民搬迁安置工作，严格执行《土地管理法》、《农村土地承包法》、《大中型水利水电工程建设征地补偿和移民安置条例》国务院471号令和《云南省人民政府关于贯彻落实国务院大中型水利水电工程建设征地补偿和移民安置条例的实施意见》（云政发〔2008〕2号）等国家、省的移民法规政策。移民搬迁安置工作实行开发性移民方针和政府领导、分级负责、县为基础、法人参与的管理体制，并采取前期补偿补助与后期扶持相结合的办法。移民搬迁安置工作依据《云南龙江水电站枢纽工程移民安置任务及补偿投资包干协议》和《云南龙江水电站枢纽工程移民安置任务及补偿投资包干协议》补充协议以及《云南龙江水电站枢纽工程招标设计阶段建设征地移民安置实施规划设计报告》（下称实施规划报告）等要求开展。根据年度工作计划，并充分尊重移民意愿，按照“三靠近，两方便”（即：靠近交通沿线、靠近生产用地、靠近集镇，方便就医，方便孩子就学）的工作原则选择移民安置点和“五统一”（即：统一规划设计、统一施工管理、统一建房招标的预决算价格，统一建房质量标准，统一验收）的要求规划建设移民安置点和建设移民住房，切实开展龙江工程的潞西市和陇川县移民二期移民搬迁安置工作。

潞西市二期移民安置采取集中外迁安置、集中后靠安置和投亲靠友安置三种形式安置移民287户1330人。一是集中外迁安置和集中后靠安置移民239户1098人。其中：芒良安置点安置移民133户628人，总占地面积110.1亩，人均116.88平方米。南么后靠安置点安置移民8户34人，总地面积24.27亩（含居民生产及预留用地），人均475.88平方米。芒午后靠安置点安置移民98户436人，总占地面积100亩，人均152.91平方米。二是按照移民申请，政府批准的程序，批准移民投亲靠友及分散安置48户232人。

陇川县二期移民安置采取外迁集中安置、后靠集中安置、分散后靠和投亲靠友安置四种方式安置移民230户1015人。一是集中外迁安置和集中后靠安置移民117户483人。其中：五家村外迁集中（弄贯）安置移民15户63人，居民点占地面积22.4亩，人均建设用地237.04平方米。芒晃外迁集中（埋桑坝）安置移民29户130人，居民点占地面积47.5亩，人均建设用地243.59平方米。南田（邦丙）外迁集中安置移民

28户112人，居民点占地面积32.43亩，人均建设用地193.04平方米。埋桑坝后靠集中安置移民41户178人，居民点占地面积28亩，人均建设用地104.87平方米。二是按照移民申请，政府批准的程序，批准移民分散后靠和投亲靠友安置117户532人。其中：分散后靠安置移民50户193人（主要是移民回老寨分散后靠自行安置）。投亲靠友安置移民67户339人。累计下拨潞西市、陇川县龙江工程移民资金44878.36万元。截止年底，已逐户落实安置村组，安置村组已分配宅基地和调剂生产用地，基础设施建设及房屋建设已完成，移民已迁出库区入住新居。

【勐约乡搬迁】 2009年，根据《云南龙江工程招标设计阶段建设征地移民安置实施规划设计报告》，水库正常蓄至872米时，陇川县勐约乡原址将被全部淹没。勐约乡迁建规划人口62户912人。其中：农业户9户38人、非农业户53户216人、乡直机关和学校教职工164人（其中中心学校教职工55人）、在校学生494人（小学住校学生361人，中学住校学生133人）。勐约乡的安置方式为原址后靠至原勐约乡址后邦洞广。截止年底，勐约乡规划范围内的场地平整、农贸市场、供排水、供电等工程已完工，16个行政事业单位的办公楼、中小学校的教学楼已建设完成并投入使用，86个个体工商户的补偿已到位，原乡址居民已全部迁出库区。

【库周交通工程建设】 2009年，龙江工程水库淹没影响库周交通和专项工程复建工作由州移民局组织领导，潞西市、陇川县负责实施，对口专业单位具体承建，其它相关单位负责工程质量和进度的监督检查。年内库周电力、通讯等专项设施等改建工程已基本完成；库周机耕道路和人行道路由本村自建完成。一、西线公路：西线公路位于陇川县勐约乡镜内，规划设计长度47千米，设计路面宽度5.5米。3月18日，州政府组织相关单位组成验收组在勐约乡召开西线公路工程竣（交）工验收会议。验收组通过现场查看和听取竣工验收汇报，并结合质检评定报告等内容进行讨论。最后，验收组一致通过竣（交）工验收。州政府副秘书长蔺汝健主持州移民局和陇川县交通局办理移交手续。该项目的建成，有力的改善库区周边群众的交通条件。二、东线公路：东线公路位于潞西市西山乡境内，是龙江水电站枢纽工程库周交通恢复主要公路之一，也是改善西山乡群众生产生活条件和发展经济的主要公路之一。公路规划设计全长15.88千米，设计路面宽度5.5米。8月，完成东线公路竣（交）工验收会议，并交付使用。

（《移民开发》办公室供稿）

逝世人物

杨岩板 男，傣族，云南省永德县人，1933年7月生，1951年2月参加工作，1953年11月加入中国共产党。历任德宏州委办公室、州政协办公室、州人大办公室副主任等职。2009年3月24日因病在潞西逝世。

段华昌 男，汉族，云南省昆明市人，1932年11月生，1952年10月参加工作。1956年4月加入中国共产党。历任德宏州纪委监察局干部科科长、副调研员等职。2009年4月30日因车祸在保山逝世。

杨国保 男，白族，云南省大理市人，1944年4月生，1963年8月参加工作，1985年1月加入中国共产党。历任德宏州水利电力局党委委员、副局长、副调研员等职。2009年5月6日因病在潞西逝世。

胡德光 男，汉族，云南省保山市人，1942年8月生，1962年8月参加工作，1967年8月加入中国共产党。历任畹町市政协办公室主任一职。2009年5月20日因病在畹町逝世。

方有位 男，傣族，云南省梁河县人，1943年10月生，1963年9月参加工作，1978年11月加入中国共产党。历任梁河县公安局局长、党组书记、德宏州公安处党委委员、副处长、德宏州公安局党委委员、副局长等职。2009年10月17日因病在潞西逝世。

张道本 男，白族，云南省施甸县人，1936年11月生，1954年4月参加工作，1960年1月加入中国共产党。历任潞西市公安局政委、局长，德宏州公安处戒毒科长、史志办主任（副处级）等职。2009年11月2日因病在潞西逝世。

（《逝世人物》撰稿　吴　翔）

附　录

云南省地方志工作规定

第一条　为了规范和加强地方志工作，根据国务院《地方志工作条例》，结合本省实际，制定本规定。

第二条　本省行政区域内地方志的组织编纂、管理、开发利用等工作，适用《地方志工作条例》和本规定。

第三条　本规定所称地方志，包括地方志书、地方综合年鉴。地方志书，是指经县级以上人民政府批准组织编纂的全面系统记述本行政区域自然、政治、经济、文化和社会的历史与现状并以本行政区域名称和志冠名的资料性文献，包括省志、州（市）志、县（市、区）志。

地方综合年鉴，是指经县级以上人民政府批准组织编纂的系统记述本行政区域自然、政治、经济、文化和社会等方面情况并以本行政区域名称和年鉴冠名的年度资料性文献，包括省年鉴、州（市）年鉴、县（市、区）年鉴。

第四条　县级以上人民政府应当加强对地方志工作的领导，健全工作机构，保障工作条件，将地方志工作纳入国民经济和社会发展规划，将地方志工作经费列入本级财政预算，保证按时足额拨付。

第五条　县级以上人民政府成立地方志编纂委员会，统筹规划、组织协调地方志工作。地方志编纂委员会主任由本级人民政府主要负责人担任，副主任、委员分别由有关机关负责人担任。

地方志编纂委员会办公室设在本级人民政府负责地方志工作的机构（以下简称地方志工作机构），承担地方志编纂委员会的日常工作。地方志工作机构配备专职工作人员。

第六条　地方志工作机构主管本行政区域的地方志工作，履行《地方志工作条例》第五条第二款规定的职责和下列职责：

（一）宣传和贯彻实施地方志工作的法规、规章及政策；

（二）组织地方志书的审查验收；

（三）负责地方志工作规划和地方志书、地方综合年鉴的备案审查；

（四）组织培训地方志编纂（撰）人员。

第七条　省地方志工作机构负责拟定全省地方志总体工作规划，经省人民政府批准后组织实施，并报国家地方志工作指导机构备案。

州（市）、县（市、区）地方志工作机构根据全省地方志总体工作规划，拟定本行政区域的地方志工作规划，经本级人民政府批准后组织实施，并报上一级地方志工作机构备案。

第八条　县级以上地方志工作机构应当每年定期向上一级地方志工作机构报送地方志资料和工作情况。具体办法由省地方志工作机构制定。

第九条　承担地方志编撰任务的有关单位，应当明确机构和人员，保障经费和工作条件，负责收集、整理和保管资料，按照规定的时间和质量要求完成编撰任务，并接受地方志工作机构的业务指导和督促检查。

第十条　对地方志书分别依照下列规定进行批准审查验收：

（一）省志由省地方志工作机构组织审查验收并提交省地方志编纂委员会审议，报省人民政府批准。

（二）州（市）志由州（市）地方志工作机构审核并提交本级地方志编纂委员会审议，报省地方志工作机构审查验收，再报州（市）级人民政府批准。

（三）县（市、区）志由县（市、区）地方志工作机构审核并提交本级地方志编纂委员会审议，报州（市）地方志工作机构审查验收，再报县（市、区）人民政府批准，报省地方志工作机构备案。

第十一条　对地方志书依照下列规定办理批准审查验收手续：

（一）申请审查验收单位填写地方志书审查验收申请表，并附送审报告和装订成册的地方志书文稿；

（二）地方志工作机构对送审地方志书文稿出具审查修改意见；对审查验收合格的，出具审查验收合格证明；

（三）对取得审查验收合格证明的地方志书文稿，由本级人民政府发给批准文件。

第十二条　地方志工作机构取得审查验收合格证明和本级人民政府的批准文件后，方可以公开出版地方志书。

地方志工作机构取得本级人民政府的批准文件后，方可以公开出版地方综合年鉴。

第十三条　地方志书、地方综合年鉴在出版后3个月内报送上级地方志工作机构备案，并向本级和上级方志馆、国家综合档案馆、公共图书馆无偿提供馆藏书。

以电子出版物形式出版的地方志书、地方综合年鉴，按照前款规定办理。

第十四条　县级以上人民政府及其地方志工作机构应当加强对地方志的开发利用，建设地方志资料库、地方志信息网站；具备条件的，应当建设方志馆（室）。

地方志工作机构应当利用地方志资料库、地方志信息网站和方志馆（室）向社会公开地方志文献资料，并将服务范围和开放时间等事项向社会公示。

公民、法人和其他组织可以利用地方志资料库、地方志信息网站和方志馆（室）免费查阅、摘抄地方志文献资料。国家规定收取费用的，从其规定。

第十五条　地方志工作机构或者承担地方志编撰任务的单位应当按照规定标准，向参与地方志编纂（撰）的专家、学者及其他人员支付资料费、撰稿费、编辑费、审稿费等工作报酬。

第十六条　对在地方志工作中作出突出成绩和贡献的单位、个人，由县级以上人民政府或者地方志工作机构给予表彰奖励。

地方志成果可以依照有关规定参加国家和本省地方志优秀成果、社会科学成果的评奖。

第十七条　承担地方志编撰任务的单位违反本规定第九条规定，造成严重后果的，由县级以上地方志工作机构责令限期改正；逾期不改的，由县级以上地方志工作机构提请本级人民政府或者其上级主管部门，对直接负责的主管人员和其他直接责任人员依法给予处分。

第十八条　乡（镇）志、部门志以及其他地情文献的编纂，参照本规定执行。

第十九条　本规定自2010年10月1日起施行。

中共德宏州委　德宏州人民政府　德宏军分区
关于进一步加强新形势下双拥工作的意见

（2009年11月12日）

长期以来，各级党委政府、各族群众和驻军部队对双拥工作高度重视，团结一致，相互支持，有力促进了我州经济社会的发展和驻德宏部队的全面建设。为深入贯彻落实科学发展观，进一步弘扬拥军优属、拥政爱民的光荣传统，巩固和发展军政军民团结的大好形势，开创双拥工作新局面，争创全省、全国双拥模范城（县），现就进一步加强新形势下双拥工作提出如下意见。

一、充分认识新形势下加强双拥工作的重要意义

拥军优属、拥政爱民，是我党我军我国人民在长期革命斗争和社会主义建设实践中形成的优良传统和特有的政治优势。进一步做好新形势下的双拥工作，是坚持以邓小平理论和“三个代表”重要思想为指导，深入贯彻落实科学发展观的实际行动，对巩固和发展军政军民团结和民族团结，维护边疆社会稳定，促进经济社会发展和提高部队战斗力有着重要的意义。各级党委、政府和各有关部门要围绕中心、服务大局，坚定不移地贯彻执行党中央、国务院、中央军委关于加强双拥工作的重大决策和部署，按照云南省委、省政府和省军区的要求，落实州委、州政府和德宏军分区《关于加强新形势下部队和后备力量建设的决定》（德发〔2007〕1号文件）精神，适应新形势，履行新使命，继承传统，改革创新，坚持把发展社会生产力合提高部队战斗力作为双拥工作的根本出发点和落脚点。军政团结，军民同心，积极推进党政主导，军地协同，双拥办牵头，社会参与的双拥工作新局面，为边疆经济发展、社会进步、民族团结、边防巩固营造良好环境。

二、深入开展以爱国主义为核心的国防教育和双拥宣传教育

各地各部队要广泛开展以爱国主义为核心，以拥军优属、拥政爱民、民族团结进步为重要内容的国防教育和军政军民团结教育，把爱国主义教育和国防教育纳入国民教育体系和部队政治教育计划，做到有组织、有领导，切实抓好落实。教育引导广大军民牢固树立国家利益至上的观念，进一步激发爱国拥军、爱民奉献的政治热情，自觉履行参与双拥的政治责任和义务。引导广大官兵牢固树立“军队打胜仗，人民是靠山”的理念，不断加深对人民群众的感情，尊重边疆少数民族习俗。大力宣传人民军队在党的领导下走过的光辉历程、建立的丰功伟绩和取得的伟大成就；宣传我军始终坚持听党指挥、服务人民、英勇善战的优良传统；宣传人民军队积极推进中国特色军事变革，加强部队全面建设的崭新风貌；宣传我州多年来双拥工作取得的成绩和经验，宣传受到国家、省、州表彰的双拥模仿城（县）、双拥模范单位和个人的先进事迹。广播、电视、报刊、网络等宣传媒体要开辟专栏、制作专版、专题，做好重点和经常性宣传报道。各县市要在广场、车站、机场和主街道等显要位置设立双拥宣传标志，不断增强全民国防观念和拥军优属意识，形成“拥军优属、人人有责”的良好社会风尚。

三、充分应用社会资源，大力支持部队现代化建设和军事斗争准备

各级党委、政府要正确处理经济建设与国防建设的关系，坚持把支持国防和军队建设、推进军事斗争准备作为重要政治责任，进一步加强军地沟通联络，建立长效机制，形成上下贯通、快捷高效的支前保障网络，加大经费投入力度，全力支持和配合驻军部队完成战备执勤、训练演习、边境管控，国防施工、处突维稳、信息化建设等各项任务。

一是开展行业拥军活动。各级党委、政府要按照“平战结合、军民兼容”的要求，把驻军部队和后备力量建设纳入地方经济社会发展总体规划。相关部门要严格执行有关政策，制定行业拥军规章，做好部队土地征用、军用土地管理、基础设施建设、水电物资供应、交通医疗保障等拥军活动，涉及税费征缴的应在法律和政策允许的范围内给予得优惠或减免。军供机构要时刻做好部队食宿、中转、交通、运输等方面的物资供应工作。

二是开展科技拥军活动。积极为部队提供科技咨询和服务，支持部队实施人才战略工程，促进军队信息化建设；帮助部队普及科学知识，提高官兵科技文化素质。

三是开展法律拥军活动。法律机构要加强与驻军单位的沟通，及时为符合条件的军人、军属提供优质、高效的法律援助，依法维护现役军人和优抚对象的合法权益，坚决制止损害军人和优抚对象利益的行为，构成犯罪的要依法惩处。对涉及军人、军属的案件，凡属地方法院管辖的都要优先立案、优先审理、优先结案。涉及军人的刑事、治安案件及交通违章等问题，要及时与所在部队取得联系，依照有关法律、法规慎重处置。要维护好各类军事设施，依法惩处破坏军事设施的犯罪分子。

四是倡导军人优先良好风尚。州内道路和停车场，对军用车辆通行和停放予以免费。民航、公路客运等部门，设立现役军人售票窗口，执行国家规定的残疾军人优惠售票价。现役军人、军队离退休干部、残疾军人和享受定期抚恤的优抚对象持有效证件，免费进入州内各旅游景点、景区，免费乘坐市内公交车辆。全州所属医疗单位对上述人员开设“绿色通道”，悬挂“军人优先”标志，定期或不定期组织医务人员为部队官兵、优抚对象开展义诊活动。

五是积极输送合格兵员。各级党委、政府要认真研究解决征兵工作中遇到的新情况、新问题，引导和组织适龄青年报名应征，鼓励支持大学在校生、毕业生到部队服兵役，营造当兵光荣浓厚氛围。对工作不力，影响征兵任务完成的县（市）和部门，予以通报批评，责令整改。新兵征集入伍后，以县（市）人民政府名义，为其家庭挂“光荣军属”牌。对在部队荣立三等功以上表彰奖励的现役军人，当地民政部门和兵役机关要联合向受奖官兵家庭送喜报，政府给予适当物资奖励。

四、注重发挥部队优势，积极参加和支援地方建设

一是大力支持地方经济建设和社会事业发展。各级双拥工作领导小组要积极适应改革发展需要，完善军地协作方案，研究制定驻军部队参加和支持地方经济建设和社会事业发展的目标规划。部队在完成军事任务的基础上，发挥部队组织严密、战斗力强的优势，积极参加和支援西部大开发，投身地方重点工程建设、抢险救灾、禁毒防艾、平安创建等急难险重任务和扶贫帮困、智力助边工作，切实为各族群众做好事、办实事、不断创造新的业绩。在确保国防安全的前提下，发挥军事设施的民用效能，因地制宜支援德宏边疆少数民族地区建设。

二是积极参加社会主义新农村建设。认真贯彻中国人民解放军总政治部《关于积极参加和支援建设社会主义新农村的意见》（总政〔2006〕4号）精神，建立帮建联系点。从实际出发开展帮建工作，不断巩固党在农村的执政基础，提高农民素质，搞好扶贫开发，发展特色经济，治理人居环境，完善基础设施，构建和谐乡村，务求取得实效。

三是广泛开展军（警）民共建活动。围绕建设社会主义核心价值体系，促进物质文明、政治文明、精神文明和社会文明协调发展。突出思想道德建设和科学文化建设，突出军（警）民之间的科技文化知识交流，大力传播社会主义新思想、新道德、新风尚，树立社会主义荣辱观，弘扬民族精神，携手开展帮扶、救助、献爱心等共建活动，为建设美好家园贡献力量。拓宽共建领域，把新社会组织和非公经济组织纳入共建范围，健全组织机构，完善总体规划。

四是努力维护社会稳定，积极协调驻德宏部队参与建设“平安德宏”社会实践。加强军警民联防互动，建立联防责任制，全力维护社会稳定和公共秩序。采取强有力措施，妥善处置各类突发性事件，千方百计消除不稳定因素。教育引导转业复员退伍军人珍惜荣誉，发扬优良传统，做维护社会稳定的模范。各级人民武装部门要积极参与维护社会稳定和社会治安综合治理工作。

五、全面落实各项拥军优抚安置政策，切实为军人和优抚对象排忧解难

一是认真贯彻落实《军人抚恤优待条例》等政策法规。各级党委、政府要树立“以人为本、为兵服务”的思想，坚持“国家抚恤、社会优待、依法保障”的方针，把拥军优属活动和优抚对象抚恤、定补、医疗经费列入年度财政预算，建立优抚标准自然增长机制，确保各项拥军优抚政策措施落实到位。“八一”建军节、元旦、春节期间和部队执行重要任务时，各级党政领导要主动走访、慰问驻地部队和在乡复员军人、残疾军人、烈属、因公牺牲和病故军人家属以及移交地方安置的军人离退休干部等各类优抚对象，切实帮助解决实际问题。加强对革命烈士陵园、纪念建筑物等优抚事业单位的维修管护，并在资金投入、土地征用、税费征缴等方面予以倾斜，充分发挥其功能和效用。

二是切实关心优抚对象的生产生活。民政、人事、劳动和社会保障部门要健全完善优抚对象保障机制，及时调整优抚标准，确保优抚对象生活不低于当地群众的平均水平。落实好税费改革后的优待工作，相关职能部门要认真履行职责，确保义务兵家属优待金和各类抚恤补助及时足额发放。

三是切实解决好优抚对象住房难和医疗难问题。采取中央、省投入，州县匹配，广泛动员社会力量，企业赞助，个人捐赠相结合的办法，加大力度解决优抚对象住房困难问题。优抚对象医疗保障制度实行政府统一领导，民政部门牵头，财政、卫生、劳动和社会保障等相关部门共同参与、各负其责的工作机制，全面落实《德宏州优抚对象医疗保障实施意见》(德民发〔2009〕27号)，使全州五类重点优抚对象全员纳入相应的医疗保障范围，确保优抚对象医疗保障待遇得到落实。

四是认真做好军队转业干部、复员退伍军人和军队离退休干部安置工作。对符合国家城镇安置政策的军队转业干部、退伍义务兵和复原转业士官，各级安置部门要保障安置就业。组织、人事、民政、劳动和社会保障、公安、财政等部门要全力配合，确保安置计划、安置政策、安置经费落实到位。要贯彻落实历年州委议军会议精神，凡驻德宏部队需在州内安置的正团职转业领导干部，必须安排副处级以上实职，副团职转业干部安排相应职务，营以下转业干部安排进行政单位。劳动和社会保障部门要为退役军人提供免费培训，积极创造条件促其早日就业。所有行业、系统和单位都必须从军队建设和社会稳定的大局出发，千方百计克服困难，积极承担国防义务，努力完成当地政府下达的接受安置任务，不得制定和下发任何歧视或损害军队转业干部、城镇退伍士兵和复员转业士官权益的规章。认真做好军队离退休干部移交地方政府安置管理工作，落实军队离退休干部政治待遇和生活待遇，为实现“老有所养、老有所学、老有所为、老有所医、老有所教、老有所乐”创造条件。

五是认真做好随军家属安置等项工作。实行指令性安置和社会就业相结合，鼓励支持随军家属自主择业，积极引导随军家属在街道社区就业创业。各县市政府要召集民政、人事、劳动和社会保障等部门和当地驻军定期研究办理随军家属就业安置工作，把安排干部随军家属就业的要求作为硬任务，认真落实。劳动和社会保障部门要将随军家属职业培训纳入社会职业培训规划，有针对性地进行职业培训，每年至少组织1次。贯彻民政部、教育部、总政治部关于印发《〈优抚对象及其子女教育优待暂行办法〉的通知》精神（民发〔2004〕192号文件），落实好军人子女入园、入托和义务教育入（转）学等优惠政策，确保驻地部队子女受到良好教育。

六、切实加强对双拥工作的组织领导，构建双拥工作新格局

双拥工作是一项社会工程，各级党委、政府和军事领导机关要把双拥工作作为一项战略性、全局性的工作，摆上议事日程，纳入当地经济社会发展和驻地部队建设的总体规划，做到有明确的任务目标，有具体的实施计划，有完善的保障措施。各级双拥工作领导小组担负着组织、协调、指导双拥工作的职能，要切实履行职责，整合双拥资源，形成领导重视、部门合力、上下协调、军地互动的新格局。领导小组成员单位要把双拥工作与业务工作结合起来，充分发挥职能作用，完善工作措施，保证双拥各项任务在本单位、本系统得到落实。各级双拥办是双拥工作领导小组的办事机构，要切实加强自身建设，健全和完善相关规章制度，进一步提高参谋助手、组织协调和指导工作的能力。要加强与部队和领导小组成员单位的联系，经常性地开展活动，加强调研，沟通信息，增进感情，搞好服务。州县党委政府要重视双拥办建设，确保双拥工作经费纳入财政预算。进一步加强双拥理论研究，积极探索新型组织和新的社会阶层拥军途径和办法，推动双拥工作进企业、进乡村、进机关、进学校、进社区、进连队。进一步完善双拥工作运行机制，把政府行为与社会行为、以情双拥与依法双拥、行政调节与市场调节结合起来，保证双拥工作持续深入开展和各项任务落实到位。

做好新形势下的双拥工作任重道远，使命关荣。各级党委政府、各族群众和驻军部队要坚持以邓小平理论和“三个代表”重要思想为指导，深入贯彻落实科学发展观，同心同德，锐意进取，创造性地开展好双拥工作，进一步巩固和加强军政军民团结，巩固和发展“同呼吸、共命运、心连心”的新型军政军民关系，为全州政治稳定、经济发展、社会进步和军队现代化建设做出新的更大的贡献。

2006—2008年州级巾帼文明岗名单

一、州直（34个）

1、德宏州发展和改革委员会办公室
2、中国人民银行德宏州中心支行办公室
3、中国建设银行德宏州分行勐巴娜西分理处
4、中国邮政储蓄银行有限责任公司潞西支行营业部
5、中国联合网络通信有限公司德宏分公司客户服务部
6、中国联合网络通信有限公司瑞丽分公司勐卯路营业厅
7、中国联合网络通信有限公司德宏分公司盈江营业厅
8、德宏州电信分公司政企客户部
9、德宏州电信分公司客户服务中心
10、德宏州电信分公司中心营业厅
11、德宏州电信分公司网络部监控维护中心
12、中国人寿保险股份有限公司潞西市支公司
13、德宏供电有限公司潞西分公司目瑙纵歌路电费营业大厅
14、德宏州中心血站
15、德宏州动物疫病预防控制中心实验室
16、人民银行德宏州中心支行宣传群工部
17、德宏团结报社汉编室
18、中国联合网络通信有限公司德宏分公司财务部
19、中国联合网络通信有限公司梁河分公司营业厅
20、中国联合网络通信有限公司潞西分公司芒市大街营业厅
21、中国联合网络通信有限公司瑞丽分公司畹町营业厅
22、中国联合网络通信有限公司瑞丽分公司瑞京路营业厅
23、中国联合网络通信有限公司陇川分公司三象路营业厅
24、德宏州卫生监督支队
25、德宏州质量技术管理局服务大厅
26、德宏州芒市中西医结合医院
27、中国建设银行股份有限公司德宏州分行潞西分理处
28、中国人民银行德宏州中心支行会计科；
29、中国移动云南有限公司潞西分公司客运站沟通100服务厅
30、中国移动云南有限公司潞西分公司芒市大街沟通100服务厅
31、中国移动云南有限公司陇川分公司营业厅
32、中国联合网络通信有限公司瑞丽分公司姐告营业厅
33、中国电信云南省潞西分公司政企客户服务组
34、中国电信云南省陇川分公司章凤营业厅

二、潞西（9个）

35、潞西市农村信用合作社联社营业部

36、潞西市法帕中学
37、潞西市第四小学
38、潞西市中山乡卫生院
39、潞西市勐嘎中心小学
40、潞西市芒海九年制学校
41、潞西市芒市镇芒核等相小学
42、潞西市风平幼儿园
43、潞西市计划生育服务站

三、梁河（2个）

44、梁河县曩宋中学
45、梁河县幼儿园

四、盈江（1个）

46、中国移动盈江分公司永胜路营业厅

五、瑞丽（8个）

47、中国人民银行瑞丽市支行综合业务股
48、瑞丽市供电公司电费营业室
49、瑞丽市幼儿园
50、瑞丽市国家税务局办税服务厅
51、瑞丽海关通关业务科
52、瑞丽市勐卯小学
53、瑞丽市林业局票证室
54、瑞丽市团结小学

六、畹町（2个）

55、畹町经济开发区幼儿园
56、畹町经济开发区畹町小学

2009年德宏州环境质量公报

水环境质量

2009年德宏州环境监测站继续对大盈江、瑞丽江、南畹河、龙江、芒市河、芒究水库、勐板河水库、姐勒水库、勐卯水库的水质进行了环境质量监测，监测指标为水温、pH、电导率、DO、高锰酸盐指数、CODcr、BOD_5、NH_3-N、TP、TN、Cu、Zn、F-、Se、As、Hg、Cd、Cr^{+6}、Pb、CN^-、挥发酚、石油类、阴离子表面活性剂、S^{-2}、粪大肠菌群、叶绿素a、透明度、SO_4^{2-}、Cl^-、NO_3^--N、Fe、Mn等30余项，监测结果与《地表水环境质量标准》(GB3838-2002)及云环控发〔2001〕613号《云南省地表水水环境功能区划（复审)》对照，结果如下：

无符合Ⅰ类水质标准（适用于源头水、国家自然保护区）的断面。

无符合Ⅱ类水质（适用于集中式生活饮用水地表水源地一级保护区、珍稀水生生物栖息地、鱼虾类产卵场、仔稚幼鱼的索饵场等）的断面。

Ⅲ类水质（适用集中式生活饮用水地表水源地二级保护区、鱼虾类越冬场、回游通道、水产养殖区等渔业水域及游泳区）的断面占80%。

无符合Ⅳ类水质（适用于一般工业用水及人体非直接接触的娱乐用水区）的断面。

Ⅴ类水质（适用农业用水区及一般景观要求水域）的断面占10%。

劣Ⅴ类水质的断面占10%。

水环境质量监测情况

监测断面			主要污染物（类别）	地表水水质类别（年平均）		云环控发〔2001〕613号规定的水质类别
大盈江汇流（国控）		2008年		Ⅲ	符合要求	Ⅲ（一般鱼类保护、跨国界河流）
		2009年		Ⅲ	符合要求	
南畹河迭撒（国控）		2008年	粪大肠菌群（Ⅴ）	Ⅴ	不符合要求	
		2009年	粪大肠菌群（Ⅴ）	Ⅴ	不符合要求	
瑞丽江姐告（国控）	瑞丽江姐告（国控、左岸）	2009年		Ⅲ	符合要求	
	瑞丽江姐告（国控、中）	2009年		Ⅲ	符合要求	
	瑞丽江姐告（国控、右岸）	2009年	粪大肠菌群（Ⅳ）	Ⅳ	不符合要求	
	平均	2008年	粪大肠菌群（Ⅳ）	Ⅳ	不符合要求	
		2009年		Ⅲ	符合要求	
龙江戛中（省控）		2008年		Ⅲ	符合要求	Ⅲ（一般鱼类保护）
		2009年		Ⅲ	符合要求	
芒市河木康（省控）		2008年	粪大肠菌群（Ⅴ）	Ⅴ	不符合要求	Ⅲ（饮用二级）
		2009年		Ⅲ	符合要求	
芒市河风平（省控）		2008年	粪大肠菌群（劣Ⅴ类）	劣Ⅴ类	不符合要求	Ⅳ（工业用水）
		2009年	粪大肠菌群（劣Ⅴ类）	劣Ⅴ类	不符合要求	
芒究水库（省控）		2008年		Ⅱ	优于要求	Ⅲ（饮用二级）
		2009年		Ⅲ	符合要求	
勐板河水库（省控）		2008年	总磷（Ⅲ）	Ⅲ	不符合要求	Ⅱ（饮用一级）
		2009年	总磷（Ⅲ）	Ⅲ	不符合要求	

监测断面		主要污染物（类别）	地表水水质类别（年平均）		云环控发〔2001〕613号规定的水质类别
姐勒水库（省控）	2008年	总磷（Ⅲ）	Ⅲ	不符合要求	Ⅱ（饮用一级）
	2009年	总磷（Ⅲ）	Ⅲ	不符合要求	
勐卯水库（省控）	2008年	总磷（Ⅲ）	Ⅲ	不符合要求	
	2009年	总磷（Ⅲ）	Ⅲ	不符合要求	

监测结果显示：潞西、瑞丽两市饮用水源地水质达标率为0，超标因子为总磷。其总磷监测结果为勐板河水库0.029mg/L、姐勒水库0.031mg/L、勐卯水库0.033mg/L，略高于0.025mg/L的湖库标准值，但是能满足河流Ⅱ类水质标准要求。2008年各饮用水源地总磷监测结果为为勐板河水库0.030mg/L、姐勒水库0.026mg/L、勐卯水库0.028mg/L，由此可见，瑞丽、潞西两市饮用水源地水体中总磷指标有微弱增加趋势，这与农业面源扩大有关；由于受粪大肠菌群指标的影响，Ⅰ类～Ⅲ类水质所占比例为80%，较上年上升20个百分点；水域功能达标率为50%，较上年上升20个百分点，全州总体水质呈好转趋势。但是，还须高度重视出境河流及饮用水源地的保护工作。

大气环境质量

2009年德宏州州府所在地潞西市环境空气质量基本稳定，城市空气质量良好，可达到二级标准。二氧化硫检出率继续处在较低水平，可吸入颗粒物（PM10）满足国家标准要求，二氧化氮浓度基本维持不变，影响大气环境质量的主要污染因子为尘类。与2008年相比，可吸入颗粒物（PM10）超标率有所上升，环境空气质量优良率96.4%，同比下降0.9%，轻微污染的天数13天，同比增加了4天，主要污染物为可吸入颗粒物（PM10）。无酸雨发生。

潞西市空气质量表

年 份		二氧化氮（毫克/立方米）	可吸入颗粒物（PM10）（毫克/立方米）	二氧化硫（毫克/立方米）
2008年	浓度范围	0.003–0.056	0.022–0.206（超标率2.7%）	0.001–0.048
	年均值	0.015	0.079	0.012
2009年	浓度范围	0.001–0.077	0.006–0.205（超标率3.68%）	0.001–0.097
	年均值	0.010	0.063	0.010
国家二级标准		0.08	0.10	0.06

城市声环境质量

1．区域环境噪声

2009年，潞西市区域环境噪声设测点119个，全市平均等效声级为51.8dB（A）（昼夜平均等效声级）；40.3%的人口生活在环境噪声大于50 dB（A）（国家居住区夜间标准）的环境中，较2008年上升了6.7%。

2．道路交通噪声

2009年，潞西市主要道路交通干线设测点27个，监测路段长19千米，平均车流量1438辆/小时，同比下降200辆/小时，获噪声监测数据189个，全市平均等效声级65.1dB（A）（昼间），同比下降4.0dB（A），小于GB3096-2008《声环境质量标准》4a类标准70 dB（A）（道路交通噪声标准）限值，符合要求。

超标路段长1.813千米，占6.7%，同比下降13.6个百分点。

德宏州环境保护局

主题索引

说　明

一、本索引采用主题分析索引，索引范围包括特载、专文、州情概览、大事专题及附录。

二、本索引分两部分，第一部分为按首字笔画为序排列，第二部分以首字的汉语拼音为序排列。

三、索引条目后的阿拉伯数字表示该索引内容所在的页码，数字后的字母（a、b、c）表示栏别，即版面从左至右的1、2、3栏。

主题索引

（按首字笔画）

二画

三画

四画

五画

六画

七画

八画

九画

十画

十一画

十二画

十三画

十四画

十五画

十六画

主题索引

（按首字汉语拼音）

S

T

W

X

Y

Z